RECHT WIRTSCHAFT STEUERN

Compliance Management im Unternehmen

Erfolgsfaktoren und praktische Umsetzung

Herausgegeben von

Prof. Dr. Martin R. Schulz, LL.M. (Yale)

Mit Beiträgen von

Wolfram Bartuschka; Philipp Becker; Carsten Beisheim; Prof. Dr. Daniel Benkert; Dr. Viola Bensinger; Prof. Dr. Benjamin von Bodungen, LL.M. (Auckland); Dietmar Böhlke, MBA (Warwick); Dr. Marcus Böttger; Dr. Konstantin von Busekist; Juliane Dopychai; Armin Fladung; Prof. Dr. Kai Förstl; Melanie Frankenberger; Dr. Katharina Hastenrath; Dr. Antje Heinen, LL.M., MBA; Sven Jacobs; Dr. Joachim Kaetzler; Prof. Dr. Oliver Keßler; Martin T. Knopp; Till Komma; Dr. Michaela Möhlenbeck; Dr. Oliver Mross; Dr. Manfred Rack; Dr. Christian Rau, LL.M. (Georgetown); Hartmut T. Renz; Frank Romeike; Dr. Christian Scherer; Dr. Martin C. Schleper; Prof. Dr. Martin R. Schulz, LL.M. (Yale); Dr. Tobias Schwartz; Prof. Dr. Daniela Seeliger; Prof. Dr. Christopher Stehr; Dr. Anja Stürzl-Friedlein; Dr. Thomas Uhlig; Dr. Benjamin Ullrich, M.Jur. (Oxford); Klaus G. Walter; Dr. Florian Wettner

2., aktualisierte und erweiterte Auflage 2021

Fachmedien Recht und Wirtschaft | dfv Mediengruppe | Frankfurt am Main

Bibliografische Information der Deutschen Nationalbibliothek

Die Deutsche Nationalbibliothek verzeichnet diese Publikation in der Deutschen Nationalbibliografie; detaillierte bibliografische Daten sind im Internet über http://dnb.de abrufbar.

ISBN 978-3-8005-1738-1

© 2021 Deutscher Fachverlag GmbH, Fachmedien Recht und Wirtschaft, Frankfurt am Main
www.ruw.de

Satzkonvertierung: Lichtsatz Michael Glaese GmbH, 69502 Hemsbach

Druck und Verarbeitung: Beltz Bad Langensalza GmbH, 99947 Bad Langensalza

Printed in Germany

Vorwort zur 2. Auflage

Compliance und Compliance Management zählen zu den zentralen Themen der Unternehmenspraxis. Denn sie betreffen die Organisation regelkonformen und integren Verhaltens und damit elementare Fragen rechtssicherer und werteorientierter Unternehmensführung. Diese Grundfragen sind für alle Unternehmen und Verbände relevant, da mit nahezu jeder unternehmerischen Tätigkeit vielzählige komplexe rechtliche Anforderungen verbunden sind. Obwohl inzwischen viele Unternehmen und Verbände über Compliance-Programme bzw. Compliance-Management-Systeme (CMS) verfügen, belegen zahlreiche aktuelle Fälle von „Non-Compliance", dass die Etablierung wirksamer Compliance-Maßnahmen für viele Unternehmen nach wie vor eine veritable Herausforderung bzw. eine kaum lösbare Aufgabe darstellt. Dabei bleibt das regulatorische Umfeld weiterhin dynamisch, die ohnehin kaum noch zu überblickende Zahl rechtlicher Pflichten und Gebote nimmt ständig weiter zu. Seit dem Erscheinungsdatum der 1. Auflage seien exemplarisch nur neue Pflichten nach Umsetzung der EU-DSGVO und dem Geschäftsgeheimnisgesetz genannt, ebenso wie erweiterte Pflichten im Zusammenhang mit IT-Compliance und „Cyber Security". Vor Herausforderungen stellt viele Unternehmen auch die EU-Whistleblower-Richtlinie, die bis zum 17.12.2021 in deutsches Recht umzusetzen ist. Hinzu kommen erweiterte Anforderungen bei der Kartellrechts-Compliance, der Prävention von Korruption und Geldwäsche sowie der Einhaltung exportkontrollrechtlicher Vorgaben. Zu der Vielzahl bestehender und neuer Rechtspflichten treten zudem verstärkt normative Anforderungen der Stakeholder an eine rechtskonforme und integre Unternehmensführung hinzu, auch in Bezug auf die verschärfte Kontrolle der für die Unternehmen relevanten Wertschöpfungsnetzwerke (wie die Diskussion um das „Lieferketten-Gesetz" nachhaltig verdeutlicht). Wie die massiven Nachteile und Kosten aufgedeckter „Non-Compliance" belegen, kann es sich kein Unternehmen mehr leisten, die jeweiligen Compliance-Risiken nicht durch angemessene organisatorische Maßnahmen zu adressieren. Zugleich zeigen neuere Entwicklungen in Gesetzgebung und Rechtsprechung, dass die erfolgreiche Implementierung von Compliance-Maßnahmen für Unternehmen und Verbände vielfältige positive Wirkungen (wie insbesondere das Potenzial zur Sanktionsminderung bei Compliance-Verstößen) haben kann. Der aktuell diskutierte Regierungsentwurf für ein „Verbandssanktionengesetz" verfolgt ausdrücklich das Ziel, Compliance-Maßnahmen in Verbänden und Unternehmen zu fördern und hierfür normative Anreize zu setzen.

Mit der Neuauflage greifen wir aktuelle Entwicklungen in Gesetzgebung, Rechtsprechung und Rechtswissenschaft auf und zeigen am Beispiel zentraler Compliance-Fragen, wie ein erfolgreiches Compliance Management gelingen kann. Mit seinen vielfältigen Perspektiven und Handlungsempfehlungen aus Wissenschaft und Praxis will das jetzt aktualisiert vorgelegte Handbuch dazu beitragen, Compliance Management als anspruchsvolle Organisations- und Führungsaufgabe in Unternehmen und Verbänden erfolgreich und nachhaltig zu etablieren.

Mein herzlicher Dank gilt allen Co-Autorinnen und Co-Autoren, welche durch ihre umfangreichen Kenntnisse und Erfahrungen im Umgang mit Compliance-Themen diese Neuauflage ermöglicht haben. Ebenso danke ich Frau Dr. Anette Schunder-Hartung (aHa Strategische Geschäftsentwicklung, Frankfurt am Main) für die Koordination der Autorenbeiträge und ihr erfolgreiches Projektmanagement. Ferner bedanke ich mich herzlich bei Frau Nadine Grüttner und Frau Tanja Brücker, die als Lektorinnen der dfv Mediengruppe das Buchprojekt erneut umfassend und umsichtig betreut haben, sowie – last but not least – bei Herrn Martin Knopp und Frau Gabriele Eller für ihre unermüdliche Hilfe bei der Erstellung der Verzeichnisse.

Heilbronn/Frankfurt am Main, im November 2020 *Martin R. Schulz*

Autorenverzeichnis

Wolfram Bartuschka ist Wirtschaftsprüfer und Steuerberater, ist als Partner für PwC in München tätig und berät seit über 25 Jahren Mandanten bei der Umsetzung von Anforderungen in den Bereichen (Tax) Compliance, Governance, interne Kontrollsysteme insbesondere beim Einsatz neuer Technologien. Er publiziert und hält Vorträge zu diesen Themen und betreut vor allem mittelständische und Familienunternehmen.

Philipp Becker ist Senior Legal Counsel im Bereich Litigation und Investigation bei der Zurich Insurance Company Ltd. Sein Dienstsitz ist Zürich. Zuvor war er Principal Associate in den Bereichen IP/IT und Dispute Resolution bei der Rechtsanwaltskanzlei Freshfields Bruckhaus Deringer LLP in Köln. Er veröffentlicht und spricht regelmäßig zu den Themen Datenschutz, Compliance und Investigation.

Carsten Beisheim ist Rechtsanwalt und leitet den Zentralbereich „Recht, Compliance und Datenschutz" bei der Wilh. Werhahn KG in Neuss. Von 2017 bis 2020 war er als Partner für Compliance/Corporate Governance sowie als Mitglied im globalen Steuerungskomitee „Compliance & Investigations" im Düsseldorfer Büro der Bird & Bird LLP tätig. Zuvor führte er von 2006 bis 2016 als Chefsyndikus und CCO den Konzernbereich „Recht und Compliance" der börsennotierten Wüstenrot & Württembergische AG in Stuttgart.

Professor Dr. Daniel Benkert ist Rechtsanwalt und Gründungspartner der international ausgerichteten Frankfurter Wirtschaftssozietät METIS Rechtsanwälte PartG mbB. Zuvor war er acht Jahre lang für die Großkanzlei Freshfields Bruckhaus Deringer LLP tätig. Er ist Fachanwalt für Arbeitsrecht und berät in allen Fragen von Arbeitsrecht, Konfliktlösung und Compliance. Zudem hat Benkert bereits zahlreiche Transaktionen und Umstrukturierungen arbeitsrechtlich begleitet. Seit 2011 ist er neben seiner Anwaltstätigkeit Professor für Bürgerliches Recht sowie deutsches und internationales Arbeits- und Wirtschaftsrecht an der German Graduate School of Management and Law (GGS) in Heilbronn. Benkert ist unter anderem Mitautor eines Standardkommentars zum Kündigungsschutzgesetz und hält In-house-Schulungen zu Compliance-Standards ab.

Dr. Viola Bensinger ist Partnerin der Kanzlei Greenberg Traurig und leitet in Deutschland den Bereich Technologie. Sie ist Co-Chair der globalen Praxisgruppe Data, Privacy & Cyber Security sowie der globalen FinTech Task Force. Sie berät deutsche und internationale Internet-, Technologie- und Medienunternehmen, insbesondere in den Bereichen Digitalisierung, E-Commerce, digitale Zahlungsdienstleistungen, Lizensierungen und Vertrieb, Compliance, Insolvenzen, Datenschutz, Cloud Computing sowie Outsourcing. Bensinger veranstaltet interdisziplinäre Schulungen für Cyber Crisis-Situationen und ist Herausgeberin und Autorin zahlreicher Publikationen zum IT- und Internetrecht.

Professor Dr. Benjamin von Bodungen, LL.M. (Auckland), ist Professor für deutsches und internationales Handels- und Gesellschaftsrecht, Finanz- und Steuerrecht an der German Graduate School of Management and Law (GGS) in Heilbronn. Zudem ist er als Of Counsel im Bereich Banking & Finance der internationalen Anwaltssozietät Bird & Bird LLP in Frankfurt am Main tätig. In den Bereichen Bank- und Finanzrecht sowie Transport-, Verkehrs- und Außenwirtschaftsrecht hat er zahlreiche Fachveröffentlichungen vorgelegt.

Dietmar Böhlke, MBA (Warwick), ist Rechtsanwalt und Leiter der deutschen Rechtsabteilung der CGI Deutschland B.V. & Co. KG. In dieser Funktion berät er die Gesellschaft und den Datenschutzbeauftragten auch datenschutzrechtlich. Zuvor war er zwölf Jahre lang für die Media-Saturn-Holding GmbH und die Ceconomy AG u.a. als Konzerndatenschutzbeauftragter und Bereichsleiter der Rechtsabteilung tätig. Weitere berufliche Stationen waren davor die Kanzlei SKW Schwarz sowie die T-Systems International GmbH. Er veröffentlicht und spricht regelmäßig zu den Themen IT-Recht und Datenschutz.

Dr. Marcus Böttger ist Rechtsanwalt und Fachanwalt für Strafrecht. Als Gründungspartner der Kanzlei VBB Rechtsanwälte (Düsseldorf · Essen · Karlsruhe) ist er ausschließlich in den Bereichen Wirtschafts- und Steuerstrafrecht sowie in der Compliance-Beratung tätig. Neben seiner Tätigkeit als Dozent z.B. für die German Graduate School of Management and Law (GGS), das Bundeskriminalamt oder die Deutsche AnwaltAkademie war er bis 2017 Richter am Anwaltsgerichtshof des Landes Nordrhein-Westfalen. Er veröffentlicht regelmäßig in den Bereichen Wirtschaftsstrafrecht und Compliance.

Dr. Konstantin von Busekist ist Rechtanwalt, Steuerberater und Partner bei KPMG Law. Er leitet in der KPMG Law Global den Compliance & Investigation Bereich und berät Vorstände und Aufsichtsräte nationaler sowie internationaler Konzerne – auch außerhalb Deutschlands – in Compliance-Fragen sowie in internationalen Monitor-Verfahren. Er ist vielseitig mit Vorträgen und Veröffentlichungen aktiv, Mitglied des Verwaltungsrates die DICO sowie in Fachbeiräten verschiedener Compliance-Zeitschriften vertreten.

Juliane Dopychai ist Richterin im Bezirk des Oberlandesgerichts Hamm. Zuvor war sie als Rechtsanwältin in der internationalen Wirtschaftskanzlei Bird & Bird LLP am Standort Düsseldorf tätig. Als Mitglied in den Teams von Dr. Michael Jünemann und Carsten Beisheim beriet sie industrieübergreifend nationale und internationale Mandanten im Bereich Compliance und Investigations. Sie ist Autorin verschiedener Fachbeiträge auf diesem Gebiet.

Armin Fladung, RA, DSB, C.O., ist Gründer und Geschäftsführer des CAD-Institut für Compliance, Arbeitsrecht und Datenschutz. Er unterstützt seit über 15 Jahren vor allem mittelständische Unternehmen bei der Einführung von Compliance- und Datenschutz-Managementsystemen insbesondere auch hinsichtlich arbeitsrechtlicher Herausforderungen. Zudem gehört er dem BAVC-Kompetenzteam „Digitalisierung" an und ist Autor zahlreicher Fachveröffentlichungen.

Prof. Dr. Kai Förstl ist seit Oktober 2020 Professor für Supply Chain Management an EBS Universität für Wirtschaft und Recht in Wiesbaden. Er ist erfolgreicher Autor, Gutachter und Associate Editor in akademischen Fachzeitschriften wie dem Journal of Supply Chain Management, dem Journal of Business Logistics und dem International Journal of Operations & Production Management. In den vergangenen Jahren leitete er Forschungsprojekte im Bereich der Automobil-, sowie der Chemie- & Pharmaindustrie. In Forschung und Lehre befasst er sich mit Fragestellungen des nachhaltigen Supply Chain Managements und der Cross-funktionalen Integration von Unternehmensbereichen im Kontext globaler Liefernetzwerke.

Melanie Frankenberger, CCP, ist Compliance Counsel im Bereich Global Markets Compliance, Global Standards Markets Compliance der Commerzbank AG.
Ihr Beitrag stellt ausschließlich die persönliche Meinung der Verfasserin dar und ist nicht zwingend auch die Auffassung des Arbeitgebers.

Dr. Katharina Hastenrath ist Rechtsanwältin und Dozentin für Compliance und Compliance Management an der Züricher Hochschule für Angewandte Wissenschaften (ZHAW). Daneben berät sie in strategischen und rechtlichen Compliance-Fragen. Zuvor war sie für drei Unternehmen als Compliance Counsel bzw. Chief Compliance Officer tätig. Hastenrath ist Vorstand im „Netzwerk Compliance", Dozentin an mehreren renommierten Hochschulen sowie in mehreren Fachbeiräten als Compliance-Experte engagiert.

Dr. Antje Heinen, LL.M., MBA ist Group Director Audit der Vaillant GmbH, Remscheid. Zuvor war sie als Leiterin Interne Revision und Compliance der DALLI-Werke GmbH & Co. KG tätig, davor als Rechtsanwältin in der Fachgruppe Kartellrecht der Kanzlei Linklaters LLP in Köln, Brüssel und Düsseldorf. Heinen leitet den Arbeitskreis Mittelstand im Berufsverband Deutsches Institut für Interne Revision e. V. (DIIR) und vertritt den Mittelstand im DIIR-Programmausschuss.

Sven Jacobs arbeitet als Corporate Legal Counsel für Cisco Systems im Bereich IT-Lizenzverträge und regulatorische Marktzugangsbedingungen. Es ist darüber hinaus Lehrbeauftragter für Immaterialgüterrecht an der Hector School des Karlsruhe Institute of Technology und Modulverantwortlicher für IT-Recht an der IUBH Bad Honnef. Des Weiteren ist Sven Jacobs Mitautor eines Kommentars zur Unionsmarkenverordnung und Autor diverser Bücher zu den Themen IT-Compliance und Legal Tech.

Dr. Joachim Kaetzler ist Rechtsanwalt und Partner bei CMS in Frankfurt. Seit 2014 ist er globaler Fachbereichsleiter Banking & Finance. Seit 1999 berät er Unternehmen innerhalb und außerhalb des Finanzsektors in Compliancefragen, insbesondere zur Geldwäsche- und Korruptionsprävention. Er begleitet aktuelle rechtliche Entwicklungen seit vielen Jahren durch Publikationen, Vorträge und Lehrtätigkeit an verschiedenen Hochschulen sowie Bildungseinrichtungen.

Professor Dr. Oliver Keßler ist Professor für Wirtschaftsrecht an der Hochschule Karlsruhe Technik und Wirtschaft. Zuvor hat er über 20 Jahre lang als Rechtsanwalt und Partner führender internationaler Wirtschaftskanzleien Finanzinstitute und Unternehmen bei der Strukturierung und Nutzung von Finanz- und Kapitalmarktprodukten sowie den damit verbundenen Risikomanagement- und Compliance-Themen beraten. Keßler befasst sich heute schwerpunktmäßig mit interdisziplinärer Risikoforschung an der Schnittstelle von Recht und Wirtschaft und publiziert regelmäßig hierzu. Zudem lehrt er als Visiting Professor Europäisches Gesellschaftsrecht an der EBS Universität für Wirtschaft und Recht.

Martin T. Knopp ist wissenschaftlicher Mitarbeiter am Institut für Compliance und Unternehmensrecht an der German Graduate School of Management & Law (GGS) in Heilbronn. Er studierte u. a. Recht der internationalen Wirtschaft (LL.M.), Staat und Verwaltung in Europa (LL.M.) und Mediation (MM). Er ist ausgebildeter CSR- und Nachhaltigkeitsmanager (SRH) und Wirtschaftsmediator (CVM/MuCDR). Im Rahmen seiner Forschung befasst er sich im Schwerpunkt mit Corporate Responsibility, Corporate Governance, Corporate Compliance, Corporate Crime und Criminal Compliance.

Till Komma ist Rechtsanwalt bei CMS in Frankfurt am Main. Dort berät er Unternehmen im Bereich des Wirtschaftsstrafrechts sowie zu Compliance-Angelegenheiten. Er ist auf die unternehmensinterne Prävention von Geldwäsche, Korruption und Betrug sowie die Durchführung von internen Untersuchungen spezialisiert. Darüber hinaus begleitet er Mandanten bei der Entwicklung, Einführung und Verbesserung von Compliance-Management-Programmen.

Dr. Michaela Möhlenbeck ist Leiterin Hinweismanagement im Bereich Compliance der Deutschen Bahn, Berlin. Zuvor war sie Rechtsanwältin in einer überörtlichen Sozietät in Dresden/Frankfurt. Möhlenbeck ist darüber hinaus als Lehrbeauftragte an verschiedenen Fachhochschulen und kommunalen Einrichtungen tätig. Sie veröffentlicht regelmäßig u. a. zum Thema Hinweismanagement/Whistleblowing-Systeme sowie zu wirtschaftsstrafrechtlichen Themen.

Dr. Oliver Mross, Rechtsanwalt, ist Leiter des Compliance Office bei der HELLA GmbH & Co. KGaA, Lippstadt. Zu seinem Aufgabenbereich gehören die Bereiche Kartellrecht und Korruptionsprävention sowie das bereichsübergreifende Compliance-Management-System. Vor seiner Tätigkeit bei HELLA war er als Rechtsanwalt für eine internationale Wirtschaftskanzlei mit Schwerpunkt Kartellrecht tätig.

Dr. Manfred Rack ist Rechtsanwalt und Notar bei Rack Rechtsanwälte, Frankfurt am Main. Seine Arbeitsschwerpunkte liegen im Compliance- und Risikomanagement. Er ist Herausgeber des EDV-gestützten Managementsystems „Recht im Betrieb": Umwelt- und arbeitsschutzrechtliche Betriebsorganisation, Bank- und Kapitalmarktrecht, Pflichtenmanagement für Vorstand, Geschäftsführer und Aufsichtsrat. Er publiziert regelmäßig zu den Themen Risikomanagement und Organisationsrecht in der Zeitschrift „Compliance Berater".

Dr. Christian Rau, LL.M. (Georgetown), begann seine Berufslaufbahn als Rechtsanwalt bei Freshfields. Stationen bei Johnson & Johnson in Brüssel und New Jersey (Ass. General Counsel und Geschäftsführungsmitglied einer internationalen J&J Tochtergesellschaft) schlossen sich an. 2007 übernahm er den globalen Konzernbereich Recht und Compliance beim Dax-30-Unternehmen Linde AG. Seit 2018 leitet Dr. Rau als Chief Compliance Officer EMEA die Corporate Governance Funktion (Compliance und Datenschutz) des japanischen Medizintechnik- und Optikunternehmens Olympus für Europa, den Mittleren Osten und Afrika.

Hartmut T. Renz ist Syndikusrechtsanwalt und verantwortet als Head of Compliance/Managing Director die Compliance Funktion des deutschen Franchise der Citigroup inklusive der Citigroup Global Markets Europe AG und deren europäische Niederlassungen. Sein Beitrag stellt ausschließlich die persönliche Meinung des Verfassers dar und ist nicht zwingend auch die Auffassung des Arbeitgebers.

Frank Romeike ist Gründer und geschäftsführender Gesellschafter des Kompetenzzentrums RiskNET – The Risk Management Network. In seiner beruflichen Vergangenheit war er Chief Risk Officer bei der IBM Central Europe. Er hat u. a. ein wirtschaftswissenschaftliches und mathematisches Studium abgeschlossen. Im Anschluss hat er Politikwissenschaften, Psychologie und Philosophie studiert. Außerdem hat er ein exekutives Masterstudium im Bereich Risiko- und Compliance Management abgeschlossen.

Dr. Christian Scherer ist Fachanwalt für Vergaberecht und für Verwaltungsrecht sowie Partner bei CMS in Köln. Er verfügt über reichhaltige Erfahrung mit der Beratung von Bietern und öffentlichen Auftraggebern zum Vergaberecht, einschließlich der Vertretung in Vergabenachprüfungsverfahren. Zu seinen Tätigkeitsschwerpunkten gehört die Begleitung von Unternehmen in Vergabeverfahren zur Vermeidung von Vergabefehlern und Entwicklung von Strategien bei Compliance-Verstößen genauso wie die Unterstützung von Vergabestellen bei der Strukturierung und Durchführung von Beschaffungen.

Dr. Martin C. Schleper ist Associate Professor für Supply Chain Management an der University of Sussex Business School in Brighton, UK. Nach seiner Promotion und Projektleitung an EBS Universität für Wirtschaft und Recht in Wiesbaden arbeitete er an der German Graduate School of Management & Law (GGS) in Heilbronn und an der University of Nottingham, UK. Er ist Autor und Gutachter diverser Fachzeitschriften und forscht u. a. zu Fragestellungen im Bereich des nachhaltigen Supply Chain Managements.

Prof. Dr. Martin R. Schulz, LL.M (Yale), ist seit 2009 Professor für deutsches und internationales Privat- und Unternehmensrecht an der German Graduate School of Management and Law (GGS) in Heilbronn. Er leitet dort das Institut für Compliance und Unternehmensrecht und ist akademischer Direktor des berufsbegleitenden Master-Programms „LL.M. in Business Law". Seine Publikations- und Tätigkeitsschwerpunkte sind Gesellschaftsrecht, Compliance-Management im Unternehmen sowie Wissensmanagement für Juristen. Zu diesen Themen hat Martin Schulz zahlreiche Beiträge in deutscher und englischer Sprache veröffentlicht; seine aktuellen Forschungs- und Tätigkeitsfelder umfassen u. a. die Wirksamkeit von Compliance-Management-Systemen, Rechtsfragen der digitalen Transformation sowie Wissens- und Innovationsmanagement in Kanzleien. Martin Schulz verfügt zudem über langjährige Erfahrung als Rechtsanwalt und ist neben seiner Hochschultätigkeit als Rechtsanwalt und Of Counsel bei CMS in Frankfurt am Main tätig.

Dr. Tobias Schwartz ist Rechtsanwalt, Fachanwalt für Steuerrecht und Partner bei Flick Gocke Schaumburg in Bonn. Seine Kompetenzfelder liegen insbesondere in der Beratung von Unternehmen in Fragen der Tax Compliance sowie des Steuerstraf- und Wirtschaftsstrafrechts. Er ist Lehrbeauftragter für Steuerstrafrecht an der Universität Bayreuth und veröffentlicht daneben regelmäßig zu den Themen Tax Compliance und Steuerstrafrecht.

Prof. Dr. Daniela Seeliger ist Partnerin im Bereich Competition/Antitrust bei Linklaters LLP in Düsseldorf. Sie hat umfangreiche Expertise im Rahmen kartellrechtlicher Untersuchungen und der Umsetzung von Compliance-Programmen. Sie ist Non-Governmental Advisor im International Competition Network (ICN), Mitglied der Kommission Wettbewerbsrecht 4.0. des Bundesministeriums für Wirtschaft und Energie und seit Dezember 2018 im Vorstand der Studienvereinigung Kartellrecht e. V. vertreten.

Professor Dr. Christopher Stehr studierte Politik- und Wirtschaftswissenschaften an der Universität von München. 2003 gründete er die Unternehmensberatung polymundo, welche den Fokus Globalisierungsthemen, strategische Beratung und Coaching hat. Zwischen 2003 und 2009 war er Habilitand/Assistent an der Fakultät für Mathematik und Wirtschaftswissenschaften der Universität Ulm im Institut für Unternehmensplanung. Später wurde er Professor für Internationales und Interkulturelles Management sowie Studiengangsleiter International Business an der Karlshochschule International University. Seit Oktober 2010 ist Stehr Professor für Internationales Management an der German Graduate School of Management and Law (GGS) in Heilbronn. 2012 initiierte er zudem die sog. Heilbronner Erklärung, eine freiwillige Selbstverpflichtung mit dem Schwerpunkt CSR zwischen aktuell acht Unternehmen der Region Heilbronn-Franken. Seine Forschungsschwerpunkte sind: Internationalisierung und Globalisierung von KMU, CSR und Nachhaltigkeit und Interkulturelle Kompetenz.

Dr. Anja Stürzl-Friedlein, LL.M., ist als Rechtsanwältin in der Sozietät Flick Gocke Schaumburg in Bonn tätig. Sie berät und verteidigt Privatpersonen und Unternehmen im Bereich des Wirtschaftsstrafrechts sowie schwerpunktmäßig im Bereich des Steuerstrafrechts. In diesen Themenbereichen hält sie Vorträge und veröffentlicht regelmäßig Fachbeiträge. Zudem ist sie Vorstandsvorsitzende des Vereins JuWiSt e. V.

Dr. Thomas Uhlig ist seit 2010 als Rechtsanwalt bei KPMG Law im Bereich der rechtlichen Complianceberatung tätig. Er hat langjährige Erfahrung bei der Beratung international tätiger Unternehmen in den Schwerpunkten Compliance- und Governance-Organisation, Produkt Compliance sowie Compliance Risk Assessments. In diesen Kontext hat er zahlreiche nationale und internationale Projekte geleitet. Bei KPMG Law verantwortet er den Bereich Produkt Compliance.

Dr. Benjamin Ullrich, M.Jur (Oxford), ist Rechtsanwalt und Partner der Sozietät Schnittker Möllmann Partners (SMP). SMP ist eine Spezialkanzlei für Steuern, Fonds, Transaktionen, Gesellschaftsrecht und Litigation. Er ist spezialisiert auf Corporate Compliance sowie M&A- und Venture-Capital-Transaktionen. Im JUVE-Handbuch Wirtschaftskanzleien wird er als „stark in Transaktionen" und als einer der 20 führenden Berater in Deutschland im Bereich Venture Capital genannt.

Klaus G. Walter, Rechtsanwalt und Fachanwalt für Strafrecht, berät in Frankfurt am Main mit seiner Kanzlei FM Strafrecht bundesweit Einzelpersonen und Unternehmen in Wirtschaftsstrafsachen zu allen Aspekten laufender Strafverfahren, aber auch präventiv in strafrechtlichen Compliance-Fragen. Zuvor war er als Wirtschaftsstrafrechtsexperte lange Jahre in der Kanzlei Kempf & Dannenfeldt tätig. Walter verteidigt und berät seine Mandanten schwerpunktmäßig im Korruptionsstrafrecht sowie im Bankenstrafrecht, einige von ihnen in öffentlich bekannt gewordenen Gerichtsverfahren.

Dr. Florian Wettner ist Rechtsanwalt und Partner der Sozietät METIS Rechtsanwälte PartG mbB. Er ist spezialisiert auf nationale und internationale Prozessführung und Schiedsgerichtsbarkeit. Florian Wettner verfügt über umfangreiche Erfahrung in der Aufarbeitung komplexer Schadens- und Haftungsfälle und deren versicherungsrechtlicher Begleitung (insbesondere im Bereich D&O- und sonstiger Vermögensschaden-Haftpflichtversicherungen).

Inhaltsverzeichnis

2. Kapitel

Compliance Management und Strafrecht

(Böttger)

3. Kapitel

**Compliance Management als Schnittstellenaufgabe –
Überlegungen und Anregungen zur erfolgreichen Zusammenarbeit mit
anderen Unternehmensfunktionen**

(Rau)

4. Kapitel
Einführung eines „Code of Conduct"
(Benkert)

5. Kapitel
Whistleblowing-Systeme – Aufbau und Management
(Möhlenbeck)

6. Kapitel

Kommunikationsmanagement und Schulungen

(Hastenrath)

7. Kapitel

**Auswirkungen des ISO-Standards 19600 auf die Prüfung von
Compliance-Management-Systemen nach IDW PS 980**

(von Busekist/Uhlig)

8. Kapitel

Management interner Untersuchungen

(Wettner/Walter)

Teil 2
Übergreifende Themen und Herausforderungen

9. Kapitel
**Risiko- und Chancenmanagement –
Erfolgsfaktoren für eine wirksame Umsetzung**
(Romeike)

10. Kapitel
Governance, Risk und Compliance im Mittelstand – Zusammenhänge und Abhängigkeiten
(Bartuschka)

11. Kapitel

Datenschutz im Compliance Management

(Becker/Böhlke/Fladung)

12. Kapitel

IT-Compliance – Software-Lizenzmanagement, IT-Sicherheit und Blockchain

(Jacobs)

13. Kapitel

Cybersecurity, IT-Sicherheit und Krisenmanagement

(Bensinger)

14. Kapitel

**Corporate Social Responsibility und Corporate Compliance –
Die gesellschaftliche und juristische Verantwortung von Unternehmen**

(Stehr/Knopp)

17. Kapitel
Das Organisationsrisiko der „kriminogenen Verbandsattitüde"
(Rack)

Teil 3

Besondere Aufgaben und Anwendungsfelder

18. Kapitel

Compliance in M&A-Transaktionen

(Ullrich)

19. Kapitel

Die Compliance-Funktion in einem Kreditinstitut

(Renz/Frankenberger)

20. Kapitel
Der Geldwäschebeauftragte – Stellung und Aufgaben
(Kaetzler)

21. Kapitel

Geldwäsche-Compliance in Industrie und Handel

(Komma)

22. Kapitel
Produktbezogenes Compliance- und Risikomanagement im Treasury
(Keßler)

23. Kapitel

Kartellrechts-Compliance

(Seeliger/Heinen/Mross)

24. Kapitel

Compliance-Anforderungen im Wettbewerb um öffentliche Aufträge

(Scherer)

25. Kapitel

Tax Compliance

(Schwartz/Stürzl-Friedlein)

26. Kapitel

Exportkontrolle und Compliance

(von Bodungen)

Abkürzungsverzeichnis

a. A./A. A.	andere(r) Ansicht
a. a. O.	am angegebenen Ort
a. F.	alte Fassung
Abb.	Abbildung
ABC-Waffe	atomare, biologische und chemische Waffe
AbgG	Abgeordnetengesetz in der Fassung der Bekanntmachung vom 21.2.1996 (BGBl. I S. 326), zuletzt geändert durch Artikel 1 des Gesetzes vom 11.7.2014 (BGBl. I S. 906)
ABl.	Amtsblatt
Abs.	Absatz
a. E.	am Ende
AEAO	Anwendungserlass zur Abgabenordnung in der Fassung des BMF-Schreibens vom 31.1.2014 (BStBl. I S. 290), zuletzt geändert durch das BMF-Schreiben vom 23.5.2016 (BStBl. I S. 490)
AEUV	Vertrag über die Arbeitsweise der Europäischen Union, konsolidierte Fassung, ABl. EG Nr. C 115 vom 9.5.2008, zuletzt geändert mit ABl. EU L 112/21 vom 24.4.2012
AG	Aktiengesellschaft/Die Aktiengesellschaft (Zeitschrift)
AGB	Allgemeine Geschäftsbedingung
AGG	Allgemeines Gleichbehandlungsgesetz in der Fassung vom 14.8.2006 (BGBl. I S. 1897), zuletzt geändert durch Artikel 8 des Gesetzes vom 3.4.2013 (BGBl. I S. 610)
AktG	Aktiengesetz in der Fassung vom 6.9.1965 (BGBl. I S. 1089), geändert durch Gesetz vom 10.5.2016 (BGBl. I S. 1142) m.W.v. 17.6.2016
AktG-E	Aktiengesetz-Entwurf
allg.	allgemein(e)
AMG	Arzneimittelgesetz in der Fassung der Bekanntmachung vom 12.12.2005 (BGBl. I S. 3394), geändert durch Artikel 4 Absatz 11 des Gesetzes vom 18.7.2016 (BGBl. I S. 1666)
ÄndG.	Änderungsgesetz
Anh.	Anhang
Anm.	Anmerkung(en)
AO	Abgabenordnung in der Fassung der Bekanntmachung vom 1.10.2002 (BGBl. I S. 3866; 2003 I S. 61), geändert durch Artikel 3 Absatz 13 des Gesetzes vom 26.7.2016 (BGBl. I S. 1824)
App	Applikation (Anwendungsprogramm, -software)
AR	Aufsichtsrat

ArbG	Arbeitsgericht
Art.	Artikel
AstBV (St)	Anweisungen für das Straf- und Bußgeldverfahren (Steuer)
AStG	Gesetz über die Besteuerung bei Auslandsbeziehungen (Außensteuergesetz) vom 8.9.1972 (BGBl. I S. 1713), zuletzt geändert durch Artikel 6 des Gesetzes vom 19.7.2016 (BGBl. I S. 1730)
AT	amtlicher Teil/allgemeiner Teil
AuA	Arbeit und Arbeitsrecht (Zeitschrift)
Aufl.	Auflage
Ausschussdrucks.	Ausschussdrucksache
AW-Prax.	Außenwirtschaftliche Praxis (Zeitschrift)
AWG	Außenwirtschaftsgesetz in der Fassung der Bekanntmachung vom 6.6.2013 (BGBl. I S. 1482), zuletzt geändert durch Artikel 6 des Gesetzes vom 3.12.2015 (BGBl. I S. 2178)
AWV	Außenwirtschaftsverordnung vom 2.8.2013 (BGBl. I S. 2865), zuletzt geändert durch Artikel 1 der Verordnung vom 14.3.2016 (BAnz AT 18.3.2016 V1)
Az.	Aktenzeichen
BAFA	Bundesamt für Wirtschaft und Ausfuhrkontrolle
BaFin	Bundesanstalt für Finanzdienstleistungsaufsicht
BAG	Bundesarbeitsgericht
BAnz.	Bundesanzeiger
BayObLG	Bayerisches Oberstes Landesgericht
BB	Betriebs-Berater (Zeitschrift)
BBG	Bundesbeamtengesetz vom 5.2.2009 (BGBl. I S. 160), geändert durch Artikel 3 Absatz 3 des Gesetzes vom 18.7.2016 (BGBl. I S. 1666)
BCBS	Basel Committee on Banking Supervision
Bd.	Band
BDI	Bundesverband der Deutschen Industrie e. V.
BDSG	Bundesdatenschutzgesetz in der Fassung der Bekanntmachung vom 14.1.2003 (BGBl. I S. 66), zuletzt geändert durch Gesetz vom 25.2.2015 (BGBl. I S. 162) m.W. v. 1.1.2016
BeckRS	Beck-online Rechtsprechung
Begr.	Begründung
Beil.	Beilage
Bek.	Bekanntmachung
BetrVG	Betriebsverfassungsgesetz in der Fassung der Bekanntmachung vom 25.9.2001 (BGBl. I S. 2518), zuletzt geändert durch Artikel 3 Absatz 4 des Gesetzes vom 20.4.2013 (BGBl. I S. 868)

Beschl.	Beschluss
BFH	Bundesfinanzhof
BFH/NV	Sammlung der Entscheidungen des Bundesfinanzhofs, die nicht veröffentlicht wurden (Zeitschrift)
BGB	Bürgerliches Gesetzbuch in der Fassung der Bekanntmachung vom 2.1.2002 (BGBl. I S. 42, 2909; 2003 I S. 738), geändert durch Gesetz vom 24.5.2016 (BGBl. I S. 1190)
BGBl.	Bundesgesetzblatt
BGH	Bundesgerichtshof
BGHSt	Entscheidungssammlung des Bundesgerichtshofes in Strafsachen
BGHZ	Entscheidungssammlung des Bundesgerichtshofes in Zivilsachen
BHO	Bundeshaushaltsordnung
BImschG	Gesetz zum Schutz vor schädlichen Umwelteinwirkungen durch Luftverunreinigungen, Geräusche, Erschütterungen und ähnliche Vorgänge (Bundes-Immissionsschutzgesetz) in der Fassung der Bekanntmachung vom 17.5.2013 (BGBl. I S. 1274), geändert durch Artikel 3 des Gesetzes vom 26.7.2016 (BGBl. I S. 1839)
BKA	Bundeskriminalamt
BKartA	Bundeskartellamt
BKR	Zeitschrift für Bank- und Kapitalmarktrecht (Zeitschrift)
BMF	Bundesministerium der Finanzen
BMI	Bundesministerium des Inneren
BMJV	Bundesministerium der Justiz und für Verbraucherschutz
BOARD	Zeitschrift für Aufsichtsräte in Deutschland (Zeitschrift)
BpO	Betriebsprüfungsordnung
BR-Drucks.	Bundesratsdrucksache
BRAK	Bundesrechtsanwaltskammer
BRAO	Bundesrechtsanwaltsordnung vom 1.8.1959 (BGBl. I S. 565), zuletzt geändert durch Gesetz vom 19.2.2016 (BGBl. I S. 254) m.W. v. 1.4.2016
BremGbl.	Gesetzblatt der Freien Hansestadt Bremen
BSI	Bundesamt für Sicherheit in der Informationstechnik
BSIG	Gesetz über das Bundesamt für Sicherheit in der Informationstechnik (BSI-Gesetz) vom 14.8.2009 (BGBl. I S. 2821), geändert durch Artikel 3 Absatz 6 des Gesetzes vom 18.7.2016 (BGBl. I S. 1666)
BSI-KritisV	Verordnung zur Bestimmung Kritischer Infrastrukturen nach dem BSI-Gesetz (BSI-Kritisverordnung) vom 22.4.2016 (BGBl. I S. 958)
bspw.	beispielsweise

BStBl.	Bundessteuerblatt
BT	Besonderer Teil
BT-Drucks.	Bundestagsdrucksache
BUrlG	Bundesurlaubsgesetz in der im Bundesgesetzblatt Teil III, Gliederungsnummer 800-4, veröffentlichten bereinigten Fassung, zuletzt geändert durch Artikel 3 Absatz 3 des Gesetzes vom 20.4.2013 (BGBl. I S. 868)
BV	Betriebsvereinbarung
BvD-News	Zeitschrift des Berufsverband der Datenschutzbeauftragten Deutschlands (Zeitschrift)
BVerfG	Bundesverfassungsgericht
BVerfGE	Bundesverfassungsgericht, Entscheidungssammlung
BVMed	Bundesverband Medizintechnologie
bzgl.	bezüglich
BZRG	Gesetz über das Zentralregister und das Erziehungsregister (Bundeszentralregistergesetz) in der Fassung der Bekanntmachung vom 21.9.1984 (BGBl. I S. 1229, 1985 I S. 195), zuletzt geändert durch Artikel 2 des Gesetzes vom 11.10.2016 (BGBl. I S. 2226)
bzw.	beziehungsweise
ca.	circa
CB	Compliance-Berater (Zeitschrift)
CCO	Chief Compliance Officer
CCZ	Corporate Compliance Zeitschrift (Zeitschrift)
CD	Compact Disk (Datenträger)
CEO	Chief Executive Officer
CFO	Chief Financial Officer
CMS	Compliance-Management-System
COSO	Committee of Sponsoring Organizations of the Treadway Commission
CR	Computer & Recht (Zeitschrift)
CRi	Computer Law Review International (Zeitschrift)
CSR	Corporate Social Responsibility
CSV	Creating Shared Value
D&O-Versicherung	Directors-and-Officers-Versicherung (Organ- oder Manager-Haftpflichtversicherung)
dass.	dasselbe
DAX	Deutscher Aktienindex
DB	Der Betrieb (Zeitschrift)
DCGK	Deutscher Corporate Governance Kodex
DDR	Deutsche Demokratische Republik

ders.	derselbe
d. h.	das heißt
d. i.	das ist
dies.	dieselbe(n)
Diss.	Dissertation
DJT	Deutscher Juristentag
DMS	Datenschutzmanagementsystem
DNK	Deutscher Nachhaltigkeitskodex
DÖV	Die Öffentliche Verwaltung (Zeitschrift)
Dr.	Doktor
DRS	Deutsche Rechnungslegungs Standards
DRSC	Deutsche Rechnungslegungs Standards Committee
DRV	Deutscher Rahmenvertrag für Finanztermingeschäfte
DSB	Datenschutzbeauftragte(r)
DSGVO	Datenschutzgrundverordnung
DSRITB	Deutsche Stiftung für Recht und Informatik – Tagungsband (Zeitschrift)
DStR	Deutsches Steuerrecht (Zeitschrift)
DStRE	Deutsches Steuerrecht – Entscheidungsdienst (Zeitschrift)
DtZ	Deutsch-Deutsche Rechts-Zeitschrift (Zeitschrift)
DuD	Datenschutz und Datensicherheit (Zeitschrift)
DVD	Digital Versatile Disc (Datenträger)
EBA	European Banking Authority (Europäische Bankenaufsichtsbehörde)
EBITDA	Earnings before Interests, Taxes, Depreciation and Amortisation (Ergebnis vor Zinsen, Steuern und Abschreibungen)
EBRG	Europäische Betriebsräte-Gesetz in der Fassung der Bekanntmachung vom 7.12.2011 (BGBl. I S. 2650)
E-Commerce	Elektronischer Handel/Internethandel
EDV	Elektronische Datenverarbeitung
EFZG	Entgeltfortzahlungsgesetz vom 26.5.1994 (BGBl. I S. 1014, 1065), zuletzt geändert durch Artikel 7 des Gesetzes vom 16.7.2015 (BGBl. I S. 1211)
EG	Europäische Gemeinschaft
EGMR	Europäischer Gerichtshof für Menschenrechte
EIOPA	European Insurance and Occupational Pensions Authority (Europäische Aufsichtsbehörde für das Versicherungswesen und die betriebliche Altersversorgung)
EL.	Ergänzungslieferung
E-Learning	electronic learning (elektronisch unterstütztes Lernen)

EMIR	European Market Infrastructure Regulation (Verordnung [EU] Nr. 648/2012 des Europäischen Parlaments und des Rates vom 4.7.2012 über OTC-Derivate, zentrale Gegenparteien und Transaktionsregister
EMRK	Europäische Menschenrechtskonvention
endg.	endgültig
EnergieStG	Energiesteuergesetz vom 15.7.2006 (BGBl. I S. 1534; 2008 I S. 660, 1007), zuletzt geändert durch Artikel 10 des Gesetzes vom 3.12.2015 (BGBl. I S.2178)
EnWG	Energiewirtschaftsgesetz vom 7.7.2005 (BGBl. I S. 1970, 3621), geändert durch Artikel 3 des Gesetzes vom 29.8.2016 (BGBl. I S. 2034)
ErbStG	Erbschaftsteuer- und Schenkungsteuergesetz in der Fassung der Bekanntmachung vom 27.2.1997 (BGBl. I S. 378), zuletzt geändert durch Artikel 8 des Gesetzes vom 31.7.2016 (BGBl. I S. 1914)
ESMA	European Securities and Markets Authority (Europäische Wertpapier- und Marktaufsichtsbehörde)
ESt	Einkommenssteuer
EStG	Einkommensteuergesetz in der Fassung der Bekanntmachung vom 8.10.2009 (BGBl. I S. 3366, 3862), zuletzt geändert durch Artikel 7 des Gesetzes vom 31.7.2016 (BGBl. I S. 1914)
et al.	et alii (und andere)
etc.	et cetera
EU	Europäische Union
EUBestG	EU-Bestechungsgesetz vom 10.9.1998 (BGBl. 1998 II S. 2340), zuletzt geändert durch Artikel 2 des Gesetzes vom 20.11.2015 (BGBl. I S. 2025)
EuG	Gericht der Europäischen Union
EuGH	Gerichtshof der Europäischen Union
EuR	Europarecht (Zeitschrift)
EUR	Euro
EURIBOR	Euro Interbank Offered Rate (Referenzzinssatz für Termingelder in Euro im Interbankengeschäft)
EUROPOL	Europäisches Polizeiamt
e. V.	eingetragener Verein
EWR	Europäischer Wirtschaftsraum
EuZW	Europäische Zeitschrift für Wirtschaftsrecht (Zeitschrift)
f.	folgende
F&E	Forschung und Entwicklung
FAQ	Frequently Asked Questions

L

ff.	fortfolgende
FG	Finanzgericht
FGO	Finanzgerichtsordnung in der Fassung der Bekanntmachung vom 28.3.2001 (BGBl. I S. 442, 2262; 2002 I S. 679), zuletzt geändert durch Artikel 8 des Gesetzes vom 11.10.2016 (BGBl. I S. 2222)
FKVO	Verordnung (EG) Nr. 139/2004 des Rates vom 20.1.2004 über die Kontrolle von Unternehmenszusammenschlüssen („EG-Fusionskontrollverordnung")
Fn.	Fußnote
FS	Festschrift
GA	Goltdammer's Archiv für Strafrecht (Zeitschrift)
GbR	Gesellschaft bürgerlichen Rechts
GewO	Gewerbeordnung in der Fassung der Bekanntmachung vom 22.2.1999 (BGBl. I S. 202), zuletzt geändert durch Gesetz vom 31.7.2016 (BGBl. I S. 1914) m.W. v. 6.8.2016
GewSt	Gewerbesteuer
GewStG	Gewerbesteuergesetz in der Fassung der Bekanntmachung vom 15.10.2002 (BGBl. I S. 4167), zuletzt geändert durch Artikel 5 des Gesetzes vom 2.11.2015 (BGBl. I S. 1834)
GF	Geschäftsführer
GG	Grundgesetz für die Bundesrepublik Deutschland in der im BGBl. Teil III, Gliederungsnummer 100-1, veröffentlichten bereinigten Fassung, geändert zuletzt durch Gesetz vom 23.12.2014 (BGBl. I S. 2438) m.W. v. 1.1.2015
ggf./ggfs.	gegebenenfalls
GmbH	Gesellschaft mit beschränkter Haftung
GmbH & Co KG	Gesellschaft mit beschränkter Haftung & Compagnie Kommanditgesellschaft
GmbHG	Gesetz betreffend die Gesellschaften mit beschränkter Haftung (GmbH-Gesetz) in der Fassung vom 20.4.1892 (RGBl. I S. 477), zuletzt geändert durch Gesetz vom 10.5.2016 (BGBl. I S. 1142) m.W. v. 17.6.2016
GmbHR	GmbH-Rundschau (Zeitschrift)
GRC	Governance, Risikomanagement & Compliance
GRI	Global Reporting Initiative
GrEStG	Grunderwerbsteuergesetz in der Fassung der Bekanntmachung vom 26.2.1997 (BGBl. I S. 418, 1804), zuletzt geändert durch Artikel 18 des Gesetzes vom 18.7.2016 (BGBl. I S. 1679)
GRUR	Gewerblicher Rechtsschutz und Urheberrecht (Zeitschrift)

GRUR-RR	Gewerblicher Rechtsschutz und Urheberrecht Rechtsprechungs-Report (Zeitschrift)
GSSt	Großer Senat für Strafsachen
GVOBl.	Gesetz- und Verordnungsblatt
GWB	Gesetz gegen Wettbewerbsbeschränkungen in der Fassung der Bekanntmachung vom 26.6.2013 (BGBl. I S. 1750, 3245), zuletzt geändert durch Artikel 4 Absatz 8 des Gesetzes vom 11.10.2016 (BGBl. I S. 2262)
GwG	Gesetz über das Aufspüren von Gewinnen aus schweren Straftaten (Geldwäschegesetz) in der Fassung der Bekanntgabemachung vom 13.8.2008 (BGBl. I S. 1690), zuletzt geändert durch Artikel 7 des Gesetzes vom 11.4.2016 (BGBl. I S. 720)
GWR	Gesellschafts- und Wirtschaftsrecht (Zeitschrift)
Hdb.	Handbuch
HGB	Handelsgesetzbuch in der Fassung vom 10.5.1897 (RGBl. I S. 219), zuletzt geändert durch Gesetz vom 5.7.2016 (BGBl. I S. 1578 BGBl. I S. 1578)
HGB-E	HGB-Entwurf
h. L.	herrschende Lehre
h. M.	herrschende Meinung
HmbGVBl.	Hamburgisches Gesetz- und Verordnungsblatt
HR	Human Ressources
HRRS	Online-Zeitschrift für Höchstrichterliche Rechtsprechung im Strafrecht (Online-Zeitschrift)
Hrsg.	Herausgeber
IBR	Immobilien & Baurecht (Zeitschrift)
ICRM	Integrierters Compliance- und Risikomanagement
i. d. F.	in der Form
i. d. R.	in der Regel
i. e. S.	im engeren Sinne
i. H.v.	in Höhe von
IKS	Internes Kontrollsystem
Inc.	Incorporated (Amerikanische Gesellschaftsform)
inkl.	inklusive
insb.	insbesondere
InsO	Insolvenzordnung vom 5.10.1994 (BGBl. I S. 2866), zuletzt geändert durch Artikel 16 des Gesetzes vom 20.11.2015 (BGBl. I S. 2010)

InstitutsVergV	Verordnung über die aufsichtsrechtlichen Anforderungen an Vergütungssysteme von Instituten (Institutsvergütungsverordnung) in der Fassung vom 6.10.2010 (BGBl. I S. 1374), zuletzt geändert durch Gesetz vom 16.12.2013 (BGBl. I S. 4270)
IntBestG	Gesetz zur Bekämpfung internationaler Bestechung vom 10.9.1998 (BGBl. 1998 II S. 2327), geändert durch Artikel 5 des Gesetzes vom 20.11.2015 (BGBl. I S. 2025)
INTERPOL	Internationale kriminalpolizeiliche Organisation
InvG	Investmentgesetz, aufgehoben durch Artikel 2a des Gesetzes vom 4.7.2013 (BGBl. I S. 1981)
i.S.d.	im Sinne des/im Sinne der
i.S.e.	im Sinne einer/im Sinne eines
i.S.v.	im Sinne von
IT	Informationstechnik
ITRB	Der IT-Rechts-Berater (Zeitschrift)
i.V.m.	in Verbindung mit
KAGB	Kapitalanlagegesetzbuch in der Fassung der Bekanntmachung vom 4.7.2013 (BGBl. I S. 1981), zuletzt geändert durch Artikel 6 des Gesetzes vom 30.6.2016 (BGBl. I S. 1514)
Kap.	Kapitel
KG	Kommanditgesellschaft
KMU	kleine und mittlere Unternehmen
Komm.	Kommission der Europäischen Union/Kommentar
KOM (2001) 366 endg.	Kommission der Europäischen Gemeinschaften – GRÜNBUCH – Europäische Rahmenbedingungen für die soziale Verantwortung der Unternehmen vom 18.7.2001
KOM (2011) 206 endg.	Mitteilung der Europäischen Kommission an das Europäische Parlament, den Rat, den Europäischen Wirtschafts- und Sozialausschuss und den Ausschuss der Regionen – Binnenmarktakte – vom 13.4.2011
KOM (2011) 681 endg.	Mitteilung der Europäischen Kommission an das Europäische Parlament, den Rat, den Europäischen Wirtschafts- und Sozialausschuss und den Ausschuss der Regionen – Neue Strategie für soziale Verantwortung der Unternehmen (CSR) – vom 25.10.2011
KonTraG	Gesetz zur Kontrolle und Transparenz im Unternehmensbereich vom 27.4.1998 (BGBl. I S. 786)
KorrBekG	Gesetz zur Bekämpfung der Korruption vom 13.8.1997 (BGBl. I 1997, S. 2038) und vom 20.11.2015 (BGBl. I S. 2025)

KRITIS-Betreiber	Betreiber kritischer Infrastrukturen
KSchG	Kündigungsschutzgesetz in der Fassung der Bekanntmachung vom 25.8.1969 (BGBl. I S. 1317), zuletzt geändert durch Artikel 3 Absatz 2 des Gesetzes vom 20.4.2013 (BGBl. I S. 868)
KSt	Körperschaftssteuer
KStG	Körperschaftsteuergesetz in der Fassung der Bekanntmachung vom 15.10.2002 (BGBl. I S. 4144), zuletzt geändert durch Artikel 4 des Gesetzes vom 19.7.2016 (BGBl. I S. 1730)
KSzW	Kölner Schrift zum Wirtschaftsrecht (Zeitschrift)
KWG	Gesetz über das Kreditwesen (Kreditwesengesetz) in der Fassung vom 9.9.1998 (BGBl. I S. 2776), geändert durch Artikel 3 und 4 des Gesetzes vom 30.6.2016 (BGBl. I S. 1514)
KWKG	Gesetz über die Kontrolle von Kriegswaffen (Kriegswaffenkontrollgesetz) in der Fassung der Bekanntmachung vom 22.11.1990 (BGBl. I S. 2506), zuletzt geändert durch Artikel 30 der Verordnung vom 31.8.2015 (BGBl. I S. 1474)
LAG	Landesarbeitsgericht
LCO	Local Compliance Officer
LG	Landgericht
lit.	littera (Buchstabe)
LK	Leipziger Kommentar
LohnSt	Lohnsteuer
LPartG	Lebenspartnerschaftsgesetz vom 16.2.2001 (BGBl. I S. 266), zuletzt geändert durch Artikel 19 des Gesetzes vom 20.11.2015 (BGBl. I S. 2010)
M&A	Mergers and Acquisitions
MaComp	Mindestanforderungen an die Compliance-Funktion und die weiteren Verhaltens-, Organisations- und Transparenzpflichten nach dem Wertpapierhandelsgesetz für Wertpapierdienstleistungsunternehmen (Verwaltungsanweisungen, von der Bundesanstalt für Finanzdienstleistungsaufsicht in Form eines Rundschreibens erlassen)
MAD	Market Abuse Directive (Richtlinie 2003/6/EG des europäischen Parlaments und des Rates vom 28.1.2003 über Insider-Geschäfte und Marktmanipulation [Marktmissbrauch])
MAH	Münchener Anwaltshandbuch
MAR	Market Abuse Regulation (Verordnung [EU] Nr. 596/2014 des Europäischen Parlaments und des Rates vom 16.4.2014)

MaRisk	Mindestanforderungen an das Risikomanagement (Verwaltungsanweisungen, von der Bundesanstalt für Finanzdienstleistungsaufsicht in Form eines Rundschreibens erlassen)
m. E.	meines Erachtens
MiFID II	Markets in Financial Instruments Directive (Richtlinie 2014/65/EU des Europäischen Parlaments und des Rates vom 15.5.2014)
MiLoG	Gesetz zur Regelung eines allgemeinen Mindestlohns (Mindestlohngesetz) in der Fassung vom 11.8.2014 (BGBl. I S. 1348), geändert durch Artikel 2 Absatz 10 des Gesetzes vom 17.2.2016 (BGBl. I S. 203)
Min.	Minute(n)
Mio.	Million(en)
MMR	Multimedia und Recht (Zeitschrift)
Mrd.	Milliarde(n)
MschrKrim	Monatsschrift für Kriminologie und Strafrechtsreform (Zeitschrift)
MüKo/ MünchKomm.	Münchener Kommentar
m. w. N./ m. w. Nachw.	mit weiteren Nachweisen
m. W. v.	mit Wirkung vom
n. F.	neue Fassung
NGO	Non-Governmental Organizsation (Nichtregierungsorganisation)
NIS-RL	EU-Richtlinie zur Verbesserung der Netz- und Informationssicherheit
NJW	Neue Juristische Wochenschrift (Zeitschrift)
NJW-RR	Neue Juristische Wochenschrift Rechtsprechungs-Report (Zeitschrift)
NK-StGB	NomosKommentar StGB
Nr.	Nummer
NRW	Nordrhein-Westfalen (Bundesland)
NStZ	Neue Zeitschrift für Strafrecht (Zeitschrift)
NStZ-RR	Rechtssprechungsreport Strafrecht (Zeitschrift)
n. v.	nicht veröffentlicht
NWB	Steuer- und Wirtschaftsrecht (Zeitschrift)
NZA	Neue Zeitschrift für Arbeitsrecht (Zeitschrift)
NZA-RR	Rechtsprechungs-Report Arbeitsrecht (Zeitschrift)
NZG	Neue Zeitschrift für Gesellschaftsrecht (Zeitschrift)
NZKart	Neue Zeitschrift für Kartellrecht (Zeitschrift)

NZWiSt	Neue Zeitschrift für Wirtschafts-, Steuer- und Unternehmensstrafrecht (Zeitschrift)
o. Ä.	oder Ähnlich(e/es)
OECD	Organization for Economic Co-operation and Development (Organisation für wirtschaftliche Zusammenarbeit und Entwicklung)
OHG	Offene Handelsgesellschaft
o. g.	oben genannte(r)
OLG	Oberlandesgericht
OWiG	Gesetz über Ordnungswidrigkeiten in der Fassung der Bekanntmachung vom 19.2.1987 (BGBl. I S. 602), zuletzt geändert durch Gesetz vom 13.5.2015 (BGBl. I S. 706) m.W. v. 23.5.2015
p. a.	per anno (pro Jahr)
PartG	Gesetz über die politischen Parteien (Parteiengesetz) in der Fassung der Bekanntmachung vom 31.1.1994 (BGBl. I S. 149), zuletzt geändert durch Artikel 1 des Gesetzes vom 22.12.2015 (BGBl. I S. 2563)
PC	Personal Computer
PR	Public Relations (Öffentlichkeitsarbeit)
PSR	Personal Social Responsibility
PStR	Praxis Steuerstrafrecht (Zeitschrift)
PublG	Gesetz über die Rechnungslegung von bestimmten Unternehmen und Konzernen (Publizitätsgesetz) vom 15.8.1969 (BGBl. I S. 1189), zuletzt geändert durch Artikel 4 des Gesetzes vom 24.5.2016 (BGBl. I S. 1190)
RA	Rechtsanwalt
RAin	Rechtsanwältin
RDV	Recht der Datenverarbeitung (Zeitschrift)
RegE.	Regierungsentwurf
RGBl.	Deutsches Reichsgesetzblatt
RGSt	Entscheidungen des Reichsgerichts in Strafsachen
RiStBV	Richtlinien für das Strafverfahren und das Bußgeldverfahren
RL	Richtlinie
RMS	Risikomanagementsystem
Rn.	Randnummer
RNE	Rat für Nachhaltige Entwicklung
Rspr.	Rechtsprechung

S.	Seite
SE	Societas Europaea (Europäische Gesellschaft)
Sec.	Section
SEPA	Single Euro Payments Area (Einheitlicher Euro-Zahlungsverkehrsraum)
SGB IV	Das Vierte Buch Sozialgesetzbuch – Gemeinsame Vorschriften für die Sozialversicherung – in der Fassung der Bekanntmachung vom 12.11.2009 (BGBl. I S. 3710, 3973; 2011 I S. 363), zuletzt geändert durch Artikel 28 des Gesetzes vom 20.11.2015 (BGBl. I S. 2010)
SGB V	Das Fünfte Buch Sozialgesetzbuch – Gesetzliche Krankenversicherung – (Artikel 1 des Gesetzes vom 20.12.1988, BGBl. I S. 2477, 2482), geändert durch Artikel 2 des Gesetzes vom 11.10.2016 (BGBl. I S. 2233)
SIEM-System	Security, Information and Event-Management-System
SMS	Short Message Service
s. o.	siehe oben
sog.	sogenannt/sogenannte(r/s)
s. u.	siehe unten/siehe unter
Slg.	Sammlung der Rechtsprechung des Gerichtshofs und des Gerichts der Europäischen Union
Stbg	Die Steuerberatung (Zeitschrift)
StGB	Strafgesetzbuch in der Fassung der Bekanntma chung vom 13.11.1998 (BGBl. I S. 3322), zuletzt geändert durch Gesetz vom 3.12.2015 (BGBl. I S. 2177) m.W.v. 10.12.2015
StPO	Strafprozeßordnung in der Fassung der Bekanntmachung vom 7.4.1987 (BGBl. I S. 1074, 1319), zuletzt geändert durch Artikel 4 Absatz 5 des Gesetzes vom 11.10.2016 (BGBl. I S. 2226)
StraFo	StrafverteidigerForum (Zeitschrift)
StromStG	Stromsteuergesetz vom 24.3.1999 (BGBl. I S. 378; 2000 I S. 147), zuletzt geändert durch Artikel 11 des Gesetzes vom 3.12.2015 (BGBl. I S. 2178)
st. Rspr.	ständige Rechtsprechung
StV	Strafverteidiger (Zeitschrift)
TK	Telekommunikation
TKG	Telekommunikationsgesetz vom 22.6.2004 (BGBl. I S. 1190), geändert durch Artikel 9 des Gesetzes vom 26.7.2016 (BGBl. I S. 1818)

TMG	Telemediengesetz vom 26.2.2007 (BGBl. I S. 179), geändert durch Artikel 1 des Gesetzes vom 21.7.2016 (BGBl. I S. 1766)
Tz.	Textziffer
u.	und
u. a.	unter anderem/und andere
u. a. m.	und andere(s) mehr
Ubg	Die Unternehmensbesteuerung (Zeitschrift)
UmwG	Umwandlungsgesetz vom 28.10.1994 (BGBl. I S. 3210; 1995 I S. 428), zuletzt geändert durch Artikel 22 des Gesetzes vom 24.4.2015 (BGBl. I S. 642)
UN	United Nations (Vereinte Nationen)
UNO	United Nations Organization (Organisation der Vereinten Nationen)
Unterabs.	Unterabsatz
UrhG	Gesetz über Urheberrecht und verwandte Schutzrechte (Urheberrechtsgesetz) vom 9.9.1965 (BGBl. I S. 1273), zuletzt geändert durch Artikel 7 des Gesetzes vom 4.4.2016 (BGBl. I S. 558)
Urt.	Urteil
USA	United States of America
USD	US-Dollar
USt	Umsatzsteuer
UStG	Umsatzsteuergesetz in der Fassung der Bekanntmachung vom 21.2.2005 (BGBl. I S. 386), zuletzt geändert durch Artikel 5 des Gesetzes vom 19.7.2016 (BGBl. I S. 1730)
usw.	und so weiter
u. U.	unter Umständen
UVgO	Verfahrensordnung für die Vergabe öffentlicher Liefer- und Dienstleistungsaufträge unterhalb der EU-Schwellenwerte (Unterschwellenvergabeordnung)
v.	von, vom
VAG	Gesetz über die Beaufsichtigung der Versicherungsunternehmen (Versicherungsaufsichtsgesetz) vom 1.4.2015 (BGBl. I S. 434), geändert durch Artikel 3 Absatz 6 des Gesetzes vom 26.7.2016 (BGBl. I S. 1824)
v. H.	von Hundert
verb.	verbunden
VersR	Versicherungsrecht (Zeitschrift)

VersStG	Versicherungsteuergesetz in der Fassung der Bekanntmachung vom 10.1.1996 (BGBl. I S. 22), zuletzt geändert durch Artikel 25 des Gesetzes vom 20.11.2015 (BGBl. I S. 2029)
VG	Verwaltungsgericht
vgl.	vergleiche
VgV	Verordnung über die Vergabe öffentlicher Aufträge (Vergabeverordnung)
VK	Vergabekammer
VO	Verordnung
VOB/A	Vergabe- und Vertragsordnung für Bauleistungen – Teil A
vs.	versus
VVG	Gesetz über den Versicherungsvertrag (Versicherungsvertragsgesetz) vom 23.11.2007 (BGBl. I S. 2631), zuletzt geändert durch Artikel 15 des Gesetzes vom 19.2.2016 (BGBl. I S. 254)
VW	Volkswagen (Automobilhersteller)
Webinar	Web-Seminar (Seminar, das über das Internet abgehalten wird)
WM	Zeitschrift für Wirtschafts- und Bankrecht (Zeitschrift)
WP	Wirtschaftsprüfer
WpDVerOV	Verordnung zur Konkretisierung der Verhaltensregeln und Organisationsanforderungen für Wertpapierdienstleistungsunternehmen (Wertpapierdienstleistungs-, Verhaltens- und Organisationsverordnung) vom 20.7.2007 (BGBl. I S. 1432), zuletzt geändert durch Artikel 12 des Gesetzes vom 20.11.2015 (BGBl. I S. 2029)
WpHG	Gesetz über den Wertpapierhandel (Wertpapierhandelsgesetz) in der Fassung vom 9.9.1998 (BGBl. I S. 2708) geändert durch Gesetz vom 30.6.2016 (BGBl. I S. 1514) m.W.v. 2.7.2016
WpHGMaAnzV	Verordnung über den Einsatz von Mitarbeitern in der Anlageberatung, als Vertriebsbeauftragte oder als Compliance-Beauftragte und über die Anzeigepflichten nach § 34d des Wertpapierhandelsgesetzes (WpHG-Mitarbeiteranzeigeverordnung) in der Fassung der Bekanntgabe vom 21.12.2011 (BGBl. I S. 3116), geändert durch Artikel 16 Absatz 5 des Gesetzes vom 30.6.2016 (BGBl. I S. 1514)
WpÜG	Wertpapiererwerbs- und Übernahmegesetz vom 20.12.2001 (BGBl. I S. 3822), geändert durch Artikel 4 Absatz 50 des Gesetzes vom 18.7.2016 (BGBl. I S. 1666)

WReg	Gesetz zur Einrichtung und zum Betrieb eines Registers zum Schutz des Wettbewerbs um öffentliche Aufträge und Konzessionen (Wettbewerbsregistergesetz)
WRP	Wettbewerb in Recht und Praxis (Zeitschrift)
WuW	Wirtschaft und Wettbewerb (Zeitschrift)
WuW/E	Wirtschaft und Wettbewerb, Entscheidungssammlung
ZAG	Gesetz über die Beaufsichtigung von Zahlungsdiensten (Zahlungsdiensteaufsichtsgesetz) vom 25.6.2009 (BGBl. I S. 1506), zuletzt geändert durch Artikel 14 des Gesetzes vom 11.3.2016 (BGBl. I S. 396)
z. B.	zum Beispiel
ZCG	Zeitschrift für Corporate Governance (Zeitschrift)
ZD	Zeitschrift für Datenschutz (Zeitschrift)
ZHR	Zeitschrift für das gesamte Handels- und Wirtschaftsrecht (Zeitschrift)
Ziff.	Ziffer
ZIP	Zeitschrift für Wirtschaftsrecht (Zeitschrift)
ZIS	Zeitschrift für Internationale Strafrechtsdogmatik (Zeitschrift)
ZJS	Zeitschrift für das Juristische Studium (Zeitschrift)
ZGR	Zeitschrift für Unternehmens- und Gesellschaftsrecht (Zeitschrift)
ZRFC	Risk, Fraud & Compliance (Zeitschrift)
z. T.	zum Teil
ZUM	Zeitschrift für Urheber- und Medienrecht (Zeitschrift)
ZWH	Zeitschrift für Wirtschaftsstrafrecht und Haftung im Unternehmen (Zeitschrift)

Teil 1
Grundlagen, Erfolgsfaktoren und Handlungsstrategien

1. Kapitel
Compliance Management –
Grundlagen, Orientierungshilfen und Erfolgsfaktoren

I. Grundlagen und Zusammenhänge

1. Bedeutung von Compliance und positive Wirkung von Compliance Management

Die Bedeutung von Compliance für Unternehmen und Verbände[1] geht über den **1** Wortsinn der reinen Regelbefolgung bzw. Regelkonformität weit hinaus.[2] Wenngleich es an einer einheitlichen Definition fehlt, wird Compliance häufig als Summe derjenigen Maßnahmen verstanden, die der Einhaltung aller an Unternehmen gerichteten Gesetze und Regeln dienen.[3] Im Mittelpunkt stehen organisatorische Vorkehrungen zur Verhinderung von Regelverstößen, zur Aufdeckung von „Non-Compliance", zur angemessenen Reaktion bzw. Sanktionierung, zur Vermeidung von Wiederholungsfällen sowie zur regelmäßigen Aktualisierung dieser Maßnahmen (**Compliance Management**).[4]

Neuere Entwicklungen in Rechtsprechung und Gesetzgebung zeigen, dass Com- **2** pliance-Maßnahmen für Unternehmen und Verbände positive Wirkungen haben: Wie der Bundesgerichtshof in seinem Urteil vom 9.5.2017 ausdrücklich festgestellt hat, ist bei Regelverstößen im Rahmen der Bußgeldbemessung von Bedeutung, inwieweit ein Unternehmen seiner Pflicht, Rechtsverletzungen aus der Sphäre des Unternehmens zu unterbinden, genügt und ein „effizientes Compli-

---

1 Die Begriffe „Unternehmen" und „Verband" werden nachfolgend synonym verwandt.

2 Zur Herkunft und Begriffsentwicklung von Compliance siehe *Klopp*, Der Compliance-Beauftragte, 2012, 21 ff.; *Kutschelis*, Korruptionsprävention und Geschäftsleiterpflichten im nationalen und internationalen Unternehmensverbund, 2014, 90 f.; *Jenne*, Die Überprüfung und Zertifizierung von Compliance-Management-Systemen, 2017, 32 ff.; *Balke*, in: Born/Ghassemi-Tabar/Gehle (Hrsg.) MHdBGesR VII, 6. Aufl. 2020, § 104, Rn. 2.

3 *Klopp*, Der Compliance-Beauftragte, 2012, 22 f. m. w. N.; ferner *Lelley*, Compliance im Arbeitsrecht, 2010, 9 ff.; *Schmidt*, Compliance in Kapitalgesellschaften, 2010, 18 ff.; *v. Marnitz*, Compliance-Management für mittelständische Unternehmen, 2011, 1 ff.; *Balke*, in: Born/Ghassemi-Tabar/Gehle (Hrsg.), MHdBGesR VII, 6. Aufl. 2020, § 104, Rn. 2.

4 Vgl. *Jenne*, Die Überprüfung und Zertifizierung von Compliance-Management-Systemen, 2017, 34 ff.; *Balke*, in: Born/Ghassemi-Tabar/Gehle (Hrsg.) MHdBGesR VII, 6. Aufl. 2020, § 104, Rn. 2 sowie *Rodewald/Unger*, BB 2006, 113; *Hoffmann/Schieffer*, NZG 2017, 401 sowie *Schulz*, BB 2017, 1475 m. w. N.

ance-Management" installiert hat.[5] Als zentrales Element eines Compliance-Systems gilt dabei „das präventive Bemühen um eine weitgehende Eindämmung von Rechtsverstößen, die aus dem Unternehmen heraus begangen werden".[6]

3 Die positive Wirkung von Compliance Management bei der Beurteilung von Normverletzungen spielt auch eine zentrale Rolle im **Regierungsentwurf eines Gesetzes zur Stärkung der Integrität der Wirtschaft (Verbandssanktionengesetz – VerSanG-E).**[7] Dieser Gesetzentwurf verfolgt ausdrücklich das Ziel, Compliance-Maßnahmen in Verbänden und Unternehmen zu fördern und hierfür normative Anreize zu setzen.[8] So sollen sich „Vorkehrungen zur Vermeidung und Aufdeckung von Verbandsstraftaten" (d. h. Compliance-Maßnahmen) unter anderem auf die Höhe der vorgeschlagenen Verbandsgeldsanktion auswirken.[9] Die Wertschätzung ist dabei sowohl für Maßnahmen vor der Verbandstat, als auch für solche intendiert, die erst nach der Verbandstat getroffen werden.[10] Ferner sieht der Regierungsentwurf die Möglichkeit vor, die geplante Verbandsgeldsanktion unter Vorbehalt zu verhängen und den Vorbehalt mit der Weisung zu verbinden, dass Compliance-Vorkehrungen getroffen und von einer sachkundigen Stelle überprüft werden.[11] Die in § 3 VerSanG-E vorgesehene Verantwortlichkeit von Leitungspersonen scheidet im Umkehrschluss aus, wenn die (Verbands-)Straftat durch angemessene Vorkehrungen wesentlich erschwert wurde.[12] Allerdings wird aus der Begründung des VerSanG-E deutlich, dass eine Wertschätzung nur erfolgen kann wenn die Compliance-Maßnahmen wirksam sind und funktionieren. Erweisen sie sich dagegen nur als „Papiertiger", können sich solche vorgeblichen Compliance-Maßnahmen sogar sanktionsverschärfend aus-

---

5 BGH, Urt. v. 9.5.2017, 1 StR 265/16 = CB 2017, 330, Ls. 3: „Für die Bemessung der Geldbuße ist … von Bedeutung, inwieweit die Nebenbeteiligte ihrer Pflicht, Rechtsverletzungen aus der Sphäre des Unternehmens zu unterbinden, genügt und ein effizientes Compliance-Management installiert hat." Siehe zur Bedeutung dieser Entscheidung für das Compliance-Management etwa *Bürkle*, BB 2018, 525.

6 So ausdrücklich *Raum*, Compliance im Zusammenhang straf- und bußgeldrechtlicher Pflichten, in: Hastenrath, Compliance-Kommunikation, 2017, S. 31, 33.

7 Regierungsentwurf „Entwurf eines Gesetzes zur Stärkung der Integrität in der Wirtschaft vom 16.6.2020, https://www.bmjv.de/SharedDocs/Gesetzgebungsverfahren/Dokumente/ RegE_Staerkung_Integritaet_Wirtschaft.pdf;jsessionid=26E814AC76746EB88778F4B4D 103B8BE.2_cid334?__blob=publicationFile&v=2 (zuletzt abgerufen am 24.9.2020). Siehe ferner den Regierungsentwurf vom 21.10.2020 mit der Gegenäußerung der Bundesregierung zur Stellungnahme des Bundesrates, BT-Drs. 19/23568, https://dip21.bundestag.de/dip21/ btd/19/235/1923568.pdf.

8 Vgl. Regierungsentwurf „Entwurf eines Gesetzes zur Stärkung der Integrität in der Wirtschaft", 1, 55 f., 95 f. Siehe auch *Böttger*, Kap. 2, Rn. 15 ff., 142 f.

9 Vgl. § 15 Abs. 1 Nr. 2 VerSanG-E.

10 Vgl. Regierungsentwurf „Entwurf eines Gesetzes zur Stärkung der Integrität in der Wirtschaft", 55 f., sowie *Ott/Lüneborg*, CCZ 2020, 1361,1363.

11 Ebenso *Ott/Lüneborg*, CCZ 1361, 1362 f.

12 *Schulz/Block*, CCZ 2020, 49, 50.

Schulz

wirken.[13] Damit schafft der Gesetzgeber – im Einklang mit den Grundsätzen in dem oben genannten Urteil des Bundesgerichtshofes vom 9.5.2017 – normative Anreize sowohl für die Einführung von Compliance-Maßnahmen als auch für Verbesserungsmaßnahmen an bereits bestehenden Compliance-Systemen nach Eintritt von Regelverstößen.[14]

2. Compliance Management als Inbegriff rechtskonformer Verbandsorganisation

Im Fokus der anhaltenden Diskussion um Compliance und ihre Sicherstellung durch Compliance Management in Form effektiver Strukturen, Prozesse und Systeme stehen folgende Fragen: **4**

– Wie lassen sich die vielfältigen Risiken und Nachteile aus Regelverletzungen („Non-Compliance") bestmöglich verhindern oder reduzieren.[15]
– Wie, durch wen und mit welchen Ressourcen lässt sich regelkonformes Verhalten im Unternehmen erreichen und gewährleisten?
– Welche Kernelemente sollte ein effizientes und effektives Compliance Management haben?
– Wie weit reicht die Verantwortung der Leitungsorgane und in welchem Umfang können sie Aufgaben delegieren?
– Welchen Beitrag können unterschiedliche Unternehmensfunktionen leisten?
– Wie können Unternehmen und Verbände aus aufgedeckten Regelverstößen lernen?[16]

Diese Grundfragen einer rechtskonformen Unternehmens- und Verbandsorganisation[17] betreffen grundsätzlich alle Unternehmen und Verbände, von der börsennotierten Aktiengesellschaft und der mittelständischen GmbH bis hin zum sog. „Start-up-Unternehmen".[18] Denn sämtliche Unternehmen und Verbände sowie ihre Leitungsorgane müssen bei ihrer Tätigkeit eine Vielzahl von Normen   **5**

---

13 Vgl. Regierungsentwurf „Entwurf eines Gesetzes zur Stärkung der Integrität in der Wirtschaft", 95 f.
14 Vgl. § 15 Abs. 3 Nr. 7 VerSanG-E.
15 Vgl. *Merkt*, ZIP 2014, 1705, 1706; *v. Marnitz*, Compliance-Management für mittelständische Unternehmen, 2011, 1 ff.; *Jenne*, Zur Überprüfung und Zertifizierung von Compliance-Management-Systemen, 2017, S. 34 f. Zu diesem Organisationsaspekt vgl. bereits *Schneider*, ZIP 2003, 645; *Hauschka*, ZIP 2004, 877, sowie *Spindler*, WM 2008, 905. Ähnlich *Meyer*, DB 2014, 1063: „Compliance ... als die Verpflichtung, jederzeit die vollumfängliche Einhaltung aller für das Unternehmen in sämtlichen Tätigkeitsregionen relevanten Rechtsvorschriften dokumentiert sicherzustellen."
16 Vgl. zu diesem Lernprozess ausführlich *Nothelfer*, CCZ 2013, 23 ff.
17 Vgl. *Spindler*, WM 2008, 905; ähnlich bereits *Schneider*, ZGR 1996, 225, 230 ff.
18 Zur Relevanz von Compliance für sog. Start-up-Unternehmen siehe *Nothelfer*, CCZ 2016, 64; zur Relevanz für kleinere und mittelständische Unternehmen siehe u. a. *Merkt*, ZIP 2014, 1705 ff. Zur Bedeutung von Compliance für die AG siehe etwa *Harbarth*, ZHR 179 (2015), 136, sowie *Fleischer*, in: Spindler/Stilz, AktG, 4. Aufl. 2019, § 91 Rn. 47 ff.

und rechtlichen Vorgaben von Gerichten und Behörden beachten.[19] Zahlreiche aktuelle Fälle von „Non-Compliance" bei Unternehmen und Verbänden aus ganz unterschiedlichen Branchen, mit unterschiedlichen Geschäftsmodellen und mit unterschiedlicher Größe und Struktur[20] zeigen, dass die Beantwortung dieser Fragen offenbar für viele Unternehmen nach wie vor eine Herausforderung bzw. eine kaum lösbare Aufgabe darstellt.[21] Dies gilt trotz der Tatsache, dass inzwischen viele Verbände und Unternehmen über Compliance-Programme bzw. ein Compliance-Management-System (CMS) verfügen.[22]

3. Risiken und Nachteile von Regelverletzungen und „Non-Compliance"

6 Die Relevanz eines wirksamen Compliance Managements für alle Unternehmen und Verbände wird durch die Risiken, Nachteile und Kosten aus aufgedeckten Fällen von Regelverletzungen („Non-Compliance") belegt. Diese sind vielfältig

---

19 Siehe bereits *Schneider*, ZGR 1996, 225, 227 in Bezug auf öffentlich-rechtliche Gebote und Verbote.

20 Zu prominenten Fällen von „Non-Compliance" und damit verbundener Nachteile und Kosten siehe *Jenne*, Die Überprüfung und Zertifizierung von Compliance-Management-Systemen, 2017, 21 ff.; *Gomer*, Die Delegation von Compliance-Zuständigkeit des Vorstands einer Aktiengesellschaft, 2020, 73 ff. Aus der Vielzahl in den Medien gemeldeter (Verdachts-)Fälle von „Non-Compliance" vgl. beispielsweise die Meldungen zum Fall „Wirecard": https://www.rnd.de/wirtschaft/wirecard-skandal-was-passierte-wann-die-chronologie-des-versagens-Q52XQE2S6VHQ3JKPGFQKWWMRS4.html; zur „Cum-Ex-Thematik": https://www.handelsblatt.com/finanzen/banken-versicherungen/cum-ex/vom-renditeturbo-zum-karrierekiller-cum-ex-deals-die-chronik/13033390.html; zum sog. „Dieselskandal" siehe u. a.: https://www.rnd.de/wirtschaft/chronlogie-des-dieselskandals-das-schmutzigste-kapitel-der-vw-geschichte-PZZDQRN5LRELVGB35C2KDU6K7Y.html; zu den sog. „Panama Papers": https://www.sueddeutsche.de/politik/eine-enthuellung-und-ihre-folgen-panama-papers-chronik-der-ermittlungen-1.3373248; sowie den „Paradise Papers": https://projekte.sueddeutsche.de/paradisepapers/politik/das-ist-das-leak-e229478/, 24.9.2020; zum „Libor Skandal": https://www.spiegel.de/thema/libor_skandal/. Siehe ferner Meldungen zu Geldwäsche-Delikten: https://www.capital.de/wirtschaft-politik/der-unglaubliche-230-milliarden-skandal; zum sog. „Sommermärchen" (DFB): https://www.br.de/nachrichten/sport/das-sommermaerchen-chronologie-der-wm-affaere,RsLldza; und zu Versäumnissen im Zusammenhang mit Schadsoftware „Wanna Cry": https://www.spiegel.de/netzwelt/web/wannacry-attacke-fakten-zum-globalen-cyber-angriff-a-1147523.html. Compliance-Verstöße sind häufig auch Gegenstand von Kartellverfahren der EU-Kommission, siehe etwa: https://www.spiegel.de/wirtschaft/unternehmen/bmw-daimler-und-vw-unter-kartellverdacht-eu-kommission-verschaerft-ermittlungen-a-1228660.html; oder: https://www.spiegel.de/wirtschaft/unternehmen/wilke-wurst-behoerdenbericht-zeigt-zustaende-nach-fabrikschliessung-a-1293802.html (alle Quellen zuletzt abgerufen am 24.9.2020).

21 Vgl. etwa *Schulz*, CB 08/2017, I (Editorial); exemplarisch auch folgende Studie: „The Future of Compliance 2018: Herausforderungen und Trends", https://www.compliance-manager.net/sites/default/files/dateien/the_future_of_compliance_2018.pdf (zuletzt abgerufen am 24.9.2020).

22 Vgl. *Neufang*, IRZ 2017, 249.

und können existenzbedrohende Ausmaße annehmen.[23] Die Nachteile umfassen unter anderem:[24]

- strafrechtliche Sanktionen gegen die Geschäftsleiter, sonstige Verantwortliche und involvierte Unternehmensangehörige;
- strafrechtliche Sanktionen gegen das Unternehmen bzw. den Verband;[25]
- Bußgelder gegen das Unternehmen selbst und die Geschäftsleiter;[26]
- Entzug der Betriebserlaubnis bzw. Lizenz bis hin zur Zwangsliquidation;
- Nachzahlung von Steuern bzw. Strafzuschlägen;[27]
- Verpflichtung zum Schadensersatz;
- „Vorteilsabschöpfung" bei rechtswidrigen Geschäften (nach dem „Brutto-Prinzip");
- Unwirksamkeit von Transaktionen, Nichtigkeit bzw. Anfechtbarkeit von Verträgen und sonstigen Rechtsgeschäften;
- Ausschluss von der Auftragsvergabe;[28]
- Ausschluss von (Verwaltungs-)Verfahren;
- Entfall der „Zuverlässigkeit" und damit verbundenen verfahrensrechtlichen Erleichterungen;
- Imageverlust und Reputationsschäden;
- Vertrauensverlust bei relevanten Bezugsgruppen; (u. a. Mitarbeiter, Kunden, Lieferanten, Investoren);
- Verschlechterung der Kreditwürdigkeit und des Ratings;
- höhere (Re-)Finanzierungskosten;
- Delisting
- Nachteile bei Personalgewinnung und Mitarbeiterbindung;
- hohe Rechtsberatungskosten.[29]

Dieses umfangreiche Spektrum zeigt, dass die Risiken, Nachteile und Kosten von „Non-Compliance" für Unternehmen und Verbände gravierend sind und (auch durch ihre Verknüpfung bzw. Kumulation) unternehmerische Aktivitäten und Geschäftsmodelle erheblich beeinträchtigen oder sogar vollständig vernichten können. Dies wird durch viele prominente Fälle von „Non-Compliance" bei

7

---

23 Vgl. etwa *Schockenhoff*, ZHR 180 (2016), 197, 203 f.

24 Zum Spektrum der Compliance-Risiken siehe etwa *Leisch/Lohner*, M&A Review 2009, 133, 134.

25 Zur Ausweitung von Sanktionen durch das geplante Verbandssanktionengesetz siehe *Böttger*, Kap. 2, Rn. 15 sowie *Knauer*, NStZ 2020, 441, 442 ff.

26 Zu den drastisch gestiegenen Bußgeldern bei Kartellrechtsverstößen sowie anderen Bußgeldern etwa *Schockenhoff*, ZHR 180 (2016), 197, 204 f. mit zahlreichen Beispielen. Zum Risiko drastischer Bußgelder bei Kartellrechtsverstößen siehe *Trüg/Ruppert*, ZWeR 2020, 69 ff. sowie *Seeliger/Heinen/Mross*, Kap. 23, Rn. 2, 87 ff.

27 Beispiele bei *Schockenhoff*, ZHR 180 (2016), 197, 204 f. Zur Tax Compliance siehe *Schwartz/Stürzl-Friedlein*, Kap. 25.

28 Zur Bedeutung von Compliance im Vergabeverfahren siehe *Scherer*, Kap. 24.

29 Hohe Rechtsberatungskosten können insbesondere im Zusammenhang mit einer internen Untersuchung anfallen, zu letzterer siehe *Wettner/Walter*, Kap. 8.

Unternehmen und Verbänden aus unterschiedlichen Branchen, mit unterschiedlichen Geschäftsmodellen und mit unterschiedlicher Größe und Struktur belegt.[30] Dabei beruhen Regelverletzungen einerseits auf vorsätzlichem Fehlverhalten bzw. kriminellen Aktivitäten von Personen (z.B. in Fällen von Korruptionsvergehen oder Kartellrechtsverstößen).[31] In anderen Fällen ist die Ursache von „Non-Compliance" fahrlässiges Verhalten durch Verletzung von Sorgfaltspflichten oder aufgrund unzureichender Kenntnis von Regeln und Geboten.[32] Normative Vorgaben werden zum Teil nicht richtig eingeschätzt oder ihre dynamische (Weiter-)Entwicklung wird nicht hinreichend beachtet.[33]

4. Funktionen von Compliance und Compliance Management

8 Die dargestellten Risiken und Nachteile aus „Non-Compliance" zeigen, dass wirksame Compliance-Maßnahmen zur Vermeidung bzw. Reduzierung für alle Unternehmen und Verbände aktuell und relevant sind.[34] Die proaktive Vermeidung bzw. Reduzierung von Regelverstößen ist in allen Unternehmen und Verbänden damit eine wichtige Führungs- und Organisationsaufgabe.[35] Compliance Management erfüllt dabei die folgenden Funktionen:[36] Compliance Management dient sowohl dem Schutz des Verbands vor zivilrechtlicher Haftung und strafrechtlichen Sanktionen als auch der Prävention bzw. Reduzierung persönlicher zivil- und strafrechtlicher Haftungsrisiken der Mitglieder der Leitungsorga-

---

30 Vgl. zu aktuellen Fällen die Nachweise in Fn. 20. Zu prominenten Fällen von „Non-Compliance" in der Vergangenheit etwa die Darstellung von *Jenne*, Die Überprüfung und Zertifizierung von Compliance-Management-Systemen, 2017, 21 ff.

31 Zu den diversen Straftatbeständen im Bereich der Korruption vgl. *Böttger*, Kap. 2, Rn. 29 ff. Zum Umgang mit Korruptionsrisiken in M&A-Transaktionen siehe *Ullrich*, Kap. 18, Rn. 77 ff. Zu den diversen Formen kartellrechtswidrigen Verhaltens siehe *Seeliger/Heinen/Mross*, Kap. 23, Rn. 10 ff.

32 Vgl. *Heißner*, Erfolgsfaktor Integrität, 2. Aufl. 2014, 114; *Bussmann*, CCZ 2016, 50 ff.; *Preusche/Würz*, Compliance, 3. Aufl. 2020, 30 f.

33 Vgl. *Wagner/Rutloff/Miederhoff*, CCZ 2020, 1. Zur Notwendigkeit fortlaufender Beobachtung der Rechtsentwicklung und regelmäßiger Aktualisierung der Compliance-Maßnahmen siehe unter Rn. 89.

34 Vgl. etwa *Harbarth/Brechtel*, ZIP 2016, 241, sowie etwa die umfassenden Darstellungen von *Wieland/Steinmeyer/Grüninger* (Hrsg.), Handbuch Compliance-Management, 3. Aufl. 2020; *Hauschka/Moosmayer/Lösler* (Hrsg.), Corporate Compliance, 3. Aufl. 2016, siehe ferner *Moosmayer*, Compliance, 3. Aufl. 2015, S. VII.

35 Siehe dazu unter Rn. 27 ff. Ähnlich *Dittmers*, Werteorientiertes Compliance-Management, 2018, 29 m. w. N.; *Klopp*, Der Compliance-Beauftragte, 2012, 22 f. („Managementfunktion") m. w. N., sowie *Kutschelis*, Korruptionsprävention und Geschäftsleiterpflichten im nationalen und internationalen Unternehmensverbund, 88 f., 98. Zur Bedeutung des sog. Corporate Reputation Management ausführlich *Seibt*, DB 2015, 171.

36 Zu den Funktionen von Compliance siehe *Hauschka*, Compliance im Gesellschaftsrecht, in: Hadding/Hopt/Schimansky, Verbraucherschutz im Kreditgeschäft – Compliance in der Kreditwirtschaft, 2008, 103 ff. sowie ausführlich *Gomer*, Die Delegation von Compliance-Zuständigkeit des Vorstands einer Aktiengesellschaft, 2020, 73 ff.

ne und der Mitarbeiter.[37] Darüber hinaus zielen Compliance-Maßnahmen auch
auf den Schutz vor Angriffen auf das Unternehmen sowie den Schutz der Unternehmensposition im Wettbewerb.[38] Ferner dient Compliance dem Schutz der Reputation und des Vertrauens der Stakeholder in eine ordnungsgemäße und
rechtskonforme Geschäftstätigkeit.[39]

Neben dieser präventiven **Schutzfunktion** ist auch die **Risikomanagement-**   9
funktion wichtig, denn zwischen Compliance Management und Risikomanagement besteht ein enger Zusammenhang[40]: Das Risikomanagement mit seinen
Methoden und Verfahren ist eine wichtige Erkenntnisquelle für die Identifikation und systematische Erfassung von Compliance-Risiken.[41]

Das Compliance Management erfüllt ferner eine wichtige **Informations- und**   10
Beratungsfunktion,[42] welche sowohl die Beratung der Unternehmensleitung
zur Steuerung von Compliance-Risiken durch organisatorische Maßnahmen[43]
als auch die Organisation der Beratung aller Unternehmensangehörigen in allen
relevanten Compliance-Fragen umfasst.[44] Da zu den notwendigen organisatorischen Maßnahmen auch die kontinuierliche Überwachung und Kontrolle relevanter Normen und Regeln zählt,[45] erfüllt Compliance ferner eine **Monitoring-
Funktion**.[46] Durch die systematische Erfassung von Rechts- und Compliance-
Risiken, die kontinuierliche Beobachtung neuer rechtlicher Entwicklungen und
deren Auswirkungen auf das Compliance-System hat das Compliance Management im Unternehmen zudem eine **Qualitätssicherungs- und Innovations-
funktion**.[47] Indem ein wirksames Compliance Management dazu beiträgt,
Normverstöße zu verhindern bzw. zu reduzieren, fördert es die Glaubwürdigkeit

---

37 Vgl. *Gößwein/Hohmann*, BB 2011, 963, 964 sowie *Gomer*, Die Delegation von Compliance-
   Zuständigkeit des Vorstands einer Aktiengesellschaft, 2020, 73.
38 Vgl. *Gößwein/Hohmann*, BB 2011, 963, 964; zu sog. „Cyber Risks" als neuem Brennpunkt
   der Managerhaftung siehe *Schmidt-Versteyl*, NJW 2019, 1637.
39 Vgl. *Gößwein/Hohmann*, BB 2011, 963, 964.
40 Vgl. *Schulz/Galster*, in: Bürkle/Hauschka, Der Compliance Officer, § 4 Rn. 12 ff. Zum Zusammenhang zwischen Compliance- und Riskomanagement siehe unter Rn. 39 ff. sowie ausführlich *Kark*, Compliance-Risikomanagement, 2. Aufl. 2019.
41 Vgl. *Kark*, Compliance-Risikomanagement, 2. Aufl. 2019, Rn. 632, 646 ff.
42 Vgl. *Inderst*, in: Inderst/Bannenberg/Poppe, S. 136 f.; *Lösler*, NZG 2005, 104, 105; sowie *Gomer*, Die Delegation von Compliance-Zuständigkeit des Vorstands einer Aktiengesellschaft,
   2020, 75 f.
43 Vgl. *Schulz/Renz*, BB 2012, 2511.
44 Vgl. *Klopp*, Der Compliance-Beauftragte, 2012, S. 57.
45 Vgl. *Klopp*, Der Compliance-Beauftragte, 2012, S. 57 f.
46 Vgl. *Lösler*, NZG 2005, 104, 105.
47 Vgl. *Hauschka*, Compliance im Gesellschaftsrecht, 103, 111; sowie *Gomer*, Die Delegation
   von Compliance-Zuständigkeit des Vorstands einer Aktiengesellschaft, 2020, 77 f.

des Unternehmens bei seinen Mitarbeitern, Kunden, Geschäftspartnern und sonstigen Stakeholdern und erfüllt damit eine **Marketing-Funktion**.[48]

5. Permanente Aufgabe im dynamischen regulatorischen Umfeld

11 Die Flut der rechtlichen Vorgaben und Anforderungen betrifft alle Unternehmensbereiche und speist sich aus allen Quellen des Zivilrechts, des öffentlichen Rechts und des Strafrechts.[49] Die Sicherstellung rechtskonformer Tätigkeit durch Compliance Management ist anspruchsvoll, denn mit jeder Art der unternehmerischen Tätigkeit sind vielfältige rechtliche Anforderungen verbunden. Das gilt für steuerrechtliche sowie arbeits- und sozialversicherungsrechtliche Erfordernisse, ebenso wie für besondere Pflichten im Falle von Zahlungsunfähigkeit und Insolvenz.[50] Auch Korruption und Kartellrechtsverstöße zählen für viele Verbände zu den zentralen Compliance-Risiken ihrer Geschäftstätigkeit.[51] Auch in vielen Bereichen der Unternehmensfinanzierung bestehen komplexe Rechts- und Compliance-Risiken.[52] Hinzu kommen neue bzw. erweiterte Rechtspflichten aus neuen Gesetzen und Regelungsvorhaben. So hat die **Datenschutzgrundverordnung (DSGVO)** von 2018[53] das für alle Unternehmen geltende Pflichten- (und Sanktions-)Spektrum in Bezug auf die Beachtung und Umsetzung datenschutzrechtlicher Vorgaben erheblich erweitert.[54] Über Datenschutzerfordernisse hinausgehend wirft die Digitalisierung weitere Rechtsfragen und damit verbundene besondere Compliance-Risiken auf, etwa im Hinblick auf den rechtssicheren Einsatz sog. „Smart Contracts" oder der Haftung für autonome Systeme.[55] Die Gewährleistung einer funktionierenden IT-Sicherheitsstruktur stellt sich im Zeitalter von „Big Data" als eine komplexe und

---

48 Vgl. *Lösler*, NZG 2005, 104, 105; *Klopp*, Der Compliance-Beauftragte, 2012, S. 58 f.; *Gomer*, Die Delegation von Compliance-Zuständigkeit des Vorstands einer Aktiengesellschaft, 2020, 78 f.

49 *Schulz*, Rechtliches Risikomanagement und Compliance im Mittelstand, in: Kessler, Unternehmensfinanzierung Mittelstand, 2014, § 6 Rn. 4. Ferner *Schmidt*, Compliance in Kapitalgesellschaften, 2010, 17 mit dem Hinweis auf Schätzungen, wonach (bereits 2010) durchschnittlich 900 Vorschriften pro Unternehmen zu beachten sein sollten.

50 Vgl. *Kark*, Compliance-Risikomanagement, 2. Aufl. 2019, Rn. 105 ff.

51 Vgl. *Schockenhoff*, ZHR 180 (2016), 197, 204; *Kort*, in: Hirte/Mülbert/Roth, AktG, 5. Aufl. 2015, § 91 Rn. 126; *Trüg/Ruppert*, ZWeR 2020, 69 ff.

52 Vgl. *Schulz*, Rechtliches Risikomanagement und Compliance im Mittelstand, in: Kessler, Unternehmensfinanzierung Mittelstand, 2014, § 6 Rn. 23.

53 Verordnung (EU) 2016/679 des Europäischen Parlaments und des Rates vom 27. April 2016 zum Schutz natürlicher Personen bei der Verarbeitung personenbezogener Daten, zum freien Datenverkehr und zur Aufhebung der Richtlinie 95/46/EG (Datenschutz-Grundverordnung), L 119/1 vom 4.5.2016.

54 Siehe hierzu ausführlich *Becker/Böhlke/Fladung*, Kapitel 11.

55 Siehe hierzu weitere Beispiele und Nachweise bei *Schulz*, Digitale Transformation – Herausforderung und Chance für Rechtsanwälte, in: Schulz/Hartung (Hrsg.), Recht 2030 – Legal Management in der Digitalen Transformation, Kap. 2, 29 ff., sowie *Jacobs*, in: Schulz/Hartung (Hrsg.), a. a. O., Kap. 22, Rn. 1 ff.; *von Bodungen*, in: Sassenberg/Faber (Hrsg.), Rechtshandbuch Industrie 4.0 und Internet of Things, 2017, 361 ff.

anspruchsvolle Daueraufgabe des Compliance Managements dar,[56] insbesondere hinsichtlich der Gewährleistung einer nachhaltigen **Cyber-Security**.[57] Immer wichtiger wird für Unternehmen und Verbände ferner die Prävention und Kontrolle von Geldwäsche-Risiken (nicht zuletzt im Zusammenhang virtueller Währungen).[58] Die Erfüllung der damit verbundenen umfangreichen gesetzlichen Compliance-Pflichten reicht inzwischen weit über den Finanzdienstleistungssektor hinaus und erfasst unter anderem sog. Güterhändler.[59] Zudem sieht ein neuer Referentenentwurf des Bundesministeriums der Justiz und für Verbraucherschutz eine erhebliche **Ausweitung des Geldwäschestraftatbestands** (§ 261 StGB) vor.[60] Um die Effektivität der Strafverfolgung von Geldwäsche-Delikten zu erhöhen, sollen zukünftig Vermögenswerte aus sämtlichen Straftaten Gegenstand einer Geldwäsche sein können. Dadurch wird das Risiko einer Geldwäschestrafbarkeit und damit die Bedeutung geeigneter Präventionsmaßnahmen deutlich erhöht.

Herausforderungen bringt für viele Unternehmen auch die **EU-Whistleblower-** **12** **Richtlinie** mit sich, die bis zum 17.12.2021 in deutsches Recht umzusetzen ist.[61] Danach werden juristische Personen ab bestimmten Schwellenwerten (z. B. Unternehmen ab 50 Arbeitnehmern und Gemeinden ab 10.000 Einwohnern) u. a. verpflichtet sein, Hinweisgebersysteme einzurichten und hierfür interne Meldekanäle vorzuhalten. Diverse Einzelfragen wie etwa der Schutzumfang für den Hinweisgeber sind noch nicht abschließend geklärt: Dies gilt insbesondere im Hinblick auf (konfligierende) Pflichten zur Vertraulichkeit nach dem **Geschäftsgeheimnisgesetz (GeschGehG)**, da auch Informationen zu etwaigen Rechtsverstößen als Geschäftsgeheimnisse angesehen werden können.[62] Das Geschäftsgeheimnisgesetz, das am 26.4.2019 in Kraft getreten ist, verpflichtet Unternehmen zu angemessenen Geheimhaltungsmaßnahmen in Bezug auf Geschäftsgeheimnisse (§ 2 Nr. 1 lit. b GeschGehG) und erweitert damit ebenfalls den Katalog erforderlicher Compliance-Maßnahmen.[63]

---

56 *Schulz*, BB 2019, 579. Zur Cyber Security und IT-Compliance siehe etwa *Daghles*, DB 2018, 2289 ff.; *Mehrbrey/Schreibauer*, MMR 2016, 75, sowie *Jacobs*, CB 2017, 299.

57 Zu „Cyber Risks" als neuem Brennpunkt der Managerhaftung *Schmidt-Versteyl*, NJW 2019, 1637. Zu IT-Compliance und *Cyber-Security* siehe *von Jacobs*, Kap. 12, Rn. 33 ff. und *Bensinger*, Kap. 13.

58 Siehe *Komma*, Kap. 21 sowie *Krais*, Geldwäsche und Compliance, 2018. Zu Stellung und Aufgabe des Geldwäschebeauftragten ausführlich *Kaetzler*, Kap. 20.

59 Siehe *Komma*, Kap. 21.

60 Entwurf eines Gesetzes zur Verbesserung der strafrechtlichen Bekämpfung der Geldwäsche, www.bmjv.de/SharedDocs/Gesetzgebungsverfahren/DE/Geldwaesche_Bekaempfung.html (abgerufen am 23.10.2020).

61 Siehe: https://eur-lex.europa.eu/legal-content/DE/TXT/?uri=CELEX%3A32019L1937 (zuletzt abgerufen am 24.9.2020) und hierzu *Garden/Hiéramente*, BB 2019, 963.

62 Vgl. *Garden/Hiéramente*, BB 2019, 963, 967.

63 Vgl. *Ohly*, GRuR 2019, 441 m. w. N.

13 Rechts- und Compliance-Risiken sind ferner bei Wachstumsstrategien, etwa beim Erwerb von Unternehmen und Restrukturierungsmaßnahmen oder beim Eintritt in Joint Ventures zu beachten ("Compliance Due Diligence").[64] Dabei gewinnt auch die proaktive Compliance-Kontrolle von Geschäftspartnern, Vertriebsmittlern und sonstigen Intermediären immer größere Bedeutung ("Business Partner Compliance"). [65]

14 Exportorientierte Unternehmen müssen zahlreiche Vorgaben des Außenwirtschaftsrechts sowie im anwendbaren Umfang auch die Normen anderer Rechtsordnungen beachten.[66] Zu zahlreichen nationalen Vorgaben und solchen des Unionsrechts kommen darüber hinaus normative Anforderungen anderer Rechtsordnungen bei einem grenzüberschreitenden Bezug der Unternehmenstätigkeit hinzu.[67]

15 Im Rahmen arbeitsteiliger (häufig internationaler) Produktion spielen zudem Compliance-Risiken von Geschäftspartnern (Stichwort: "**Compliance in der Lieferkette**") eine immer größere Rolle.[68] Während es in anderen Rechtsordnungen hierzu bereits (zum Teil auch extraterritorial anwendbare) Normen gibt, greift auch der deutsche Gesetzgebers das Thema auf, wie das derzeit von der Bundesregierung geplante "**Lieferketten-Gesetz**" verdeutlicht.[69] In Ausführung des "Nationalen Aktionsplans" (NAP) zur Umsetzung der Leitprinzipien für Wirtschaft und Menschenrechte von 2016 soll für Unternehmen mit mehr als 500 Beschäftigten unter anderem eine sog. "menschenrechtliche Sorgfaltspflicht" ("Human Rights Due Diligence") eingeführt werden. Danach sollen die betroffenen Unternehmen ihre Lieferketten unter anderem einer fortlaufende Risikoanalyse und Bewertung der Verletzungsrisiken in Bezug auf Menschenrechte unterziehen, angemessene Präventions- bzw. Abhilfemaßnahmen sowie einen Beschwerdemechanismus zugunsten von Betroffenen einführen und bestimmte Dokumentations- und Berichtspflichten einführen. Durch diese neuen Compliance-Pflichten in Bezug auf die Wertschöpfungsnetzwerke werden die Strukturen und Prozesse der Geschäftspartner-Prüfung ("Business Partner Screening") weiter an Bedeutung gewinnen.

16 Weitere rechtliche Anforderungen richten sich nach der jeweiligen Branche sowie einzelfallspezifischen Faktoren wie Unternehmensgröße, Unternehmensstruktur, Geschäftsmodell oder internationaler Geschäftstätigkeit.[70]

---

64 Zum Compliance Management bei M&A-Transaktionen ausführlich *Ullrich*, Kap. 18.
65 Vgl. *Bicker/Stoklasa*, BB 2018, 519 m. w. N.
66 Siehe dazu unter Rn. 47 ff. Zu Compliance-Fragen im Zusammenhang mit der Export-Kontrolle siehe *von Bodungen*, Kap. 26.
67 Vgl. *Wiedmann/Greubel*, CCZ 2019, 88, 93.
68 Zu Compliance-Fragen im Rahmen des sog. "Supply Chain Management" aus Management-Sicht siehe *Schleper/Förstl*, Kap. 16, Rn. 5 ff.
69 Siehe zu dem geplanten Lieferketten-Gesetz *Baier*, DB 2020, 1801.
70 Zur Relevanz dieser Kriterien für Compliance und Risikomanagement siehe *Merkt*, ZIP 2014, 1705 ff.

6. Erweiterung von Organisationspflichten durch Gerichte

Auch die Gerichte schaffen bzw. erweitern kontinuierlich ein umfangreiches 17
rechtliches Pflichtenspektrum für Unternehmen und Verbände sowie deren Leitungsorgane.[71] Die Haftung von Geschäftsleitern für Fehlverhalten (sog. Organhaftung) wurde kontinuierlich ausgeweitet,[72] die Gerichte haben weitreichende Anforderungen auf der Basis sogenannter Unternehmensorganisationspflichten, Verkehrssicherungspflichten und Garantenpflichten entwickelt.[73] Die Reichweite dieser Pflichten und ihre Anwendung im jeweiligen Einzelfall sind für Unternehmer und Geschäftsleiter einerseits nicht immer eindeutig vorhersehbar, andererseits stellt die Verletzung dieser Pflichten ein dauerhaftes Risiko unternehmerischer Tätigkeit dar.[74] Bei juristischen Haftungsfragen in Fällen von „Non-Compliance" steht häufig die Verletzung rechtlicher Organisationsanforderungen an die Geschäftsleitung im Mittelpunkt.[75] Nach der Leitentscheidung des Landgerichts München vom 10.12.2013 muss das Vorstandsmitglied einer AG im Rahmen seiner Legalitätspflicht dafür sorgen, dass ein Unternehmen so organisiert wird, dass keine Gesetzesverletzungen erfolgen.[76] Seine Organisationspflicht zur Verhinderung von Rechtsverletzungen erfüllt der Vorstand, *„wenn er eine auf Schadensprävention und Risikokontrolle angelegte Compliance-Organisation einrichtet"*, die der jeweiligen Gefährdungslage entspricht.[77] Die Ausführungen des Gerichts zur Compliance-Verantwortung des Vorstands als Kollegialorgan und zur Compliance-Verantwortung der einzelnen Vorstandsmitglieder lassen sich in den Kontext der Organisationspflichten im Unternehmen einordnen.[78] Dabei orientiert sich das Gericht an den Leitlinien zur Compliance-

---

71 Siehe die aktuellen Beispiele aus Gesetzgebung und Rechtsprechung bei *Hauschka/Moosmayer/Lösler*, in: Hauschka/Moosmayer/Lösler, Corporate Compliance, 3. Aufl. 2016, § 1 Rn. 28 ff., 33 ff.; ferner *Schulz*, Rechtliches Risikomanagement und Compliance im Mittelstand, in: Kessler, Unternehmensfinanzierung Mittelstand, 2014, § 6 Rn. 4.

72 Vgl. *Lutter*, Entwicklung der Organpflichten und der Organhaftung, in: *Lutter/Krieger*, Handbuch Managerhaftung, 2. Aufl. 2010, 1, 5 ff.

73 Zur Entwicklung von Verkehrssicherungspflichten sowie Unternehmensorganisationspflichten umfassend Spindler, Unternehmensorganisationspflichten, 2001; *Matusche-Beckmann*, Organisationsverschulden, 2001, 37 ff. Vgl. ferner *Rack*, CB 2014, 104. Zum Konzept der strafrechtlichen Garantenpflichten siehe *Spindler*, Handbuch des Vorstandsrechts, 2006, § 15 Rn. 68 ff., sowie *Böttger*, Kap. 2, Rn. 121, 132 ff.

74 Vgl. *Schulz*, Rechtliches Risikomanagement und Compliance im Mittelstand, in: Kessler, Unternehmensfinanzierung Mittelstand, 2014, § 6 Rn. 4.

75 Vgl. *Meyer*, DB 2014, 1063.

76 Vgl. LG München I, 10.12.2013, 5 HK O 1387/10, CB 2014, 167 ff. m. CB-Komm. *Kränzlin/Weller* sowie ausführlich *Fleischer*, NZG 2014, 321 ff.

77 Vgl. LG München I, Urt. v. 10.12.2013, 5 HK O 1387/10, CB 2014, 167 ff., vgl. hierzu *Fleischer*, NZG 2014, 321 ff.; *Meyer*, DB 2014, 1063 ff. Der Rechtsstreit endete durch Vergleich, das Urteil enthält jedoch grundlegende Aussagen zu allgemeinen Anforderungen an ein wirksames Compliance Management.

78 *Schulz/Held*, Sicherstellung funktionierender Compliance als Organisationspflicht des Vorstands, juris Praxis Report Compliance 1/2014; *Rack*, CB 2014, 104.

Verantwortung der Unternehmensleitung, welche Wissenschaft und Praxis formuliert haben.[79]

7. Beachtung von Compliance-Anforderungen anderer Rechtsordnungen

18 Für international tätige Unternehmen können sich Anforderungen und Vorgaben für das Compliance Management auch aus anderen Rechtsordnungen ergeben. Dies gilt insbesondere für Compliance-Anforderungen des anglo-amerikanischen Rechts, da die extraterritoriale Geltung häufig bereits bei geringfügiger (Geschäfts-)Verbindung mit anderen Rechtsordnungen eintritt.[80] Die erforderliche Berücksichtigung der Compliance-Anforderungen der jeweils anwendbaren Rechtsordnung erhöht einerseits die Komplexität der Konzeption und Ausgestaltung des Compliance Managements. Andererseits können derartige Vorgaben als wertvolle Orientierungshilfen dienen, wie sich am Beispiel des anglo-amerikanischen Rechts zeigen lässt (siehe dazu unter Rn. 47 ff.).

8. Compliance Management im Kontext aktueller Entwicklungen von Corporate Governance und Corporate Social Responsibility

19 Zur wachsenden Bedeutung von Compliance Management tragen auch ein erweitertes Verständnis und höhere Erwartungen der Stakeholder in Bezug auf **verantwortungsvolle Unternehmensführung** bei.[81] Dies zeigen aktuelle Diskussionen zu **Corporate Governance** und **Corporate Social Responsibility (CSR)**.[82] Unternehmen und Verbände sehen sich immer stärker mit normativen Anforderungen und Erwartungen ihrer Geschäftspartner konfrontiert, ebenso wie mit solchen ihrer Bezugsgruppen bzw. Stakeholder (Mitarbeiter, Kunden, Lieferanten, Investoren etc.) und der Öffentlichkeit im Hinblick auf ein verantwortungsvolles, d.h. integres und ethisch einwandfreies Geschäftsverhalten.[83] Die Grenzen zwischen rechtlichen Anforderungen und Anforderungen der Corporate Social Responsibility (CSR) sind teilweise fließend, im Hinblick auf notwendige Maßnahmen der Unternehmen und Verbände für ihren Image- und Reputationsschutz aber in vielen Fällen von vergleichbarer Bedeutung.[84]

---

79 Vgl. *Fleischer*, in: Spindler/Stilz, AktG, 4. Aufl. 2019, § 91 Rn. 47 ff.; *Hauschka/Moosmayer/Lösler*, in: Hauschka/Moosmayer/Lösler, Corporate Compliance, 3. Aufl. 2016, § 1 Rn. 29 ff.

80 Siehe *Hauschka/Moosmayer/Lösler*, § 1, Rn. 73 ff.; *Kark*, Compliance-Risikomanagement, 2. Aufl. 2019, 203 ff.

81 Vgl. etwa *Siedenbiedel*, Corporate Compliance, 2014, 48 f. Zum Zusammenhang zwischen Compliance und CSR siehe *Stehr/Knopp*, Kap. 14.

82 Vgl. *Spießhofer*, Unternehmerische Verantwortung, 2017. Weitere Nachweise bei *Stehr/Knopp*, Kap. 14.

83 Vgl. *Spießhofer*, Unternehmerische Verantwortung, 2017, 25 ff., 34 f.; *Vetter*, ZGR 2018, 338, 360 ff.; *Siedenbiedel*, Corporate Compliance, 2014, 48 f.

84 Zur „Verrechtlichung" von (vormals freiwilligen) Anforderungen der Corporate Social Responsibility (CSR) siehe *Spießhofer*, Unternehmerische Verantwortung, 2017, 574 ff. Zur Be-

Der **Deutsche Corporate Governance Kodex (DCKG)**[85] als sog. „Soft Law" **20**
stellt auf den Zusammenhang mit Compliance und CSR an verschiedenen Stellen ab. So heißt es etwa in Abs. 1 Satz 3 der Präambel, die Prinzipien (der sozialen Marktwirtschaft unter Berücksichtigung der Belange der Aktionäre, der Belegschaft und der sonstigen Stakeholder) verlangten nicht nur Legalität, sondern auch ethisch fundiertes, eigenverantwortliches Verhalten (**Leitbild des Ehrbaren Kaufmanns**). Wenngleich die Aufnahme dieser Formulierung ebenso wie die Orientierung am Leitbild des Ehrbaren Kaufmanns kontrovers diskutiert werden, wird die wachsende Bedeutung von Aspekten der Wirtschaftsethik deutlich.[86] Die Bedeutung von CSR zeigt auch Abs. 2 Satz 1 der Präambel, wonach sich die Gesellschaft und ihre Organe in ihrem Handeln „der Rolle des Unternehmens in der Gesellschaft und ihrer gesellschaftlichen Verantwortung bewusst zu sein haben".[87]

Nach der Empfehlung A.2 des DCKG soll der Vorstand für ein an der Risikolage **21**
des Unternehmens ausgerichtetes Compliance Management System sorgen und dessen Grundzüge offenlegen. Dabei soll Beschäftigten ebenso wie Dritten die Möglichkeit eingeräumt werden, geschützt Hinweise auf Rechtsverstöße im Unternehmen zu geben.

Die höhere Bedeutung von CSR entspricht dem neueren Begriffsverständnis,[88] **22**
wonach **Corporate Social Responsibility** nicht mehr nur Gegenstand freiwilliger Selbstverpflichtung ist, sondern die Verantwortung von Unternehmen für ihre Auswirkungen auf die Gesellschaft beschreibt: Dabei markiert die Einhaltung des geltenden Rechts (Compliance) nur das Minimum unternehmerischer Verantwortung, Unternehmen sollen darüber hinaus aber auch Auswirkungen auf soziale, ökologische, wirtschaftsethische Belange sowie die Menschenrechte berücksichtigen.[89] Viele Unternehmen integrieren Fragen nach ihrer gesellschaft-

---

deutung des sog. Reputationsmanagements näher unten Rn. 23 ff. Zum Zusammenhang von Compliance und CSR siehe *Stehr/Knopp*, Kap. 14.

85 Vgl. Deutscher Corporate Governance Kodex, Fassung vom 16. Dezember 2019 mit Beschlüssen aus der Plenarsitzung vom 16. Dezember, https://www.dcgk.de/de/kodex/aktuellefassung/praeambel.html (zuletzt abgerufen am 24.9.2020).

86 Vgl. *Illert*, in: Johannsen-Roth/Illert/Ghassemi-Tabar, DCGK, 2020, Präambel, Rn. 3, Rn. 6 ff.; vertiefend: *Jüttner/Barnutz*, CCZ 2020, 250 ff.; *Spießhofer*, IWRZ 2019, 65 ff.; *Kort*, NZG 2012, 926 ff.; *Uhrmacher*, BC 2010, 85 ff.; *Wicke*, DNotZ 2020, 448 ff.

87 Vgl. *Illert*, in: Johannsen-Roth/Illert/Ghassemi-Tabar, DCGK, 2020, Präambel, Rn. 6; *Walden*, NZG 2020, 50 ff.; *Velte*, NZG 2020, 12 ff.; Begründung des DCGK 2020, 6, https://www.dcgk.de//files/dcgk/usercontent/de/download/kodex/191216_Begruendung_DCGK.pdf (zuletzt abgerufen am 24.9.2020).

88 Zum Begriffsverständnis und neueren Entwicklungen der Corporate Social Responsibility siehe ausführlich *Spießhofer*, Unternehmerische Verantwortung, 2017, 25 ff., sowie *Stehr/Knopp*, Kap. 14, Rn. 11 ff. und *Beisheim/Dopychai*, Kap. 15.

89 *Spießhofer*, in: Hauschka/Moosmayer/Lösler, Corporate Compliance, 3. Aufl. 2016, § 11 Rn. 5 ff.

lichen Verantwortung in die Erklärung ihrer Unternehmenswerte, z. B. im Rahmen eines **Code of Conduct**.[90]

9. Verbindungslinien zum Reputationsmanagement

23 Wie die aktuelle Diskussion um Corporate Social Responsibility zeigt, wird der unternehmerische Verantwortungsbereich durch diverse CSR-Vorgaben und Initiativen für verantwortliches gesellschaftliches Handeln erweitert, ohne dass dabei die Frage nach dem wünschenswerten Umfang unternehmerischer Verantwortung einerseits und dem rechtlich zulässigen Maß der Begrenzung unternehmerischer Aktivität andererseits stets im Einzelnen geklärt wäre.[91] Zu bereits existierenden und oben exemplarisch skizzierten umfangreichen Rechtspflichten tritt ein Trend der „Verrechtlichung" unterschiedlicher Anforderungen des „Soft Law" hinzu, wie dies etwa die Pflicht zur CSR-Berichterstattung, die erforderlichen Compliance-Maßnahmen nach der EU-Konfliktmineralien-Verordnung[92] oder die geplanten menschenrechtliche Sorgfaltspflicht in dem geplanten Lieferketten-Gesetz verdeutlichen.[93] Diese Beispiele zeigen: Von Erwartungen an Integrität und verantwortungsvolles Unternehmertum bis hin zu Rechtspflichten und deren Durchsetzung kann es im Kontext neuer Entwicklungen teilweise nur ein kleiner Schritt sein – es entwickelt sich ein neuer Bereich der „CSR-Compliance".[94]

24 Die Beachtung von CSR-Anforderungen kann im Interesse der Sicherung der Unternehmensreputation auch jenseits der Rechtsverbindlichkeit geboten sein. Die Reputation eines Unternehmens gilt als bedeutender immaterieller Vermögensgegenstand.[95] Die sog. Image- und Reputationsschäden sind häufig schwer zu beziffern, sie können aber zu erheblichen Verlusten und Nachteilen bis hin zu einem Einbruch des Börsenwerts führen.[96] Der Schutz der Reputation spielt daher eine zentrale Rolle, das positive Image des Unternehmens in der Öffentlichkeit und bei den maßgeblichen Bezugsgruppen (Mitarbeiter, Kunden,

---

90 Zu Grundfragen und Gestaltung eines *Code of Conduct* siehe ausführlich *Benkert*, Kap. 4.

91 Vgl. *Spießhofer*, in: Hauschka/Moosmayer/Lösler, Corporate Compliance, 3. Aufl. 2016, § 11 Rn. 5 ff.

92 Siehe https://eur-lex.europa.eu/legal-content/DE/TXT/?uri=CELEX%3A32017R0821 (zuletzt abgerufen am 24.9.2020) sowie hierzu *Teicke*, CCZ 2018, 274.

93 Vgl. *Spießhofer*, in: Hauschka/Moosmayer/Lösler, Corporate Compliance, 3. Aufl. 2016, § 11 Rn. 43 sowie *dies.*, Unternehmerische Verantwortung, 2017, 311 ff., 415 ff. Zur CSR-Berichterstattungspflicht ausführlich *Beisheim/Dopychai*, Kap. 15. Zur Diskussion um das geplante Lieferketten-Gesetz vgl. etwa: *Rünz*, ZVertriebsR 2020, 291 ff.; *Rudkowski*, RdA 2020, 232 ff.; *Mittwoch*, RiW 2020, 397 ff.; *Püschel/Wiedmann*, Newsdienst Compliance 2020, 211001; *Redaktion beck-aktuell*, becklink 2017272.

94 So ausdrücklich *Beisheim/Dopychai*, Kap. 15.

95 Vgl. *Kröger*, Korruptionsschäden, Unternehmensgeldbußen und Imageschäden, 2013, 261 f.; *Simons*, ZGR 2018, 316; *Spindler*, in: Goette/Habersack/Kalss, AktG, 5. Aufl. 2019, Rn. 114.

96 Vgl. *Kröger*, Korruptionsschäden, Unternehmensgeldbußen und Imageschäden, 2013, 256 f.

Lieferanten, Investoren etc.) kann durch „Non-Compliance" nachhaltig beeinträchtigt oder ganz zerstört werden.[97] Reputationsrisiken und „Reputationsmanagement" haben sich zu wichtigen Themen für das Compliance- und Risikomanagement entwickelt.[98] Somit ist die Identifikation und Steuerung von Reputationsrisiken ein wichtiger Bestandteil des Compliance Managements.[99]

Da die Missachtung ethischer Verhaltenserwartungen der Stakeholder ebenso zu   **25**
Imageschäden und Reputationseinbußen führen kann wie die Missachtung rechtlicher Vorgaben,[100] sollte die Unternehmensleitung im Einzelfall erwägen, zum Schutz vor Reputationsverlusten auf eine Gewinnoptimierung aus ethischen Aspekten zu verzichten.[101] Wie die im **Nachhaltigen Aktionsplan (NAP)**[102] formulierten Erwartungen der Regierung an verantwortliches Handeln der Unternehmen und die damit verbundene Diskussion um die Notwendigkeit eines sog. „Lieferkettengesetzes" exemplarisch zeigen, kann es sich für die jeweilige Unternehmensleitung empfehlen, das eigene Geschäftsmodell und die Unternehmensstrategie nicht allein auf Rechtskonformität, sondern auch auf ethisch einwandfreie Gestaltungen hin zu überprüfen.

Die gezeigten Beispiele umfangreich bestehender Rechtspflichten sowie neuer   **26**
Anforderungen und weitergehender Trends zur „Verrechtlichung" vormals freiwilliger Verantwortungsbereiche verdeutlichen, dass Compliance Management für Unternehmen und Verbände sowie deren Leitungsorgane eine dauerhafte und anspruchsvolle Aufgabe ist.[103] Infolge vielfältiger, komplexer sowie teils unklarer bzw. auslegungsbedürftiger Vorgaben müssen Entscheidungen häufig unter Rechtsunsicherheit getroffen werden.[104]

---

97 Vgl. *Hauschka*, Compliance im Gesellschaftsrecht, in: Hadding/Hopt/Schimansky, Verbraucherschutz im Kreditgeschäft – Compliance in der Kreditwirtschaft 2008, 103, 106.
98 Siehe *Seibt*, DB 2015, 171 ff.; sowie *Seibt*, in: Schmidt/Lutter (Hrsg.), AktG, 4. Aufl. 2020, § 76, Rn. 42 ff. *Spindler*, in: Goette/Habersack/Kalss, AktG, 5. Aufl. 2019, Rn. 114. *Inderst*, Compliance Organisation und praktische Umsetzung, in: Inderst/Bannenberg/Poppe, Compliance, 3. Aufl. 2017, 127, 140 f.; *Seibt*, DB 2015, 171 ff.
99 Vgl. *Schlierenkämper*, in: Bürkle, Compliance in Versicherungsunternehmen, 3. Aufl. 2020, § 11 Rn. 70 ff.
100 *Schmidt*, Compliance in Kapitalgesellschaften, 2010, S. 22 f.
101 Vgl. *Seibt*, Börsenzeitung Nr. 31 v. 14.2.2015, S. 9. Zur Bedeutung ethischer Grundsätze siehe auch *Nietsch*, ZHR 180 (2016), 733, 762. Siehe auch *Simons*, ZGR 2018, 316, 321 f. sowie *Seibt*, in: Schmidt/Lutter (Hrsg.), AktG, 4. Aufl. 2020, § 76, Rn. 42 ff.
102 Vgl. www.auswaertiges-amt.de/aussenpolitik/themen/aussenwirtschaft/Wirtschaft-und-Menschenrechte/nationaler-aktionsplan-wirtschaft-menschrechte/205208.pdf (abgerufen am 8.10.2020).
103 Ähnlich *Balke*, in: Born/Ghassemi-Tabar/Gehle (Hrsg.) MHdBGesR VII, 6. Aufl. 2020, § 104, Rn. 51 „Die Anforderungen an die Compliance-Organisation oder die erforderlich angesehenen Compliance-Maßnahmen unterliegen dabei einer ständigen Weiterentwicklung."
104 *Bürkle*, BB 2018, 525, 526.

II. Vorgaben und Orientierungshilfen für Compliance Management

1. Compliance-Organisationspflicht als verbandsübergreifende Ausprägung der Leitungsverantwortung

27 Wie ausgeführt, steht im Fokus prominenter Regelverstöße häufig die Frage nach der Verantwortung der Geschäftsleiter für fehlendes oder mangelhaftes Compliance Management.[105] Denn eine der Besonderheiten von Compliance-Fällen liegt in der Pflicht von Geschäftsleitern, nicht nur das eigene, sondern auch das rechtmäßige Verhalten aller Unternehmensangehörigen sicherzustellen (**Legalitäts- bzw. Legalitätskontrollpflicht**).[106] Ursprung, Umfang und Grenzen dieser Pflicht sind seit langem prominenter Gegenstand rechtswissenschaftlicher Diskussion und beschäftigen zunehmend die Gerichte.[107]

28 Allerdings empfiehlt es sich, hierbei zu differenzieren.[108] Die Compliance-Pflicht im Sinne einer **Organisationspflicht** zur Einhaltung rechtlicher Vorgaben und der Verhinderung regelwidrigen Verhaltens im Unternehmen ist zutreffend als ein allgemeiner, rechtsformübergreifender Grundsatz des Verbandsrechts beschrieben worden,[109] denn sie stellt eine besondere Ausprägung der Leitungsverantwortung dar, wonach jeder Geschäftsleiter im Rahmen seiner sog. Leitungssorgfaltspflicht auf die Normeinhaltung durch den Verband und im Verband zu achten hat.[110] Compliance ist eine rechtsform-, struktur- und größen-

---

105 Siehe oben Rn. 17. Wegweisend ist die Entscheidung des LG München I, Urt. v. 10.12.2013, 5 HK O 1387/10, CB 2014, 167 ff. Dort hat das Gericht in der Einrichtung eines mangelhaften Compliance-Systems bzw. in dessen unzureichender Überwachung eine Pflichtverletzung gesehen, für die der Vorstand als Organ ebenso wie jedes einzelne Vorstandsmitglied haftungsrechtlich verantwortlich ist, vgl. LG München I, Urt. v. 10.12.2013, 5 HK O 1387/10, CB 2014, 167. Obwohl dieser Rechtsstreit später durch Vergleich beendet wurde, bestätigt das Urteil die wachsende Bedeutung der Frage, welche organisatorischen Vorkehrungen und Maßnahmen die Unternehmensleitung treffen muss, um Compliance-Anforderungen zu genügen bzw. Sanktionen aus Regelverletzungen zu vermeiden, vgl. *Fleischer*, NZG 2014, 321 ff.

106 Siehe oben Rn. 1 sowie *Merkt*, ZIP 2014, 1705, 1706. *Grigoleit*, AktG, 2. Aufl. 2020, § 76, Rn. 44.

107 Die Rechtsprechung hat in verschiedenen Entscheidungen Grundsätze zur Haftung für mangelhafte Compliance und zur Bedeutung von Compliance-Maßnahmen entwickelt, siehe insbesondere BGH, Urt. v. 9.5.2017, 1 StR 265/16, CB 2017, 330 sowie LG München I, Urt. v. 10.12.2013, 5 HK O 1387/10, CB 2014, 167 ff., zur Haftung eines Vorstandsmitglieds sowie BGH, Urt. v. 17.7.2009, 5 StR 394/08, NJW 2009, 3173 zur Haftung eines Compliance Officers sowie hierzu *Lackhoff/Schulz*, CCZ 2010, 81 ff.

108 Vgl. *Merkt*, ZIP 2014, 1705 ff.; *Moosmayer*, Compliance, 3. Aufl. 2015, 4 f.

109 *Merkt*, ZIP 2014, 1705 sowie ausführlich *Jenne*, Die Überprüfung und Zertifizierung von Compliance-Management-Systemen, 2017, 36 ff., 68 f. Siehe ferner *Balke*, in: Born/Ghassemi-Tabar/Gehle (Hrsg.) MHdBGesR VII, 6. Aufl. 2020, § 104, Rn. 6 „Rechtsformübergreifende Pflichtenlage".

110 So explizit *Merkt*, ZIP 2014, 1705, 1707.

unabhängige Pflichtaufgabe eines jeden Geschäftsleiters,[111] denn jeder Verband ist so zu organisieren, dass Rechts- und Regelverstöße verhindert werden.[112]

Soweit die Geschäftsleiter nicht selbst und höchstpersönlich für die Erfüllung **29** von Rechtspflichten verantwortlich sein sollen (z.B. im Zusammenhang mit steuer- und sozialversicherungsrechtlichen Anforderungen, datenschutzrechtlichen Vorgaben oder Pflichten im Zusammenhang mit einer Insolvenz),[113] müssen sie entsprechende organisatorische Maßnahmen treffen, um rechtskonformes Verhalten der Unternehmensangehörigen sicherzustellen und Regelverletzungen möglichst zu vermeiden.[114] Dieser Organisationsauftrag[115] der Geschäftsleitung umfasst sowohl die Entscheidung über die Einführung von Compliance-Maßnahmen als auch über die wesentlichen Strategie- und Strukturentscheidungen bezüglich des Compliance Managements.[116] Dieses Kernbestands an Organisationsaufgaben kann sich die Unternehmensleitung nicht entäußern bzw. durch Delegation entziehen.[117]

2. Individuelle Ausgestaltung des Compliance Managements

Dagegen richtet sich die jeweilige Ausgestaltung des Compliance Managements, **30** d.h. Art und Umfang der erforderlichen Compliance-Maßnahmen (einschließlich einer etwaigen „Compliance-Organisation") stets nach dem individuellen Risikoprofil und den Besonderheiten des jeweiligen Unternehmens oder Verbands. Als relevante Kriterien für die individuelle Ausgestaltung gelten u.a.:[118]

– Branche bzw. Industriesektor;
– regulatorisches Umfeld;
– Unternehmensgröße und Struktur;
– Kapitalmarktzugang;
– Geschäftsmodell (insbesondere Vertriebsstruktur);
– internationale Präsenz bzw. Auslandsaktivitäten;
– Compliance-Verstöße in der Vergangenheit („Compliance-Historie"), Wahrscheinlichkeit einer Normverletzung.[119]

---

111 So wörtlich und zutreffend *Jenne*, Die Überprüfung und Zertifizierung von Compliance-Management-Systemen, 2017, 68.
112 *Jenne*, vorige Fn., 68 f.; ähnlich *Balke*, in: Born/Ghassemi-Tabar/Gehle (Hrsg.) MHdBGesR VII, 6. Aufl. 2020, § 104, Rn. 6.
113 Vgl. am Beispiel der GmbH *Stephan/Tieves*, in: MünchKomm-GmbHG, 3. Auflage 2019, § 37 Rn. 25 f.
114 Vgl. *Schulz/Galster*, in: Bürkle/Hauschka, Der Compliance Officer, 2015, § 4 Rn. 5; *Kort*, GmbHR 2013, 566 ff.
115 *Haouache*, Unternehmensbeauftragte und Gesellschaftsrecht der AG und GmbH, 2003, 53.
116 Vgl. *Karbaum*, AG 2013, 863, 870.
117 Vgl. *Groß*, Chief Compliance Officer, 2012, 59 m.w.N.
118 Vgl. *Merkt*, ZIP 2014, 1705 ff.
119 Zu Letzterem explizit *Merkt*, ZIP 2014, 1705, 1708 f.; zur Compliance-Historie bzw. zum Compliance-Risikoprofil siehe etwa *Schulz/Galster*, in: Bürkle/Hauschka, Der Compliance Officer, 2015, § 4 Rn. 27.

31 Abgesehen von besonderen gesetzlichen Organisationsvorgaben für bestimmte Branchen[120] richtet sich der erforderliche Organisationsgrad des Compliance Managements nach der Analyse der oben genannten Kriterien. Diese Analyse beantwortet auch die Frage, ob es einer eigenständigen Compliance-Organisation bedarf oder ob es ausreicht, etwa eine separate Compliance-Funktion bzw. einen Compliance Officer zu bestellen.

32 Darüber hinaus enthalten Strafrecht und Zivilrecht für alle Unternehmen bestimmte allgemeine Vorgaben für Aufsichts-, Kontroll- und Untersuchungspflichten, welche die Gerichte fallbezogen konkretisiert haben.[121] Derartige „Leitplanken" zur Unternehmensorganisation sind Ausgangspunkt und integraler Bestandteil jedes Compliance Managements.

3. Vielfalt an Vorgaben und Orientierungshilfen

33 Zwar enthält das deutsche Recht – mit Ausnahme bestimmter branchenspezifischer Normen – bislang keine speziellen Vorschriften für ein Compliance Management.[122] Allerdings enthalten diverse Rechtsnormen allgemeine Vorgaben und Grundsätze, die bei der Erfüllung der Compliance-Pflicht durch organisatorische Maßnahmen zu berücksichtigen sind.[123] Diese Vorgaben sind durch die Gerichte fallbezogen präzisiert sowie durch Rechtswissenschaft und Rechtspraxis kommentiert worden und bilden ein Muster organisatorischer (Mindest-)Anforderungen für eine ordnungsgemäße Unternehmensführung. Für bestimmte Branchen bestehen darüber hinaus (teils selbst geschaffene) Regelwerke und Verhaltenskodizes, in denen zentrale Compliance-Themen behandelt und Handlungsempfehlungen entwickelt werden.[124] Ferner ist das Thema Compliance seit längerem Regelungsgegenstand verschiedener Standardisierungsorganisationen, zu nennen sind insbesondere der Prüfungsstandard des Instituts der Wirtschaftsprüfer (**IDW PS 980**),[125] die **ISO 19600** (Compliance-Management-Sys-

---

120 Siehe unter Rn. 34 ff.

121 Siehe unter Rn. 45 ff. Zur Relevanz von § 130 OWiG siehe *Böttger*, Kap. 2, Rn. 45 ff., sowie *Moosmayer*, Compliance, 3. Aufl. 2015, 4. Zur Relevanz des Deliktsrecht bzw. der „Unternehmensorganisationspflichten" für Compliance siehe etwa *Spindler*, WM 2008, 905.

122 Zu den rechtlichen Rahmenbedingungen für Compliance Management siehe unter Rn. 34 ff.

123 Vgl. *Theusinger/Jung*, in: Römermann, Münchener Anwaltshandbuch GmbH-Recht, 4. Aufl. 2018, § 24 Rn. 7 ff.

124 Exemplarisch sind zu nennen der Verhaltenskodex des Gesamtverbandes der Deutschen Versicherungswirtschaft für den Vertrieb von Versicherungsprodukten, http://www.gdv.de/Human/news/Verhaltenskodex-fuer-den-Vertrieb-11518 (abgerufen am 8.10.2020) sowie der vom Verein „Freiwillige Selbstkontrolle für die Arnzeimittelindustrie" (FSA) veröffentlichte „FSA-Transparenzkodex" zur Transparenz mit den Angehörigen der Fachkreise und medizinischen Einrichtungen, siehe http://www.fsa-pharma.de/kodizes/transparenzkodex/inhaltsubersicht (abgerufen am 8.10.2020).

125 IDW-Prüfungsstandard „Grundsätze ordnungsmäßiger Prüfung von Compliance-Management-Systemen" (IDW PS 980), WPg Supplement 2/2011, 78 ff.; vgl. dazu unten Rn. 50 sowie *von Busekist/Hein*, CCZ 2012, 41 ff.; *von Busekist/Schlitt*, CCZ 2012, 86 ff.

teme)[126] sowie die **ISO 37001** (Anti-Korruptions-Management-Systeme).[127] Diese Regelwerke und Standards sind grundsätzlich nicht rechtsverbindlich,[128] enthalten aber häufig nützliche Empfehlungen und Leitlinien für die Gestaltung eines auf das jeweilige Unternehmen passenden Compliance Managements. Zudem haben Wissenschaft und Praxis einen Katalog an Mindestanforderungen für ein wirksames Compliance Management entwickelt.[129]

a) Branchenspezifische Sonderregeln als Erkenntnisquelle

Besondere (aufsichts-)rechtliche Vorgaben für die Einrichtung einer Compli- **34** ance-Organisation bestehen für Kredit- und Finanzdienstleistungsunternehmen, für Wertpapierhandelsunternehmen sowie für Versicherungsunternehmen.[130] So muss gemäß § 25a KWG ein Institut über eine ordnungsgemäße Geschäftsorganisation verfügen, welche die Einhaltung der vom Institut zu beachtenden gesetzlichen Bestimmungen und der betriebswirtschaftlichen Notwendigkeiten gewährleistet. Eine ordnungsgemäße Geschäftsorganisation im Sinne dieser Vorschrift muss insbesondere ein angemessenes und wirksames Risikomanagement umfassen, auf dessen Basis ein Institut die Risikotragfähigkeit laufend sicherzustellen hat. Das Risikomanagement umfasst insbesondere die Festlegung einer auf die nachhaltige Entwicklung gerichteten Geschäftsstrategie und einer damit konsistenten Risikostrategie (§ 25a Abs. 1 Nr. 1 KWG), Verfahren zur Ermittlung und Sicherstellung der Risikotragfähigkeit (§ 25a Abs. 1 Nr. 2 KWG) sowie die Einrichtung interner Kontrollverfahren mit einem internen Kontrollsystem und einer Internen Revision (§ 25a Abs. 1 Nr. 3 KWG).

Für Wertpapierhandelsunternehmen werden diese Organisationspflichten gemäß **35** § 33 WpHG insbesondere durch die Verpflichtung erweitert, eine dauerhafte und wirksame Compliance-Funktion einzurichten.[131] Diese stellt einen wesentlichen Bestandteil des internen Kontrollsystems des Wertpapierdienstleistungsunternehmens im Sinne des § 25a Abs. 1 Satz 3 Nr. 1 KWG dar.[132] Damit ist jedes Wertpapierhandelsunternehmen zur Beschäftigung eines Compliance-Beauftragten verpflichtet, nähere Einzelheiten zur Ausgestaltung der Compliance-Funktion ergeben sich aus der Wertpapierdienstleistungs-, Verhaltens- und Organisationsverordnung (WpDVerOV).[133] Neben Auslegungshinweisen seitens

---

126 Zum Vergleich von IDW PS 980 und ISO 19600 ausführlich *Busekist/Uhlig*, Kap. 7.
127 Zur ISO 37001 siehe *Kayser*, CB 2016, 441.
128 Vgl. *Schulz*, in: Bay/Hastenrath, Compliance-Management-Systeme, 2. Aufl. 2016, sowie *Jenne*, Die Überprüfung und Zertifizierung von Compliance-Management-Systemen, 2017, 47 f.
129 Ausführliche Darstellung und Nachweise bei *Jenne*, Die Überprüfung und Zertifizierung von Compliance-Management-Systemen, 2017, 121 ff.
130 Vgl. *Balke*, in: Born/Ghassemi-Tabar/Gehle (Hrsg.) MHdBGesR VII, 6. Aufl. 2020, § 104, Rn. 9.
131 § 33 Abs. 1 Satz 2 Nr. 1 WpHG, vgl. hierzu *Engelhart*, ZIP 2010, 1832 ff.
132 Zu Funktion und Bedeutung des IKS siehe *Renz/Frankenberger*, Kap. 19, Rn. 49 ff.
133 Siehe § 12 WpDVerOV.

der Bundesanstalt für Finanzdienstleistungsaufsicht (BaFin) zur Konkretisierung der organisatorischen Anforderungen haben kapitalmarktorientierte Unternehmen weitere Vorschriften bzw. aufsichtsbehördliche Empfehlungen zu beachten.[134]

36 Versicherungsunternehmen haben die Vorgaben des § 29 VAG zu beachten. Gemäß § 29 Abs. 1 VAG müssen Versicherungsunternehmen über ein wirksames internes Kontrollsystem verfügen, das mindestens Verwaltungs- und Rechnungslegungsverfahren, einen internen Kontrollrahmen, eine angemessene unternehmensinterne Berichterstattung auf allen Unternehmensebenen sowie eine Funktion zur Überwachung der Einhaltung der Anforderungen (Compliance-Funktion) umfasst. Zu den Aufgaben der Compliance-Funktion gehört gemäß § 29 Abs. 2 VAG die Beratung des Vorstands in Bezug auf die Einhaltung der Gesetze und Verwaltungsvorschriften, die für den Betrieb des Versicherungsgeschäfts gelten. Außerdem hat die Compliance-Funktion die möglichen Auswirkungen von Änderungen des Rechtsumfeldes für das Unternehmen zu beurteilen und das mit der Verletzung der rechtlichen Vorgaben verbundene Risiko (Compliance-Risiko) zu identifizieren und zu beurteilen.

37 Bei den genannten Normen handelt es sich allerdings um spezielle Regelungen im Hinblick auf die besonderen Risiken von Finanz- und Versicherungsdienstleistungen, an die der Gesetzgeber besondere (aufsichts-)rechtliche Anforderungen stellt. Daher besteht weitgehend Konsens, dass diese besonderen Anforderungen und Maßstäbe nicht einfach auf das Compliance Management in Unternehmen außerhalb dieser Industriesektoren übertragen werden können.[135] Ebenso wenig ergibt sich die Verpflichtung zu einer Compliance-Organisation im Wege einer Gesamtanalogie zu diesen (und ausgewählten weiteren) Vorschriften.[136]

38 Dem steht es allerdings nicht entgegen, die Vorgaben besonderer Branchen als Anschauungsmaterial für Fragen der Ausgestaltung des Compliance Managements zu nutzen. Denn bei allgemeinen Fragen, wie etwa hinsichtlich der Anforderungen an eine wirksame Compliance-Funktion, können die Branchenregelungen und die hierzu verfügbaren Quellen und Kommentierungen eine wertvolle Erfahrungs- und Erkenntnisquelle sein.[137] Dies gilt etwa im Hinblick auf die Unabhängigkeit des Compliance Officers, seine Berichtspflichten und für Regelungen zur Vermeidung von Interessenkollisionen.

---

134 Vgl. *Schulz/Renz*, BB 2013, 2511 ff.

135 So die ganz überwiegende Meinung, vgl. etwa *Meyer*, DB 2014, 1063, 1064; *Seeliger/Mross*, in: Jaeger/Kokott/Pohlmann/Schroeder, Frankfurter Kommentar zum Kartellrecht, Stand: 96. Aktualisierung 2020, Teil E. Allg. Teil, Rn. 15 f., jeweils m. w. N.

136 Vgl. etwa *Harbarth*, ZHR 179 (2015), 137, 139; *Seeliger/Mross*, in: Jaeger/Kokott/Pohlmann/Schroeder, Frankfurter Kommentar zum Kartellrecht, Stand: 97. Aktualisierung 2020, Teil E., Rn. 15 m. w. N.

137 *Schulz*, Rechtliches Risikomanagement und Compliance im Mittelstand, in: Keßler, Unternehmensfinanzierung Mittelstand, 2014, § 6 Rn. 24.

Schulz

b) Erkenntnisse des Risikomanagements

Wie ausgeführt,[138] besteht zwischen Compliance Management und Risikomanagement ein enger Zusammenhang. So verpflichtet die Vorschrift des § 91 Abs. 2 AktG den Vorstand einer Aktiengesellschaft nach ihrem Wortlaut dazu, geeignete Maßnahmen zu treffen, insbesondere ein Überwachungssystem einzurichten. Demnach hat der Vorstand als Gesamtorgan für eine Organisation zu sorgen, welche die Erkennung von bestandsgefährdenden Entwicklungen sicherstellt.[139] Bestandsgefährdende Risiken können auch aus „Non-Compliance" resultieren: Dies gilt etwa bei hohen Geldstrafen bzw. Bußgeldern, z. B. im Zusammenhang mit Kartellrechtsverstößen oder beim Ausschluss von Projekten öffentlicher Auftraggeber.[140] Existenzbedrohend können auch die geplanten Verbandssanktionen nach dem Regierungsentwurf zum Verbandssanktionengesetz sein.[141]   **39**

Zwar ist die Geltungsreichweite von § 91 Abs. 2 AktG („Ausstrahlungswirkung") für andere Unternehmens- und Verbandsformen im Einzelnen umstritten,[142] doch ist die Pflicht zur Risikoprävention (ebenso wie die Compliance-Organisationspflicht) eine Ausprägung der Leitungssorgfalt der Verbandsleitung und gilt daher grundsätzlich in jeder Unternehmens- und Verbandsform.[143] Jedenfalls in dem Umfang, in dem Risiken aus Rechtsverletzungen bestandsgefährdende Ausmaße annehmen, werden sie durch § 91 Abs. 2 AktG (analog) erfasst.[144] Für die Steuerung der sonstigen (nicht bestandsgefährdenden) Compliance-Risiken bestehen zahlreiche Parallelen zum allgemeinen Risikomanagement, da sich auch für Compliance-Risiken die systematische Identifizierung sowie Analyse und Bewertung mit anschließender Einleitung risikosteuernder Maßnahmen empfiehlt.[145] Dabei sind allerdings die Besonderheiten von Compliance-Risiken zu beachten.   **40**

aa) Besonderheiten von Compliance-Risiken

Bei der Steuerung von Compliance-Risiken geht es stets um den Umgang mit menschlichem (Fehl-)Verhalten, welches einer juristischen Bewertung bedarf.   **41**

---

138 Siehe oben unter Rn. 9.

139 Vgl. *Liese*, BB-Special Compliance 2008, 17, 18 m. w. N.

140 Vgl. *Kark*, Compliance-Risikomanagement, 2. Aufl. 2019, 12 ff. Ähnlich *Passarge*, in: Martinek/Semler/Flohr, Handbuch des Vertriebsrechts, 4. Aufl. 2016, § 79 Rn. 93. Zu Bußgeldern wegen Kartellrechtsverstößen ausführlich *Seeliger/Heinen/Mross*, Kap. 23, Rn. 89 ff.

141 Siehe *Böttger*, Kap. 2, Rn. 15.

142 Siehe die Nachw. zum Meinungsstand bei *Merkt*, ZIP 2014, 1705, 1712 f.; *Kark*, Compliance-Risikomanagement, 2. Aufl. 2019, 27 ff.

143 *Merkt*, ZIP 2014, 1705, 1713.

144 Vgl. *Liese*, BB-Special Compliance 2008, 17, 19; *Schulz*, Rechtliches Risikomanagement und Compliance im Mittelstand, in: Keßler, Unternehmensfinanzierung Mittelstand, 2014, § 6 Rn. 17; ähnlich *Liese*, BB-Special Compliance 2008, 17, 18.

145 Zum allgemeinen Risikomanagement siehe *Romeike*, Kap. 9. Zum Compliance-Risikomanagement ausführlich *Kark*, Compliance-Risikomanagement, 2. Aufl. 2019, 105 ff. sowie *Stork/Ebersoll*, Smart Risk Assessment, 2016, 61 ff.

Die rechtliche Bewertung durch Gerichte und Behörden ist ein dynamischer Prozess und in unterschiedlichen Rechtsordnungen unterschiedlich ausgeprägt – eine rein rechnerische Betrachtung von Compliance-Risiken erscheint daher nicht angebracht.[146]

42 Eine weitere Besonderheit von Compliance-Risiken folgt ferner aus dem dargelegten Verständnis von Compliance Management als Organisationspflicht zur systematischen Prävention regelwidrigen Verhaltens. Denn bei Compliance-Verstößen steht regelmäßig der Vorwurf fehlender bzw. unzureichender präventiver Maßnahmen im Mittelpunkt.[147] Dieses Risiko unzureichender Unternehmensorganisation ist aufgrund des oben dargestellten dynamischen rechtlichen Umfelds hoch, die sog. Legalitätspflicht der Geschäftsleiter hat sich zu einer umfassenden **Legalitätskontrollpflicht** entwickelt.[148] Diese Legalitätskontrollpflicht schließt die Verantwortung für das rechtmäßige Verhalten der Unternehmensangehörigen ein.[149] Zu den besonderen Merkmalen von „Non-Compliance"-Fällen zählen ferner besondere Image- und Reputationsrisiken, ihre Vermeidung bzw. Minimierung steht oft im Mittelpunkt von Compliance-Maßnahmen.[150]

43 Eine wesentliche Besonderheit von Compliance-Risiken und Compliance Management besteht zudem darin, dass der staatliche Rechtsdurchsetzungsanspruch grundsätzlich keine wirtschaftliche Risikoabwägung kennt[151] – sog. „nützliche Pflichtverletzungen" werden rechtlich nicht toleriert und sind regelmäßig Compliance-Verstöße.[152] Wie das oben erwähnte Urteil des Landgerichts München bestätigt hat, können insbesondere regionale Geschäftsgepflogenheiten in anderen Ländern in keinem Fall Bestechungshandlungen rechtfertigen.[153] Die Leitgedanken dieser Entscheidung – Organisationspflicht zur Vermeidung

---

146 Vgl. *Kark*, Compliance-Risikomanagement, 2. Aufl. 2019, 137.

147 Siehe hierzu die Ausführungen des LG München I, Urt. v. 10.12.2013, 5 HK O 1387/10, CB 2014, 167 ff., sowie *Moosmayer*, Compliance, 3. Aufl. 2015, 1 ff., 5 f.; *Schulz*, Rechtliches Risikomanagement und Compliance im Mittelstand, in: Kessler, Unternehmensfinanzierung Mittelstand, 2014, § 6 Rn. 10; *Nietsch/Hastenrath*, CB 2015, 177, 178.

148 Vgl. *Verse*, ZHR 175 (2011), 401, 403 ff.; *Harbarth*, ZHR 179 (2015), 136, 138; *Grigoleit*, AktG, 2. Aufl. 2020, § 76, Rn. 44 ff.

149 Vgl. *Verse*, ZHR 175 (2011), 401, 403; *Moosmayer*, Compliance, 3. Aufl. 2015, 5; *Grigoleit*, AktG, 2. Aufl. 2020, § 76, Rn. 44 ff.

150 Vgl. *Staub*, CCZ 2009, 121, 129 ff.; *Moosmayer*, in: ders., Compliance-Risikoanalyse, 2014, 5; *Schulz*, Rechtliches Risikomanagement und Compliance im Mittelstand, in: Kessler, Unternehmensfinanzierung Mittelstand, 2014, § 6 Rn. 11; zur Bedeutung von Reputations- und Imageschäden siehe ausführlich *Kröger*, Korruptionsschäden, Unternehmensgeldbußen und Imageschäden, 2013, 255 ff.; zum „*Corporate Reputation Management*" siehe *Seibt*, DB 2015, 171.

151 *Preusche/Würz*, Compliance, 3. Aufl. 2020, 46. Ähnlich *Kark*, Compliance-Risikomanagement, 2. Aufl. 2019, 105.

152 Vgl. *Kort*, in: Hirte/Mülbert/Roth, AktG, 5. Aufl. 2015, § 91 Rn. 183; *Bosse*, NWB 51/2013, 4056, 4057.

153 Vgl. LG München I, Urt. v. 10.12.2013, 5 HK O 1387/10, CB 2014, 167 ff., sowie hierzu *Fleischer*, NZG 2014, 321, 322.

Schulz

von Rechtsverstößen in Abhängigkeit von dem jeweiligen Compliance-Risiko-profil – lassen sich grundsätzlich auf alle Unternehmen und Verbände übertragen.[154] Es empfiehlt sich daher, auf Basis der vielfältigen Organisationsanforderungen der Rechtsordnung[155] eine unternehmensspezifische Risikoinventur als Ausgangspunkt für das Compliance Management zu wählen (siehe unter 57 ff.) und dabei die Besonderheiten von Compliance-Risiken zu beachten.[156]

bb) Berücksichtigung integrativer Perspektiven (Beispiel GRC-Ansatz)

Hilfreich für die Konzeption und Weiterentwicklung von Maßnahmen des Compliance-Risiko-Managements kann die Berücksichtigung ganzheitlicher bzw. integrativer Perspektiven sein. So wurde in der Betriebswirtschaftslehre ein integrierter Managementansatz von **Governance, Risk und Compliance** (sog. GRC-Ansatz) entwickelt.[157] Wenngleich nicht alle Unternehmen über eigenständige Kontroll-, Risikomanagement- und Compliance-Funktionen verfügen, erscheint es sinnvoll, über die wirkungsvolle Verknüpfung der durch diese Funktionen institutionalisierten Prozesse nachzudenken. So sollen nach dem Model der „Three-Lines-of-Defense"[158] in erster Linie bei den operativen Unternehmenseinheiten adressiert, in zweiter Linie durch das Risikomanagement und die Compliance Funktion und in dritter Linie durch die interne Revision verhindert bzw. gesteuert werden.[159] Daraus lässt sich die Notwendigkeit eines differenzierten und abgestuften Prozesses für die Steuerung von Compliance-Risiken ableiten und insbesondere die Notwendigkeit einer Einbettung des Compliance-Risikomanagements in die relevanten Geschäftsprozesse.[160]

44

---

154 Vgl. *Rack*, CB 2014, 104 zur Einordnung der Entscheidung in die Rechtsprechung zum sog. Organisationsverschulden, sowie *Passarge*, in: Martinek/Semler/Flohr, Handbuch des Vertriebsrechts, 4. Aufl. 2016, § 79 Rn. 90 hinsichtlich der Relevanz der Entscheidung für die GmbH.

155 Zur Entwicklung der sog. Unternehmensorganisationspflichten umfassend *Spindler*, Unternehmensorganisationspflichten, 2001; *Matusche-Beckmann*, Organisationsverschulden, 2001; vgl. ferner *Rack*, CB 2014, 104; zum Konzept der strafrechtlichen Garantenpflichten siehe *Spindler*, Handbuch Vorstandshaftung, 2006, sowie *Böttger*, Kap. 2, Rn. 108 ff.

156 Die Bewertung wird u.a. durch Spielräume bei der Strafzumessung, zum Teil in unterschiedlichen Jurisdiktionen, Einzelfallentscheidungen von Gerichten und Behörden, möglichen Zurechnungen von Fehlverhalten in der Lieferkette etc. erschwert.

157 Siehe hierzu *Bartuschka*, Kap. 10, Rn. 24 ff.; zur Verknüpfung von Internem Kontrollsystem (IKS), Risikomanagementsystem (RMS) und Compliance-Management-System (CMS) siehe auch *Illert*, in: Johannsen-Roth/Illert/Ghassemi-Tabar, DCGK, 2020, Grds. 4, Rn. 19 ff.

158 Siehe hierzu *Renz/Frankenberger*, Kap. 19, Rn. 55 ff. sowie *Illert*, in: Johannsen-Roth/Illert/Ghassemi-Tabar, DCGK, 2020, Grds. 4, Rn. 19.

159 Siehe hierzu *Renz/Frankenberger*, Kap. 19, Rn. 55 ff., sowie *Illert*, in: Johannsen-Roth/Illert/Ghassemi-Tabar, DCGK, 2020, Grds. 4, Rn. 19.

160 Siehe hierzu unter Rn. 83.

c) Anforderungen an Aufsichts- und Überwachungsmaßnahmen

45 Auch aus dem Gesetz über Ordnungswidrigkeiten, insbesondere aus § 130 OWiG, lassen sich allgemeine Anforderungen für das Compliance Management ableiten.[161] Die Vorschrift gilt rechtsformübergreifend für alle Verbände.[162] Nach § 130 OWiG handelt ordnungswidrig, wer als Inhaber eines Betriebs oder Unternehmens vorsätzlich oder fahrlässig die Aufsichtsmaßnahmen unterlässt, die erforderlich sind, um in dem Betrieb oder Unternehmen Zuwiderhandlungen gegen Pflichten zu verhindern, die den Inhaber treffen und deren Verletzung mit Strafe oder Geldbuße bedroht ist. Der Normadressat hat seine Aufsichtspflichten dabei so zu erfüllen, dass grundsätzlich sämtliche betriebsbezogene Pflichten eingehalten werden.[163] Die Gerichte haben in langjähriger Entscheidungspraxis die relevanten Pflichten nach § 130 OWiG konkretisiert.[164] Daraus folgt zwar bislang keine ausdrückliche Verpflichtung zu einer bestimmten Compliance-Organisation, wohl aber ergeben sich konkrete Anforderungen an die Erfüllung der geforderten Aufsichtspflichten, etwa hinsichtlich der sorgfältigen Auswahl und Bestellung von Aufsichtspersonen, ihrer Instruktion und Überwachung sowie hinsichtlich der Untersuchung, Aufklärung und Sanktionierung von Verstößen.[165] In den Regelungen zur Haftung des Aufsichtspflichtigen (§§ 130, 9 OWiG) und zur Haftung des Unternehmens bei Fehlverhalten von Aufsichtspflichten (§§ 30, 130, 9 OWiG) wird daher eine zentrale Rechtsgrundlage für Compliance gesehen.[166]

d) Vorgaben der Unternehmensorganisationspflichten und Garantenpflichten

46 Eine weitere Quelle für die Konkretisierung der Compliance-Pflicht ist die Rechtsprechung zu den sog. Unternehmensorganisationspflichten. Die Gerichte haben auf der Basis deliktsrechtlicher Verkehrssicherungs- und Organisationspflichten sowie strafrechtlicher Garantenpflichten[167] umfangreiche Anforderun-

---

161 *Bergmoser/Theusinger/Gushurst*, BB-Spezial 2008, 1, 4 f.; zu § 130 OWiG siehe ferner *Böttger*, Kap. 2, Rn. 126 ff.

162 Vgl. *Moosmayer*, NJW 2012, 3013; *Koch*, WM 2009, 1013, 1015; *Schmidt*, Compliance in Kapitalgesellschaften, 2010, 69, 71, sowie die Nachweise bei *Rönnau*, ZGR 2016, 277, 293. Siehe ferner *Rodewald*, Gesetzestreue als Organisationsproblem – Compliance richtig managen, in: Maschmann, Corporate Compliance und Arbeitsrecht, 2009, 31, 37: „Urmutter" des Corporate Compliance-Gedankens.

163 *Liese/Schulz*, BB 2011, 1347, 1350.

164 Siehe die Beispiele und Rechtsprechungsnachweise bei *Theusinger/Jung*, Corporate Compliance, in: Römermann, Münchener Anwaltshandbuch GmbH-Recht, 4. Aufl. 2018, § 24 Rn. 29 ff.; *Liese/Schulz*, BB 2011, 1347, 1350.

165 Siehe die Beispiele bei *Theusinger/Jung*, Corporate Compliance, in: Römermann, Münchener Anwaltshandbuch GmbH-Recht, 4. Aufl. 2018, § 24 Rn. 29 ff.

166 Vgl. *Moosmayer*, NJW 2012, 3013; *ders.*, Compliance, 3 Aufl. 2015, 4 f.; ähnlich *Rodewald*, CB 2013, 70, 72 („Mutter" aller Compliance-Vorschriften).

167 Zu den strafrechtlichen Garantenpflichten ausführlich *Böttger*, Kap. 2, Rn. 108 ff., 121 ff., sowie *Beulke/Witzigmann*, in: Moosmayer, Compliance-Risikoanalyse, 2014, 9 ff.

gen entwickelt, für deren Verletzung die Unternehmen (sowie unter bestimmten Umständen auch die Geschäftsleiter persönlich) haften.[168] In einer umfangreichen Kasuistik wurden zahlreiche Organisationspflichten statuiert: Hierzu zählen u. a. Pflichten zu ordnungsgemäßer Betriebsorganisation, Informationsversorgung, Risikosteuerung, Delegation, Instruktion, Überwachung und Kontrolle sowie Dokumentation.[169]

e) Beispiele von Leitfäden anderer Rechtsordnungen

Für international tätige Unternehmen können sich weitere Anforderungen und Vorgaben für erforderliche Compliance-Maßnahmen auch aus anderen Rechtsordnungen ergeben.[170] Grenzüberschreitende Geschäftstätigkeit führt insofern zu einer Risiko- und Komplexitätserhöhung in Bezug auf das Compliance Management. So sind häufig besondere Vorgaben zu beachten, etwa beim Export von Gütern[171] oder bei jeder Übermittlung personenbezogener Daten.[172] Ein zusätzliches Risiko ist die extraterritoriale Geltung ausländischer Gesetze für inländische Unternehmen, die schon bei einer geringfügigen Geschäftsverbindung mit einer anderen Rechtsordnung eintreten kann.[173]

aa) UK Bribery Act (Vereinigtes Königreich)

Ein Beispiel bietet der UK Bribery Act,[174] dessen Strafandrohung für Korruptionsdelikte sich auf alle Unternehmen erstreckt, die im Vereinigten Königreich geschäftstätig sind.[175] Erfasst werden durch seinen weiten Anwendungsbereich auch zahlreiche deutsche Unternehmen mit relevanter Geschäftsbeziehung. Allerdings zeigt das Beispiel des britischen Korruptionsstrafgesetzes, dass Unternehmen und Verbände auch bestimmten Leitlinien und Empfehlungen der Behörden für die Ausgestaltung ihrer Compliance-Maßnahmen nutzen können. So können die betroffenen Unternehmen einer Sanktion nach dem UK Bribery Act dann entgehen, wenn sie die **Umsetzung angemessener Vorkehrungen (ade-**

47

48

---

168 Umfassend *Spindler*, Unternehmensorganisationspflichten, 2001, sowie *Matusche-Beckmann*, Das Organisationsverschulden, 2001; zu den diversen Pflichten vgl. ferner *Rack*, CB 2013, 14; *ders.*, CB 2014, 104; *ders.*, CB 2014, 279.

169 Vgl. *Rack*, CB 2014, 104.

170 *Rodewald*, Gesetzestreue als Organisationsproblem – Compliance richtig managen, in: Maschmann, Corporate Compliance und Arbeitsrecht, 2009, 31 ff., 41, spricht von einer „Reflexwirkung ausländischer Vorschriften".

171 Zu Exportkontrolle und Compliance siehe ausführlich *von Bodungen*, Kap. 26.

172 Die Datenübermittlung ins außereuropäische Ausland unterliegt besonders strengen Vorgaben, vgl. *Becker/Böhlke/Fladung*, Kap. 11, Rn. 180 ff.

173 Vgl. *Moosmayer*, Compliance, 3. Aufl. 2015, 10 f. Zur Relevanz des ausländischen Export-Kontrollrechts siehe eingehend *von Bodungen*, Kap. 26.

174 Siehe http://www.legislation.gov.uk/ukpga/2010/23/pdfs/ukpga_20100023_en.pdf (zuletzt abgerufen am 29.1.2020), vgl. dort Sec. 7 (2) sowie *Möhlenbeck*, Kap. 5, Rn. 20 ff. m. w. N.

175 Vgl. *Teicke/Mohsseni*, BB 2012, 911, 914; *Timmerbeil/Spachmüller*, DB 2013, 2133.

quate procedures) zur Korruptionsverhinderung nachweisen.[176] Als angemessene Maßnahmen gelten nach der „Guidance" des „Ministry of Justice"[177] ein eindeutiges Bekenntnis der Unternehmensleitung zur Korruptionsbekämpfung, die unternehmensweite Einführung von Antikorruptionsmaßnahmen, effektive Risikomanagement-Prozesse sowie die fortlaufende Prüfung des Korruptionsrisikos.[178]

bb) Leitfaden des Department of Justice (USA)

49 Eine weitere nützliche Orientierungshilfe für die Ausgestaltung des Compliance Managements bietet der **Leitfaden des US-amerikanischen Justizministeriums** (US DOJ) zur Bewertung von Compliance-Programmen (Evaluation of Corporate Compliance Programs), der 2019 in zweiter Auflage veröffentlicht wurde.[179] In den USA gibt es diverse Leitfäden und Empfehlungen zur Evaluierung von Compliance-Maßnahmen; Compliance-Maßnahmen werden von den Behörden bei Regelverstößen regelmäßig im Rahmen der Strafzumessung berücksichtigt.[180] Voraussetzung für eine Sanktionsmilderung ist allerdings stets die Wirksamkeit („effectiveness") der implementierten Compliance-Strukturen und Maßnahmen.[181] Hinsichtlich der Konkretisierung dieses Wirksamkeitserfordernisses legt der Leitfaden des US-amerikanischen Justizministeriums dabei unter anderem fest, nach welchen Maßstäben vorhandene Compliance-Maßnahmen berücksichtigt werden können.[182] Danach ist anhand von drei zentralen Kernfragen die Wirksamkeit („effectiveness")[183] der Compliance-Maßnahmen (sowohl zum Zeitpunkt der Tat als auch zum Zeitpunkt der Sanktionierung) zu bewerten.[184] So ist erstens prüfen, ob das Compliance-System gut konzipiert ist[185] und zweitens, ob es auch ernsthaft und in gutem Glauben umgesetzt wurde. Drittens ist zu prüfen, ob das Compliance-System auch tatsächlich in der Praxis

---

176 Siehe *Möhlenbeck*, Kap. 5, Rn. 20 ff. m. w. Nachw.

177 Siehe   https://www.justice.gov.uk/downloads/legislation/bribery-act-2010-guidance.pdf (zuletzt abgerufen am 29.1.2020).

178 Zu diesen Elementen eines adäquaten Compliance-Programms in der Ausführungsregelung durch das britische Justizministerium *Moosmayer*, Compliance, 3. Aufl. 2015, 10 f.; *Teicke/ Mohsseni*, BB 2012, 911, 915 ff.; *Timmerbeil/Spachmüller*, DB 2013, 2133, 2135 ff.

179 U.S. Department of Justice Criminal Division, Evaluation of Corporate Compliance Programs. Guidance Document 2019, https://www.justice.gov/criminal-fraud/page/file/937501/download, (zuletzt abgerufen am 28.1.2020).

180 Siehe die ausführliche Darstellung des US-Rechts bei *Jenne*, Die Überprüfung und Zertifizierung von Compliance-Management-Systemen, 2017, 161 ff. sowie *v. Busekist/Beneke*, WPg 2020, 61, 63 f.

181 US DOJ, S. 13 ff.

182 Vgl. JM 9-28.300 No. 7; *Jenne*, CB 2019, 327; *Schulz/Block*, CCZ 2020 49; *Grützner/Güngör*, CCZ 2019, 189.

183 JM § 9-28.8000; US DOJ, S. 1.

184 US DOJ, S. 1.

185 US DOJ, S. 2.

funktioniert.[186] Zur Beantwortung dieser drei Kernfragen zählt der Leitfaden zentrale Elemente eines wirksamen Compliance-Systems sowie jeweils weitere Detailfragen zu diesen Elementen auf, die für die Bewertung relevant sind.[187] Diese Kriterien und Leitfragen sind teilweise etwas redundant, im Hinblick auf die relevanten Maßnahmen aber sehr detailliert formuliert. Das gilt insbesondere für die mit den einzelnen Wirksamkeitsanforderungen verknüpften Umsetzungsprozesse im Unternehmen: So ist in Bezug auf das Compliance-Risikomanagement nach den verwendeten Ressourcen, Methoden und Aktualisierungszyklen zu fragen. Bei der Prüfung der Compliance-Kultur ist das Verhalten der Geschäftsleitung ebenso zu eruieren wie das des oberen und mittleren Managements. Hinsichtlich der Wirksamkeit der Compliance-Abteilung spielen ihr Status, ihre Autonomie und ihre Ausstattung eine wichtige Rolle, auch die Qualifikation der Compliance Officer wird überprüft. Betont werden ferner eine Integration von Know-how aus anderen Unternehmensbereichen sowie das Erfordernis kontinuierlicher Weiterentwicklung und Neubewertung der Compliance-Maßnahmen.[188] Unabhängig von seiner Anwendbarkeit auf deutsche Unternehmen bietet der Leitfaden daher eine Fundgrube für die Optimierung des Compliance Managements.[189]

f) Compliance-Standards als Orientierungshilfe (Beispiel IDW PS 980)

Compliance steht zudem seit geraumer Zeit auch im Blickfeld diverser Organisationen und Verbände, die Standards und Leitlinien zu Compliance bzw. zu Compliance-Management-Systemen (CMS) veröffentlicht haben. In der Praxis ist insbesondere der vom Institut der Wirtschaftsprüfer in Deutschland (IDW) verabschiedete Standard „Grundsätze ordnungsmäßiger Prüfung von Compliance-Management-Systemen" (IDW PS 980) stark verbreitet, welcher sog. „Grundelemente" eines CMS formuliert hat.[190] Dazu zählen zunächst die **Compliance-Kultur** als Grundlage für die Angemessenheit und Wirksamkeit des CMS[191] und die von den gesetzlichen Vertreter festgelegten **Compliance-Ziele**. Unter Berücksichtigung der Compliance-Ziele werden die **Compliance-Risiken** festgestellt, die Verstöße gegen einzuhaltende Regeln und damit eine Verfehlung der Compliance-Ziele zur Folge haben können. Basierend auf der Beurteilung der Compliance-Risiken wird ein **Compliance-Programm** eingeführt, das auf

50

---

186 US DOJ, S. 2.
187 US DOJ, S. 2.
188 US DOJ, S. 13 ff. Vgl. *Jenne*, CB 2019, 327, 328.
189 US DOJ, S. 13 ff.
190 IDW-Prüfungsstandard „Grundsätze ordnungsmäßiger Prüfung von Compliance-Management-Systemen" (IDW PS 980), WPg Supplement 2/2011, 78 ff.; vgl. *von Busekist/Hein*, CCZ 2012, 41 ff.; *von Busekist/Schlitt*, CCZ 2012, 86 ff.; *Makowicz/Maciuca*, WPg 2020, 73; *Balke*, in: Born/Ghassemi-Tabar/Gehle (Hrsg.) MHdBGesR VII, 6. Aufl. 2020, § 104, Rn. 14 ff. sowie *Jenne*, Die Überprüfung und Zertifizierung von Compliance-Management-Systemen, 2017, 131 ff.
191 IDW PS 980, Tz. 23.

die Begrenzung der Compliance-Risiken und die Vermeidung von Compliance-Verstößen ausgerichtet ist.[192] Das Management regelt die Aufbau- und Ablauforganisation und stellt die notwendigen Ressourcen zur Verfügung (**Compliance-Organisation**). Die betroffenen Mitarbeiter und Dritte sind über das Compliance-Programm zu informieren (**Compliance-Kommunikation**). Angemessenheit und Wirksamkeit des CMS sollen in geeigneter Weise überwacht werden (**Compliance-Überwachung und Verbesserung**). Voraussetzung hierfür ist eine ausreichende Dokumentation des CMS. Die gesetzlichen Vertreter sorgen ferner für die Durchsetzung des CMS, die Beseitigung der Mängel und die Verbesserung des Systems.[193] Diese Grundelemente eines CMS entsprechen weitgehend denjenigen Elementen und „Bausteinen", die als Kernbestandteile eines wirksamen Compliance Managements gelten.[194]

III. Erfolgsfaktoren für ein wirksames Compliance Management

51 Zu den Kernelementen und Erfolgsfaktoren, die in Literatur und Rechtsprechung als Anforderungen an ein wirksames Compliance Management erörtert werden,[195] zählen insbesondere die Identifikation und Bestandsaufnahme der relevanten Compliance-Risiken, die Förderung einer nachhaltigen Compliance-Kultur, die kontinuierliche Information und Schulung aller Unternehmensangehörigen, die Kontrolle der Compliance-Maßnahmen sowie die Aufdeckung und Sanktionierung von Regelverletzungen.[196] Diese Kernelemente entsprechen in vielerlei Hinsicht den Grundelementen des IDW PS 980,[197] welche allerdings eine auf die individuellen Besonderheiten des betroffenen Unternehmens abgestimmte Compliance-Strategie nicht ersetzen können.[198] Die Kernelemente wer-

---

192 IDW PS 980, Tz. 23.

193 IDW PS 980, Tz. 23.

194 Zu den Grundelementen und Mindestandforderungen vgl. *Jenne*, Die Überprüfung und Zertifizierung von Compliance-Management-Systemen, 2017, 121 ff.; *Moosmayer*, Compliance, 3. Aufl. 2015, 60 ff.; *Kremer/Klahold*, ZGR 2010, 113, 122 ff.; *Klopp*, Der Compliance-Beauftragte, 2012, 81 ff.; *Schulz/Renz*, BB 2012, 2511, 2512 f., sowie speziell für die GmbH *Theusinger/Jung*, in: Römermann, Münchener Anwaltshandbuch GmbH-Recht, 4. Aufl. 2018, § 24 Rn. 36 ff.

195 Vgl. hierzu die umfangreichen Nachweise bei *Jenne*, Die Überprüfung und Zertifizierung von Compliance-Management-Systemen, 2017, 121 ff.

196 Siehe etwa *Jenne*, Die Überprüfung und Zertifizierung von Compliance-Management-Systemen, 2017, 121 ff.; *Wilhelm*, Das Ausmaß der erforderlichen Aufsichtsmaßnahmen i. S. d. § 130 OWiG, 2013, 102 ff.; *Kremer/Klahold*, ZGR 2010, 113, 122, 127 ff.; *Moosmayer*, Compliance, 3. Aufl. 2015, 31 ff., 79 ff.; *von Busekist/Hein*, CCZ 2012, 41 ff.; *von Busekist/ Schlitt*, CCZ 2012, 86 ff.

197 Der PS 980 nennt als Grundelement eines angemessenen Compliance-Management-Systems u. a. Compliance-Kultur, Compliance-Ziele, Compliance-Organisation, Compliance-Risiken, Compliance-Kommunikation sowie Compliance-Überwachung und -Verbesserung, siehe dazu *von Busekist/Hein*, CCZ 2012, 41 ff., 86 ff.

198 *Schulz*, Prüfung und Bewertung von Compliance-Management-Systemen (insbesondere „IDW PS 980") für Compliance aus Sicht der Wissenschaft, in: Bay/Hastenrath, Compliance-Management-Systeme, 2. Aufl. 2016, 229 ff.

den daher nachfolgend in das Modell einer Strategie für ein wirksames Compliance Management integriert.

1. Gestaltungsermessen bei Strukturen, Prozessen und Systemen

Wie ausgeführt,[199] richten sich die für ein wirksames Compliance Management   52
zielführenden Maßnahmen nach den jeweiligen Besonderheiten des betroffenen
Unternehmens und insbesondere nach seinem individuellen **Compliance-Risikoprofil**.[200] Die Verbandsleiter haben bei der Ausgestaltung des Compliance
Managements ein Handlungsermessen nach den Grundsätzen der sog. „Business
Judgment Rule"[201] hinsichtlich der Einführung geeigneter Strukturen, Prozesse
und Systeme.[202] Das Auswahlermessen umfasst etwa die Frage, ob die Geschäftsleitung die Compliance-Pflicht in vollem Umfang selbst erfüllt, oder ob
sie bestimmte Compliance-Aufgaben an andere Unternehmenseinheiten oder
Externe delegiert. In jedem Fall sind einerseits die Zulässigkeit der Delegation
sowie andererseits deren Grenzen zu beachten.[203]

Die Compliance-Maßnahmen stehen ferner unter dem Vorbehalt der Erforder-   53
lichkeit und der Zumutbarkeit, der je nach den Besonderheiten des Unternehmens variiert.[204] Während sich ab einer bestimmten Größe die Einrichtung einer
Compliance-Organisation empfiehlt, können die Compliance-Aufgaben in kleineren Unternehmen auch durch die Geschäftsleiter (ggf. in Kooperation mit Externen) selbst wahrgenommen werden. Zielführend ist in jedem Fall ein strategischer Ansatz in Abstimmung mit der jeweiligen Unternehmensstrategie.

2. Konzeption einer individuellen Compliance-Strategie

Es sollte das Ziel jeder Unternehmens- und Verbandsleitung sein, geeignete und   54
auf den Verband abgestimmte Rahmenbedingungen für ein regelkonformes und
integres Verhalten der Verbandsangehörigen zu organisieren – dieser Organisationsauftrag ist Bestandteil der Leitungsverantwortung. Hierzu bedarf es unter
anderem der systematischen Identifikation und Analyse des individuellen Com-
pliance-Risikoprofils des Verbands, der Entwicklung und Förderung einer Com-

---

199 Siehe Rn. 30 f.
200 IDW PS 980, Tz. 23.
201 Vgl. *Fleischer*, in: MünchKomm-GmbHG, 3. Aufl. 2019, § 43 Rn. 71 ff.
202 Vgl. *Rodewald*, Gesetzestreue als Organisationsproblem – Compliance richtig managen, in:
     Maschmann, Corporate Compliance und Arbeitsrecht, 2009, 32, 38; *Hauschka/Moos-
     mayer/Lösler*, in: Hauschka/Moosmayer/Lösler, Corporate Compliance, 3. Aufl. 2016, § 1
     Rn. 22 ff., 33; *Balke*, in: Born/Ghassemi-Tabar/Gehle (Hrsg.) MHdBGesR VII, 6. Aufl.
     2020, § 104, Rn. 12 f. sowie in Bezug auf die GmbH *Bosse*, NWB 2013, 4056, 4060.
203 Dazu unter Rn. 65 f.
204 Vgl. *Merkt*, ZIP 2014, 1705, 1711; *Verse*, ZHR 175 (2011), 401, 403, 406 f., sowie *Bürkle*,
     BB 2005, 565, 569; *ders.*, BB 2007, 1797, 1798; *Bachmann*, Compliance – Rechtsgrundla-
     gen und offene Fragen, in: Schriftenreihe der Gesellschaftsrechtlichen Vereinigung (Hrsg.),
     Gesellschaftsrecht in der Diskussion 2007, 65, 78 f.; *Reichert*, ZIS 2011, 113, 115.

pliance-Kultur[205] (siehe unter Rn. 68 ff.) sowie eines Konzepts zur Steuerung der maßgeblichen Compliance-Risiken.[206] Ein wichtiger Bestandteil der Compliance-Strategie ist ferner die eindeutige Festlegung von Zuständigkeiten und Verantwortungsbereichen für Compliance-Maßnahmen (siehe unter Rn. 65 f.). Die Compliance-Strategie sollte alle wesentlichen konzeptionellen Fragen und Strukturentscheidungen adressieren – diese fallen regelmäßig in den Zuständigkeitsbereich der Unternehmensleitung als Gesamtorgan.[207]

a) Fokussierung auf effektive Compliance-Maßnahmen

55 Im Hinblick auf das Ziel einer systematischen Prävention von Regelverletzungen und Fehlverhalten[208] reicht die Organisationsaufgabe der Compliance über die bloße Einführung von Regeln und Richtlinien hinaus. Denn wie oben ausgeführt, kommt es nach den Vorgaben aktueller Rechtsprechung und Gesetzgebung entscheidend darauf an, ob die Compliance-Maßnahmen wirksam sind, also tatsächlich funktionieren.[209] Zwar führte der Bundesgerichtshof in seiner Entscheidung vom 9.5.2017 als **obiter dictum** aus, für die Bemessung der Geldbuße sei auch von Bedeutung, „inwieweit das Unternehmen seiner Pflicht, Rechtsverletzungen aus der Sphäre des Unternehmens zu unterbinden, genügt und ein **effizientes** Compliance Management installiert hat, das auf die Vermeidung von Rechtsverstößen ausgelegt sein muss".[210] Allerdings wird diese Anforderung hier nicht näher konkretisiert. Im Zusammenhang der Entscheidungsbegründung und weiterer Stellungnahmen[211] ist denkbar, dass der BGH die Begriffe „effizient" und „effektiv" an dieser Stelle nicht näher differenziert hat.[212] Im Hinblick auf die maßgebliche Anforderung, dass das Compliance Management auf die Vermeidung von Rechtsverstößen ausgelegt sein muss, erscheint folgende Definition empfehlenswert[213]: Unter Effizienz wird die Beur-

---

205 Vgl. *Wieland*, Integritäts- und Compliance Management als Corporate Governance – konzeptionelle Grundlagen und Erfolgsfaktoren, in: Wieland/Steinmeyer/Grüninger, Handbuch Compliance-Management, 3. Aufl. 2020, 15, 23 ff.; *Grüninger*, Grundlagen einer werteorientierten Compliance, ebenda, 41 ff., 57 ff. Zur Compliance-Strategie ferner *Itzen*, Das Gerüst einer erfolgreichen Compliance-Strategie, BB-Spezial 2008, 12 ff.; *Bergmoser/Theusinger/Gushurst*, Corporate Compliance – Grundlagen und Umsetzung, BB-Spezial 2008, 1, 9 ff.

206 Siehe Rn. 30 ff.

207 Siehe oben Rn. 29, sowie *Karbaum* AG 2013, 863, 870.

208 Vgl. *Raum*, Compliance im Zusammenhang straf- und bußgeldrechtlicher Pflichten, in: Hastenrath, Compliance-Kommunikation, 2017, 31, 48 f.

209 Siehe oben unter Rn. 1 f.

210 Vgl. BGH, Urt. v. 9.5.2017 – 1 StR 265/16 = CB 2017, 330, Ls. 3.

211 Vgl. *Raum*, Compliance im Zusammenhang straf- und bußgeldrechtlicher Pflichten in: Hastenrath, Compliance-Kommunikation, 2017, 31, 48 f.

212 *Schulz/Block*, CCZ 2020, 49, 50 f. Im Fall Siemens/Neubürger, LG München I, Urt. v. 10.12.2013, 5 HK O 1387/10, 2. Leitsatz, entschied das LG München I, dass die Einrichtung eines *funktionierenden* Compliance-Systems (Hervorhebung durch Verf.) zur Gesamtverantwortung des Vorstands gehöre.

213 Vgl. *Schulz/Block*, CCZ 2020, 49, 50 f.

teilung der Beziehung zwischen erbrachter Leistung und Ressourceneinsatz verstanden, während **Effektivität** die Beurteilung der Zielerreichung beschreibt, also in welchem Ausmaß die geplanten Ziele auch tatsächlich erreicht worden sind.[214] Diese Beurteilung, inwieweit die gesetzten Ziele erreichbar sind, dürfte auch für das Compliance Management entscheidend sein, da dessen Zweck in der (bestmöglichen) Vermeidung von Regelverletzungen besteht.[215] Für eine positive Berücksichtigung von Compliance-Maßnahmen durch Gerichte und Behörden kommt es stets darauf an, dass die Compliance Maßnahmen tatsächlich „gelebt", also konsequent angewandt und regelmäßig aktualisiert werden.[216] Nur so kann das Compliance Management seinen primären Zweck einer bestmöglichen Vermeidung von Rechtsverstößen erfüllen und erscheint nicht nur als bloßes Lippenbekenntnis.[217] Nur ein effektives Compliance Management kann auch die weiteren intendierten Vorteile erreichen, namentlich den Schutz von Unternehmen, Geschäftsleitung und Mitarbeitern, die Sicherung der Reputation des Unternehmens, die rechtssichere Gründung und Gestaltung von Geschäftsmodellen sowie verbesserte Verteidigungsmöglichkeiten in Fällen von „Non-Compliance".[218]

b) Wahl eines unternehmensspezifischen Organisationsmodells

Entsprechend der Vielfalt unternehmerischer Aktivitäten gibt es für Compliance Management ganz unterschiedliche Organisationsmodelle.[219] In kleineren und mittelständischen Unternehmen wird die Compliance-Verantwortung meist vom Inhaber bzw. Gesellschafter-Geschäftsführer selbst wahrgenommen (soweit die betreffenden Personen die Notwendigkeit von Compliance Management erkannt haben),[220] oder die Verantwortlichen beauftragen externe Anbieter (wie Rechtsanwälte oder Wirtschaftsprüfer) mit der Ausführung von Compliance-Aufgaben.[221] Dagegen sind in größeren Unternehmen häufig nachgeordnete Unterneh- **56**

---

214 Vgl. *Thommen/Achleitner/Gilbert/Hachmeister/Jarchow/Kaiser*, Allgemeine Betriebswirtschaftslehre, 9. Aufl. 2020, 47, 48.

215 Vgl. *Schulz/Block*, CCZ 2020, 49, 51.

216 *Schulz/Block*, CCZ 2020, 49, 51.

217 *Raum*, Compliance im Zusammenhang straf- und bußgeldrechtlicher Pflichten, in: Hastenrath, Compliance-Kommunikation, 2017, 31, 45, spricht von „Umsetzungsernsthaftigkeit".

218 Siehe Rn. 97.

219 Siehe ausführlich *Moosmayer*, Compliance, 3. Aufl. 2015, 31 ff., welcher zwischen einer sog. autonomen Compliance-Organisation und einer „Matrix-Organisation" unterscheidet; *ders.*, in: Rotsch (Hrsg.), Criminal Compliance, 2015, 203 ff.; vgl. ferner *Gößwein/Hohmann*, BB 2011, 963 ff.; *Groß*, Chief Compliance Officer, 2012, 61 f.; *Behringer*, in: Behringer, Compliance kompakt, 4. 2018, 367 ff.; *Cauers/Haas/Jakob/Kremer/Schartmann/Welp*, DB 2008, 2717 ff.; *Favoccia/Richter*, AG 2010, 137, 138; *Kraft/Winkler*, CCZ 2009, 29, 31.

220 Vgl. *Nietsch/Hastenrath*, CB 2015, 177, 178.

221 Zum „Outsourcing" von Compliance-Aufgaben auf Externe siehe *Bürkle*, in: Hauschka/Moosmayer/Lösler, Corporate Compliance, 3. Aufl. 2016, § 36 Rn. 75 ff.; *Schmidt*, Compliance in Kapitalgesellschaften, 2010, 163 ff.

menseinheiten wie die Rechtsabteilung, das Risikomanagement oder die Interne Revision mit Compliance-Aufgaben betraut. In großen Unternehmen und Konzernen werden bestimmte Compliance-Aufgaben oft einem zentralen „Chief Compliance Officer (CCO)" zugewiesen, welcher dann bestimmte Compliance-Aufgaben an weitere Compliance Officer in den einzelnen Geschäftseinheiten delegiert.[222] In dem – ebenfalls in größeren Unternehmen zu findenden – Modell einer sog. Matrix-Organisation wird die Compliance-Funktion durch ein besonderes Gremium (z. B. durch ein sog. „Compliance Committee") koordiniert, dem die Repräsentanten anderer Unternehmenseinheiten wie etwa Rechtsabteilung, Revision, Finanzen, Personalabteilung sowie die Fachbereiche angehören.[223] Mit Ausnahme spezialgesetzlicher Organisationserfordernisse liegt die Ausgestaltung der organisatorischen Einzelheiten im Handlungsermessen der Geschäftsleiter.[224] Entscheidend ist jeweils die genaue Abstimmung der Compliance-Maßnahmen auf die individuelle Unternehmenssituation und die Anpassung an die jeweils verfolgte Unternehmensstrategie.

c) Ermittlung des besonderen Compliance-Risikoprofils

57   Aufgrund des oben beschriebenen Zusammenhangs zwischen Compliance Management und Risikomanagement ist die Entwicklung eines Konzepts zur systematischen Steuerung relevanter Rechts- und Compliance-Risiken ein zentraler Bestandteil der Compliance-Strategie.[225] Die Compliance-Risikostrategie bildet die Basis für die Identifizierung, Bewertung und Überwachung der Compliance-Risiken sowie die Konzeption adäquater Maßnahmen.[226] Sie ist als Bestandteil der Leitungssorgfaltspflicht nicht delegierbar.[227] Das Eingehen von Risiken ist Bestandteil jeder unternehmerischen Aktivität, auch ein umfassendes Compliance Management kann die Risiken der „Non-Compliance" nicht völlig ausschließen. Aus Sicht eines wirksamen Compliance Managements kommt es jedoch darauf an, die Gefahren aus vorsätzlichem oder fahrlässigem Fehlverhalten

---

222 Zu diesem mehrstufigen System von Compliance-Beauftragten ausführlich *Bürkle*, in: Hauschka/Moosmayer/Lösler, Corporate Compliance, 3. Aufl. 2016, § 8 Rn. 20 ff.; Moosmayer, Compliance, 3. Aufl. 2015, 34 f.; *ders.*, in: Rotsch (Hrsg.), Criminal Compliance, 2015, 205.

223 Vgl. *Moosmayer*, Compliance, 3. Aufl. 2015, 33; *Gößwein/Hohmann*, BB 2011, 963, 966 f.

224 Vgl. *Bürkle*, in: Hauschka/Moosmayer/Lösler, Corporate Compliance, 3. Aufl. 2016, § 36 Rn. 12 ff.

225 Vgl. *Kark*, Compliance-Risikomanagement, 2. Aufl. 2019, 9: „Das Compliance-Risikomanagement ist der Schlüssel, der den Zugang für ein wirksames Compliance-Programm eröffnet." Ähnlich *von Busekist/Schlitt*, CCZ 2012, 86.

226 *Klingenstein*, in: Bay/Hastenrath, Compliance-Management-Systeme, 2. Aufl. 2016, 89, 99 f.; *Pauthner/Stephan*, in: Hauschka/Moosmayer/Lösler, Corporate Compliance, 3. Aufl. 2016, § 16 Rn. 73 ff.; *Merkt*, ZIP 2014, 1705 ff.; *Balke*, in: Born/Ghassemi-Tabar/Gehle (Hrsg.) MHdBGesR VII, 6. Aufl. 2020, § 104, Rn. 17 ff.

227 *Klingenstein*, in: Bay/Hastenrath, Compliance-Management-Systeme, 2. Aufl. 2016, 99; *Pauthner/Stephan*, in: Hauschka/Moosmayer/Lösler, Corporate Compliance, 3. Aufl. 2016, § 16 Rn. 73 ff.

der Unternehmensangehörigen so weit wie möglich zu reduzieren.[228] Wie ausgeführt,[229] ist dabei die Einbeziehung von Methoden und Verfahren des Risikomanagements hilfreich,[230] die Besonderheiten der Compliance-Risiken sind jedoch stets zu beachten.[231] Die Einzelheiten des Compliance-Risikomanagements richten sich nach den unternehmensindividuellen Besonderheiten, Ausgangspunkt ist das jeweils individuelle „Compliance-Risikoprofil" des Unternehmens.[232]

aa) Systematische Identifikation von Compliance-Risiken

Rechts- und Compliance-Risiken können sich zunächst aus dem rechtlichen   **58**
Umfeld des Unternehmens ergeben. Zur Identifikation relevanter Compliance-Risiken ist daher eine sorgfältige Analyse des jeweiligen Unternehmens ebenso erforderlich wie eine genaue Prüfung des Umfelds, in dem sich das Unternehmen bewegt. Dazu zählt eine Bestandsaufnahme von Vorgaben des rechtlichen Umfelds, d.h. sämtlicher für das Unternehmen einschlägiger Normen und Rechtspflichten.[233] Diese kann je nach Wettbewerbsumfeld, Branche und Geschäftsmodell ganz unterschiedlich ausfallen, gleichwohl gibt es zahlreiche Compliance-Risiken, die alle Unternehmen und Verbände betreffen. Dazu gehören etwa Risiken im Zusammenhang mit arbeitsrechtrechtlichen, datenschutzrechtlichen und steuerrechtlichen Pflichten, weitere besondere Risiken ergeben sich für viele Unternehmen etwa im Zusammenhang mit dem Wettbewerbs- und Kartellrecht, dem Außenwirtschaftsrecht oder Antikorruptionsvorschriften.[234] Je nach Branchenzugehörigkeit, Größe und geographischer Präsenz können weitere Risiken hinzukommen, etwa aus der Nichtbeachtung von Vorschriften des internationalen oder ausländischen Rechts. Zur systematischen Erfassung empfiehlt sich, die einschlägigen Normen und Rechtspflichten in einem digitalen Bestandsverzeichnis zu archivieren und zu dokumentieren. Die Analyse des Umfelds sollte neben Rechts- und Compliance-Risiken ferner besondere länder- und branchenspezifische Risiken einbeziehen.[235]

Die Analyse des Umfelds des Unternehmens sollte mit einer sorgfältigen Analy-   **59**
se des individuellen Geschäftsmodells des Unternehmens und seiner Unternehmenseinheiten verknüpft werden.[236] So sind bestimmte Abteilungen wie etwa

---

228 Vgl. *Raum*, Compliance im Zusammenhang straf- und bußgeldrechtlicher Pflichten, in: Hastenrath, Compliance-Kommunikation, 2017, 31, 44 ff.
229 Siehe oben unter Rn. 30 f.
230 Siehe hierzu ausführlich *Romeike*, Kap. 9.
231 Vgl. *Staub*, CCZ 2009, 121, 125 ff., sowie *Kark*, Compliance-Risikomanagement, 2. Aufl. 2019, 105.
232 Vgl. *Kark*, Compliance-Risikomanagement, 2. Aufl. 2019, 105 ff.
233 Vgl. *von Busekist/Schlitt*, CCZ 2012, 86, 88 f.
234 Siehe oben Rn. 11 ff. sowie *Kark*, Compliance-Risikomanagement, 2. Aufl. 2019, 163.
235 Vgl. *Kark*, Compliance-Risikomanagement, 2. Aufl. 2019, 105.
236 Vgl. *Theusinger/Jung*, in: Römermann, Münchener Anwaltshandbuch GmbH-Recht, 4. Aufl. 2018, § 24 Rn. 36, sowie ausführlich *Staub*, CCZ 2009, 121, 127 mit einem Risiko-Suchmatrix anhand der „value chain" des Unternehmens.

Einkauf und Vertrieb besonders anfällig für „Non-Compliance" durch Korruption oder Verletzungen des Wettbewerbsrechts.[237] Grundsätzlich sollte jede Abteilung und Unternehmensfunktion eine „Risiko-Inventur" durchführen, unter Zusammenarbeit der jeweiligen Leiter mit dem Compliance Officer, der Rechtsabteilung oder externen Rechtsberatern.

bb) Analyse und Bewertung

60 Die ermittelten Compliance-Risiken sind in einem weiteren Schritt zu analysieren und zu bewerten, maßgebliche Kriterien sind dabei das potenzielle Schadensausmaß sowie die Eintrittswahrscheinlichkeit. Allerdings besteht ein wichtiger Unterschied zum allgemeinen Risikomanagement darin, dass es nicht nur um eine rechnerische Betrachtung geht, sondern vielmehr um die Bewertung menschlichen Verhaltens im Hinblick auf mögliche Regelverstöße.[238] Ein weiterer gravierender Unterschied besteht darin, dass die Geschäftsleitung nicht aus Opportunitätserwägungen heraus Rechtsvorschriften missachten sollte, auch sog. „nützliche Pflichtverletzungen" sind regelmäßig Compliance-Verstöße.[239] Allerdings besteht Konsens dahingehend, dass Compliance-Maßnahmen unter den Aspekten der Erforderlichkeit und Zumutbarkeit zu beurteilen sind.[240] Dementsprechend erscheint es beispielsweise zulässig, dass sich die Unternehmensleitung in einem ersten Schritt auf die wichtigsten Risiken (z.B. Korruption, Kartellrechtsverstöße) konzentriert. Im Hinblick auf die oben aufgezeigten vielfältigen Rechts- und Compliance-Risiken sollte diese Schwerpunktsetzung jedoch nicht isoliert erfolgen, sondern Bestandteil eines ganzheitlichen Risikomanagements für das Unternehmen sein. Der Erfassung, Analyse und Steuerung der schwerwiegendsten Risiken sollten umgehend die sonstigen Compliance-Risiken folgen.

cc) Entwicklung von Risikosteuerungsmaßnahmen

61 Nach der Analyse und Bewertung der Rechts- und Compliance-Risiken folgt die Konzeption von Maßnahmen der Risikosteuerung, die sich nach dem jeweiligen Risiko richten. So kann die Analyse im Ergebnis etwa zu einer Risikovermeidungsmaßnahme dahingehend führen, dass sich das Unternehmen aus einem bestimmten Markt vollständig zurückzieht bzw. einen bestimmten neuen Markt gar nicht betritt.[241] Andere – weniger radikale – Risikosteuerungsmaßnahmen

---

237 Vgl. ausführlich *Staub*, CCZ 2009, 121, 127 mit einer Risiko-Suchmatrix anhand der „value chain" des Unternehmens; ferner *Theusinger/Jung*, in: Römermann, Münchener Anwaltshandbuch GmbH-Recht, 3. Aufl. 2018, § 24 Rn. 36.

238 Siehe oben Rn. 41 sowie *Kark*, Compliance-Risikomanagement, 2. Aufl. 2019, 137.

239 Siehe oben Rn. 43 sowie *Kark*, Compliance-Risikomanagement, 2. Aufl. 2019, 133.

240 Siehe Rn. 53, sowie *Bachmann*, Compliance – Rechtsgrundlagen und offene Fragen, in: Schriftenreihe der Gesellschaftsrechtlichen Vereinigung (Hrsg.), Gesellschaftsrecht in der Diskussion, 2007, 65, 78 f.

241 Vgl. *Staub*, CCZ 2009, 121, 130. Weitere Beispiele zur Compliance-Risikosteuerung bei *Kark*, Compliance-Risikomanagement, 2. Aufl. 2019, 135 ff.

betreffen die Konzeption spezifischer Schulungen zur Risikovermeidung (etwa im Zusammenhang mit Vertriebsstrukturen). Dabei kann ein zuvor erstelltes Rechtspflichten-Verzeichnis als Ausgangspunkt für spezielle Schulungsmaßnahmen dienen, mit denen die Unternehmensangehörigen hinsichtlich relevanter Rechts- und Compliance-Risiken in ihren Einheiten sensibilisiert und geschult werden.[242]

Im Hinblick auf ein integriertes und effektives Integritäts- und Compliance Management ist bei Konzeption und Durchführung passender Risikosteuerungsmaßnahmen die aktive Einbeziehung von Führungskräften und Mitarbeitern der relevanten Fachabteilungen und Unternehmenseinheiten wünschenswert – diese kennen regelmäßig das Risikoprofil ihrer Umgebung und können als „Process Owner"[243] ihrer Geschäftsabläufe wertvolle Hinweise zur Risikosteuerung geben. Zudem kann durch die aktive Einbeziehung der Geschäftseinheiten die Akzeptanz von Compliance Management erhöht werden, denn zur Vermeidung von Compliance-Risiken ist eine Compliance-Kultur erforderlich, in der ein entsprechendes Risikoverhalten nicht toleriert wird.[244]   **62**

dd) Berichterstattung zu Compliance-Risiken

Die Konzeption einer Compliance-Risikostrategie umfasst auch die Einführung eines entsprechenden **Reportings** bzw. die Integration dieser Berichte über Compliance-Risiken in die allgemeine Risikoberichterstattung, sofern diese im Unternehmen bereits existiert.[245]   **63**

ee) Regelmäßige Compliance-Audits

Die ständige Veränderung des Umfelds für Unternehmen erfordert eine regelmäßige Überprüfung der Compliance-Maßnahmen sowie die Anpassung des Compliance-Risikomanagements an veränderte Umstände. Frequenz und Umfang der sog. „Compliance Audits" richten sich nach den jeweiligen Besonderheiten des Unternehmens. So folgt aus § 91 Abs. 2 AktG, § 317 Abs. 4 HGB für börsennotierte Aktiengesellschaften, dass eine Prüfung der Einhaltung und der Wirksamkeit des Compliance Managements mindestens einmal jährlich erfolgen sollte.[246] Da das System nach § 91 Abs. 2 AktG zumindest teilweise mit einem Compliance-Verfahren identisch ist, sind Teilaspekte des Compliance Managements so zu aktualisieren, dass sie nicht bei der jährlichen Prüfung durch den   **64**

---

242 Siehe hierzu am Beispiel von Kartellrechtsrisiken *Seeliger/Heinen/Mross*, Kap. 23, Rn. 129 ff.
243 Siehe Rn. 44, 83, sowie *Pauthner-Stephan*, in: Hauschka/Moosmayer/Lösler, Corporate Compliance, 3. Aufl. 2016, § 16 Rn. 49 ff.
244 Vgl. *Kark*, Compliance-Risikomanagement, 2. Aufl. 2019, 105.
245 Vgl. *Kark*, Compliance-Risikomanagement, 2. Aufl. 2019, 132 ff.
246 Nach diesen Vorschriften unterliegt das Verfahren zur Erkennung existenzgefährdender Risiken einer Aktiengesellschaft der jährlichen Prüfung durch einen Wirtschaftsprüfer, *Liese/Schulz*, BB 2012, 1347, 1352.

Wirtschaftsprüfer beanstandet werden können.[247] Bei kleineren Gesellschaften kann dagegen eine Überprüfung in größeren Abständen ausreichend sein, etwa wenn das Umfeld des Unternehmens keinen größeren Änderungen unterworfen ist und es auch in der Vergangenheit nicht zu Fällen von „Non-Compliance" im Unternehmen gekommen ist.[248] Für alle Unternehmen können sich allerdings besondere Anforderungen an ein Compliance-Audit aus einzelnen Rechtsgebieten ergeben, beispielsweise erfordert der Datenschutz eine Folgeabschätzung und ein spezielles Audit.[249]

d) Klärung von Zuständigkeiten und Delegationsfragen

65 Wie oben ausgeführt, ist die Compliance-Pflicht eine besondere Ausprägung der Leitungssorgfaltspflicht der Geschäftsleiter.[250] Compliance ist „Chefsache"[251] – dementsprechend verbleibt ein unveräußerlicher Kernbereich der Compliance-Pflicht stets bei der Geschäftsleitung.[252] In diesem Rahmen muss sie dafür sorgen, dass eindeutige Zuständigkeiten, Verantwortungsbereiche und Berichtswege für Compliance-Maßnahmen bestehen.[253] Während etwa in der kleinen und mittelständischen GmbH mit einem (Allein-)Geschäftsführer dieser meist höchstpersönlich die Compliance-Verantwortung wahrnimmt, werden in größeren Unternehmen Compliance-Aufgaben an eines von mehreren Geschäftsleitungsmitgliedern übertragen (sog. **horizontale Delegation**).[254] In großen Unternehmen und Konzernen werden Compliance-Aufgaben häufig an sog. Compliance Officer oder andere Unternehmenseinheiten (wie Rechtsabteilung, Risikomanagement oder Interne Revision) delegiert (sog. **vertikale Delegation**).[255]

66 In jedem Fall sind die allgemeinen rechtlichen Anforderungen an eine wirksame Delegation zu beachten: Danach führt eine Delegation von Aufgaben nicht zu einer vollständigen Pflichtbefreiung der übertragenden Personen, vielmehr wandelt sich ihre Pflicht in eine Kontroll- und Überwachungspflicht um: Bei einer horizontalen Delegation an einzelne Geschäftsführungsmitglieder müs-

---

247 *Liese/Schulz*, BB 2011, 1347, 1352.
248 *Liese/Schulz*, BB 2011, 1347, 1352.
249 Zum Datenschutz im Compliance Management vgl. *Becker/Böhlke/Fladung*, Kap. 11.
250 Siehe oben Rn. 28, sowie *Merkt*, ZIP 2014, 1705.
251 Siehe *Fleischer*, CCZ 2008, 1, 3.
252 So ausdrücklich und zutreffend *Inderst*, Compliance-Programm und praktische Umsetzung, in: Inderst/Bannenberg/Poppe, Compliance, 3. Aufl. 2017, 142; siehe ferner *Seibt*, in: Schmidt/Lutter (Hrsg.), AktG, 4. Aufl. 2020, § 76, Rn. 31 ff. sowie ausführlich *Gomer*, Die Delegation von Compliance-Zuständigkeit des Vorstands einer Aktiengesellschaft, 2020, 123 ff., 160 ff.
253 Vgl. LG München I, Urt. v. 10.12.2013, 5 HK O 1387/10, CB 2014, 167 ff., vgl. hierzu *Fleischer*, NZG 2014, 321 ff. Siehe ferner *Balke*, in: Born/Ghassemi-Tabar/Gehle (Hrsg.) MHdBGesR VII, 6. Aufl. 2020, § 104, Rn. 26 ff.
254 *Schulz*, CB 2015, 309, 315; zur horizontalen Delegation etwa *Kort*, GmbHR 2013, 566 f.
255 Vgl. zur vertikalen Delegation etwa *Kort*, GmbHR 2013, 566, 567.

sen die übrigen Geschäftsführungsmitglieder die Aufgabenwahrnehmung ihrer Kollegen beobachten und sind verpflichtet, im Fall von Compliance-Verstößen zu intervenieren.[256] Im Fall der vertikalen Delegation von Compliance-Aufgaben (z.B. an Compliance Officer) verbleiben bei den Auftraggebern bestimmte Auswahl-, Instruktions- und Überwachungspflichten, d.h. die jeweiligen Auftragnehmer müssen sorgfältig ausgewählt, eingearbeitet und kontrolliert werden.[257]

e) Eigenständige und unabhängige Positionierung der Compliance Officer

Angesichts der vielfältigen Rechtspflichten und daraus resultierenden Compliance-Risiken empfiehlt es sich für viele Unternehmen, eine eigene Stelle für Compliance Management bzw. einen Compliance Officer zu etablieren, der die vielfältigen Anforderungen im Rahmen eines eigenständigen Aufgabenbereichs koordiniert.[258] Soweit Unternehmen Compliance Officer beschäftigen, spielen diese bei der Einführung und der dauerhaften Implementierung des Compliance Managements eine Schlüsselrolle. Das Aufgabenspektrum der Compliance Officer ist vielfältig,[259] dennoch lassen sich einige typische Aufgaben beschreiben, die unabhängig von den Besonderheiten des jeweiligen Unternehmens oder speziellen Branchenvorgaben gelten und sich an den Zielen und Funktionen von Compliance Management orientieren.[260] Zu diesen Aufgaben der Compliance Officer gehört die umfassende Beratung der Geschäftsleitung hinsichtlich aller für das Unternehmen relevanter Normen (Gesetze, Richtlinien und Verhaltensstandards) und hinsichtlich der Prävention bzw. Evaluierung sowie Bewältigung von Compliance-Risiken.[261] Eine weitere wichtige Aufgabe besteht in der Steuerung von relevanten Informationsflüssen (**Informations- und Wissensmanagement**).[262] Der Compliance Officer fungiert dabei als „Informationsschnittstelle".[263] Dabei sollte der Compliance Officer einerseits alle relevanten Informationen bzw. entsprechende Informationszugriffsrechte in Bezug auf Compliance-Themen erhalten.[264] Ein funktionierendes Informations- und Wis-

67

---

256 Dies folgt aus dem Grundsatz der Gesamtverantwortung der Geschäftsführungsmitglieder, vgl. *Kort*, GmbHR 2013, 566 f.

257 Vgl. *Kark*, Compliance-Risikomanagement, 2. Aufl. 2019, 105 ff.; *Klopp*, Der Compliance-Beauftragte, 2012, 186 ff. m. w. N.

258 Vgl. *Schulz/Galster*, in: Bürkle/Hauschka, Der Compliance Officer, 2015, § 4 Rn. 11; *Pauthner-Seidel/Stephan*, in: Hauschka/Moosmayer/Lösler, Corporate Compliance, 3. Aufl. 2016, § 27 Rn. 42.

259 Vgl. *Schulz/Galster*, in: Bürkle/Hauschka, Der Compliance Officer, 2015, § 4 Rn. 26 ff.

260 Zur Rolle der Compliance-Funktion in einem Kreditinstitut siehe ausführlich *Renz/Frankenberger*, Kap. 19.

261 Vgl. *Moosmayer*, Compliance, 3. Aufl. 2015, 49 ff.; *Groß*, Chief Compliance Officer, 2012, 75 f. m. w. N.

262 Vgl. *Klopp*, Der Compliance-Beauftragte, 2012, 94 ff.

263 *Schulz/Renz*, BB 2012, 2511, 2514 ff. Ähnlich *Umnuß*, Corporate Compliance Checklisten, 4. Aufl. 2020, 177 „Informationssammelstelle".

264 *Schulz/Renz*, BB 2012, 2511, 2514 ff.

sensmanagement ist auch die Grundlage für die erfolgreiche Kommunikation von Compliance-Themen und entsprechende Schulungsmaßnahmen.[265] Zu den Aufgaben der Compliance Officer gehören ferner Überwachungs- und Kontrollpflichten bezüglich Compliance-relevanter Vorgaben sowie Berichts- und Dokumentationspflichten hinsichtlich aller Compliance-Themen.[266]

f) Förderung und Incentivierung von Regeltreue (Compliance-Kultur)

68 Für den Erfolg von Compliance-Maßnahmen und Compliance-Management-Systemen gilt die sog. Compliance-Kultur als wichtiger Erfolgsfaktor.[267] Auch der vom Institut der Wirtschaftsprüfer veröffentlichte IDW PS 980[268] nennt die Compliance-Kultur als erstes Grundelement für die Bewertung der Angemessenheit und Wirksamkeit eines CMS.[269] Die Compliance-Kultur behandelt die Frage, inwieweit Rechtstreue bzw. Regelbefolgung als Wert von allen Organisationsangehörigen akzeptiert, geachtet und getragen wird.[270] Sie indiziert die Bereitschaft zu regelkonformem und integrem Verhalten ebenso wie die Toleranz oder Indifferenz gegenüber Regelverstößen.[271] Die Beachtung und Einhaltung von Regelungen steht in engem Zusammenhang mit der Unternehmenskultur als der Gesamtheit gemeinsamer Werte, Normen, Traditionen und Einstellungen, welche die Entscheidungen und das Verhalten der Organisationsmitglieder prägen.[272] Die Prägung der Unternehmenskultur wird als zentrales Element des sogenannten „normativen Managements" angesehen und ist Teil der Unternehmensstrategie.[273] Im Hinblick auf die Compliance-Kultur kommt es dement-

---

265 Vgl. *Klopp*, Der Compliance-Beauftragte, 2012, 87 ff.

266 Vgl. *Klopp*, Der Compliance-Beauftragte, 2012, 92 ff., 211 ff.

267 Vgl. *Gösswein*, CCZ 2017, 43; *Moosmayer*, Compliance, 3. Aufl. 2015, Rn 144 ff.; *Schulz/Muth*, CB 2014, 265; *Bode*, Compliance-Kultur, in: Bay/Hastenrath (Hrsg.), Compliance-Management-Systeme, 2. Aufl. 2016, Rn. 1 ff.

268 IDW-Prüfungsstandard „Grundsätze ordnungsmäßiger Prüfung von Compliance-Management-Systemen" (IDW PS 980), WPg Supplement 2/2011, 78 ff.

269 Vgl. IDW PS 980, Tz. 23, und hierzu *Bergmann*, Elemente eines wirksamen Compliance-Management-Systems, in: KPMG AG (Hrsg.), Das wirksame Compliance-Management-System, 2014, S. 11 ff.

270 *Schulz/Muth*, CB 2014, 265; ähnlich *Siedenbiedel*, Corporate Compliance, 2014, 251 ff.; *Bode*, Compliance-Kultur, in: Bay/Hastenrath, Compliance-Management-Systeme, 2. Aufl. 2016, 1 ff., sowie *Wendt*, in: Hauschka/Moosmayer/Lösler, Corporate Compliance, 3. Aufl. 2016, § 49 Rn. 24 ff.

271 Vgl. *Schulz/Muth*, CB 2014, 265; *Bergmann*, Elemente eines wirksamen Compliance-Management-Systems, in: KPMG AG (Hrsg.), Das wirksame Compliance-Management-System, 2014, 11.

272 Zur Unternehmenskultur grundlegend *Schein*, Organisationskultur, 2003; vgl. ferner *Waxenberger*, Integritätsmanagement, 2001, 152 f.; *Dillerup/Stoi*, Unternehmensführung, 5. Aufl. 2016, 132; *Siedenbiedel*, Corporate Compliance, 2014, 252; *Helisch*, CB 2014, 225 ff.

273 Vgl. *Hungenberg*, Strategisches Management in Unternehmen, 8. Aufl. 2014, 23 ff.; *Eichler*, ZCG 2010, 57, 60 ff.

sprechend darauf an, die richtigen Rahmenbedingungen und Anreize für ein regelkonformes Verhalten der Unternehmensangehörigen zu setzen.[274]

aa) Compliance Commitment durch die Unternehmens- und Verbandsleitung

Es besteht Konsens, dass die Compliance-Kultur maßgeblich durch die Grund- **69** einstellungen und Verhaltensweisen der Mitglieder der Leitungsorgane (Geschäftsleitung und ggf. Aufsichtsorgan) geprägt wird.[275] Für den Erfolg des Compliance Managements ist daher ausschlaggebend, dass die Unternehmensleitung selbst von Sinn und Notwendigkeit der Compliance-Maßnahmen überzeugt ist. Diese Überzeugung muss in jeder Kommunikation, aber auch im Verhalten eines jeden Mitglieds der Unternehmensleitung ihren Ausdruck finden („„tone at the top").[276] Für die Entwicklung einer Compliance-Kultur ist es sodann wichtig, dass die Mitglieder der Geschäftsleitung die eigene Überzeugung von Sinn und Notwendigkeit des Compliance Managements in das Unternehmen transportieren – „gelebte Compliance" bedeutet insoweit vor allem „vorgelebte Compliance". So sollte die Bedeutung von Compliance konsequent an alle Unternehmensangehörigen (Führungskräfte und Mitarbeiter) vermittelt, aber auch an sonstige Bezugsgruppen (Mitarbeiter, Kunden, Lieferanten, Investoren) eindeutig und unmissverständlich kommuniziert werden („**Tone from the Top**").[277] Das authentische „Commitment" zu Compliance und Integrität, also ein ausdrücklich formuliertes und kommuniziertes Bekenntnis der Unternehmensleitung, bildet ein zentrales Element zur Förderung einer Compliance-Kultur.[278] Für die Glaubwürdigkeit ist entscheidend, dass Regeltreue und Integrität auch und insbesondere in Zweifelsfällen stets den Vorrang genießen und nicht aus Opportunitätsgründen anderen Interessen geopfert werden. Hinzukommen sollte die Selbstverpflichtung der Unternehmensleitung, Regelverletzungen keinesfalls tatenlos hinzunehmen, sondern festgestellte Verstöße ausnahmslos und angemessen zu sanktionieren.[279] Umgekehrt sollte regelkonformes und integres Verhalten der Unternehmensangehörigen, das sich in Konfliktsituationen bewährt, besonders honoriert werden – die Geschäftsleitung sollte hierfür ein entsprechendes Anreizsystem konzipie-

---

274 Vgl. für kartellrechtliche Compliance-Programme *van Vormizeele*, CCZ 2009, 41, 42, sowie allgemein *Moosmayer*, Compliance, 3. Aufl. 2015, 43 ff.

275 Vgl. *Unger*, Gesellschaftsrecht und Compliance-Organisation, in: Umnuß, Corporate Compliance Checklisten, 4. Aufl. 2020, Rn. 108; *Pauthner-Seidel/Stephan*, in: Hauschka/Moosmayer/Lösler, Corporate, Compliance, 3. Aufl. 2016, § 27 Rn. 59; *Bode*, Compliance-Kultur, in: Bay/Hastenrath, Compliance-Management-Systeme, 2014, 1 ff.

276 Vgl. zum sog. „tone at the top" etwa *Rieder/Falge*, Grundlagen für Compliance, in: Inderst/Bannenberg/Poppe, Compliance, 3. Aufl. 2017, Rn. 48; *Bode*, Compliance-Kultur, in: Bay/Hastenrath, Compliance-Management-Systeme, 2. Aufl. 2016, 1, 3.

277 Vgl. *Moosmayer*, Compliance, 3. Aufl. 2015, 43 f.; *Hauschka*, in: Hauschka/Moosmayer/Lösler, Corporate Compliance, 3. Aufl. 2016, § 1 Rn. 35.

278 Vgl. *Moosmayer*, Compliance, 3. Aufl. 2015, 43; *Hauschka*, in: Hauschka/Moosmayer/Lösler, Corporate Compliance, 3. Aufl. 2016, § 1 Rn. 35.

279 Vgl. *Volz*, Praxisbericht Compliance, in: Teichmann (Hrsg.), Compliance, 2014, 1, 4 f.

ren.[280] Insgesamt sollte deutlich werden, dass im Interesse eines regelkonformen und integren Verhaltens im Zweifelsfall auch wirtschaftliche Einbußen in Kauf genommen werden müssen.[281]

70   Eine Chance, das besondere Compliance-Commitment zu verdeutlichen, liegt in der Formulierung des Unternehmensleitbilds („Mission Statement") etwa in der Weise, dass der unternehmerische Erfolg stets auf der Achtung rechtlicher Vorgaben und integrem Geschäftsverhalten basiert – das Leitbild dient der schriftlichen Fixierung der Unternehmensmission, welche Unternehmensziele, Unternehmenswerte, Unternehmenskultur und Unternehmensverfassung zusammenfasst.[282] Es empfiehlt sich, ausgewählte Vertreter (Führungskräfte, Delegierte von Abteilungen etc.) bei der Entwicklung und Formulierung des Leitbildes einzubeziehen, um Verständnis und Akzeptanz bei den Unternehmensangehörigen zu erreichen.[283]

bb) Akzeptanz von Compliance-Maßnahmen als Grundlage der Befolgung

71   Die Wirksamkeit von Compliance-Maßnahmen hängt dabei auch von der Bereitschaft der Betroffenen ab, die Regeln und Maßnahmen zu befolgen.[284] Nach einer Studie werden die Einstellungen und Werte der Mitarbeiter als kritischer Erfolgsfaktor für Compliance gesehen.[285] Diese Erkenntnis stimmt mit empirischen Untersuchungen zur Wirksamkeit von Compliance-Maßnahmen in Unternehmen überein: Diese Untersuchungen haben gezeigt, dass ein integrierter Ansatz von Compliance- und Integritätsmanagement erfolgversprechender ist als ein rein regel- und kontrollbasierter Compliance-Ansatz, der allein auf die Um-

---

280 Zur Schaffung positiver Anreize für integres Verhalten vgl. *Heißner*, Erfolgsfaktor Integrität, 2. Aufl. 2014, 137 f.; *Schaupensteiner*, NZA-Beil. 2011, 8, 12; *Bussmann*, CCZ 2016, 50, 55; *Hastenrath/Müller*, CB 2017, 154.

281 Vgl. *Itzen*, BB-Special Compliance 2008, 12, 14; *Schaupensteiner*, NZA-Beil. 2011, 8, 12.

282 Vgl. *Dillerup/Stoi*, Unternehmensführung, 5. Aufl. 2016, 158 ff. Das „Mission Statement" dient dazu, das in der Vision verkörperte Zukunftsbild des Unternehmens in Unternehmensgrundsätze und Leitlinien umzusetzen, vgl. etwa *Hungenberg*, Strategisches Management in Unternehmen, 8. Aufl. 2014, 26 f.

283 Vgl. *Schulz/Muth*, CB 2014, 265; *Bode*, Compliance-Kultur, in: Bay/Hastenrath, Compliance-Management-Systeme, 2. Aufl. 2016, 1 ff.

284 Zu Regelbefolgung und Integrität als Bestandteile der sog. „Compliance-Kultur" siehe *Wieland*, Wittenberg – Prozess, CSR und Compliance – Die Zukunftsfähigkeit der sozialen Marktwirtschaft, in: Wieland/Schack, Soziale Marktwirtschaft: Verantwortungsvoll gestalten, 2011, 14, 17. Ähnlich *Bussmann*, CCZ 2016, 50, 53; *Bonenberger*, Wertemanagement, in: Jäger/Rödl/Campos Nave, Praxishandbuch Corporate Compliance, 2009, 419 ff. Vgl. ferner *Schaupensteiner*, NZA-Beilage 2011, 8, 12; *Bussmann*, CCZ 2016, 50, 54 ff. Im Zusammenhang mit der Einführung eines *Code of Conduct* siehe *Benkert*, Kap. 4.

285 Zur Wahrnehmung dieser Thematik in Unternehmen vgl. die Studie von Ernst & Young, Existing Practice in Compliance 2016 – Stand zum Integritäts- und Compliance-Management in Deutschland, Österreich und der Schweiz, unter https://acfe.de/wp-content/uploads/0079f20180412_015_studie_2016_Existing-Practice-in-Compliance-2016.pdf (abgerufen am 23.10.2020).

setzung juristischer Vorgaben gerichtet ist.[286] In anderen Rechtsordnungen zählt die Kombination von Compliance und Ethikprogrammen bereits seit Längerem explizit zu denjenigen Kriterien, mit deren Nachweis Organisationen den Vorwurf mangelnder Compliance ausräumen können.[287]

Regelverletzungen beruhen einerseits auf vorsätzlichem Fehlverhalten bzw. kriminellen Aktivitäten von Personen (z. B. bei Korruptionsvergehen oder Kartellrechtsverstößen),[288] in anderen Fällen resultieren sie aus Fahrlässigkeit aufgrund der Verletzung von Sorgfaltspflichten oder auch nur unzureichender Kenntnis von Regeln und Geboten.[289] Die erforderlichen Compliance-Maßnahmen umfassen daher sowohl die Aufdeckung und Sanktionierung von regelwidrigem Verhalten als auch Aufklärungs- und Schulungsmaßnahmen, insbesondere die Erklärung und Übersetzung juristischer Regeln und Zusammenhänge.[290] Die Beachtung und Einhaltung von Regeln steht in einem engen Zusammenhang mit den Werten, denen sich die Organisationsangehörigen verpflichtet fühlen.[291] Im Hinblick auf die Verhinderung bzw. Reduzierung abweichenden Verhaltens und der Förderung von Regeltreue empfiehlt sich daher, die Compliance-Maßnahmen durch ein begleitendes Integritätsmanagement zu untermauern.[292]

72

---

286 Vgl. *Claussen*, Compliance- oder Integrity-Management, 2011, 187, 401, bzgl. des Vergleichs von Antikorruptionsprogrammen diverser deutscher Unternehmen. In dieselbe Richtung weisen die Ergebnisse diverser US-amerikanischer Untersuchungen von Compliance-Programmen, dargestellt bei *Pape*, CCZ 2009, 233 ff.; vgl. ferner *Faust*, Compliance und Korruptionsbekämpfung, 2. Aufl. 2016, 22 ff.; *Herb*, Von Compliance zu Integrität, Handelsblatt Journal 2015, 17, sowie ausführlich *Wieland*, Integritäts- und Compliance-Management als Corporate Governance – konzeptionelle Grundlagen und Erfolgsfaktoren, in: Wieland/Steinmeyer/Grüninger, Handbuch Compliance-Management, 3. Aufl. 2020, 15 ff.

287 Siehe *Wieland*, Governancestrukturen des Gemeinwohls – Eine wirtschaftsethische Skizze, in: v. Kempf/Lüderssen/Volk (Hrsg.), Gemeinwohl im Wirtschaftsstrafrecht, 2013, 45, 51 ff. sowie *Hopson*, CCZ 2008, 208. Zur Relevanz kombinierter Compliance- und Integritätsansätze im US-amerikanischen Recht ausführlich *Jenne*, Die Überprüfung und Zertifizierung von Compliance-Management-Systemen, 2017, 161 ff. sowie *Faber*, Anreizbasierte Regulierung von Corporate Compliance 2014, 187 ff.

288 Zu den diversen Straftatbeständen im Bereich der Korruption vgl. *Böttger*, Kap. 2, Rn. 29 ff. Zum Umgang mit Korruptionsrisiken in M&A-Transaktionen siehe *Ullrich*, Kap. 18, Rn. 77 ff. Zu den diversen Formen kartellrechtswidrigen Verhaltens siehe *Seeliger/Heinen/Mross*, Kap. 23, Rn. 10 ff.

289 Vgl. *Heißner*, Erfolgsfaktor Integrität, 2. Aufl. 2014, 114; *Bussmann*, CCZ 2016, 50 ff.; *Preusche/Würz*, Compliance, 3. Aufl. 2020, 30.

290 Vgl. *Moosmayer*, Compliance, 3. Aufl. 2015, 79 ff.; *Siedenbiedel*, Corporate Compliance, 2014, 57.

291 Vgl. *Wieland*, Integritäts- und Compliance-Management als Corporate Governance – konzeptionelle Grundlagen und Erfolgsfaktoren, in: Wieland/Steinmeyer/Grüninger, Handbuch Compliance-Management, 3. Aufl. 2020, 15 ff.; *Siedenbiedel*, Corporate Compliance, 2014, 251; *Bode*, Compliance-Kultur, in: Bay/Hastenrath, Compliance-Management-Systeme, 2. Aufl. 2016, 1 ff.; *Heißner*, Erfolgsfaktor Integrität, 2. Aufl. 2014, 174 f.

292 Zur Verknüpfung von Compliance- und Integritätsmanagements siehe *Wieland*, Integritäts- und Compliance-Management als Corporate Governance – konzeptionelle Grundlagen und

cc) Kommunikation von Werten für Regelungslücken und „Graubereiche"

73 Für eine Fundierung der Compliance-Maßnahmen durch ein begleitendes Integritätsmanagement spricht ferner, dass eine lückenlose Regelung jeglichen (Fehl-)Verhaltens faktisch unmöglich ist (ebenso wie deren Kontrolle). Soweit Regelungen verabschiedet werden – etwa in Form eines Code of Conduct[293] –, sind die Aussagen nicht immer eindeutig oder selbsterklärend oder sie erfassen nicht alle Fallkonstellationen.[294] Selbst bei regelmäßiger Erläuterung der Inhalte im Rahmen von Compliance-Schulungen[295] können Zweifelsfragen bleiben, die Erfüllung sämtlicher Rechtspflichten im operativen Geschäft ist stets eine Herausforderung.[296] Für diese Fälle hilft eine Orientierung, wie sich Unternehmensangehörige bei unklaren Sachlagen oder in sog. „Graubereichen" verhalten sollten. Diese Orientierung kann durch ein begleitendes Integritäts- und Wertemanagement erfolgen, mit dem die Unternehmensangehörigen über Sinn und Zweck der Compliance-Maßnahmen und insbesondere deren Schutzfunktion für das Unternehmen und alle seine Stakeholder informiert werden.[297] Die Formulierung von Werten gibt den Unternehmensangehörigen dabei eine wichtige Hilfestellung für diejenigen Fragen und Fallkonstellationen, die (noch) nicht bzw. nicht eindeutig durch Regeln erfasst bzw. geklärt sind.[298] Dies befähigt die Unternehmensangehörigen in solchen Zweifelsfällen entweder zu einer selbstständigen Einschätzung[299] oder es fungiert als eine Art Kompass, der in Zweifelsfällen auf eine Klärung der Frage durch den Compliance Officer verweist.

74 Die Fundierung der Compliance-Maßnahmen durch ein Integritätsmanagement bietet zugleich die Chance einer höheren Akzeptanz von Compliance-Maßnahmen. Im Hinblick auf den erforderlichen „tone from the top" lautet die Botschaft an die Unternehmensangehörigen: „Wir vertrauen Ihrem Urteilsvermögen und Ihrer Fähigkeit, sich an diese Regeln zu halten", zugleich wird versichert: „Werte wie Rechtstreue und Aufrichtigkeit bestimmen das unternehmerische

---

Erfolgsfaktoren, in: Wieland/Steinmeyer/Grüninger, Handbuch Compliance-Management, 3. Auflage 2020, 15 ff.

293 Zu den Wirksamkeitsvoraussetzungen und typischen Inhalten siehe ausführlich *Benkert*, Kap. 4, Rn. 16 ff.

294 Vgl. *Wieland*, Integritäts- und Compliance-Management als Corporate Governance – konzeptionelle Grundlagen und Erfolgsfaktoren, in: Wieland/Steinmeyer/Grüninger, Handbuch Compliance-Management, 3. Aufl. 2020, 15.

295 Zu den Anforderungen an effektive Compliance-Schulungen ausführlich *Hastenrath*, Kap. 6, sowie im Kontext der Kartellrechts-Compliance *Seeliger/Heinen/Mross*, Kap. 23, Rn. 129 ff.

296 Vgl. *Bussmann*, CCZ 2009, 132, 137.

297 Siehe hierzu insbesondere *Wieland*, Integritäts- und Compliance-Management als Corporate Governance – konzeptionelle Grundlagen und Erfolgsfaktoren, in: Wieland/Steinmeyer/Grüninger, Handbuch Compliance-Management, 15 ff.; *ders.*, CCZ 2008, 15, 17.

298 Vgl. *Göbel*, Unternehmensethik, 5. Aufl. 2017, 263 ff.

299 Zur Orientierungsfunktion ethischer Prinzipien siehe *Waxenberger*, Integritätsmanagement, 2001, 52 ff., 111 ff.; *Göbel*, Unternehmensethik, 5. Aufl. 2017, 263 ff.

und soziale Miteinander im Unternehmen. Darauf kann man sich als Mitarbeitender verlassen."[300]

Es empfiehlt sich daher, das Compliance Management durch ein Integritäts- und **75** Wertemanagement zu ergänzen bzw. zu fundieren.[301] So verabschieden beispielsweise viele Unternehmen im Rahmen ihrer Anti-Korruptions-Compliance sog. „Geschenke-Richtlinien" zur Regelung der Gewährung und Annahme von Vergünstigungen. Die Prävention von Korruptionsrisiken dürfte besser gelingen, wenn gleichzeitig Unbestechlichkeit und faires Wettbewerbsverhalten als Werte durch Unternehmensleitung und Führungskräfte kommuniziert werden. Denn mit dieser Verankerung erhöht sich die Chance, dass Vergünstigungen jeder Art kritisch geprüft werden – auch unabhängig von der Frage, ob die jeweilige Zuwendung im Einzelfall durch die „Geschenke-Richtlinie" geregelt ist.

3. Verfassung von Regeln, Richtlinien und Werten

Das letztgenannte Beispiel zeigt, dass zusätzlich zu dem eindeutigen Bekenntnis **76** der Unternehmensleitung zu Compliance auch die verständliche und praxisorientierte Formulierung von Compliance-Regeln und Leitwerten eine zentrale Rolle spielt.[302] Dabei empfiehlt sich die Entwicklung einer Art „Compliance-Verfassung", in der sämtliche relevanten Regeln, Standards und Werte integriert und aufeinander abgestimmt werden.[303] Als Mittel zur Kommunikation nutzen viele Unternehmen einen sog. „Code of Conduct".[304] Dieser statuiert maßgebliche Regelungen und grundlegende Werte und formuliert die Verhaltensanforderungen, deren Einhaltung von den Unternehmensangehörigen erwartet wird. Typische Inhalte sind unter anderem Regelungen zum respektvollen und fairen Umgang der Unternehmensangehörigen untereinander, zum Schutz vor Diskriminierung, zum Ausschluss von Bestechlichkeits- oder Bestechungsverhalten, Anweisungen zur Wahrung von Vertraulichkeit und Datenschutz, Regelungen zum Ausschluss von Interessenkonflikten, Anweisungen zum Umgang mit Geschenken und Einladungen sowie Prinzipien des fairen Umgangs mit Geschäftspartnern.[305]

---

300 *Ritzenhoff/Sonnenberg/Schulz*, CB 2019, 1, 2.
301 Vgl. *Wieland*, Integritäts- und Compliance-Management als Corporate Governance – konzeptionelle Grundlagen und Erfolgsfaktoren, in: Wieland/Steinmeyer/Grüninger, Handbuch Compliance-Management, 3. Aufl. 2020, 15, 23 ff. Siehe ferner *Schneider*, ZIP 2003, 645 ff., sowie *Kort*, NZG 2008, 81 ff. Zum Zusammenhang zwischen Compliance und Integrität ferner *Heißner*, Erfolgsfaktor Integrität, 2. Aufl. 2014, 113 ff. sowie näher unter Rn. 2 ff.
302 Vgl. *Lampert*, Compliance-Organisation, in: Hauschka, Corporate Compliance, 2. Aufl. 2010, 163 ff., 170 ff.
303 Zu dieser integrierten „Kodifikation" relevanter Regelungen und Werte ausführlich *Grüninger*, Werteorientiertes Compliance Management System, in: Wieland, Handbuch Compliance-Management, 2010, 39 ff., 61 f.
304 Zu Grundfragen und Gestaltung eines *Code of Conduct* siehe ausführlich *Benkert*, Kap. 4.
305 Zu Grundfragen und Gestaltung eines *Code of Conduct* siehe ausführlich *Benkert*, Kap. 4. Zu typischen Inhalten siehe ferner *Inderst*, Compliance Organisation und praktische Umsetzung, in: Inderst/Bannenberg/Poppe, Compliance, 3. Aufl. 2017, 130 ff.

4. Compliance als Personalführungs- und Schulungsaufgabe

77 Über die Formulierung und Verabschiedung von Compliance-Regeln und Leitwerten (z. B. in Form von Verhaltenskodizes, Compliance Manuals und Richtlinien[306]) hinaus bedarf es weiterer Schritte zur dauerhaften Verankerung bei den Unternehmensangehörigen, die Vermittlung von Compliance und Integrität ist eine Personalführungsaufgabe.[307]

a) Zielgruppenorientierte Schulungs- und Fortbildungsprogramme

aa) Bedarfsanalyse und Zielgruppenorientierung

78 Wichtig ist insbesondere ein zielgenaues und fortlaufend aktualisiertes Schulungs- und Fortbildungsprogramm.[308] Dabei kommt es darauf an, die Unternehmensangehörigen für die Compliance-Risiken des Geschäftsmodells zu sensibilisieren. Denn obwohl Regelverstöße häufig auch auf krimineller Energie einzelner Personen fußen, resultieren andere Fälle der „Non-Compliance" daraus, dass die Relevanz einschlägiger Regelungen nicht bekannt ist oder nicht verstanden wurde. Daher müssen die Compliance-Regel in verständlicher Sprache Werte erläutert und (insbesondere im Falle juristischer Fachterminologie) in gut nachvollziehbare Formulierungen übersetzt werden.[309] Hierzu sollten spezielle Aus- und Fortbildungsmaßnahmen entwickelt werden, die genau auf das Geschäftsmodell des Unternehmens und sein spezifisches Compliance-Risiko-Profil abgestimmt sind.[310] Für den Erfolg der Schulungs- und Fortbildungsmaßnahmen ist ferner ausschlaggebend, dass die Formate und Inhalte möglichst genau auf den jeweiligen Bedarf der adressierten Zielgruppen abgestimmt sind.[311]

bb) Positionierung von Compliance als „Business enabler"

79 Bei Durchführung der Schulungs- und Fortbildungsmaßnahmen ist einerseits auf Verständlichkeit und Praxisnähe zu achten, Juristen sind hier vor allem als „Übersetzer" komplexer Rechtsthemen in alltagstaugliche und nachvollziehbare Zusammenhänge gefragt. Andererseits ist dringend anzuraten, Compliance nicht pauschal als Funktion der „Geschäftsverhinderung" darzustellen. In Fällen, in denen Geschäfte und Transaktionen aus Compliance-Gründen nicht durchgeführt werden dürfen, müssen die Gründe daher nachvollziehbar und konsistent erklärt werden.[312] Soweit sie möglich sollte ferner eine positive Vorstellung davon vermittelt werden, unter welchen Bedingungen ein abgelehntes Geschäft

---

306 Vgl. *Kreßel*, NZG 2018, 841.
307 So wörtlich und zutreffend *Heißner*, Erfolgsfaktor Integrität, 2. Aufl. 2014, 114.
308 Zu den Anforderungen an effektive Compliance-Schulungen ausführlich *Hastenrath*, Kap. 6, sowie im Kontext der Kartellrechts-Compliance *Seeliger/Heinen/Mross*, Kap. 23, Rn. 129 ff.
309 Vgl. *Hastenrath*, Kap. 6.
310 Siehe im Einzelnen hierzu *Hastenrath*, Kap. 6.
311 *Hastenrath*, Kap. 6 m. w. N.
312 *Ritzenhoff/Sonnenberg/Schulz*, CB 2019, 1, 3.

entweder in eingeschränktem Umfang oder nach inhaltlicher Änderung zulässig sein könnte.[313]

cc) Aktualisierung und Anpassung der Fortbildungsformate

Aufgrund des oben beschriebenen komplexen und dynamischen regulatorischen **80** Umfelds müssen die Schulungs- und Fortbildungsinhalte regelmäßig aktualisiert und fortlaufend an neue Rechtsentwicklungen angepasst werden. Nur so erhalten die Unternehmensangehörigen die Möglichkeit, sich regelmäßig auf ein geändertes rechtliches Umfeld einzustellen, um Compliance-Risiken erkennen und vermeiden zu können. Zur Erläuterung aktueller Compliance-Themen und der Klärung von Zweifelsfragen trägt ferner die Einrichtung einer Beratungsstelle („Compliance-Helpline") bei, an die sich alle Unternehmensangehörigen in Compliance-Fragen wenden können.[314]

dd) Aktive Einbeziehung der Unternehmensangehörigen

Um einen direkten Unternehmensbezug der Compliance-Schulungen und Fort- **81** bildungsformate zu gewährleisten, bietet sich die (selektive) Einbeziehung von Unternehmensangehörigen bei der Entwicklung und Durchführung von Schulungsmaßnahmen an.[315] Diese aktive Einbeziehung, etwa durch Repräsentanten unterschiedlicher Unternehmenseinheiten, fördert die Attraktivität und Akzeptanz der Fortbildungsformate, da diese weniger als von „oben verordnet" als vielmehr als „Eigenentwicklung" wahrgenommen werden. Die gezielte Beteiligung ausgewählter Mitarbeiter und Führungskräfte an der Entwicklung und Durchführung von Compliance-Schulungen ist gleichzeitig ein wichtiger Beitrag zu Förderung der Compliance-Kultur.

b) Anreize für Compliance

Im Rahmen der Compliance-Strategie ist auch zu erwägen, positive Anreize für **82** regeltreues und integres Verhalten zu schaffen.[316] Hierfür gibt es zahlreiche Möglichkeiten, wie die Aufnahme von Compliance-Themen in Leistungs- und Zielvereinbarungen, die Nominierung ausgewählter Unternehmensangehöriger als sog. „Compliance-Botschafter" oder die Gestaltung besonderer Workshops zu Compliance-Themen.[317] Entscheidend ist, dass Mitarbeiter mit einem regel-

---

313 *Ritzenhoff/Sonnenberg/Schulz*, CB 2019, 1, 2.

314 Diese Beratungsfunktion nimmt in vielen Unternehmen der Compliance Officer wahr, vgl. *Groß*, Chief Compliance Officer, 2012, 80 f.

315 Vgl. *Schulz/Galster*, in: Bürkle/Hauschka, Der Compliance Officer, 2015, § 4 Rn. 48. Zu verschiedenen Schulungsmöglichkeiten und -formaten ausführlich *Hastenrath*, Kap. 6, sowie *dies.*, in: Bay/Hastenrath, Compliance-Management-Systeme, 2. Aufl. 2016, 155 ff.

316 Zu Anreizmöglichkeiten für Compliance-gerechtes Verhalten ausführlich *Hastenrath/Müller*, CB 2017, 154 ff.

317 Vgl. *Hastenrath/Müller*, CB 2017, 154 ff.; *Ewelt-Knauer*, Proaktive Gestaltung der Compliance-Kultur, WPg 2016, 597 ff.

konformen und integren Verhalten Karriere machen können[318] und nicht etwa falsche Anreize bestehen, die Fälle von Non-Compliance begünstigen (etwa im Sinne unreflektierter finanzieller Zielvorgaben).[319] Compliance-gerechte und integre Verhaltensweisen (sowie deren Wertschätzung durch die Unternehmensleitung) müssen darüber hinaus fester Bestandteil der Aus- und Fortbildung von Unternehmensangehörigen sein.[320]

5. Integration von Compliance-Themen in die Geschäftsprozesse

83 Ein weiterer Erfolgsfaktor für funktionierendes Compliance Management ist die Integration von Compliance-Themen und Maßnahmen in die Geschäftsprozesse. In kleineren und mittelständischen Unternehmen ist diese Verankerung von essenzieller Bedeutung, da spezialisierte Funktionen zur Wahrnehmung von Compliance-Aufgaben wie Rechtsabteilung, Risikomanagement oder Revision häufig fehlen. Wie im Zusammenhang mit dem Risikomanagement (und dem GRC-Ansatz) ausgeführt,[321] ist die proaktive Einbeziehung der operativen Einheiten (als sog. „first line of defense") wichtig, da die dort tätigen Mitarbeiter als „Process Owner" jeweils über umfangreiches Wissen über die spezifischen Compliance-Risiken verfügen. So kann es sich etwa zur Steuerung der Compliance-Risiken im operativen Betrieb empfehlen, durch spezifische Risikoanalysen und Kontrollen bestimmte Prozesse mit besonderen Compliance-Risiken (z. B. im Einkauf und Vertrieb) systematisch daraufhin zu untersuchen, inwieweit gegen bestehende Regeln verstoßen werden könnte (z. B. bei der Vergabe von Aufträgen im Einkaufsprozess).[322] Je nach Untersuchungsergebnis können dann spezifische Maßnahmen zur Prävention von Fehlverhalten eingeführt werden, wie beispielsweise besondere Kontroll-, Dokumentations- oder Freigabeprozesse.[323] Bei der Zusammenarbeit mit Lieferanten kann es sich anbieten, diese durch einen Auswahlprozess (unter Einbeziehung von Compliance- und Integritätsaspekten) zu selektieren und durch einen separaten Verhaltenskodex auf rechtskonformes Verhalten und bestimmte ethische Grundsätze zu verpflichten.[324]

---

318 Vgl. *Bussmann*, CCZ 2016, 50 ff., 55.
319 Vgl. *Schulz*, BB 2018, 1285, 1286; *Gösswein*, CCZ 2017, 43.
320 Vgl. *Nezmeskal-Berggötz*, Integritätsmanagement und Social Compliance bei Deutsche Post DHL Group, in: Wieland/Steinmeyer/Grüninger, Handbuch Compliance-Management, 3. Aufl. 2020, 709, 720 ff. Zur Gestaltung von Compliance-Schulungen siehe *Hastenrath*, Kap. 6, sowie im Zusammenhang mit dem Kartellrecht *Seeliger/Heinen/Mross*, Kap. 23, Rn. 129 ff.
321 Siehe oben Rn. 44.
322 Vgl. *Schulz/Muth*, CB 2014, 265, 268.
323 Siehe hierzu *Bicker/Stoklasa*, BB 2018, 519, 521 ff.
324 Zur Kontrolle von (Sub-)Lieferanten siehe *Schleper/Förstl*, Kap. 16, Rn. 5 ff. sowie *Nezmeskal-Berggötz*, Integritätsmanagement und Social Compliance bei Deutsche Post DHL Group, in: Wieland/Steinmeyer/Grüninger, Handbuch Compliance-Management, 3. Aufl. 2020, 709, 723 f.; *Schröder*, CCZ 2013, 74 unter Hinweis auf die vom Bundesverband für Materialwirtschaft, Einkauf und Logistik e. V. (BME) formulierten Anforderungen an einen Compliance-/CSR-Prozess im Lieferantenmanagement.

Im Zusammenhang mit den Geschäftspartnern des Unternehmens empfiehlt sich   **84**
die Durchführung einer sog. „Third Party Due Diligence" vor Abschluss von
Transaktionen.[325] Dieses besondere Verfahren zur Einschätzung und Steuerung
von Compliance-Risiken spielt angesichts der Integration vieler Unternehmen in
komplexe Wertschöpfungsketten[326] und damit verbundenen Verantwortungszu-
weisungen eine immer größere Rolle.

6. Koordination der Zusammenarbeit mit anderen Unternehmensfunktionen

Wie gezeigt, gibt es für die Wahrnehmung von Compliance-Aufgaben kein ein-   **85**
heitliches Modell, sondern – je nach Unternehmenssituation – viele unterschiedliche Gestaltungen, bei denen häufig andere Unternehmensfunktionen (z.B.
Rechtsabteilung, Risikomanagement und interne Revision) oder Unternehmensbeauftragte (z.B. Datenschutzbeauftragte, Arbeitssicherheitsbeauftragte, Ex-
portkontrollbeauftragte) bestimmte Compliance-Aufgaben (mit-)erfüllen.[327] Im
Hinblick auf die Wirksamkeit des Compliance Managements ist eine effiziente
Koordination der verschiedenen Kompetenzen und Aktivitäten wichtig (sog.
„Schnittstellenmanagement").[328] Dabei ist darauf zu achten, dass im Unternehmen vorhandene Erfahrungen und Kompetenzen zu Compliance-Fragen abtei-
lungsübergreifend erfasst und integriert werden.[329]

7. Einrichtung von wirksamen Kontrollen und Feedback-Prozessen

Um sicherzustellen, dass die relevanten Compliance-Regeln und Prinzipien in   **86**
allen Unternehmensbereichen und von allen Unternehmensangehörigen tatsächlich eingehalten werden, ist eine systematische Überwachung und Kontrolle unabdingbar – das Compliance-System ist nur so gut wie seine beste Kontrolle.[330]
Dabei ist zunächst zu beachten, dass die primäre Kontroll- und Überwachungspflicht grundsätzlich bei der Geschäftsleitung verbleibt, einzelne Kontroll- und
Überwachungsaufgaben können aber an den Compliance Officer delegiert werden.[331] Umfang und Ausgestaltung der erforderlichen Aufgaben und Maßnah-

---

325 Vgl. *Schürrle/Olbers*, CCZ 2010, 102, 104 sowie *Bicker/Stoklasa*, BB 2018, 519. Zur Com-
    pliance-Due Diligence bei M&A-Transaktionen siehe ausführlich *Ullrich*, Kap. 18.
326 Vgl. *Spießhofer*, in: Hauschka/Moosmayer/Lösler, Corporate Compliance, 3. Aufl. 2016,
    § 11 Rn. 38. Zu Compliance im Kontext des sog. *Supply Chain Managements* siehe *Schle-*
    per/Förstl, Kap. 16.
327 Vgl. *Moosmayer*, Compliance, 3. Aufl. 2015, 31 ff.
328 Zum erforderlichen Zusammenwirken unterschiedlicher Unternehmensfunktionen einem
    „Schnittstellen-Management" siehe *Rau*, Kap. 3.
329 Vgl. *v. Marnitz*, Compliance-Management für mittelständische Unternehmen, 2011, 95;
    Schulz, CB 2015, 309.
330 Vgl. die pointierte Formulierung von *Inderst*, in: Inderst/Bannenberg/Poppe, Compliance,
    3. Aufl. 2017, 148; vgl. ferner *Rieder/Falge*, ebenda, 32 ff.
331 Zur Überwachung und Kontrolle der Compliance als Pflicht der Unternehmensleitung vgl.
    etwa *Karbaum*, AG 2013, 863, 871; *Schulz/Renz*, BB 2012, 2511, 2514.

men richten sich wiederum nach den individuellen Besonderheiten des Unternehmens und dessen Compliance-Risiko-Struktur.[332] Jedoch ist stets darauf zu achten, dass die entsprechenden Kontrollmaßnahmen regelkonform sind: Bei Kontrollen sind fast immer personenbezogene Daten betroffen, so dass beispielsweise die Vorgaben des Datenschutzrechts zu berücksichtigen sind.[333]

8. Aufklärung von Verstößen und Bedeutung von Hinweisgebersystemen

87   Auch die Aufdeckung und Aufklärung von Compliance-Verstößen ist ein wichtiges Element des Compliance Managements.[334] Denn einerseits gibt es in jedem Unternehmen Fälle vorsätzlicher Regelverletzungen, andererseits kann auch die beste Schulung fahrlässige Regelverstöße nicht absolut ausschließen. Zur Aufdeckung von Regelverletzungen nutzen viele Unternehmen sog. Hinweisgebersysteme (durch den Einsatz von Ombudspersonen oder durch sog. „Whistleblowing-Systeme").[335] Dadurch sollen die Unternehmensangehörigen die Möglichkeit anonymer Hinweise auf Regelverstöße erhalten.[336] Die Ausgestaltung im Einzelnen richtet sich nach den Besonderheiten des jeweiligen Unternehmens, in jedem Fall ist auch bei der Ausgestaltung von Hinweisgebersystemen die Einhaltung relevanter arbeitsrechtlicher und datenschutzrechtlicher Vorgaben zu beachten.[337] In der Unternehmenspraxis existieren viele unterschiedliche Modelle von Hinweisgebersystemen, in mittelständischen und kleineren Unternehmen werden Compliance Officer oder Ombudsleute mit dieser Funktion betraut.[338] Dies wird sich mit der Umsetzung der am 23.10.2019 verabschiedeten EU-Hinweisgeberrichtlinie[339] in deutsches Recht und den damit verbundenen Anforderungen ändern.

---

332 Vgl. *Schulz/Galster*, in: Bürkle/Hauschka, Der Compliance Officer, 2015, § 4 Rn. 53.

333 Zum Datenschutz im Compliance Management vgl. *Becker/Böhlke/Fladung*, Kap. 11.

334 Vgl. *Rieder/Falge*, in: Inderst/Bannenberg/Poppe, Compliance, 3. Aufl. 2017, 27 f. sowie *Seibt*, in: Schmidt/Lutter (Hrsg.), AktG, 4. Aufl. 2020, § 76, Rn. 28 f.

335 Zu Aufbau und Funktion von *Whistleblowing-Systemen* ausführlich *Möhlenbeck*, Kap. 5. Zur Beachtung der dabei maßgeblichen datenschutzrechtlichen Vorgaben *Becker/Böhlke/ Fladung*, Kap. 11, Rn. 178, 231 ff.

336 Zu empirischen Daten für die Aufdeckung von Straftaten durch Hinweisgeber vgl. *Strauss*, ZRFC 2014, 164 m. w. N.

337 *Schulz/Galster*, in: Bürkle/Hauschka, Der Compliance Officer, 2015, § 4 Rn. 52. Zu mitbestimmungsrechtlichen Erfordernissen vgl. *Neufeld/Knitter*, BB 2013, 821, 822 f.; zu datenschutzrechtlichen Aspekten *Wybitul*, ZD 2011, 118 ff.

338 Vgl. *Schulz/Block*, CCZ 2020, 49.

339 Richtlinie (EU) 2019/1937 des Europäischen Parlaments und des Rates vom 23. Oktober 2019 zum Schutz von Personen, die Verstöße gegen das Unionsrecht melden, ABl. EU Nr. L 305 v. 26.11.2019, 17.

9. Konsequente Sanktionierung von regelwidrigem Verhalten

Für den Erfolg des Compliance Managements ist die konsequente Sanktionie- 88
rung festgestellter Regelverletzungen nicht zu unterschätzen. Denn der Umgang
mit aufgedeckter „Non-Compliance" wird von den Unternehmensangehörigen
unmittelbar registriert und kann erhebliche Auswirkungen auf die Integritäts-
und Compliance-Kultur haben.[340] Sofern die Geschäftsleitung Regelverstöße toleriert oder nicht mit genügendem Nachdruck verfolgt, kann bei vielen Unternehmensangehörigen der fatale Eindruck entstehen, Compliance sei nur ein
„Lippenbekenntnis". Dieser Eindruck kann die konzeptionellen Bemühungen
vollständig konterkarieren, da sich manche die Frage stellen werden, ob sich ein
regelkonformes Verhalten überhaupt lohnt. Im Compliance Management bestätigt sich damit der Grundsatz, dass sich die Wirksamkeit von Normen auch an
der Wahrnehmung ihrer Durchsetzung bemisst.

10. „Legal Monitoring" und regelmäßige Aktualisierung

Da sich die rechtlichen Rahmenbedingungen unternehmerischen Handelns durch 89
die oben exemplarisch beschriebenen vielfältigen Aktivitäten der Gesetzgeber
und Normsetzer auf nationaler und internationaler Ebene sowie durch Vorgaben
der Gerichte ständig verändern, besteht für das Compliance Management ein
kontinuierlicher Überprüfungs- und Anpassungsbedarf.[341] Dies erfordert die
kontinuierliche Beobachtung und Analyse aktueller Rechtsentwicklungen im
Sinne eines „Legal Monitoring". Im Rahmen sog. „Compliance Audits" ist regelmäßig ferner zu fragen, inwieweit ein Unternehmen hinreichende, d. h. den unternehmensspezifischen Compliance-Risiken angepasste Compliance-Maßnahmen
etabliert und umgesetzt hat: Sofern bereits ein Compliance Management etabliert
wurde, kann sich dessen mangelnde Eignung zur Einhaltung rechtlicher Vorgaben durch das Unternehmen und dessen Mitarbeiter herausstellen und zu einer
Neuausrichtung zwingen.[342] Insbesondere aus einem aufgeklärten Regelverstoß
resultiert die Pflicht, aber zugleich die Chance, das Compliance Management anzupassen bzw. neue Compliance-Maßnahmen zu entwickeln.[343]

---

340 Zum „ethical leadership" vgl. *Bussmann*, CCZ 2016, 50, 54 ff., sowie ähnlich *Wieland*, Inte-
gritäts- und Compliance-Management als Corporate Governance – konzeptionelle Grundlagen und Erfolgsfaktoren, in: Wieland/Steinmeyer/Grüninger, Handbuch Compliance-Management, 3. Aufl. 2020, 15 ff.
341 *Liese/Schulz*, BB 2011, 1347 ff.; *Seibt*, in: Schmidt/Lutter (Hrsg.), AktG, 4. Aufl. 2020,
§ 76, Rn. 30.
342 *Liese/Schulz*, BB 2011, 1347 ff.
343 Zur Aktualisierung als notwendigem Bestandteil von Compliance Management siehe etwa
Bay/Seeburg, in: Bay/Hastenrath, Compliance-Management-Systeme, 2. Aufl. 2016,
203 ff.; *Seibt*, in: Schmidt/Lutter (Hrsg.), AktG, 4. Aufl. 2020, § 76, Rn. 30.

11. Angemessene Dokumentation

90 Für den Nachweis eines funktionierenden Compliance Managements ist schließlich die die sorgfältige Dokumentation der implementierten Compliance-Strukturen, Prozesse und Maßnahmen wichtig.[344] Die Dokumentation des Compliance Managements kann der Unternehmensleitung in Fällen von „Non-Compliance" helfen, die Erfüllung ihrer Organisationspflichten nachzuweisen.[345]

IV. Vorteile eines effektiven Compliance Managements

91 Gelingt es, mit der Einführung und regelmäßigen Aktualisierung der oben beschriebenen Strukturen, Prozesse und Maßnahmen ein wirksames Compliance Management zu schaffen, so hat dies für Unternehmen und Verbände zahlreiche Vorteile.

1. Prävention und Reduzierung der Kostenrisiken und Nachteile von „Non-Compliance"

92 Wie ausgeführt, honorieren Gerichte und auch der Gesetzgeber inzwischen ausdrücklich die Existenz von Compliance-Maßnahmen, jedenfalls sofern dadurch das ernsthafte Bemühen zur Prävention von Regelverletzungen zum Ausdruck kommt. Zwar können Regelverletzungen auch durch Compliance Management nicht vollständig verhindert werden. Allerdings lässt sich das Risiko der „Non-Compliance" durch wirksame Compliance-Maßnahmen erheblich reduzieren. Dadurch leistet ein wirksames Compliance Management einen wesentlichen Beitrag dazu, das immense Kostenrisiko und die sonstigen Nachteile von „Non-Compliance" einzudämmen.

2. Schutz von Unternehmen, Leitungsorganen und Unternehmensangehörigen

93 Zugleich schützt ein wirksames Compliance Management das Unternehmen, seine Leitungsorganen und die Unternehmensangehörigen. Erfasst wird sowohl der Schutz des Unternehmens vor zivilrechtlicher Haftung und strafrechtlichen Sanktionen als auch der Schutz der Geschäftsleiter und Unternehmensangehörigen vor persönlicher zivil- und strafrechtlicher Haftung.[346] Erfasst wird ferner der Schutz vor Nachteilen im Geschäftsverkehr und Wettbewerb[347] (etwa durch unwirksame Geschäftsmodelle, Transaktionen oder den Ausschluss von Aufträgen) sowie der Schutz gegenüber Angriffen von außen (z. B. durch „Hacker"-Angriffe).[348]

---

344 Vgl. *Klopp*, Der Compliance-Beauftragte, 2012, 92 ff.
345 Vgl. *Klopp*, Der Compliance-Beauftragte, 2012, 93 m. w. N.
346 Vgl. *Gößwein/Hohmann*, BB 2011, 963, 964.
347 Siehe das umfangreiche Spektrum der Nachteile von „Non-Compliance" unter Rn. 6 f.
348 Vgl. *Schulz/Galster*, in: Bürkle/Hauschka, Der Compliance Officer, 2015, § 4 Rn. 12 m. w. N.

3. Sicherung der Reputation und Vertrauenserhalt der Stakeholder

Darüber hinaus fördert bzw. erhält ein wirksames Compliance Management den **94** guten Ruf des Unternehmens und das Vertrauen der Stakeholder. Wie ausgeführt,[349] kann ein positives Image des Unternehmens bei den maßgeblichen Bezugsgruppen (Mitarbeiter, Kunden, Lieferanten, Investoren etc.) durch Fälle von „Non-Compliance" schnell beschädigt oder zerstört werden. Umgekehrt sichert ein funktionierendes Compliance Management das Vertrauen der **Stakeholder** in eine rechtskonforme und integre Geschäftstätigkeit und in einen glaubwürdigen Auftritt des Unternehmens in der Öffentlichkeit.[350] Damit kann auch den wachsenden (CSR-)Erwartungen an verantwortungsvolles unternehmerisches Handeln durch die (stärkere) Berücksichtigung von Reputationsrisiken im Sinne eines „Reputational Risk Management" bei der Entscheidung über neue Geschäftsmodelle und Transaktionen Rechnung getragen werden.[351]

4. Eröffnung und Wahrung rechtlicher Chancen und Gestaltungsoptionen

Richtig verstanden erfüllt Compliance Management primär eine „enabling func- **95** tion" insofern, als rechtlich gesicherte Handlungsoptionen und Gestaltungsmöglichkeiten aufgezeigt werden. Das gilt etwa durch die Verdeutlichung von Optionen für eine vorbeugende Vertragsgestaltung oder steuerrechtliche Strukturierung im Interesse des Unternehmens.[352] Ein funktionierendes Compliance Management hilft somit, Unternehmenswerte zu schaffen[353] und die Wettbewerbsfähigkeit des Unternehmens zu sichern. Denn Unternehmen können auch dadurch gefährdet werden, dass Maßnahmen vorausschauender Rechtsgestaltung nicht oder nur unzureichend genutzt werden.[354] Wie gezeigt,[355] sollten bei der Nutzung rechtlicher Gestaltungsmöglichkeiten stets auch die Reputation des Unternehmens in der Öffentlichkeit sowie die Beziehungen zu maßgeblichen Bezugsgruppen (Mitarbeiter, Kunden, Lieferanten, Investoren etc.) berücksichtigt werden.[356]

---

349 Siehe oben unter Rn. 23 ff.

350 *Schulz/Galster*, in: Bürkle/Hauschka, Der Compliance Officer, 2015, § 4 Rn. 12; *Gößwein/ Hohmann*, BB 2011, 963, 964.

351 Siehe oben unter Rn. 23 ff.

352 Vgl. *Rodewald*, Gesetzestreue als Organisationsproblem – Compliance richtig managen, in: Maschmann, Corporate Compliance und Arbeitsrecht, 2009, 31, 32 f.; ähnlich *Theusinger/ Jung*, in: Römermann, Münchener Anwaltshandbuch GmbH-Recht, 4. Aufl. 2018, § 24 Rn. 5.

353 *Bürkle*, in: Bürkle, Compliance in Versicherungsunternehmen, 3. Aufl. 2020, § 1 Rn. 77.

354 *Rodewald*, Gesetzestreue als Organisationsproblem – Compliance richtig managen, in: Maschmann, Corporate Compliance und Arbeitsrecht, 2009, 32 f.; ähnlich *Theusinger/Jung*, in: Römermann, Münchener Anwaltshandbuch GmbH-Recht, 4. Aufl. 2018, § 24 Rn. 5.

355 Siehe oben unter Rn. 24 f.

356 Zur Notwendigkeit eines „*Corporate Reputation Management*" ausführlich *Seibt*, DB 2015, 171 ff., sowie *ders.*, Börsenzeitung Nr. 31 v. 14.2.2015, 9; und *Seibt*, in: Schmidt/Lutter (Hrsg.), AktG, 4. Aufl. 2020, Rn. 42 ff.

5. Vorteile beim Marketing und im Wettbewerb

96 Durch ein funktionierendes Compliance Management können zudem positive Marketing-Effekte erzielt werden.[357] Denn die Unternehmensleitung signalisiert sowohl unternehmensintern als auch im Geschäftsverkehr, dass Normverletzungen systematisch verhindert bzw. geahndet werden. Gelingt es der Unternehmensleitung, Regelkonformität sowie integres Verhalten glaubwürdig an alle Stakeholder zu vermitteln, kann sich das Unternehmen durch ein funktionierendes Compliance Management von Wettbewerbern differenzieren (wirksames Compliance Management als Wettbewerbsvorteil).[358] Im Kampf um Bewerber und qualifizierten Nachwuchs trägt ein wirksames Compliance Management dazu bei, gute Mitarbeiter zu gewinnen bzw. längerfristig zu halten.[359] Denn viele Nachwuchskräfte erwarten von Unternehmen ein gutes Images bzw. ein ihren Vorstellungen entsprechendes ethisches Verhalten.[360] Die oben genannten positiven Marketingeffekte von Compliance-Maßnahmen setzen allerdings voraus, dass das Compliance Management und die damit verbundenen Maßnahmen regelmäßig überprüft und aktualisiert werden.[361]

6. Verteidigungsmöglichkeiten bei „Non-Compliance"

97 Mithilfe von Compliance Management kann die Geschäftsleitung Risiken aus Regelverletzungen reduzieren, jedoch nicht in jedem Fall vollständig ausschließen. Wie gezeigt, kann in einem Fall von „Non-Compliance" der dokumentierte Nachweis eines grundsätzlich existenten Compliance-Management-Systems allerdings zur Verteidigung geltend gemacht werden.[362]

7. Verbesserung von Strukturen und Prozessen

98 Die systematische Beschäftigung mit Compliance-Risiken und die Einführung geeigneter Organisationsmaßnahmen können zu Verbesserungen unternehmensinterner Strukturen und Prozesse beitragen. Dies gilt etwa für die Frage von (neu

---

357 Vgl. *Lösler*, NZG 2005, 104 (105); *Klopp*, Der Compliance-Beauftragte, 2012, S. 58 f.

358 Zu Compliance Management als Wettbewerbsvorteil siehe *Schertler/Schertler*, Compliance Management aus Sicht der strategischen Unternehmensführung, in: Kaltenbrunner/Urnik, Unternehmensführung, 2012, 125, 132 f. Zu den verschiedenen Formen der strategischen Positionierung von Compliance-Maßnahmen siehe *Siedenbiedel*, Corporate Compliance, 2014, 55 f.

359 Vgl. *Rosbach*, CCZ 2008, 101; zu den Vorteilen effektiver Compliance ferner *Poppe*, Begriffsbestimmung Compliance: Bedeutung und Notwendigkeit, in: Inderst/Bannenberg/Poppe, Compliance, 3. Aufl. 2017, 1, 11 f. m. w. N.

360 Vgl. *Nezmeskal-Berggötz*, Integritätsmanagement und Social Compliance bei Deutsche Post DHL Group, in: Wieland/Steinmeyer/Grüninger, Handbuch Compliance-Management, 3. Aufl. 2020, 709, 710 f. unter Hinweis auf die PWC-Studie „Millennials at work, Reshaping the Workplace", 2012, https://www.pwc.com/m1/en/services/consulting/documents/millennials-at-work.pdf (zuletzt abgerufen am 29.9.2020).

361 Vgl. hierzu *Liese/Schulz*, BB 2011, 1347 ff.

362 *Bürkle*, in: Bürkle, Compliance in Versicherungsunternehmen, 3. Aufl. 2020, § 1 Rn. 77.

zu schaffenden oder konkreteren) Zuständigkeiten für Compliance, der besseren Koordination von Informationsflüssen, der Schaffung bzw. Verbesserung von Kommunikationswegen oder des (besseren) Austausches unterschiedlicher Unternehmensfunktionen zu Compliance-Fragen.[363] In diesem Zusammenhang lässt sich daher auch ein professionelles Informations- und Wissensmanagement für das Unternehmen etablieren bzw. weiterentwickeln.[364] Die für ein effektives Compliance Management erforderliche kontinuierliche Analyse der Veränderungen rechtlicher Vorgaben und Standards erfüllt ferner eine Qualitätssicherungs- und Innovationsfunktion.[365] So können sich Hinweise auf Verbesserungsmöglichkeiten bei Geschäftsprozessen oder bei der Behandlung von Compliance-Themen ergeben.[366]

V. Zusammenfassung und Empfehlungen

Im Mittelpunkt von Compliance Management stehen organisatorische Vorkehrungen zur Prävention von Regelverstößen, zur Aufdeckung von „Non-Compliance" sowie zur angemessenen Reaktion bzw. Sanktionierung. Die sog. Compliance-Organisationspflicht betrifft grundsätzlich alle Unternehmen und Verbände, ihre Wahrnehmung zählt zum Kernbestand rechtskonformer Unternehmensführung.   **99**

Neuere Entwicklungen zeigen, dass wirksame Compliance-Maßnahmen für Unternehmen und Verbände zahlreiche Vorteile bringen, insbesondere im Hinblick auf Sanktionsmilderung im Falle von Regelverstößen. Damit ist Compliance Management für alle Unternehmen und Verbände relevant.   **100**

Jenseits von speziellen branchenspezifischen Vorgaben existiert kein allgemein verbindlicher Rahmen für die Konzeption und Ausgestaltung von Compliance-Maßnahmen. Deren Art und Umfang richtet sich vielmehr nach dem jeweiligen Compliance-Risiko-Profil des Unternehmens bzw. Verbands, welches durch individuelle Faktoren wie Größe und Struktur, Besonderheiten des Geschäftsmodells, geographische Präsenz etc. bestimmt wird.   **101**

Für die entscheidende Frage der Wirksamkeit eines Compliance Managements fehlt es (abgesehen von branchenspezifischen Regeln) bislang an allgemein verbindlichen Vorgaben. Allerdings lassen sich aus der Entscheidungspraxis der Gerichte (insbesondere zu Aufsichts- und Sicherungspflichten), aus Leitlinien von Behörden, aus den von diversen Organisationen entwickelten Standards, aus   **102**

---

363 Vgl. *v. Marnitz*, Compliance-Management für mittelständische Unternehmen, 2011, 74 f.; *Schulz/Renz*, BB 2012, 2511, 2514.

364 *Schulz*, CB 2015, 309, 313; siehe auch *v. Marnitz*, Compliance-Management für mittelständische Unternehmen, 2011, 75.

365 Vgl. *Hauschka*, Compliance im Gesellschaftsrecht, in: Hadding/Hopt/Schimansky, Verbraucherschutz im Kreditgeschäft – Compliance in der Kreditwirtschaft 2008, 103, 111; *Schulz/Galster*, in: Bürkle/Hauschka, Der Compliance Officer, 2015, § 4 Rn. 16.

366 *Hauschka*, Compliance im Gesellschaftsrecht, in: Hadding/Hopt/Schimansky, Verbraucherschutz im Kreditgeschäft – Compliance in der Kreditwirtschaft 2008, 103, 111.

Leitfäden für Compliance Management aus anderen Rechtsordnungen sowie aus Stellungnahmen der Wissenschaft bestimmte Kernelemente und Mindestanforderungen eines effektiven Compliance Managements destillieren. Dazu zählen eine auf den individuellen Verband abgestimmte Compliance-Risiko-Strategie, ein unmissverständliches Bekenntnis der Unternehmensleitung zur Regeltreue, ein vorbildliches Verhalten aller Führungskräfte, zielgerichtete und bedarfsorientierte Kommunikations- und Schulungsmaßnahmen, adäquate Berichtswege und Hinweisgebersysteme, systematische Kontrollen sowie die Aufklärung und Sanktionierung von Regelverletzungen.

103 Aufgrund des dynamischen regulatorischen Umfeldes und neuer rechtlicher Vorgaben (auch durch Gerichte und Behörden) müssen die Compliance-Strukturen und Maßnahmen zudem fortlaufend überprüft und an neue Umstände angepasst werden. Dies erfordert die kontinuierliche Beobachtung und Analyse aktueller Rechtsentwicklungen („Legal Monitoring").

104 Eine Schlüsselrolle für den Erfolg des Compliance Managements spielt die nachhaltige Förderung einer Compliance Kultur durch eine vorbildliche Haltung und durch vorbildliches Verhalten der Unternehmensleitung und der Führungskräfte. Das sog. **Compliance Commitment** sollte die Akzeptanz der Stakeholder für Sinn und Zweck der Compliance-Maßnahmen und deren Umsetzung gewinnen. Da eine lückenlose und umfassende Regelung sämtlicher Compliance-Themen unmöglich ist, empfiehlt sich die Fundierung der Compliance-Maßnahmen durch ein begleitendes Werte- und Integritätsmanagement. Dies ermöglicht eine Vermeidung von Normverletzungen bei Regelungslücken, in Zweifelsfällen und bei sog. „Graubereichen". Die Vermittlung der mit den Compliance-Maßnahmen verbundenen Werte fungiert so als Kompass, der in Zweifelsfällen zumindest auf eine Klärung durch den Compliance Officer verweist. Ebenso wichtig für die Glaubwürdigkeit des Compliance Managements ist allerdings die kompromisslose und angemessene Sanktionierung von Regelverletzungen, die keinesfalls als „Kavaliersdelikte", als „nützliche Pflichtverletzungen" oder in sonstiger Weise toleriert werden dürfen.

105 Neben dem Schutz des Unternehmens, seiner Leitungsorgane und seiner Stakeholder dient ein wirksames Compliance Management auch der Sicherung bzw. Verbesserung der Reputation, insbesondere vor dem Hintergrund höherer Erwartungen der Stakeholder und der Öffentlichkeit an ein regelkonformes und verantwortungsvolles Auftreten.

106 Reputationsthemen stehen auch im Fokus aktueller Diskussionen der Corporate Social Responsibility (CSR), die sich in verschiedenen Ausprägungen aus dem Bereich freiwilliger Selbstverpflichtung hin zu verbindlichen Rechtspflichten entwickelt. Aber auch unabhängig von diesem Trend zu einer Art „CSR-Compliance" kann die Missachtung wachsender normativer Erwartungen an verantwortungsvolle Unternehmensführung ebenso zu Reputationseinbußen und Imageverlust führen wie die Missachtung rechtlicher Vorgaben.

Dies spricht für eine stärkere Verknüpfung von Compliance- und Reputationsmanagement.

Wie aktuelle Beispiele wie etwa die im **Nachhaltigen Aktionsplans (NAP)** for-   **107**
mulierten Erwartungen der Bundesregierung an verantwortliches Handeln von
Unternehmen und die damit verbundene Diskussion um ein sog. Lieferkettenge-
setz,[367] zeigen, sollte die Unternehmensleitung das Geschäftsmodell und die Unternehmensstrategie im Interesse eines nachhaltigen Compliance Managements
regelmäßig nicht allein auf Compliance-Risiken, sondern auch auf ethisch zweifelhafte Gestaltungen hin überprüfen.

Für den langfristigen und nachhaltigen Erfolg von Compliance Management ist   **108**
anzuraten, das Thema Compliance als Grundlage erfolgreicher Geschäftstätigkeit („business enabler") zu vermitteln. Compliance-Aspekte und daraus folgende rechtlich gesicherte Handlungsoptionen müssen daher von Anfang an bei
Entwicklung und Ausbau von Geschäftsmodellen berücksichtigt werden.

---

367 Siehe oben unter Rn. 15.

2. Kapitel
Compliance Management und Strafrecht

I. Einführung in die Criminal Compliance

Die Notwendigkeit sowie die rechtliche Verpflichtung zur Installation eines   1
Compliance Managements entstammt zumindest ursprünglich nicht der Sorge
um die strafrechtliche Gesetzmäßigkeit des unternehmerischen Handelns bzw.
der Sorge um die Wirkung strafrechtlicher Verfehlungen auf das Unternehmen.
In der „Vor-Compliance-Zeit" (bis 1998)[1] bestand vielmehr ein Zielkonflikt zwischen einer Verpflichtung zu ethischem und damit auch einem strafrechtskonfor-
men Handeln auf der einen Seite sowie der Verpflichtung zur Ertragsoptimie-
rung im Sinne des Shareholder-Value-Gedankens auf der anderen Seite. Hier
konnte sogar eine strafrechtliche Grenzüberschreitung als opportun bzw. jedenfalls hinnehmbar in eine Kosten-Nutzen-Abwägung Eingang finden. Je weniger
„ehrenrührig" die strafrechtliche Grenzüberschreitung in den relevanten Krei-
sen, so etwa der sog. „Deutschland AG", erschien und je geringer das Entdeckungsrisiko war, desto eher ist ein solches Risiko durch die Unternehmensverantwortlichen in Kauf genommen worden, wenngleich auch seinerzeit bereits
penibel darauf geachtet wurde, dass im Falle der Entdeckung eine Verstrickung
nicht bis in den Vorstand oder ggf. sogar den Aufsichtsrat nachgewiesen werden
konnte.

Gerade im Bereich der heutigen Kern-Compliance-Risiken, etwa der Korrup-   2
tion, der Untreue, der Steuerhinterziehung sowie der Verstöße gegen das Kartell-
oder auch Datenschutzrecht, sah die Welt noch völlig anders aus. Bis 1998 waren
die Tatbestände der Inlands-Korruption ein relativ stumpfes Schwert, bei der
Vorteilsgewährung musste die Justiz den Abschluss einer konkreten Unrechtsvereinbarung nachweisen und die Anforderungen der Rechtsprechung waren
hoch, die Auslands-Korruption war schlichtweg in Deutschland noch gar nicht
strafbar. Im Gegenteil, der Staat hat die Auslands-Korruption deutscher Unternehmen vielmehr als mögliches Akquisitionsinstrument angesehen und den Einsatz der dafür erforderlichen Mittel, die sog. „nützlichen Aufwendungen" (NA),
steuerlich sogar als Betriebsausgaben anerkannt.

In diesem Umfeld hat der Gesetzgeber dann im Jahre 1998 durch das Gesetz zur   3
Kontrolle und Transparenz im Unternehmensbereich (KonTraG)[2] die für die
Compliance als grundlegend angesehene Norm des § 91 Abs. 2 AktG eingeführt,
nach der der Vorstand der Aktiengesellschaft *„geeignete Maßnahmen"* zu treffen, *„insbesondere ein Überwachungssystem einzurichten"* hat, mit dessen Hilfe
„den Fortbestand der Gesellschaft gefährdende Entwicklungen früh erkannt"

---

1 Erlass des Gesetzes zur Kontrolle und Transparenz im Unternehmensbereich (KonTraG) v.
  27.4.1998, hierzu später ausführlicher.
2 KonTraG, Gesetz v. 27.4.1998, BGBl. I 1998, 786.

werden können. Ein solches Überwachungssystem war bereits von seinem Wortlaut her seinerzeit nur zur Früherkennung *betriebswirtschaftlich* existenzgefährdender Risiken bestimmt. Dass sich innerhalb weniger Jahre die Erkenntnis durchsetzen sollte, dass auch strafrechtliche Compliance-Risiken ein existenzgefährdendes Ausmaß für das Unternehmen annehmen könnten, war damals kaum absehbar.

4   In den Jahren ab 1998 hat der Gesetzgeber jedoch insbesondere im Strafrecht einen dramatischen Kurswechsel vollzogen, der heute an dem Erfordernis einer insbesondere strafrechtsbasierten Compliance keinen Zweifel mehr lässt.

5   Nachdem die bis dato unzureichende Korruptionsbekämpfung im Jahr 1996 Gegenstand des 61. Deutschen Juristentages war, und obwohl die geplanten Maßnahmen dort in hohem Maße umstritten waren, schaffte der Gesetzgeber mit dem Gesetz zur Bekämpfung der Korruption vom 13.8.1997 (KorrBekG)[3] zunächst einschneidende **Verschärfungen im Korruptionsstrafrecht**, mit welchen die bis dato bestehenden Lücken geschlossen und Verfolgungsprobleme beseitigt werden sollten. Neben einer deutlichen Verschärfung der Strafandrohung für die Korruptionsdelikte des Kernstrafrechts waren die Kernpunkte der Veränderung die Erfassung des sog. „Drittvorteils", also die Strafbarkeit der Zuwendung an einen dem Amtsträger nahestehenden Dritten, sowie die bis heute umstrittene und nachwirkende Lockerung der sog. „Unrechtsvereinbarung", mithin der inhaltlichen Verknüpfung von Dienstausübung und Vorteilszuwendung. Schließlich ist der Abschnitt „Straftaten gegen den Wettbewerb" in das StGB aufgenommen worden, der nicht nur den neu gefassten Straftatbestand des § 298 StGB (wettbewerbsbeschränkende Absprachen bei Ausschreibungen), den ehemaligen „Submissionsbetrug", umfasst, sondern insbesondere auch die aus dem Nebenstrafrecht (UWG) stammenden Delikte der Nicht-Amtsträger-Bestechung (ugs. Privat-Korruption), der Bestechlichkeit und **Bestechung im geschäftlichen Verkehr** neu gefasst und in das StGB eingefügt hat (§§ 299, 300 StGB). Zwar enthielt § 12 UWG bis dato eine vergleichbare Strafvorschrift, diese war jedoch gem. § 22 UWG a. F. als absolutes Antragsdelikt ausgestaltet und führte dieserhalb eher ein Schattendasein im UWG. Seit der Aufwertung dieses Tatbestandes durch Aufnahme in das Kernstrafrecht erfreut sich insbesondere die Regelung des § 299 StGB, also der Bestechlichkeit und Bestechung im geschäftlichen Verkehr, einer stark zunehmenden Beliebtheit bei den Ermittlungsbehörden. Durch ein weiteres Gesetz zur Bekämpfung der Korruption[4] mit Wirkung ab dem 26.11.2015 hat der Gesetzgeber die Vorschrift des § 299 StGB noch einmal erweitert und das sog. Geschäftsherrenmodell in den Tatbestand aufgenommen. Strafbar soll nunmehr auch derjenige sein, der einen Vorteil als Gegenleistung dafür annimmt, dass er bei dem Bezug von Waren oder Dienstleistungen schlichtweg *„seine Pflichten gegenüber dem Unternehmen verletzt"*. Ziel der durchaus unbestimmten Neuregelung soll, so der Gesetzgeber, ein er-

---

3 KorrBekG, Gesetz v. 13.8.1997, BGBl. I 1997, 2038.
4 Gesetz zur Bekämpfung der Korruption v. 20.11.2015, BGBl. I 2015, 2025.

weiterter „*Schutz der Interessen des Geschäftsherrn an der loyalen und unbeeinflussten Erfüllung der Pflichten durch seine Angestellten und Beauftragten*" sein. Zu befürchten ist jedoch, dass hier mittelfristig auch die Verletzung selbstgesetzter Compliance-Vorgaben des Unternehmens u. U. sogar als strafbarkeitsbegründend angesehen wird.

Sodann hat der Gesetzgeber weitere Spezialtatbestände im Bereich der Korruption neu geschaffen bzw. reformiert. Im Jahr 2014 hat der Gesetzgeber nach über 11 Jahren internationalen Drucks den Tatbestand der **Abgeordnetenbestechung** (§ 108e StGB) reformiert und an die Anforderungen der UN-Konvention angepasst.[5] Die Neuregelung des § 108e StGB erfasst nunmehr unter dem Titel „Bestechlichkeit und Bestechung von Mandatsträgern" nicht nur Bundestags- und Landtagsabgeordnete, sondern auch kommunale Mandatsträger. **6**

Im Jahre 2016 hat der Gesetzgeber durch das umstrittene Gesetz zur Bekämpfung von Korruption im Gesundheitswesen vom 14.4.2016[6] zwei neue Korruptionsvorschriften für die Akteure im Gesundheitswesen erlassen. Die neuen Straftatbestände § 299a StGB (Bestechlichkeit im Gesundheitswesen) und § 299b StGB (Bestechung im Gesundheitswesen) sind der Struktur des § 299 StGB (Bestechlichkeit und Bestechung im geschäftlichen Verkehr) nachgebildet. **7**

Auch international ist seit Jahren – unter dem starken Einfluss der US-amerikanischen Regierung – eine Verstärkung und **Internationalisierung der Korruptionsbekämpfung** zu verzeichnen.[7] In den USA hat die Korruptionsbekämpfung auch im Rahmen der Auslandsaktivitäten US-amerikanischer Unternehmen bereits eine längere Tradition. Das Auslandsbestechungsgesetz (FCPA) verbietet bereits seit den späten 70er Jahren Zahlungen und Geschenke an ausländische staatliche Amtsträger, die den Zweck haben, einen Geschäftsabschluss zu befördern oder eine Geschäftsbeziehung aufrechtzuerhalten.[8] Auf Basis des OECD-Übereinkommens über die Bekämpfung der Bestechung ausländischer Amtsträger im internationalen Geschäftsbereich vom 17.12.1997 hat dann auch der deutsche Gesetzgeber die internationalen Vorgaben zur Erweiterung der Anwendbarkeit der Korruptionsvorschriften auf den internationalen Bereich umgesetzt und das Gesetz zur Bekämpfung internationaler Bestechung (IntBestG) verabschiedet.[9] Durch das IntBestG wurden zahlreiche ausländische Amtsträger (und Rich- **8**

---

5 48. Strafrechtsänderungsgesetz vom 23.4.2014, BGBl. I 2014, 410 (Geltung ab dem 1.9.2014).

6 BGBl. I 2016, 1254; in Kraft seit dem 4.6.2016; vgl. BT-Drucks. 18/6446; Beschluss des Bundesrates v. 13.5.2016, BR-Drucks. 181/16.

7 Weiterführend: *Böttger*, Wirtschaftsstrafrecht in der Praxis, 2. Aufl. 2015, Kap. 5 Rn. 13 m. w. N.

8 Foreign Corrupt Practices Act (FCPA) von 1977, Title 15 U.S.C. §§ 78dd-1 ff.; vgl. hierzu ausführlich: *Rübenstahl*, Der Foreign Corrupt Practices Act (FCPA) der USA, NZWiSt 2012, 401.

9 Gesetz zur Bekämpfung internationaler Bestechung, BGBl. II, 2327; III, 450-28, in Kraft getreten am 15.2.1999.

ter) unter bestimmten Voraussetzungen den inländischen Amtsträgern gleichgesetzt, darüber hinaus wurde das deutsche Strafrecht unabhängig vom Recht des Tatortes für die Bestechung ausländischer Amtsträger und Abgeordneter im internationalen Geschäftsverkehr für anwendbar erklärt (§ 5 StGB). In Umsetzung des EU-Bestechungsübereinkommens hat der Gesetzgeber mit Schaffung des EU-Bestechungsgesetzes (EUBestG)[10] fast zeitgleich die Anwendbarkeit des Amtsträgerbegriffes auch auf die Amtsträger von EU-Mitgliedstaaten sowie auf bestimmte Gemeinschaftsbeamte sowie die Mitglieder der Kommission und des Rechnungshofes der europäischen Gemeinschaften ausgeweitet. Des Verweises auf die Vorschriften des IntBestG sowie des EuBestG bedarf es seit November 2015 nicht mehr, da diese zwischenzeitlich – jedenfalls zum größten Teil – in das StGB (§§ 11 Abs. 1 Nr. 2a, 331 ff., 335a StGB) übernommen wurden.[11] Auch die Auslandskorruption ist damit zwischenzeitlich fester Bestandteil des Kernstrafrechts geworden.

9 Der Wille, Korruption ernsthaft zu verfolgen, wenngleich diese bis dato von deutschen Unternehmen – jedenfalls im Ausland – als kaum verzichtbares Akquisitionsinstrument angesehen wurde, hat sich dann schließlich auch nicht nur darin niedergeschlagen, dass der Gesetzgeber die steuerliche Absetzbarkeit von im Ausland gezahlten Bestechungsgeldern abgeschafft, sondern er auch diverse faktische Maßnahmen zur Verbesserung der Korruptionsbekämpfung umgesetzt hat. So wurden nicht nur „**Schwerpunktstaatsanwaltschaften zur Korruptionsbekämpfung**" eingesetzt, die ihr Handwerk wirklich verstehen, sondern auch etwa Hinweisgebersysteme bei den Landeskriminalämtern sowie in einigen Ländern auch **Korruptionsregister** eingeführt. Auf Bundesebene ist die Einführung eines (bundesweiten) Korruptionsregisters zur Vorbereitung von Vergabeentscheidungen, trotz einer seit Jahren andauernden Diskussion, jedoch immer wieder gescheitert. In einzelnen Bundesländern gibt es jedoch solche „Korruptionsregister" oder „Vergaberegister" teilweise auf Erlassbasis, teilweise auf gesetzlicher Basis, so etwa in NRW bei der Informationsstelle für Vergabeausschlüsse NRW, die beim Finanzministerium NRW geführt wird.[12]

10 Gab es dieses umfassende strafrechtliche Normengeflecht zwar schon länger, so hat der Gesetzgeber den Ermittlungsbehörden jedoch darüber hinaus zwischenzeitlich ein **Ermittlungsinstrumentarium** an die Hand gegeben, das es ihnen nicht nur ermöglicht, die Einhaltung dieser Vorschriften effektiv zu kontrollieren, sondern auch bei dem Unternehmen als solchem die „Daumenschrauben" derart anzuziehen, dass das Unternehmen selbst ein überragendes Interesse an

---

10 Gesetz zu dem Protokoll vom 27.9.1996 zum Übereinkommen über den Schutz der finanziellen Interessen der europäischen Gemeinschaften (EUBestG, BGBl. II 1998, 2340, in Kraft getreten am 22.9.1998).

11 Gesetz zur Bekämpfung der Korruption v. 20.11.2015, BGBl. I 2015, 2025.

12 Gesetz zur Verbesserung der Korruptionsbekämpfung und zur Errichtung und Führung eines Vergaberegisters in Nordrhein-Westfalen (KorruptionsbG NRW) vom 16.12.2004, GV NRW 2005, 8, i. d. F. des ÄndG v. 19.12.2013, GV NRW 2013, 875 ff.

der Verhinderung derartiger Straftaten, mithin an Compliance, hat. In der Praxis werden Beweisschwierigkeiten nicht nur zunehmend mittels einer systematischen Auswertung des gesamten Datenbestandes des Unternehmens, insbesondere der E-Mails, sondern auch mit dem Instrument der Telekommunikationsüberwachung überwunden. Durch zahlreiche gesetzliche Änderungen wurde die einst dem Bereich der Schwerkriminalität vorbehaltene Telekommunikationsüberwachung auf Bereiche der (vermeintlichen) Wirtschaftskriminalität erstreckt, so insbesondere auf die Tatbestände der Bestechlichkeit und Bestechung, der (schweren) Angestelltenbestechlichkeit und -bestechung sowie neuerdings auch auf den Tatbestand der Bestechung von Mandatsträgern.

Beschränkte sich die Strafverfolgung noch vor einigen Jahren fast ausschließlich   **11** auf die Überführung der verantwortlichen Straftäter, so hat sich auch dieses Bild zwischenzeitlich fast um 180° gedreht. Regelmäßig begnügen sich Staatsanwaltschaften nicht mehr mit dem verantwortlichen Mitarbeiter des Unternehmens; regelmäßig versuchen die Staatsanwaltschaften von Anfang an, eine **Verantwortlichkeit der Unternehmensleitung** nachzuweisen, um dann dort – mit dem Ziel der Generalprävention – Schmerzen zu bereiten. So sehen sich die Staatsanwälte der Schwerpunktstaatsanwaltschaften als „Großwildjäger", die weniger an dem einzelnen Vertriebsmitarbeiter als vielmehr dem Geschäftsführer oder dem Vorstand selbst interessiert sind. Da die staatsanwaltschaftliche Erfahrung zu zeigen scheint, dass die Verantwortlichkeiten regelmäßig in der Unternehmensleitung zusammenlaufen, wird zielorientiert auf die Feststellung entweder positiver Kenntnis der Unternehmensleitung oder jedenfalls eines sog. „Organisationsverschuldens" hingearbeitet.

Aber auch die Feststellung individueller strafrechtlicher Verantwortlichkeit bei   **12** der Unternehmensleitung reicht den Schwerpunktstaatsanwaltschaften häufig nicht mehr aus. Ziel der Ermittlungsbehörden – dies wird teilweise unverhohlen zugegeben – ist es, das Unternehmen dort zu treffen, wo es „weh tut", nämlich im finanziellen Bereich. Als Unternehmensvertreter kann man sich häufig des Eindrucks nicht erwehren, dass durchaus auch profiskalische Aspekte hinter einer dahingehenden Forcierung stehen. Teilweise scheint die Ahndung individuellen Verschuldens in den Hintergrund zu treten neben der Absicht, Erträge (häufig) in Millionenhöhe im Wege der Einziehung oder über Unternehmensgeldbußen abzuschöpfen. Da derartige (Millionen-)Erträge dem jeweiligen Landeshaushalt zufließen, entsteht der Eindruck, dass die Staatsanwaltschaften mit teilweise abenteuerlichen Begründungen versuchen, eine dahingehende Kompetenz zu begründen, wo sie vor Jahren noch versucht hätten, entsprechende Zuständigkeiten von sich zu weisen.

Diese profiskalischen Perspektiven eröffnen sich den Staatsanwaltschaften durch   **13** die Instrumente der Einziehung von Taterträgen gemäß § 73 StGB sowie der **Unternehmensgeldbuße gemäß § 30 OWiG**, die auch im Strafverfahren – neben der persönlichen Schuldfeststellung – Anwendung findet. Kann gem. § 30 Abs. 2 OWiG gegen das Unternehmen bereits eine Geldbuße von bis zu 10 Mio. EUR verhängt werden, so erhöht sich diese bei Vorliegen eines abschöpfungsfähigen Erlöses, der aus der Straftat generiert wurde, gem. § 17 Abs. 4 OWiG schnell auf einen mehrstelligen Millionenbetrag. So hat etwa die Staatsanwaltschaft München I in der causa Siemens bereits mit Bußgeldbescheid vom 15.12.2008 den Abschöpfungsanteil alleine auf einen Betrag i. H.v. 394.750.000,00 EUR festgesetzt und um einen Ahndungsanteil i. H.v. 250.000,00 EUR erhöht, mithin alleine in diesem Verfahren eine Geldbuße in Höhe von 395 Mio. EUR festgesetzt.[13] Zuvor hatte bereits das LG München I gegen die Siemens AG eine Geldbuße in Höhe von 201 Mio. EUR verhängt. In der sog. „Diesel-Affäre" hat die Staatsanwaltschaft Braunschweig gegen die Volkswagen AG unter dem 13.6.2018 einen Bußgeldbescheid über eine Verbandsgeldbuße in Höhe von 1 Mrd. EUR erlassen. Das gegen die Volkswagen AG festgesetzte Bußgeld umfasste dabei einen sanktionierenden Teil in Höhe von 5 Mio. und einen vermögensabschöpfenden Teil in Höhe von 995 Mio. EUR. Weitere Verbandsgeldbußen im dreistelligen Millionenbereich sind zwischenzeitlich etwa gegen die Audi AG, die Porsche AG sowie die Daimler AG erlassen worden.

14 Aber auch die **Kartellgeldbußen** des Bundeskartellamtes erreichen über das Institut der sog. Mehrerlösgeldbuße gem. § 81 Abs. 4, 5 GWB i.V.m. § 17 Abs. 4 OWiG schnell dreistellige Millionenbeträge. So hat das Bundeskartellamt etwa im Jahre 2014 gegen ein Mitglied des sog. Zuckerkartells eine Einzelgeldbuße in Höhe von 195,5 Mio. EUR verhängt. Die bis dato höchste Einzelkartellgeldbuße des Bundeskartellamtes – 251,5 Mio. EUR – wurde im sog. Grauzementkartell verhängt und vom OLG Düsseldorf sowie dem Bundesgerichtshof später auf 169,9 Mio. EUR bzw. 161,4 Mio. EUR reduziert.[14]

15 Bei der Sanktionierung von Unternehmen ist der Gesetzgeber jedoch entschlossen, noch einen Schritt weiterzugehen. Unter dem 16.6.2020 hat die Bundesregierung den Entwurf eines „Gesetzes zur Sanktionierung von verbandsbezogenen Straftaten", das sog. Verbandssanktionengesetz" (VerSanG), veröffentlicht und diesen dem Bundesrat unter dem 7.8.2020 zur Stellungnahme vorgelegt. Durch dieses Gesetzesvorhaben wird der Weg zu einem „Unternehmensstrafrecht" beschritten, die Unternehmen (und sonstigen „Verbände") sollen zukünftig einer eigenständigen Sanktionierung unterliegen. Da Unternehmen jedoch nicht schuldhaft handeln können, spricht man von Unternehmens- bzw. Verbandssanktionen und nicht von „Strafen", die Wirkung ist jedoch die Gleiche. Der Begriff des „Verbandes" bestimmt den Kreis der tauglichen Adressaten der Sanktion und deckt sich inhaltlich mit der Regelung des § 30 OWiG, wobei klargestellt wird, dass auch juristische Personen des öffentlichen Rechts grundsätzlich sanktionsfähige Verbände sind. Geahndet werden sollen auf diesem Wege sog. „Verbandstaten", also Straftaten, durch die Pflichten, die den Verband tref-

---

13 Die Staatsanwaltschaft hat ihre Zuständigkeit hierbei aus der Ausnahmevorschrift des § 42 OWiG i.V.m. Nr. 277 RiStBV abgeleitet.

14 Vgl. BGH, Beschl. v. 26.2.2013, KRB 20/12.

fen, verletzt worden sind oder durch die der Verband bereichert worden ist oder werden sollte.

Als mögliche Sanktionen sieht das Gesetz die „Verbandsgeldsanktion" sowie **16** die „Verwarnung mit Verbandsgeldsanktionsvorbehalt" vor. Die Verbandsgeldsanktion soll ausweislich des Entwurfes bei einer vorsätzlichen Verbandstat bis zu 10 Mio. EUR betragen dürfen, bei einer fahrlässigen Verbandstat bis zu 5 Mio. EUR. Bei einem Verband mit einem durchschnittlichen Jahresumsatz von mehr als 100 Mio. EUR soll die Verbandsgeldsanktion hiervon abweichend sogar bis zu 10 % des durchschnittlichen Jahresumsatzes des betroffenen Unternehmens betragen können. Im Falle einer großen Zahl von Geschädigten soll das Gericht neben der Verbandssanktion zur Information der Geschädigten zudem die öffentliche Bekanntmachung der Verurteilung des Verbandes anordnen können (das sog. „naming and shaming").

Gleichzeitig zielt der Gesetzgeber mit dem Verbandssanktionengesetz jedoch **17** auch auf eine Förderung und Institutionalisierung der unternehmensinternen Compliance ab. So sind nicht nur bei der Bemessung der Sanktion das „*Bemühen des Verbandes, die Verbandstat aufzudecken*" und „*nach der Verbandstat getroffene Vorkehrungen zur Vermeidung und Aufdeckung von Verbandstaten*" sanktionsmildernd zu berücksichtigen, dem Verband kann sogar die „*Weisung*" erteilt werden, „*bestimmte Vorkehrungen zur Vermeidung von Verbandstaten zu treffen*", mithin geeignete Compliance-Strukturen zu schaffen. In den Genuss der ausgelobten Milderung bei der Aufklärung der Verbandstat durch **Internal Investigations**, sog. „verbandsinternen Untersuchungen", soll der Verband nur kommen, wenn die Untersuchungen „*in Übereinstimmung mit den geltenden Gesetzen*" durchgeführt worden sind. Hier hat sich der Gesetzgeber bemüht, einen Rechtsrahmen für die verbandsinternen Untersuchungen vorzugeben, der jedoch im Detail sehr umstritten ist. So muss der Verband nicht nur „*wesentlich*" dazu beigetragen haben, dass die Verbandstat aufgeklärt werden konnte, sondern auch etwa „*ununterbrochen und uneingeschränkt mit den Verfolgungsbehörden zusammenarbeiten*", und das Ergebnis der verbandsinternen Untersuchung einschließlich aller für die verbandsinterne Untersuchung wesentlichen Dokumente sowie den Abschlussberichts zur Verfügung stellen. Aufgrund einer Änderung der StPO soll darüber hinaus der Beschlagnahmeschutz der im Rahmen der verbandsinternen Untersuchungen angefallenen Dokumente und work products entfallen.[15]

Neben dem aufgezeigten straf- und ordnungsrechtlichen Instrumentarium **18** beherrschen die Schwerpunktstaatsanwaltschaften auch die Klaviatur der Generierung medialer **(Presse-)Öffentlichkeit**. Insbesondere für die betroffenen Unternehmen in hohem Maße etikettierende Durchsuchungs- und Beschlagnahmeaktionen sorgen für eine mediale Aufmerksamkeit und Berichterstattung, die

---

15 Eine umfassendere Darstellung der Details und Probleme des neuen Verbandssanktionenrechts würde den Rahmen dieses Beitrages sprengen. Insoweit ist auf die entsprechende Spezialliteratur zu verweisen.

den Verdacht im Bewusstsein der Öffentlichkeit als Tatsache zementiert. In der auflageorientierten Presselandschaft wird der möglicherweise auf dünner Tatsachenbasis angenommene Anfangsverdacht zum Skandal hochgestuft, wodurch weiterer Druck auf das Unternehmen entsteht, den Schaden durch eine „Kooperation" mit der Staatsanwaltschaft und möglicherweise durch eine interne Aufklärung zu reduzieren. Versucht das Unternehmen, sich gegen einen bestehenden Anfangsverdacht zu wehren, so ist die Staatsanwaltschaft durchaus in der Lage, offiziell oder inoffiziell die nächste Eskalationsstufe durch Herstellung weiterer Presseöffentlichkeit herbeizuführen. Häufig wird so der einmal angenommene Anfangsverdacht einer Straftat durch die Instrumentarien und die publizistischen Begleitumstände zu einer Art „self fulfilling prophecy", mithin zu einer Abwärtsspirale, der sich das Unternehmen kaum noch entziehen kann.

19 Doch selbst, wenn es im Einzelfall nicht zu einer Einziehungoder der Verhängung einer existenzbedrohenden Verbandsgeldbuße[16] kommt, sind auch die strafrechtlichen Nebenfolgen, etwa das sog. blacklisting, nicht außer Acht zu lassen. Eintragungen in bestehende Vergabe- bzw. Korruptionsregister können zu schmerzhaften Vergabeausschlüssen, Eintragungen etwa in das Gewerbezentralregister können zum Entfall der Zuverlässigkeit des Unternehmens und damit zum Entfall zahlreicher Vergünstigungen im amtlichen Verkehr führen.

20 Der Einsatz dieser rechtlichen sowie faktischen Instrumentarien, die der Strafjustiz gegen das betroffene Unternehmen zur Verfügung stehen, sowie die erheblichen Konsequenzen, die sowohl das Unternehmen als auch seine Verantwortlichen treffen können, und der erklärte Wille zur rücksichtslosen Anwendung lassen ein Strafverfahren – jedenfalls wegen erheblicher Vorwürfe – schnell zu einem pekuniären und publizistischen GAU für ein Unternehmen werden. Genau hier zeigt sich, dies war auch durchaus Absicht des Gesetzgebers, dass der Einsatz strafrechtlich-relevanter Methoden im Interesse der Gewinnmaximierung keine Option mehr darstellt. Gewinnstreben und ethisches Verhalten stehen damit nicht mehr in einem Zielkonflikt. Dass sich die Erkenntnis durchgesetzt hat, dass auch strafrechtliche Risiken für das Unternehmen ein existenzgefährdendes Ausmaß annehmen können, ist daher weniger dem Gedanken der Unternehmensethik oder der Corporate Social Responsibility, denn vielmehr einem dramatischen Kurswechsel des Gesetzgebers im Strafrecht hin zu einem Unternehmenssanktionenrecht geschuldet. Die Vermeidung strafrechtlich relevanter Verhaltensweisen im (vermeintlichen) Unternehmensinteresse muss damit erklärtes Ziel des Unternehmers sein; Mittel zur Umsetzung dieses Zieles ist ein (auch) strafrechtlich basiertes Compliance Management.

---

16 Bzw. nach Inkrafttreten des VerSanG einer „Verbandsgeldsanktion".

Strafrechtliche Compliance-Risiken für das Unternehmen im Überblick   **21**

– Strafbarkeit der Unternehmensverantwortlichen und deren Inhabilität;
– Anordnung der Verfahrensbeteiligung gem. §§ 424, 444 StPO;
– Einziehung von Taterträgen gem. §§ 73 StGB, 29a OWiG;
– Verbandsgeldbuße gem. §§ 30 OWiG, 81 Abs. 4 Satz 2 GWB;
– Mehrerlösabschöpfung gem. §§ 30 Abs. 3, 17 Abs. 4 OWiG; 81 Abs. 4 GWB;
– Verbandsgeldsanktion gem. § 8 Nr. 1 VerSanG[17];
– Eintragung in Wettbewerbs- bzw. Korruptionsregister (Vergabesperren);
– Eintragung in das Gewerbezentralregister (Entfall der Zuverlässigkeit);
– Eintragung in das Verbandssanktionenregister[18];
– Sonstiges „blacklisting" (BaFin, Weltbank etc.);
– Faktische Beeinträchtigungen der Unternehmensabläufe (Durchsuchung, Beschlagnahme etc.);
– Mediale Berichterstattung/Ad-hoc-Publizität (Reduktion des Börsenwertes).

II. Strafrechtliche Grundlagen der Compliance-Verpflichtung

Verbindliche gesetzliche Vorschriften zur Implementierung eines Compliance-   **22**
Systems bzw. zur Durchführung auch nur einzelner Compliance-Maßnahmen kennt das deutsche Recht – außer in einigen wenigen Spezialbereichen – bislang nicht.[19] Konkrete Vorgaben finden sich etwa im Bereich des Kapitalmarktes. Neben § 33 WpHG, der allgemeine Organisationspflichten für Wertpapierdienstleistungsunternehmen normiert, und der durch die Richtlinie zur Konkretisierung der Organisationspflichten von Wertpapierdienstleistungsunternehmen gem. § 33 WpHG[20] sowie etwa die Wertpapierdienstleistungs-, Verhaltens- und Organisationsverordnung (WpDVerOV)[21] konkretisiert wird, finden sich konkrete Compliance-Vorgaben etwa in § 25a KWG, wonach das erforderliche *„angemessene und wirksame Risikomanagement"* eines Kreditinstitutes unter anderem *„die Einrichtung interner Kontrollverfahren mit einem internen Kontrollsystem und einer internen Revision"* einschließlich einer *„Compliance-*

---

17 Nach Inkrafttreten des VerSanG. Zum Zeitpunkt der Drucklegung befand sich das VerSanG noch im Entwurfsstadium.
18 Wie vor.
19 *Ohrtmann*, in: Bungenberg/Dutz/Krebs/Zimmermann, Corporate Compliance und Corporate Social Responsibility, 2014, 185, 187; *Vogelsang/Nahrstedt/Fuhrmann*, CCZ 2014, 181, 185.
20 Richtlinie zur Konkretisierung der Organisationspflichten von Wertpapierdienstleistungsunternehmen gem. § 33 Abs. 1 WpHG v. 25.10.1999, BAnz Nr. 210, 18453.
21 Verordnung zur Konkretisierung der Verhaltensregeln und Organisationsanforderungen für Wertpapierdienstleistungsunternehmen (Wertpapierdienstleistungs-Verhaltens- und Organisationsverordnung – WpDVerOV) vom 20.7.2007 (BGBl. I, 1432).

Funktion" zu umfassen hat.[22] Weitere sektoral geregelte konkrete Compliance-Verpflichtungen existieren beispielsweise im Bereich des Arzneimittelrechts, hier bei der sog. Pharmakovigilanz, also der laufenden und systematischen Überwachung der Sicherheit von Fertigarzneimitteln. So verpflichtet etwa § 63 b Abs. 2 Nr. 4 des Arzneimittelgesetzes (AMG) den Inhaber der Zulassung eines Arzneimittels, das zur Anwendung bei Menschen bestimmt ist, *„ein Risikomanagement-System für jedes einzelne Arzneimittel zu betreiben"* und die von diesen Arzneimitteln ausgehenden Gefahren detailliert zu überwachen.

23 Eine unmittelbare Verpflichtung zur Compliance ergibt sich auch nicht aus dem neuen **Verbandssanktionenrecht.** Das Gesetz erkennt zwar die Relevanz eines Compliance-Management-Systems an, insbesondere kann sich die Existenz eines solchen sanktionsmindernd auswirken, es verpflichtet jedoch nicht konkret zur Einrichtung eines Compliance-Management-Systems.[23] Auch führt das Bestehen eines Compliance-Programms nicht unmittelbar zur Sanktionslosigkeit des Unternehmens. Compliance-Maßnahmen finden ausschließlich bei der Auswahl der Art und der Höhe einer Sanktion[24] sowie bei der Prüfung, ob die Voraussetzungen des Absehens von der Verfolgung vorliegen,[25] Berücksichtigung. Nach dem neuen Verbandssanktionenrecht kann das Gericht den Verband jedoch anweisen, bestimmte Vorkehrungen zur zukünftigen Vermeidung von Verbandstaten zu treffen.[26] In Betracht kommen insoweit insbesondere Compliance-Maßnahmen, die zur Verbesserung der Prävention verbandsbezogener Straftaten beitragen sollen.

24 Eine – gar strafrechtlich basierte – Verpflichtung zur Compliance kann sich insoweit bestenfalls mittelbar aus der sog. Legalitätspflicht, der Pflicht des Unternehmens, geltende Vorschriften einzuhalten, ergeben. Compliance ist aber gerade nicht begrenzt auf die Einhaltung der gesetzlichen Vorschriften; Compliance bedeutet vielmehr weitergehend, dass Unternehmen, ihre Organe sowie die untergeordneten Mitarbeiter im Einklang nicht nur mit den geltenden Gesetzen, sondern auch mit unternehmensinternen Richtlinien, sonstigen Vorgaben sowie etwa vertraglich vereinbarten Verpflichtungen handeln.[27] Eine dahingehende

---

22 Präzisierung durch das BaFin-Rundschreiben 4/2010 (WA) – MaComp, „Mindestanforderungen an die Compliance-Funktion und die weiteren Verhaltens-, Organisations- und Transparenzpflichten nach §§ 31 ff. WpHG für Wertpapierdienstleistungsunternehmen" vom 7.6.2010, zuletzt geändert am 8.3.2017.

23 Gesetzesbegründung VerSanG-RefE v. 22.4.2020, Bl. 79. Zu den neuen Anreizen für Compliance-Maßnahmen vgl. *Schulz*, Kap. 1, Rn. 3, 82.

24 § 10 Abs. 1, § 15 Abs. 3 VerSang-RefE.

25 §§ 36, 37 VerSang-RefE.

26 § 13 VerSang-RefE.

27 Vgl. *Bock*, in: Rotsch, Wissenschaftliche und praktische Aspekte der nationalen und internationalen Compliance Diskussion, 2012, 63; *Heuking/von Coelln*, DÖV 2012, 827, 828; *Ohrtmann*, in: Bungenberg/Dutz/Krebs/Zimmermann, Corporate Compliance und Corporate Social Responsibility, 2014, 185, 187; *Stanitzek*, Die Bedeutung von Criminal Compliance für das Strafrecht bei der Bekämpfung von Wirtschaftskorruption, 2013, 29; *Stober*, DVBl. 2012, 391, 391 f.; *Knierim*, in: Wabnitz/Janovsky, Handbuch Wirtschafts- und Steuerstraf-

Begriffsbestimmung findet dann auch im Deutschen Corporate Governance Kodex (DCGK) Niederschlag, der Compliance gemäß A.I. Grundsatz 5 des Kodex definiert als die *„Einhaltung der gesetzlichen Bestimmungen und der internen Richtlinien".*[28] Der Betrieb eines Compliance-Management-Systems trägt dafür Sorge, dass Rechtsverstöße entweder gänzlich vermieden werden oder im Falle eines Verstoßes zumindest eine adäquate Reaktion des Unternehmens sichergestellt ist. Ziel des Betriebs eines Compliance-Management-Systems ist es insoweit, die – auch strafrechtliche – Haftung des Unternehmens und der Organe im Falle eines Regelverstoßes auszuschließen oder wenigstens die Konsequenzen zu verringern.[29] Neben dem Ziel der Enthaftung der Gesellschaft oder zumindest der Organe hat sich Compliance zwischenzeitlich aber auch als Wettbewerbsfaktor sowie als fester Bestandteil der Außendarstellung eines Unternehmens im Rahmen der sog. „Corporate Social Responsibility" als sog. „Good Corporate Citizen" etabliert.[30]

In der Rechtswissenschaft ist es daher immer noch streitig, ob sich aus den – wenigen – bestehenden gesetzlichen Vorgaben eine grundsätzliche Compliance-Verpflichtung für Unternehmen bzw. deren Organe erschließt. Der Begriff der Compliance greift in der Gesetzgebung erst langsam Raum, ausgehend, wie gesagt, von einzelnen sektoralen Regelungen, die sich aufgrund internationaler Verknüpfungen anglo-amerikanischen Vorgaben angenähert haben. Zur Begründung einer konkreten Compliance-Verpflichtung wird daher häufig auf strafrechtliche Normen zurückgegriffen, die das Unternehmen – jedenfalls mittlerweile – zumindest faktisch zwingen, compliant am Markt zu agieren, um die schmerzhaften strafrechtlichen Konsequenzen, die das Unternehmen treffen können und die durchaus auch ein existenzgefährdendes Ausmaß annehmen können, abzuwenden. **25**

Neben den unmittelbaren Folgen strafbaren Verhaltens aus dem Unternehmen heraus und den damit verbundenen persönlichen Konsequenzen für die Verantwortlichen des Unternehmens, also Geld- oder Freiheitsstrafe, der sog. Inhabilität sowie der Belastung des Unternehmens durch das Verfahren als solches und die mit der medialen Berichterstattung verbundenen Konsequenzen sind dies insbesondere die Instrumente der Einziehung gemäß §§ 73 ff. StGB sowie der Verbandsgeldbuße gemäß § 30 OWiG,[31] die auch im Strafverfahren Anwendung findet. Kann gem. § 30 Abs. 2 OWiG gegen das Unternehmen bereits eine Geldbuße von bis zu 10 Mio. EUR verhängt werden, so erhöht sich diese bei Vorlie- **26**

---

recht, 4. Aufl. 2014, 5. Kap. Rn. 5. Der Deutsche Corporate-Governance Kodex (DCGK) definiert unter A.I. Grundsatz 5 Compliance wie folgt: „Der Vorstand hat für die Einhaltung der gesetzlichen Bestimmungen und der internen Richtlinien zu sorgen und wirkt auf deren Beachtung durch die Konzernunternehmer hin (Compliance)."

28 Deutscher Corporate Governance Kodex i. d. F. v. 16.12.2019.

29 *Stanitzek*, Die Bedeutung von Criminal Compliance für das Strafrecht bei der Bekämpfung von Wirtschaftskorruption, 2013, 30.

30 Vgl. hierzu ausführlich: *Beisheim/Dopychai*, Kap. 15.

31 Bzw. der Verbandsgeldsanktion nach Inkrafttreten des VerSanG.

gen eines abschöpfungsfähigen Erlöses, der aus der Straftat generiert wurde, gem. § 17 Abs. 4 OWiG schnell auf einen mehrstelligen Millionenbetrag.[32] Auch etwaige Kartellgeldbußen des Bundeskartellamtes erreichen über das Institut der sog. Mehrerlösgeldbuße gem. § 81 Abs. 4, 5 GWB i.V.m. § 17 Abs. 4 OWiG schnell dreistellige Millionenbeträge. Über das Institut der Einziehunggem. § 73 Abs. 1 StGB besteht die Möglichkeit der Abschöpfung illegal erworbener Vermögenswerte, womit dem (Unternehmen als) Täter der wirtschaftliche Anreiz zur Tatbegehung genommen werden soll, ihm sollen keine vermögenswerten Vorteile aus der Tat verbleiben.[33]

27 In diesem Zusammenhang honoriert die Rechtsprechung jedoch ausdrücklich auch die Existenz eines Compliance-Management-Systems. Ausweislich der Rechtsprechung des Bundesgerichtshofs ist für die Bemessung der Verbandsgeldbuße gem. §§ 30 Abs. 3, § 17 Abs. 4 Satz 1 OWiG von Bedeutung, inwieweit ein Unternehmen seiner Pflicht, Rechtsverletzungen aus der Sphäre des Unternehmens zu unterbinden, genügt und ein effizientes Compliance-Management-System installiert hat, das auf die Vermeidung von Rechtsverstößen ausgelegt ist. Dabei soll es auch eine Rolle spielen, ob das Unternehmen in der Folge eines Verfahrens entsprechende Regelungen optimiert und seine betriebsinternen Abläufe so gestaltet hat, dass vergleichbare Normverletzungen zukünftig verhindert oder jedenfalls deutlich erschwert werden.[34]

28 Als zentrale strafrechtliche Compliance-Norm wird vielfach § 130 OWiG angesehen.[35] § 130 Abs. 1 Satz 1 OWiG verpflichtet den Inhaber eines Betriebes oder Unternehmens, Aufsichtsmaßnahmen zu treffen, die erforderlich sind, um in dem Betrieb oder Unternehmen Zuwiderhandlungen gegen Pflichten zu verhindern, die den Inhaber treffen und deren Verletzung mit Strafe oder Geldbuße bedroht ist. Sofern der Inhaber vorsätzlich oder fahrlässig die gebotenen Aufsichtsmaßnahmen unterlässt und damit ermöglicht, dass eine Zuwiderhandlung aus dem Unternehmen heraus begangen wird, die durch die Aufsichtsmaßnahmen verhindert oder wesentlich erschwert worden wäre, handelt er ordnungswidrig. Als erforderliche Aufsichtsmaßnahme führt § 130 Abs. 1 Satz 2 OWiG beispielhaft die Bestellung, sorgfältige Auswahl und Überwachung von Aufsichtspersonen auf. Auch hier drohen durchaus existenzbedrohende Sanktionen. Eine derartige Ordnungswidrigkeit kann, wenn die Pflichtverletzung strafbar ist, gem. § 130 Abs. 3 OWiG mit einer Geldbuße von bis zu 1 Mio. EUR sowie im Ausnahmefall über den Verweis gem. § 130 Abs. 3, 30 Abs. 2 Satz 3 OWiG darüber hinaus geahndet werden. Die Ordnungswidrigkeit gem. § 130 OWiG ist zudem

---

32 Zur Verhängung von Verbandsgeldbußen in „Konzernsachverhalten" ausführlich: *Böttger*, Verbandsgeldbuße (§ 30 OWiG), in: Minkoff/Sahan/Wittig, Konzernstrafrecht, § 12, S. 234 ff.

33 *Kempf/Schilling*, Vermögensabschöpfung, 2007, § 1 Rn. 18.

34 BGH, Urt. v. 9.5.2017 – 1 StR 265/16; Rn. 118. Siehe hierzu auch *Schulz*, Kap. 1, Rn. 2, 55 m.w.N.

35 Etwa *Bock*, ZIS 2009, 68.

Anknüpfungstat für die Verbandsgeldbuße des § 30 OWiG, so dass über diesen Umweg wiederum Geldbußen weit oberhalb der Millionengrenze verhängt werden können.

Unabhängig davon, ob aus den vorbezeichneten Vorschriften nunmehr eine **29** gesetzliche Verpflichtung zur Implementierung eines Compliance-Management-Systems abzuleiten ist oder nicht, dürfte es jedoch unstreitig sein, dass die sog. Non-Compliance jedenfalls faktisch zu einer Haftung des Unternehmens und der Organmitglieder führt, so dass vice versa jedenfalls faktisch eine Pflicht zur Installation eines insbesondere strafrechtsbasierten Compliance-Management-Systems besteht. Da die gelungene Installation sowie der Betrieb eines Compliance-Management-Systems auf der anderen Seite aber durchaus auch zu Vorteilen für die Gesellschaft sowie die Organmitglieder führen kann, etwa bei der Zumessung einer Kartell- oder sonstigen Verbandsgeldbuße, einer Verbandsgeldsanktion[36] sowie bei der Entscheidung über Vergabeausschlüsse oder das sog. blacklisting, besitzt die Einführung und der Betrieb eines Compliance-Management-Systems jedenfalls, wie es in der Literatur bezeichnet wird, rechtliche Relevanz.[37]

III. Typische strafrechtliche Compliance-Risiken

Die Tatsache, dass insbesondere strafrechtliches Fehlverhalten zu den Kern- **30** Compliance-Risiken in der Unternehmenspraxis zählt, wurde bereits dargestellt. Zugleich ist allerdings so gut wie jeder gesellschaftliche und auch unternehmerische Bereich Gegenstand auch strafrechtlich sanktionierter Verhaltensvorgaben. Die Möglichkeit strafrechtlichen Fehlverhaltens beschränkt sich damit bei Weitem nicht auf die im Strafgesetzbuch normierten Tatbestände des Kernstrafrechts, sondern umfasst insbesondere die diversen Tatbestände des Nebenstrafrechts. Jeder Bereich, der einer spezialgesetzlichen Regelung unterworfen ist, verfügt über flankierende Strafvorschriften, die die Einhaltung des jeweiligen Gesetzes sicherstellen sollen. Die Strafvorschriften des Nebenstrafrechts finden sich in buchstäblich jedem eigenständigen Rechtsgebiet von A bis Z, angefangen von der Abgabenordnung bis zum Zollrecht und finden sich selbst in exotischen Rechtsvorschriften, wie beispielsweise dem Halbleiterschutzgesetz, dem Designgesetz oder etwa auch dem Weingesetz. Strafrechtliche Compliance-Risiken schlummern damit grundsätzlich in jedem Gebiet unternehmerischer Betätigung und müssen insoweit für jedes Unternehmen je nach dem Schwerpunkt seiner Tätigkeit identifiziert werden.

Auch die ordnungswidrigkeitenrechtlichen Verstöße sind hierbei nicht außer **31** Acht zu lassen, da auch im Falle „lediglich" der Verwirklichung einer Ordnungswidrigkeit das Risiko der Einziehung gemäß § 29a OWiG und der Verbandsgeldbuße gemäß § 30 OWiG besteht. Darüber hinaus kann auch eine schlichte Ord-

---

36 Nach Inkrafttreten des VerSanG.
37 *Rotsch*, Criminal Compliance, 2015, § 1 Rn. 20.

nungswidrigkeit, wenn sie denn im (vermeintlichen) Unternehmensinteresse begangen wurde, zu einer Eintragung im Gewerbezentralregister sowie der Annahme einer etwaigen Unzuverlässigkeit des Unternehmers mit allen damit verbundenen Konsequenzen führen.

32   Ein Compliance-Risiko im engeren Sinne entsteht allerdings in erster Linie bei (vermeintlich) unternehmensnützigen Zuwiderhandlungen, da sich regelmäßig nur dann die Straf- bzw. ordnungsrechtlichen Folgen für das Unternehmen einstellen. So ist Voraussetzung für die Einziehung etwa, dass der Täter, in diesem Fall das Unternehmen, etwas aus der Tat „erlangt" hat. Voraussetzung der Verhängung einer Verbandsgeldsanktion nach dem VerSanG[38] ist ebenfalls das Vorliegen einer „Verbandstat", also einer Straftat, durch die Pflichten, die den Verband treffen, verletzt worden sind oder durch die der Verband bereichert worden ist oder werden sollte. Auch Voraussetzung der Verhängung einer Verbandsgeldbuße gemäß § 30 OWiG ist entweder die Verletzung einer Pflicht, die das Unternehmen trifft, mithin einer betriebsbezogenen Pflicht, oder eine (beabsichtigte) Bereicherung des Unternehmens durch die Pflichtverletzung. Doch selbst im Falle eines eigenmächtigen und eigennützigen Verhaltens eines Mitarbeiters, durch das das Unternehmen möglicherweise sogar geschädigt wird, kann ein Compliance-Risiko für das Unternehmen entstehen. Dies ist etwa dann der Fall, wenn das Verhalten des Mitarbeiters entweder durch eine Aufsichtspflichtverletzung innerhalb des Unternehmens (§ 130 OWiG) ermöglicht wurde oder wenn ein echter „Exzess" eines Einzeltäters dem Unternehmen zumindest mittelbar, etwa medial, zugerechnet wird mit der Folge, dass das Unternehmen zwar keine strafrechtlichen Folgen trifft, aber ein medialer Schaden entsteht, der zu einem Vertrauensverlust bei der Kundschaft oder gar einem verminderten Börsenwert des Unternehmens führen kann. Zu denken wäre hier etwa an den Verrat von Geschäftsgeheimnissen eines Kreditinstitutes an Dritte (oder gar ausländische Finanzbehörden) oder etwa das Fehlverhalten eines Mitarbeiters in ethisch schwierigen Branchen, bspw. der Chemie- oder der Lebensmittelindustrie. Dass auch Verstöße gegen eher abseitige Rechtsvorschriften zu erheblichen Compliance-Risiken führen können, zeigen etwa die Verstöße von Bankmitarbeitern gegen das aus dem Wertpapierhandelsgesetz folgende Manipulationsverbot, die bereits zu Verbandsgeldbußen in dreistelliger Millionenhöhe geführt haben.[39]

33   In der Praxis haben sich jedoch einige wenige Bereiche als **Kern-Compliance-Risiken** herauskristallisiert, an erster Stelle die Korruption und die damit verbundenen weiteren strafrechtlichen Risiken. Bei der vermeintlich im Unternehmensinteresse liegenden *aktiven* Korruption besteht ein erhebliches strafrechtliches Risiko aufgrund der möglichen Abschöpfung des „Erlöses", im Falle der *passiven* Korruption bestehen nicht unerhebliche wirtschaftliche Risi-

---

38   Nach Inkrafttreten des VerSanG.

39   Hier hat die EU-Kommission im Jahre 2013 gegen mehrere Banken Geldbußen in Höhe von insgesamt 1,71 Mrd. EUR, die höchsten in der Geschichte der EU, verfügt. Die größte Geldbuße traf die Deutsche Bank mit 725 Mio. EUR.

ken für das betroffene Unternehmen. Im Falle der aktiven Korruption, also der Korruption aus dem Unternehmen heraus im (vermeintlichen) Unternehmensinteresse, erschließen sich darüber hinaus weitere strafrechtliche Folgerisiken für das Unternehmen. Da Bestechungsgelder üblicherweise nicht aus dem Nettovermögen der Unternehmensverantwortlichen geleistet werden, müssen diese Zuwendungen zunächst im Unternehmen „generiert" werden, ohne dass dies bei der Abschluss- oder Betriebsprüfung auffällt. Versucht wird dies regelmäßig entweder durch die Schaffung einer „Schwarzen Kasse" oder durch die Verbrämung des Bestechungsgeldes als „Provision" oder „Beraterhonorar". Die Schaffung einer schwarzen Kasse im Unternehmen wird von der Rechtsprechung allerdings per se als Untreuehandlung im Sinne von § 266 Abs. 1 StGB qualifiziert,[40] die Umschreibung eines Bestechungsgeldes zum Zwecke der steuerlichen Geltendmachung (etwa als Beraterhonorar) stellt sich jedoch als Steuerhinterziehung gemäß § 370 Abs. 1 AO dar, da strafrechtlich relevante Zuwendungen gemäß § 4 Abs. 5 Satz 1 Nr. 10 EStG nicht als Betriebsausgaben abzugsfähig sind. Je nach Konstellation im Einzelfall kommt darüber hinaus auch noch eine Umsatzsteuerverkürzung oder eine Bilanzmanipulation im Sinne von § 331 HGB in Betracht. Schlussendlich kann sich der Umgang mit kontaminierten, also aus strafrechtlich relevanten Handlungen genierten Erträgen als Geldwäsche im Sinne von § 261 StGB darstellen.

Aufgrund der Vielzahl der bestehenden strafrechtlichen Compliance-Risiken je **34** nach Betätigungsfeld des betroffenen Unternehmens beschränkt sich der vorliegende Beitrag auf die Darstellung der gerade angesprochenen Kern-Compliance-Risiken, die auch in der Beraterpraxis den absoluten Schwerpunkt ausmachen.

1. Korruption

Der Begriff „Korruption" ist kein Rechtsbegriff, sondern ein aus kriminalpoliti- **35** scher, kriminalistischer und kriminologischer Perspektive entwickelter Terminus zur Charakterisierung eines regelmäßig wenngleich auch nicht denknotwendig negativ besetzten Verhaltens.[41] Kriminologisch wird Korruption definiert als Missbrauch eines öffentlichen Amtes, einer Funktion in der Wirtschaft oder eines politischen Mandats zur Erlangung eines Vorteils für sich oder einen Dritten, wobei ein Schaden oder Nachteil nicht bei dem bzw. den Handelnden, sondern lediglich mittelbar bei der Allgemeinheit oder bei einem Unternehmen entsteht. Nach der Definition des Bundesministeriums des Inneren ist Korruption ein Fehlverhalten, das über Jahrtausende in verschiedenen politischen Systemen mehr oder weniger stark ausgeprägt in unterschiedlichen Erscheinungsformen zu verzeichnen ist, in einem demokratischen Rechtsstaat jedoch nicht hinnehm-

---

40 BGH, Urt. v. 29.8.2008, 2 StR 587/07, BGHSt 52, 323 (durch BVerfGE 126, 170 bestätigt).

41 *Kerner/Rixen*, GA 1996, 355, 359 ff., unter Verweis auf die in totalitären Systemen bisweilen lebensrettende Funktion der Korruption; weitere Nachweise bei LK-StGB/*Sowada*, 12.A., Aufl. 2009, vor § 331 Rn. 41.

bar ist.[42] Eine allgemeingültige Definition für den Begriff Korruption gibt es nicht, im **strafrechtlichen Sinne** umfasst der Begriff der Korruption lediglich die für strafbar erklärten Verhaltensweisen der folgenden Delikte:

- Vorteilsannahme und -gewährung (Amtsträger) gem. §§ 331, 333 StGB;
- Bestechlichkeit und Bestechung (Amtsträger) gem. §§ 332, 334 StGB;
- Bestechlichkeit und Bestechung im geschäftlichen Verkehr gem. §§ 299, 300 StGB;
- Bestechlichkeit und Bestechung im Gesundheitswesen gem. §§ 299a, b StGB;
- Wählerbestechung gem. § 108b StGB;
- Bestechlichkeit und Bestechung von Mandatsträgern gem. § 108e StGB;
- Bestechung ausländischer Abgeordneter gem. § 2 IntBestG;
- Beeinflussung von Betriebsratswahlen gem. § 119 BetrVG;
- Vorteilsgewährung in der Hauptversammlung gem. § 405 Abs. 3 Nr. 7 AktG (OWi).

36 Gesellschaftlich und ethisch geht der Begriff der Korruption weit darüber hinaus, so ist etwa an die Beeinflussung journalistischer Berichterstattung über neue Produkte durch ausgiebiges Sponsoring, Einladungen oder auch nur die Verknüpfung journalistischer Berichterstattung mit dem Anzeigenvolumen eines Unternehmens zu denken, die sog. „Schere im Kopf". Trotz des Bemühens des Gesetzgebers, korruptionsrelevante Strukturen weitestgehend strafrechtlich zu erfassen, drängt sich die Erkenntnis auf, dass die Korruption die dunkle, um nicht zu sagen, inkriminierte Kehrseite einer gesellschaftlichen Vernetzung und eines Systems von Abhängigkeiten darstellt, das wiederum Grundlage der gesellschaftlichen Ordnung ist. Die Überschreitung von Grenzen zum Zwecke der Erlangung eines Vorteils, sei sie strafrechtlich relevant oder nicht, stellt ein globales Phänomen in Staat, Wirtschaft und Gesellschaft dar. So wird die Korruption auch ganz grundsätzlich als „Tausch von Vorteilen unter Regelverstößen" definiert.

37 Die Problematik auch des Korruptionsstrafrechts liegt darin, dass die Grenzen zwischen gesellschaftlich erforderlichem und sogar gewünschtem Verhalten im Bereich Beziehungspflege und der strafrechtlich zu beanstandenden inkriminierten Beeinflussung fließend sind. Gerade im internationalen Geschäftsverkehr ist hinlänglich bekannt, dass ohne bestimmte Formen der Zuwendung (sog. „Türöffner", „Beschleunigungsgelder", „Bakschisch"[43] etc.) kaum ein Geschäftsabschluss zustande kommt bzw. kaum eine Amts- oder Diensthandlung zeitnah erfolgt. Die Zahlung nützlicher Aufwendungen, sog. „NA", durch deutsche Unternehmen im Ausland war bis in das Jahr 1999 sogar steuerlich absetzbar. Auch in Deutschland war bis in das Jahr 1997 hinein die sog. „Klimapflege" gegenüber Amtsträgern sowie im politischen Bereich die sog. „Landschaftspflege" üblich und nicht strafbewehrt. Dies hat sich durch das KorrBekG im Jahr

---

42 BMI, Texte zur Korruptionsprävention, 1. Einführung, 4.
43 Persisch: „Gabe, Geschenk, auch Trinkgeld".

1997 (s. o.) dramatisch geändert. Bis dahin unbeanstandete Formen der Beziehungspflege mit Amtsträgern bis hin zur schlichten Essenseinladung sind nunmehr unter dem Aspekt des „Anfütterns" strafrechtlich relevant, nach der Rechtsprechung des BGH[44] reicht bereits die Schaffung des *„bösen Anscheins möglicher Käuflichkeit"* für die Verwirklichung des Tatbestandes der Vorteilsannahme aus.

Klassische **Compliance-Konflikte** ergeben sich hier insbesondere im Bereich   **38** des (internationalen) Vertriebs. Zweifelhafte Zuwendungen werden insbesondere in bestimmten ausländischen Märkten als unverzichtbares Akquisitionsmittel angesehen. Hierbei ist insbesondere zu berücksichtigen, dass sich deutsche Unternehmen, die sich auf vermeintlich (landes-)übliche Praktiken einlassen, im Wettbewerb mit ausländischen Unternehmen befinden, die zwar ausweislich der Vorgaben der OECD unter ähnlichen Strafandrohungen stehen sollten, die jedoch nicht ansatzweise mit ähnlicher Konsequenz wie durch die deutschen Ermittlungsbehörden kontrolliert werden. *„Wenn wir's nicht machen, macht's der Franzose"*, dieser Satz bringt die Verzweiflung des deutschen Wettbewerbers zum Ausdruck, der insbesondere von den deutschen Ermittlungsbehörden streng kontrolliert wird und vermeintlich nur die Wahl zwischen einem rechtskonformen Verhalten (nach deutschem Recht) und dem Verlust des Auftrags an den ausländischen Wettbewerber sieht. Hier offenbart sich, dass zunächst eine ungleich stringente Strafverfolgung[45] zu einem manifesten Wettbewerbnachteil mutieren kann, andererseits zeigt sich, dass die deutsche Regierung gut daran tut, im internationalen Bereich auf eine gleichförmige Umsetzung der OECD-Vorgaben und eine entsprechende Strafverfolgung zu drängen. Konsequent wird die Auslandsbestechung insbesondere durch die US-amerikanischen Gesetze geahndet und durch die US-amerikanischen Behörden verfolgt. Zu berücksichtigen ist allerdings auch, dass die US-amerikanischen Behörden „ihren" Unternehmen im Gegenzug dem Vernehmen nach mit geheimdienstlichen Mitteln Informationen verschaffen, die den Wettbewerbsnachteil der strengen Korruptionsgesetzgebung und deren Umsetzung dadurch quasi kompensieren.[46] Ebenso bemerkenswert ist der UK Bribery Act 2010, der nicht nur eine Strafbarkeit von Unternehmen für die unterlassene Verhinderung von Bestechung vorsieht (§ 7), sondern die Anwendbarkeit gleich auch auf ausländische, mithin auch deutsche Unternehmen erstreckt, wenn auch nur ein allgemeiner Bezug zu Großbritannien besteht, etwa ein Bevollmächtigter dort gehandelt hat (§ 12 Abs. 5).

---

44 BGH, NStZ 2005, 334.

45 Dem OECD Progress Report 2013 der Antikorruptionsorganisation Transparency International zufolge versagt die Mehrheit der OECD-Exportnationen bei der aktiven Verfolgung der Auslandsbestechung. Danach sind Deutschland, die Schweiz, Großbritannien und die USA die einzigen Länder weltweit, in denen eine aktive Verfolgung stattfindet. Zu den wenig aktiven Ländern gehören Frankreich, Schweden, Norwegen oder auch Dänemark. Kaum eine oder keine Verfolgung findet u. a. in Russland, Griechenland, Japan, Polen oder der Türkei statt.

46 Vgl. etwa Süddeutsche Zeitung v. 12.7.2013 „Ausgespäht und ausgenommen".

39 Strukturell sind bei der Korruption zunächst die beiden großen Bereiche der Amtsträgerkorruption (oder auch der „öffentlichen Korruption") sowie der Bestechung und Bestechlichkeit im geschäftlichen Verkehr („Privatkorruption") zu unterscheiden. Ist der Vorteilsempfänger ein Amtsträger oder ein für den öffentlichen Dienst besonders Verpflichteter, so finden die weitergehenden und weitaus strengeren Vorschriften der §§ 331 ff. StGB (Amtsträgerkorruption) Anwendung. Die Amtsträgerkorruption zeichnet sich insbesondere durch eine Vorverlagerung der Strafbarkeit bereits in den Bereich des „Anfütterns" oder der Klimapflege aus, Voraussetzung der Strafbarkeit ist insofern nur die schlichte Annahme eines Vorteils für die Dienstausübung, die Vereinbarung einer pflichtwidrigen Diensthandlung als Gegenleistung ist im Rahmen der sog. Vorteilsannahme (§ 331 StGB) bzw. der Vorteilsgewährung durch den Vorteilsgeber (§ 333 StGB) nicht erforderlich.

40 Wird mit dem Amtsträger darüber hinaus als Gegenleistung für den Vorteil die Erbringung einer pflichtwidrigen Diensthandlung vereinbart, so liegt der Tatbestand der Bestechlichkeit (des Amtsträgers) gem. § 332 StGB bzw. der Bestechung (durch den Vorteilsgeber) gem. § 334 StGB vor, der über ein deutlich erhöhtes Strafmaß (bis zu 10 Jahren Freiheitsstrafe) verfügt. Durch das Gesetz zur Bekämpfung der Korruption (2015) hat der Gesetzgeber durch Schaffung des § 335a StGB auch formal die bislang nur durch Nebengesetze[47] erfassten ausländischen Amtsträger ausdrücklich in den Geltungsbereich der Amtsträgerkorruption einbezogen.

41 Hiervon grundsätzlich zu unterscheiden ist der Bereich der Bestechlichkeit und Bestechung im geschäftlichen Verkehr gemäß § 299 StGB, die sog. „Angestellten- oder Beauftragtenkorruption". Strafbewehrt ist hier die Annahme von Vorteilen durch Angestellte oder Beauftragte eines geschäftlichen Betriebes im geschäftlichen Verkehr. Die schlichte Annahme (oder spiegelbildlich Gewährung) eines Vorteils reicht hier allerdings nicht aus, erforderlich ist hier – anders als bei der Amtsträgerkorruption – der Abschluss einer konkreten Unrechtsvereinbarung, mithin die Erbringung einer konkreten Gegenleistung, die in einer unlauteren Bevorzugung des Vorteilsgebers liegen muss. Seit der Erweiterung des Tatbestandes um das sog. „Geschäftsherrenmodell" im Jahre 2015[48] kann die vereinbarte „Gegenleistung" neuerdings auch bereits darin liegen, dass der Angestellte oder Beauftragte – im Interesse des Vorteilsgewährenden – seine Pflichten gegenüber dem Unternehmen verletzt.

42 Die Spezialvorschriften der Bestechlichkeit und Bestechung im Gesundheitswesen (§§ 299a, b StGB), der Bestechlichkeit und Bestechung von Mandatsträgern (§ 108e StGB) oder etwa der Beeinflussung von Betriebsratswahlen durch Gewährung von Vorteilen (§ 119 BetrVG) erfassen hierbei bestimmte Empfängerkreise, die weder als Amtsträger noch als Angestellte oder Beauftragte qualifi-

---

47 IntBestG und EUBestG.
48 Gesetz zur Bekämpfung der Korruption v. 20.11.2015, BGBl. I 2015, 2025.

ziert werden können, die aber nach Auffassung des Gesetzgebers einer hohen Korruptionsanfälligkeit unterliegen und deren Unbestechlichkeit eines besonderen Schutzes durch Sondervorschriften bedurfte.

a) Vorteilsgewährung (§ 333 StGB)

Der Tatbestand der Vorteilsgewährung (§ 333 StGB) – spiegelbildlich die Vorteilsannahme (§ 331 StGB) – ist dazu bestimmt, das Vertrauen der Allgemeinheit in die Integrität von Trägern staatlicher Funktionen und damit zugleich in die Sachlichkeit staatlicher Entscheidungen zu schützen.[49] **43**

Empfänger des zu gewährenden Vorteils muss damit ein **Amtsträger**, ein Europäischer Amtsträger oder ein für den öffentlichen Dienst besonders Verpflichteter sein. Entscheidend ist, dass der Empfänger des Vorteils zum Zeitpunkt der Tat schon oder noch Amtsträger im Sinne des Gesetzes ist. Der Begriff des Amtsträgers i. S. d. §§ 331 ff. StGB ist in § 11 Abs. 1 Nr. 2 StGB, der des Europäischen Amtsträgers ist in § 11 Abs. 1 Nr. 2a StGB legal definiert.[50] Amtsträger ist demnach, wer nach deutschem Recht Beamter oder Richter ist, wer in einem sonstigen öffentlich-rechtlichen Amtsverhältnis steht oder sonst dazu bestellt ist, einer Behörde oder einer sonstigen Stelle oder in deren Auftrag Aufgaben der öffentlichen Verwaltung unbeschadet der zur Aufgabenerfüllung gewählten Organisationsform wahrzunehmen. Die Prüfung, ob es sich bei dem Vorteilsempfänger um einen Amtsträger im Sinne des Gesetzes handelt, ist allerdings hochkomplex und Gegenstand einer äußerst umfangreichen Kasuistik in der Rechtsprechung. Um den Umfang der hiesigen Darstellung nicht zu sprengen, muss insoweit auf die einschlägige Kommentarliteratur oder die insoweit aussagekräftigen Handbücher zum Wirtschaftsstrafrecht verwiesen werden.[51] **44**

Gerade die Frage, ob es sich bei einem potenziellen Vorteilsempfänger um einen Amtsträger oder einen für den öffentlichen Dienst besonders Verpflichteten handelt, birgt ein erhebliches **Compliance-Risiko**. Zwar liegt die Amtsträgereigenschaft eines Empfängers häufig, insbesondere bei einem bestehenden Beamtenverhältnis, auf der Hand, in einer Vielzahl von Einzelfällen ist aber prima facie, auch für den juristisch geschulten Betrachter, kaum ersichtlich, ob es sich um einen Amtsträger handelt oder nicht. Als Amtsträger angesehen werden beispielsweise Prüfingenieure für Baustatik, Verkehrspiloten, Planungsingenieure, die längerfristig mit Ausschreibungen oder Vergaben der öffentlichen Hand betraut sind, oder auch Redakteure der öffentlich-rechtlichen Rundfunkanstalten.[52] Amtsträger sind auch etwa die Organmitglieder von Landesbanken oder von Sparkassen als Anstalten des öffentlichen Rechts, da auch diese nach den jeweiligen Sparkassengesetzen Aufgaben der öffentlichen Verwaltung wahrnehmen. **45**

---

49 Vgl. BGHSt 49, 214; 43, 370, 377.
50 Aus Gründen der Vereinfachung wird im Weiteren nur von „Amtsträger" gesprochen.
51 Eine detaillierte Übersicht findet sich etwa bei: *Böttger*, Wirtschaftsstrafrecht in der Praxis, 2. Aufl. 2015, 267 ff. m. w. N.
52 Vgl. BGH, NJW 2010, 784 ff.

Angestellte von Kommunalbanken oder Sparkassen sind jedoch regelmäßig nur dann als Amtsträger anzusehen, wenn und soweit die Sparkasse im Rahmen ihrer Tätigkeit als Kommunalbank tätig wird und damit Aufgaben öffentlicher Verwaltung wahrnimmt.[53] Bei den weniger exponierten Mitarbeitern solcher Kreditinstitute ist darüber hinaus darauf zu achten, dass diese möglicherweise generell „Verpflichtungserklärungen" im Sinne des Verpflichtungsgesetzes abgegeben haben und damit auch Adressaten der Amtsdelikte geworden sind.

46   In hohem Maße problematisch ist auch die Tatsache, dass Amtsträger gemäß § 11 Abs. 1 Nr. 2c) StGB auch ist, wer nach deutschem Recht *„sonst dazu bestellt ist, bei einer Behörde oder bei einer sonstigen Stelle oder in deren Auftrag Aufgaben der öffentlichen Verwaltung wahrzunehmen"*. Erscheint hier bereits die gesetzliche Definition kaum nachvollziehbar, so überrascht die hierzu ergangene Kasuistik des BGH umso mehr. Bei einer solchen *„sonstigen Stelle"* kann es sich nämlich durchaus auch um juristische Personen des Privatrechts handeln, wenn diese etwa Aufgaben der Daseinsvorsorge ausführen und, so der BGH, als *„verlängerter Arm des Staates"* erscheinen. In der Praxis werden Aufgaben der Daseinsvorsorge etwa durch Stadtwerke, Verkehrsbetriebe, kommunale Wohnungsbaugesellschaften oder sonstige kommunale Beteiligungsgesellschaften wahrgenommen, die im Rechtsverkehr allerdings als GmbH oder Aktiengesellschaft firmieren und deren Organmitglieder (Geschäftsführer, Vorstände oder Aufsichtsräte) prima vista natürlich nicht als Amtsträger wahrgenommen werden. Nach der auch hier äußerst unübersichtlichen Kasuistik sind etwa im kommunalen Alleinbesitz befindliche Stadtwerkegesellschaften, sei es in der Rechtsform der GmbH oder der AG, als sonstige Stelle qualifiziert worden, ebenso etwa das Versorgungswerk der Rechtsanwälte, öffentlich-rechtliche Rundfunkanstalten oder auch die Deutsche Bahn Netz AG, nicht jedoch die Deutsche Bahn AG. Gesetzgeberische Absicht war es, das *„Vertrauen in die Nicht-Käuflichkeit dienstlichen Handelns"* (BGHSt 47, 295, 303) auch im Rahmen veränderter staatlicher Organisationsformen aufrechtzuerhalten; erkauft wurde diese Absicht der Erstreckung des Amtsträgerstrafrechts auf privatrechtliche Organisationsformen allerdings durch eine fast grenzenlose Unbestimmtheit des Amtsträgerbegriffs. Aufgrund der Komplexität und Widersprüchlichkeit der Kasuistik in der Rechtsprechung, welche (privatwirtschaftlich organisierte) Gesellschaft eine sonstige Stelle ist und wer bei einer solchen Stelle Amtsträger ist, kann von einer „Vorhersehbarkeit staatlichen Strafens" hier kaum mehr die Rede sein, das Korruptionsstrafrecht ist insoweit zum „Case Law" mutiert.

47   Der Amtsträger muss für die Dienstausübung einen **Vorteil** entweder für sich oder einen Dritten (sog. Drittvorteil) fordern, sich versprechen lassen oder annehmen. Einen aus compliance-technischer Sicht sicheren Bereich bietet auch das Tatbestandsmerkmal des Vorteils nicht. Unter einem Vorteil ist jede Leistung zu verstehen, auf die der Amtsträger keinen Anspruch hat und die seine wirt-

---

53 BGH, Beschl. v. 11.12.2019 – 5 StR 486/19, Rn. 13 ff.

schaftliche, rechtliche oder auch nur persönliche Lage objektiv verbessert.[54] Besser gestellt wird der Amtsträger vor allem durch materielle Zuwendungen jeder Art, aber auch immaterielle Vorteile werden vom Tatbestand erfasst. Als **materielle Vorteile** sind in der Rechtsprechung insbesondere anerkannt:

- Geld[55] und Sachwerte;[56]
- die Nutzungsmöglichkeit von Gegenständen;[57]
- die Erbringung von Dienst- und Werkleistungen;[58]
- die Einräumung von Rabatten und sonstigen Vergünstigungen;[59]
- die Gewährung von (zinslosen) Darlehen;[60]
- der Erlass oder die Stundung von Forderungen;[61]
- die Übernahme von Kosten für Urlaubs- und Kongressreisen;[62]
- die Einladung zu entgeltlichen Veranstaltungen (Fußball-WM-Tickets);[63]
- die Einladung in Gourmet-Restaurants;[64]
- die Bezahlung sexueller Leistungen durch Prostituierte;[65]
- die Ausrichtung und Finanzierung von Feiern und sonstigen Veranstaltungen, deren Kosten eigentlich der Amtsträger hätte tragen müssen;[66]
- die Honorarzahlung für ein (wertloses) Gutachten;[67]
- Vermittlung eines (Schein-)Beratervertrags;[68]
- erbrechtliche Begünstigungen;[69]
- Vermittlung einer Nebentätigkeit (z. B. entgeltliche Vorträge), auch wenn diese adäquat vergütet wird (str.).[70]

Wertmäßig ist hier eine Begrenzung kaum möglich, auch geringwertige Geschenke fallen unter den Vorteilsbegriff.[71] Einen „Safe-Harbor" im Hinblick auf eine zulässige Hingabe von Vorteilen an einen Amtsträger gibt es damit nicht. Insbesondere die Vereinbarung eines adäquaten Austauschverhältnisses mit dem **48**

---

54 BGHSt 53, 6; 47, 295, 304; BGH, NStZ 2008, 216, 217; NStZ-RR 2007, 309.
55 BGHSt 49, 275, 282 m. w. N.
56 BGHSt 47, 22, 23; 39, 45, 46.
57 BGHSt 15, 239; BGH, NJW 1985, 391.
58 BGH, NStZ 2004, 565; 1991, 550.
59 BGH, NJW 2001, 2558.
60 BGHSt 13, 328; BGH, NStZ 2005, 334, 335.
61 BGH, NStZ 1991, 550.
62 BGH, NJW 2003, 763, 764; NStZ 2005, 334, 335.
63 BGHSt 53, 6, 11.
64 BGHSt 47, 22, 23; BGH, NStZ 2000, 90.
65 BGH, NJW 1989, 914, 915.
66 BGHSt 48, 44.
67 BGH, NStZ 1999, 561.
68 BGH, NJW 2001, 3062, 3063.
69 LK-StGB/*Sowada*, 12.A. Aufl. 2009, § 331 Rn. 33, unter Bezugnahme auf das Rundschreiben zum Verbot der Annahme von Belohnungen und Geschenken in der Bundesverwaltung vom 8.11.2004.
70 BGHSt 31, 264, 280 m. w. N.; BGH, NStZ-RR 2007, 309, 310.
71 BGH, NStZ 2000, 596, 599; 1998, 194.

Amtsträger, etwa durch einen Beratervertrag o. Ä., auch wenn dieser von einer Nebentätigkeitsgenehmigung des Beamten gedeckt sein sollte, hilft hier kaum weiter. Nach der Rechtsprechung des BGH soll ein Vorteil nämlich bereits im Abschluss eines solchen Vertrages liegen, wenn dieser Leistungen an den Amtsträger zur Folge hat und zwar selbst dann, wenn diese nur ein angemessenes Entgelt für aufgrund des Vertrages geschuldete Leistungen seien. Andernfalls, so der BGH, könnten die Bestechungstatbestände stets durch die Vereinbarung eines Auftragsverhältnisses zwischen Amtsträger und Leistungsgeber ausgeschlossen werden.[72]

49 Für die Erfüllung des Tatbestandes ist eine sog. „**Unrechtsvereinbarung**" erforderlich, die allerdings bereits dann vorliegt, wenn der Vorteilsgeber dem Amtsträger einen Vorteil *„für die Amtsausübung"* zuwendet. Eine Gegenleistung, etwa die pflichtwidrige Erteilung einer Genehmigung o. Ä., ist für die Erfüllung des Tatbestandes nicht erforderlich, es reicht aus, dass der Vorteil im weitesten Sinne im Hinblick auf die Dienstausübung des Amtsträgers gewährt wird. Wird mit dem Amtsträger eine pflichtwidrige Gegenleistung für die Hingabe des Vorteils vereinbart, liegt der (Qualifikations-)Tatbestand der Bestechung gemäß § 334 StGB vor, der über einen deutlich erhöhten Strafrahmen verfügt.

50 Durch die Strafdrohung hinsichtlich der schlichten Gewährung eines Vorteils im Hinblick auf die dienstliche Tätigkeit des Amtsträgers wird die Strafbarkeit im Sinne einer weitestmöglichen Abschreckung nicht nur deutlich vorverlagert, es offenbaren sich auch erhebliche **Compliance-Risiken**. Übliche Formen des gesellschaftlichen Umgangs miteinander sowie der Höflichkeit geraten hier jedenfalls, soweit Amtsträger betroffen sind, in den Bereich der Strafbarkeit. Erklärte Absicht des Gesetzgebers war es, insoweit bereits die Schaffung eines Näheverhältnisses zwischen Amtsträger und Interessent, das sog. „Anfüttern", die „Klimapflege" oder die „Schaffung der Allgemeinen Geneigtheit" einer Strafandrohung zu unterwerfen.[73] Dem Gesetzgeber wie auch dem BGH ist bewusst, dass der Tatbestand der Vorteilsgewährung – insbesondere nach der Auslegung durch die obergerichtliche Rechtsprechung – im Randbereich kaum mehr trennscharfe Konturen aufweist und im Ergebnis nicht nur zu Beweisschwierigkeiten führen kann, sondern dem Tatrichter vielmehr eine beträchtliche Entscheidungsmacht einräumt.[74] Der „Preis" dieser tatbestandlichen Erosion liegt bereits jetzt in einer völligen Verunsicherung der potenziellen Adressaten der Korruptionstatbestände im öffentlich-rechtlichen Wirtschaftsraum, etwa in kommunalen Gebietskörperschaften oder Beteiligungsgesellschaften, die aus Sorge vor unberechenbaren strafrechtlichen Konsequenzen auch wirtschaftlich sinnvolle Entscheidungen für die öffentliche Hand kaum mehr treffen, so etwa im Bereich des Sponsorings im Rahmen sog. PPP-Projekte[75] oder des Kultursponsorings. Auch

---

72 BGH, Urt. v. 26.5.2011, 3 StR 492/10; BGHSt 31, 264, 280.
73 Vgl. BR-Drucks. 298/95, 9; BT-Drucks. 13/3353, 11.
74 BGH, 14.10.2008, 1 StR 260/08, BGHSt 53, 6 = NJW 2008, 3580.
75 Public Private Partnership; vgl. hierzu *Bock/Borrmann*, ZJS 2009, 625.

Böttger

die Annahme gesellschaftlich in hohem Maße erwünschter Vorteile durch Amtsträger, wie etwa das Einwerben von Drittmitteln durch Universitätsprofessoren, wird vom Tatbestand des § 331 Abs. 1 StGB erfasst. Nur durch den „Klimmzug" einer teleologischen Restriktion des Tatbestandes ist der BGH zur Straffreiheit des in den Hochschulgesetzen sogar geforderten Verhaltens gekommen. Tatsächlich führt diese Art der „Korruptionsbekämpfung" durch Gesetzgeber und Gerichte zu ernsthaften Problemen im Bereich der Vorhersehbarkeit staatlichen Strafens bis hin zur Preisgabe der tatbestandlichen Bestimmtheit entgegen Art. 103 Abs. 2 GG und damit auch zu erheblichen Problemen in der Compliance-Beratung.

Ein Versuch einer Strafbarkeitsrestriktion mit dem Ziel, nicht jeglichen gesellschaftlichen Umgang mit einem Amtsträger dem Risiko der Strafbarkeit auszusetzen, findet sich im Bereich der sog. **„Sozialadäquanz"**, deren Grenze jedoch umstritten ist. Unter dem Gesichtspunkt der Sozialadäquanz sind lediglich in gewissem Umfang übliche und deshalb sozialadäquate Vorteile von der Strafbarkeit ausgenommen, etwa wenn diese Vorteile ihren Grund in den Regeln des sozialen Verkehrs oder der Höflichkeit haben.[76] Als Paradebeispiel für eine sozialübliche Zuwendung ist etwa das weihnachtliche Trinkgeld für die Müllabfuhr oder auch das Trinkgeld an einen Postzusteller oder Spende in die Kaffeekasse der Station eines Krankenhauses anzusehen. Eine Strafbarkeit entfällt aber nicht etwa grundsätzlich deshalb, weil entsprechende Vorteilsgewährungen in bestimmten Bereichen oder Branchen – gar unabhängig von der Höhe der Zuwendung – üblich wären. Auch hier ist die Rechtsprechung des BGH äußerst restriktiv, lediglich geringwertige Aufmerksamkeiten aus gegebenen Anlässen werden vom Tatbestand ausgenommen. Schließlich, so der BGH, lasse sich eine Sozialadäquanz nicht alleine aus einer etwaigen Üblichkeit herleiten, da dies bestehende Strukturen der Korruption vielmehr verfestigen würde. Wichtig sind insoweit natürlich die beamtenrechtlichen Grenzen der Zulässigkeit der Annahme von Vorteilen, die üblicherweise äußerst niedrig liegen; diese stellen zwar keine starre Grenze dar, ab wann eine sozialadäquate Zuwendung nicht mehr vorliegt, sie haben aber für den jeweiligen Regelungsbereich Indizcharakter. Es liegt auf der Hand, dass die Grenzen hierbei fließend sind und sehr stark von dem gesellschaftlichen Umfeld der potenziellen Diensthandlung abhängen. Als strafrechtliche (nicht dienstrechtliche) **Mindestgrenze**, unterhalb derer eine Unrechtsvereinbarung aufgrund Sozialadäquanz regelmäßig nicht vorliegt, ist ein Bereich von **35,00 bis 50,00 EUR** anzusehen. Zum einen entspricht dies der im Strafrecht allgemein anerkannten Grenze der Geringfügigkeit, zum anderen dürfen gem. **§ 4 Abs. 5 Satz 1 Nr. 1 EStG** Geschenke bis zu einem Wert von 35,00 EUR p.a. steuerlich gewinnmindernd geltend gemacht werden. Fördert der Staat jedoch betrieblich veranlasste Geschenke bis zu einem Wert von 35,00 EUR p.a. auf der einen Seite, so gebietet die Einheitlichkeit der Rechtsordnung, dass er diese Zuwendung auf der anderen Seite nicht als strafrechtlich

51

---

76 BGH, NStZ-RR 2002, 272.

relevant wertet. Auch hier mag es im Einzelfall Ausnahmen geben, so etwa die Vereinbarung, einem Polizeibeamten als Gegenleistung für das Unterlassen einer Anzeige einen Betrag von 20,00 EUR zuzuwenden. Gibt es keinen Anlass, einem Verkehrspolizisten oder Lebensmittelprüfer Bargeld zuzuwenden oder diesen zu einem Abendessen einzuladen, so entspricht die Erörterung von Sachfragen mit einem Landesbankvorstand oder einem Geschäftsführer einer privatrechtlich organisierten „sonstigen Stelle" bei einem Arbeitsessen oder im Rahmen einer Repräsentationsveranstaltung durchaus der gesellschaftlichen Üblichkeit.[77] Im Geschäftsverkehr mit Amtsträgern, insbesondere wenn sich deren Amtsträgereigenschaft aus der Organstellung bei einer sonstigen Stelle ableitet, aber auch bei der Wahrnehmung von Repräsentationsaufgaben, ist der Grenzwert damit (deutlich) höher anzusetzen. So entspricht etwa die Einladung zu einem Arbeitsessen bei einem Wert von bis zu 100,00 EUR oder auch die Einladung zu einem Fußballspiel nicht nur der gesellschaftlichen Üblichkeit, sondern durchaus auch der Sozialadäquanz. Jedenfalls, so der BGH, *„handelt es sich bei Zuwendungen im Wert von mehreren Hundert Euro nicht mehr um geringwertige Aufmerksamkeiten".*[78]

52 **Compliance-Risiken** bestehen auch und insbesondere dort, wo die Zusammenarbeit mit der öffentlichen Hand quasi institutionalisiert ist und die öffentliche Hand auf eine solche Zusammenarbeit angewiesen ist, wie etwa bei der **Einwerbung von Drittmitteln** für die universitäre Lehre und Forschung oder im Bereich der Wahlkampf- und **Parteispenden.** Auch hier gibt es eine ausgeprägte Judikatur, auf die insoweit lediglich verwiesen werden kann.[79] Die Angst vor der Überschreitung der von Gesetzgebung und Justiz bewusst schwammig gehaltenen Grenzen hat in vielen Bereichen dazu geführt, dass sich ganze Branchen oder Branchenverbände umfangreiche Kodizes geben, die zumindest Leitlinien für eine Risikoreduktion enthalten („**best practice**"), wenngleich die Rechtsprechung solche Richtlinien grundsätzlich nicht als Konkretisierung der einschlägigen Tatbestände akzeptiert, sondern auch diesen lediglich Indizcharakter zumisst. Solche Richtlinien finden sich etwa in der Pharma- und der Medizintechnikbranche, mithin zwei Bereichen, die als habituell korruptionsgefährdet gelten und auch schon schwere Korruptionsskandale durchleiden mussten, erinnert sei insoweit nur an den „ratiopharm-Skandal" oder an den sog. „Herzklappenkomplex". In diesen Kodizes, hier dem Pharma Kodex[80] und dem Kodex Medizinprodukte,[81] findet sich eine dezidierte Beschreibung einer für zulässig

---

77 Zum Aspekt des Arbeitsessens vgl. auch BGH, wistra 2003, 303, 305.

78 BGH, Urt. v. 26.5.2011, 3 StR 492/10, Rn. 29.

79 Hierzu ausführlich etwa: *Böttger*, Wirtschaftsstrafrecht in der Praxis, 2. Aufl. 2015, 294 ff.

80 Kodex für die Zusammenarbeit der pharmazeutischen Industrie mit Ärzten, Apothekern und anderen Angehörigen medizinischer Fachkreise, herausgegeben von den Mitgliedsunternehmen des Vereins „Freiwillige Selbstkontrolle für die Arzneimittelindustrie e. V." (FSA).

81 Kodex Medizinprodukte (2015) des Bundesverbandes Medizintechnologie e. V. (BVMed); noch ausführlicher: „Gemeinsamer Standpunkt zur strafrechtlichen Bewertung der Zusam-

gehaltenen Sponsoring- und Einladungspraxis, die die jeweiligen Konstellationen bis ins kleinste Detail regelt.

Risiken ergeben sich auch und insbesondere im Bereich des Sport- und Kultursponsorings oder auch im Bereich neuerer Formen der Zusammenarbeit zwischen öffentlichen Stellen und der Privatwirtschaft (sog. **PPP-Projekte**). Zwar mag es denkbar sein, dass ein Amtsträger „*gewissermaßen unter dem Deckmantel Sponsoring/Repräsentation*"[82] geneigt gemacht werden kann, ließe man in den Fällen des Sponsorings aber allein den bösen Anschein der Käuflichkeit ausreichen, wäre dies das voraussichtliche Ende des Sport- und Kultursponsorings mit den entsprechenden fiskalischen Folgen für die öffentlichen Stellen. Besondere Vorsicht ist auch im Bereich des sog. „**Fundraising**" geboten, da die Annahme „geforderter" Vorteile für den Amtsträger gem. § 331 Abs. 3 StGB nicht genehmigungsfähig ist.[83] **53**

Um den drohenden Rückzug der Sponsoren aus dem **Sport- und Kultursponsoring** zu verhindern und den Unternehmen als Orientierungsrahmen zur Abgrenzung von Kontaktpflege und Gastfreundschaft von Fällen der Korruption zu dienen, hat die Sponsorenvereinigung S20 gemeinsam mit dem Bundesinnenministerium und dem Deutschen Olympischen Sportbund bereits im Jahre 2011 einen Leitfaden „**Hospitality und Strafrecht**" erstellt.[84] Der Leitfaden beschreibt typische Einladungskonstellationen (Fachveranstaltungen, gemischte Veranstaltungen sowie Sport- und Unterhaltungsveranstaltungen) und erläutert, worauf der Einladende achten sollte, um strafrechtliche Risiken so gering wie möglich zu halten. Für eine Risikoreduktion ist dieser Leitfaden sicherlich hilfreich, in der Rechtsprechung ist er jedoch bislang ohne Resonanz geblieben. **54**

Will man nicht jegliche Form des Umgangs und der Kooperation mit Amtsträgern generell unterbinden und als angemessen bewertete Umgangs- bzw. Kooperationsformen beibehalten, so bietet compliance-technisch das Institut der **Genehmigung** der Vorteilsgewährung durch den Dienstherrn des Amtsträgers einen gewissen Handlungsspielraum. Gemäß § 333 Abs. 3 StGB ist die Vorteilsgewährung nicht strafbar, wenn die zuständige Behörde im Rahmen ihrer Befugnisse entweder die Annahme des Vorteils durch den Empfänger vorher genehmigt hat oder diese auf unverzügliche Anzeige des Empfängers genehmigt. Das Vorliegen einer wirksamen Genehmigung stellt strafrechtlich einen Rechtfertigungsgrund für eine etwaige Vorteilsgewährung dar. **55**

Zu berücksichtigen ist allerdings auch hier, dass eine solche Genehmigung nur dann wirksam ist, wenn die vorgesetzte Stelle sie im Rahmen ihrer gesetzlichen Befugnisse erteilt hat, diese also auch materiell rechtmäßig ist. Es ist mithin da- **56**

---

menarbeit zwischen Industrie, medizinischen Einrichtungen und deren Mitarbeitern" des BVMed.

82 BGHSt 53, 6 ff. mit weiteren Ausführungen zum Vorteilsbegriff im Bereich „Hospitality".

83 *Bernsmann/Gatzweiler*, Verteidigung bei Korruptionsfällen, 2014, Rn. 466.

84 Abrufbar unter: http://www.s20.eu/schwerpunkte/recht (zuletzt abgerufen am 29.1.2020).

rauf zu achten, dass nicht nur die tatsächlich zuständige Behörde[85] die Genehmigung erteilt, sondern auch dass diese sich im Rahmen der jeweiligen **Genehmigungsgrenzen** bewegt, die sich etwa aus den einschlägigen Beamtengesetzen sowie Verwaltungsvorschriften ergeben. Sehen die jeweiligen Vorschriften hier in einem geringeren Bereich von etwa bis zu 25,00 EUR eine stillschweigend erteilte Zustimmung vor, so sind Zuwendungen im höheren vierstelligen Bereich sicherlich nicht mehr genehmigungsfähig. Auch hier ist im Einzelfall sorgfältig nicht nur die Zuständigkeit, sondern auch die Grenze der Genehmigungsfähigkeit zu ermitteln, um zu verhindern, dass ein zu leichtfertiger Umgang mit einer vermeintlich wirksamen Genehmigung doch zu einer Strafbarkeit des Mitarbeiters führt.

b) Bestechung (§ 334 StGB)

57 Wegen Bestechung gemäß § 334 StGB macht sich strafbar, wer einem **Amtsträger**, einem Europäischen Amtsträger oder einem für den öffentlichen Dienst besonders Verpflichteten einen Vorteil für diesen oder einen Dritten als Gegenleistung dafür anbietet, verspricht oder gewährt, dass dieser eine Diensthandlung vorgenommen hat oder künftig vornimmt und dadurch seine Dienstpflicht verletzt hat oder noch verletzen würde. Die Bestechung stellt damit einen Qualifikationstatbestand zu dem Grundtatbestand der Vorteilsgewährung dar. Über die bereits oben dargestellte Vorteilsgewährung muss der Vorteil hier als **Gegenleistung für eine bestimmte pflichtwidrige Diensthandlung** angeboten, versprochen oder gewährt worden sein, es muss also eine (Unrechts-)Vereinbarung zwischen dem Zuwendendem oder dem Amtsträger geschlossen worden sein, nach der der Amtsträger seine Dienstpflichten unter dem Einfluss der gewährten oder versprochenen Zuwendung verletzt. Als pflichtwidrige Diensthandlungen in Betracht kommen hier bspw. die rechtswidrige Erteilung einer Genehmigung (Baugenehmigung, Fahrerlaubnis pp.), die unrechtmäßige Bewilligung einer Leistung (Subventionen pp.) oder auch die fehlerhafte Einstellung eines Ermittlungsverfahrens gem. § 170 Abs. 2 StPO.[86]

58 Hinsichtlich der (Grund-)Tatbestandsmerkmale der Amtsträgereigenschaft sowie des Vorteils kann auf die obigen Ausführungen unter a) verwiesen werden. Auch im Hinblick auf die hier erforderliche konkrete Unrechtsvereinbarung ist die Rechtsprechung jedoch „großzügig". An die Konkretisierung der künftigen pflichtwidrigen Diensthandlung innerhalb der **Unrechtsvereinbarung** sind

---

85 Die Zuständigkeit der Behörde erschließt sich hierbei prima facie aus den öffentlich-rechtlichen Regelungen des Beamtenrechts (vgl. § 71 Satz 2 BBG für Bundesbeamte). Weitere Zuständigkeitsregelungen finden sich in Verwaltungsvorschriften, Tarifverträgen oder gar Geschäftsverteilungsplänen. Die öffentlich-rechtlichen Vorschriften sind jedoch unvollständig und z. T. sogar widersprüchlich zu den strafrechtlichen Vorgaben.

86 Eine nur schnellere oder sorgfältigere Bearbeitung eines Verfahrens kann pflichtwidrig sein, wenn dadurch die Bearbeitung anderer Sachen beeinträchtigt wird, insb. wenn gegen eine Pflicht zur Bearbeitung in einer bestimmten Reihenfolge verstoßen wird. BGH, 20.5.2008, 5 StR 57/08; BGHSt 15, 350; 16, 37; *Fischer*, StGB, § 332 Rn. 8.

„keine übertriebenen Anforderungen" zu stellen,[87] die einvernehmlich ins Auge gefassten (pflichtwidrigen) Diensthandlungen brauchen ihrem sachlichen Gehalt nach nur in groben Umrissen erkennbar und festgelegt zu sein.[88] Insoweit ist es sogar unerheblich, ob die entsprechende pflichtwidrige Diensthandlung tatsächlich vorgenommen wird.[89] Ebenso unerheblich ist es, dass sich der Täter insgeheim vorbehält, später sachgerecht zu verfahren. Entscheidend ist der von dem Amtsträger nach außen erweckte Eindruck.[90] Zeigt sich der Täter zunächst bereit, später seine Pflichten zu verletzen (ob er dies wirklich vor hat oder nicht), so liegt bereits Strafbarkeit vor.[91]

Ein besonderes **Compliance-Risiko** besteht im Falle des Versuchs der Einfluss- **59**
nahme auf eine Ermessensentscheidung des Amtsträgers. Kommt diesem ein Ermessensspielraum zu, handelt er nämlich nach der Rechtsprechung bereits dann pflichtwidrig, wenn er sich nicht ausschließlich von sachlichen Gesichtspunkten leiten, sondern sich auch durch den Vorteil beeinflussen lässt, diesen also lediglich *„mit in die Waagschale legt"*[92] und zwar selbst dann, wenn die Entscheidung selbst letztlich sachlich gerechtfertigt ist. Eine solche Feststellung ist nachvollziehbarer Weise schnell getroffen.

Eine Strafbarkeit wegen (vollendeter) Bestechung liegt gem. § 334 Abs. 3 StGB **60**
auch bereits vor, wenn der Täter den Amtsträger zu bestimmen *versucht*, dass dieser als gebundener Beamter durch die Diensthandlung seine Pflichten verletzt (Nr. 1) oder sich als Ermessensbeamter bei der Ermessensausübung durch den Vorteil beeinflussen lässt. Es reicht aus, dass der Amtsträger dieses Angebot zur Kenntnis nimmt.

Bei der Bestechung sieht das Gesetz zudem eine Strafschärfung für **besonders** **61**
schwere Fälle vor. Gem. § 335 StGB ist der Strafrahmen hier auf Freiheitsstrafe von einem Jahr bis zu zehn Jahren erhöht. Ein besonders schwerer Fall der Bestechung wird von der Rechtsprechung bereits dann angenommen, wenn die Zuwendung ihrem Umfang nach deutlich aus dem Rahmen durchschnittlicher Fälle herausragt.[93] Die Literatur zieht die Grenze für einen besonders schweren Fall (großes Ausmaß) bei einem Schadensvolumen zwischen 10.000,00 und 25.000,00 EUR.[94] Ein besonders schwerer Fall liegt auch bei der gewerbs- und bandenmäßigen Begehung vor, die bereits bei deutlich kleineren Beträgen in Betracht kommt. Heikel ist insoweit, dass nach der Rechtsprechung eine Bande bereits beim Zusammenschluss von mehr als zwei Personen angenommen wird, hier also bereits bei einem bestechlichen Amtsträger und zwei Vorteilsgebern

---

87 BGHSt 48, 44 ff.; BGH, wistra 1999, 271.
88 BGHSt 48, 44 ff.
89 BGH, wistra 1999, 271.
90 BGHSt 48, 47.
91 Bei dem Amtsträger insoweit gem. § 332 Abs. 3 StGB.
92 BGHSt 15, 88, 92; 15, 239, 242, 247; 48, 44, 47.
93 BGH, wistra 1991, 106.
94 *Fischer*, StGB, § 335 Rn. 6 m. w. N.

vorliegen kann,[95] was gerade im unternehmerischen Umfeld nicht die Ausnahme sein dürfte.

c) Bestechung von Mandatsträgern (§ 108e StGB)

62 Bis in das Jahr 2014 war der Tatbestand der Abgeordnetenbestechung gem. § 108e StGB a. F. ein „stumpfes Schwert", das nur bestimmte ausgewählte Handlungen erfasste, deshalb so gut wie nicht zur Anwendung gelangte und daher kein großes Compliance-Risiko darstellte. Obwohl sich Deutschland durch die Unterzeichnung des Strafrechtsübereinkommens des Europarates über Korruption vom 27.1.1999[96] sowie etwa der UN-Konvention gegen Korruption vom 31.10.2003 (UNCAC)[97] bereits längst verpflichtet hatte, eine angemessene Strafdrohung auch für die Korruption von Mandatsträgern einzuführen, ist dies jedoch erst zum 1.9.2014[98] erfolgt. Die aktuelle Regelung des § 108e StGB, nunmehr „*Bestechlichkeit und Bestechung von Mandatsträgern*", erweitert die Strafbarkeit für die betroffenen Mandatsträger im Vergleich zur alten Regelung zwar erheblich, erfüllt allerdings lediglich die Minimalanforderungen der Konvention, erforderlich für die Strafbarkeit ist der Nachweis einer konkreten Unrechtsvereinbarung, die schlichte Vorteilsannahme wird weiterhin nicht erfasst.

63 Die Neuregelung des § 108e StGB entspricht der Systematik des Tatbestandes der Bestechlichkeit und Bestechung im geschäftlichen Verkehr gem. § 299 StGB. Die passive Bestechlichkeit von Mandatsträgern ist in § 108e Abs. 1 StGB geregelt, die aktive Bestechung von Mandatsträgern in § 108e Abs. 2 StGB. Nach der Neuregelung des § 108e Abs. 2 StGB macht sich wegen der Bestechung von Mandatsträgern strafbar, wer einem „*Mitglied einer Volksvertretung des Bundes oder der Länder*" einen „*ungerechtfertigten Vorteil*" für diesen oder einen Dritten „*als Gegenleistung dafür anbietet, verspricht oder gewährt*", dass er „*bei Wahrnehmung seines Mandates eine Handlung im Auftrag oder auf Weisung vornehme oder unterlasse*". Der Tatbestand definiert damit einen neuen, von dem der Amtsträgerkorruption abweichenden Vorteilsbegriff, von der Strafdrohung erfasst wird lediglich ein „*ungerechtfertigter Vorteil*", der allerdings gerade *nicht* vorliegt, wenn etwa die Annahme des Vorteils „*im Einklang mit den für die Rechtsstellung des Mitglieds maßgeblichen Vorschriften steht*".

64 Ein **Compliance-Risiko** stellt der Tatbestand aufgrund der **Weite des Empfängerbegriffs** dar. Mandatsträger i. S. d. § 108e Abs. 1 und Abs. 2 StGB ist zwar zunächst einmal nur das „**Mitglied einer Volksvertretung des Bundes oder**

---

95 BGH, Beschl. v. 13.12.2012, 1 StR 522/12, hier: 3,50 EUR für das Einschmuggeln von Mobiltelefonen in die JVA.

96 Criminal Law Convention on Corruption, Council of Europe, European Treaty Series No. 173, http://conventions.coe.int; weitere Nachweise bei LK-StGB/*Sowada*, Vor § 331 Rn. 24.

97 United Nations Convention Against Corruption, A/RES/58/4; Unterzeichnung durch Deutschland am 9.12.2003.

98 48. Strafrechtsänderungsgesetz vom 23.4.2014.

Böttger

der Länder", mithin des Bundestages, der Landtage, des Abgeordnetenhauses in Berlin sowie der Hamburgischen und Bremischen Bürgerschaft. Gem. § 108e Abs. 3 StGB stehen diesen jedoch die Mitglieder zahlreicher anderer Institutionen gleich. Dies sind Mitglieder einer Volksvertretung einer kommunalen Gebietskörperschaft (Nr. 1), Mitglieder eines in unmittelbarer und allgemeiner Wahl gewählten Gremiums einer für ein Teilgebiet eines Landes oder einer kommunalen Gebietskörperschaft gebildeten Verwaltungseinheit (Nr. 2), Mitglieder der Bundesversammlung (Nr. 3), **Mitglieder des Europäischen Parlaments** (Nr. 4), Mitglieder einer parlamentarischen Versammlung einer internationalen Organisation (Nr. 5) und Mitglieder eines Gesetzgebungsorgans eines ausländischen Staates (Nr. 6). Von besonderer Bedeutung in der Praxis ist die Nr. 1 „Mitglieder einer Volksvertretung der kommunalen Gebietskörperschaften"; dies sind insbesondere Mitglieder der **Stadt- und Gemeinderäte**, aber auch der **Bezirksvertretungen**. Bei diesen ist jeweils zu prüfen, ob sie als Mandatsträger gehandelt haben, (nur) dann kommt eine Strafbarkeit nach § 108e StGB in Betracht, oder ob die Handlung im Rahmen der Betrauung mit konkreten Verwaltungsaufgaben, die über ihre Mandatstätigkeit hinausgehen, erfolgt ist. In einem solchen Fall hätten sie als Amtsträger gehandelt mit der Folge, dass sich eine etwaige Strafbarkeit an den §§ 331 ff. StGB orientiert.[99] Nr. 2 erfasst diejenigen Länder bzw. Stadtstaaten, in denen eine Aufgliederung in Bezirke erfolgt ist, die aber keine Gebietskörperschaften darstellen, wie etwa die Bezirksverordnetenversammlung in Berlin und die Bezirksversammlung in Hamburg.[100] Insoweit wird allerdings auch der **Kreistag** erfasst, der gem. Art. 28 Abs. 1 Satz 2 GG ebenfalls eine aus Wahlen hervorgegangene Volksvertretung ist.

Der Geber muss dem Mandatsträger oder einem Dritten den ungerechtfertigten **65** Vorteil „*als Gegenleistung*" dafür anbieten, versprechen oder gewähren, dass dieser bei Wahrnehmung seines Mandates eine Handlung im Auftrag oder auf Weisung vornehme oder unterlasse, es muss also gerade eine qualifizierte **Unrechtsvereinbarung** geschlossen werden. Der ungerechtfertigte Vorteil muss gerade deshalb zugewendet werden, damit das Mitglied sich in einer bestimmten Weise verhält, also „*im Auftrag oder auf Weisung*" des Vorteilsgebers handelt. Der Mandatsträger soll gerade durch den ungerechtfertigten Vorteil dazu verleitet werden, im Auftrag oder nach Weisung des Auftraggebers zu handeln. Für die Strafbarkeit reicht es nicht aus, dass Vorteile nur allgemein für die Mandatsausübung zugewendet werden bzw. das Mitglied wegen der von ihm gemäß seiner inneren Überzeugung vertretenen Positionen einen Vorteil erhält. Die Grenze zur Strafbarkeit wird erst dann überschritten, wenn sich der Mandatsträger durch den Vorteil zu seiner Handlung bestimmen lässt und seine innere Überzeugung den Interessen des Vorteilsgebers unterordnet, er sich also „kaufen" lässt.

Von erheblicher Compliance-Relevanz ist § 108e Abs. 4 StGB, der das Merkmal **66** des **ungerechtfertigten Vorteils** mittels einer nicht abschließenden Negativdefi-

---

99 Vgl. BGH, NStZ 2006, 389.
100 Vgl. BT-Drucks. 18/607, 8.

nition konkretisiert. Ein ungerechtfertigter Vorteil liegt danach insbesondere **nicht** vor, wenn seine Annahme **im Einklang mit den für die Rechtsstellung des Mandatsträgers maßgeblichen Vorschriften** steht. Mit dem Verweis auf die für die Rechtsstellung maßgeblichen Vorschriften wird für Mitglieder des Deutschen Bundestages auf das Abgeordnetengesetz (AbgG), die Verhaltensregeln für Mitglieder des Deutschen Bundestages (Anlage 1 der Geschäftsordnung des Deutschen Bundestages) sowie die dazu von dem Präsidenten des Deutschen Bundestages erlassenen Ausführungsbestimmungen Bezug genommen. Auch die Landtage haben entsprechende Gesetze und darauf basierende Verhaltensregeln für ihre Mitglieder erlassen. Ebenfalls in den Gemeindeordnungen der Länder finden sich Vorschriften für Mitglieder von Volksvertretungen der Gemeinden und Gemeindeverbände, die ihrerseits innerhalb ihrer Autonomie und entsprechend den Gegebenheiten vor Ort weitere **Verhaltensregeln** festlegen können. Schlussendlich kann damit etwa der Gemeinderat durch die Ausgestaltung der Ehrenordnung oder eines Ehrenkodex,[101] die *„für die Rechtsstellung des Mitglieds maßgeblichen Vorschriften"* erlassen und damit die Reichweite des Straftatbestandes des § 108e StGB bestimmen. Ebenfalls kraft Gesetzes ausgenommen ist eine nach dem Parteiengesetz oder entsprechenden Gesetzen zulässige **Parteispende** an die Partei oder den Mandatsträger (§ 108e Abs. 4 Satz 2 Nr. 2 StGB).[102] Eine Spende, die allerdings *„erkennbar in Erwartung oder als Gegenleistung eines bestimmten wirtschaftlichen oder politischen Vorteils gewährt"* wird, darf bereits nach § 25 Abs. 2 Nr. 7 PartG und § 4 Abs. 4 der Verhaltensregeln nicht angenommen werden und kann damit auch nicht mit den für die Rechtsstellung des Mitglieds maßgebenden Vorschriften in Einklang stehen. Mit dem Zusatz *„oder entsprechender Gesetze"* wird ferner mit Blick auf ausländische Mandatsträger klargestellt, dass auch ausländische Gesetze, welche Regelungen über die Zulässigkeit von Parteispenden treffen, zum Ausschluss der Strafbarkeit führen können.

67 Aufgrund der Vielzahl der Möglichkeiten einer jeweils unterschiedlichen Gestaltung in Bund, Ländern und Kommunen entzieht sich der Tatbestand der Bestechung von Mandatsträgern damit quasi einer Positivliste, in welchen Fällen und in welchem Rahmen Zuwendungen ohne Compliance-Risiko möglich sind, wie sie häufig etwa in einer Antikorruptionsrichtlinie Niederschlag findet. **Best practice** kann insoweit lediglich äußerste Zurückhaltung und eine dezidierte Prüfung des Bestehens eines Compliance-Risikos im Einzelfall sein.

d) Bestechung im geschäftlichen Verkehr (§ 299 Abs. 2 StGB)

68 Nach § 299 Abs. 2 StGB ist auch die Bestechung von **Nicht-Amtsträgern**, also Privatpersonen, unter bestimmten Voraussetzungen mit Strafe bedroht. Die Strafbarkeit der Bestechung (und Bestechlichkeit) von Nicht-Amtsträgern ist

---

101 Vgl. etwa § 43 Abs. 3 Satz 2 GO NRW.
102 Vgl. Nr. 44 des Erläuternden Berichts zu Art. 4 des Strafrechtsübereinkommens des Europarates über Korruption v. 27.1.1999 (Bestechung und Bestechlichkeit von Mitgliedern inländischer öffentlich-rechtlicher Vertretungskörperschaften).

Böttger

strafrechtlich allerdings keine neue Entwicklung, sie hat allerdings fast einhundert Jahre lang im Gesetz gegen den unlauteren Wettbewerb (§ 12 UWG a. F.) ein Schattendasein gefristet. Wurde dem § 299 StGB von der Rechtsliteratur noch im Jahr 2008 attestiert, „*keine nennenswerte Rolle*"[103] zu spielen, so erfreut sich die Anwendung des § 299 StGB in der Rechtswirklichkeit bei den Strafverfolgungsbehörden und Gerichten zwischenzeitlich größter Beliebtheit, verwiesen sei hier nur auf die Urteile des LG Darmstadt[104] und des BGH[105] in dem Auslandsbestechungsverfahren „Siemens/ENEL", das Verfahren um die „Allianz-Arena",[106] das sog. ratiopharm-Verfahren sowie auf den Streit in der Rechtsprechung um die Anwendbarkeit des § 299 StGB auf niedergelassene Ärzte als „Beauftragte" der Krankenkassen.[107]

§ 299 Abs. 2 StGB bedroht das Anbieten oder Gewähren von Vorteilen an **Ange-** **69** **stellte oder Beauftragte eines Unternehmens** als Gegenleistung für die **unlau-** **tere Bevorzugung** beim Bezug von Waren oder gewerblichen Dienstleistungen im inländischen oder ausländischen Wettbewerb mit Strafe (das sog. „Wettbewerbsmodell"). Aufgrund einer am 26.11.2015 in Kraft getretenen Erweiterung des § 299 StGB durch das Gesetz zur Bekämpfung der Korruption macht sich nunmehr auch derjenige strafbar, der einem Angestellten oder Beauftragten eines Unternehmens einen Vorteil als Gegenleistung dafür anbietet, dass der Empfänger **seine Pflichten gegenüber dem Unternehmen verletzt** (das sog. „Geschäftsherrenmodell").

Als Unternehmen im Sinne der Vorschrift werden nicht nur Handels- oder Ge- **70** werbebetriebe, sondern auch gemeinnützige, kulturelle oder soziale Einrichtungen sowie freiberufliche Tätigkeit (str.) erfasst, das Bestehen einer Gewinnerzielungsabsicht ist nicht erforderlich.

Entscheidend ist jedoch zunächst die Qualifikation des Empfängers als „Ange- **71** stellter" oder „Beauftragter". **Angestellter** i. S. d. § 299 StGB ist, wer in einem mindestens faktischen Dienstverhältnis zum Geschäftsherrn steht und dessen Weisungen unterworfen ist. Eine dauerhafte oder entgeltliche Tätigkeit ist nicht erforderlich, es muss aber ein gewisser Einfluss auf die Geschäftstätigkeit genommen werden können.[108] Dies sind insbesondere die Mitglieder des Vorstandes oder der Geschäftsführung einer Kapitalgesellschaft, Mitarbeiter mit einem bestimmten Handlungsspielraum, etwa im Vertrieb oder im Einkauf, aber auch

---

103 *Bernsmann/Gatzweiler*, Verteidigung in Korruptionsfällen, 2014, Rn. 558.
104 LG Darmstadt, 14.5.2007, 712 Js 5213/04 – 9 KLs – Ss 297/07.
105 BGHSt 52, 323 ff.
106 BGH, Urt. v. 9.8.2006, 1 StR 50/06, NJW 2006, 3290.
107 Nachdem der Große Strafsenat des BGH mit Beschluss v. 29.3.2012 (BGHSt 57, 202 = NJW 2012, 2530) entschieden hatte, dass niedergelassene Vertragsärzte weder Amtsträger noch Beauftragte der gesetzlichen Krankenkassen i. S. v. § 299 StGB sind, sah sich der Gesetzgeber veranlasst, eine eigenständige Strafnorm zu verabschieden, die im April 2016 in Kraft getretene Vorschrift der Bestechlichkeit und Bestechung im Gesundheitswesen gem. §§ 299a, b StGB.
108 *Fischer*, StGB, § 299 Rn. 14 m. w. N.

der gebundene Handelsvertreter.[109] Eine rein untergeordnete Tätigkeit, etwa als Hilfskraft, reicht allerdings nicht aus.[110] **Beauftragter** ist, wer, ohne Angestellter oder Inhaber eines Betriebes zu sein, befugtermaßen für einen Geschäftsbetrieb tätig wird und aufgrund seiner Stellung berechtigt (oder verpflichtet) ist, auf Entscheidungen, die den Waren- bzw. Leistungsaustausch des Betriebes betreffen, unmittelbar oder mittelbar Einfluss zu nehmen.[111] Der Begriff des Beauftragten bestimmt sich nach den tatsächlichen Verhältnissen,[112] ihm kommt daher in der Praxis eine gewisse Auffangfunktion zu. **Nicht** vom Tatbestand erfasst wird lediglich der **Geschäftsherr** bzw. der Betriebsinhaber selbst, da die Annahme eines Vorteils durch den selbstständigen Unternehmer insoweit keine Anreizwirkung für eine unsachliche Entscheidung auslöst.[113] Wie beim Amtsträgerbegriff hat sich auch hier in der Rechtspraxis eine beachtliche Kasuistik herausgebildet, auf deren detaillierte Darstellung in der strafrechtlichen Kommentierung verwiesen wird.

72   Hinsichtlich des Begriffs des **Vorteils** kann auf die Ausführungen zu den §§ 331 ff. StGB verwiesen werden. Der Tatbestand der Bestechung im geschäftlichen Verkehr erfasst ausdrücklich und uneingeschränkt auch die Zuwendung von Vorteilen an Dritte, sog. **Drittvorteile**.[114] Dritter kann insoweit auch eine juristische Person oder eine Personengesellschaft sowie eine sonstige Organisation, Behörde oder Partei sein. Erfasst werden daher auch finanzielle Unterstützungen für karitative, kulturelle oder sonst dem Gemeinwohl dienende Institutionen oder Veranstaltungen, medizinische oder wissenschaftliche Forschungsvorhaben sowie Parteispenden.

73   Der Vorteil muss hier allerdings als konkrete **Gegenleistung** für eine zukünftige **unlautere Bevorzugung im Wettbewerb** (Nr. 1) angeboten oder gewährt werden. Erforderlich ist hierbei die zumindest stillschweigende Übereinkunft, dass die Vorteilszuwendung aufgrund der angestrebten Bevorzugung erfolgt. Nicht ausreichend ist hier – anders als bei der Amtsträgerkorruption – eine Zuwendung zur Herbeiführung lediglich allgemeinen Wohlwollens ohne Bezug zu einer bestimmten Bevorzugung.[115] Der Vorteil muss als Gegenleistung für eine **künftige** unlautere Bevorzugung angenommen werden.[116] Bleibt zwischen den Beteiligten offen, ob die Zuwendung für eine künftige unlautere Bevorzugung erfolgt (strafbar) oder ob sie aus Dank für eine in der Vergangenheit liegende Bevorzugung erfolgt ist (nicht strafbar), etwa bei der kommentarlosen Zuwendung im

---

109 BGHSt 2, 401.

110 BayObLG, wistra 1996, 28, 30.

111 BGHSt 57, 202; 2, 396, 402; BGH, GRUR 1968, 587; *Fischer*, StGB, § 299 Rn. 15 m. w. N.

112 NK-StGB/*Dannecker*, 3. Aufl. 2010, § 299 Rn. 22; *Fischer*, StGB, § 299 Rn. 15.

113 BGHSt 57, 202, Rn. 28.

114 Zur Einschränkung des Drittvorteils auf die Fälle einer mittelbaren Besserstellung des Angestellten bzw. Beauftragten vgl. *Fischer*, StGB, § 299 Rn. 11 m. w. N.

115 *Fischer*, StGB, § 299 Rn. 22; Schönke/Schröder/*Heine/Eisele*, StGB, § 299 Rn. 16.

116 BGH, Beschl. v. 10.7.2013, 1 StR 532/12, NJW 2013, 3590; BGH, Beschl. v. 14.7.2010, 2 StR 200/10, wistra 2010, 447.

Rahmen dauerhafter Geschäftsbeziehungen, so besteht das Risiko, dass Staatsanwaltschaft und Gericht darin allerdings den Abschluss einer erneuten Unrechtsvereinbarung (für die Zukunft) sehen können, wenn eine zukünftige Bevorzugung bereits hinreichend konkretisiert ist.

Die unlautere Bevorzugung muss **im Wettbewerb** erfolgen, also in einem bestehenden wirtschaftlichen Konkurrenzverhältnis. Als **Tathandlungen** kommen etwa in Betracht die Veranlassung einer überhöhten Bezahlung,[117] das Unterlassen gebotener Mängelbeanstandungen,[118] die Bevorzugung bei der Auftragsvergabe,[119] der Abschluss eines Alleinvertriebsvertrags,[120] das Aufrechterhalten bestehender Geschäftsverbindungen,[121] das Nichtkündigen einer Geschäftsbeziehung,[122] die Bekanntgabe Mitbewerber benachteiligender Indiskretionen[123] sowie sonstige Bevorzugungen bei der Annahme und Prüfung gelieferter Waren. **74**

Nach der Rechtsprechung genügt es allerdings, wenn die zum Zwecke des Wettbewerbs vorgenommenen Handlungen nach der Vorstellung des Täters **geeignet** sind, seine eigene Bevorzugung oder die eines Dritten im Wettbewerb zu veranlassen; die vereinbarte Bevorzugung muss also tatsächlich nicht einmal eingetreten sein.[124] § 299 StGB scheidet aber aus, wenn aus Sicht der Beteiligten eine Bevorzugung gar nicht zum Tragen kommen kann, so etwa wenn der Bezug von Waren oder Leistungen von einem Konkurrenzunternehmen nicht mehr möglich ist oder der in Aussicht gestellte Bezug von Waren oder Leistungen eine Privilegierung im Wettbewerb nicht bewirken kann, etwa aufseiten des zu Bevorzugenden ein Monopol besteht.[125] **75**

In der Alternative des sog. Geschäftsherrenmodells (Nr. 2) muss der Vorteil als Gegenleistung dafür angeboten oder gewährt werden, dass der Empfänger bei dem Bezug von Waren oder Dienstleistungen eine Handlung vornehme oder unterlasse und dadurch **seine Pflichten gegenüber dem Unternehmen verletze**. Ziel der Vorschrift ist hier der Schutz der Interessen des Geschäftsherrn an der loyalen und unbeeinflussten Erfüllung der Pflichten durch seine Angestellten und Beauftragten. Nicht ausreichend für eine solche Pflichtverletzung ist allerdings allein die Annahme des Vorteils oder das bloße Verschweigen der Zuwendung gegenüber dem Geschäftsherrn etwa unter Verstoß beispielsweise gegen interne Compliance-Vorschriften des Unternehmens.[126] Eine **Genehmigung** der **76**

---

117 BGHSt 10, 269, 270.
118 *Krick*, in: MünchKomm-StGB, § 299 Rn. 25.
119 BGHSt 2, 396, 400 f.
120 BGH, NJW 1968, 1572, 1573.
121 RGSt 66, 16, 18; OLG Stuttgart, WRP 1974, 222, 225.
122 RGSt 68, 70, 76.
123 BGH, BB 1977, 264; BayObLG, NJW 1996, 268, 269.
124 BGH, NJW 2006, 3290 ff. (Allianz-Arena); vgl. auch BGHSt 49, 214, 228; BGH, NJW 2003, 2996, 2997.
125 Weitere Nachweise hierzu bei *Fischer*, StGB, § 299 Rn. 23 ff.
126 So ausdrücklich die Gesetzesbegründung, BR-Drucks. 25/15, 21.

Annahme des Vorteils durch den Geschäftsherrn ist zwar nicht ausdrücklich, wie in § 331 Abs. 3 StGB, geregelt; wenn der Geschäftsherr, der selbst nicht Adressat des § 299 StGB ist, eine Bevorzugung durch einen Angestellten oder Beauftragten jedoch genehmigt, hat dies die gleichen wirtschaftlichen Konsequenzen, lässt die Unlauterkeit entfallen und kann daher nicht anders zu bewerten sein, als wenn der Geschäftsherr selbst unmittelbar handelt. Die Zustimmung bzw. Genehmigung des Geschäftsherrn hat damit tatbestandsausschließende Wirkung.[127]

77   In der Praxis sind nicht selten Fallkonstellationen zu beobachten, in der der Zuwendende sich quasi genötigt fühlt, Vorteile zu gewähren, etwa wenn sich ein Unternehmen im Existenzkampf in einer Wettbewerbssituation befindet, in der die Mitbewerber Vorteile gewähren, um Aufträge zu erhalten und ohne Anpassung an eine solche Praxis eine Auftragserteilung gar nicht erst möglich erscheint. Insbesondere ist dieser Aspekt zu berücksichtigen, wenn der über die Vergabe entscheidende Angestellte die Vorteilsgewährung an ihn zur Vorbedingung für die Auftragserteilung macht. Im Einzelfall erscheint es da nicht fernliegend, auch über die Möglichkeit einer Rechtfertigung der Tathandlung, etwa über das Vorliegen eines **Nötigungsnotstandes** nachzudenken.[128] In der Praxis finden solche Konstellationen jedoch regelmäßig nur im Rahmen der Strafzumessung Berücksichtigung.

78   Obgleich die einfache „Klimapflege" bei der Bestechung im geschäftlichen Verkehr noch nicht strafbar ist und der Nachweis einer konkret vereinbarten unlauteren Bevorzugung als Gegenleistung schwerfällt, bietet die Bestechung im geschäftlichen Verkehr dennoch erhebliche **Compliance-Risiken**. Gerade im Bereich der wirtschaftlichen Kooperation „privater" Unternehmen bietet eine solche inkriminierte Einflussnahme auf Entscheidungsträger anderer Unternehmen einen starken „Hebel", um sich Vorteile im Wettbewerb zu verschaffen. Dazu kommt, dass viele Akteure zwar um die Kartellrechtswidrigkeit etwaiger Absprachen unter Wettbewerbern wissen, die Strafbarkeit der Einflussnahme auf die Vergabeentscheidung außerhalb des öffentlichen Bereichs jedoch häufig nicht bekannt ist und die Unternehmen eine dahingehende Vorsorge durch Compliance-Richtlinien oder Schulungen vernachlässigen. Werden derartige Handlungen dann jedoch aufgedeckt, häufig wiederum durch die steuerliche Betriebsprüfung, stehen die Folgen für das Unternehmen (Einziehung und Unternehmensgeldbuße) denen für die (harte) Amtsträgerbestechung nur geringfügig nach. Auch die Nichterfassung der schlichten Klimapflege bietet hier nur einen scheinbaren Schutz, da die Staatsanwaltschaften im Falle der Kenntnisnahme von Zuwendungen ab einer gewissen Größenordnung, regelmäßig bereits ab **200,00 EUR**, generell erst einmal einen Anfangsverdacht für das Vorliegen einer Bestechung im geschäftlichen Verkehr sehen und die „Unrechtsvereinbarung" dann erst im weiteren Verfahren aufklären (wollen). Selbst wenn der Nachweis der unlauteren Bevorzugung dann im Weiteren nicht gelingt, war das Unterneh-

---

127 A. A. *Fischer*, StGB, § 299 Rn. 42; LK-StGB/*Tiedemann*, § 299 Rn. 55.
128 Vgl. *Bernsmann/Gatzweiler*, Verteidigung bei Korruptionsfällen, 2014, Rn. 635.

men dennoch u. U. längere Zeit erst einmal Gegenstand eines Ermittlungsverfahrens mit allen damit verbundenen negativen Konsequenzen.

e) Bestechlichkeit im geschäftlichen Verkehr (§ 299 Abs. 1 StGB)

§ 299 Abs. 1 StGB bedroht die Bestechlichkeit eines Angestellten oder Beauf- **79** tragten im geschäftlichen Verkehr mit Strafe und erfasst damit spiegelbildlich das entsprechende Fordern, Sich-versprechen-lassen oder Annehmen eines Vorteils als Angestellter oder Beauftragter eines Unternehmens. Im Hinblick auf die Tatbestandsmerkmale kann insoweit auf die Ausführungen zur (aktiven) Bestechung im geschäftlichen Verkehr verwiesen werden, allerdings ist § 299 Abs. 1 StGB ein sog. Sonderdelikt, das nur von einem Angestellten oder Beauftragten eines Unternehmens verwirklicht werden kann. Da eine solche Tat eines Angestellten oder Beauftragten mangels Betriebsnützigkeit oder (beabsichtigter) Bereicherung des eigenen Unternehmens nicht mit dem Risiko der Einziehung oder der Verhängung einer Unternehmensgeldbuße behaftet ist, stellt die (passive) Bestechlichkeit eines Angestellten oder Beauftragten für das betroffene Unternehmen kein Compliance-Risiko im engeren Sinne dar. Dennoch besitzt auch eine solche Strafbarkeit natürlich Compliance-Relevanz, da gerade im Falle der Bestechlichkeit von Angestellten oder Beauftragten, die das Vertrauen der Unternehmensleitung (oder des Gesellschafters) genießen und auf deren Loyalität das Unternehmen angewiesen ist, erhebliche Schäden herbeigeführt werden können. Die Verhinderung und, soweit dies nicht gelingt, Aufdeckung solchermaßen unternehmensschädlicher Straftaten ist damit regelmäßig Ziel und Bestandteil interner Compliance-Management-Systeme.

f) Bestechung im Gesundheitswesen (§ 299b StGB)

Eine weitere Spezialvorschrift im Bereich der Korruption hat der Gesetzgeber **80** unlängst für die Akteure im als besonders korruptionsanfällig erkannten Gesundheitswesen durch das umstrittene Gesetz zur Bekämpfung von Korruption im Gesundheitswesen vom 14.4.2016[129] erlassen. Erforderlich geworden war die Spezialvorschrift, nachdem der Bundesgerichtshof in einer Entscheidung aus dem Jahre 2012[130] niedergelassene, für die vertragsärztliche Versorgung zugelassene Ärzte bei Wahrnehmung der ihnen in diesem Rahmen übertragenen Aufgaben weder als Amtsträger (§§ 331 ff. StGB) noch als Beauftragte der gesetzlichen Krankenkassen (§ 299 StGB) angesehen hat, mit der Folge dass die Korruptionstatbestände des Strafgesetzbuches für niedergelassene Vertragsärzte grundsätzlich nicht zur Anwendung kommen konnten. Insofern konnte etwa die Zahlung einer Prämie von einem Pharmaunternehmen an einen Arzt, um damit dessen Verschreibungsverhalten zugunsten eines bestimmten Präparats zu beeinflussen, nicht strafrechtlich geahndet werden. Die insoweit identifizierte Lü-

---

129 BGBl. I 2016, 1254; in Kraft seit dem 4.6.2016; vgl. BT-Drucks. 18/6446; BR-Drucks. 181/16.
130 BGH, Beschl. v. 29.3.2012, GSSt 2/11; BGHSt 57, 202.

cke bei der strafrechtlichen Bekämpfung von Korruption im Gesundheitswesen soll durch die Neuregelung der §§ 299a und b StGB geschlossen werden.

81 Die relativ neue Korruptionsvorschrift bezieht grundsätzlich alle Heilberufe ein, die für die Berufsausübung oder die Führung der Berufsbezeichnung eine staatlich geregelte Ausbildung erfordern, und gilt für Sachverhalte sowohl innerhalb als auch außerhalb des Bereichs der gesetzlichen Krankenversicherung. Die neuen Straftatbestände § 299a StGB (Bestechlichkeit im Gesundheitswesen) und § 299b StGB (Bestechung im Gesundheitswesen) sind der Struktur des § 299 StGB (Bestechlichkeit und Bestechung im geschäftlichen Verkehr) nachgebildet.

82 Nach § 299b StGB wird wegen Bestechung im Gesundheitswesen mit Freiheitsstrafe bis zu drei Jahren oder mit Geldstrafe bestraft, wer einem Angehörigen eines Heilberufs im Sinne des § 299a im Zusammenhang mit dessen Berufsausübung einen Vorteil für diesen oder einen Dritten als Gegenleistung dafür anbietet, verspricht oder gewährt, dass er (1.) bei der Verordnung von Arznei-, Heil- oder Hilfsmitteln oder von Medizinprodukten, (2.) bei dem Bezug von Arznei- oder Hilfsmitteln oder von Medizinprodukten, die jeweils zur unmittelbaren Anwendung durch den Heilberufsangehörigen oder einen seiner Berufshelfer bestimmt sind, oder (3.) bei der Zuführung von Patienten oder Untersuchungsmaterial ihn oder einen anderen im inländischen oder ausländischen Wettbewerb in unlauterer Weise bevorzuge. Geeignete Vorteilsempfänger im Sinne des § 299a StGB sind alle Angehörigen eines Heilberufes, der für die Berufsausübung oder die Führung der Berufsbezeichnung eine staatlich geregelte Ausbildung erfordert.

83 Die zunächst vorgesehene patientenschutzbezogene Handlungsmodalität eines „Verstoßes gegen berufsrechtliche Pflichten" ist im Laufe des Gesetzgebungsverfahrens wieder weggefallen mit der Folge, dass der neue § 299b StGB – anders als § 299 Abs. 2 StGB – nur noch wettbewerbsbezogene Handlungen erfasst. Darüber hinaus ist ebenfalls die zunächst vorgesehene Tathandlung der „Abgabe" von Arzneimitteln oder von Medizinprodukten nicht (mehr) vom Tatbestand erfasst mit der Folge, dass die Berufsgruppe der Apotheker aus dem Anwendungsbereich des Gesetzes herausgefallen ist. **Normadressat** sind damit sowohl die **akademischen Heilberufe**, deren Ausübung eine durch Gesetz und Approbationsordnung geregelte Ausbildung voraussetzt (Ärzte, Zahnärzte, Tierärzte, Psychologische Psychotherapeuten, Kinder- und Jugendpsychotherapeuten), als auch die sogenannten **Gesundheitsfachberufe** wie z. B. Gesundheits- und Krankenpfleger, Ergotherapeuten, Logopäden und Physiotherapeuten, deren Ausbildung ebenfalls gesetzlich geregelt ist.

84 **Vorteile** im Sinne der Vorschrift können neben schlichten Zahlungen etwa auch Einladungen zu Kongressen, die Übernahme der Kosten von Fortbildungsveranstaltungen[131] oder die Einräumung von Vermögens- oder Gewinnbeteiligungen

---

131 Vgl. BGH, Urt. v. 23.10.2002, 1 StR 541/01.

sein. Ein Vorteil kann zudem grundsätzlich auch im Abschluss eines Vertrages liegen, der Leistungen an den Täter zur Folge hat, und zwar selbst dann, wenn diese nur das angemessene Entgelt für die von ihm selbst aufgrund des Vertrags geschuldeten Leistungen sind.[132] Demnach kann auch in der Verschaffung von Verdienstmöglichkeiten, die beispielsweise in der Teilnahme an einer unangemessen vergüteten Anwendungsbeobachtung (einer sog. Marketingstudie)[133] und im Abschluss eines Behandlungsvertrags zu sehen sind, ein Vorteil liegen.

Das bloße Anbieten (Versprechen oder Gewähren) ist für die Strafbarkeit aller-   **85** dings nicht ausreichend, der Täter muss den Vorteil vielmehr als Gegenleistung für eine zumindest intendierte unlautere Bevorzugung im Wettbewerb anbieten, versprechen oder gewähren, erforderlich ist damit eine konkrete **Unrechtsvereinbarung** wie bei der Bestechlichkeit und Bestechung im geschäftlichen Verkehr gem. § 299 StGB. Da im Hinblick auf die neue Vorschrift der Bestechung im Gesundheitswesen gem. § 299b StGB einerseits erhebliche Unsicherheit und damit ein relevantes **Compliance-Risiko** besteht, andererseits der Anwendungsbereich auf die im Gesundheitswesen tätigen Unternehmen beschränkt ist, muss im Hinblick auf die Details auf vertiefende Literatur verwiesen werden.

g) Auslandskorruption

Wie bereits in der Einführung aufgezeigt, hat die **Internationalisierung der**   **86** **Korruptionsbekämpfung** das nationale Strafrecht erheblich beeinflusst. Der sich aus der offiziellen Strafverfolgungsstatistik[134] ergebende Eindruck einer nur geringen praktischen Relevanz täuscht. Nicht nur nimmt die Zahl der eingeleiteten Ermittlungsverfahren stetig zu, insbesondere der Umfang der einzelnen Verfahren sowie die Konsequenzen sind erheblich. Ebenso spürbar wächst die Nachfrage im Bereich der **Präventivberatung**, bspw. nach der rechtlichen Bewertung von Korruptionsrisiken beim Abschluss von Agentur- oder Beraterverträgen im Auslandsgeschäft. Dies betrifft keineswegs nur börsennotierte Unternehmen, die gem. § 91 Abs. 2 AktG ohnehin verpflichtet sind, ein entsprechendes Risikomanagement zu betreiben, sondern insbesondere exportorientierte kleine und mittelständische Unternehmen.[135] Seit einigen Jahren beherrschen allerdings in erster Linie die deutschen Konzerne die Schlagzeilen, die über eine US-amerikanische Börsenzulassung verfügen und insoweit aufgrund internationaler Korruptionspraktiken in das Visier der amerikanischen Behörden geraten sind. Im Bereich der internationalen Korruptionsbekämpfung bekleiden die USA bereits seit Jahren eine Vorreiterrolle, die sie nicht nur über ihre Gesetzge-

---

132 Vgl. BGH, Urt. v. 10.3.1983, 4 StR 375/82.
133 Vgl. hierzu BT-Drucks. 360/15, 16 m. w. N.
134 Einen Überblick über die Zahl der Ermittlungsverfahren im Ländervergleich und die bislang geringen Verurteilungszahlen geben die Antwort der Bundesregierung in BT-Drucks. 16/8463 sowie etwa der TI-Progress Report 2013 „Assessing Enforcement of the OECD Convention on Combating Foreign Bribery", www.transparency.org.
135 KfW-Wirtschaftsobserver, Ausgabe 34/2008, Wie international ist der deutsche Mittelstand?, www.kfw.de.

bung und den Einfluss auf die OECD, sondern auch und insbesondere mittels der Durchführung von Korruptionsverfahren gegen internationale Konzerne durchsetzen. Bereits im Jahr 1977 wurde mit dem **Foreign Corrupt Practices Act** (FCPA)[136] ein Bundesgesetz geschaffen, das es natürlichen Personen wie auch amerikanischen Unternehmen verbietet, geldwerte Vorteile an ausländische staatliche Amtsträger zu erbringen, die den Zweck haben, den Zuschlag für ein Geschäft zu bekommen oder eine Geschäftsbeziehung aufrechtzuerhalten. Darüber hinaus verpflichtet das Gesetz alle in den USA börsennotierten Unternehmen zu einer **den Antikorruptionsregeln** des FCPA **entsprechenden Buchführung**. Die Antikorruptionsverfahren des Justizministeriums (DOJ) und der Börsenaufsicht (**SEC**),[137] die bis zum Entzug der Börsenzulassung führen können, werden regelmäßig mit äußerst schmerzhaften **Unternehmensgeldbußen** (sowie der Verpflichtung zur Verbesserung der Compliance) abgeschlossen. Das sog. **forum shopping** der USA gerade in Korruptionsverfahren führt mitunter dazu, dass ausländische Unternehmen bereits dann der amerikanischen Strafjustiz unterliegen, wenn sie in den USA börsennotiert sind, selbst wenn sämtliche Korruptionshandlungen außerhalb der USA erfolgt sind. Etwa im Fall Daimler hat dies den USA – im Wege eines Vergleichs mit Justizministerium und SEC – Unternehmensgeldbußen i.H.v. 185 Mio. USD in die Kassen gespült. Im Fall Siemens[138] hat ein US-Bundesgericht den börsennotierten Konzern im Jahr 2008 zu einer Unternehmensgeldbuße von 450 Mio. USD an das US-Justizministerium und einer Gewinnabschöpfung von 350 Mio. USD an die SEC, mithin einer Gesamtsumme von 800 Mio. USD, verurteilt.[139] In Deutschland hat Siemens wegen seiner (Auslands-)Korruptionspraktiken eine Unternehmensgeldbuße wegen Verletzung der Aufsichtspflicht durch den früheren Gesamtvorstand[140] von weiteren 395 Mio. EUR akzeptiert, nachdem bereits im Jahr 2007 eine Geldbuße i.H.v. 201 Mio. EUR wegen Verstößen im Geschäftsbereich Communications verhängt worden war. Die zunehmenden Aktivitäten der US-amerikanischen Behörden als „Weltpolizist" (auch) im Bereich der Korruptionsbekämpfung treffen jedoch zunehmend auf Vorbehalte,[141] wenngleich mittelfristig eine „Amerikanisierung der Korruptionsbekämpfung" nicht zuletzt aufgrund der profiskalischen Effekte wohl auch in Deutschland zu erwarten ist. Ähnliches gilt auch für das Vereinigte Königreich. Der **UK Bribery Act 2010** weist insoweit nicht nur eine

---

136 Title 15 U.S.C. §§ 78dd-1 ff., www.justice.gov/criminal/fraud/fcpa (zuletzt abgerufen am 29.1.2020).

137 US Securities and Exchange Commission, US-Börsenaufsicht.

138 Vgl. Presseerklärung der Siemens AG Corporate Communications/Compliance Communications vom 27.1.2009.

139 Gleichwohl erfolgte die Verurteilung lediglich wegen Rechnungslegungsverstößen und nicht wegen Korruption, um Siemens so die Möglichkeit zu erhalten, öffentliche Aufträge in den USA zu bekommen.

140 §§ 30, 130 OWiG.

141 „SEC-Ermittler als Weltpolizisten gegen Korruption", Spiegel-Online vom 6.4.2010 m.w.N.; mehrere deutsche Konzerne, etwa E.ON, Infineon sowie Allianz haben zwischenzeitlich wieder auf ihre US-Börsenzulassung verzichtet.

Strafvorschrift für Unternehmen für die unterlassene Verhinderung von Bestechung auf (§ 7), er erklärt eine solche Norm auch auf ausländische, mithin auch deutsche Unternehmen für anwendbar, wenn bei einer Tathandlung auch nur ein allgemeiner Bezug zu Großbritannien besteht, etwa ein Bevollmächtigter dort gehandelt hat (§ 12 Abs. 5).[142]

Der deutsche Gesetzgeber hat zwischenzeitlich die internationalen Vorgaben[143] zur Erweiterung der Anwendbarkeit der Korruptionsvorschriften auf den internationalen Bereich umgesetzt mit der Folge, dass die Auslandsbestechung nach deutschem Recht strafbar ist und in Deutschland strafrechtlich verfolgt werden kann und in der Praxis auch wird. Bis in das Jahr 2015 geschah dies durch eine komplizierte Erweiterung des Anwendungsbereiches der Korruptionsvorschriften des StGB durch zwei eigenständige Gesetze, das Gesetz zur Bekämpfung internationaler Bestechung (**IntBestG**)[144] sowie das EU-Bestechungsgesetz (**EU-BestG**).[145] Diese Gesetze haben die Anwendbarkeit des Amtsträgerbegriffes auch auf internationale Amtsträger, die Amtsträger von EU-Mitgliedstaaten sowie auf bestimmte Gemeinschaftsbeamte, Mitglieder der Kommission und des Rechnungshofes der europäischen Gemeinschaften ausgeweitet. Des Verweises auf die Vorschriften des IntBestG sowie des EuBestG bedarf es seit November 2015 nicht mehr, da der Gesetzgeber durch das Gesetz zur Bekämpfung der Korruption die Erweiterungen des Amtsträgerbegriffes zwischenzeitlich – jedenfalls zum größten Teil – in das StGB (§§ 11 Abs. 1 Nr. 2a, 331 ff., 335a StGB) übernommen hat.[146] Gegenstand der Bestechung und auch der Vorteilsgewährung können nunmehr ausweislich des Wortlautes der §§ 331 ff. StGB auch sog. „**Europäische Amtsträger**" sein. Europäische Amtsträger sind ausweislich der neuen Legaldefinition des § 11 Abs. 1 Nr. 2 a StGB Beamte oder sonstige Bedienstete der Europäischen Union sowie die Mitglieder der Europäischen Kommission, der Europäischen Zentralbank, des Rechnungshofs oder eines Gerichts der Europäischen Union.[147]

87

Für die Anwendung der Strafvorschriften über die **Bestechung** (und Bestechlichkeit) – nicht jedoch der schlichten Vorteilsgewährung (s.o.) – stellt **§ 335a**

88

---

142 UK Bribery Act of 8th April 2010; vgl. http://www.legislation.gov.uk/ukpga/2010/23/contents (zuletzt abgerufen am 29.1.2020).

143 So insbes. das OECD-Übereinkommen über die Bekämpfung der Bestechung ausländischer Amtsträger im internationalen Geschäftsbereich vom 17.12.1997.

144 Gesetz zur Bekämpfung internationaler Bestechung, BGBl. II, 2327; III, 450-28, abgedr. in: *Fischer*, StGB, Anh. 22.

145 Gesetz zu dem Protokoll vom 27.9.1996 zum Übereinkommen über den Schutz der finanziellen Interessen der europäischen Gemeinschaften (EUBestG), BGBl. II 1998, 2340, in Kraft getreten am 22.9.1998.

146 Gesetz zur Bekämpfung der Korruption v. 20.11.2015, BGBl. I 2015, 2025.

147 Sowie Beamte oder sonstige Bedienstete einer auf der Grundlage des Rechts der Europäischen Union geschaffenen Einrichtung oder mit der Wahrnehmung von Aufgaben der Europäischen Union oder von Aufgaben einer auf der Grundlage des Rechts der Europäischen Union geschaffenen Einrichtung beauftragte Personen.

Abs. 1 StGB (n. F.) darüber hinaus nunmehr generell bestimmte „**ausländische und internationale Bedienstete**" den inländischen Amtsträgern gleich. Ausweislich § 335a Abs. 1 Satz 2 StGB erstreckt sich die Gleichstellung mit einem (deutschen) Amtsträger auf a) Bedienstete eines ausländischen Staates (sowie Personen, die beauftragt sind, öffentliche Aufgaben für einen ausländischen Staat wahrzunehmen), b) Bedienstete einer internationalen Organisation (sowie Personen, die beauftragt sind, Aufgaben einer internationalen Organisation wahrzunehmen) sowie c) Soldaten eines ausländischen Staates und Soldaten, die beauftragt sind, Aufgaben einer internationalen Organisation wahrzunehmen. Für die Beamten und sonstigen Bediensteten ausländischer und internationaler Behörden wird, anders als bisher, nicht mehr der Begriff „Amtsträger", sondern nur noch der einheitliche Begriff „**Bedienstete**" verwendet. Ausländische und internationale Beamte sind von dem Begriff „Bedienstete" allerdings miterfasst.[148]

89 Da § 335a Abs. 1 StGB nur die Anwendbarkeit der §§ 332 und 334 StGB (also die Bestechlichkeit und Bestechung) auf Bedienstete ausländischer und internationaler Behörden erstreckt, ist insoweit das Vorliegen einer sog. Unrechtsvereinbarung erforderlich, das Verhalten muss sich also auf eine pflichtwidrige Diensthandlung als Gegenleistung für den gewährten Vorteil beziehen. Gegenüber Bediensteten ausländischer und internationaler Behörden ist damit weiterhin nur die Bestechung i. S. v. § 334 StGB und nicht bereits die einfache Vorteilsgewährung strafbar. Ein neues, nicht zu unterschätzendes **Compliance-Risiko** ergibt sich jedoch daraus, dass die (schlichte) Vorteilsgewährung i. S. v. § 333 StGB, also auch Maßnahmen der sog. Klimapflege, nunmehr auch gegenüber Europäischen Amtsträgern (§ 333 Abs. 1 i.V.m. § 11 Abs. 1 Nr. 2a StGB)[149] strafbewehrt ist.

90 Für solche im Ausland begangenen Korruptionsstraftaten gilt das deutsche Strafrecht unabhängig vom Recht des Tatorts, wenn ein besonderer Inlandsbezug besteht. Ein solcher Inlandsbezug besteht gem. § 5 Nr. 15 StGB, wenn der Täter zur Zeit der Tat Deutscher ist, er Europäischer Amtsträger ist und seine Dienststelle ihren Sitz in Deutschland hat oder die Tat gegenüber einem (deutschen) Amtsträger oder einem Europäischen Amtsträger oder einer nach § 335a StGB gleichgestellten Person begangen wird, die zur Zeit der Tat Deutsche ist.

91 Auch die Anwendbarkeit der Bestechung im geschäftlichen Verkehr gem. § 299 StGB ist auf Auslandssachverhalte erstreckt worden. Bis November 2015 war dies ausdrücklich in **§ 299 Abs. 3 StGB** (Erfassung von Auslandssachverhalten) geregelt, mit Wirkung ab dem 26.11.2015 sieht der (neue) Tatbestand des § 299 StGB als Tathandlung die unlautere Bevorzugung eines anderen „im inländischen oder ausländischen Wettbewerb" vor. Da der Tatbestand keine Beschränkung auf deutsche Angestellte und Beauftragte sowie auf deutsche Unternehmen

---

148 BT-Drucks. 18/4350, 24.

149 Sowie gem. § 335a Abs. 3 StGB gegenüber Soldaten und Bediensteten der in der Bundesrepublik Deutschland stationierten NATO-Truppen.

enthält, findet er auch bei Taten von ausländischen Angestellten und Beauftragten ausländischer Unternehmen Anwendung. Trotz der Erweiterung des Schutzbereichs des § 299 StGB auf den ausländischen Wettbewerb bleibt die Frage der Anwendbarkeit der Auslandsbestechung im privaten Sektor jedenfalls im Falle von im Ausland begangenen Handlungen im Einzelfall problematisch, eine Anwendungsvorschrift, wie in § 5 Nr. 15 StGB für die §§ 331 ff. StGB vorgesehen, besteht für § 299 StGB nicht. Die allgemeinen Grundsätze der §§ 3 ff. StGB, das sog. **innerstaatliche Strafanwendungsrecht**, bleiben damit im Einzelfall zu berücksichtigen.[150] Für die Frage der Anwendbarkeit deutschen Rechts ist bei Auslandstaten gem. § 7 Abs. 1 und 2 StGB daher weiterhin die **jeweilige lokale Rechtslage** zur Strafbarkeit der Korruption im privaten Sektor von Bedeutung.

Compliance-Risiken ergeben sich bei der Auslandskorruption damit nicht nur **92** im Falle der konkreten (Auslands-)Bestechung, für die unzweifelhaft ein Gerichtsstand in Deutschland vorliegt, sondern neuerdings auch aus ehedem – jedenfalls nach deutschem Recht – im Ausland nicht strafbaren Handlungen, nämlich der Vorteilsgewährung, die mit Wirkung ab dem 26.11.2015 gegenüber einem Europäischen Amtsträger ebenfalls strafbar ist.

Regelmäßig unter den Tatbestand der (Auslands-)Bestechung subsumiert werden **93** können die im internationalen Geschäft nicht unüblichen sog. **facilitation payments** bzw. **expediting payments** (Erleichterungs- und Beschleunigungszahlungen), da hier nicht nur Klimapflege betrieben wird, sondern relativ konkret eine pflichtwidrige Gegenleistung, nämlich die bevorzugte Behandlung oder Abfertigung, vereinbart wird. Natürlich gibt es auch Fälle, in denen der (deutsche) Unternehmer Opfer eines Machtmissbrauchs des ausländischen Amtsträgers wird und dieser ihm die Zahlung quasi abpresst. In einem solchen Fall handelt der Zahlende weniger, um sich einen unbilligen Vorteil im internationalen geschäftlichen Verkehr zu verschaffen, sondern um Schaden von seinem Unternehmen abzuwenden, er befindet sich in einer Art Nötigungsnotstand. Zahlt der Vorteilsgeber etwa nicht für die Vornahme einer Diensthandlung, sondern für die Unterlassung einer rechtswidrigen (gar willkürlichen) Diensthandlung, nämlich der verzögerten Abfertigung mangels Zahlung, fehlt es u. U. sogar an einer Unrechtsvereinbarung. Die von § 334 StGB geforderte Pflichtwidrigkeit der (gekauften) Diensthandlung läge hier gerade nicht vor, wenn der ausländische Amtsträger aufgrund der Zahlung eine rechtswidrige Diensthandlung unterlässt, sich also rechtmäßig verhält. Die Vorteilshingabe für eine rechtmäßige Diensthandlung hingegen stellt aber lediglich eine Vorteilsgewährung i. S. v. § 333 StGB dar, die wiederum nur gegenüber europäischen Amtsträgern strafbewehrt ist. Dennoch liegt auf der Hand, dass auch solche Zahlungen ein immenses Compliance-Risiko beinhalten, da das Finanzamt eine solche Zahlung natürlich in Frage stellen würde und eine Staatsanwaltschaft in einem solchen Fall natürlich ermitteln und hier quasi eine Art Beweislastumkehr entstehen würde.

---

150 So bereits zur Vorschrift des § 299 Abs. 3 StGB: *Fischer*, StGB, § 299 Rn. 3 m. w. N.

h) Korruptionsdelikte im weiteren Sinne

94 Das **Gewähren oder Versprechen von Vorteilen im Zusammenhang mit einer Betriebsratswahl** gem. § 119 Abs. 1 BetrVG kann durchaus als Korruptionsdelikt im weiteren Sinne verstanden werden. Gemäß § 119 Abs. 1 BetrVG[151] wird mit Freiheitsstrafe bis zu einem Jahr oder mit Geldstrafe bestraft, wer eine Wahl des Betriebsrats (sowie weiterer im Gesetz genannter Einrichtungen) behindert oder durch Zufügung oder Androhung von Nachteilen oder durch Gewährung oder Versprechen von Vorteilen beeinflusst (Nr. 1) oder ein Mitglied oder ein Ersatzmitglied des Betriebsrats, des Gesamtbetriebsrats, des Konzernbetriebsrats (und anderer im Gesetz genannter Einrichtungen) um seiner Tätigkeit willen benachteiligt oder begünstigt (Nr. 3).[152] § 119 Abs. 1 BetrVG bedroht die Verhaltensweisen mit Strafe, die gem. § 20 Abs. 1 und 2 BetrVG verboten sind. Das Wahlbeeinflussungsverbot des § 20 Abs. 2 BetrVG, das auch den eigentlichen Abstimmungsvorgang vorbereitende Maßnahmen umfasst, bezieht sich auf die Freiheit der inneren Willensbildung der Arbeitnehmer bei der Ausübung ihres Wahlrechts. Insoweit besteht eine „strikte Neutralitätspflicht" des Arbeitgebers.

95 Aufmerksamkeit erfuhr die Strafnorm des § 119 Abs. 1 BetrVG nicht zuletzt in dem sog. „**VW-Verfahren**", in welchem der Konzernbetriebsratsvorsitzende durch das Landgericht Braunschweig im Jahre 2008 wegen Anstiftung zur Begünstigung eines Mitglieds eines Betriebsrats sowie eines Mitglieds eines europäischen Betriebsrats (§ 119 BetrVG, § 26 StGB) in Tateinheit mit Beihilfe zur Untreue zu einer Gesamtfreiheitsstrafe von 2 Jahren und 9 Monaten verurteilt wurde. Der „Vorteilsgeber", der ehemalige Personalvorstand des VW-Konzerns, war bereits vorab zu einer Freiheitsstrafe verurteilt worden. Das Vorstandsmitglied hatte ohne Kenntnis der weiteren Vorstände Sonderbonuszahlungen an den Betriebsratsvorsitzenden in der Hoffnung veranlasst, damit dessen Wohlwollen zu gewinnen. Darüber hinaus übernahm die VW AG für den Konzernbetriebsratsvorsitzenden in 27 Fällen die Kosten für die Buchung privater Reisen und Hotelaufenthalte, die Übernahme von Telefonkosten, Kosten für Mietfahrzeuge, die Bezahlung eines Maßanzugs und der Dienste von Prostituierten in einem Umfang von rund 230.000,00 EUR. Der BGH hat die Verurteilung wegen Verstoßes gegen § 119 BetrVG wegen Fehlens eines Strafantrags gem. § 119 Abs. 2 BetrVG zwar aufgehoben, die Verurteilung wegen Untreue jedoch bestätigt.[153]

---

151 Betriebsverfassungsgesetz i. d. F. d. Bek. vom 25.9.2001, BGBl. I, 2518, zuletzt geändert durch Art. 3 Abs. 4 des Gesetzes vom 20.4.2013 (BGBl. I, 868); vgl. auch § 44 Abs. 1 Nr. 2 EBRG – Begünstigung eines Mitglieds eines europäischen Betriebsrats.

152 Die Nr. 2. des § 119 Abs. 1 BetrVG betrifft die Behinderung oder Störung der Tätigkeit des Betriebsrats oder anderer betriebsverfassungsrechtlich relevanter Einrichtungen und ist hier nicht weiter relevant.

153 BGHSt 54, 148 ff.; zur Strafbarkeit der Förderung und des Aufbaus einer unternehmensfreundlichen Aktionsgemeinschaft von Betriebsangehörigen mit dem Ziel der Einflussnahme auf die Zusammensetzung von Betriebsräten und Mitbestimmungsorganen („Arbeitsge-

Praktische Bedeutung erlangt die Strafnorm des § 119 Abs. 1 BetrVG jedoch, **96** auch wenn eine unmittelbare Bestrafung im Regelfall am Fehlen des Strafantrages scheitert, mittelbar für die Frage einer unternehmensnützigen Steuerhinterziehung gem. § 370 AO. Wenn nämlich Zahlungen des Unternehmens an den Betriebsrat den Tatbestand des § 119 Abs. 1 Nr. 1 BetrVG erfüllen, handelt es sich bei solchen Zahlungen um die Zuwendung von Vorteilen, die als rechtswidrige Handlungen gem. § 4 Abs. 5 Nr. 10 EStG, § 8 Abs. 1 Satz 1 KStG nicht als Betriebsausgaben abziehbar sind. Ist ein solcher Betriebsausgabenabzug allerdings erfolgt, ist darin unabhängig von der Verfolgbarkeit des Verstoßes gegen § 119 BetrVG, wie etwa im Fall **Siemens/AUB**, möglicherweise eine Steuerhinterziehung zu sehen.[154]

Ebenfalls einen Korruptionstatbestand im weiteren Sinne stellt die in der Praxis **97** wenig bekannte „**Vorteilsannahme und -gewährung" in der Hauptversammlung** dar, die aber immerhin mit einer Geldbuße von bis zu 25.000,00 EUR geahndet werden kann. Gem. **§ 405 Abs. 3 Nr. 6 AktG** handelt ordnungswidrig, wer besondere Vorteile als Gegenleistung dafür fordert, sich versprechen lässt oder annimmt, dass er bei einer Abstimmung in der Hauptversammlung oder in einer gesonderten Versammlung nicht oder in einem bestimmten Sinne stimme (Vorteilsannahme). Gem. **§ 405 Abs. 3 Nr. 7 AktG** handelt ordnungswidrig, wer besondere Vorteile als Gegenleistung dafür anbietet, verspricht oder gewährt, dass jemand bei einer Abstimmung in der Hauptversammlung oder in einer gesonderten Versammlung nicht oder in einem bestimmten Sinne stimme (Vorteilsgewährung). Als besonderes Compliance-Risiko ist auch hier die steuerliche Behandlung derartiger Zuwendungen zu berücksichtigen.

2. Untreue (§ 266 StGB)

Der Tatbestand der Untreue gem. § 266 Abs. 1 StGB, also die Verletzung einer **98** Vermögensbetreuungspflicht gegenüber dem Treugeber, häufig einem Unternehmen, und die damit verbundene Herbeiführung eines Vermögensschadens, erfolgt im Regelfall im Eigeninteresse des Täters und zum Nachteil des Unternehmens und stellt damit prima vista kein Compliance-Risiko im engeren Sinne für das Unternehmen dar. Gerade im Zusammenhang mit Korruptionsstraftaten stellt sich jedoch häufig auch eine Untreuestrafbarkeit der Unternehmensverantwortlichen ein. Dies liegt daran, dass der Unternehmer, noch weniger der eigenmächtig handelnde Mitarbeiter, das benötigte Bestechungsgeld regelmäßig nicht aus dem (eigenen) versteuerten Einkommen aufwenden möchte. Das zu zahlende Bestechungsgeld muss also insbesondere bei einer beabsichtigten Bestechung aus dem Unternehmen heraus zunächst einmal generiert werden. Bereits diese Generierung des Bestechungsgeldes entweder am Arbeitgeber oder an der Steu-

---

meinschaft Unabhängiger Betriebsangehöriger – AUB e. V.") durch Verantwortliche der Siemens AG, vgl. LG Nürnberg-Fürth, ArbuR 2010, 35 ff.

154 BGH, Beschl. v. 13.9.2010, 1 StR 220/09 (Siemens/AUB „*Schelsky*") mit grundlegenden Ausführungen zu § 119 BetrVG, BGHSt 55, 288.

er vorbei birgt aber bereits erhebliche strafrechtliche Risiken unter dem Aspekt der Untreue.

99 Auf der anderen Seite, der Seite des Bestochenen, steht erhaltenes Bestechungsgeld regelmäßig der vertretenen Institution, etwa dem Unternehmen, zu. Die Einbehaltung des Bestechungsgeldes (um welches der vergebene Auftrag regelmäßig überhöht erteilt wurde) stellt ebenso wie die überteuerte Vergabe des Auftrags eine Treuepflichtverletzung dar, die regelmäßig zu einem Vermögensschaden beim Unternehmen und damit zu einer Strafbarkeit des Empfängers wegen Untreue gem. § 266 Abs. 1 StGB zum Nachteil des Treugebers führt.

a) Generierung von Bestechungsgeld

100 Aufgrund der hohen Kontrolldichte insbesondere bei größeren Kapitalgesellschaften gestaltet sich bereits die unverdächtige Generierung potenzieller Bestechungsgelder, vornehmer umschrieben als „nützliche Aufwendungen" (NA), innerhalb des Unternehmens als schwierig. Bislang war es nicht unüblich, eine **Vermittlungsprovision** auszukehren oder **Beraterverträge** mit Vermittlern abzuschließen, die keine oder keine adäquate Beratungsleistung erbringen, sondern das Beraterhonorar an den eigentlichen Empfänger weiterleiten. Derartige Vermittlungsprovisionen oder Beraterhonorare wurden als gewinnmindernde und damit steuerreduzierende Betriebsausgaben angesetzt. Diese „althergebrachte" Methode der Zahlung von Vermittlungsprovisionen oder des Abschlusses von Beraterverträgen führt zwar zunächst zu einem Betriebsausgabenabzug, wird jedoch im Rahmen steuerlicher Betriebsprüfungen zunehmend als korruptionsrelevant erkannt. In der neueren Praxis sind dann alternativ (Rest-)Beträge aus Auslandsaufträgen nicht nach Deutschland, sondern an der offiziellen Buchhaltung vorbei auf Konten, an Treuhänder oder an Stiftungen in üblicherweise rechtshilfeaversen Drittländern (sog. Steueroasen) transferiert worden. Ebenso festzustellen ist die Bestückung solcher schwarzen Kassen über die Einschaltung eines (unnötigen) Zwischenhändlers in derartigen Drittländern, der im Rahmen eines Streckengeschäfts als Kaufpreisempfänger fungiert und den Differenzbetrag zum eigentlichen Kaufpreis entweder aus steuerlichen oder anderen Gründen einbehält. Aus einer solchen verdeckten bzw. **schwarzen Kasse** heraus ist die Bezahlung von nützlichen Aufwendungen, Beschleunigungsgeldern oder auch Kickbacks ohne Kenntnisnahme der deutschen Behörden möglich. Der Tatbestand der **Untreue** kann jedoch durchaus bereits erfüllt sein, wenn Angestellte einer Kapitalgesellschaft dieser ohne wirksame Einwilligung Vermögenswerte entziehen, um sie nach Maßgabe eigener Zwecksetzung, wenn auch möglicherweise im (vermeintlichen) Interesse der Gesellschaft zu verwenden (sog. „Kriegskasse"). Hierbei ist bereits, so die Rechtsprechung,[155] darauf abzustellen, dass es unterlassen wird, die auf verdeckt geführten Konten verborgenen Geldmittel gegenüber dem Unternehmen zu offenbaren, indem sie als Aktiva in die Buchführung eingestellt werden, um den Anforderungen der Bilanzwahrheit zu

---

155 BGHSt 55, 266 („*Trienekens*"); BGHSt 52, 323 („*Siemens/ENEL*") = NJW 2009, 89.

genügen. Mit Urteil vom 29.8.2008 hat der BGH insoweit wegweisend entschieden, dass das Führen einer verdeckten Kasse nicht nur einen Gefährdungsschaden, sondern einen **endgültigen Vermögensschaden** i. S. v. § 266 Abs. 1 StGB herbeiführt.[156] Im Fall des Führens einer schwarzen Kasse kann die Berechtigte (Gesellschaft) auf die verborgenen Vermögenswerte keinen Zugriff nehmen. Die Absicht, die Geldmittel – ganz oder jedenfalls überwiegend – bei späterer Gelegenheit im Interesse der Gesellschaft einzusetzen, insbesondere um durch verdeckte Bestechungszahlungen Aufträge zu akquirieren und der Gesellschaft so mittelbar zu einem Vermögensgewinn zu verhelfen, sei hierfür ohne Belang.

Eine untreuerelevante Pflichtwidrigkeit kann im Einzelfall allerdings ausgeschlossen sein, wenn eine wirksame **Einwilligung** der Vermögensinhaber vorliegt.[157] Bei juristischen Personen tritt an die Stelle des Vermögensinhabers dessen oberstes Willensorgan für die Regelung der inneren Angelegenheiten, im Fall einer **GmbH** also die Gesamtheit ihrer Gesellschafter. Nach der neueren Rechtsprechung des Bundesgerichtshofs kommt jedoch nur dem Einverständnis sämtlicher Gesellschafter einer Kapitalgesellschaft oder einem (Mehrheits-)Beschluss, wenn die Minderheitsgesellschafter jedenfalls gehört worden sind, tatbestandsausschließende Wirkung zu.[158] Bei einer Aktiengesellschaft ist Voraussetzung für ein strafrechtlich bedeutsames Einverständnis, dass es entweder von dem Alleinaktionär oder von der Gesamtheit der Aktionäre durch einen Beschluss der **Hauptversammlung** über die Verwendung des Bilanzgewinns erteilt worden ist, nicht gegen Rechtsvorschriften verstößt oder aus sonstigen Gründen ausnahmsweise als unwirksam zu bewerten ist.[159] Die Herbeiführung einer rechtswirksamen Einwilligung ist mithin schwierig und stellt compliance-technisch aufgrund der problematischen Verwendungsabsicht ohnehin keine Lösung dar.

101

b) Zahlung von Bestechungsgeld

Die Zahlung von Bestechungsgeld, sei es unmittelbar als Barzuwendung oder als Vermittlungsprovision bzw. Beraterhonorar, kann sich ebenfalls als untreuerelevant darstellen. Widerspricht die Hingabe von Vermögenswerten zum Zwecke der Bestechung bereits dem Willen des Vermögensinhabers, liegt unzweifelhaft ein pflichtwidriges Verhalten i. S. v. § 266 StGB vor. Ein solcher entgegenstehender Wille kann sich im Unternehmensbereich insbesondere aus dahingehenden Compliance-Erklärungen (sog. **Compliance Commitments**) ergeben.[160]

102

Erfolgt die Bestechungshandlung jedoch mit Einwilligung des Vermögensinhabers, ist das Vorliegen einer Pflichtwidrigkeit i. S. v. § 266 StGB zweifelhaft, so-

103

---

156 BGHSt 52, 323, 338 („*Siemens/ENEL*"); ebenso 55, 266.
157 Vgl. *Saliger/Gaede*, HRRS 2008, 57, 69; vgl. auch *Dierlamm*, in: MünchKomm-StGB, § 266 Rn. 143; *Fischer*, StGB, § 266 Rn. 90 ff.
158 BGHSt 55, 266 für die GmbH; 50, 331, 342 für die AG.
159 BGHSt 50, 331; 55, 266.
160 Zur Frage der Ernsthaftigkeit solcher Erklärungen *Ransiek*, StV 2009, 321.

weit etwa aufgrund des Einsatzes des Bestechungsgeldes ein gewinnbringender Auftrag generiert wird. Erfolgt die Gegenleistung (der gewinnbringende Auftrag) nicht, liegt ein Vermögensschaden vor. Erfolgt die Gegenleistung jedoch, liegt prima vista zwar kein Vermögensschaden i. S. v. § 266 Abs. 1 StGB vor, die Gegenleistung ist dann aber immer noch mit dem Risiko der Anfechtbarkeit und dem Risiko strafprozessualer Maßnahmen, etwa der Einziehung des Erlangten gem. § 73 Abs. 1 Satz 1 StGB, behaftet.[161] Die Gegenleistung ist somit um das Entdeckungsrisiko gemindert.[162] Nicht nur, da diese Rechtsfrage in der Rechtsprechung des BGH sowie des BVerfG in hohem Maße umstritten ist,[163] sondern insbesondere, da eine Konstellation, in der ein Bestechungsgeld nicht der Strafdrohung der §§ 299, 331 ff., 335a StGB unterliegt, kaum mehr denkbar ist, kann ein dahingehendes Einverständnis unter Compliance-Aspekten ohnehin nicht erteilt werden.

104 Nach der Rechtsprechung des BGH liegt auch bei der Vereinbarung von Schmiergeldzahlungen in Form eines prozentualen Preisaufschlags regelmäßig ein Nachteil i. S. d. § 266 Abs. 1 StGB vor.[164] Diese Rechtsprechung beruht auf der Erwägung, dass jedenfalls mindestens der Betrag, den der Vertragspartner für Schmiergelder aufwendet, auch in Form eines Preisnachlasses dem Geschäftsherrn des Empfängers hätte gewährt werden können.[165] Bei der Auftragserlangung durch Bestechung im geschäftlichen Verkehr bildet deshalb der auf den Preis aufgeschlagene Betrag, der lediglich der Finanzierung des Schmiergeldes dient, regelmäßig die Mindestsumme des beim Auftraggeber entstandenen Vermögensnachteils i. S. v. § 266 Abs. 1 StGB. Inwieweit andere Anbieter noch teurere Angebote eingereicht haben, soll, so der BGH, demgegenüber unerheblich sein.[166]

105 Die Erbringung von korruptiven Zahlungen (vulgo: Schmiergeld) stellt sich damit ebenso wie die Entgegennahme von Bestechungsgeld regelmäßig als Treuepflichtverletzung gegenüber dem eigenen Unternehmen dar. In (fast) jedem Korruptionssachverhalt findet sich daher auch eine Untreuestrafbarkeit gem. § 266 Abs. 1 StGB. Die Untreue dient in der Praxis nicht selten als **Auffangtatbestand** in Fällen mangelnder strafrechtlicher Relevanz i. S. d. §§ 331 ff. StGB oder auch in Fällen mangelnder Beweisbarkeit.

---

161 Vgl. BGHSt 50, 299 ff.
162 Selbst darin muss aber noch kein Schaden liegen. So verweist *Ransiek* (StV 2009, 321, 322 m. w. N.) auf einen Fall aus dem Bereich Siemens, in dem der Einsatz von 6 Mio. EUR Bestechungsgeld zu einem (Vorsteuer-)Gewinn von über 100 Mio. EUR geführt habe, jedoch „lediglich" ein Verfall (heute: Einziehung) i. H. v. 38 Mio. EUR angeordnet worden sei.
163 BGHSt 52, 323 ff.; BVerfGE 126, 170; BVerfGE 130, 1, Rn. 174; vertiefend: *Böttger*, Wirtschaftsstrafrecht in der Praxis, 2. Aufl. 2015, 331 ff.
164 BGHSt 50, 299 ff.; 47, 295, 298 f.; 49, 317, 332 f.
165 Vgl. *Raum*, in: Wabnitz/Janovsky, Handbuch des Wirtschafts- und Steuerstrafrechts, 4. Aufl. 2014, 319 m. w. N.
166 BGHSt 50, 299 ff.; BGH, wistra 2001, 295, 296.

3. Steuerverkürzung (§§ 370 ff. AO)

Die Verkürzung von Unternehmenssteuern stellt nicht nur als solche ein erhebliches Compliance-Risiko dar, gerade hier befindet sich das Einfallstor für die Aufdeckung anderweitiger im Unternehmen schlummernder Compliance-Risiken. **106**

Im Hinblick auf die Hauptproblemfelder einer Steuerverkürzung im Unternehmensinteresse, mithin dem eigentlichen steuerlichen Compliance-Risiko, so in erster Linie der Umsatzsteuerverkürzung, der Lohnsteuerverkürzung sowie der Körperschaftssteuerverkürzung, kann auf die ausführliche Darstellung im Kapitel 25 **Tax Compliance** verwiesen werden. Die Tatsache, dass die vorsätzliche oder auch nur leichtfertige Verkürzung von Unternehmenssteuern im (vermeintlichen) Unternehmensinteresse per se ein Compliance-Risiko darstellt, dürfte auf der Hand liegen. Im Falle einer vorsätzlich begangenen Steuerhinterziehung droht den Unternehmensverantwortlichen gem. § 370 Abs. 1 AO ein Strafmaß von bis zu fünf Jahren Freiheitsstrafe, in besonders schweren Fällen sogar Freiheitsstrafe von sechs Monaten bis zu zehn Jahren. Ein solcher besonders schwerer Fall liegt in der Regel bereits vor, wenn der Täter Steuern „in großem Ausmaß" verkürzt oder nicht gerechtfertigte Steuervorteile in entsprechender Höhe erlangt hat (§ 370 Abs. 3 Satz 2 Nr. 1 AO). Ein großes Ausmaß ist nach der Rechtsprechung des BGH mittlerweile bei jeder Steuerhinterziehung über 50.000,00 EUR erreicht.[167] Die frühere Unterscheidung zwischen Gefährdung des Steueranspruchs durch Verschweigen steuerpflichtiger Einkünfte und Umsätze (Wertgrenze 100.000,00 EUR) und echtem Vermögensverlust durch Erschleichen ungerechtfertigter Erstattungen (Wertgrenze 50.000,00 EUR) wurde durch den BGH ausdrücklich aufgehoben. Das Erreichen der Schwelle des „großen Ausmaßes" ist allerdings für jede einzelne Tat im materiellen Sinne, also etwa für jeden Erklärungszeitraum, gesondert zu bestimmen.[168] Infolge der zunehmend restriktiver werdenden Rechtsprechung des BGH in Steuerstrafsachen ist bei Erreichen eines Verkürzungsbetrages von 1 Mio. EUR konsequent auf Freiheitsstrafe nicht unter zwei Jahren zu erkennen mit der Folge, dass dann gem. § 56 Abs. 2 StGB auch eine Strafaussetzung zur Bewährung nur noch sehr ausnahmsweise bei Vorliegen besonders gewichtiger Milderungsgründe in Betracht kommt.[169] Aufgrund der in der Steuerverkürzung liegenden Verletzung unternehmensbezogener Pflichten und der Absicht der Bereicherung des Unternehmens droht dem Unternehmen neben der (Nach-)Zahlung der verkürzten Steuern, der Hinterziehungszinsen i.H.v. 0,5 % pro Monat[170] und der Bestrafung der Verantwortlichen zusätzlich die Einbeziehung in das Straf- oder Ordnungswidrigkeitenverfahren und die Verhängung einer Unternehmensgeldbuße gem. § 30 OWiG. **107**

---

167 BGH, NJW 2016, 965.
168 BGHSt 53, 71.
169 BGHSt 57, 123.
170 §§ 235, 238 AO.

108 Weniger spektakulär aber umso gefährlicher ist die Aufdeckung weniger offensichtlicher Steuerverkürzungen, die ihrerseits auf andere, nicht-steuerrechtliche Compliance-Verstöße, insbesondere Korruptionssachverhalte, zurückzuführen sind. Da Korruptionssachverhalte regelmäßig auf Verdunklung angelegt sind, liegt es nahe, dass die Zahlungswege und Beziehungsgeflechte auch gegenüber den Steuerbehörden nicht offenbart werden sollen, die im Fall ihrer Kenntnisnahme einer Mitteilungspflicht an die Staatsanwaltschaft unterliegen und Amtshilfe leisten würden. Da die Aufwendung von Bestechungsgeldern jedoch bei oberflächlicher Betrachtung als betriebsnützlich angesehen werden kann, wollen Unternehmen jedoch häufig nicht ohne Weiteres auf die steuermindernde Geltendmachung dieser Posten als Betriebsausgaben verzichten. Dies ist jedoch nicht mehr möglich.

109 Bis 1999 war die steuermindernde Geltendmachung von im Ausland aufgewendeten sog. „Nützlichen Aufwendungen" (also Bestechungsgeldern) als Betriebsausgaben einkommensteuerrechtlich erlaubt. Da die Auslandsbestechung in Deutschland jedoch bereits seit Inkrafttreten von EUBestG und IntBestG im September 1998 bzw. Februar 1999 strafrechtlich relevant ist, musste dieser Zustand natürlich geändert werden. Durch das Steuerentlastungsgesetz 1999/2000/2002 vom 24.3.1999[171] wurde das EStG dann dahingehend geändert, dass strafrechtlich oder bußgeldrechtlich relevante Zuwendungen nicht mehr absetzbar waren, die Finanzbehörden in solchen Fällen vielmehr sogar verpflichtet sind, die zuständige Staatsanwaltschaft zu informieren.

110 Aufgrund des **Betriebsausgabenabzugsverbots des § 4 Abs. 5 EStG** dürfen bestimmte Betriebsausgaben den Gewinn nicht mindern, so insbesondere nach Nr. 10 die Zuwendung von Vorteilen sowie damit zusammenhängende Aufwendungen, wenn die Zuwendung der Vorteile eine rechtswidrige Handlung darstellt, die den Tatbestand eines Strafgesetzes oder eines Gesetzes verwirklicht, das die Ahndung mit einer Geldbuße zulässt. Das Abzugsverbot betrifft damit jegliche Zahlung von Schmier- und Bestechungsgeldern sowie die damit zusammenhängenden Kosten. Die strafrechtliche Relevanz einer Zuwendung ist damit nunmehr Voraussetzung für die steuerliche Nichtabsetzbarkeit von Betriebsausgaben, die strafrechtliche Bewertung ausschlaggebend für die steuerlichen Konsequenzen.[172] Zwischen Steuerrecht und Strafrecht besteht damit eine Wechselwirkung, in die allerdings auch die sonstigen Regelungen des EStG einfließen. So etwa § 4 Abs. 5 Satz 1 Nr. 1 EStG, wonach Geschenke bis zu einem Wert von 35,00 EUR p.a. abzugsfähig sind, § 4 Abs. 5 Satz 1 Nr. 2 EStG, wonach 70 % der Aufwendungen für die Bewirtung von Personen aus geschäftlichem Anlass, die nach der allgemeinen Verkehrsauffassung als angemessen anzusehen und deren Höhe und betriebliche Veranlassung nachgewiesen sind, absetzbar sind oder etwa die Regelung durch das BMF-Schreiben vom 22.8.2005, demzufolge Kun-

---

171 StEntlG 1999/2000/2002 vom 24.3.1999, BGBl. I 1999, 402.
172 Zu den Details der Anwendung vgl. BMF-Schreiben, 10.10.2002, IV A 6 – 2245 – 35/02 „Abzugsverbot für die Zuwendung von Vorteilen i. S. d. § 4 Abs. 5 Satz 1 Nr. 10 EStG".

deneinladungen zu Sportveranstaltungen (VIP-Logen in Sportstätten) auch im Fall eines Wertes von über 35,00 EUR vom Einladenden pauschal versteuert werden können und auf eine Empfängerbenennung gem. § 160 AO verzichtet werden kann.[173]

Der Versuch, die steuerlichen Vorgaben zu umgehen, indem Bestechungsgelder   **111** etwa als Vermittlerprovisionen oder Beraterhonorar getarnt oder sonst als abzugsfähige Betriebsausgaben steuermindernd geltend gemacht werden, stellt eine (versuchte) Steuerhinterziehung gem. § 370 Abs. 1 AO dar. Neben einer Verkürzung der Einkommen- bzw. Körperschaftsteuer kommt, da § 7 Abs. 1 GewStG auf das Abzugsverbot des § 4 Abs. 5 Satz 1 Nr. 10 EStG verweist, auch eine Gewerbesteuerhinterziehung in Betracht. Die in der (versuchten) Geltendmachung von korruptiven Zahlungen als Betriebsausgabe liegende Steuerhinterziehung wird häufig allerdings erst im Rahmen der steuerlichen Betriebsprüfung offenbar und führt dann allerdings nicht nur zur Einleitung eines Steuerstrafverfahrens, sondern zugleich, aufgrund der verpflichtenden Information der Staatsanwaltschaft (§ 4 Abs. 5 Satz 1 Nr. 10 Satz 3 EStG), zur Einleitung eines Korruptionsstrafverfahrens.

Die erhebliche praktische Relevanz des hier schlummernden **Compliance-Risi-**   **112** **kos** liegt insbesondere in der profiskalischen Motivation der Betriebsprüfer begründet. Da diese eine Prüfung regelmäßig mit einem „Mehrergebnis" abschließen wollen, liegt es förmlich auf der Hand, schwerpunktmäßig die häufig nicht optimal dokumentierten Auslandssachverhalte, insbesondere Vermittlungsprovisionen sowie Beraterverträge, zu thematisieren und diesen Ausgaben im Interesse der Feststellung der Nichtabziehbarkeit eine strafrechtliche Relevanz zu unterstellen. Allein eine solche „Arbeitshypothese" führt jedoch dazu, dass der dahingehende Verdacht gemäß § 4 Abs. 5 Satz 1 Nr. 10 Satz 3 EStG der zuständigen Staatsanwaltschaft gemeldet werden muss. Der dann einmal in Bewegung gesetzte Ermittlungsapparat führt per se bereits zu Kollateralschäden im Unternehmen. Gelingt dann aufgrund der im Steuerverfahren gem. § 90 Abs. 2 AO bestehenden erhöhten Mitwirkungspflicht bei Auslandssachverhalten der Verwendungs- oder Empfängernachweis nicht, so führt dies nicht nur zur Nichtanerkennung der Betriebsausgaben, sondern häufig auch zu erheblichen Schwierigkeiten im Strafverfahren wegen des behaupteten korruptiven Hintergrundes der Zahlungen.

IV. Strafrechtliche Risiken der Non-Compliance für die Verantwortlichen des Unternehmens

1. Originäre strafrechtliche Verantwortlichkeit

Mangels Existenz eines Unternehmensstrafrechts im engeren Sinne standen his-   **113** torisch immer schon die handelnden natürlichen Personen im Fokus der Strafjus-

---

173 Vgl. BMF-Schreiben, 22.8.2005, IV B 2 – S 2144 – 41/05 „Ertragsteuerliche Behandlung von Aufwendungen für VIP-Logen in Sportstätten", BStBl. I 2005, 845.

tiz. Nach Inkrafttreten des VerSanG wird sich das Verfolgungsinteresse der Staatsanwaltschaften zunächst sicherlich verstärkt auf die Verhängung von Verbandsgeldsanktionen richten, allein aufgrund des Legalitätsprinzips werden die Unternehmensverantwortlichen jedoch auch weiterhin Gegenstand intensiver Befassung bleiben. Die Zeiten, in denen sich die Justiz jedoch mit der Bestrafung der unmittelbar Handelnden im Unternehmen, etwa dem Vertriebsleiter, der einen Beratervertrag geschlossen hat, begnügt hat, sind jedoch längst vorbei. Ziel der Ermittlungen insbesondere bei den Schwerpunktstaatsanwaltschaften sind erklärtermaßen die Verantwortlichen des Unternehmens in der Unternehmensleitung sowie zunehmend auch im Aufsichtsrat, die Staatsanwälte selbst sehen sich quasi als „Großwildjäger".[174] Gegenstand der Ermittlungen und der Ahndung ist daher zunehmend das **unmittelbare Handeln der Unternehmensleitung**, etwa durch das Treffen konkreter Entscheidungen sowie die Erteilung von Weisungen, das Unterlassen erforderlicher Handlungen, die sog. „**Geschäftsherrenhaftung**", z.B. durch die Nichtdurchführung eines gebotenen Produktrückrufs, sowie zunehmend auch die Fahrlässigkeitshaftung wegen der Verletzung der im (Geschäfts-)Verkehr erforderlichen Sorgfalt, etwa durch eine unzureichende Pflichtenorganisation, das sog. „**Organisationsverschulden**".

114   Die unmittelbare Bestrafung der im Unternehmen für die Begehung einer Straftat verantwortlichen Person stellt nicht nur für die unmittelbar handelnden Personen, sondern auch für das Unternehmen als solches ein nicht zu unterschätzendes Compliance-Risiko dar. Aufgrund der teilweise erheblichen Strafen, die bei der Begehung compliance-relevanter Straftaten aus dem Unternehmen heraus sowie im (vermeintlichen) Unternehmensinteresse – auch unter dem Aspekt der Generalprävention – drohen und verhängt werden, im Falle eines besonderen schweren Falles der Bestechung sind dies beispielsweise Freiheitsstrafen von bis zu 10 Jahren, liegt auf der Hand, dass der damit einhergehende „Verlust" des Führungspersonals jedenfalls für ein mittelständisches Unternehmen erhebliche Auswirkungen haben kann. Aus diesem Grunde haben sich die Unternehmen, die in der Vergangenheit zumindest bereit waren, strafrechtliche Risiken einzugehen, bislang bemüht, die Verantwortlichkeit bei den zuständigen Mitarbeitern zu belassen und möglichst den Nachweis einer Einbeziehung und damit der Verantwortlichkeit der Leitungsorgane zu vereiteln. Ein solches Bemühen verspricht heutzutage jedoch aus zweierlei Gründen keinen Erfolg mehr. Zum einen haben die Ermittlungsbehörden eine derartige Strategie längst erkannt und bemühen sich früh um den Nachweis der Kenntnis und damit der strafrechtlichen Verantwortlichkeit der Leitungsorgane. Die Ermittlungsbehörden halten sich schlichtweg kaum mehr mit den einfachen Mitarbeitern auf, diese werden häufig sogar als „Opfer" angesehen, mit denen man Nachsicht zeigt, auch weil man sie benötigt, um eine Involvierung der Unternehmensleitung nachzuweisen. Darüber hinaus hat auch die Rechtsprechung den Weg zu einer weitergehenden strafrechtlichen Haftung der Leitungsorgane geebnet.

---

174 Vgl. Spiegel Nr. 32/2000 v. 7.8.2000.

a) Verantwortlichkeit der Geschäftsleitung

Die Tatsache, dass das Mitglied der Geschäftsführung oder des Vorstandes, das **115** in voller Tatsachenkenntnis höchstpersönlich handelt, entsprechende Anweisungen erteilt oder inkriminierte Handlungen von Untergebenen duldet, strafrechtlich selbst als Täter, Mittäter oder Gehilfe (Anstifter oder Gehilfe) haftet, dürfte keine neue Erkenntnis sein. Rechtlich kompliziert sind jedoch die Grenzfälle, in denen das Mitglied eines mehrköpfigen Führungsorgans entweder keine konkrete Kenntnis von Straftaten seiner Gremienkollegen hat, diese zur Kenntnis nimmt, ggf. innerlich ablehnt, aber nicht verhindert, sich auf die Verantwortung anderer (etwa auch eines Compliance Officers) verlässt oder schlichtweg keine Sorge für hinreichende Organisationsstrukturen trägt und insoweit fahrlässig handelt. Auch die Verletzung der zwischenzeitlich anerkannten Pflicht zur Einrichtung eines auf die Vermeidung strafbarer Handlungen ausgerichteten Compliance-Management-Systems kann insoweit zu einer Pflichtverletzung führen, die, soweit aus dieser Pflichtverletzung ein Schaden resultiert, ihrerseits wiederum zu einer (Fahrlässigkeits-)Strafbarkeit der Unternehmensleitung – das sog. „Organisationsverschulden" – führt. Es entspricht zwischenzeitlich der wohl überwiegenden Auffassung, dass der Vorstand im Rahmen seiner Legalitätspflicht dafür Sorge zu tragen hat, dass das Unternehmen so organisiert und beaufsichtigt wird, dass keine Gesetzesverstöße wie etwa Schmiergeldzahlungen an Amtsträger oder an Privatpersonen erfolgen. Seiner Organisationspflicht genügt ein Vorstandsmitglied bei entsprechender Gefährdungslage nur dann, wenn er eine auf Schadensprävention und Risikokontrolle angelegte Compliance-Organisation einrichtet. Entscheidend für den Umfang im Einzelnen sind dabei Art, Größe und Organisation des Unternehmens, die zu beachtenden Vorschriften, die geografische Präsenz wie auch Verdachtsfälle aus der Vergangenheit. Die Einhaltung des Legalitätsprinzips und demgemäß die Einrichtung eines funktionierenden Compliance-Systems gehört damit zur Gesamtverantwortung des Vorstands.[175] Auch hier kommt neben einer zivilrechtlichen Haftung eine eigenständige strafrechtliche Verantwortlichkeit der Mitglieder der Geschäftsleitung sowie der aufgrund der Delegation beauftragten Mitarbeiter in Betracht.

b) Gremienentscheidungen

Die Entwicklung hin zu einer Gesamtverantwortlichkeit der Leitungsgremien **116** des Unternehmens hat ihren Ausgang in der sog. „**Lederspray-Entscheidung**" aus dem Jahre 1990 genommen.[176] Die Angeklagten waren hier Geschäftsführer mehrerer (verbundener) Gesellschaften, die sich u.a. mit der Herstellung und dem Vertrieb von Lederspray befassten. Nach Eingang von Meldungen über signifikante Gesundheitsschädigungen nach Gebrauch des Ledersprays hat die

---

175 So neuerdings auch die Rspr., BGH, Urt. v. 9.5.2017 – 1 StR 265/16, Rn. 118; LG München I, Urt. v. 10.12.2013, 5 HK O 1387/10 (sog. „Neubürger-Urteil"), DB 2014, 766; vgl. hierzu auch *Schulz*, Kap. 1, Rn. 55.
176 BGHSt 37, 106.

mehrköpfige Geschäftsführung in einer extra einberufenen Sitzung zwar eine Veränderung des produktspezifischen Warnhinweises beschlossen, nicht jedoch eine öffentliche Warnung oder gar einen Produktrückruf des vertriebenen Ledersprays. Sowohl das erstinstanzlich zuständige Landgericht Mainz als auch der Bundesgerichtshof sahen in dem weiteren Inverkehrbringen des Ledersprays eine vorsätzliche gefährliche Körperverletzung und in dem Unterlassen des Produktrückrufes eine vorsätzliche gefährliche Körperverletzung durch Unterlassen sämtlicher Geschäftsführer. Obwohl sich einer der Geschäftsführer zunächst sogar für eine Rückrufaktion ausgesprochen hatte, sich jedoch mit seiner Meinung nicht durchsetzen konnte und sich der Mehrheitsmeinung angeschlossen hatte, hat der Bundesgerichtshof jedenfalls in Krisensituationen, in denen das Unternehmen als Ganzes betroffen ist, eine **Gesamtverantwortlichkeit der Geschäftsleitung** angenommen mit der Folge, dass auch im Falle eines (Mehrheits-)Beschlusses eines Kollegialorganes ausschließlich das Gesamtverhalten des Kollegialorganes strafbarkeitsbegründend ist. Unter Anwendung dieses Grundsatzes der **Generalverantwortung und Allzuständigkeit der Geschäftsleitung** hat der Bundesgerichtshof sämtliche an der Abstimmung Beteiligten als Mittäter gemäß § 25 Abs. 2 StGB angesehen. Mit dieser Entscheidung des Bundesgerichtshofs aus dem Jahre 1990 wurde ein Paradigmenwechsel eingeleitet, der im Hinblick auf die Strafbarkeit im Unternehmen unmittelbar bei der Unternehmensleitung ansetzt und insofern zu einer „Top down-Zurechnung" führt.[177] Die Rechtsprechung im Unternehmensstrafrecht bewegt sich damit von dem ursprünglichen Grundsatz der individuellen Verantwortlichkeit einer natürlichen Person in Richtung einer Art Kollektivhaftung aller Gremienmitglieder für eine rechtswidrige Entscheidung im Kollegialorgan.

117 War Gegenstand des „Lederspray-Falles" trotz der Äußerung von Bedenken noch eine einheitliche kollegiale Entscheidung, so musste sich der Bundesgerichtshof im „Mannesmann-Urteil"[178] im Jahre 2005 darüber hinaus mit der Frage der Strafbarkeit einer **Enthaltung** eines Gremienmitgliedes befassen. In dieser Entscheidung hat der BGH die Strafbarkeit eines Mitgliedes eines Kollegialorganes (hier des Aufsichtsrates) angenommen, obwohl dieses sich bei der Fassung des (rechtswidrigen) Beschlusses der Stimme enthalten hat. In Kenntnis der Mehrheitsverhältnisse führe der sich Enthaltende durch seine Stimmenthaltung vorsätzlich die Wirksamkeit eines Beschlusses herbei, so dass ihm die (strafrechtlich relevante) Mehrheitsentscheidung als Mittäter zuzurechnen ist.

c) Delegation von Verantwortungsbereichen

118 Der Grundsatz der Generalverantwortung und Allzuständigkeit der Geschäftsleitung, der auch zu einer strafrechtlichen Verantwortlichkeit des Gesamtorgans führt, gilt jedoch ausweislich der Rechtsprechung zunächst einmal nur in den Si-

---

177 *Rotsch*, Criminal Compliance, 2015, § 4 Rn. 5.
178 BGHSt 50, 331 ff.; NStZ 2006, 214 ff.

tuationen, in denen das Unternehmen als Ganzes betroffen ist. Von dem insoweit aus dem Gesellschaftsrecht übertragenen „Prinzip der gemeinschaftlichen Geschäftsführung"[179] gibt es in der Praxis jedoch relevante **Ausnahmen.** So erfolgt in der Praxis allein aus Gründen der Effektivität im Regelfall eine Verteilung der Geschäftsführungsaufgaben auf die Mitglieder der Kollegialorgane. Von dem Prinzip der Gesamtgeschäftsführung abweichende Organisationsformen sind insoweit etwa die Einräumung einer Einzelgeschäftsführungsbefugnis (verbunden mit einem Alleinvertretungsrecht) an einzelne Organmitglieder, die Vereinbarung von Verantwortlichkeiten für einzelne Ressourcen (z. B. Produktion, Vertrieb, Finanzen, HR oder Recht) sowie die Einräumung einer auf bestimmte Sparten des Unternehmens bezogenen Einzelgeschäftsführungsbefugnis.[180] Die Festlegung solcher Abweichungen vom Prinzip der Gesamtgeschäftsführung im Rahmen der Satzung oder der Geschäftsordnung sind gemäß § 77 Abs. 1 Satz 2 AktG auch bei der Aktiengesellschaft zulässig und führen dazu, dass die jeweils geschäftsführungsbefugten Vorstandsmitglieder im Rahmen der ihnen eingeräumten Einzelgeschäftsführungsbefugnis eigenverantwortlich handeln. Eine solche **Geschäftsverteilung oder Ressortaufteilung** auf der Ebene der Geschäftsführung setzt nach der Rechtsprechung des Bundesgerichtshofs[181] jedoch eine klare und eindeutige Abgrenzung der Geschäftsführungsaufgaben aufgrund einer von allen Mitgliedern des Organs mitgetragenen Aufgabenzuweisung voraus, die die vollständige Wahrnehmung der Geschäftsführungsaufgaben durch hierfür fachlich und persönlich geeignete Personen sicherstellt und ungeachtet der Ressortzuständigkeit eines einzelnen Geschäftsführers die Zuständigkeit des Gesamtorgans insbesondere für nicht delegierbare Angelegenheiten der Geschäftsführung wahrt. Eine diesen Anforderungen genügende Aufgabenzuweisung bedarf nicht zwingend einer schriftlichen Dokumentation, wenngleich die schriftliche Dokumentation regelmäßig das naheliegende und geeignete Mittel für eine klare und eindeutige Aufgabenabgrenzung darstellt.[182]

Im Hinblick auf die Kernaufgaben der Unternehmensleitung unterliegt eine solche „horizontale Delegation" jedoch bestimmten Grenzen. Nicht zulässig ist die Delegation der grundsätzlichen Planungs- und Steuerungsverantwortung, der Organisationsverantwortung, der Finanzverantwortung sowie nach herrschender Auffassung auch der Verantwortung für die Einrichtung einer Compliance-Organisation, die zu den *„unveräußerlichen Leitungsaufgaben des Gesamtvorstandes"* gehört.[183] Unzulässig ist demnach eine vollständige Delegation der

119

---

179 § 77 Abs. 1 Satz 1 AktG.

180 Vgl. hierzu ausführlich: *Knierim*, in: Wabnitz/Janovsky, Handbuch Wirtschafts- und Steuerstrafrecht, 4. Aufl. 2014, Kap. 5, Rn. 36.

181 BGH, Urt. v. 6.11.2018 – II ZR 11/17, NJW 2019, 1067.

182 BGH, Urt. v. 6.11.2018, a. a. O., Rn. 17; anders jedoch bei steuerrechtlichen Pflichten gem. § 34 AO, vgl. BFHE 141, 443, 446 f.; 146, 23, 25 f.

183 So auch *Knierim*, in: Wabnitz/Janovsky, Handbuch Wirtschafts- und Steuerstrafrecht, 4. Aufl. 2014, Kap. 5, Rn. 38. Siehe zu Umfang und Grenzen der Delegation von Compliance-Maßnahmen auch *Schulz*, Kap. 1, Rn. 65 f. m. w. N.

vorbezeichneten Aufgaben an einzelne Vorstandsmitglieder oder gar andere Mitarbeiter sowie die Delegation von Einzelaufgaben, die dem Gesamtvorstand etwa konkret durch das Aktiengesetz übertragen sind.[184] Unabhängig von der (zulässigen) Delegation verbleibt es damit bei einer Gesamtverantwortung aller Gremienmitglieder für die ordnungsgemäße und rechtmäßige Gesamtleitung des Unternehmens. Insofern hat das Kollegialorgan sicherzustellen, dass der Gesamtvorstand im Falle der Delegation von dem ressortmäßig zuständigen Mitglied ordnungsgemäß informiert wird und die (delegierte) Einzelverantwortlichkeit kontrolliert und überwacht wird. Um sicherzustellen, dass die Unterrichtungspflicht ordnungsgemäß wahrgenommen wird, ist der Vorstand darüber hinaus verpflichtet, ein System ordnungsgemäßer Berichterstattung einzurichten, das den anderen Kollegialmitgliedern die Wahrnehmung ihrer Kontroll- und Überwachungspflicht ermöglicht. Bestehen Anhaltspunkte für eine sorgfaltswidrige oder nicht rechtmäßige Geschäftsführung durch ein Mitglied eines Kollegialorganes, so hat das Gesamtorgan nicht nur ein Rückholrecht, sondern eine Interventionspflicht, um die Problematik dann im Rahmen einer verbindlichen Kollegialentscheidung zu lösen.

120   Da die Geschäftsleitung in der Praxis naturgemäß nicht sämtliche Entscheidungen selbst treffen kann, ist auch eine Delegation der Aufgabendurchführung auf untergeordnete Mitarbeiter oder gar externe Dritte, die sog. „**vertikale Delegation**", geboten und zulässig. Voraussetzung der auch strafrechtlichen Unbedenklichkeit ist allerdings, dass im Rahmen der Delegation der zuständige Mitarbeiter ordnungsgemäß ausgewählt wird, ordnungsgemäß eingewiesen wird, er die zur Erfüllung der delegierten Tätigkeit notwendigen Kompetenzen und Mittel erhält und seine Tätigkeit im Rahmen der bei der Geschäftsleitung verbleibenden Generalverantwortlichkeit überwacht wird. Zur Sicherstellung der ordnungsgemäßen Wahrnehmung der (Rest-)Überwachungspflicht ist insbesondere ein angemessenes Berichtswesen erforderlich, das gewährleistet, dass sämtliche Vorgänge, die eine gewisse Wesentlichkeitsschwelle überschreiten, der Geschäftsleitung vorgelegt werden. Nur dann kann die Geschäftsleitung entsprechend der sog. „Business Judgement Rule" des § 93 Abs. 1 Satz 2 AktG auf Basis angemessener Informationen entscheiden.[185] Ist die Delegation ordnungsgemäß erfolgt, verbleibt bei der Geschäftsleitung ein strafrechtliches Risiko sowie das Risiko einer Aufsichtspflichtverletzung gemäß § 130 OWiG nur dann, wenn ein Fall des Auswahlverschuldens, der unzureichenden Einweisung bzw. der unzureichenden Bereitstellung von Kompetenzen und Ressourcen oder ein Überwachungsverschulden vorliegt. Die ordnungsgemäße Delegation, die Festlegung und Abgrenzung von Verantwortungsbereichen sowie die Kompetenzzuweisung und die Überwachung, etwa auch durchlaufende Kontrollen oder sog. „Compliance-Audits" sowie durch den Erlass von Organisations- und Dienstan-

---

184 Vgl. etwa §§ 83, 90, 91, 92, 121 AktG.
185 Vertiefend hierzu: *Schürrle*, Compliance-Verantwortung in der AG – Praktische Empfehlungen zur Haftungsbegrenzung an Vorstände und Aufsichtsräte, CCZ 2010, 102.

weisungen sind Ausfluss der die Unternehmensleitung treffenden (Organisations-)Pflicht zur Einführung eines ordnungsgemäßen Compliance-Management-Systems.

d) Verantwortlichkeit des Compliance Officers

Soweit der Compliance Officer selbst aktiv handelt oder in strafrechtlich relevante Verhaltensweisen eingebunden ist, liegt auf der Hand, dass auch ihn eine eigenständige strafrechtliche Verantwortlichkeit trifft. Streitig ist jedoch die Frage, ob er sich kraft seiner Funktion auch durch Unterlassen strafbar machen kann, wenn er es etwa unterlässt, als problematisch erkannte Verhaltensweisen im Unternehmen abzustellen, wenngleich er selbst in solche Verhaltensweisen nicht eingebunden ist. Voraussetzung für eine solche Strafbarkeit wegen Unterlassens wäre, dass ihn eine Garantenpflicht zur Abwendung des strafrechtlich relevanten Erfolges trifft. Eine solche Garantenpflicht, etwa die Pflicht, betriebsbezogene Straftaten von Betriebsangehörigen zu unterbinden, trifft originär jedenfalls die Mitglieder des geschäftsführenden Organs. Diese sog. „**Geschäftsherrenhaftung**" beruht auf dem Gedanken, dass der Geschäftsleiter verantwortlich für das von ihm betriebene Unternehmen als „Gefahrenquelle" ist und dafür Sorge zu tragen hat, dass von dieser Gefahrenquelle keine Gefahren, etwa typische betriebsbezogene Straftaten, ausgehen. Eine Garantenpflicht besteht jedoch nicht hinsichtlich betriebsuntypischer Straftaten, also allgemeiner Kriminalität von Mitarbeitern ohne Betriebsbezug wie etwa Diebstählen, Beleidigungen oder sexuellen Übergriffen.[186]

121

Mit Urteil vom 17.7.2009 hat sich der Bundesgerichtshof im Rahmen eines obiter dictum erstmalig zur Frage der Garantenpflicht eines Compliance Officers geäußert.[187] Gegenstand des Verfahrens war die Verurteilung des Leiters der Rechtsabteilung und Revision der Berliner Stadtreinigung wegen Beihilfe zum Betrug durch Unterlassen zu einer Geldstrafe von 120 Tagessätzen, da er von überhöhten Gebührenfestsetzungen gewusst habe, ohne sie beim Vorstand zu beanstanden. Der BGH bejahte das Vorliegen einer Garantenstellung aufgrund der Stellung des Angeklagten als Leiter der Rechtsabteilung und der Innenrevision einer Anstalt des öffentlichen Rechts. Die Garantenpflicht folge aus der Überlegung, dass denjenigen, dem Obhutspflichten für eine bestimmte Gefahrenquelle übertragen seien, dann auch eine „Sonderverantwortlichkeit" für die Integrität des von ihm übernommenen Verantwortungsbereichs treffe. Maßgeblich sei die Bestimmung des Verantwortungsbereichs, den der Verpflichtete übernommen habe. Aufgabengebiet eines Compliance Officers sei die Verhinderung von Rechtsverstößen, auch von Straftaten, die aus dem Unternehmen begangen werden. Als „Kehrseite" dieser gegenüber der Unternehmensleitung übernommenen

122

---

186 *Knierim*, in: Wabnitz/Janovsky, Handbuch Wirtschafts- und Steuerstrafrecht, 4. Aufl. 2014, Kap. 5, Rn. 52 m. w. N.; vertiefend: *Zimmermann*, Die straf- und zivilrechtliche Verantwortlichkeit des Compliance-Officers, BB 2011, 634.
187 BGH, Urt. v. 17.7.2009, 175 StR 394/08 („*BSR*"), BGHSt 54, 44.

Pflicht ergebe sich regelmäßig eine strafrechtliche Garantenpflicht im Sinne des § 13 StGB. Die Entscheidung des BGH ist bis heute ebenso umstritten wie die Frage, ob hieraus nun eine originäre, eigenständige Garantenstellung des Compliance Officers abzuleiten ist oder ob hier nur auf eine Selbstverständlichkeit hingewiesen wird, nämlich die Möglichkeit einer *„sekundären Garantenpflicht"* aufgrund einer Delegation der den Geschäftsherrn treffenden Garantenpflicht auf den Compliance Officer. In der Literatur wird insoweit differenziert zwischen einerseits „öffentlich-rechtlich berlagerten Zusammenhängen", in denen den Compliance Officer eine originäre Garantenpflicht treffe, und andererseits einer rein gewerblich-privatwirtschaftlich ausgerichteten Organisation, in der originäre Handlungspflichten nur die Geschäftsleitung selbst treffen.[188]

123   In der **Praxis** kann diese Streitfrage im Regelfall jedoch dahinstehen, da hier regelmäßig originäre Aufsichts- bzw. Garantenpflichten der Geschäftsleitung im Wege der Delegation auf den Compliance Officer übertragen werden, mit der Folge, dass den Compliance Officer insoweit jedenfalls eine abgeleitete sekundäre Garantenpflicht trifft. Voraussetzung hierfür ist allerdings, dass die Geschäftsleitung überhaupt eine (entsprechende) Garantenpflicht trifft und das Organ diese Pflicht wirksam auf den Compliance Officer übertragen hat. Eine solche Delegation einer Garantenpflicht bedarf eines besonderen ausdrücklichen oder jedenfalls konkludenten Übertragungsaktes. Garant wird der Compliance Officer also nur, soweit die Unternehmensleitung ihm entsprechende Aufgaben wirksam übertragen hat. Die Reichweite der Übertragung ergibt sich insoweit nicht nur aus der vertraglichen Gestaltung und der konkreten Beschreibung des übertragenen Aufgabenbereichs, sondern auch aus der Bestimmung der Aufgaben, der Verantwortung und Kompetenz für die Durchsetzung der Regeltreue. Die Vergütung des Compliance Officers ist dagegen kein Beurteilungskriterium für die Entstehung der Garantenpflicht. Erschöpft sich die Funktion des Compliance Officers in der unternehmensinternen Kontrolle und Beratung, so verbleibt die Garantenstellung beim Leitungsorgan. Inhalt der Garanten- bzw. Handlungspflicht des Compliance Officers ist aufgrund seiner Stellung im Unternehmen im Regelfall aber „nur" die Information der Geschäftsleitung, damit diese die sie treffenden (Geschäftsherren-)Pflichten wahrnehmen kann. Eine vollständige Delegation der Geschäftsherrenpflichten auf den Compliance Officer ist ohnehin nicht möglich, da neben den originären, nicht delegierbaren Garantenpflichten jedenfalls eine (Rest-)Überwachungspflicht beim Geschäftsherrn verbleibt.[189]

---

188 Zum Streitstand: *Knierim*, in: Wabnitz/Janovsky, Handbuch Wirtschafts- und Steuerstrafrecht, 4. Aufl. 2014, Kap. 5, Rn. 50 ff.

189 Vertiefend: *Hastenrath*, Möglichkeit und Grenzen der Pflichtendelegation an den (Chief) Compliance Officer, CB 2016, 6.

e) Aufsichtsrat

Der Aufsichtsrat hat sowohl personell als auch organisatorisch für einen leis- **124**
tungsfähigen Vorstand zu sorgen und gem. § 111 Abs. 1 AktG dessen Geschäftsführung zu überwachen. Neben dieser Überwachungsfunktion obliegen dem
Aufsichtsrat aber in bestimmtem Umfang auch echte Geschäftsleitungspflich-
ten. Dies ist etwa die Vertretung der Gesellschaft gegenüber den Vorstandsmitgliedern bei allen Rechtsgeschäften sowie Rechtsstreitigkeiten jeder Art
(§§ 112, 87 Abs. 1, 89 Abs. 1 AktG) bspw. in Fragen der in der jüngeren Vergangenheit umstrittenen Themen der Festsetzung der Vorstandsvergütung bzw. der
Prämiengewährung (§ 87 AktG) sowie die Entscheidung über die Geltendmachung von Schadensersatzansprüchen gegenüber Vorstandsmitgliedern. Darüber
hinaus trifft den Aufsichtsrat die Pflicht zur Prüfung insbesondere von Jahresabschluss, Lagebericht, Konzernabschluss und Konzernlagebericht (§ 171 AktG)
sowie die Pflicht zur Mitwirkung an der Feststellung des Jahresabschlusses
(§ 172 AktG). Insoweit treffen Vorstand und Aufsichtsrat für die Aufstellung
und Feststellung des Jahresabschlusses gemeinsame Pflichten mit dem Ergebnis,
dass insoweit auch eine beiderseitige strafrechtliche Verantwortlichkeit etwa
hinsichtlich des Tatbestandes der unrichtigen Darstellung gem. § 331 HGB bzw.
§ 400 AktG in Betracht kommt. Adressat der Strafvorschriften der §§ 331 HGB,
400 AktG, der unrichtigen Darstellung der Verhältnisse der Kapitalgesellschaft,
sind ausdrücklich die Mitglieder des vertretungsberechtigten Organs sowie des
Aufsichtsrats einer Kapitalgesellschaft.

Aufgrund der den Aufsichtsrat kraft seiner Organstellung treffenden allgemei- **125**
nen Verhaltenspflichten, namentlich Loyalitäts-, Verschwiegenheits- und Wahr-
heitspflichten, bestehen auch hier **originäre strafrechtliche Verantwortlichkeiten** wie etwa im Falle der Verletzung der Geheimhaltungspflicht gem. § 404
AktG.

Eine eigenständige strafrechtliche Verantwortlichkeit des Aufsichtsrates besteht **126**
auch und insbesondere, soweit der Aufsichtsrat in Ausübung seiner Geschäfts-
führungskompetenzen unternehmerische Entscheidungen trifft, so etwa in den
Bereichen der Festsetzung der Vorstandsvergütung bzw. der Prämiengewährung
(§ 87 AktG) sowie bei der Entscheidung über die Geltendmachung von Schadensersatzansprüchen gegenüber Vorstandsmitgliedern. In diesem Fall richten
sich die Anforderungen an den Aufsichtsrat nach § 116 Satz 1 i.V.m. § 93 Abs. 1
AktG und orientieren sich mithin wie beim Vorstand an der Sorgfalt eines ordentlichen und gewissenhaften Geschäftsleiters. Der Bundesgerichtshof hat dies
in der sog. „Mannesmann"-Entscheidung am Beispiel von Vergütungsentschei-
dungen unter Bezugnahme auf §§ 93 Abs. 1, 116 Satz 1 AktG ausdrücklich entschieden.[190] Da der Aufsichtsrat insoweit wie ein Vorstand handelt, verpflichtet
der BGH ihn in diesem Sonderbereich damit auch auf das für Geschäftsleiter bei
ihren Entscheidungen geltende Pflichtenprogramm. Gleiches gilt für den in der

---

190 BGH, Beschl. v. 21.12.2005, BGHSt 50, 331, 335.

Praxis enorm relevanten Bereich der Pflicht des Aufsichtsrates zur Prüfung und Geltendmachung von Schadensersatzansprüchen gegen Vorstandsmitglieder. Bei Bestehen von dahingehenden Anhaltspunkten hat der Aufsichtsrat ein potenziell haftungsrelevantes Verhalten des Vorstandes aufzuklären bzw. fachkundig aufklären zu lassen. Ergibt sich hierbei ein Schadensersatzanspruch, ist der Aufsichtsrat verpflichtet, diesen geltend zu machen, es sei denn, es stehen – ausnahmsweise – übergeordnete Gründe des Unternehmenswohls einer Geltendmachung entgegen. Das vorsätzliche Unterlassen der Geltendmachung bestehender Ansprüche kann daher eine unmittelbare strafrechtliche Haftung der Aufsichtsratsmitglieder nach sich ziehen.[191] Daraus resultiert für Aufsichtsräte insbesondere im Bereich der Untreue gem. § 266 StGB eine nicht unbeträchtliche Steigerung des originären strafrechtlichen Haftungsrisikos.

127 Umstritten ist jedoch die Frage, inwieweit dem Aufsichtsrat eine **Garantenstellung** für die Ordnungsmäßigkeit der Geschäftsführung durch den Vorstand zukommt, er also für strafrechtlich relevante (Fehl-)Entscheidungen des Vorstandes zur Verantwortung gezogen werden kann. Da der Aufsichtsrat im Rahmen seiner überwachenden Tätigkeit keinen eigenen unternehmerischen Entscheidungsprozess durchführt, ist er jedenfalls grundsätzlich auch kein Garant für die Ordnungsmäßigkeit des unternehmerischen Handelns des Vorstandes schlechthin und kann dies auch mangels umfassender Entscheidungs- und Beurteilungsgrundlagen nicht sein. Der Aufsichtsrat ist aber Garant für die Verhinderung von gesellschaftsschädlichen Handlungen des Vorstandes, die ihm im Rahmen seiner Überwachungstätigkeit bekannt werden.[192] Erfährt der Aufsichtsrat – beispielsweise aus dem Bericht des Wirtschaftsprüfers über die Prüfung des Jahresabschlusses –, dass das Risikomanagement der Gesellschaft mangelhaft ist oder das Risikofrüherkennungssystem ineffektiv, so hat er bei dem Vorstand auf Abhilfe zu drängen. Verschließt sich der Aufsichtsrat diesen Erkenntnissen und bleibt er untätig, so verstößt er gegen seine Garantenpflicht, was beim Hinzutreten der weiteren Tatbestandsmerkmale, so etwa eines Schadenseintrittes, wiederum den Vorwurf der Untreue gem. § 266 StGB nach sich ziehen kann.[193] Nichts anderes gilt grundsätzlich auch für die Unterhaltung eines Compliance-Management-Systems. Wird ein solches nicht unterhalten oder besitzt das betriebene System gravierende Mängel, so ist der Aufsichtsrat zum Handeln gegenüber dem Vorstand verpflichtet. Bleibt er untätig oder unterlässt er es, die Einrichtung bzw. Verbesserung des Compliance-Management-Systems zu bewirken, und kommt es hierdurch zu einem unmittelbaren Vermögensnachteil für die Gesellschaft oder etwa auch einem Schadenseintritt, hinsichtlich dessen Abwendung eine Fahrlässigkeitsstrafbarkeit besteht, so kann auch dies eine strafrechtliche Haftung der Aufsichtsratsmitglieder auslösen.

---

191 Wegweisend hierzu die sog. „ARAG/Garmenbeck-Entscheidung", BGHZ 135, 244.
192 Vgl. etwa BGH, NStZ 2002, 322, 324; *Krause*, NStZ 2011, 57.
193 Weiterführend: *Krause*, Strafrechtliche Haftung des Aufsichtsrates, NStZ 2011, 57.

2. Innerbetriebliche Anweisungen/Täterschaft kraft Organisationsherrschaft

Neben der unmittelbaren Täterschaft eines Mitgliedes eines Leitungsorganes **128** eines Unternehmens, entweder weil das Organmitglied selbst gehandelt hat oder aufgrund der Zurechnung einer Kollegialentscheidung, stellt sich häufig die Frage der Zurechnung von Handlungen der Mitarbeiter am unteren Ende einer hierarchischen Struktur gegenüber dem Geschäftsherrn, der üblicherweise die strategischen und unternehmerischen Entscheidungen selbst trifft. Handelt der Mitarbeiter im Rahmen einer hierarchischen Struktur aufgrund konkreter Arbeitsanweisungen sowie standardisierter Arbeitsabläufe, so ergibt sich eine strafrechtliche Verantwortlichkeit der Unternehmensleitung grundsätzlich nur, wenn die Anweisungen bereits auf ein strafrechtlich relevantes Handeln ausgerichtet waren. In einem solchen Fall kann entweder ein mittäterschaftliches Handeln oder jedenfalls eine Anstiftung durch den Geschäftsherrn vorliegen.[194]

Schwieriger ist die Annahme einer Täterschaft des Geschäftsherrn jedoch, wenn **129** die Anweisungen zweideutig sind, etwa um gerade einen (auch strafrechtlichen) Haftungsdurchgriff in die Geschäftsleitung zu verhindern, oder wenn der unmittelbare Täter (der Mitarbeiter) in Kenntnis der strafrechtlichen Relevanz seines Tuns auch aus eigenem Interesse, etwa einem Provisionsinteresse, handelt. Hier hat die Rechtsprechung eine weitere Möglichkeit der strafrechtlichen Verantwortlichkeit der Unternehmensleitung entwickelt, die *„mittelbare Täterschaft kraft Organisationsherrschaft"*. War es lange Zeit so, dass hinter einem vorsätzlich handelnden Täter, etwa einem Vertriebsmitarbeiter des Unternehmens, ein „Hintermann" lediglich wegen Anstiftung oder Beihilfe belangt werden konnte, so hat der Bundesgerichtshof im Rahmen der sog. „2. Mauerschützen-Entscheidung" nunmehr jedoch grundlegend entschieden, dass es auch einen *„Täter hinter dem Täter"* geben könne, wenn dieser Hintermann durch Organisationsstrukturen bestimmte Rahmenbedingungen mit regelhaften Abläufen ausnutze. Dies, so der BGH, habe es nicht nur bei den Grenztruppen der ehemaligen DDR gegeben, dies komme insbesondere auch bei *„unternehmerischen oder geschäftsähnlichen Organisationsstrukturen"* in Betracht.[195] Bei einer solchermaßen begründeten Tatherrschaft des Hintermannes, also hier des Geschäftsführers bzw. Vorstands, kommt es dann auf eine etwaige Gut- oder Bösgläubigkeit des die Tat weisungsgemäß unmittelbar Ausführenden gar nicht mehr an. Hiermit kann innerhalb einer unternehmerischen Struktur eine strafrechtliche Verantwortlichkeit der Unternehmensleitung begründet werden, ohne dass (umständlich) eine vorsätzlich rechtswidrige Handlung des unmittelbar Handelnden bewiesen werden muss. Auf Basis einer solchen Zurechnung kann eine täterschaftliche Verantwortlichkeit nicht nur bei Mitgliedern des Geschäftsführungsorganes, son-

---

194 Vgl. hierzu ausführlich: *Schmucker*, Strafrechtliche Verantwortlichkeit der Unternehmensleitung durch innerbetriebliche Anweisungen, StraFo 2010, 235.
195 BGHSt 40, 218 „Mauerschützen II", Rn. 79.

dern letztlich auch bei jedem anderen Vorgesetzten begründet werden.[196] Konkret auf ein Wirtschaftsunternehmen angewandt hat der Bundesgerichtshof diese Rechtsprechung erstmalig im Jahre 2003 in einem Verfahren wegen der Durchführung sog. Einlagegeschäfte, hier dem Vertrieb von Unternehmensbeteiligungen, über (hier gutgläubige) freie Handelsvertreter.[197] Die Täterschaft der Geschäftsführer ergab sich hier aus der Leitungsmacht infolge durchgeführter Schulungen, in deren Rahmen die Geschäftsführer das Verkaufsverhalten und die Art und Weise des Umgangs mit dem Kunden vorgaben, die Handelsvertreter aber gleichzeitig im guten Glauben hielten. Anwendung gefunden hat diese Rechtsprechung unlängst auch in einem Fall des unerlaubten Erbringens von Finanzdienstleistungen.[198]

3. Fahrlässigkeitshaftung (sog. Organisationsverschulden)

130 Unter dem aus dem Zivilrecht stammenden Begriff des „Organisationsverschuldens" versteht man die schuldhafte Unterlassung der Wahrnehmung der die Geschäftsleitung treffenden Organisationspflichten bzw. schuldhaft begangene Fehler bei der Organisation des Unternehmens. Da eine solche Vernachlässigung von Organisationspflichten regelmäßig nicht vorsätzlich begangen wird, führt ein solches Unterlassen im Strafrecht „lediglich" zu einer Fahrlässigkeitshaftung der Unternehmensleitung, wenn aufgrund einer solchen Fahrlässigkeit ein zum Tatbestand eines Deliktes gehörender „Erfolg", etwa eine Körperverletzung, ein Todesfall oder ein Umweltschaden eintritt. Zu dem relativ unbestimmten Begriff des Organisationsverschuldens haben sich zwischenzeitlich verschiedene **Fallgruppen** entwickelt, so insbesondere das Auswahlverschulden, das Anweisungsverschulden sowie das Kontroll- bzw. Überwachungsverschulden.

131 Da es bei den klassischen Compliance-Verstößen, etwa im Bereich der Korruption, der Untreue oder des Betruges, keine Fahrlässigkeitsstrafbarkeit gibt, ist die Begründung einer strafrechtlichen (Fahrlässigkeits-)Haftung über die Rechtsfigur des Organisationsverschuldens hier nicht möglich, eine Zurechnung im Unternehmen erfolgt insoweit über die Verletzung der Aufsichtspflicht gem. § 130 OWiG.

4. Verletzung der Aufsichtspflicht in Betrieben und Unternehmen (§ 130 OWiG)

132 Ist weder eine unmittelbare vorsätzliche Einbeziehung noch ein strafrechtlich relevantes Organisationsverschulden, also eine Fahrlässigkeitsstrafbarkeit, der Unternehmensleitung festzustellen, so verbleibt – quasi als Auffangtatbestand – das Risiko der Ahndung einer Aufsichtspflichtverletzung durch den Ordnungs-

---

196 *Roxin*, Täterschaft und Tatherrschaft, 9. Aufl. 2015, 248; *Rotsch*, Criminal Compliance § 4 Rn. 7.

197 BGHSt 48, 331.

198 BGH, Beschl. v. 27.3.2012, 3 StR 447/11.

widrigkeitentatbestand des § 130 OWiG. Die Sanktionierung der Aufsichtspflichtverletzung soll sicherstellen, dass in Betrieben und Unternehmen ordnungsgemäße und hinreichende Vorkehrungen gegen die Begehung betriebsbezogener Zuwiderhandlungen getroffen werden und dafür Sorge tragen, dass sich etwa aus dem Auseinanderfallen von Entscheidungsträger und unmittelbar Handelndem im Unternehmen keine Strafbarkeitslücke ergibt.[199]

§ 130 Abs. 1 Satz 1 OWiG verpflichtet den Inhaber eines Betriebes oder Unternehmens, Aufsichtsmaßnahmen zu treffen, die erforderlich sind, um in dem Betrieb oder Unternehmen Zuwiderhandlungen gegen Pflichten zu verhindern, die den Inhaber treffen und deren Verletzung mit Strafe oder Geldbuße bedroht ist. Auch wenn es sich lediglich um einen Ordnungswidrigkeitentatbestand handelt, drohen hier durchaus schwerwiegende Sanktionen. Sofern der Inhaber **vorsätzlich oder fahrlässig** die gebotenen **Aufsichtsmaßnahmen unterlässt** und damit ermöglicht, dass eine Zuwiderhandlung aus dem Unternehmen heraus begangen wird, die durch die Aufsichtsmaßnahmen verhindert oder wesentlich erschwert worden wäre, handelt er ordnungswidrig. Als erforderliche Aufsichtsmaßnahme führt § 130 Abs. 1 Satz 2 OWiG beispielhaft die Bestellung, sorgfältige Auswahl und Überwachung von Aufsichtspersonen auf. Die Norm des § 130 OWiG ermöglicht es damit, den aufsichtspflichtigen Verantwortlichen des Unternehmens (Organmitglieder, Gesellschafter sowie gem. § 9 Abs. 2 OWiG auch Betriebsleiter oder sonstige Betriebsbeauftragte) auch Handlungen von Mitarbeitern zuzurechnen, obwohl ihnen persönlich im Hinblick auf die Bezugstat kein vorsätzliches oder auch nur fahrlässiges Handeln zur Last gelegt werden kann.

133

Eine derartige Ordnungswidrigkeit kann, wenn die Pflichtverletzung strafbar ist, gem. § 130 Abs. 3 OWiG mit einer Geldbuße von bis zu 1 Mio. EUR sowie im Ausnahmefall über den Verweis gem. §§ 130 Abs. 3, 30 Abs. 2 Satz 3 OWiG darüber hinaus geahndet werden. Im Falle einer fahrlässigen Aufsichtspflichtverletzung ist das Höchstmaß der Geldbuße auf 500.000,00 EUR begrenzt. (§§ 130 Abs. 3, 17 Abs. 2 OWiG). Handelt es sich bei der Bezugstat dagegen lediglich um eine Ordnungswidrigkeit, ist das in dieser Vorschrift angedrohte Höchstmaß der Geldbuße maßgeblich (§ 130 Abs. 3 Satz 2 OWiG).

134

Die Ordnungswidrigkeit gem. § 130 OWiG ist zudem **Anknüpfungstat für die Verbandsgeldbuße des § 30 OWiG**, so dass über diesen Umweg wiederum Geldbußen – gegen das Unternehmen – weit oberhalb der Millionengrenze verhängt werden können. In der Causa Siemens etwa bestand die „Anknüpfungstat" in der Aufsichtspflichtverletzung des Vorstandes i. S. v. § 130 OWiG durch die Nicht-Implementierung eines funktionierenden Compliance-Systems und führte zu der Verhängung einer Geldbuße in Höhe von insgesamt 395 Mio. EUR gegen die Siemens AG gem. §§ 30, 130, 17 IV OWiG mit Bußgeldbescheid der Staatsanwaltschaft München I vom 15.12.2008, wobei sich der Ahndungsanteil lediglich auf 250.000,00 EUR belief, der Abschöpfungsanteil jedoch auf

135

---

199 *Graf*, in: Beck'scher Online-Kommentar OWiG, § 130 Rn. 4.

394.750.000,00 EUR. Aufgrund des Zusammenspiels mit § 30 OWiG wird der Tatbestand der Aufsichtspflichtverletzung gem. § 130 OWiG teilweise als „*die*" Compliance-Vorschrift angesehen.

136 Der **Normadressat**, der Inhaber des Betriebs oder Unternehmens, ist die natürliche Person, der die Erfüllung der betrieblichen Pflichten obliegt. Ist „Inhaber" des Betriebs eine juristische Person, kann § 130 OWiG gemäß § 9 Abs. 1 OWiG nur auf die „vertretungsberechtigten Organe" als Repräsentanten der Gesellschaft angewandt werden. Die Eigenschaft als Inhaber begründet eine Garantenstellung zur Abwendung betriebsbezogener Gefahren. Neben dem Inhaber oder an seiner Stelle kann Täter des § 130 OWiG aber auch sein, auf wen der Inhaber die ihn treffende Aufsichtspflicht ordnungsgemäß delegiert hat, etwa der Betriebsleiter (§ 9 Abs. 2 Satz 1 Nr. 1 OWiG) sowie speziell aufsichtspflichtige Personen, etwa Sicherheitsbeauftragte (§ 9 Abs. 2 Satz 1 Nr. 2) im Rahmen ihres Verantwortungsbereichs.

137 Materielle Voraussetzung einer Ahndung gemäß § 130 OWiG ist zunächst das Vorliegen einer **betriebsbezogenen Zuwiderhandlung**, also die Begehung einer Straftat oder einer Ordnungswidrigkeit durch einen anderen als den Betriebsinhaber oder die verantwortlichen Gremienmitglieder (§ 9 Abs. 1 OWiG), durch die eine den Betriebsinhaber treffende Pflicht verletzt wird. Diese Zuwiderhandlung darf nur deshalb möglich geworden sein, weil der Betriebsinhaber eine ihn treffende Aufsichtspflicht verletzt hat.

138 Eine solche **Aufsichtspflicht** kann sich dabei etwa aus dem Gesetz oder aus der Rechtsprechung zur Konkretisierung von Sorgfaltspflichten oder der Begründung von Garantenstellungen (Überwachungsgarantenstellung für bestimmte Gefahrenquellen) ergeben. Der Pflichtenkreis des Betriebsinhabers ist hierbei erheblich, wenngleich Unmögliches natürlich nicht verlangt werden kann. Anerkannt sind hierbei insbesondere die Leitungs-, Koordinations-, Organisations- und Kontrollpflichten, die in einem Stufensystem ineinander greifen. Zunächst hat der Aufsichtspflichtige für eine sorgfältige Auswahl von Mitarbeitern und ggf. von Aufsichtspersonen zu sorgen (1. Stufe). Sodann ist er verpflichtet, eine sachgerechte *Organisation* und Aufgabenverteilung vorzunehmen (2. Stufe). Die Mitarbeiter sind darüber hinaus angemessen über ihre *Aufgaben* und *Pflichten zu instruieren* und *aufzuklären* (3. Stufe). Ferner bedarf es einer ausreichenden *Überwachung* und *Kontrolle* der Mitarbeiter (4. Stufe). Schließlich ist der Aufsichtspflichtige gehalten, *gegen Verstöße einzuschreiten* (5. Stufe), wozu auch eine angemessene Sanktionierung gehört.[200] Soweit der Betriebsinhaber seine Aufsichtspflicht selbst delegiert, ist er für die Bestellung, sorgfältige Auswahl und Überwachung auch der bestellten Aufsichtspersonen verantwortlich. Mit deren Bestellung endet die eigene Überwachungspflicht allerdings nicht, sie wird lediglich auf eine (Rest-)Überwachung sowie eine stichprobenweise Kontrolle reduziert. Die im Einzelfall erforderlichen Aufsichtsmaßnahmen können

---

200 *Rogall*, in: Karlsruher Kommentar zum OWiG, 4. Aufl. 2014, § 130 Rn. 42 m. w. N.

jedoch nicht abstrakt festgelegt werden, sie differieren nach einer Vielzahl von Kriterien. Für den *Umfang der Aufsichtspflicht* sollen *„in erster Linie Art, Größe und Organisation des Betriebs, die unterschiedlichen Überwachungsmöglichkeiten, aber auch Vielfalt und Bedeutung der zu beachtenden Vorschriften und die Anfälligkeit des Betriebs für Verstöße gegen diese Bestimmungen (maßgeblich sein), wobei insbesondere solche Fehler eine Rolle spielen können, die bereits in der Vergangenheit gemacht worden sind“.*[201]

Hierher gehört insbesondere die **Compliance-Verpflichtung** des Unternehmens,[202] wobei allerdings (noch) streitig ist, ob der Betrieb eines Compliance-Management-Systems bereits eine Rechtspflicht des Unternehmens darstellt oder nur eines von mehreren geeigneten Mitteln zur Wahrnehmung der Aufsichtspflicht ist. Anders sieht es natürlich aus, wenn das Gesetz selbst (vgl. etwa §§ 25a KWG, 33 WpHG, 9, 9a GWG, 64a VAG, 52a ff. BImschG) Vorgaben für die Einrichtung eines Compliance- oder Risikomanagements macht.[203] Im Hinblick auf die allgemeine Compliance-Verpflichtung des Unternehmens wegweisend sind insoweit die Ausführungen des LG München I in der sog. „Neubürger-Entscheidung", ausweislich derer die Einhaltung des Legalitätsprinzips und demgemäß die Einrichtung eines funktionierenden Compliance-Systems zur Gesamtverantwortung des Vorstands gehöre. Ein Vorstandsmitglied habe daher im Rahmen seiner Legalitätspflicht dafür Sorge zu tragen, dass ein Unternehmen so organisiert und beaufsichtigt wird, dass *„keine Gesetzesverstöße wie Schmiergeldzahlungen an Amtsträger eines ausländischen Staates oder an ausländische Privatpersonen"* erfolgen. Seiner Organisationspflicht genüge ein Vorstandsmitglied bei entsprechender Gefährdungslage nur dann, wenn er eine auf Schadensprävention und Risikokontrolle angelegte Compliance-Organisation einrichte, wobei für den Umfang im Einzelnen Art, Größe und Organisation des Unternehmens, die zu beachtenden Vorschriften, die geografische Präsenz wie auch Verdachtsfälle aus der Vergangenheit zu beachten seien.[204] Die vom Landgericht München aufgestellten Compliance-Verpflichtungen sind jedoch heftig umstritten und können jedenfalls straf- bzw. ordnungsrechtlich nicht unmittelbar auf die Pflichtenbestimmung i. S. v. § 130 OWiG Anwendung finden.[205]

139

Eine Darstellung, welche (Aufsichts-)Maßnahmen im Rahmen der Good Corporate Governance unterschiedlicher Unternehmen, die teilweise einem völlig

140

---

201 Vgl. BGHSt 9, 319, 322 f.; OLG Düsseldorf, wistra 1999, 115; wistra 1991, 39; OLG Zweibrücken, NStZ-RR 1998, 311 f.; OLG Köln wistra 1994, 315; *Rogall*, in: Karlsruher Kommentar zum OWiG, 4. Aufl. 2014, § 130 Rn. 43.

202 Hierzu grundsätzlich: *Schulz*, Kap. 1, Rn. 27 ff.; *ders.*, Wirksames Compliance-Management – Anreize und Orientierungshilfen zur Vermeidung von (Verbands-)Sanktionen –, CCZ 2020, 49.

203 Vgl. zum Streitstand bei § 130 OWiG: *Rogall*, in: Karlsruher Kommentar zum OWiG, 4. Aufl. 2014, § 130 Rn. 40.

204 LG München I, Urt. v. 10.12.2013, 5HK 0 1387/10, BB 2014, 850; vgl. auch BGH, Urt. v. 9.5.2017 – 1 StR 265/16, Rn. 118.

205 Vgl. *Kuhlen*, NZWiSt 2015, 121.

anderen Regelungsregime unterliegen, erforderlich, zulässig und zumutbar und damit „**best practice**" sind, würde den Rahmen dieses Beitrages jedoch sprengen, so dass insoweit auf die unterschiedlichen Kapitel dieses Handbuches sowie weiterführend auf die Kommentarliteratur zu § 130 OWiG verwiesen werden muss.

141 Umstritten ist auch die Frage, ob § 130 OWiG in einem **Konzernsachverhalt** im Falle eines Fehlverhaltens der Tochtergesellschaft auch die Verhängung einer Geldbuße gegen die Konzernobergesellschaft ermöglicht. Das Bundeskartellamt bejaht diese Frage, die Rechtsprechung sieht dies allerdings durchaus differenzierter. Das OLG München hat insoweit unlängst befunden, dass eine dahingehende gesellschaftsrechtliche Aufsichtspflicht nur im Falle konkreter Weisungen der Konzernobergesellschaft angenommen werden kann.[206]

V. Strafrechtliche Risiken der Non-Compliance für das Unternehmen

1. (Unternehmens-)Strafrecht

a) Überblick

142 Nach einigen gescheiterten Initiativen zur Schaffung eines echten Unternehmensstrafrechts[207] hat die Bundesregierung unter Federführung des Bundesministeriums der Justiz und für Verbraucherschutz (BMJV) am 16.6.2020 den lange erwarteten Entwurf eines „Gesetzes zur Stärkung der Integrität in der Wirtschaft" vorgelegt, das in seinem Art. 1 den Entwurf eines Verbandssanktionengesetzes (VerSanG-E) enthält. Mittels des VerSanG soll zukünftig die Verhängung empfindlicher – im schlimmsten Fall existenzbedrohender – Sanktionen möglich werden. Je nach Unternehmensgröße und Tat ist es denkbar, dass zukünftig Strafzahlungen in Milliardenhöhe, die bislang eher aus dem europäischen Kartellrecht und ausländischen Rechtsordnungen bekannt sind, auch in deutschen Straf- bzw. Sanktionsverfahren Realität werden. Nach Art. 15 VerSanG-E soll das Gesetz zudem erst zwei Jahre nach Verabschiedung in Kraft treten, um den Behörden und den Unternehmen ausreichend Zeit für die Umsetzung einzuräumen. Zum Zeitpunkt der Drucklegung war das Gesetz noch nicht verabschiedet. Nach einer kontroversen Diskussion auch im Bundesrat hat die Bundesregierung die Einwände der Verbände und auch des Bundesrates größtenteils verworfen und unter dem 21.10.2020 den finalen Entwurf dem Bundestag zur Beschlussfassung vorgelegt. Zum Zeitpunkt der Drucklegung war das Gesetz noch nicht verabschiedet.

---

206 OLG München, BB 2015, 2004; weiterführend: *Minkoff*, Unterlassens- und Aufsichtsverantwortlichkeit im Konzern (§ 6), in: Minkoff/Sahan/Wittig, Konzernstrafrecht, 2020; *Werner*, Bebußung der Konzernobergesellschaft für ein Fehlverhalten der Tochtergesellschaft nach § 130 OWiG, CB 2016, 167.
207 Vgl. Stn. des Bundesrats v. 18.9.2020, BR-Drs. 440/20; Gesetzentwurf der BReg v. 21.10.2020, BT-Drs. 19/23568; https://dip21.bundestag.de/dip21/btd/19/235/1923568.pdf.

Doch auch unabhängig von der Geltung des Verbandssanktionengesetzes exis- **143** tierte bereits zuvor de facto ein effektives „Unternehmensstrafrecht" i.w.S. über die Vorschriften der Verbandsgeldbuße aus § 30 OWiG sowie der Einziehung aus den §§ 73 ff. StGB und § 29a OWiG sowie der Nebenbeteiligung des Unternehmens im Strafverfahren, mit denen Unternehmensgeldbußen verhängt und Umsätze aus strafrechtlich bemakelten Geschäften abgeschöpft werden konnten. Für den Fall einer Straftat als sog. „Bezugstat" und damit Anknüpfungspunkt einer Sanktionierung des Unternehmens würde das VerSanG nach seinem Inkrafttreten die Regelung der Verbandsgeldbuße aus § 30 OWiG verdrängen, im Falle einer Ordnungswidrigkeit als Bezugstat jedoch bliebe § 30 OWiG weiterhin anwendbar.

b) Verbandssanktionengesetz[208]

Das Verbandssanktionengesetz soll die Sanktionierung von Verbänden wegen **144** Straftaten ermöglichen, durch die Pflichten, die den Verband treffen, verletzt worden sind oder durch die der Verband bereichert worden ist oder werden sollte (sog. „Verbandstaten"). Für solche Verbandstaten schafft das Gesetz mit der **Verbandssanktion** eine eigenständige Sanktionsart, die die bereits vorhandenen Elemente der Verbandsgeldbuße aufgreift und weiterentwickelt. Als Verbandssanktionen sieht § 8 VerSanG die „*Verbandsgeldsanktion*" und die „*Verwarnung mit Verbandsgeldsanktionsvorbehalt*" vor. Als weitere Folge kann daneben nach § 14 VerSanG die öffentliche Bekanntmachung der Verurteilung angeordnet werden, das sog. „Naming and Shaming".[209]

Nach § 9 Abs. 1 VerSanG kann eine **Verbandsgeldsanktion** grundsätzlich bis **145** zu einer Höhe von 10 Mio. EUR verhängt werden. Um aber auch große Unternehmen und multinationale Konzerne adäquat treffen zu können, ermöglicht das Gesetz für Unternehmen mit einem Konzernumsatz von mehr als 100 Mio. EUR p.a. die Erhöhung der Geldsanktion bis zu einer Obergrenze von zehn Prozent des Jahresumsatzes. In der Praxis bedeutet das, dass es im Falle der Sanktionierung der deutschen Beteiligungsgesellschaften eines ausländischen Konzerns nicht auf den kleineren Umsatz der deutschen Beteiligung ankommt, sondern – bei Vorliegen der Voraussetzungen der wirtschaftlichen Einheit – auf den weltweiten Gesamtumsatz des Konzerns. Für fahrlässige Verbandstaten ist der Bußgeldrahmen jeweils halbiert.

Die Verbandsgeldsanktion soll jedoch (anders als die Verbandsgeldbuße nach **146** § 30 OWiG) nicht zugleich das aus der Verbandstat erlangte Vermögen abschöpfen; die Abschöpfung des durch die Verbandstat Erlangten erfolgt daher in der Zukunft neben der Sanktionierung nach den Vorschriften über die Einziehung gem. §§ 73 ff. StGB. Als reine „Sanktion" ist die Verbandsgeldsanktion daher,

---

208 Zum Zeitpunkt der Drucklegung war das VerSanG noch nicht verabschiedet Die folgende Darstellung gibt den Stand des Referentenentwurfs vom 22.4.2020 wieder.
209 Der Bundesrat hat im Rahmen seiner Stellungnahme vom 18.9.2020 aufgrund der „Prangerwirkung" die vollständige Streichung des § 14 VerSanG-E gefordert.

wie die Geldstrafe bei natürlichen Personen, nicht steuermindernd als Betriebsausgabe absetzbar.[210]

147 Voraussetzung der Sanktionierung ist eine sog. „**Verbandstat**", also eine betriebsbezogene strafbare Handlung einer Leitungsperson (z. B. Vorstand, Geschäftsführer, Bereichsleiter o. Ä.) oder eine Aufsichtspflichtverletzung, durch die eine Straftat eines Mitarbeiters oder auch eines externen Dritten, der dem Direktions- und Weisungsrecht des Unternehmens unterliegt, ermöglicht oder begünstigt wurde und die durch Aufsicht und angemessene Compliance-Maßnahmen hätte verhindert oder wesentlich erschwert werden können. Solche Verbandstaten können sämtliche unternehmensbezogenen Straftaten sein, insbesondere typische Wirtschaftsstraftaten (etwa Betrug, Geldwäsche, Korruption, Kapitalmarktdelikte), Steuerstraftaten, aber auch Umweltdelikte oder Fahrlässigkeitsverstöße im Zusammenhang mit Betriebsunfällen.

148 Schließlich sieht das VerSanG in den §§ 54 ff. die Schaffung eines „**Verbandssanktionenregisters**" vor, in das jede rechtskräftige Verhängung einer Verbandssanktion sowie zudem jede Verbandsgeldbuße aus § 30 OWiG oberhalb 300,00 EUR eingetragen wird.

149 Das VerSanG schafft jedoch auch ganz konkrete Anreize nicht nur für die Selbstreinigung des Unternehmens durch Aufklärung, sondern auch für die Einführung von **Compliance-Maßnahmen**.[211] Führt ein Unternehmen eine „verbandsinterne Untersuchung" nach den Maßgaben des VerSanG durch, kooperiert mit den Ermittlungsbehörden und legt die Ergebnisse der Staatsanwaltschaft offen, sind erhebliche Vergünstigungen im weiteren Sanktionsverfahren für das Unternehmen möglich, die Sanktionsobergrenze kann halbiert werden, die öffentliche Bekanntmachung der Verurteilung entfällt und es kommt die Verhängung „nur" einer sogenannten Verwarnung mit Verbandsgeldsanktionsvorbehalt in Betracht, quasi einer Geldsanktion auf Bewährung. Schließlich kann die Sanktion im schriftlichen Verfahren erfolgen, eine publizitätsträchtige Hauptverhandlung vor Gericht kann vermieden werden.

150 Eine weitere Motivation für die Implementierung eines Compliance Managements ist die Möglichkeit, die Verbandsgeldsanktion quasi zur Bewährung auszusetzen (die Erteilung einer sog. „Verwarnung mit Verbandsgeldsanktionsvorbehalt") und dem Unternehmen – quasi als Bewährungsauflage – die Weisung zu erteilen, „*bestimmte Vorkehrungen zur Vermeidung von Verbandstaten zu treffen und diese Vorkehrungen durch Bescheinigung einer sachkundigen Stelle nachzuweisen*" (§ 13 Abs. 2), was nichts anderes bedeutet, als ein Compliance-Management-System einzuführen.[212]

---

210 Vgl. §§ 12 Nr. 5 EStG, 10 Nr. 4 KStG.
211 Weiterführend: *Schulz/Block*, Wirksames Compliance-Management – Anreize und Orientierungshilfen zur Vermeidung von (Verbands-)Sanktionen, CCZ 2020, 49.
212 So ausdrücklich die Gesetzesbegründung, RefE, S. 89.

Da es dem Gericht regelmäßig schwer fallen dürfte, die Qualität und Effektivität **151** eines solchen, dem Unternehmen auferlegten Compliance-Management-Systems zu beurteilen, hat das betroffene Unternehmen die Umsetzung gem. § 13 Abs. 2 VerSanG „durch Bescheinigung einer sachkundigen Stelle" nachzuweisen. Die Auswahl der sachkundigen Stelle, also einer Art Monitor für das Compliance-Management-System, bedarf allerdings der Zustimmung durch das Gericht.

Daneben will der Gesetzgeber mit dem VerSanG einen rechtssicheren Rahmen **152** für **internal investigations**, die sog. „verbandsinternen Untersuchungen", schaffen.

Durch die Regelungen der §§ 16 bis 18 VerSanG soll ein Anreizsystem einge- **153** führt werden, nach welchem die Aufklärungsbemühungen des Unternehmens dann sanktionsmildernd berücksichtigt werden, wenn das Unternehmen nicht nur „wesentlich" zur Aufklärung des Sachverhalts durch die Strafverfolgungsbehörden beigetragen und „ununterbrochen und uneingeschränkt" mit den Verfolgungsbehörden kooperiert hat, sondern die Aufklärung auch bestimmten (Legalitäts-)Anforderungen entspricht.

So müssen etwa Interviews so durchgeführt werden, dass ihr Beweiswert im **154** Strafverfahren nicht gemindert ist und die Gefahr von falschen Aussagen durch die Befragungen nicht erhöht wird. Nur wenn die in § 17 Abs. 1 Nr. 4 aufgeführten Mindestvoraussetzungen für die Befragung erfüllt sind, soll die Aufklärungsleistung des Unternehmens zu einer erheblichen Milderung der Sanktion führen. Als Milderung sieht § 18 die Halbierung des Sanktionsrahmens, den Wegfall der Mindestsanktion sowie den Ausschluss der öffentlichen Bekanntmachung der Verurteilung vor. Soweit aufgrund der Möglichkeit der Milderung nach § 18 nur noch eine geringfügige Verbandssanktion zu verhängen wäre und gleichzeitig kein öffentliches Interesse mehr an einer Verfolgung besteht, kann nach § 35 sogar gänzlich von der Verfolgung abgesehen werden.

Vor dem Hintergrund der bis dato bestehenden Unsicherheit über die **Beschlag- 155 nahmefreiheit der internen Ermittlungsunterlagen** will der Gesetzgeber durch eine Änderung auch des § 97 StPO die Beschlagnahmefreiheit jedoch ausdrücklich auf diejenigen Fälle begrenzen, in denen die Gegenstände dem geschützten Vertrauensverhältnis zwischen dem Beschuldigten und seinem Verteidiger zuzurechnen sind. Aufzeichnungen über Befragungen im Rahmen von verbandsinternen Untersuchungen sollen damit nur dann vor Beschlagnahme geschützt sein, wenn sie in einem Verteidigungsverhältnis zwischen dem (Unternehmens-)Verteidiger und dem inkulpierten Unternehmen entstanden sind. In den Genuss der Sanktionsmilderung gem. § 17 VerSanG kommt das Unternehmen jedoch nur dann, wenn die verbandsinterne Untersuchung gerade **nicht** vom „*Verteidiger des Verbandes oder eines Beschuldigten, dessen Verbandstat dem Sanktionsverfahren zugrunde liegt*", durchgeführt wird (§ 17 Abs. 1 Nr. 2 VerSanG).

156 Auch wenn die verbandsinterne Untersuchung die Voraussetzungen des § 17 nicht erfüllt, schließt dies deren Berücksichtigung bei der Sanktionszumessung jedoch nicht aus. Eine etwaige Milderung der Sanktion kann dann immer noch nach der allgemeinen Bemessungsnorm des § 15 erfolgen, ausweislich der das Bemühen des Verbandes, die Verbandstat aufzudecken, berücksichtigt werden kann (§ 15 Abs. 3 Nr. 7 VerSanG).

c) Einziehung

157 Gerade in Wirtschaftsstrafverfahren, in denen Straftaten aus dem Unternehmen heraus und im (vermeintlichen) Unternehmensinteresse begangen worden sind, ist es Aufgabe und Ziel der Justiz, strafbare Vermögensverschiebungen zu korrigieren und die von dem oder den Tätern erlangten Vorteile zugunsten des Staates „abzuschöpfen". Hierzu verfügt die Strafjustiz über ein schlagkräftiges Instrument, die sog. Einziehung gem. §§ 73 ff. StGB.[213] Die Einziehung ist jedoch weder „Strafe" noch „Maßregel", sondern eine **Maßnahme eigener Art**. Eine Vermögensabschöpfung über das Institut der Einziehung ist jedoch von Gesetzes wegen ausdrücklich ausgeschlossen, wenn bereits eine Verbandsgeldbuße verhängt worden ist (§ 30 Abs. 5 OWiG), da die Verbandsgeldbuße bereits den aus der Tat erlangten Vorteil abschöpfen soll (§§ 30 Abs. 3, 17 Abs. 4 OWiG). Seit Inkrafttreten der Neuregelung der Einziehung am 1.7.2017 stehen etwaige Ansprüche eines Verletzten, anders als bislang, der staatlichen Einziehung nicht mehr entgegen.

158 Hat der Beteiligte an einer rechtswidrigen Tat durch diese (oder für diese) „**etwas**" **erlangt**, ordnet das Gericht gem. § 73 Abs. 1 StGB dessen Einziehung an. Ist der erlangte (Vermögens-)Gegenstand nicht mehr vorhanden, kann das Gericht gem. § 73 Abs. 3 StGB auch das einziehen, was der Täter (oder Teilnehmer) durch Veräußerung des Erlangten oder als Ersatz für dessen Zerstörung, Beschädigung oder Entziehung oder auch aufgrund eines erlangten Rechts erhalten hat, das sog. Surrogat.

159 Hat ein anderer, also etwa das Unternehmen, für das der Täter gehandelt hat, den Vorteil aus einer rechtswidrigen Tat erhalten, so erfolgt die Einziehung gem. § 73b StGB bei dem anderen, also etwa dem Unternehmen. Die Einziehung bei anderen gem. § 73b Abs. 1 StGB erfasst die sog. Vertretungs- und Verschiebungsfälle, in denen die Bereicherung unmittelbar bei dem Vertretenen, also etwa dem Unternehmen eintritt oder in denen der Ertrag auf den Dritten „verschoben" wurde, etwa durch ein bemakeltes Rechtsgeschäft, um die Tat zu verschleiern oder das Erlangte der Abschöpfung zu entziehen. Voraussetzung der Einziehung im Vertretungsfall, also auch beim Unternehmen, ist, dass der Täter (oder Teilnehmer) „*für das Unternehmen*" oder „*im Interesse des Unternehmens*" gehandelt hat, das Vorliegen einer förmlichen Beauftragung oder Or-

---

213 Mit Wirkung ab dem 1.7.2017 ersetzt die Einziehung das bisherige Instrument des sog. „Verfalls".

ganstellung des Handelnden ist aber nicht erforderlich. Auch rechtswidrige Handlungen von Angestellten, die nur faktisch oder auch nur vermeintlich im Interesse des Unternehmens erfolgen, sind dem Unternehmen zuzurechnen und führen zur Einziehung des Tatertrages beim Unternehmen. Voraussetzung der Einziehung beim Unternehmen gem. § 73b Abs. 1 Nr. 1 StGB ist darüber hinaus nicht, dass das Unternehmen etwa bösgläubig gewesen wäre, die schlichte Bereicherung reicht aus. In den Verschiebungsfällen gem. § 73b Abs. 1 Nr. 1 StGB erfasst die Einziehung auch sog. „Verschiebungsketten", in denen der Drittbegünstigte, also auch etwa ein Unternehmen, den Tatertrag aufgrund einer ununterbrochenen Bereicherungskette erlangt hat, selbst wenn sich der Täter bei der Verschiebung eines gutgläubigen Kettenglieds bedient hat.[214] Die Einziehung am Ende der Verschiebungskette ist jedoch gem. § 73b Abs. 1 S. 2 StGB ausnahmsweise ausgeschlossen, wenn das Erlangte zuvor einem gutgläubigen Dritten, der nicht erkannt hat oder hätte erkennen müssen, dass das Erlangte aus einer rechtswidrigen Tat herrührt, *entgeltlich und mit rechtlichem Grund* übertragen wurde.[215]

Gegenstand der Einziehung ist das *„erlangte Etwas"*, also die *„Gesamtheit der*   **160** *messbaren wirtschaftlichen Vorteile, die dem Täter oder Teilnehmer durch, aus oder für die Tat zugeflossen sind"*. Die Bestimmung des erlangten Etwas erfolgt in einem ersten Schritt grundsätzlich nach dem sog. **Bruttoprinzip**.[216] Durch die Tat erlangt ist damit jeder wirtschaftlich messbare Vorteil im Vermögen des Bereicherten, auch etwa ersparte Aufwendungen. Erst danach erfolgt eine wertende Konkretisierung, ob bzw. in welchem Maße etwaige Aufwendungen oder Gegenleistungen des Täters abzugsfähig sind. Gemäß § 73d Abs. 1 StGB sind bei der Bestimmung des Wertes des Erlangten die Aufwendungen des Täters, Teilnehmers oder des anderen abzuziehen. Außer Betracht bleibt jedoch das, was für die Begehung der Tat oder für ihre Vorbereitung aufgewendet oder eingesetzt worden ist. Der Umfang des Erlangten kann gem. § 73d Abs. 2 StGB geschätzt werden.

Bei **Korruptionsdelikten** ist die Bestimmung des erlangten Etwas aufseiten des   **161** Vorteilsgewährenden, insbesondere, wenn dieser für eine juristische Person gehandelt hat, jedoch schwierig. Hat der Täter durch eine Bestechung etwa einen **Auftrag generiert**, so waren einige Instanzgerichte in extensiver Auslegung des Bruttoprinzips zu dem Schluss gekommen, dass im Fall der Korruption der *gesamte* Werklohn für den Auftrag Gegenstand der Einziehung sei.[217] Ein derartiges Verständnis hat der BGH jedoch zurückgewiesen: Unmittelbar aus einer Bestechung (im geschäftlichen Verkehr) erlangt ein Unternehmer bei der durch

---

214 Vgl. hierzu ausführlich: *Mahn*, Vermögensabschöpfung (§ 11), in: Minkoff/Sahan/Wittig, Konzernstrafrecht, S. 205 ff.

215 Der sog. „Erfüllungsfall", vgl. Gesetzesbegründung, BT-Drucks. 18/9525, S. 67.

216 Der Gesetzgeber hat sich insoweit der Rspr. des 1. Strafsenats des Bundesgerichtshofs (BGH, NJW 2006, 925 ff.) angeschlossen; vgl. BT-Drucks. 18/9525, S. 62.

217 Vgl. OLG Köln, ZIP 2004, 2013; OLG Jena, wistra 2005, 114.

Korruption beeinflussten **Auftragsvergabe** lediglich die Auftragserteilung – also den Vertragsschluss selbst –, nicht hingegen den vereinbarten Werklohn. Das Erlangte ist mithin „lediglich" der Gewinn aus dem Auftrag.[218]

162 Neben der selbstständigen Einziehung, wenn keine bestimmte Person wegen der Tat verurteilt werden kann (§ 76a Abs. 1 StGB), hat der Gesetzgeber mit der erweiterten selbstständigen Einziehung gem. § 76a Abs. 4 StGB ein gänzlich neues Abschöpfungsinstrument eingeführt. Gleichsam dem US-amerikanischen Institut der „non conviction based confiscation" kann so Vermögen völlig unklarer Herkunft unabhängig vom Nachweis einer konkreten rechtswidrigen Tat eingezogen werden. Voraussetzung ist lediglich, dass der (Vermögens-)Gegenstand in einem Verfahren wegen einer in § 76a StGB benannten Katalogtat (überwiegend sog. organisierte Kriminalität) beschlagnahmt wurde und dieser aus (irgendeiner) rechtswidrigen Tat herrührt. Da der Straftatenkatalog aber auch die Delikte der Steuerhinterziehung, des Schmuggels und der Geldwäsche enthält, kann auch dieses Institut im Unternehmensbereich durchaus zur Anwendung kommen.

163 Um eine Vereitelung der drohenden Einziehung im Rahmen von mitunter jahrelang andauernden Strafverfahren zu verhindern, sichern die Ermittlungsbehörden regelmäßig bereits im laufenden Ermittlungsverfahren entsprechende Vermögenswerte (des Unternehmens) mittels der strafprozessualen Institute der Beschlagnahme (§§ 111b–111d StPO) sowie des Vermögensarrests (§§ 111e–111h StPO) zur Sicherung der späteren Einziehung von Wertersatz. Vollzogen werden derartige Arreste in der Regel durch die Pfändung von (Firmen-)Konten. Bereits hier zeigt sich, dass nicht nur die endgültige Einziehung, sondern auch bereits die vorläufige Pfändung von Unternehmensvermögen zu erheblichen Problemen, sei es wegen der dadurch entstehenden Außenwirkung oder aufgrund einer angespannten Liquiditätslage, führen kann, die existenzgefährdend sein und Worst Case in die Insolvenz wegen Zahlungsunfähigkeit führen können.

164 Neben der Festsetzung einer **Unternehmensgeldbuße** (§ 30 OWiG) kann eine Einziehung nicht erfolgen (§ 30 Abs. 5 OWiG). Hinsichtlich derselben Tat darf die Einziehung auch nicht etwa kumulativ angeordnet werden, wenn eine Gewinnabschöpfung durch das festgesetzte Bußgeld nicht erfolgt sein sollte.[219]

c) Das Unternehmen als Nebenbeteiligter im Strafverfahren

165 Da sich das Strafverfahren ausschließlich gegen natürliche Personen richtet, die Einziehung jedoch gemäß §§ 73 ff. StPO regelmäßig auch Unternehmenswerte betrifft, ordnet das Gericht gemäß der §§ 424 ff. StPO an, dass der Dritte (das Unternehmen) an dem Strafverfahren beteiligt wird. Im strafrechtlichen

---

218 BGH, NJW 2006, 925, 929; BGHSt 47, 369; BGH, NStZ 2000, 480.
219 Vgl. hierzu ausführlich BGH, wistra 2007, 222, 224.

Hauptverfahren entsprechen die Befugnisse des Einziehungsbeteiligten gem.
§§ 427 ff. StPO denjenigen des Angeklagten.

Nach den §§ 422 ff. StPO kann die Einziehung auch im **selbstständigen Verfah-** **166**
ren gegen das Unternehmen betrieben werden, wenn wegen der Straftat aus tatsächlichen Gründen (etwa wenn ein Täter nicht ermittelt werden konnte oder
sich dem Einfluss der deutschen Justiz entzogen hat) keine bestimmte Person
verfolgt oder verurteilt werden kann, ansonsten aber die materiellen Voraussetzungen der Einziehung vorliegen.

2. Ordnungswidrigkeitenrecht

Die in der Praxis größten Compliance-Risiken, jedenfalls die finanziell schmerz- **167**
haftesten (abgesehen von der Einziehung gem. § 73 StGB), finden sich de facto
im Ordnungswidrigkeitenrecht. Neben der bereits angesprochenen Aufsichtspflichtverletzung gem. § 130 OWiG, die gem. § 130 Abs. 3 OWiG mit einer
Geldbuße von bis zu 1 Mio. EUR sowie im Ausnahmefall darüber hinaus geahndet werden kann, ist hier in erster Linie die Unternehmens- oder auch Verbandsgeldbuße gem. § 30 OWiG zu nennen.

a) Unternehmensgeldbuße gem. § 30 OWiG

Ist eine Straftat oder eine Ordnungswidrigkeit aus einem Unternehmen heraus **168**
oder im Interesse des Unternehmens begangen worden, so kann dies zur Verhängung einer **Unternehmensgeldbuße gem. § 30 OWiG** führen.[220] § 30 OWiG ermöglicht die Festsetzung einer Geldbuße gegen juristische Personen oder Personenvereinigungen unter der Voraussetzung, dass deren Repräsentanten (Organe,
Vorstände, Vertreter oder sonstige Leitungspersonen) eine Straftat oder Ordnungswidrigkeit begangen haben, durch die entweder Pflichten des Verbandes
(Unternehmens) verletzt worden sind oder die zu dessen Bereicherung geführt
haben oder führen sollten. § 30 OWiG umschreibt keinen eigenen Ordnungswidrigkeitentatbestand, sondern knüpft die Folge einer Geldbuße an eine Straftat
oder Ordnungswidrigkeit, die sog. **Anknüpfungstat**, des Vertreters einer juristischen Person. Die Anknüpfungstat kann nicht nur eine beliebige Straftat oder
Ordnungswidrigkeit sein (durch die wie gesagt allerdings betriebsbezogene
Pflichten verletzt wurden oder das Unternehmen bereichert wurde oder werden
sollte), sondern auch eine **Aufsichtspflichtverletzung gem. § 130 OWiG**, die
damit die Verhängung einer Unternehmensgeldbuße auch dann ermöglicht,
wenn die (nicht verhinderte) betriebsbezogene Zuwiderhandlung unterhalb der
Organ- oder Vertreterebene begangen worden ist. Die Aufsichtspflichtverletzung selbst muss allerdings der Betriebsinhaber oder ein Vertreter i. S. v. § 9

---

220 Nach Inkrafttreten des Verbandssanktionengesetzes (VerSanG) erfolgt die Sanktionierung
von Unternehmen aufgrund von aus dem Unternehmen heraus oder im Interesse des Unternehmens begangener Straftaten nur noch nach dem VerSanG mittels der dort vorgesehenen
Sanktionen (s. o.). Handelt es sich bei der Anknüpfungstat jedoch um eine Ordnungswidrigkeit, bleibt § 30 OWiG anwendbar.

OWiG begangen haben. Betriebliche Aufsichtspflichtverletzungen können auch dann vorliegen, wenn Korruptionsstraftaten im Unternehmen nicht unterbunden bzw. verhindert werden. Das mangelnde strafrechtliche Risikomanagement, mithin ein unzureichendes Compliance Management des Unternehmens wird damit regelmäßig zu einem Problem i. S. d. §§ 30, 130 OWiG.[221]

169 Die **Höhe der Geldbuße** hängt davon ab, ob als Anknüpfungstat eine Straftat oder eine Ordnungswidrigkeit vorliegt (§ 30 Abs. 2 Satz 1 Nr. 1, 2 OWiG). Bei vorsätzlichen Straftaten beträgt die Unternehmensgeldbuße bis zu 10 Mio. EUR, bei fahrlässigen Straftaten „lediglich" bis zu 5 Mio. EUR. Bei Ordnungswidrigkeiten bestimmt sich das Höchstmaß der Geldbuße grundsätzlich nach dem für die Ordnungswidrigkeit angedrohten Höchstmaß (§ 30 Abs. 2 Satz 2 OWiG), ist also regelmäßig deutlich geringer. Zu beachten ist allerdings, dass zahlreiche Vorschriften des Nebenstrafrechts Ordnungswidrigkeitentatbestände enthalten, die mit ganz erheblichen Bußgeldrahmen ausgestattet sind. So können beispielsweise bestimmte Ordnungswidrigkeiten nach dem Bundesdatenschutzgesetz gem. § 43 Abs. 3 BDSG mit einer Geldbuße von bis zu 300.000,00 EUR pro Fall geahndet werden. Für die Bemessung der Höhe der Geldbuße im Falle einer Aufsichtspflichtverletzung i. S. v. § 130 OWiG gilt zunächst § 130 Abs. 3 Satz 1 OWiG (§ 30 Abs. 2 Satz 2 OWiG). Die Geldbuße beträgt demnach bis zu einer Mio. EUR. Nach § 17 Abs. 2 OWiG kann fahrlässiges Handeln im Höchstmaß nur mit der Hälfte des angedrohten Höchstbetrages der Geldbuße geahndet werden, also mit 500.000,00 EUR.

170 § 30 Abs. 3 OWiG erklärt darüber hinaus die Regelung des § 17 Abs. 4 OWiG, die sog. **Mehrerlösabschöpfung**, für entsprechend anwendbar. Danach soll die Geldbuße den wirtschaftlichen Vorteil übersteigen, den das Unternehmen aus der Tat gezogen hat. Zu diesem Zweck darf das gesetzliche Höchstmaß der Geldbuße gem. § 17 Abs. 4 Satz 2 OWiG sogar überschritten werden. Aus diesen gesetzlichen Vorgaben folgt, dass der wirtschaftliche Vorteil, welcher dem Unternehmen aus der Tat zugeflossen ist, rechnerisch die unterste Grenze der Geldbuße darstellt (sog. „**Abschöpfungsanteil**"). Der Begriff des wirtschaftlichen Vorteils bezeichnet dabei die erzielten Erlöse, aber auch mittelbare Vorteile wie Marktvorteile. Zusätzlich ist der Abschöpfungsteil der Geldbuße um den sog. „**Ahndungsteil**" zu erhöhen. Zumessungsgrundlage ist hierbei analog § 17 Abs. 3 OWiG die Bedeutung der Straftat, also Gewicht und Ausmaß der Pflichtverletzung, deren Häufigkeit, die Schwere des Schadens und die Auswirkungen des Verstoßes.

171 Bei der Höhe der Gewinnabschöpfung findet Berücksichtigung, so etwa in der causa Siemens, wenn ausländische Behörden, wie etwa die US-amerikanische Börsenaufsicht SEC, das US-Justizministerium Department of Justice (DOJ) oder die britische Finanzaufsicht Financial Conduct Authority (FCA), wegen des gleichen Sachverhalts bereits eine vergleichbare Maßnahme durchgeführt

---

221 Siehe hierzu ausführlich oben unter Rn. 132 ff.

haben oder eine solche noch zu erwarten ist. Dadurch soll ausgeschlossen werden, dass derselbe Gewinn von den beteiligten Behörden mehrfach abgeschöpft wird. Auf exemplarische Fälle der Verhängung von Verbandsgeldbußen wurde bereits in der Einleitung zu diesem Kapitel hingewiesen.

Da die Geldbußen gem. § 30 OWiG häufig existenzbedrohende Ausmaße annehmen, haben die betroffenen Unternehmen teilweise bewusst versucht, sich diesen Konsequenzen durch eine gesellschaftsrechtliche Umgestaltung zu entziehen oder unterlagen innerhalb der langen Dauer solcher Verfahren einschneidenden gesellschaftsrechtlichen Veränderungen. Insofern stellte sich rechtlich die Frage der **Sanktionierung des Gesamtrechtsnachfolgers** des betroffenen Unternehmens. Nach der älteren Rechtsprechung des BGH war die Bußgeldhaftung des Rechtsnachfolgers nur möglich, wenn zwischen der früheren und der neuen Gesellschaft nach wirtschaftlicher Betrachtungsweise eine sog. „Nahezu-Identität" bestand.[222] Diese Rechtsprechung führte allerdings dazu, dass Unternehmen sich einer gegen sie verhängten (Kartell-)Geldbuße entziehen konnten, indem sie eine Form der Umstrukturierung oder Veräußerung des Unternehmens wählten, die die Annahme einer „Nahezu-Identität" im Sinne der Rechtsprechung ausschloss. Mit Urteil vom 5.3.2015 hat sich dann jedoch der EuGH gegen die Rechtsprechung des BGH gewandt und entschieden, dass die (im Rahmen einer Verschmelzung) aufnehmende Gesellschaft grundsätzlich für Rechtsverstöße der aufgenommenen Gesellschaft haftet.[223] Da dies aber mit dem deutschen Schuldprinzip („nulla poena sine culpa") nicht vereinbar erscheint, hat der BGH für Altfälle klargestellt, dass eine solche Auslegung des § 30 OWiG contra legem nicht zulässig sei.[224] Für Neufälle hat der Gesetzgeber im Jahre 2013 eine ausdrückliche Regelung in § 30 Abs. 2a OWiG geschaffen, nach der im Falle der Gesamtrechtsnachfolge die Geldbuße gegen den oder die Rechtsnachfolger festgesetzt werden kann.[225]

172

In der **Verfolgungspraxis** führen die erheblichen Unternehmensgeldbußen teilweise zu profiskalischen Begehrlichkeiten auch in der Strafjustiz mit der Folge, dass das eigentliche Strafverfahren gegen die persönlich Verantwortlichen nur noch mit geringem Engagement geführt wird und die Straftat (oder Ordnungswidrigkeit) letztlich nur noch als „Aufhänger" für die beabsichtigte Unternehmensgeldbuße dient. Regelmäßig werden die Verfahren gegen die Unternehmen als Drittbeteiligte abgetrennt und vorgezogen, häufig werden die Verfahren wegen der Anknüpfungstaten dann sogar aus Gründen der „Prozessökonomie" gem. § 153a StPO bzw. § 47 OWiG eingestellt. Die Verhängung einer Unterneh-

173

---

222 BGH, Beschl. v. 10.8.2011, KRB 55/10, BGHSt 57, 193; Beschl. v. 16.12.2014, KRB 47/13.

223 EuGH, Urt. v. 5.3.2015, C-343/13.

224 BGH, Urt. v. 10.8.2011, KRB 55/10, BGHSt 57, 193.

225 Weiterführend zur Verbandsgeldbuße im Konzern: *Böttger*, Verbandsgeldbuße (§ 12), in: Minkoff/Sahan/Wittig, Konzernstrafrecht, S. 234 ff.

mensgeldbuße, das eigentliche Ziel, bleibt in solchen Fällen im selbstständigen Verfahren gem. § 444 Abs. 3 StPO weiterhin möglich.[226]

b) Das Unternehmen als Nebenbeteiligter im Verfahren wegen § 30 OWiG

174 Ist im Strafverfahren über die Festsetzung einer Geldbuße gegen ein Unternehmen oder einen Verband i. S. v. § 30 OWiG zu entscheiden, so ordnet das Strafgericht auch hier gem. § 444 Abs. 1 StPO die Beteiligung des Unternehmens oder des Verbands an dem Verfahren an, soweit es die Tat betrifft. Gem. § 444 Abs. 2 StPO wird das Unternehmen oder der Verband zur Hauptverhandlung geladen; bleibt der Vertreter des Unternehmens ohne genügende Entschuldigung aus, so kann ohne ihn verhandelt werden. Mit dem Ziel der Verhängung einer Unternehmensgeldbuße ist gem. § 444 Abs. 3 StPO auch die Durchführung eines selbstständigen Verfahrens zulässig. Örtlich zuständig ist in einem solchen Fall (auch) das Gericht, in dessen Bezirk das Unternehmen oder der Verband seinen Sitz oder eine Zweigniederlassung hat.

c) Einziehung (§ 29a OWiG)

175 Schlussendlich besteht auch im Ordnungswidrigkeitenverfahren gemäß § 29a OWiG die Möglichkeit, gegen den Täter oder auch das Unternehmen als begünstigten Dritten die Einziehung des Erlangten anzuordnen. Voraussetzung für die Anordnung ist auch hier die rechtswidrige Begehung einer mit Bußgeld bedrohten Handlung, aus der der Täter (oder ein Dritter) einen unmittelbaren Vorteil erlangt, der dann wie bei §§ 73 ff. StGB nach dem „Bruttoprinzip" abgeschöpft werden kann. Anders als im Strafverfahren ist die Einziehung nach § 29a jedoch ausschließlich auf die Abschöpfung eines Geldbetrages gerichtet und gegen denjenigen ausgeschlossen, gegen den bereits ein Bußgeldbescheid gem. § 30 OWiG erlassen worden ist. Wird gegen den Täter ein Bußgeldverfahren nicht eingeleitet oder wird es eingestellt, so kann auch hier die Einziehung gem. § 29a Abs. 4 OWiG selbstständig angeordnet werden.

VI. Sonstige Risiken für das Unternehmen und seine Verantwortlichen

1. Blacklisting und Vergabesperren

a) Registereintragungen

aa) Bundeszentralregister

176 Rechtskräftige Strafurteile gegen natürliche Personen werden in das vom Bundesamt für Justiz geführte Zentralregister und Erziehungsregister (Bundeszentralregister) eingetragen. Da Auskünfte aus dem Bundeszentralregister auch für öffentliche Stellen jedoch nur sehr restriktiv gewährt werden, etwa für Zwecke der Strafverfolgung, beschränkt sich die Problematik hier auf den Verurteilten

---

226 Vgl. *Gürtler*, in: Göhler, OWiG, 16. Aufl., § 30 Rn. 43.

selbst, für den sich im Rahmen der unternehmerischen Tätigkeit allerdings die Notwendigkeit ergeben könnte, über etwaige Vorstrafen zu informieren. Öffentliche Stellen erhalten im Falle eines berechtigten Interesses eine Vollauskunft, der Betroffene selbst erhält ein sog. „Führungszeugnis", das gem. § 32 BZRG jedoch nicht sämtliche Einträge erhält, insbesondere finden dort die Eintragung einer Geldstrafe von nicht mehr als neunzig Tagessätzen oder einer Freiheitsstrafe von nicht mehr als drei Monaten keinen Niederschlag, wenn im Register keine weitere Strafe eingetragen ist.

bb) Gewerbezentralregister

Gemäß § 149 Abs. 1 GewO führt das Bundesamt für Justiz ein Gewerbezentral- **177** register, in das u. a. Entscheidungen über betriebsbedingte Verfehlungen (Straftaten und Ordnungswidrigkeiten) eingetragen werden, wenn die Ahndung eine bestimmte Grenze überschreitet.

Nach § 149 Abs. 2 Nr. 3 GewO werden in das Gewerbezentralregister **Bußgeld-** **178** **entscheidungen** wegen einer Ordnungswidrigkeit eingetragen, die bei oder im Zusammenhang mit der Ausübung eines Gewerbes oder dem Betrieb einer sonstigen wirtschaftlichen Unternehmung oder bei der Tätigkeit in einem Gewerbe oder einer sonstigen wirtschaftlichen Unternehmung von einem Vertreter oder Beauftragten im Sinne des § 9 des Gesetzes über Ordnungswidrigkeiten (OWiG) oder von einer Person, die in einer Rechtsvorschrift ausdrücklich als Verantwortlicher bezeichnet ist, begangen worden ist. In beiden Fällen ist Voraussetzung für die Eintragung, dass die **Geldbuße mehr als 200,00 EUR** beträgt.

Gemäß § 149 Abs. 2 Nr. 4 GewO werden auch rechtskräftige strafgerichtliche **179** Verurteilungen wegen **bestimmter Straftaten**, so nach den §§ 10 und 11 des Schwarzarbeitsbekämpfungsgesetzes, nach den §§ 15 und 15a des Arbeitnehmerüberlassungsgesetzes oder nach § 266a Abs. 1, 2 und 4 StGB, eingetragen, die bei oder im Zusammenhang mit der Ausübung eines Gewerbes oder dem Betrieb einer sonstigen wirtschaftlichen Unternehmung begangen worden sind, wenn auf **Freiheitsstrafe von mehr als drei Monaten oder Geldstrafe von mehr als 90 Tagessätzen** erkannt worden ist.

Soweit die Entscheidung eine natürliche Person betrifft, wird diese in das Regis- **180** ter eingetragen. Betrifft die (Bußgeld-)Entscheidung eine juristische Person, etwa § 30 OWiG, so besteht ein übergeordnetes ordnungsrechtliches Interesse auch an einer Erweiterung des einzutragenden Personenkreises auf bestimmte abhängig beschäftigte Personen oder Vertretungsberechtigte des Unternehmens, mit der Folge, dass sich der einzutragende Personenkreis auch auf die in § 149 Abs. 2 Nr. 3 lit. b GewO genannten Personen erstreckt. Neben den in § 9 OWiG genannten Personen werden damit auch solche Personen eingetragen, die in einer Rechtsvorschrift ausdrücklich als Verantwortliche bezeichnet sind. Entscheidungen werden also nicht nur beim Gewerbetreibenden, sondern zusätzlich auch bei dem Vertretungsberechtigten einer juristischen Person gem. § 151 Abs. 1 Nr. 1 GewO (z. B. Geschäftsführer und Vorstandsmitglieder) sowie dem mit der Leitung eines Betriebes oder einer Zweigniederlassung Beauftragten gem. § 151 Abs. 1 Nr. 2 GewO (z. B. Prokuristen und Disponenten) im Gewerbezentralregister eingetragen.

181 Bei Entscheidungen gemäß ß 30 OWiG ist auch das **Unternehmen** in das Gewerbezentralregister einzutragen, sofern die Voraussetzungen des § 149 Abs. 2 Nr. 3 GewO gegeben sind, d. h. wenn die Grundlage für die Festsetzung des Bußgeldes die Ordnungswidrigkeit eines Vertreters/Beauftragten des Unternehmens ist, die mit mehr als 200,00 EUR geahndet wurde.

182 Eine derartige Eintragung ist unter **Compliance-Aspekten** insbesondere deshalb problematisch, da das Gewerbezentralregister zahlreichen Stellen Auskunft über die Einträge erteilt, so etwa gem. § 150a GewO an öffentliche Stellen zur Vorbereitung von vergaberechtlichen Entscheidungen, und derartige Eintragungen dann tatsächlich zum Vergabeausschluss, zum Entfall der benötigten „Zuverlässigkeit" oder zum Wegfall bestimmter Vergünstigungen im Verkehr mit öffentlichen Stellen führen können.

cc) Vergabe- bzw. Wettbewerbsregister

183 Im Bereich der (öffentlichen) Vergabe sollen nach der Entscheidung des Gesetzgebers compliance-relevante Straftaten, insbesondere Korruptionsstraftaten, Berücksichtigung finden und ggf. sogar zu einem Vergabeausschluss führen.

184 Ein bundesweites Vergabe- oder Korruptionsregister hat es lange Zeit nicht gegeben. Ein erster Vorstoß des Gesetzgebers zur Errichtung eines Registers über unzuverlässige Unternehmen ist im Jahre 2002 im Bundesrat gescheitert. Weitere Versuche in den Jahren 2005 und 2009 sind jeweils an der Beendigung der Legislaturperiode vor Verabschiedung des Gesetzes gescheitert; zuletzt im Jahre 2014 hat die Justizministerkonferenz der Bundesländer die Einführung eines bundesweiten Korruptionsregisters beschlossen. Am 29.7.2017 ist dann jedoch schließlich das **Wettbewerbsregistergesetz** (WRegG) in Kraft getreten. Registerführende Behörde ist das Bundeskartellamt.

185 Das Wettbewerbsregistergesetz regelt abschließend die zur Eintragung von Unternehmen im Wettbewerbsregister führenden Straftaten und Ordnungswidrigkeiten. Eingetragen werden zum einen rechtskräftige Verurteilungen, Strafbefehle oder bestandskräftige Bußgeldentscheidungen wegen der Delikte, die gemäß § 123 Abs. 1 und 4 GWB zwingend zum Ausschluss aus dem Vergabeverfahren führen (insbesondere Bestechung, Betrug, Geldwäsche, Vorenthalten von Sozialabgaben und Steuerhinterziehung). Zum anderen werden diejenigen fakultativen Ausschlussgründe nach § 124 GWB (Kartellrechtsverstöße und Verstöße gegen bestimmte arbeitsrechtliche Vorschriften) eingetragen, die die Vergabestellen bisher im Gewerbezentralregister abfragen mussten.

186 Gemäß § 6 Abs. 1 WRegG sind öffentliche Auftraggeber gem. § 99 GWB verpflichtet, vor der Erteilung des Zuschlags in einem Verfahren über die Vergabe öffentlicher Aufträge mit einem geschätzten Auftragswert ab 30.000 EUR bei der Registerbehörde abzufragen, ob im Wettbewerbsregister Eintragungen zu dem Bieter, an den der öffentliche Auftrag vergeben werden soll, vorliegen.

Die Strafverfolgungsbehörden sowie die zur Verfolgung von Ordnungswidrig-   **187**
keiten berufenen Behörden sind zur (elektronischen) Mitteilung von Informationen über Rechtsverstöße an die Registerbehörde verpflichtet. Unternehmen, die eingetragen werden sollen, werden im Vorfeld von der Registerbehörde angehört und können Einwendungen geltend machen. Die öffentlichen Auftraggeber sind daherzur Prüfung eines etwaigen Vergabeausschlusses nicht mehr auf die in der Mehrzahl der Bundesländer geführten sog. Vergaberegister oder (Anti-)**Korruptionsregister** angewiesen.

In Berlin, Bremen, Hamburg Nordrhein-Westfalen sowie Schleswig-Holstein ist   **188**
sind derartige Register auf Gesetzesbasis geführt worden, in anderen Bundesländern auf Erlassbasis.[227]

In das **nordrhein-westfälische Vergaberegister**, das ausdrücklich nicht nur der   **189**
Vorbereitung und Prüfung von Vergabeentscheidungen öffentlicher Stellen, sondern auch der *„Unterstützung von Strafverfolgungsbehörden"* zu dienen bestimmt ist, werden mithin auch Straftaten nach den §§ 331 bis 335, 299 (Bestechung/Bestechlichkeit), 108e StGB (Abgeordnetenbestechung), aber auch nach §§ 261 (Geldwäsche, Verschleierung illegalen Vermögens), 263 (Betrug), 264 (Subventionsbetrug), 265b (Kreditbetrug), 266 (Untreue), 266a (Vorenthalten/ Veruntreuen von Arbeitsentgelt), 298 StGB (illegale Absprachen bei Ausschreibungen) sowie nach § 370 AO (Steuerhinterziehung) eingetragen, soweit diese *„im Rahmen einer unternehmerischen Betätigung"* begangen worden sind (§ 5 Abs. 1 KorrG NRW). Zu beachten ist schließlich, dass insoweit nicht etwa nur

---

227 **Gesetze: Berlin**: Gesetz zur Einrichtung und Führung eines Registers über korruptionsauffällige Unternehmen in Berlin v. 19.4.2006; **Bremen**: Bremisches Gesetz zur Errichtung und Führung eines Korruptionsregisters v. 17.5.2011, BremGBl. 2011, 365; **Hamburg**: Hamburgisches Gesetz zur Einrichtung und Führung eines Korruptionsregisters v. 18.2.2004, HmbGVBl. 2004, 98 (aufgehoben); **Nordrhein-Westfalen**: § 11 Korruptionsbekämpfungsgesetz NRW (KorrG) v. 16.12.2004, GVBl. 2005 Nr. 1; **Schleswig-Holstein**: Gesetz zur Einrichtung eines Registers zum Schutz fairen Wettbewerbs v. 13.11.2013, GVOBl. 2013, 405.
Erlasse: Baden-Württemberg: Verwaltungsvorschrift zur Verhütung unrechtmäßiger und unlauterer Einwirkungen auf das Verwaltungshandeln und zur Verfolgung damit zusammenhängender Straftaten v. 19.12.2005; **Bayern**: Richtlinie zur Verhütung und Bekämpfung von Korruption v. 1.5.2004 (für die Bauverwaltung); **Brandenburg**: Richtlinie der Landesregierung zur Korruptionsprävention v. 25.4.2006; **Hessen**: Gemeinsamer Runderlass zum Ausschluss von Bewerbern und Bietern wegen schwerer Verfehlungen, die ihre Zuverlässigkeit infrage stellen v. 13.12.2010; **Mecklenburg-Vorpommern**: Verwaltungsvorschrift zur Bekämpfung von Korruption in der Landesverwaltung v. 11.12.2001; **Rheinland-Pfalz**: Verwaltungsvorschrift zur Bekämpfung der Korruption in der öffentlichen Verwaltung v. 29.4.2003; **Sachsen**: Verwaltungsvorschrift der Sächsischen Staatsregierung zur Korruptionsvorbeugung in der staatlichen Verwaltung des Freistaates Sachsen v. 21.5.2002; **Sachsen-Anhalt**: Verwaltungsvorschrift zur Vermeidung und Bekämpfung der Korruption v. 28.4.2008.

rechtskräftige Verurteilungen einzutragen sind, sondern auch bereits die **Zulassung der Anklage** sowie die **Einstellung des Strafverfahrens gem. § 153a StPO** (§ 5 Abs. 2 Nr. 4 KorrbG NRW).

dd) Verbandssanktionenregister

190   Das Verbandssanktionengesetz sieht zugleich die Einführung eines Verbandssanktionenregisters vor (§§ 54 ff. VerSanG). Das Verbandssanktionenregister ist jedoch ein primär für die Justiz konzipiertes Informationssystem, in dem alle rechtskräftigen gerichtlichen Entscheidungen, mit denen Verbandssanktionen verhängt werden, eingetragen und alle rechtskräftigen Entscheidungen über die Festsetzung einer Verbandsgeldbuße gem. § 30 OWiG erfasst, soweit die Geldbuße mehr als 300,00 EUR beträgt. Die Informationen aus dem Verbandssanktionenregister sollen insbesondere die Staatsanwaltschaften und Gerichte bei der Sanktionszumessung unterstützen. Das Verbandssanktionenregister ist insoweit das Äquivalent zum Bundeszentralregister mit den dortigen Eintragungen von Verurteilungen natürlicher Personen.

ee) Sonstige Register

191   Neben den deutschen (Antikorruptions-)Registern existieren weitere internationale personenbezogene Antikorruptions- bzw. Sanktionsregister der EU, der UN, der USA, der Weltbank sowie der OECD, die insbesondere der Terrorbekämpfung, aber auch der Unterbindung finanzieller Transaktionen unter Geldwäsche- und Antikorruptionsaspekten dienen sollen. Dies sind etwa:

– Konsolidierte Liste des Sicherheitsrats der Vereinten Nationen, basierend auf der UN-Resolution 1267/1999 vom 15.10.1999 betreffend Al-Qaida und Taliban;
– Liste der EU, basierend auf der Verordnung (EG) Nr. 2580/2001, mit dem Ziel der Bekämpfung aller Formen der Finanzierung wirtschaftlicher Aktivitäten des internationalen Terrorismus;
– „Consolidated list of financial sanctions targets" des Finanzministeriums des Vereinigten Königreichs Großbritannien und Nordirland (Investment Ban);
– „US Denied Persons List" (US-DPL) des US Department of Commerce, Bureau of Industry & Security (BIS) betreffend Personen, denen durch das BIS befristet oder unbefristet die Exportprivilegien entzogen worden sind und die mit einer Handelssperre versehen wurden;
– „World Bank Listing of Ineligible Firms" (Debarred Firms & Individuals) betreffend Personen und Firmen, die von der Weltbank als betrügerisch oder korrupt eingestuft werden.

b) Vergaberechtliche Konsequenzen

192   Bei der Vergabe von (öffentlichen) Aufträgen soll auch die Verwirklichung betriebsbezogener Straftaten, mithin insbesondere compliance-relevanter Straftaten, nach dem Willen des Gesetzgebers Berücksichtigung finden. Bei **öffentli-**

chen Ausschreibungen konnten Unternehmer bereits nach altem Recht, etwa gem. § 8 Nr. 5 Abs. 1 Buchst. c) VOB/A,[228] von der Teilnahme am Wettbewerb ausgeschlossen werden, wenn diese nachweislich eine schwere Verfehlung begangen haben, die ihre Zuverlässigkeit als Bewerber infrage stellt. Neben Verstößen gegen das GWB sind dies natürlich insbesondere **Korruptionsstraftaten**.[229]

Mit der Vergaberechtsreform 2016, die am 18.4.2016 in Kraft getreten ist, hat **193** der Gesetzgeber drei EU-Richtlinien über die Vergabe von öffentlichen Aufträgen und Konzessionen umgesetzt und damit den Rechtsrahmen für die Vergabe öffentlicher Aufträge völlig neu geordnet.[230] Konkrete Vorgaben für Vergabeausschlüsse finden sich nunmehr unmittelbar im Gesetz gegen Wettbewerbsbeschränkungen (GWB). Nach § 122 Abs. 1 GWB werden öffentliche Aufträge (nur) an fachkundige und leistungsfähige (geeignete) Unternehmen vergeben, bezüglich derer keine zwingenden (§ 123 GWB) oder fakultativen Ausschlussgründe (§ 124 GWB) vorliegen.

Ein solcher zwingender **Ausschlussgrund** liegt gem. § 123 GWB aber vor, wenn **194** eine Person, deren Verhalten dem Unternehmen „zuzurechnen" ist, wegen bestimmter Straftaten rechtskräftig verurteilt oder dieserhalb gegen das Unternehmen eine Geldbuße nach § 30 OWiG rechtskräftig festgesetzt worden ist. Ausweislich des Kataloges des § 123 Abs. 1 und 4 GWB handelt es sich in erster Linie um schwere Straftaten wie etwa die Bildung krimineller oder terroristischer Vereinigungen, aber auch um compliance-relevante Delikte wie etwa:

– § 263 StGB (Betrug), soweit sich die Straftat gegen den Haushalt der Europäischen Union oder gegen Haushalte richtet, die von der Europäischen Union oder in ihrem Auftrag verwaltet werden;
– § 264 StGB (Subventionsbetrug), soweit sich die Straftat gegen den Haushalt der Europäischen Union oder gegen Haushalte richtet, die von der Europäischen Union oder in ihrem Auftrag verwaltet werden;
– § 266a StGB (Vorenthalten und Veruntreuen von Arbeitsentgelt);
– § 299 StGB (Bestechlichkeit und Bestechung im geschäftlichen Verkehr);
– § 108e StGB (Bestechlichkeit und Bestechung von Mandatsträgern);
– §§ 333 und 334 StGB (Vorteilsgewährung und Bestechung), jeweils auch in Verbindung mit § 335a StGB (Ausländische und internationale Bedienstete);
– Art. 2 § 2 IntBestG (Bestechung ausländischer Abgeordneter im Zusammenhang mit internationalem Geschäftsverkehr);
– § 370 AO (Steuerhinterziehung).

Die **Zurechnung** des Verhaltens einer natürlichen Person, also etwa eines Mit- **195** arbeiters des Unternehmens, ist in § 123 Abs. 3 GWB ausdrücklich normiert.

---

228 Inhaltsgleich § 7 Abs. 5 Buchst. c) VOL/A.
229 Vgl. LG Frankfurt am Main, IBR 2004, 530; *Greeve/Dörr*, in: Volk, MAH Wirtschafts- und Steuerstrafsachen, 2. Aufl. 2014, § 20 Rn. 381.
230 Gesetz zur Modernisierung des Vergaberechts v. 17.2.2016, BGBl. I 2016, 203.

Das Verhalten einer rechtskräftig verurteilten Person ist einem Unternehmen danach zuzurechnen, wenn diese Person als für die Leitung des Unternehmens Verantwortlicher gehandelt hat, wozu auch die Überwachung der Geschäftsführung oder die sonstige Ausübung von Kontrollbefugnissen in leitender Stellung gehört.

196 Der Nachweis wiederum, dass die in § 123 GWB genannten Ausschlussgründe bei dem Bewerber oder Bieter (nicht) vorliegen, erfolgt gemäß § 48 Abs. 4 der Vergabeverordnung (VgV) über Auszüge aus den einschlägigen **Registern** (s. o.), insbesondere ein Führungszeugnis aus dem Bundeszentralregister oder, in Ermangelung eines solchen, eine gleichwertige Bescheinigung einer zuständigen Gerichts- oder Verwaltungsbehörde des Herkunftslands oder des Niederlassungsstaats des Bewerbers oder Bieters, oder neuerdings auch die sog. Einheitliche Europäische Eigenerklärung (EEE) gem. § 50 VgV.[231]

197 Ein Unternehmen, bei dem ein zwingender oder ein fakultativer Ausschlussgrund vorliegt, kann den Ausschluss durch geeignete Gegenmaßnahmen jedoch verhindern. Eine derartige „**Selbstreinigung**" i. S. v. § 125 GWB stellt z. B. die Leistung von Ausgleichszahlungen für durch das Fehlverhalten entstandene Schäden, aber auch die aktive Zusammenarbeit mit Ermittlungsbehörden und dem Auftraggeber zur Aufklärung des Fehlverhaltens dar. Darüber hinaus kann ein Unternehmen einen Vergabeausschluss gem. § 125 Abs. 1 Nr. 3 GWB vermeiden, wenn es „*konkrete technische, organisatorische und personelle Maßnahmen ergriffen hat, die geeignet sind, weitere Straftaten oder weiteres Fehlverhalten zu vermeiden*", sprich ein geeignetes **Compliance-Management-System** eingeführt hat. Die von dem Unternehmen ergriffenen Selbstreinigungsmaßnahmen werden von dem öffentlichen Auftraggeber bewertet, wobei auch die Schwere und die besonderen Umstände der Straftat oder des Fehlverhaltens Berücksichtigung finden.

2. Inhabilität (§§ 70 StGB, 6 GmbHG, 76 AktG)

198 Ein Compliance-Risiko in erster Linie für das Organmitglied selbst, aber auch für das Unternehmen, stellt die aus einer Verurteilung folgende rechtliche Unfähigkeit dar, weiter Geschäftsführer oder Vorstand zu sein, die sog. Inhabilität.

199 Ist der Täter etwa einer Korruptionsstraftat verurteilt worden und hat er diese unter Missbrauch seines Berufs oder Gewerbes oder unter grober Verletzung der mit ihnen verbundenen Pflichten begangen, so kann das Gericht gem. **§ 70 Abs. 1 StGB** ein **Berufsverbot** von einem bis zu 5 Jahren Dauer verhängen. Voraussetzung hierfür ist, dass eine Gesamtwürdigung des Täters und der Tat die Gefahr erkennen lässt, dass er bei weiterer Ausübung des Berufs oder Gewerbes weitere erhebliche rechtswidrige Taten der bezeichneten Art begehen wird, mit-

---

231 Vgl. Durchführungsverordnung (EU) 2016/7 der Kommission vom 5.1.2016 zur Einführung des Standardformulars für die Einheitliche Europäische Eigenerklärung, ABl. EU Nr. L 3 v. 6.1.2016, 16.

hin eine Wiederholungsgefahr vorliegt. In Ausnahmefällen kann das Berufsverbot für immer angeordnet werden (§ 70 Abs. 1 Satz 2 StGB). Bei dem Berufsverbot gem. § 70 StGB handelt es sich jedoch um eine Ermessensvorschrift, die in der Praxis relativ selten zur Anwendung kommt.

Deutlich praxisrelevanter sind insoweit die Vorschriften der **§§ 6 GmbHG** sowie **76 AktG**, die die Inhabilität der betroffenen Organmitglieder kraft Gesetzes anordnen. Gemäß § 6 Abs. 2 Satz 2 Nr. 3 GmbHG kann Geschäftsführer nicht sein, wer wegen der Begehung bestimmter vorsätzlich begangener Straftaten (rechtskräftig) verurteilt worden ist. Bei den abschließend normierten Delikten, die diese Konsequenz nach sich ziehen, handelt es sich (allerdings nur) um die folgenden Straftaten:

200

– Insolvenzverschleppung gem. § 15a Abs. 4 InsO;
– Insolvenzstraftaten nach den §§ 283 bis 283d StGB;
– falsche Angaben gem. § 82 GmbH oder § 399 AktG;
– unrichtige Darstellung gem. § 400 AktG, § 331 HGB, § 313 UmwG oder § 17 PublG;
– Straftaten nach den §§ 263 bis 264a oder den §§ 265b bis 266a StGB, also auch Betrug sowie Untreue, soweit auf eine Freiheitsstrafe von mindestens einem Jahr erkannt wurde.

Auch wer nicht als Täter, sondern nur als Teilnehmer einer vorsätzlich begangenen Straftat nach § 6 Abs. 2 Satz 2 Nr. 3 GmbHG rechtskräftig verurteilt worden ist, kann nicht (mehr) Geschäftsführer einer GmbH sein.[232]

201

Gemäß § 6 Abs. 2 Satz 3 GmbHG gilt dies entsprechend bei einer Verurteilung im Ausland wegen einer Tat, die den oben genannten Taten „vergleichbar" ist.

202

Die Inhabilität des Geschäftsführers beginnt unmittelbar mit Rechtskraft des Urteils und gilt für die Dauer von fünf Jahren seit der Rechtskraft des Urteils. Die Dauer einer etwaigen Inhaftierung ist hierbei nicht (!) anzurechnen, die Frist beginnt also erst mit der Entlassung des Betroffenen. Zu beachten ist, dass die Inhabilität kraft Gesetzes **sofort** eintritt, also auch bereits laufende Geschäftsführungsverhältnisse betrifft, und nicht etwa erst im Falle einer neuen Bestellung greift.

203

Für die Aktiengesellschaft ist die Inhabilität des Vorstandes entsprechend in § 76 Abs. 3 AktG geregelt. Gem. § 76 Abs. 3 Satz 2 Nr. 3 AktG kann, wer eine der o.g. Straftaten vorsätzlich begangen hat, auch nicht (mehr) Mitglied des Vorstands sein.

204

3. Aufsichtsrechtliche Konsequenzen

Eine sowohl das Unternehmen als auch die Organmitglieder treffende Konsequenz aus strafrechtlichen Verfehlungen kann auch die Verhängung aufsichtsrechtlicher Maßnahmen durch die zuständigen Aufsichtsbehörden sein. Unange-

205

---

232 BGH, Beschl. v. 3.12.2019 – II ZB 18/19.

nehme persönliche Nebenfolgen einer strafrechtlichen Verurteilung sind nicht nur etwa die Entziehung der Fahrerlaubnis, des Waffenscheins oder der Wegfall einer Fluglizenz, sondern insbesondere der Entfall der erforderlichen beruflichen Zuverlässigkeit als Geschäftsleiter eines Unternehmens.

206 Von besonderer Relevanz sind insoweit etwa die Maßnahmen, die die Bundesanstalt für Finanzdienstleistungsaufsicht (BaFin) zur Gefahrenabwehr durchführen kann. Erweist sich etwa der Geschäftsleiter eines Kreditinstitutes, eines Finanzdienstleisters oder einer Versicherung aufgrund einer strafrechtlichen Ahndung als nicht hinreichend persönlich zuverlässig, so kann die BaFin gegenüber dem Aufsichtsorgan verlangen, dass dieser Geschäftsleiter abberufen und ersetzt wird. Die BaFin kann auch Mitglieder von Aufsichtsorganen, die nicht über die notwendige Zuverlässigkeit verfügen, abberufen und Befugnisse eines Aufsichtsorgans auf einen Sonderbeauftragten übertragen. Eine solche Beeinträchtigung der erforderlichen persönlichen Zuverlässigkeit ergibt sich häufig aus strafgerichtlichen Verurteilungen aufgrund betriebsbedingter Straftaten und kann im Einzelfall sogar bereits im Falle einer Einstellung eines Strafverfahrens gem. § 153a StPO angenommen werden.

207 In einer Vielzahl von Fällen sind es jedoch auch die Unternehmen selbst, die im Falle ihrer Zertifizierung nach unterschiedlichen Vorschriften Vorteile im Geschäftsverkehr in Anspruch nehmen. So existieren etwa im Außenwirtschaftsrecht Vereinfachungen, sog. allgemeine Genehmigungen, für zertifizierte Empfänger, die insbesondere die Zuverlässigkeit des Empfängerunternehmens voraussetzen. Der Vorteil des Unternehmens liegt somit in dem erleichterten Erhalt von Gütern. Vergleichbare Regelungen gibt es in zahlreichen anderen Bereichen auch, so etwa dem Arzneimittelrecht oder auch dem Luftsicherheitsrecht. Darüber hinaus haben die Aufsichtsbehörden im Wirtschaftsverwaltungsrecht im Zusammenhang mit strafrechtlichen Verurteilungen ein weitgehendes Instrumentarium, das im Einzelfall sogar eine Betriebsschließung ermöglicht (§§ 20 BImSchG, § 35 GewO, §§ 35 ff. KWG, §§ 61 f. GmbHG, § 396 AktG).

VII. Strafrechtliche Risiken innerhalb des Compliance- Prozesses („failed compliance")

208 Auch der Compliance-Prozess als solcher enthält nicht unerhebliche Compliance-Risiken für das Unternehmen und seine Verantwortlichen. Da sich der Geschäftsherr bei der Aufklärung mutmaßlicher Compliance-Verstöße durch interne Ermittlungen regelmäßig auf der Seite des Rechts wähnt, wird das Risiko, auch im Rahmen des Aufklärungsprozesses strafrechtlich relevante Fehler zu begehen, entweder ausgeblendet oder jedenfalls gering geschätzt. Die im Rahmen der Durchführung interner Ermittlungen begangenen Verstöße, die sog. „**failed compliance**", sind jedoch aufgrund des verfolgten „guten Zwecks" keinesfalls pauschal gerechtfertigt und werden auch von den Ermittlungsbehörden regelmäßig verfolgt. Tatsächlich besteht hier sogar ein relativ großes Entdeckungsrisiko, da die „Opfer" derartiger Compliance-Verstöße, etwa der gekündigte Mitarbeiter oder auch der übergangene Betriebsrat aus Gründen der Prävention regelmäßig ein großes Aufklärungsinteresse besitzen und die Verfahren nachhaltig betreiben.

Bereits bei einer der Standardmaßnahmen interner Ermittlungen, einer Auswertung des elektronischen Datenbestands (sog. „eSearch"), können etwa die Straftatbestände des Ausspähens von Daten gemäß § 202a Abs. 1 StGB, der Verletzung des Post- oder Fernmeldegeheimnisses gemäß § 206 Abs. 1 StGB sowie auch und insbesondere der unbefugten Datenverarbeitung gemäß § 44 Abs. 1 i.V.m. § 43 Abs. 2 Nr. 1 BDSG verwirklicht werden. Entscheidend ist hierbei die Ausgangsfrage, ob die auszuwertenden elektronischen Daten, etwa der E-Mail-Account des verdächtigen Mitarbeiters, Daten des Unternehmens oder (auch) Daten des Mitarbeiters sind. Nach einer weitverbreiteten Auffassung ist der Arbeitgeber, der seinen Organmitgliedern und Mitarbeitern auch nur die maßvolle private Nutzung der IT-Infrastruktur sowie der Kommunikationsmedien des Unternehmens gestattet oder sie auch nur duldet, als Telekommunikationsanbieter im Sinne des Telekommunikations-gesetzes (TKG) zu qualifizieren und unterliegt damit dem Fernmeldegeheimnis gemäß § 88 TKG. Nach § 3 Nr. 10 TKG ist das nachhaltige Angebot von Telekommunikation mit oder ohne Gewinnerzielungsabsicht bereits ein geschäftsmäßiges Erbringen von Telekommunikationsdiensten und zwar auch dann, wenn das Unternehmen seine Telekommunikationseinrichtungen den Mitarbeitern auch für private und wirtschaftliche Zwecke zur Verfügung stellt. Damit wiederum ist dann der Anwendungsbereich des Straftatbestandes des § 206 StGB, der Verletzung des Post- oder Fernmeldegeheimnisses, eröffnet.[233] **209**

Die Problematik besteht dann darin, dass eine Rechtfertigung insoweit lediglich aus dem Normengeflecht des TKG erfolgen kann, so etwa gemäß § 100 Abs. 1 TKG, wenn der Eingriff zur Beseitigung von Störungen erforderlich ist, oder gemäß § 100 Abs. 3 TKG im Falle des Vorliegens von Anhaltspunkten für eine rechtswidrige Inanspruchnahme eines Telekommunikationsdienstes, etwa im Fall der Leistungserschleichung. Dies ist jedoch im Falle interner Ermittlungen regelmäßig nicht der Fall. **210**

Die zwischenzeitlich herrschende Auffassung sieht jedoch den Schutzbereich des TKG im Unternehmenskontext als erst gar nicht eröffnet an. Da § 88 TKG nur die dynamische Übertragung und nicht etwa (auf dem Unternehmensserver) ruhende Mails erfasse und der Arbeitnehmer auch kein Dritter im Sinne von § 3 Nr. 10 TKG sei, sei der Zugriff auf Arbeitsplatzrechner und/oder E-Mails des Mitarbeiters nicht am Fernmeldegeheimnis, sondern nur am Bundesdatenschutzgesetz zu messen mit der Folge, dass sich eine etwaige Strafbarkeit allenfalls aus den §§ 43, 44 BDSG ergebe.[234] **211**

---

233 OLG Karlsruhe, Beschl. v. 10.1.2005, 1 Ws 152/07, MMR 2005, 178.
234 LAG Berlin-Brandenburg, CB 2016, 175; NZA-RR 2011, 342; LAG Niedersachsen, NZA-RR 2010, 406; VGH Kassel, NJW 2009, 2470.

212 Da die Auswertung elektronischer Daten im Rahmen eines eSearchs auch eine Datenverarbeitung im Sinne von Art. 5 DSGVO ist, besteht jedoch das Risiko einer Ordnungswidrigkeit bzw. einer **Strafbarkeit gemäß §§ 41 ff. BDSG i. V. m. Art. 83 DSGVO.** Ordnungswidrig handelt insoweit, wer vorsätzlich oder fahrlässig unbefugt personenbezogene Daten, die nicht allgemein zugänglich sind, erhebt oder verarbeitet. Wird eine derartige Handlung dazu „gegen Entgelt" oder „in der Absicht, sich oder einen anderen zu bereichern oder einen anderen zu schädigen", begangen, so stellt dieser Verstoß zudem auch noch eine Straftat dar. Da nur eine *unbefugte* Datenerhebung bzw. -verarbeitung (straf-) rechtlich relevant ist, unterliegt eine derartige Compliance-Maßnahme dem Erfordernis einer Rechtfertigung aus dem Datenschutzrecht. Eine solche Rechtfertigung kann im Einzelfall in einer konkreten Einwilligung im Sinne von Art. 7 DSGVO oder etwa aufgrund einer abgeschlossenen Betriebsvereinbarung bestehen, die Voraussetzungen dieser beiden Einwilligungstatbestände sind jedoch komplex.[235] Regelmäßig wird eine Rechtfertigung aus § 26 Abs. 1 S. 1 BDSG bzw. bei der Aufdeckung von Straftaten gemeinsam mit § 26 Abs. 1 S. 2 BDSG erforderlich sein. Die Erfüllung der Anforderungen des § 26 BDSG sind jedoch nicht unerheblich und müssen im Detail geprüft und dokumentiert werden. Probleme entstehen in der Praxis regelmäßig bei der gleichzeitigen Auswertung der Daten nicht verdächtiger Mitarbeiter, bei der nicht hinreichenden Dokumentation des erforderlichen Anfangsverdachts, im Falle der Nichteinhaltung des Mitbestimmungsrechts des Betriebsrates oder auch der Nichtberücksichtigung des Verhältnismäßigkeitsprinzips. Eine konkretere Darstellung würde den Rahmen dieses Kapitels jedoch sprengen, so dass auf die Ausführungen im Kapitel 11 (Datenschutz) verwiesen werden muss.

213 Das Risiko einer Strafbarkeit wegen des **Ausspähens von Daten gemäß § 202a Abs. 1 StGB** durch interne Ermittlungen ist regelmäßig gering, da der Tatbestand des § 202a Abs. 1 StGB lediglich das Ausspähen von Daten umfasst, die besonders gesichert sind, etwa durch einen Kennwortschutz, wofür die Vergabe eines allgemeinen dienstlichen Nutzerpasswortes nicht ausreichend ist.[236] Der Tatbestand des § 202a Abs. 1 StGB erfasst in erster Linie das sog. „Hacking" unter Einsatz von Trojanern oder vergleichbaren Programmen. Werden ausschließlich dienstliche E-Mails „gehackt", scheidet eine Strafbarkeit gemäß § 202a Abs. 1 StGB bereits deswegen aus, weil derartige E-Mails alleine dem Arbeitgeber zuzuordnen sind.[237]

214 Auch bei der **Durchführung von Compliance-Interviews** bestehen strafrechtliche Risiken. Einerseits ist das Beschaffen von Daten auch auf diesem Wege eine Datenerhebung im Sinne von Art. 5 DSGVO mit der Folge, dass auch hier das Risiko eines Verstoßes gegen die §§ 40 ff. BDSG (s. o.) besteht. Andererseits

---

235 Vgl. hierzu ausführlich: *Nolde*, in: Böttger, Wirtschaftsstrafrecht in der Praxis, 2. Aufl. 2015, Kap. 17 – Datenschutzstrafrecht, 1112 ff.
236 LAG Köln, NZA-RR 2004, 527.
237 LAG Berlin-Brandenburg, NZA-RR 2011, 342.

werden in der Praxis im Rahmen der Durchführung von Compliance-Interviews häufig Handlungen vorgenommen, die rechtlich lediglich einem Amtsträger zustehen, etwa die Erteilung einer Belehrung im Sinne von § 136 StPO, die Durchsuchung des Befragten während des Interviews oder die Beschlagnahme mitgebrachter (privater) Gegenstände. Auch wenn der Ermittler sich hierbei nicht als Amtsträger geriert, was allerdings im Falle einer sog. *mock dawn raid* durchaus vorkommen soll, kann hier der Tatbestand der **Amtsanmaßung gemäß § 132 Var. 2 StGB**, die sog. „Amtshandlungsanmaßung", erfüllt sein. Nach der Rechtsprechung muss eine derartige Handlung nicht einmal alle Voraussetzungen einer rechtmäßigen Amtshandlung erfüllen, es komme nur darauf an, ob die Handlung einem objektiven Beobachter als hoheitliches Handeln erscheine.[238]

Auch die Ermittlung und Speicherung privater telefonischer Verbindungsdaten oder gar die Durchführung konkreter **Abhörmaßnahmen** ist in der Compliance-Praxis bereits beobachtet worden. Das insoweit unbefugte Verarbeiten von personenbezogenen (Verbindungs-)Daten verstößt bereits gegen die DSGVO; wird ein solcher Verstoß etwa von einem Dienstleister entgeltlich begangen, so ist auch der Straftatbestand des § 42 BDSG erfüllt. Dass derartige Maßnahmen ebenfalls die Straftatbestände des § 206 StGB sowie der **Verletzung der Vertraulichkeit des Wortes gemäß § 201 Abs. 1 StGB** erfüllen, liegt insoweit auf der Hand.[239] Wendet der Geschäftsherr für derartige – strafrechtlich relevante – Maßnahmen dann auch noch Mittel des Unternehmens auf, bezahlt er also mitunter sechsstellige Beträge an externe Dienstleister für eine derartige „Aufklärung", so besteht darüber hinaus auch noch das Risiko der **Untreue gemäß § 266 Abs. 1 StGB** durch die Bezahlung derart rechtswidriger Ermittlungsmaßnahmen aus dem Unternehmensvermögen.[240]

215

---

238 BGHSt 40, 8; KG, NStZ-RR 2013, 72.
239 BGH, NStZ 2013, 165.
240 BGH, Urt. v. 10.10.2012, 2 StR 591/11 („*DTAG*"), NStZ 2013, 165.

3. Kapitel
Compliance Management als Schnittstellenaufgabe – Überlegungen und Anregungen zur erfolgreichen Zusammenarbeit mit anderen Unternehmensfunktionen

I. Einleitung

Im Reigen der Unternehmensfunktionen ist Compliance[1] nach wie vor als eine Art Nachkömmling anzusehen. Alle auf Gewinnerzielung angelegten und im Wettbewerb tätigen Unternehmungen verfügen, ungeachtet ihrer Größe, schon immer zumindest über eine Unternehmensleitung und eine Finanzfunktion. Letztere hat ein mindestens in Grundzügen organisiertes Rechnungs- und Berichtswesen und ein Controlling. Ab einer bestimmten Unternehmensgröße und in Abhängigkeit vom Geschäftsmodell findet man auch weitere organisatorische Untergliederungen, etwa für den Einkauf, die Produktion, den Vertrieb und das Marketing. Hinzu gesellen sich dann typischerweise eine Personalabteilung, eine Rechtsabteilung, eine Innenrevision und manchmal auch eine eigene Unternehmenskommunikation.[2] Oft haben sich die Mitarbeiter organisiert und einen oder mehrere Betriebsräte gebildet. Größere Unternehmen haben oft einen Beirat oder einen gesetzlich zu bildenden Aufsichts- oder Verwaltungsrat, der seinerseits mitbestimmt sein kann.

All diese angestammten unternehmensinternen „Stakeholder" haben nun in den vergangenen Jahren den Aufstieg der Compliance als neuer Unternehmensfunktion miterlebt. Eine nicht abreißende Kette von medienintensiven Skandalen, behördlichen Untersuchungen, empfindlichen Sanktionen und Karrierebrüchen und die sich daraus ergebenden organisatorischen, prozessualen und personellen Konsequenzen haben Compliance eine kaum zu überschätzende Aufmerksamkeit beschert. Die Verstöße sind vielfältig und reichen, um nur einige Beispiele zu nennen, von Preisabsprache-Kartellen über vielfältige Korruptionstatbestän-

1

2

---

1 Wenn hier von Compliance die Rede ist, ist damit Zweierlei gemeint: Zum einen das Einhalten externer und unternehmensinterner Gesetze, Richtlinien und sonstiger Rechtsregeln. Und zum anderen eine definierte Unternehmensfunktion, deren primäre Aufgabe es ist, Regelverstöße zu vermeiden („prevent"), sie aufzudecken („detect") und in angemessener Weise darauf zu reagieren („respond"). Während sich die folgenden Überlegungen schwerpunktmäßig auf Unternehmen beziehen, die für andere Unternehmen oder Verbraucher Erzeugnisse herstellen oder Dienstleistungen anbieten, und bei denen Compliance oft immer noch relativ „neu" ist oder als neu empfunden wird, wird manches sicherlich auch für Unternehmen in Spezialbranchen von Belang sein, die, wie etwa die Finanzdienstleistungsbranche, schon seit längerer Zeit, wenn auch mit unterschiedlichem Erfolg, mit dem Thema Compliance umgehen. Vgl. hierzu insbesondere *Renz/Frankenberger*, Kap. 19. Zur Begrifflichkeit siehe auch *Schulz*, Kap. 1 Rn. 1.

2 Zur Abgrenzung dieser Funktionen und weiterer Funktionen von Compliance vgl. *Bürkle*, in: Hauschka/Moosmayer/Lösler, Corporate Compliance, 3. Aufl. 2016, § 36 Rn. 66 ff.; *Schulz/Galster*, in: Bürkle/Hauschka, Der Compliance Officer, 2015, § 4 Rn. 62 ff.

de, Geldwäsche, Embargoverletzungen, massenhafte Softwaremanipulation zur Umgehung von Umweltnormen oder Verstöße gegen Datenschutzregeln.[3] Viele Unternehmen haben daher in den vergangenen Jahren Compliance-Abteilungen aufgebaut oder ausgebaut und Compliance-Management-Systeme aus der Taufe gehoben. Trotz eines phasenweise als „Compliance-Hype" kritisierten Überziehens mancher Entwicklungen oder Maßnahmen ist es offenkundig, dass es sich bei Compliance nicht um eine Modeerscheinung handelt, eine jener Initiativen also, mit denen die Unternehmenszentrale mehr oder weniger regelmäßig den Gesamtkosmos des Unternehmens beglückt, nur um sie nach einigen Quartalen auslaufen und einen stillen, meist wenig betrauerten Tod sterben zu lassen. Compliance hat sich zumindest in der westlichen Wirtschaftshemisphäre fest etabliert und sie wird uns weiterhin begleiten. Legislatorische Maßnahmen, wie etwa das im Sommer 2020 ins Gesetzgebungsverfahren eingebrachte deutsche „Verbandssanktionengesetz"[4] werden diese Entwicklung weiter stärken und auch hierzulande vollends unumkehrbar machen.

II. Unternehmensfunktionen und ihre Interaktion im Sinne der Compliance

3   Dieses Kapitel befasst sich daher aus Praktikersicht mit Fragen nach einer sinnvollen, effektiven und wertbildenden Interaktion dieser „neuen Unternehmensfunktion" mit ihren angestammten Nachbarinnen. Wie können diese zur Compliance des Unternehmens beitragen? Was kann Compliance von Unternehmensorganen und Nachbarfunktionen lernen, was kann sie von ihnen erwarten? Wie kann eine sinnvolle und nachhaltige Zusammenarbeit gelingen? Und wie kann Compliance den mittlerweile als Substrat sinnvoller Compliance-Risikosteuerung weithin akzeptierten Dreischritt aus präventiver Schadensabwendung, Ermittlung von Verstößen und korrektiver Reaktion von Fehlverhalten[5] im Zusammenwirken mit anderen Unternehmensfunktionen am besten erfüllen und meistern? Im Folgenden werden daher die für den Gedanken der Compliance besonders wichtigen Unternehmensorgane und Unternehmensfunktionen analysiert, um das Management an der „Schnittstelle Compliance"[6] verbessern zu helfen.

---

3 Der sachliche Anwendungsbereich von Compliance kann unterschiedlich definiert werden. Bei international tätigen Industrieunternehmen wird jedoch häufig das Kartellrecht, das Wirtschaftsstrafrecht (insbesondere das Recht der Antikorruption), das Außenwirtschaftsrecht und oft auch der Datenschutz der Compliance-Funktion unterstellt. Siehe hierzu auch *v. Bodungen*, Kap. 26.

4 „Gesetz zur Sanktionierung von verbandsbezogenen Straftaten (VerSanG)".

5 Neudeutsch: „Prevent, Detect, Respond".

6 Vgl. dazu auch *Schulz/Galster*, in: Bürkle/Hauschka, Der Compliance Officer, 2015, § 5 Rn. 14 m. w. N.

1. Geschäftsleitung

Der Vorstandsvorsitzende eines großen, international operierenden Unterneh- **4**
mens hat auf die Frage seines künftigen Leiters Compliance,[7] was denn nun von
ihm erwartet und woran er gemessen werde, wie folgt geantwortet: „Keine
Rechtsverstöße und unfallfreies Fahren!" Dieser knappe Befehl bringt die Erwartung der Geschäftsleitung an Compliance in verallgemeinerungsfähiger Weise auf den Punkt. Die Compliance-Funktion soll also Regelverstöße verhüten
und „Unfälle" vermeiden. Dabei muss allerdings von vornherein betont werden,
dass Compliance nur gelingen kann, wenn sie vom Unternehmensganzen akzeptiert und gelebt wird. Außerdem, und das ist an dieser Stelle maßgeblich, liegt
die Letztverantwortung für Compliance bei der Unternehmensleitung. Sie ist
Ausdruck ihrer Leitungspflicht und mithin „Chefsache".[8] Compliance kann daher nicht auf mehr oder minder bequeme Weise „wegdelegiert" und schon gar
nicht ignoriert werden.[9]

Die Geschäftsleitung und insbesondere ihr Vorsitzender müssen also im Rahmen **5**
eben dieser grundlegenden Leitungspflicht das Thema Compliance aktiv angehen und vorantreiben: In Abhängigkeit von Geschäftsmodell, Branche, Internationalität, Risikoprofil und Unternehmenskultur muss ein an diese Kriterien angepasstes Compliance-Management-System (CMS) entstehen,[10] will sich das
Top-Management im Falle eines Compliance-Verstoßes nicht dem Vorwurf
eines Organisationsversagens aussetzen. An der Entwicklung, Begleitung und
Justierung dieses Compliance-Management-Systems muss die gesamte Unternehmensleitung tatkräftig und nachhaltig mitwirken und ihr gesamtes Gewicht
an Unternehmens- und Branchenkenntnis in die Waagschale werfen. Je mehr sie
dabei aktiv mitsteuert und sich nicht nur auf Unternehmensberatungen oder andere Externe verlässt, umso höher ist auch die Chance, sich nicht einen fehlge-
richteten oder falsch dimensionierten Fremdkörper überstülpen zu lassen.

Diese Aufgabe ist nicht einfach und sie birgt auch insofern Konfliktpotenzial, **6**
als sie dazu führen kann und wird, die Unternehmensleitung mit Versäumnissen
oder Unebenheiten aus der Vergangenheit zu konfrontieren. Auch ist die Befassung mit komplizierten Rechtsfragen und anspruchsvollen Schulungs-, Hinweis-
geber- und Reaktionsprozessen nicht jedermanns Sache. Und dennoch: Compli-

---

7 Dieser soll im Weiteren – allein der flüssigeren Lesbarkeit halber in geschlechtsneutraler
  Form – auch als „Chief Compliance Officer" oder „CCO" bezeichnet werden.
8 Prägnant die Beschreibung in 4.1.3. des Deutschen Corporate Governance Kodex. Grundlegend die „Siemens-Neubürger"-Entscheidung des LG München I, NZG 2014, 345. Vgl. im
  Übrigen *Schulz/Galster*, in: Bürkle/Hauschka, Der Compliance Officer, 2015, § 4 Rn. 19 ff.
9 Zu Delegationsfragen siehe *Schulz*, Kap. 1, Rn. 66 f. m. w. N. Vgl. auch *Faber*, Anreizbasierte
  Regulierung von Corporate Compliance, 2014, 78 ff.
10 Vgl. *Schulz*, Kap. 1, Rn. 27 ff. m. w. N. Vgl. auch *Bürkle*, in: Hauschka/Moosmayer/Lösler,
  Corporate Compliance, 3. Aufl. 2016, § 36 Rn. 11 ff. Eine anschauliche und für die Praxis hilfreiche Handreichung stellen die vom *Netwerk Compliance e. V.* erarbeiteten „Leitlinien für
  die Tätigkeit in der Compliance-Funktion im Unternehmen (für Compliance Officer außerhalb regulierter Sektoren)" dar.

ance ist nun tatsächlich alternativlos. Auch wenn die Unternehmensleitung der Auffassung ist, bisher sei doch immer alles gutgegangen und man könne (und wolle?) ja auch nicht immer alles wissen, sollte sie allerspätestens jetzt „die Flucht nach vorn" ergreifen und Compliance aktiv annehmen, statt sich von ihr fernzuhalten.

7   Das alles nimmt Zeit, Aufmerksamkeit und Geld in Anspruch. Wer nun nur ein-dimensional-kurzfristig fragt oder – schlimmer noch – das gerade inthronisierte, oft noch etwas unsichere Compliance-Team anherrscht: „Was bringt uns das?", wird im Allgemeinen keine für ihn befriedigende Antwort erhalten, zumal ja gerade die vorsorgende, schulende und den Eintritt von Compliance-Risiken minimierende Compliance-Arbeit häufig wenig spektakulär ist, kaum nach außen hin sichtbar wird und sich oft auch hinsichtlich ihres Wertbeitrags mit herkömmlichen Mitteln nur schwer quantifizieren lässt.

8   Was, also, bringt das? Die in Compliance-Schulungen gern landauf, landab gezeigten „Schockfotos" mit gewaltigen Strafzahlungen, Schadensersatzsummen und Unternehmenslenkern hinter Gittern sind notwendig und entfalten auch einen gewissen pädagogischen Effekt. Sie erreichen aber beileibe nicht jeden. Manch einer lässt sich dadurch nicht beeindrucken und lernt tatsächlich nur aus eigenem, höchstpersönlich erlittenem Schaden. Auch greifen die Versuche, die Kosten von Non-Compliance nur im Wege spektakulärer Sanktionen zu illustrieren, zu kurz. Nicht alle Bußgelder sind drakonisch, nicht überall droht eine Gewinnabschöpfung oder gar der Ausschluss von künftigen Bieterverfahren. Oft liegen die – diffusen – Kosten von Compliance-Verstößen woanders: Derartige Verstöße und die in ihrer Folge unternommenen internen und externen Untersuchungen und Reaktionsmaßnahmen können ganze Unternehmensteile über Wochen und Monate lahmlegen, sie halten von der eigentlichen Arbeit ab, verunsichern die Belegschaft, untergraben Vertrauen und Loyalität und schädigen den guten Ruf. Ihre Nachwirkungen klingen oft erst nach Jahren ab.[11]

9   Dass also zumindest langfristig diese ganzheitlich verstandenen „Gesamtkosten" von Non-Compliance jene von Compliance weit übersteigen, sollte auch den kühlen Rechnern und auch jenen Skeptikern in der Unternehmensleitung und den oberen Führungsebenen einleuchten, die sich mit beleidigter Miene darüber beschweren, dass Compliance – womöglich in typisch deutscher Übertreibung – den Wettbewerb verzerre und „uns" das Leben unnötig schwer mache, während anderswo Überwachung, Eingriffe und Sanktionen weiterhin eher lax gehandhabt würden. Der Wirtschaftsstandort Deutschland ist unteilbar: Gut ausgebildete und selbstbewusste Mitarbeiter gehören ebenso dazu wie sozialer Friede, eine verlässliche Infrastruktur, ein funktionierendes Rechtssystem – und eben Compliance. Dessen muss sich die Unternehmensleitung im Rahmen ihrer Compliance-Anstrengungen bewusst sein.

---

11 Einige praxisorientierte Argumentationshilfen zur Frage nach dem Wertbeitrag von Compliance finden sich auch bei *Schettgen-Sarcher/Bachmann/Schettgen*, Compliance Officer, 2014, Kap. 15.5.2.

Was noch kann und sollte sie tun, um Compliance zum Erfolg zu verhelfen? Vor   **10**
allem muss sie immer wieder und mit allen kommunikativen Möglichkeiten ein
unzweideutiges Bekenntnis abgeben, dass Compliance angenommen und ernst
genommen wird, dass Rechtsverstöße nicht geduldet werden und dass Compliance ganz im Interesse eines langfristigen Unternehmenserfolgs ist. Verlautbarungen zu Integrität und Regelbefolgung dürfen keine bloßen Sonntagsreden
sein, und einmal im Wege der Selbstverpflichtung aufgestellte Zielvorgaben
(„Vorreiter in Sachen Compliance") müssen dann auch konsequent und mit langem Atem verfolgt werden. Hierin zeigt sich der vielbeschworene „Tone at the
Top". Er hat für die Unternehmensmitarbeiter prägende Wirkung und wird genau wahrgenommen.[12]

Taten zählen natürlich noch mehr als Worte. Gleichzeitig bietet sich hier mit   **11**
vergleichsweise überschaubarem Aufwand die Gelegenheit zur – weithin sichtbaren – Führung durch Beispiel: Wenn also die Mitglieder der Geschäftsleitung
bei Online-Schulungen mit gutem Beispiel vorangehen, sich als erste (natürlich
selbst) dem computerisierten Fragebogen stellen und die Unternehmensmitarbeiter darüber im Unternehmens-Intranet informieren, wird dies die regelmäßigen Aufrufe zur Compliance unterstützen und mit dabei helfen, dass Compliance zur gelebten Unternehmenswirklichkeit wird.

Des Weiteren sollte die Geschäftsleitung alles daran setzen, die fachliche Unab-   **12**
hängigkeit und Weisungsfreiheit der Compliance-Organisation zu gewährleisten
und zu respektieren.[13] Dem (Chief) Compliance Officer ist regelmäßiges und im
Notfall jederzeitiges Vortragsrecht zu gewähren. Auch ist es klug, den Zugang
des CCO zum Aufsichtsrat zu erleichtern, anstatt ihn diesbezüglich „kurz zu halten" oder sich gar hinter einem –lediglich formalen und zu kurz greifenden – Argument zu verstecken, dass ja nur die Geschäftsleitung mit dem Aufsichtsrat
kommunizieren dürfe.

Als „Bergetappe" bei der nachhaltigen Verankerung des Compliance-Gedan-   **13**
kens im Unternehmen darf die Mission gelten, compliance-geneigte Anreize bei
der Entlohnung und den unternehmensinternen Aufstiegsmöglichkeiten und
Karrierewegen zu schaffen. Wenn sich erst einmal herumspricht, dass variable
Vergütungsbestandteile auch an Compliance-Ziele geknüpft werden und dass,
wer aufsteigen will, zumindest eine Zeitlang und zumindest in einer Nebenfunk-
tion (etwa als Compliance-Beauftragter einer Landesgesellschaft oder einer Pro-
duktsparte) sich um Compliance gekümmert haben muss, so wird dies seine
steuernde und bewusstseinsbildende Wirkung nicht verfehlen. Auch dieser Aufgabe muss sich die Unternehmensleitung stellen, mag sie die Umsetzung dann
auch in die bewährten Hände der Personalabteilung legen können.

---

12 Zur Bedeutung des „Tone at the Top" und der sog. „Compliance-Kultur" siehe *Schulz*,
   Kap. 1, Rn. 68 ff. m. w. N.
13 Zu den Aufgaben der Compliance Officer siehe *Schulz*, Kap. 1, Rn. 67 m. w. N.

14 Auch den richtigen Chief Compliance Officer zu finden, zu rekrutieren und zu halten, ist ohne Zweifel „Chefsache". Das ist anspruchsvoll, aber notwendig. Hier zeigt sich auch, aus welchem Holz Geschäftsleitung (und Aufsichtsorgane) geschnitzt sind. Der CCO, eine fachlich starke, menschlich integre, gereifte Persönlichkeit mit Berufs- und Lebenserfahrung darf gerade kein bequemer Zeitgenosse sein. Er muss das Unternehmen gut kennen(lernen), im Zweifel auch „überall dabei sein" und muss doch stets Abstand wahren.[14] Bei der Kandidatenkür muss hier sicherlich mancher Unternehmensleiter über seinen Schatten springen und den Reflex, im Zweifel dem „pflegeleichteren" (oder auch etwas jüngeren und vielleicht kostengünstigeren) Bewerber den Vorzug zu geben, überwinden. Im Idealfall wird ihn der Aufsichtsrat hierzu ermutigen und vielleicht sogar darauf bestehen, dass eine Berichtslinie des CCO künftig zum Aufsichtsrat oder dessen Prüfungsausschuss führt.

15 Ja, Compliance ist oft der Überbringer eher unschöner Nachrichten. Aber ebenso wie kein vernünftiger Mensch auf die Idee käme, seinen ihn behandelnden Arzt für einen von diesem diagnostizierten Virus verantwortlich zu machen, sollte auch die Unternehmensleitung jeden Reflex unterdrücken, die Compliance-Fachleute und ihren Chef moralisch dafür in Haftung nehmen zu wollen, dass sie einen Compliance-Verstoß aufgedeckt haben.

16 Im Gegenteil: Früher oder später wird die Unternehmensleitung auch heiße Eisen anpacken müssen und wird schwierigen Fragen nicht ausweichen können, bevor sich diese eines Tages gegen das Unternehmen richten können: Schließen sich Compliance und Performance aus? Gibt es Staaten, in denen das Unternehmen seine Geschäftstätigkeit einschränken oder gar einstellen sollte, weil ein regelkonformes Wirtschaften dort nicht möglich erscheint? Kommt dem Unternehmen, etwa aufgrund seines Selbstbildes, seiner Tradition, seiner Größe oder Marktstärke vielleicht sogar eine moralische Pflicht zu, sich auch jenseits des unmittelbaren Unternehmenszwecks, also etwa in Gremien, Vereinigungen oder in der (Fach-)Öffentlichkeit für den Compliance-Gedanken sichtbar stark zu machen und am gelegentlich beschworenen „Kartell der Guten" aktiv mitzuwirken?

17 Compliance ist Bestandteil einer guten Unternehmensführung (Good Corporate Governance). Ohne Compliance ist auch eine glaubwürdige Wahrnehmung unternehmerischer Sozialverantwortung, die über das auf Gewinnerzielungsabsicht des Unternehmens ausgerichtete Wirtschaften hinausgeht (Corporate Social Responsibility)[15] nicht denkbar.

18 Es ist richtig, dass Compliance eine Aufgabe für das ganze Unternehmen ist. Doch ebenso gilt: Sie kann nur mit einer von Compliance überzeugten und im Hinblick auf Compliance überzeugenden Unternehmensleitung gelingen.

---

14 Zu den Anforderungen an die Person des (Chief) Compliance Officer vgl. auch *Schulz/Galster*, in: Bürkle/Hauschka, Der Compliance Officer, 2015, § 4 Rn. 79 ff.

15 Siehe *Stehr/Knopp*, Kap. 14 sowie *Beisheim/Dopychai*, Kap. 15.

2. Aufsichtsrat

Die Bezeichnung „Aufsichtsrat" ist angenehm klar und sprechend: Er hat eine **19** beaufsichtigende und eine beratende Funktion. Und während die unmittelbare Verantwortung für eine den externen und internen Regeln konforme Leitung des Unternehmens bei Vorstand oder Geschäftsführung liegt, umfasst die Aufsichtspflicht des Aufsichtsrats im Sinne von § 111 Abs. 1 AktG auch die Compliance.[16]

Daher tut der Aufsichtsrat gut daran, sich darüber klar zu werden, in welchem **20** inhaltlichen, zeitlichen und personellen Rahmen er seiner Tätigkeit zur Überwachung der Compliance-Risiken und Compliance-Aktivitäten des beaufsichtigten Unternehmens nachkommen muss und kann.[17] Welche Aufsichtsratsmitglieder verfügen über besondere Kompetenzen im Hinblick auf Compliance? Sind Schulungen erforderlich? Sind die Aufgaben, die Instrumente und die zeitlichen Budgets des, der Empfehlung in 5.3.2 DCGK folgend, in aller Regel bestehenden Prüfungsausschusses, zu erweitern? Sollte bei besonders risikogeneigten Unternehmen gar über die Bildung eines separaten Compliance-Ausschusses nachgedacht werden? Derartige Fragen sollten sich AR-Vorsitzender und AR-Plenum vorlegen, diese eingehend diskutieren, ihrerseits fachmännischen Rat beiziehen und diese Diskussionen auch in geeigneter Weise dokumentieren.

In jedem Fall setzt eine professionelle Aufsichtsratsarbeit eine zeitlich und in- **21** haltlich hinreichende Befassung mit Compliance-Themen voraus. Berichte zu allen Bereichen der Compliance und des Compliance-Management-Systems müssen rechtzeitig vor den Sitzungen verteilt und kritisch gelesen werden. Im Idealfall sollte die Gelegenheit bestehen, bereits im Vorhinein weitere Informationen anzufordern, damit diese dann spätestens in der nächsten Sitzung zur Verfügung stehen und auch erläutert werden können. Mündliche Vorträge und Erörterungen in der Sitzung brauchen Zeit, insbesondere wenn es um komplexe Sachverhalte, etwa aus dem Bereich von Auslandsrechtsordnungen oder bei Spezialmaterien wie Außenwirtschafts- und Embargorecht geht. Nicht wenige Fälle sind nicht nur inhaltlich kompliziert, sondern oft auch menschlich heikel: Wie geht man zum Beispiel mit einem langjährigen Außendienstmitarbeiter um, der sich in einem – sicherlich subjektiven, jedoch für ihn nur schwer überwindbaren – Dilemma zwischen hergebrachten Praktiken, Loyalität zum Unternehmen, Scheu vor dem „Verpfeifen" eines Kollegen oder gar Vorgesetzten und falscher, nämlich kurzfristig und allein auf Umsatz- und Ertragswachstum orientierter Anreizsysteme („Wie Sie die Ziele erreichen, ist mir egal, nein, ich will es eigentlich gar nicht wissen …") befindet.

Auch sollte zwischen dem Aufsichtsrat und dem (Chief) Compliance Officer ein **22** reger und vertrauensvoller Austausch stattfinden. Der (Chief) Compliance Offi-

---

16 Zur Rolle des Aufsichtsrats siehe etwa *Siepelt/Pütz*, CCZ 2018, 78; *Blassl*, WM 2017, 992.

17 Zu den einzelnen Aspekten der Überwachung und den dafür zur Verfügung stehenden Instrumenten vgl. *Siepelt/Pütz*, CCZ 2018, 78, 80 ff.; *Blassl*, WM 2017, 992, 993 ff.

cer sollte regelmäßiger Teilnehmer an Aufsichtsratssitzungen sein und dort jedes Mal zumindest kurz vortragen. Auch sollte er Gelegenheit haben, zumindest als Zuhörer auch an jenen Tagesordnungspunkten teilzunehmen, die vielleicht nicht zum Kern der ‚Legal Compliance‘ gehören, aber Berührungspunkte dazu aufweisen, wie etwa die finanzielle Risikosteuerung.[18] Ist ein Prüfungsausschuss gebildet, so gilt das soeben Gesagte in besonderem Maße: Prüfungsausschuss und Chief Compliance Officer müssen in engem Austausch stehen.

23 Liegen Compliance-Verstöße vor, so muss zu diesen intensiver berichtet werden – und zwar, wenn dies wegen der Sachnähe geboten erscheint, auch gemeinsam durch den Chief Compliance Officer und den mit dem Fall befassten, spezialisierten Compliance-Mitarbeiter. Unter Umständen kann sich die grundsätzliche Aufsichtspflicht des Aufsichtsrats dann auch zu einer eigenen Aufklärungspflicht verdichten.[19]

24 Um die Compliance-Berichterstattung vor dem Aufsichtsrat nicht zu einem leeren Ritual gefälliger Grafiken und inhaltsarmer Power Point Präsentationen erstarren zu lassen, ist es notwendig, Vertrauen aufzubauen und zu pflegen und Zeit und Geduld in die gemeinsame Aufgabe zu investieren. Das gelingt nur dann, wenn der Aufsichtsrat die Compliance-Thematik insgesamt nicht als eine Störung der – oft langjährigen, gut eingespielten und bisweilen erstaunlich wenig zeitintensiven – Sitzungen begreift, sondern der neuen Funktion und ihren manchmal vielleicht noch nicht ganz sattelfesten Mitarbeitern Interesse, Respekt und eine grundsätzliche Anerkennung entgegenbringt.

25 Dann kann günstigenfalls im Lauf der Zeit eine Atmosphäre entstehen, in der das so notwendige Nachfragen, Nachhaken und Nachbohren in Aufsichtsratssitzungen und die offene Diskussion eben nicht peinliche Abweichung von einem sorgsam durchchoreografierten Präsentationsweg verstanden wird, sondern als das, was es sein soll: Das Zurkenntnisnehmen der schwierigen Unternehmensrealität und das ehrliche, gemeinsame Ringen um ein sauberes Wirtschaften im Einklang mit den Regeln und in Fairness zu den Mitarbeitern, den Vertragspartnern und anderen Stakeholdern. Wenn dies gelingt, wird man dann auch einen Umgang mit anderen schwierigen Themen finden, der Frage etwa, ob es eine, wie auch immer geartete, formale Berichtslinie zwischen dem Chief Compliance Officer und dem Aufsichtsrat oder dem AR-Vorsitzenden geben sollte und ob dem CCO das Recht gegeben werden soll, direkt, also unter Umgehung der Geschäftsleitung, mit dem Aufsichtsrat oder dessen Vorsitzenden zu kommunizieren oder im Aufsichtsrat in Abwesenheit der Geschäftsleitung vorzutragen.

26 Schließlich gilt auch für den Aufsichtsrat: Je mehr er – wie die Geschäftsleitung – die Unabhängigkeit von Compliance respektiert, ihr Gelegenheit zum Vortrag

---

18 Zur Interaktion zwischen Aufsichtsrat und Compliance-Verantwortlichen siehe *Siepelt/Pütz*, CCZ 2018, 78, 81 f.; *Blassl*, WM 2017, 992, 996 f.
19 Vgl. *Siepelt/Pütz*, CCZ 2018, 78, 80; *Blassl*, WM 2017, 992, 995, 999 („Nachforschungspflicht").

Rau

und zum Vorbringen von Beobachtungen, Ideen und Anregungen gibt und ihr den Rücken stärkt, umso mehr wird er seiner Aufgabe gerecht, im Rahmen des langfristigen Risikomanagements des Unternehmens Rat zu geben und Aufsicht zu sein.

3. Rechtsabteilung

„Compliance, warum Compliance …", mögen sich manche fragen: „ … Haben   **27** wir dafür nicht eine Rechtsabteilung?" Das ist ein im Kern verständlicher Einwand: Man kann natürlich Schulungen und andere vorbeugende Maßnahmen zur Einhaltung von Gesetzen, unternehmensinternen Richtlinien und anderen Regeln als Aufgabe der Rechtsabteilung ansehen. In manchen Unternehmen wurde und wird dies auch so gehandhabt. Doch wie verhält es sich mit der Prüfung von Zulieferern, Distributoren oder Joint-Venture-Partnern in aller Welt, dem Nachvollziehen von Zahlungsflüssen und Buchungsvorgängen, dem Aufspüren von Regelverstößen oder mit deren Aufklärung und Ahndung, geschweige denn mit der Implementierung von Maßnahmen und Prozessen, um eine Wiederholungsgefahr zumindest systemischer Art so weit wie möglich auszuschließen?

Bei ehrlicher Betrachtung wird man anerkennen müssen, dass diese Leistungen   **28** von einer traditionell aufgestellten und ausgerüsteten Rechtsabteilung typischerweise nicht erbracht werden konnten und auch heute nicht können. Eine Bündelung von regulatorischem Spezial-Know-how, vertieftem Wissen um die Vernetzung zwischen Rechtsregeln, Unternehmensabläufen, Geldflüssen und IT-Forensik und das damit einhergehende Projekt- und Prozessmanagement wird man kaum in einer klassischen Rechtsabteilung finden; dies sind im Übrigen auch weder Ausbildungsschwerpunkte eines Unternehmensjuristen, noch entsprechen sie seinem typischen beruflichen Selbstbild.[20]

Das heißt umgekehrt aber nicht, dass die Rechtsabteilung eines Unternehmens   **29** unverbunden neben der, wie auch immer ausgestalteten, Compliance-Funktion stünde. Im Gegenteil: Rechtsregeln aller Art und die Subsumtion realer Unternehmenssachverhalte unter eine Vielzahl internationaler, nationaler, externer, interner, gesetzlicher oder technischer Normen verbinden Recht und Compliance. So ist es naheliegend, dass etwa ein überwiegend mit Unternehmenskäufen oder Wettbewerbsrecht befasster Unternehmensjurist auch Schulungen zum regelkonformen Verhalten mit Wettbewerbern oder zum Umgang mit Betriebsgeheimnissen oder nachvertraglichen Wettbewerbsverboten anbietet. Auch kann er z. B. bei der Erstellung einer Richtlinie für die Einkaufsabteilung mitwirken. Der

---

20 *Renz/Frankenberger*, Kap. 19, Rn. 41 und Rn. 60 f. weisen zu Recht darauf hin, dass für viele „traditionell geprägte" Unternehmensjuristen, die mit Compliance-Themen konfrontiert werden, auch das Denken in „Produkten" und „Prozessen" – statt in Rechtsbereichen und Rechtsproblemen – eher fremd sein und bisweilen auch bleiben kann. Hier kann in der Tat die „Industrie-Compliance" von der „Finanzdienstleistungs-Compliance" lernen.

eine oder andere Unternehmensjurist mag auch im Rahmen von unternehmensinternen Untersuchungen, Mitarbeiterbefragungen oder gar Amnestieprogrammen seine fachlichen Stärken, Spezialkenntnisse und juristischen Tugenden ausspielen können. Jedoch werden diese Fähigkeiten allein, zumindest in einem global operierenden Unternehmen und zumal in einer regulierten Industrie oder in einem oligopolistischen Markt, nicht ausreichen. Zur juristischen Expertise müssen sich eben die oben genannten spezifischen Compliance-Kompetenzen gesellen, die finanzielles, informationstechnologisches und forensisches Know-how – und oft auch eine etwas weniger juristische „Denke" – erfordern.

30   Man könnte natürlich den Bereich Recht entsprechend „aufrüsten" und etwa eine Spezialabteilung Compliance schaffen oder angliedern, ähnlich wie das viele Rechtsabteilungen zum Beispiel für M&A, Großprojekte, Unternehmensfinanzierung oder Patente und Marken getan haben. Zwingend ist das jedoch nicht.

31   Manches spricht hingegen eher für eine Trennung von Recht und Compliance, etwa um mögliche Interessenkonflikte schon organisatorisch vermeiden zu helfen.[21]

32   Auch eine „budgetäre Logik" könnte eher für ein Nebeneinander als für eine Integration von Compliance und Rechtsfunktion sprechen: Rechtsabteilungen stehen unter erheblichem Kostendruck und werden gern kurz gehalten, zumal der Wertbeitrag vorsorgender Rechtspflege oft wenig anschaulich ist und sich nur schwer quantifizieren lässt. Jede neue Mitarbeiterstelle, jeder Fortschritt bei der Ausstattung mit Computern, Dokumenten-Software und anderen IT-Arbeitsmitteln muss mühsam erkämpft werden. Compliance profitiert demgegenüber – zumindest noch – oft vom Rückenwind des ebenso Neuen wie Unvermeidlichen: Kaum ein Unternehmen, das aufgrund seiner Eigentümerstruktur, seiner Erzeugnisse und Dienstleistungen oder auch aufgrund seines bekannten Namens in der Öffentlichkeit steht, kann es sich leisten, auf die Frage: „Haben Sie eine dem heutigen Standard entsprechende Compliance-Organisation?" eine ausweichende oder unbefriedigende Antwort zu geben. Mit anderen Worten: Der Weg zu einer personell und materiell schlagkräftigen Compliance-Organisation dürfte sich mit dem Ansatz „getrennt marschieren, aber vereint kämpfen" oft rascher und besser verwirklichen lassen, als gemeinsam mit einer stets kritisch beäugten, in der Kostenklemme steckenden Rechtsfunktion.

33   Eines jedoch steht außer Zweifel: Auch wenn man Compliance als ein „aliud"[22] zum Bereich Recht betrachtet, so handelt es sich doch zumindest um nah beieinander anzusiedelnde Nachbarfunktionen im Unternehmen. Daher ist eine fachlich und menschlich gute und enge Zusammenarbeit unverzichtbar, um mit

---

21 Darauf weisen zu Recht *Schulz/Galster*, in: Bürkle/Hauschka, Der Compliance Officer, 2015, § 4 Rn. 66, hin.
22 Für die Finanzbranche vgl. *Renz/Frankenberger*, Kap. 19, Rn. 43.

den zur Verfügung stehenden Ressourcen ein Optimum an Regeltreue, Rechtssicherheit und effizienten unternehmensinternen Prozessen zu erreichen. Auch kann diese Zusammenarbeit Raum für Austausch, Voneinander-Lernen, Job Rotations und „gemischte Karrierewege" schaffen: Unternehmensjuristen können sich und ihr berufliches Fortkommen in Richtung Compliance weiterentwickeln, für Compliance-Spezialisten können sich da und dort attraktive Entwicklungsmöglichkeiten auch im Bereich „Business Law" ergeben.

Wünschenswert ist schließlich eine gute und vertrauensvolle Zusammenarbeit   **34** zwischen dem CCO und dem Leiter Recht.[23] Für Kompetenzgerangel oder Futterneid sollte kein Platz sein. Es ist – im wahrsten Sinne des Wortes – genug für alle da: genug Arbeit, genug Herausforderungen und genug Gelegenheiten, sich – auch durch Teamwork zwischen Recht und Compliance – auszuzeichnen.

4. Personalabteilung

Auch die HR-Funktion ist ein wichtiger Träger von Compliance im Unterneh-   **35** men. Dies beginnt bereits damit, dass sie bei der Schaffung von Stellenbeschreibungen und Personalprofilen und dann im Rahmen von Rekrutierungsprozessen bei der Auswahl von Bewerbern ein besonderes Augenmerk auf compliance-affine Grundhaltungen und Verhaltensweisen der Kandidaten legen hilft. Bei Job-Messen, in professionellen sozialen Netzwerken und in Vorstellungsgesprächen trägt sie den „Tone at the Top" im Hinblick auf Compliance in die Welt der Bewerberinnen und Bewerber – und damit vieler künftiger Multiplikatoren und Meinungsbildner.

Geeignete und verständliche Compliance-Klauseln in Anstellungsverträgen   **36** sollten heute zum Standard gehören. Das Gleiche gilt, im Zusammenwirken mit Compliance, für das Verbreiten von unternehmensinternen Richtlinien, um sicherzustellen, dass – nach dem jeweils geltenden Arbeitsrecht und gerichtsfest – tatsächlich alle Mitarbeiter in zumutbarer Weise über einen neuen compliance-relevanten Standard und die erforderlichen Verhaltensweisen informiert wurden.

Bei Mitarbeiterschulungen, ob im Wege der Präsenzschulung oder online, zeigt   **37** sich, wie gut „Personal" seinen Laden und seine Daten im Griff hat. Ist man zum Beispiel in der Lage, „auf Knopfdruck" sämtliche Mitarbeiter einer Landesgesellschaft zu identifizieren? Wurden die Kontaktdaten auf dem neuesten Stand gehalten? Ist bekannt, wer über einen eigenen Computer verfügt oder wer zumindest Zugang zu einem Terminal hat? Besteht gar die Möglichkeit, die Information: „Hat Computer-Schulung zum Thema *Interessenkonflikte* erfolgreich absolviert" mit einer automatischen Erinnerungsfunktion zu verknüpfen, um zu vermeiden, dass der gleiche Mitarbeiter nach einer bald anstehenden Versetzung in eine andere Tochtergesellschaft sofort wieder mit der gleichen Schulung beglückt wird? Das erfordert Aufwand und Mehrarbeit, aber im Idealfall wird eine

---

23 Vgl. *Hastenrath*, Kap. 6, Rn. 4 ff.

Personalfunktion die sich daraus ergebenden Chancen, ihre Dateien und Prozesse auf den neuesten Stand zu bringen, zu nutzen wissen – im Einklang mit dem Datenschutz, versteht sich.

38   Bei der Identifizierung und Förderung von besonders befähigt erscheinenden Nachwuchskräften sollte die Personalfunktion dabei mitwirken, dass neben grundsätzlicher Regeltreue und Integrität auch der Blick des „High Potential" für Compliance-Risiken und typische Zielkonflikte geschärft wird. In Seminare von Führungskräften und anderen besonders compliance-sensiblen Positionen, etwa im Auslandsgeschäft, im Beschaffungswesen oder im Umgang mit Amtsträgern müssen typische Zielkonflikte eingebaut werden, in denen deutlich wird, wie rasch sich einzelne Mitarbeiter in einer Spannungslage zwischen Compliance und Performance wiederfinden können. Auch hier sollten die Personalabteilung und die Spezialisten von Compliance Hand in Hand arbeiten.

39   Im Idealfall wird HR, auf Initiative und mit Billigung der Geschäftsleitung auch Anreiz- und Vergütungssysteme entwickeln und umsetzen helfen, in denen eben jene schwierige Balance zwischen Compliance und Performance abgebildet wird (vgl. oben Rn. 4 ff.). Wenn es einem Unternehmen mithilfe einer kompetenten und kreativen Personalabteilung gelingt, etwa dem Leiter einer Landesgesellschaft in einem Zukunftsmarkt nicht nur die ihm vertrauten, einer leicht zugänglichen quantitativen Logik folgenden, Wachstums- und Ertragsziele zu setzen, sondern ihn auch nachhaltig dafür zu motivieren, dass er regelmäßige Compliance-Schulungen abhält und dabei sichtbar durch Beispiel führt, oder dass er einen Leistungsträger eine Zeitlang für nebenamtliche Compliance-Aufgaben freistellt, kann dies im Sinne eines „den Compliance-Gedanken in die Organisation Hineintragens" kaum hoch genug geschätzt werden.

40   Wenn ein gravierender Compliance-Verstoß sich in einer Personalmaßnahme niederschlägt, ist wieder HR involviert, dieses Mal mit einer wohldosierten Mischung aus arbeitsrechtlicher Expertise, Verfahrenssicherheit und Taktgefühl. Ob es sich um die Anhörung eines Mitarbeiters handelt, ob eine Abmahnung ausgesprochen und aktenkundig gemacht werden muss oder ob gar eine außerordentliche Kündigung, womöglich sogar mit sofortiger Freistellung, Sperrung des Computerzugangs und Erteilung eines Hausverbots, ansteht, in all diesen Situationen wird es erneut auf eine enge Zusammenarbeit zwischen den Personalern und der Compliance-Funktion ankommen.

41   Und selbst in tiefgreifenden oder akuten Compliance-Krisen liegen Chancen, die mithilfe der Personalabteilung genutzt werden können: Auch aus systemischen Fehlern, die dank eines Amnestieprogramms zu Tage treten und selbst aus schmerzhaften Trennungsgesprächen kann ein Unternehmen lernen und Compliance-Lücken in der Zukunft schließen.

42   Aus dem Vorstehenden wird deutlich, wie wichtig die Personalfunktion bei der gemeinsamen Aufgabe Compliance ist. Dabei ist sie einer der natürlichen Partner von Betriebsräten und anderen Formen von Arbeitnehmervertretungen.

5. Betriebsrat[24]

Betriebsräte sind oft eine seit Jahren oder gar Jahrzehnten etablierte Unterneh- **43**
mensfunktion. Sie kennen ihre Mitwirkungsrechte genau und sorgen dafür, dass
diese auch eingehalten werden. Oft haben sie ihr Ohr nah am Puls des Unternehmens und können sowohl bei der Wahrnehmung dessen, was dort geschieht
und wie dort gedacht wird, als auch zur Weiterleitung von Informationen in die
Tiefen des Unternehmensgeflechts einen ausgesprochen nützlichen „Kommunikationskanal"[25] darstellen. Eine neue oder erstarkte Compliance-Abteilung tut
gut daran, gern nach einer auffrischenden Lektüre einschlägiger mitbestim-
mungsrechtlicher Normen und Rechtsprechung, frühzeitig und von sich aus den
Kontakt zum Betriebsrat zu suchen, am besten zunächst einmal ohne Tagesord-
nung und unmittelbaren Ergebnisdruck, um zuzuhören und die Unternehmenswirklichkeit durch die Brille langjähriger Unternehmensmitarbeiter zu betrachten.

Dabei können beide Seiten Anknüpfungspunkte zur weiteren Zusammenarbeit **44**
entdecken: Nicht selten sind es die Betriebsräte, die darauf hinweisen, dass manche gut gemeinte, vielleicht unter Zeit- und Handlungsdruck in einer fernen Unternehmenszentrale verfasste Compliance-Richtlinie vor Ort möglicherweise
gar nicht angekommen ist oder verstanden wurde oder – aus welchen Gründen
auch immer – als nur schwer umsetzbar erscheint. Auch wird die Interaktion mit
den Arbeitnehmervertretungen das Empfinden dafür schärfen, dass Compliance-Fragen, Compliance-Probleme und auch mögliche Compliance-Verstöße
in einer von Arbeitsteiligkeit, Matrix-Strukturen und gleichzeitig vorhandenen
tatsächlichen wie auch informellen Hierarchieketten geprägten Unternehmens-
und Konzernwirklichkeit nicht immer dort angesprochen oder gelöst werden, wo
sie hingehören. Manchmal nämlich lassen Vorgesetzte ihre Untergebenen mit
derartigen Themen allein oder bescheiden sie, oft unter Hinweis auf Wachstums-
oder Sparziele mit der knappen Botschaft: „Wie Sie das schaffen, ist Ihre „Challenge", die Einzelheiten will ich gar nicht wissen". Hier kann die Compliance-
Funktion zusammen mit dem Betriebsrat ansetzen, um regelkonformem Verhalten zum Durchbruch zu verhelfen, ohne dass dies allein auf dem Rücken einzelner, möglicherweise aufgrund widerstreitender Vorgaben überforderter Mitarbeiter geschieht.

Gleichzeitig bleiben freilich systemische Reibungen zwischen Compliance und **45**
Arbeitnehmervertretungen unvermeidlich: Wenn beispielsweise Compliance im
Namen einer neuen, etwas forschen Vorgabe umfassende Kontrollen oder Rota-
tionen von im Außendienst, der Beschaffung oder der Projektvergabe tätigen
Mitarbeitern fordert, könnten angestammte Betriebsräte dies leicht als übertrie-
benen Versuch interpretieren, langjährige und bewährte Kolleginnen und Kolle-

---

24 Das hier zum Betriebsrat Gesagte gilt in analoger Anwendung auch für andere Formen von
   Arbeitnehmervertretungen.
25 Vgl. *Schulz/Galster*, in Bürkle/Hauschka, Der Compliance Officer, 2015, § 4 Rn. 73 – im
   Idealfall also sogar ein Kommunikationskanal, der als Zweibahnstraße funktioniert.

gen unter Generalverdacht zu stellen oder sie untunlich einzuengen. Doch wird die Diskussion um die entsprechende neue Betriebsvereinbarung wesentlich leichter von der Hand gehen, wenn man sich vorher, gleichsam im „Normalbetrieb", kennen- und hoffentlich auch schätzen gelernt hat.

46 Heikler noch können Diskussionen oder Auseinandersetzungen zu Hinweisgebersystemen verlaufen. Denn während bestimmte – zumal angloamerikanisch beeinflusste – Unternehmenskulturen die Idee des „Whistleblowers" überwiegend positiv besetzen und sich dann eher der Frage widmen, wie man ein derartiges „Hotline-Netzwerk" und die Bearbeitung der eingehenden Meldungen organisatorisch, inhaltlich und für Berichtszwecke bewältigt, wird manchen Arbeitnehmervertretern in diesem Zusammenhang eher das in der deutschen Sprache und Kultur aus leidvoller Vergangenheit durchaus noch präsente Bild des Kollegen vor Augen treten, der einen anderen „verpfeift" oder gar verpfeifen soll. Mit diesen schwer miteinander zu vereinbarenden Vorstellungen kann der unternehmensseitige Versuch, Mitarbeiter dazu zu motivieren, das Fehlverhalten anderer – womöglich langjähriger, vertrauter und geschätzter – Kollegen zu „melden", rasch in ein von Unverständnis und Misstrauen geprägtes Abseits geraten.[26]

47 Insgesamt sind daher Vertrauen, Professionalität und Sachlichkeit und die Bereitschaft zum Ausgleich unerlässlich, damit aus den durchaus ungleichen Funktionen Betriebsrat und Compliance wertvolle Partner werden können.

6. Finanzfunktion

48 Unter Leitung des Finanzvorstands oder -geschäftsführers spielen sich im Unternehmen unter anderem das interne Berichtswesen, das Controlling, die Unternehmensfinanzierung und oft auch die generelle Risikoeinschätzung und -steuerung ab.[27] Nicht nur in der zuletzt genannten Teilfunktion liegen wiederum organische Anknüpfungspunkte für die Compliance. Das Wissen um Risiken, der Umgang mit ihnen und die traditionelle Vertrautheit mit juristisch-finanziellen Schnittstellenthemen, wie etwa der Frage danach, ob und ggf. welche Beträge für einen größeren Rechtsstreit oder eine behördliche Untersuchung zurückgestellt werden müssen, macht die Finanzfunktion und ihre Leitungsebene zum natürlichen Verbündeten der Compliance-Funktion und des CCO.

49 Daher sollte dieser, wenn er eine Compliance-Abteilung aufzubauen, auszubauen oder umzubauen hat, beizeiten Fühlung mit den Kollegen aus der Finanzfunk-

---

26 Weitere Praxisbeispiele und Lösungsvorschläge bei möglichen Konflikten erörtert *Wybitul*, CB 2015, 77.

27 Im Gegensatz zu Kreditinstituten (vgl. dazu *Renz/Frankenberger*, Kap. 19, Rn. 4 ff.) verfügt beileibe nicht jedes „Produkt-Unternehmen" über eine eigene, spezifisch ausgewiesene „Risikomanagement"- oder „Risiko-Controlling"-Abteilung. Häufig existieren leider sogar eine Vielzahl von – nicht notwendigerweise harmonisierten oder aufeinander abgestimmten – Risikobegriffen in der Finanzfunktion, der Rechtsabteilung, der Innenrevision, einer möglichen separaten Versicherungsabteilung – und eben bei Compliance.

tion aufnehmen und deren Rat suchen. Er selbst oder seine Mitarbeiter können sicherlich von den Kollegen aus der Finanzabteilung manches lernen. In dem Maße, in dem dann die Compliance-Abteilung Tiefe gewinnt, wird man die Zusammenarbeit mit den Kollegen von Accounting, Controlling oder Risk Management verstetigen und dann oft auch institutionalisieren, wie etwa bei der Bildung und Beschickung eines unternehmensweiten Compliance Committee oder eines Risk Committee oder bei der Koordination des Informationsaustauschs mit den Wirtschaftsprüfern. Auch gegenseitige Personalentwicklungschancen können sich eröffnen: Accounting oder Risiko-Know-how wird der Compliance-Abteilung gut tun und so tut sich vielleicht für den einen oder anderen „Finanzer" hier sogar eine attraktive Berufsperspektive auf.

Was die Überwachungs- und Eingriffskomponente von Compliance angeht, so **50** wird sich auch hier eine enge Zusammenarbeit mit der Finanzfunktion anbieten. Denn deren Mitarbeiter sind, oft im Zusammenwirken mit der Innenrevision, diejenigen, die am besten in der Lage sind, Zahlungsflüsse, Kontenbewegungen, Kassenbestände oder Bargeldverkehr daraufhin zu überprüfen, ob hinter möglichen Auffälligkeiten ein handfester Compliance-Verstoß steckt.

Möglicherweise stehen in der Finanzfunktion auch IT-Werkzeuge oder IT- **51** Know-how zur Verfügung, das etwa für Compliance-Schulungen, deren Auswertung oder Darstellung genutzt werden können.

Manchmal mag auch zumindest eine Berichtslinie des Chief Compliance Offi- **52** cer zum Chief Financial Officer führen. Dieser wird hoffentlich eine verständige Affinität zum Thema Compliance-Risiken entwickelt haben und es wird ihm – durchaus auch im wohlverstandenen eigenen Interesse eines ordnungsgemäßen Risikomanagements – daran gelegen sein, dass Compliance im Unternehmen systematisch, wirkungsvoll und nachhaltig zum Einsatz kommen kann. Der CFO kann daher auch ein kraftvoller und krisenfester Fürsprecher und Alliierter der Compliance-Abteilung sein und mit dafür sorgen, dass Compliance auch in (vermeintlich) risikoärmeren Phasen oder Zeiten des konjunkturellen Abschwungs nicht zur „Schönwetterveranstaltung" mutiert oder Gefahr läuft, das Opfer einer „Compliance nach Kassenlage" zu werden.

7. Innenrevision

Ähnlich wie die Paarungen Recht und Compliance und Finanzen und Compli- **53** ance sollten auch die Innenrevision und Compliance ein starkes Tandem bilden.[28] Das gilt besonders für den Fall, dass die Compliance-Funktion, nicht über ein eigenes forensisches Team verfügt. Die Aufgabe, Unregelmäßigkeiten und Verdachtsmomenten nachzugehen, Dokumente (typischerweise auch E-Mails, soweit das zulässig ist) zu sichten, Zahlungsflüsse zu überprüfen und Untersu-

---

28 Zu Möglichkeiten der organisatorischen Zuordnung von Compliance – eingebettet in die Funktion Recht, als eigene Abteilung oder als Teil der Innenrevision – vgl. *Daum*, in: Bay/ Hastenrath, Compliance-Management-Systeme, 2014, Kap. 3, Rn. 24 ff.

chungen auch vor Ort durchzuführen, wird dann in der Regel von der Innenrevision durchgeführt.

54 Denkbar ist auch, dass ein unternehmensinternes Hinweisgebersystem mit „Hotlines" oder „Helplines" gemeinsam durch Compliance und Innenrevision organisiert und verantwortet wird. All dies setzt freilich auf Seiten der Innenrevision „Stärke", vor allem im Sinne fachlicher Kompetenz, hinreichender Personal- und Sachmittel und auch weitestgehender Unabhängigkeit, voraus. Verfügt die Innenrevision neben einer guten Kenntnis des Unternehmens und seiner Branche auch über spezifische forensische Expertise und IT-Expertise? Besteht eine genügende Affinität zu komplexen juristischen Regelungen? Werden fremde Sprachen beherrscht und die dazugehörenden Kulturen verstanden?

55 Kaum zu überschätzen ist, wie bei allen Unternehmensbereichen, die sich mit Regelverstößen und deren Konsequenzen befassen müssen, auch die Unabhängigkeit der Innenrevision. Sollte etwa ihr Eingriffs- und Einflussbereich vor bestimmten Unternehmensebenen oder Einzelpersonen Halt machen, so ist das kein gutes Zeichen. Derartige systemische Schwächen sind dann oft nur durch externe Wirtschaftsprüfer oder Sonderermittler auszugleichen.

56 Wichtig ist, dass sich Compliance und Innenrevision sinnvoll ergänzen[29] und dass die jeweiligen Zuständigkeiten und Verantwortungsbereiche klar sind, und zwar sowohl im normalen Arbeitsmodus als auch im Krisenmodus. Das wird auf beiden Seiten oft ein gerüttelt Maß an Fingerspitzengefühl erfordern, nicht zuletzt deshalb, weil die Innenrevision möglicherweise in der neuen, mit Aufmerksamkeit und vielleicht auch Vorschusslorbeeren bedachten Compliance-Funktion einen Rivalen wittern könnte. Doch auch hier gilt: Gegenseitige Teamfähigkeit und uneitler, professioneller Respekt sind unabdingbare Voraussetzungen für eine produktive Zusammenarbeit im Interesse des Unternehmens. Dazu gehört auch, dass die Innenrevision den, vielleicht von großem Tamtam begleiteten, Newcomer Compliance als willkommene Stärkung des Risikomanagements im Unternehmen begreift, statt sich darüber zu ärgern, dass er nun – unverdientermaßen und womöglich mit vermeintlich leichter Hand – die Früchte jenes Weinbergs erntet, in dem die Innenrevision, bisweilen missverstanden und eher ungeliebt, seit Jahren ackert. Umgekehrt sollte Compliance, auch bevor es zu sehr die Werbetrommel in eigener Sache rührt, zuhören, verstehen und würdigen, was die Innenrevision geleistet hat und leistet. Sie ist in aller Regel auch eine ganz wichtige Informations- und Erfahrungsquelle mit oft tiefen, ungefilterten Einblicken in die Unternehmenswirklichkeit.

---

29 *Bürkle*, in: Hauschka/Moosmayer/Lösler, Corporate Compliance, 3. Aufl. 2016, § 36 Rn. 73, weist zu Recht darauf hin, dass Compliance idealtypischerweise in Unternehmensprozesse laufend begleitend und überwachend eingebunden ist, während die Innenrevision im allgemeinen ad hoc und zeitlich später, also retrospektivisch Prüfungen vornimmt. Für die Rolle der Innenrevision in Kreditinstituten und ihrer Abgrenzung zur Compliance-Abteilung vgl. *Renz/Frankenberger*, Kap. 19, Rn. 9, 47 f.

Im Idealfall können sich Innenrevision und Compliance also gut ergänzen. Auch **57** hier sind im Rahmen der Mitarbeiterentwicklung attraktive Karrierewege mit Rotationen, Personaltausch und gegenseitiger Weiterbildung denkbar.

8. Wirtschaftsprüfer

Im Gegensatz zu den anderen besonders compliance-relevanten Unternehmens- **58** funktionen sind Wirtschaftsprüfer „Unternehmensexterne". Sie sollen hier dennoch Erwähnung finden, weil die Zusammenarbeit mit ihnen für Compliance-Verantwortliche im Unternehmen von besonderer Bedeutung sein kann.[30]

Hauptaufgabe der Wirtschaftsprüfer ist die Durchführung von betriebswirt- **59** schaftlichen Prüfungen, insbesondere von Jahresabschlüssen und Lageberichten. Bei Regelkonformität wird der Bestätigungsvermerk erteilt. Wirtschaftsprüfer kommen außerdem bei Sonderprüfungen oder bei den sogleich zu erwähnenden Zertifizierungen von Compliance-Management-Systemen zum Einsatz. Auch können sie da oder dort bei Compliance-Untersuchungen helfen, wenn etwa die Innenrevision, gefangen im Korsett ihres Jahresprüfplans an Grenzen stößt.

Unabhängigkeit, Gewissenhaftigkeit und Verschwiegenheit gehören zu den ge- **60** setzlichen Berufspflichten der Wirtschaftsprüfer. Dazu gesellen sich in aller Regel eine eingehende, manchmal jahrelange Kenntnis des zu prüfenden Unternehmens und nicht selten ein eingespieltes Netzwerk kompetenter, flexibler und teamfähiger Mitarbeiter im In- und Ausland.

Die meisten Wirtschaftsprüfungsgesellschaften und ihre einem bestimmten Un- **61** ternehmen zugeordneten Teams sind personell und materiell zufriedenstellend, manchmal vielleicht sogar beneidenswert üppig aufgestellt und verfügen über angestammte Akzeptanz bei Geschäftsleitung und Aufsichtsorganen. Schließlich ist erwähnenswert, dass die Wirtschaftsprüfer – ähnlich wie die oft aus ihren Reihen stammenden Repräsentanten der unternehmensinternen Finanzfunktion und der Innenrevision – über ein ausgeprägtes Verständnis finanzieller und anderer Risiken verfügen. Mehr noch: Das Institut der Wirtschaftsprüfer in Deutschland hat, etwa in Gestalt des Prüfungsstandards 980, maßgeblich die inhaltlichen Anforderungen mitgeprägt, die an ein Compliance-Management-System (CMS) zu stellen sind.[31] Ein derartiges CMS kann in bis zu drei Stufen auf Konzeption, Angemessenheit und Implementierung und schließlich auch Wirksamkeit untersucht werden. Im Falle eines positiven Befundes erfolgt eine entsprechende Zertifizierung, die, auch im Hinblick auf das nun möglicherweise in absehbarer Zeit[32] in

---

30 Zur Perspektive und Rolle des Wirtschaftsprüfers siehe *Bartuschka*, Kap. 10, Rn. 14 sowie *von Busekist/Uhlig*, Kap. 7, Rn. 4, 16 ff.

31 Zum Vergleich zwischen den Standards IDW PS 980 und ISO 19600 ausführlich *von Busekist/Uhlig*, Kap. 7.

32 Nach gegenwärtigem Stand könnte das VerSanG bei einer zweijährigen Übergangsfrist wohl frühestens im Laufe des Jahres 2023 in Kraft treten. Es wird allerdings schon bald nach seiner Verabschiedung erhebliche Vorwirkungen entfalten.

Kraft tretende Verbandssanktionengesetz, das Haftungsrisiko für Geschäftsleitung und Aufsichtsorgane reduzieren helfen kann. Insofern haben die Wirtschaftsprüfer auch in dieser Hinsicht eine inzwischen anerkannte und stark nachgefragte Risikomanagement- und Absicherungsfunktion.

62   Oft werden die Wirtschaftsprüfer von sich auf den neuen CCO zugehen. Diese ihm entgegengestreckte Hand sollte er freudig ergreifen. Er wird rasch feststellen, dass man eine gemeinsame Sprache spricht und eine gemeinsame Aufgabe hat. Regelmäßige Treffen zum Informationsaustausch und zur Risikoeinschätzung sollten folgen. Man wird sich in Aufsichtsratssitzungen und Tagungen eines etwa bestehenden Compliance Committee treffen. Das Netzwerk der Wirtschaftsprüfer wird oft, zusätzlich zu anderen Informationsquellen, wertvolle Informationen oder Ergänzungen zur Sachverhaltsaufklärung liefern.

63   Von der Methodologie der Wirtschaftsprüfer, ihrer Fähigkeit zum Prozess-Management und ihrem wachen, forschenden und nüchternen Blick auf das Unternehmen können viele Compliance-Organisationen lernen. Umgekehrt werden „die WPs" eine kompetente Compliance-Funktion nach Kräften unterstützen und mit ihr partnerschaftlich zusammenarbeiten.

9. Unternehmenskommunikation

64   Der gute Ruf eines Unternehmens ist ein ebenso zentraler wie verletzlicher Vermögensgegenstand. Dies gilt umso mehr in einer durch Informationsflut, Kurzatmigkeit, Globalisierung und Skandalisierung geprägten, rund um die Uhr aktiven Kommunikationslandschaft, zu der in den letzten Jahren vor allem die sozialen Netzwerke hinzugetreten sind. Ein dem amerikanischen Unternehmer und Investor *Warren Buffett* zugesprochenes Zitat bringt die daraus resultierende Verletzlichkeit der Unternehmensreputation auf den Punkt: „Für einen guten Ruf muss man 20 Jahre arbeiten, zerstören kann man ihn jedoch in 5 Minuten. Wer das bedenkt, wird bestimmte Dinge etwas anders angehen."

65   Eine professionelle interne wie externe Unternehmenskommunikation ist daher heutzutage wichtiger denn je, um das kostbare Gut des guten Rufs eines Unternehmens pflegen und schützen zu helfen.[33] Gleichzeitig kann sie auch entscheidend dazu beitragen, dass ein Unternehmen, das sich die Compliance besonders deutlich auf die Fahnen geschrieben hat, als Vorreiter der Compliance im Markt und in der Öffentlichkeit wahrgenommen wird. Daraus können sich dann sogar Wettbewerbsvorteile ergeben.

66   Nach innen „in das Unternehmen hinein" werden Unternehmenskommunikation und Compliance, zum Beispiel bei der Konzipierung, Formulierung und Verbreitung eines Verhaltenskodex (Code of Conduct), zusammenkommen – und hoffentlich ihre jeweilige Expertise zu bündeln wissen. Im Idealfall paaren sich

---

33 Zu Fragen der Unternehmenskommunikation vgl. *Hastenrath*, Kap. 6, und hier insbesondere Schulungen im Compliance-Kontext, Rn. 29 ff.

dann juristisch geschulte Präzision und Prägnanz mit redaktioneller Erfahrung, Augenmaß und adressatengerechter Sprache.

Der Grundsatz: „Viel hilft viel" gilt hier gerade nicht, eher „Weniger ist mehr". **67** Verständlichkeit, Einprägsamkeit und Knappheit zeichnen gute Verhaltenskodizes oder andere, an die breite Unternehmensöffentlichkeit oder externe Vertragspartner gerichtete Veröffentlichungen aus. Dabei sollten die handelnden Personen konsequent der Versuchung widerstehen, einfach mehrere, tatsächlich oder vermeintlich „bewährte" Verhaltenskodizes anderer Unternehmen aufeinanderzuhäufen oder sich in ausufernden perfektionistisch-ausgeklügelten Formulierungen zu ergehen.

Eine weitere wichtige Facette der compliance-orientierten Unternehmenskom- **68** munikation besteht in der Beförderung, Verstärkung und Wiederholung von Bekenntnissen der Unternehmensleitung zur Compliance, dem bereits oben beschriebenen „Tone at the Top".

In dem Maße, in dem die Unternehmenskommunikation ihr eigenes Verständnis **69** für die Möglichkeiten aber auch die Grenzen der Compliance vertieft, kann ihr auch eine Art zusätzlicher Wächterfunktion bei der Formulierung von Compliance-Zielen und bei der Sensibilisierung wichtiger Unternehmens-Multiplikatoren zuwachsen. Vollmundige oder sogar gefährliche[34] Verlautbarungsversuche („brutalstmögliche Aufklärung", „Null Toleranz") können so noch rechtzeitig eingefangen werden und auch im nie enden wollenden Sisyphus-Kampf um das Begrenzen ebenso markiger wie teilweise rechtswidriger interner Anspruchsziele oder mehr oder weniger gern gehörter missglückter Ehrgeizbekundungen („Wettbewerber vernichten") ist die Unternehmenskommunikation ein höchst willkommener Mitstreiter.

Die Außendarstellung des Unternehmens und seiner Compliance-Aktivitäten **70** nimmt eine weitere und heutzutage immer wichtigere Rolle der Unternehmenskommunikation ein. Das betrifft die Kommunikation auf der Website des Unternehmens ebenso wie die Vorbereitung und Moderation von Äußerungen des Führungspersonals in der Öffentlichkeit: Ob es nun darum geht, Gesellschafter oder Aktionäre zu informieren, kritische Fragen von Medien oder Nichtregierungsorganisationen zu beantworten oder – im Zusammenwirken mit HR – auf Jobmessen das Compliance-Profil des Unternehmens als attraktiven Arbeitgebers des 21. Jahrhunderts zu schärfen, bei sämtlichen derartigen Aktivitäten sollte Compliance mit der Unternehmenskommunikation „auf Ballhöhe sein", damit neben überzeugender Präsentation auch Inhalt und Substanz der Information stets einer kritischen Prüfung standhalten, und zwar auch dann, wenn sie verkürzt, zugespitzt oder aus dem Zusammenhang gerissen werden.

So können Compliance und Unternehmenskommunikation zusammen wachsen. **71** Sie tragen gemeinsam Sorge, dass das „Messaging" einheitlich, verständlich

---

34 Vgl. *Bürkle*, in: Hauschka/Moosmayer/Lösler, Corporate Compliance, 3. Aufl. 2016, § 36 Rn. 21 f.

und juristisch einwandfrei ist. Sie tragen ebenfalls dazu bei, dass Compliance auch in ereignisärmeren Phasen bei der Geschäftsleitung in Erinnerung bleibt und dass sie in wirtschaftlich schwierigen Zeiten nicht unter die Räder kommt („keine Compliance nach Kassen- und Konjunkturlage").

72 Dann kann auch die Kommunikation in einer Compliance-Krise gelingen: Behörden fragen an oder lassen gar durchsuchen, Medien belagern das Unternehmen, die Öffentlichkeit verlangt im Stundenrhythmus nach Antworten – und will Opfer sehen. Hier wird sich die vorherige Zusammenarbeit im Normalbetrieb auszahlen, kurze Wege, rasche Absprachen und unbedingtes Vertrauen in die gegenseitigen Einschätzungen und das einander gegebene Wort.

73 Der gute Draht zur Öffentlichkeit und „das wohlwollende und stets offene Ohr" der Geschäftsleitung mögen gelegentlich auch manche Versuchung für die Profis der Unternehmenskommunikation in sich tragen. Eine reibungslose Zusammenarbeit mit den vielleicht manchmal als technokratisch, über-juristisch oder wortklauberisch empfundenen Compliance-Experten ist kein Selbstläufer. Wenn aber der Brückenschlag gelingt, können Durchschlagskraft und Ausstrahlungswirkung dieser Allianz aus Compliance und Unternehmenskommunikation beträchtlich sein.

10. Andere

74 Auch mit anderen Unternehmensfunktionen bestehen mehr oder weniger markante Berührungspunkte. Beispielhaft sollen die folgenden Drei kurz erwähnt werden:

75 Zunächst die Einkaufsfunktion, teils auch als „Procurement" bekannt, deren Einkaufsprozesse und -personal mit hoher Wahrscheinlichkeit von neuen Compliance-Richtlinien maßgeblich beeinflusst werden und daher rechtzeitig von Compliance „ins Boot geholt" werden müssen, um Abstoßungsreaktionen zu vermeiden, Verständnis für Veränderungen zu erreichen und einen gemeinsamen Sinn für das Machbare zu entwickeln.

76 Auch mit der Unternehmens-IT wird Compliance, insbesondere im Rahmen von E-learning und computergestützten Schulungen, zusammenwirken. Jeder, der es einmal unternommen hat, in der zerklüfteten IT-Landschaft eines internationalen Großunternehmens eine erfolgreiche, sauber dokumentierte und wiederholbare Compliance-Schulung per Computer zu konzipieren, gestalten und durchzuführen, wird erkennen, von welch zentraler Bedeutung dann die Kooperation mit den IT-Kollegen sein wird.

77 Schließlich bringen Eingangskontrollen, mögliche Videoüberwachungen und ähnliche Sicherheitsmaßnahmen zumindest jene Compliance-Abteilung, die sich auch um den Datenschutz zu kümmern hat, nicht nur in Kontakt mit dem Betriebsrat (vgl. oben Rn. 43 ff.), sondern auch mit der – wie auch immer ausgestalteten – Unternehmenssicherheit. Auch an sie sollte der CCO denken, zumal

dann, wenn der Sicherheitschef über eine enge räumliche (und vielleicht auch persönliche) Nähe zum Unternehmensleiter verfügt.

11. Fallbeispiel

Abschließend soll ein, leicht idealisierter jedoch noch immer realitätsnaher, Fall **78** die in der Überschrift zu diesem 3. Kapitel angesprochene „erfolgreiche Zusammenarbeit" zwischen Compliance und einigen anderen Unternehmensfunktionen beispielhaft verdeutlichen:

Ein unternehmensinterner, anonymer Hinweisgeber hat über die Unternehmens- **79** Hotline per E-Mail mitgeteilt, dass es bei der Tochtergesellschaft eines global tätigen Herstellers von feinmechanischen Präzisionsinstrumenten seit einiger Zeit zu Unregelmäßigkeiten komme. Der vorgesehene Vertriebsweg durch die dafür zwar nicht exklusiv aber im Normalfall zuständigen sub-regionalen Außendienstmitarbeiter des Unternehmens werde vor allem gegenüber einem vor etwa 18 Monaten akquirierten Großkunden bewusst umgangen. Die auf diesem Wege getätigten Umsätze würden nicht korrekt verbucht. Außerdem müssten wohl erhebliche Diskrepanzen zwischen dem in den „elektronischen Büchern" verzeichneten Warenbestand und dem Ist-Bestand im Zentrallager vorliegen.

Das Hinweisgebersystem funktioniert. Das für die Bearbeitung derartiger Mel- **80** dungen im Unternehmen gebildete Gremium, in dem unter der Leitung von Compliance unter anderem auch die Personalabteilung und die Innenrevision vertreten sind, stuft die Information als hinreichend substantiiert ein und beauftragt umgehend einen Compliance-Experten mit der Bearbeitung des Falles. Dieser zieht eine Kollegin aus der Innenrevision bei und ermittelt, auch unter Zuhilfenahme eines verlässlichen Compliance-Beauftragten bei der örtlichen Tochtergesellschaft und mit Unterstützung der örtlichen Personalabteilung, den Sachverhalt. Es stellt sich heraus, dass die Hinweise im Wesentlichen zutreffen und dass die Verstöße zeitlich mit einer Neubesetzung in der regionalen Vertriebsorganisation zusammenfallen: Der neue regionale Vertriebsverantwortliche hat offenbar eine Reihe von langjährigen Ablauf- und Dokumentationsschwächen des antiquierten lokalen IT-Systems ausgenutzt. Mangels Vier-Augen-Prinzips konnte er dies auch längere Zeit allein tun. Eine Controllerin in der Landesorganisation hatte wohl zumindest einmal Bedenken geäußert, hatte sich damit aber nicht durchsetzen können.

Der Chief Compliance Officer informiert die Geschäftsleitung der Muttergesell- **81** schaft und legt bald darauf seinen Bericht vor, den er auf forensische Datenanalysen der Innenrevision und zwei Zeugenaussagen stützen kann. Der zu vermutende materielle Schaden für das Unternehmen ist beträchtlich.

Mittlerweile hat sich der „Whistleblower" zu erkennen gegeben und mitgeteilt, **82** dass er Entdeckung und Gegenmaßnahmen fürchte. Mit Hilfe der Personalabteilung und des örtlichen Compliance-Beauftragten ist es gelungen, diese Befürchtungen einstweilen zu zerstreuen.

83 Die Geschäftsleitung informiert den Aufsichtsrat, dessen Präsidium den Chief Compliance Officer in einer kurzfristig anberaumten Sondersitzung um einen kurzen „Live-Bericht" bittet. Hier bewährt sich, wie schon gegenüber der Geschäftsleitung, das im Laufe zahlreicher früherer Begegnungen und Projekte gewachsene Vertrauensverhältnis zwischen dem CCO und den Leitungs- bzw. Aufsichtsorganen des Unternehmens.

84 Chief Compliance Officer und Landesgeschäftsführer informieren daraufhin den örtlichen Betriebsrat, danach konfrontieren sie den Verdächtigen mit den Vorwürfen, wobei sie ihm mitteilen, dass er sich nicht sofort zu den Vorwürfen äußern müsse, wenn er dies nicht wolle. Er wird vom Dienst freigestellt, von der Unternehmenssicherheit diskret nach draußen geleitet und sein Computerzugang wird, mit Hilfe der örtlichen IT-Kollegen, einstweilen gesperrt. Zwei Tage später meldet sich der Verdächtige und räumt die Vorwürfe im Wesentlichen ein. Dabei stellt sich heraus, dass er während des über mehr als ein Geschäftsjahr andauernden Tatzeitraums einen aktiven Gehilfen und zwei mögliche „Mitwisser" hatte.

85 Angesichts des offenkundig gewordenen kriminellen Verhaltens werden Täter und, nach Anhörung, der Gehilfe fristlos entlassen und die zugrunde liegenden Umstände werden der örtlichen Staatsanwaltschaft angezeigt. Die beiden „Mitwisser" werden angehört und erhalten schließlich, nachdem sich ihr Tatbeitrag nur unvollständig rekonstruieren lässt, in Abstimmung zwischen der Personalabteilung vor Ort und in der Unternehmenszentrale, eine schriftliche Abmahnung. Die örtliche Geschäftsleitung hat für den Fall, dass die Angelegenheit in die Öffentlichkeit gelangt, vorsichtshalber eine mit Compliance und Unternehmenskommunikation abgestimmte Presseerklärung zur Hand.

86 Kurz darauf halten der Geschäftsleiter der Muttergesellschaft, der Chief Compliance Officer und die örtliche Geschäftsführung eine Betriebsversammlung bei der betroffenen Tochtergesellschaft ab, in der die Belegschaft über den Vorfall und die gezogenen Konsequenzen informiert wird. Dabei legen CEO und örtliche Geschäftsführung klare und unmissverständliche Bekenntnisse zur Compliance ab.

87 Auf der Unternehmens-Intranetseite wird ein von Compliance entworfenes, mit der Unternehmenskommunikation abgestimmtes Memorandum veröffentlicht und die Einrichtung einer Reihe von Prozessabsicherungen angekündigt. Mitarbeiterschulungen sollen in Kürze folgen.

88 Diese Maßnahmen werden im Anschluss daran auch tatsächlich und zügig eingeführt und, sowohl in der ursprünglich betroffenen Tochtergesellschaft als auch in anderen Unternehmenseinheiten, regelmäßig durch Datenanalysen und stichprobenartige Audits überprüft.

III. Fazit

Weit mehr als andere „Stakeholder" im Unternehmen ist Compliance eine **89**
Schnittstellenfunktion. Sie ist ganz besonders auf vertrauensvolle Zusammenarbeit und intensiven Austausch angewiesen. Da sie immer noch relativ neu ist und bisweilen auf Zurückhaltung und Skepsis trifft, hat sie vielfältige „Bring- und Holschulden": Die Compliance muss aktiv auf die anderen Funktionen zugehen, sich erklären, dann verstehen, was diese tun und schließlich Wege entwickeln und erhalten, auf denen sie mit diesen Funktionen effektiv zusammenarbeiten kann.

„Auf Compliance hat niemand gewartet. Sie sollte auch nicht damit rechnen, **90**
dass sie überall mit offenen Armen empfangen wird oder dass ihre Aktivitäten im Unternehmen stets willkommen sind oder spontane Unterstützung erfahren." Wenn der CCO sich dies zur robusten mentalen Ausgangsbasis nimmt, dann wird er nicht allzu viele Enttäuschungen erleben.

Im Ernst: Die Idee, dass sich Unternehmen, ihre Organe und Mitarbeiter regel- **91**
gerecht verhalten sollen und wollen, ist nicht neu. Wenn man dann aber eine eigene Unternehmensfunktion schafft oder ertüchtigt, die wesentlich dafür verantwortlich sein soll, der Erreichung dieses hehren Ziels nahezukommen und an ihr gemessen zu werden, muss man sich fragen, wie dies gelingen soll.

Die Antwort lautet: **92**

– **Erstens**: Compliance geht alle an, Compliance, das sind wir alle. Das Unternehmensganze muss daran glauben, dass es sich regelkonform verhalten will und kann.
– **Zweitens**: Anfangs- und Endpunkt dieser Botschaft ist die Unternehmensleitung. Compliance wird von ihr in unzweideutiger Weise vertreten, verteidigt und täglich vorgelebt. Das gilt insbesondere auch bei Zwischenfällen, in Krisen oder in wirtschaftlich schwierigen Zeiten.
– **Drittens**: Auch die tägliche Umsetzung der Compliance ist unser aller Aufgabe. Compliance ist nicht die Unternehmenspolizei und schon gar nicht die „Abteilung Schlapphüte". Compliance ist auch nicht etwas, das man einer kleinen Fachabteilung „vor die Füße kippt" und sich dann, mokant lächelnd, aus dem Staub macht. Nur wenn wir alle die täglichen Anstrengungen der hauptamtlich mit der Compliance-Thematik befassten Kollegen verstehen, respektieren, sie nach Kräften unterstützen und Kritik in konstruktiver Weise äußern, kann Compliance nachhaltig Erfolg haben.

Die vorstehenden Ausführungen und das Fallbeispiel haben der Compliance- **93**
Fachabteilung einen Spiegel vorgehalten, in dem dann die für die Gesamtunternehmens-Compliance entscheidenden Kompetenzen und Verhaltensweisen wie in einem Brennglas in den Fokus traten: Der gelebte „Tone at the Top" an der Unternehmensspitze, die begleitende Aufsicht und wohlwollende Unterstützung durch den Aufsichtsrat, die fachliche und inhaltliche Verzahnung mit Legal und HR, eine mögliche zusätzliche „Erdung" durch den Betriebsrat, die analyti-

schen, risikosteuernden und investigativen Fähigkeiten von Finanzabteilung und Innenrevision, gegebenenfalls der professionelle und im Prozessmanagement erfahrene Flankenschutz durch die externen Wirtschaftsprüfer und, last but not least, das Finden des richtigen Tons mithilfe der Unternehmenskommunikation.

94   Auf diese „Angebote" seitens der anderen Unternehmens-Stakeholder müssen die Compliance-Fachleute mit den folgenden eigenen Qualitäten und Kompetenzen eingehen:

– **Kompetenz in praktischer Bewährung**: Compliance muss das Unternehmen, sein Geschäftsmodell, seine Märkte und seine Wettbewerber kennen. Der regulatorische Rahmen, innerhalb dessen das Unternehmen wirtschaftet, muss ihr geläufig sein. Neben der Kenntnis des Inhalts anwendbarer Rechtsnormen muss Compliance auch ein realitätsnahes Verständnis für die Risikointensität des Unternehmenshandelns entwickeln und daraus eine vernünftige Priorisierung der in Angriff zu nehmenden Maßnahmen ableiten.

– **Kommunikation**: In ganz ausgeprägtem Maße muss Compliance mit praktisch allen anderen Unternehmensfunktionen kommunizieren. Sie muss ungefiltert die Unternehmensrealität und die sich aus einem globalen Wirtschaften zwingend ergebenden Zielkonflikte aus Regelkonformität und Unternehmenserfolg aufnehmen und verarbeiten. Wo immer möglich muss Compliance konkreten Rat und Hilfestellung geben, auch damit in den Weiten und Tiefen der Unternehmensorganisation sich die Meinung verbreiten kann, dass Compliance letztlich Bestandteil der unternehmerischen Wertschöpfung ist und eben kein Fremdkörper. Nur realistische Richtlinien und Schulungen, die verständlich sind, die Mitarbeiter „an der operativen Front" auch erreichen und die in regelmäßigen Abständen dem Praxistest unterzogen und entsprechend nachjustiert werden, haben Aussicht darauf, auch langfristig und mit innerer Akzeptanz Teil der Unternehmenswirklichkeit zu werden. Compliance muss also in jeder Hinsicht die Sprache des Unternehmens sprechen.

– **Vertrauen**: Erforderlich ist zunächst ein Vertrauensvorschuss in Richtung Compliance: Teil des „Tone at the Top" ist es, Compliance gegenüber der Belegschaft mit einem Vertrauenskredit auszustatten. Entscheidenderweise muss die Compliance-Funktion dann aber, manchmal entgegen verständlicher beruflicher Reflexe, die, im Einzelfall natürlich widerlegliche, Vermutung aufstellen, dass Unternehmen und Mitarbeiter grundsätzlich regeltreu arbeiten und wirtschaften wollen und dass Regelverstöße nur im Ausnahmefall Ausdruck vorsätzlichen Verhaltens sind. Von dem mit einer Vorschusszahlung seitens der Geschäftsleitung ausgestatteten Vertrauenskonto sollten der Chief Compliance Officer und seine Leute mit Augenmaß abheben – und darauf achten, dass sie es auch immer mal wieder „auffüllen" – durch stetige Verbesserung, durch immer besseres Kennenlernen des Unternehmens, durch eine immer verständlichere Sprache und „Nutzerfreundlichkeit" (insbesondere beim Erteilen von Rat und beim Abfassen von Richtlinien) und durch die richtige Mischung aus Vertrauen und Kontrolle.

Rau

Gewonnen hat die Idee der Compliance, also ein in allen Teilen des Unterneh- **95**
mens geltender ernsthafter Anspruch, sich durchgängig regelkonform zu verhalten, dann, wenn der „Tone at the Top" auch als „Tone in the Middle" und insbesondere als „Tone in the Trenches" Widerhall findet, wenn also das Ziel,
„sauberes Business" zu betreiben, von allen Unternehmensfunktionen und einer
überwältigenden Mehrheit der Mitarbeiterinnen und Mitarbeiter geteilt, als rea-
listisch empfunden und in der täglichen Praxis auch gelebt wird.

4. Kapitel
Einführung eines „Code of Conduct"

I. Einleitung

Ein „Code of Conduct" oder „Code of Ethics" ist eine Sammlung von Regelungen und Richtlinien, die ein Unternehmen sich selbst auferlegt, um das Verhalten des Managements, der Mitarbeiter und teilweise auch der Geschäftspartner zu beeinflussen.[1]   **1**

Lange Zeit waren solche Verhaltenskodizes eine Besonderheit internationaler Konzerne. Manche ausländischen Rechtsordnungen verpflichten Unternehmen ausdrücklich, einen Code of Conduct einzuführen, der auch Tochtergesellschaften bindet (vgl. etwa Sec. 406 Sarbanes-Oxley-Act). Mittlerweile führen viele kleinere und mittelständische Unternehmen, die (ausschließlich) in Deutschland ansässig sind, ebenfalls einen „Code of Conduct" ein.   **2**

Die Gründe sind vielfältig: Zum einen verpflichtet auch das deutsche Recht in unterschiedlichem Kontext zu Compliance-Maßnahmen. Betroffen sind nicht nur börsennotierte Unternehmen (§ 80 WpHG), sondern jeder Arbeitgeber (vgl. § 130 OWiG). Teilweise nimmt der Gesetzgeber die Unternehmen nicht nur für das Verhalten der eigenen Mitarbeiter, sondern auch für das Geschäftsgebaren Dritter in die Pflicht (vgl. § 13 MiLoG). Zum anderen eröffnet nur ein effizientes Compliance-System die Chance, nicht (oder nur eingeschränkt) für Regelverstöße anderer Personen zu haften (vgl. § 12 AGG).[2] Der Unternehmer kann seine Verantwortung (teilweise) auf Dritte übertragen, beispielsweise auf interne oder externe Beauftragte für Datenschutz oder Arbeitssicherheit. Dies setzt freilich weitere Maßnahmen wie die sorgfältige Auswahl, Schulung und Kontrolle der Mitarbeiter voraus.[3]   **3**

Schließlich handeln viele Unternehmer aus dem aufrichtigen Wunsch, ihren Wertvorstellungen und Überzeugungen jenseits des Betriebsgeländes ein Stück weit Geltung zu verschaffen. Ein guter „Code of Conduct" regelt nicht nur, wie sich das Unternehmen und seine Mitarbeiter im Geschäftsleben verhalten, sondern vermittelt den Adressaten auch die intrinsischen Motive für solche Vorgaben. Dies sind die geltenden Gesetze, aber immer häufiger auch die Werte des Unternehmens.[4] Viele Verhaltenskodizes erklären und werben für ihre Vorgaben. Wer seine Mitarbeiter von einer gemeinsamen „Mission" überzeugen kann, wird mit seinem „Code of Conduct" auf größere Zustimmung stoßen, als jemand, dem es nur darum geht, die gesetzlichen Standards sicher zu stellen.   **4**

---

1 *Grützner/Jakob*, Compliance von A–Z, 2. Aufl. 2015, Code of Conduct (CoC).
2 Zu Ziel und Funktionen von Compliance Management siehe *Schulz*, Kap. 1, Rn. 24 ff.
3 Zu Umfang und Grenzen der Delegation von Compliance-Maßnahmen siehe *Schulz*, Kap. 1, Rn. 66 f.
4 Zum Zusammenhang von Compliance Management und einem Werte- bzw. Integritätsmanagement *Schulz*, Kap. 1, Rn. 2.

5   Teilweise wird dieses „ethische Bekenntnis" auch zur Imagepflege und in der
     Kommunikation mit den Stakeholdern eingesetzt. Ein Unternehmen, das im Fo-
     kus öffentlicher Kritik oder behördlicher Ermittlungen steht, kann so möglicher-
     weise seine Glaubwürdigkeit verteidigen oder wiederherstellen.

6   Häufig hat sich auch die Erkenntnis durchgesetzt, dass eine nachhaltige Unter-
     nehmenspolitik nicht auf dem Ansatz „race to the bottom" beruhen kann.[5] Dies
     gilt insbesondere im Wettbewerb um Fachkräfte und Talente. Gerade bei den Ar-
     beitsbedingungen bieten viele Unternehmen mittlerweile auch dort einen mög-
     lichst hohen Standard, wo er nicht gesetzlich vorgeschrieben ist. Compliance
     wird so zu einem Standortvorteil.

7   Ein effizientes Compliance-System setzt nicht zwangsläufig einen voluminösen
     Verhaltenskodex voraus. Gleichwohl ist die Einführung eines „Code of Con-
     duct" häufig das Mittel der Wahl. Dies hängt auch damit zusammen, dass so ein
     sichtbarer Nachweis der eigenen Anstrengungen auf diesem Gebiet geschaffen
     wird.[6]

II. Ausgestaltung

1. Erscheinungsformen

8   „Code of Conduct" ist ein schillernder Begriff. Es gibt weder eine generelle Ver-
     pflichtung zur Einführung noch einen „Goldstandard" bei der Ausgestaltung.
     Zahlreiche Verhaltenskodizes sind über das Internet frei zugänglich; sie unter-
     scheiden sich in Umfang und Inhalt deutlich.

9   Manche Unternehmen umreißen im „Code of Conduct" die ethischen Grund-
     prinzipien ihres Handelns. Sie bekennen sich zu gegenseitigem Respekt, zu fai-
     rem Verhalten im Geschäftsleben, zu „Loyalität" und zu einem guten Arbeitskli-
     ma. Sie versprechen, das (geistige) Eigentum, die Privatsphäre und Würde
     anderer Menschen zu achten. Und sie verurteilen Kinderarbeit, Mobbing, Dis-
     kriminierung und sexuelle Belästigung. Ein solcher Verhaltenskodex beschreibt
     eher das Selbstverständnis eines Unternehmens, als dass er neue Regeln für die
     Belegschaft formuliert.

10   Für die Mitarbeiter haben solche „ethischen Bekenntnisse" vor allem dann zu-
     sätzliche rechtliche Relevanz, wenn sie für ein Tendenzunternehmen arbeiten.[7]
     Gleichwohl sollte man die Bedeutung eines „Code of Conduct", der die Beleg-
     schaft auf gemeinsame Grundprinzipien einschwört, nicht unterschätzen: Com-
     pliance ist mehr als schlichte Regelkonformität. Vielmehr geht es um die
     Organisation rechtskonformen Verhaltens im Unternehmen.[8] Der Erfolg der

---

5 Vgl. dazu *Göpfert*, NZA 2011, 1259.
6 *Mengel*, Compliance und Arbeitsrecht, 2009, 6 ff. m. w. N.
7 *Mengel*, Compliance und Arbeitsrecht, 2009, 84 f.; *Hohenstatt/Dzida*, in: Henssler/Willem-
   sen/Kalb, Arbeitsrecht, 9. Aufl. 2020, § 118 BetrVG Rn. 23.
8 Siehe hierzu die Nachweise bei *Schulz*, Kap. 1, Rn. 1.

Compliance-Organisation basiert allerdings nicht nur auf regelbasierten Vorgaben, sondern hängt maßgeblich auch von einer entsprechenden Werteorientierung der Unternehmensangehörigen ab (Regelbefolgung und Integrität als Bestandteile der „Compliance-Kultur").[9] Die Formulierung von Werten gibt den Unternehmensangehörigen zudem Orientierung, insbesondere für diejenigen Fragen und Fallkonstellationen, die nicht bzw. nicht eindeutig durch Regeln erfasst bzw. geklärt sind.[10] Ein Arbeitgeber, der seinen Mitarbeitern glaubhaft vermitteln kann, welche Werte das Unternehmen verkörpert und warum sich ein entsprechendes Engagement lohnt, erreicht damit m. E. etwas anderes, aber nicht weniger als mit einem ausgefeilten Regelwerk.

Andere Unternehmen skizzieren (darüber hinaus) die aktuelle Gesetzeslage in **11** sensiblen Bereichen und halten ihre Belegschaft mehr oder weniger eindringlich zur Rechtstreue an. Ein derartiger Verhaltenskodex betont beispielsweise die Strafbarkeit von Geldwäsche, Vorteilsgewährung oder unlauterem Wettbewerb. Die Belegschaft wird ausdrücklich auf die Einhaltung von Arbeits- und Umweltschutzbestimmungen verpflichtet. Häufig stellt ein solcher „Code of Conduct" auch die besondere Bedeutung bestimmter Pflichten aus dem Arbeitsvertrag (Verschwiegenheit, Umgang mit Firmeneigentum etc.) heraus. Konsequenterweise enthält der Verhaltenskodex schließlich einen Hinweis, dass ein Verstoß gegen diese Vorgaben gravierende Folgen für das Unternehmen und für das Arbeitsverhältnis haben kann: „Neben arbeitsrechtlichen Konsequenzen bis hin zu einer fristlosen Kündigung kann ein Fehlverhalten auch strafrechtliche Folgen haben, die von einer Geldstrafe bis hin zu einer Freiheitsstrafe reichen."

Der „Code of Conduct" konkretisiert in diesen Fällen die bereits qua Gesetz oder **12** Vertrag bestehenden Pflichten. Außerdem wird den Mitarbeitern und dem Management verdeutlicht, dass das Unternehmen ein großes Interesse an der Einhaltung und Erfüllung dieser Pflichten hat. Ob ein Fehlverhalten aber tatsächlich zu einer Kündigung des Arbeitsverhältnisses berechtigt, ist eine Frage des Einzelfalls. Verhaltensbedingte Kündigungen setzen regelmäßig eine Abmahnung voraus. Eine Warnung in einer Betriebsvereinbarung oder in einem Verhaltenskodex kann eine vorweggenommene Abmahnung darstellen, die den Arbeitgeber berechtigt, sofort nach dem ersten Verstoß zu kündigen.[11] Dies kommt allerdings nur bei besonders hervorgehobenen wesentlichen Pflichten oder konkreten schweren Pflichtverletzungen in Betracht.[12] Der Arbeitgeber kann nicht eine Vielzahl von Pflichten pauschal unter den Vorbehalt einer sofortigen Kündigung stellen – weder in einem Arbeitsvertrag noch in einem „Code of Conduct".

---

9 Zur Bedeutung der Compliance-Kultur ausführlich *Schulz*, Kap. 1, Rn. 53 ff. mit weiteren Nachweisen.

10 *Schulz*, Kap. 1, Rn. 2 mit weiteren Nachweisen zum Zusammenhang von Compliance- und Integritätsmanagement.

11 Vgl. BAG v. 5.4.2001, 2 AZR 580/99, NZA 2001, 893, 898.

12 *Mengel*, Arbeitsrecht und Compliance, 2009, 68 f.

13 Schließlich gibt es Verhaltenskodizes, die ein umfangreiches und detailliertes Regelwerk zu zahlreichen Aspekten des Arbeitsalltags im Unternehmen enthalten. Der „Code of Conduct" setzt nicht nur das geltende Recht um, sondern stellt zusätzlich eigene Verhaltensregeln auf. Das Spektrum der Themen, die adressiert werden, kann von ganz grundsätzlichen Wertentscheidungen über arbeitsrechtliche Verhaltensvorgaben (Meldepflichten und „Whistleblowing") bis hin zu kleinteiligen Regelungen des Betriebsablaufs (Torkontrollen, unbezahlte Freistellungen) reichen. Der „Code of Conduct" ist dann häufig ein sogenanntes „Employee Handbook" mit einer umfassenden Betriebsordnung (§ 87 Abs. 1 Nr. 1 BetrVG). Manchmal existieren Vorbilder bei einer ausländischen Muttergesellschaft, die möglichst originalgetreu bei der deutschen Tochtergesellschaft umgesetzt werden.

14 Verhaltenskodizes, die nach diesem Muster entworfen sind, können ein „großer Wurf" sein. Allerdings besteht die Gefahr, dass es zu unerfreulichen Diskrepanzen zwischen Regelungen des „Code of Conduct" und den Vorgaben deutscher Gesetze kommt. Viele Lebensbereiche, die im Ausland der Regelungshoheit der Parteien überlassen bleiben, sind in Deutschland gesetzlich ausgeformt. So mag eine umfassende Regelung, ob und zu welchen Bedingungen Elternzeit gewährt wird oder wie bei wiederholtem Zuspätkommen eines Mitarbeiters vorzugehen ist, in manchen US-amerikanischen Bundesstaaten sinnvoll sein. In Deutschland unterwirft sich der Arbeitgeber dagegen möglicherweise durch derartige Regelungen ohne Not zusätzlichen Beschränkungen. Besonders nachteilig können sich solche Regelungen auswirken, wenn das Unternehmen sich verpflichtet, vor einer Kündigung ein ausgefeiltes Beschwerdeverfahren („grievance procedure") zu durchlaufen. Die unternehmensinternen Vorgaben (z. B. eine zeitaufwendige Anhörung) sollten beispielsweise nicht dazu führen, dass der Arbeitgeber zwingende gesetzliche Anforderungen nicht mehr einhalten kann (z. B. die Zwei-Wochen-Frist im Falle einer Kündigung gem. § 626 BGB).

15 Für welchen Ansatz sich ein Unternehmen entscheidet, ist nicht nur eine Frage der Unternehmensphilosophie, sondern häufig auch bestimmter Notwendigkeiten und Zwänge. Ein ambitionierter „Code of Conduct" erweitert häufig den Pflichtenkreis der Mitarbeiter; eine erfolgreiche Umsetzung setzt dann regelmäßig einen Konsens mit der Belegschaft und dem Betriebsrat voraus. In internationalen Konzernen müssen regelmäßig unterschiedliche Kulturen auf einen möglichst großen gemeinsamen Nenner gebracht werden. Deutsche Unternehmen mit einer ausländischen Muttergesellschaft stehen vor der Herausforderung, ungewohnte Konzepte der Personalführung im eigenen Haus zu implementieren. Dies wirft diverse kulturelle Fragen (kooperativer Führungsstil vs. hierarchische Entscheidungsfindung), aber auch rechtliche Probleme (Übermittlung personenbezogener Daten in Nicht-EU-Staaten, namentlich die USA[13]) auf.

---

13 Vgl. dazu *Grau/Granetzny*, NZA 2016, 405 ff. Zum Datenschutz und Compliance ausführlich *Becker/Böhlke/Fladung*, Kap. 11.

Benkert

2. Typische Regelungen

Die Verhaltenskodizes vieler Unternehmen sind im Internet frei verfügbar. Die **16** Spanne ist groß, auch in qualitativer Hinsicht. Es gibt jedenfalls keine „Blaupause", die auf jedes Unternehmen passt. Ein „Code of Conduct" könnte sich jedoch an folgender Struktur orientieren und die genannten Punkte ansprechen:

Übergeordnete Werte des Unternehmens   17

– „Mission Statement",
– Vorstellung der übergeordneten Werte,
– Erläuterung der Bedeutung des Code of Conduct (für den Betriebsablauf, die Mitarbeiter, die Kunden, die Stakeholder etc.).

Integrität beim Geschäftsverkehr   18

– Integrität im Geschäftsverkehr,
– Einhaltung der nationalen und international geltenden Gesetze,
– Verzicht auf jegliche Form von Korruption und Bestechung,
– Regeln für Zuwendungen und Geschenke, Spenden und Sponsoring,
– Einhaltung der Regeln eines fairen Wettbewerbs, insbesondere der geltenden kartell- und wettbewerbsrechtlichen Vorschriften,
– Einhaltung von Sanktions- und Embargoregelungen,
– Achtung geistigen Eigentums,
– Verantwortung für die Reputation des Unternehmens,
– Vorgaben zum Umgang mit Behörden und Presse.

Integrität in der eigenen Organisation   19

– Einhaltung der unternehmensinternen Richtlinien und Regelwerke,
– Kollegialität, Fairness, respektvoller Umgang, Chancengleichheit, Vereinbarkeit von Beruf und Familie,
– Proaktives Eintreten gegen Mobbing, Diskriminierung und Belästigung,
– Bekenntnis zu Inklusion, Gleichbehandlung und Förderung von Menschen mit Behinderung,
– Schutz vertraulicher Daten und Informationen,
– Sorgfältiger und bestimmungsgemäßer Umgang mit Betriebsmitteln,
– Transparenz und Dokumentation wesentlicher Geschäftsabläufe,
– Vollständige und wahrheitsgemäße Berichterstattung und Buchhaltung,
– Vermeidung von Interessenkonflikten und Beachtung von Insiderregeln,
– (ggfs.) Schranken für politische/religiöse Aktivitäten,
– Vertrauensvolle Zusammenarbeit mit Arbeitnehmervertretern und anderen Stakeholdern.

Produktqualität und Produktsicherheit   20

– Bekenntnis zu den eigenen Qualitätsansprüchen,
– Priorität der Sicherheit für Mensch und Umwelt im Herstellungsprozess sowie bei Lieferung von Produkten und Erbringung von Leistungen,

– Erfüllung sämtlicher gesetzlicher und vertraglich vereinbarter Qualitäts- und Sicherheitsanforderungen,
– Einholung und Vorhaltung sämtlicher für die Leistung und den Export erforderlicher Registrierungen, Lizenzen und Genehmigungen.

21 Gesundheit und Arbeitssicherheit

– Priorität von Gesundheitsschutz und Arbeitssicherheit,
– Gewährleistung eines sicheren Arbeitsumfelds,
– Bereitstellung geeigneter Schutzmaßnahmen und Schulungen,
– Priorisierung von Gesundheits- und Sicherheitsaspekten bei der Planung von Arbeitsabläufen,
– Regelmäßige Durchführung sämtlicher erforderlicher Wartungs- und Instandhaltungsmaßnahmen.

22 Menschenrechte und Sozialstandards

– Garantie menschenwürdiger Arbeitsbedingungen an allen Standorten,
– Unterbindung jeder Form der Kinderarbeit,
– Unterbindung jeder Form der Zwangsarbeit oder unfreiwilliger Arbeit, der Ausbeutung, der Sklaverei und des Menschenhandels,
– Faire Behandlung von Mitarbeitern,
– Unterbindung jeder Form grober oder unmenschlicher Behandlung,
– Gewährleistung von Sozial- und Mindeststandards.

23 Umweltschutz und Nachhaltigkeit

– Verpflichtung auf einen aktiven Beitrag zur Sicherstellung und Verbesserung des Umweltschutzes,
– Einhaltung sämtlicher Umweltschutzgesetze, Richtlinien und Standards,
– Sicherer Umgang mit Gefahrstoffen, Zubereitungen und Substanzen,
– Kontinuierliches Bemühen um umweltfreundliche Lösungen bei der Festlegung von Herstellungsprozessen, eine effiziente Ressourcennutzung sowie eine Verringerung von Abfall und Emissionen.

24 Hinweise zur Umsetzung

– Pflicht zur Lektüre/Teilnahme an (IT-basierten) Schulungen,
– Pflicht zur Nachfrage/Erkundigung bei Unklarheiten,
– Verhalten bei Verstößen Dritter/Ombudsmann,
– Allgemeiner Hinweis auf Kontrolle durch Revision,
– Allgemeiner Hinweis auf Sanktionen.

25 Typischerweise wird ein „Code of Conduct" durch weitere Richtlinien ergänzt. Gegenstand sind beispielsweise Vorgaben zum Verhalten gegenüber Kunden oder Wettbewerbern, zu Kontakten mit der Öffentlichkeit oder zum Umgang mit personenbezogenen Daten. Diese Trennung ist dort sinnvoll, wo das Unternehmen häufig und rasch auf Veränderungen reagieren muss und Beteiligungsrechte des Betriebsrats nicht betroffen sind.

III. Einführung eines „Code of Conduct"

Ein Verhaltenskodex ist regelmäßig nur sinnvoll, wenn er für die Adressaten – **26** Geschäftsführung, Mitarbeiter, Geschäftspartner – auch verbindlich ist. Ausnahmen mögen für reine „Mission Statements" gelten, die eher auf die öffentliche Wahrnehmung als auf die eigene Belegschaft abzielen.

Soweit es darum geht, Geschäftspartner rechtlich an bestimmte Vorgaben zu bin- **27** den (etwa das Verbot von Kinderarbeit oder die Garantie eines Mindestlohns), muss das Unternehmen auf einer ausdrücklichen Vereinbarung bestehen.[14] Ob dies gelingt, ist häufig eine Frage der Markt- bzw. Verhandlungsmacht. Tatsächlich müssen Dienstleister und Zulieferer großer Unternehmen immer häufiger Erklärungen dahingehend abgeben, dass ihre Geschäftspraktiken im Einklang mit den ethischen und rechtlichen Erwartungen des Auftraggebers stehen. Umgekehrt werden entsprechende Erklärungen seltener verlangt und kaum abgegeben. Die Wirkung solcher Vereinbarungen hängt ganz entscheidend davon ab, ob die Vereinbarung nach Unterzeichnung noch praktische Relevanz entfaltet oder schlicht im Firmenarchiv endet.

Soll der Verhaltenskodex in der eigenen Belegschaft eingeführt werden, bieten **28** sich grundsätzlich zwei Möglichkeiten an. Der Arbeitgeber kann sein Regelwerk entweder auf der einzelvertraglichen Ebene umsetzen oder eine entsprechende Betriebsvereinbarung abschließen. Teilweise müssen auch beide Wege parallel beschritten werden: Eine Betriebsvereinbarung entfaltet keine Wirkung für leitende Angestellte oder Geschäftsführer; in diesen Fällen muss eine individualvertragliche Regelung erfolgen. Umgekehrt genügen einzelvertragliche Lösungen dort nicht, wo betriebsverfassungsrechtliche Mitwirkungsrechte bestehen und der Betriebsrat zwingend zu beteiligen ist.

1. Individualvertragliche Umsetzung

a) Weisungsrecht des Arbeitgebers

Der Arbeitgeber wird zunächst prüfen, ob er die gewünschten Verhaltensregeln **29** durch schlichte arbeitsrechtliche Weisung in das Anstellungsverhältnis einführen kann. Nach § 106 GewO kann der Arbeitgeber Inhalt, Ort und Zeit der Arbeitsleitung nach billigem Ermessen näher bestimmen, soweit diese Arbeitsbedingungen nicht bereits durch höherrangiges Recht festgelegt sind.

Dies gilt selbstverständlich für alle Weisungen, die sich auf die vertraglich ge- **30** schuldete Arbeitsleistung beziehen. Solche tätigkeitsbezogenen Weisungen, die beispielsweise den richtigen Umgang mit Gefahren am Arbeitsplatz oder mit personenbezogenen Daten betreffen, sind zumeist unproblematisch. Ein Mitbestimmungsrecht des Betriebsrats kommt ebenfalls nicht in Betracht, solange es nur um das sogenannte Arbeitsverhalten geht.

---

14 Unrühmliches Vorbild sind die zahlreichen Versuche, sich bei Geschäftspartnern gegen die (zu weit ausgelegte) Auftraggeberhaftung nach § 13 MiLoG abzusichern.

31 Das Weisungsrecht gilt grundsätzlich aber auch für Vorgaben zur Ordnung und zum Verhalten der Mitarbeiter im Betrieb.[15] Sofern es sich nicht um einen Einzelfall handelt, steht dem Betriebsrat insofern ein Mitbestimmungsrecht zu (§ 87 Abs. 1 Nr. 1 BetrVG).

32 In jedem Fall beschränkt sich das arbeitsrechtliche Direktionsrecht darauf, die bestehenden vertraglichen Pflichten zu konkretisieren; der Arbeitgeber kann auf diesem Wege nicht die bestehenden Absprachen ändern oder neue Verpflichtungen einführen.[16]

33 Für ein breites Spektrum compliance-relevanter Vorgaben, die üblicherweise den Kern vieler Verhaltenskodizes ausmachen, müssen aber meist keine neuen Pflichten begründet werden.

34 Zum einen treffen Management und Mitarbeiter weitreichende Loyalitäts-, Treue- und Rücksichtnahmepflichten gegenüber ihrem Arbeitgeber. Sie sind verpflichtet, alle Handlungen zu unterlassen, die den Arbeitgeber, sein Eigentum und seine geschäftlichen Interessen schädigen könnten. Dies bedeutet beispielsweise auch, dass ein Arbeitnehmer das Unternehmen vor möglicherweise drohenden Schäden warnen muss.[17] Grundlage dieser Verpflichtung ist die allgemeine Leistungstreuepflicht (§ 242 BGB)[18] bzw. das Gebot zur Rücksichtnahme (§ 241 Abs. 2 BGB),[19] die bzw. das impliziter Bestandteil jedes Schuldverhältnisses ist. Insoweit bedarf es keiner ausdrücklichen Vereinbarung.

35 Zum anderen wird jedes Anstellungsverhältnis nachhaltig durch die besonderen persönlichen Bindungen der Vertragspartner geprägt. Daraus resultieren Nebenpflichten, deren praktische Bedeutung teilweise deutlich weiter reicht als in anderen Schuldverhältnissen:

- Vertragliche Wettbewerbsverbote,
- Schutz von (geistigem) Eigentum des Arbeitgebers,
- Schutz von Geschäftsgeheimnissen,
- Wahrung der betrieblichen Ordnung.

36 Auch in diesen Fällen bedarf es keiner ausdrücklichen Vereinbarung; die entsprechenden Pflichten verstehen sich grundsätzlich von selbst.

37 Schließlich enthalten viele Anstellungsverträge üblicherweise eine Reihe von Vorschriften, die unmittelbar darauf abzielen, ein gesetzeskonformes Verhalten der Mitarbeiter sicherzustellen. Dazu zählen Vorgaben zum Umgang mit Interes-

---

15 *Preis*, in: Erfurter Kommentar zum Arbeitsrecht, 20. Aufl. 2020, GewO § 106 Rn. 3.
16 *Preis*, in: Erfurter Kommentar zum Arbeitsrecht, 20. Aufl. 2020, GewO § 106 Rn. 8.
17 Dies gilt jedenfalls für Wahrnehmungen im Rahmen der arbeitsvertraglichen Aufgaben. Die Arbeitnehmer sind dagegen nicht ohne Weiteres gehalten, Beobachtungen außerhalb ihres Aufgabenbereichs oder gar aus dem außerdienstlichen Bereich zu melden; *Reinfeld*, in: Moll, Münchener Anwaltshandbuch Arbeitsrecht, 4. Aufl. 2017, § 33 Rn. 33 ff.
18 BAG v. 5.3.1968, 1 AZR 229/67.
19 *Reinfeld*, in: Moll, Münchener Anwaltshandbuch Arbeitsrecht, 4. Aufl. 2017, § 33 Rn. 33 ff.; *Schuster/Darsow*, NZA 2005, 273, 273.

senkonflikten und Geschenken, zu (persönlichen) Äußerungen in der Öffentlichkeit, zur Nutzung von E-Mail und Internet oder zum Umgang mit personenbezogenen Daten. Typische Beispiele sind auch Vereinbarungen, mit denen bestimmte Arbeitgeberpflichten (z. B. für Arbeitssicherheit) vertraglich auf einen Arbeitnehmer übertragen werden. Die Regelungsdichte nimmt tendenziell zu, je höher der Vertragsinhaber in der Unternehmenshierarchie angesiedelt ist. Besonders ausgeprägt sind solche Vorschriften in der Finanzbranche; teilweise setzen die Anstellungsverträge zwingende Vorgaben des Kreditwesengesetzes oder der Institutsvergütungsverordnung unmittelbar um (z. B. das Verbot einer privaten Absicherung gegen die Risiken eines Selbstbehalts bei einer D&O-Versicherung oder gegen den Verlust einer aufgeschobenen variablen Vergütung). Auch hier kann der Arbeitgeber vertraglich bereits begründete Pflichten im Rahmen seines Weisungsrechts einseitig weiter konkretisieren und ausgestalten.

Das arbeitsrechtliche Direktionsrecht besteht nur im Rahmen billigen Ermessens (§ 315 BGB). Der Arbeitgeber muss alle wesentlichen Umstände, insbesondere die berechtigten Interessen der betreffenden Mitarbeiter, angemessen berücksichtigen und sie mit seinen eigenen Belangen abwägen, bevor eine Weisung ergeht. Diese Grenze wird häufig (aber keineswegs immer) dann überschritten, wenn sich eine Regelung auf das außerdienstliche Verhalten der Mitarbeiter erstreckt. Gerade ethisch motivierte Vorgaben mit hohem Sendungsbewusstsein sind häufig mit Eingriffen in grundrechtlich geschützte Positionen der Arbeitnehmer verbunden; hier kommt es auf die Verhältnismäßigkeit im Einzelfall an.[20] **38**

Vor diesem Hintergrund wird ein Unternehmen seinen Verhaltenskodex vor allem dann mittels Weisung einführen, wenn es „nur" darum geht, bereits bestehende Pflichten zu wiederholen bzw. zu konkretisieren, die Grenzen des „billigen Ermessens" sicher gewahrt werden und Mitbestimmungsrechte des Betriebsrats nicht einschlägig sind. Der Arbeitgeber veröffentlicht den „Code of Conduct" regelmäßig im Intranet und stellt ihn den Mitarbeitern auch per E-Mail oder als Broschüre zur Verfügung. Ratsam sind individuelle Empfangs- und Lesebestätigungen. Die Vorzüge dieser Vorgehensweise liegen auf der Hand: Der Arbeitgeber kann einen „Code of Conduct" ohne großen Aufwand einführen und auch kurzfristig wieder ändern. Diese Flexibilität kann sich als großer Vorteil erweisen; die internen und externen Anforderungen an den Verhaltenskodex ändern sich erfahrungsgemäß rasch. **39**

b) Vertragliche Vereinbarung

Der Arbeitgeber kann einen Verhaltenskodex auch mittels einzelvertraglicher Vereinbarungen im Unternehmen einführen. Diese Option kommt in Betracht, wenn das arbeitsrechtliche Direktionsrecht alleine nicht ausreicht, um den „Code of Conduct" zu implementieren. Dies ist insbesondere der Fall, wenn das **40**

---

20 *Fitting* u. a., BetrVG, 30. Aufl. 2020, § 87 Rn. 71.

Unternehmen nicht nur die bestehenden Pflichten konkretisieren, sondern auch neue Vertragspflichten einführen will (z. B. Ausweitung der Melde- und Berichtspflichten über das normale arbeitsvertragliche Maß hinaus).

41 Eine solche Vertragsänderung oder -ergänzung setzt die ausdrückliche Zustimmung der betroffenen Mitarbeiter voraus. Eine stillschweigende Annahmeerklärung kann regelmäßig nicht unterstellt werden: Der „Code of Conduct" und damit die Vertragsänderung wirken sich nicht sofort und unmittelbar auf das Anstellungsverhältnis aus; der Arbeitgeber kann daher nicht nach Treu und Glauben annehmen, seine Mitarbeiter würden dem geänderten Anstellungsvertrag widersprechen, wenn sie mit den Änderungen nicht einverstanden seien.[21] Vor der Aufgabe, von wirklich allen Mitarbeitern das ausdrückliche Einverständnis mit dem neuen Verhaltenskodex einzuholen, dürften allerdings auch Unternehmen, die sich durch ein gutes Betriebsklima auszeichnen, größeren Respekt haben.

42 Die Einführung eines Verhaltenskodex mittels arbeitsrechtlicher Vereinbarung wirft zudem praktische Probleme auf. Kaum ein Unternehmen wird alle compliance-relevanten Vorgaben abschließend im Anstellungsvertrag aufführen; dies dürfte das Dokument überfrachten. Daher wird der Anstellungsvertrag oder die Änderungsvereinbarung regelmäßig auf den „Code of Conduct" verweisen.

43 Enthält die Vereinbarung eine dynamische Verweisung auf die „jeweils geltende Fassung" des Verhaltenskodex, so bedeutet dies keineswegs, dass das Unternehmen seine Regelungen später wieder einseitig und mit verbindlicher Wirkung für alle Mitarbeiter abändern könnte. Arbeitsvertragliche Absprachen unterliegen einer Inhaltskontrolle anhand der §§ 305 ff. BGB. Eine dynamische Verweisung würde das Klauselverbot in § 308 Nr. 4 BGB (Änderungsvorbehalt) verletzen und wäre zudem intransparent (§ 307 Abs. 1 Satz 2 BGB).[22] Nur solche Vorgaben, die sich entweder unter das Weisungsrecht fassen lassen oder lediglich die gesetzlichen Vorgaben wiederholen, können im Wege einer dynamischen Verweisung in den Anstellungsvertrag einbezogen werden. In allen anderen Fällen riskiert das Unternehmen, dass der „Code of Conduct" nicht wirksam eingeführt wird und im Ernstfall für die Mitarbeiter nicht verbindlich ist.

44 Enthält die Vereinbarung eine statische Verweisung, so nimmt sie nur auf eine konkrete Fassung des „Code of Conduct" Bezug. Spätere Änderungen führen nicht automatisch zu einer Anpassung des Anstellungsvertrages; es bedarf insoweit der erneuten Zustimmung der betroffenen Mitarbeiter. Der Arbeitgeber vermeidet die oben angesprochene Überfrachtung der Vertragsdokumente; diesen Vorteil bezahlt er allerdings mit der fehlenden Flexibilität statischer Verweisungen.

---

21 *Mengel*, Compliance und Arbeitsrecht, 2009, Rn. 35.
22 Vgl. dazu auch *Mengel*, CCZ 2008, 85, 86; anders *Schreiber*, NZA-RR 2010, 617, der § 308 Nr. 4 BGB bei Compliance-Richtlinien nicht für einschlägig hält, da der Arbeitgeber bei der Einführung oder Veränderung von Compliance-Richtlinien nicht die versprochene Leistung ändere.

Benkert

Im Übrigen unterliegen auch die Compliance-Bestimmungen selbst als   **45**
Standardarbeitsbedingungen einer Inhaltskontrolle anhand der §§ 305 ff. BGB.
Die Bestimmungen des „Code of Conduct" dürfen die Mitarbeiter somit nicht
entgegen den Geboten von Treu und Glauben unangemessen benachteiligen
(§ 307 Abs. 1 BGB). Dies kann beispielsweise der Fall sein, wenn der Verhaltenskodex eine umfassende Kontrolle am Arbeitsplatz vorsieht (z. B. ständige
Videoüberwachung) oder auch Angehörige der Mitarbeiter in die Pflicht nimmt
(z. B. Verbot von Beteiligungen oder Auskünfte zu Anlagegeschäften). Besonderes Augenmerk verdient die sprachliche Ausgestaltung des „Code of Conduct":
Wenn die einzelnen Bestimmungen nicht auch für Laien klar und verständlich
formuliert sind, scheitern selbst gute Absichten am Transparenzgebot.

Vor diesem Hintergrund führen Unternehmen einen „Code of Conduct" m. E.   **46**
vergleichsweise selten mittels einer arbeitsvertraglichen Vereinbarung ein.
Manchmal wird dieser Weg beschritten, um eine gleichlautende Weisung abzusichern. Die Nachteile einer vertraglichen Vereinbarung (z. B. Konsens der gesamten Belegschaft, Flexibilität bei künftigem Änderungsbedarf) überwiegen
häufig die möglichen Vorteile.

c) Änderungskündigung

Eine eher exotische Variante ist die einseitige Einführung eines „Code of Con-   **47**
duct" mittels einer Änderungskündigung. Diese Option kommt nur in Ausnahmefällen in Betracht. Aus juristischer Sicht bedarf es zumindest im Anwendungsbereich des Kündigungsschutzgesetzes einer sozialen Rechtfertigung
(§ 2 KSchG), die alle Bestimmungen des einzuführenden Verhaltenskodex
stützt. Staatliche Vorgaben wie im Kreditwesengesetz mögen punktuell eine Änderungskündigung rechtfertigen; es ist m. E. aber sehr fraglich, ob ein ganzer
Verhaltenskodex über diese Schiene rechtssicher umgesetzt werden kann. Ein
zwangsweise durchgesetzter Wertekanon beruht zudem selten auf einem breiten
Konsens in der Belegschaft; dies lässt m. E. Rückschlüsse auf die Glaubwürdigkeit des „ethischen Bekenntnisses" und auf die mittelfristigen Erfolgsaussichten
solcher Anstrengungen zu.

2. Betriebsvereinbarung

Der Arbeitgeber kann einen „Code of Conduct" schließlich auch im Wege einer   **48**
Betriebsvereinbarung im Unternehmen einführen.

Diese Option einer Betriebsvereinbarung besteht nicht nur, wenn Teile des Ver-   **49**
haltenskodex ohnehin mitbestimmungspflichtig sind, sondern auch dann, wenn
der Arbeitgeber alle relevanten Vorschriften durch schlichte Weisung umsetzen
könnte. Auch eine freiwillige Regelung ist eine vollwertige Betriebsvereinbarung. Voraussetzung ist die Existenz eines zuständigen und konsensbereiten Betriebsrats. Der Arbeitgeber kann seinen Beitrag zur Konsensbereitschaft leisten;
die Zuständigkeit richtet sich ausschließlich nach den gesetzlichen Vorgaben.

Eine Betriebsvereinbarung, die nicht mit dem zuständigen Betriebsrat abgeschlossen wurde, entfaltet keine Wirkung.

50 In der Betriebsverfassung gilt eine strikte Trennung der Zuständigkeiten von Betriebsräten, Gesamtbetriebsräten und Konzernbetriebsräten. Danach werden die Beteiligungsrechte grundsätzlich von den örtlichen Betriebsräten wahrgenommen. Dies begründet aber weder eine generelle „Primärzuständigkeit" des örtlichen Betriebsrats noch eine Auffangzuständigkeit des Gesamtbetriebsrats für betriebsratslose Betriebe.[23] Jedes Gremium kann nur im Rahmen seiner originären Zuständigkeit handeln und wirksame Vereinbarungen mit dem Arbeitgeber treffen.

51 Nach dieser zwingenden Aufgabenverteilung ist der Gesamtbetriebsrat gem. § 50 Abs. 1 BetrVG nur zuständig, wenn

– eine Angelegenheit das gesamte Unternehmen oder zumindest mehrere Betriebe betrifft und
– diese Angelegenheit nicht durch die örtlichen Betriebsräte innerhalb ihrer Betriebe geregelt werden kann.

52 Es muss ein zwingendes Erfordernis für eine betriebsübergreifende Regelung bestehen; der bloße Wunsch des Arbeitgebers, aus Kosten- oder Praktikabilitätserwägungen eine einheitliche Regelung zu treffen, ist regelmäßig nicht ausreichend.[24]

53 Daneben kommt eine Beauftragung des Gesamtbetriebsrats durch die einzelnen Betriebsräte in Betracht (§ 50 Abs. 2 BetrVG). Im Falle eines unternehmensweiten Verhaltenskodex würde dies jedoch den Konsens aller Betriebsräte voraussetzen. Ferner kann der Auftrag jederzeit und ohne Vorliegen besonderer Gründe widerrufen werden – auch in einem späten Stadium der Verhandlungen.

54 Für die Zuständigkeit des Konzernbetriebsrats gegenüber den Gesamtbetriebsräten gelten die gleichen Grundsätze; die Regelung in § 58 BetrVG ist § 50 BetrVG nachgebildet.

55 Soweit ein Verhaltenskodex darauf abzielt, eine bestimmte „Philosophie" im Unternehmen umzusetzen und zu gewährleisten, dass alle Mitarbeiter nach einheitlichen Wertmaßstäben arbeiten, besteht regelmäßig ein zwingendes Interesse an einer einheitlichen Regelung. Ein solcher „Code of Conduct" kann nur einheitlich in allen Betrieben eingeführt werden; die ethischen Maßstäbe können nicht davon abhängen, ob ein Mitarbeiter in Hamburg oder in München arbei-

---

23 Der Gesamtbetriebsrat kann auch nur im Rahmen seiner originären Zuständigkeit eine Gesamtbetriebsvereinbarung für betriebsratslose Betriebe abschließen (BAG v. 9.12.2009, 7 ABR 46/08, NZA 2010, 662).
24 Vgl. *Fitting* u. a., BetrVG, 30. Aufl. 2020, § 50 Rn. 23 m. w. N. Anders sieht die Situation im Bereich von freiwilligen Betriebsvereinbarungen aus. Hier kann der Arbeitgeber eine Zusage davon abhängig machen, dass eine unternehmensübergreifende Regelung getroffen wird.

tet.[25] Die Einführung eines Verhaltenskodex fällt damit grundsätzlich in die Zuständigkeit des Gesamt- oder Konzernbetriebsrats.[26]

Gelingt eine Einigung mit dem Betriebsrat über den „Code of Conduct", so ist **56** dies in verschiedener Hinsicht vorteilhaft. Der Arbeitgeber kann den Verhaltenskodex einführen, ohne die individuelle Zustimmung seiner Mitarbeiter einholen zu müssen. Spätere Änderungen und Ergänzungen muss er nur mit einem einzelnen Ansprechpartner verhandeln. Eine Betriebsvereinbarung wird zudem nicht inhaltlich anhand der §§ 305 ff. BGB überprüft. Sie unterliegt lediglich einer durch § 75 BetrVG bestimmten Rechtskontrolle; insoweit gelten weniger strenge Maßstäbe.[27] Hervorzuheben ist aber insbesondere die Signalwirkung, die von einem gemeinsam verabschiedeten „Code of Conduct" ausgeht. Die Zustimmung des Betriebsrats zu den ethischen Grundsätzen des Arbeitgebers trägt häufig erheblich zur Akzeptanz dieser Regeln in der Belegschaft bei.

Allerdings stößt auch diese Umsetzungsform an rechtliche Grenzen. Ganz all- **57** gemein müssen die Betriebspartner die grundrechtlich gewährleisteten Freiheitsrechte der Mitarbeiter achten; hier sieht die Betriebsverfassung sogar ausdrückliche Schutzpflichten vor (vgl. § 75 Abs. 2 BetrVG). Die private Lebensgestaltung der Mitarbeiter ist der Regelungskompetenz von Betriebsrat und Arbeitgeber grundsätzlich entzogen. Verhaltensregeln zulasten Dritter (z. B. Angehöriger) sind nicht möglich. Vorgaben zu Äußerungen in der Öffentlichkeit oder zu politischem bzw. religiösem Engagement begegnen ebenfalls Vorbehalten; die Einschränkungen, die den Mitarbeitern abverlangt werden, sind kritisch mit den Belangen des Arbeitgebers abzuwägen.

Problematisch ist auch das Verhältnis zu anderen einschlägigen Regelungen – **58** insbesondere zu den einzelnen Anstellungsverträgen. Hier gilt das Günstigkeitsprinzip. Sofern der Anstellungsvertrag bereits Vorgaben zu compliance-relevanten Sachverhalten enthält, gehen diese Regelungen einer Betriebsvereinbarung vor, wenn sie aus Sicht des Arbeitnehmers günstiger sind.[28] Striktere Vorschriften im „Code of Conduct" etwa zur privaten Nutzung von Firmengeräten oder zur Annahme von Geschenken – gehen dann ins Leere. Anders verhält es sich nur in den (seltenen) Fällen, in denen der Anstellungsvertrag eine Öffnungsklausel zugunsten (ungünstigerer) Betriebsvereinbarungen enthält.

Ein einmal durch eine Betriebsvereinbarung eingeführter „Code of Conduct" **59** kann schließlich nicht einseitig mittels Direktionsrecht geändert werden. Ändern

---

25 BAG v. 22.7.2008, 1 APR 40/07, NZA 2008, 1248; LAG Düsseldorf v. 14.11.2005, 10 TaBV 46/05, NZA-RR 2006, 81, 83 f.

26 BAG v. 22.7.2008, 1 ABR 40/07, NZA 2008, 1248; vgl. auch *Dzida*, NZA 2008, 1265, und *Fitting* u. a., BetrVG, 30. Aufl. 2020, § 58 Rn. 12.

27 *Fitting* u. a., BetrVG, 30. Aufl. 2020, § 77 Rn. 231 ff. m. w. N.; *Richardi*, BetrVG, 16. Aufl. 2018, § 77 Rn. 132.

28 Vgl. dazu auch *Mengel*, Compliance und Arbeitsrecht, 2009, 36, die zu Recht betont, dass sich eine Betriebsvereinbarung nicht dazu eignet, ein komplettes Compliance-System eines ausländischen Konzerns zu implementieren.

sich die rechtlichen Rahmenbedingungen oder die Anforderungen des Unternehmens, muss der Arbeitgeber die Betriebsvereinbarung vielmehr kündigen und den „Code of Conduct" neu verhandeln. Hier kann der Nachwirkung gem. § 77 Abs. 6 BetrVG eine maßgebliche Bedeutung zukommen.

IV. Datenschutzrechtliche Implikation

60 Der Datenschutz hat seit dem Inkrafttreten der Datenschutzgrundverordnung (DSGVO) einen deutlich größeren Stellenwert als in der Vergangenheit.[29] Dies gilt auch für die Einführung eines „Code of Conduct", wo dieses Thema bislang kaum eine Rolle spielte. Enthält der „Code of Conduct" beispielsweise Regelungen zur Meldung von Verstößen gegen Verhaltensregeln oder möchte der Arbeitgeber die Einhaltung der Vorgaben überprüfen, werden regelmäßig personenbezogene Daten erhoben, verarbeitet und genutzt. In der Folge sind die Voraussetzungen der DSGVO zu beachten. Besonderer Aufmerksamkeit gebühren dabei den gesetzlichen Aufklärungs- und Informationspflichten gegenüber den „Betroffenen" (Art. 13 ff. DSGVO).

61 Die Erhebung, Verarbeitung und Nutzung – hierzu zählt auch die Übermittlung – personenbezogener Daten im Arbeitsverhältnis richtet sich regelmäßig nach Art. 88 DSGVO i.V.m. § 26 BDSG und bedarf daher stets eines Erlaubnistatbestands. Erlaubnistatbestände können eine gesetzliche Grundlage, die Einwilligung des Arbeitnehmers (§ 26 Abs. 2 BDSG) oder eine Betriebsvereinbarung (§ 26 Abs. 4 Satz 1 BDSG) sein.[30] Wird der „Code of Conduct" mittels einer Betriebsvereinbarung eingeführt, bietet es sich an, hier gleichzeitig die erforderliche Datenverarbeitung rechtlich abzusichern.

62 Die DSGVO spart insoweit nicht an regelungsbedürftigen Inhalten und Vorgaben. Bei manchen Datenschutzregelungen genügt es, wenn sie in einer sog. Rahmenbetriebsvereinbarungen abgebildet werden. Diese Inhalte müssen nicht in jeder Einzelbetriebsvereinbarung wiederholt werden.[31]

63 Andere Regelungsinhalte müssen dagegen in jeder Einzelbetriebsvereinbarung aufgenommen werden. Dies betrifft solche Regelungen, die auf die jeweilige Betriebsvereinbarung zugeschnitten sind. Hierzu gehören mindestens der Zweck der Verarbeitung i. S. v. § 26 Abs. 5 BDSG i.V.m. Art. 5 DSGVO, die Dauer der Verarbeitung, Löschungsregeln und die Zugriffsrechte.[32] Entsprechende Bestimmungen sollten – je nach konkreter Ausgestaltung – auch in den „Code of Conduct" aufgenommen werden.

---

29 Zur Bedeutung der DSGVO für das Compliance Management siehe ausführlich *Böhlke/Becker/Fladung*, Kap. 11.
30 BAG v. 30.8.1995 – 1 ABR 4/95, NZA 1996, 218, 221 (zu § 4 Abs. 1 BDSG), dies gilt auch für die neue DSGVO, vgl. Öffnungsklausel in Art. 82 DSGVO und Erwägungsgrund 155, welcher als „Kollektivvereinbarung" ausdrücklich auch die Betriebsvereinbarung erwähnt.
31 *Körner*, NZA 2019, 1389, 1392.
32 *Körner*, NZA 2019, 1389, 1392.

Werden personenbezogene Daten erhoben, verarbeitet oder genutzt, ohne dass **64** hierfür ein Erlaubnistatbestand gegeben ist, hat dieser Datenschutzverstoß u. U. weitreichende Folgen. Die forsche Bußgeldpraxis der Aufsichtsbehörden hat für heftige Diskussionen gesorgt und wird noch die Gerichte beschäftigen. Aus einem Datenschutzverstoß kann aber – je nach Einzelfall – für den Arbeitgeber auch ein sog. Sachvortragsverwertungsverbot folgen. Bietet der Arbeitgeber beispielsweise in einem Kündigungsschutzprozess Beweise an, die unter Verstoß gegen die DSGVO erlangt wurden, darf das Gericht in diesem Fall nicht nur die angebotenen Beweise des Arbeitgebers nicht erheben (bloßes Beweisverwertungsverbot), sondern muss u. U. den gesamten arbeitgeberseitigen Vortrag bei seiner Entscheidung unberücksichtigt lassen.[33]

V. Mitbestimmungsrecht des Betriebsrats

Ein „Code of Conduct" muss zwingend als Betriebsvereinbarung eingeführt **65** werden, wenn und soweit Mitbestimmungsrechte des Betriebsrats berührt werden.

Die Beteiligungsrechte des Betriebsrats hängen naturgemäß von den konkreten **66** Regelungen und Vorgaben des jeweiligen Verhaltenskodex ab. In Betracht kommt in erster Linie ein Mitbestimmungsrecht gem. § 87 Abs. 1 Nr. 1 BetrVG. Daneben können sich Beteiligungsrechte aber auch aus anderen Vorschriften ergeben (§§ 80 Abs. 2, 87 Abs. 1 Nr. 6, 94, 95 BetrVG).

Wichtig ist, dass der Verhaltenskodex nicht entweder nur insgesamt oder aber **67** überhaupt nicht der Mitbestimmung unterliegt; dies ist eine Quintessenz der Honeywell-Entscheidung des Bundesarbeitsgerichts.[34] Dass ein Arbeitgeber unterschiedliche Verlautbarungen in einem Gesamtwerk (etwa einem „Code of Conduct") zusammenfasst, hat somit nicht zur Folge, dass dieses Gesamtwerk mitbestimmungsrechtlich nur einheitlich behandelt werden kann. Vielmehr muss die rechtliche Bewertung nach dem Inhalt der einzelnen Regelungen differenzieren: Manche Teile des Verhaltenskodex können mitbestimmungspflichtig sein, während andere Teile nicht der Mitbestimmung unterliegen.[35]

Die Rechtsprechung hat insbesondere folgende Regelungen als (mitbestim- **68** mungspflichtige) Tatbestände des Ordnungsverhaltens bewertet:

– Eine Verpflichtung, „ethische Bedenken" oder mögliche Verstöße gegen den „Code of Conduct" zu melden, ist mitbestimmungspflichtig, weil sie über die allgemeine Pflicht zur Abwendung von Schäden weit hinausgeht.[36]

---

33 BAG v. 27.7.2017 – 2 AZR 681/16, NZA 2017, 1327; *Fuhlrott*, ArbRAktuell 2020, 103.
34 BAG v. 22.7.2008, 1 ABR 40/07, NZA 2008, 1248.
35 Allgemeine Meinung im Schrifttum, vgl. etwa *Mengel*, Compliance und Arbeitsrecht, 2009, 74 f.; *Richardi*, BetrVG, 16. Aufl. 2018, § 87 Rn. 198; *Fitting* u. a., BetrVG, 30. Aufl. 2020, § 87 Rn. 71; im Ergebnis auch LAG Düsseldorf v. 14.11.2005, 10 TaBV 46/05, NZA-RR 2006, 81, 84 ff.
36 LAG Düsseldorf v. 14.11.2005, 10 TaBV 46/05, NZA-RR 2006, 81, 84 f.

- Mitwirkungspflichten der Arbeitnehmer an internen Untersuchungen unterliegen der Mitbestimmung, da diese Pflichten über die arbeitsvertraglichen Nebenpflichten der Arbeitnehmer zur Beobachtung und Meldung strafbaren Verhaltens hinausgehen.[37]
- Auch Verfahrensregelungen im Rahmen einer Whistleblower-Klausel können mitbestimmungspflichtig sein, wenn sie den Mitarbeitern aufgeben, bestimmte Kanäle (Vorgesetzter, Hotline etc.) für Meldungen oder Beschwerden zu nutzen.[38]
- Ebenso unterliegen die Regelungen zu standardisierten internen Prozessen zur Meldung von Datenschutzvorfällen der Mitbestimmung, da die Meldung dem Ordnungsverhalten zuzuordnen ist.[39]
- Ein Verbot der Annahme von Geschenken löst ebenfalls ein Mitbestimmungsrecht aus, da die wirtschaftlichen Grenzen regelmäßig verhandelbar sind.[40]
- Verhaltensvorgaben zur Vermeidung „ungebührlicher Vorgesetztenverhältnisse" in Gestalt von familiären oder engen persönlichen Verbindungen unterliegen ebenfalls der Mitbestimmung. Derartige Regelungen gehen weit über die allgemeine Pflicht des Arbeitnehmers zur Rücksichtnahme und Vermeidung von Interessenkonflikten hinaus.[41]
- Das Verbot des Zeigens oder Verbreitens von Bildern, Karikaturen oder Witzen sexueller Natur ist mitbestimmungspflichtig, da die Regelungen des AGG diesen Tatbestand nicht vollständig erfassen und insoweit ein der Mitbestimmung zugänglicher Gestaltungsspielraum verbleibt.[42]
- Verhaltensregeln zur Vermeidung von Belästigungen und unangemessenem Verhalten unterliegen der Mitbestimmung, weil die Möglichkeiten die Arbeitnehmer in dieser Hinsicht zu schützen vielfältig und nicht umfassend gesetzlich geregelt sind.[43]
- Mitbestimmungspflichtig sind zudem Vorgaben zur angemessenen Nutzung elektronischer Medien, soweit es um die Art und Weise der privaten Nutzung geht.[44]
- Auch ein generelles Verbot der Benutzung privater Mobiltelefone zu privaten Zwecken während der Arbeitszeit ist mitbestimmungspflichtig.[45]

---

37 LAG München v. 4.9.2014, 2 TaBV 50/13, abrufbar unter BeckRS 2015, 68238.
38 BAG v. 22.7.2008, 1 ABR 40/07, NZA 2008, 1248, 1255 f.; LAG Düsseldorf v. 14.11.2005, 10 TaBV 46/05, NZA-RR 2006, 81, 84 f.; LAG München v. 4.9.2014, 2 TaBV 50/13, abrufbar unter BeckRS 2015, 68238.
39 LAG Schleswig-Holstein v. 6.8.2019, 2 TaBV 9/19, abrufbar unter BeckRS 2019, 23585.
40 LAG Düsseldorf v. 14.11.2005, 10 TaBV 46/05, NZA-RR 2006, 81, 85 f.
41 BAG v. 22.7.2008, 1 ABR 40/07, NZA 2008, 1248, 1254 f.; LAG München v. 4.9.2014, 2 TaBV 50/13, abrufbar unter BeckRS 2015, 68238.
42 BAG v. 22.7.2008, 1 ABR 40/07, NZA 2008, 1248, 1256.
43 LAG Düsseldorf v. 14.11.2005, 10 TaBV 46/05, NZA-RR 2006, 81, 86.
44 LAG Nürnberg v. 29.1.1987 – 5 TaBV 4/86, NZA 1987, 572; LAG München v. 4.9.2014, 2 TaBV 50/13, abrufbar unter BeckRS 2015, 68238.
45 ArbG München v. 18.11.2015, 9 BVGa 52/15, abrufbar unter BeckRS 2015, 73302.

Wichtig ist, dass ein Mitbestimmungsrecht nach § 87 Abs. 1 Nr. 1 BetrVG nicht **69** notwendig voraussetzt, dass der „Code of Conduct" verbindliche Verhaltensregeln einführt. Ausreichend ist bereits, wenn die Maßnahme des Arbeitgebers darauf gerichtet ist, das Verhalten der Arbeitnehmer zu steuern oder die Ordnung des Betriebs zu gewährleisten.[46]

Neben § 87 BetrVG können auch andere Mitbestimmungstatbestände relevant **70** sein. Häufig finden sich Regelungen, nach denen sich Arbeitnehmer über die Inhalte des „Code of Conduct" schulen lassen müssen. Dies stellt zwar keine Berufsbildung dar, die gem. §§ 96 ff., 98 BetrVG ein Mitbestimmungsrecht auslösen würde. Denkbar ist aber, hierin eine „sonstige Bildungsmaßnahme" zu sehen ist, die nach § 98 Abs. 6 BetrVG mitbestimmungspflichtig ist. Voraussetzung ist, dass es sich nach Ausgestaltung der Schulungsmaßnahme um eine Veranstaltung mit echtem Bildungscharakter handelt. Eine bloße Informationsveranstaltung, z. B. über die Einführung des „Code of Conduct", löst keine Mitbestimmungsrechte aus.[47]

Für bestimmte Bereiche hat die Rechtsprechung auch ausdrücklich eine Mitbe- **71** stimmung ausgeschlossen, weil den Betriebspartnern die Regelungskompetenz fehlt. Notorisch ist das „Flirtverbot am Arbeitsplatz". Regelungen über private Beziehungen im Betrieb sind aber, wie eben aufgezeigt, nicht von vornherein der Mitbestimmung entzogen.[48] Unzulässig sind auch Meldepflichten zum außerdienstlichen Verhalten und zur privaten Lebensführung von Kollegen. Vorgaben, die sich unmittelbar an Mitarbeiter richten und die private Lebensführung regeln, stellen einen Eingriff in die allgemeine Handlungsfreiheit dar, der aber im Einzelfall verhältnismäßig sein kann (z. B. Alkoholverbot vor Dienstaufnahme).[49] Der Betriebsrat muss im Rahmen der Mitbestimmung darauf achten, dass die Regelungen des „Code of Conduct" nicht die Persönlichkeitsrechte der Arbeitnehmer verletzen.

Kein Mitbestimmungsrecht besteht schließlich bei Regelungen, die lediglich die **72** geschuldete Arbeitsleistung konkretisieren oder bei Dokumenten, die ausschließlich die Werte des Arbeitgebers oder die Unternehmenszielen beschreiben. Der Arbeitgeber kann einen entsprechenden „Code of Conduct" regelmäßig durch eine schlichte Weisung einführen.

Soweit eine Maßnahme der Mitbestimmung unterliegt, kann der Arbeitgeber sie **73** nur mit Zustimmung des Betriebsrats durchführen. Dies gilt auch für die Einführung eines „Code of Conduct" und zwar selbst dann, wenn eine ausländische Rechtsordnung zwingend die Einführung eines solchen Regelwerks vorschreibt. Die Beteiligungsrechte des Betriebsrats werden nicht dadurch ausgeschlossen

---

46 BAG v. 22.7.2008, 1 ABR 40/07, NZA 2008, 1248, 1254.
47 *Rheinhard*, NZA 2016, 1233, 1236.
48 BAG v. 22.7.2008, 1 ABR 40/07, NZA 2008, 1248, 1255.
49 Problematisch sind auch Vorgaben, die sich auch an Angehörige von Mitarbeitern richten (z. B. Verbot bestimmter Geschäfte und Anlageformen).

oder eingeschränkt, dass ausländische Bestimmungen den in Deutschland tätigen Unternehmen bestimmte Pflichten auferlegen. Dies gilt auch dann, wenn der
Arbeitgeber seinen Sitz im Ausland hat. Allerdings handelt es sich bei den Vorgaben ausländischen Rechts, die das eigene Unternehmen binden, um wichtige
betriebliche Belange, die der Betriebsrat nicht einfach ignorieren darf (vgl. § 2
Abs. 1 BetrVG). Notfalls muss die Einigungsstelle für einen angemessenen Ausgleich sorgen.

74 Verletzt der Arbeitgeber ein Mitbestimmungsrecht, steht dem Betriebsrat ein Anspruch auf Unterlassung zu. Dieses Recht kann er auch mittels einer einstweiligen
Verfügung durchsetzen. Außerdem kommt ein Antrag nach § 23 Abs. 3 BetrVG
in Betracht: Bei „groben Verstößen" verpflichtet das Gericht den Arbeitgeber
nicht nur, die fragliche Maßnahme zu unterlassen, sondern verurteilt ihn auch für
jeden Fall der Zuwiderhandlung zu einem Ordnungsgeld.

75 Die individualrechtlichen Folgen einer Verletzung des Mitbestimmungsrechts
fallen möglicherweise noch stärker ins Gewicht. Nach der „Theorie der Wirksamkeitsvoraussetzung" sind einseitige Maßnahmen des Arbeitgebers, die das
Mitbestimmungsrecht des Betriebsrats verletzen, im Verhältnis zu den Arbeitnehmern unwirksam.[50] Die Vorgaben eines einseitig eingeführten „Code of Conduct" entfalten keine Bindungswirkung, sofern sie der Mitbestimmung unterliegen.[51] Missachten die Arbeitnehmer diese Vorgaben, so stellt dies keine
Pflichtverletzung dar, die der Arbeitgeber sanktionieren könnte. Nimmt man die
eigentlichen Ziele eines „Code of Conduct" zum Maßstab, dürfte dieses Ergebnis alle Bemühungen um ein rechtskonformes und ethisch glaubwürdiges Auftreten am Markt *ad absurdum* führen.

---

50 St. Rspr., BAG v. 3.12.1991, GS 2/90, NZA 1992, 749; *Fitting* u. a., BetrVG, 30. Aufl. 2020,
§ 87 Rn. 599.
51 *Köhler/Häferer*, GWR 2015, 159, 161.

5. Kapitel
Whistleblowing-Systeme – Aufbau und Management

I. Einleitung

Vor dem Hintergrund zunehmend im Fokus der Öffentlichkeit stehender Korruptionsskandale und der daraus folgenden gesellschaftspolitischen Bedeutung des Themas der Korruptionsbekämpfung rücken zunehmend Möglichkeiten und Mechanismen der Gegensteuerung in den Blick sowohl der Wissenschaft wie auch der unternehmerischen Praxis. Da auch die gesellschaftliche Bereitschaft, sich mit dieser Lage abzufinden,[1] immer stärker abnimmt, begann in den politischen Systemen des Westens ein mehrgleisiger Prozess,[2] der die weltweite Bekämpfung von Korruption und anderer Wirtschaftskriminalität zum Ziel hat.   **1**

Auf der einen Seite erfolgt eine Stärkung der staatlichen Außensteuerung etwa durch die Verschärfung und Erweiterung von Sanktionsnormen[3] und die verstärkte Ausschöpfung der bestehenden Sanktionsmöglichkeiten,[4] auf der anderen Seite wird auf die Aktivierung von Selbstkontrollen der Wirtschaftsakteure wie z.B. im Rahmen der Corporate Compliance gesetzt.[5]   **2**

Der Betrieb eines sog. „Whistleblowing"- oder Hinweis-Managementsystems greift beide Elemente dieses Versuchs der Gegensteuerung auf, indem auf der einen Seite im Fall der Aufdeckung eines schwerwiegenden Gesetzesverstoßes in Folge eines Hinweises nach Erstattung einer Strafanzeige eine Sanktionierung durch staatliche Stellen ermöglicht wird und zum anderen durch das Betreiben eines Hinweismanagementsystems im Unternehmen eine verstärkte Selbstkontrolle durch das Unternehmen stattfinden kann.   **3**

Diese Selbstkontrolle im Unternehmen wirkt sich in zweierlei Hinsicht aus: Zum einen ermöglicht ein Hinweismanagementsystem die Aufdeckung bereits erfolgter Normverstöße, zum anderen dient es durch das erhöhte Entdeckungsrisiko zugleich der Prävention weiterer Zuwiderhandlungen.[6]   **4**

---

1 Vgl. hierzu auch die Veröffentlichung der sog. „Panama Papers", die durch einen „Whistleblower" ausgewählten Medien zugespielt wurden und zu einer erneuten regen öffentlichen Diskussion geführt haben.

2 Vgl. *Kölbl/Herold*, MschrKrim 2010, 424.

3 Vgl. hierzu jüngst der Regierungsentwurf eines Gesetzes zur Stärkung der Integrität in der Wirtschaft, veröffentlicht am 16.6.2020, https://www.bmjv.de/SharedDocs/Gesetzgebungsverfah ren/Dokumente/RegE_Staerkung_Integritaet_Wirtschaft.pdf?__blob=publicationFile&v=2 (zuletzt abgerufen am 30.7.2020). Siehe hierzu auch *Böttger*, Kap. 2, Rn. 15 ff.

4 Vgl. hierzu auch die zunehmende Anzahl der Verhängung erheblicher Sanktionen gegen Unternehmen, z.B. jüngst die Verhängung eines Bußgeldes in Höhe von 870 Mio. EUR gegen die Daimler AG wegen des sog. Dieselskandals.

5 Vgl. *Kölbl/Herold*, MschrKrim 2010, 424, sowie *Benz/Klindt*, BB 2010, 2979.

6 Vgl. hierzu auch *Schemmel/Ruhmannseder/Witzigmann*, Hinweisgebersysteme, 2012, 317.

5 „Whistleblowing-Systeme" sind vornehmlich im angloamerikanischen Raum seit Jahren gut etabliert;[7] auch in Deutschland befindet sich das Thema Whistle-blowing nicht zuletzt seit den Enthüllungen durch *Edward Snowden*, über die Plattform wikileaks oder auch aufgrund der Entscheidung des Europäischen Gerichtshofs für Menschenrechte[8] über den Fall der Altenpflegerin *Heinisch* im Fokus von Politik und Öffentlichkeit. Dies zeigt sich auch darin, dass sowohl durch die politischen Parteien als auch im außerparlamentarischen Raum seit geraumer Zeit über die Einführung eines Gesetzes zum Schutz von Whistleblowern diskutiert [9] und nun die Richtlinie des Europäischen Parlaments und des Rates vom 27.10.2019 zum Schutz von Personen, die Verstöße gegen das Unionsrecht melden,[10] verabschiedet wurde.

1. Begriffsbestimmung

6 Zurückgehend auf die Herkunft im angloamerikanischen Sprachraum kann Whistleblowing als „the disclosure by organization members (former oder current) of illegal, immoral or illegitimate practices under the control of their employers, to persons or organizations that may be able to effect action"[11] definiert werden. Entscheidend für das Vorliegen von Whistleblowing ist somit, dass die Aufdeckung von in einem Unternehmen, Verband etc. bestehenden Missständen durch anonyme oder namentlich bekannte Personen erfolgt, die entweder mit dem betroffenen Unternehmen z.B. als Arbeitnehmer, Lieferant, Kunde etc. unmittelbar verbunden sind oder waren und aufgrund dieser Beziehung über ein besonderes Wissen zu illegalen Vorkommnissen innerhalb des Unternehmens verfügen.[12]

7 Häufig wird auch im deutschsprachigen Raum der Begriff des „Whistleblowing" verwendet und somit auch über den Betrieb eines „Whistleblowing-Systems" gesprochen.[13] Hierbei geht der Ausdruck „Whistleblowing" auf das Signal einer Pfeife zurück, die vor einer drohenden Gefahr warnt oder eine Tätigkeit abrupt stoppt.[14] Allerdings ist nicht zu verkennen, dass gerade im deutschsprachigen Raum dieser Begriff auch eine negative Konnotation aufweist, wird er doch häu-

---

7 *Kölbl/Herold*, MschrKrim 2010, 424.

8 EGMR, Urt. v. 21.7.2011, 28272/08, NJW 2011, 3501 (Heinisch/Deutschland).

9 Vgl. hierzu z.B. den im Jahr 2016 im Europaparlament durch die Die Grünen/EFA-Fraktion vorgestellten Entwurf für eine EU-Richtlinie zum Schutz von Whistleblowern.

10 Richtlinie (EU) des Europäischen Parlaments und des Rates vom 23.10.2019 zum Schutz von Personen, die Verstöße gegen das Unionsrecht melden, ABl. L 305 vom 26.11.2019, S. 17 ff. (im Weiteren abgekürzt als WBRL).

11 *Kölbl/Herold*, MschrKrim 2010, 424 (u.a. unter Verweis auf *Miceli, Near & Dworkin*, Explaining the Whistle-Blowing Process: Suggestions from Power Theory and Justice Theory, 1993, 394.)

12 Zu den Merkmalen des Phänomens Whistleblowing auch *Rotsch/Wagner* in: Rotsch, Criminal Compliance, 2015, § 34 C Rn. 3 ff.

13 Vgl. *Mahnhold*, NZA 2008, 737.

14 *Fritz*, in: Maschmann, Corporate Compliance, 2009, 111.

fig auch mit „verpfeifen"[15] oder denunzieren durch den Meldenden in Verbindung gebracht.[16]

2. Gründe für die Einführung eines Whistleblowing-Systems

Unabhängig von einer künftig bestehenden gesetzlichen Pflicht zur Einrichtung **8** eines Whistleblowing-Systems für Unternehmen auch in Deutschland[17] sprechen zahlreiche weitere Gründe für die Einrichtung eines Hinweismanagementsystems, sodass im Ergebnis die Existenz eines solchen Whistleblowing-Systems als elementarer Bestandteil eines effektiven Compliance-Management-Systems anzusehen ist.[18]

In der Praxis lässt sich feststellen, dass unabhängig von der Einrichtung eines **9** solchen Systems jedes Unternehmen Hinweise oder Beschwerden erhält; hier werden von den jeweiligen Hinweisgebern beliebige Ansprechpartner ausgewählt: vom Vorstand/der Geschäftsführung oder Aufsichtsrat des Unternehmens über den Betriebsrat, die Personal-, Rechts- oder Compliance-Abteilung bis hin zu den jeweiligen Vorgesetzten oder aufgrund anderer Umstände bekannte Personen, die für das Unternehmen arbeiten. Darüber hinaus wenden sich Hinweisgeber unter Umständen sofort an die Öffentlichkeit, sei es an die Presse oder über eine entsprechende Kommunikation der Vorwürfe in den sozialen Medien.[19]

Durch die Einrichtung eines Whistleblowing-Systems kann sowohl den Mitar- **10** beitern des Unternehmens als auch Dritten wie beispielsweise Kunden oder Lieferanten eine Möglichkeit der Hinweisabgabe geboten werden, die eine besondere Vertraulichkeit und die Bearbeitung durch speziell geschulte Fachleute sicherstellt[20] und so sowohl für das Unternehmen wie für den Hinweisgeber vorteilhaft ist. So kann die Existenz eines Hinweismanagementsystems im Unternehmen dazu beitragen, dass sich Mitarbeiter nicht vorrangig an die Medien wenden oder Strafanzeige erstatten, sondern zunächst den internen Weg beschreiten, um Gesetzesverstöße bekannt zu machen und so zu versuchen, Missstände zunächst innerbetrieblich beizulegen.[21]

Darüber hinaus können Erkenntnisse, die aus eingegangenen Hinweisen resul- **11** tieren, dazu beitragen, dass bereits in einem frühen Stadium Gegensteuerungs-

---

15 Vgl. *Wybitul*, ZD 2011, 118.
16 Vgl. zur negativen Konnotation vor dem geschichtlichen Hintergrund auch *Bock*, Crimial Compliance, 2011, 734.
17 Das Ausmaß und die Ausgestaltung dieser Pflicht hängt von der konkreten Umsetzung in das deutsche Recht ab; ausführlich hierzu und zur WBRL siehe Rn. 40 ff.
18 *Moosmayer*, in: Rotsch, Criminal Compliance, 2015, § 34 C Rn. 98.
19 Zur Unterscheidung von internem und externem Whistleblowing siehe Rn. 33 f.
20 Vgl. hierzu auch *Moosmayer*, in: Rotsch, Criminal Compliance, 2015, § 34 C Rn. 98 sowie die diesbezüglichen Anforderungen in der WBRL.
21 *Wybitul*, ZD 2011, 118; zur Thematik einer Förderung der Bevorzugung einer internen Meldung durch den Hinweisgeber siehe auch Rn. 71.

maßnahmen gegen unternehmensbezogenes Fehlverhalten einzelner oder möglicherweise bestehende Prozessschwächen im Unternehmen eingeleitet werden können.[22]

12   Gerade in Bezug auf die Korruptionsbekämpfung ist der Betrieb eines Hinweisgebersystems von besonderer Bedeutung; dies ist vor allem darauf zurückzuführen, dass bei Korruptionsdelikten von einem hohen Dunkelfeld auszugehen ist. Dies deshalb, weil Korruption von einer Täter-Täter-Beziehung gekennzeichnet ist, sodass von einem „opferlosen Heimlichkeitsdelikt" gesprochen werden kann. Der Sachverhalt der Korruption zeichnet sich (unjuristisch gesprochen) dadurch aus, dass eine Person eine andere dafür bezahlt, dass sie etwas bekommt, was ihr nicht zusteht; beide Beteiligte profitieren von der Tathandlung und werden sich so gemeinsam darum bemühen, dass das Tatgeschehen verdeckt wird.[23] Somit sind sowohl der „gebende" als auch der „nehmende" Teil Täter des vorgeworfenen Verhaltens.

13   Zudem zeigt die Praxis, dass einige, gerade in der letzten Zeit bekannt gewordene Korruptionsskandale in deutschen Großunternehmen oder auch das Bekanntwerden anderer erheblicher Missstände ohne die Hinweise von Mitarbeitern, Lieferanten oder Kunden nicht aufgedeckt worden wären.[24] Allerdings existieren auch Stimmen, die die praktische Relevanz und insbesondere den Erfolg eines Hinweismanagementsystems eher gering einschätzen.[25]

3. Aktuelle Rechtliche Rahmenbedingungen

a) Internationale Anforderungen

14   Auf internationaler Ebene existieren zahlreiche Regelungen, aus welchen sich das Erfordernis des Betreibens eines funktionierenden Hinweismanagementsystems schließen lässt.[26] Hierzu gehören neben der Einrichtung eines solchen Systems auch eine angemessene Dokumentation des diesbezüglichen Vorgehens sowie der zu treffenden Entscheidungen und Konsequenzen.

aa) Sarbanes Oxley Act (SOX) (USA)

15   Von entscheidender Bedeutung für die Notwendigkeit des Betriebs eines Hinweismanagementsystems ist – in dessen Geltungsbereich – Sec. 301 des SOX.[27] Gemäß Sec. 301 SOX ist in einem Unternehmen ein sogenanntes Audit Commit-

---

22 Hierzu auch *Schemmel/Ruhmannseder/Witzigmann*, Hinweisgebersysteme, 2012, 56 f.

23 *Altenburg*, Bucerius Law Journal 2008, 3.

24 *Wybitul*, ZD 2011, 118; *Zimmer/Seebacher*, CCZ 2013, 31; als Beispiel der jüngeren Vergangenheit kann hierzu auch der Fall zweier Mitarbeiter eines Apothekers genannt werden, die aufdeckten, dass der Apotheker „gepanschte" Krebsmedikamente verkaufte, vgl. hierzu beispielsweise https://www.zeit.de/2018/22/whistleblower-wirtschaftsskandale-schutz-eu-richt linien (zuletzt abgerufen am 4.5.2020).

25 Etwa *Hefendehl*, in: FS für Amelung 2009, 2009, 621 ff.

26 Siehe hierzu nachfolgend unter Rn. 15–25.

27 Zu den Anforderungen des SOX vgl. auch *von Zimmermann*, WM 2007, 1060 ff.

tee zu bilden, das für die Überwachung der Ordnungsmäßigkeit der Rechnungslegung und Abschlussprüfung verantwortlich ist. Im Rahmen dessen enthält Art. 301 SOX die Verpflichtung, Verfahren einzurichten, die eine vertrauliche, anonyme Meldung von Bedenken durch Angestellte in Bezug auf mögliches Fehlverhalten ermöglichen. Hieraus ergibt sich das Erfordernis der Einrichtung eines Systems zur vertraulichen – ausdrücklich auch anonymen – Anzeige von möglichem Fehlverhalten, das jedoch allein auf die Bereiche der Rechnungslegung und der Abschlussprüfung beschränkt ist. Genauere Vorgaben, wie das Whistleblowing-System zu betreiben ist, enthalten die Regelungen des SOX nicht.

bb) Dodd-Frank Act (USA)

Nach Sec. 922 des Dodd-Frank Acts haben Hinweisgeber, die der US-amerikanischen Börsenaufsichtsbehörde (SEC) „originäre Informationen" liefern, Anspruch auf eine Belohnung, sofern die von dem Hinweisgeber abgegebene Information zur Aufdeckung von Verstößen gegen amerikanische Wertpapiergesetze führen. Zu diesen Gesetzen gehören auch die Vorschriften des Sarbanes-Oxley Acts (SOX) und des Foreign Corrupt Practices Act (FCPA), der die Strafbarkeit der Bestechung ausländischer Amtsträger regelt. Darüber hinaus sieht sec. 922 den Schutz von Hinweisgebern, zum Beispiel vor Kündigungen durch den Arbeitgeber vor.   **16**

Das auf der Grundlage der Sec. 922 umgesetzte Whistleblower-Programm der SEC hat vorrangig zum Ziel, natürliche Personen zu belohnen,[28] die frühzeitig handeln, um Verstöße offenzulegen und die bedeutende Hinweise liefern, die es der SEC ermöglichen, erfolgreiche Verfahren zu führen. Um für eine Belohnung durch die SEC in Betracht zu kommen, bestimmt das genannte Programm, dass der Hinweisgeber der SEC freiwillig originäre Informationen liefert, die zu einer erfolgreichen Durchsetzung eines Verfahrens vor einem Bundesgericht oder eines behördlichen Verfahrens durch die SEC führen, in dem die SEC Geldstrafen von insgesamt mehr als 1 Mio. USD erhält. Soweit diese Voraussetzungen erfüllt sind, wird der Hinweisgeber in Höhe von mindestens 10 % bis zu maximal 30 % an den sog. „monetary sanctions" beteiligt.[29] Die konkrete Höhe der Prämie liegt im Ermessen der Behörde.   **17**

---

28 Gerade diese Vorschriften führen auch in Deutschland immer wieder zu Diskussionen über die Einführung einer Belohnung/Prämie für Hinweisgeber, so etwa auf der von Transparency International veranstalteten Tagung zu Hinweismanagementsystemen; vgl. hierzu allgemein sowie speziell zu den Regelungen in den USA *Granetzny/Krause*, CCZ 2020, 29 ff.

29 Zum sog. „Bounty-Programm" der SEC ausführlich auch *Schürrle/Fleck*, CCZ 2011, 218 f.; im Jahr 2018 wurden nach den Vorgaben des Dodd-Frank Act 138 Mio. USD an insgesamt 13 Hinweisgeber ausgezahlt, vgl. SEC 2018 Annual Report to Congress, Whistleblower Programm, S. 9, https://www.sec.gov/files/sec-2018-annual-report-whistleblower-program.pdf (zuletzt abgerufen am 4.5.2020); im Jahr 2019 waren es 60 Mio. USD, die an 8 Hinweisgeber ausgezahlt wurden, vgl. SEC 2019 Annual Report to Congress, Whistleblower Programm,

18 Nach den Ausführungsbestimmungen der SEC[30] ist es nicht erforderlich, dass Arbeitnehmer, die einen Hinweis an die SEC abgeben, diese Informationen zunächst intern an den Arbeitgeber melden. Die Ausführungsbestimmungen verstärken jedoch den Anreiz für den Hinweisgeber, sich zunächst an das interne Hinweismanagement eines Unternehmens zu wenden, wenn dies angemessen ist. So sehen die Regelungen vor, dass ein Hinweisgeber auch dann für eine Belohnung in Frage kommt, wenn er intern seine Informationen an den Arbeitgeber weitergibt und das Unternehmen selbst die SEC über die Verstöße unterrichtet. Des Weiteren wird ein Hinweisgeber von dem Tag als Whistleblower nach dem SEC-Programm angesehen, an dem er die Informationen firmenintern weitergibt; allerdings muss der Hinweisgeber die Information innerhalb von 120 Tagen an die SEC weiterleiten, um seine „Rangstelle" für die mögliche Belohnung durch die SEC zu erhalten.

19 Schließlich stellt die freiwillige Beteiligung des Whistleblowers an dem internen Hinweismanagement einen Faktor dar, der den Betrag der Belohnung erhöhen kann, wohingegen die Nicht-Weitergabe der Information an das interne Hinweismanagement zu einer Verringerung des Betrages führen kann.[31]

cc) UK Bribery Act[32] (Großbritannien)

20 Der im Jahr 2011 in Kraft getretene UKBA verlangt von Unternehmen, geeignete Maßnahmen zur Verhinderung von Bestechung zu ergreifen.[33] Das betroffene Unternehmen kann sich nach den Regelungen des UKBA nur dann einer Haftung im Falle eines Verstoßes entziehen, wenn es nachweisen kann, dass es angemessene Verfahren („adequate procedures") im Unternehmen umgesetzt hat, durch die Korruption verhindert werden soll.[34]

21 Anhaltspunkte dafür, was unter diesen „geeigneten Maßnahmen" zu verstehen ist, enthält die „Guidance" des Ministry of Justice.[35] Unter dem dortigen „5. Prinzip" wird ausgeführt, dass die Organisation ein Hinweisgebersystem zu im-

---

S. 9, https://www.sec.gov/files/sec-2019-annual-report-whistleblower-program.pdf (zuletzt abgerufen am 4.5.2020).

30 Die als „final rules" zu findenden Ausführungsbestimmungen sind abrufbar unter https:// www.sec.gov/rules/final/2011/34-64545.pdf durch die SEC wurde im Juni 2018 Ergänzungen zu diesen Ausführungsbestimmungen vorgestellt, die allerdings bislang noch nicht übernommen wurden; vgl. hierzu die Stellungnahme zur Abgabe des „Annual Report to the Congress, Whistleblower Programm, https://www.sec.gov/news/public-statement/statement-clayton-2019-11-15-whistleblower (zuletzt abgerufen am 4.5.2020).

31 Siehe Ziffern 21F-4(b)(7) und 21F-4(c) sowie 21F-6 (a) (4) der Ausführungsbestimmungen.

32 Im folgenden UKBA.

33 Siehe http://www.legislation.gov.uk/ukpga/2010/23/pdfs/ukpga_20100023_en.pdf (zuletzt abgerufen am 30.7.2020); vgl. dort sec. 7.

34 Siehe http://www.legislation.gov.uk/ukpga/2010/23/pdfs/ukpga_20100023_en.pdf (zuletzt abgerufen am 30.7.2020); vgl. dort sec. 7 (2).

35 Siehe https://www.justice.gov.uk/downloads/legislation/bribery-act-2010-guidance.pdf (zuletzt abgerufen am 30.7.2020).

plementieren und Strukturen zur Untersuchung von Hinweisen zu schaffen hat. Von entscheidender Bedeutung zur Vermeidung einer Strafbarkeit des Unternehmens gemäß Sec. 7 kann somit der Nachweis sein, dass eingehende Hinweise auf Korruption angemessen verfolgt werden; hierbei sind sowohl das Vorgehen als auch die getroffenen Entscheidungen angemessen zu dokumentieren.

Einzige Möglichkeit, eine Strafbarkeit des Unternehmens nach Sec. 7 zu ver- **22** meiden, ist der Beweis der Implementierung geeigneter Maßnahmen zur Verhinderung der Bestechung und damit der Nachweis, dass es sich bei der begangenen Korruptionshandlung nicht um ein „systembedingtes Ereignis" im Unternehmen handelt, sondern um einen Ausnahmefall. Sollte dieser Nachweis nicht möglich sein, kann dies zu einer Sanktion gegen das Unternehmen führen. Diese Sanktion kann in Geldstrafen in unbegrenzter Höhe, der Möglichkeit von Schadenersatzklagen sowie der Sperrung für Regierungsaufträge/öffentliche Ausschreibungen bestehen

dd) OECD-Übereinkommen vom 17.12.1997

Schließlich ergibt sich auch im Zusammenhang mit den gewachsenen Anforde- **23** rungen an die Korruptionsbekämpfung etwa durch das OECD-Übereinkommen über die Bekämpfung der Bestechung ausländischer Amtsträger im internationalen Geschäftsverkehr vom 17.12.1997 eine rechtliche Verpflichtung zur Einrichtung von verstärkten Kontrollmechanismen.[36] So empfehlen auch die „Leitlinien für empfehlenswerte Verfahrensweisen in den Bereichen interne Kontrollsysteme, Ethik und Compliance" vom 18.2.2010 zur weiteren Bekämpfung der Bestechung ausländischer Amtsträger im internationalen Geschäftsverkehr unter Ziffer 11 die Einrichtung von Verfahren, die die Abgabe von vertraulichen Meldungen ermöglichen.[37]

Nach den ausgewählten Beispielen von Vorgaben im internationalen Bereich **24** lässt sich erkennen, dass z.B. zur Vermeidung der Haftung des Unternehmens nach Sec. 7 UKBA bzw. sowie im Rahmen der Vorgaben des Dodd-Frank Act das Betreiben eines funktionierenden Hinweismanagementsystems erforderlich ist.

Darüber hinaus ergibt sich aus den Ausführungsbestimmungen zum Dodd-Frank **25** Act die Bedeutung des Nachweises der Hinweisabgabe des Whistleblowers auch an das interne Hinweismanagement zur Festlegung der dem Whistleblower zukommenden Belohnung.

---

36 Vgl. hierzu auch Stellungnahme 1/2006 der Art. 29-Datenschutzgruppe zur Anwendung der EU-Datenschutzvorschriften auf interne Verfahren zur Meldung mutmaßlicher Missstände in den Bereichen Rechnungslegung, interne Rechnungskontrollen, Fragen der Wirtschaftsprüfung, Bekämpfung von Korruption, Banken- und Finanzkriminalität, S. 8.

37 Abrufbar unter https://www.oecd.org/berlin/themen/Annex II_Interal Control_GER.pdf (zuletzt abgerufen am 30.7.2020).

b) Aktuelle Rechtslage in Deutschland

26 Im Gegensatz zu den dargestellten internationalen Normen existiert in der deutschen Rechtsordnung **bislang keine generelle** unmittelbare Pflicht zur Einrichtung eines Hinweismanagementsystems.

27 Allerdings enthalten einige Spezialgesetze die Verpflichtung für Unternehmen bzw. Behörden, Meldungen zu ermöglichen.

28 So wurde beispielsweise für Kreditinstitute mit § 25a Abs. 1 Satz 6 Nr. 3 KWG eine spezielle gesetzliche Regelung geschaffen, die die Einführung eines Whistleblowing-Systems vorsieht.[38] § 25a Abs. 1 Satz 6 Nr. 3 KWG bestimmt, dass eine ordnungsgemäße Geschäftsorganisation von Instituten einen Prozess umfasst, der es den Mitarbeitern unter Wahrung der Vertraulichkeit ihrer Identität ermöglicht, potenzielle oder tatsächliche Verstöße gegen bestimmte, im einzelnen benannte EU-Verordnungen, das KWG und die dazu erlassenen Rechtsverordnungen sowie sonstige strafbare Handlungen innerhalb des Unternehmens an geeignete Stellen zu melden.

29 Entsprechende Vorgaben enthalten § 28 Abs. 1 Satz 2 Nr. 9 KAGB für Kapitalverwaltungsgesellschaften sowie § 23 Abs. 6 VAG für Versicherungsgesellschaften.

30 Des Weiteren regelt § 4d FinDAG eine Verpflichtung für die Bundesanstalt für Finanzdienstleistungsaufsicht (BaFin), ein System zur Annahme von Meldungen über potenzielle oder tatsächliche Verstöße gegen Gesetze, Rechtsverordnungen, Allgemeinverfügungen und sonstige Vorschriften sowie Verordnungen und Richtlinien der Europäischen Union, bei denen es die Aufgabe der Bundesanstalt ist, deren Einhaltung durch die von ihr beaufsichtigten Unternehmen und Personen sicherzustellen oder Verstöße dagegen zu ahnden, einzurichten. § 4d Abs. 1 Satz 2 FinDAG sieht ausdrücklich vor, dass Meldungen auch anonym abgegeben werden können. Darüber hinaus ist in § 4d Abs. 6 FinDAG geregelt, dass eine Meldung abgebende Mitarbeiter von beaufsichtigten Unternehmen weder nach arbeits- oder strafrechtlichen Vorschriften verantwortlich gemacht noch zum Ersatz von Schäden herangezogen werden dürfen, es sei denn, die Meldung wurde vorsätzlich oder grob fahrlässig unwahr abgegeben.

31 Entsprechende Regelungen finden sich in § 3b BörsG, § 53 GWG.

32 Die Umsetzung der Vorgaben der WBRL[39] in nationales Recht bleibt abzuwarten. Nach aktuellem Diskussionsstand ist etwa noch völlig offen, ob sich die Umsetzung der Vorgaben der Richtlinie lediglich auf Hinweise beziehen wird, die Verstöße gegen bestimmte europäische Regelungen, oder sich auch auf Hinweise beziehen wird, die Verstöße gegen das nationale Recht betreffen.[40]

---

38 Zu den ersten Erfahrungen mit § 25a KWG, *Renz/Rohde-Liebenau*, BB 2014, 692 ff.

39 Siehe hierzu ausführlich Rn. 40 ff.

40 Vgl. hierzu die aktuelle Diskussion zur Umsetzung in nationales Recht zwischen den Ministerien für Jusitz und Verbraucherschutz sowie für Wirtschaft und Energie, z. B. *Gersmann*,

Jedoch ergeben sich darüber hinaus auch aus einer Reihe einzelner Regelungen **33** Anhaltspunkte für die Notwendigkeit des Betriebs eines Hinweismanagementsystems, die sich als Folge der allgemein angenommenen Pflicht eines Unternehmens zu geeigneten Compliance-Maßnahmen herleiten lassen.

aa) Gesellschaftsrechtliche Vorgaben

Zum einen besteht ein wesentlicher Grund für die Durchführung von Compli- **34** ance-Maßnahmen in der Legalitätspflicht der Unternehmensleitung gemäß §§ 91 Abs. 2, 93 AktG bzw. § 46 GmbHG. Die jeweilige Unternehmensleitung ist nach diesen Normen verpflichtet dafür Sorge zu tragen, dass das von ihnen geführte Unternehmen nicht gegen Gesetze verstößt.

bb) Ordnungswidrigkeitenrechtliche Vorgaben

Auch eine Norm aus dem Ordnungswidrigkeitenrecht, § 130 OWiG, hat ent- **35** scheidende Auswirkungen auf die Verpflichtung der Unternehmensleitung, Zuwiderhandlungen gegen Gesetze zu verhindern.[41] § 130 Abs. 1 Satz 1 OWiG bestimmt ausdrücklich, dass der Inhaber eines Betriebes oder Unternehmens dann eine Ordnungswidrigkeit begeht, wenn er vorsätzlich oder fahrlässig die Aufsichtsmaßnahmen unterlässt, die erforderlich sind, um in dem Betrieb oder Unternehmen Zuwiderhandlungen gegen Pflichten zu verhindern, die den Inhaber treffen und deren Verletzung mit Strafe oder Geldbuße bedroht ist, wenn eine solche Zuwiderhandlung begangen wird, die durch gehörige Aufsicht verhindert oder wesentlich erschwert worden wäre. Aus dieser Norm ergibt sich, dass die Unternehmensleitung die Aufsichtsmaßnahmen durchzuführen hat, die erforderlich sind, um Ordnungswidrigkeiten und Straftaten aus dem Unternehmen heraus zu verhindern. Die Erfüllung dieser Pflicht erfordert jedoch, dass die Unternehmensleitung über diejenigen Risiken informiert ist, denen sich das Unternehmen ausgesetzt sieht; einen wesentlichen Beitrag zur Entdeckung dieser Risiken kann der Betrieb eines Hinweismanagementsystems leisten.

cc) Vorgaben des Deutschen Corporate Governance Kodex

Darüber hinaus sieht auch der Deutsche Corporate Governance Kodex[42] eine **36** Verpflichtung zur Implementierung von Compliance-Maßnahmen vor, da in Grundsatz 5 die Vorgabe enthalten ist, dass der Vorstand für die Einhaltung der

---

Zurückgepfiffen: Wirtschaftsministerium torpediert Schutz von Whistleblowern, https://www.fr.de/wirtschaft/zurueckgepfiffen-wirtschaftsministerium-torpediert-schutz-schutz-whistle blower-13654378.html sowie Berichterstattung und Stellungnahme hierzu bei Transparency International, https://www.transparency.de/aktuelles/detail/article/bundeswirtschaftsminis ter-darf-hinweisgeberschutz-in-deutschland-nicht-blockieren (beides zuletzt abgerufen am 4.5.2020).

41 Siehe hierzu *Böttger*, Kap. 2, Rn. 28.
42 Die aktuelle Fassung des DCGK vom 16.12.2019 wurde am 20.3.2020 durch das BMJV im Bundesanzeiger veröffentlicht, https://www.dcgk.de/files/dcgk/usercontent/de/download/ko dex/191216_Deutscher_Corporate_Governance_Kodex.pdf (zuletzt abgerufen am 4.5.2020).

gesetzlichen Bestimmungen und der unternehmensinternen Richtlinien zu sorgen und auf deren Beachtung durch die Unternehmen hinzuwirken hat (Compliance). Des Weiteren enthält die Empfehlung und Anregung A 2 die Aufforderung an den Vorstand, für ein an der Risikolage des Unternehmens ausgerichtetes Compliance-Management-System zu sorgen und dessen Grundzüge offenzulegen. Auch soll den Beschäftigten auf geeignete Weise die Möglichkeit eingeräumt werden, geschützt Hinweise auf Rechtsverstöße im Unternehmen zu geben; auch Dritten soll diese Möglichkeit eingeräumt werden.

37 Über § 161 AktG erlangt der Kodex dahingehend eine rechtliche Verbindlichkeit, als Vorstand und Aufsichtsrat einer börsennotierten Gesellschaft jährlich erklären müssen, dass sie den Empfehlungen entsprechen oder aber darlegen müssen, warum die Gesellschaft welche Empfehlungen nicht angewendet hat.

dd) Vorgaben aus der Rechtsprechung

38 Nicht zuletzt ergeben sich auch aus zwei exponierten gerichtlichen Entscheidungen Hinweise auf die Anforderungen, die an Compliance-Maßnahmen eines Unternehmens zu stellen sind. Zum einen ist auf die Entscheidung des BGH vom 17.7.2009 zur Garantenstellung des Compliance Officers hinzuweisen,[43] aus welchem deutlich wird, dass den Compliance Officer als strafrechtlichem Garant die Verpflichtung trifft, Straftaten aus dem Unternehmen heraus zu verhindern.

39 Darüber hinaus hebt auch eine Entscheidung des EGMR vom 21.7.2011[44] die Wichtigkeit von Hinweisen von Mitarbeitern auf mögliche Straftaten auch im Hinblick auf das Recht auf freie Meinungsäußerung gemäß Art. 10 EMRK hervor. Von besonderem Interesse ist auch, dass der EGMR nicht nur die Interessen der Arbeitnehmerin in seiner Entscheidung berücksichtigt, sondern darüber hinaus auch darauf verweist, dass durch Kündigungen, die wegen Strafanzeigen gegen den eigenen Arbeitgeber ausgesprochen werden, ein Einschüchterungseffekt gegenüber anderen Arbeitnehmern erzielt wird.[45] Insbesondere wird durch das Urteil auch die Bedeutung des internen Whistleblowing deutlich, da darauf abgestellt wurde, dass die dortige Klägerin vor Erstattung der Strafanzeige zunächst mehrfach durch interne Mitteilungen an den Arbeitgeber auf die bestehenden Missstände hingewiesen hatte.[46] Da sich Hinweisgebersysteme insoweit als wertvolle Hilfestellung zum Abgeben solcher Hinweise und damit auch zur Ausübung des Rechts auf freie Meinungsäußerung darstellen, dürften sich aus der genannten Entscheidung des EGMR entsprechende Implikationen auf den Betrieb eines Hinweismanagementsystems in den Unternehmen ergeben.

---

43 BGH, 17.7.2009, 5 StR 394/08, NJW 2009, 3173.
44 EGMR, 21.7.2001, 28274/08, NJW 2011, 3501.
45 Vgl. hierzu auch *Ulber*, NZA 2011, 963.
46 EGMR, NJW 2011, 3502.

II. Die neuen Vorgaben der EU-Richtlinie zum Schutz von Personen, die Verstöße gegen das Unionsrecht melden

Nach langen, zum Teil sehr kontrovers geführten Diskussionen und zahlreichen **40** Verhandlungen innerhalb des Trialogverfahrens wurde durch den Ministerrat der EU die Richtlinie des Europäischen Parlaments und des Rates vom 27.10.2019 zum Schutz von Personen, die Verstöße gegen das Unionsrecht[47] melden verabschiedet.[48]

Die nationalen Gesetzgeber haben nach der Veröffentlichung der Richtlinie im **41** Amtsblatt der Europäischen Union am 16.12.2019 nun **zwei Jahre** Zeit, die Richtlinie in nationales Recht umzusetzen.

Aktuell zeichnet sich im Hinblick auf die Umsetzung in das nationale deutsche **42** Recht eine umfangreiche Diskussion ab. Hier bleibt abzuwarten ob der deutsche Gesetzgeber z. B. die Anwendbarkeit der Richtlinie auch auf Verstöße gegen nationale Rechtsvorschriften erweitern wird. Jedoch dürfte im Hinblick auf die sowohl für Hinweisgeber als auch für die Unternehmen entstehenden Schwierigkeiten festzustellen, ob ein gemeldetes Thema in den Schutzbereich der WBRL fällt, von einer Ausweitung auch auf das nationale Recht auszugehen sein.[49]

1. Ziel der Richtlinie

Gemäß Art. 1 der Richtlinie besteht ihr Ziel darin, eine bessere Durchsetzung **43** des Unionsrechts und der Unionspolitik in bestimmten Bereichen durch die Festlegung gemeinsamer Mindeststandards, die ein hohes Schutzniveau für Personen sicherstellen, die Verstöße gegen das Unionsrecht melden, zu erreichen. Insbesondere sollen **sichere Wege für das Melden von Verstößen gegen Unionsrecht** eröffnet werden und **Hinweisgeber vor Vergeltungsmaßnahmen** wie Kündigungen oder anderen Repressalien geschützt werden.

2. Überblick über den Inhalt der Richtlinie

Neben Regelungen zum Anwendungsbereich, den Begriffsbestimmungen und **44** den Schutzvoraussetzungen[50] enthält die Richtlinie Bestimmungen über die Pflicht zur Einrichtung von sog. Meldekanälen, zum Verfahren der Entgegennahme und Bearbeitung von internen und externen Meldungen sowie zu den zu ergreifenden Folgemaßnahmen,[51] Bestimmungen zur möglichen direkten Offen-

---

47 Im folgenden WBRL.

48 Vgl. zur Entstehungsgeschichte der WBRL und zum Entwurf der Europäischen Kommission vom 23.4.2018, *Thüsing/Rombey*, NZG 2018, 1001 ff.; *Gerdemann*, RdA 2019, 16.

49 Siehe hierzu jedoch die jüngst bekannt gewordene Haltung des Bundeswirtschaftsministeriums; siehe hierzu Rn. 32 nebst Fn. 40.

50 Kapitel I der WBRL.

51 Kapitel II und III sowie V der WBRL.

legung der Meldung durch den Hinweisgeber[52] sowie die zugunsten der Hinweisgeber vorgesehenen Schutzmaßnahmen.[53]

45 Neben der Verpflichtung für Unternehmen und Behörden ein funktionierendes
Whistleblowing-Management einzuführen, dürften die vorgesehenen umfang-
reichen Schutzmaßnahmen zugunsten von Hinweisgebern die entscheidenden
Bestimmungen der Richtlinie sein.

3. Sachlicher Anwendungsbereich

46 Die Richtlinie sieht gemeinsame Mindeststandards für den Schutz von Personen
vor, die Verstöße gegen Unionsrecht in folgenden Bereichen melden:

1. Verstöße, die in den Anwendungsbereich der im Anhang der WBRL aufge-
   führten Rechtsakte der Union fallen und folgende Bereiche betreffen:[54]
   – öffentliche Auftragsvergabe,
   – Finanzdienstleistungen, Finanzprodukte und Finanzmärkte sowie Verhin-
     derung von Geldwäsche und Terrorismusfinanzierung,
   – Produktsicherheit und -konformität,
   – Verkehrssicherheit,
   – Umweltschutz,
   – Strahlenschutz und kerntechnische Sicherheit,
   – Lebensmittel- und Futtermittelsicherheit, Tiergesundheit und Tierschutz,
   – öffentliche Gesundheit,
   – Verbraucherschutz,
   – Schutz der Privatsphäre und personenbezogener Daten sowie Sicherheit
     von Netz- und Informationssystemen.
2. Verstöße gegen die finanziellen Interessen der Union im Sinne von Art. 325
   AEUV sowie den genaueren Definitionen in einschlägigen Unionsmaßnah-
   men.
3. Verstöße gegen die Binnenmarktvorschriften i. S. v. Art. 26 Abs. 2 AEUV, einschließlich Verstöße gegen Unionsvorschriften über Wettbewerb und staatliche Beihilfen sowie Verstöße gegen Binnenmarktvorschriften in Bezug auf
   Handlungen, die die Körperschaftsteuer-Vorschriften verletzen oder in Bezug
   auf Vereinbarungen, die darauf abzielen, sich einen steuerlichen Vorteil zu
   verschaffen, der dem Ziel oder dem Zweck des geltenden Körperschaft-
   steuerrechts zuwiderläuft.

47 Gemäß Art. 2 Abs. 2 WBRL sind die Mitgliedstaaten befugt, den Schutz nach
nationalem Recht in Bezug auf Bereiche oder Rechtsakte **auszuweiten**, die nicht
unter den durch die Richtlinie benannten Schutzbereich fallen.

---

52 Kapitel VI der WBRL.
53 Kapitel IV der WBRL.
54 Annex 1 zur WBRL.

4. Persönlicher Anwendungsbereich der Richtlinie

Art. 4 WBRL sieht vor, dass die Richtlinie für Hinweisgeber gilt, die im **priva-** **48**
ten oder im öffentlichen Sektor tätig sind und im **beruflichen Kontext Infor-**
mationen über Verstöße erlangt haben.

Hintergrund dieser Regelung ist, dass davon auszugehen ist, dass die Personen **49**
besonderen Rechtsschutz benötigen, wenn sie Informationen melden, von denen
sie im Rahmen ihrer beruflichen Tätigkeit Kenntnis erlangt haben und sich damit dem Risiko von berufsbezogenen Repressalien aussetzen. Der Grund für den
Schutz dieser Personengruppe liegt somit in ihrer wirtschaftlichen Abhängigkeit
von der Person, auf die sie de facto bezüglich ihrer Beschäftigung angewiesen
ist.[55] Soweit ein solches Ungleichgewicht nicht gegeben ist, wie z. B. bei Beschwerden unbeteiligter Dritter, sei ein Schutz vor Repressalien hingegen nicht
erforderlich.[56]

Allerdings umfasst der Hinweisgeberschutz auch Personengruppen, die zwar auf **50**
ihre berufliche Tätigkeit nicht wirtschaftlich angewiesen sind, jedoch infolge
der Meldung von Verstößen dennoch Repressalien wie z. B. die Ausstellung negativer Zeugnisse sowie sonstige Rufschädigungen erleiden könnten.[57]

Gemäß Art. 4 Abs. 1 der WBRL sind insbesondere die nachfolgend dargestellten **51**
Personengruppen vom Schutzbereich erfasst:[58]

- Arbeitnehmer/Angestellte der Privatwirtschaft und des öffentlichen Dienstes,
  einschließlich Beamte und andere Personen, die im öffentlichen Sektor arbeiten,[59]
- Selbstständige,[60]
- Anteilseigner und Personen, die dem Verwaltungs-, Leitungs- oder Aufsichtsorgan eines Unternehmens angehören,
- Freiwillige,
- bezahlte und unbezahlte Praktikanten
- sowie Personen, die unter der Aufsicht und Leitung von Auftragnehmern, Un-
  terauftragnehmern und Lieferanten arbeiten.

Da unter Arbeitnehmern im Sinne der WBRL Personen zu verstehen sind, die **52**
während eines bestimmten Zeitraums Dienstleistungen, für die sie eine Vergütung erhalten, für und unter der Leitung einer anderen Person erbringen,[61] sollen
unter den Schutzbereich auch Arbeitnehmer in Teilzeitbeschäftigung und befris-

---

55 Erwägungsgrund 36 der WBRL.
56 Erwägungsgrund 36 der WBRL.
57 Erwägungsgrund 40 der WBRL.
58 Art. 4 Abs. 1 und 2 der WBRL.
59 Erwägungsgrund 38 der WBRL.
60 Siehe zur Begründung hier Erwägungsgrund 39 der WBRL.
61 Erwägungsgrund 38 der WBRL.

teten Beschäftigungen sowie auch Personen fallen, die einen Arbeitsvertrag mit einem Leiharbeitsunternehmen abgeschlossen haben.[62]

53   In den Schutzbereich einbezogen sind auch Hinweisgeber, die Informationen über Verstöße melden oder offenlegen, von denen sie im Rahmen eines inzwischen beendeten Arbeitsverhältnisses Kenntnis erlangt haben. Auch gilt die Richtlinie für Hinweisgeber, deren Arbeitsverhältnis noch nicht begonnen hat und die während des Einstellungsverfahrens oder anderer vorvertraglicher Verhandlungen Informationen über Verstöße erlangt haben.[63]

54   Die Richtlinie bezieht auch Selbstständige wie auch Freiberufler, Auftragnehmer, Unterauftragnehmer und Lieferanten in den Schutzbereich mit ein, da auch sie zum einen entscheidend zur Aufdeckung von Verstößen beitragen können und sich ebenfalls möglicherweise im Zusammenhang mit ihrer beruflichen Tätigkeit in wirtschaftlicher Abhängigkeit befinden können.[64]

55   Die in der Richtlinie vorgesehenen Maßnahmen zum Schutz von Hinweisgebern gelten darüber hinaus auch für **Mittler und Dritte**, die mit dem Hinweisgeber in Verbindung stehen und in einem beruflichen Kontext Repressalien erleiden könnten (z. B. Kollegen oder Verwandte des Hinweisgebers) sowie juristische Personen, die im Eigentum des Hinweisgebers stehen oder für die der Hinweisgeber arbeitet.[65]

5. Voraussetzungen für den Schutz von Hinweisgebern

56   In der Praxis von entscheidender Bedeutung werden die konkreten Voraussetzungen für das Vorliegen des Hinweisgeberschutzes sein.

57   Gemäß Art. 6 Abs. 1 WBRL haben Hinweisgeber Anspruch auf Schutz, sofern

– sie **hinreichenden Grund zur Annahme** hatten, dass
  – die **gemeldeten Informationen über Verstöße** zum **Zeitpunkt der Meldung** der **Wahrheit** entsprachen und dass
  – diese Informationen in den **Anwendungsbereich der Richtlinie** fallen

und

– sie
  – intern gemäß Art. 7 oder
  – extern gemäß Art. 10 Meldung erstattet haben oder
  – eine Offenlegung gemäß Art. 15 vorgenommen haben.

58   Die noch im Vorschlag der Europäischen Kommission vom 23.4.2018 vorgesehene, zwar mit einigen Ausnahmen versehene, Obliegenheit des Hinweisgebers, zunächst eine interne Meldung vorzunehmen, wurde aufgegeben. Die Richtlinie

---

62 Erwägungsgrund 38 der WBRL.
63 Art. 4 Abs. 3 der WBRL.
64 Erwägungsgrund 39 der WBRL.
65 Art. 4 Abs. 4 der WBRL.

sieht nun keinen strikten Vorrang des internen vor dem externen Whistleblowing vor.[66]

In den Schutzbereich fallen gemäß Art. 6 Abs. 3 der WBRL auch Personen, die   **59** Informationen über Verstöße anonym gemeldet oder offengelegt haben, im weiteren Verlauf jedoch identifiziert wurden; dies allerdings nur dann, wenn sie die oben dargestellten Voraussetzungen erfüllen.

a) Gemeinsame Schutzvoraussetzungen

Neben der Erfüllung der Voraussetzungen des persönlichen Anwendungsbe-   **60** reichs[67] sind Hinweisgeber nur dann geschützt, wenn die gemeldeten Informationen über **Verstöße** zum Zeitpunkt der Meldung **der Wahrheit entsprachen** und diese Informationen in den Anwendungsbereich der Richtlinie fallen.

Wie sich aus Art. 5 Nr. 1 WBRL ergibt, bezeichnet der Ausdruck „Verstöße"   **61** **Handlungen oder Unterlassungen, die rechtswidrig**[68] sind und mit den Rechtsakten der Union und den Bereichen in Zusammenhang stehen, die in den sachlichen Anwendungsbereich der WBRL fallen oder dem Ziel oder dem Zweck der Vorschriften der Rechtsakte der Union und der Bereiche, die in den sachlichen Anwendungsbereich der WBRL fallen, zuwiderlaufen.

Somit kann nach den Vorgaben der Richtlinie Gegenstand einer geschützten   **62** Meldung nur ein **Verstoß gegen Rechtsvorschriften oder die Umgehung europarechtlicher Vorgaben** sein. Hierzu zählen ausdrücklich auch Handlungen oder Unterlassungen, die in formaler Hinsicht nicht als rechtswidrig erscheinen, die jedoch mit dem Ziel oder Zweck der einschlägigen Rechtsvorschriften unvereinbar sind.[69]

Schließlich können Gegenstand einer geschützten Meldung auch Situationen   **63** sein, in denen der Verstoß zwar noch nicht eingetreten ist, aber mit dem Eintreten mit hoher Wahrscheinlichkeit zu rechnen ist, sowie Handlungen oder Unterlassungen, die der Hinweisgeber mit hinreichendem Grund als Verstöße erachtet sowie Versuche zur Verschleierung von Verstößen sein.[70]

Ferner müssen Hinweisgeber **hinreichend Grund zur Annahme** gehabt haben,   **64** dass die gemeldeten Verstöße zum Zeitpunkt der Meldung der **Wahrheit** entsprachen. Voraussetzungen ist also, dass der Hinweisgeber zum Zeitpunkt der Meldung angesichts der Umstände und der verfügbaren Informationen hinrei-

---

66 Siehe hierzu auch *Garden/Hiéramente*, BB 2019, 963, sowie *Wiedmann/Seifert*, CCZ 2019, 12 ff.
67 Siehe hierzu die Ausführungen unter Rn. 48–55 [II.4].
68 Diese Regelung steht im Widerspruch der Regelung des § 5 Nr. 2 GeschGehG, das davon ausgeht, dass ein Verrat von Geschäfts- und Betriebsgeheimnissen auch dann gerechtfertigt ist, wenn nicht rechtswidrige sondern „lediglich" unethische Verhaltensweisen gemeldet werden; siehe hierzu auch Beschluss des OLG Oldenburg v. 21.5.2019, CB 2020, 220.
69 Erwägungsgrund 42 der WBRL.
70 Erwägungsgrund 43 der WBRL.

chenden Grund zu der Annahme hatte, dass die von ihm gemeldeten Sachverhalte der Wahrheit entsprachen.[71] Hieraus folgt, dass die Personen **keinen Schutz** erhalten, wenn sie zum Zeitpunkt der Meldung **willentlich oder wissentlich falsche oder irreführende Informationen** gemeldet haben.[72]

65 Aus diesen Erwägungen der Richtlinie wird deutlich, dass der Schutz auch dann gewährleistet werden soll, wenn der Hinweisgeber in **gutem Glauben ungenaue Informationen** über Verstöße gemeldet hat oder wenn er hinreichenden Grund zu der Annahme hatte, dass die gemeldeten Informationen in den Anwendungsbereich der Richtlinie fallen.[73]

66 Nicht erforderlich ist, dass Hinweisgeber Beweise zur Verfügung stellen; ausreichend ist vielmehr, dass sie begründete Bedenken oder einen begründeten Verdacht äußern.[74]

67 **Praxishinweis:** Hier wird es in der Praxis entscheidend darauf ankommen, welche Anforderungen der deutsche Gesetzgeber an das Vorliegen von „begründeten Bedenken bzw. den begründeten Verdacht" stellen wird.

68 Demgegenüber sieht die Richtlinie keinen Schutz für Personen vor, die Informationen melden, die bereits öffentlich in vollem Umfang verfügbar sind oder bei denen es sich um **unbegründete Spekulationen oder Gerüchte** handelt.[75]

69 Unbeachtlich soll nach den Vorgaben der WBRL das Motiv des Hinweisgebers für die Abgabe seiner Meldung sein,[76] so dass auch Hinweisgeber den Schutz der Richtlinie genießen, wenn sie in reiner Schädigungsabsicht handeln, solange nur die Voraussetzungen des Art. 6 WBRL erfüllt sind.

b) Besondere Voraussetzung in Abhängigkeit von dem gewählten Meldeweg

aa) Interne Meldungen gemäß Art. 7 WBRL

70 Hinweisgeber, die ihre Meldung zunächst unter Nutzung der **internen Meldekanäle und Verfahren**[77] abgegeben haben, haben Anspruch auf Schutz nach den Vorgaben der WBRL.

71 Die Richtlinie sieht vor, dass sich die Mitgliedstaaten dafür einsetzen, dass die Meldung über interne Meldekanäle gegenüber der Meldung über externe Kanäle

---

71 Erwägungsgrund 32 der WBRL.
72 Erwägungsgrund 32 der WBRL.
73 Erwägungsgrund 32 der WBRL.
74 Erwägungsgrund 43 der WBRL.
75 Erwägungsgrund 43 der WBRL.
76 Erwägungsgrund 32 der WBRL.
77 Zu den Anforderungen an die Ausgestaltung der internen Meldekanäle siehe unter II. 7.

in den Fällen bevorzugt wird, in denen intern wirksam gegen den Verstoß vorgegangen werden kann und der Hinweisgeber keine Repressalien befürchtet.[78]

> **Praxishinweis:** Hier wird es in der Praxis entscheidend darauf ankommen,   **72**
> wie eine solche Regelung aussehen wird.

bb) Externe Meldungen gemäß Art. 9 WBRL

Darüber hinaus genießen auch die Personen den Schutz der WBRL, die sich **di-**   **73**
rekt an die externen Meldekanäle der zuständigen Behörde wenden. Hinweisgeber haben also ein **echtes Wahlrecht**, ob sie sich für ihre Meldung des
internen oder externen Meldewegs bedienen.

Als Gründe, warum sich Hinweisgeber direkt an die zuständige Behörde wenden   **74**
könnten, kommen lt. der Erwägungsgründe der WBRL z.B. in Betracht, dass
keine internen Kanäle bestehen oder diese nicht angemessen funktionieren.[79] So
etwa, wenn die Meldung nicht gewissenhaft oder innerhalb eines angemessenen
Zeitrahmens bearbeitet wurde oder dass trotz der Bestätigung eines Verstoßes
als Ergebnis der entsprechenden internen Untersuchungen keine Maßnahmen ergriffen wurden, um gegen den Verstoß vorzugehen.[80]

> **Praxishinweis:** Hier kommt es nach den Vorstellungen der WBRL auf die   **75**
> Einschätzung des Hinweisgebers an – auch hier bleibt die Ausgestaltung
> durch den deutschen Gesetzgeber abzuwarten.

Darüber hinaus soll es lt. der Erwägungsgründe der WBRL Fälle geben, in denen   **76**
vernünftigerweise nicht erwartet werden könne, dass die Nutzung interner Kanäle angemessen funktioniert. Dies sei insbesondere dann der Fall, wenn Hinweisgeber hinreichenden Grund zu der Annahme haben, dass sie im Zusammenhang
mit der Meldung, auch infolge der Verletzung der Vertraulichkeitspflicht, Repressalien erleiden würden oder dass zuständige Behörden besser in der Lage
wären, wirksam gegen den Verstoß vorzugehen. Dies sei etwa dann der Fall,
wenn der letztlich verantwortliche Mitarbeiter an dem Verstoß beteiligt ist oder
die Gefahr besteht, dass der Verstoß verschleiert oder diesbezügliche Beweismittel unterdrückt bzw. vernichtet werden könnten.[81]

---

78 Art. 7 Abs. 2 der WBRL.
79 Erwägungsgrund 61 der WBRL.
80 Erwägungsgrund 61 der WBRL.
81 Erwägungsgrund 62 der WBRL.

77 Auch sei ganz allgemein davon auszugehen, dass es Sachverhalte gebe, in denen die zuständige Behörde in einer besseren Position wäre, gegen den gemeldeten Verstoß vorzugehen. So beispielsweise, wenn die Wirksamkeit von Untersuchungsmaßnahmen durch die zuständige Behörde auf andere Weise gefährdet wäre, beispielsweise im Fall von Meldungen über Kartellabsprachen oder andere Verstöße gegen Wettbewerbsvorschriften oder wenn **dringender Handlungsbedarf** besteht, etwa zum **Schutz der Gesundheit oder der Sicherheit von Menschen oder zum Schutz der Umwelt**.[82]

78 In all diesen Fällen sollen nach dem Willen der Richtlinie Hinweisgeber geschützt werden, die ihre Meldung extern an die zuständigen Behörden oder gegebenenfalls an die zuständigen Organe, Einrichtungen und sonstigen Stellen der Union übermitteln.[83]

cc) Offenlegung gemäß Art. 15 WBRL

79 Schließlich hat ein Hinweisgeber unter bestimmten Umständen auch dann Anspruch auf Schutz im Rahmen der Richtlinie, wenn er seine Informationen offenlegt. Unter **Offenlegung** ist ausweislich der Erwägungsgründe ein öffentliches Zugänglichmachen der Informationen zu verstehen, etwa direkt über Online-Plattformen und soziale Medien, gewählte Amtsträger, zivilgesellschaftliche Organisationen, Gewerkschaften oder Berufsverbände.[84]

80 Ein Hinweisgeber, der diesen Weg wählt, hat gemäß Art. 15 Abs. 1 lit. a WBRL Anspruch auf Schutz, wenn er **zunächst intern und extern** oder auf **direktem Weg extern** die Meldung erstattet hat, aber zu seiner Meldung innerhalb des geregelten Zeitrahmens gemäß Art. 9 Abs. 1 lit. f bzw. Art. 11 Abs. 2 lit. d WBRL **keine geeigneten Maßnahmen** ergriffen wurden.

81 Hierbei sollte die Bewertung der Angemessenheit der Folgemaßnahmen nach objektiven Kriterien erfolgen, die mit der Pflicht der zuständigen Behörden, die Stichhaltigkeit der in der Meldung erhobenen Vorwürfe zu beurteilen und etwaige Verstöße gegen das Unionsrecht abzustellen im Zusammenhang stehen. Die Angemessenheit der Folgemaßnahmen ist somit abhängig von den fallspezifischen Umständen und der Art der Vorschriften, gegen die verstoßen wurde.[85]

82 Darüber hinaus kann ein Hinweisgeber gemäß Art. 15 Abs. 1 lit. b WBRL auch direkt eine Offenlegung vornehmen, wenn er hinreichenden Grund zu der Annahme hat, dass

– der Verstoß eine unmittelbare oder offenkundige **Gefährdung des öffentlichen Interesses** darstellen kann, z. B. eine Notsituation oder die Gefahr eines irreversiblen Schadens oder

---

82 Erwägungsgrund 62 der WBRL.
83 Erwägungsgrund 62 der WBRL.
84 Erwägungsgrund 45 der WBRL.
85 Erwägungsgrund 79 der WBRL.

Möhlenbeck

– im Fall einer externen Meldung **Repressalien zu befürchten** sind oder aufgrund der besonderen Umstände des Falls **geringe Aussichten bestehen, dass wirksam gegen den Verstoß vorgegangen** wird, z. B. weil Beweismittel unterdrückt oder vernichtet werden oder wenn zwischen einer Behörde und dem Urheber des Verstoßes Absprachen bestehen könnten oder die Behörde an dem Verstoß beteiligt sein könnte.

> **Hinweis:** Auch in Bezug auf die Regelungen zur Offenlegung von Informationen ist festzustellen, dass die Richtlinie Hinweisgebern eine weitgehende Einschätzungsprärogative überlässt und konkretisierende Ausführungen dazu vermissen lässt, wann ein Hinweisgeber berechtigterweise „hinreichenden Grund" zu den genannten Annahmen haben durfte.   **83**

6. Pflicht zur Einrichtung eines internen Hinweismanagementsystems

Die Mitgliedstaaten haben nach den Vorgaben der Richtlinie in Art. 8 Abs. 1   **84**
WBRL sicherzustellen, dass **juristische Personen des privaten und öffentlichen Sektors** Kanäle und Verfahren für interne Meldungen und für Folgemaßnahmen einrichten, ggf. nach Rücksprache und im Einvernehmen mit den Sozialpartnern.

a) Juristische Personen des privaten Sektors

Juristische Personen des privaten Sektors trifft diese Verpflichtung, sofern sie 50   **85**
oder mehr Arbeitnehmern haben;[86] bei einer Mitarbeiteranzahl von 50 bis 249 können sich juristische Personen des privaten Sektors Ressourcen für die Entgegennahme von Meldungen und für möglicherweise durchzuführenden Untersuchungen teilen (Art. 8 Abs. 6 WBRL). Darüber hinaus sieht Art. 8 Abs. 7 WBRL die Möglichkeit vor, dass die Mitgliedstaaten nach einer entsprechenden Risikobewertung, die die Art der Tätigkeit und das von ihr ausgehende Risiko beinhaltet, auch juristische Personen des privaten Sektors mit weniger als 50 Mitarbeitern verpflichten, interne Meldekanäle einzurichten.

b) Juristische Personen des öffentlichen Sektors

Die genannte Verpflichtung besteht auch für alle **juristischen Personen des öf-**   **86**
fentlichen Sektors, einschließlich solcher Stellen, die im Eigentum oder unter der Kontrolle einer solchen juristischen Person stehen.[87] Die Mitgliedstaaten können Gemeinden mit weniger als 10.000 Einwohnern oder weniger als 50 Arbeitnehmern oder sonstige juristische Personen, die im Eigentum oder unter der Kontrolle einer juristischen Person des öffentlichen Sektors stehen, mit

---

86 Art. 8 Abs. 1 der WBRL.
87 Art. 8 Abs. 9 der WBRL.

weniger als 50 Mitarbeitern von der Verpflichtung nach Abs. 1 ausnehmen.[88] Auch hier kann durch die Mitgliedstaaten bestimmt werden, dass interne Meldekanäle von Gemeinden gemeinsam oder von gemeinsamen Behördendiensten betrieben werden können, sofern die geteilten internen Meldekanäle von den einschlägigen externen Meldekanälen getrennt und diesen gegenüber autonom sind.[89]

7. Anforderungen der Richtlinie an ein internes Hinweismangementsystem

87 Art. 9 der WBRL enthält Vorgaben, wie ein internes Meldesystem ausgestaltet werden sollte.

a) Wahrung der Vertraulichkeit

88 Meldekanäle müssen so sicher konzipiert, eingerichtet und betrieben werden, dass die Vertraulichkeit der Identität des Hinweisgebers und Dritter, die in der Meldung erwähnt werden, gewahrt bleibt und nicht befugten Mitarbeitern der Zugriff darauf verwehrt wird.[90]

b) Meldewege

89 Meldungen müssen in **schriftlicher** (auf dem Postweg, über einen Beschwerdebriefkasten oder über eine Online-Plattform im Inter- oder Intranet[91]) oder **mündlicher** (telefonisch oder mittels einer anderen Art der Sprachübermittlung) **Form** bzw. in beiden Formen möglich sein.[92] Auf Ersuchen des Hinweisgebers muss darüber hinaus eine mündliche Meldung bei **einem physischen Zusammentreffen** innerhalb eines angemessenen Zeitrahmens möglich sein.[93]

90 Auch sehen die Erwägungsgründe vor, dass **Dritte** ermächtigt werden können, Meldungen im Namen von juristischen Personen des privaten und des öffentlichen Sektors entgegen zu nehmen, sofern sie entsprechende Garantien für die Wahrung der Unabhängigkeit und Vertraulichkeit, des Datenschutzes und der Geheimhaltung bieten (z.B. externe Anbieter von Meldeplattformen, externe Berater, Prüfer, Gewerkschaftsvertreter oder Arbeitnehmervertreter).[94]

91 Interne Meldeverfahren juristischer Personen des privaten Sektors sollten nicht nur für ihre Arbeitnehmer, sondern auch für einen weiteren Personenkreis offen

---

88 Art. 8 Abs. 9 der WBRL.
89 Art. 8 Abs. 9 der WBRL.
90 Art. 9 Abs. 1a der WBRL.
91 Erwägungsgrund 53 der WBRL.
92 Art. 9 Abs. 2 der WBRL.
93 Art. 9 Abs. 2 der WBRL.
94 Erwägungsgrund 54 der WBRL.

stehen (z. B. Mitarbeiter von Lieferanten oder anderer Personen, die im Rahmen ihrer beruflichen Tätigkeit mit dem Unternehmen Informationen erhalten).[95]

Die Richtlinie sieht die Benennung einer **unparteiischen Person oder Abtei-** **92** **lung** vor, die für die Folgemaßnahmen zu den Meldungen zuständig ist, wobei es sich hierbei um die gleiche Person oder Abteilung handeln kann, die die Meldungen entgegennimmt und die mit dem Hinweisgeber in Kontakt bleibt, diesen ggf. um weitere Informationen bittet und ihm Rückmeldung gibt.[96]

Schließlich haben die juristischen Personen **klare und leicht zugängliche Infor-** **93** **mationen** über die Verfahren für externe Meldungen an die zuständigen Behörden zur Verfügung zu stellen.[97]

Praxishinweis: Damit müssen Unternehmen und juristische Personen des öf- **94** fentlichen Sektors auf die Meldekanäle der zuständigen Behörde hinweisen.

c) Bearbeitung der eingehenden Meldungen

Die Richtlinie sieht weiterhin Regelungen für die konkrete weitere Bearbeitung **95** eingehender Meldungen vor.

Gemäß Art. 9 Abs. 1 lit. b WBRL ist gegenüber dem Hinweisgeber der Eingang **96** seiner Meldung innerhalb einer **Frist von sieben Tagen** zu bestätigen.

Das Verfahren für interne Meldungen sieht weiterhin vor, dass **ordnungsgemä-** **97** **ße Folgemaßnahmen** zu ergreifen und über diese Folgemaßnahmen in einem angemessenen zeitlichen Rahmen (maximal drei Monate nach Eingangsbestätigung) **Rückmeldung an den Hinweisgeber** zu erstatten sind.[98] Soweit Folgemaßnahmen erst noch festgelegt werden, sollte der Hinweisgeber auch hierüber unterrichtet werden, zudem sollte ihm mitgeteilt werden, welche weiteren Rückmeldungen er erwarten kann.[99]

Nach den in den Erwägungsgründen dargelegten Vorstellungen sollten Hinweis- **98** geber über die geplanten oder ergriffenen Folgemaßnahmen und die Gründe für die Wahl jener Folgemaßnahmen informiert werden. Folgemaßnahmen könnten beispielsweise der Verweis auf andere Kanäle oder Verfahren sein, der Abschluss des Verfahrens aufgrund mangelnder Beweise oder anderer Gründe, die Einleitung interner Nachforschungen, eventuell unter Angabe der Ergebnisse und möglicher Maßnahmen zur Behebung des Problems oder die Befassung einer zuständigen Behörde zwecks weitere Untersuchungen umfassen, soweit diese Informationen die internen Nachforschungen oder die Untersuchung nicht

---

95 Erwägungsgrund 55 der WBRL.
96 Art. 9 Abs. 1 lit. c der WBRL.
97 Art. 9 Abs. 1 lit. g der WBRL.
98 Art. 9 Abs. 1 lit. e und f. WBRL.
99 Erwägungsgrund 58 der WBRL.

berühren und die Rechte der von der Meldung betroffenen Person nicht beeinträchtigen.[100] In jedem Fall sollte der Hinweisgeber über die Fortschritte und Ergebnisse der Untersuchung informiert werden.[101]

99 **Praxishinweis:** Die Ausgestaltung auch dieser Anforderung im deutschen Recht bleibt abzuwarten. Dies vor allem auch vor dem Hintergrund der Interessen der von dem Hinweis der betroffenen Person und Unternehmensinterna, die auf diese Weise preisgegeben werden müssten.

8. Pflicht zur Einrichtung externer Meldekanäle

100 Den Mitgliedstaaten wird in Art. 11 Abs. 1 der WBRL aufgegeben, zuständige Behörden zu benennen,[102] die befugt sind, Meldungen entgegenzunehmen, Rückmeldung zu geben und entsprechende Folgemaßnahmen zu ergreifen und diese Behörden mit angemessenen Ressourcen auszustatten.

101 Die zuständigen Behörden haben unabhängige und autonome externe Meldekanäle für die Entgegennahme und Bearbeitung von Informationen über Verstöße einzurichten.[103]

102 Auch hier müssen Meldungen in schriftlicher oder mündlicher (telefonisch oder mittels einer anderen Art der Sprachübermittlung) Form bzw. in beiden Formen[104] sowie auf Ersuchen des Hinweisgebers eine mündliche Meldung bei einem physischen Zusammentreffen innerhalb eines angemessenen Zeitrahmens möglich sein.[105]

103 Auch hat die zuständige Behörde dem Hinweisgeber den Eingang der Meldung umgehend, spätestens nach sieben Tagen, zu bestätigen, ordnungsgemäße Folgemaßnahmen zu ergreifen sowie dem Hinweisgeber innerhalb eines angemessenen Zeitraums von maximal drei bzw. sechs Monaten[106] Rückmeldung zu erstatten. Des Weiteren hat sie dem Hinweisgeber das abschließende Ergebnis der durch die Meldung ausgelösten Untersuchungen mitzuteilen.[107]

---

100 Erwägungsgrund 57 der WBRL.
101 Erwägungsgrund 57 der WBRL.
102 Ausweislich Erwägungsgrund 64 der WBRL könnte es sich hierbei um Justizbehörden, jeweils zuständige Regulierungs- oder Aufsichtsstellen oder Behörden mit allgemeiner Zuständigkeit auf zentraler Ebene eines Mitgliedstaats, Strafverfolgungsbehörden, Korruptionsbekämpfungsstellen oder Ombudsleute handeln.
103 Art. 11 Abs. 2 lit. a WBRL.
104 Art. 12 Abs. 2 WBRL.
105 Art. 12 Abs. 2 WBRL.
106 Erwägungsgrund 66 der WBRL sieht vor, dass die Ausdehnung auf sechs Monate möglich ist, wenn die besonderen Umstände des Falls dies erfordern, insbesondere wenn Art und Komplexität des Gegenstands der Meldung eine langwierige Untersuchung nach sich zieht.
107 Art. 11 Abs. 2 lit. b–e der WBRL.

Die externen Meldekanäle sind gemäß Art. 12 der WBRL so zu gestalten, einzu- **104**
richten und zu betreiben, dass die Vollständigkeit, Integrität und Vertraulichkeit
der Informationen gewährleistet ist und nicht befugten Mitarbeitern der zuständigen Behörden der Zugriff darauf verwehrt wird. Die dauerhafte Speicherung
der Informationen muss zur Durchführung weiterer Untersuchungen gewährleistet werden.[108]

Art. 13 der WBRL regelt darüber hinaus die durch die zuständige Behörde auf **105**
ihrer Website zur Verfügung zu stellenden Informationen über die Entgegennahme von Meldungen und die entsprechenden Folgemaßnahmen (z.B. Bedingungen für den Schutz als Hinweisgeber, Kontaktdaten der Meldekanäle, die geltenden Verfahrensvorschriften für die Bearbeitung der eingehenden Meldungen,
die zu ergreifenden Folgemaßnahmen sowie die Verfahren für den Schutz vor
Repressalien[109]).

9. Vorschriften/Anforderungen an den Umgang mit internen und externen Meldungen

Art. 16 bis Art. 18 der WBRL enthalten Vorgaben zum Vertraulichkeitsgebot, **106**
der Verarbeitung personenbezogener Daten sowie zur Dokumentation der Meldungen.

Das in Art. 16 WBRL enthaltene Vertraulichkeitsgebot bestimmt, dass die Iden- **107**
tität des Hinweisgebers sowie andere Informationen, aus denen die Identität des
Hinweisgebers direkt oder indirekt abgeleitet werden kann, ohne dessen ausdrückliche Zustimmung keinen anderen Personen als gegenüber den Mitarbeitern, die für die Entgegennahme von Meldungen oder das Ergreifen von Folgemaßnahmen zuständig sind, offengelegt werden dürfen.[110] Demgegenüber
braucht die Vertraulichkeit nicht gewahrt werden, wenn der Hinweisgeber seine
Identität im Rahmen einer Offenlegung absichtlich preisgegeben hat.[111]

Die Verarbeitung von personenbezogenen Daten soll gemäß Art. 17 im „Ein- **108**
klang mit der Verordnung (EU) 2016/679" erfolgen. Hierbei sollen die Mitgliedstaaten die Wirksamkeit der Richtlinie zum Schutz von Hinweisgebern gewährleisten, indem sie unter anderem erforderlichenfalls die Ausübung bestimmter
Datenschutzrechte betroffener Personen gemäß Art. 23 Abs. 1 lit. e und i und
Art. 23 Abs. 2 der Verordnung (EU) 2016/679 durch gesetzgeberische Maßnahmen einschränken, soweit und solange dies notwendig ist, um Versuche, Meldungen zu behindern, Folgemaßnahmen – insbesondere Untersuchungen – zu
verhindern, zu unterlaufen oder zu verschleppen oder Versuche, die Identität des
Hinweisgebers festzustellen, zu verhüten und zu unterbinden.[112]

---

108 Art. 12 Abs. 1 lit. b der WBRL.
109 Art. 13 Abs. 1 lit. a–h WBRL.
110 Art. 16 Abs. 1 der WBRL.
111 Erwägungsgrund 82 der WBRL.
112 Erwägungsgrund 84 der WBRL.

109 Personenbezogene Daten, die für die Bearbeitung einer Meldung nicht relevant sind, sollen nicht erhoben werden bzw. unverzüglich wieder gelöscht werden.[113]

110 Art. 18 WBRL enthält schließlich Vorgaben zur Dokumentation der Meldungen, insbesondere zu solchen, die telefonisch oder in einer anderen Art der Sprachübermittlung sowie in einer persönlichen Zusammenkunft abgegeben wurden.[114] Hierbei gilt der Grundsatz, dass die Meldungen nicht länger aufbewahrt werden dürfen, als dies erforderlich und verhältnismäßig ist, um die Anforderungen der Richtlinie zu erfüllen.[115]

10. Schutzmaßnahmen

111 Die Richtlinie sieht in Kapitel VI weitgehende Schutzmaßnahmen zugunsten von Hinweisgebern vor; darüber hinaus regelt sie das Erfordernis der Schaffung von Sanktionen gegen Personen, die Hinweisgeber benachteiligen.

a) Verbot von Repressalien

112 Gemäß Art. 19 WBRL haben die Mitgliedstaaten die erforderlichen Maßnahmen zu ergreifen, um jede Form von Repressalien gegen Hinweisgeber, einschließlich deren Androhung und ihres Versuchs, zu untersagen.

113 Dabei sieht die WBRL in Art. 19 eine weit gefasste Definition des Begriffs „Repressalie" vor und umfasst jede benachteiligende Handlung oder Unterlassung im beruflichen Kontext,[116] insbesondere:

– Suspendierung, Kündigung oder vergleichbare Maßnahmen;
– Herabstufung oder Versagung einer Beförderung;
– Aufgabenverlagerung, Änderung des Arbeitsortes, Gehaltsminderung, Änderung der Arbeitszeit;
– Versagung der Teilnahme an Weiterbildungsmaßnahmen;
– negative Leistungsbeurteilung oder Ausstellung eines schlechten Arbeitszeugnisses;
– Disziplinarmaßnahmen, Rügen oder sonstige Sanktionen einschließlich finanzieller Sanktionen;
– Nötigung, Einschüchterung, Mobbing oder Ausgrenzung;
– Diskriminierung, benachteiligende oder ungleiche Behandlung;
– Nichtumwandlung eines befristeten Arbeitsvertrags in einen unbefristeten Arbeitsvertrag in Fällen, in denen der Arbeitnehmer zu Recht erwarten durfte, einen unbefristeten Arbeitsvertag angeboten zu bekommen;
– Nichtverlängerung oder vorzeitige Beendigung eines befristeten Arbeitsvertrages;

---

113 Art. 17 Abs. 2 der WBRL.
114 Art. 18 der WBRL.
115 Art. 18 Abs. 1 Satz 2 der WBRL.
116 Erwägungsgrund 44 der WBRL.

– Schädigung (einschließlich Rufschädigung), insbesondere in den sozialen Medien, oder Herbeiführung finanzieller Verluste (einschließlich Auftrags- oder Einnahmeverluste);

– Erfassen des Hinweisgebers auf einer „schwarzen Liste" auf Basis einer informellen oder formellen sektor- oder branchenspezifischen Vereinbarung mit der Folge, dass der Hinweisgeber sektor- oder branchenweit keine Beschäftigung mehr findet;

– vorzeitige Kündigung oder Aufhebung des Vertrags über Waren oder Dienstleistungen;

– Entzug einer Lizenz oder einer Genehmigung;

– psychiatrische oder ärztliche Überweisungen.

Darüber hinaus sieht Art. 20 WBRL eine Reihe den Hinweisgeber unterstützender Maßnahmen vor, wie etwa den Zugang zu **kostenloser Beratung oder die Gewährung von Prozesskostenhilfe**.   **114**

Den Mitgliedstaaten wird weiterhin aufgegeben, die erforderlichen Maßnahmen zu ergreifen, um sicherzustellen, dass geschützte Hinweisgeber vor Repressalien geschützt sind.   **115**

Hiervon sind insbesondere folgende Maßnahmen umfasst: **116**

– Hinweisgeber können nicht für die Beschaffung der oder den Zugriff auf Informationen, die gemeldet oder offengelegt wurden, haftbar gemacht werden, sofern nicht die Beschaffung, der Zugriff selbst eine eigenständige Straftat darstellt;[117]

– in Gerichts- oder sonstigen Verfahren, die sich auf eine von dem Hinweisgeber erlittene Benachteiligung beziehen und in denen der Hinweisgeber geltend macht, diese Benachteiligung aufgrund der Abgabe des Hinweises erlitten zu haben, wird vermutet, dass die Benachteiligung eine Repressalie für die Meldung oder Offenlegung war; in diesen Fällen hat die Person, die die benachteiligende Maßnahme ergriffen hat, zu beweisen, dass diese Maßnahme auf hinreichend gerechtfertigten Gründen basierte;[118]

– Befreiung von der jeglicher Haftung für offengelegte Informationen in Gerichtsverfahren;[119]

---

117 Art. 21 Abs. 3 der WBRL

118 Art. 21 Abs. 4 der WBRL; diese Beweislastumkehr zugunsten des Hinweisgebers und Ausschluss der Haftung birgt das Risiko, dass z.B. Mitarbeiter aber auch Lieferanten, die bereits aus außerhalb des gemeldeten Sachverhalts liegenden Gründen Schwierigkeiten in ihrem Vertragsverhältnis haben, durch eine rechtzeitige und ggf. nicht zu widerlegende Meldung einen faktischen Kündigungsschutz erreichen. Dies gerade auch deshalb, weil gemäß Art. 5 Abs. 1 EU WBRL auch derjenige geschützt ist, der mit hinreichenden Gründen nur glaubte, dass die von ihm gegebenen Informationen zutreffend waren. Siehe hierzu auch *Johson*, CCZ 2019, 66 ff.

119 Art. 21 Abs. 7 der WBRL.

– Zugang zu geeigneten Abhilfemaßnahmen, einschließlich einstweiligen Rechtsschutzes.[120]

b) Maßnahmen zum Schutz betroffener Personen

117 Für die von einer Meldung betroffenen Personen gilt gemäß Art. 22 WBRL die **Unschuldsvermutung**, Recht auf einen wirksamen Rechtsbehelf, ein **faires Verfahren** sowie auf Verteidigung, einschließlich des **Rechts auf Anhörung** und des **Rechts auf Einsicht** in ihre Akte.[121]

118 Darüber hinaus wird den Mitgliedstaaten aufgegeben, auch die Vertraulichkeit der Identität der betroffenen Person schützen.[122]

c) Sanktionen bei Verstößen

119 Die Richtlinie bestimmt ferner, dass die Mitgliedstaaten wirksame, angemessene und abschreckende Strafen gegen natürliche oder juristische Personen festlegen, die

– die Abgabe von Meldungen behindern oder zu behindern versuchen;
– Repressalien gegen geschützte Hinweisgeber ergreifen;
– mutwillige Gerichtsverfahren gegen geschützte Hinweisgeber anstrengen;
– gegen die Pflicht verstoßen, die Vertraulichkeit der Identität von Hinweisgebern zu wahren.[123]

120 Darüber hinaus sollen gleichfalls wirksame, angemessene und abschreckende Sanktionen für Hinweisgeber festgelegt werden, denen nachgewiesen wird, dass sie **wissentlich falsche Informationen** gemeldet oder offengelegt haben. Des Weiteren sollen auch Maßnahmen zur Wiedergutmachung von Schäden vorgesehen werden, die durch diese Meldungen oder Offenlegungen entstanden sind.[124]

11. Umsetzung in nationales Recht durch den deutschen Gesetzgeber

121 Von entscheidender Bedeutung für die Praxis wird natürlich die Umsetzung der Vorgaben der Richtlinie in das nationale Recht sein.[125]

122 Die Mitgliedstaaten können zum einen nach Art. 2 Abs. 2 der Richtlinie festlegen, den Schutz nach nationalem Recht in Bezug auf Bereiche oder Rechtsakte auszudehnen, die nicht unter den in der Richtlinie genannten Schutzbereich fal-

---

120 Art. 21 Abs. 6 der WBRL.
121 Art. 22 der WBRL.
122 Erwägungsgrund 100 der WBRL.
123 Art. 23 Abs. 1 der WBRL.
124 Art. 23 Abs. 2 der WBRL.
125 Vgl. hierzu auch *Klaas*, CCZ 2019, 163 ff.

len.[126] Des Weiteren kann durch die Mitgliedstaaten bestimmt werden, ob juristische Personen des privaten oder öffentlichen Sektors und zuständige Behörden zur Entgegennahme und Weiterverfolgung anonymer Meldungen von Verstößen verpflichtet sein sollen oder nicht.[127]

Neben der bereits angemerkten Anforderungen an die Gestaltung im Rahmen **123** der Umsetzung der Richtlinie bedarf es der Schaffung klarer gesetzlicher Regelungen aufgrund des bestehenden Spannungsverhältnisses zwischen den Vorschriften der DSGVO und den Anforderungen der WBRL bei dem bestehendem Grundsatz der Anwendbarkeit nebeneinander gemäß Art. 17; dies insbesondere deshalb, weil in den Erwägungsgründen explizit enthalten ist, dass die Mitgliedstaaten die Wirksamkeit der Richtlinie gewährleisten sollen, indem sie erforderlichenfalls die Ausübung bestimmter Datenschutzrechte betroffener Personen gemäß Art. 23 Abs. 1 lit. e und i sowie Art. 23 Abs. 2 DSGVO einschränken.[128]

Auch ist die Schaffung von **Rechtssicherheit** im Hinblick auf den datenschutz- **124** rechtlich korrekten Umgang mit den Hinweisen sowohl für das Unternehmen wie auch für die Mitarbeiter, die die Bearbeitung der Hinweis übernehmen, von erheblicher Bedeutung; dies auch im Hinblick darauf, dass in Art. 23 WBRL die Schaffung von Sanktionsregelungen für die Verletzung der Vertraulichkeit vorgesehen ist.

Für die Praxis wünschenswert ist darüber hinaus die Schaffung klarer Regelun- **125** gen für die gemäß Art. 9 WBRL erforderlichen Informationen über Folgemaßnahmen an den Hinweisgeber, für die Dokumentationserfordernisse und Löschpflichten.

III. Überblick über die mögliche Ausgestaltung von Hinweismanagementsystemen

Grundsätzlich kann hinsichtlich des Adressaten zwischen externem und inter- **126** nem Whistleblowing unterschieden werden,[129] darüber hinaus sind bei der konkreten Ausgestaltung zahlreiche Begrenzungen denkbar.

1. Externes Whistleblowing

Unter die rein externen Möglichkeiten des Whistleblowing wird die Mitteilung **127** der Informationen an nicht von dem betroffenen Unternehmen betriebene Ein-

---

126 Die Ausweitung des Geltungsbereichs auch auf das nationale Recht wird von der h.M. in der Literatur befürwortet; so z.B. *Wiedmann/Apel*, Newsdienst Compliance 2019, 72007.
127 Art. 6 Abs. 2 WBRL.
128 Erwägungsgrund 84 der WBRL.
129 Vgl. hierzu auch *Schulz*, BB 2011, 932; *Schemmel/Ruhmannseder/Witzigmann*, Hinweisgebersysteme, 2012, 28f.; *Rotsch/Wagner*, in: Rotsch, Criminal Compliance, 2015, § 34 C, Rn. 10, die im Rahmen der Unterscheidung ergänzend darauf abstellen, ob der Hinweisgeber seine Informationen aufgrund seiner Stellung als Organisationsexterner oder -interner erhält.

richtungen subsumiert, wie etwa die Information an Behörden, Strafverfolgungsorgane, Medien, Interessenvertretungen oder aber Einrichtungen wie z.B. wikileaks.

2. Internes Whistleblowing

128 Demgegenüber zeichnen sich interne Varianten von Hinweismanagementsystemen dadurch aus, dass sie durch das betroffene Unternehmen selbst zur Verfügung gestellt werden. Ein solches von einem Unternehmen eingerichtetes Hinweismanagementsystem soll es Hinweisgebern ermöglichen, Anhaltspunkte für ein gegen Gesetze oder Richtlinien des Unternehmens verstoßendes Verhalten an eine bestimmte Stelle zu melden.

129 In Betracht kommen hier neben der Benennung konkreter Ansprechpartner im Unternehmen, die Einrichtung einer Whistleblowing-Hotline, die Bestellung einer externen Ombudsperson oder der Betrieb eines IT-gestützten Systems zur Entgegennahme von Hinweisen.[130]

3. Mögliche Begrenzungen (Hinweisgeber, Empfänger, Themen)

130 Bei der Einrichtung eines Hinweismanagementsystems stellt sich in der Praxis häufig die Frage, ob Begrenzungen im Hinblick auf die Hinweisabgabe vorzunehmen sind. So kommt etwa in Betracht, nur Mitarbeiter des Unternehmens als Hinweisgeber „zuzulassen" und somit den Kreis möglicher Hinweisgeber zu beschränken.[131]

131 Auch sind Eingrenzungen hinsichtlich der zu meldenden Themen[132] möglich; so ist es z.B. denkbar, nur Hinweise auf (bestimmte) Straftaten, nicht jedoch auf Verstöße gegen interne Unternehmensrichtlinien entgegenzunehmen und entsprechend einer Aufklärung zuzuführen.

IV. Aufbau/Einführung eines Hinweismanagementsystems

132 Bei der Entscheidung über die Einführung und die Ausgestaltung eines Hinweismanagementsystems stellen sich sowohl rechtliche Fragen als auch Fragen in Bezug auf die konkrete Ausgestaltung des Systems.

1. Allgemeine rechtliche Anforderungen

a) Rechtslage in Deutschland

133 Im deutschen Recht gibt es aktuell zwar einzelne Regelungen, wie etwa das Beschwerderecht im Betriebsverfassungsgesetz (§ 84 BetrVG) oder die Entbindung

---

130 Diese Unterscheidung findet sich hinsichtlich der Meldewege auch in den Regelungen der WBRL.

131 Anders insoweit die Vorgaben der WBRL, siehe Rn. 91.

132 Siehe hierzu auch die aktuelle Diskussion im Hinblick auf die Reichweite der Umsetzung der WBRL in nationales Recht, Rn. 42.

von der Verpflichtung zur Verschwiegenheit im Beamtenrecht (vgl. § 37 Abs. 2 Nr. 3 Beamtenstatusgesetz, § 67 Abs. 2 Nr. 3 Bundesbeamtengesetz), wenn und soweit der begründete Verdacht des Vorliegens einer Korruptionsstraftat im Raum steht, die im Ansatz dem Themenbereich des Whistleblowings zuzurechnen ist; jedoch existieren bislang lediglich in einzelnen, spezielle Regelungsbereiche betreffenden Gesetzen rudimentäre Vorgaben zur Ausgestaltung eines Hinweismanagementsystems; auch fehlen bislang darüber hinausgehende konkrete gesetzliche Bestimmungen zum Schutz des Hinweisgebers.[133]

So regeln die bereits dargestellten § 25a KWG, § 23 Abs. 6 VAG sowie § 28 Abs. 1 **134** Satz 2 Nr. 9 KAGB lediglich, dass es die betroffenen Unternehmen ihren Mitarbeitern unter Wahrung der Vertraulichkeit ihrer Identität ermöglichen, potenzielle oder tatsächliche Verstöße gegen im Einzelnen benannte Regelungen an eine geeignete Stelle zu melden. Lediglich § 4d FinDAG sowie § 3 BörsG sehen darüber hinaus explizit den Schutz des meldenden Mitarbeiters vor. So dürfen Mitarbeiter der der Aufsicht unterliegenden Unternehmen, die eine Meldung nach § 4d Abs. 1 FinDAG bzw. § 36 Abs. 1 BörsG abgeben, wegen dieser Meldung weder nach arbeitsrechtlichen oder strafrechtlichen Vorschriften verantwortlich gemacht noch zum Ersatz von Schäden herangezogen werden, es sei denn, die Meldung ist vorsätzlich oder grob fahrlässig unwahr abgegeben worden.

Grundsätzlich können sich Hinweisgeber auf die Meinungsfreiheit gemäß Art. 5 **135** GG berufen, jedoch zeigt die arbeitsgerichtliche Praxis, dass Whistleblower, die gegen ihren Arbeitgeber eine Strafanzeige erstatten, mit arbeitsrechtlichen Maßnahmen bis hin zur ggf. fristlosen Kündigung rechnen müssen.[134]

Im Rahmen der Regulierung des Lebensmittelrechts war im Jahre 2008 in einem **136** gemeinsamen Vorschlag des Bundesministeriums für Arbeit und Sozialordnung, des Bundesministeriums für Ernährung, Landwirtschaft und Verbraucherschutz sowie des Bundesjustizministeriums vorgesehen, dass im BGB anstelle des Maßregelungsverbot ein allgemeines Anzeigerecht eingefügt werden sollte.[135] Die vorgeschlagene Fassung des § 612a BGB, mit welchem der Schutz des Hinweisgebers gesetzlich normiert werden sollte, ist jedoch nicht verabschiedet worden. Auch in der Folgezeit wurden immer wieder Vorschläge für den gesetzlichen Schutz von Hinweisgebern vorgelegt. So haben zuletzt in der 18. Wahlperiode des Deutschen Bundestags die Oppositionsfraktionen Die Linke[136] wie auch Bündnis 90/Die Grünen[137] Gesetzesentwürfe zur Regelung des Whistle-

---

133 Zu den Problemen im Zusammenhang mit der Schaffung einer gesetzlichen Regelung zum Schutz von Hinweisgebern: *Rudkowski*, CCZ 2013, 204 ff.
134 Vgl. etwa BAG, NJW 2004, 1547; BAG, NZA 2007, 502; ausführlich zur Problematik der Kündigung wegen Whistleblowing, *Simon/Schilling*, BB 2011, 2423 ff.
135 Vgl. Ausschussdrucks. 16 (10) 849 vom 30.4.2004.
136 BT-Drucks. 18/3043.
137 BT-Drucks. 18/3039.

blowings vorgelegt.[138] Auch diese Gesetzesentwürfe wurden auf Beschlussempfehlung und Bericht des Ausschusses für Arbeit und Soziales abgelehnt.[139] Der aktuelle Koalitionsvertrag zwischen CDU, CSU und SPD enthält keine Vorhaben bzw. Prüfaufträge in Bezug auf die Schaffung eines Hinweisgeberschutzes in Deutschland.

137   Auch im Hinblick auf die aktuell einsetzende Diskussion um die nationale Umsetzung des Vorgaben der WBRL bleibt abzuwarten, ob es künftig ein umfassendes Gesetzes zum Whistleblowing in Deutschland geben wird[140] oder ob es zu einer Umsetzung durch einzelne Regelungen in verschiedenen Gesetzes kommt.[141]

b) Vorgaben auf europäischer Ebene

138   Wie unter Rn. 40 ff. ausführlich dargestellt, existieren nun mit der WBRL auch inhaltliche Vorgaben an die Gestaltung von Hinweismanagementsystemen, allerdings nur für Meldungen, die sich auf den Verstoß gegen Unionsrecht beziehen.

c) Regelungen in den USA und Großbritannien

aa) USA

139   In Abhängigkeit davon, ob Bundesrecht oder das Recht der einzelnen Bundesstaaten Anwendung findet, unterscheidet sich der Schutz des Whistleblowers. Neben den bereits unter Rn. 16–19 dargestellten Ausführungsbestimmungen zum Dodd-Frank Act, finden sich Bestimmungen zum Schutz des Hinweisgebers beispielsweise im Clean Water Act, im Surface Transportation Assistance Act (vgl. 49 U.S.C. § 2305), im SOX sowie im Whistleblower Protection Act von 1989, der Bundesbedienstete vor Sanktionen wegen der Offenlegung behördlichen Fehlverhaltens schützen soll.[142]

bb) Großbritannien

140   Neben den bereits dargestellten Regelungen des UKBA zur Notwendigkeit des Betriebs eines Hinweismanagementsystems existiert im britischen Recht mit

---

138 Auch im außerparlamentarischen Raum wird verstärkt auf die Notwendigkeit einer gesetzlichen Regelung den Whistleblower-Schutzes hingewiesen, so z. B. durch Transparency International oder durch den Whistleblower Netzwerk e. V.

139 BT-Drucks. 18/5148.

140 So lt. der Presseberichte die Position des Bundesministeriums für Justiz und Verbraucherschutz, vgl. Bericht des Whistleblower Netzwerks e. V., abgerufen unter https://www.whistle blower-net.de/online-magazin/2020/04/17/interessenvertreter-gegen-whistleblowerschutz (zuletzt abgerufen am 4.5.2020).

141 So lt. der Presseberichte die Position des Bundeswirtschaftsministeriums, siehe Fn. 140.

142 Vgl. die weitere Aufzählung bei *Fritz*, in: Maschmann, Corporate Compliance und Arbeitsrecht, 2009, S. 142 f.

dem Public Interest Disclosure Act (PIDA)[143] eine Regelung, die Informanten vor negativen Folgen der Abgabe eines Hinweises im Rahmen ihres Arbeitsverhältnisses schützen soll. Diese Regelungen des Gesetzes sind unabhängig davon anwendbar, ob eine Information als vertraulich eingestuft wurde und davon, ob sich das mitgeteilte Fehlverhalten wie Straftaten, Vertragsverletzungen oder Verstöße gegen Sicherheitsbestimmungen, innerhalb oder außerhalb des Staatsgebietes ereignet hat.

2. Datenschutzrechtliche Regelungen

Bei der Meldung von Verstößen werden typischerweise personenbezogene Daten verarbeitet; dies betrifft sowohl die personenbezogenen Daten des Hinweisgebers, so dieser die Meldung nicht anonym abgibt, als auch die personenbezogenen Daten der durch den Hinweis betroffenen Person. **141**

Durch die Einführung der Datenschutzgrundverordnung (DSGVO) und der Neufassung des BDSG haben sich zahlreiche Änderungen im Hinblick auf die datenschutzrechtlichen Anforderungen ergeben.[144] **142**

Es ist davon auszugehen, dass die Einrichtung und der Betrieb eines Hinweismanagementsystems aufgrund einer Abwägung gemäß Art. 6 Abs. 1 lit. f DSGVO sowie im Beschäftigungsverhältnis zur Aufdeckung von Straftaten gemäß Art. 88 DSGVO und § 26 Abs. 1 Satz 2 BDSG datenschutzkonform möglich ist. Auch kommt als weitere Rechtsgrundlage gemäß § 26 Abs. 4 Satz 1 BDSG der Abschluss einer Kollektivvereinbarung (Tarifvertrag oder Betriebsvereinbarung) in Betracht.[145] **143**

Im Hinblick auf den datenschutzkonformen Betrieb des Hinweismanagementsystems ist vor allem auf die Einhaltung der Unterrichtungs- und Auskunftspflicht gemäß Art. 13, 14 und 15 DSGVO, die korrekte Behandlung bei der Weitergabe der personenbezogenen Daten an Dritte,[146] die Berichtigung, Sperrung und Löschung personenbezogener Daten gemäß Art. 17 DSGVO zu achten.[147] **144**

Darüber hinaus enthält auch die WBRL selbst einige Vorgaben zu datenschutzrechtlichen Aspekten. Allerdings erscheint das Verhältnis zwischen den Vorgaben der DSGVO und den Anforderungen der Richtlinien nicht umfassend geklärt. Art. 17 WBRL bestimmt, dass die nach der WBRL vorgenommene Verarbeitung personenbezogener Daten einschließlich des Austauschs oder der Übermittlung personenbezogener Daten durch die zuständigen Behörden im **145**

---

143 Siehe http://www.legislation.gov.uk/ukpga/1998/23/contents (zuletzt abgerufen am 29.1. 2020).

144 Zur Bedeutung der DSGVO für das Compliance Management siehe ausführlich *Böhlke/ Becker/ Fladung*, Kap. 11.

145 Vgl. hierzu Orientierungshilfe der DSK, S. 4 ff.; *Baranowski/Glaßl*, CB 2018, 271 ff.; *Schröder*, in: Forgo/Helfrich/Schneider, Betrieblicher Datenschutz, Rn. 56 f.

146 Art. 6 Abs. 1 lit. f DSGVO i.V.m. § 24 Abs. 1 Nr. 1 BDSG zur Verfolgung von Straftaten.

147 Siehe hierzu Rn. 106–110.

Einklang mit der DSGVO zu erfolgen hat. In Erwägungsgrund 84 der WBRL wird ausdrücklich darauf hingewiesen, dass die Mitgliedstaaten die Wirksamkeit der WBRL gewährleisten sollen, indem sich unter anderem erforderlichenfalls die Ausübung bestimmter Datenschutzrechte betroffener Personen einschränken, soweit und solange dies notwendig ist, um Versuche, Meldungen zu behindern, Folgemaßnahmen – insbesondere Untersuchungen – zu verhindern, zu unterlaufen oder zu verschleppen oder Versuche, die Identität des Hinweisgebers festzustellen, zu verhüten und zu unterbinden.[148]

3. Entscheidungen hinsichtlich der konkreten Ausgestaltung

a) Organisation

146 Bei der Entscheidung über die konkrete Ausgestaltung des Whistleblowing-Systems ist selbstverständlich, dass die Organisation und Ausgestaltung von den Anforderungen des einzelnen Unternehmens, wie zum Beispiel der Branche, in welcher das Unternehmen tätig ist oder der Größe des Unternehmens, abhängen wird.

147 Auch ist es für das effektive Funktionieren des Systems erforderlich, dessen Erreichbarkeit und die Art der Hinweise zu kommunizieren, die über das System abgegeben werden können. Schließlich sollte im Rahmen der Kommunikation des Hinweismanagementsystems verdeutlicht werden, dass der Missbrauch des zur Verfügung gestellten Systems durch das Unternehmen nicht toleriert wird und nur der Hinweisgeber geschützt wird, der einen Hinweis in gutem Glauben an dessen Richtigkeit abgibt. Somit sollte auch darauf hingewiesen werden, dass bewusst falsche oder verleumderische Hinweise sowohl straf- als auch arbeitsrechtliche Folgen haben können.[149]

b) Ausgestaltungsmöglichkeiten

148 Im Rahmen der Entscheidung über den Betrieb eines Hinweismanagementsystems durch ein Unternehmen sind weitreichende Möglichkeiten der Ausgestaltung denkbar.

149 Letztendlich kann man sich in der Praxis bei der konkreten Ausgestaltung durch folgende Fragen leiten lassen:

– Wer soll Hinweise abgeben können?
– An wen und auf welchem Weg sollen Hinweise gemeldet werden können?
– Auf welche Sachverhalte sollen sich die Hinweise beziehen?
– Auf welche Weise soll die Einführung des Hinweismanagementsystems geregelt werden?

---

148 Umfassend zum Schutz von Hinweisgebern und betroffenen Personen vgl. *Dilling*, CCZ 2019, 214 ff.
149 Vgl. auch *Wybitul*, ZD 2011, 122.

aa) Kreis der Hinweisgeber

Zunächst ist zu entscheiden, ob der Kreis potenzieller Hinweisgeber beschränkt **150** werden sollte. Auf der Hand liegt zunächst, dass nur solche Personen als Hinweisgeber in Betracht kommen, die in einer wie auch immer ausgestalteten Beziehung zu dem Unternehmen stehen. Dies umfasst neben den Mitarbeitern des Unternehmens auch Geschäftspartner, Lieferanten und Kunden.

Eine weitere Beschränkung des Kreises potenzieller Hinweisgeber könnte ergän- **151** zend dahingehend vorgenommen werden, dass nur in einem aktuellen Beschäftigungsverhältnis stehende oder ehemalige Mitarbeiter des Unternehmens Hinweise über das Whistleblowing-System abgegeben können.

Für eine weite Bestimmung des Kreises möglicher Hinweisgeber sprechen zahl- **152** reiche Argumente: So dürfte davon auszugehen sein, dass Unternehmensexterne oder ehemalige Mitarbeiter des Unternehmens eher bereit sind, unter Nennung ihres Namens Hinweise abzugeben, da sie naturgemäß keine Sanktionen im Arbeitsverhältnis fürchten. Auch erhöht sich durch die Einbeziehung eines weiten Kreises potenzieller Hinweisgeber die Anzahl von Personen, die über von ihnen wahrgenommene Missstände berichten können; dies dürfte gerade im Bereich von Korruptionsdelikten aus den genannten Gründen[150] hilfreich sein.

Jedoch sind auch mögliche Risiken in den Blick zu nehmen: Gerade dann, wenn **153** auch die Abgabe anonymer Hinweise in dem Whistleblowing-System möglich ist, steigt durch eine umfassende Nutzbarkeit des Systems auch die Gefahr des Missbrauchs. Gerade im Rahmen einer Vergabe oder eines Vertragsschlusses mit dem Unternehmen nicht berücksichtigte Konkurrenten könnten das Hinweismanagementsystem nutzen, Hinweise ins Blaue hinein oder sogar bewusst unwahre, verleumderische Hinweise abzugeben. Gleiches gilt auch für ehemalige Mitarbeiter des Unternehmens oder gar für aus dem privaten Umfeld von Mitarbeitern stammende Hinweisgeber, die einen Mitarbeiter aus privaten Gründen diskreditieren möchten.

Die Beantwortung der Frage, ob der Zugang zu dem Whistleblowing-System be- **154** schränkt werden sollte, dürfte jeweils im Einzelfall von den Bedürfnissen des Unternehmens, dessen Struktur und Betätigungsfeld abhängig sein.[151]

bb) Eingangskanäle

In Bezug auf die möglichen „Eingangskanäle" ist zunächst die grundlegende **155** Entscheidung zu treffen, ob eine unternehmensinterne oder eine unternehmensexterne Möglichkeit der Hinweisabgabe geschaffen werden soll.[152]

---

150 Vgl. hierzu Rn. 12.
151 So auch *Schemmel/Ruhmannseder/Witzigmann*, Hinweisgebersysteme, 2012, 178.
152 Gerade für größere Unternehmen bietet sich auch eine Kombination beider Varianten dahingehend an, dass neben unternehmensinternen Ansprechpartnern etwa in der Compliance-Abteilung ergänzend externe Ombudsleute benannt werden.

156 So gibt es zunächst die Möglichkeit, interne Ansprechpartner z. B. im Rahmen einer telefonischen Hotline zu benennen, die mit der Entgegennahme und weiteren Bearbeitung der Hinweise betraut sind. Darüber hinaus hat sich neben der Abgabe von Hinweisen mittels Briefes oder Telefax an dafür eingerichteten Stellen auch die Möglichkeit der Abgabe von Hinweisen über bestimmte unter den Mitarbeitern oder über die Internetpräsenz bekannt gemachte E-Mail-Adressen etabliert. Die Aufgabe der Entgegennahme und Bearbeitung von Hinweisen sollte hier von speziell geschulten bzw. ausgebildeten Mitarbeiter übernommen werden, die zunächst die Hinweise entgegennehmen, gegebenenfalls, soweit dies im konkreten Einzelfall möglich ist, Rückfragen an den Hinweisgeber richten sowie die Hinweise im Hinblick auf ihre Plausibilität und die Notwendigkeit weiterer Untersuchungsmaßnahmen bzw. Reaktionen bewerten.

157 Eine weitere Möglichkeit der Ausgestaltung besteht in dem Einsatz von Ombudsleuten;[153] in der Praxis ist festzustellen, dass die eingesetzten Ombudsleute zumeist als Rechtsanwälte zugelassen sind. Hier wird durch das Unternehmen ein bestimmter Ansprechpartner benannt, an welchen sich die Hinweisgeber bei Verdachtsmomenten etwa wegen Korruptionsdelikten oder anderen Regelverstößen wenden können. Von besonderem Vorteil kann hier die Tatsache sein, dass eine als Rechtsanwalt zugelassene Ombudsperson im Rahmen der Verschwiegenheitspflicht gemäß § 43a Abs. 2 BRAO dem Hinweisgeber zusichern kann, seine Identität vertraulich zu behandeln und auch dem Unternehmen gegenüber nicht zu offenbaren. Auch können sie im Rahmen der Schlüssigkeitsprüfung die Plausibilität des Hinweises und die Glaubwürdigkeit des Hinweisgebers bewerten, bevor eine Information des Unternehmens erfolgt.[154]

158 Darüber hinaus werden auch verstärkt IT-gestützte Systeme eingesetzt. Bei dieser Form des Hinweismanagementsystems können die Hinweisgeber sowohl unter Offenlegung des Namens wie auch anonym zunächst über eine internetbasierte Plattform Hinweise abgeben und dann z. B. über einen elektronischen Postkasten mit dem Unternehmen kommunizieren und auch Rückfragen der Mitarbeiter des Unternehmens zu den mitgeteilten Informationen beantworten.[155] Der Einsatz eines solchen Systems ermöglicht es, beispielsweise die Themenfelder vorzugeben, zu welchen Hinweise abgegeben werden können; so könnte etwa eine Einschränkung dahingehend vorgenommen werden, dass lediglich Hinweise auf Korruptionsdelikte oder andere schwerwiegende Straftaten abgegeben werden können, nicht hingegen Hinweise auf Richtlinienverstöße.

159 In der Praxis bewährt haben sich Hinweismanagementsysteme, die dem Hinweisgeber zahlreiche Kanäle zur Hinweisabgabe zur Verfügung stellen. So wird es dem Hinweisgeber ermöglicht, den Weg zu wählen, der aus seiner Sicht der für ihn praktikabelste erscheint:

---

153 Vgl. hierzu auch *Buchert*, CCZ 2008, 148 ff.
154 Vgl. *Fritz*, in: Maschmann, Corporate Compliance und Arbeitsrecht, 2009, 130 f.
155 Vgl. zum Einsatz des Business Keeper Monitoring Systems – BKMS – im Rahmen eines Whistleblowing-Systems, *Altenburg*, Bucerius Law Journal 2008, 3 ff.

Möhlenbeck

Zum einen sollte der Hinweisgeber die Möglichkeit haben, sich persönlich oder **160** telefonisch an die für die Prüfung der Hinweise zuständigen Mitarbeiter zu wenden. Dies hat den Vorteil, dass der Hinweisgeber in einem persönlichen Gespräch über den Ablauf des Prozesses der Hinweisabgabe, über die Möglichkeit der anonymen Abgabe des Hinweises, sowie den weiteren Verlauf der Prüfung des Hinweises und die sich anschließende Aufklärung des Sachverhalts beraten werden kann.

Darüber hinaus sollten auch Eingangswege zur Verfügung gestellt werden, die **161** keinen persönlichen Kontakt zwischen Hinweisgeber und Unternehmen voraussetzen; dies ermöglicht auch Hinweisgebern, die keine direkte persönliche, sondern eine schriftliche Kommunikation wünschen, die Abgabe eines Hinweises. Hier bieten sich neben den herkömmlichen Wegen wie Brief, Fax oder E-Mail auch die Etablierung eines elektronischen Hinweisgebersystems an.

Schließlich bietet auch die Einschaltung von Ombudspersonen die genannten **162** Vorteile.

cc) Arten der meldbaren Verstöße

Des Weiteren ist eine Entscheidung darüber zu treffen, welche Arten von Verstö- **163** ßen durch einen Hinweisgeber gemeldet werden können und welche dann einer Aufklärung des Sachverhalts zugeführt werden.

Wie dargelegt, ist gerade bei der Nutzung eines elektronischen Hinweisgeber- **164** systems, das auch die Abgabe anonymer Hinweise ermöglicht, über eine Beschränkung der Delikte, zu welchen Hinweise abgegeben werden können, nachzudenken.

Auch muss sich das Unternehmen fragen, ob es nur Hinweisen auf Gesetzesver- **165** letzungen, also zumeist Straftaten oder Ordnungswidrigkeiten, nachgehen möchte, oder aber ob auch der Verstoß gegen interne Richtlinien Gegenstand von Hinweisen sein kann.

In der Praxis kann bei Unternehmen hier ein unterschiedliches Vorgehen beob- **166** achtet werden; so gibt es Unternehmen, in welchen lediglich der Verstoß gegen Gesetze einen meldbaren Verstoß darstellen, während andere Unternehmen den Verstoß gegen eine unternehmensinterne Richtlinie ausreichen lassen, um diesen Vorwurf einer Sachverhaltsaufklärung zuzuführen.

dd) Regelungen zur Einführung eines Hinweismanagementsystems

Bei der Implementierung des Whistleblowing-Systems ist schließlich auch da- **167** rüber zu entscheiden, auf welchem Weg die Einführung geschehen soll.

Obwohl nach deutschem Recht keine Verpflichtung für Unternehmen besteht, **168** einen Verhaltenskodex einzuführen, sprechen doch zahlreiche Gründe für die Implementierung. Existiert bereits ein Verhaltenskodex im Unternehmen, sollte dort jedenfalls auf die Existenz des Hinweismanagementsystems, den Schutz des redlichen Hinweisgebers aber auch auf die Folgen einer missbräuchlichen Verwendung des Hinweismanagementsystems hingewiesen werden.

169 Neben der skizzierten Aufnahme der Einführung/der Existenz des Whistle-blowing-Systems in den Verhaltenskodex sollten die Einzelheiten zum konkreten Betrieb des Systems in einer gesonderten unternehmensinternen Richtlinie geregelt werden.

170 Unabhängig von der Aufnahme der Darstellung des Hinweismanagementsystems im Verhaltenskodex des Unternehmens bzw. in einer Richtlinie zum Hinweismanagement ist zu entscheiden, über welchen Weg die Nutzung und Funktionsweise des Systems in verbindlicher Weise gegenüber den Arbeitnehmern geregelt werden sollen. Neben dem Gebrauch des Weisungsrechts des Arbeitgebers, dem Abschluss von Änderungs- bzw. Ergänzungsvereinbarungen oder dem Abschluss von Tarifverträgen bietet sich vor allem der Abschluss einer Betriebsvereinbarung an.[156]

171 Eine solche Betriebsvereinbarung zum Hinweismanagement hat neben der sicheren Wahrung der Mitbestimmungsrechte des Betriebsrats vor allem den Vorteil einer größeren Akzeptanz der Einführung des Whistleblowing-Systems bei den Mitarbeitern. Darüber hinaus können im Rahmen der Betriebsvereinbarung erforderliche datenschutzrechtliche Regelungen getroffen werden.[157]

4. Kommunikation

172 Schließlich ist im Rahmen der Einführung eines Hinweismanagementsystems über Art und Umfang der Kommunikation der Einführung zu entscheiden.[158]

173 Eine empfängergerechte Kommunikation und die daraus resultierende Akzeptanz eines Hinweismanagementsystems stellen den Schlüssel zu dessen Erfolg dar.

174 Vor dem Hintergrund der vor allem in Deutschland nach wie vor häufig anzutreffenden Bewertung eines Hinweisgebers als Denunziant[159] ist es von besonderer Bedeutung, in der Kommunikation des Hinweismanagementsystems hervorzuheben, dass die Person, die in redlicher Absicht einen Hinweis abgibt, verantwortungsvoll handelt und das Unternehmen schützt.

175 Hierbei ist insbesondere die Botschaft von Bedeutung, welche wichtige Aufgabe der Hinweisgeber erfüllt: Der Hinweisgeber zeigt zum einen Verantwortung für

---

156 Vgl. hierzu ausführlich *Schemmel/Ruhmannseder/Witzigmann*, Hinweisgebersysteme, 2012, 5. Kap. IX, 203 ff.

157 So zum Beispiel zur Weitergabe der mit dem Hinweis verbundenen personenbezogenen Daten in einem Konzern.

158 Zur Bedeutung der Kommunikation im Rahmen eines wirksamen Compliance Managements siehe ausführlich *Hastenrath*, Kap. 6.

159 Siehe hierzu auch *Schemmel/Ruhmannseder/Witzigmann*, Hinweisgebersysteme, 2012, 20 ff.

das Unternehmen, wenn er Verdachtsfälle auf Wirtschaftskriminalität an das Hinweismanagement meldet. Basierend auf der dort erfolgenden professionellen Bearbeitung der Hinweise kann das Unternehmen wirksam vor Schäden geschützt werden. Darüber hinaus schützt der Hinweisgeber auch die Lauterkeit des Unternehmens im Wettbewerb und damit letztlich auch den nachhaltigen wirtschaftlichen Erfolg.

V. Die praktische Arbeit mit einem Whistleblowing-System

Im Rahmen des praktischen Betriebs eines Hinweismanagementsystems ergeben sich ergänzend einige wichtige Einzelfragen, auf die nachfolgend näher eingegangen werden soll.   **176**

1. Schutz des Hinweisgebers vor Nachteilen

Der umfassende Schutz des Hinweisgebers ist ein wesentlicher Bestandteil der internen Regelungen des Unternehmens zum Hinweismanagementsystem. So muss es strikt verboten sein, Mitarbeiter, die mutmaßliches Fehlverhalten melden, in irgendeiner Weise zu benachteiligen. Dieses Benachteiligungsverbot umfasst jede Maßnahme, die direkt oder indirekt einen negativen Einfluss auf das Arbeitsverhältnis des Mitarbeiters, seine Verdienst- oder Entwicklungsmöglichkeiten haben kann.[160] So wurde beispielsweise die Versetzung eines Hinweisgebers aufgrund der aus der Abgabe des Hinweises resultierenden Störung des Betriebsfriedens für rechtswidrig erklärt.[161]   **177**

In der Praxis ist somit strikt darauf zu achten, dass bereits der Anschein vermieden wird, einem Hinweisgeber seien Nachteile aufgrund der Abgabe eines Hinweises entstanden.[162]   **178**

Durch die Abgabe eines Hinweises stellt sich der Hinweisgeber nicht selten gegen die etablierten formellen und informellen Hierarchien in dem Unternehmen.[163]   **179**

Hinzu kommt, dass sich in der Praxis der Umgang mit Hinweisgebern nicht immer einfach gestaltet. So befinden sich als Hinweisgeber auftretende Mitarbeiter häufig in schwierigen beruflichen oder persönlichen Situationen, mitunter auch   **180**

---

160 *Moosmayer* in: Rotsch, Criminal Compliance, 2015, § 34 C, Rn. 104.
161 VG Bremen, Urt. v. 8.9.2014, 6 K 1003/14.
162 Dies kann sich im Einzelfall durchaus schwierig gestalten, da nicht übersehen werden darf, dass z. B. Kollegen eines Hinweisgebers, der offen als Hinweisgeber auftritt, auch durch den Arbeitgeber nicht dazu veranlasst werden können, z. B. weiterhin mit dem Hinweisgeber die Mittagspause zu verbringen oder ihn zum gemeinsamen Mittagessen mitzunehmen; dies wird bisweilen von Hinweisgebern bereits als Repression für die Abgabe des Hinweises wahrgenommen.
163 So auch *Moosmayer*, in: Rotsch, Criminal Compliance, 2015, § 34 C, Rn. 104, unter Hinweis auf *Buchert/Jacob-Hofbauer*, in: Knierim/Rübenstahl/Tsambikakis, Internal Investigations, 2013, 226.

deshalb, weil sie bereits vor Abgabe des Hinweises im Kollegenkreis oder gegenüber den Vorgesetzten die von ihnen wahrgenommenen oder auch nur angenommenen Missstände bereits mehrfach mitgeteilt haben und von Kollegen oder Vorgesetztenseite keine Unterstützung erfahren haben. So entsteht bei Hinweisgebern häufig schnell Misstrauen gegenüber anderen Mitarbeitern des Unternehmens, das sich auch auf die Mitarbeiter im Compliance-Bereich beziehen kann.

181   Der Umgang mit Hinweisgebern erfordert daher neben umfassenden rechtlichen Kenntnissen und einer großen Erfahrung mit Compliance-Themen auch das notwendige „Fingerspitzengefühl" im Umgang mit Menschen.[164]

2. Schutz des Betroffenen

182   Auch der Schutz der von dem Hinweis betroffenen Person bedarf der Beachtung. So muss zum einen durch die strikte Einhaltung der datenschutzrechtlichen Vorgaben sichergestellt sein, dass keine unzulässigen Eingriffe in die Persönlichkeitsrechte des Betroffenen stattfinden.

183   Darüber hinaus haben die unternehmensinternen Vorschriften zum Hinweismanagement festzuhalten, dass ein vorsätzlich falscher Hinweis seinerseits als Compliance-Verstoß gewertet wird und entsprechend sanktioniert wird.

3. Datenschutzkonformer Umgang mit eingegangenen Hinweisen

184   Werden personenbezogene Daten im Rahmen der Entgegennahme eines Hinweises ohne Kenntnis der betroffenen Person erhoben, ist diese gemäß Art. 14 DSGVO insbesondere über die Speicherung der Daten, die Art der Daten, den Zweck der Verarbeitung, die Identität des Verantwortlichen sowie gegebenenfalls auch über den Hinweisgeber zu informieren.[165] Durch diese Verpflichtung der im Grundsatz erforderlichen umgehenden Information des Betroffenen entsteht insoweit in der Praxis ein Problem, dass eine sofortige Benachrichtigung zumindest zu einer wesentlichen Erschwerung der Aufklärung des Sachverhalts führen dürfte.[166] Allerdings ermöglicht die Regelung des Art. 14 Abs. 5 lit. b DSGVO eine Ausnahme von der Benachrichtigung dann zu machen, wenn die Verwirklichung der Ziele der Verarbeitung zumindest ernsthaft beeinträchtigt würde. Zum Schutz des berechtigten Interesses der beschuldigten Person nach Art. 14 Abs. 5 lit. b DSGVO ist die Information jedoch dann nachzuholen, sobald der Grund für den Aufschub entfallen ist.

185   Gemäß Art. 15 DSGVO haben sowohl der Hinweisgeber wie auch die von dem Hinweis betroffene Person Anspruch auf Auskunft der zu ihrer Person gespei-

---

164 Zum Umgang mit Hinweisgebern und deren Psyche: *Benne*, CCZ 2014, 189 f.

165 Vgl. hierzu Orientierungshilfe der DSK, S. 10. Zu den datenschutzrechtlichen Anforderungen im Rahmen des Compliance Managements ausführlich *Böhlke/Becker/Fladung*, Kap. 11.

166 So auch *von Zimmermann*, RDV 2006, 247.

cherten Daten, auch soweit sie sich auf Herkunft und Empfänger beziehen. Dieser Auskunftsanspruch des Betroffenen kollidiert im Hinblick auf die Identität des Hinweisgebers offensichtlich mit den Grundsätzen eines effektiven Hinweisgeberschutzes.[167]

Ein Auskunftsanspruch gemäß Art. 15 DSGVO besteht jedoch dann nicht, wenn **186** dieser durch Rechtsvorschriften der Union oder Mitgliedstaaten zur Verhütung oder Aufdeckung von Straftaten oder zum Zweck des Schutzes der betroffenen Person oder Rechte und Freiheiten anderer Personen eingeschränkt wird (Art. 23 Abs. 1 lit. d und lit. i DSGVO). Eine solche Beschränkung regelt § 29 Abs. 1 Satz 2 BDSG, wonach das Recht auf Auskunft dann nicht besteht, soweit die Auskunft Informationen offenbaren würde, die wegen der überwiegenden berechtigten Interessen eines Dritten geheimgehalten werden müssen.[168]

Ausgehend von Art. 17 Abs. 1 lit. a DSGVO ist die Verpflichtung zur Löschung **187** von personenbezogenen Daten daran zu messen, ob und wie lange die Kenntnis der Daten zur Erfüllung des Zwecks der Speicherung erforderlich ist. Für den Bereich des Hinweismanagements besteht der Zweck des Vorhaltens der Daten zunächst in der Entgegennahme und Bearbeitung von Hinweisen auf relevantes strafrechtliches Verhalten, dessen Untersuchung sowie die sich hieran ggf. anschließenden weiteren rechtlichen Maßnahmen (Einleitung von Strafverfahren, Einleitung von arbeits-, disziplinar- und/oder zivilrechtlichen Maßnahmen).[169]

VI. Fazit

Die Einführung eines Whistleblowing-Systems im Unternehmen ist aus zahlreichen **188** chen Gründen sinnvoll:

Nur durch die frühzeitige Erkennung von unternehmensinternen Risiken kann **189** die Unternehmensleitung entsprechende Gegensteuerungsmaßnahmen ergreifen. Auch hat jedes Unternehmen ein vitales Interesse daran, dass – auch vermeintliche – Missstände zunächst im Unternehmen gemeldet und gegebenenfalls Abhilfe geschaffen werden kann und nicht „unkanalisiert" Informationen an die Medien oder Strafverfolgungsbehörden gegeben werden.[170] Schließlich kann ein Hinweismanagementsystem auch im Rahmen der Außendarstellung positiv genutzt werden. Immer häufiger wird auch im Rahmen von Vertragsver-

---

167 Vgl. zu diesem Spannungsverhältnis auch LAG Baden-Württemberg, Urteil vom 20.12.2018, 17 Sa 11/18.
168 Vgl. hierzu auch Orientierungshilfe der DSK, S. 11.
169 Die DSK geht in ihrer Orientierungshilfe davon aus, dass personenbezogene Daten grundsätzlich innerhalb von zwei Monaten nach Abschluss der Untersuchung gelöscht werden sollen; eine darüber hinausgehende Speicherung sei nur für die Dauer der Klärung erforderlicher weiterer rechtlicher Schritte wie Disziplinarverfahren oder Einleitung von Strafverfahren zulässig, S. 11.
170 Allgemein zum Thema Meldeverhalten von Whistleblowern, *Herold*, Whistleblower – Entscheidungsfindung, Meldeverhalten und kriminologische Bewertung, 2016, 196 ff.

handlungen die Existenz eines funktionierenden Compliance-Management-Systems und damit auch eines Hinweismanagementsystems abgefragt.

190   Bei der Ausgestaltung des Whistleblowing-Systems sind vor allem an der Branche, der Größe, der Internationalität des Unternehmens ausgerichtete Entscheidungen zu treffen. Dies wirkt sich insbesondere auf die Wahl der Eingangswege für Hinweise, eine Einschränkung der zu meldenden Themen wie auch bei der Art und Weise der Implementierung aus.

191   Von entscheidender Bedeutung für das Funktionieren des Hinweismanagementsystems ist jedoch die Akzeptanz gerade bei den Mitarbeitern. Hierfür erforderlich ist vor allem eine glaubwürdige Kommunikation durch die Unternehmensleitung (tone from the top), ein transparenter und nachvollziehbarer, datenschutzkonformer Umgang mit eingehenden Hinweisen und nicht zuletzt ein effektiver Schutz sowohl des Hinweisgebers als auch des von einem Hinweis betroffenen Mitarbeiters.

6. Kapitel
Kommunikationsmanagement und Schulungen

I. Einleitung

Kommunikationsmanagement und Schulungen sind zur Umsetzung eines Compliance-Management-Systems in der Praxis ein unverzichtbares Kernelement.[1] Unter Kommunikationsmanagement wird in diesem Zusammenhang jede Maßnahme verstanden, die sich aus der Compliance-Abteilung oder einer unterstützenden Funktion, direkt oder indirekt an die Mitarbeiter wendet. Ziel dabei ist die Sensibilisierung der Organe und Mitarbeiter für Compliance-Themen und deren Umsetzung im Unternehmen. Schulungen sind dabei ein Tool des Kommunikationsmanagements, welches wegen seiner herausragenden Bedeutung gesondert dargestellt und untersucht wird.   **1**

Das vorliegende Kapitel befasst sich dabei zunächst mit den Grundzügen der Kommunikation (Rn. 3 ff.). Hierbei werden nach der allgemeinen Betrachtung der Relevanz der Compliance-Kommunikation im Unternehmen zunächst Modelle aus der Kommunikationswissenschaft kurz dargestellt, um im Anschluss daran dessen Praxisrelevanz an einem Beispiel zu verdeutlichen. Abschnitt III. (Rn. 20 ff.) zeigt ausgewählte Instrumente der Compliance-Kommunikation, die sich in den letzten Jahren in der Unternehmenspraxis bewährt haben. In Abschnitt IV. (Rn. 29 ff.) werden die verschiedenen Modalitäten der Compliance-Schulungen näher betrachtet, wobei sowohl Präsenzvarianten als auch digitale Lösungen erläutert werden. Der nächste Abschnitt setzt sich mit den in der Praxis am häufigsten auftretenden Stolpersteinen in der Compliance-Kommunikation auseinander und zeigt Lösungsansätze, u. a. unter Verwendung der in Abschnitt II. (Rn. 3 ff.) aufgezeigten Kommunikationsmodelle auf. Der letzte Abschnitt (Rn. 98 ff.) zieht ein Fazit aus den vorab betrachteten Gesichtspunkten.   **2**

II. Grundzüge zur Kommunikation in der Unternehmenspraxis

1. Relevanz der Kommunikation im Unternehmen und bei Compliance

Die richtige Kommunikation des Compliance Officers,[2] einem Kernelement eines CMS und einer Kernqualifikation eines Compliance Officers,[3] ist unver-   **3**

---

1 *Hastenrath*, in: Bay/Hastenrath, Compliance-Management-Systeme, 2. Aufl. 2016, 155. Zur Compliance-Kommunikation ausführlich *Hastenrath*, Compliance-Kommunikation, 2016.
2 Auch *Nothelfer*, CCZ 2013, 23, 28, sieht in der ausgeprägten Kommunikationsfähigkeit des Compliance Officers einen Schlüssel für die erfolgreiche Einführung eines CMS; ebenso *Schulz/Renz*, CB 2013, 294, 297, die Kommunikations- und Schulungsmaßnahmen des Compliance Officers als Schlüsselfunktion bezeichnen; zu digitalen Kommunikationsanforderungen an den Compliance Officer: *Hastenrath*, Compliance Praxis (Österreich), Ausgabe 4/2019, S. 16 ff.
3 *Raum*, Vorsitzender Richter des 1. Strafsenats am BGH, in *Hastenrath*, Compliance-Kommunikation, S. 37.

zichtbar für den Erfolg von Compliance. Dies soll an einem Beispiel einer Kommunikationssituation geschildert werden. Das Beispiel zeigt eine erfolgreiche Kommunikationsstrategie.

4 Beispiel: Erfolgreiche Kommunikation des Chief Compliance Officers mit der Rechtsabteilung

Der junge Chief Compliance Officer (folgend: CCO) ist neu in das Unternehmen gekommen. Er ist mittlerweile seit etwas über drei Monaten mit dem Aufbau eines Compliance-Management-Systems im Unternehmen beschäftigt. Teil davon ist auch die Einführung einer Antikorruptionsrichtlinie, wozu er den ausdrücklichen Auftrag des Vorstands hat. Alle Rechtsthemen, wozu bisher auch die Richtlinienhoheit zählte, lagen bisher in der ausschließlichen Zuständigkeit der Rechtsabteilung. Die General Counsel ist eine angesehene Kollegin, die seit mehr als 25 Jahren für das Unternehmen tätig ist. Sie wird diese Position noch bis zu ihrem in 2 Jahren angestrebten Ruhestand innehaben.

Der Chief Compliance Officer fragt bei der General Counsel nach einem Termin zwecks der Vorstellung seiner Person, seiner Aufgabenstellung und ersten gemeinsamen Ideen, wie man eine Antikorruptionsrichtlinie, eine der Aufgaben, die der Vorstand ihm zugewiesen habe, ausgestalten könne, an. Ein Termin in 2 Wochen im Büro der General Counsel wird vereinbart.

Der Termin beginnt mit dem Eintreffen des CCO, der sich um 10 Minuten verspätet hat, da sein Vorgesetzter, der CEO ihn kurzfristig angerufen hat. Der CCO begrüßt die General Counsel und entschuldigt sich für seine Verspätung. Ihm sei dies wirklich unangenehm, er wisse, wie viele Termine die General Counsel habe. Es sei aber so gewesen, dass sein Chef, der CEO, ihn angerufen habe, als er sich gerade auf den Weg zur General Counsel habe machen wollen. Da er ja noch relativ neu im Unternehmen sei und seinen Chef nicht enttäuschen wollte, wäre er jetzt leider 10 Minuten zu spät gekommen. Die General Counsel nickt und bestätigt, dass sie derartige ad-hoc Anrufe ihres Vorgesetzten auch des Öfteren erhalte und sich deshalb verspäte. Sie habe Verständnis für seine Lage und jetzt wäre er ja da. Sie wäre schon sehr gespannt, was es mit der Compliance-Funktion auf sich habe, sie hätte nur am Rande mitbekommen, dass diese Funktion jetzt neu geschaffen werde und u. a. auch einige Rechtsthemen behandeln solle. Da sie aber in den letzten Wochen ein großes Projekt in den USA vor Ort betreut habe, sei sie noch nicht zur tieferen Befassung mit dem Thema gekommen. Der CCO fragt interessiert zu diesem USA-Projekt und sagt, wie herausfordernd solche Projekte sicherlich seien und dass er großen Respekt davor habe, ein solches Projekt, wie die General Counsel, komplett intern, ohne externe Anwälte, zu bewältigen.

Der CCO händigt im nun folgenden Verlauf eine Präsentation an die General Counsel aus. Er habe ihr diese eigentlich schon vorab zukommen lassen wollen, aber leider sei ihm auch hier eine kurzfristige Aufgabe durch seinen Chef dazwischengekommen. Er fragt, ob es deshalb in Ordnung sei, wenn er sie stattdessen durch die Präsentation zu den Grundzügen von Compliance in ihrem gemeinsamen Unternehmen sowie seinen genauen Aufgaben und möglichen Schnittstellen zum Rechtsbereich führen könne. Die General Counsel ist einverstanden.

In der Präsentation zeigt der CCO insbesondere seine Aufgaben für dieses Jahr auf. Dazu gehört das Erstellen einer Antikorruptionsrichtlinie. Er bittet die General Counsel hier um ihren besonderen Input sowie ihre Vorstellung zur Ausgestaltung dieser Schnittstelle, da er weiß, dass die Richtlinienhoheit bisher erfolgreich durch die Rechtsabteilung ausgeübt wurde. Wenn so in Ordnung, würde er als CCO gerne einen ersten Grobentwurf zu der Antikorruptionsrichtlinie machen und diesen dann mit der General Counsel besprechen, um insbesondere von ihrer langjährigen Erfahrung im Verfassen von Richtlinien in ihrem Unternehmen zu profitieren und ihre gemeinsame Schnittstelle sauber zu definieren.

Das Telefon der General Counsel klingelt in diesem Moment. Diese nimmt ab, nickt kurz und legt auf. Sie kehrt an den Besprechungstisch zurück und sagt, dass sie sich jetzt leider nur noch 10 Minuten Zeit für ihn nehmen könne, da ihr Chef sie ad hoc in 20 Minuten in sein Büro gebeten habe. Sie habe aber bereits einen guten Einblick in die Materie gewonnen und ist einverstanden, dass der CCO einen ersten Entwurf einer Richtlinie schreibt und sie diesen besprechen. Da der CCO auf seinen Zeitdruck zur Fertigstellung der Richtlinie hinweist, verspricht ihm die General Counsel, einen Termin, so schnell wie ihre eigenen Termine es zulassen, einzuplanen. Beide verabschieden sich.

Wie das Fallbeispiel bereits nach dieser kurzen Darstellung zeigt, kann der **5** Grundstein für eine fruchtbare Zusammenarbeit durch ein gutes Kommunikationsmanagement gelegt werden. Und dies ist bereits auf Grundlage eines einzigen Gesprächs möglich.

Damit zeigt sich, wie relevant ein gutes Kommunikationsmanagement ist und **6** dass hierfür einerseits genug Zeitreserven eingeplant werden müssen, andererseits für Compliance-Mitarbeiter und CCO Kenntnisse und Fortbildungen in diesem Bereich unabdingbar sind.

2. Kommunikationsmodelle

Wie sich oben (Rn. 4) gezeigt hat, kann bereits eine einzige, geschickte Kommu- **7** nikation zu positiven Ergebnissen für den Erfolg der Compliance-Arbeit führen. Daher ist es notwendig für die Compliance-Verantwortlichen, gewisse Modelle anlässlich und über die Kommunikation zu kennen, um derartige Erfolge erzielen zu können. Der nachfolgende Abschnitt stellt zwei Modelle vor, die für die Compliance-Arbeit besonders relevant sind.

a) Modell zu Konfliktarten als Grundlage für die Kommunikation

8 Besonders relevant für die Compliance-Arbeit ist das Modell zu Konfliktarten nach *Benien*,[4] wonach sich jede Kommunikation, auch die Compliance-Kommunikation, im Konfliktfall spezifisch einordnen lässt. *Benien* beschreibt vier Konfliktarten, nämlich den inneren Konflikt, den Bedürfniskonflikt, den Sachkonflikt und den Beziehungskonflikt. Dies wird in folgender Grafik verdeutlicht:

Abbildung 1: Konfliktarten nach *Benien*

9 Für die Compliance-Arbeit relevant sind insbesondere der **Sach-** und der **Beziehungskonflikt**, sodass sich die folgende Betrachtung darauf beschränkt.

10 **Sachkonflikte** lassen sich in drei Unterkategorien aufteilen und sind beispielsweise:

1. Rechtskonflikte
Hier streiten die verschiedenen Parteien darum, wer Recht hat z.B. nach der aktuellen Gesetzeslage oder Rechtsprechung. Daher gibt es auch eine autorisierte Entscheidungsinstanz in Form der Gerichte, die hier eine finale Entscheidung erzielen kann. Wenn die Parteien unbedingt jeweils Recht haben wollen, kann sich hieraus schnell ein Beziehungskonflikt entwickeln.[5]

---

4 Siehe dazu das Gesamtwerk *Benien*, in: Benien, Schwierige Gespräche führen. Modelle für Beratungs-, Kritik- und Konfliktgespräche im Berufsalltag, 1 f.
5 Dazu sogleich ausführlich unter dem Punkt Beziehungskonflikte (Rn. 11).

2. Bewertungskonflikte

Hier geht es um verschiedene Sichtweisen, Eigenschaften oder Verhaltensweisen, ohne dass eine Partei objektiv und sicher wissen kann, was richtig
oder falsch ist. Beispiele hierfür sind Bewertungen der Wichtigkeit oder der
Rangfolge von anfallenden Arbeiten, unterschiedliche Interpretation von Effizienz, Sinnhaftigkeit, Nützlichkeit usw.

3. Verteilungskonflikte

Verteilungskonflikte sind ökonomische Konflikte beim Kampf um knappe
oder begehrte Güter. Beispiele sind mehrere Bewerbungen um eine Position,
ein bestimmtes Büro, ein spezieller Parkplatz auf dem Firmengelände oder
Konflikte um Marktanteile.

Diese sind zu unterscheiden von den sogenannten **Beziehungskonflikten**, **11**
die sich ebenfalls in drei Unterkategorien unterteilen lassen:

1. Grenzkonflikte

Grenzkonflikte kommen bei der Verletzung im persönlichen Umgang und
deren Grenzen vor. Beispiele hierfür können indiskrete Fragen des Chefs zu
privaten Themen des Mitarbeiters sein oder Uneinigkeit über die Regeln für
den gemeinsamen Umgang. Diese Grenzkonflikte werden häufig als Sachkonflikte getarnt.

2. Persönlicher Angriff

Hierunter fallen Angriffe auf das Selbstwertgefühl und die Identität des Kollegen oder Mitarbeiters, wobei es zu einer Abwertung des Anderen als Person insgesamt kommt. Beispiele dafür sind etwa Vorwürfe, dass man jeman-
dem nicht geholfen hat, unsachliches und inhaltlich ungerechtfertigtes, wie-
derholtes Schlechtmachen von Leistungen des Gegenübers, Aberkennen der
Leistungen und Werte bzw. Wertvorstellungen einer Person. Dies löst fast
immer Verärgerung aus, die zu Impulsen führt, das gestörte Selbstbild wieder herzustellen, sich also durch Gegenangriffe zu wehren.

3. Vertrauenskrise

Hierbei wird die Beziehung zwischen den Parteien durch den Verdacht belastet, dass der Andere nicht aufrichtig und ehrlich agiert und dies vorsätzlich zulasten des Anderen tut. Beispiele hierfür sind das wiederholte Missachten von Vereinbarungen, das bewusste Hintergehen der Gegenpartei zu
deren Schaden und dem eigenen Nutzen oder die Abgabe von falschen Versprechungen, die nicht eingehalten werden.

Im Kommunikationsmanagement muss man sich dieser beiden Ebenen von **12**
Sach- und Beziehungskonflikt bewusst werden. Betrachten wir das obige Beispiel, zeigt sich, dass eine gemeinsame Arbeitsebene mit gegenseitigem Respekt
gefunden wurde. In diesem Beispiel haben keine Angriffe auf der Beziehungsebene stattgefunden. Vielmehr hat der Chief Compliance Officer die Herausfor-

derungen auf der Beziehungsebene vorbildlich gelöst. Er betont in allen Situationen seine eigene „Drucksituation" und entschuldigt sich für die Unannehmlichkeiten, die dies der General Counsel bereitet haben könnte. Zudem schätzt er ihre Erfahrung und ihre bisherigen Leistungen. Auch dieses Verhalten spiegelt sich sozusagen im Verhalten der General Counsel. Sie zeigt einerseits Verständnis für die Dilemmata des Chief Compliance Officers, andererseits kommt sie auf ihn zu und erklärt, unter welchen Zwängen sie selbst steht.

13 Die Kenntnis zwischen Sach- und Beziehungsebene ist daher in vielen Situationen im Compliance-Bereich maßgeblich für dessen Erfolg.

b) Praxisrelevantes Beispiel

14 Ein weiteres, relevantes Modell für die Compliance-Kommunikation ist der sogenannte „**4-Schritte-Dialog**". Dies ist eine spezielle Technik, festgefahrene und emotional aufgeladene Gespräche wieder in eine konstruktive Richtung zu lenken. Diese Dialogform ist insbesondere für bilaterale Gespräche geeignet. Einsetzbar im Compliance-Bereich ist diese immer, wenn die Person mit der Compliance-Funktion und die eine andere Funktion wahrnehmende Person als Gegenüber, etwa aus dem Bereich Einkauf oder Vertrieb, konträre Ziele haben und diese Ziele im bisherigen Gesprächsverlauf mit zunehmender Vehemenz verteidigt haben.

15 Der 4-Schritte-Dialog setzt sich wie folgt zusammen:
   – Schritt 1 beinhaltet, eine Beobachtung zu formulieren, ohne zu werten. Dies ist in Praxis nicht einfach und muss vor einem wichtigen Gespräch oftmals geübt werden, da der Gesprächsführende sonst sofort in eine Bewertung verfällt, statt seine objektive Beobachtung zu äußern.
   – Schritt 2 gibt die Stimmung und Gefühle wieder, die die sich äußernde Person in der konkreten Situation hat.
   – Schritt 3 formuliert das Bedürfnis, welches der Vortragende hat. Achtung! Dieses unterscheidet sich gegenüber einer Bitte/einem Wunsch (wie in Schritt 4 formuliert), da hier das dahinterliegende Interesse vorgetragen wird, welches sich nicht nur auf diese Gesprächssituation bezieht. Eine derartige Öffnung muss ebenfalls vorab in leichteren Situationen geübt werden, ansonsten mangelt es häufig an der Fähigkeit, sich diesbezüglich zu offenbaren, was jedoch für den Erfolg des 4-Schritte-Dialogs elementar ist.
   – Schritt 4 formuliert eine konkrete Bitte/einen konkreten Wunsch. Ein Wunsch ist in der Regel leichter zu akzeptieren als eine Forderung.

Als Beispiel für das Formulieren jeweiliger Einleitungssätze können folgen-   **16**
de Muster gut verwendet werden, ohne zu „weich" zu wirken, sodass diese
auch im Business-Kontext einsetzbar sind:

Phase 1:
„Ich habe gerade/jetzt/im Verlauf des Gesprächs beobachtet …"
„Mir ist aufgefallen, dass …"
„Ich habe bemerkt, dass …"
„Folgenden Punkt habe ich im Verlauf unseres Gespräches beobachtet: …"

Phase 2:
„Das wirkt auf mich irritierend/merkwürdig/unpassend."
„Das verärgert/ärgert mich."
„Das ist für mich unbefriedigend."

Phase 3:
„Ich habe das Bedürfnis/die Vorstellung, dass wir zu einem Ergebnis kom-
men/dass wir in diesem Gespräch jetzt wieder zum eigentlichen Kernpunkt
zurückkommen/dass Sie mich und meine Funktion respektieren …"

Phase 4:
„Mein Wunsch/mein Ziel ist es, dass wir heute …"
„Ich würde heute gerne zu folgendem Ergebnis kommen, dass …"

Als Beispiel für den 4-Schritte-Dialog in konkreten Compliance-Kommuni-   **17**
kationssituationen dienen folgende Beispiele:

Beispiel 1:

Phase 1:
„Folgenden Punkt habe ich im Verlauf unseres Gespräches beobachtet: Sie
sind mit der Stimme zunehmend laut geworden und haben mich mehrfach
mit der Aussage, dass unsere Firma diese Compliance-Maßnahme nicht
brauche, in meinen Ausführungen unterbrochen."

Phase 2:
„Das verärgert mich."

Phase 3:
„Ich habe die Vorstellung, dass wir eine Lösung für die angedachte Maßnahme finden, da ich sehr hohen Druck von der Geschäftsleitung habe, diese in
den nächsten 4 Wochen umzusetzen. Sollte mir dies nicht gelingen, werde
ich bei meinem Vorgesetzten in große Erklärungsnot kommen."

Phase 4:
„Mein Wunsch ist es daher, dass wir eine für uns beide gangbare Lösung fin-
den, die Compliance-Maßnahme so umzusetzen, dass Sie nicht unnötig in
Ihren operativen Tätigkeiten beschränkt werden und wir dabei keinem hohen
Risiko eines Rechtsverstoßes ausgesetzt sind."

18 **Beispiel 2:**

Phase 1:
„Ich habe bemerkt, dass Sie die Fäuste unter dem Tisch ballen und den Kopf mehrfach ablehnend geschüttelt haben."

Phase 2:
„Das irritiert mich."

Phase 3:
„Ich habe das Bedürfnis, dass wir zu einem Ergebnis kommen, denn es ist Teil meines Tätigkeitsbereichs, möglicherweise nicht mehr adäquate Verhaltensweisen der Mitarbeiter in sicherere Alternativen zu verändern. Das ist nicht gegen Sie oder die Mitarbeiter Ihrer Abteilung gerichtet. Wenn ein Verstoß passiert, kann ich als Chief Compliance Officer nicht nur meinen Job verlieren, sondern auch persönlich zivil- und strafrechtlich verfolgt werden."

Phase 4:
„Ich würde heute gerne zu folgendem Ergebnis kommen: Wir suchen gemeinsam nach Möglichkeiten, wie Sie und Ihre Mitarbeiter in Zukunft agieren können, ohne einen Rechtsverstoß zu riskieren bzw. einen solchen nach Möglichkeit weitestgehend zu minimieren."

19 Viele kritische Compliance-Gespräche können so vor einer Eskalation bewahrt werden. Wenn die Parteien sich gegenseitig ihre hinter ihren vertretenen Positionen liegenden Interessen und Bedürfnisse mitteilen, ersteht ein ganz anderes Verständnis des Gegenübers. So können Lösungen gefunden werden, die für beide Seiten akzeptabel sind. Nur solche Lösungen haben langfristig Erfolg und werden von der Gegenseite mitgetragen. Lösungen, die einer Seite qua Weisungsbefugnis oder qua der Entscheidungsgewalt des Gegenübers mit Druck aufgezwungen und gegebenenfalls nicht verstanden werden, führen zu Gegendruck.[6] Dieser kann sich im möglichen Umgehen oder Untergraben der Lösung manifestieren. Der 4-Schritte-Dialog sollte deshalb als Möglichkeit der guten Compliance-Kommunikation in passenden Situationen in Betracht gezogen werden.

III. Ausgewählte Instrumente der Compliance-Kommunikation

1. Tone-From-The-Top

20 Unabdingbare Grundlage für jedes funktionierende Compliance-Management-System ist ein „**Tone-From-The-Top**" oder, oftmals synonym verwendet, ein „Tone-At-The-Top" der Geschäftsleitung. Ein Tone-At-The-Top ist ein ernstgemeintes Bekenntnis („Commitment") der Unternehmensspitze, sämtliche rele-

---

6 Dieses Druckverhalten zeigt sich auch in den steigenden Zahlen der Begehung von Veruntreuung, Betrug und Unterschlagung durch Unternehmensmitarbeiter, vgl. *Klinger*, in: Klinger, Das Interne Kontrollsystem im Unternehmen, 2. Aufl. 2009, 8.

vanten Vorgänge, Prozesse, Verträge, Geschäftspartner, Expansionspläne und Ähnliches mehr auf ihre Rechtskonformität durch die Compliance-Abteilung und angrenzende Funktionen prüfen zu lassen und im Zweifelsfall, also bei hoher Wahrscheinlichkeit eines Rechtsverstoßes oder Reputationsrisikos, davon Abstand zu nehmen, auch wenn sich dies unter Umständen kurzfristig negativ auf die Umsätze auswirkt oder man sich von langjährigen Geschäftspartnern trennen muss.[7] Ein Ausdruck davon kann auch die Kündigung von wichtigen Funktionsträgern und Umsatzverantwortlichen sein, etwa wenn diese in rechtswidrige Geschäfte verwickelt sind.

In der Praxis entscheidend sind Anhaltspunkte für Umsetzungsformen des Tone-From-The-Top, wie das Budget und die Ressourcenausstattung der Compliance-Abteilung, die Einbindung in relevante Geschäfte und strategische Entscheidungen, der Schutz der Compliance-Mitarbeiter oder die Incentivierung von compliance-gerechtem Verhalten.[8] **21**

Für einen fehlenden Tone-From-The-Top können das Fehlen der vorgenannten Punkte sowie vor allem versteckte Äußerungen der Geschäftsführung gegen Compliance sprechen.[9]

2. Persönlicher Kontakt mit dem Compliance Officer

Viele Compliance-Situationen sind durchaus kritisch. Das heißt, wenn ein Mitarbeiter eine solche Situation dem Compliance Officer offenbart, muss dafür vorab ein grundsätzliches Vertrauensverhältnis bestehen. Dies insbesondere dann, wenn es keinen Schutz für interne Hinweisgeber in einer Richtlinie oder Ähnlichem gibt. Ein solches Vertrauen kann nur über den persönlichen, zwischenmenschlichen Kontakt mit dem Compliance Officer aufgebaut werden. Es ist daher für den Compliance Officer ratsam, jede Chance zu einem persönlichen Kontakt mit den Mitarbeitern zu suchen. Neben gemeinsamen Kantinenbesuchen können dies etwa eine offene Sprechzeit des Compliance Officers, regelmäßige Rundgänge im eigenen Haus sowie Besuche bei den Tochtergesellschaften, die entsprechend ausführliche Bearbeitung von Anfragen mit persönlicher Erklärung oder die Teilnahme am Betriebssport sein. **22**

3. Zusammenarbeit des Compliance Officers mit Schlüsselfunktionen im Unternehmen

Ob ein Compliance-Management-System Erfolg hat, hängt in hohem Maße von der Unterstützung der Compliance-Abteilung durch andere Abteilungen ab, die **23**

---

7 Siehe hierzu ausführlich *Schulz*, Kap. 1, Rn. 54 m. w. N.
8 Eine ausführliche Darstellung hierzu in *Hastenrath*, in: Hastenrath, Compliance-Kommunikation, 2016, Kap. 6, Rn. 17 ff.
9 Eine ausführliche Darstellung hierzu in *Hastenrath*, in: Hastenrath, Compliance-Kommunikation, 2016, Kap. 6, Rn. 25 ff.

mit dem Thema eine oder mehrere Schnittstellen haben.[10] Deshalb ist es gerade in der Etablierungsphase von Compliance notwendig, mit allen Leitern und gegebenenfalls mit zusätzlichem Personal der Abteilungen zu sprechen und gemeinsame Strategien und Synergien zu erarbeiten, sowie Doppelbearbeitungen zu vermeiden. Neben Gesprächen können diese Schnittstellenfunktionen auch in einem beratenden Compliance-Gremium gebündelt werden. Damit wird das Fachwissen sehr zeitsparend zusammengezogen und andererseits besteht für den Compliance Officer die Chance, mögliche Vorbehalte gegen seine Funktion abzubauen oder mindestens zu minimieren.

4. Schriftliche Informationen an die Mitarbeiter

24   Sowohl beim Aufbau als auch beim Ausbau und der Anpassung bestehender Compliance-Management-Systeme ist eine der wichtigsten Maßnahmen, die adressierten Mitarbeiter ausreichend zu informieren. Dazu zählt zunächst eine frühzeitige Information zu anstehenden Compliance-Maßnahmen. Dann sind die konkreten Maßnahmen zu planen, um auch die zeitliche Verfügbarkeit der Mitarbeiter zu sichern. Im Nachgang zu Schulungen oder der Verteilung neuer Richtlinien sind weitere Erklärungen und Erläuterungen dazu zu verfassen. Neben der Ansprache per E-Mail, welche in Zeiten der E-Mail-Fluten leicht untergeht, sind persönliche Hinweise für die räumlich erreichbaren Mitarbeiter, ein Hinweis im Compliance-Bereich des Intranets sowie Aushänge an schwarzen Brettern und die Ankündigung der Compliance-Maßnahmen durch Dritte in deren Management-Veranstaltungen oder Abteilungs-Meetings ratsam.

5. Compliance im firmeneigenen Intranet

25   Der Aufbau und das Betreiben eines eigenen Intranetauftritts im Rahmen des Intranets des Unternehmens sind für die Compliance-Abteilung ratsam. In der Praxis ist es häufig so, dass eine zentrale Compliance-Abteilung etabliert ist. Teilweise sind in großen Tochtergesellschaften oder nach Regionen geordnet noch zusätzliche Vollzeitkräfte mit fachlicher Führungsverantwortung nachgeschaltet. Die weitere Compliance-Arbeit wird jedoch auf lokaler Ebene durch Compliance-Mitarbeiter ausgeführt, die in ihrer Hauptfunktion mit anderen Aufgaben betraut sind. Diese kennen sich in den einzelnen Compliance-Fachthemen häufig nicht ausreichend aus und vernachlässigen das Thema ggf. gänzlich, wenn sie nicht ausreichend von den zentralen Compliance-Funktionen mit Informationen versorgt werden und diese ebenfalls Anforderungen zu eigenen Tätigkeiten der lokalen Compliance-Mitarbeiter stellen.

26   Da eine permanente, persönliche Information der dezentralen Funktionen sowohl aus Kapazitätsgesichtspunkten als auch aus finanziellen Gründen kaum möglich ist, haben viele zentrale Compliance-Funktionen einen eigenen Intranetauftritt aufgebaut, auf den im Idealfall alle Mitarbeiter zeitunabhängig Zugriff haben.

---

10 Zu dem erforderlichen „Schnittstellenmanagement" siehe auch *Schulz*, Kap. 1, Rn. 72, 82; *Rau*, Kap. 3; sowie *Renz/Frankenberger*, Kap. 19.

Eine sinnvolle Aufteilung des Intranetauftritts in Unterthemen kann wie folgt **27** aussehen:

- Im Bereich „Compliance Basics" werden Grundelemente des firmeneigenen Compliance-Systems erklärt.
- Im Bereich „Interne Grundlagen" werden zusätzliche Dokumente wie die Unternehmensgrundsätze und Führungsleitlinien hinterlegt, die zwar keine originären Compliance-Dokumente sind, aber oftmals wichtige Voraussetzungen für die Einhaltung der Compliance-Vorgaben schaffen.
- Im Bereich „Der Unternehmens-Kodex" werden dieser sowie zusätzliche Beispiele aufgeführt.
- Im Bereich „Übersichten, Richtlinien u. a. m." werden die wichtigsten Grundlagendokumente von und für Compliance hinterlegt und mögliche Hinweise zu Schulungsterminen veröffentlicht.
- Im Bereich „Relevante Vorgaben und Gesetze international" können nationale Besonderheiten dargestellt werden. So können Gemeinsamkeiten und Unterschiede und gegebenenfalls Anpassungsbedarfe für einzelne Länder leichter ermittelt werden.
- Im Bereich „Compliance-Organisation und Schnittstellen zu anderen Bereichen" werden Aufgaben und Zuständigkeiten der Compliance-Abteilung in Abgrenzung zu angrenzenden Funktionen dargestellt.
- Im Bereich „Hinweise" können, soweit es in die Firmenkultur passt, Hinweise von Mitarbeitern anonym oder nicht anonym aufgenommen werden.

Die Erarbeitung eines derartigen Intranetauftritts erfordert neben einem hohen **28** Zeitaufwand bei der Etablierung auch einen ständigen Pflegeaufwand, um neue Beispiele, Gesetzesänderungen, Schulungsankündigungen oder Personalwechsel aktuell anzuzeigen.[11]

IV. Schulungen

1. Persönliche Schulungen durch die Compliance-Funktion

Persönliche Schulungen durch den Chief Compliance Officer oder seine Mitar- **29** beiter sind die unverzichtbare Grundlage, den Mitarbeitern die Compliance-Fragestellungen aufzuzeigen und notwendiges Vertrauen zum Chief Compliance Officer und seinen Mitarbeitern aufzubauen.[12] In den Schulungen, die je nach Adressatengruppe individuell angefertigt und aufgebaut sein müssen, können

---

11 Ausführlich zum Aufbau eines Compliance-Intranet-Auftritts *Hastenrath*, in: Bay/Hastenrath, Compliance-Management-Systeme, 2. Aufl. 2016, 162 ff.
12 Vgl. zur Wichtigkeit von Präsenzschulungen: *Zimmermann*, in: Momsen/Grützner, Wirtschaftsstrafrecht: Handbuch für die Unternehmens- und Anwaltspraxis, 2013, 951; vgl. zu E-Learning und Präsenzschulungen: *Vormizeele*, CCZ 2009, 41, 43; zur essenziellen Notwendigkeit von Schulungen: *Mengel*, in: Mengel, Compliance und Arbeitsrecht, 2009, 9; weiterführend zum Umgang mit Social Media in der Compliance: *Oberlin*, CB 2019, 67 ff.

die Mitarbeiter wichtige Rückfragen stellen.[13] Dies ist wichtig, um das Verständnis der Mitarbeiter für die Themen tatsächlich zu gewinnen. Daneben können zusätzliche Mitarbeiterfragen die Compliance-Abteilung auf relevante Prozesse und Sachverhalte hinweisen, die die Compliance-Abteilung bisher noch nicht angeschaut hat, in denen aber unter Umständen Risiken stecken, die bearbeitet werden müssen.

30 Was auf den ersten Blick einfach klingt, ist in der Praxis mit verschiedenen Herausforderungen verbunden. Neben der Koordination internationaler Termine und Tagungsräume ist die Erstellung besagter, zielgruppengerechter Schulungsunterlagen eine Kunst. Es hat sich gezeigt, dass die Darstellung von Risiken und den damit verbundenen Normen im Gesetz nicht ausreicht. Vielmehr müssen Fälle und Beispiele eingearbeitet sein, die die jeweilige Zielgruppe möglichst aus ihrem direkten Arbeitsalltag kennen bzw. damit Berührungspunkte haben. Soweit die internen Compliance-Mitarbeiter einige Fachthemen nicht selbst abdecken, sollte externe Unterstützung beigezogen werden. Dies zum einen, um relevante Mitarbeiterfragen auch beantworten zu können, zum anderen aus Gesichtspunkten eines möglichen Enthaftungsbeitrags für die Geschäftsführung.[14]

2. Schulungen mit klassischem E-Learning

31 Neben den Präsenztrainings greifen viele Compliance Officer zu einer unterstützenden, digitalen Schulung in Form eines sogenannten „E-Learnings".[15] Dieses ist eine Schulung mit einer schriftlichen Präsentation sowie interaktiven Elementen, die der Mitarbeiter in einem gewissen Zeitraum selbstständig an seinem PC-Arbeitsplatz ausführen kann.[16]

32 Zu E-Learnings gibt es eine Reihe von Fehleinschätzungen, die hier kurz angerissen werden sollen.[17] Zunächst wird die Geschäftsführung nicht automatisch enthaftet, nur weil die Mitarbeiter nachweislich ein E-Learning zu einem Thema durchgeführt haben, in dem später ein Verstoß aufgetreten ist. Die Schulung kann ein Indiz für die Compliance-Bemühungen des Unternehmens darstellen. Soweit ein Verstoß eintritt, werden diese aber nach aller Voraussicht von der Rechtsprechung als nicht hinreichend betrachtet werden.[18]

---

13 Zu mangelhaften Trainings, deren Gründen und Auswirkungen siehe *Röhrich*, in: Röhrich, Methoden der Korruptionsbekämpfung, 2008, 30 ff.

14 Siehe ausführlich und vertiefend zum musterhaften Aufbau einer internen Kartellrechtsschulung *Hastenrath*, in: Hastenrath, Compliance-Kommunikation, 2016, Kap. 6, Rn. 50 ff.

15 Vertiefend zu E-Learnings siehe *von Oertzen/Hoffmann/Oppitz*, in: Wieland/Steinmeyer/Grüninger, Handbuch Compliance Management, 2010, 415 ff.

16 Ausführlich zum Aufbau eines Compliance-E-Learnings siehe *Hastenrath*, in: Bay/Hastenrath, Compliance-Management-Systeme, 2. Aufl. 2016, 175 ff.

17 Ausführlich dazu auch *Hastenrath*, CCZ 2014, 132 ff.

18 Vgl. hierzu die Anforderungen an ein ausreichendes Compliance-Management-System nach der Rechtsprechung des LG München I, 10.12.2013, 5 HKO 1387/10 (Neubürger-Entscheidung; unter Aktenzeichen so im Internet verfügbar).

Zudem ist ein E-Learning keine per se kostengünstige Trainingsmethode, da 33
z. B. eine Nutzungspauschale des Anbieters von 8 EUR pro Mitarbeiter erhoben
wird oder Übersetzungen je Sprache 8.000 EUR kosten können.[19] Im Ergebnis
ist damit ein Betrag von 50.000 EUR pro E-Learning keine Seltenheit. Dankens-
werterweise wandelt sich der Markt hier jedoch zurzeit, sodass auch sehr gute
und kostengünstigere Produkte am Markt erhältlich sind.[20]

Ein E-Learning ist jedoch nicht für alle Schulungen einsetzbar. Durch den vorge- 34
gebenen, knappen Zeitrahmen zur Bearbeitung von durchschnittlich 45 bis 60
Minuten sowie der fehlenden Rückfragemöglichkeiten können am besten
Grundlagenfragen und -themen behandelt werden, etwa wie der Code of Conduct oder Grundzüge der Korruptionsprävention. Speziellere und vertiefte Betrachtung sollten den Präsenzschulungen vorbehalten werden. Hier kann ein E-
Learning höchstens als Ergänzung oder Auffrischung nach einer solchen Präsenzschulung verwendet werden.

3. Digitale Schulungen: Schulungen mit Webinaren, Podcasts, Livestreams oder vertonten Präsentationen

Ein Konzept des Kommunikationsmanagements im Rahmen der Digitalisierung 35
von Compliance sind Schulungen ohne persönliche Präsenz vor Ort mit Referenten, die über ein technisches Programm zugeschaltet sind, vorab eine Präsentation vertonen oder via Livestream per Video zugeschaltet sind. In vielen Unternehmen werden schon jetzt aufwendige Dienstreisen zugunsten von Meetings
per Videokonferenz oder Ähnlichem ersetzt. Dieser Trend wird zunehmend auch
den Schulungsbereich betreffen, insbesondere wenn sich die Energiekosten weiter erhöhen oder globale Reisetätigkeiten vor Gefahren wie etwa Pandemien
(„Covid 19") künftig in Frage gestellt werden könnten.

Der große Vorteil dieser digitalen Schulungsformen ist die moderne Darbie- 36
tungsform z. B. auch in Form spielerischer Elemente (Stichwort: „Gamifica-
tion"), der Wiederverwendbarkeit z. B. aufgezeichneter Schulungen mit dem
Compliance Officer sowie die quasi weltweit mögliche Zusammenarbeit, ohne
den physischen Arbeitsplatz verlassen zu müssen.

Näher betrachtet wird nachfolgend das Webinar. Vorteil hiervon ist die Mischung aus Präsentation, z. B. als Power-Point-Präsentation, des Live-Vortrags

---

19 Persönliche Erfahrungen der Autorin.
20 Siehe zum Beispiel die Compliance-Produkte von Haufe unter: https://www.haufe-akade
   mie.de/tmp/compliance?chorid=03527432&campaign=haufe.de/Subnavi/haufe-compliance
   /tmpcomliance/55432/03527432 oder die Angebote von CompCor unter: https://www.comp
   cor.de/trainingsprodukte/haufe-compliance-college-e-training.html (beide Fundstellen zuletzt abgerufen am 11.4.2020).

des Referenten über technische Hilfsmittel sowie die Fragemöglichkeit der Teilnehmer, je nach Programm über eine Chatfunktion oder per Audiospur.[21]

37 Webinare sind in der Compliance-Kommunikation noch eine junge Disziplin. Ein erfolgreiches Webinar muss anders konzipiert werden als andere Schulungsformate, weshalb einige Punkte zu beachten sind. Ein Schwerpunkt dieses Kapitels soll daher auf die musterhaften Kernelemente zur Ausgestaltung eines Webinars gelegt werden. Der gewählte Aufbau, Inhalt und die Darstellung je Musterfolie werden jeweils zusätzlich erklärt, was einen Transfer in das eigene Unternehmen erleichtert.

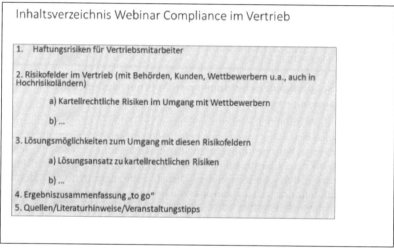

Abbildung 2: Musterfolie 1 Webinar

38 Mit dem Inhaltsverzeichnis beginnt der erste Kontakt zwischen Teilnehmern und Referent. Es kann sein, dass es vorher technische Probleme gab, noch nicht alle Teilnehmer „eingeloggt" sind oder der Referent anfangs nervös ist. Daher sollte diese Folie genutzt werden, um sich gemeinsam auf das kommende Training einzustimmen. Auch wenn sich Teilnehmer erst jetzt zuschalten, können sie aufgrund der klaren Struktur der Folie schnell ins Thema einsteigen, selbst wenn sie einige Minuten verpasst haben sollten. Die klare Struktur mit kurzer Darstellung der Hauptthemen und Unterpunkte ist auch deshalb empfehlenswert, um einerseits den Gesamtinhalt kurz zu umreißen, andererseits können die Teilnehmer sich schon einmal auf die Themen einstellen und darüber nachdenken. Dies ist für die kommenden Fragen an die Teilnehmer auch notwendig. Sollte es zu die-

---

21 Aktuell verbreitet in der Compliance sind hier die Anwendungen Zoom, Microsoft Teams, Google Hangouts oder Adobe Connect, ohne das hierfür eine abschließende Klärung zu Datenschutz und Datensicherheit getroffen werden konnte.

sem Zeitpunkt noch technische Schwierigkeiten geben, kann sich der Referent per Audio oder in einem separaten Textfeld neben der Erläuterung des Inhalts an den IT-Support wenden, ohne den roten Faden gegenüber den Teilnehmern zu verlieren. Es empfiehlt sich ohnehin, dass ein IT-Support für die gesamte Zeit des Trainings zugeschaltet ist oder jedenfalls auf Abruf unmittelbar reagiert. Es können technische Schwierigkeiten auftreten, auch bei den Teilnehmern, z. B. Ton- oder Bildstörungen, um die der Referent sich nicht selbst kümmern kann und dafür den besagten IT-Support benötigt.

Warm-up: Vorstellung

* **Kurzvorstellung des Referenten**

* **Ihr prägnantestes Beispiel zum heutigen Thema?**

Abbildung 3: Musterfolie 2 Webinar

Referenten und Teilnehmer konnten sich nicht wie im Rahmen von persönlichen Trainings beim Betreten des Seminarraums o. Ä. direkt durch Handschlag und einem kurzen „Small Talk" aufeinander einstimmen. So unwichtig diese Kleinigkeit auf den ersten Blick erscheinen mag, umso ungewohnter ist es jedoch, wenn sie wegfällt. Um diese zu ersetzen, wurde Musterfolie 2 konzipiert. In dieser stellt sich der Referent kurz vor und begrüßt die Teilnehmer noch einmal, bzw. eine gute Möglichkeit zum Einstieg ist auch die Frage, wo sich die Teilnehmer räumlich befinden und in welcher Zeitzone, soweit das Training international ausgerichtet ist. Dies lockert die Stimmung auf und stellt möglicherweise Gemeinsamkeiten heraus. Der Vorstellung folgen sollte dann eine direkte, inhaltliche Frage an die Teilnehmer, die diese per Chat beantworten. Hier wird ebenfalls eine erste Basis für die gemeinsame Arbeit im folgenden Training gelegt. Zusätzlich kann der Referent hier noch wichtige Erkenntnisse gewinnen, wie er gegebenenfalls seine Schwerpunkte im Training setzt, um den Interessen der Teilnehmer am besten gerecht zu werden.

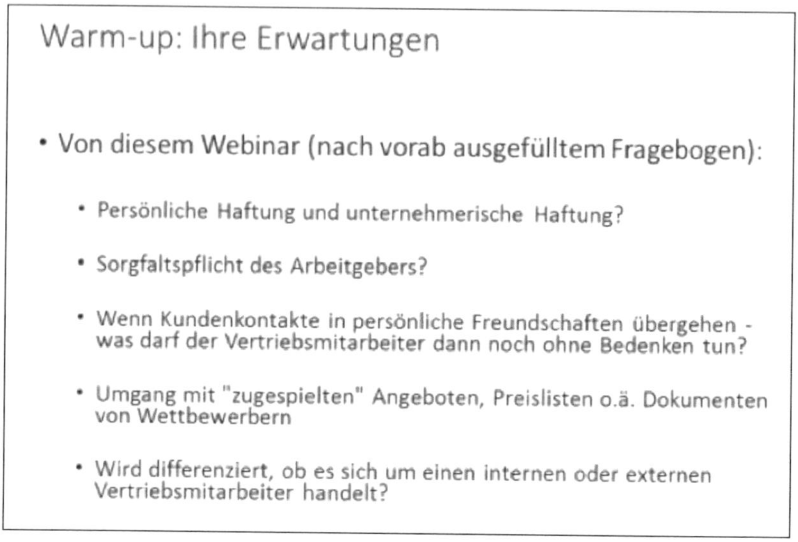

Warm-up: Ihre Erwartungen

- Von diesem Webinar (nach vorab ausgefülltem Fragebogen):

  - Persönliche Haftung und unternehmerische Haftung?

  - Sorgfaltspflicht des Arbeitgebers?

  - Wenn Kundenkontakte in persönliche Freundschaften übergehen - was darf der Vertriebsmitarbeiter dann noch ohne Bedenken tun?

  - Umgang mit "zugespielten" Angeboten, Preislisten o.ä. Dokumenten von Wettbewerbern

  - Wird differenziert, ob es sich um einen internen oder externen Vertriebsmitarbeiter handelt?

Abbildung 4: Musterfolie 3 Webinar

40   Die Erfahrung hat gezeigt, dass eine vorherige Abfrage der Erwartungen an ein Webinar vorteilhaft ist. Zum einen setzen sich die Teilnehmer so bereits vor dem eigentlichen Webinar mit ihren Erwartungen und Problemstellungen auseinander. Zum anderen besteht auch hier die Chance für den Referenten, weitere Folien für den Adressatenkreis aufzunehmen, um deren Fragen zu beantworten. Soweit die Fragen zu weit vom eigentlichen Thema entfernt liegen, sollte der Referent die Erwartung zwar aufnehmen, dann aber im Webinar darauf hinweisen, dass dies kein Thema des Webinars ist und deshalb, auch im Interesse der anderen Teilnehmer, nicht oder nur in ein bis zwei Sätzen angesprochen werden kann.

41   Auch sollten hier Fragen zu Erwartungen, die vielleicht noch präzisiert werden können, wie in der Musterfolie in etwa der Punkt zu den Sorgfaltspflichten des Arbeitgebers, direkt vom Vortragenden an die Teilnehmer gestellt werden. Das sichert zum einen das richtige Verständnis des Referenten und bezieht auch die Teilnehmer aktiv mit ein. Denn für den Referenten ist es in einem Webinar teilweise nicht erkennbar, ob seine Teilnehmer noch vor Ort sind und mitdenken und seinen Vortrag verfolgen oder möglicherweise nur den PC angestellt haben, sich aber ansonsten anderen Themen widmen. Dies kann für den Vortragenden unbefriedigend sein, sodass seine Ankündigung gleich zu Anfang des Webinars, dass die Teilnehmer durch das ganze Training hindurch immer wieder aktiv mit Fragen und Input einbezogen werden, dem vorbeugen kann.

1. Haftungsrisiken für Vertriebsmitarbeiter

Der Fall Keith Packer

Abbildung 5: Musterfolie 4 Webinar

Wie auch in allen anderen Schulungsformen spielen passende und überzeugende   **42**
Beispiele eine große Rolle. Diese werden am besten zu Beginn eines Kapitels
oder Sinnabschnitts als Einleitung gewählt. Dies bindet die Aufmerksamkeit der
Teilnehmer, insbesondere, wenn sie sich persönlich in einem gewählten Beispiel
wiederfinden. Bei der Wahl der Beispiele sollte vom Referenten zusätzlich darauf geachtet werden, dass es nicht um eine bloße „Angstmache" geht, also keine
Beispiele, in denen die gesetzliche Haftung mit persönlichen Strafen als besonderes Damoklesschwert dargestellt werden. Dies führt oftmals zu einer „Ab-
stumpfung", insbesondere wenn die Teilnehmer seit Jahren ggf. kritische Tätigkeiten praktizieren oder praktiziert haben, es aber noch nie zu rechtlichen
Konsequenzen kam. Die Beispiele sollten besser eine persönliche Betroffenheit
und einen gewissen Überraschungseffekt enthalten, sodass die Mitarbeiter einerseits sehen, dass die rechtlichen Auswirkungen auch sie selbst treffen können
und das oftmals für Verhaltensweisen, die für den Rechtslaien noch als rechtlich
unkritisch oder zulässig angesehen werden.

1. Haftungsrisiken für Vertriebsmitarbeiter

• Viele Länder stellen auch die Bestechlichkeit und Bestechung im geschäftlichen Verkehr zwischen privaten Personen/Unternehmen unter Strafe (z.B. im deutschen, chinesischen, russischen und spanischen Strafgesetzbuch, im italienischen Dekret 231 oder in verschiedenen US-amerikanischen bundesstaatlichen Gesetzen)

• Strafen gegen den Vertriebsmitarbeiter reichen von persönlichen Geldstrafen bis hin zu Haftstrafen (z.B. Kartellrechtsverstöße nach US-Recht)

• Auch nach „fremden" Jurisdiktionen können deutsche Vertriebler haften; zivilrechtliche Sanktionen kommen hinzu

Abbildung 6: Musterfolie 5 Webinar

43 Neben Beispielen und Interaktion darf auch die klassische Wissensvermittlung nicht fehlen. In Musterfolie 5 in etwa werden Grundzüge zu Auswirkungen von Bestechung und Bestechlichkeit in verschiedenen Jurisdiktionen dargestellt. Von Compliance-Verantwortlichen wird oftmals überschätzt, inwieweit sich die Mitarbeiter in für diese relevanten Rechtsthemen auskennen. Oftmals ist das Wissen bestenfalls fragmentarisch, (stark) veraltet oder unzulässig vereinfacht. Zwar sollen die Mitarbeiter keine Rechtsexperten werden, dennoch müssen sie die Grundrichtung und Grundaussagen der wichtigsten Normen kennen, mit denen sie im Arbeitsalltag in Berührung kommen. Dabei müssen diese Normen nicht unbedingt alle im originalen Gesetzeswortlaut in der Präsentation mit abgedruckt werden. Es können auch vereinfachte Inhalte im Zusammenhang mit erläuternden Beispielen gewählt werden. Gesamte Texte oder Gesetze haben, wenn überhaupt, Platz in einer Annex, die die Teilnehmer zur Nacharbeit und Eigenlektüre verwenden können.

44 Ob ausgeschriebene Sätze oder Stichpunkte verwendet werden, ist dem jeweiligen Stil des Referenten überlassen. Da es sich bei dem Webinar jedoch um einen Vortrag handelt, in dem frei gesprochen wird, können sich Stichpunkte anbieten, da diese nicht zum „Vorlesen" der Folien wie mit ganzen Sätzen verleiten. Insgesamt muss die Sprache so gewählt sein, dass diese vom Zielpublikum verstanden wird. Dies kann im internationalen Kontext ein Problem darstellen. Es empfiehlt sich daher immer, die Texte, wenn sie in eine andere Sprache übersetzt werden, von einem Muttersprachler oder professionellen Übersetzer anfertigen oder jedenfalls gegenlesen zu lassen. So lassen sich unliebsame Übersetzungsfehler und damit die Gefahr einer Entstellung des Sinnes des Textes vermeiden.

2. Risikofelder im Vertrieb (mit Behörden, Kunden, Wettbewerbern u.a., auch in Hochrisikoländern)

a) Kartellrechtliche Risiken im Umgang mit Wettbewerbern

Frage:
Ist folgendes Verhalten problematisch: Sie unterhalten sich mit dem Vertriebskollegen eines Wettbewerbers darüber, dass Ihr Unternehmen sein Angebot wegen einem Produktionsengpass erst mit zwei Wochen Verspätung einreichen kann.

Abbildung 7: Musterfolie 6 Webinar

Webinare haben den Vorteil einer hohen Interaktionsmöglichkeit. Eine solche **45** Möglichkeit, die regelmäßig in Webinaren verwendet werden kann und sollte, ist die der Abstimmung. Eine Abstimmung muss vorab mit dem Technikteam besprochen und an der gewünschten Stelle integriert werden. Der Abstimmungsmodul kann sich auf zwei Optionen wie „Ja" und „Nein" beschränken, kann aber auch mehrere und differenzierte Antwortmöglichkeiten vorgeben. Neben der für Juristen typischen Aussage „Es kommt darauf an" können auch „Ja"- oder „Nein"-Antworten mit weiteren Bedingungen verknüpft werden. Bei „Ja" könnte es zum Beispiel als eine Antwortoption heißen „Ja, wenn der Mitarbeiter Vorsatz hatte".

Die Teilnehmer und der Referent erhalten durch eine Abstimmung ein Bild, wie **46** die Mehrheit oder die Minderheit eine Situation einschätzen. Liegen die Einschätzung der Teilnehmer mehrheitlich neben der richtigen Lösung oder spiegeln sie im Gegenteil mehrheitlich die richtige Lösung wider, obwohl es vielleicht eine sehr schwere Frage war, kann der Referent im „Chat" nachfragen, wie die Teilnehmer auf diese Lösung gekommen sind. So erfolgt in etwa beim Chat über eine falsche Lösung unmittelbar ein Lerneffekt, da der Referent den Teilnehmern erklären kann, wo diese gegebenenfalls noch ein Detail nicht beachtet oder rechtlich nicht richtig eingeordnet haben.

2. Risikofelder im Vertrieb (mit Behörden, Kunden, Wettbewerbern u.a., auch in Hochrisikoländern)

a) Kartellrechtliche Risiken im Umgang mit Wettbewerbern

Redflags sind u.a.:

- Unternehmenskultur: Austausch mit Wettbewerbern
- Verbandstreffen mit Wettbewerbern ohne vorherige Sensibilisierung
- Markt ist in Krise
- Neue Marktplayer etablieren sich (mögl. Kartelle werden wirkungslos, oft hier Kronzeugenantrag gestellt)
- Bisher keine Schulungen durch das Unternehmen für die Risikogruppen erfolgt
- Dezentrale Vertragsschlüsse ohne zwingende Einbindung der Rechtsabteilung/"Sideletter"

Abbildung 8: Musterfolie 7 Webinar

47 Besonders beliebt bei den Praktikern sind Checklisten und andere Hilfen, die im hektischen Arbeitsalltag erste schnelle Antworten und Abhilfe liefern. Das sollte in ein Webinar an einer oder mehreren Stellen aufgenommen werden. Es bieten sich zum Beispiel Checklisten zu sog. „Red Flags" an, also Situationen oder Verhaltensweisen, die möglicherweise ein Indiz für ein rechtswidriges Verhalten darstellen oder eine erhöhte Wahrscheinlichkeit dafür darstellen, dass ein solches Verhalten in einer bestimmten Lage verstärkt vorkommen könnte. In Musterfolie 7 sind daher typische Red Flags im Bereich des Kartellrechts aufgeführt. Insbesondere im Bereich des Kartellrechts gibt es klassische Situationen, die zu kartellrechtswidrigem Verhalten verleiten könnten.[22] Dazu zählt beispielsweise eine veränderte Marktsituation, weil ein neuer Wettbewerber in das Marktgeschehen eintritt. Dies hat in der Vergangenheit oftmals dazu geführt, dass bestehende Kartelle der bisherigen Wettbewerber aufgegeben wurden, da diese nun nicht mehr funktionierten, und einer der Wettbewerber einen Kronzeugenantrag beim Bundeskartellamt gestellt hat, um so selbst bußgeldfrei auszugehen, während die Wettbewerber mit empfindlichen Bußen belegt wurden. Als eine weitere Red Flag ist das dezentrale Abschließen und Verwalten von Verträgen zu nennen. Hier werden oftmals unlautere Praktiken beobachtet, insbesondere wenn es sich um große Projekte handelt und die operativen Abteilungen eigene Verträge schließen können. Der Basisvertrag wird zwar meistens von der Rechtsabteilung aufgesetzt oder jedenfalls geprüft, etwaige Nachträge jedoch schließen die operativen Abteilungen häufig selbstständig. In diesen Nachträgen, die rechtlich nicht geprüft wurden oder, schlimmer noch, in die Vereinbarungen aufgenommen werden, die die Rechtsabteilung abgelehnt hätte, finden sich teilweise wettbewerbswidrige Absprachen.

---

22 Siehe hierzu ausführlich *Seeliger/Heinen/Mross*, Kap. 23.

Im Zusammenhang mit den Checklisten können die Teilnehmer im Webinar wie-   **48**
der nach ihren eigenen Erfahrungen gefragt werden. Auch kommen im Zusammenhang mit Redflags oftmals Fragen der Teilnehmer auf, ob diese oder jede Ver-
haltensweise auch als kritisch einzustufen sei, die der Referent beantworten kann.

2. Risikofelder im Vertrieb (mit Behörden, Kunden,
Wettbewerbern u.a., auch in Hochrisikoländern)

c) Korruptionsrisiken im Umgang mit Kunden

Ihre Erfahrungen: Wo sehen Sie Probleme?

Abbildung 9: Musterfolie 8 Webinar

Ferner können in einem Webinar aktive Arbeitsaufträge an die Teilnehmer gege-   **49**
ben werden. Es bieten sich insbesondere zwei Formen an: Zum einen kann den
Teilnehmern z. B. fünf Minuten Zeit gegeben werden, um sich Antworten auf die
Frage des Referenten zu überlegen. Diese können dann per Chat allen anderen
Teilnehmern und dem Referenten mitgeteilt und besprochen werden. Daneben
gibt es die Möglichkeit, direkt im Webinar Stichpunkte auf einer Art „Online
Flipchart" zu sammeln. Die Teilnehmer geben also ihre Antworten per Chat an
den Referenten weiter und dieser sammelt diese dann gemeinsam in einem Dokument, welches er direkt online beschreiben kann. Soweit diese technische
Möglichkeit nicht besteht, kann es auch möglich sein, dass der Referent bzw. der
technische Support den Teilnehmern Audiorechte einräumt, sodass diese wie in
einer Präsenzsitzung ihre Antworten in den Raum rufen können. Dann kann der
Referent an ein tatsächliches Flipchart treten und diese Antworten aufschreiben,
was über die Webcam für die Teilnehmer sichtbar sein muss. Bei dieser Variante
ist allerdings im Vorhinein zu prüfen, ob die Lichtverhältnisse, die Kameraauflö-
sung und der sichtbare Radius von dem Referent mit Flipchart für die Teilnehmer gut erkennbar sind.

Nicht empfehlenswert ist es, die Schreibfunktion für alle Teilnehmer zu aktivie-   **50**
ren (was einige Programme zulassen), da es dabei einerseits zu gegenseitigen

Behinderungen kommen kann, wenn alle Teilnehmer gleichzeitig schreiben und das Programm dies nicht umsetzen kann; andererseits kann es so zu „Mehrfachnennungen" kommen.

51 Das Aktivieren der Audiofunktion für alle Teilnehmer birgt ähnliche Probleme. Hier kommen teilweise nur „Wortfetzen" an oder die Sätze der Teilnehmer vermischen sich. Bei mehr als zehn Teilnehmern sollte die Audiofunktion daher allenfalls punktuell an vereinzelten Stellen eingesetzt werden.

52 Es gibt verschiedene Lerntypen unter den Menschen und damit auch unter den Mitarbeitern. Ein Lerntyp beschreibt visuell orientierte Menschen. Diese können sich grafisch aufbereitete Inhalte erheblich besser merken, als reine Texte. Daher sollten immer wieder auch solche optischen Elemente in Form von Bildern, Grafiken oder Tabellen im Webinar dargestellt werden. Der Grad der Komplexität sollte dabei nicht zu hoch sein. Wenn ein Teilnehmer mehr als zwei Minuten benötigt, um alle Elemente einer Grafik erstmalig zu lesen, ist dies für ein Webinar zu viel, da die meisten Referenten den Teilnehmern nicht zwei oder mehr Minuten Zeit geben, eine Grafik zu begreifen, sondern meistens direkt in die Erklärung zu der Grafik springen. Dies überfordert die Teilnehmer dann aber schnell, da sie sich mit den Inhalten der Grafik nicht so zügig vertraut machen konnten.

3. Lösungsmöglichkeiten zum Umgang mit diesen Risikofeldern

a) Lösungsansatz zu kartellrechtlichen Risiken

Kurz und knapp für den Vertrieb: 5 Grundregeln

1. Preis- und Konditionenabsprachen:
Treffen Sie mit Wettbewerbern keine Absprachen über Einkaufs-/ Verkaufspreise, Geschäftsbedingungen, Kalkulations- und Kostenpositionen, die Sie gegenüber Kunden oder Lieferanten anwenden oder vorhaben anzuwenden. Tauschen Sie auch niemals entsprechende Informationen mit Wettbewerbern aus.

2. Marktaufteilung und Kundenschutz:
Aufteilungen von Märkten, Produkten oder Versorgungsquellen zwischen Wettbewerbern sind kartellrechtlich verboten. Darüber hinaus ist auch eine Marktaufteilung nach Kunden oder Lieferanten unzulässig. Auch „Nichtangriffspakte" oder Vereinbarungen zum Schutz von „Heimatmärkten" werden von den Kartellbehörden als schwere Kartellrechtsverstöße gewertet.

Abbildung 10: Musterfolie 10 Webinar

53 Ein wichtiger Bestandteil eines guten Webinars sind kurze und klare Lösungsansätze, die die Teilnehmer unmittelbar in ihrem Alltag einsetzen können. Ein guter derartiger Lösungsansatz sind fünf bis zehn Grundregeln, die zum Beispiel ein Vertriebsmitarbeiter als Datei auf seinem Smartphone jederzeit zur Verfügung hat und diese damit auch außerhalb der Firma bei konkreten Aufträgen und Angeboten bei Kunden einsehen kann. Jede Grundregel sollte dabei verständlich und möglichst präzise formuliert sein. Der Mitarbeiter muss also möglichst auf den ersten Blick erkennen, welche seiner Handlungen akzeptabel sind und welche sich möglicherweise im Bereich eines Rechtsverstoßes bewegen. Werden die Regeln zu lang, in etwa pro Regel eine halbe Seite und mehr, erhöht sich die Gefahr, dass diese zu kompliziert und zu aufwendig für einen „schnellen Blick darauf" werden und deshalb von den operativen Mitarbeitern ignoriert oder nur unvollständig beachtet werden.

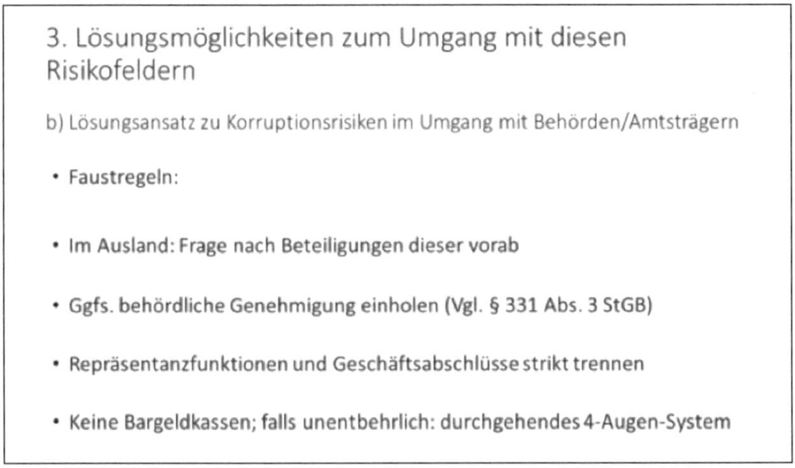

---

3. Lösungsmöglichkeiten zum Umgang mit diesen Risikofeldern

b) Lösungsansatz zu Korruptionsrisiken im Umgang mit Behörden/Amtsträgern

- Faustregeln:

- Im Ausland: Frage nach Beteiligungen dieser vorab

- Ggfs. behördliche Genehmigung einholen (Vgl. § 331 Abs. 3 StGB)

- Repräsentanzfunktionen und Geschäftsabschlüsse strikt trennen

- Keine Bargeldkassen; falls unentbehrlich: durchgehendes 4-Augen-System

---

Abbildung 11: Musterfolie 11 Webinar

Ebenfalls sehr geschätzt in der Praxis sind sog. „Faustregeln". Diese geben, ähnlich den Checklisten, in konkreten und potenziell kritischen Situation erste Handlungsoptionen zur Orientierung. Deshalb sollten auch diese in ein Webinar Einzug finden. **54**

Allerdings sei an dieser Stelle davor gewarnt, die Annahme der Teilnehmer zu bestätigen, dass Checklisten oder Faustregeln für die Bearbeitung aller Fälle ausreichen würden. Es muss vom Referenten immer ausdrücklich darauf hingewiesen werden, dass diese nur eine erste „Marschrichtung" vorgeben und ganz grundlegende Fragestellungen beantworten können, aber auch nicht mehr. Keinesfalls darf nach der Abarbeitung einer Checkliste oder Faustregel davon ausgegangen werden, dass damit alles Erforderliche aus Compliance-Sicht getan sei. Checklisten und Faustregeln sind ein erster Schritt in die richtige Richtung. Diesem ersten Schritt müssen aber immer gezielte, fallspezifische, weitere Prüfungen folgen. Je nach Branche, Land oder Risikogeneigtheit eines Sachverhalts müssen weitere und gegebenenfalls andere, speziellere Kriterien zu einer Compliance-Prüfung herangezogen werden. **55**

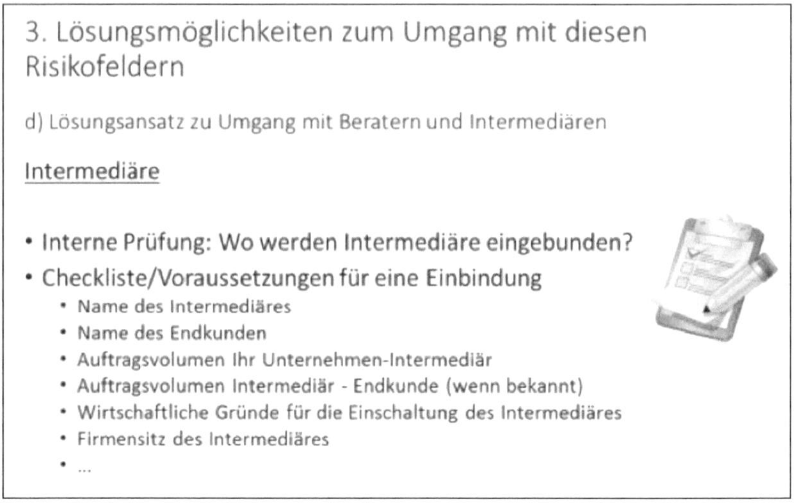

Abbildung 12: Musterfolie 12 Webinar

56   Wie bereits zur vorangegangenen Musterfolie erwähnt, spielen Checklisten als erster Schritt für die Einordnung und Prüfung einer Situation im Compliance-Bereich eine wichtige Rolle. Auch im Bereich der Intermediäre, also zwischen das eigene Unternehmen und den eigentlichen Kunden eingeschaltete Unternehmen oder Personen, macht der Einsatz von Checklisten Sinn. Intermediäre sind ein „Einfallstor" für Korruption und müssen daher von der Compliance-Abteilung kritisch untersucht werden. Da die Intermediäre häufig im Kundenland und damit weit von einer zentralen Compliance-Abteilung entfernt sitzen, sollten in diesem Bereich standardisierte Listen eingesetzt werden, die primär vom Vertrieb selbst oder in Zusammenarbeit mit dem Intermediär ausgefüllt werden können. Sind alle Grunddaten vollständig und in verständlicher Sprache an die Compliance-Abteilung zur Prüfung weitergeleitet worden, muss diese auch hier die jeweiligen Besonderheiten des Einzelfalls beachten und darf sich nicht blind auf eine ausgefüllte Checkliste verlassen. Die Volksweisheit „Papier ist geduldig" trifft auch gerade in diesem Bereich in besonderem Maße zu. Eine kritische Gegenprüfung zum Wahrheitsgehalt der ausgefüllten Checkliste ist daher ein unumgängliches Muss für die Compliance-Verantwortlichen.

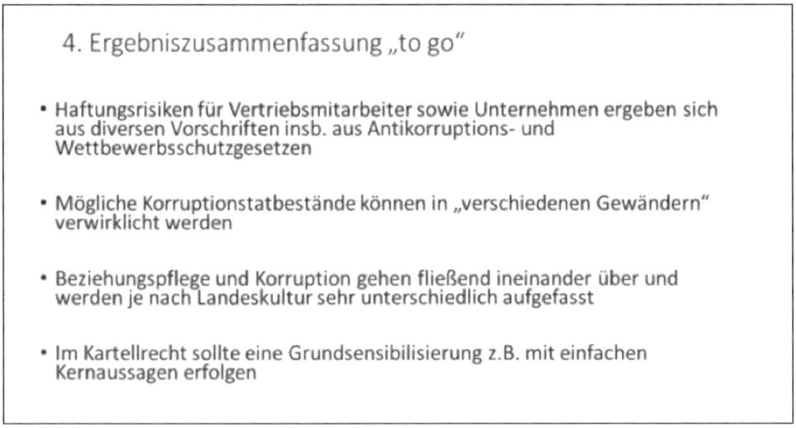

4. Ergebniszusammenfassung „to go"

- Haftungsrisiken für Vertriebsmitarbeiter sowie Unternehmen ergeben sich aus diversen Vorschriften insb. aus Antikorruptions- und Wettbewerbsschutzgesetzen

- Mögliche Korruptionstatbestände können in „verschiedenen Gewändern" verwirklicht werden

- Beziehungspflege und Korruption gehen fließend ineinander über und werden je nach Landeskultur sehr unterschiedlich aufgefasst

- Im Kartellrecht sollte eine Grundsensibilisierung z.B. mit einfachen Kernaussagen erfolgen

Abbildung 13: Musterfolie 13 Webinar

An dieser Stelle erwähnt, da häufig vergessen, sei schließlich auch ein sauberer **57** Abschluss des Webinars. Nachdem die Teilnehmer mit einer Fülle von teilweise für sie neuen Inhalten konfrontiert wurden, sollte das Gehörte möglichst durch eine kompakte Zusammenfassung noch einmal verdeutlicht werden. Wiederholungen erhöhen den Grad des Behaltens von neuen Lerninhalten erheblich. Zusätzlich können derartige Zusammenfassungen von den Teilnehmern intern auch verwendet werden, um das Erlernte und für das jeweilige Unternehmen relevante Wissen anderen Funktionen und gegebenenfalls der Geschäftsführung in Kürze aufzuzeigen.

Insgesamt sollte die moderne Schulungsform wegen ihrer vielen Vorteile und **58** Optionen zur Interaktivität mit den Teilnehmern sowie der Standortunabhängigkeit viel häufiger in Unternehmen eingesetzt und genutzt werden. Da die Anforderungen an den Referenten jedoch von denen einer Präsenzschulung in einigen Punkten abweichen, sollte dieser selber vorab ein Training als E-Trainer[23] absolvieren oder sich mindestens in einigen Testdurchläufen mit den Möglichkeiten, Grenzen und gegebenenfalls auftretenden, technischen Schwierigkeiten vertraut machen.

---

23 Eine solche E-Trainer-Ausbildung wird zum Beispiel angeboten unter https://www.leading-interactive.de/e-trainer/inhalte/ (zuletzt abgerufen am 11.4.2020).

4. Unterstützung dezentraler Compliance-Funktionen: das Schulungshandbuch

59 Die meisten Compliance-Abteilungen bestehen aus einer zentralen Compliance-Funktion in der Holding oder einer der Hauptgesellschaften sowie zusätzlichen, dezentralen Compliance-Mitarbeitern in weiteren nationalen und internationalen Gesellschaften. Letztgenannte Mitarbeiter befassen sich überwiegend nicht Vollzeit mit der Compliance-Aufgabe, sondern nur zu 5 bis 20%, manchmal bis zu 50% ihrer Stelle.[24] Zudem sind diese Mitarbeiter fast nie Juristen, sondern setzen sich aus Mitarbeitern mit verschiedenen Ausbildungen und Studiengängen zusammen. Es verwundert daher wenig, dass diese Mitarbeiter bei Compliance-Fragen schnell an die Grenze ihrer Kenntnisse, Fähigkeiten und zeitlichen Ressourcen kommen. Da sie aber eine wichtige Rolle als erste und direkte Ansprechpartner vor Ort spielen, benötigen sie ein solides Grundwissen zu den relevanten Compliance-Themen für ihr Unternehmen. Daneben müssen sie auch in der Lage sein, die Mitarbeiter vor Ort selbstständig zu schulen.[25] Dies ist einer zentralen Compliance-Funktion einerseits aus Zeitmangel, andererseits wegen kultureller und sprachlicher Klippen oftmals nicht oder nicht ausreichend möglich.

60 Um den dezentralen Compliance-Mitarbeitern mit deren eingeschränkten Zeitressourcen und teilweise unzureichender Ausbildung in Compliance-Themen eine Hilfestellung zu geben, bietet es sich an, dass die zentrale Compliance-Funktion ein einheitliches Trainingshandbuch für alle Compliance-Mitarbeiter erstellt.[26] Dies bietet sich insbesondere deshalb an, weil die zentralen Compliance-Mitarbeiter häufig sehr gut in dieser Materie ausgebildet sind, zum anderen eine Vollzeitposition für Compliance bekleiden und schließlich am ehesten über ein notwendiges Budget[27] verfügen.

61 Ein derartiges Schulungshandbuch sollte wie folgt aufgebaut werden:

---

24 *Hastenrath*, in: Hastenrath, Compliance-Kommunikation 2016, Kap. 6, Rn. 77.

25 Zur Aufgabenstellung der Compliance-Verantwortlichen im Schulungs- und Kommunikationsbereich siehe *Schulz/Galster*, in: Bürkle/Hauschka, Der Compliance Officer – Ein Handbuch in eigener Sache, 2015, 95 ff.

26 Zu allgemeinen und weiteren Schulungsaufgaben der Compliance-Funktion siehe auch *Kleinfeld/Müller-Störr*, in: Wieland/Steinmeyer/Grüninger, Handbuch Compliance Management, 2010, 406 ff.

27 Zu Budgetproblemen der Compliance-Funktion siehe *Bay/Seeburg*, in: Bay/Hastenrath, Compliance-Management-Systeme, 2. Aufl. 2016, 210.

Inhaltsverzeichnis

1. Ausgangslage

2. Aufbau und Hauptaufgaben der Compliance-Organisation nach der Compliance-Organisationsrichtlinie

3. Interne Vorgaben für Compliance

3.1 Richtlinien des Group Compliance-Offices (Holding)

3.2 Richtlinien der Regionen

4. Pflichtbestandteile für Schulungen der dezentralen Compliance-Officer (LCO)

4.1 Ausgangslage

4.2 Wichtigste Compliance-Entwicklungen

4.3 Verhaltenskodex

4.4 Antikorruptionsrichtlinie

4.5 Kartellrechtsrichtlinie

5. Zusammenfassung „in a nutshell"

Abbildung 14: Musterfolie Schulungshandbuch

Nach einer Erläuterung der spezifischen Ausgangslage des eigenen Konzerns **62** oder Unternehmens hat es sich bewährt, den Aufbau, die Aufgaben, Rechte und Pflichten der Compliance-Organisation zu beschreiben. Dazu zählen die zentralen Mitarbeiter in einer eigenen Compliance-Abteilung ebenso wie Mitarbeiter, die nur mit einem Teil ihrer Arbeitskraft Compliance-Aufgaben wahrnehmen und in Tochter- oder Enkelgesellschaften angesiedelt sind. Auch Schnittstellenfunktionen sollten an dieser Stelle beleuchtet werden, um Lücken in der Aufgabenbearbeitung oder Doppelzuständigkeiten zu vermeiden. Im Anschluss daran können die für das Gesamtunternehmen geltenden Richtlinien und anderen Vorgaben komprimiert dargestellt und erläutert werden. Denn je größer das Unternehmen, desto weniger bekannt sind diese Vorgaben z. B. im Ausland oder in neu gekauften Unternehmen oder Unternehmensbeteiligungen. Der ausführlichste und wichtigste Teil folgt unter Punkt 4. Hierunter befindet eine Schulungsunterlage mit allen Themen, die dezentrale Compliance-Mitarbeiter beherrschen und selbstständig schulen können müssen. Als besonderer Service kann dieser Teil separat so an die dezentralen Funktionen verschickt werden, dass sie diesen direkt einsetzen können und nur noch den Namen ihrer Einheit sowie ggf. landesrechtliche Besonderheiten ergänzen müssen. Bevor die dezentralen Funktionen nach dem Handbuch schulen, sollte dies einmal durch die erstellende Compliance-Abteilung persönlich oder in einem Webinar erläutert werden. Dadurch erhalten die dezentralen Funktionen wichtiges Hintergrundwissen und sehen auch noch einmal Ziele und Verständnis von Compliance aus der zentralen Compliance-Abteilung. Abgerundet wird ein derartiges Handbuch durch eine Zusammenfassung, hier in Punkt 5 dargestellt, die die relevantesten Erkenntnisse und Anforderungen auf 2 bis 3 Seiten darstellt.[28]

V. Die „Top 5 Stolpersteine" in der Compliance- Kommunikation und Lösungsvorschläge

63 Nachdem in den vorherigen Abschnitten Techniken und Beispiele zur Verbesserung des Kommunikationsmanagements sowie der persönlichen und technischen Schulungsmöglichkeiten erläutert wurden, soll dieser Abschnitt die kommunikativen Fähigkeiten des Compliance Officers weiter schärfen, indem in der Praxis verbreitete Fehler („Stolpersteine") in der Compliance-Kommunikation und deren Management aufgezeigt werden. Nach jedem Stolperstein oder Kommunikationsfehler folgt ein möglicher Lösungsvorschlag dieses Problems.

1. Fehlende, verspätete oder missverständliche Information

a) Problemstellung

64 Informationen zu geplanten Compliance-Maßnahmen sind für die betroffenen Mitarbeiter unerlässlich, damit diese sich auf die neuen Vorgaben und Anforderungen einstellen können. Erfolgt diese Information nicht, sind die Mitarbeiter davon überrascht. Bestenfalls wird die Maßnahme dann verspätet umgesetzt, im schlechtesten Fall wird sie nicht oder mangels Verständnis fehlerhaft umgesetzt.

65 Dennoch trifft man in der Unternehmenspraxis immer wieder den Fall an, dass zum Beispiel eine Richtlinie zu Compliance-Themen einfach zentral in Kraft gesetzt wird und dann ins Intranet gestellt wird und hier selbstständig von den Mitarbeitern zum einen überhaupt gefunden werden, zum Zweiten dann gelesen, verstanden und umgesetzt werden soll. Dies funktioniert nicht, wie Skandale wie etwa der „Korruptionsskandal von Siemens"[29] gezeigt haben. Hier lagen mehr als ausreichend interne Vorgaben und Richtlinien vor, die jedoch nicht hinreichend kommuniziert und umgesetzt und gelebt wurden.

b) Lösungsvorschlag

66 Der erste Schritt zu einer Lösung beginnt bereits bei der Konzeption der Maßnahme, zum Beispiel der Antikorruptionsrichtlinie. Statt hier theoretisches Buchwissen oder ausschließlich externe rechtliche Expertise einzukaufen und in einer Richtlinie umzusetzen, müssen die Besonderheiten des Unternehmens, der

---

28 Eine ausführliche Darstellung des Aufbaus und Inhalts sowie dezidierte Erläuterungen dazu können bei *Hastenrath*, in: Hastenrath, Compliance-Kommunikation, 2016, Kap. 6 Rn. 77 ff. nachgelesen werden.

29 Eine gute Kurzübersicht zu dem Siemensskandal kann unter http://www.br.de/nachrichten/ spezial/zeitstrahl-siemens-skandale100.html eingesehen werden (zuletzt abgerufen am 29.1.2020).

Branche sowie ggf. von Tochtergesellschaften in einzelnen Jurisdiktionen ermittelt werden. Dies kann nicht „im stillen Kämmerlein" des Compliance Offices in der Zentrale erfolgen, sondern beinhaltet die Einbeziehung und entsprechende Kommunikation mit unterschiedlichen Funktionen im Unternehmen.[30] Neben der Unternehmensspitze ist hier an den Vertrieb, den Einkauf, das Marketing sowie die einzelnen Landesgesellschaften zu denken.[31] Nur so wird die Richtlinie für das Unternehmen passend und berücksichtigt notwendige Besonderheiten. Sorgfalt sollte in diesem Zusammenhang mit der Kommunikation mit Unternehmensmitarbeitern über „Social Media" an den Tag gelegt werden, da hier zahlreiche Unwägbarkeiten und Gefahren lauern.[32]

In einem folgenden Schritt sollte der Richtlinienentwurf an eine kleine Zahl von Testpersonen verteilt werden, die später zum Adressatenkreis der Richtlinie gehören. Diese Testpersonen haben die Aufgabe, den Entwurf auf Verständlichkeit, Umsetzbarkeit und zutreffende Beschreibung ggf. kritischer Arbeitsabläufe und Situationen zu überprüfen. Dabei werden oftmals unerlässliche Verbesserungen gemacht und unentdeckte Schwachstellen behoben.   **67**

Bevor die Richtlinie dann in Kraft tritt bzw. mit ihrem Inkrafttreten, sind einerseits Gesprächstermine zwischen den Adressaten und der Compliance-Abteilung anzubieten, andererseits muss die Compliance-Abteilung die wichtigsten Adressaten zeitnah schulen. So wird sichergestellt, dass die Richtlinie verstanden wird. Nur wenn diese verstanden wird, können die darin enthaltenen Vorgaben auch von den operativen Mitarbeitern umgesetzt werden.   **68**

Soweit es Anpassungen der Richtlinie im Verlauf der Zeit gibt, sind Wiederholungsschulungen in regelmäßigen Abständen anzubieten. Auch sind Wiederholungen für das Behalten unerlässlich, denn nur einmal gehörte Informationen geraten schnell wieder in Vergessenheit.   **69**

2. Mangelnde Authentizität („Nicht gelebte Hochglanzaussagen")

a) Problemstellung

Die Compliance-Abteilung erlässt inhaltlich gute Richtlinien, prüft Prozesse im Rahmen von Risikoanalysen und macht notwendige Verbesserungsvorschläge, schult relevante Themen und richtet auch systemische Anpassungsbedarfe an die Unternehmensleitung. Die Unternehmensleitung zeichnet Richtlinien frei und hat auch eine Compliance-Abteilung eingerichtet, die Informationen zu Compliance in Schulungen und Ähnlichem an die Mitarbeiter geben kann. Wenn   **70**

---

30 Kommunikation wird oft als wichtiger Erfolgsfaktor in Projekten unterschätzt, so *Besl*, in: Bay, Handbuch Internal Investigations, 2013, 173 (im Zusammenhang mit internen Untersuchungen).

31 Zum sog. „Schnittstellenmanagement" zwischen der Compliance-Funktion und anderen Unternehmensfunktionen siehe auch *Schulz*, Kap. 1, Rn. 72, 82; *Rau*, Kap. 3 sowie *Renz/Frankenberger*, Kap. 19.

32 So *Lexa/Hammer*, CCZ 2014, 45 ff.

und wo es jedoch zu Verbesserungsvorschlägen und systematischen Anpassungsbedarfen aus Sicht der Compliance-Abteilung kommt, werden diese nur sehr zögerlich umgesetzt. Das heißt beispielsweise, eine Risikoanalyse ergibt, dass die Zusammenarbeit mit speziellen Beratern ein hohes Risiko zur Korruption birgt, dass selbst mit schärferen Compliance-Prüfungsvorgaben für diese Berater nicht ausgeschlossen oder zu akzeptablen Maßen minimierbar ist. Der Rat der Compliance-Abteilung ist daher, die Zusammenarbeit mit diesen Beratern komplett einzustellen und stattdessen fest angestelltes Personal vor Ort einzusetzen. Die Unternehmensleitung sieht zwar den entsprechenden Bericht und das darin beschriebene Risiko, stellt die Zusammenarbeit mit den Beratern aber nicht ein. Entweder wird der Prozess verschleppt, indem verschiedene Gutachten zur Lage der Berater über Monate hinweg extern beauftragt werden oder es wird durch die Unternehmensspitze gefordert, dass die Compliance-Abteilung das Risiko anderweitig beheben soll, was jedoch nicht möglich ist.

71 Ein weiteres Beispiel für mangelnde Authentizität kann sich darin äußern, dass zwar von Unternehmensleitung und „oberer Führungsmannschaft" die Bedeutung von Compliance betont wird, Compliance-Mitarbeiter aber bei wichtigen Entscheidungen nicht oder zu spät einbezogen werden. Möchte das Unternehmen also beispielsweise in ein hoch korruptes Land expandieren und hat schon das Unternehmen vor Ort gegründet und Mitarbeiter eingestellt, ohne die Compliance-Abteilung zu involvieren, lässt dies an der Ernsthaftigkeit der Beteuerungen von höchster Stelle zu compliance-gerechtem Verhalten zweifeln.

b) Lösungsvorschlag

72 Dieses Problem kann nur von der Unternehmensleitung (oder einem etwaigen Aufsichtsgremium) gelöst werden. Wenn es bei Mitgliedern der Geschäftsführung an der Überzeugung fehlt, dass gesetzmäßiges Handeln ein „Muss" in jeder relevanten unternehmerischen Entscheidung ist, ist dies irreparabel. Die entsprechende Person kann dann nur ausgetauscht werden, da sonst kein funktionierendes Compliance-Management-System etabliert werden kann. Unterbleibt dies, weil das Organmitglied eine zu hohe Machtstellung hat oder einen hohen Umsatz generiert, wird das Unternehmen früher oder später für seine Rechtsverstöße zur Rechenschaft gezogen werden. Die dabei anfallenden Geldbußen, Freiheitsstrafen und der entstehende Reputationsverlust sind kaum vorhersehbar. Selbst wenn viele derartige Verstöße in der Vergangenheit unentdeckt und ungeahndet blieben, so hat sich die Verfolgungsbereitschaft und -intensität von staatlichen Behörden in den letzten 10 bis 15 Jahren immens erhöht. Hinzu kommt, dass im digitalen Zeitalter diese Behörden mit modernster Technik ausgestattet sind und Daten, die einmal im Unternehmen in einen PC eingegeben wurden, im Zweifel auch nach Jahren trotz Löschung der Unternehmensmitarbeiter noch aufgefunden werden können. Zudem hat sich auch die grenzüberschreitende Verfolgung von Behörden durch gegenseitige Unterstützung stark erhöht. Schließlich haben im Jahr 2015 nahezu alle Länder weltweit Gesetze gegen Korruption oder Kartell- und Wettbewerbsverstöße erlassen, wohingegen vor 20 Jahren noch viele, weiße Flecken auf der globalen Landkarte bestanden.

Sollte die Unternehmensleitung nicht aus Vorsatz, sondern aus Unwissenheit **73** Compliance nicht die notwendige Unterstützung zuteilwerden lassen, ist es Aufgabe des Compliance-Verantwortlichen, die Geschäftsleitung diesbezüglich aufzuklären. Dabei hat der Compliance Officer die Geschäftsleitung insbesondere auf ihre Vorbildfunktion[33] hinzuweisen. Denn wenn schon die Geschäftsleitung keine Geschenke oder opulenten Einladungen annimmt, so spricht sich dies im Handumdrehen im Unternehmen herum und auch die meisten Mitarbeiter werden sich entsprechend verhalten. Spricht sich im Gegensatz dazu im Unternehmen herum, dass die Geschäftsleitung es „mit Compliance nicht so genau nimmt", wird auch dieses Verhalten von den Mitarbeitern zu großen Teilen übernommen. Hier hat der Mitarbeiter dann immer die subjektive Rechtfertigung, dass „die oben es ja genauso machen". Die Ernstnahme des Themas Compliance kann und muss daher von höchster Stelle stets selbst kommuniziert und praktiziert werden.

3. Fehler im Kommunikationsmanagement: Budget- und Ressourcenmangel

a) Problemstellung

Einer der schwersten und häufigsten Fehler in Unternehmen ist das mangelhafte **74** Management der Compliance-Kommunikation, teils aus Unkenntnis der Materie, teils aus Ignoranz.

Einige Beispiele sollen dies verdeutlichen: Der Chief Compliance Officer eines **75** Unternehmens hat eine internationale Compliance-Organisation unter sich. Statt mit dieser nun eine passende Kommunikationsstrategie gegenüber den Mitarbeitern zu entwickeln, versucht er aus der Holding heraus seine Kommunikationsmaßnahmen „durchzudrücken". Da er die größte Macht in der Compliance-Organisation hat, glaubt er qua seiner Stellung, so schnell und am kostensparendsten Compliance-Themen im Konzern zu verbreiten. Dabei übersieht er, dass Mitarbeiter, hier die der Compliance-Organisation, auf Druck stets mit Gegendruck agieren. Vielleicht nicht sofort und offensichtlich, jedoch unzweifelhaft zunächst in subtiler Form und immer austestend, ob die Macht des Chief Compliance Officers noch besteht. Ist dies nicht der Fall, werden sie dessen Vorgaben zunehmend offen attackieren und nicht umsetzen und dabei auch versuchen, ihre lokalen Geschäftsführungen von der Richtigkeit ihres Handelns zu überzeugen.

---

33 Zur Bedeutung der Vorbildfunktion der Geschäftsleitung siehe *Schulz*, Kap. 1, Rn. 54 ff. m. w. N.

76 Ein anderes Beispiel ist der (Irr-)Glaube der Geschäftsführung, dass die Kommunikation kostenfrei oder mit minimalem Aufwand möglich sei.[34] Dies ist aus Sicht der Autorin umso erstaunlicher, als dass es in diesem Bereich viele, hochkarätige Managementtrainings gibt, die auf die Relevanz und den notwendigen Aufwand für eine geeignete Kommunikation im Unternehmen hinweisen.[35] Auch hier sollen Beispiele zur Verdeutlichung herangezogen werden.

aa) Unzureichende Übersetzung eines Code of Conduct (CoC)

77 Das global tätige Unternehmen möchte einen Code of Conduct (CoC)[36] erstellen und weltweit verteilen. Diese Aufgabe wird in der Compliance-Abteilung bearbeitet. Nachdem der Compliance Officer eine genaue Erhebung gemacht hat, welche sieben Sprachen im Unternehmen hauptsächlich gesprochen werden und das Englisch in vielen Ländern Südeuropas, Lateinamerikas und Asiens bei den Mitarbeitern des Unternehmens, die nicht im höheren Management sind, nicht oder nur sehr rudimentär verstanden und gesprochen wird, empfiehlt er der Geschäftsleitung, den CoC in die sieben ermittelten Sprachen übersetzen zu lassen. Jede Übersetzung kostet ca. 400 bis 500 EUR, die die interne Übersetzungsabteilung intern in Rechnung stellen würde. Die Geschäftsleitung entscheidet, dass man aus Kostengründen, also hier zur Ersparnis von maximal 2.500 EUR (!) nur eine englische und eine deutsche Variante anbietet. Sie erwarte, dass alle Mitarbeiter hinreichend Englisch sprächen, was nachweislich nicht der Fall ist, wie die Erhebung und Befragung einiger Mitarbeiter im Vorfeld ergeben hatte. Darauf weist der CCO auch noch einmal hin, insbesondere äußert er die Befürchtung, dass die Regelungen des CoC so nicht richtig verstanden und umgesetzt werden könnten. Dies ändert an der Entscheidung der Geschäftsleitung allerdings nichts. In der Folgezeit wird der CoC in den zwei genannten Sprachen veröffentlicht. Der CCO ist weiterhin für das Projekt verantwortlich und erhält u. a. aus Asien die Anfrage, ob eine Übersetzung ins Chinesische vor Ort möglich sei, da die Mehrheit der Mitarbeiter die englische Fassung nicht verstände. Ebensolche Anfragen erhält er im Laufe der nächsten Monate aus Südamerika, Portugal, Russland und Belgien. In Belgien sei die Übersetzung aus gesetzlichen Gründen ins Französische notwendig, eine englische Fassung reiche nicht aus. Der CCO

---

34 In diesem Zusammenhang wird derzeit auch der Umfang und der erforderliche Aufwand, inklusive der dazugehörigen Kommunikation, der Geschäftsführung der Konzernobergesellschaft und Tochtergesellschaften im Rahmen einer Haftung nach § 130 OWiG diskutiert, siehe dazu ausführlich *Caracas*, CCZ 2015, 167 ff.

35 Siehe hierzu beispielsweise die Seminare zu Schlüsselkompetenzen einer erfolgreichen Kommunikation unter: http://www.managementcircle.de/seminar/die-7-schluesselfaktoren-erfolgreicher-kommunikation-8.html, dem Seminar „Projektleitung, Management und Kommunikation" unter: http://www.esi-intl.de/individuelle_loesungen/kurse/core/projektleitung .asp oder dem Seminar „Compliance kommunizieren – Haftung vermeiden" unter: http:// www.beck-seminare.de/Seminare-Compliance-kommunizieren-Haftung-vermeiden/seminar .aspx?semid=846 (alle Fundstellen zuletzt abgerufen am 29.1.2020).

36 Zur Entwicklung und Bedeutung eines Code of Conduct siehe *Benkert*, Kap. 4 m. w. N.

ist mit diesen Anfragen, Rücksprachen mit den jeweiligen Compliance-Mitarbeitern vor Ort und in den größten Einheiten, der Sichtung und Prüfung der angefertigten Sprachversionen sowie mit zwei Entscheidungsvorlagen an die Geschäftsleitung über eine Arbeitswoche beschäftigt. Im Ergebnis stimmt die Geschäftsleitung insoweit zu, dass die anderen Sprachversionen als „Höflichkeitsübersetzung" angefertigt werden können, im Zweifelsfall zur Beurteilung von Verstößen o. Ä. aber nur die englische und deutsche Fassung Geltung fänden. Im Ergebnis haben die Übersetzungen in die weiteren Sprachen somit weit über 10.000 EUR gekostet.

bb) Unzureichendes Schulungsbudget

Als weiteres Beispiel soll die Durchführung von Präsenztrainings im Kartell- **78**
recht dienen.[37] Das Thema wurde vom CCO aufgegriffen, da er im Rahmen einer Risikoanalyse festgestellt hat, dass hier erhebliche Gefahren für das Unternehmen liegen. Der CCO ermittelt daraufhin die konzernweit zu schulenden Kollegen anhand von deren Tätigkeiten. Im Ergebnis sollen mit verschiedenen Konzernunternehmen in verschiedenen Ländern 5 Schulungen mit je 15 Mitarbeitern für je 2 bis 3 Stunden stattfinden. Einerseits sollen nur Kollegen zusammen geschult werden, die in der gleichen Unternehmenssparte arbeiten und in der nötigen Offenheit untereinander im Rahmen der Schulung Probleme offenlegen, zum anderen ist eine konstruktive Arbeitsatmosphäre bei Gruppen über 15 bis 20 Mann nicht gewährleistet, da sich in großen Gruppen die Kollegen gerne hintereinander verstecken. Der CCO legt dieses Schulungskonzept so der Geschäftsführung zur Freigabe vor. Die Geschäftsleitung hält den Aufwand für zu hoch und genehmigt stattdessen einen Slot zum Kartellrecht von 45 Minuten auf der nächsten, zweitägigen Managementkonferenz mit 150 Teilnehmern am zweiten Tag um 15 Uhr. Auf der Tagung wird die Kartellrechtsschulung wie genehmigt durchgeführt. Zu diesem Zeitpunkt sind allerdings schon viele Teilnehmer abgereist, da die Tagung um 16 Uhr endet. Fragen werden kaum gestellt.

b) Lösungsvorschlag

Wirksame Kommunikation kostet Geld. Das muss die Unternehmensleitung er- **79**
kennen. In Zeiten zunehmender Aufgabenverdichtung und Informationsüberflutung reicht eine „Postwurfsendung" mit einer neuen Richtlinie oder eine einmalige Schulung von 45 Minuten in einem Thema noch viel weniger aus als früher. Nicht umsonst investieren Unternehmen in die Kundenkommunikation, nämlich vornehmlich in die Werbung, nicht selten Millionenbeträge. Aufwendige „TV-Spots" werden produziert und zur besten Sendezeit platziert, Werbeplakate mit teuren Agenturen erarbeitet und an exponierten Stellen plakatiert oder es werden kostspielige Gewinnspiele oder Aktionen durchgeführt, um die Kunden auf das eigene Produkt aufmerksam zu machen oder daran zu binden. Warum sollte demgegenüber in der internen Kommunikation mit den Mitarbeitern alles anders

---

37 Zu Schulungen im Kartellrecht ausführlich *Seeliger/Heinen/Mross*, Kap. 23.

funktionieren? Die Zeiten, in denen Mitarbeiter nach der Lehre oder dem Studium eine Lebensanstellung im Unternehmen gefunden hatten und sich bedingungslos mit ihrem Unternehmen identifiziert haben, sind auch Dank der Unternehmensstrategien, Mitarbeiter als beliebig austauschbares und trotz hohen Gewinnen jederzeit abbaubares „Humankapital" zu betrachten, vorbei. Die Mitarbeiter wollen rechtzeitig, ansprechend und möglichst umfassend über die sie betreffenden Ereignisse im Unternehmen informiert werden. Erfolgt dies nicht und hält die unzureichende Kommunikation über einen längeren Zeitraum an, etwa bei Unternehmensumstrukturierungen anlässlich einer Krise, gehen zuerst die Leistungsträger. Diejenigen, die aus Zwängen nicht gehen können oder wollen sowie diejenigen Mitarbeiter, die Schwierigkeiten haben, eine neue Anstellung zu finden, bleiben dem Unternehmen dagegen erhalten. Allerdings sinkt deren Arbeitsleistung und Einsatzbereitschaft oftmals erheblich, Fehlzeiten nehmen zu. Zwar passiert dies nicht in dem extremen Maße wie im beschriebenen Umstrukturierungsbeispiel bei nicht oder nicht gut kommunizierten Compliance-Maßnahmen, aber in kleinerem Maße sehr wohl. Das Ergebnis ist, dass die angestrebte Verhinderung von Rechtsverstößen nicht erreicht wird, mit allen negativen Konsequenzen, die damit verbunden sind.

80 Daher müssen Unternehmen und insbesondere die Geschäftsleitung schon aus ureigenen „Enthaftungsinteressen" ein ausreichendes Kommunikationsmanagement für Compliance aufbauen und die notwenigen Ressourcen bereitstellen.

4. Probleme mit der Technik

a) Problemstellung

81 Unternehmen sind heute häufig stark abhängig von der Technik. Ohne PC und IT-Support funktioniert in vielen Unternehmen nichts mehr. Die IT-Budgets von großen Konzernen liegen im Millionenbereich.

82 Auch für das Management der Compliance-Kommunikation hat das erhebliche Folgen. Es wird einerseits erwartet, dass die Mitarbeiter alle IT-Lösungen bedienen können. Andererseits wird beim Einkauf von diesen für den Compliance-Bereich von diesen Produkten erwartet, dass sie weltweit im Konzern einsetzbar sind und problemlos in die bestehende IT-Landschaft des Hauses integriert werden können. Zwei Annahmen, die leider in vielen Fällen in Unternehmen nicht zutreffen.

83 Zunächst seien die Mitarbeiter betrachtet, denen oftmals ohne jegliches Training zugemutet wird, digitale Programme zu bedienen. Oder es wird vorausgesetzt, dass jeder Mitarbeiter über einen PC-Arbeitsplatz verfügt, um zum Beispiel ein E-Learning für Compliance zu absolvieren. Dies ist von der Unternehmensrealität häufig weit entfernt. Nicht nur ältere Mitarbeiter, auch Mitarbeiter der Produktion und angrenzender Bereiche sind im Umgang mit dem PC, abgesehen von absoluten Basiskenntnissen, oftmals überfordert. Hinzu kommt, dass viele Programme auch für geübte Mitarbeiter von IT-Standardanwendungen, Prob-

leme beinhalten, die nicht ohne Vorkenntnisse bzw. eine aufwendige Einarbeitung in das Programm oder IT-Support gelöst werden können.

Hinzu kommt, dass die „IT-Landschaft" gerade in Konzernen und großen Unter-   **84**
nehmen oftmals höchst komplex und nicht selten instabil und fehleranfällig geworden ist. In vielen Fällen kann daher ein neues „Compliance-IT-Produkt"
nicht ohne Zeitverzögerung und internem wie externem Kostenaufwand eingerichtet werden. Es kann und ist in der Praxis mehrfach vorgekommen, dass
Compliance-IT-Produkte wie ein E-Learning in einzelnen Ländern, in denen
Tochterunternehmen des Unternehmens angesiedelt waren, überhaupt nicht
funktionierten oder dass die interne Integration eines E-Learnings ein zusätzliches halbes Jahr in Anspruch genommen hat und ein fünfstelliges, nicht einkalkuliertes Budget zur Implementierung notwendig wurde.[38]

b) Lösungsvorschlag

Probleme mit der Technik lassen sich von der Compliance-Funktion nur bedingt   **85**
lösen, da diese unternehmensübergreifend sind und die Compliance-Abteilung
auf vieles in diesem Bereich keinen oder nur einen sehr begrenzten Einfluss hat.
Dennoch gibt es einige Ansatzpunkte, die das Compliance-Kommunikationsmanagement der Compliance-Abteilung gegenüber den Mitarbeitern jedenfalls verbessern.

Zunächst ist bei allen Einsätzen von technischer Unterstützung für Compliance-   **86**
Maßnahmen, seien es E-Learnings, Webinare, Business-Partner-Prüfungen mit
einer Software, (Risiko-)Abfragen mit einer Software o. Ä., ein entsprechendes
IT-Budget einzuplanen. Oftmals gibt es im Unternehmen auch ein Gesamtbudget für die Frage, wie viele Ausgaben unternehmensweit für neue Technik eingesetzt werden soll. Kommt man hier als Compliance Officer zu spät oder hat das
Projekt aus Sicht der IT oder/und Unternehmensleitung den Nachrang gegenüber
anderen IT-Projekten, so kann dies dazu führen, dass ein Compliance-IT-Projekt
in einem Jahr nicht umgesetzt werden kann. Diese mögliche Restriktion muss
vorab in die Überlegungen der Compliance-Abteilungen aufgenommen werden.
Nichts ist ärgerlicher, als eine technische Compliance-Kommunikationsmaßnahme auf einer internen Tagung bereits angekündigt zu haben, um diese dann
nicht „auf den Boden zu bekommen". Dies nimmt der gesamten Compliance-Tätigkeit Glaubwürdigkeit und kann auch dazu führen, dass die Compliance-Mitarbeiter ihre Zielvereinbarungen für das Jahr nicht erreichen können.

Ist die Budgetfrage geklärt, muss der Einkauf oder die eigene, interne Entwick-   **87**
lung von IT-Produkten nicht nur von der Compliance-Abteilung vorgenommen
werden, sondern es muss zwingend frühzeitig die IT-Abteilung mit einbezogen
werden. Diese alleine hat einen Überblick über die interne IT-Landschaft und
kann ein Anforderungsprofil an neue IT-Produkte formulieren. Leider wird dies
in der Praxis häufig versäumt, sodass nach den Beteuerungen der externen An-

---

38 Persönliche Erfahrungen oder Erfahrungen aus dem Netzwerk der Autorin.

bieter ein Produkt bereits eingekauft ist, ohne die IT nach entsprechenden Parametern befragt zu haben. Die Konsequenz sind unnötige Zeit- und Kostenaufwände und erheblicher Ärger.

88   Schließlich ist es die Aufgabe der Compliance-Abteilung zu evaluieren, welche Mitarbeiter, die mit technischem Einsatz geschult werden sollen oder die Informationen mit Unterstützung von IT-Anwendungen an die Compliance-Abteilung liefern sollen, diesen Anforderungen überhaupt gewachsen sind. Sind Mitarbeiter dem nicht gewachsen, müssen diese zunächst in die Technik eingeführt werden. Dazu sind Kosten- und Zeitaufwände notwendig und unvermeidbar. Insbesondere die Bedienung neuer IT-Lösungen bedarf eines oftmals 4–5fach höheren Aufwands im Vergleich zu einer bekannten und schon mehrfach gehaltenen Powerpoint-Präsentation.[39]

89   Nicht minder wichtig ist es für die Compliance-Abteilung sicherzustellen, dass alle Mitarbeiter, die IT-Lösungen im Compliance-Kontext nutzen sollen, auch ausreichenden Zugang zu einem PC-Arbeitsplatz haben. Ob dies durch die Einrichtung von allgemeinen PC-Terminals in der Produktion oder anderen Abteilungen ohne individuelle PC-Arbeitsplätze erfolgt oder die Mitarbeiter sich mit privaten Geräten einwählen können, spielt letztlich keine Rolle. Wichtig ist nur, dass dieser Punkt frühzeitig erkannt und von der Compliance-Abteilung mit eingeplant und gelöst wird. Ansonsten kann es ein böses Erwachen geben.

5. Fehler im Kommunikationsmanagement von Compliance aufgrund von Kulturunterschieden

a) Problemstellung

90   Compliance-Maßnahmen sind nie national beschränkt, sondern erstrecken sich regelmäßig auf das gesamte Unternehmen. Je größer und internationaler dieses ist, desto unterschiedlichere Jurisdiktionen und damit Kulturkreise sind betroffen.

91   Oftmals läuft das Aufsetzen und Durchführen z.B. von Präsenztrainings wie folgt ab: Ein Compliance-Mitarbeiter aus der deutschen Muttergesellschaft setzt ein Antikorruptionstraining auf, welches an deutschem Recht und dem deutschen Kulturraum ausgerichtet ist, ggfs. mit Exkursen zu einzelnen, besonders wichtigen Jurisdiktionen wie den USA. Dieses Training wird dann zumeist ins Englische übersetzt und dann weltweit eingesetzt. Es wird dabei davon ausgegangen, dass dieses Training, das in Deutschland auch gut funktionieren mag, gleichen Erfolg in anderen Ländern haben wird. Das ist jedoch oftmals nicht der Fall. Ganz im Gegenteil. Es werden derartige „Kardinalsfehler" gemacht, dass die Schulung in manchen Ländern in keiner Weise akzeptiert wird und damit deren Inhalte auch nicht umgesetzt werden. Die folgenden Beispiele können das am treffendsten verdeutlichen:

---

39 Erfahrungswerte der Verfasserin im Umgang mit den IT-Lösungen „Zoom", „WBS Learnspace 3 D" und „Microsoft Teams".

In einem muslimischen Land wird ein Compliance Officer für die Schulung ein- **92** gesetzt. In der Schulung gibt es zwar keine offene Ablehnung, aber auch keine aktive Teilnahme. Einige Zeit nach der Schulung wird überprüft, inwieweit die Teilnehmer die Inhalte der Schulung in ihrem Unternehmen umgesetzt haben. Das Ergebnis ist sehr schlecht, es ist so gut wie nichts umgesetzt worden.

In den USA werden die Mitarbeiter, nicht jedoch die Vorgesetzten geschult. Die **93** Schulung erfolgt durch einen Compliance-Mitarbeiter, nicht durch den Chief Compliance Officer. Als in der Folgezeit die deutschen Compliance-Mitarbeiter auf die Umsetzung einiger Compliance-Maßnahmen drängen, welche die amerikanischen Kollegen auch zugesagt hatten, jedoch nichts passiert war, fragen sich die deutschen Mitarbeiter, woran diese Verzögerung liegen könnte. Sie sind ratlos.

Der deutsche Compliance Officer fliegt zu einem wichtigen Compliance-Projekt **94** nach Italien. In seinen drei Tagen vor Ort muss er ein sehr anspruchsvolles und umfangreiches Maßnahmenpaket hinsichtlich des Dekrets 231/2001, des italienischen Antikorruptions- und „Antimafiagesetzes", in entscheidenden Punkten umsetzen. Sein Flugzeug landet um 7 Uhr in Mailand, um 8.45 Uhr ist er am Ort der Tochtergesellschaft und wird vom Empfangspersonal in den Konferenzraum geführt. Für 9 Uhr ist der Beginn der ganztägigen Besprechung angesetzt, für die der Compliance Officer die Erarbeitung zahlreicher Unterlagen mit den italienischen Kollegen vereinbart hatte. Bis 13 Uhr treffen die entsprechenden Kollegen jedoch nicht im Besprechungsraum ein und melden sich auch nicht auf die Kontaktversuche per E-Mail und Telefon durch den deutschen Compliance Officer. Um 13.10 Uhr erscheint schließlich der erste italienische Kollege und weist darauf hin, dass es kurzfristig wichtige Managementmeetings gäbe, weshalb er und seine Kollegen die Unterlagen für den deutschen Kollegen absprachewidrig nicht fertigstellen könnten und von den geplanten 3 Tagen auch nur 1 Tag für Besprechungen zum Dekret 231/2001 zur Verfügung stände. Der deutsche Compliance Officer ist entsetzt.

b) Lösungsvorschlag

Die Lösung ist denkbar einfach. Zunächst ist der Compliance Officer im inter- **95** kulturellen Kontext zu schulen. Das heißt, er sollte Trainings zum Umgang mit einzelnen Ländern und deren Kulturkreisen absolvieren. Solche interkulturellen Trainings sollten je Land mindestens einen vollen Tag dauern und am besten durch Trainer aus dem jeweiligen Land oder Trainern, die selbst lange in diesem Land gelebt haben, durchgeführt werden.[40] Besonders geeignet sind auch speziell auf das jeweilige Unternehmen zugeschnittene Inhouse-Seminare.

---

40 Interkulturelle Trainings werden in etwa angeboten unter: https://www.kitzmann.biz/semina re/seminaruebersicht/fuehrung/interkulturelle-kompetenz/?gclid=CMb74cnd-McCFRITG wodUlMA1Q oder unter: http://www.eidam-und-partner.de/de/interkulturelles-training (beide Fundstellen zuletzt abgerufen am 11.4.2020).

96 Ebenfalls kann es sich anbieten, an Projekten im Land teilzunehmen, nachdem das erste interkulturelle Training abgeschlossen wurde. Hier sollte zunächst eine gewisse Zurückhaltung des Compliance-Verantwortlichen an den Tag gelegt werden, sodass er zunächst das kulturelle Verhalten im Land auf sich wirken lässt und im Anschluss daran versucht, dieses in seinem Verhalten und seinen Compliance-Maßnahmen zu berücksichtigen.

97 Soweit Compliance-Maßnahmen aufgesetzt werden, müssen diese so oft wie möglich mit einem oder mehreren Mitarbeitern jedes Ziellands vorab durchgesprochen und ggf. auf landestypische Besonderheiten angepasst werden. Diese Abstimmungen mögen zunächst zeitaufwendig erscheinen. Mittel- und langfristig rechnen sich diese jedoch immer, da nur so sichergestellt werden kann, dass die Mitarbeiter die Inhalte der Compliance-Maßnahmen verstehen, kulturell akzeptieren und schließlich auch umsetzen.

VI. Fazit zur Compliance-Kommunikation

98 Die Ausführungen in diesem Kapitel haben gezeigt, dass das Kommunikationsmanagement im Bereich Compliance vielschichtig und anspruchsvoll ist. Keinesfalls darf es nur als das „nicht durchdachte Ende" einer inhaltlich erarbeiteten Compliance-Maßnahme betrachtet werden, die jetzt „nur noch mal eben und irgendwie" an die Adressaten verteilt werden muss. Eine derartige Denk- und Handlungsweise gefährdet den gesamten Erfolg der jeweiligen Compliance-Maßnahme, wie die ausführlichen Beispiele gezeigt haben. Nur wenn die Adressaten in für sie verständlicher und kulturell passender Weise adressiert werden, können die Compliance-Maßnahmen erfolgreich umgesetzt werden. Wird hier im Gegensatz dazu mit Druck und Zwang in der Kommunikation gearbeitet, ist davon allenfalls ein widerwilliger, kurzfristiger Erfolg zu erwarten. Mittel- und langfristig funktioniert ein solches Vorgehen nicht.

99 Durch den Einsatz weniger, einfacher Kommunikationsmodelle wie dem von *Benien* zu den Konfliktarten oder dem 4-Schritte-Dialog, kann die Compliance-Kommunikation erheblich verbessert werden. Da es hier neben dem Erlernen von Wissen für den Compliance Officer insbesondere um den Erwerb von praktischem Können geht, sollte dieser die vorgeschlagenen Modelle in einem oder mehreren Trainings zunächst in der Umsetzung anwenden und üben. Ansonsten wird er unter Umständen in kritischen Kommunikationssituationen nicht die notwendige Sicherheit und Geschwindigkeit haben, derer es für den erfolgreichen Einsatz dieser Modelle bedarf.

100 In der Praxis haben sich in den letzten 15 Jahren eine Reihe von Instrumenten der Compliance-Kommunikation wie etwa Informationsschreiben, persönliche Beratungen, ein Compliance-Intranetauftritt oder Ähnliches bewährt. Erfolg haben diese insbesondere dann, wenn sie inhaltlich und zeitlich im Rahmen eines Projektplans passend aufeinander abgestimmt sind. Dies erfordert einige Erfahrung oder externe Unterstützung des Compliance Officers, da es hier eine Reihe von Punkten zu beachten gilt, die nicht sofort auf der Hand liegen und entsprechende Erfahrung in diesem Bereich erfordern.

Nach wie vor nicht ersetzbar im Kommunikationsmanagement von Compliance **101** sind Schulungen. Hier kommen zunächst immer persönliche Präsenzschulungen durch den Compliance Officer, ggf. mit externer Unterstützung oder Unterstützung durch Compliance-Mitarbeiter aus einzelnen Regionen oder Ländern, in Betracht. Soweit diese Schulungen gut durchdacht sind, d. h. adressatengerecht und mit unternehmensindividuellen Beispielen versehen sind, werden diese die erforderliche Sensibilisierung der Mitarbeiter erzielen. Tritt auch der Compliance Officer mit einer Einstellung als Unterstützer und Problemlöser der Operativen, soweit dies rechtlich und ethisch zulässig ist, auf, wird so eine Vertrauensbasis geschaffen, die die Grundlage für die Lösung von Compliance-Risiken im Unternehmen darstellt.

Neben den persönlichen Schulungen, denen zeitliche und ressourcentechnische **102** Grenzen gesetzt sind, hat sich auch der Einsatz von technischer Schulungsmethodik (digitale Compliance) bewährt und durchgesetzt. Zunächst ist hier an das klassische E-Learning zu denken, bei welchem die Mitarbeiter am PC zu einem von ihnen frei wählbaren Zeitpunkt eine Compliance-Schulung absolvieren können. Beachtet der Compliance Officer die Grenzen solcher E-Learnings, hier zu nennen sind vor allem die Eignung der E-Learnings hauptsächlich für Basisthemen und als Wiederholung oder Vertiefung nach Präsenzschulungen, kann ein E-Learning ein wertvolles Trainings- und Kommunikationsmittel darstellen. In diesem Beitrag vertieft betrachtet wurde auch die Schulung mit Webinaren. Dies erscheint der Autorin besonders wichtig, da solche erst in wenigen Unternehmen eingesetzt werden, aber sich durchaus positiv von der Zielerreichung, dem Ressourceneinsatz und der Erreichung der Adressaten darstellen. Webinare kombinieren die technische Möglichkeit von E-Learnings, den Teilnehmern Inhalte am PC zu präsentieren mit dem Element der Präsenzschulung, live und persönlich vor den Mitarbeitern zu sprechen und auf Fragen direkt eingehen zu können. Da für das Durchführen von Webinaren andere Fähigkeiten und Techniken des Compliance Officers als bei Präsenzschulungen gefordert sind, sollte dieser sich als E-Trainer ausbilden lassen oder jedenfalls einige Webinare als „Trockenübung" vor einigen wenigen Kollegen, vielleicht aus der Compliance- oder Rechtsabteilung durchführen, um final ein gutes und überzeugendes Webinar vor dem eigentlichen Zielpublikum abhalten zu können. Aktuell werden Webinare in der Compliance in etwa über die IT-Lösungen Zoom, Microsoft Teams, Adobe Connect oder WBS Learn Space 3 D durchgeführt.

Schließlich wurden einige der größten Fehler im Kommunikationsmanagement **103** von Compliance beleuchtet sowie Lösungsmöglichkeiten aufgezeigt, diese Fehler von vornherein zu vermeiden. Diese Fehler lassen sich in drei grobe Gruppen aufteilen. Zunächst gehören eine fehlende, verspätete oder missverständliche Information sowie ein Budget- und Ressourcenmangel inhaltlich in denselben Bereich. Hier tritt entweder mangelndes Wissen und Können in der

Umsetzung von Kommunikation oder mangelndes Wissen und Können gepaart mit mangelndem Budget und mangelnden Ressourcen auf. Es soll noch einmal betont werden, wie stark das Einsparen von Mitteln an dieser Stelle den Erfolg jeder Compliance-Maßnahme gefährdet. Es muss daher immer ausreichend Zeit und Budget für die Kommunikation an dieser Stelle eingeplant werden.

104 Die nächste Gruppe ist die der mangelnden Authentizität der höchsten Führungsebene, ohne die kein CMS im Unternehmen funktioniert. Oftmals wird dies von der Geschäftsleitung nicht oder nicht hinreichend berücksichtigt. Insbesondere die gelebte Vorbildfunktion ist oftmals mangelhaft.

105 Ein nicht zu unterschätzender Stolperstein ist auch eine nicht funktionierende technische Umsetzung der Compliance-Kommunikation. Wenn sich in einem E-Learning einzelne Elemente nicht anklicken lassen, Webinare während der Übertragung wiederholt abstürzen oder Mitarbeiter nicht über die technischen Geräte und Kenntnisse in deren Bedienung verfügen, sind diese Maßnahmen von Beginn an zum Scheitern verurteilt. Es bedarf daher einer sorgfältigen Planung und Prüfung durch den Compliance-Verantwortlichen unter frühzeitigem und dauerhaftem Einbezug der IT-Experten im Haus.

106 Schließlich müssen kulturelle Unterschiede in den verschiedenen Ländern, in denen ein Konzern (Tochter-)Gesellschaften betreibt, beachtet werden. Eine in Deutschland erfolgreiche Schulung kann aus kulturellen Gründen beispielsweise in Russland ein Misserfolg werden und umgekehrt. Hier bedarf es zunächst des grundsätzlichen Erkennens dieser Unterschiede gefolgt von einer Umsetzung, die diese berücksichtigt. Am einfachsten ist hier die Einbeziehung bei der Entwicklung von Kommunikationsmaßnahmen der jeweiligen Mitarbeiter des zutreffenden Landes. Dadurch werden kulturelle Fehltritte vermieden und durch die aktive Einbeziehung die Akzeptanz für die jeweilige Maßnahme erhöht.

7. Kapitel
Auswirkungen des ISO-Standards 19600
auf die Prüfung von Compliance-Management-Systemen
nach IDW PS 980

I. Einleitung

Die ISO-Norm 19600:2014 „Compliance Management Systems – Guidelines" **1**
enthält Hinweise zur Ausgestaltung, Einführung und Durchführung von Compliance-Management-Systemen (CMS). Die Hinweise sollen laut Standard in Bezug auf Größe, Struktur, Art und Komplexität an alle Organisationen anpassbar
sein. In den letzten Jahren haben viele Unternehmen ihr CMS bereits nach dem
Standard des Instituts der Deutschen Wirtschaftsprüfer (IDW) zur ordnungsmäßigen Durchführung von Prüfungen eines CMS (IDW PS 980) auf Angemessenheit und Wirksamkeit prüfen lassen. Das nachfolgende Kapitel[1] beleuchtet, welche Auswirkung der ISO-Standard auf eine nach IDW PS 980 durchgeführte
CMS-Prüfung hat bzw. ob eine Prüfung nach IDW PS 980 die Einhaltung der
ISO-Norm 19600:2014 bestätigen kann.

Der IDW PS 980[2] hat seit der Veröffentlichung im Jahr 2011 eine weite Verbrei- **2**
tung bei der Beurteilung von CMS gefunden. Eine zunehmende Anzahl von Unternehmen richtet sich bei der Ausgestaltung ihres CMS an den Vorgaben dieses
Standards aus. Es stellt sich die Frage, welche Auswirkung der ISO 19600:2014[3]
auf die Beurteilung der Angemessenheit von CMS haben kann bzw. wie sich die
Beziehung zwischen ISO-Standard und IDW-Prüfungsstandard darstellt. Zu beurteilen ist, ob ein nach der ISO-Norm ausgestaltetes CMS Gegenstand einer
Prüfung nach IDW PS 980 sein kann, bzw. ob eine solche Prüfung die Einhaltung
der Anforderungen der ISO-Norm 19600:2014 bescheinigen kann. Hierzu sollen
zunächst die Zielsetzung und die Zielgruppen sowie der Betrachtungsgegen-
stand der beiden Standards analysiert werden. Anschließend werden die Anforderungen dargestellt, die der IDW-Standard an Rahmenwerke stellt, die der
Ausgestaltung von CMS zugrunde gelegt werden. Darauf aufbauend wird untersucht, ob und inwieweit die Aussagen der beiden Standards zur Ausgestaltung
von CMS Verbindlichkeit besitzen und ob diese Anforderungen kompatibel oder
eventuell widersprüchlich sind. Schließlich soll kurz auf die voraussichtlich im
ersten Quartal 2021 anstehende Ablösung des ISO 19600:2014 durch den zertifizierbaren ISO 37301 eingegangen werden.

---

1 Dieses Kapitel basiert auf dem Aufsatz von *Withus/Kunz*, Auswirkungen des neuen ISO
  19600:2014 zu Compliance-Management-Systemen auf die Prüfung nach IDW PS 980, BB
  2015, 685 ff. und stellt eine Fortschreibung und Aktualisierung desselben dar.
2 IDW Prüfungsstandard: Grundsätze Ordnungsmäßiger Prüfung von Compliance Management
  Systemen (IDW PS 980), WPg Supplement 2/2011.
3 ISO 19600:2014 Compliance Management Systems – Guidelines, www.iso.org/obp/ui/#iso:
  std:iso:19600:ed-1:v1:en (zuletzt abgerufen am 19.10.2020).

II. Zielsetzung und Zielgruppe

1. Ausgangslage

3 Die Begriffe „Compliance" und „Compliance-Management-System" wurden seit Beginn der 2010er-Jahre nahezu inflationär verwendet, eine inhaltliche Konkretisierung fehlte jedoch. Dass Compliance als Pflicht zur Einhaltung von Gesetzen eine Binsenweisheit ist, hatte Schneider schon 2003 festgestellt;[4] und nicht erst seit dem Urteil des LG München[5] im Jahr 2013 dürfte es herrschende Meinung sein, dass es hierfür gezielter organisatorischer Maßnahmen im Rahmen eines einheitlichen CMS bedarf.[6] Auch der Regierungsentwurf für ein Gesetz zur Stärkung der Integrität in der Wirtschaft vom 16.6.2020 sieht Anreize für die Einrichtung eines CMS vor,[7] ohne jedoch die Anforderungen hieran näher zu definieren. Die Unsicherheit, welche Anforderungen an erforderliche Maßnahmen und Grundsätze eines CMS bestehen, führte dazu, dass Unternehmen hierzu externe Expertise bei der Konzeptionierung und Einrichtung sowie der Beurteilung des Reifegrads des eingerichteten CMS einholten.

2. Zielsetzung des IDW PS 980

4 Diese Ausgangslage veranlasste das IDW, einen Arbeitskreis zu gründen, um einen Standard zur Prüfung von CMS zu entwickeln. Der Standard wendet sich ausdrücklich an Wirtschaftsprüfer und regelt die beruflichen Grundsätze, wie eine solche externe Beurteilung eines CMS durch Wirtschaftsprüfer ordnungsgemäß durchzuführen ist. Betriebswirtschaftliche Prüfungen zeichnen sich dadurch aus, dass im Rahmen der Prüfung die vorhandene Wirklichkeit daran abgeglichen wird, ob sie den Anforderungen eines „Sollobjekts" gerecht wird. Ist das „Soll" nicht definiert, kann über das „Ist" kein zusammenfassendes Prüfungsurteil abgegeben werden. Für den IDW-Arbeitskreis stellte diese Bestimmung des ‚Sollobjekts' einer solchen Prüfung eine der größten Herausforderungen dar. Ein Bezug auf ein verlässliches Regelungs- oder Rahmenwerk, das allgemeingültig die Anforderungen an ein CMS beschrieb, war nicht möglich, da ein solches nicht vorhanden war.

3. Zielsetzung des ISO 19600:2014

5 Die Zielsetzung von ISO 19600:2014 ist dagegen nicht auf die Prüfung von CMS gerichtet, sondern auf die Vermittlung von „guidance for establishing, developing, implementing, evaluating, maintaining and improving an effective and

---

4 *Schneider*, ZIP 2003, 645, 646.
5 LG München, 10.12.2013, 5 HKO 1387/10, BB 2014, 850 LS m. BB-Komm. *Grützner*.
6 So im Ergebnis auch *Merkt*, DB 2014, 2271, 2273. Zur Compliance-Organisationspflicht und den damit verbundenen Maßnahmen siehe auch *Schulz*, Kap. 1, Rn. 27 ff.
7 Vgl. *Makowicz*, CB 2020, 1, 4 ff.

responsive compliance management system within an organization".[8] Die Zielgruppe umfasst somit nicht primär die Prüfer eines CMS, sondern die für die Sicherstellung der Compliance verantwortlichen Personen von Organisationen, bei Unternehmen regelmäßig die Geschäftsleitung sowie im Rahmen von Delegationen z. B. Compliance Officer. Dazu geht der Standard detailliert auf eine Vielzahl von Aspekten ein, die bei der Ausgestaltung eines CMS zu beachten sind und definiert vorab grundlegende Begrifflichkeiten.

4. Vergleich

Beide Standards betrachten folglich das CMS, allerdings aus unterschiedlichen **6** Blickwinkeln und letztlich zu unterschiedlichen Zeitpunkten. Während sich ISO 19600 mit der Ausgestaltung und Einrichtung sowie der laufenden Durchführung von CMS aus der Sicht des CMS-Verantwortlichen beschäftigt, betrachtet der CMS-Prüfer auf Basis von IDW PS 980 das tatsächlich vorhandene CMS sowie dessen Angemessenheit und Wirksamkeit.

5. Ausblick auf ISO 37301

Der lediglich empfehlende Charakter des ISO 19600:2014 und die damit ver- **7** bundene fehlende unmittelbare Zertifizierbarkeit wurden zum Teil kritisiert. Dies war Anlass für die ISO, einen neuen zertifizierbaren Standard mit verbindlichen Vorgaben zu entwickeln. Dieser Standard liegt gegenwärtig (Stand 19.10.2020) als Entwurfsfassung unter der Bezeichnung ISO/DIS 37301:2020 vor[9] und soll voraussichtlich im ersten Quartal 2021 den ISO 19600:2014 ersetzen.[10] Wesentlicher Unterschied zu ISO 19600:2014 ist, dass die bisher als Empfehlungen formulierten Aspekte („should") nunmehr als verbindliche Anforderungen an das CMS umformuliert wurden („shall") um die unmittelbare Zertifizierbarkeit zu ermöglichen. In seiner Struktur und inhaltlich folgt der ISO/DIS 37301:2020 jedoch, von kleineren Anpassungen, Ergänzungen und Verschiebungen abgesehen, im Wesentlichen weiterhin dem ISO 19600:2014.

III. Unterschiedliche Regelungstiefe zur Ausgestaltung des CMS

1. CMS-bezogene Regelungsinhalte des IDW PS 980

Wie oben ausgeführt, erforderte das Fehlen eines allgemeingültigen Regelungs- **8** oder Rahmenwerks für ein CMS, dass sich das IDW in seinem Prüfungsstandard auch grundlegend zu den Anforderungen an ein CMS äußerte. Gleichwohl war

---

8 ISO 19600:2014 Compliance Management Systems – Guidelines, www.iso.org/obp/ui/#iso: std:iso:19600:ed-1:v1:en, I. Scope (zuletzt abgerufen am 19.10.2020).

9 ISO/DIS 37301 Compliance Management Systems – Requirements with guidance for use, https://www.iso.org/obp/ui/#iso:std:iso:37301:dis:ed-1:v1:en (zuletzt abgerufen am 19.10.2020).

10 Siehe https://committee.iso.org/sites/tc309/home/projects/ongoing/ongoing-3.html (zuletzt abgerufen am 19.10.2020).

und ist es nicht die Aufgabe eines Prüfungsstandards, die Grundsätze eines CMS selbst zu bestimmen – nicht zuletzt weil es zumindest fraglich ist, wie konkret sich solche Grundsätze allgemeingültig – für Unternehmen aller Branchen und Größenordnungen sowie alle relevanten Regelungsgebiete – sinnvoll definieren lassen. Der IDW PS 980 beschränkt sich daher darauf festzulegen, wie der CMS-Prüfer beurteilen kann, ob das betrachtete CMS vom Unternehmen nach Grundsätzen ausgestaltet wurde, die in Bezug auf die relevanten einzuhaltenden Regeln für das konkrete Unternehmen ein angemessenes „Soll" darstellen. Diese Beschränkung erforderte zunächst die grundlegende Definition von Compliance als Einhaltung von Regeln und eines CMS als Gesamtheit der Regelungen und Maßnahmen im Unternehmen zur Vermeidung bzw. zeitnahen Aufdeckung von Compliance-Verstößen. Dabei wurde das CMS für die Prüfung in verschiedene Betrachtungsebenen, die sieben sog. Grundelemente, eingeteilt: Compliance-Kultur, Compliance-Ziele, Compliance-Risiken, Compliance-Programm, Compliance-Organisation, Compliance-Kommunikation und Compliance-Überwachung.

9   Diese Grundelemente, die sich erkennbar an den Rahmenwerken des Committee of Sponsoring Organizations of the Treadway Commission (COSO) zu Internen Kontroll- und Risikomanagementsystemen[11] anlehnten, wurden vom IDW nur generisch beschrieben. Sie stellen quasi die Aspekte dar, unter denen das zu prüfende CMS betrachtet wird. Hierdurch wird sichergestellt, dass eine umfassende Beurteilung stattfindet, die gleichzeitig nicht starr anhand von Checklisten erfolgt, sondern die spezifischen Anforderungen des jeweiligen CMS beachtet. Der IDW-Arbeitskreis war bei der Erstellung des Standards der Ansicht, dass Anforderungen an CMS die Unterschiede bei den relevanten Regelungen und in unterschiedlich strukturierten Unternehmen berücksichtigen müssen.

10   Die im Standard enthaltenen Hinweise auf die Ausgestaltung einzelner CMS-Grundelemente – und das Fehlen von CMS-spezifischen Rahmenkonzepten – führten dazu, dass der IDW PS 980 in der Praxis zunehmend als Grundlage für die Einrichtung eines CMS herangezogen wird. Gleichwohl bleibt die inhaltliche Beschreibung der Grundelemente relativ allgemein. Hierdurch ist sichergestellt, dass die Prüfungsgrundsätze weitgehend unabhängig vom im Einzelfall dem CMS zugrunde gelegten Rahmenkonzept oder den relevanten Regeln anwendbar sind.

2. Regelungsinhalte des ISO 19600:2014

11   Der ISO 19600:2014 enthält, anders als künftig der Nachfolgestandard ISO 37301, ausschließlich „recommended practices". ISO verwendet zur Verdeutlichung durchgängig das Verb „should" und vermeidet damit jegliche verpflich-

---

11 Vgl. *Withus*, Betriebswirtschaftliche Grundsätze für Compliance-Management-Systeme, 2014, 76. Zu den Kernelementen wirksamer Compliance-Management-Systeme siehe auch *Schulz*, Kap. 1, Rn. 51 m. w. N.

tende Anforderungen.[12] Dies führt teilweise zu irritierenden Aussagen. Soweit der Standard z. B. davon spricht, dass Unternehmen „should identify and evaluate its compliance risks",[13] handelt es sich durchaus nicht nur um eine „recommended practice", sondern um ein pflichtgemäßes Vorgehen. Ohne Identifizierung und Beurteilung von Compliance-Risiken kann kein CMS Wirksamkeit entfalten.

Selbstverständlich muss jedes Unternehmen auch bei einer Ausgestaltung seines **12** CMS nach den Guidelines des ISO 19600 die konkreten Bedingungen und Anforderungen des eigenen Unternehmens beachten. Zwar hat das Unternehmen jeweils bei der Beurteilung der Eignung und Angemessenheit einen Ermessensspielraum, ggf. müssen aber Ermessenseinschränkungen aus relevanten Regeln heraus beachtet werden.[14] Unterbleibt insoweit die Beachtung einer „recommended practice" des ISO 19600, obwohl deren Beachtung für das konkrete Unternehmen erforderlich wäre, so kann das CMS nicht angemessen sein, auch wenn es sich nach dem Wortlaut des ISO 19600 nur um eine „Should"-Aussage handelt. Ob ein „Should" im Wortlaut des ISO 19600 somit für das konkrete Unternehmen lediglich eine Option oder tatsächlich eine Verpflichtung darstellt, muss das Unternehmen selbst beurteilen. Unstrittig dürfte z. B. die Identifikation und Beurteilung der Compliance-Risiken eine Pflicht darstellen.

ISO 19600 selbst gibt in Bezug auf die Frage, welche der Empfehlungen unter **13** welchen Bedingungen eine faktische oder tatsächliche Verpflichtung darstellen oder zumindest darstellen könnten, keine Erläuterungen. Eine solche relative Unverbindlichkeit in Bezug auf eindeutige Anforderungen zugunsten der Festlegung von Definitionen, Identifizierung von Systemkomponenten und beschreibender Darstellung von grundlegenden Konzepten ist aber allgemeingültigen Rahmenkonzepten immanent und schmälert nicht deren Nutzung und Anerkennung. Rahmenkonzepte sollen möglichst allgemeingültig sein, „umso generischer die Darstellungen sind, umso größer ist der Kreis möglicher Anwender".[15] So ist z. B. auch das COSO-Rahmenkonzept zu Risikomanagementsystemen[16] lediglich beschreibend und stellt keine konkreten Anforderungen auf. Ein höherer Verbindlichkeitsgrad eines Rahmenkonzepts würde tatsächlich keinen Mehrwert darstellen, auch wenn dies aufgrund eines geringeren Entscheidungsbedarfs zunächst so erscheinen mag. Ein zu hoher Konkretisierungsgrad eines CMS-Rahmenkonzepts kann im Gegensatz sogar kontraproduktiv sein. Die fehlende

---

12 ISO 19600:2014 Compliance Management Systems – Guidelines, www.iso.org/obp/ui/#iso: std:iso:19600:ed-1:v1:en, I. Scope (zuletzt abgerufen am 19.10.2020).

13 Vgl. ISO 19600:2014 Compliance Management Systems – Guidelines, www.iso.org/obp/ui/ #iso:std:iso:19600:ed-1:v1:en, 4.5.1 (zuletzt abgerufen am 19.10.2020).

14 Vgl. z. B. die Darstellung zu den detaillierten Anforderungen an ein CMS, die bei Anwendung der US Sentencing Guidelines zu beachten sind in *Withus*, Betriebswirtschaftliche Grundsätze für Compliance-Management-Systeme, 2014, 67 ff.

15 *Withus*, Betriebswirtschaftliche Grundsätze für Compliance-Management-Systeme, 2014, 71.

16 Vgl. COSO Enterprise Risk Management – Integrated Framework, 2004, 11.

Beachtung der Anforderungen des konkreten Unternehmens kann das CMS ineffizient oder gar ineffektiv werden lassen. Zudem lassen abweichende gesetzliche Anforderungen in unterschiedlichen Jurisdiktionen keinen einheitlich hohen Verbindlichkeits- bzw. Konkretisierungsgrad hinsichtlich der erforderlichen Maßnahmen im Rahmen eines CMS zu. Auch wenn „Empfehlungen, die mit Vorschriften des nationalen Rechts kollidieren würden, nicht umzusetzen sind",[17] stellt sich dann immer die Frage, ob das CMS auch ohne diese konkret vorgeschriebene Maßnahme überhaupt noch wirksam sein kann, bzw. welche Alternative dann eventuell umzusetzen wäre.

14 Auch in Bezug auf die ISO-Norm stellt die geringe Konkretisierung der Anforderungen somit keinen Mangel dar. Sie ist vielmehr Voraussetzung für die notwendige Flexibilität des Rahmenkonzepts. Hierdurch kann es als Ausgangsbasis für eine große Anzahl von CMS dienen, unabhängig von den konkret relevanten Regeln sowie Größe, Struktur und Rahmenbedingungen der jeweiligen Unternehmen. Die Umsetzung von ISO 19600:2014 in der Praxis erfordert eine hohe fachliche Qualifikation des Anwenders.

15 **Tabelle 1:** Wesentliche Unterschiede zwischen ISO 19600 und IDW PS 980

	ISO 19600	**IDW PS 980**
Zielgruppe	CMS-Verantwortliche	Wirtschaftsprüfer
Zielsetzung	Hinweise zur Ausgestaltung, Einrichtung, Durchführung eines CMS	Grundsätze für ordnungsmäßige Prüfung eines CMS
Betrachtungs-gegenstand	Einzelne Maßnahmen und Grundsätze des CMS	Beschreibung des eingerichteten CMS, angemessene und wirksame Umsetzung eines Rahmenwerks unter Beachtung von relevanten Regeln
Regelungstiefe in Bezug auf CMS	Rahmenwerk; nur Hinweise, häufig Wahlrechte, Ermessensentscheidung der Verantwortlichen auf Basis der relevanten Gesetze/Regeln notwendig	Standard zur ordnungsgemäßen Prüfungsdurchführung, verbindliche Darstellung der zu betrachtenden Grundelemente eines CMS. Keine verbindlichen Aussagen zur Ausgestaltung des CMS, sondern Verweis auf Rahmenwerke

---

17 *Makowicz/Wüstemann*, BB 2015, 1195, 1198.

IV. ISO 19600 als geeignetes, angemessenes Rahmenkonzept für ein CMS

1. Anforderungen des IDW PS 980 an ein Rahmenkonzept

Im Verhältnis zum IDW-Standard stellt sich die Frage, ob ISO 19600 ein geeig-   **16** netes Rahmenkonzept darstellt, d. h. ein hiernach ausgestaltetes CMS einer Prüfung nach IDW PS 980 zugänglich ist. Denn im Gegensatz zum IDW PS 980 befasst sich der ISO 19600 nicht mit der Prüfung oder Zertifizierung von CMS, sondern mit der Ausgestaltung solcher Systeme. Erst der Nachfolgestandard ISO 37301 soll seinerseits unmittelbar zertifizierbar sein.

Wie oben dargestellt, beschränkt sich der Prüfungsstandard IDW PS 980 auf   **17** grundsätzliche Aussagen zur Ausgestaltung eines CMS in Form der Darstellung der sieben Grundelemente eines CMS. Diese stellen quasi die Betrachtungsaspekte dar, unter denen der Prüfer die Ermessenentscheidungen der CMS-Verantwortlichen zu beurteilen und z. B. gegen relevante Gesetze und Regeln abzugleichen hat. Der Standard fordert aber, dass die Einrichtung des CMS auf Grundsätzen beruhen muss. D. h., Ermessensentscheidungen bei der Einrichtung des CMS dürfen nicht willkürlich erfolgen, sondern müssen in einem konzeptionellen Zusammenhang stehen. Ergänzend wird vom IDW PS 980 definiert, dass hierzu „die in Anlage 1 genannten allgemein anerkannten Rahmenkonzepte, andere angemessene Rahmenkonzepte oder individuell entwickelte angemessene CMS-Grundsätze in Betracht"[18] kommen. Dabei müssen die Grundsätze alle sieben Grundelemente eines CMS abdecken und in konkrete Richtlinien und Maßnahmen transformieren. In der Praxis wird häufig das in der Anlage zum Prüfungsstandard genannte Rahmenkonzept „Unternehmensweites Risikomanagement – Übergreifendes Rahmenwerk (COSO II)"[19] als Grundlage für die Implementierung des zu prüfenden CMS herangezogen.

IDW PS 980 versteht unter allgemein anerkannten Rahmenkonzepten solche,   **18** „die von einer autorisierten oder anerkannten standardsetzenden Organisation im Rahmen eines transparenten Verfahrens entwickelt und verabschiedet oder durch gesetzliche oder andere rechtliche Anforderungen festgelegt werden".[20] Der Prozess zur Verabschiedung von ISO-Normen verfügt faktisch über eine sehr eingeschränkte Transparenz. Die Entwürfe werden nur den Mitgliedern zugänglich gemacht. Zwar steht die Mitgliedschaft theoretisch jedermann offen, praktisch ist der Teilnehmerkreis aber sehr eingeschränkt. Eine Diskussion und Möglichkeit zur Stellungnahme durch alle interessierten, fachlich einschlägigen

---

18 Vgl. *IDW Prüfungsstandard*: Grundsätze Ordnungsmäßiger Prüfung von Compliance Management Systemen (IDW PS 980), WPg Supplement 2/2011, Tz. 8, 9.

19 COSO Enterprise Risk Management – Integrated Framework, COSO Sponsoring Organizations of the Treadway Commission, Jersey City, 2002.

20 *IDW Prüfungsstandard*: Grundsätze Ordnungsmäßiger Prüfung von Compliance Management Systemen (IDW PS 980), WPg Supplement 2/2011, Tz. 9.

Kreise findet nicht statt. Es kann auch hinterfragt werden, ob ISO in Bezug auf die Festlegung von Anforderungen an Managementsysteme tatsächlich eine ähnliche allgemeine Anerkennung hat, wie dies in Bezug auf technische Normen wohl zweifelsfrei der Fall ist. Es kann somit nicht ohne Zweifel beurteilt werden, ob die Kriterien des IDW für ein allgemein anerkanntes Rahmenkonzept eingehalten sind.

19 Im Gegensatz zu allgemein anerkannten Rahmenkonzepten werden „andere angemessene Rahmenkonzepte" im IDW PS 980 nicht näher definiert. Allerdings werden nicht beliebige Rahmenkonzepte zugelassen, sondern nur „angemessene". Während bei allgemein anerkannten Rahmenkonzepten die Eignung zur Ausgestaltung eines CMS unterstellt wird, müssen andere Rahmenkonzepte ausdrücklich angemessen sein. Im Ergebnis hat die Klassifizierung eines Rahmenkonzepts als „allgemein anerkannt" oder „anderes angemessenes" indes keine grundsätzliche Auswirkung auf die Eignung zur Ausgestaltung eines CMS. Die Unterscheidung führt aber dazu, dass bei nicht „allgemein anerkannten" Rahmenkonzepten der Prüfer zunächst die Angemessenheit des anderen Rahmenkonzepts beurteilen muss. Hierzu wird im Wesentlichen ein Vergleich mit allgemein anerkannten Rahmenkonzepten erfolgen – einschließlich der Beurteilung, ob alle vom IDW PS 980 genannten Grundelemente eines CMS abgedeckt sind.[21] Diese Beurteilung soll nachfolgend für die Inhalte des ISO 19600 durchgeführt werden.

2. Vergleich ISO 19600 Guidelines mit IDW PS 980-Grundelementen

20 Um die Angemessenheit des ISO 19600 in Bezug auf eine Prüfung nach den Grundsätzen des IDW PS 980 zu beurteilen, muss abgeglichen werden, ob diese ISO-Hinweise umfassend alle Grundelemente eines CMS abdecken. Hierzu können die wesentlichen Guidelines des ISO 19600 synoptisch den Grundelementen zugeordnet werden.

---

21 *IDW Prüfungsstandard*: Grundsätze Ordnungsmäßiger Prüfung von Compliance Management Systemen (IDW PS 980), WPg Supplement 2/2011, A30.

von Busekist/Uhlig

Tabelle 2: Exemplarische Zuordnung der ISO 19600 Guidelines zu IDW PS 980-Grund- **21** elementen

ISO 19600 Guidelines		IDW PS 980 Grundelemente
4.5.2	Maintenance of compliance obligations	Compliance-Überwachung u. Verbesserung
9	Performance evaluation	
10	Improvement	
4.4	Compliance management system and principle of good governance	Compliance-Kultur
5.1	Leadership and commitment	
7.3.2.1	Behaviour – General	
7.3.2.2	Top management's role in encouraging compliance	
4.2	Understanding the needs and expectations of interested parties	Compliance-Ziele
4.3	Determining the scope of the compliance management system	
4.5.1	Identification of compliance objectives	
6.2	Compliance objectives and planning to achieve them	
5.3.2	Assigning responsibilities in the organization	Compliance-Organisation
5.3.3	Governing body and top management role and responsibilities	
5.3.4	Compliance function	
5.3.5	Management responsibilities	
5.3.6	Employee responsibilities	
7.1	Resources	
7.2.1	Competence	
7.5	Documented information	
4.1	Understanding the organization and its context	Compliance-Risiken
4.6	Identification, analysis and evaluation of compliance risks	
7.4	Communication	
5.2	Compliance policy	Compliance-Programm
6.1	Actions to address compliance risks	
8	Operation	
5.3.5	Management responsibilities	Compliance-Kommunikation
5.3.6	Employee responsibilities	
7.2.2	Training	
7.3.1	Awareness – General	
7.3.2.3	Compliance culture	
7.4	Communication	

22 Die Gegenüberstellung zeigt, dass die Guidelines des ISO 19600 auf alle sieben Grundelemente eines CMS eingehen. Da die Grundelemente selbst nicht scharf getrennt nebeneinander stehen, sondern lediglich eine strukturierte Betrachtung eines CMS ermöglichen sollen, lassen sich einzelne Inhalte der ISO 19600 Guidelines durchaus auch mehreren Grundelementen zuordnen. Umgekehrt können die Inhalte der generischen Beschreibung der Grundelemente in IDW PS 980.23 in den Guidelines wiedergefunden werden.

23 Die vom ISO-Standard 19600 festgelegten Definitionen der Begrifflichkeiten im Standard stehen ebenfalls im Einklang mit den Abgrenzungen und Definitionen des IDW PS 980. Insgesamt kann festgestellt werden, dass ISO 19600 grundsätzlich ein angemessenes Rahmenkonzept zur Ausgestaltung eines CMS darstellt und ein hiernach ausgestaltetes CMS grundsätzlich einer Prüfung nach IDW PS 980 zugänglich sein kann. Dies gilt entsprechend auch für den bisher als Entwurf vorliegenden ISO 37301 (Stand 19.10.2020), da dieser strukturell und inhaltlich weitgehend dem ISO 19600 entspricht.

V. Zwischenergebnis

24 Die Guidelines des ISO 19600 stellen eine umfangreiche Sammlung von grundsätzlich allgemein gehaltenen Hinweisen zur Ausgestaltung von CMS dar. Die vom Standard vorgenommene Gliederung der Guidance anhand eines prozessualen Ablaufs erschwert zwar einen Abgleich mit anderen Standards, wie z. B. den COSO-Rahmenwerken oder auch dem über die Grenzen Deutschlands als Prüfungsstandard anerkannten IDW PS 980. Gleichwohl ist auch eine solche Gliederung der Betrachtung durchaus sachgerecht, es gibt hier keine zwingend logische Betrachtungsweise. Ein Vergleich mit den Grundelementen des IDW PS 980 ergibt, dass die Guidelines des ISO 19600 alle relevanten Aspekte eines CMS abdecken. Die enthaltenen Anforderungen sind einerseits hinreichend genau, andererseits erlauben sie eine sachgerechte, angemessene Ausgestaltung unter Beachtung der relevanten Regeln und Rahmenbedingungen des Unternehmens.

25 ISO 19600:2014 kann somit grundsätzlich im Sinne von IDW PS 980 als an ein angemessenes Rahmenwerk für die Grundsätze und Maßnahmen eines angemessenen CMS qualifiziert werden. Dies dürfte auch zukünftig für den Nachfolgestandard ISO 37301 gelten, da dieser, zumindest in der gegenwärtig vorliegenden Entwurfsfassung (Stand 19.10.2020) strukturell und inhaltlich weitgehend dem ISO 19600 entspricht, auch wenn der bisherige Empfehlungscharakter künftig durch verbindliche Anforderungen ersetzt werden wird.

VI. Argumente für eine Ausrichtung des CMS nach ISO 19600

1. Basis für Ermessensentscheidung und Compliance-Richtlinie

26 „Normen" haben schnell die Vermutung für sich, dass ihre Anwendung zwingend geboten ist oder zumindest eine Art „Best Practice" darstellt. Dies mag für die technischen Normen von ISO bzw. des Deutschen Instituts für Normung sicherlich häufig der Fall sein, da diese die Vermutung in sich tragen, dass sie den Stand der allgemein anerkannten Regeln der Technik wiedergeben.[22] Eine solche Vermutung hat die Rechtsprechung für die Management-Normen von DIN und ISO bislang nicht ausgesprochen. Es ist auch sehr zu bezweifeln, ob diesen Normen eine ähnliche Bedeutung wie den technischen Normen zukommen kann. Hierfür mangelt es schon an einer einheitlichen Definition des Begriffs Management". Gegen eine solche Vermutung spricht auch die – gerade im Vergleich zu technischen Normen – geringe Konkretisierung des Standards. ISO 19600 erzeugt daher keine grds. Pflicht für Unternehmen, ihr CMS hiernach zu strukturieren oder bei einem bestehenden CMS zusätzliche oder ergänzende Maßnahmen einzurichten.

ISO 19600 steht zumindest derzeit eigenständig neben anderen – breit anerkannten – Rahmenwerken, wie z.B. den COSO Frameworks. Ob sich mittelfristig eine breite Akzeptanz von ISO 19600 oder dem Nachfolgestandard ISO 37301 entwickelt und explizit hierauf aufbauende CMS sich als „Best Practice" positionieren, wird die Zeit beantworten. **27**

Unternehmen haben daher weiterhin ein Wahlrecht, ob sie ISO 19600 als Grundlage für die Ausgestaltung ihres CMS heranziehen. Es stellt sich deswegen die Frage, ob die Nutzung von ISO 19600:2014 empfehlenswert sein kann. **28**

ISO 19600 wendet sich grundsätzlich an alle Organisationen und versteht hierunter sowohl Unternehmen aller Rechtsformen, wie auch gemeinnützige Organisationen oder öffentliche Körperschaften.[23] Daher ist die Tatsache, dass der Standard zwar Guidance gibt, aber keine konkreten und abschließenden Anforderungen aufstellt, sinnvoll und angemessen. Dadurch kann ISO 19600 auch die Grundlage für zu entwickelnde spezielle Rahmenkonzepte darstellen. Solche speziellen Rahmenkonzepte bestehen bereits z.B. für die Immobilienwirtschaft[24] oder die Vertriebsorganisation in Versicherungsunternehmen.[25] Durch ihre engere Ausrichtung auf bestimmte, tendenziell eher gleichartige Unternehmen können diese weitaus konkreter werden und für einzelne Wirtschaftsbereiche eine „best practice" widerspiegeln. Die neuere ISO-Norm **29**

---

22 BGH, Urt. v. 24.5.2013, V ZR 182/12, openJur 2013, 29766.
23 Vgl. ISO 19600:2014 Compliance Management Systems – Guidelines, www.iso.org/obp/ui/#iso:std:iso:19600:ed-1:v1:en, 3.1. Organization (zuletzt abgerufen am 19.10.2020).
24 Vgl. Initiative Corporate Governance der deutschen Immobilienwirtschaft e.V. (Hrsg.), Pflichtenheft zum Compliance-Management in der Immobilienwirtschaft, 2018, http://www.icg-institut.de/wp-content/uploads/2019/01/Pflichtenheft_2018_low.pdf (zuletzt abgerufen am 19.10.2020).
25 Vgl. Verhaltenskodex des Gesamtverbands der Deutschen Versicherungswirtschaft für den Vertrieb von Versicherungsprodukten, GDV 2018; https://www.gdv.de/resource/blob/10302/551f3e81d903f48d890800037fd22251/verhaltenskodex-fuer-den-vertrieb-vom-25-09-2018-data.pdf (zuletzt abgerufen am 19.10.2020).

37001 zu Anti-Korruptions-Managementsystemen[26] versucht dagegen eine für alle Unternehmen und Organisationen verbindliche konkretisierte Anforderung an ein CMS zur Vermeidung von Korruption zu entwickeln. Ob ein solcher Ansatz – zum einen allgemein gültig auch für sehr unterschiedlich strukturierte Unternehmen, zum anderen aber sehr spezifisch und detailliert in den Anforderungen – den Herausforderungen zur Gestaltung eines wirksamen CMS gerecht werden kann, bleibt abzuwarten. Es kann durchaus bezweifelt werden, dass es sinnvoll ist, bei der Ausgestaltung eines CMS die Besonderheiten zu ignorieren, die sich aus Größenordnungen, Hierarchiestrukturen, regionalen oder kulturellen Gegebenheiten und einer Vielzahl anderer Faktoren ableiten können.

30 Wenn Rahmenkonzepte sinnvollerweise keine konkreten Anforderungen definieren, sondern lediglich den Rahmen für deren Ausgestaltung festlegen, ist in Bezug auf ISO 19600 ebenso die Frage berechtigt, welchen Mehrwert dieses Rahmenkonzept gegenüber anderen allgemeinen Rahmenkonzepten, wie z. B. den COSO-Rahmenwerken hat. Im COSO-Rahmenwerk zu IKS wurden bei der Überarbeitung 2013 zwar zusätzliche Hinweise zur Zielsetzung von Compliance aufgenommen; COSO betrachtet aber grundsätzlich das gesamte Risikomanagement. ISO 19600 ist dagegen konkret auf Sicherstellung der Compliance ausgerichtet, die Guidance ist dadurch zielgerichteter und einfacher verständlich. Dabei liefert ISO 19600 für alle Grundelemente eines CMS eine umfangreichere Darstellung von Systemkomponenten, CMS-spezifischen Definitionen und bei der Ausgestaltung von CMS zu beachtenden Fragestellungen und Beurteilungen. Dies kann in der Praxis bei der Ausgestaltung von CMS die Einrichtung von konkreten, angemessenen Maßnahmen sowie deren praktische Umsetzung erleichtern. Die weltweite Verbreitung des Standards kann Grundlage dafür sein, dass seine Anwendung als CMS-Rahmenkonzept für international agierende Unternehmen die Einführung eines weltweiten CMS erleichtert. Dies ist z. B. schon durch die Vereinheitlichung von Definitionen der Fall.

31 Welche konkreten Grundsätze und Maßnahmen dabei aus den Ausführungen des ISO 19600 abgeleitet werden und unter Beachtung der relevanten zu beachtenden Regeln angemessen sind, muss von den CMS-Verantwortlichen in eigener Verantwortung entschieden werden. Auf der Basis des ISO 19600 können Unternehmen – analog zu einer Bilanzierungsrichtlinie – ihre Entscheidungen für die Ausnutzung von ISO-Wahlrechten schriftlich festhalten. Diese „Compliance-Richtlinie" kann an die Konzerneinheiten ausgericht und von diesen individuell – unter Beachtung der gesetzlichen Anforderungen in der jeweiligen Jurisdiktion – an die besonderen lokalen Besonderheiten angepasst werden. In internationalen Konzernen würde dadurch nicht nur die Einrichtung von CMS erleichtert. Die Darstellung der wesentlichen Elemente einer solchen Compli-

---

26 Siehe https://www.iso.org/obp/ui/#iso:std:iso:37001:ed-1:v1:en (zuletzt abgerufen am 19.10.2020).

ance-Richtlinie in einer CMS-Beschreibung würde auch den Unternehmensorganen die Überwachung des konzernweiten CMS erleichtern und Benchmarkvergleiche innerhalb des Konzerns ermöglichen.

2. Beurteilung der angemessenen Einrichtung eines wirksamen CMS

Ob die Umsetzung des CMS – unter Beachtung des ISO 19600 – in Bezug auf   **32**
die einzuhaltenden Regeln angemessen erfolgte und wirksam durchgeführt wurde, ist zunächst von den Aufsichtsverpflichteten des Unternehmens zu überwachen. Hierbei kann eine Prüfung nach den Grundsätzen des IDW PS 980 unterstützen. Die Angemessenheit ist dabei vorrangig in Bezug auf die jeweils relevanten Regeln (insbes. gesetzlichen Vorschriften) zu beurteilen. Wie oben bereits dargestellt, ist dabei auf Basis dieser relevanten Regeln für jede einzelne Anforderung der Norm die Frage zu beantworten, ob diese ein tatsächliches Wahlrecht darstellt oder faktisch eine Notwendigkeit ist, um ein angemessenes CMS einzurichten.

Zwar entscheidet nicht das Rahmenkonzept über die Angemessenheit des CMS,   **33**
sondern die unternehmensspezifische Ausgestaltung des CMS unter Beachtung der relevanten Regeln. Aber auch, wenn der externe Prüfer vorrangig diese relevanten Regeln im Blick haben muss, muss er prüfen und kann bei Bedarf bescheinigen, dass die Grundsätze des jeweiligen Rahmenwerks beachtet wurden. Eine CMS-Prüfung nach IDW PS 980 kann somit auch die Ausgestaltung des CMS nach ISO 19600:2014 beurteilen und im Ergebnis bescheinigen.

Wurde das CMS bereits in Vorjahren nach IDW PS 980 geprüft, ist regelmäßig   **34**
zu erwarten, dass sich durch die Entscheidung des Unternehmens für sein CMS zukünftig die ISO19600 als Rahmenkonzept zu nutzen, keine signifikanten Änderungen ergeben werden. Insoweit sind Befürchtungen substanzlos, wonach durch den ISO-Standard neue Anforderungen aufgestellt oder gar die Beurteilung der Wirksamkeit des CMS beeinflusst und damit Haftungsrisiken erhöht würden.

Jedoch sollten zum einen Unternehmen, deren CMS sich im Aufbau befindet,   **35**
mit den Hinweisen des ISO-Standards differenziert auseinandersetzen und die Wahlrechte (ggf. gesellschaftsspezifisch) ausüben.

Zum anderen ist selbst bei Unternehmen, deren CMS einen hohen Reifegrad be-   **36**
sitzt, regelmäßig die fortgesetzte Angemessenheit und Wirksamkeit des eingerichteten CMS zu überprüfen. Auch eine bereits durchgeführte externe Prüfung des CMS nach IDW PS 980 entbindet die Verantwortlichen nicht von dieser fortlaufenden Überwachungspflicht, da sich relevante Rahmenbedingungen, wie z. B. gesetzliche Anforderungen, jederzeit ändern können. Sowohl ISO 19600 wie auch der IDW PS 980 weisen auf diese Überwachungspflicht hin.[27] Eine

---

27 *Withus*, Betriebswirtschaftliche Grundsätze für Compliance-Management-Systeme, 2014, S. 208 ff. Zur Notwendigkeit regelmäßiger Aktualisierung der Compliance-Maßnahmen siehe auch *Schulz*, Kap. 1, Rn. 89.

gesetzliche Verpflichtung, dabei explizit die Ausführungen des ISO 19600 oder künftig des ISO 37301 zu beachten, ist nicht zu begründen. ISO 19600:2014 kann aber wertvolle Hinweise im Falle von notwendigen Anpassungen geben.

VII. Zusammenfassung

37 1. ISO 19600 und IDW PS 980 haben unterschiedliche, sich ergänzende Blickwinkel auf die Thematik Compliance-Management-System und richten sich an unterschiedliche Zielgruppen.

2. ISO 19600 gibt CMS-Verantwortlichen Hinweise dazu, welche Aspekte, Prinzipien und Zusammenhänge bei der Ausgestaltung von CMS zu berücksichtigen sind. Die Hinweise im ISO 19600 können Unternehmen darüber hinaus für die Überwachung, die kontinuierliche Verbesserung oder Anpassung des CMS an geänderte Rahmenbedingungen wertvolle Guidance geben. Die Beurteilung, ob diese Guidance angemessen und wirksam umgesetzt wurde, unterliegt der Beurteilung der Compliance-Verantwortlichen. Hierbei kann eine Prüfung nach den Grundsätzen des IDW PS 980 die erforderliche Sicherheit bieten.

3. IDW PS 980 stellt für Wirtschaftsprüfer die Grundsätze auf, die bei der Prüfung der implementierten Grundsätze und Maßnahmen auf Angemessenheit und Wirksamkeit zu beachten sind.

4. Die beiden Standards stehen dabei nicht in Konkurrenz zueinander, sondern ergänzen sich. Bei einer Prüfung kann neben der Angemessenheit und Wirksamkeit in Bezug auf die Maßnahmen zur Beachtung der relevanten Regeln und gesetzlichen Vorschriften auch die Beachtung der Guidance des ISO 19600:2014 bestätigt werden. Letzteres kann gerade für international agierende Unternehmensgruppen einen bedeutsamen Aspekt darstellen, um eine Vergleichbarkeit der CMS-Ausgestaltung in den Konzerngesellschaften in verschiedenen Ländern zu erreichen. Die Information über eine erfolgreich durchgeführte Prüfung des CMS kann gleichzeitig als Nachweis hinsichtlich der Beachtung der Compliance-Anforderungen anderer Geschäftspartner genutzt werden.

8. Kapitel
Management interner Untersuchungen

I. Einleitung

Unter einer internen Untersuchung versteht man die unternehmensinterne Aufklärung von Fehlverhalten durch Mitarbeiter im oder aus dem Unternehmen heraus. Sie ist in Abgrenzung zu externen Ermittlungen von Ermittlungs- oder Aufsichtsbehörden zu sehen. Bei dem aufzuklärenden Fehlverhalten von Mitarbeitern – den hier sogenannten Compliance-Verstößen in Abgrenzung zu Rechtsverstößen durch außenstehende Dritte – kann es sich um Verstöße gegen reines „Binnenrecht" des Unternehmens, z.B. Reise- oder Spesenrichtlinien, handeln. Oft werden jedoch Korruptions- und Untreuedelikte, Steuerstraftaten, Kartellverstöße oder Verletzungen von Insiderrecht zur Aufklärung stehen.[1]

1

Interne Untersuchungen sind als „Internal Investigations" aus dem anglo-amerikanischen Rechtsraum bekannt, mittlerweile aber auch hierzulande als wesentlicher Bestandteil jedes effektiven Compliance-Programms etabliert. Sie dienen nicht nur dazu, mögliches Fehlverhalten aufzuklären, abzustellen und arbeits- oder zivilrechtlich zu sanktionieren. Vielmehr tragen sie auch zur Prävention künftigen Fehlverhaltens bei. Denn zum einen dokumentiert das Unternehmen gegenüber seinen Mitarbeitern, dass Hinweisen auf Fehlverhalten nachgegangen und dieses nicht einfach hingenommen wird. Zum anderen helfen interne Untersuchungen, Schwächen bestehender Kontroll- und Compliance-Systeme zu identifizieren und diese anzupassen und zu verbessern. Ganz erhebliche Bedeutung gewinnen interne Untersuchungen überdies in dem bereits als Regierungsentwurf des Bundesministeriums der Justiz vorliegenden „*Gesetz zur Stärkung der Integrität in der Wirtschaft*",[2] dessen Kernstück das „*Gesetz zur Sanktionierung von verbandsbezogenen Straftaten*" („Verbandssanktionengesetz" – VerSanG) ist. Dieses soll erstmalig im deutschen Strafrecht eine explizit strafrechtliche Sanktionierung von „Verbänden, deren Zweck auf einen wirtschaftlichen Geschäftsbetrieb gerichtet ist", regeln. Die aktuelle Entwurfsfassung des Verbandssanktionengesetzes definiert als wesentlichen Gesetzeszweck, die auch als Beschuldigte verfolgbaren Wirtschaftsunternehmen zu internen Untersuchungen anzuhalten und einen eigenen Beitrag zur Aufklärung von Straftaten zu leisten.[3]

2

---

1 Siehe zur Criminal Compliance sowie zum Entwurf des Verbandssanktionengesetzes *Böttger*, Kap. 2, Rn. 15 ff., 142 ff.

2 Aktuell liegt der Gesetzentwurf der Bundesregierung zum Entwurf eines Gesetzes zur Stärkung der Integrität in der Wirtschaft in der Fassung vom 16.6.2020 vor, https://www.bmjv.de/SharedDocs/Gesetzgebungsverfahren/Dokumente/RegE_Staerkung_Integritaet_Wirtschaft.pdf?__blob=publicationFile&v=2 (im Weiteren RegE VerSanG v. 16.6.2020).

3 RegE VerSanG v. 16.6.2020, 1 f. Siehe hierzu auch *Böttger*, Kap. 2, Rn. 15 ff., 142 ff., kritisch *Baum*, CCZ 2020, 245, 249.

3   Interne Untersuchungen, insbesondere grenzüberschreitende, weisen eine Vielzahl komplexer rechtlicher Fragestellungen aus verschiedenen Rechtsbereichen auf. Deren Beachtung ist eine wesentliche Bedingung für ihren Erfolg. Dieser Beitrag widmet sich indes in erster Linie dem Management, d. h. der Organisation von Aufgaben und Abläufen interner Untersuchungen. Dabei können rechtliche Aspekte jedoch nicht vollständig ausgeklammert werden, zeichnet sich gutes Management doch durch die richtige Balance zwischen rechtlicher Verpflichtung und praktischer Zweckmäßigkeit aus.

4   Nachfolgend soll die Lösung praktischer Fragen einer internen Untersuchung anhand ihres zeitlichen Ablaufs aufgezeigt werden. Sie beginnt mit der Entscheidung über die Durchführung einer internen Untersuchung (Rn. 5 ff.), führt über die Vornahme eventuell notwendiger Eilmaßnahmen (Rn. 23 ff.) und einer notwendigen gründlichen Planung (Rn. 34 ff.) bis zur Durchführung der Untersuchungsmaßnahmen und einem Festhalten der Ergebnisse im Untersuchungsbericht (Rn. 107 ff.). Die „Nachphase", in der das Unternehmen die notwendigen arbeits- oder zivilrechtlichen Konsequenzen zieht und Arbeitsprozesse oder Kontroll- und Compliance-Systeme aufgrund der Erkenntnisse aus der internen Untersuchung anpasst, wird dem Gegenstand dieser Abhandlung entsprechend nicht weiter vertieft.[4]

II. Entscheidung über die Durchführung interner Untersuchungen

5   Die Frage nach der Durchführung einer internen Untersuchung stellt sich den im Unternehmen dafür zuständigen Stellen (nachfolgend Rn. 6 ff.) regelmäßig dann, wenn es Anhaltspunkte für Compliance-Verstöße gibt. Diese können sich etwa aus Meldungen im Rahmen von Hinweisgebersystemen, Hinweisen auf Auffälligkeiten durch die Abschlussprüfer oder aufgrund ermittlungs- oder aufsichtsbehördlicher Auskunftsersuchen ergeben. Bei Vorliegen eines konkreten Anfangsverdachts sind Maßnahmen zur weiteren Aufklärung verpflichtend (nachfolgend Rn. 9). Zu entscheiden ist dann, ob die notwendige Aufklärung durch eine interne Untersuchung erfolgen soll oder externen Ermittlungs- oder Aufsichtsbehörden überlassen bleiben kann (nachfolgend Rn. 9 ff.).

1. Entscheidungsbefugte Stellen

6   Die Entscheidung über die Durchführung von internen Untersuchungen liegt regelmäßig bei der Geschäftsleitung als Teil ihrer allgemeinen Compliance-Verantwortung.[5] Innerhalb der Geschäftsleitung kann sie einem Mitglied als primär Verantwortlichem zugewiesen sein (horizontale Delegation).[6]

7   Die Geschäftsleitung kann – was ab einer gewissen Unternehmensgröße praktisch der Regelfall ist – die Primärverantwortung für die Aufklärung von Com-

---

4 Vgl. dazu *Moosmayer*, Compliance, 3. Aufl. 2015, Rn. 320 sowie 338 ff. und 344 ff.

5 *Schulz/Galster*, in: Bürkle/Hauschka, Der Compliance Officer, 2015, § 4 Rn. 18 ff.

6 Zu den Grenzen der horizontalen Delegation siehe auch *Böttger*, Kap. 2, Rn. 119.

pliance-Verstößen auch auf nachgeordnete Unternehmensstellen übertragen (vertikale Delegation), etwa an eine eigenständige Compliance-Abteilung bzw. den Chief Compliance Officer, die interne Revision oder die Rechtsabteilung.[7] Hier sind unterschiedlichste Zuständigkeitsaufteilungen zwischen Geschäftsleitung und nachgeordneten Stellen einerseits und zwischen letzteren andererseits denkbar, etwa nach der Art der jeweils in Rede stehenden Compliance-Verstöße oder dem durch sie möglicherweise verursachten finanziellen Schaden.

Sofern Mitglieder der Geschäftsleitung in Compliance-Verstößen involviert sein **8** können oder Schadensersatzansprüche des Unternehmens gegen sie im Raum stehen, liegt die Entscheidung über die Einleitung einer internen Untersuchung beim entsprechenden Aufsichtsgremium (Aufsichtsrat der Aktiengesellschaft, Beirat der GmbH).

2. Pflicht zur Aufklärung konkreter Verdachtsfälle

Die Geschäftsleitung bzw. die mit der Compliance-Verantwortung betrauten **9** nachgeordneten Stellen sind verpflichtet, bei konkreten Hinweisen auf Compliance-Verstöße Maßnahmen zu deren Aufklärung einzuleiten und erkannte Rechtsverstöße abzustellen und – wobei hier ein bestimmter Ermessensspielraum besteht – auch zu ahnden („Aufklären, Abstellen, Ahnden").[8] Die Verletzung der Aufklärungspflicht kann ihrerseits zu einer Haftbarkeit der Geschäftsleitung führen. Entsprechendes gilt für das Aufsichtsgremium beim Verdacht auf Compliance-Verstöße unter Beteiligung der Geschäftsleitung.

Um die Notwendigkeit zu weiteren Aufklärungsmaßnahmen beurteilen zu kön- **10** nen, muss die entscheidungsbefugte Stelle zunächst die Plausibilität und Belastbarkeit des Hinweises im Hinblick auf in Betracht kommende Compliance-Verstöße überprüfen (lassen). Gegebenenfalls muss der Hinweisgeber weiter befragt werden. (Nur) wenn ein hinreichend konkreter Anfangsverdacht auf Compliance-Verstöße besteht, sind weitere Maßnahmen zur Aufklärung einzuleiten.

Damit ist nicht gesagt, dass die weitere Aufklärung notwendigerweise durch eine **11** interne Untersuchung erfolgen muss; sie könnte je nach in Rede stehenden Compliance-Verstößen grundsätzlich auch den Ermittlungs- oder Aufsichtsbehörden überlassen bleiben (dazu sogleich). Auch die bereits angesprochene Entwurfsfassung des Verbandssanktionengesetzes sieht keine Verpflichtung zur internen Untersuchung eines strafrechtlichen Verdachtssachverhalts vor, misst ihrer ordnungsgemäßen Durchführung jedoch entscheidende Bedeutung für eine Milde-

---

7 Ausführlich zu unterschiedlichen Organisationsmodellen für die Compliance-Funktion *Moosmayer*, Compliance, 3. Aufl. 2015, Rn. 105 ff.; *Schulz/Galster*, in: Bürkle/Hauschka, Der Compliance Officer, 2015, § 4 Rn. 2 ff.; zur vertikalen Delegation auch *Böttger*, Kap. 2, Rn. 120.
8 LG München I, 10.12.2013, 5 HK O 1387/10, NZG 2014, 345 – Siemens/Neubürger; vgl. hierzu *Fleischer*, NZG 2014, 321.

rung der späteren, strafrechtlichen Sanktion des Unternehmens bei.[9] Des Weiteren ist mit der Entscheidung für eine interne Untersuchung nichts über deren Umfang und Gestalt gesagt. Der unterschiedlichen Bedeutung möglicher Compliance-Verstöße oder den etwaigen Nachteilen der Untersuchung für das Unternehmen kann – und muss – auf Basis einer Verhältnismäßigkeitsprüfung bei der Ausgestaltung der internen Untersuchung Rechnung getragen werden.[10]

3. Interne Untersuchung oder externe Ermittlung?

12 Im Falle des Verdachts möglicher straf- oder aufsichtsrechtlich relevanter Compliance-Verstöße steht die entscheidungsbefugte Stelle vor der Frage, ob sie diese intern untersuchen oder die Aufklärung den externen Ermittlungs- oder Aufsichtsbehörden überlassen soll.

a) Bereits laufendes behördliches Verfahren

13 Soweit in diesem Entscheidungsstadium bereits ein behördliches (Ermittlungs-) Verfahren zum Untersuchungsgegenstand eingeleitet ist, bestimmen sich die Rechte und Pflichten des betroffenen Unternehmens nach dem jeweils anwendbaren Prozessrecht.

14 Nach deutschem Strafprozessrecht ist eine parallele interne Untersuchung nicht ausgeschlossen.[11] Allerdings muss sich die entscheidungsbefugte Stelle die Frage stellen, ob angesichts der ohnehin stattfindenden Aufklärung des möglichen Compliance-Verstoßes durch die Ermittlungsbehörden, der notwendigen Abstimmung einer internen Untersuchung mit den staatlichen Behörden sowie der behördlicherseits regelmäßig erwarteten Herausgabe der Untersuchungsergebnisse[12] eine solche interne Untersuchung tatsächlich parallel durchgeführt werden soll.

15 Trotz der genannten Aspekte ist die parallele Durchführung einer internen Untersuchung bereits nach aktueller Rechtslage in der Regel zu empfehlen oder durch das von der Geschäftsleitung zu wahrende Unternehmensinteresse sogar geboten. Dieses lässt sich ohne Weiteres für die Fälle bejahen, in denen die Ermittlungsbehörden die Durchführung einer internen Untersuchung unter Inaussichtstellen von Vergünstigungen bei der Sanktionierung verlangen. Dessen ungeachtet, werden die eigenen Untersuchungen des Unternehmens regelmäßig dazu beitragen, dass die Behörden ihre Ermittlungen beschränken und so damit

---

9 §§ 16–18 RegE VerSanG v. 16.6.2020. Zum Verbandssanktionengesetz siehe auch *Böttger*, Kap. 2, Rn. 15 ff., 142 ff.; zur Haftung der Geschäftsführung bei verfehlter Milderungsmöglichkeit *Giese/Dachner*, ZIP 2020, 498, 503.
10 Siehe zum Verhältnismäßigkeitsprinzip unten Rn. 36 f.
11 Siehe aber in der Tendenz durchaus kritisch: LG Mannheim, NStZ 2012, 713, 716, das feststellt, dass „Unternehmen als Anzeigenerstatter – auch von mit ‚internal investigations' betrauten Rechtsanwälte unterstützte – zuweilen nur sehr sukzessive bzw. mit offenbar wohl durchdachter Strategie die ihnen zur Verfügung stehenden Beweismittel vorlegen".
12 Siehe dazu *Wettner/Mann*, DStR 2014, 655, 657 ff.

einhergehende mitunter erhebliche Beeinträchtigungen der Geschäftsabläufe reduziert werden. Dessen ungeachtet ist der Zeitraum, in dem die Unternehmensleitung zu arbeits-, haftungs- und gegebenenfalls auch bilanzrechtlichen Fragen aufgrund von Compliance-Verstößen eine Antwort finden muss, meist kürzer als die oft mehrere Jahre andauernden Ermittlungsverfahren.

Der in die Abwägung einzustellende Aspekt der Vergünstigung bei der Sanktionierung wird im Regierungsentwurf des Verbandssanktionengesetzes kodifiziert: Parallel geführte, interne Untersuchungen sollen – soweit sie wesentlich zu einer Aufklärung der Verbandstraftat beitragen – nicht nur ausdrücklich erlaubt sein, sondern würden bei gesetzeskonformer Durchführung automatisch mit Strafmilderungen belohnt. Die mit der Beauftragung externer Rechtsanwälte einhergehenden Ziel- und Interessenkonflikte bei der Evaluation und Kommunikation interner Untersuchungen löst der Gesetzesentwurf mit dem Gebot einer klaren Trennung[13] von Untersuchungsführern einerseits und Verteidigern von beschuldigten Personen und Unternehmen andererseits. Dies soll nicht nur erfolgen, um die Glaubwürdigkeit der Ergebnisse interner Untersuchungen gegenüber Ermittlungsbehörden zu stärken,[14] sondern künftig auch mit einer unterschiedlichen Handhabung des Beschlagnahmeschutzes von Untersuchungsergebnissen korrespondieren, je nachdem, ob diese von Untersuchungsführern oder im Verteidigungsverhältnis agierenden Personen gewonnen wurden. **16**

Und schließlich ist zu bedenken, dass sich die staatlichen Ermittlungsbehörden – trotz der gesetzlich in § 160 Abs. 2 StPO festgeschriebenen Verpflichtung zur Objektivität – bereits seit einiger Zeit nicht von der Tendenz eines eher auf den Belastungsbeweis fokussierten Ermittlungsansatzes freimachen, um medienwirksam Unternehmensgeldbußen und Gewinnabschöpfungen zugunsten der Staatskasse in immer größeren Volumina herbeizuführen.[15] Vor diesem Hintergrund nutzt eine eigene, interne Aufklärung des Sachverhalts zur Sicherstellung des Auffindens und der Berücksichtigung aller – auch entlastenden – Beweise häufig nicht nur einer weitergehenden und objektiveren Untersuchung der „prozessualen Wahrheit", sondern auch unmittelbar den wirtschaftlichen Interessen des betroffenen Unternehmens. Nicht selten fördert auch der intensivere Zugriff einer internen Untersuchung auf das unternehmensinterne Know-how Ergebnisse und Zusammenhänge zutage, die von den Ermittlungsergebnissen der Strafverfolgungsbehörden in entscheidenden Details deutlich abweichen können. **17**

---

13 § 17 Abs. 1 Satz 1 Nr. 2 RegE VerSanG v. 16.6.2020.
14 Vgl. Nr. 13 der FAQ zum RegE VerSanG v. 16.6.2020, https://www.bmjv.de/SharedDocs/Downloads/DE/News/Artikel/FAQ_Integritaet_Wirtschaft.pdf?__blob=publicationFile&v=1 (zuletzt abgerufen am 16.6.2020).
15 So exemplarisch der damalige Leitende Oberstaatsanwalt der Staatsanwaltschaft München I, *Manfred Nötzel*, in einem Interview mit *Issig* in der Welt am Sonntag vom 14.8.2011 aus Anlass des „Erfolgs" des in diesem Jahr erstmalig „*direkt für den Staatshaushalt abgeschöpften*" Unternehmensbußgeld-Volumens von einer Milliarde Euro, http://www.welt.de/print/wams/muenchen/article13543574/Wenn-er-kommt-ist-Zahltag.html (zuletzt abgerufen am 29.1.2020).

b) (Noch) kein behördliches Verfahren

18 Ist zum Untersuchungsgegenstand (noch) kein Ermittlungsverfahren anhängig, stellt sich die Frage, ob das Unternehmen durch eine Anzeige des möglichen Compliance-Verstoßes ein solches – als Alternative zu eigenen Untersuchungen – initiieren sollte.

19 Nach deutschem Recht besteht grundsätzlich keine Pflicht des Unternehmens oder seiner Mitarbeiter zur Anzeige vermuteter oder tatsächlicher Straftaten.[16] Das Unternehmen kann diese eigenständig durch interne Untersuchungen aufklären. Auch ist dann, wenn noch kein externes Ermittlungsverfahren zum Untersuchungsgegenstand eingeleitet ist, nicht gefordert, dass das Unternehmen geplante interne Untersuchungsmaßnahmen mit den staatlichen Ermittlungsbehörden abstimmt oder diese offenlegt.[17]

20 Dessen ungeachtet kann es für das Unternehmen in bestimmten Konstellationen sinnvoll sein, im oder aus dem Unternehmen heraus begangene (mögliche) Straftaten anzuzeigen, etwa um von Kronzeugenregelungen zu profitieren[18] oder um so ein staatliches Ermittlungsverfahren zu initiieren. Letzteres ist etwa der Fall, wenn sich das Unternehmen im staatlichen Verfahren die Ermittlung und Sicherung von Informationen oder Vermögenswerten verspricht, an die es sonst – etwa mangels eigener Zwangsbefugnisse – kaum gelangen würde. Auf derartige Informationen kann dann im Wege der Akteneinsicht Zugriff genommen werden.[19]

21 Aus den bereits oben genannten Gründen werden aus Unternehmenssicht externe Ermittlungen die interne Untersuchung in der Regel nicht ersetzen können, sondern allenfalls zu deren Komplementierung dienen. Ob dies sinnvoll ist, muss im Einzelfall entschieden werden. Zu beachten ist dabei stets, dass die Anzeige von Straftaten sowie deren eigene interne Untersuchung auch Risiken birgt, namentlich die Gefahr von Geldbußen für das Unternehmen oder dessen aufsichtspflichtige Personen (§§ 30, 130 OWiG)[20] oder den Zugriff der Ermittlungsbehörden auf die Untersuchungsergebnisse, zukünftig unter Anwendung der Normen eines VerSanG. Sind die Ermittlungsbehörden erst einmal informiert, kann das Unternehmen deren weiteres Vorgehen nicht kontrollieren.

22 Dem entspricht, dass auch der Regierungsentwurf des Verbandssanktionengesetzes in § 41 lediglich eine *Kann-Regelung* für das Absehen von der strafrecht-

---

16 Das deutsche Strafgesetzbuch sieht in § 138 StGB lediglich eine Anzeigepflicht für geplante Straftaten vor, die im Kontext von Compliance-Untersuchungen regelmäßig nicht relevant werden (z. B. Mord, Totschlag). Daneben bestehen branchenspezifische Anzeigepflichten für Geldwäschedelikte nach dem Geldwäschegesetz (GwG), die aber weniger auf das eigene Unternehmen, als auf Auffälligkeiten bei Kunden und Geschäftspartnern abzielen.

17 Weder „Ob" noch „Wie" der Compliance-Untersuchung müssen offengelegt werden. Vgl. auch *Grützner*, in: Momsen/Grützner, Wirtschaftsstrafrecht, 2013, Kap. 4 Rn. 73.

18 Dazu noch unten Rn. 30.

19 Siehe dazu *Wettner/Mann*, DStR 2014, 655, 660 f.

20 Siehe dazu *Böttger*, Kap. 2, Rn. 32 f., ausführlich 132 ff. und 135 ff.

lichen Verfolgung des Unternehmens im Falle der freiwilligen Anzeige interner Ermittlungen bis zu deren Abschluss bei den Verfolgungsbehörden vorsieht.[21]

III. Vornahme von Eilmaßnahmen

Noch vor bzw. zu Beginn der eigentlichen Planung der internen Untersuchung   **23** ist an Maßnahmen zu denken, die faktisch oder aus rechtlichen Gründen, etwa weil kurze Fristen einzuhalten sind, regelmäßig besonders eilbedürftig sind und gegebenenfalls unverzüglich vorgenommen werden müssen. Auch im Laufe der Untersuchung kann sich je nach Erkenntnisstand die Notwendigkeit solcher Maßnahmen ergeben.

1. Einrichtung einer zentralen Koordinierungsstelle

Ist im Unternehmen bereits eine Compliance-Organisation vorhanden und ein   **24** Compliance-Management-System (CMS) etabliert, wird bereits vorgegeben sein, wer unternehmensintern für die Planung und Steuerung einer internen Untersuchung zuständig ist. Andernfalls muss zunächst eine zentrale Stelle installiert werden, die sämtliche Aufgaben im Rahmen der Untersuchung sowie die Kommunikation nach innen und außen koordiniert.[22] Dies ist auch in Sachverhalts-Konstellationen geboten, in denen die Mitwirkung von Mitarbeitern der zuständigen Einheit am zu untersuchenden Compliance-Verstoß im Raum steht. Dies ist häufig der Fall, wenn der Verdacht besteht, dass Compliance-Mitarbeiter trotz positiver Kenntnis von rechtswidrigen Vorgängen notwendige Maßnahmen unterlassen haben.

In Ermangelung einer eigenständigen oder konfliktfreien Compliance-Abtei-   **25** lung sollte in einer Koordinierungsstelle die Rechtsabteilung des Unternehmens zumindest vertreten sein, die die Notwendigkeit von Eilmaßnahmen und deren rechtmäßige Vornahme noch vor der Hinzuziehung externer Anwälte rechtlich beurteilen kann. Die Koordinierungsstelle muss zügig die unternehmensinternen Regelungen, namentlich Richtlinien, Arbeitsanweisungen oder Betriebsvereinbarungen, im Zusammenhang mit den zu untersuchenden Sachverhalten und vorzunehmenden (Sofort-)Maßnahmen zusammenstellen.[23] Bei internen Untersuchungen mit Breiten- und Außenwirkung fällt der Koordinierungsstelle auch die zügige Entwicklung einer PR-Strategie zu, gegebenenfalls unter Einschaltung von spezialisierten PR-Beratern.

---

21 RegE VerSanG v. 16.6.2020, 23.
22 *Scheunemann/Hellfritzsch*, in: Bay, Hdb. Internal Investigations, 2013, Kap. 6 Rn. 13.
23 Siehe zur unbedingten Beachtung der geltenden, auch unternehmensinternen, Regelungen unten Rn. 36.

2. Maßnahmen der Daten- und Beweissicherung

26   Zu allererst ist zu überlegen, welche relevanten Daten und potenziellen Beweismittel im Unternehmen vorhanden sind, die gegen Veränderung oder Unterdrückung gesichert werden müssen. Dabei ist insbesondere an Folgendes zu denken:

27   Im Unternehmen vorhandene Standardprozesse zur turnusmäßigen Vernichtung von Dokumenten und Daten müssen auf ihre Relevanz für den (noch im Einzelnen zu definierenden[24]) Untersuchungsgegenstand geprüft und gegebenenfalls ausgesetzt werden. In Abstimmung mit der IT-Abteilung des Unternehmens sollten Sicherungskopien der E-Mail-Accounts und Festplatten von betroffenen Mitarbeitern und Arbeitseinheiten (Abteilungen, Projektgruppen etc.) erstellt werden.

3. Arbeitsrechtliche Maßnahmen

28   Im Zusammenhang mit der Daten- und Beweissicherung ist auch zu überlegen, ob Arbeitnehmern der Zugang zu ihrem Arbeitsplatz bzw. ihren Arbeitsmitteln (insbesondere Computer, Laptop, Mobiltelefon) zu versagen ist oder sie sogar freigestellt werden sollten. Fristlose Kündigungen von Mitarbeitern aus wichtigem Grund sind zu Beginn der Untersuchung, wenn auf Basis eines Anfangsverdachts erst noch weiter ermittelt werden muss, in der Regel (noch) nicht angezeigt. Andernfalls und für den weiteren Verlauf der Untersuchung ist zu beachten, dass hierfür nach deutschem Recht eine Zwei-Wochen-Frist ab dem Zeitpunkt gilt, in dem der Kündigungsberechtigte von den für die Kündigung maßgebenden Tatsachen Kenntnis erlangt hat (§ 626 Abs. 2 BGB). Zu berücksichtigen ist auch, ob es für die Maßnahmen der Daten- und Beweissicherung wie (sonstiger) arbeitsrechtlicher Maßnahmen der Beteiligung des etwaigen Betriebsrats bzw. Sprecherausschusses oder des Datenschutzbeauftragten bedarf.

4. Beachtung von Informations- und Berichtspflichten

29   Schließlich sind etwaige Informations- und Berichtspflichten des Unternehmens gegenüber Dritten zu beachten.[25]

30   Gibt es im deutschen Recht auch keine Pflicht zur (Selbst-)Anzeige bei Ermittlungs- oder Aufsichtsbehörden, so kann diese zur Reduzierung des Haftbarkeitsrisikos des Unternehmens notwendig werden. Dies gilt insbesondere zur Bußgeldvermeidung oder -reduzierung bei Kartellverstößen im Rahmen der geltenden Kronzeugenregelungen oder gegenüber der US-amerikanischen SEC und dem DOJ.[26] Auch im deutschen Recht kann die freiwillige Offenlegung von

---

24 Siehe dazu unten Rn. 44 ff.

25 Auf die insoweit zukünftig beachtlichen Regelungen der §§ 16 ff. RegE VerSanG ist bereits hingewiesen worden.

26 Zu den aus ausländischen Rechtsordnungen stammenden Verpflichtungen zu Untersuchungsmaßnahmen vgl. im Überblick: *Taschke/Schoop*, in: Rotsch, Criminal Compliance, 2015, Kap. 34 Rn. 96 ff.

Straftaten im Rahmen der gegen das Unternehmen möglichen ordnungsrechtlichen Mittel (Geldbuße und Verfall) mildernd berücksichtigt werden.

Des Weiteren müssen die Unternehmensverantwortlichen sowie die mit der Untersuchungsverantwortung betrauten Personen im eigenen Interesse der Vermeidung von Strafbarkeitsrisiken immer auch steuerrechtliche Tatbestände und gegebenenfalls notwendige Korrekturmeldungen im Blick haben.[27] In diesem Zusammenhang sind auch die zeitlichen Zwänge zu beachten, wenn die untersuchten – auch in der Vergangenheit liegenden – Sachverhalte für die Aufstellung des aktuellen Jahresabschlusses eines Unternehmens nach IFRS/IAS oder HGB Relevanz entfalten, weil im Falle der Bestätigung eines bestehenden Verdachts Rückstellungen gebildet werden müssen.

Daneben müssen börsennotierte Unternehmen immer auch prüfen, ob und wann sie nach den kapitalmarktrechtlichen Bestimmungen, insbesondere nach den Grundsätzen über die sogenannte Ad-hoc-Publizität (§ 15 WpHG), zu einer Veröffentlichung der (geplanten) Untersuchung oder deren Gegenständen verpflichtet sind. Dies ist der Fall, wenn die genannten Umstände noch nicht öffentlich bekannt sind, im Falle ihres Bekanntwerdens aber den Börsen- oder Marktpreis der Insiderpapiere (z. B. Aktien oder Anleihen) erheblich beeinflussen können (§ 13 Abs. 1 Satz 1 WpHG). Eine dann notwendige Ad-hoc-Meldung hat unverzüglich zu erfolgen.

Darüber hinaus ist unbedingt an mögliche Anzeigeobliegenheiten gegenüber Versicherern zu denken. Diese ergeben sich regelmäßig aus den Bedingungen der bestehenden Policen. Auch aufgrund laufender Verhandlungen über die Verlängerung oder den Neuabschluss einer Versicherung kann die Anzeige geboten sein.

IV. Planung der internen Untersuchung

Hat man sich über etwaige Sofortmaßnahmen ein Bild gemacht und diese gegebenenfalls durchgeführt, ist in die (weitere) Planung der internen Untersuchung einzusteigen. Nachfolgend werden nach einer Erörterung der Grundlagen der Planung (nachfolgend Rn. 35) zunächst die einzelnen Bereiche und Aspekte dargestellt, die bei der Planung zu berücksichtigen sind (nachfolgend Rn. 44 bis 88). Ziel und Arbeitsergebnis dieser Planungsphase ist ein umfassender Untersuchungsplan, der das Untersuchungsprogramm möglichst detailliert festlegt (nachfolgend Rn. 89 ff.).

1. Grundlagen der Planung

Bei der Planung der Untersuchung und einzelnen Maßnahmen ist zum einem strikt auf deren Recht- und Verhältnismäßigkeit zu achten. Zum anderen sollte man sich bereits bei der Planung gegebenenfalls unerwünschte Risiken und Fol-

---

27 Dazu noch unten Rn. 42.

gen der Untersuchung vergegenwärtigen, um diesen bestmöglich begegnen zu können.

a) Beachtung von Recht- und Verhältnismäßigkeit

36 Dass die interne Untersuchung zur Aufdeckung von Rechtsverstößen selbst geltendes Recht und interne Regelungen, etwa die Verhaltens- oder Datenschutzrichtlinien, strikt zu beachten hat, versteht sich von selbst. Andernfalls drohen Haftbarkeitsrisiken der mit der Entscheidung, Planung und Durchführung der Untersuchung befassten Personen, ist die Verwertbarkeit der gefunden Untersuchungsergebnisse in nachfolgenden Prozessen oder für arbeitsrechtliche Maßnahmen gefährdet und steht die Reputation des Unternehmens nach außen wie innen auf dem Spiel.[28] Unumgänglich ist daher stets die enge Einbindung interner Syndizi oder spezialisierter externer Rechtsanwälte.[29] Die nach dem Regierungsentwurf des VerSanG grundlegend beachtliche Trennung von Untersuchungsführern und Verteidigern verschärft dieses Planungserfordernis (dazu oben Rn. 2).

37 Der zu beachtende Grundsatz der Verhältnismäßigkeit setzt der Untersuchung zunächst im Rahmen einer Kosten-Nutzen-Relation Grenzen. Es ist nicht eine Aufklärung „um jeden Preis" gefordert. Welchen personellen und finanziellen Aufwand die Untersuchung rechtfertigt, ist in Ansehung des Untersuchungsgegenstandes und der verfolgten Ziele zu bewerten. Darüber hinaus ist im Hinblick auf die betroffenen Mitarbeiter die Verhältnismäßigkeit der Mittel zu wahren. Insbesondere für tief in deren Persönlichkeitssphäre eingreifende Untersuchungsmaßnahmen wie der Einsatz von Privatdetektiven oder Telefon- und Videoüberwachungen verbleibt damit – ungeachtet ihrer rechtlichen (Un-)Zulässigkeit – regelmäßig nur ein geringer Einsatzspielraum.[30] Eine zusätzliche Ermittlung durch mit entsprechenden Ermittlungs- und Zwangsbefugnissen ausgestattete staatliche Stellen, die durch entsprechende Anzeigen initiiert werden kann (dazu oben Rn. 18 ff.), sollte stets zumindest mitbedacht werden.[31]

b) Beachtung von Risiken und Folgen der internen Untersuchung

38 Ungeachtet aller Vorteile einer (eigenen) Aufklärung möglicher Compliance-Verstöße und ihrer Selbstreinigungs- und Publizitätswirkung zur Spiegelung der Unternehmens-Compliance kann eine interne Untersuchung auch zu – ungewollten – Folgen für das Unternehmen und seinen Organen und Mitarbeitern führen. Werden diese Folge-Szenarien auch regelmäßig nicht dazu Anlass geben können, die Aufklärung eines möglichen Compliance-Verstoßes zu unterlassen

---

28 Zum Ganzen auch *Poppe*, in: Inderst/Bannenberg/Poppe, Compliance, 3. Aufl. 2017, 6. Kap. Rn. 31 ff.; zu strafrechtlichen Risiken innerhalb von Compliance-Prozessen und insbesondere internen Untersuchungen, *Böttger*, Kap. 2, Rn. 208 ff.

29 *Moosmayer*, Compliance, 3. Aufl. 2015, Rn. 321.

30 *Moosmayer*, Compliance, 3. Aufl. 2015, Rn. 325.

31 Vgl. *Moosmayer*, Compliance, 3. Aufl. 2015, Rn. 325.

(„Ob"), so sollten sie bei der Gestaltung der internen Untersuchung („Wie") beachtet und durchdacht werden.

Die Aufdeckung strafrechtlicher Compliance-Verstöße kann **die strafrechtliche** **39** **Verantwortung** der betroffenen Mitarbeiter oder Organe oder Sanktionen durch Aufsichts- oder Ermittlungsbehörden, etwa Unternehmensgeldbußen, nach sich ziehen. Im Rahmen der internen Untersuchung produzierte Dokumente können der Beschlagnahme durch die Strafverfolgungsbehörden unterliegen.

Die Untersuchungsergebnisse können auch dem **Zugriff (privater) Dritter** aus- **40** gesetzt sein. Hier ist im anglo-amerikanischen Rechtsraum an die Offenlegung in sogenannten Pre-Trial-Discovery-Verfahren zu denken. In Deutschland erscheint dieses Risiko zwar geringer. Aber auch hier können geschädigte Verbraucher, Geschäftspartner oder Wettbewerber durch mögliche Einsichtnahmen in strafrechtliche Ermittlungsakten Kenntnis von dort befindlichen – zuvor beschlagnahmten – Unterlagen erlangen. Jenseits rechtlich begründeter Zugriffe ist bei aller Vertraulichkeit schließlich auch ein „Durchstechen" von Unterlagen und Informationen aus dem Umfeld staatlicher Ermittlungsbehörden nicht auszuschließen.

Ein weiterer wichtiger Aspekt ist die **Wahrscheinlichkeit der Entdeckung wei- 41 terer Compliance-Verstöße** durch die anstehende Untersuchung. Sind solche zu erwarten, ist eine Vorabprüfung ihres Umfangs und der daraus möglicherweise folgenden Konsequenzen – auch unter Berücksichtigung von Verjährungsvorschriften und internationalen Bezügen (etwa in die USA) – vorzunehmen, um überraschende Effekte für das Unternehmen entsprechend abzumildern.

Neben der Aufdeckung weiterer, bisher unbekannter kritischer Sachverhalte ist **42** stets auch an **steuerrechtliche Tatbestände** zu denken. Ergibt die interne Untersuchung, dass das Unternehmen bestimmte steuerrelevante Geschäftsvorgänge in der Vergangenheit nicht oder unzutreffend gegenüber den Finanzbehörden erklärt hat, können die durch die Untersuchung zutage geförderten Erkenntnisse gegebenenfalls die umgehende Korrektur angegebener Steuererklärungen gemäß § 153 AO erforderlich machen; andernfalls kann das Risiko einer (weiteren) Steuerhinterziehung oder der Beihilfe dazu durch die mit der Untersuchungsverantwortung betrauten Personen bestehen. Die strafrechtlichen Risiken einer versäumten Korrekturmeldung nach Maßgabe des § 153 AO sind insbesondere sehr schwer in den Fällen zu überblicken, in denen sich ein zeitlich vorgelagerter, steuerrechtlicher Verstoß aufgrund von Sorglosigkeiten einzelner Verantwortlicher ergeben hat, welche in der Ex-post-Betrachtung die Grenze zur „billigenden Inkaufnahme" eines steuerrechtlichen Verstoßes überschritten haben.[32]

---

32 Eine Orientierung in diesem Spannungsfeld vermittelt BGH, Beschl. v. 17.3.2009, 1 StR 479/ 08, BGHSt 53, 210: „Nach Ansicht des Senats gebieten Wortlaut, Sinn und Zweck der Vorschrift des § 153 Abs. 1 Satz 1 Nr. 1 AO, eine steuerrechtliche Anzeige- und Berichtigungspflicht aus dieser Vorschrift auch dann anzunehmen, wenn der Steuerpflichtige die Unrichtigkeit seiner Angaben bei Abgabe der Steuererklärung nicht gekannt, aber billigend in Kauf ge-

43 Schließlich muss bedacht werden, dass das Unternehmen über die Untersuchungsergebnisse gegebenenfalls im Rahmen seiner **Unternehmensberichterstattung** berichten muss. Gegebenenfalls kann die Berichtigung vergangener Jahresabschlüsse erforderlich werden.

2. Festlegung des Untersuchungsgegenstands

44 Eine Umgrenzung des zu untersuchenden Sachverhaltes kann – ausgehend vom vorliegenden Anfangsverdacht – im Hinblick auf den zu untersuchenden *Zeitraum, personell* im Hinblick auf einen präzisierten Kreis von Mitarbeitern, *strukturell* hinsichtlich des Vorgehens bestimmter Abteilungen oder Geschäftsbereiche, aber auch *sachlich* durch die Fokussierung auf ganz bestimmte Arten von Geschäften oder Geschäftspartnern erfolgen.

45 Maßgebliches Kriterium für diese Festlegung ist vor allem, welche Bedeutung der in Rede stehende mögliche Compliance-Verstoß hat und welche weiteren Ziele – neben Aufklärung und Abstellen dieses Verstoßes – verfolgt werden, etwa die Verteidigung des Unternehmens gegen straf-, aufsichts- oder zivilrechtliche Vorwürfe oder die Verfolgung eigener Ansprüche. Um eine effiziente Aufklärung in der gegebenen – meist kurzen – Zeit zu gewährleisten, sollte der Untersuchungsgegenstand nicht zu weit gefasst werden; andernfalls droht die Untersuchung zu oberflächlich zu bleiben und ihre Ergebnisse nicht hinreichend belastbar zu sein.

46 Der Untersuchungsgegenstand wird regelmäßig in einem formellen Untersuchungsauftrag der entscheidungsbefugten Stelle festgehalten werden. Dieser Untersuchungsauftrag bildet die innerbetriebliche Grundlage für die Durchführung der Untersuchungsmaßnahmen und legitimiert das Untersuchungsteam im Unternehmen.[33] Ergeben sich im Laufe der Untersuchung Hinweise zu weiteren Compliance-Verstößen oder Beteiligten, muss das Untersuchungsteam dies an die zuständige Stelle – etwa die zentrale Koordinierungsstelle – melden. Gegebenenfalls muss der Untersuchungsauftrag durch die entscheidungsbefugte Stelle angepasst bzw. erweitert werden.[34]

3. Bestimmung des Untersuchungsteams und der Verantwortlichkeiten

47 Abhängig von Umfang und Komplexität des Untersuchungsgegenstands, den mit der internen Untersuchung verfolgten Zielen, den heranzuziehenden Informationsquellen sowie den internen Organisationsstrukturen ist das Untersuchungsteam aufzustellen.

---

nommen hat, und er später zu der sicheren Erkenntnis gelangt ist, dass die Angaben unrichtig sind."

33 *Moosmayer*, Compliance, 3. Aufl. 2015, Rn. 315.
34 Vgl. *Scheunemann/Hellfritzsch*, in: Bay, Hdb. Internal Investigations, 2013, Kap. 6 Rn. 27.

a) Auswahl von Mitarbeitern und externen Beratern

Hier ist nach internen Ressourcen und externen Beratern einerseits sowie den **48** notwendigen Professionen und Qualifikationen andererseits zu unterscheiden.

Bei überschaubaren oder Sachverhalten ohne besondere Öffentlichkeitswirkung **49** spricht in der Regel nichts gegen die Durchführung einer – im Wortsinne – rein internen Untersuchung durch die zuständige Abteilung des Unternehmens, etwa durch die Innenrevision. Unter Kostengesichtspunkten kann dies sogar angezeigt sein. Voraussetzung ist allerdings, dass eine Mitwirkung dieser Abteilungen oder Mitarbeiter an dem zu untersuchenden Sachverhalt sicher ausgeschlossen werden kann.

Oft empfiehlt es sich aber, spezialisierte Anwälte oder Wirtschaftsprüfer heran- **50** zuziehen.[35] Sind bereits ermittlungs- oder aufsichtsbehördliche Untersuchungen zum Untersuchungsgegenstand eingeleitet, werden die Behörden regelmäßig die Führung der internen Untersuchung durch externe Berater erwarten, insbesondere wenn die Bereitschaft besteht, für ihre eigenen Ermittlungen auch die Ergebnisse der internen Untersuchungen nutzbar zu machen. Externe Berater bürgen durch ihre grundsätzliche Weisungsfreiheit für eine größere Unabhängigkeit der Untersuchung,[36] was den Beweiswert ihrer Ergebnisse erheblich steigern kann (siehe auch oben Rn. 16 f.).

Neben besonderer fachlicher Expertise und Erfahrung spielt aber auch der Ge- **51** heimnisschutz durch Rechtsanwälte und Wirtschaftsprüfer als Berufsgeheimnisträger eine nicht unerhebliche Rolle bei deren Mandatierung. Mitarbeiter der eigenen Rechtsabteilung oder der Innenrevision genießen – auch wenn es sich um Syndizi handelt – diesen Schutz grundsätzlich nicht. Die künftigen Regelungen des Regierungsentwurfs des VerSanG beschränken – in Umsetzung der neueren Rechtsprechung – den eigentlich an den Geheimnisschutz anknüpfenden Beschlagnahmeschutz von Dokumenten sogar auf den Ursprung eines Verteidigungsverhältnisses, was wiederum die Mandatierung von entsprechenden Rechtsanwälten voraussetzt.

Ein bei der Auswahl der internen Ermittler – wie auch generell bei der Besetzung **52** und Kompetenzausstattung von Compliance-Abteilungen – oft vernachlässigter Aspekt ist schließlich die Unternehmenshierarchie. Betroffene Mitarbeiter und Geschäftsleitungsmitglieder lassen sich von in der Unternehmenshierarchie (gefühlt) unter ihnen stehenden Mitarbeitern ungern „etwas sagen". Auch aus diesem Grund kann der Einsatz externer Berater sinnvoll sein.

---

35 Bei Abwägung aller Vor- und Nachteile kann die Einschaltung externer Berater für die interne Untersuchung im Unternehmensinteresse sogar geboten sein; eine a priori bestehende Pflicht zur Beauftragung externer Berater dürfte allerdings nicht anzunehmen sein.

36 Zu diesen und weiteren Gründen für die Mandatierung externer Berater siehe *Böhmer*, in: Bay, Hdb. Internal Investigations, 2013, Kap. 2 Rn. 1 ff.; *Giese/Dachner*, ZIP 2020, 498, 503 f.

b) Festlegung von Verantwortlichkeiten und Berichtswegen

53 Wichtig ist die genaue Festlegung der Verantwortlichkeiten aller Beteiligten und der einzuhaltenden Berichtswege.

54 Dies gilt zunächst im Verhältnis zwischen Mitarbeitern des Unternehmens und externen Beratern. Auch wenn die Untersuchung von externen Beratern geführt wird, sind diese je nach Fall auf die Kenntnisse des Unternehmens und der Branche angewiesen. Bei der Auftragserteilung ist darauf zu achten, dass diese inhaltlich und zeitlich präzise gefasst ist und die Verantwortlichkeiten klar definiert werden. Grundsätzlich sollte vertraglich vereinbart werden, an wen die externen Berater zu berichten haben, etwa an den Aufsichtsrat des Unternehmens.

55 Die vertragliche Festlegung vermeidet auch mögliche Auseinandersetzungen, die auftreten können, wenn sich externe Dienstleister und Berater unter Hinweis auf ihre eigenen „Codes of Conduct" vorbehalten, Erkenntnisse oder Berichte über vermeintliche Straftaten „in jedem Fall und vollumfänglich" an die entsprechenden Behörden weiterzugeben. In diesen Fällen geht es oft nicht um das „Ob" einer Weitergabe, sondern um Art und Umfang der weiterzugebenden Materialien. Hier sollte etwa vereinbart werden, dass eine Weitergabe von Arbeitspapieren oder Dokumenten im Entwurfsstadium unbedingt unterbleibt.

56 Um thematisch abgrenzbare Arbeitspakete effizient abzuarbeiten, bietet sich die Einrichtung von Projektausschüssen an.[37] Je nach definierter Aufgabe sind diese mit Mitarbeitern und/oder externen Beratern besetzt. Unabdingbar ist eine regelmäßige Berichterstattung des Untersuchungsteams sowie der etwaigen Projektausschüsse an die zentrale Koordinierungsstelle (bzw. an die im Rahmen eines bestehenden CMS vorgesehene Stelle). Deren Aufgabe besteht im Laufe der Untersuchung in der Bewertung der zusammengetragenen Informationen im Hinblick auf gegebenenfalls notwendige Eilmaßnahmen und die Überprüfung der Entscheidungsreife gemessen am Untersuchungsauftrag. Gegebenenfalls sind die ermittelten Sachverhalte dem Untersuchungsteam wieder „zurückzugeben" und unter Hinweis auf konkrete Informationsdefizite weitere Untersuchungshandlungen anzufordern.

4. Bestimmung und Vorbereitung der Informationsquellen

57 Anhand des Untersuchungsgegenstands müssen die zur Verfügung stehenden Informationsquellen und -mittel identifiziert werden, die im Rahmen der internen Untersuchung abzuarbeiten sind.

a) Relevante Informationsquellen

58 Neben frei zugänglichen Informationsquellen (etwa Handelsregister oder Auskunfteien) spielen unternehmensinterne Informationsquellen die zentrale Rolle.

---

37 *Scheunemann/Hellritzsch*, in: Bay, Hdb. Internal Investigations, 2013, Kap. 6 Rn. 59 ff.

aa) Dokumente

Regelmäßig werden im Rahmen einer internen Untersuchung die Geschäftsun- **59**
terlagen des Unternehmens benötigt. Hierzu gehören Inventare, Jahres- und
Konzernabschlüsse, Ein- und Ausgangsrechnungen, Buchungsbelege, Konten-
auszüge, geschäftliche Korrespondenz usw.

Derartige dienstliche Dokumente darf das Unternehmen – und die in seinem **60**
Auftrag tätigen Ermittler – grundsätzlich immer einsehen und auswerten, auch
wenn sie naturgemäß von einem Mitarbeiter erstellt oder an seinem Arbeitsplatz
verwahrt werden. Private Dokumente hingegen dürfen grundsätzlich nur in eng
umgrenzten Ausnahmefällen untersucht werden, insbesondere im Falle des erheblichen Verdachts der Begehung einer Straftat durch den betroffenen Mitarbeiter.

bb) Elektronische Daten und E-Mails

Die meisten zur Aufklärung erforderlichen Informationen werden jedoch nicht **61**
in Geschäftsunterlagen enthalten sein, sondern allein bestimmten Mitarbeitern
bekannt sein und sich auf deren Dienstcomputern oder Mobiltelefonen bzw. in
deren E-Mail-Accounts finden.

Unter Einschaltung der IT-Abteilung des Unternehmens sind die möglichen In- **62**
formationsquellen und der Zugriff auf sie (einschließlich auf Back-ups und Servern) in technischer Hinsicht zu klären. In den (späteren) Interviews der Mitarbeiter sollten diese zudem nach weiteren relevanten Dokumenten und Daten
befragt werden.

Gerade der Zugriff auf elektronische Daten und insbesondere die E-Mail-Kom- **63**
munikation – auch die nach dem Vorstehenden grundsätzlich untersuchungsfähi-
ge – unterliegt strengen arbeits- und datenschutzrechtlichen Beschränkungen.
Eine vorherige rechtliche Bewertung der zulässigen Informations- und Auswer-
tungsmöglichkeiten ist unerlässlich.

cc) (Ehemalige) Mitarbeiter

Unverzichtbare Informationsquelle im Rahmen jeder internen Untersuchung **64**
sind auch Befragungen (Interviews) von Mitarbeitern. Diese sind als Arbeitnehmer gegenüber ihrem Arbeitgeber und den von diesem eingeschalteten Ermittlern über Angelegenheiten im Zusammenhang mit ihrer unmittelbaren betrieblichen Tätigkeit und ihrem Aufgabenbereich auskunftspflichtig. Bezüglich
Wahrnehmungen des Mitarbeiters, die nicht direkt mit seinem Aufgabenbereich
zu tun haben, findet eine Abwägung zwischen den Interessen des Mitarbeiters,
etwa sich nicht selbst oder seine Kollegen zu belasten, und den Interessen des
Arbeitgebers an der verlangten Auskunft statt.

Auch die Auskunft ehemaliger Mitarbeiter, etwa bei der Aufklärung zeitlich län- **65**
ger zurückliegender Sachverhalte, kann relevant werden. Deren (nachvertrag-
liche) Auskunftsverpflichtung ist jedoch wesentlich schwächer ausgeprägt.

Nicht zuletzt aus Gründen der Vertraulichkeit – als nur *ehemalige* Mitarbeiter sind diese Auskunftspersonen letztlich Dritte – wird ihre Befragung wohl überlegt und zeitlich präzise geplant werden müssen.

66 Ungeachtet der rechtlichen Verpflichtung zur Auskunftserteilung wird das Ziel, möglichst viel Information zu erhalten, letztlich nur durch Kooperation mit den Mitarbeitern erreicht werden. In diesem Zusammenhang kann es sinnvoll sein, Mitarbeiteramnestien in Aussicht zu stellen.[38] Danach kann das Unternehmen Mitarbeiter, die bei der Aufklärung des Compliance-Verstoßes kooperieren und Aussagen machen, von arbeits- oder zivilrechtlichen Sanktionen verschonen.

b) Notwendige Abstimmung der geplanten Untersuchungsmaßnahmen

67 Bei der Planung der Untersuchungsmaßnahmen ist an die notwendigen internen und externen Abstimmungen zu denken.

aa) Beteiligung von Betriebsrat oder Sprecherausschuss

68 Die Durchführung interner Untersuchungen kann sowohl Informations- als auch Beteiligungsrechte des Betriebsrats oder des Sprecherausschusses berühren. Möglicherweise – und in der Praxis sinnvoll – existieren Betriebsvereinbarungen, die die Einbindung des Betriebsrats regeln. Diese sind unbedingt zu beachten. Ungeachtet dieser rechtlichen Gebotenheit kann die frühzeitige Kooperation mit dem Betriebsrat durchaus auch deshalb empfehlenswert sein, da dieser Einfluss auf die Mitarbeiter ausüben und daher einen wesentlichen Faktor für die Kooperationsbereitschaft der Mitarbeiter darstellen kann.

bb) Abstimmung mit Ermittlungs- und Aufsichtsbehörden

69 Soweit interne Untersuchungsmaßnahmen parallel zu straf- oder aufsichtsrechtlichen Ermittlungen durchgeführt werden sollen, wird regelmäßig eine umfängliche Abstimmung und Kooperation mit den Ermittlungsbehörden geboten sein, um sich nicht dem Vorwurf der Behinderung staatlicher Ermittlungen oder gar der Unterdrückung von Beweisen auszusetzen.

70 Gerade die Befragung von (ehemaligen) Mitarbeitern im Rahmen der sogenannten Interviews sollte Gegenstand entsprechender Abstimmungen sein: Häufig kann eine (zu) frühzeitige Konfrontation von Mitarbeitern, die Schlüsselzeugen für strafrechtliche Ermittlungen darstellen, mit bestimmten Informationen und Dokumenten den Beweiswert ihrer Aussagen (deutlich) reduzieren. Diese Zeugen können dadurch aus Sicht der Ermittlungsbehörden für deren spätere Befragungen „verbrannt" werden. Gleiches gilt für eine frühzeitige Durchführung von Interviews mit (potenziellen) Beschuldigten – hier stößt eine frühzeitige Konfrontation mit eindeutigen Erkenntnissen und Informationen selten auf die Zustimmung der Ermittlungsbehörden.

---

38 *Krull*, in: Bay, Hdb. Internal Investigations, 2013, Kap. 3 Rn. 40 ff.

Die Ermittlungsbehörden können zwar eine Befragung der Mitarbeiter nicht ver- **71**
bieten. Jedoch kann ein Erhalt der Gerichtsverwertbarkeit der Angaben der in
geplanten Interviews zu befragenden Personen zumindest die Einhaltung der
vorgegebenen Standards bei der Interview-Durchführung gebieten. Wird dies
garantiert und erfolgt auch eine Abstimmung über die ermittlungsstrategische
Priorisierung bestimmter Befragungen mit den Behörden, kann mit diesen häufig eine wesentlich konstruktivere und vertrauensvollere Zusammenarbeit erreicht werden. In diesem günstigen Fall wird auch die Durchführung der eigenen
internen Untersuchungen häufig enorm erleichtert, weil dann nicht nur logistische Vereinbarungen mit den Behörden, zum Beispiel über einen schnellen Zugang zu asservierten Unternehmensunterlagen und Daten, sondern auch über
„Schutzzonen" für Zwangsmaßnahmen (z. B. Absehen von Durchsuchungsmaßnahmen zur Beschlagnahme von Untersuchungszwischenergebnissen bei den
externen Berufsträgern, die mit der Durchführung der internen Untersuchung
betraut sind) getroffen werden können. Die Ergebnisse entsprechender Abstim-
mungsgespräche sind hierbei sinnvollerweise in Bestätigungsschreiben an die
Ermittlungsbehörden oder gemeinsam gefertigten Besprechungsprotokollen zu
„quittieren".

c) Einrichtung eines Datenraums oder eines „Projektportals"

Die zu untersuchenden Daten müssen vollständig und gerichtsfest erfasst und es **72**
muss sichergestellt werden, dass die notwendigen Informationen dort zum richtigen Zeitpunkt zu Verfügung stehen, wo sie benötigt werden. Zweckmäßigerweise wird ein elektronischer Datenraum einzurichten sein, in den alle zu untersuchenden Dokumente und Daten eingestellt werden. Auch der über einen
solchen Datenraum dokumentierbare Zugriff einzelner Personen auf die darin
eingestellten Dokumente vermag in der gerichtsfesten Beweisführung eine Rolle
zu spielen.

Die für das Gelingen einer internen Untersuchung wesentlichen Qualitätskrite- **73**
rien der *Nachvollziehbarkeit* und *Gerichtsverwertbarkeit* der gefundenen Untersuchungsergebnisse sind schon beim Anfall eines Untersuchungsumfangs, der
mehrere Wochen Zeit in Anspruch nimmt, sinnvollerweise durch ein sogenanntes „Projektportal" sicherzustellen, in dem der gesamte Hergang von Untersuchung und Ergebnisgewinnung dokumentiert wird.[39]

Derartige Projektportale beinhalten nicht nur die Funktion der schon angespro- **74**
chenen virtuellen Datenräume, in denen das gesamte gewonnene Wissen, Dokumente, Daten und Informationen abgelegt, organisiert und dokumentiert werden.
Sie dienen auch allen Projektbeteiligten als gemeinsame Werk- und Datenbank,
aus der heraus auch die weitere Projektplanung bewerkstelligt werden kann.
Über eine integrierte Projektdatenbank lassen sich auch Stand, Verlauf und Fort-

---

39 Vertiefend hierzu *Idler/Knierim/Waeber*, in: Knierim/Rübenstahl/Tsambikakis, Internal Investigations, 2016, Kap. 4 Rn. 127, 130.

schritt der einzelnen Untersuchungsprojekte sowie der Fertigstellungsgrad der einzelnen Untersuchungsziele und -berichte in zeitlicher und personeller Hinsicht dokumentieren und nachvollziehen.

75 In Anbetracht der Komplexität von internen Untersuchungen, die sich auch erst in deren Verlauf etwa durch überraschend auftretende Probleme oder neue Erkenntnisse ergeben kann, wird die anfängliche Investition in ein effizientes Projektportal im Verbund mit einem integrierten Dokumenten-Management-System oftmals zu empfehlen sein. Häufig erbringt eine derartige Dokumentationslösung erhebliche Zeit- und Ressourcen-Einsparungen im weiteren Untersuchungsverlauf.

5. Sicherung der Vertraulichkeit

76 Bei Festlegung von Art und Umfang der zu erstellenden Dokumentation und der Kommunikation ist zu berücksichtigen, an wen die Dokumentation gelangen soll oder kann und welche Konsequenzen sich daraus ergeben. Unbedachte, dem Zugriff Dritter ausgesetzte Kommunikation oder Dokumentation kann den Erfolg der Untersuchung gefährden bzw. zu überraschenden unerwünschten Konsequenzen für das Unternehmen oder seine Mitarbeiter führen.

a) Zugriffsmöglichkeiten Dritter

77 Im rein nationalen Kontext ist insbesondere an den Zugriff von Ermittlungsbehörden und Versicherern zu denken. Bei Bezügen des Unternehmens oder des Untersuchungsgegenstandes zum anglo-amerikanischen Rechtsraum kann darüber hinaus das Risiko bestehen, dass im Rahmen (bevorstehender) Gerichtsverfahren dem oder den Prozessgegnern Dokumente und Unterlagen umfänglich zur Verfügung gestellt werden müssen.

aa) Beschlagnahme durch Ermittlungsbehörden

78 Wenn nicht ohnehin gewollt ist, die Untersuchungsunterlagen an Ermittlungsbehörden herauszugeben, sollten sich die Untersuchungsführer bereits zu Beginn einer internen Untersuchung vergegenwärtigen, dass Ermittlungsbehörden auch gegen den Willen des Unternehmens Informationen herausverlangen und Unterlagen beschlagnahmen können.[40]

79 Von besonderer Bedeutung ist dabei die Frage, ob und unter welchen Umständen die speziell im Rahmen der internen Untersuchung und ggf. durch die mit der Untersuchung beauftragten Anwälte angefertigten *Untersuchungsunterlagen* beschlagnahmt werden können, namentlich Interviewprotokolle, Untersuchungsberichte oder anwaltliche Gutachten zu Haftungs- oder Strafbarkeitsfragen.[41] Denn zum einen können die Ermittlungsbehörden diese zur Strafverfol-

---

40 *Wettner/Mann*, DStR 2014, 655, 657 ff.
41 *Wettner/Mann*, DStR 2014, 655, 658 f.; LG Hamburg (HSH Nordbank), 15.10.2010, NJW 2011, 942 ff.; LG Mannheim, 3.7.2012, NStZ 2012, 713 ff.

gung einzelner Mitarbeiter oder zur Verhängung von Verbandsgeldbußen gegen das Unternehmen selbst nutzen. Zum anderen können in die Ermittlungsakten gelangte Untersuchungsunterlagen in die Hände von Privaten gelangen und diesen zur Begründung von Ansprüchen gegen das Unternehmen dienen.[42]

Zu unterscheiden war bisher zwischen Untersuchungsunterlagen, die sich im **80** Gewahrsam externer Rechtsanwälte (d. h. im Bürogebäude eben dieser externen Anwälte oder in einem von diesen erstellten Extranet) befinden und Untersuchungsunterlagen, die sich im Unternehmen (beispielsweise in den Räumen der Rechtsabteilung) befinden. In der Rechtsprechung zeigte sich bis zu den sog. Jones Day-Entscheidungen des BVerfG[43] eine erfreuliche praxisorientierte Tendenz zum Schutz solcher Untersuchungsunterlagen vor Beschlagnahme. Zunächst bestätigte eine Entscheidung des LG Mannheim den gesetzessystematische Auslegungsansatz, nach dem unter Berücksichtigung des neugefassten § 160a StPO Unterlagen aus dem Mandatsverhältnis zwischen Nichtbeschuldigten (auch Unternehmen) und Rechtsanwälten, in gleicher Weise wie Verteidigungsunterlagen dem Beschlagnahmeschutz des § 97 Abs. 1 Nr. 3 StPO unterliegen.[44] Jedenfalls aber sollten Unterlagen, soweit sie *auch* zur Verteidigung des Unternehmens gegen Verbandsgeldbußen im anwaltlichen Mandatsverhältnis erstellt wurden (*Verteidigungsunterlagen*), nach einer Entscheidung des LG Braunschweig aus dem Jahr 2015 auch in den Räumen des Unternehmens vor Beschlagnahmen geschützt werden, selbst wenn zum Zeitpunkt ihrer Erstellung ein Ermittlungsverfahren gegen das Unternehmen noch nicht eingeleitet war.[45] Diese Rechtsprechung hat sich jedoch nicht etabliert, sondern ist nach der angesprochenen Entscheidung des BVerfG vielmehr als beendet anzusehen. Nach der äußerst restriktiven und rein formellen Auslegung des § 97 Abs. 1 Nr. 3 StPO durch das BVerfG in den Jones Day-Entscheidungen soll das Beschlagnahmeverbot nur noch Unterlagen aus der Beziehung des im konkreten Strafverfahren Beschuldigten mit den Zeugnisverweigerungsberechtigten schützen und diese auch lediglich dann, soweit sie ab einem Zeitpunkt entstanden sind, zu dem gegen diesen Beschuldigten ein konkreter Verdacht von Strafverfolgungsbehörden zum jeweiligen Verfahrensgegenstand bestand.[46]

Die in dieser Rechtsprechung bereits kategorisch herangezogenen Grundsätze **81** zur Bestimmung der Reichweite des Beschlagnahmeschutzes aus § 97 StPO werden in Artikel 5 des Regierungsentwurfs des „Gesetzes zur Stärkung der Integrität der Wirtschaft" mittels einer Änderung der §§ 97 und 160a StPO umgesetzt. Etwaige Rechtsunsicherheiten die vor – und ausweislich der Gesetzesbegrün-

---

42 Zu Akteneinsichtsrechten siehe *Wettner/Mann*, DStR 2014, 655, 660 f.

43 BVerfG, Beschl. v. 27.6.2018 – 2 BvR 1405/17, 2 BvR 1780/17.

44 LG Mannheim, 3.7.2012, 24 Qs 1/12; 24 Qs 2/12.

45 LG Braunschweig, 21.7.2015, 6 Qs 116/15; in diesem Sinne bereits LG Frankfurt/M., 27.4.2004, StraFo 3004, 239.

46 BVerfG, Beschl. v. 27.6.2018 – 2 BvR 1405/17, 2 BvR 1780/17, Rn. 93–95.

dung auch nach – der Entscheidung des BVerfG vom 27.6.2018 bestanden,[47] sollen durch die Klarstellungen in den beiden Vorschriften ausgeräumt werden. Damit normiert Artikel 5 des Entwurfs für die im Rahmen interner Untersuchungen erstellten Unterlagen, was sich vor dessen Inkrafttreten bereits als allgemeingültige Interpretation der §§ 97 und 160a StPO in der aktuellen Fassung ergibt: Erkenntnisse und Unterlagen aus internen Untersuchungshandlungen vor der Einleitung eines konkreten Ermittlungsverfahrens sind in keinem Fall beschlagnahmefest. Erkenntnisse und Unterlagen aus nach Beginn eines Ermittlungsverfahrens vorgenommenen, internen Untersuchungen sind jeweils – aber nur dann beschlagnahmefrei, wenn die Untersuchungen durch das beschuldigte Unternehmen selbst oder dessen Verteidiger vorgenommen werden, und zwar unabhängig davon, ob sie im Gewahrsam des Unternehmens oder dessen Verteidigern aufgefunden werden. Erfolgt die interne Untersuchung nicht durch einen Verteidiger, sind die daraus entstandenen Unterlagen und Erkenntnisse stets als beschlagnahmefähig anzusehen.

bb) Herausgabe von Unterlagen an Versicherer

82   Bei der Art und Weise der Kommunikation und Dokumentation ist auch zu beachten, dass Versicherer des Unternehmens (etwa im Rahmen bestehender D&O-Versicherungen) ein umfangreiches gesetzliches bzw. vertragliches Auskunfts- und Belegrecht zur Aufklärung des Versicherungsfalls haben.[48] Ein Versicherer kann grundsätzlich jegliche Informationen und Unterlagen verlangen, die er zur Aufklärung des Versicherungsfalls und des Umfangs seiner Deckungspflicht für erforderlich hält.[49]

83   Das Risiko des Unternehmens besteht dabei darin, dem Versicherer Informationen und Unterlagen herausgeben zu müssen, aufgrund derer der Versicherer einen Ausschluss des Versicherungsschutzes einzuwenden versucht. Bei Compliance-Verstößen wird regelmäßig der typische Vorsatzausschluss in Rede stehen, wonach die Versicherungsdeckung für Schäden aufgrund vorsätzlicher oder wissentlicher Pflichtverletzung der Organe oder Mitarbeiter ausgeschlossen ist. Gerade die Information über nachteilige Tatsachen, die zum Verlust des Versicherungsschutzes führen können, ist der Sinn und Zweck des umfangreichen Auskunftsrechts.[50]

---

47 RegE des „Gesetzes zur Stärkung der Integrität in der Wirtschaft" v. 16.6.2020, 137. Zu den vorgeschlagenen Neuregelungen siehe auch *Böttger*, Kap. 2, Rn. 15 ff., 142 ff.
48 Nach § 31 Versicherungsvertragsgesetz (VVG) bzw. vergleichbaren Versicherungsbedingungen.
49 BGH, 22.10.2014, IV ZR 303/13, BeckRS 2014, 20926: „*Zur Reichweite der Auskunftspflicht gilt, dass es grundsätzlich Sache des VR ist, welche Informationen er zur Ermittlung des Sachverhalts für erforderlich hält (...). Danach erstreckt sich die Auskunftpflicht auf jeden Umstand, der zur Aufklärung des Tatbestandes dienlich sein kann (...)*".
50 BGH, VersR 2000, 222, 223: „*Der Zweck der Auskunftsobliegenheit besteht im Wesentlichen darin, den VN zu zwingen, an der Aufklärung des Sachverhalts auch insofern mitzuwirken, als es um Tatsachen geht, die zum Verlust des Versicherungsschutzes führen können*".

b) Begrenzung der E-Mail- und sonstigen schriftlichen Kommunikation

Die vorgenannten Zugriffsmöglichkeiten im Rahmen der internen Untersuchung   **84**
zu berücksichtigen bedeutet selbstverständlich nicht, den Ermittlungsbehörden
oder Versicherern offenzulegende Informationen vorzuenthalten oder diese zu
unterdrücken. Derartiges kann – und muss – gegebenenfalls strafrechtliche Konsequenzen haben bzw. den Versicherungsschutz kosten. Es bedeutet aber, dass
sich die an einer internen Untersuchung beteiligten Mitarbeiter und externen Berater bewusst sein müssen, dass auch unbedachte, vorläufige oder generell auf
(subjektiver) Interpretation beruhende Einschätzungen, die sich letztlich als unbegründet erweisen können, von Dritten zum Nachteil des Unternehmens genutzt werden könnten.

Insbesondere die E-Mail-Kommunikation birgt im Hinblick auf den Vertraulich-   **85**
keitsschutz erhebliche Risiken. Dies sollte generell wie insbesondere im Zusammenhang mit internen Untersuchungen allen Beteiligten bewusst gemacht
werden. Für die gesamte schriftliche interne Kommunikation sowie die Kommunikation der Unternehmensvertreter mit den externen Beratern gilt: Sie sollte
sich generell auf ein Minimum und inhaltlich auf reine Tatsachen beschränken.
(Vorläufige) Wertungen und Interpretationen von Geschehensabläufen sollten
möglichst unterbleiben.

c) Kennzeichnung und Aufbewahrung geschützter Kommunikation

In Anbetracht der Rechtsprechung zu Beschlagnahmeverboten von „der Vertei-   **86**
digung dienenden Unterlagen", ist es in einem ersten Schritt notwendig, sich
über eine einheitliche Markierung von „Unterlagen der Verteidigung", sei es im
Betreff einschlägiger E-Mail-Korrespondenz oder durch entsprechende Be-
schriftung von Aktenordnern, in denen physische Verteidigungsdokumente gesammelt werden, zu verständigen und diese zu praktizieren. Der Begriff der
„Verteidigungsunterlage" beschreibt dabei freilich eher eine *in der* oder *für die*
(spätere) Verteidigung gegen Sanktionsmaßnahmen *erarbeitete* Unterlage im
engeren Sinne. Er darf insoweit gerade nicht als begrifflicher Ersatz eines Ak-
tenvernichters verstanden werden, in dem alle unangenehmen Beweisdokumente
gesammelt und einem Zugriff der Ermittlungsbehörden durch die Aufschrift
„Verteidigungsunterlage" entzogen werden.

Wie bereits verdeutlicht empfiehlt sich als sicherster Aufbewahrungsort die   **87**
Kanzlei der externen Rechtsanwälte, da entsprechende Unterlagen nur in deren
Gewahrsam unstreitig qua Gesetzeswortlaut des § 97 Abs. 2 Satz 1 StPO Schutz
vor Beschlagnahme genießen.[51] Belässt man Verteidigungsunterlagen in der
Sphäre des Unternehmens, so empfiehlt sich, diese zumindest in einem Raum
bzw. abschließbaren Behältnissen zu konzentrieren, um auf diesem Weg inner-
halb des Unternehmens eine „Gewahrsamsinsel" zu schaffen. Deren einziger
Zugangsberechtigter mit Schlüsselgewalt sollte ein Justiziar des Unternehmens,

---

51 LG Mannheim, 3.7.2012, 24 Qs 1/12, NStZ 2012, 713 ff.

vorzugsweise ein Rechtsanwalt, sein. Gegebenenfalls ist zu überlegen, dem (strafrechtlichen) externen Berater ein entsprechendes Büro mit alleiniger Schlüsselgewalt zuzuteilen und dieses entsprechend zu kennzeichnen. Die Einhaltung dieser Regeln dürfte auch nach Inkrafttreten des VerSanG im Rahmen von Durchsuchungsmaßnahmen auftretende Unklarheiten und die Gefahren daran geknüpfter, streitiger Rechtsmittelverfahren vermeiden.

88   Kommt es infolge eines Zugriffs von Ermittlungsbehörden dennoch zur Beschlagnahme oder Sicherstellung von Unterlagen, die möglicherweise privilegierte anwaltliche Beratungskorrespondenz verkörpern, so ist deren Asservierung zu widersprechen und die Versiegelung dieser Unterlagen zu verlangen. Auf diesem Wege bleibt zumindest sichergestellt, dass die in Rede stehenden Beratungsunterlagen erst im Beisein der Betroffenen bzw. ihrer anwaltlichen Vertreter entsiegelt werden und die Fragen ihrer Privilegierung erneut diskutiert werden können.

6. Erstellen eines Untersuchungsplans

89   Der Untersuchungsplan legt Reihenfolge und zeitlichen Ablauf der konkreten Untersuchungsmaßnahmen sowie die Dokumentation und Kommunikation der Untersuchungsergebnisse fest.

90   Es empfiehlt sich, eine Liste der benötigten Dokumente und Daten zu erstellen, für deren Abarbeitung ein Mitarbeiter des Unternehmens, vorzugsweise ein Angehöriger der Rechtsabteilung oder ein Mitglied der zentralen Koordinierungsstelle, verantwortlich ist bzw. die externen Anwälte dabei unterstützt. Die Dokumenten- und Datenbeschaffung und -sichtung sowie die Interviews von (ehemaligen) Mitarbeitern müssen zeitlich aufeinander abgestimmt werden. Regelmäßig wird mit Ersterer zu beginnen sein und darauf aufsetzend bzw. in Ergänzung werden die Interviews durchzuführen sein.

91   Der Untersuchungsplan ist „work in progress" und im Laufe der Untersuchung fortzuschreiben oder anzupassen. Oftmals wird er zu Beginn jedenfalls in Teilen eher generisch sein und im Laufe der Untersuchung und zunehmender Sachverhaltskenntnis immer detaillierter werden. Bei der Abfassung des Untersuchungsplans ist zu beachten, dass auch dieser beschlagnahmt werden kann oder an Versicherer herauszugeben ist.

V. Durchführung der internen Untersuchung

1. Allgemeine Untersuchungsgrundsätze

92   Wie bei der Planung sind auch bei der Durchführung der Untersuchungsmaßnahmen deren *Recht-* und *Verhältnismäßigkeit* sowie die *Vertraulichkeit* unbedingt zu beachten. Darüber hinaus sollte das Untersuchungsteam die folgenden weiteren Grundsätze beachten, die generell für das Funktionieren einer internen Un-

tersuchung als probates Aufklärungsmittel wie für den Erfolg der konkreten Untersuchung von Bedeutung sind:

- So sollte es selbstverständlich sein, dass **Hinweisgeber (sog. Whistleblower) von dem Unternehmen geschützt** und keinerlei Repressalien geduldet werden.[52] Sofern der Hinweisgeber die Geheimhaltung seiner Identität gegenüber weiteren Unternehmenseinheiten wünscht, sollte dies respektiert werden. Auf der anderen Seite muss auch ein **fairer Umgang mit den Mitarbeitern** gewährleistet sein, die eines Compliance-Verstoßes verdächtig sind. Solange ein Verstoß nicht nachgewiesen ist, gilt die Unschuldsvermutung. Ziel der Untersuchung ist die Ermittlung belastender wie entlastender Tatsachen.
- Des Weiteren muss die **Unabhängigkeit der Untersuchung** sichergestellt sein. Das Untersuchungsteam hat sich daher auch im Laufe der Untersuchung stets zu vergewissern, dass keine Sachverhalte vorliegen, die die Unabhängigkeit der Mitglieder des Untersuchungsteams beeinflussen könnten (Interessenkonflikt). Sollte ein solcher (möglicher) Interessenkonflikt auftreten, muss die Koordinierungsstelle umgehend informiert werden, um nicht den Wert der gesamten internen Untersuchung zu gefährden.
- Ebenso muss das Untersuchungsteam im Verlauf der Untersuchung die bereits genannten **Eilmaßnahmen im Blick** haben (siehe oben Rn. 23 ff.), um eventuelle weitere Schäden für das Unternehmen abzuwenden. Auch hierfür ist die Rückkopplung mit der Koordinierungsstelle notwendig.
- Im Hinblick auf die Verwertbarkeit der Untersuchungsergebnisse hat das Untersuchungsteam darauf zu achten, dass die Durchführung der Untersuchung hinsichtlich ihres **Umfangs und der gefundenen Ergebnisse nachvollziehbar** ist. Belege sind regelmäßig in Kopie beizufügen; eventuell vor Gericht zu verwendende Beweismittel (z. B. handschriftliche Notizen) müssen unversehrt bleiben.

2. Dokumentation der Untersuchung

Welche technischen Maßnahmen über eine verlässliche Steuerung der internen **93** Untersuchung hinaus auch deren nachvollziehbare und gerichtsverwertbare Dokumentation gewährleisten können, wurde bereits oben unter Rn. 72 ff.) dargestellt. Gleichwohl ist in den Fällen, in denen Budget, Untersuchungsumfang oder logistische Gründe keinen Rückgriff auf eine softwarebasierte Automation – etwa in Gestalt eines Projektportals – zulassen, umso mehr darauf zu achten, dass die Grundlagen einer inhaltlichen und chronologischen Nachvollziehbarkeit bei der Dokumentation der internen Untersuchung gesichert sind. Diese Sicherung muss neben der Benennung entsprechender Projektverantwortlicher für die Dokumentation durch eine fortlaufende, chronologisch nachvollziehbare und schriftliche Protokollierung und Registrierung

---

52 *Moosmayer*, in: Rotsch, Criminal Compliance, 2015, Kap. 34 Rn. 104 ff.

- der **Fortschritte** bei der Abarbeitung des Untersuchungsplans bzw. dessen Änderungen und Erweiterungen,
- der erhobenen, eingegangenen und ausgewerteten **Dokumente, Zwischenberichte und Protokolle**,
- der angetroffenen **Untersuchungshindernisse**,
- der **durchgeführten Tätigkeiten** der einzelnen Mitglieder des Untersuchungsteams

erfolgen.

94 Diese nur kursorische Aufzählung dokumentationswürdiger Untersuchungsereignisse ist, soweit man von einer automatisierten und software-/datenbankbasierten Untersuchungssteuerung absieht, für das jeweilige Untersuchungsdesign und den gewählten Modus der Berichterstattung anzupassen und zu vertiefen.

3. Erhebung und Auswertung von Dokumenten

95 Die interne Ermittlungstätigkeit im Hinblick auf zu untersuchende Dokumente sollte sich nicht nur auf die Beschaffung und Aufarbeitung der im Untersuchungsplan benannten Dokumentation beschränken. In den Fällen durchgeführter Durchsuchungs- und Beschlagnahmemaßnahmen aufgrund parallellaufender, externer strafrechtlicher Ermittlungen ist jeweils sicherzustellen, dass ein Überblick über die einzelnen, bei den Ermittlungsbehörden lagernden Asservate gewonnen werden kann. Relevante Unterlagen für die Aufklärung des Sachverhalts sind dabei zu identifizieren und ebenfalls in die Untersuchung einzubeziehen. Nur so kann gewährleistet werden, dass die Ergebnisse der internen Untersuchung nicht durch die Ergebnisse der externen, behördlichen Ermittlungen konterkariert und somit wertlos werden.

96 Nach der Identifizierung relevanter Dokumente und Schriftstücke sind diese zunächst zu sichern, bevor sie in einem nächsten Schritt ausgewertet werden können.[53] Nach Herstellung von Duplikaten eines Dokuments und einer entsprechend sicheren (und vor unbefugtem Zugriff geschützten) Archivierung des Originals ist es im Rahmen einer ersten Auswertung oft zielführend, die Bedeutsamkeit eines Dokuments in verschiedenen Verdachts- oder Beweiswertstufen zu kategorisieren und bereits augenscheinliche Querverbindung (etwa zu bestimmten Personen oder Ereignissen) zu vermerken.

97 Durch diese Vorarbeit werden erste Konkretisierungen des Untersuchungssachverhalts anhand „ganz wesentlicher Beweismittel" erleichtert und die Vorbereitung von Mitarbeiter-Befragungen vereinfacht, aber auch auf einem gleichbleibenden Standard gewährleistet.

---

53 Dies ist wiederum bedeutsam in den Fällen, in denen wichtige Dokumente den Ermittlungsbehörden zu einem späteren Zeitpunkt zu Beweiszwecken vorgelegt werden sollen – zur gesamten Problematik *Bittmann*, in: Rotsch, Criminal Compliance, 2015, Kap. 34 Rn. 136.

Beim Umgang des Untersuchungsteams mit dem erhobenen Dokumentenmate- **98** rial, aber auch mit allen anderen Informationen und Daten im Untersuchungsverlauf, ist stets darauf zu achten, das „Need to know-Prinzip" einzuhalten und den Adressatenkreis der jeweils erhobenen Dokumente auf ein Minimum zu beschränken. Dies dient einerseits dem durch diesen Grundsatz verfolgten Zweck einer so geringstmöglichen Stigmatisierung der Betroffenen. Andererseits wird aber auch sichergestellt, dass sich in den erhobenen Dokumenten oder Daten enthaltene brisante Informationen nicht „verselbstständigen" und zu einer möglichen Verfälschung des Untersuchungsergebnisses führen.

4. Erhebung und Auswertung von elektronischen Daten

Die zentrale Erkenntnisquelle interner Erhebungen bilden zumeist die elektroni- **99** schen Daten und insbesondere die E-Mail-Korrespondenz der vom Untersuchungsgegenstand betroffenen Mitarbeiter. Nach Klärung der schon angesprochenen, rechtlichen Vorfragen, nämlich:

– Bestehen dokumentierte, tatsächliche Anhaltspunkte, die den Anfangsverdacht einer Straftat des Mitarbeiters begründen (§ 32 Abs. 1 Satz 2 BDSG)?
– Handelt es sich um rein dienstliche oder aufgrund von Genehmigung teilprivat genutzte persönliche E-Mail-Accounts?

ist zunächst eine für die Verwertung in späteren justiziellen Verfahren maßgebliche Datensicherung zu gewährleisten, die etwa durch digitale „Versiegelung" des Datenbestands mittels eines standardisierten „Snapshots" bewerkstelligt werden kann.[54]

Bei der Auswertung der elektronischen Daten und E-Mails steht sodann die Vor- **100** bereitung und Anwendung einer schlüssigen Suchwortliste im Vordergrund.[55] Nur so kann eine effiziente Filterung der wesentlichen Vorgänge aus dem „Kosmos der Unternehmensdaten" erfolgen, die gleichzeitig aber auch nicht dazu führen darf, dass zum Beispiel wesentliche Inhalte einer E-Mail-Kommunikation infolge einer mangelhaften Suchwortliste übergangen werden.

Werden im Untersuchungsverlauf erhebliche Verstöße innerhalb des Unterneh- **101** mens sowie gleichzeitig Lücken in der elektronischen Dokumentation festgestellt, wird häufig auch die Frage einer Identifizierung und Wiederherstellung von gelöschten Daten in bestimmten EDV-Bereichen zu erwägen sein.

5. Befragung von Mitarbeitern

Auch der Befragung von (ehemaligen) Mitarbeitern kommt insbesondere eine **102** maßgebliche Bedeutung bei der internen Untersuchung von Sachverhalts-Konstellationen zu, die auf Basis der vorhandenen Dokumente nicht eindeutig aufzu-

---

54 Weitere Hinweise zu den technischen Standards bei *Strecker/Reutter*, in: Knierim/Rübenstahl/Tsambikakis, Internal Investigations, 2016, Kap. 6 Rn. 26 ff.
55 Vgl. *Grützner*, in: Momsen/Grützner, Wirtschaftsstrafrecht, 2013, 368 ff.

klären sind, sondern nur vage Anhaltspunkte für ein Fehlverhalten erkennen lassen. Derartige Beweisanzeichen können durch Befragungen von Mitarbeitern erhärtet oder auch entkräftet werden. Gerade im Bereich der Durchführung von Interviews ist auf eine besonders strikte Einhaltung der handwerklichen Standards zu achten, zumal die entsprechende Beweisperson nach einer fehlerbehafteten Befragung „kontaminiert" ist und nicht mehr gerichtsverwertbar zum Beweis von Untersuchungsergebnissen herangezogen werden kann.

103 Wie bereits geschildert ist aus arbeitsrechtlicher Sicht zunächst davon auszugehen, dass der zu befragende Mitarbeiter als Arbeitnehmer den Vertretern des Unternehmens gegenüber grundsätzlich zur Auskunft verpflichtet ist. Verweigert der Mitarbeiter die Teilnahme an einem Interview oder die Beantwortung zulässiger Fragen, sind die entsprechenden arbeitsrechtlichen Konsequenzen abzuwägen und ggfs. zu vollziehen. Auch die in Interviews spontan hervorgebrachten Forderungen von Mitarbeitern nach dem Beistand eines Rechtsanwalts oder durch einen Vertreter des Betriebsrats entbehren regelmäßig eines rechtlichen Anspruchs, worauf in sachlicher Form hinzuweisen ist. Wird trotz entsprechenden Hinweisen eine solche unberechtigte Forderung aufrechterhalten, ist im Ergebnis ebenfalls von einer Verweigerung auszugehen, deren gesamte Umstände wiederum zu protokollieren und dann zu bewerten sind.

104 Eine rechtlich stark veränderte Ausgangslage ist jedoch gegeben, wenn die Aufklärung eines *strafrechtlich relevanten* Vorwurfs den Gegenstand der Untersuchung bildet und/oder bereits ein paralleles *behördliches Ermittlungsverfahren* zur Aufklärung des Untersuchungsgegenstands bekannt gegeben worden ist. In dieser Konstellation einer strafrechtlich relevanten Untersuchung gilt es, weitere, ganz wesentliche Regeln zu beachten, die durch den bereits angesprochenen Regierungsentwurf des VerSanG nunmehr präzisiert und normiert werden:

– **Sicherstellung und Garantie „fairer" Interviews** auf Basis der niedergelegten Grundsätze samt der zugehörigen Erläuterungen der These 3 der Bundesrechtsanwaltskammer zum Unternehmensanwalt im Strafrecht,[56] ergänzt durch die in § 17 Abs. 1 Nr. 1 RegE VerSanG formulierten, exemplarischen Anforderungen:
– die **Belehrung der Betroffenen** über ihr Recht auf Begleitung durch einen Rechtsbeistand, der gegebenenfalls durch das Unternehmen bezahlt werden sollte,
– die Einräumung des Rechts für die **Betroffenen/Befragten**, einen **anwaltlichen Beistand oder ein Mitglied des Betriebsrats zu Befragungen hinzuzuziehen**, sowie der Hinweis auf dieses Recht vor der Befragung (§ 17 Abs. 1 Nr. 5 lit. b RegE VerSanG),
– der **Hinweis** an die Befragten, dass ihre **Auskünfte in einem Strafverfahren gegen sie** verwendet werden können, (§ 17 Abs. 1 Nr. 5 lit. a RegE VerSanG),

---

56 BRAK Stellungnahme Nr. 35/2010.

– die Einräumung des Rechts für die **Betroffenen/Befragten**, die **Auskunft auf Fragen zu verweigern**, deren Beantwortung sie selbst oder einen Angehörigen im Sinne von § 52 Abs. 1 StPO der Gefahr aussetzen würden, wegen einer Straftat oder Ordnungswidrigkeit verfolgt zu werden, sowie der Hinweis auf dieses Recht vor der Befragung (§ 17 Abs. 1 Nr. 5 lit. c RegE VerSanG),
– **keinerlei Beeinflussungen**, Täuschungen oder Einwirkung mit unlauteren Maßnahmen auf den Betroffenen während der Befragung, insbesondere keine Drohung mit arbeitsrechtlichen Konsequenzen,
– **Anfertigung einer Niederschrift** und Genehmigung derselben durch den Betroffenen auf dessen Verlangen; sowie seine entsprechende Belehrung über dieses Recht,
– Belehrung über Möglichkeiten und Grenzen in Aussicht gestellter **Amnestiemaßnahmen**,
– Belehrung über Möglichkeit der **Weitergabe ausgehändigter Dokumente** an Ermittlungsbehörden.

Soweit sich die internen Ermittler bei der Befragung von den Kriterien der zitierten BRAK-Thesen leiten lassen und die im RegE VerSanG § 17 Abs. 1 Nr. 5 normierten Grundsätze einhalten, ist jedenfalls davon auszugehen, dass sich die erhobenen Erkenntnisse auf der sicheren Seite einer Gerichtsverwertbarkeit befinden. Allein die – berechtigte – Diskussion darüber, welche strafprozessualen Standards in den Interviews einer internen Untersuchung verbindlich sind,[57] befreit den privaten Ermittler in der Praxis insoweit nicht gänzlich von der Einhaltung strafprozessualer Mindeststandards, auch wenn diese nur analog erfolgen muss, denn: ein – auch aus dem Gesamtablauf eines Interviews durchaus ableitbarer – Verstoß gegen die Selbstbelastungsfreiheit verletzt stets den Menschenwürdegehalt des allgemeinen Persönlichkeitsrechts und führt unmittelbar zu einem Beweisverwertungsverbot gemäß § 136a StPO.[58] **105**

Während die dargestellten Vorgaben in ihrem Wirkungsumfang zu überprüfen und ihre Einhaltung sicher zu stellen ist, muss andererseits auch die strategische Wirksamkeit und Effizienz der Befragung vorbereitet und gewährleistet werden. Hier gilt der Grundsatz, dass zunächst ein Überblick über die vorzuhaltenden Dokumente und Informationen hergestellt werden sollte, die dann in die entsprechende Vorbereitung von Interviews durch Formulierung von Vorhalten und Fragenkatalogen einfließen sollte. Grundsätzlich wird man „tatferne" Zeugen vor „tatnahen" möglichen Mittätern oder Teilnehmern befragen und mit der Befragung von Zeugen beginnen, die in der Hierarchie des Unternehmens eher niedriger angesiedelt sind. **106**

---

57 *Szesny*, BB 45/2011, VI/VII.
58 *Eisenberg*, Beweisrecht der StPO, 10. Aufl. 2017, Rn. 396.

6. Auswertung und Aufarbeitung der Untersuchungsergebnisse

107 Die inhaltliche Aufarbeitung der – gemäß dem fortgeschriebenen Untersuchungsplan erhobenen – Untersuchungsergebnisse erfolgt idealerweise zunächst fortschreitend durch Anfertigung und Rückgriff auf Zwischenberichte über wesentliche Erhebungen von Informationen. Erreicht die Untersuchung das Stadium der „Berichtsreife", ist eine zusammenfassende Aufarbeitung des untersuchten Sachverhalts auf der Grundlage aller Zwischenberichte vorzunehmen, wodurch alle Ergebnisse in die Schlussberichterstattung zusammengeführt werden. Sowohl Zwischen- als auch Schlussberichterstattung unterliegen grundlegenden Qualitätsanforderungen, die nicht nur den Inhalt, sondern auch die Struktur von dessen Aufbereitung betreffen. Beachtliche Kriterien sind insbesondere:

- **Inhaltliche Zuverlässigkeit der Berichterstattung** setzt neben Fehlerfreiheit und Vollständigkeit vor allem auch voraus, dass frei von Wertungen und ausgewogen berichtet wird.

- **Struktur und Relevanz der berichteten Informationen** sollten in erster Linie eine effiziente und verständliche Beantwortung der vereinbarten Fragestellungen des Untersuchungsauftrags herbeiführen; unwichtige Informationen sollten zwar auch evaluiert und bewertet werden, sind dann jedoch aus der Berichterstattung herauszuhalten. Wesentliche Vorgaben und Beschränkungen inhaltlicher Art sind an die Frage geknüpft, ob es sich um einen freiwilligen Bericht oder einen Pflichtbericht gemäß gesetzlicher Vorgaben handelt.

- Ein **Rückgriff auf Erkenntnisquellen standardisierter Art und Güte** sollte in der Berichterstattung jeweils vorausgesetzt sein, Abweichungen hiervon sind anmerkungsbedürftig und entsprechend zu kennzeichnen. Vorausgesetzt wird etwa der Rückgriff auf explizit benannte Beweismittel und Beweisdokumente, Vermerke, Statusberichte, Sitzungs- und Interview-Protokolle. Soweit zusammenfassende Erkenntnisse aus Mitarbeiter-Befragungen präsentiert werden, ist beispielsweise darauf zu achten, dass die berichtete Information nicht nur von einer befragten Person stammt, sondern durch weitere Befragte bestätigt wurde – anderenfalls ist dies durch eine Anmerkung im Bericht zu kennzeichnen.

- Die **Erfüllung der Anforderungen an einen Untersuchungsbericht**[59] setzt unter Beachtung der vorgenannten Kriterien die Beschreibung (1) der Auftragsdurchführung, (2) der erlangten und ausgewerteten Informationsquellen und Beweismittel, (3) der Methodik ihrer Auswertung; (4) eine Darstellung der Beweisergebnisse, (5) deren Würdigung im Hinblick auf bestimmte Vorgänge und/oder das Verhalten bestimmter Unternehmensmitarbeiter sowie (6) erster Handlungs- und Entscheidungsempfehlungen voraus.

---

59 *Idler/Knierim/Waeber*, in: Knierim/Rübenstahl/Tsambikakis, Internal Investigations, 2016, Kap. 4 Rn. 172 ff.

Im Übrigen sind für die Ausgestaltung des Abschlussberichts neben dem Unter- **108** suchungsauftrag und dessen Umsetzung nach Maßgabe des Untersuchungsplans noch weitere Regeln und Grenzen maßgeblich, die sich aus dem Adressatenkreis des Berichts ergeben. In diesem Zusammenhang ist zu bedenken, ob lediglich an den Auftraggeber Bericht erstattet wird oder auch eine Berichterstattung an die Behörden erfolgen soll oder gar muss.[60]

Ist absehbar, dass der Abschlussbericht (auch) an eine Behörde übergeben wird, **109** empfiehlt sich dringend, *nur eine* Berichtsfassung zu erstellen und die Berichts- inhalte nicht etwa für unterschiedliche Adressaten abzuschichten.[61] Letzteres wird von Behörden im Falle der Entdeckung unterschiedlicher Versionen als Aufkündigung einer etwa zugesagten Kooperation oder gar als Verdunklungs- handlung bewertet.

Problematisch ist jeweils die Behandlung von Informationen, die das Untersu- **110** chungsteam vertraulich oder rechtswidrig erlangt hat. Erstere Informationen sollten grundsätzlich ohne Quellenangabe als „Erkenntnis" des Untersuchungs- teams in zusammengefasster Form wiedergegeben werden. Von der Verwendung der letztgenannten Informationen, die durch illegale Beweiserhebungen erlangt wurden, ist im Grundsatz abzuraten, da sie das Risiko beinhaltet, dass der ge- samte Bericht das Qualitätskriterium der „Gerichtsverwertbarkeit" verfehlt.

VI. Fazit

Sobald Anzeichen für einen Compliance-Verstoß im Unternehmen zutage treten, **111** die eine interne Untersuchung nahelegen oder zumindest als probates Mittel er- scheinen lassen, ist eine frühzeitige Beratung zur Entscheidung über die Fra- ge(n), ob eine Untersuchung – und ggfs. mit welchem Umfang, Ziel und Auftrag – durchgeführt werden sollte, angezeigt.

Dies ergibt sich unter anderem daraus, dass die später durch Dritte nachzuvoll- **112** ziehende Entscheidung, ob eine interne Untersuchung entweder nicht, oder aber mit einem bestimmten Ziel und Auftrag durchgeführt wird, durch ein Hinzutre- ten staatlicher Behörden unumkehrbare Pflichten und Konsequenzen auslösen kann, die zunächst nicht vollständig erkennbar sind. Auch die Verabredungen, die mit den Betroffenen einer internen Untersuchung getroffen werden, können solche irreversiblen Konsequenzen haben.

Das gesamte Management einer internen Untersuchung muss berücksichtigen, **113** dass in deren gesamten Verlauf nicht nur „dingliche Sicherungen" von Daten und Beweismitteln vorzunehmen sind, sondern stets auch ein sensibler Umgang mit Informations- und Berichtswegen und der Zusammensetzung des Untersu- chungsteams zu beachten ist. Dabei spielen wiederum rechtliche Aspekte des Geheimnisschutzes und der Unternehmenshierarchie eine ganz maßgebliche

---

60 *Grützner*, in: Momsen/Grützner, Wirtschaftsstrafrecht, 2013, 422.
61 *Idler/Knierim/Waeber*, in: Knierim/Rübenstahl/Tsambikakis, Internal Investigations, 2016, Kap. 4 Rn. 169 f.

Rolle. Diese sowie arbeits- und datenschutzrechtliche Gesichtspunkte wirken sich in besonderer Weise auf die Erhebung personaler Informationsquellen – etwa bei der Befragung (ehemaliger) Mitarbeiter oder Auswertung deren individueller Korrespondenz – aus.

114 Einerseits ist im Hinblick auf die möglicherweise später geforderte Herausgabe von Unterlagen und Informationen an Ermittlungsbehörden oder (D&O-)Versicherer an eine bewusste Zurückhaltung bei der schriftlichen Dokumentation und Kommunikation sowie – angesichts möglicher Beschlagnahmen – an die Kennzeichnung und Gewahrsamskontrolle geschützter Unterlagen zu denken. Andererseits sind Untersuchungsteams mit Blick auf die Verwertbarkeit der Untersuchungsergebnisse stets gehalten, ihre Untersuchungsführung und Ergebnisfindung nachvollziehbar und transparent zu halten. Letzteres setzt eine möglichst vollständige, wertungsfreie und ausgewogene Dokumentation – nicht nur der Fortschritte, sondern auch der Hindernisse – im internen Untersuchungsablauf bis zu einem entsprechenden Abschlussbericht voraus. Die im Regierungsentwurf des VerSanG normierten Standards sind bereits jetzt zu beachten, da sie zur Interpretation der aktuellen Gesetzeslage herangezogen werden müssen.

115 Das „gute" Management interner Untersuchungen muss vielfältigen rechtlichen und praktischen Anforderungen gerecht werden. Eine intensive Planung, die die denkbaren „Überraschungen" antizipiert, und eine fachkundige Durchführung sind unerlässlich.

Teil 2
Übergreifende Themen und Herausforderungen

9. Kapitel
Risiko- und Chancenmanagement –
Erfolgsfaktoren für eine wirksame Umsetzung

I. Corporate Governance und das Management von Chancen und Risiken

Die Zukunft ist kein Spiegel der Vergangenheit. Daher sollte man sich bei der **1** Analyse neuer Risikoszenarien nicht auf einen Blick in den Rückspiegel verlassen. Aus der Risikoforschung ist seit langem bekannt, dass Menschen systematisch die schmerzhaften Folgen von Extremereignissen unterschätzen.[1] Die Gründe hierfür sind einfach und schlicht: Wir denken in schlüssigen Geschichten, verknüpfen Fakten zu einem stimmigen Bild, nehmen die Vergangenheit als Modell für die Zukunft. So schaffen wir uns eine Welt, in der wir uns zurechtfinden. Aber die Wirklichkeit ist anders: chaotisch, komplex, überraschend und häufig unberechenbar. Oftmals ist für diese Fälle die Vergangenheit ein sehr schlechter Berater und führt zu einer eingeschränkten und vernebelten Sicht. Auch ein Autofahrer steuert sein Gefährt nicht über einen Blick in den Rückspiegel.

Der im Jahr 2010 verstorbene französische Mathematiker *Benoît B. Mandelbrot* **2** kritisierte immer wieder den unprofessionellen Umgang mit Risiken und Unsicherheit in Unternehmen. Basierend auf seinen Analysen sind die meisten Risikomanagement-Systeme blind für Extremereignisse. *Mandelbrot* wies darauf hin, dass Risiken falsch gemessen werden und schmerzhafte „Worst case"-Szenarien ausgeblendet würden: „Jahrhunderte hindurch haben Schiffbauer ihre Rümpfe und Segel mit Sorgfalt entworfen. Sie wissen, dass die See in den meisten Fällen gemäßigt ist. Doch sie wissen auch, dass Taifune aufkommen und Hurrikane toben. Sie konstruieren nicht nur für die 95 Prozent der Seefahrttage, an denen das Wetter gutmütig ist, sondern auch für die übrigen fünf Prozent, an denen Stürme toben und ihre Geschicklichkeit auf die Probe gestellt wird. Die Finanziers und Anleger der Welt sind derzeit wie Seeleute, die keine Wetterwarnungen beachten."[2]

So liefert uns die durch das Coronavirus SARS-CoV-2 verursachte COVID-19- **3** Pandemie ein sowohl eindrückliches als auch schmerzhaftes Beispiel für Risikoblindheit und fehlende Risikokompetenz bei Verantwortlichen im Staat sowie

---

1 Vgl. hierzu vertiefend *Kahneman*, Thinking, Fast and Slow, 2011.
2 Vgl. vertiefend *Mandelbrot*, Fraktale und Finanzen – Märkte zwischen Risiko, Rendite und Ruin, 2004, sowie *Romeike*, Beautiful, Colourful Risk: Benoît B. Mandelbrot – Remembering the Father of Fractals, in: Union Investment Institutional (Hrsg.), The Measurement of Risk, S. 197–207.

bei vielen Unternehmenslenkern. Eine Pandemie war ein Ereignis, das mit Gewissheit irgendwann eintreffen wird. Die einzige Unbekannte war der genaue Zeitpunkt – aber eben gerade nicht das Ereignis. Und Risikomanagement sollte genau solche Stressszenarien antizipieren und Maßnahmen definieren, damit Unternehmen in der stürmischen See nicht untergehen. Viele Akteure haben schlicht und einfach die Wetterwarnungen ignoriert und es versäumt Rettungsboote zu bauen. Denn Rettungsboote werden nicht erst im Sturm gebaut.

4 Infektionsrisiken und Pandemien bereiten Wissenschaftlern sowie weitsichtigen und seriös arbeitenden Risikomanagern seit vielen Jahren schlaflose Nächte (wie übrigens auch das Szenario eines „Black Outs" und eines globalen Finanzkollaps). Der exzellente Statistiker, Risikoforscher und Professor für internationale Gesundheit, *Hans Rosling*, hat bereits vor vielen Jahren auf die fünf globalen Risiken hingewiesen, die uns beunruhigen sollten. Als Top-1-Risiko beschreibt er in seinem Buch „Factfulness" das Risiko einer globalen Pandemie. Nicht selten muss die vermeintliche Unvorhersehbarkeit von Ereignissen als Ausrede für fehlendes Risikomanagement herhalten.

5 Wirksames Risikomanagement konzentriert sich auf „Überraschungen" in der Zukunft und versucht daher „aus der Zukunft zu lernen".

6 Doch manchmal lohnt ein Blick zurück in die Vergangenheit, um den Blick für das Zukünftige zu schärfen.[3] Risikomanager und Unternehmenslenker können über die Erfolgsfaktoren eines wirksamen Risikomanagements einiges aus der Geschichte lernen – denn Risikomanagement ist nicht erst eine Erfindung unserer Zeit.

7 Bereits der Zusammenbruch von Troja mit Hilfe des Trojanischen Pferdes – beschrieben in den ältesten und einflussreichsten Dichtungen der abendländischen Literatur, der Odyssee – lehrt uns viel über funktionierendes und auch fehlerhaftes Risiko- und Chancenmanagement. Kassandra war durch ihre hellseherischen Fähigkeiten die perfekte Risikomanagerin; allerdings fehlte bei den Bürgern Trojas eine gelebte Risikokultur. Sie glaubten schlicht und einfach den Risikoanalysen von Kassandra nicht.[4] Auch in der heutigen Praxis ist es wichtig, dass ein Risikomanagement (und viele weitere präventive Systeme, wie Compliancemanagement oder Qualitätsmanagement) auf einer gelebten Risiko- und Fehlerkultur basiert. Wenn diese nicht existiert, ist Risikomanagement nicht wirksam.

---

3 Vgl. hierzu vertiefend *Romeike*, Risikomanagement, 2018, S. 13 ff., sowie *Romeike*, Grundlagen des Risikomanagements in der Versicherungsbetriebslehre, in: Romeike/Müller-Reichart, Risikomanagement in Versicherungsunternehmen, 2020, S. 53 ff.

4 Der Gott Apollon, der Kassandra liebte, schenkte ihr die Gabe der Weissagung. Da jedoch Kassandra die Liebe Apollons nicht erwiderte, machte er die Gabe wirkungslos und verdammte sie dazu, dass niemand ihren (richtigen) Prophezeiungen Glauben schenken solle. Und so passierte es dann auch: Kassandra sagte die Zerstörung Trojas voraus und keiner interessierte sich dafür. Die siegestrunkenen Trojaner schenkten ihr kein Gehör und zogen das hölzerne Pferd in ihre Stadt. Daher spricht man auch heute noch von einem „Kassandraruf", wenn eine Warnung ungehört verhallt.

Und wenn Risikomanagement nicht wirksam ist, kann anschließend nur noch ein reaktives und situatives Krisenmanagement die Schmerzen lindern.

Nach dem Sieg über Troja begab Odysseus sich mit seinen zwölf Schiffen auf **8** die Heimreise. Der schlaue Sagenheld und chancen- und risikoorientiert denkende Seefahrer erkannte auf seiner Reise proaktiv und präventiv (er hatte eine gute Sensorik für Frühwarnindikatoren), dass Wasser und Nahrung an Bord langsam knapp wurden. So beschlossen Odysseus und seine Gefährten, auf der (gefährlichen) Insel der Kyklopen (oder auch Zyklopen in deutscher Sprache) zu landen. Die Kyklopen waren einäugige Riesen, die auf der Insel als Schafhirten lebten. Angekommen auf der Insel legte sich Odysseus mit dem größten der Zyklopen, Polyphem, an. Die Konsequenz war der Eintritt eines Risikos, d.h. einer nicht überraschenden Ziel- oder Planabweichung: Er wird postwendend mit seinen Männern in eine Höhle gesperrt. Dort nun beginnt Polyphem, die ersten Männer aus Odysseus' Mannschaft genüsslich zu verspeisen. Doch Odysseus verzagt nicht, sondern stellt sich dem Riesen mit dem Namen „Outis" vor (ein im Deutschen nicht wiederzugebendes Wortspiel, da „Outis" zugleich „Odysseuschen" und „Niemand" bedeutet).

Schließlich kann er ihn (im Sinne einer aktiven Risikosteuerung) in ein Gespräch **9** verwickeln und betrunken machen. Mit einem glühenden Holzpfahl stechen sie dem schnarchenden Polyphem danach das einzige Auge aus. Dieser ruft sofort die anderen Kyklopen mit den Worten „Niemand hat mich geblendet!" zu Hilfe. Doch alle halten ihn für verrückt und kümmern sich nicht weiter um ihn. Am nächsten Morgen rollte der geblendete Riese Polyphem den Stein zur Seite und blieb vor dem Höhleneingang sitzen, um Odysseus und seine Männer bei einem Fluchtversuch zu erwischen. Als nun seine Widder ins Freie traten, tastete er nur deren Rücken ab, während Odysseus und seine Männer sich an deren Bauchfell festklammerten (wieder ein Beispiel für eine präventive Risikosteuerung). Diese weitsichtige Chancen- und Risikobewertung und präventive Risikosteuerung rettete ihnen das Leben. So zog Odysseus weiter zur Insel der Sirenen. Auch hier beweist er, dass er ein erfolgreicher und präventiv agierender Chancen- und Risikomanager ist.

Als er seine Fahrt vorbei an den liebreizenden aber zugleich gefährlichen Sire- **10** nen plante, befolgte er den Rat der Zauberin Kirke. Die schlug ihm und seinen Männern eine Art „Verhaltenskodex" (heute würden Unternehmen von einem „Code of Conduct" sprechen) vor, um mit seinem Schiff die gefürchteten Sirenen zu passieren.

Die Chancen auf ein weiteres Leben wahrend und die Risiken des Getötet wer- **11** den minimierend, verstopften sich die Männer die Ohren mit Wachs. Somit konnten diese die betörenden Gesänge der Sirenen nicht hören. Odysseus selbst ließ sich an den Mast des Schiffes binden, damit er den Lockungen der Sirenen nicht erliegen konnte.

Im Grunde handelt es sich bei dem von *Homer* beschriebenen Abenteuer des **12** Odysseus um die Schablone für ein praxisnahes, präventives und effektives Risikomanagement. Im Klartext heißt das: Was uns Odysseus Abenteuer im speziellen Fall lehrt, ist ein Chancen- und Risikomanagement par excellence. Die beste Route wählen. Chancen und Risiken in Abstimmung mit Kirke, als eine Art Analystin fungierend, im Vorfeld abwägen, um die richtigen Schlüsse zu ziehen und vorausschauend zu agieren. Unternehmen und auch politische Akteure könnten aus dieser scheinbar simplen Geschichte rund um den Kapitän sowie Risikomanager Odysseus für das Hier und Jetzt lernen.

13   Die Fähigkeit, Chancen und Gefahren (Risiken) adäquat abzuwägen, ist ein zentraler Erfolgsfaktor des unternehmerischen Erfolgs und staatlichen Handelns. Der Erfolg eines Unternehmens hängt wesentlich von der Qualität der Entscheidungen der Unternehmensführung ab.[5] Gleiches gilt für das politische Handeln, etwa bei der Umsetzung der drei zentrale Funktionen eines Staates für seine Bürger: Sicherheit, Wohlfahrt und Legitimität/Rechtsstaatlichkeit.

14   In diesem Kontext zählt Risikomanagement zu den originären Leitungsaufgaben eines jeden Geschäftsleiters und ist fester Bestandteil einer guten „Corporate Governance", d. h. den Grundsätzen einer „guten" Unternehmensführung, weil jede unternehmerische Tätigkeit direkt mit Unsicherheit und damit den hieraus entstehenden Chancen und Risiken zusammenhängt. Bei jeder unternehmerischen Entscheidung geht es schlussendlich um das Abwägen von Chancen und Risiken. In diesem Kontext spielen vor allem der Risikoappetit sowie die Risikoakzeptanz des Entscheiders im Wechselspiel mit der vorhandenen Risikotragfähigkeit des Unternehmens eine wesentliche Rolle.

II. Abgrenzung des Risiko- und Chancenbegriffs

15   Aufgrund des vielfachen, teils inflationären und zugleich verwirrenden Einsatzes der Begriffe und ihrer Deutungen sowie der höchst unterschiedlichen Definition je nach Sprach- und Kulturraum, ist eine saubere Definition des Risikobegriffs wichtig.

16   Tatsache ist, dass Chancen und Risiken elementare Bestandteile des Unternehmertums darstellen. Die Zahl verschiedenartiger Risikodefinitionen ist umfangreich und konzentriert sich umgangssprachlich zumeist auf die negative Komponente der Nichterreichung eines erwarteten Zielzustandes. „Seit dem 16. Jahrhundert hat sich das Wort Risiko für alle Arten von Gefährdungen eingebürgert. Der Bedeutungsumfang des Risikobegriffs ist sehr weit geworden: Man spricht von wirtschaftlichen Risiken wie von gesundheitlichen, von Misserfolgsrisiken wie vom Unfallrisiko."[6]

---

5 Vgl. hierzu vertiefend *Romeike/Hager*, Erfolgsfaktor Risikomanagement 4.0: Methoden, Beispiele, Checklisten – Praxishandbuch für Industrie und Handel, 2020, sowie *Gleißner*, Entscheidungsorientiertes Risikomanagement: Risikoanalyse, risikogerechte Bewertung und wertorientiertes Management, Risiko Manager 1/2019, 28–35.

6 Vgl. *Karten*, Existenzrisiken der Gesellschaft – Herausforderungen für die Assekuranz, ZVersWiss 3/1988, 347.

Ethymologisch kann der Begriff Risiko zum einen auf rhiza (griechisch = Wur- **17**
zel, Klippe) zurückverfolgt werden; siehe auch: risc (arabisch = Schicksal). Auf
der anderen Seite steht der Begriff Risiko für das lateinische Wort „ris(i)co", die
Klippe, die es zu umschiffen gilt. Jedoch ist der Ursprung des Begriffs bis heute
nicht eindeutig geklärt. Während der „Duden" das Wort über das vulgärlateinische, nicht belegte „risicare" (resecare, Gefahr laufen, wagen) auf das altgriechi-
sche Wort für Wurzel (ρίζα, rhíza), zurückführt, nennt das Etymologische Wör-
terbuch der deutschen Sprache als etymologischen Hintergrund nur das
lateinische bzw. vulgärlateinische „resicum", „riscum", „riscus" (Felsklippe),
der zur Gefahr für Schiffe werden kann.

Der deutsche Begriff des Risikos wird umgangssprachlich verstanden als ein **18**
möglicher negativer Ausgang bei einer Unternehmung – mit möglichen Nachteilen, Verlusten oder Schäden. Von Risiken spricht man nur, wenn die Folgen ungewiss sind. Eine genauere Definition von Risiken sieht diese aus der Unvorhersehbarkeit der Zukunft resultierenden, durch „zufällige" Störungen verursachten
Möglichkeiten, von geplanten Zielwerten abzuweichen.

Im chinesischen Schriftzeichen für Risiko »Wei-ji« (vgl. Abbildung 1) beispiels- **19**
weise sind die beiden Zeichenbestandteile für Chance und Gefahr enthalten, womit auch die positive Abweichung eines erwarteten Zielzustandes unter den Risikobegriff fällt.[7]

Abbildung 1: Das chinesische Schriftzeichen für Risiko[8]

In einer modernen Definition sind Risiken die aus der Unvorhersehbarkeit der Zu- **20**
kunft resultierenden, durch „zufällige" Störungen verursachten Möglichkeiten,
von geplanten Zielwerten abzuweichen. Risiken können daher auch als „Streuung" um einen Erwartungs- oder Zielwert betrachtet werden (vgl. Abbildung 2).[9]

---

7 Vgl. Bayerische Rück, Gesellschaft und Unsicherheit, 1987, S. 7.
8 Quelle: Eigene Abbildung.
9 Vgl. *Gleißner/Romeike*, Risikomanagement – Umsetzung, Werkzeuge, Risikobewertung,
   2005, S. 27.

21 Risiken sind immer nur in direktem Zusammenhang mit der Planung bzw. den definierten Zielen eines Unternehmens, Projekts etc. zu interpretieren. Mögliche Abweichungen von den geplanten Zielen stellen Risiken dar – und zwar sowohl negative („Gefahren") wie auch positive Abweichungen („Chancen").

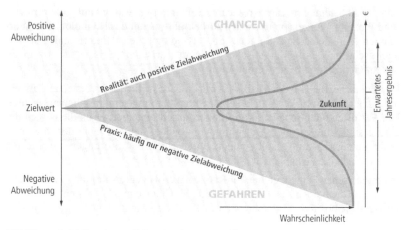

Abbildung 2: Risiko als mögliche Planabweichung[10]

22 Analog bezeichnet auch der entscheidungstheoretische Risikobegriff durch das Konstrukt der Standardabweichung (Maß für die Streuung der Wahrscheinlichkeitsdichte um ihren Schwerpunkt) die positiven wie auch negativen Zielabweichungen von einem Erwartungswert. Dieser entscheidungsorientierte Risikobegriff berücksichtigt zudem, dass alle menschlichen Tätigkeiten auf Entscheidungen beruhen, die oft unter unvollkommener Information (= Ungewissheit oder Unsicherheit im engeren Sinne[11]) über die Auswirkungen in der Zukunft getroffen werden, womit Informationsdefizite das Risiko vergrößern und zu ungünstigen Abweichungen zwischen Plan und Realisierung führen können.

23 Risiken sind klar von Entscheidungen unter Sicherheit abzugrenzen. Bei Entscheidungen unter Sicherheit fehlt das Charakteristikum der „Zufälligkeit", da ein Ereignis sicher eintritt. Die Eintrittswahrscheinlichkeit dieses Ereignisses p beträgt somit 100 %. Risikomanagement konzentriert sich daher auf Entscheidungen unter Risiko sowie Entscheidungen unter Unsicherheit. Als Unsicherheit bezeichnet man einen bewusst wahrgenommenen Mangel an Sicherheit oder an Reliabilität und Validität. Bei Entscheidungen unter Unsicherheit sind die möglichen Szenarien mit ihren Auswirkungen nicht oder nicht vollständig bekannt; auch können für die Szenarien keine festen Eintrittswahrscheinlichkeiten angegeben werden.

---

10 Quelle: *Romeike*, Risikomanagement, 2018, S. 9.
11 Vgl. *Laux*, Entscheidungstheorie, 1995, S. 24 ff.

III. Nutzen eines wirksamen Chancen- und Risikomanagements

Es ist eine primäre Aufgabe des Risikomanagements, „Überraschungen" auf der   24
„Reise zum Ziel" sowie die Streuung bzw. die Schwankungsbreite von Gewinn und Cashflow zu reduzieren und so Verluste und mögliche „bestandsgefährdende Entwicklungen" (Krisen) zu vermeiden. Dies führt zu folgenden Vorteilen für ein Unternehmen:[12]

– Die Reduzierung der Schwankungen erhöht die Planbarkeit und Steuerbarkeit eines Unternehmens, was einen positiven Nebeneffekt auf das erwartete Ertragsniveau hat.
– Eine prognostizierbare Entwicklung der Zahlungsströme reduziert die Wahrscheinlichkeit, unerwartet auf teure externe Finanzierungsquellen zurückgreifen zu müssen und sichert den Spielraum für Investitionen.
– Eine Verminderung der risikobedingten Schwankungsbreite der zukünftigen Zahlungsströme senkt die Kapitalkosten und wirkt sich positiv auf den Unternehmenswert aus.
– Eine stabile Gewinnentwicklung mit einer hohen Wahrscheinlichkeit für eine ausreichende Kapitaldienstfähigkeit ist im Interesse der Fremdkapitalgeber, was sich in einem guten und stabilen Rating, einem vergleichsweise hohen Finanzierungsrahmen und günstigen Kreditkonditionen widerspiegelt.
– Eine stabile Gewinnentwicklung reduziert die Wahrscheinlichkeit einer Insolvenz und damit den Erwartungswert der Konkurskosten.
– Eine stabile Gewinnentwicklung sowie eine niedrigere Insolvenzwahrscheinlichkeit sind im Interesse von Arbeitnehmern, Kunden und Lieferanten, was es erleichtert, qualifizierte Mitarbeiter zu gewinnen und langfristige Beziehungen zu Kunden und Lieferanten aufzubauen.
– Bei einem progressiven Steuertarif haben zudem Unternehmen mit schwankenden Gewinnen Nachteile gegenüber Unternehmen mit kontinuierlicher Gewinnentwicklung.
– Eine prognostizierbare Entwicklung des Cashflows reduziert die Wahrscheinlichkeit, unerwartet auf teure externe Finanzierungsquellen zurückgreifen zu müssen oder ökonomisch sinnvolle Investitionen nicht durchführen zu können.
– Risikomanagement bietet insgesamt vor allem eine Erhöhung der Planungssicherheit durch eine Reduktion potenzieller Überraschungen und eine nachhaltige Steigerung des Unternehmenswerts (wertorientierte Steuerung).
– Reduzierung des persönlichen Haftungsrisikos für Organmitglieder (siehe Business Judgement Rule).[13]

---

12 Vgl. *Gleißner/Romeike*, Risikomanagement – Umsetzung, Werkzeuge, Risikobewertung, 2005, S. 28, sowie *Romeike/Hager*, Erfolgsfaktor Risikomanagement 3.0: Lessons learned, Methoden, Checklisten und Implementierung, 2013, S. 85 ff.
13 Vgl. vertiefend *Hartmann/Romeike*, Business Judgement Rule, FIRM Jahrbuch 2015, S. 157–160. Zur Business Judgement Rule siehe vertiefend *Schulz*, Kap. 1, Rn. 49, *Jacobs*, Kap. 12, Rn. 9 sowie *Bensinger*, Kap. 13, Rn. 27.

IV. Unterscheidung von Ursachen – Risiken – Wirkungen

25   Für die Beschreibung von Risiken – definiert als potenzielle Ziel- bzw. Planabweichungen – ist es wichtig, dass trennscharf zwischen Ursachen, Risiken und Wirkungen unterschieden wird.

26   Die Bow-Tow-Analyse ist eine grafische Darstellungsform und Methode, die eine logische Beziehung zwischen den Ursachen (causes) und Wirkungen (effects) eines Ereignisses, beispielsweise eines Risikos, darstellt. Die Ursachen, Ereignisse/Risken und Wirkungen werden übersichtlich in einem Bow-Tie-Diagramm dargestellt und bilden damit eine Grundlage für eine transparente und leicht verständliche Risikokommunikation und die Definition von präventiven und reaktiven Maßnahmen zur Risikosteuerung.

27   Bereits in den frühen neunziger Jahren übernahm die Royal Dutch Shell Group die Bow-Tie-Analyse als Methode und Unternehmensstandard für die Analyse und das Management von Risiken. Später übernahmen weitere Unternehmen aus der Öl- und Gasindustrie sowie aus der Luftfahrtindustrie, dem Schienenverkehr, der Schifffahrt, im Chemie- und Gesundheitswesen sowie Banken und Versicherungen die Bow-Tie-Analyse als Standard zur Strukturierung und Analyse von Risiken.[14] Wenn (quantitative) Daten zu Ursachen und Wirkungen verfügbar sind, kann die Bow-tie Analysis auch zur Risikobewertung genutzt werden.

28   Da ein Risiko in der Regel eine Vielzahl von Ursachen, aber auch Wirkungen aufweist, hat das Diagramm die Form einer Fliege (oder einer Krawattenschleife; im Englischen „bow tie“, siehe Abbildung 3). Teilweise wird das Bow-Tie-Diagramm auch als „Schmetterlingsdiagramm“ bezeichnet.

29   Die Bow-tie-Analyse hat sich zeitlich auf der Basis vier früheren Methoden entwickelt. Diese sind:[15]

   – die Fehlerbaumanalyse (Fault Tree Analysis, FTA);
   – die Ereignisbaumanalyse (Event Tree Analysis, ETA);
   – Ursache-Wirkungs-Diagramme (Cause and Effect Diagram, Fishbone Diagram)
   – sowie der Barrier Analysis.

---

14 Vgl. hierzu *Romeike*, Risikomanagement, 2018, S. 74 ff., sowie *Romeike*, Bow-Tie-Analyse, GRC aktuell 01/2019, 39–44.
15 Vgl. *de Ruijter/Guldenmund*, The bowtie method: A review, Safety Science 88/2016, 211–218, sowie *Romeike/Spitzner*, Einsatz von Simulationsmethoden im Logistik-Risikomanagement, in: Huth/Romeike (Hrsg.), Risikomanagement in der Logistik, 2016, S. 127–158.

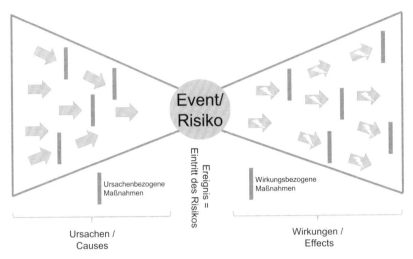

Abbildung 3: Unterscheidung von Ursachen, Risiken und Wirkungen in einem Bow-Tie-Diagramm[16]

Es existieren verschiedene Variationen der Bow-tie-Analyse, die davon abhän- **30** gen, zu welchem Zweck die Analyse genutzt werden soll (Risikoidentifikation, Risikobewertung, Risikokommunikation) und aus welchen konkreten Elementen das Diagramm besteht bzw. welche Methoden angewandt werden.

Eine fundierte und detaillierte Analyse der Ursachen ist vor dem Hintergrund **31** wichtig, dass Maßnahmen zunächst an den Ursachen ansetzen sollten („Vorbeugen ist besser als heilen"), um den Risikoeintritt durch präventive Maßnahmen (etwa im Bereich von organisatorischen Maßnahmen bzw. einer gelebten Risikokultur) zu verhindern. Dies wird selbstverständlich nicht bei allen potenziellen Risiken möglich bzw. betriebswirtschaftlich sinnvoll sein.

Die Kritikalität eines Risikos kann erst über die Wirkungsmechanismen beurteilt **32** werden. So ist es denkbar, dass eine kleine Ursache (scheinbar harmlose „Softwaremanipulation") zu einer extremen Wirkung führt (Schadensersatzforderungen, strafrechtliche Konsequenzen, Reputationsverlust, Insolvenzrisiko steigt, Ratingeinstufung sinkt, Fremdkapitalkosten steigen etc.). Die Kritikalität eines Szenarios lässt sich beispielsweise nach einer Bewertung der Wirkung bei Risikoeintritt auf das Betriebsergebnis oder die Risikotragfähigkeit beurteilen. Wenn die Risikotragfähigkeit bei einem potenziellen Risikoszenario nicht ausreicht, um die Verluste zu tragen, kann von einem existenzbedrohenden Risiko gesprochen werden.

---

16 Quelle: *Romeike*, Risikomanagement, 2018, S. 75.

33 In Abbildung 4 ist die Unterscheidung zwischen Ursachen, Risiken und Wirkungen beispielhaft wiedergegeben. Alle skizzierten Risiken weisen eine hohe Kritikalität auf. Allerdings können die Risiken 1 und 3 mit Maßnahmen präventiv oder zumindest reaktiv beeinflusst werden.

Nr.	Cause	Risk	Effect	Criticality 1|2|3|4|5	Ability to Act 1|2|3|4|5
1	Sturm deckt das Dach der Produktion teilweise ab (keine sturmsichere Konstruktion)	Betriebsunterbrechung in Produktshalle C.	• Reparaturkosten • Produktionsstillstand während Reparatur • Schadensersatz von Kunden Z		★
2	Cyberangriff auf zentrales ERP-System	Stillstand des Bestellsystems (Verfügbarkeit) und Wiederherstellung des ERP-Systems, Datenverlust	• Keine fristgerechte Lieferung mehr möglich • Schadensersatz von Kunden W • Reputationsverlust / Verlust Großauftrag • Zusätzliche Personalkosten durch personellen Mehraufwand		★
3	Entwicklungsfehler Dieseleinspritzpumpe durch verunreinigtes Teflon	Ausfall Dieseleinspritzpumpe und Kundenrückruf	• Austausch aller Dieseleinspritzpumpen (> 1,7 Mio. Stück) • Rückrufkosten • Kosten für Austausch der Pumpen • Kosten für neue Produktion • Reputationsschaden • Schadensersatzforderung von Kunden Y		★
4					
5					
Weitere ...					

1 = uncritical ↓ 5 = highly critical   ★ 1 = high ability to mitigate risk ↓ 5 = risk acceptance

Abbildung 4: Beispiel für Unterscheidung von Ursachen, Risiken und Wirkungen[17]

V. Verknüpfung von Risikomanagement und Strategie

34 Abbildung 5 verdeutlicht, dass eine flankierende Risikostrategie bzw. ein Risikomanagement Unternehmen dabei unterstützt, möglichst auf der Idealroute das definierte Ziel zu erreichen. Damit wird deutlich, dass Risikomanagement immer entscheidungsorientiert – unter Berücksichtigung der Unternehmensstrategie – ausgerichtet sein muss.[18] Die Praxis zeigt, dass Unternehmen durch Risikoeintritte oft die Idealroute verlassen müssen, da sie zuvor keine präventiven Maßnahmen definiert haben (siehe beispielsweise die Auswirkungen auf die Wertschöpfungsketten in der Folge der SARS-CoV-2-/COVID-19-Pandemie). Die flankierende Risikostrategie sowie ein adäquates Risikomanagement stellen Werkzeuge zur Verfügung, damit Unternehmen möglichst auf der Idealroute zum definierten Ziel gelangen.

---

17 Quelle: Eigene Abbildung.
18 Vgl. vertiefend *Gleißner/Romeike*, Entscheidungsorientiertes Risikomanagement nach DIIR RS Nr. 2, Der Aufsichtsrat 4/2020, 55–57 sowie *Romeike/Hager*, Erfolgsfaktor Risikomanagement 4.0: Methoden, Beispiele, Checklisten – Praxishandbuch für Industrie und Handel, 2020, S. 81 ff.

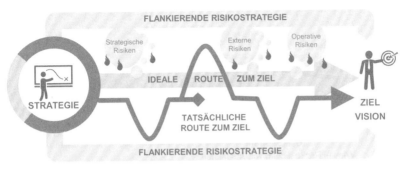

Abbildung 5: Mehrwert eines Risikomanagements[19]

So wird beispielsweise in Versicherungsunternehmen die Verknüpfung von Risi-   **35**
komanagement und Strategie auch seitens des Gesetzgebers in § 26 Versiche-
rungsaufsichtsgesetz (VAG) unter der Überschrift „Risikomanagement" gefordert: „(1) [...] Das Risikomanagementsystem muss die Strategien, Prozesse und
internen Meldeverfahren umfassen, die erforderlich sind, um Risiken, denen das
Unternehmen tatsächlich oder möglicherweise ausgesetzt ist, zu identifizieren,
zu bewerten, zu überwachen und zu steuern sowie aussagefähig über diese Risiken zu berichten. [...]

(2) Zu den zu entwickelnden Strategien zählt insbesondere eine auf die Steue-   **36**
rung des Unternehmens abgestimmte Risikostrategie, die Art, Umfang und
Komplexität des betriebenen Geschäfts und der mit ihm verbundenen Risiken
berücksichtigt."[20]

Die Notwendigkeit einer definierten Risikostrategie für ein wirksames Risiko-   **37**
management lässt sich direkt auch auf Unternehmen aller anderen Branchen
übertragen.

Die relevanten Fragestellungen, die in einer Risikostrategie beantwortet werden   **38**
sollten, sind in Abbildung 6 in einer kompakten Form wiedergegeben.[21]

---

19 Quelle: Eigene Abbildung in Anlehnung an *Romeike*, Risikomanagement, 2018, S. 35.
20 Vgl. hierzu vertiefend *Korte/Romeike*, MaRisk VA erfolgreich umsetzen: Praxisleitfaden für
    das Risikomanagement in Versicherungen, 2010, S. 51 ff.; analoge Regelungen gelten in der
    Bankenregulierung.
21 Der detaillierte Prozess zur Definition einer Risikostrategie ist definiert in: *Romeike*, Grund-
    lagen des Risikomanagements in der Versicherungsbetriebslehre, in: Romeike/Müller-Reich-
    art, Risikomanagement in Versicherungsunternehmen, 2020, S. 71 ff.

Abbildung 6: Fragestellungen im Kontext Risikostrategie[22]

VI. Der Risikomanagement-Prozess als Regelkreis

39 Ein Risikomanagement-System besteht aus verschiedenen Elementen. Exemplarisch werden nachfolgend die Komponenten basierend auf dem internationalen Standard COSO ERM (2017) beschrieben. Ein wesentliches Element eines Risikomanagement-Systems ist der Regelkreis des Risikomanagement-Prozesses, auf den später im Detail eingegangen wird.

40 COSO ERM (2017) basiert auf fünf Komponenten:

- **Risiko-Governance und -Kultur (Risk Governance and Culture):** Risk Governance und Kultur bilden zusammengenommen die Grundlage für alle anderen Komponenten des unternehmensweiten Risikomanagements. Risk Governance definiert die Risikostrategie, unterstützt die Relevanz und legt die Verantwortlichkeiten für das Risikomanagement im Unternehmen fest. Risikokultur bezieht sich auf ethische Werte, gewünschte Verhaltensweisen und das Verständnis von Risikomanagement in der Organisation. Risikokultur spiegelt sich hierbei auch im Entscheidungsprozess wider.
- **Risiko, Strategie und Zielsetzung (Risk, Strategy, and Objective-Setting):** Das Risikomanagement im Unternehmen ist durch den Prozess der Festlegung von Strategie und Geschäftszielen in die strategische Planung integriert. Nur mit einem klar definierten Fokus auf die definierte Strategie und die definierten strategischen Ziele ist es möglich, die internen und externen Risikofakto-

---

22 Quelle: Eigene Abbildung.

ren sowie deren Wirkungen auf das Unternehmen zu analysieren. Ein Unternehmen muss den Risikoappetit bzw. die Risikoakzeptanz im Kontext der definierten Strategie definieren. Die Unternehmensziele ermöglichen die Umsetzung der Strategie und definieren die Prioritäten des Unternehmens.

– **Risikomanagement-Prozess (Risk in Execution):** Ein Unternehmen identifiziert und bewertet Risiken, die auf die definierte Strategie sowie die festgelegten Ziele des Unternehmens einen negativen/positive Einfluss haben. Das Unternehmen priorisiert die Risiken nach ihrer Relevanz und Kritikalität und unter Berücksichtigung des definierten Risikoappetits bzw. Risikoakzeptanz. Das Unternehmen definiert anschließend mögliche Maßnahmen zur Risikosteuerung (sofern möglich) oder akzeptiert das Risiko. Auf diese Weise entwickelt sie eine Portfoliobetrachtung der Risiken (und ggf. Chancen), die das Unternehmen bei der Verfolgung seiner Strategie und seiner Geschäftsziele eingegangen ist.

– **Risikoinformationen, Kommunikation und Berichterstattung (Risk Information, Communication, and Reporting):** Kommunikation ist der kontinuierliche, iterative Prozess der Informationsbeschaffung und -weitergabe in der gesamten Organisation. Das Management verwendet relevante und wichtige Informationen aus internen und externen Quellen, um das Risikomanagement im Unternehmen zu unterstützen. Das Unternehmen verwendet (auch softwarebasierte) Informationssysteme zur Erfassung, Verarbeitung und Verwaltung von Daten und Informationen.

– **Überwachung der Leistungsfähigkeit des Risikomanagements im Unternehmen (Monitoring Enterprise Risk Management Performance):** Durch die Überwachung der Performance des unternehmensweiten Risikomanagements kann ein Unternehmen analysieren, wie wirksam das Risikomanagements tatsächlich ist und ob es einen Mehrwert stiftet.

Ein Risikomanagement-Prozess funktioniert ähnlich dem menschlichen Organismus oder anderer Netzwerkstrukturen in der Natur. In einem menschlichen Organismus arbeiten Gehirn, Herz und Nervensystem zusammen.[23] Übertragen auf den Prozess des Risikomanagements bedeutet dies, dass verschiedene Sensoren und Sinne (etwa Auge, Ohr, oder Nerven) die Risiken aufnehmen und sie an eine zentrale Stelle weiterleiten (Gehirn bzw. Risikomanager). Und insgesamt entscheidet die strategische Ausrichtung des Systems (Unternehmens) über das Risikoverständnis. In diesem Zusammenhang ist es wichtig, Risikomanagements immer im Kontext der Geschäftsstrategie zu betrachten. **41**

Die strategische Dimension des Risikomanagement bildet die Basis sowie integrative Klammer und das Fundament des gesamten Risikomanagement-Prozesses (vgl. Abbildung 7). Dies beinhaltet vor allem die Formulierung von Risikomanagement-Zielen in Form einer Risikostrategie (vgl. Abbildung 6). Diese muss eine direkte Verbindung zur definierten Unternehmensstrategie herstellen, **42**

---

23 Vgl. *Romeike/Hager*, Erfolgsfaktor Risikomanagement 3.0: Lessons learned, Methoden, Checklisten und Implementierung, 2013, S. 94 ff.

d.h. die relevanten Risiken sollten aus den strategischen Unternehmenszielen abgeleitet werden („Welche Risiken gefährden beispielsweise die Erfolgspotenziale des Unternehmens?").

43 Risiken effizient zu steuern, zu kontrollieren sowie Chancen zu erkennen und zu nutzen, gehört zur unternehmerischen Kerntätigkeit jedes Unternehmens. Trotzdem ist die Bereitschaft der Unternehmen, Risiken einzugehen, sehr unterschiedlich und abhängig von den Eigentumsverhältnissen, der Liquidität und auch der persönlichen Risikoneigung der Unternehmensleitung bzw. der Eigentümer.

44 Das operative Risikomanagement beinhaltet den Prozess der systematischen und laufenden Risikoanalyse der Geschäftsabläufe. Ziel der Risikoidentifikation ist die frühzeitige Erkennung von potenziellen Ziel- und Planabweichungen, das heißt die möglichst vollständige Erfassung aller Risikoquellen, Schadensursachen und Störpotenzialen (Ursachen im Bow-Tie-Diagramm, vgl. Abbildung 3). Für einen effizienten Risikomanagement-Prozess kommt es darauf an, dass dieser als kontinuierlicher Prozess – im Sinne eines Regelkreises – in die Unternehmensprozesse integriert wird.

45 Die Informationsbeschaffung ist die schwierigste Phase im gesamten Prozess und eine Schlüsselfunktion des Risikomanagements, da dieser Prozessschritt die Informationsbasis für alle nachfolgenden Phasen liefert – schließlich können nur Risiken bewertet und gesteuert werden, die auch erkannt wurden.

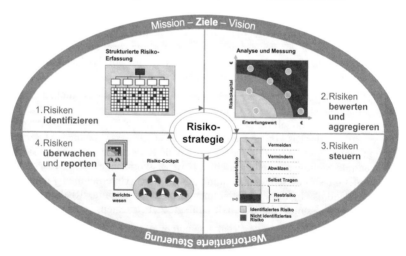

Abbildung 7: Der Risikomanagement-Prozess als Regelkreis[24]

---

24 Quelle: *Romeike/Hager*, Erfolgsfaktor Risikomanagement 3.0: Lessons learned, Methoden, Checklisten und Implementierung, 2013, S. 102, sowie *Romeike*, Risikomanagement, 2018, S. 38.

In der Prozessphase der Risikoidentifikation erfolgt   **46**

- eine möglichst konsistente Erfassung sämtlicher Risiken, Risikotreiber (Ursachen), Wirkungen und Risikobezugsgrößen;
- eine Dokumentation der Risikoursachen und Risikowirkungen;
- eine Definition er Wesentlichkeitsgrenzen zur Risikoanalyse.

In der Prozessphase der Bewertung erfolgt   **47**

- eine (vor allem quantitative) Bewertung der in der Prozessphase der Identifikation dokumentierten Risiken mit Hilfc geeigneter Methoden;
- die Festlegung des Bewertungszeithorizonts in Übereinstimmung mit dem unternehmensindividuellen Planungshorizont;
- die Bewertung mit Hilfe geeigneter Verteilungsfunktionen (bspw. Häufigkeiten und Schadensszenarien);
- eine Aggregation aller Risiken – unter Berücksichtigung evtl. Abhängigkeiten.

In der Prozessphase der Risikosteuerung   **48**

- erfolgt die Definition von geeigneten präventiven und reaktiven Maßnahmen zur Risikosteuerung (beispielsweise Risikovermeidung, Risikoverminderung, Risikotransfer oder Risikotragung) durch die „Risk Owner", in der Regel also die operativen Geschäftsbereiche.

In der Prozessphase der Risikoüberwachung und -reporting   **49**

- erfolgt die kontinuierliche Überwachung der identifizierten und bewerteten Risiken durch die unabhängige Risikocontrolling-, Risikomanagementfunktion bzw. durch die Risk Owner.

Der Werkzeugkasten des Risikomanagers bietet eine große Vielfalt an Methoden   **50**
und Analysemethoden zur Identifikation und Bewertung von Risiken. Die Auswahl der Werkzeuge und Methode wird primär von den verfügbaren Daten der einzelnen Risiken determiniert.

VII. Methoden zur Risikoidentifikation und -bewertung

Für die Identifikation und Bewertung von Risiken eignen sich unterschiedliche **51**
Methoden, die nachfolgend überblicksartig beschrieben werden:[25]

- **Risiken aus der Strategie sowie den strategischen Zielen ableiten:** Im Kontext der strategischen Unternehmensplanung muss sich ein Unternehmen über seine maßgeblichen Erfolgspotenziale (Kernkompetenzen, interne Stärken und für den Kunden wahrnehmbare Wettbewerbsvorteile) Klarheit verschaffen. Die wichtigen „strategischen Risiken" lassen sich identifizieren, indem

---

25 Einen umfassenden Überblick über diverse Methoden zur Identifikation und Bewertung von Risiken bietet: *Romeike*, Risikomanagement, 2018, sowie *Romeike/Hager*, Erfolgsfaktor Risikomanagement 4.0: Methoden, Beispiele, Checklisten – Praxishandbuch für Industrie und Handel, 2020.

die für das Unternehmen wichtigsten Erfolgspotenziale systematisch dahingehend untersucht werden, welchen Bedrohungen diese ausgesetzt sind. Hierfür eignet sich beispielsweise eine SWOT-Analyse oder eine deterministische/stochastische Szenarioanalyse oder auch die Flip-Flop-Technik.

– **Risiken abgeleitet aus der operativen Planung und Budgetierung (Controlling):** Im Rahmen der Unternehmensplanung oder Budgetierung werden bestimmte Annahmen getroffen (beispielsweise bezüglich Konjunktur, Wechselkursen und Umsatzentwicklungen in der Folge von Vertriebsaktivitäten). Alle unsicheren Planannahmen sind direkt mit einem Risiko bzw. einer Chance verbunden, weil hier potenzielle Planabweichungen (negativ oder positiv) auftreten können. Hierfür eignet sich die stochastische Szenarioanalyse in Form einer Bandbreitenplanung.[26]

– **Risk-Assessment-Workshops zu leistungswirtschaftlichen Risiken:** Bestimmte Risikoarten lassen sich am besten im Rahmen eines Workshops – unterstützt durch Kreativitätsmethoden – erfassen. Hierzu gehören insbesondere die Risiken aus den Leistungserstellungsprozessen (operative Risiken), rechtliche (Compliance-Risiken) und politische/regulatorische Risiken sowie Risiken aus Unterstützungsprozessen (beispielsweise Informationstechnologie). Bei operativen Risiken der Wertschöpfungsketten bietet es sich beispielsweise an, diese Arbeitsprozesse zunächst (einschließlich der wesentlichen Schnittstellen) zu beschreiben und anschließend Schritt für Schritt zu überprüfen, durch welche Risiken eine Abweichung des tatsächlichen vom geplanten Prozessablauf eintreten kann.

52 Die Qualität der Ergebnisse aus dem Prozessschritt der Risikoidentifikation und Risikobewertung liefert die Grundlage für die Aggregation der Risiken sowie der Steuerung der Risiken. Wenn bei der Risikoidentifikation und -bewertung – zum Beispiel aufgrund einer schwachen methodischen Fundierung, zu oberflächlicher Analyse oder anderen Gründen – Fehler gemacht werden, wirken sich diese Fehler unweigerlich auf die Priorisierung von Risiken sowie die Entwicklung und Anwendung von Maßnahmen zur Risikosteuerung aus. Risiken, deren Bedeutung unterschätzt wird oder die gar „übersehen" werden (das heißt, die bei der Identifizierung nicht erkannt werden), können zu gravierenden „Kettenreaktionen" und Folgeschäden führen.[27]

53 Aus diesem Grund ist es von besonderer Bedeutung, dass Risikomanager den „Werkzeugkoffer" für Risikoidentifikation, -analyse und -bewertung kennen und zielgerichtet einsetzen können.

---

26 Vgl. vertiefend *Romeike/Stallinger*, Bandbreiten- bzw. Korridorplanung – Integration von Risikomanagement und Unternehmensplanung, RC&A 06/2012, 12–21.

27 Vgl. hierzu *Romeike*, Risikomanagement, 2018, S. 55 ff. Das Buch liefert eine detaillierte Übersicht über Methoden zur Identifikation, Bewertung und Steuerung von Risiken.

Kollektionsmethoden	Suchmethoden	
	Analytische Methoden	*Kreativitätsmethoden*
• Checkliste • Schadenfall-Datenbank • SWOT-Analyse • (Control-) Self-Assessment • Risiko-Identifikations-Matrix (RIM) • Interview, Befragung	• Bow tie analysis • Empirische Datenanalyse • Fehlerbaumanalyse (Fault tree analysis) • Fehlermöglichkeits- und Einflussanalyse (FMEA) • Hazard and operability studies (HAZOP) • Hazard Analysis and Critical Control Points (HACCP) • Business impact analysis • Root cause analysis (Fehler-Ursachen-Analyse) • Ereignis-Baumanalyse (Event tree analysis, siehe Ishikawa-Diagramm) • Cause and consequence analysis • Cause-and-effect analysis • Markov analysis / Bayesian statistics • Social Network Analysis	• Morphologische Verfahren • Brainstorming • Brainwriting • Methode 635 • Brainwriting Pool • Mind Mapping • KJ-Methode • Flip-Flop-Technik (Kopfstandtechnik) • Bisoziation • World-Café • Delphi-Methode • Business Wargaming • Deterministische Szenarioanalyse • Stochastische Szenarioanalyse • System Dynamics
Vorwiegend geeignet zur Identifikation bestehender und offensichtlicher Risiken	**Vorwiegend geeignet zur Identifikation zukünftiger und bisher unbekannter Risikopotentiale (<u>pro</u>aktives Risikomanagement)**	

Abbildung 8: Werkzeuge und Methoden zur Risikoidentifikation und Risikobewertung[28]

Die Methoden zur Risikoidentifikation, Risikoanalyse und Risikobewertung las-   **54**
sen sich in Kollektionsmethoden sowie Suchmethoden unterteilen (vgl. Abbildung 8).

Kollektionsmethoden sind vornehmlich für Risiken geeignet, die offensichtlich   **55**
oder bereits bekannt sind (beispielsweise aufgrund einer bereits in der Vergangenheit durchgeführten Risikoidentifikation). In der Praxis erfolgt die Identifikation von Risiken recht häufig (insbesondere bei einem niedrigen Reifegrad) unter Verwendung von Checklisten.

Suchmethoden dagegen lassen sich vor allem für bisher unbekannte Risiken ein-   **56**
setzen. Die Suchmethoden können in analytische Methoden und Kreativitätsmethoden klassifiziert werden.[29]

Alle analytischen Suchverfahren sind darauf fokussiert, zukünftige und bisher   **57**
unbekannte Risikopotenziale zu identifizieren. Einige analytische Suchverfahren wurden ursprünglich für die Risikoanalyse im Qualitätsmanagement entwickelt. Da die Prozessstruktur und Methodik des Risikomanagements einige Parallelen zum Qualitätsmanagement (bei dem im Kern Qualitätsrisiken identifiziert, bewertet und gesteuert werden) aufweist, liegt es nahe, etablierte Methoden auch auf den Risikoidentifikationsprozess für andere Risikoarten zu übertragen.

---

28 Quelle: *Romeike*, Risikomanagement, 2018, S. 56, sowie *Romeike*, Toolbox – Reifegrade definieren Methoden, GRC aktuell 01/2018, 41–45.

29 Vgl. hierzu *Romeike*, Risikomanagement, 2018, S. 55 ff.

58 Kreativitätsmethoden hingegen basieren auf kreativen Prozessen, die durch divergentes Denken charakterisiert sind, um relativ flüssig und flexibel zu neuartigen Einfällen und originellen Lösungen zu gelangen. Kreativitätstechniken lassen – im Gegensatz zum rationalen und strukturierten Denken – das Denken chaotisch werden und ermöglichen so vor allem die Identifikation bisher unbekannter Risikopotenziale.

59 Auf die den Einsatzzweck, den Input bzw. Datenbedarf, den Output, den zeitlichen Aufwand für den Methodeneinsatz sowie die Stärken und Grenzen der einzelnen Methoden wird in diesem Beitrag nicht explizit eingegangen. Hier sei auf die weiterführende Literatur verwiesen.[30]

60 Um den Risikogehalt eines einzelnen Risikos zu quantifizieren, das heißt, um Risiken in Zahlenwerten abzubilden, eignen sich Risikomaße. Darunter versteht man Kennzahlen, die den Risikogehalt einer Position oder Variablen einen numerischen Wert zuordnen und damit eine Vergleichbarkeit von Handlungsalternativen hinsichtlich ihres Risikogehalts ermöglichen. Im mathematischen Sinne ist ein Risikomaß eine Abbildung der Zufallsvariable auf reelle Zahlen. Dazu zählen Lage- und Streuungsparameter sowie Zusammenhangsmaße.[31]

VIII. Aggregation von Risiken

61 Eine wesentliche Zielsetzung des Risikomanagements – mit Hilfe der Methoden der Risikoaggregation – ist die Bestimmung der Gesamtrisikoposition des Unternehmens sowie eine Ermittlung der relativen Bedeutung der Einzelrisiken unter Berücksichtigung von Wechselwirkungen bzw. Abhängigkeiten (beispielsweise abgebildet mit Hilfe von Korrelationen, Kausalbeziehungen oder Copulae[32]) zwischen diesen Einzelrisiken.[33]

62 Die Risikoaggregation kann erst durchgeführt werden, wenn die Wirkungen der Risiken unter Berücksichtigung ihrer jeweiligen Eintrittswahrscheinlichkeit bzw. Häufigkeit, ihrer Schadensverteilung (quantitative Auswirkung) sowie ihrer Wechselwirkungen untereinander durch ein geeignetes Verfahren ermittelt werden.

---

30 Vgl. vertiefend vor allem *Romeike*, Risikomanagement, 2018 sowie die Artikel-Serie zu Risikomaßen: *Gleißner*, Risikomaße und Bewertung, Teil 1: Grundlagen – Entscheidungen unter Unsicherheit und Erwartungsnutzentheorie, 2006; *Gleißner*, Risikomaße und Bewertung, Teil 2: Downside-Risikomaße – Risikomaße, Safety-First-Ansätze und Portfoliooptimierung, 2006; *Gleißner*, Risikomaße und Bewertung, Teil 3: Kapitalmarktmodelle – Alternative Risikomaße und Unvollkommenheit des Kapitalmarkts, 2006 und die dort zitierte Spezialliteratur.

31 Vgl. *Nguyen/Romeike*, Versicherungswirtschaftslehre – Grundlagen für Studium und Praxis, 2013, S. 6 f.

32 Vgl. vertiefend *Mai/Scherer*, Simulating Copulas (Stochastic Models, Sampling Algorithms and Applications), 2012.

33 Vgl. *Gleißner/Romeike*, Risikomanagement – Umsetzung, Werkzeuge, Risikobewertung, 2005, S. 31 ff.; *Romeike, /Hager*, Erfolgsfaktor Risikomanagement 3.0: Lessons learned, Methoden, Checklisten und Implementierung, 2013, sowie *Nguyen/Romeike*, Versicherungswirtschaftslehre – Grundlagen für Studium und Praxis, 2013.

Eine Aggregation aller relevanten Risiken ist erforderlich, weil sie auch in der **63**
Realität zusammen auf Gewinn und Eigenkapital wirken. Es ist damit offensichtlich, dass alle Risiken gemeinsam die Risikotragfähigkeit eines Unternehmens belasten (siehe Abbildung 9).

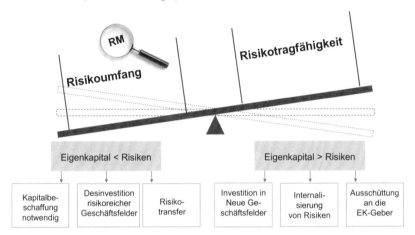

Abbildung 9: Die Gesetzmäßigkeit der Risikotragfähigkeit[34]

IX. Maßnahmen zur Risikosteuerung

Sollte der vorhandene Risikoumfang eines Unternehmens gemessen an der Risi- **64**
kotragfähigkeit zu hoch sein (siehe Abbildung 9), werden zusätzliche Maßnahmen der Risikobewältigung erforderlich. Die Kenntnis der relativen Bedeutung
der Einzelrisiken (Sensitivitätsanalyse) ist für ein Unternehmen in der Praxis
wichtig, um die Maßnahmen der Risikofinanzierung und -steuerung zu priorisie-
ren.

Die Prozessphase der Risikosteuerung zielt darauf ab (siehe Abbildung 10), die **65**
Risikolage des Unternehmens positiv zu verändern bzw. ein ausgewogenes Verhältnis zwischen Ertrag (Chance) und Verlustgefahr (Risiko) zu erreichen, um
den Unternehmenswert zu steigern oder die Resilienz (im Sinne einer Wider-
standsfähigkeit) des Unternehmens zu erhöhen.

---

34 Quelle: *Romeike/Hager*, Erfolgsfaktor Risikomanagement 3.0: Lessons learned, Methoden,
   Checklisten und Implementierung, 2013, S. 136, sowie *Romeike*, Risikomanagement, 2018,
   S. 43.

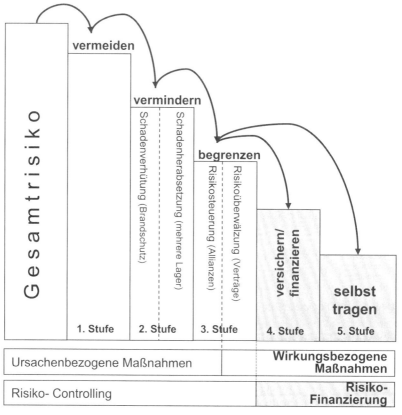

Abbildung 10: Risikosteuerung in der Praxis[35]

66 Die Risikosteuerung und -kontrolle umfasst alle Mechanismen und Maßnahmen zur Beeinflussung der Risikosituation, entweder durch eine Verringerung der Eintrittswahrscheinlichkeit bzw. Häufigkeit und/oder des Schadensausmaßes. Dabei sollte die Risikosteuerung und -kontrolle mit den in der Risikostrategie definierten Zielen sowie den allgemeinen Unternehmenszielen übereinstimmen. Ziele dieser Prozessphase sind die Vermeidung von nicht akzeptablen Risiken sowie die Reduktion und der Transfer von nicht vermeidbaren Risiken auf ein akzeptables Maß. Eine optimale Risikosteuerung und -bewältigung ist dabei diejenige, die durch eine Optimierung der Risikopositionen des Unternehmens den Unternehmenswert steigert.

---

35 Quelle: *Romeike/Hager*, Erfolgsfaktor Risikomanagement 4.0: Methoden, Beispiele, Checklisten – Praxishandbuch für Industrie und Handel, 2020, S. 138 sowie *Romeike*, Risikomanagement, 2018, S. 45.

X. Unterschiedliche Reifegrade im Risikomanagement

In Abbildung 10 ist eine Reifegradtreppe (Risk Maturity Model) wiedergegeben, **67** die die wesentlichen Schritte von einem initialen Risikomanagement-System hin zu einem „Leading"-System skizziert.

Abbildung 11: Reifegradtreppe im Risikomanagement[36]

Der Reifegrad „Initial" beschreibt ein Risikomanagement-System, dass primär **68** umgesetzt wird, um regulatorische bzw. gesetzliche Anforderungen zu erfüllen.

Zwischen dem Reifegrad des Risikomanagements und dem Einsatz unterschied- **69** licher Werkzeuge und Methoden besteht ein direkter und zwingender Zusammenhang. Auf der Stufe eines initialen Risikomanagements sowie auf der Stufe „Basic" dominieren vor allem Kollektionsmethoden, d. h. relative einfach Methoden zur Identifikation und Bewertung von Risiken (etwa basierend auf Checklisten oder standardisierten Risikolandkarten). Auf der Reifegrad-Stufe „Evolved" erfolgt immerhin bereits eine gute Kooperation zwischen den existierenden „Silos" im Unternehmen, die sich mit Risiken beschäftigen. Beispielsweise zwischen Risikomanagement, dem Compliance Management, dem Controlling oder dem Qualitätsmanagement. Neben Kollektionsmethoden kommen auch analytische Methoden zum Einsatz. Bei „Advanced" erfolgt zum einen eine Verknüpfung von Planung und Risikomanagement in Form einer „Bandbreitenplanung" sowie die Integration von Compliance Management und Risikomanagement zu einem integrierten ERM-System (Enterprise-Risk-Management-

---

36 Vgl. *Romeike*, Risikomanagement, 2018, S. 57, sowie *Romeike*, Toolbox – Reifegrade definieren Methoden, GRC aktuell 01/2018, 41–45.

Romeike   331

System) bzw. GRC-System (Governance, Risk & Compliance-System). Dies bedingt auch den Einsatz eines fundierten und umfassenden Werkzeugkastens, etwa von quantitativen Methoden zur methodisch fundierten Aggregation von Risiken. In der höchsten Ausbaustufe („Leading") wird Risiko-/Chancenmanagement als strategisches und wertorientiertes Instrument der Unternehmenssteuerung verstanden.[37] Compliance Management, IKS und Controlling ist hier selbstverständlich integriert in ein einheitliches Methodensetting und System. Außerdem ist Risiko- und Chancenmanagement (bzw. Risk-/Opportunity-Management) voll integriert in die Geschäftsprozesse. Basierend hierauf wird Risiko-/Chancenmanagement in der gesamten Organisation gelebt (Risikokultur) und ist einer der Kernprozesse des Unternehmens.

XI. Fazit und Ausblick

70 „Management ist die Kunst, mit anderen Leuten zusammen Dinge zu erledigen!", so wird die US-amerikanischen Autorin *Mary Parker Follett* zitiert, die Unternehmen als soziale Systeme betrachtete.

71 Auch für ein wirksames Risikomanagement gilt, dass der wesentliche Erfolgsfaktor ist, dass Menschen den Umgang mit Risiken (und Chancen) tagtäglich leben. So zeigen Statistiken in der Luftfahrt und der Seefahrt, dass der Risikofaktor Mensch bei katastrophalen Unfällen eine überragende Rolle spielt – Schätzungen zufolge sind mindestens 90 % aller Unfälle auf das Fehlverhalten Einzelner zurückzuführen.[38]

72 Das obige Zitat könnte man für das Risikomanagement ein wenig modifizieren:

Risikomanagement ist die Kunst, mit anderen Leuten Risiken und Chancen professionell zu antizipieren und sicher durch die stürmische See zu kommen!

73 Die „Kunst" des Risikomanagements beherrschte nicht nur Odysseus perfekt, sondern beispielsweise auch der Polarforscher Sir *Ernest Henry Shackleton*. Heutige Führungskräfte und auch Risikomanager könnten von seinen Erfahrungen eine Menge lernen.[39]

74 Der Polarforscher Sir *Ernest Henry Shackleton*, geboren am 15.2.1874 im County Clare in Irland, zählt zweifellos zu den besten Risikomanagern und war einer der herausragendsten Führungspersönlichkeiten überhaupt. Am 5.12.1914 bricht er mit 27 Männern an Bord des Schiffes Endurance (deutsch: Standhaftigkeit, Ausdauer) von Südgeorgien aus auf. *Shackleton* hatte sich zum Ziel gesetzt, als erster Mensch mit Schiff, Hundeschlitten und zu Fuß die Antarktis zu durchqueren.

---

37 Vgl. vertiefend *Gleißner/Romeike*, Entscheidungsorientiertes Risikomanagement nach DIIR RS Nr. 2, Der Aufsichtsrat 4/2020, 55–57.
38 Vgl. *Romeike/Hager*, Erfolgsfaktor Risikomanagement 4.0: Methoden, Beispiele, Checklisten – Praxishandbuch für Industrie und Handel, 2020.
39 Vgl. vertiefend *Erben/Romeike*, Allein auf stürmischer See – Risikomanagement für Einsteiger, 2016, S. 123 ff.

Es wird berichtet, dass *Shackleton* seine Mannschaft mit der wohl erfolgreichsten **75** Stellenanzeige aller Zeiten fand: „Männer für gefährliche Reise gesucht. Geringer Lohn, bittere Kälte, monatelange völlige Dunkelheit, ständige Gefahr. Sichere Heimkehr zweifelhaft. Ehre und Ruhm im Erfolgsfalle." Über 5.000 Kandidaten bewarben sich. Schließlich baute *Shackleton* seine Mannschaft um einen Kern erfahrener und krisenerprobter Fachleute auf. Außerdem wählte *Shackleton* einen zuverlässigen Stellvertreter, der seine Führungsgrundsätze teilte und vor allem loyal war. Aber er wollte keinen Ja-Sager. Die Idealbesetzung fand er schließlich in *Frank Wild*, der außerdem noch als Bindeglied zwischen der Mannschaft und dem Boss fungierte. Man berichtet über *Wild*, dass er das Talent hatte, die Männer dazu zu animieren, genau das zu tun, was erforderlich war, auch ohne etwas zu sagen. Bei der Auswahl aller anderen Mitgliedern seiner Expedition waren *Shackleton* ebenfalls Eigenschaften wie Loyalität, Heiterkeit, Anständigkeit, mentale und physische Stärke, Optimismus, Forscherdrang, Erfahrung und Fachkenntnis die wichtigsten Voraussetzungen, die er erwartete.

Welche Rolle spielen bei einem heutigen Einstellungsgespräch Eigenschaften **76** wie Loyalität, Heiterkeit, Anständigkeit, mentale und physische Stärke, Optimismus oder Forscherdrang?

Soziale Kompetenz, Wertvorstellungen sowie die Lebens- und Arbeitseinstellung **77** der Kandidaten waren *Shackleton* ebenfalls sehr wichtig. Auch prüfte der die Bewerber in der Praxis und ließ sie Proviantsäcke schleppen, Kartoffeln schälen und die Küche schrubben. *Shackleton* bemühte sich dabei immer, niemanden mit falschen Versprechungen in die Irre zu führen, sondern sorgte dafür, dass jeder genau wusste, was von ihm erwartet wurde. Neben seinen intensiven Bemühungen um eine stimmige Zusammensetzung des Teams rüstete er die Mannschaft mit modernsten Werkzeugen aus: Schlitten, Skier, Äxte, Seile, Werkzeuge und elektrische Beleuchtung waren damals „state of the art". *Shackleton* war der Meinung, dass veraltete, unzuverlässige Werkzeuge nur unnötig belasten.

Auch hier kann eine Brücke zum Risikomanagement gebaut werden. Vielen Unter- **78** nehmen verharren im Risikomanagement auf einem niedrigen Reifegrad, weil sie eben gerade nicht mit „State of the art"-Werkzeugen arbeiten. Diese führt wiederum dazu, dass in der Organisation die Methoden und Werkzeuge nicht akzeptiert werden und man nur widerwillig mitmacht, damit der Risikomanager „endlich Ruhe gibt".

Die Strukturierung des Tages wurde exakt geplant. Die Männer erarbeiteten ge- **79** naueste Anweisungen für Arbeit und Freizeit. Er kannte keine traditionellen Hierarchien. Vielmehr wurde von jedem erwartet, einen Beitrag zu sämtlichen Arbeiten an Bord des Schiffes zu leisten. So halfen die Matrosen etwa bei wissenschaftlichen Messungen und Proben. Umgekehrt gingen die Wissenschaftler den Seeleuten bei deren täglicher Arbeit zur Hand.

Eine der wichtigsten Maximen *Shackletons* war: Sich ein neues Ziel setzen, **80** wenn das alte nicht erreicht werden kann, dieses mit allem Einsatz verfolgen –

aber noch vor das Ziel den Menschen selbst an die oberste Stelle setzen. Und so sollte es passieren: Auf ihrer Reise nach Süden stieß die Endurance bereits am 7.12.1914 – ungewöhnlich weit im Norden – auf das erste Packeis. Trotz des immer dichter werdenden Eises segelte das Schiff weiter Richtung Weddellmeer. Ende Januar 1915 saß die Endurance dann endgültig im Packeis fest. Wochenlang versuchte die Mannschaft, das Packeis zu durchbrechen, scheiterte aber immer wieder. Das Schiff war „wie eine Mandel in einer Tafel Schokolade" stecken geblieben. Am 24. Februar verwandelte *Shackleton* das Schiff schließlich in ein Winterquartier. Und damit begann das vorbildliche Risiko- und Krisenmanagement. Denn alles wurde noch viel schlimmer. Nachdem das Packeis das Schiff gefährlich nach Norden getrieben hatte, wurde es schließlich vom Eis zermalmt und versank. Die Männer mussten beißende Kälte ertragen und verbrachten fast vier Monate in der eisigen Dunkelheit der langen Polarnacht. Das neue Ziel von *Shackleton* hieß nun: Rettung der Mannschaft. Mit den drei übriggebliebenen Rettungsbooten landeten die Schiffbrüchigen auf der unbewohnten Insel Elephant Island. *Shackleton* hatte den Plan, mit dem seetüchtigsten der drei Rettungsboote und fünf Männern das 700 Seemeilen nördlich gelegene Südgeorgien anzusteuern, um von der dortigen Walfangstation Hilfe zu holen. Und sie schafften es: Am 10.5.1916 landete das Schiff auf der unbewohnten Seite der Insel. Nach weiteren 36 Stunden Fußmarsch und einer Gletscher- und Gebirgsüberquerung erreichten die Männer die Walfangstation und können auch die zurückgelassene Mannschaft retten.

81   Der Aufbau dieser solidarischen und loyalen Mannschaft war die Voraussetzung für *Shackletons* (Unternehmens-)Philosophie bzw. Risikokultur. Und obwohl die Gruppe äußerst heterogen in Bezug auf Beruf, Temperament und soziale Herkunft war, bildete sie ein herausragendes Team.

82   Für heutige Risikomanagementsysteme können wir hieraus eine ganze Menge lernen. Grundsätzlich existieren vier Erfolgsfaktoren, damit ein Risikomanagement wirksam ist und einen Mehrwert stiftet.

1. Risikomanagement muss gelebt werden („Risiko- und Fehlerkultur"). Hierbei geht es vor allem um die Frage, wie wir im Unternehmen mit Fehlern und Risiken umgehen. Vielfach gelten Fehler und Risiken als etwas Schlechtes, das wir tunlichst vermeiden müssen. Dabei sind Fehler und Risiken immer dann am nützlichsten, wenn alle davon lernen.
2. Risikomanagement benötigt einen Prozess in Form eines kontinuierlichen Regelkreises.
3. Risikomanagement muss in eine Organisation eingebettet werden und sollte keinesfalls als isolierter „Silo" betrachtet werden.
4. Risikomanagement basiert auf adäquaten und auf die Fragestellung angepassten Methoden. Für die Analyse von Währungsrisiken werden anderen Methoden benötigt als wenn Risiken aus der Supply Chain oder Compliancerisiken analysiert werden.

Hierbei ist es wichtig, dass Unternehmen als (komplexes und soziales) System **83** betrachtet werden. Und Unternehmen selbst sind wieder Teil eines noch größeren Gesamtsystems (mit einer Menge systemischer Risiken etc.). Und Systemgrößen dürfen keinesfalls als starr betrachtet werden, sondern als ständig verändernde Größen. Ein System ist ein Gebilde mit inneren Gesetzmäßigkeiten, die beachtet werden müssen. Lebendige Systeme haben eigene Bedürfnisse und eigene Ziele. Diese Komplexität, Vielgestaltigkeit und Innergesetzlichkeit ist insgesamt mit einer hohen Unsicherheit behaftet und macht daher eine Vorhersagbarkeit (des Verhaltens von Teilsystemen oder dem Gesamtsystem) nur bedingt möglich. Feststellbar sind eher Makro-Eigenschaften der (Teil-)Systeme, die über größere Bereiche (zeitlich, räumlich oder strukturell) festzustellen sind, beispielsweise deren Wahrscheinlichkeiten oder Erwartungswerte.

Die Systemtheorie bietet uns hier einen Ansatz, um ein System interdisziplinär **84** zu analysieren. So können beispielsweise biologische Zellen, der Mensch insgesamt, eine Organisation, ein Staat, aber auch Computernetzwerke als Systeme betrachtet und systemtheoretisch beschrieben werden. Die Systemtheorie „blickt über den Tellerrand" einer Einzeldisziplin und hat immer schon das Ziel verfolgt, der Zersplitterung des Wissens in den wissenschaftlichen Disziplinen entgegenzuwirken. Dieser ganzheitliche Ansatz der Systemtheorie sollte beim Aufbau eines wirksamen Risikomanagementsystems immer berücksichtigt werden.

10. Kapitel
Governance, Risk und Compliance im Mittelstand – Zusammenhänge und Abhängigkeiten

In diesem Kapitel soll auf die Verknüpfung der verschiedenen Elemente der **1** Überwachung von Unternehmen aus der Sicht des Beraters und Prüfers mittelständischer Unternehmen eingegangen werden. Anders als börsennotierte, international agierende Großkonzerne mit eigenständigen Abteilungen für Compliance, Risikomanagement, Rechnungswesen, Controlling und Interne Revision, sind diese Unternehmen besonders daran interessiert, die notwendigen Elemente der Überwachung möglichst „schlank" und integriert auszugestalten.

I. Einleitung – Die Notwendigkeit der Einrichtung von Instrumenten zur Überwachung von Unternehmen

In mehr oder weniger regelmäßigen Abständen bringen Skandale wie der sog. **2** „Dieselgate",[1] die Vorwürfe der Korruption im Zusammenhang mit der Vergabe der Fußball-WM 2006[2] und zuletzt der Wirecard-Skandal[3] die Problematik der Überwachung von Unternehmen in das Bewusstsein auch der breiten Öffentlichkeit. Häufig stellt sich dann die Frage, warum die vorhandenen Instrumente zur Unternehmensüberwachung nicht ausreichend waren oder versagt haben.

Im Vordergrund steht hier die Überlegung, unter welchen Voraussetzungen Mit- **3** arbeiter und Führungskräfte überhaupt dolos bzw. geschäftsschädigend handeln. Nach dem Wirtschaftskriminologen *Donald R. Cressey* liegen die Gründe für Betrug (Fraud) in einer Kombination aus Druck, innerer Rechtfertigung und Gelegenheit, die auch als „Fraud Triangle" bezeichnet werden: „Trusted persons become trust violators when they conceive of themselves as having a financial problem which is non-shareable, are aware this problem can be secretly resolved by violation of the position of financial trust, and are able to apply to their own conduct in that situation verbalizations which enable them to adjust their conceptions of themselves as trusted persons with their conceptions of themselves as users of the entrusted funds or property."[4]

Druck kann in der beruflichen Tätigkeit aufgrund eines Gefühls, überarbeitet, **4** unterbezahlt oder übergangen worden zu sein, entstehen. Auch private Schulden, generelle Gier oder Spiel-, Alkohol- sowie Drogensucht können ursächlich für den Druck sein.

---

1 Siehe unter anderem: http://www.handelsblatt.com/unternehmen/industrie/dieselgate-weitere-mega-klage-gegen-vw/13764190.html (zuletzt abgerufen am 29.1.2020).
2 Siehe http://www.zeit.de/sport/2012-07/blatter-wm-2006-korruption (zuletzt abgerufen am 1.2.2020).
3 Siehe https://www.rnd.de/wirtschaft/wirecard-skandal-was-passierte-wann-die-chronolgie-des-versagens-Q52XQE2S6VHQ3JKPGFQKWWMRS4.html(zuletztabgerufenam4.8.2020).
4 *Cressey, D.*, Other People's Money, 1973, S. 30.

5 Zur inneren Rechtfertigung führt möglicherweise ein Mangel an Ethik. Typische Denkweisen sind dabei: „Ich nehme mir auch nur das, was sich der Vorstand auch unrechtmäßig nimmt", oder: „Ich leihe es mir nur aus …".

6 „Gelegenheit macht Diebe", sagt bereits ein altes Sprichwort, das die Diskussion in den Raum stellt, wie viel Vertrauen ein Unternehmen verträgt und wie viel Kontrolle es braucht. Letztendlich geht es hier ja auch um die Relation von Risiko einerseits und Kosten der Kontrolle andererseits.

7 Den Kontrollkosten gegenüber stehen allerdings jene Kosten, die durch Non-Compliance anfallen können. Nicht alle Kostenfaktoren aufgrund von Non-Compliance können ohne Weiteres gut eingeschätzt werden. Schäden durch Korruption oder die Folgekosten in Form von Strafzahlungen und Kosten für die Schadensbegrenzung durch externe Anwälte lassen sich vergleichsweise gut abschätzen, ebenso die Kosten für Kommunikations- und Marketingmaßnahmen. Andere Faktoren wie Umsatzausfälle oder sinkende Marktanteile lassen sich deutlich schwerer beziffern, genau wie die Folgen aus dem gesunkenen Ansehen bei Mitarbeitern, der Öffentlichkeit etc.

8 So sind bei VW für die Folgen des Dieselskandals laut einem Bericht der ARD bereits Rechtskosten von über 30 Mio. EUR entstanden.[5] Ob diese ausreichen, ist derzeit noch offen. Inzwischen werden die Gesamtkosten inklusive Strafzahlungen und Rückzahlungen sogar auf 100 Mrd. EUR oder höher geschätzt.[6]

9 Für die Schäden durch Wirtschaftskriminalität nennt die alle zwei Jahre durchgeführte Studie der „Association of Certified Fraud Examiners (ACFE)" im Jahr 2018 eine durchschnittliche Schadenshöhe von 130.000 USD, in 22 % der Fälle sogar von über einer Million USD.[7] Aber nicht nur dieser direkte Schaden stellt ein Problem dar. Auch ein Reputationsverlust infolge eines Gesetzesverstoßes kann schwerwiegende Auswirkungen auf die Zukunft des betroffenen Unternehmens haben. So ermittelt beispielsweise Biesalski & Company eine Veränderung des Reputationsindexes für Volkswagen von 59 (2018) gegenüber 79 (2012).[8] Die gleiche Studie beziffert auch das der Anteil des Umsatzes von VW, der den guten Ruf zurückzuführen ist, im gleichen Zeitraum von 29 % auf 22 % zurückgegangen ist.[9] Während der ersten Monate des Dieselskandals stürzte der

---

5 Siehe https://www.tagesschau.de/wirtschaft/kanada-vw-strafe-dieselgate-101.html (abgerufen am 31.3.2020).

6 https://www.zeit.de/wirtschaft/2015-10/volkswagen-diesel-affaere-kosten-klagewelle/seite-2 (abgerufen am 31.3.2020).

7 Siehe https://s3-us-west-2.amazonaws.com/acfepublic/2018-report-to-the-nations.pdf (zuletzt abgerufen am 31.3.2020).

8 https://biesalski-company.com/wp-content/uploads/2018/11/Corporate-Reputation-Score-2018.pdf (zuletzt abgerufen am 31.3.2020). Zur Bedeutung von Reputationsverlusten infolge von Non-Compliance siehe auch *Schulz*, Kapitel 1, Rn. 23 ff. m. w. N.

9 https://biesalski-company.com/wp-content/uploads/2018/11/Corporate-Reputation-Score-2018.pdf (zuletzt abgerufen am 31.3.2020).

Kurs der Volkswagen Vorzugsaktien von 169,75 EUR am 9.9.2015 auf 92,36 EUR am 2.10.2015. Ein Minus von fast 46 %.

Dabei ist die Diskussion über die Intensität und Wirksamkeit der Überwachung   **10** von Unternehmen und des Managements der Unternehmen bereits über zwei Jahrhunderte alt. Schon *Adam Smith* verwies im Jahr 1776 in seinem Werk „The Wealth of Nations" auf das Problem: „*The directors of such companies, however, being the managers rather of other people's money than of their own, it cannot well be expected that they should watch over it with the same anxious vigilance with which the partners in a private copartnery frequently watch over their own. (…) Negligence and profusion, therefore, must always prevail, more or less, in the management of the affairs of such a company.*"[10]

In der betriebswirtschaftlichen Theorie findet sich diese Diskussion unter dem   **11** Stichwort der Agency-Theorie wieder, die sich mit der Analyse von ökonomischen Beziehungen befasst, bei der eine Partei (Agent) im Auftrag einer anderen Partei (Principal) – also im vorliegenden Fall Management und Unternehmer – handelt und wie sich in dieser Beziehung Informationsasymmetrien auswirken, die sich daraus ergeben, dass der Agent, also derjenige, der eigentlich im Auftrag seines Auftraggebers handelt, über bessere Informationen verfügt, als sein Auftraggeber selbst.[11]

Durch geeignete Instrumente der Unternehmensüberwachung sollen einerseits   **12** Informationsasymmetrien abgebaut werden. Andererseits sollen die Instrumente verhindern, dass sich die Asymmetrien nachteilig für die Eigentümer der Unternehmen auswirken. Nachstehend werden insbesondere die Elemente der Unternehmensüberwachung betrachtet, die sicherstellen sollen, dass essenzielle das Unternehmen gefährdende Entwicklungen abgewendet oder möglichst früh entdeckt und bekämpft werden können.

Um dem Bedarf nach einer Überwachung des Unternehmens oder genauer des   **13** Managements Rechnung zu tragen, hat der Gesetzgeber entsprechende Regelungen erlassen. Darüber hinaus haben die Rechtsprechung und die betriebliche Praxis Standards geschaffen. Im Folgenden wird an entsprechender Stelle auf diese verwiesen.

II. Das System der Unternehmensüberwachung

1. Überblick über das Gesamtsystem

In Theorie und Praxis finden sich zahlreiche Begriffe, die mehr oder weniger   **14** große Teilaspekte der Unternehmensüberwachung adressieren. Die bedeutendsten davon sind (Jahres-)Abschlussprüfung, Corporate Governance, Risk Management, Compliance und das interne Kontrollsystem (IKS). Nachstehend sol-

---

10 *Smith, A.*, The Wealth of Nations, http://www.econlib.org/library/Smith/smWN20.html #V.1.107 (zuletzt abgerufen am 29.1.2020).
11 Vgl. auch: *Bergmoser/Theusinger/Gushurst*, BB 2008, 1, 11.

len zunächst die internen wie externen Komponenten des Systems der Unternehmensüberwachung in einem Gesamtüberblick dargestellt werden.

15 Anhand der obigen Abbildung wird ersichtlich, dass der Begriff der Compliance einerseits unter Bezug auf die externe unternehmerische Überwachung gesehen werden kann. So wird im Rahmen der Jahresabschlussprüfung durch den Abschlussprüfer geprüft, ob die Vorschriften der Rechnungslegung durch das Unternehmen eingehalten wurden, während durch das interne System der unternehmerischen Überwachung sichergestellt werden soll, dass es nicht zu Verstößen gegen Normen und Regeln kommt. Andererseits umfasst die unternehmerische Überwachung auch zahlreiche unternehmensinterne Komponenten wie bspw. das interne Kontrollsystem, das Controlling oder auch das Risikomanagement.

2. Externe Komponenten der Unternehmensüberwachung

16 Die externen Komponenten der Unternehmensüberwachung ergeben sich aus expliziten gesetzlichen Vorschriften bzw. auch als freiwillige Prüfung, z. B. aufgrund gesellschaftsrechtlicher Vereinbarungen oder aufgrund branchenspezifischer Anforderungen (z. B. von Banken). Unter die verpflichtenden Prüfungen fällt zunächst vor allem die im Handelsgesetzbuch geregelte Prüfung des Jahresabschlusses durch die Wirtschaftsprüfer.[12]

17 Es muss aber darauf hingewiesen werden, dass sich daneben auch aus anderen gesetzlichen Vorschriften Anforderungen an weitere Aspekte der Unternehmensüberwachung ergeben. Im Unterschied zur Jahresabschlussprüfung stellen diese jedoch jeweils nur grundsätzliche Anforderungen dar, beziehungsweise richten sich nicht immer an alle Unternehmen. So ergeben sich zum Beispiel ganz wesentliche Anforderungen an Banken und andere Finanzdienstleister oder kapitalmarktorientierte Unternehmen. Als Beispiel seien hier insbesondere die Mindestanforderungen an das Risikomanagement (*MaRisk*) der Bundesanstalt für Finanzdienstleistungsaufsicht zu nennen, die den betroffenen Kreditinstitu-

---

12 Siehe §§ 316 ff. HGB.

ten und Finanzdienstleistungsunternehmen explizite Vorgaben für die Einrichtung und den Betrieb eines angemessenen Risikomanagements geben, jedoch für Unternehmen außerhalb dieses Sektors keine derartige Bedeutung haben und allenfalls als Richtlinie dienen können.[13]

Als weiteres Element der (hoheitlichen) Überwachung für den Teilaspekt der Rechnungslegung ist an dieser Stelle noch das sog. „Enforcement" zu nennen. **18**

Unter Enforcement wird die Überprüfung der Einhaltung der Vorschriften zur Rechnungslegung und Offenlegung verstanden.[14] Das Enforcement basiert im Gegensatz zur Jahresabschlussprüfung nicht auf einem privaten Vertrag zwischen zu prüfendem Unternehmen und Prüfer. Vielmehr erfolgt die Überwachung der Rechnungslegung für kapitalmarktorientierte Unternehmen aufgrund gesetzlicher Vorschriften in einer ersten Stufe derzeit noch durch die Deutsche Prüfstelle für Rechnungslegung (DPR) im Rahmen der freiwilligen Kooperation der Unternehmen und in zweiter Stufe durch die Bundesanstalt für Finanzdienstleistungsaufsicht (BaFin) als Behörde.[15] In der Folge des Wirecard-Skandals ist zu erwarten, dass das Enforcement-Verfahren eine wesentliche Reform erfährt. So gaben in einem ersten Schritt das Bundesjustiz- und -finanzministerium bekannt, den Vertrag mit der DPR kündigen zu wollen.[16] **19**

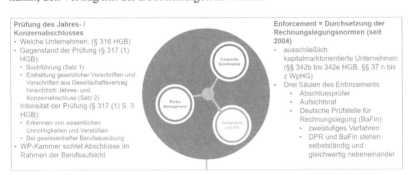

<table>
<tr><td>

Prüfung des Jahres- / Konzernabschlusses
- Welche Unternehmen: (§ 316 HGB)
- Gegenstand der Prüfung (§ 317 (1) HGB):
  - Buchführung (Satz 1)
  - Einhaltung gesetzlicher Vorschriften und Vorschriften aus Gesellschaftsvertrag hinsichtlich Jahres- und Konzernabschluss (Satz 2)
- Intensität der Prüfung (§ 317 (1) S. 3 HGB):
  - Erkennen von wesentlichen Unrichtigkeiten und Verstößen
  - Bei gewissenhafter Berufsausübung
- WP-Kammer sichtet Abschlüsse im Rahmen der Berufsaufsicht

</td><td>

Enforcement = Durchsetzung der Rechnungslegungsnormen (seit 2004)
- ausschließlich kapitalmarktorientierte Unternehmen (§§ 342b bis 342e HGB, §§ 37 n bis z WpHG)
- Drei Säulen des Enforcements
  - Abschlussprüfer
  - Aufsichtsrat
  - Deutsche Prüfstelle für Rechnungslegung (BaFin)
    - zweistufiges Verfahren
    - DPR und BaFin stehen selbstständig und gleichwertig nebeneinander

</td></tr>
</table>

Corporate Governance / Risiko Management / Compliance und IKS

3. Interne Komponenten der Unternehmensüberwachung

Die Aspekte der internen unternehmerischen Überwachung lassen sich auch unter dem Begriff des Risikomanagements im weiteren Sinne zusammenfassen.[17] **20**

---

13 Siehe hierzu *Renz/Frankenberger*, Kap. 19, Rn. 14 ff.
14 Siehe hierzu auch: *Thormann/Zempel*, in: Bertram/Brinkmann/Kessler/Müller, Haufe HGB Bilanz-Kommentar, 6. Aufl. 2015, § 342b HGB, Rn. 1 ff.
15 Siehe hierzu auch *Scheffler/Zempel*, in: Böcking/Gros/Oser/Scheffler/Thorman, Beck'sches Handbuch der Rechnungslegung, 60. EL Dezember 2019, B 620 Rn. 9–14.
16 Siehe https://www.sueddeutsche.de/wirtschaft/wirecard-bund-dpr-1.4950329 (zuletzt abgerufen am 4.8.2020).
17 Vgl. *Küting/Busch*, DB 2009, 1361 ff.; siehe dazu auch die Abbildung weiter oben Rn. 14 unter II.1.

21   Als ersten wesentlichen Teilaspekt wird das interne Überwachungssystem, das
je nach seiner Stellung zu den Prozessen als internes Kontrollsystem („IKS", in
die Prozesse integriert) bzw. als interne Revision (prozessunabhängig) ausgestaltet sein kann, genannt. Das interne Kontrollsystem hat hierbei die Aufgabe,
durch seine Integration in die Prozesse Compliance- Aspekte wahrzunehmen, indem sichergestellt wird, dass Verstöße gegen gesetzliche oder andere Vorschriften sozusagen online/im laufenden Betrieb entdeckt werden.[18] Die interne Revision hat hingegen die Aufgabe, mithilfe nachgelagerter Prüfungshandlungen
festzustellen, ob Verstöße vorlagen bzw. ob das interne Kontrollsystem so ausgeprägt ist, dass Verstöße aufgedeckt werden. Beide Komponenten gehen aber über
die reine Aufgabe der Compliance-Überwachung hinaus, da auch Wirtschaft-
lichkeitsaspekte eine Rolle spielen.

22   Auch wenn sich in der Literatur zahlreiche Definitionen für „Controlling" finden lassen, werden weitgehend übereinstimmend als Aufgaben des Controllings
die Koordinierung der Unternehmensführungs-Teilsysteme, die Funktionssicherung des betrieblichen Informationssystems sowie die Funktionssicherung des
Planungs- und Kontrollsystems verstanden.[19]

23   Ein weiteres Element der internen Überwachung ist das Risikomanagement im
engeren Sinne, das dazu dient, alle für das Unternehmen relevanten Risiken aufzudecken.[20] Diese Risiken (auch Compliance-Risiken) sollen anschließend qualitativ und quantitativ bewertet, durch geeignete Maßnahmen begrenzt, auf andere übergewälzt oder akzeptiert werden. Dabei erfolgt das Abwehren und
Begrenzen der Risiken nicht nur durch das Risikomanagement, sondern vor allem auch durch die Elemente des internen Kontrollsystems oder auch durch das
Compliance Management.[21]

III. Die Verknüpfung der einzelnen Elemente der Unternehmensüberwachung

1. Der GRC-Ansatz

24   In den letzten Jahren wurde das GRC-Konzept als integrierendes Modell für alle
drei Bereiche der Unternehmensverfassung (Corporate Governance), Risikomanagement und Compliance entwickelt und entsprechend propagiert.

25   Die Abkürzung „GRC" hat Eingang gefunden in die Bezeichnung für Software,
Marketingpräsentationen und die Bezeichnung ganzer Abteilungen multinatio-

---

18 Zur Bedeutung des IKS bei Finanzdienstleistungsinstituten siehe *Renz/Frankenberger*,
Kap. 19, Rn. 45 ff.
19 *Pampel/Krolak*, in: Hauschka/Moosmayer/Lösler, Corporate Compliance, 3. Aufl. 2016, § 15
Rn. 12
20 Siehe zum Risikomanagement ausführlich *Romeike*, Kap. 7.
21 Vgl. *Küting/Busch*, DB 2009, 1361 ff.

naler Konzerne.[22] Auch wenn die Konzepte von Unternehmensverfassung, Risikomanagement und Compliance an sich nicht neu sind, ist doch der holistische Ansatz des GRC-Konzeptes durchaus neu.[23]

GRC kann definiert werden als „integrierter, holistischer Ansatz für ein die ge-   **26** samte Organisation umfassende Governance, Risiko- und Compliance Management-System, das sicherstellt, dass die Organisation ethisch korrekt und in Übereinstimmung mit ihrer Risikoeinstellung, den internen Richtlinien und externen Regularien durch die Abstimmung der Strategie, der Prozesse, Technologie und Menschen handelt, mit dem Ziel, die Effizienz und Effektivität zu steigern".[24]

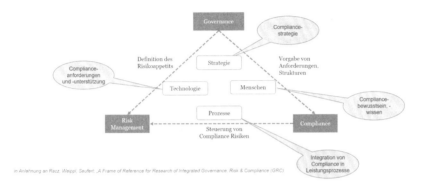

in Anlehnung an Racz; Weippl; Seufert: „A Frame of Reference for Research of Integrated Governance, Risk & Compliance (GRC)

Dabei können sich vor allem auf Basis der unterschiedlichen Geschäftsmodelle   **27** und der unterschiedlichen regulatorischen Anforderungen teilweise sehr unterschiedliche Ausprägungen des Systems ergeben.[25]

Entwickelt insbesondere für große börsennotierte Unternehmen hat das Konzept   **28** bislang überwiegend Einzug bei großen international agierenden Unternehmen gehalten. Demgegenüber waren mittelständisch geprägte Unternehmen eher zurückhaltend bei der Umsetzung. Hauptgrund dafür ist sicher die schwere Vereinbarkeit des doch sehr umfassend erscheinenden GRC-Ansatzes mit den meist eigentümergeprägten Führungsstrukturen und dem Kostenbewusstsein des klassischen Mittelständlers.

Mit einem pragmatischen Verständnis des Ansatzes soll in späteren Ausführun-   **29** gen versucht werden, die wesentlichen Ziele dieses gesamthaften Ansatzes auf die Verhältnisse typisch mittelständischer Unternehmen anzupassen.

---

22 *Racz/Weippl/Seufert*, in: De Decker/Schaumüller-Bichl, Communications and Multimedia Security, 2010, 106 ff.
23 *Racz/Weippl/Seufert*, in: De Decker/Schaumüller-Bichl, Communications and Multimedia Security, 2010, 106 ff.
24 *Racz/Weippl/Seufert*, in: De Decker/Schaumüller-Bichl, Communications and Multimedia Security, 2010, 106 ff.
25 Siehe hierzu auch *Renz/Frankenberger*, Kap. 19, Rn. 3 ff.

2. Das interne Kontrollsystem und die anderen Elemente der Überwachung des Unternehmens

30 In Deutschland finden sich Definitionen zum Thema Internes Kontrollsystem insbesondere im Prüfungsstandard 261 n. F. des Instituts der Wirtschaftsprüfer.[26] Dort heißt es zur Definition des internen Kontrollsystems: „Unter einem internen Kontrollsystem werden die von dem Management im Unternehmen eingeführten Grundsätze, Verfahren und Maßnahmen (Regelungen) verstanden, die gerichtet sind auf die organisatorische Umsetzung der Entscheidungen des Managements:

– zur Sicherung der Wirksamkeit und Wirtschaftlichkeit der Geschäftstätigkeit (hierzu gehört auch der Schutz des Vermögens, einschließlich der Verhinderung und Aufdeckung von Vermögensschädigungen),
– zur Ordnungsmäßigkeit und Verlässlichkeit der internen und externen Rechnungslegung sowie
– zur Einhaltung der für das Unternehmen maßgeblichen rechtlichen Vorschriften."[27]

31 Wie bereits aus dieser Definition deutlich wird, umfasst das interne Kontrollsystem also nicht nur rechnungslegungsbezogene Kontrollen, sondern eben auch darüber hinaus Maßnahmen, durch die sichergestellt werden soll, dass die Wirtschaftlichkeit eines Unternehmens gegeben ist.

Die einzelnen Maßnahmen lassen sich dabei weiter wie folgt differenzieren: Zum einen kann zwischen fehlervermeidenden (präventiven) und fehleraufdeckenden (detektiven) Maßnahmen unterschieden werden. Zum anderen kann nach der Eingliederung in die betrieblichen Prozesse nach den prozessintegrierten und prozessunabhängigen Maßnahmen unterschieden werden.

Prozessintegrierte Überwachungsmaßnahmen	Prozessintegrierte Überwachungsmaßnahmen
Die einzelnen Maßnahmen sind in die Geschäftsprozesse als konkrete Schritte integriert	Diese Maßnahmen sind entsprechend unabhängig von den konkreten Leistungsprozessen.
• Organisatorische Sicherungsmaßnahmen sollen Fehler verhindern, sind in die Aufbau- und Ablauforganisation so eingegliedert, dass sie ein bestimmtes Sicherheitsniveau gewährleisten	• Die interne Revision untersteht in der Regel der Unternehmensleitung und untersucht einerseits anlassbezogen oder anlassunabhängig die Ein-haltung von gesetzlichen und internen Regelungen aber auch die Wirtschaftlichkeit.
• Kontrollen dienen zum einen dem Auffinden von Fehlern, zum anderen sollen sie sicherstellen, dass Fehler verhindert werden.	• Sonstige Maßnahmen können durch die Unternehmensleitung selbst oder in ihrem Auftrag erfolgen.

32 Damit wird bereits aus der Definition des internen Kontrollsystems dessen Verknüpfung mit Aspekten der Compliance wie auch des auf die Wirtschaftlichkeit des Unternehmens gerichteten Controllings deutlich.

---

26 Institut der Wirtschaftsprüfer, IDW Prüfungsstandard 261 „Feststellung und Beurteilung von Fehlerrisiken und Reaktionen des Abschlussprüfers auf die beurteilten Fehlerrisiken" (IDW PS 261 n. F.) (Stand: 15.9.2017).
27 Institut der Wirtschaftsprüfer, IDW Prüfungsstandard 261 „Feststellung und Beurteilung von Fehlerrisiken und Reaktionen des Abschlussprüfers auf die beurteilten Fehlerrisiken" (IDW PS 261 n. F.) (Stand: 15.9.2017).

Teilaspekte des internen Kontrollsystems zielen gerade auch auf die Aufdeckung   **33**
von Verstößen gegen Vorschriften aus dem Bereich der Rechnungslegung oder
gegen steuerliche Vorschriften. Darüber hinaus zielt das interne Kontrollsystem
auch auf die Verhinderung von Vermögensverlusten durch dolose Handlungen
ab.

Das Aufdecken von Risiken aus Fehlern und Verstößen schließlich ist die Basis   **34**
für ein angemessenes Risikomanagement.

Umgekehrt leiten sich aus dem Compliance- und Risikomanagement die Anfor-   **35**
derungen an entsprechende Maßnahmen der Überwachung im Rahmen des internen Kontrollsystems ab.

3. Compliance- und Risikomanagement

Auch hinsichtlich der Systeme des Compliance- und Risikomanagements lassen   **36**
sich auf mehr als einer Ebene Verknüpfungen und Wechselwirkungen feststellen. So stellen Risiken aus Compliance-Verstößen einen Teilaspekt der durch
das Risikomanagement betrachteten Risiken dar.[28] Daneben stellt ein angemessenes Risikomanagement eine der gesetzlichen Verpflichtungen dar, die Unternehmen einzuhalten haben, und deren Umsetzung somit im Rahmen des Compliance Managements sichergestellt werden soll. Diese Verpflichtung ergibt sich
aus § 91 Abs. 2 AktG, wodurch der Vorstand einer Aktiengesellschaft dazu verpflichtet ist, „… geeignete Maßnahmen zu treffen, insbesondere ein
Überwachungssystem einzurichten, damit den Fortbestand des Unternehmens
gefährdende Entwicklungen früh erkannt werden". Dabei gilt diese Verpflichtung aber nicht nur für Aktiengesellschaften, sondern mittelbar auch für die
GmbH, worauf der Gesetzgeber bereits in der Gesetzesbegründung des Gesetzes
zur Kontrolle und Transparenz im Unternehmensbereich (KontraG) verweist,
durch das der § 91 Abs. 2 AktG eingeführt wurde.[29]

4. Risikomanagement und Controlling

Der Zusammenhang von Risikomanagement und Controlling lässt sich unter an-   **37**
derem aus zwei Perspektiven sehen. Wesentlicher Bestandteil des Risikomanagements ist das Risikocontrolling. Unter dem Risikocontrolling versteht
man dabei das aktive Steuern von Maßnahmen zur Risikobegrenzung. Darunter
fallen sowohl das Reporting von Risiken, als auch der Status des Risikoeintritts
und der damit verbundenen Aufwendungen zur Handhabung von Risiken in
Form der Risikoüberwälzung, Risikominimierung oder -begrenzung.

---

28 Zum Zusammenhang zwischen Compliance und Risikomanagement siehe auch *Schulz*,
   Kap. 1.
29 Bundesregierung – Entwurf eines Gesetzes zur Kontrolle und Transparenz im Unternehmensbereich, Drucksache 13/9712 des Bundestags, http://dipbt.bundestag.de/doc/btd/13/
   097/1309712.pdf, S. 15 (zuletzt abgerufen am 29.1.2020).

38 Das Controlling in seiner Teilfunktion als Informationsversorgung liefert letztendlich auch Angaben zur Bewertung, Steuerung und Handhabung von Risiken.
So kann je nach der erwarteten Eintrittswahrscheinlichkeit die Reaktion auf diese Risiken auch unterschiedlich ausfallen, wie die nachstehende Grafik beispielhaft zeigt.

39 Hier wird deutlich, dass auch die Rechnungslegung in diese Zusammenhänge
einbezogen wird, beispielsweise dann, wenn Risiken bereits in Form von Rückstellungen oder auch in der Berichterstattung in Anhang und Lagebericht zu berücksichtigen sind.[30]

5. Interne Revision, Compliance und Risikomanagement

40 Die interne Revision als prozessunabhängige Form der Unternehmensüberwachung[31] erfüllt wesentliche Aufgaben in Verbindung mit dem Compliance und
dem Risikomanagement.[32]

41 So kann durch konkrete (stichprobenhafte) Prüfungen im Rahmen der internen
Revision untersucht werden, ob es zu Verstößen gegen Gesetze oder andere Vorschriften im Unternehmen gekommen ist. Damit stellt die interne Revision gemäß der bereits erwähnten Studie „Report to the Nations on Occupational Fraud
and Abuse" die zweitwichtigste Quelle für die Aufdeckung von Wirtschaftsstraftaten dar.[33] Neben der direkten Aufdeckung von Verstößen geht es dabei auch
darum, zu prüfen, inwieweit das vorhandene interne Kontrollsystem angemessen
und wirksam hinsichtlich der Verhinderung von Gesetzesverstößen ist.

---

30 Vgl. auch *Schubert*, in: Beck'scher Bilanz-Kommentar HGB § 249 Rn. 1–5, 122. Auflage
2020.
31 Vgl. dazu auch Rn. 14 Gliederungspunkt II.1.
32 Zum Schnittstellenmanagement siehe auch *Rau*, Kap. 3.
33 Siehe https://s3-us-west-2.amazonaws.com/acfepublic/2018-report-to-the-nations.pdf (zuletzt abgerufen am 1.4.2020).

Grundlage der Arbeit der internen Revision ist in der Regel eine Risikobewer-   **42**
tung der verschiedenen Prozesse und Bereiche im Unternehmen. So werden häufig die erfassten und bewerteten Risiken z. B. im Rahmen einer entsprechenden
Risikolandkarte (auch als „Audit Universe" bezeichnet) als Basis für die Erarbeitung der mehrjährigen Prüfungsplanung im Rahmen der internen Revision
verwendet.

Auf der anderen Seite gehen die Ergebnisse der Prüfungen der internen Revision   **43**
in die Erfassung der Risiken im Rahmen des Risikomanagements ein.

6. Fazit

Es kann also festgestellt werden, dass zwischen den einzelnen internen Elemen-   **44**
ten der Unternehmensüberwachung intensive Zusammenhänge bestehen. Daher
ist es auch sinnvoll, bei der Einführung der entsprechenden Strukturen in Unternehmen diese Zusammenhänge und Abhängigkeiten zu betrachten.

IV. Grundkonzept für die Ausgestaltung eines integrierten Systems der Überwachung für mittelständisch geprägte Unternehmen

Nachstehend soll aufgezeigt werden, wie die oben aufgezeigten Zusammenhän-   **45**
ge und Abhängigkeiten im Rahmen der Ausgestaltung eines integrierten Systems der Überwachung für mittelständisch geprägte Unternehmen beachtet aber
auch genutzt werden können.

1. Bestimmung der Zielgruppe der Unternehmen

Voranstellend soll definiert werden, welche Unternehmen hier betrachtet werden   **46**
sollen. Hintergrund dafür ist, dass es nicht sinnvoll erscheint, ein Konzept abzubilden, das für alle Unternehmen passt. Die hier betrachteten Unternehmen
zeichnen sich durch eine mittelständische Prägung aus. Dabei soll weniger auf
bestimmte Größenordnungen als vielmehr auf charakteristische Strukturen abgestellt werden.

Prägend für die hier betrachteten Unternehmen ist die geringe Ausprägung von   **47**
Stabsstellen und Fachabteilungen. Im kaufmännischen Bereich sind alle wesent-
lichen Funktionen aus den Bereichen Personal, Rechnungswesen und Steuern,
Controlling, Recht sowie Auftragsabwicklung zusammengefasst. Für spezielle
Fragestellungen wird häufig auf externe Dienstleister – wie den Abschlussprüfer
oder Steuerberater – zurückgegriffen. Eine interne Revision als eigenständige
Funktion kann vorhanden sein, übernimmt aber häufig auch noch andere Aufga-
ben.

Typisch für diese Unternehmen ist auch, dass der Fokus häufig auf der Optimie-   **48**
rung der Prozesse mit dem Ziel der Kosteneffizienz und Kundenfokussierung
liegt. Kaufmännische Prozesse sind häufig kostenoptimiert. Die Prozesse der
Abschlusserstellung sind nicht bis in den letzten Schritt auf ein möglichst

schnelles Reporting ausgerichtet. Im Controlling sind die Prozesse zur Vor- und Nachkalkulation gut ausgeprägt. Andere Bereiche des Controllings sind eher schwach entwickelt.

2. Zielstellung für die Einführung eines integrierten Systems der Überwachung

49 Mit der Einführung eines integrierten Systems sollen vor allem zwei Ziele verfolgt werden: Zum einen sollen die bereits vorhandenen Strukturen unter dem Aspekt der Überwachung des Unternehmens optimiert werden. Zum anderen sollen Strukturen und Prozesse eingerichtet werden, die die Balance von Kosten und Erfolg der Unternehmensüberwachung so gut wie möglich finden.

3. Vorgehensweise

50 Um ein abgestimmtes und integriertes System der Überwachung einzuführen, hat sich ein Vorgehen in vier Schritten bewährt. An dieser Stelle soll aber keine detaillierte Handlungsanweisung gegeben werden, sondern vielmehr dargestellt werden, welche Themen zu bearbeiten sind.

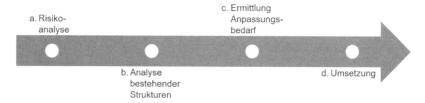

a) Risikoanalyse

51 In der ersten Phase, der Risikoanalyse (auch „Risikoinventur"), werden die für das Unternehmen relevanten Risiken ermittelt.[34] Die Ermittlung erfolgt dabei idealerweise auf Basis bereits vorhandener Risikoeinschätzungen und -analysen. Dabei werden die unternehmensinternen Risiken zum Beispiel anhand der Leistungs- und unterstützenden Prozesse oder anhand der Aufbauorganisation definiert. Bei Konzernstrukturen kann es erforderlich sein, bestehende Unterschiede in den verschiedenen Geschäftsbereichen zu differenzieren. Neben den für die Ausgestaltung des Compliance Managements erforderlichen rechtlichen Risiken sind auch die Risiken in wirtschaftlicher Hinsicht zu beachten.

52 Sich aus externen Faktoren ergebende Risiken werden in der Regel differenziert nach geografischen Kriterien (z.B. differenziert auf der Basis des „Corruption Perception Index" von der Organisation „Transparency International"[35]) und auf

---

34 Siehe auch *Schulz*, Kap. 1, Rn. 57, sowie zum Risikomanagement allgemein *Romeike*, Kap. 9.
35 Siehe https://www.transparency.de/cpi/ (zuletzt abgerufen am 1.4.2020).

Basis branchenspezifischer Risikoeinschätzungen, die sich zum Beispiel auch auf der Basis der Informationen von Verbänden oder Branchenanalysen ableiten lassen.[36] In der Literatur lassen sich weitere Informationen zum Thema Risikoanalyse finden.[37]

Im Ergebnis der Risikoanalyse lässt sich die Gesamtheit der Risikosituation zum Beispiel in Form einer entsprechenden „Landkarte" (oder auch „Heat Map") darstellen: **53**

Rechtsgebiet	Acme Konzern	Corporate Functions	Zentraleinkauf	Corporate Finance	Treasury	Accounting	Region EMEA	Acme Deutschland	Einkauf	Key Account Management	HR	…
Kartellrecht												
Einkaufskartell			▓				▓		▓			
Preisabsprachen												
Arbeitsschutz und Sicherheit												
Intellectual Property Rights												
Verstoß Lizenzvereinbarungen												
Untergang Lizenzen												
Datenschutz												
Korruption												

b) Analyse bestehender Strukturen

In der zweiten Phase werden die bestehenden Strukturen und Prozesse in den oben beschriebenen internen Komponenten des Systems der Unternehmensüberwachung auf ihren Beitrag zur Überwachung der im ersten Schritt ermittelten Risiken hin analysiert. Mit einzubeziehen sind die vorhandenen personellen und technischen sowie finanziellen Ressourcen. Dabei ist es hilfreich, auch bereits bestehende Verknüpfungen, zum Beispiel zwischen Risikomanagement und Controlling, zu benennen.   **54**

c) Ermittlung des Anpassungsbedarfs

In einem dritten Schritt wird aus der Analyse der bestehenden Strukturen abgeleitet, welche Anpassungen in den Strukturen und Prozessen der vorhandenen internen Komponenten vorzunehmen sind, um ein den Risiken angepasstes Sys-   **55**

---

36 Siehe zum Beispiel für die Immobilienwirtschaft in Deutschland die Risikoübersicht der Initiative Corporate Governance der deutschen Immobilienwirtschaft e. V. unter http://www.im mo-initiative.de/wp-content/uploads/2014/10/Risikouebersicht-final.pdf (zuletzt abgerufen am 1.4.2020).
37 Siehe unter anderem: *Moosmayer*, Compliance-Risikoanalyse, 2015, 6 Rn. 24 ff., sowie *Schulz*, Kap. 1, Rn. 57 ff., und *Romeike*, Kap. 9.

tem der Unternehmensüberwachung zu erhalten. Dabei sollten unternehmensindividuell Prioritäten definiert werden, die dann die Basis für die Planung der Umsetzung der Optimierung der bestehenden Strukturen bilden. Denn gerade in der beschriebenen Zielgruppe von Unternehmen sind Unternehmer wie Management bemüht, unnötige Kosten speziell in den Nicht-Leistungsprozessen zu minimieren. Auf Basis der gesetzten Prioritäten können daher einzelne Anpassungsmaßnahmen aufwandsseitig geplant und bewusst zeitlich gestaffelt vorgenommen werden.

d) Umsetzung

56 Die Umsetzung der Maßnahmen erfolgt dann durch eine Anpassung von Prozessen und Strukturen und – soweit erforderlich – durch die Einführung neuer Instrumente und Systeme.

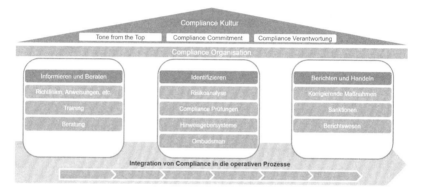

Einführung von Elementen des Compliance Managements[38]

57 „Klassische" Elemente des Compliance Managements wie entsprechende Richtlinien (Code of Conduct etc.) und Hinweisgebersysteme sind in den meisten Fällen neu einzuführen. Durch Nutzung entsprechender branchenspezifischer Richtlinien und Vorlagen lässt sich der Aufwand für Richtlinien aber deutlich begrenzen.[39]

58 Auf Basis dieser definierten Richtlinien können dann entsprechende Trainings entwickelt werden. Diese müssen die Mitarbeiter nach der Einstellung zum Beispiel in Form eines webbasierten Trainings durchlaufen.[40]

---

38 Elemente eines Compliance-Programms: eigene Darstellung in Anlehnung an https://www.thyssenkrupp.com/en/company/compliance/program.

39 Zum Beispiel: http://www.markenverband.de/kompetenzen/corporate-social-responsibility/code-of-conduct (zuletzt abgerufen am 29.1.2020).

40 Zu Schulungen ausführlich *Hastenrath*, Kap. 6.

Funktionen wie die eines Ombudsmanns oder Hinweisgebersysteme[41] können 59
Beispiel auch an entsprechende Dienstleister vergeben werden. Damit werden
nicht nur die Kosten stärker variabel gehalten. Vielmehr kann ein Externer als
Ansprechpartner bei Compliance-Verstößen es auch internen Mitarbeitern leichter machen, entsprechende Hinweise zu geben, gerade wenn die Hinweise Kollegen oder Vorgesetzte betreffen.

Die Prüfung auf Einhaltung der Compliance-Vorschriften kann als Bestandteil 60
der Arbeit der internen Revision durch eigene Kräfte oder aber auch durch externe Dienstleister erfolgen.

Neben diesen Elementen kann es aber auch erforderlich sein, die bestehenden 61
operativen Prozesse durch weitere Compliance-Elemente zu ergänzen. Als Beispiel hierfür sei die Integration des sog. „Business Partner Screenings" in die
Einkaufs- und Vertriebsprozesse genannt.

Beim „Business Partner Screening"[42] werden sowohl Kunden als auch Lieferan- 62
ten im Rahmen der Einkaufs- und Vertriebsprozesse hinsichtlich möglicher
Risiken aus den Bereichen Geldwäsche und Korruption überprüft und bewertet.
Dazu werden öffentlich zugängliche Informationen und entsprechende Datenbanken genutzt. Einige Anbieter bieten hierfür eine entsprechende Integration in
die IT-gestützten Prozesse an.

Bei Vorliegen entsprechender Verdachtsmomente wird dann auf Basis bestimm- 63
ter Regeln und durch Management Judgement entschieden, ob mit dem Geschäftspartner weiterhin Geschäftsbeziehungen aufrechterhalten werden, ggf.
auch unter einem Monitoring der weiteren Entwicklung.

Ergänzung des Internen Kontrollsystems

---

41 Siehe hierzu auch *Möhlenbeck*, Kap. 5, sowie *Moosmayer*, Compliance, 3. Aufl. 2015,
   Rn. 24.
42 Siehe hierzu u. a. *Martinek/Semler/Flohr*, Handbuch des Vertriebsrechts, 4. Aufl. 2016, § 79
   Rn. 186–195. Zur Frage der Compliance in der Lieferkette siehe *Schleper/Förstl*, Kap. 16.

64 Ein weiteres Beispiel ist die Ergänzung der vorhandenen Prozesse um zusätzliche Maßnahmen zur Abwehr z. B. von Risiken aus dolosen Handlungen. So ergänzte ein Unternehmen der Immobilienwirtschaft sein bisheriges „Vier-Augen-Prinzip" bei der Genehmigung von Bau- und Instandhaltungsmaßnahmen in den Niederlassungen durch eine rein zufallsgesteuerte Weiterleitung einzelner Bestellungen einer Niederlassung an eine weitere Niederlassung, die künftig die fachliche Angemessenheit der Bestellung prüft.

65 Daneben kann auch eine halbjährliche Analyse der Vergabe von Aufträgen im Zusammenhang mit einer Analyse von Nachforderungen, der Qualität der Lieferanten dabei helfen, selbst relativ „gut" gesteuerte Korruptionsansätze zu verhindern.

4. Fazit

66 Mittelständisch geprägte Unternehmen weisen häufig einen geringeren Grad der Standardisierung und Dokumentation von Prozessen, Strukturen und Systemen auf. Um dennoch eine angemessene Überwachung der Unternehmen zu erreichen, ohne ein Ausufern der Kosten der Überwachung zu riskieren, bietet es sich an, auf den vorhandenen Strukturen, Prozessen und Instrumenten aufzusetzen und diese auf Basis einer Risikoanalyse zu optimieren.

67 Eine Einrichtung von Systemen der Überwachung, wie sie internationale Konzerne entweder aus regulatorischen Zwängen oder wegen ihrer Komplexität erfordern, würde mittelständische Unternehmen aus Kosten- und Ressourcenperspektive zumeist überfordern. Daher sollte der Fokus auf der Optimierung und punktuellen Erweiterung der vorhandenen Komponenten liegen, die bereits vorhandene Zusammenhänge und Abhängigkeiten berücksichtigen.

11. Kapitel
Datenschutz im Compliance Management

I. Einleitung

Mit der stetig voranschreitenden Digitalisierung[1] und der neben den klassischen personenbezogenen Daten auch aus mit dem Internet verbundenen Geräten generierten Daten und deren Zuordnung zu Personen (Internet of Things, kurz „IoT"), gewinnt nicht nur in größeren Unternehmen das Daten(schutz)management eine immer größere Bedeutung. Gerade die Technikgestaltung, Produktentwicklung und Datenverarbeitung im Personalmanagement erfordert eine frühzeitige Auseinandersetzung mit datenschutzrechtlichen Fragestellungen. Insbesondere das Inkrafttreten der Datenschutzgrundverordnung (**DSGVO**) im Mai 2018 hat zu einer Dynamik bei der Anwendung, Umsetzung und Beachtung von datenschutzrechtlichen Vorschriften geführt. Nicht immer traf dies anfangs auf Zustimmung und so kam es teilweise auch zu medial wirksam dargestellten Kapriolen, die teilweise Kopfschütteln verursachten.[2] Dennoch bleibt aber festzustellen, dass die DSGVO neben einzelnen Schwierigkeiten zu erheblicher Rechtssicherheit geführt hat und viele Befürchtungen sich seit Mai 2018 nicht bestätigt haben. Vielmehr erweist sich die DSGVO als moderne Regelung zum Datenschutz, die im Zuge der praktischen Umsetzung zu immer mehr Rechtssicherheit führt und zudem sogar von anderen Staaten bei der Ausgestaltung ihrer Datenschutzgesetze herangezogen wird.[3] Zudem erfährt der Datenschutz auch dadurch einen Bedeutungsgewinn, dass immer mehr Menschen eine Idee davon bekommen, was Datenschutz bedeutet und sie machen ihre diesbezüglichen Rechte verstärkt geltend. Auch die zunehmende Bedeutung von Compliance in Unternehmen hat dazu geführt, dass Datenschutzgesetze und deren Beachtung verstärkt intern überwacht werden (müssen).

Worum geht es eigentlich beim Datenschutz? Datenschutz ist der Schutz des Einzelnen vor der Beeinträchtigung seines Persönlichkeitsrechts im Allgemeinen und seiner Privatsphäre im Besonderen, einschließlich des Rechts auf informationelle Selbstbestimmung durch die Erhebung und Verarbeitung bestimmter Daten, die Aufschluss über das Verhalten einer Person geben, d. h. „alle Informationen, die sich auf eine identifizierte oder identifizierbare natürliche Person […] beziehen" (Art. 4 Abs. 1 DSGVO)[4] und der Schutz vor Missbrauch dieser

1

2

---

1 Siehe auch *Jacobs*, Kap. 12, Rn. 1 ff.
2 U. a. https://www.bunte.de/family/kinder-schule/kinderbetreuung/dsgvo-wahnsinn-datenschutz-extrem-bei-dieser-kita-haben-auf-fotos-jetzt-alle-gesichter-schwarze.html (zuletzt abgerufen am 8.4.2020).
3 Siehe u. a.: https://www.theguardian.com/us-news/2019/dec/30/california-consumer-privacy-act-what-does-it-do.
4 Gemäß Art. 4 Nr. 1 DSGVO sind „personenbezogene Daten" alle Informationen, die sich auf eine identifizierte oder identifizierbare natürliche Person (im Folgenden „betroffene Person")

Daten dort, wo sie denn einmal erhoben wurden. Der Datenschutz soll also die möglichst ungehinderte und ungestörte Bewegungsfreiheit im datenerhebungsfähigen Bereich für jeden Einzelnen gewährleisten, soweit keine schutzwürdigen Interessen eines Dritten entgegenstehen. Der Begriff „Datenschutz" verleitet noch immer zu Fehlinterpretationen, denn es geht in erster Linie nicht darum, Daten im technischen Sinne zu schützen (z.B. Geschäftsgeheimnisse oder Finanzdaten) – dies ist primäre Aufgabe der IT-Sicherheit[5] oder dies wird durch andere Gesetze geschützt.[6] Die IT-Sicherheit gewährleistet– soweit personenbezogene Daten von der Datenverarbeitung betroffen sind – regelmäßig die technische Umsetzung sowie die Effektivität der technischen und organisatorischen Maßnahmen zum Schutz der Daten. Das ob, zu welchem Zweck und in welcher Form personenbezogene Daten verarbeitet werden, ist dagegen Kernaufgabe des Datenschutzes. Dabei können die Kernaufgaben des Datenschutzes unmittelbar aus Art. 5 DSGVO abgeleitet werden: Denn hiernach hat die Verarbeitung von personenbezogenen Daten nach Treu und Glauben, transparent und rechtmäßig zu erfolgen, wobei der Grundsatz der Datenminimierung zu wahren ist und die erhobenen Daten richtig sein müssen. Ferner sind die Daten nach Zweckerreichung wieder zu löschen und sie müssen mit geeigneten Maßnahmen verarbeitet werden, um ihre Integrität und Vertraulichkeit zu wahren.

3 Hilfreich zum Verständnis des Datenschutzes ist ein Blick in die historische Entwicklung des Persönlichkeitsrechts, der nicht erst bei der Entstehung des Datenschutzrechts im heute engeren Sinne ansetzt. Denn der Begriff des Datenschutzes erfuhr seine heute übliche Bedeutung in Deutschland erst in den 1970er Jahren[7] und wurde zuvor teilweise auch für Datensicherheit verwendet.[8] Schaut man jedoch zurück in die historische Entwicklung des Persönlichkeitsrechts, dann reiht sich der Datenschutz ein in den Schutz der Privatsphäre und die Einflussnahme darauf, was über eine Person uneingeschränkt veröffentlicht oder in Erfahrung gebracht werden darf. Damit steht der Datenschutz als Teilbereich der Privatsphäre stets im Spannungsfeld mit der Meinungsfreiheit und dem Schutz der Allgemeinheit vor Gefahren (u. a. Informationsbedürfnis der Allgemeinheit sowie Terrorabwehr und damit zusammenhängende Datenabgleiche vs. Schutz-

---

beziehen; als identifizierbar wird eine natürliche Person angesehen, die direkt oder indirekt, insbesondere mittels Zuordnung zu einer Kennung wie einem Namen, zu einer Kennnummer, zu Standortdaten, zu einer Online-Kennung oder zu einem oder mehreren besonderen Merkmalen identifiziert werden kann, die Ausdruck der physischen, physiologischen, genetischen, psychischen, wirtschaftlichen, kulturellen oder sozialen Identität dieser natürlichen Person sind.

5 Siehe auch *Jacobs*, Kap. 12.

6 Siehe Gesetz zum Schutz von Geschäftsgeheimnissen (GeschGehG); dieses Gesetz dient dem Schutz von Geschäftsgeheimnissen vor unerlaubter Erlangung, Nutzung und Offenlegung.

7 *Seidel*, Datenbanken und Persönlichkeitsrecht, unter besonderer Berücksichtigung der amerikanischen Computer Privacy, 1972.

8 Siehe Datenschutzgesetz des Landes Hessen vom 7.10.1970, http://starweb.hessen.de/cache/ GVBL/1970/00041.pdf#page=1 (zuletzt abgerufen am 10.4.2020).

interessen des Einzelnen). In ganz besonderem Maße ist in diesem Zusammenhang auf die Verarbeitung von Daten zur Abwehr und Eindämmung von Pandemien, wie COVID-19, zu verweisen; hier wurden nicht nur die persönlichen Freiheiten jedes Einzelnen im Allgemeinen sondern insbesondere auch der Datenschutz einer harten Bewährungsprobe unterzogen.[9] Zieht man diesen weiten Bogen und betrachtet das Recht auf Datenschutz als Bestandteil des Persönlichkeitsrechts und der Privatsphäre, dann ist die Rechtsentwicklung hierzu weit älter: Bereits 1890 erschien erstmals ein Artikel im Harvard Law Review zum Thema Privatsphäre.[10] Darin wird zum ersten Mal der Begriff „Privacy" definiert, welcher im englischsprachigen Raum oft synonym zum Begriff „Data Protection" oder „Data Privacy" verwendet wird. Privatsphäre wird dort im Ergebnis als Recht definiert, in Ruhe gelassen zu werden („right to be let alone"). Die Autoren des Artikels schreiben vor dem Hintergrund der sich gerade als Massenphänomen im Journalismus verbreitenden Fotografie, dass die Rechtsentwicklung die Privatsphäre hervorgebracht habe, welche Anerkennung in der Rechtsprechung erfordere. Politische, soziale und wirtschaftliche Veränderungen erfordern die Anerkennung von neuen Rechten und das (Gewohnheits-)Recht in seiner ewigen Jugend entwickelt sich, um den gesellschaftlichen Anforderungen gerecht zu werden.[11] Diese Worte gelten auch heute noch, gerade vor dem Hintergrund der mit der COVID-19-Pandemie einhergehenden Auseinandersetzung über Zweck und Umfang der Verarbeitung auch sensibler personenbezogener Daten im Anwendungsbereich der DSGVO.

Obwohl der o. a. Vergleich manch einem Leser als weit hergeholt erscheinen **4** mag, gilt die Definition des Begriffs der Privatsphäre im US-Rechtsraum noch heute als Grundlage für die Anerkennung des Rechts auf Privatsphäre im datenschutzrechtlichen Sinne. Zwar erfolgte die damalige Auseinandersetzung mit der Privatsphäre vor dem Hintergrund der Entwicklung der Fotografie. In Deutschland mündete diese Entwicklung im Jahre 1907 in die Regelung durch das Kunsturhebergesetz, welches ganz wesentlich davon getragen wurde, die Privatsphäre von Personen des öffentlichen Lebens vor zu aufdringlichen Fotografen schützen zu wollen.[12] Jedoch ist gerade in Zeiten der rasant voranschreitenden Digitalisierung die Verbindung von ursprünglich nicht unmittelbar vom

---

9 Im Einzelnen dazu: *Schmitz*, Smarte Bekämpfung der Pandemie ist datenschutzrechtlich erlaubt, ZD-Aktuell 2020, 04404; *Geminn/Johannes/Miedzianowski*, Datenschutz nach Corona – was ist da, was bleibt, was kommt? – ZD-Aktuell 2020, 07073; https://www.datenschutzbayern.de/corona/; https://www.bfdi.bund.de/DE/Datenschutz/Themen/Gesundheit_Soziales/GesundheitSozialesArtikel/Datenschutz-in-Corona-Pandemie.html?nn=5216976 (zuletzt abgerufen am 10.4.2020).

10 *Warren/Brandeis*, 4 Harvard Law Review, 1890, 193 ff.

11 *Warren/Brandeis*, 4 Harvard Law Review, 1890, 196 f.

12 Zur Entstehung des Kunsturhebergesetzes siehe insofern *Prinz*, Medienrecht: Die zivilrechtlichen Ansprüche, 1999, Rn. 786.

Datenschutz erfassten Lebensbereichen unter Berücksichtigung des Rechts auf Privatsphäre gesamtheitlich zu betrachten.[13] Gerade auch mit dem Internet der Dinge (IoT) und der daraus resultierenden digitalen Verknüpfung aller Lebensbereiche ist der Datenschutz neu und gesamtheitlich vor diesem Hintergrund zu bewerten.

5 Damit bleibt der Datenschutz eine herausfordernde und stets aktuelle Aufgabe. Die Möglichkeit der umfassenden Datenerfassung bei einer Vielzahl menschlicher Tätigkeiten (Lokalisierung über das Mobiltelefon oder den Pkw, Gesundheitsdatenerfassung über Smartwatches, Telemetriedatenerfassung im Pkw zur Erlangung eines günstigeren Kfz-Versicherungstarifs, Kaufverhalten in Online-Shops etc.) lässt die Aufgabenfülle des Datenschutzbeauftragten schier endlos erscheinen. Diese Aufgaben zu strukturieren, zu organisieren und zu administrieren, ist herausfordernd aber auch spannend. Während die datenschutzrechtliche Compliance in Unternehmen vor Inkrafttreten der DSGVO im Mai 2018 oft nur wenig priorisiert wurde und kurzfristige DSGVO-Projekte nur punktuell die Datenschutz-Compliance sicherstellen konnte, sind Unternehmen gut beraten, den Schutz der Privatsphäre von Personen und mithin des Datenschutzes ernst zu nehmen und diesen als dauerhafte Aufgabe in Unternehmensabläufen zu verstetigen. Und das aus folgenden Gründen:

1. Bürger haben inzwischen ein wesentlich besseres Verständnis bezüglich der Rechte an ihre Person betreffende Daten. Unternehmen, die bei den Bürgern im Ruf stehen, es mit dem Datenschutz nicht so genau zu nehmen, werden von diesen, d. h. Kunden und Mitarbeitern, negativ wahrgenommen und gemieden.[14]

2. Die DSGVO erfordert eine höhere Sorgfalt beim Umgang mit personenbezogenen Daten (Rechenschaftspflicht gemäß Art 5 Abs. 2 DSGVO). Bei einer unzureichenden datenschutzrechtlichen Compliance werden immer höhere Bußgelder erhoben, die Unternehmen erheblichen Schaden zufügen können.[15]

6 Vor diesem Hintergrund tun Unternehmen gut daran, den Datenschutz sorgfältig in die Compliance-Struktur zu integrieren. Es wird in Unternehmen mit erheb-

---

13 Datenhungrige Autos – ADAC deckt auf: Diese Daten senden moderne Autos ständig an den Hersteller, http://www.focus.de/auto/ratgeber/sicherheit/datenhungrige-autos-adac-deckt-auf-diese-daten-senden-moderne-autos-staendig-an-den-hersteller_id_5580278.html (zuletzt abgerufen am 29.1.2020).

14 Siehe *Conroy/Milano/Narula/Singhal*, Building customer trust, http://dupress.com/articles/consumer-data-privacy-strategies/ (zuletzt abgerufen am 29.1.2020).

15 Siehe Art. 83 Abs. 1 DSGVO: „Jede Aufsichtsbehörde stellt sicher, dass die Verhängung von Geldbußen gemäß diesem Artikel für Verstöße gegen diese Verordnung gemäß den Absätzen 5 und 6 in jedem Einzelfall wirksam, verhältnismäßig und abschreckend ist."; insofern siehe auch die neue Bußgeldpraxis und bereits erlassene Bußgelder: https://www.datenschutzkonferenz-online.de/media/pr/20190622_pr_mainz.pdf; https://www.lathamgermany.de/2019/09/datenschutzbehorden-verabschieden-modell-zur-berechnung-von-busgeldern/; https://www.enforcementtracker.com/ (zuletzt abgerufen am 10.4.2020).

Becker/Böhlke/Fladung

lichem Verbraucher-Kontakt oder umfassendem Umgang mit personenbezogenen Daten von gesteigerter Bedeutung sein, den Datenschutz allumfassend im Unternehmen zu implementieren und ein funktionierendes Datenschutzmanagementsystem („DMS") zu etablieren.

II. Der konzeptionelle Schutz personenbezogener Daten

1. Gesetzliche Grundlagen

Die Verwendung personenbezogener Daten und der Schutz personenbezogener Daten sowie damit zusammenhängende Pflichten und Rechte aber auch etwaige Bußgelder oder gar Strafen bei Verstößen sind in Deutschland umfassend gesetzlich geregelt. Allerdings sind die gesetzlichen Grundlagen nicht zuletzt durch die DSGVO für den Anwender in der Praxis eine nur schwer zu erarbeitende Materie. Nachfolgend werden die für die Praxis wesentlichen gesetzlichen Grundlagen knapp und verständlich dargestellt. **7**

a) Datenschutzgrundverordnung

In der Praxis dürfte der DSGVO nunmehr die größte Bedeutung zukommen. Die DSGVO regelt den Umgang mit personenbezogenen Daten für privatwirtschaftliche Unternehmen. **8**

Das bisher bestehende System aus Richtlinien und nationalen Gesetzen wurde durch die DSGVO verdrängt, da sie als Verordnung Geltungs- und Anwendungsvorrang hat. Die DSGVO gilt ohne Umsetzungsakt unmittelbar in allen EU-Mitgliedstaaten. Im Gegensatz zu einer Richtlinie ist es den Mitgliedstaaten daher nicht möglich, den von der Verordnung festgeschriebenen Datenschutz durch nationale Regelungen abzuschwächen oder zu verstärken. Die DSGVO ist am 14.4.2016 durch das EU-Parlament beschlossen worden und damit endete die seit 2012 andauernde Gesetzgebungsphase für die DSGVO. **9**

Da die DSGVO die Bußgeldrahmen ganz erheblich anhebt, ist die Einhaltung datenschutzrechtlicher Vorschriften und Verpflichtungen seit 2018 essenziell. Nunmehr sind Bußgelder bis zu 20 Mio. EUR oder 4% des weltweiten Jahresumsatzes, je nachdem was höher ist, möglich. Damit hat das Thema Datenschutz in der Unternehmenspraxis einen ganz anderen Stellenwert bekommen. Ferner ist der geografische Anwendungsbereich des europäischen Datenschutzrechts erheblich ausgeweitet worden – so findet die DSGVO immer dann Anwendung, wenn personenbezogene Daten von Bürgern der EU-Mitgliedstaaten erhoben, verarbeitet und genutzt werden. **10**

Weitere wichtige Neuerungen mit Praxisrelevanz sind die Benachrichtigung der Aufsichtsbehörde bei der Übermittlung von personenbezogenen Daten an Behörden und andere staatliche Stellen von Drittstaaten sowie die sog. Datenportabilität. Demnach müssen nun – wie man es etwa von Telefonnummern kennt – Daten vom bisherigen zu einem neuen Anbieter auf Wunsch des Betroffenen portiert werden. Die neu eingeführten Vorgaben zu „data protection by design **11** and by default" (Datenschutz durch Technikgestaltung und Voreinstellung) und das „data protection impact assessment" (Datenschutzfolgenabschätzung) haben ebenfalls erhebliche Praxisrelevanz.

12 Auch wenn von Kritikern der DSGVO stets behauptet wurde, das hohe Datenschutzniveau in Deutschland würde durch die europäischen Reformbestrebungen herabgesetzt, war die Herstellung von Compliance mit den neuen Vorgaben für die Unternehmen mit einem teilweise sehr großem Aufwand verbunden – und ist vermutlich in vielen Unternehmen noch nicht vollständig abgeschlossen.

b) Bundesdatenschutzgesetze

13 Das BDSG trat 1977 in Kraft und unterlag seitdem einer ständigen Weiterentwicklung und Anpassung an die jeweils aktuellen Gegebenheiten und europäischen Vorgaben. Es wurde 1990, also rund sieben Jahre nach dem sog. Volkszählungsurteil des Bundesverfassungsgerichts, neu gefasst. Eine dritte Fassung trat 2001 zur Umsetzung der Vorgaben aus der EG-Datenschutzrichtlinie 95/46/EG in Kraft. Eine Reihe von Datenschutzskandalen führte 2009 zu einer weiteren Überarbeitung. Am 25.5.2018 schließlich hat die DSGVO das alte BDSG im Wesentlichen abgelöst.

14 Mit Inkrafttreten der DSGVO am 25.5.2018 trat auch das neue BDSG 2018 in Kraft. Das neue BDSG 2018 stellt eine Konkretisierung der DSGVO dar, denn die DSGOVO enthält einige Öffnungsklauseln für nationale Regelungen. Art. 88 DSGVO eröffnet den Mitgliedstaaten die Möglichkeit, den Beschäftigtendatenschutz national zu regeln. Von dieser Möglichkeit hat der deutsche Gesetzgeber Gebrauch gemacht. Das BDSG 2018 enthält unter anderem die wesentlichen Bestimmungen für den Beschäftigtendatenschutz aber auch viele weitere Konkretisierungen der DSGVO. Insofern hat sich die Komplexität des Datenschutzrechts leider nicht reduziert – für eine abschließende Beantwortung datenschutzrechtlicher Fragestellungen muss auch das BDSG 2018 herangezogen werden, da hier zum Teil relevante Konkretisierungen enthalten sind.

c) Landesdatenschutzgesetz

15 Die einzelnen Datenschutzgesetze der Bundesländer regeln den Umgang mit personenbezogenen Daten für öffentliche Stellen der Länder. Die Gesetze sind für die privatwirtschaftliche Praxis daher regelmäßig von nachrangiger Relevanz. Abgrenzungsfragen können sich aber bei wirtschaftlichen Unternehmen der Gemeinden oder Gemeindeverbände, Eigenbetrieben oder juristischen Personen des öffentlichen Rechts, die am Wettbewerb teilnehmen, ergeben. Die Landesdatenschutzgesetze unterscheiden sich aber inhaltlich kaum und spiegeln im Wesentlichen die Vorschriften des BDSG wider. Im Regelfall dürfte also eine nach BDSG zulässige Datenverarbeitung auch nach dem jeweiligen Landesdatenschutzgesetzen zulässig sein.

Eine gewisse Praxisrelevanz haben die Landesdatenschutzgesetze aber auch für **16** die Privatwirtschaft, da sie zumeist auch die für die diese zuständige Aufsichtsbehörde festlegen.

d) Europäische Richtlinien

Das Datenschutzrecht ist maßgeblich von europarechtlichen Vorgaben geprägt. **17** Neben der DSGVO sind die sog. Richtlinie für elektronische Kommunikation 2002/58/EG und die in der Praxis als „Cookie-Richtlinie" bezeichnete E-Privacy-Richtlinie 2009/136/EG hervorzuheben.

Die durch die DSGVO abgelöste Datenschutzrichtlinie 95/46/EG war bis zum **18** Inkrafttreten der DSGVO die wichtigste europarechtliche Regelung zum Datenschutz. Wie jede Richtlinie bedurfte sie der Umsetzung in nationales Recht – und zwar ohne größere nationalstaatliche Abweichungen, d. h. im Wege der sog. Vollharmonisierung. In Deutschland wurde sie im Wesentlichen durch eine Anpassung des bestehenden BDSG in nationales Recht umgesetzt.

Die sog. Cookie-Richtlinie regelt sehr kleinteilig und detailliert die Verwendung **19** von sog. Cookies, also Dateien, die Informationen über den Nutzer von Webseiten enthalten und z. B. Rückschlüsse auf seine Gewohnheiten zulassen können. Das sog. Profiling und Targeting, also die vermeintliche bedarfs- und nutzergerichtete Werbung sollte nach Ansicht des europäischen Gesetzgebers nur unter erschwerten Bedingungen zulässig sein, da man ansonsten den Schutz der Privatsphäre gefährdet sah. Praxisrelevanz hatte insbesondere das Erfordernis einer Einwilligung für die Verwendung von Cookies für Werbezwecke im weiteren Sinne.

e) Weitere Gesetze mit datenschutzrechtlichen Vorgaben

Große Praxisrelevanz können die spezialgesetzlichen Regelungen in diversen **20** Nebengesetzen haben. Wichtige Gesetze in diesem Zusammenhang sind das Telekommunikationsgesetz (**TKG**) und das Telemediengesetz (**TMG**), deren Anwendungsbereiche und datenschutzrechtlichen Regelungen nachfolgend kurz dargestellt werden. Zudem enthält das Gesetz gegen unlauteren Wettbewerb (**UWG**) eine in der Praxis überaus relevante Vorschrift zur Verwendung von Daten zu Werbezwecken.

Das TKG enthält in Teil 7 Abschnitt 2 besondere bereichsspezifische Vorgaben **21** und Verpflichtungen betreffend den Umgang mit personenbezogenen Daten. Hervorzuheben sind die detaillierten Vorgaben für eine rechtmäßige Erhebung und Nutzung von sog. Verkehrsdaten und Standortdaten. Zudem sind Diensteanbieter zur Wahrung des Fernmeldegeheimnisses verpflichtet, dessen Verletzung strafrechtlich sanktioniert werden kann und daher von besonderer Praxisrelevanz ist.

22   Vorsicht bei der Auswertung von E-Mails und anderen Telekommunikationsdaten

Bevor E-Mails ausgewertet und gesichtet werden, sollte geprüft werden, ob die private Nutzung des betrieblichen E-Mail-Systems gestattet oder ausdrücklich verboten ist. Nach recht umstrittener und teilweise von Arbeitsgerichten abgelehnter, aber immer noch verbreiteter Auffassung unter anderem von Aufsichtsbehörden und insbesondere bei der hier gebotenen vorsichtigen Betrachtung, sind nämlich Unternehmen, die ihren Mitarbeitern die (auch nur gelegentliche) **private Nutzung** des dienstlichen E-Mail-Accounts **gestatten**, zur Wahrung des Fernmeldegeheimnisses verpflichtet, da sie Telekommunikationsdienste für Dritte, nämlich ihre Mitarbeiter, anbieten. Die Verletzung des Fernmeldegeheimnisses kann mit einer Freiheitsstrafe von bis zu 5 Jahren bestraft werden, vgl. § 206 StGB. Vor einer Auswertung von E-Mails etwa im Rahmen einer internen Untersuchung sollte daher die Rechtmäßigkeit sorgfältig und unter Beachtung der aktuellen Rechtsprechung geprüft werden. Eine rechtskonforme Sichtung von E-Mails und anderen Telekommunikationsdaten, die vom Fernmeldegeheimnis geschützt sind, erfordert momentan wohl regelmäßig die Einwilligung des bzw. der Betroffenen und ist daher ein mühsamer und langwieriger Prozess. In der Praxis hat man häufig aber gerade keine Zeit und es ist Eile geboten, die Daten auszuwerten, da etwa eine Kronzeugenregelung in Anspruch genommen werden soll. Hier werden häufig finanzielle gegen strafrechtliche Folgen abgewogen. Dieser Problematik kann man aber leicht entgehen, indem man die private Nutzung des betrieblichen E-Mail-Systems vollständig untersagt oder die Nutzung von der Unterzeichnung einer umfassenden und informierten Einwilligungserklärung abhängig macht.[16] Sofern die private Nutzung des betrieblichen E-Mail-Accounts aber ausdrücklich untersagt ist, müssen bei der Sichtung und Auswertung von E-Mails der Mitarbeiter die datenschutzrechtlichen Vorschriften beachtet werden. Die datenschutzrechtlichen Vorschriften, hinzuweisen ist hier insbesondere auf § 26 BDSG 2018, verlangen eine umfassende Interessenabwägung der berechtigten Interessen des Unternehmens mit den schutzwürdigen Interessen der Betroffenen – die Sichtung und Auswertung muss verhältnismäßig sein. Regelmäßig zulässig dürfte etwa eine Auswertung der E-Mails der zuständigen Mitarbeiter des Vertriebs sein, wenn ein begründeter Verdacht auf Bestechung oder Submissionsbetrug im Raum steht. Vertiefend hierzu unten Rn. 214 ff. und 224 ff.

23   Während das BDSG im Wesentlichen die Datenverwendung im Offline-Bereich regelt, enthält das TMG die maßgeblichen Vorgaben für den Online-Bereich, also den Umgang mit und die Verwendung von personenbezogenen Daten etwa auf Webseiten und anderen Telemedien. In Abschnitt 4 enthält das TMG detail-

---

16 Vertiefend hierzu unten unter Rn. 108 und 166 ff.

lierte Vorgaben für die rechtmäßige Erhebung und Verwendung von personenbezogenen Daten durch Diensteanbieter. Insbesondere die Verwendung von Nutzungsdaten und die Erstellung von Nutzungsprofilen sind nur unter engen Voraussetzungen gestattet.

Das UWG schließlich enthält mit § 7 UWG eine überaus praxisrelevante Vor- **24** schrift zur Verwendung von personenbezogenen Daten zu Werbezwecken. Im Zusammenspiel mit den Vorgaben der DSGVO wird – leider sehr verwirrend und schwer verständlich – geregelt, unter welchen Voraussetzungen Kundendaten zu Werbezwecken verarbeitet werden dürfen. Grundsätzlich ist demnach für die Verarbeitung von personenbezogenen Daten für Werbezwecke eine umfassende Einwilligung notwendig. Die Vorgaben an eine rechtskonforme sog. informierte Einwilligungserklärung werden durch die wettbewerbsrechtliche Rechtsprechung ständig weiterentwickelt und den aktuellen Erfordernissen angepasst.[17]

2. Zentrale Grundsätze

Ein Kerngedanke des Datenschutzrechts ist seit der fortschreitenden Digitalisie- **25** rung und der damit einhergehenden Gefahren der Schutz des Einzelnen vor dem Missbrauch seiner Daten. Ausgangspunkt ist das Grundrecht auf informationelle Selbstbestimmung, das das Bundesverfassungsgericht in einem vielbeachteten Urteil zu einer für 1983 geplanten Volkszählung herausgearbeitet hat.[18]

Die nachfolgend erläuterten zentralen Grundsätze bestimmen das Datenschutz- **26** recht maßgeblich und sind für das Verständnis der gesetzlichen Vorgaben und Pflichten sowie die Umsetzung von Datenschutz-Compliance essenziell.

a) Verbot mit Erlaubnisvorbehalt

Das Datenschutzrecht folgt dem Prinzip „Verbot mit Erlaubnisvorbehalt". Diese **27** Rechtsregel besagt, dass zunächst grundsätzlich alles verboten ist, es sei denn, es ist ausdrücklich erlaubt. Das Verarbeiten personenbezogener Daten ist also grundsätzlich verboten. Das Verarbeiten, und dazu gehört bereits das Erheben, personenbezogener Daten ist nur zulässig, sofern dies aufgrund einer Rechtsvorschrift erlaubt oder angeordnet ist oder der Betroffene eingewilligt hat – so Art. 5 und 6 DSGVO.

Dieser zentrale Grundsatz ist für das Verständnis des Datenschutzrechts und sei- **28** ne Auslegung wichtig – in der Praxis zeigt sich aber, dass die meisten Datenverarbeitungsszenarien bei entsprechender Ausgestaltung zulässig sind. Es sind aber Feinarbeit und *Awareness* der beteiligten Parteien notwendig.

---

17 Weiterführend und mit zahlreichen Praxisbeispielen hierzu: https://www.lda.bayern.de/de/
thema_werbung.html (zuletzt abgerufen am 22.4.2020).
18 BVerfG, Urt. v. 15.12.1983, 1 BvR 209/83, BVerfGE 65, 1.

29 Erlaubter Umgang mit Daten

Eine der häufigsten Fragen in der Praxis lautet: Darf ich personenbezogene Daten erheben, verarbeiten oder nutzen – und unter welchen Voraussetzungen? Die wichtigsten Erlaubnistatbestände der DSGVO und ihre Voraussetzungen sind:

– Einwilligung des Betroffenen, Art. 6 Abs. 1 lit. a, Art. 7 DSGVO
Die DSGVO hat auch Erleichterungen mit sich gebracht, so ist die bisherige strenge Schriftform, d. h., es ist eine eigenhändige Unterschrift des Betroffenen, nicht mehr erforderlich. Eine Einholung ist also auch auf elektronischem Weg möglich. Allerdings ist hier Vorsicht geboten, denn die verantwortliche Stelle trägt weiterhin die Beweislast, muss also jederzeit nachweisen können, dass der Betroffene eingewilligt hat. Der Betroffene muss zudem freiwillig einwilligen, d. h. ohne Zwang oder aleatorische Reize. Zudem muss der Betroffene umfassend informiert werden.

– Begründung, Durchführung oder Beendigung von Schuldverhältnissen, Art. 6 Abs. 1 lit. b DSGVO
Das Erheben, Speichern, Verändern oder Übermitteln personenbezogener Daten oder ihre Nutzung muss für die Begründung, Durchführung oder Beendigung eines Schuldverhältnisses erforderlich sein. Zudem müssen die schutzwürdigen Interessen des Betroffenen angemessen berücksichtigt werden. Diese gesetzliche Erlaubnis ist von großer praktischer Relevanz und gestattet einen Großteil der Datenverarbeitungsvorgänge in einem Unternehmen. (Fast) alle anderen Datenverarbeitungsvorgänge sind aufgrund nachfolgender gesetzlicher Erlaubnis zulässig.

– Wahrung berechtigter Interessen der verantwortlichen Stelle, Art. 6 Abs. 1 lit. f DSGVO
Das Erheben, Speichern, Verändern oder Übermitteln personenbezogener Daten oder ihre Nutzung muss zur Wahrung berechtigter Interessen der verantwortlichen Stelle erforderlich sein. Die berechtigten Interessen sind nicht abschließend aufgeführt und reichen beispielsweise von Gründen der Kostenersparnis und Effizienz bis zur Abwehr von Spionage. Wichtig ist aber, dass keine schutzwürdigen Interessen der Betroffenen überwiegen – es findet daher eine Interessenabwägung statt. Häufig können die schutzwürdigen Interessen etwa durch flankierende Maßnahmen wie Pseudonymisierung oder Anonymisierung hinreichend gewahrt werden, so dass die berechtigten Interessen der verantwortlichen Stelle überwiegen.

– Erheben, Verarbeiten und Nutzen von Beschäftigtendaten, § 26 BDSG 2018
Art. 88 DSGVO enthält eine Öffnungsklausel für nationale Regelungen im Bereich des Beschäftigtendatenschutzes. Das BDSG 2018 enthält Regelungen zum Umgang mit Beschäftigtendaten. Die Regelungen entsprechen im Wesentlichen den alten Vorgaben des § 32 BDSG.

Beschäftigtendaten dürfen aufgrund der gesetzlichen Erlaubnis zum Zwecke des Beschäftigtenverhältnisses erhoben, verarbeitet und genutzt werden, wenn dies für die Begründung, Durchführung oder Beendigung erforderlich ist. Demnach ist etwa das Erheben von Bewerberdaten zulässig, aber auch die Auswertung des Buchhaltungs- oder Kommunikationssystems (ggf. unter Beachtung des Fernmeldegeheimnisses) zur Aufdeckung eines Kartellverstoßes. Hierzu unten unter Rn. 176 ff. ausführlich.

– Aufdeckung von Straftaten von Beschäftigten, § 26 BDSG 2018
Zudem gestattet § 26 Abs. 1 Satz 2 BDSG die Erhebung, Verarbeitung und Nutzung personenbezogener Daten der Beschäftigten zur Aufdeckung von Straftaten eines Beschäftigten, die dieser in Ausübung seiner Beschäftigung begangen hat. Zu den hier einschlägigen Delikten gehören Betrug, Diebstahl, Unterschlagung und Bestechung, aber auch der Submissionsbetrug oder der Geheimnisverrat. Wichtig ist aber, dass tatsächliche Anhaltspunkte diesen Verdacht begründen und diese vor Beginn der Maßnahmen dokumentiert werden. Zudem ist die Verhältnismäßigkeit zu wahren. Hierzu ausführlich unten unter Rn. 224 ff.

– Betriebsvereinbarung, § 26 Abs. 4 BDSG 2018
Das BDSG 2018 gestattet nunmehr ausdrücklich die Erhebung, Verarbeitung und Nutzung personenbezogener Daten von Beschäftigten aufgrund einer Kollektivvereinbarung. Unternehmen können also die Zulässigkeit ihrer Datenverarbeitungsmaßnahmen in einer Betriebsvereinbarung regeln – in vielen größeren Unternehmen gelebte Praxis. Hierzu ausführlich unten unter Rn. 160 ff.

b) Prinzip der Verhältnismäßigkeit

Das Verhältnismäßigkeitsprinzip ist ein zentraler Grundsatz des Datenschutz- **30** rechts. Jede Erhebung, Verarbeitung und Nutzung personenbezogener Daten stellt einen Eingriff in das Persönlichkeitsrecht des Betroffenen dar und ist nur dann rechtmäßig, wenn die kollidierenden Interessen in einem angemessenen Verhältnis zueinander stehen.

Jede Erhebung, Verarbeitung und Nutzung personenbezogener Daten muss da- **31** her zunächst einen legitimen Zweck verfolgen und zudem angemessen sein. Das Verhältnismäßigkeitsprinzip erfordert regelmäßig, dass die gegenläufigen Interessen, d.h. die berechtigten Interessen der verantwortlichen Stelle und die schutzwürdigen Interessen des Betroffenen, sorgfältig abgewogen werden.

Ausfluss des Verhältnismäßigkeitsprinzips sind auch die gesetzlichen Vorgaben **32** zur Datensparsamkeit, Transparenz und Zweckbindung, die nachfolgend erläutert werden.

c) Datensparsamkeit

33 Die Vorgaben zur Datensparsamkeit wurden durch die DSGVO deutlich verschärft. Unternehmen sind grundsätzlich verpflichtet, so wenig personenbezogene Daten wie möglich zu verarbeiten – also möglichst sparsam mit personenbezogenen Daten umzugehen. Prominentes Beispiel hierfür ist das sog. Privacy by Design, Art. 25 DSGVO, wonach Verantwortliche Datenschutz durch entsprechende Gestaltung der Technik und durch datenschutzfreundliche Voreinstellungen sicherstellen sollen. Zudem sollten Unternehmen die Daten pseudonymisieren oder anonymisieren soweit dies nach dem Verwendungszweck und mit einem verhältnismäßigen Aufwand möglich ist. Die Datensparsamkeit kann im Unternehmen durch Umsetzung des „need to know"-Prinzips leicht umgesetzt werden.

34   Praxisbeispiele:

– Für die Teilnahme an einem Gewinnspiel vor einem Supermarkt etwa ist die Bekanntgabe der Telefonnummer oder der E-Mail-Adresse sowie Angaben zu Hobbies oder Haustieren nicht erforderlich. Bei einem Online-Gewinnspiel hingegen kann die Angabe einer E-Mail-Adresse zur Gewinnbenachrichtigung erforderlich sein.

– Klarnamen der Kunden von Banken oder Versicherungen oder Patienten von Arztlaboratorien sollten durch Pseudonyme wie etwa Kundennummern ersetzt werden, da eine Kenntnis des konkreten Kunden bzw. Patienten für viele Arbeitsschritte nicht erforderlich sein dürfte.

– Mitarbeiter von Call-Centern benötigen regelmäßig keinen vollen Zugriff auf sämtliche Kundendaten, so dass auch hier der Grundsatz der Datensparsamkeit durch eine Beschränkung der Leserechte gewahrt werden kann.

d) Transparenz

35 Das Datenschutzrecht verlangte stets nach Offenheit und Transparenz. Die DSGVO setzt hier aber neue Maßstäbe und widmet mit den Art. 12 ff. DSGVO dem Transparenzgrundsatz einen ganzen Abschnitt.

36 Unternehmen müssen etwa die Betroffenen umfassend über die Verwendung ihrer Daten informieren. So müssen sie bei Erhebung der Daten über ihre Identität, die Zweckbestimmung und die Kategorien etwaiger Empfänger informieren. Zudem haben die Betroffenen ein umfassendes Auskunftsrecht und können von einer verantwortlichen Stelle etwa Auskunft über die Empfänger ihrer Daten verlangen. Umgekehrt müssen Unternehmen die Betroffenen regelmäßig benachrichtigen, wenn sie erstmals personenbezogene Daten von ihnen speichern.

37 Auch Einwilligungen müssen den Betroffenen umfassend informieren. Dies ist in der Praxis häufig eine Gratwanderung, da eine umfassend informierende Einwilligungserklärung gleichzeitig die Vorschriften zu den allgemeinen Geschäftsbedingungen beachten muss. Die Vorschriften zu den AGB verlangen, dass die Betroffenen nicht mit Informationen überfrachtet und verwirrt werden dürfen – die Einwilligungserklärung mithin also noch transparent und verständlich ist.

e) Zweckbindung

Der Grundsatz der Zweckbindung besagt, dass personenbezogene Daten regel- **38** mäßig nur für die Zwecke verarbeitet und genutzt werden dürfen, für die sie ursprünglich auch erhoben wurden. Dieser Grundsatz und seine Ausnahmen finden sich an vielen Stellen der DSGVO. Grundsätzlich dürften bei einer strengen Befolgung der Zweckbindung etwa Kundendaten, die im Rahmen eines Kaufvertrags erhoben wurden, nur für die Abwicklung dieses Vertrags genutzt werden und müssten anschließend gelöscht oder gesperrt werden. Das DSGVO gestattet gleichsam als Ausnahme vom Zweckbindungsgrundsatz, dass Unternehmen die Kundendaten unter bestimmten Voraussetzungen auch für Werbezwecke nutzen dürfen.

3. Grundbegriffe

Das Datenschutzrecht ist geprägt von fachspezifischen Begriffen und gesetz- **39** lichen Definitionen, die dem Unkundigen den Zugang zu dieser Rechtsmaterie erschweren. Nachfolgend werden daher die wichtigsten Begriffe des Datenschutzrechts kurz und verständlich erläutert.

> **Lohnender Blick in die DSGVO** **40**
>
> Wenn man im Alltag einen Begriff nicht kennt, lohnt sich ein Blick ins Gesetz bzw. die DSGVO. In Art. 4 DSGVO sind die meisten Fachbegriffe erklärt (sog. Legaldefinition).

a) Personenbezogene Daten

Personenbezogene Daten sind alle Informationen, die sich auf eine identifizierte **41** oder identifizierbare natürliche Person (betroffene Person) beziehen, vgl. Art. 4 (1) DSGVO. Als identifizierbar wird eine natürliche Person angesehen, die direkt oder indirekt, insbesondere mittels Zuordnung zu einer Kennung wie einem Namen, zu einer Kennnummer, zu Standortdaten, zu einer Online-Kennung oder zu einem oder mehreren besonderen Merkmalen identifiziert werden kann, die Ausdruck der physischen, physiologischen, genetischen, psychischen, wirtschaftlichen, kulturellen oder sozialen Identität dieser natürlichen Person sind. Demnach können zu den personenbezogenen Daten also beispielsweise der Name oder die Telefonnummer einer Person gehören, da dies Einzelangaben über persönliche Verhältnisse einer natürlichen Person sind. Ist eine natürliche Person hingegen nicht bestimmt oder bestimmbar, etwa weil an der postalischen Adresse eine Vielzahl natürliche Personen wohnen oder die Telefonnummer einem Unternehmen, also einer juristischen Person, zugeteilt ist, handelt es sich nicht um personenbezogene Daten im Sinne der DSGVO. Geschützt wären aber hingegen wiederum Name und Adresse eines eingetragenen Einzelkaufmanns, da dieser eine natürliche Person ist. Die Frage, ob ein personenbezogenes Datum vorliegt, ist also immer eine Frage des Einzelfalls und Bedarf einer sorgfältigen Prüfung.

42 Keine personenbezogenen Daten sind ferner anonymisierte oder aggregierte Daten, da sich die Einzelangaben in diesem Fall gerade nicht mehr einer bestimmten oder bestimmbaren Person zuordnen lassen. Pseudonymisierte Daten hingegen sind noch personenbezogene Daten, da sich das Pseudonym aufdecken lässt und die natürliche Person also nach wie vor bestimmbar ist. Umstritten ist im Fall pseudonymisierter Daten allerdings, ob es sich für den Verwender auch dann um personenbezogene Daten handelt, wenn er selbst nicht im Besitz des Schlüssels zur Aufdeckung des Pseudonyms ist und möglicherweise sogar nur durch strafrechtlich relevantes Handeln an den Schlüssel gelangen kann. Bei der gebotenen vorsichtigen Betrachtung sollte grundsätzlich auch in diesem Fall davon ausgegangen werden, dass es sich um personenbezogene Daten handelt, da die natürlichen Personen hinter dem Pseudonym bestimmbar sind.

43 Personenbezogene Daten in einem Unternehmen

Nahezu sämtliche Daten, die von einem Unternehmen erhoben, verarbeitet und genutzt werden, sind personenbezogene Daten. Offenkundig ist dies etwa bei Customer Relationship-Systemen und in der Personalverwaltung. Aber auch Informationen in Finanzdatenbanken, die auf den ersten Blick als reine Finanzdaten ohne jeglichen Personenbezug erscheinen, können sich nach sorgfältiger Prüfung als personenbezogene Daten herausstellen, etwa weil alle Buchungen mit einem Kennzeichen des zuständigen Sachbearbeiters versehen sind (z. B. einer SAP User ID).

44 Besonders geschützt sind die besonderen Kategorien personenbezogener Daten. Hierzu zählen Angaben über rassische oder ethnische Herkunft, politische Meinungen, religiöse oder philosophische Überzeugungen, Gewerkschaftszugehörigkeit, Gesundheit und Sexualleben. Diese Informationen dürfen nur unter den besonderen Voraussetzungen des Art. 9 DSGVO erhoben, verarbeitet und genutzt werden.

b) Verantwortliche Stelle

45 Die verantwortliche Stelle ist jede Person oder Stelle, die personenbezogene Daten für sich selbst erhebt, verarbeitet oder nutzt oder diese durch andere im Auftrag verarbeiten lässt, Art. 4(7) DSGVO.

Ein Unternehmen, das beispielsweise durch ein fremdes Call-Center oder ein **46** Marktforschungsinstitut personenbezogene Daten erheben lässt, ist in Bezug auf diese Daten die verantwortliche Stelle und folglich für diese Daten und den ordnungsgemäßen Umgang mit ihnen verantwortlich.

c) Umgang mit personenbezogenen Daten

Beim Umgang mit personenbezogenen Daten führt die DSGVO zu einer Verein- **47** fachung. Wurde früher noch zwischen Erheben, Verarbeiten, Nutzen, etc. unterschieden, gibt es nunmehr nur noch den zentralen Oberbegriff der Verarbeitung, vgl. Art. 4 Abs. 2 DSGVO. Zudem gibt es weiterhin die Pseudonymisierung und neu das sog. Profiling.

Verarbeitung ist jeden mit oder ohne Hilfe automatisierter Verfahren ausgeführ- **48** ten Vorgang oder jede solche Vorgangsreihe im Zusammenhang mit personenbezogenen Daten wie das Erheben, das Erfassen, die Organisation, das Ordnen, die Speicherung, die Anpassung oder Veränderung, das Auslesen, das Abfragen, die Verwendung, die Offenlegung durch Übermittlung, Verbreitung oder eine andere Form der Bereitstellung, den Abgleich oder die Verknüpfung, die Einschränkung, das Löschen oder die Vernichtung.

aa) Erheben

Erheben ist das Beschaffen von Daten über den Betroffenen und ist grundsätz- **49** lich verboten, soweit es nicht erlaubt ist oder der Betroffene eingewilligt hat (Verbot mit Erlaubnisvorbehalt). Es gilt der sog. Direkterhebungsgrundsatz, d. h. die Daten sind grundsätzlich beim Betroffenen selbst und nicht bei Dritten zu erheben.

50 Bei der Erhebung der Daten ist der Betroffene über die Identität der verantwortlichen Stelle, den Verwendungszweck und etwaige Empfänger zu unterrichten, vgl. etwa Art. 5 Abs. 1 lit. b DSGVO.

bb) Speichern

51 **Speichern** ist das Erfassen, Aufnehmen oder Aufbewahren personenbezogener Daten auf einem Datenträger zum Zweck der weiteren Verarbeitung oder Nutzung. Werden erstmals personenbezogene Daten für eigene Zwecke ohne Kenntnis des Betroffenen gespeichert, ist der Betroffene grundsätzlich von der Speicherung, der Art der Daten, der Zweckbestimmung und der Identität der verantwortlichen Stelle zu benachrichtigen. Allerdings gibt es zahlreiche Ausnahmen von diesem Grundsatz, etwa wenn die Speicherung durch ein Gesetz ausdrücklich vorgesehen ist, vgl. Art. 14 Abs. 5 lit. c DSGVO.

cc) Verändern

52 **Verändern** ist das inhaltliche Umgestalten gespeicherter personenbezogener Daten.

dd) Übermitteln

53 **Übermitteln** ist das Bekanntgeben gespeicherter oder durch einen Datenverarbeiter gewonnener personenbezogener Daten an einen Dritten. Hierbei ist unerheblich, ob die Daten an den Dritten tatsächlich weitergegeben oder dem Dritten lediglich zur Einsicht oder zum Abruf bereitgehalten und von diesem eingesehen oder abgerufen werden. Dritter ist jede Person oder Stelle außerhalb der verantwortlichen Stelle – also auch andere Unternehmen einschließlich der Mutter in einem Konzern oder Unternehmensverbund. Es gibt kein sog. Konzernprivileg, wonach personenbezogene Daten frei in einem Konzern ausgetauscht werden dürfen. Wie jede andere Übermittlung ist auch die Übermittlung in einem Konzern grundsätzlich verboten. Keine Übermittlung ist hingegen die Weitergabe von personenbezogenen Daten an einen Auftragsverarbeiter (siehe auch unten Rn. 63 ff., da dieser nicht als Dritter gilt – mithin also gerade keine Weitergabe personenbezogener Daten an einen Dritten stattfindet. Neu ist nunmehr, dass die Auftragsverarbeitung nicht zwingend in der Europäischen Union stattfinden muss. Das ist eindeutig eine Erleichterung im Vergleich zur früheren Rechtslage, wonach etwa die Weitergabe an einen Auftragsverarbeiter in Indien stets als Datenübermittlung zu werten war und folglich eine andere gesetzliche Hürde nehmen musste.

54 Der Empfänger der Daten, muss zudem in einem Land ansässig sein, das über ein angemessenes Datenschutzniveau verfügt. Das sind die Mitgliedstaaten der EU und die Vertragsstaaten des EWR sowie weitere Länder, für die die Europäische Kommission ein adäquates Datenschutzniveau konstatiert hat – das sind unter anderem die Schweiz und Kanada. Sofern der Staat, in dem der Empfänger der Daten ansässig ist, über kein angemessenes Datenschutzniveau verfügt, muss eine Übermittlung grundsätzlich unterbleiben, es sei denn, es wird auf andere Weise ein adäquates Datenschutzniveau hergestellt, eine gesetzliche Ausnahme greift oder der Betroffene hat eingewilligt. Werden etwa sog. EU-Standardverträge zur Datenübermittlung abgeschlossen, die den Empfänger zur Wahrung des EU-Datenschutzniveaus verpflichten, dürfen die Daten übermittelt werden. Auch verbindliche Unternehmensregeln (sog. Binding Corporate Rules, siehe Art. 47 DSGVO) können innerhalb eines Konzerns für ein angemessenes Datenschutzniveau sorgen.

Schließlich können sich Datenempfänger in den USA dem sog. Privacy Shield **55** unterwerfen und sich selbst verpflichten, die europäischen Datenschutzvorschriften zu befolgen (vormals die sog. Safe Harbor Principles).[19] Der Privacy Shield ist eine informelle Absprache zwischen der Europäischen Union und den Vereinigten Staaten von Amerika und besteht aus Zusicherungen der US-amerikanischen Bundesregierung und einem Beschluss der EU-Kommission. Die Garantien für die Übermittlung von Daten auf der Grundlage des Privacy Shields entsprechen nach Ansicht der EU-Kommission den Datenschutzstandards in der EU – und folglich gewährleisten teilnehmende Empfänger in den USA ein adäquates Datenschutzniveau. Die US-amerikanischen Unternehmen, die am Privacy Shield teilnehmen möchten, müssen sich lediglich in eine entsprechende Liste eintragen und sich selbst dazu verpflichten, die diesbezüglichen Verpflichtungen einzuhalten. Es gibt keinen Zertifizierungsprozess oder ein Genehmigungsverfahren – der Privacy Shield beruht nur auf Selbstverpflichtung.

Gesetzliche Ausnahmen vom Erfordernis eines angemessenen Datenschutzniveaus gibt es etwa im Fall, dass die Daten für ein Gerichtsverfahren benötigt oder **56** die Daten für die Abwicklung eines Vertrags mit dem Betroffenen in das unsichere Drittland übermittelt werden.

> **Beispiel:** Ein Reisebüro darf die personenbezogenen Daten des Reisenden **57** an die deutsche Fluggesellschaft sowie den Busunternehmer und das Hotel in Ägypten weitergeben, sofern und soweit die Übermittlung der Daten zur Abwicklung des Vertrags mit dem Betroffenen erforderlich ist.

Die Anforderungen an eine zulässige Übermittlung von Beschäftigtendaten ist **58** unter Rn. 180 ff. ausführlich erläutert.

---

19 Offizielle vertiefende Informationen sowie eine Liste der teilnehmenden Unternehmen findet man auf der offiziellen Webseite: https://www.privacyshield.gov/ (zuletzt abgerufen am 13.5.2020).

59 **Zwei-Stufen-Test**

Ob eine Übermittlung rechtmäßig ist, kann schnell mithilfe des sog. Zwei-Stufen-Tests festgestellt werden. Auf der ersten Stufe wird geprüft, ob eine Übermittlung im Rechtssinne vorliegt und sie rechtlich zulässig ist, d. h. eine Vorschrift der DSGVO oder eine andere Rechtsvorschrift die Übermittlung gestatten oder der Betroffene eingewilligt hat.

Auf der zweiten Stufe wird geprüft, ob der Empfänger über ein angemessenes Datenschutzniveau verfügt. Die zweite Stufe entfällt daher regelmäßig bei Empfängern in der EU oder einem sicheren Drittstaat. Sitzt der Empfänger aber in einem unsicheren Drittstaat, muss entweder ein angemessenes Datenschutzniveau hergestellt werden oder die Übermittlung aufgrund einer gesetzlichen Ausnahme oder einer Einwilligung zulässig sein.

60 **Einschränkung der Verarbeitung** (vormals **Sperren**) ist die Markierung gespeicherter personenbezogener Daten mit dem Ziel, ihre künftige Verarbeitung einzuschränken. Nach Art. 18 DSGVO haben Betroffene das Recht, von dem Verantwortlichen bei Vorliegen bestimmter Voraussetzungen, wenn beispielsweise die Richtigkeit der Daten bestritten wird, die Einschränkung der Verarbeitung zu verlangen.

61 **Löschen** ist das Unkenntlichmachen gespeicherter personenbezogener Daten. Grundsätzlich sind personenbezogene Daten zu löschen, soweit ihre Speicherung nicht mehr erforderlich ist, vgl. Art. 5 Abs. 1 lit. e DSGVO. Wurde beispielsweise nach Abschluss eines Kaufvertrags die Ware an den Kunden geliefert, sind die personenbezogenen Daten des Kunden grundsätzlich zu löschen, soweit die Daten nicht auch für weitere Zwecke, etwa zu Werbezwecken, erhoben und gespeichert wurden. Einer unverzüglichen Löschung können aber auch Aufbewahrungspflichten der verantwortlichen Stelle, etwa aus handels- oder steuerrechtlichen Vorschriften, entgegenstehen. Im Fall entgegenstehender Aufbewahrungspflichten sind die personenbezogenen zu sperren, d. h. so zu kennzeichnen, dass sie von weiterer Verarbeitung und Nutzung ausgenommen sind. Erst nach Ablauf der Aufbewahrungsfristen sind die Daten dann endgültig zu löschen. Neu ist nun auch das Recht auf Vergessenwerden, d. h. Betroffenen haben einen umfangreichen Anspruch auf Löschung der sie betreffenden personenbezogenen Daten, vgl. Art. 17 DSGVO.

Privacy by Design – Unternehmen sollen sich vor jeder Einführung eines   **62**
neuen IT-Systems, d. h. vor jeder Erhebung personenbezogener Daten, überlegen, welche Daten tatsächlich benötigt werden und auch wann und wie die
Daten zu löschen sind. Für jede Anwendung und Datenbank in einem Unternehmen sollte es daher ein Löschkonzept geben. Im Rahmen eines unabhängigen Datenschutz-Audits oder einer aufsichtsrechtlichen Kontrolle durch
die zuständige Datenschutzbehörde wird regelmäßig das Vorhandensein von
effektiven Löschkonzepten geprüft.

d) Auftragsverarbeitung

Im Wege der Auftragsverarbeitung können Dienstleister (Auftragsverarbeiter)   **63**
in einem gewissen Umfang personenbezogene Daten von Drittunternehmen
(Verantwortliche) verarbeiten. Der damit einhergehende Datenaustausch bedarf
selber keiner Rechtfertigung, d. h. er ist gestattet, sofern die beteiligten Unternehmen einen Vertrag über die Auftragsverarbeitung abgeschlossen haben. Die
Weitergabe der Daten an den Auftragsverarbeiter ist unter diesen Umständen
rechtlich keine Übermittlung, da der Empfänger nicht *Dritter* im Sinne der
DSGVO ist – es bedarf für die Weitergabe damit auch keiner rechtlichen Erlaubnis und man spricht daher von einer Privilegierung der Auftragsdatenverarbeitung. Das war nach dem alten BDSG noch anders und insofern bringt die
DSGVO hier eine Erleichterung mit sich – eine „privilegierte" Auftragsverarbeitung kann auch in einem sog. Drittland stattfinden und muss nicht innerhalb der
Europäischen Union erfolgen. Zu beachten ist natürlich, dass ein adäquates Datenschutzniveau etwa durch Standardvertragsklauseln sichergestellt sein muss,
wenn sich der Auftragsverarbeiter in einem Drittland mit nicht adäquatem Datenschutzniveau wie beispielsweise Indien befindet.

Die Anforderungen an den Vertrag und seinen Inhalt sind gesetzlich vorgegeben,   **64**
vgl. Art. 28 Abs. 3 DSGVO. Demnach müssen unter anderem vertraglich festgelegt werden, welche Daten verarbeitet werden sollen und dass die Daten nach
Abschluss der Tätigkeiten zurückgegeben oder gelöscht werden. Zudem muss
sich der Auftraggeber vor Weitergabe von personenbezogenen Daten versichern,
dass der Auftragnehmer die vertraglich festgelegten technischen und organisatorischen Maßnahmen zur Sicherheit der Daten einhalten kann.

Der Auftragsverarbeiter verarbeitet die Daten streng weisungsgebunden und al-   **65**
lein für Zwecke des Auftraggebers. Er ist bildlich gesprochen das Werkzeug der
verantwortlichen Stelle. Abzugrenzen ist die Auftragsverarbeitung aber von der
sog. Funktionsübertragung, bei der der Auftragnehmer so viel Ermessen hinsichtlich der Datenverarbeitung hat und die Daten gerade nicht mehr weisungsgebunden verarbeitet, dass er als Dritter anzusehen ist. In diesem Fall ist die Weitergabe der Daten an den Auftragnehmer folglich eine Übermittlung mit der
Folge, dass diese erlaubt sein muss. Die Abgrenzung zwischen einer ohne Weite-

res zulässigen Auftragsverarbeitung und einer nur unter bestimmten Voraussetzungen zulässigen Funktionsübertragung ist in der Praxis nicht immer trennscharf möglich. Es ist umstritten, wann ein Auftraggeber gerade noch genug Kontrolle und Weisungsbefugnis hat, dass man von einer Auftragsverarbeitung sprechen kann und ab wann die Schwelle zu einer Funktionsübertragung überschritten wird. Werden ganze Abteilungen im Wege eines Outsourcing an einen Auftragnehmer übergeben, dürfte regelmäßig eine Funktionsübertragung vorliegen. Wird hingegen lediglich die Wartung und Pflege einer Datenbank an einen IT-Dienstleister übertragen, dürfte regelmäßig noch eine (privilegierte) Auftragsdatenverarbeitung vorliegen.

III. Betrieblicher Datenschutz

1. Pragmatischer Ansatz: Wo fange ich an?

66   Die erste Frage, die sich immer aufdrängt ist, ob überhaupt ein betrieblicher Datenschutzbeauftragter (**DSB**) zu bestellen ist.[20] Für öffentliche Stellen besteht die Pflicht hierzu bei automatisierter Verarbeitung personenbezogener Daten stets. Die Anforderungen an den Einsatz automatisierter Verfahren zur Verarbeitung personenbezogener Daten sind dabei gering: Es genügt z.B. der Einsatz von E-Mail-Programmen mit Adressbuch, eine elektronische Liste mit Ansprechpartnern bei Lieferanten oder Kundenlisten. Allein wenn ein kleines Unternehmen (nicht-öffentliche Stelle) diese Frage beantworten möchte, tut es schon gut daran, die Bestellung eines DSB in Erwägung zu ziehen, denn: Die Ausnahmen, wann ein DSB nicht bestellt werden muss, sind begrenzt. Grundsätzlich gilt aber, dass nur dann **kein** DSB bestellt werden muss, wenn das Unternehmen weniger als 20 Mitarbeiter mit mehr oder weniger dauerhafter Tätigkeit am PC, Kundenterminals oder sonstigen Datenverarbeitungsgeräten, wie z.B. Bestell- und Zahlungsterminals in Gastronomiebetrieben oder Auftragsterminals (automatisierte Datenverarbeitung), beschäftigt. Dagegen ist unabhängig von der Mitarbeiterzahl auch dann ein DSB zu bestellen, wenn Verarbeitungen vorgenommen werden, die (a.) einer Datenschutz-Folgenabschätzung nach Art. 35 DSGVO[21] unterliegen, oder wenn (b.) personenbezogene Daten geschäftsmäßig zum Zweck der Übermittlung, der anonymisierten Übermittlung oder für Zwecke der Markt- oder Meinungsforschung verarbeitet werden.[22] Ergänzend dazu ist ein DSB dann zu bestellen, wenn die Kerntätigkeit des Unternehmens in der Durchführung von Verarbeitungsvorgängen besteht, welche auf-

---

20 Siehe § 5 Abs. 1 BDSG (öffentliche Stellen) sowie § 38 Abs. 1 BDSG (nichtöffentliche Stellen), jeweils in Verbindung mit Art. 37 Abs. 1 DSGVO.

21 Siehe Art. 35 Abs. 1 Satz 1 DSGVO: Hat eine Form der Verarbeitung, insbesondere bei Verwendung neuer Technologien, aufgrund der Art, des Umfangs, der Umstände und der Zwecke der Verarbeitung voraussichtlich ein hohes Risiko für die Rechte und Freiheiten natürlicher Personen zur Folge, so führt der Verantwortliche vorab eine Abschätzung der Folgen der vorgesehenen Verarbeitungsvorgänge für den Schutz personenbezogener Daten durch.

22 Siehe § 38 Abs. 1 Satz 2 BDSG i.V.m. Art. 37 DSGVO.

grund ihrer Art, ihres Umfangs und/oder ihrer Zwecke eine umfangreiche regelmäßige und systematische Überwachung von betroffenen Personen erforderlich machen oder in der umfangreichen Verarbeitung besonderer Kategorien von Daten gemäß Art. 9 DSGVO[23] oder von personenbezogenen Daten über strafrechtliche Verurteilungen und Straftaten gemäß Art. 10 DSGVO besteht. Darüber hinaus gilt, dass auch Unternehmen, die keine Pflicht zur Bestellung eines DSB haben, verpflichtet sind, die datenschutzrechtlichen Bestimmungen der DSGVO zu beachten und umzusetzen. Damit dürften fast sämtliche Betriebe, Arztpraxen, Kanzleien usw., d. h. bei sämtlichen Tätigkeiten mit EDV-Einsatz zu geschäftlichen Zwecken auch die Beachtung der Datenschutzanforderungen eine gewisse Aufmerksamkeit erfordern. Mithin sollte auch ohne Pflicht zur Bestellung eines DSB stets in Betracht gezogen werden die Funktion auf freiwilliger Basis einem Mitarbeiter zu übertragen, um die Anforderungen des Datenschutzes nicht gänzlich außer Betracht zu lassen; in Einzelfällen kann auch eine freiwillige Bestellung eines DSB angeraten sein.[24]

Die datenschutzrechtlich formelle Bestellung des DSB sollte auch unter Berück- **67** sichtigung von Art. 5 Abs. 2 DSGVO schriftlich erfolgen. Bestellt werden kann dabei jede Person, die die berufliche Qualifikation hat, erforderliche Fachkunde und die Fähigkeit zur Erfüllung Aufgaben des DSB besitzt,[25] wobei der (qualitative) Umfang der Verarbeitung personenbezogener Daten das Maß der Fachkunde bestimmt. Zudem sollten weiterhin die mit der Datenverarbeitung beschäftigten Personen auf das Datengeheimnis verpflichtet werden, auch wenn die gesetzliche Pflicht direkt nun nicht mehr besteht, dennoch aber aufgrund der Bestimmungen der DSGVO weiterhin geboten erscheint.[26] Für diese formellen Anforderungen finden sich Muster im Internet, welche grundsätzlich herangezogen werden können.[27]

---

23 Besondere Denkkategorien sind gemäß Art. 9 Abs. 1 DSGVO Daten, aus denen die rassische und ethnische Herkunft, politische Meinungen, religiöse oder weltanschauliche Überzeugungen oder die Gewerkschaftszugehörigkeit hervorgehen, sowie genetische Daten, biometrische Daten zur eindeutigen Identifizierung einer natürlichen Person, Gesundheitsdaten oder Daten zum Sexualleben oder der sexuellen Orientierung einer natürlichen Person.
24 *V. d. Bussche/Voigt*, Konzerndatenschutz, 2. Aufl., 2019, Teil 2, Kap. 1, Rn. 4
25 Siehe Art. 37 Abs. 5 DSGVO, Art. 39 DSGVO sowie Mindestanforderungen an Fachkunde und Unabhängigkeit des betrieblichen Datenschutzbeauftragten: http://www.bfdi.bund.de/ SharedDocs/Publikationen/Entschliessungssammlung/DuesseldorferKreis/24112010-Mind estanforderungenAnFachkunde.html?nn=409242) (zuletzt abgerufen am 29.1.2020).
26 Nach dem Wegfall von § 5 Satz 2 BDSG-alt sollte vor dem Hintergrund von Art. 5 Abs. 2 und Art. 32 Abs. 4 DSGVO die Verpflichtung auf das Datengeheimnis weiterhin dokumentiert werden.
27 Siehe die Muster hierzu: https://www.gdd.de/aktuelles/startseite/verpflichtung-auf-die-ver traulichkeit; https://www.datenschutz.org/verpflichtungserklaerung/; https://www.daten schutzzentrum.de/artikel/1235-Kurzpapier-Nr.-19-Unterrichtung-und-Verpflichtung-von-Be schaeftigten-auf-Beachtung-der-datenschutzrechtlichen-Anforderungen-nach-der-DSGVO. html (zuletzt abgerufen am 10.4.2020).

68 Die Aufgaben des DSB sind in der DSGVO geregelt.[28] Der DSB hat als Kernaufgaben auf die datenschutzkonforme Verarbeitung personenbezogener Daten hinzuwirken. Hierzu gehören die Unterrichtung und Beratung der Geschäftsführung und der Beschäftigten, die Datenverarbeitungen durchführen (für eigene Zwecke oder im Auftrag), hinsichtlich ihrer Pflichten nach der DSGVO sowie nach sonstigen Datenschutzvorschriften der Union bzw. der Mitgliedstaaten. Hinzu kommt die Überwachung der Einhaltung der DSGVO, anderer Datenschutzvorschriften der Union bzw. der Mitgliedstaaten sowie der Strategien für den Schutz personenbezogener Daten einschließlich der Zuweisung von Zuständigkeiten, der Sensibilisierung und Schulung der an den Verarbeitungsvorgängen beteiligten Mitarbeiter und der diesbezüglichen Überprüfungen, Beratung – auf Anfrage – im Zusammenhang mit der Datenschutz-Folgenabschätzung und Überwachung ihrer Durchführung gemäß Art. 35 DSGVO. Schließlich gehört auch die Zusammenarbeit mit der Aufsichtsbehörde sowie die Funktion der Kontaktperson für die Aufsichtsbehörde in mit der Verarbeitung zusammenhängenden Fragen, einschließlich der vorherigen Konsultation zu Datenschutz-Folgeabschätzungen, und gegebenenfalls Beratung zu allen sonstigen Fragen dazu. Dabei ist insgesamt festzustellen, dass die Dokumentation von datenschutzrelevanten Verfahren sowie die Information von Behörden, Betroffenen und evtl. der Öffentlichkeit zunehmend an Bedeutung gewinnt.

69 Die Anforderungen an die datenschutzrechtliche Beratung sind vielfältig. Sie erfolgt gegenüber dem Management eines Unternehmens, gegenüber Fachabteilungen, der IT und mit zunehmender Verarbeitung von personenbezogenen Daten in verschiedensten Bereichen einer Organisation in immer komplexerer Form. Die Beratung hat dabei die IST-Situation, die Anforderungen des anzuwendenden Rechts sowie das datenschutzrechtliche Bewusstsein innerhalb der Organisation zu berücksichtigen. Je nach vorgefundener IST-Situation muss das zukünftige Soll-Niveau des Datenschutzes innerhalb eines Unternehmens definiert oder ein bereits hohes Datenschutzniveau aufrechterhalten oder weiterentwickelt werden. All diese Anforderungen sollten in strukturierten Prozessschritten entwickelt und umgesetzt werden. Gerade die Entwicklung neuer Produkte, der Einsatz neuer Software oder die Änderung von internen Prozessen erfordert die frühzeitige Einbindung des DSB, damit dieser die Entwicklung und Anpassung zielführend in einem Stadium begleitet, in dem erforderliche datenschutzrechtliche Aspekte einfließen und im Zuge der Realisierung umgesetzt werden können.

70 Am Anfang einer jeden datenschutzrechtlichen Tätigkeit sollte eine Bestandsaufnahme stehen. Hierfür sind Kenntnisse der datenschutzrechtlichen Gesetze erforderlich, aber wesentlich ist ein Gespür dafür, durch Gespräche mit Kollegen und Vorgesetzten festzustellen, welche datenschutzrechtliche Kultur im Unternehmen herrscht. Durch Gespräche mit sog. „Stakeholdern" im Unternehmen kann sich der DSB einen Überblick über die bisherige Praxis verschaffen. Je nach Organisationsstruktur und Größe eines Unternehmens sollte daher (1.) die

---

28 Siehe Art. 39 DSGVO.

eigene Stellung innerhalb der Organisation/des Unternehmens konkretisiert sowie (2.) die datenschutzrechtlich relevanten Entscheidungsträger zur bisherigen datenschutzrechtlichen Praxis befragt werden. Die eigene Stellung innerhalb eines Unternehmens kann unterschiedlich ausgeprägt sein:

– direkt an die Geschäftsführung berichtend (Dies könnte wegen der unmittelbaren Berichterstattungspflicht an die höchste Managementebene sinnvoll sein)
– innerhalb der Compliance-Organisation;
– als Teil der Rechtsabteilung (In der Vergangenheit durchaus häufig anzutreffen, mit der aus der DSGVO erwachsenen Tragweite des Datenschutzes und den umfassenden administrativen Anforderungen sowie technischen Fachkenntnissen für diese Aufgabe möglicherweise nicht mehr empfehlenswert);
– unterhalb der IT-Leitung (Dies ist wegen der Schnittstelle zur IT-Sicherheit sowie der zum Datenschutz abweichenden Zielsetzung der IT/IT-Sicherheit eines Unternehmens nicht besonders praxistauglich und wird daher an dieser Stelle nicht empfohlen);

In Einzelfällen kann es auch sinnvoll sein, mit Übernahme der Funktion des **71** DSB ein Audit von einem neutralen Dritten durchführen zu lassen, um den Status des Datenschutzes innerhalb des Unternehmens darzustellen und die Verantwortung des neuen DSB für Risiken aus der Vergangenheit zu begrenzen.

Je nach fachlicher und disziplinarischer Eingliederung innerhalb der Organisa- **72** tionsstruktur ist es für den DSB von entscheidender Bedeutung, sich gegenüber Entscheidungsträgern Gehör zu verschaffen. Nicht umsonst ist schon deshalb gesetzlich geregelt, dass der DSB „unmittelbar der höchsten Managementebene des Verantwortlichen oder des Auftragsverarbeiters" berichtet.[29] Diese direkte Berichtslinie muss keinen Einfluss auf die disziplinarische Eingliederung des DSB haben, bestimmt aber, dass sich dieser stets unmittelbar hinsichtlich datenschutzrechtlicher Fragestellungen an ein Leitungsorgan wenden können muss und dieser zumindest fachlich zu unterstellen ist.[30]

Die datenschutzrechtlich relevanten Entscheidungsträger, die den Erfolg der da- **73** tenschutzrechtlichen Arbeit mitbestimmen, sind:

– der Compliance Officer;
– der IT-Security-Verantwortliche;
– der IT-Leiter;
– der Personalleiter;
– der Revisionsleiter (Internal Audit),
– der Business-Development-Leiter (neue Produkte mit Datenschutzrelevanz, z. B. Internet der Dinge);
– der Marketing-Leiter (CRM, Target Marketing o. Ä.);
– die Geschäftsführung.

---

29 Siehe Art. 38 Abs. 3 Satz 3 DSGVO
30 Vgl. *Jaspers/Reif*, in: Schwartmann/Jaspers/Thüsing/Kugelmann, DS-GVO/BDSG, 2018, Art. 38, Rn. 21.

74 Erst nachdem die Stellung des DSB und des Datenschutzes selbst innerhalb der Organisation geklärt sind, macht es Sinn, die datenschutzrechtliche Praxis daran auszurichten.

75 Hierzu ist es u. a. auch von Bedeutung zu wissen, inwieweit die Organisation bereits über datenschutzrelevante Kodizes, wie z. b. Binding Corporate Rules, (Konzern-)Richtlinien oder sonst über eine ausgeprägte Dokumentation der datenschutzrechtlich relevanten Verfahren und/oder Prozesse verfügt. Die Umsetzung des Datenschutzes kann wie folgt dargestellt werden:

Gesetze
(DSGVO/ BDSG/ Bereichsspezifisch)

Unternehmensrichtlinien
(national/ international inkl. Binding Corporate Rules)

Verzeichnis der Verarbeitungstätigkeiten

Technisch organisatorische Maßnahmen

Einzelfallberatung
Anfragen Betroffener
Behördenanfragen
Mitarbeiteranfragen

Abbildung 1: Hierarchie der datenschutzrechtlich relevanten Regelungen in einem Unternehmen

2. Beratungspraxis

76 Die Beratungspraxis des DSB ist geprägt von der eigenen Stellung im Unternehmen und der bisherigen Wahrnehmung des Datenschutzes innerhalb der Organisation. Hier hängt es vom sogenannten datenschutzrechtlichen Reifegrad[31] eines Unternehmens ab, wo man mit seinem Beratungsschwerpunkt ansetzt. Oftmals ist es einem DSB z. B. unmöglich, proaktiv auf sämtliche relevante Bereiche zuzugehen, um das Erfordernis datenschutzrechtlicher Beratung abzufragen. Noch

---

31 Damit ist gemeint, inwieweit der Datenschutz bereits in einem Unternehmen implementiert ist, z. B. durch Richtlinien, ein Datenschutzmanagementkonzept, Bewusstsein in der Leitungsebene sowie in der Mitarbeiterschaft usw.

schwieriger ist die datenschutzrechtliche Beratung in Unternehmen ohne Betriebsrat. Denn während der Betriebsrat die datenschutzrechtlichen Interessen der Arbeitnehmer wahrnehmen wird und damit auch das allgemeine datenschutzrechtliche Bewusstsein in einem Unternehmen fördern kann, ist ein betrieblicher DSB in Unternehmen ohne Betriebsrat nicht nur Berater zu datenschutzrechtlichen Fragestellungen, sondern auch Wahrer unternehmerischer und unternehmenskultureller Interessen, die im Hinblick auf Einzelfragen Berücksichtigung finden sollten. Dabei ist der grundsätzliche Anspruch eines Unternehmens im Auge zu behalten: Soll lediglich formal dem Datenschutzrecht entsprochen werden oder aber gilt es, auch übergeordnete Interessen des Unternehmens zu berücksichtigen? – Bei der datenschutzrechtlichen Beratung sind damit nicht nur die rechtlichen Bestimmungen, sondern auch die Unternehmensethik und im Verhältnis zu den Betroffenenrechten (Mitarbeiter/Kunden/Lieferanten) insbesondere der Grundsatz der Verhältnismäßigkeit[32] zu beachten.

Bei jeder datenschutzrechtlichen Beratung ist zu differenzieren, ob es sich um **77** proaktive oder reaktive Beratung handelt. D. h., soll eine datenschutzrechtlich relevante Maßnahme innerhalb der Organisation implementiert werden oder gab es einen Vorfall, der datenschutzrechtliches Tätigwerden erforderte? Proaktiv ist eine datenschutzrechtliche Beratung dann, wenn die Einführung neuer datenschutzrechtlicher Prozesse oder die Ausgestaltung von Verfahren oder die Dokumentation dieser im Zuge unternehmerischer Tätigkeiten für die Zukunft erforderlich wird. Reaktiv ist dagegen die datenschutzrechtliche Beratung, wenn im Zuge der unternehmerischen Tätigkeit ein Vorfall die datenschutzrechtliche Bewertung eines konkreten Sachverhalts erfordert. Während bei der proaktiven datenschutzrechtlichen Beratung häufig die Ausgestaltung rechtssicherer Prozesse im Vordergrund stehen dürfte, kommt es bei der reaktiven datenschutzrechtlichen Beratung häufig impliziter zur Bewährungsprobe für zuvor umgesetzte datenschutzrechtliche Prozesse und Verfahren.

Beispiele proaktiver datenschutzrechtlicher Beratung sind (u. a.): **78**

– Bei der Einführung neuer Verfahren zur automatisierten Verarbeitung personenbezogener Daten:
  – die Datenschutz-Folgenabschätzung:[33] Diese ist bei der Verarbeitung besonderer Kategorien von personenbezogenen Daten[34] oder im Bereich der Leistungskontrolle und des Kundenprofilings z. B. zu Werbezwecken durchzuführen;

---

32 Vgl. *Schmidl*, in: Hauschka/Moosmayer/Lösler, Corporate Compliance, 3. Aufl. 2016, § 28 Rn. 36 ff.

33 Siehe Art. 35 DSGVO, vorherige Konsultation der Aufsichtsbehörde, Art. 36 DSGVO.

34 D. h. personenbezogene Daten, aus denen die rassische und ethnische Herkunft, politische Meinungen, religiöse oder weltanschauliche Überzeugungen oder die Gewerkschaftszugehörigkeit hervorgehen, sowie genetische Daten, biometrische Daten zur eindeutigen Identifizierung einer natürlichen Person, Gesundheitsdaten oder Daten zum Sexualleben oder der sexuellen Orientierung einer natürlichen Person (Art. 9 Abs. 1 DSGVO).

- die Erstellung der Verzeichnisse der Verarbeitungstätigkeiten:[35] Dieses beschreibt die einzelnen eingesetzten Verfahren (Verfahrensdokumentation). Dabei ist eine gute und strukturierte Dokumentation hilfreich, die Rechenschaftspflicht gemäß Art. 5 Abs. 2 DSGVO zu erfüllen. Wo derartige Dokumentationen fehlen oder diese nicht regelmäßig aktualisiert werden (was idealerweise im Rahmen eines „Privacy by Design" Ansatzes innerhalb der IT verortet sein sollte), dürfte eine umfassende Kontrolle der Verarbeitung personenbezogener Daten schwierig werden;
- die Umsetzung der technischen und organisatorischen Maßnahmen:[36] Hier ist zu prüfen, ob die IT-Sicherheit die Anforderungen des Datenschutzes für das jeweilige Verfahren beachtet und umgesetzt hat;[37]
- die ordnungsgemäße Beauftragung von Dienstleistern für die Verarbeitung personenbezogener Daten:[38] Hierzu sind regelmäßig Standardmuster für die Auftragsverarbeitung[39] im Einsatz, die mit Auftragsverarbeitern (Dienstleistern) eingesetzt und entsprechend angepasst werden;
- internationaler Datentransfer;[40]
- Datentransfer außerhalb der EU in ein Land mit/ohne angemessenem Datenschutzniveau und ggf. Erfordernis des Einsatzes von Standardvertragsklauseln;[41]
- Binding Corporate Rules für die konzernweite Datenverarbeitung:[42] Mit Einführung von Binding Corporate Rules kann der Datentransfer in einem Konzern durch Regelung einheitlicher Prozesse und Regeln grenzüberschreitend vereinheitlicht und erleichtert werden;
- Berücksichtigung der Mitwirkungsrechte des Betriebsrats:[43] Bei bestimmten Datenverarbeitungsverfahren insbesondere betreffend Regelungen bzgl. der Mitarbeiter besteht regelmäßig ein Mitspracherecht des Betriebsrats.

---

35 Siehe Art. 30 DSGVO.
36 Siehe Art. 24 DSGVO, „Privacy by Design & Default" gem. Art. 25 DSGVO sowie Sicherheit der Verarbeitung, Art. 32 DSGVO.
37 Siehe *Jacobs*, Kap. 12, Rn. 38 ff.
38 Siehe Art. 27–29 DSGVO.
39 Siehe https://www.bitkom.org/sites/default/files/file/import/170515-Auftragsverarbeitung-Anlage-Mustervertrag-online.pdf; https://www.gdd.de/downloads/praxishilfen/GDD-Praxis hilfe_DS-GVO_4.pdf; https://www.lda.bayern.de/media/muster_adv.pdf (zuletzt abgerufen am 10.4.2020).
40 Z. B. Berücksichtigung anderer nationaler Gesetzgebungen, Art. 26, 27 DSGVO.
41 Siehe Art. 26 DSGVO, Art. 28 Abs. 8 DSGVO oder Restriktionen bzgl. der Übermittlung von personenbezogenen Daten in Drittstaaten unter Einsatz z. B. der Standardvertragsklauseln – Muster der Standardvertragsklauseln sind online abrufbar: https://ec.europa.eu/info/law/law-topic/data-protection/international-dimension-data-protection/standard-contractual-clauses-scc_en (zuletzt abgerufen am 10.4.2020).
42 Siehe Art. 47 DSGVO, im BDSG bisher nicht geregelt, aber von der Artikel-29-Datenschutzgruppe in diversen Arbeitspapieren geregelt.
43 Siehe §§ 79, 87 Nr. 6, 90 BetrVG.

- Bei Datenschutzinformationen und Einwilligungen:
  - Datenschutzhinweise auf Webseiten;[44]
  - Einverständnis und Einwilligung der Betroffenen u.a. für Marketing-zwecke.[45]
- Bei organisationsinternen Maßnahmen und Regelungen:
  - Übermittlung personenbezogener Daten im Konzern;
  - Regelungen zum konzerninternen Datentransfer;
  - Betriebsvereinbarungen (z.B. zur Internet- und E-Mail-Nutzung).

Reaktive datenschutzrechtliche Beratung umfasst u.a.: **79**

- Ausübung von Betroffenenrechten (Betroffene, deren personenbezogene Daten von der verantwortlichen Stelle erhoben und/oder verarbeitet werden können, um verschiedene Rechte gegenüber der verantwortlichen Stelle geltend zu machen)[46] hinsichtlich:
  - Auskunftsrecht über gespeicherte personenbezogene Daten,[47]
  - Berichtigungs-, Löschungs- und Sperrungsansprüche,[48]
  - Recht auf Datenübertragbarkeit;[49]
  - Informationspflichten bei Datenpannen:[50] Je nach Einzelfall sind die Betroffenen, die Aufsichtsbehörde und/oder die Öffentlichkeit zu informieren;
  - (anlasslose) aufsichtliche Kontrolle;[51]
  - E-Discovery-Anforderungen z.B. der internen Revision versus datenschutzrechtlicher Rechte der Betroffenen;
  - rechtssichere Datenanalyse im Zuge der Prüfung der Wirksamkeit interner Kontrollsysteme oder Ermittlung bei möglichem unrechtmäßigem Handeln durch Mitarbeiter (Beweiserhebung und Beweisverwertbarkeit);
  - Datenschutz Audits (intern).

a) Der betriebliche Datenschutzbeauftragte

Die Bestellung und der Tätigkeitsbereich eines DSB sind inzwischen EU-weit in **80** der DSGVO geregelt und werden zudem durch das BDSG ergänzt.[52] Der zunehmende Automatisierungsgrad sowie die Erfassung von immer mehr Unternehmens- und Lebensbereichen durch die Datenerfassung (Bsp.: Internet der Dinge; Videoüberwachung in öffentlichen Räumen) lassen immer weniger Raum für Be-

---

44 Siehe § 13 Abs. 1 TMG.
45 Siehe § 13 Abs. 2 TMG, § 7 Abs. 2 Nr. 2 und 3 UWG, § 94 TKG; Art. 6–8 DSGVO, insb. Art. 6 Abs. 1 lit. a sowie Art. 20 Abs. 2 lit. a, Art. 22 Abs. 2 lit. c DSGVO.
46 Siehe Art. 12–20 DSGVO.
47 Siehe Art. 15 DSGVO.
48 Siehe Art. 16–19 DSGVO, inkl. „Recht auf Vergessenwerden", Art. 17 DSGVO.
49 Siehe Art. 20 DSGVO.
50 Siehe Art. 34 DSGVO.
51 Siehe Art. 57 Abs. 1 und hier insb. lit. a DSGVO.
52 Siehe Art. 39 DSGVO sowie § 38 BDSG

reiche ohne Datenerfassung und Mitarbeiter haben oft keinen geschulten Blick dafür, welche Möglichkeit aus der Kombination und algorithmischen Auswertung von unscheinbaren, vordergründig anonymen Nutzerdaten im Hintergrund durch das intelligente Zusammenführen solcher Daten im Bereich der Profilbildung oder sonstigen Datenanalyseverfahren mit Personenbezug erwachsen.

81 Auch sonst unterstützt die (freiwillige) Bestellung eines DSB unternehmerische Prozesse, weil Unternehmen mit dediziertem DSB datenschutzrelevante Aufgaben durch die eindeutige Aufgabenzuweisung fokussiert angehen können. Ohnehin kann unter Berücksichtigung der aktuellen technologischen und wirtschaftlichen Entwicklung stets zu einer Bestellung eines DSB geraten werden, denn die Datenverarbeitung in sämtlichen Wirtschaftsbereichen hat inzwischen einen Umfang erreicht, der es kaum möglich erscheinen lässt, dass ein Management oder die weiteren verantwortlichen Bereiche die datenschutzrechtliche Tragweite von Maßnahmen richtig erfassen können, sobald personenbezogene Daten erhoben werden oder aber Meta- oder Telemetriedaten zur Nutzung bestimmter Produkte erfasst werden sollen (z. B. bei Smart-TVs, vernetzten Elektrogeräten inkl. moderner Waschmaschinen oder sog. Smart-Home-Lösungen).

82 Vor dem Hintergrund eines zunehmenden Compliance-Bewusstseins in Unternehmen sind immer weniger Umstände denkbar, in denen ein verantwortlich handelndes Management einen DSB nicht anhört oder aber gebotene und vorgeschlagene Maßnahmen nicht umsetzt.

83 Die Stellung des DSB innerhalb der Organisationsstruktur eines Unternehmens ist vom Gesetzgeber hoch angesiedelt worden. Mit der – zumindest fachlich – direkten Berichtspflicht an die höchste Managementebene des Unternehmens (Verantwortliche Stelle oder Auftragsverarbeiter),[53] hat der DSB jederzeit die Möglichkeit, sich bei der Geschäftsführung Gehör zu verschaffen. Dies ist auch sinnvoll, sollte allerdings stets mit Bedacht ausgeübt werden. Denn bei der Vielzahl der (operativen) datenschutzrechtlichen Aufgaben sollte die Einbindung der Unternehmensführung in operative datenschutzrechtliche Fragestellungen nicht überstrapaziert werden. Je nach Größe eines Unternehmens sollte die Geschäftsführung nur zur Klärung strategischer oder bedeutender operativer Fragestellungen direkt einbezogen werden. Der Schwerpunkt der datenschutzberatenden Tätigkeit wird stets im operativen Bereich liegen und daher idealerweise mit den Fachabteilungen geklärt werden können. In erster Linie sind daher die datenschutzrechtliche Unternehmenskultur sowie strategische Ziele mit der Geschäftsführung abzustimmen.

84 Grundsätzlich ist der DSB den operativen Geschäftsbereichen zuzuordnen. Die Beratung durch den DSB hat zwar unmittelbaren Einfluss auf die technische Ausgestaltung von Verfahren zur Verarbeitung personenbezogener Daten, allerdings ist die Gestaltung der erforderlichen (Geschäfts-)Prozesse Aufgabe der anfordernden operativen Bereiche, d. h., das „Was" und „Wozu" wird durch die

---

53 Siehe Art. 38 Abs. 3 Satz 3 DSGVO.

operativen Bereiche und den DSB bestimmt. Die Umsetzung im IT-Bereich, d. h., das technische „Wie" wird durch die IT selbst bzw. die IT-Sicherheit gemäß den operativen und datenschutzrechtlichen Vorgaben definiert und anhand des jeweils anzuwendenden aktuellen Standes der Technik ermittelt.[54] Bindeglied zwischen dem Datenschutz und der IT-Sicherheit sind hier die technischen und organisatorischen Maßnahmen, die abhängig vom Umfang und der Intensität der Verarbeitung personenbezogener Daten bestimmen, welche grundlegenden Aspekte bei der Umsetzung von operativen Anforderungen durch die IT beachtet werden müssen. Aber gerade in diesem Bereich der Bestimmung der datenschutzrechtlichen Bedeutung bei operativen Maßnahmen und deren Einfluss auf die Ausgestaltung von Datenverarbeitungsprozessen ist dem DSB eine starke Stellung einzuräumen, denn die Beachtung gerade der technischen und organisatorischen Maßnahmen führt häufig zu erheblichen Mehraufwänden und erweiterten Dokumentationspflichten, die auch den Zeitrahmen für die Realisierung neuer Datenverarbeitungsverfahren erheblich beeinflussen können. Dabei ist seit Geltung der DSGVO insbesondere den Anforderungen des „Datenschutz durch Technikgestaltung" („Privacy by Design")[55] und „Datenschutz durch datenschutzfreundliche Voreinstellungen" („Privacy by Default")[56] Rechnung zu tragen. Die Beachtung und Umsetzung dieser Anforderungen an Datenverarbeitungsverfahren ist nicht banal: Gerade bei Individuallösungen muss bei der Umsetzung/Gestaltung von Softwarelösungen der Datenschutz als sog. nichtfunktionale Anforderungen berücksichtigt werden. Gerade in agilen Projekten bedeutet dies aber, dass der Datenschutzbeauftragte bei jeder Weichenstellung bzgl. der Verarbeitung personenbezogener Daten beratend hinzuzuziehen ist, um die Gestaltung des Verfahrens daran ausrichten zu können.[57] Deshalb sollte sich ein DSB stets seiner Rolle und Verantwortung im Unternehmen bewusst sein, aber auch eine über die rein gesetzliche Stellung hinausgehende Funktion innehaben, die es ihm ermöglicht, datenschutzrechtlich gebotene Maßnahmen effektiv umzusetzen oder zu veranlassen.

b) Prozess der Datenschutzberatung

Der DSB hat auf die Einhaltung der datenschutzrechtlichen Vorschriften hinzuwirken,[58] indem er die ordnungsgemäße Anwendung der Datenverarbeitungsprogramme, mit deren Hilfe personenbezogene Daten verarbeitet werden sollen, überwacht,[59] was ggf. auch durch eine Datenschutz-Folgenabschätzung[60] sicher- **85**

---

54 Siehe auch *Jacobs*, Kap. 12, Rn. 35 ff.
55 Siehe Art. 25 Abs. 1 DSGVO.
56 Siehe Art. 25 Abs. 2 DSGVO.
57 Siehe diesbzgl. Checklisten zur Ausgestaltung: https://www.frankfurt-main.ihk.de/recht/themen/datenschutzrecht/privacy_by_design/; https://www.datenschutzberater365.de/wp-content/uploads/2017/02/Checkliste-Privacy-by-Default.pdf (Zuletzt abgerufen am 11.4.2020).
58 Siehe Art. 39 Abs. 1 lit. a DSGVO.
59 Siehe Art. 39 Abs. 1 lit. b DSGVO.
60 Siehe Art. 39 Abs. 1 lit. c i. V. m. Art. 35 DSGVO.

zustellen ist, sowie diese zu dokumentieren.[61] Zudem besteht die Pflicht zur Schulung von Mitarbeitern, die bei der Verarbeitung personenbezogener Daten tätig sind[62] und die Zusammenarbeit mit der Aufsichtsbehörde.[63]Diese Pflichten des DSB können als die proaktiven Pflichten wie folgt zusammengefasst werden:

– Schulung;
– Datenschutz-Folgenabschätzung und Beratung bei der Einführung von Datenverarbeitungsverfahren (Beratung);
– Dokumentation;
– Überwachung des Betriebs von Datenverarbeitungsverfahren (Kontrolle);
– Zusammenarbeit mit Aufsichtsbehörden (Dieses stellt eigentlich keine eigentliche Aufgabe des DSB dar, sondern dient nur zur Klarstellung, dass der DSB die Schnittstelle zwischen Aufsichtsbehörde und der verantwortlichen Stelle/ Auftragsverarbeiter ist).

86 Damit kann auch zur Darstellung des Reifegrades des Datenschutzes im Unternehmen folgendes Modell zur Veranschaulichung dienen:

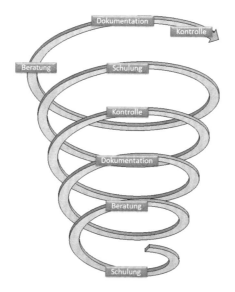

Abbildung 2: Zyklischer Prozess der Pflichten des Datenschutzbeauftragten

---

61 Siehe Art. 30 und auch Art. 25 DSGVO.
62 Siehe Art. 39 Abs. 1 lit. a DSGVO.
63 Siehe Art. 39 Abs. 1 lit. d und e DSGVO.

Ein weiterer bestimmender Faktor für die konkreten Anforderungen an eine ef- **87**
fektive Datenschutzberatung ist der Reifegrad der Datenschutzorganisation. Bestehen schon weitreichende prozessuale Regelungen, wie z. B. Richtlinien[64] oder
ein Datenschutzmanagementsystem im Unternehmen, gestaltet sich die Beratung oftmals leichter, weil (a) formale Prozesse bereits etabliert sind und (b) ein
datenschutzrechtliches Bewusstsein in den relevanten Organisationsbereichen
besteht. Die datenschutzrechtliche Beratung sollte sich dabei stets an dem gesetzlich vorgeschriebenen Leitbild orientieren, das wie folgt ausgestaltet ist:

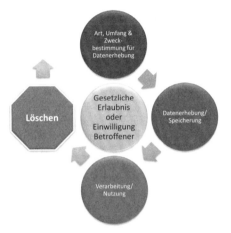

Abbildung 3: Nutzungszyklus personenbezogener Daten

Entscheidend für eine effektive Datenschutzberatung und Implementierung von **88**
Organisationsprozessen zum Datenschutz ist das Verständnis für datenschutzrechtliche Relevanz in den betroffenen Organisationseinheiten (z. B. durch
Schulung) sowie die zielführende Beratung und Dokumentation bei der Umsetzung von datenschutzrelevanten Verfahren. Wichtig ist dabei auch, bei der ein-
zelfallbezogenen Beratung frühzeitig Muster zu erkennen, die es ermöglichen,
Prozesse oder Standards zu etablieren und in einheitliche Regelungen zu fassen,
weil dies hilft, den Tätigkeitsaufwand für wiederkehrende Tätigkeiten zu verringern. Nur so wird es dem DSB langfristig möglich sein, seine Aufgaben effektiv
zu erfüllen und zugleich die Möglichkeit zu erhalten, strategisch den Datenschutz weiterzuentwickeln. Auch sollte die Einzelfallberatung und die Rückmeldung von Betroffenen oder Mitarbeitern genutzt werden, die technischen und organisatorischen Maßnahmen und die etablierten Richtlinien zum Datenschutz
zu hinterfragen und zu überprüfen sowie ggf. an aktuelle Entwicklungen und

---

64 Hilfreich hierfür der BSI-Grundschutzkatalog: https://www.bsi.bund.de/DE/Themen/IT
Grundschutz/ITGrundschutzKataloge/itgrundschutzkataloge_node.html, hier: Baustein B
1.5 „Datenschutz" (zulctzt abgerufen am 29.1.2020).

neue gesetzliche Vorgaben anzupassen. Die Rückkopplung zwischen strategischem und operativem Datenschutz ist dabei von entscheidender Bedeutung.

89 Die in Abschnitt III.2. (Rn. 76 ff.) beschriebene proaktive und reaktive Beratung hat folgende Relevanz für die datenschutzrechtliche Beratung: Die reaktive Beratung führt dazu, dass der DSB stets nur Sachverhalte oder Ereignisse („Incident-Management") abarbeitet. Damit hat der DSB keine Möglichkeit, gestalterisch den Datenschutz mitzubestimmen, sondern ist im Wesentlichen auf die Schadensbegrenzung beschränkt. Für eine effektive Compliance im Datenschutz ist es aber entscheidend, dass der DSB Prozesse proaktiv mitgestaltet („Process-Implementation & Management"), anstatt datenschutzrelevante Sachverhalte nur reaktiv abzuarbeiten. Nur so ist es möglich, eine datenschutzrechtskonforme Verarbeitung personenbezogener Daten dauerhaft rechtssicher gewährleisten zu können bzw. einen hohen Datenschutz-Reifegrad im Unternehmen zu erreichen.

c) Praxisrelevante Beispiele

90 Anhand einiger Fallbeispiele soll nunmehr dargestellt werden, welchen Reifegrad ein DSB in einem Unternehmen in den dafür relevanten Bereichen vorfinden kann. Dabei ist aber auch zu berücksichtigen, dass die gegenwärtige Entwicklung enorme Herausforderungen beinhaltet. Durch die zunehmende Datenverarbeitung (Big Data, Internet der Dinge usw.) werden bisher etablierte „Datensilos" aufgebrochen. Daten werden vernetzt und komplexe Analysen ermöglichen Einsichten in persönliche oder personenbezogene Bereiche, die vor kurzer Zeit noch gar nicht denkbar waren.

91 **Beispiel 1:** Durch Zufall erfährt der DSB von einem Kollegen, dass demnächst für den Online-Shop des Unternehmens Werbung wesentlich kundenspezifischer ausgestaltet werden soll. Durch Einsatz von Cookies[65] (Textdateien, die bestimmte Nutzungsverhaltensdaten von besuchten Webseiten speichern) und IP-Adressen sollen Kunden auch nach dem Verlassen der Webseiten des Online-Shops auf anderen Webseiten mit zuvor besuchten Produkten aus dem Online-Shop beworben werden. Aufgrund dieser Hinweise erkundigt sich der DSB bei der zuständigen Fachabteilung bzgl. dieses Werbeverfahrens. Der verantwortliche Projektleiter erklärt, dass die Informationen stimmen, er sich aber keine Sorgen machen müsse, weil personenbezogene Daten, wie z.B. Namen, Adressdaten usw., nicht Gegenstand dieses Verfahrens seien, wodurch die Einbeziehung des DSB entbehrlich sei.

92 Hier fehlt es der verantwortlichen Fachabteilung an der Sensibilität bzgl. personenbezogener Daten. Zwar ist inzwischen geklärt, wann auch sog. dynamische

---

65 Umfassend zu Cookies *Rauer/Ettig*, ZD 2015, 255 ff.

IP-Adressen als personenbezogene Daten gelten[66]; die Bewertung hat jedoch gerade deshalb für jeden Einzelfall individuell zu erfolgen. Zudem dürften auch Personen mit statischen IP-Adressen den Online-Shop besuchen. Ferner ist ohne weitere Klärung, was im Zusammenhang mit der IP-Adresse in den Cookie-Dateien gespeichert wird, Personenbezug anzunehmen und damit auch die Anpassung von Datenschutzinformationen für die Webseite erforderlich werden. Um ein Einwilligungserfordernis bewerten zu können, wären weitere Sachverhaltsaufklärungen durchzuführen.

Beispiel 2: Der Automobilhersteller X-AG stellt Premium Pkw her. Darin **93** enthalten ist u. a. eine fortschrittliche Notruffunktion („eCall-System"),[67] die es im Falle eines Unfalls ermöglicht, Rettungsmaßnahmen automatisiert einzuleiten. Über diese Notrufschnittstelle kann man auch Zusatzdienste, wie z. B. Verkehrsmeldungen in Echtzeit für das Navigationssystem abrufen, um stets die verkehrsgünstigste Route bestimmen zu können. Um diese Zusatzfunktion für die ersten 24 Monate ohne Zusatzkosten nutzen zu können, muss der Fahrzeugkäufer der Datenübermittlung zum eigenen Fahrverhalten an den Fahrzeughersteller zustimmen, weil hierdurch die Genauigkeit der Verkehrsdaten verbessert und die Entwicklung neuer Fahrzeuge anhand von Fahrverhaltensdaten der Käufer optimiert werden kann. Der serviceorientierte Verkäufer stellt dem privaten Käufer das Fahrzeug zur Abholung bereit und teilt diesem mit, dass er bereits alles im System eingerichtet habe, damit der Käufer Fahrspaß ab der ersten Minute hat. Der Käufer freut sich insbesondere über das angepriesene technisch bisher unerreichte Notrufsystem und das Navigationssystem mit Verkehrsführung unter Berücksichtigung von Echtzeitdaten. Nach Erläuterung der Funktionen fährt der Käufer voller Freude davon.

In diesem Fallbeispiel ist zumindest problematisch, dass der serviceorientierte **94** Mitarbeiter die erforderlichen Einstellungen bereits vorgenommen hat. Für die Erhebung und Übermittlung dieser Daten besteht kein gesetzlicher Erlaubnistatbestand. Gemäß Art. 6 Abs. 1 lit. a DSGVO hätte der Käufer daher in die Übermittlung seiner Fahrdaten einwilligen müssen, denn diese Daten ermöglichen die Geo-Lokalisierung des Käufers durch die Übermittlung der Daten über eine Mobilfunkverbindung mit individualisierter IMEI-Nummer. Diese Daten können z. B. auch (theoretisch) herangezogen werden, um Fehlverhalten des Käufers

---

66 Siehe EuGH, Urteil vom 19.10.2016 – C-582/14: http://curia.europa.eu/juris/document/do cument.jsf?text=&docid=184668&pageIndex=0&doclang=DE&mode=lst&dir=&occ=first &part=1&cid=5106339 – Dynamische IP-Adressen haben relativen Personenbezug, d. h. eine dynamische IP-Adresse kann für den Anbieter von Online-Mediendiensten ein personenbezogenes Datum darstellen, an deren Speicherung ein berechtigtes Interesse besteht.
67 Zu den technischen Möglichkeiten und rechtlichen Implikationen: *Balzer/Nugel*, NJW 2016, 193 ff.; *Lüdemann*, ZD 2015, 247 ff.

(Fahrers) zu ermitteln; Personenbezug gemäß Art. 4 Ziff. 1 DSGVO läge zweifellos vor. Eine gesetzliche Pflicht zur Übermittlung der weitreichenden Fahrerdaten besteht (gegenwärtig) nicht. Zudem wäre hier noch zu erörtern, ob nicht die Einwilligungserklärung nebst transparenter Erläuterung der Datenverarbeitung nicht auch schriftlich hätte erfolgen müssen, denn eine so weitreichende Datenverarbeitung lediglich über das Multimedia-System des Fahrzeugs darzustellen und bestätigen zu lassen, dürfte dem Käufer kaum die Möglichkeit bieten, die näheren Einzelheiten der Datenübermittlung in angemessener Form wahrzunehmen. Hier hätte wahrscheinlich die Einwilligung schriftlich oder sonst dokumentiert erfolgen müssen, um dem Kunden die Möglichkeit einer freiwillig für den bestimmten Fall, in informierter Weise und unmissverständlich abgegebene Willensbekundung in Form einer Erklärung zu ermöglichen.[68] Es ist zweifelhaft, ob eine Einwilligung bei Nutzung eines Multi-Media-Systems (kleiner Bildschirm) wirksam sein kann, da die Einwilligungserklärung inklusive der dazugehörigen Informationen kaum adäquat lesbar sein dürften. Eine konkludente Einwilligung bestehend aus der kostenlosen Nutzung des Echtzeit-Navigationssystems gegen Einwilligung in die Datenübermittlung an den Automobilhersteller dürfte dagegen nicht anzunehmen sein, weil dies u.a. dem Grundsatz der Transparenz widerspräche.[69]

95 Die vorgenannten Beispiele zeigen, dass die Themen eines DSB komplexer werden. Längst geht es nicht mehr darum, dass Mitarbeiter eines Unternehmens überhaupt nicht verstehen, worum es beim Datenschutz geht. Auch dürften heute kaum noch Unternehmensführungen anzutreffen sein, die das Thema Datenschutz ignorieren oder für irrelevant erachten. Die vielfältigen Möglichkeiten der Datenerhebung, Datenanalyse und Datenverarbeitung erfordern eine neue Qualität des Datenschutzes. Es geht nicht mehr allein um das Führen von Verfahrensverzeichnissen für standardisierte Datenverarbeitungsverfahren oder singuläre Schulungen über den Datenschutz im Allgemeinen. Die aktuellen Entwicklungen im Bereich der Big-Data-Analytics, CRM und Internet der Dinge erfordern das Erfassen komplexer Vorgänge, die Bewertung der jeweiligen Datenschutzrelevanz auf Grundlage genauer Verfahrensanalysen und Voranalysen (ggf. mit Datenschutz-Folgeabschätzung) sowie die rechtssichere Ausgestaltung von interaktiven Datenverarbeitungsverfahren, die insbesondere die Interaktion verschiedener Datenverarbeitungssysteme unter Einbeziehung verschiedenster Daten/Datenbanken und Datenkategorien beinhaltet.

3. Implementierung

96 Die Implementierung eines effektiven Datenschutzmanagementsystems erfolgt in Stufen. Zunächst sind Prozesse zur Datenschutzberatung zu implementieren

---

68 *Schwartmann/Klein*, in: Schwartmann/Jaspers/Thüsing/Kugelmann, DS-GVO/BDSG, 2018, Art. 6, Rn. 12 ff. und Rn. 21.
69 *Schwartmann/Klein*, in: Schwartmann/Jaspers/Thüsing/Kugelmann, DS-GVO/BDSG, 2018, Art. 6, Rn. 22 ff.

(siehe Rn. 80 ff.). Erst hiernach sollten die datenschutzrechtlich relevanten Regelungen in einem Unternehmen überarbeitet, ergänzt oder sukzessive implementiert werden. Für die Einführung bestimmter Unternehmensregeln ist eine Grundstruktur erforderlich, damit die eingeführten Regelungen tragfähig im Unternehmen umgesetzt und beachtet werden können sowie nicht als Fremdkörper innerhalb der Unternehmensorganisation wirkungslos bleiben. Auch für die Entwicklung des Datenschutzmanagementsystems innerhalb eines Unternehmens ist ein Phasenmodell von Vorteil.

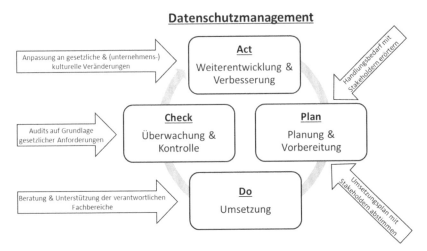

Mit diesem Modell kann das Datenschutzmanagementsystem schrittweise entwickelt und angepasst werden. Sämtliche Maßnahmen des DSB sollten stets aufeinander abgestimmt sein, denn es ist wenig hilfreich, Maßnahmen einzusteuern, die keine Verbindung zu anderen relevanten Bereichen haben oder aber eine Rückkopplung auf bestehende Maßnahmen nicht zulassen.   **97**

Dabei ist das Datenschutzniveau innerhalb des Unternehmens zu berücksichtigen: Ohne Sensibilisierungsmaßnahmen (Schulungen), die wirklich greifen, werden Mitarbeiter datenschutzrechtlich relevante Verfahren oder das Erfordernis der Hinzuziehung des DSB weder erkennen, noch proaktiv mit dem DSB abstimmen.[70] Die Dokumentation von datenschutzrechtlich relevanten Verfahren ist dagegen arbeitsintensiv und gerade bei sich dynamisch entwickelnden Verfahren ein laufender Prozess. Damit dürfte eine dauerhafte Einbindung des DSB bei einem effektiv implementierten Datenschutzmanagementsystem in datenschutzrelevante Projekte unentbehrlich sein, um fortgesetzt in Entwicklungszyklen involviert zu sein und sein Fachwissen einbringen zu können.   **98**

---

70 Siehe auch *Neundorf*, in: Hauschka/Moosmayer/Lösler, Corporate Compliance, 3. Aufl. 2016, § 29 Rn. 56 f.

99 Zu einem Datenschutzmanagementsystem gehören auch die Entwicklung und Implementierung von Richtlinien für die operativen Fachbereiche sowie ein technisches Datenschutzumsetzungskonzept für den IT-Bereich. Die Abstimmung dieser Richtlinien sowie die regelmäßige Überprüfung anhand operativer, technischer, gesetzlicher und datenschutzkultureller Weiterentwicklungen sind dabei fortwährend zu beachten. Der Anpassungsbedarf wird durch (Selbst-)Audits und direkte Kontrollmaßnahmen des DSB ermittelt.

100 Oftmals stellt sich in Unternehmen die Frage, in welchem Umfang oder mit welcher Intensität der Datenschutz umgesetzt werden soll. Die Unternehmensleitung verkennt häufig den Mehrwert eines effektiven Datenschutzmanagements und gestattet nur so wenige Eingriffe wie zwingend nötig in operative Prozesse. Natürlich kann damit nur das Mindestmaß an Datenschutz umgesetzt werden. Gerade in Unternehmen mit Privatkundengeschäft (Endkunden/Verbraucher) kann das Vertrauen der Kunden in einen professionellen und gut organisierten Umgang mit ihren personenbezogenen Daten ganz erheblich zum Erfolg des Unternehmens beitragen.[71] Daher ist die Frage nach der richtigen Datenschutzstrategie sehr wichtig – aber auch einzelfallbezogen. Folgende strategische Herangehensweisen können unterschieden werden:

– Umsetzung der gesetzlichen Mindestanforderungen: Nur die datenschutzrechtlich zwingenden Anforderungen werden umgesetzt. Jede Einbindung des DSB wird dahingehend bewertet, inwieweit zusätzliche Maßnahmen Auswirkungen auf das Projekt haben könnten und wird stets auf das zwingende Mindestmaß begrenzt, um die operative Gestaltung und Implementierung durch den Datenschutz möglichst unbeeinflusst zu lassen. Die jeweils gegenwärtige datenschutzrechtliche Compliance wird damit erreicht, mehr aber auch nicht.

– Umsetzung eines nachhaltigen Datenschutzes: Immer mehr Unternehmen erkennen, dass eine strukturierte Implementierung des Datenschutzes Einfluss auf die Nachhaltigkeit beim Datenschutzmanagement haben kann und sich damit langfristig Kosten sparen lassen, indem Strukturen geschaffen werden, die eine integrierte Umsetzung von Datenschutzmaßnahmen ermöglichen. Unterstützt werden diese Maßnahmen nicht nur durch die Implementierung von Richtlinien zum Datenschutz, sondern auch durch z.B. Binding Corporate Rules (**BCR**) für internationale Konzerne oder aber äquivalente Regelungen für Unternehmen, die die Implementierung von BCR nicht benötigen oder denen die administrativen Aufwände als nicht passend für die Unternehmensstruktur erscheinen. Unternehmen, die ein effektives Datenschutzmanagementsystem implementieren, wollen auf die Entwicklung im Datenschutzbereich vorbereitet sein. Behörden- und Betroffenenanfragen sollen

---

71 Siehe *Conroy/Milano/Narula/Singhal*, Building customer trust, abrufbar unter: https://www2.deloitte.com/us/en/insights/topics/risk-management/consumer-data-privacy-strategies.html (zuletzt abgerufen am 11.4.2020).

effektiv und zeitnah beantwortet werden können. Dies fördert das Vertrauen der Betroffenen in das professionelle Datenschutzmanagement eines Unternehmens. Zudem sollen Informationspflichten, Kontrollen durch Aufsichtsbehörden und insbesondere auch unternehmensinterne Untersuchungen rechtssicher und effizient durchgeführt werden, um beweiserhebliche Befunde auch rechtssicher verwerten zu können. Mit einer solchen Strategie ist ein Unternehmen auf die Entwicklung des Datenschutzes vorbereitet und kann reaktive Datenschutzmaßnahmen effizient und rechtssicher ausführen.

– Umsetzung eines marketingorientierten Datenschutzes: Die Umsetzung eines marketingorientierten Datenschutzes erfordert die Implementierung eines effektiven Datenschutzmanagementsystems. Hinzu kommt ein regelmäßiger Austausch mit den datenschutzrelevanten Fachbereichen. Die Organisation des Datenschutzes muss neben den Anforderungen eines nachhaltigen Datenschutzes auch noch die Bereiche der Unternehmenskommunikation und das Marketing einbeziehen. Mit Einbeziehung auch dieser Bereiche können die umgesetzten Datenschutzmaßnahmen und Prozesse aktiv dazu genutzt werden, um das Kundenvertrauen zum Unternehmen zu steigern und die Professionalität und Offenheit (Transparenz!) des Unternehmens im Umgang mit personenbezogenen Daten darzustellen. Diese offene Kommunikation eines „transparenten" Datenschutzes kann dann Kundenloyalität fördern und somit einen Mehrwert für das Unternehmen bieten.

Die o.g. Implementierungsstrategien zeigen, wie Unternehmen das Datenschutzmanagement individuell auf ihre Bedürfnisse und strategischen Ziele ausrichten können. **101**

4. Zusammenarbeit mit Behörden

Für den DSB ist die die Zusammenarbeit mit der Datenschutzaufsicht verpflichtend geregelt[72] und eine proaktive und offene Zusammenarbeit mit dieser kann zudem sehr hilfreich sein, denn der DSB kann u.a. auch die Beratung der Aufsichtsbehörde in Anspruch nehmen. Diese Hilfe kann gerade in Zweifelsfällen und bei der Datenschutz-Folgenabschätzung (Art. 36 DSGVO!) nicht nur geboten, sondern auch sehr nützlich sein, um die Planung und Einführung von neuen Verfahren frühzeitig rechtssicher zu gestalten. Bei Beschwerden von Betroffenen gegenüber der zuständigen Behörde kann ein derart vorab mit der Aufsichtsbehörde abgestimmtes Verfahren oftmals unbeanstandet bestehen bleiben und einer solchen Betroffenen-Beschwerde mit einer Erklärung zur Rechtmäßigkeit des Verfahrens abgeholfen werden. Beschwerden Betroffener gegenüber der Aufsichtsbehörde können diese ebenfalls leichter klären, wenn der DSB bereits zuvor mit der Datenschutzaufsicht zusammengearbeitet hat, weil hierdurch leichter abgeschätzt werden kann, ob ein datenschutzrechtliches Problem bei der verantwortlichen Stelle wahrscheinlich ist oder ob die Sorge des Betroffenen an- **102**

---

72 Siehe Art. 39 Abs. 1 lit. d und e DSGVO.

hand von Auskünften zum Verfahren oder der Datenverarbeitung zielführend erläutert werden können.

103 Eine weitere Möglichkeit der Zusammenarbeit mit der Datenschutzaufsicht, die nicht unterschätzt werden sollte, bieten sich gemäß Art. 33 und Art. 34 DSGVO an, welche häufig sogar eine Pflicht zur Information oder zur Zusammenarbeit mit der Aufsichtsbehörde begründet. Obwohl hiernach schon bestimmte personenbezogene Daten unrechtmäßig übermittelt oder auf sonstige Weise Dritten unrechtmäßig zur Kenntnis gelangt sind, kann eine unverzügliche Einschaltung der Datenschutzaufsicht dazu beitragen, die richtigen Maßnahmen einzuleiten und Beschwerden Betroffener, die an die Datenschutzaufsicht gerichtet werden, können effektiver beantwortet werden. In solchen Fällen ist es ratsam, alle zur Verfügung stehenden Maßnahmen zu ergreifen, um das Vertrauen Betroffener – die häufig Kunden der verantwortlichen Stelle sind[73] – in das Unternehmen aufrechtzuerhalten. Es muss dabei auch berücksichtigt werden, dass in einem hochkomplexen Wirtschaftsumfeld die absolute Sicherheit von Daten insbesondere auch durch die zunehmende Professionalisierung von Cyberkriminellen nicht immer sichergestellt werden kann. Umso mehr ist es daher erforderlich, auch auf Datenangriffe und Datendiebstähle professionell zu reagieren. Die enge Abstimmung und effektive Zusammenarbeit mit der Datenschutzaufsicht unterstützen sowohl die Bearbeitung aktueller als auch die Abwehr zukünftiger Cyberattacken und können so Kundenvertrauen bewahren helfen.

IV. Instrumente der datenschutzrechtlichen Compliance

1. Tone-from-the-Top

104 Das Thema Datenschutz hat mit Inkrafttreten der DSGVO eine sehr große Bedeutung in den Unternehmen gewonnen, da die Bußgelder im Fall der *Non-Compliance* zum Teil drastisch verschärft wurden. Wichtig ist daher, dass sich Unternehmen datenschutzkonform verhalten. Dies gelingt nur, wenn alle Bereiche eines Unternehmens mitwirken – nicht nur der Beauftragte für den Datenschutz. Gerade in den Bereichen Vertrieb, Marketing und Entwicklung bestehen leider häufig Defizite in Bezug auf *Datenschutz-Compliance*. Eine gute Unternehmensführung wirbt daher für die Einhaltung der datenschutzrechtlichen Vorschriften von höchster Ebene – siehe hierzu auch unten „Interne Kommunikation und Awareness" unter Rn. 118. Es ist momentan üblich und weit verbreitet, dass Unternehmen sich in ihrem Unternehmensgrundsatz oder Code of Conduct zur Einhaltung des Datenschutzes verpflichten und alle Mitarbeiter dazu auffordern. Sofern Unternehmen über Whistleblowing-Systeme verfügen, sollten Datenschutzverletzungen zu den meldefähigen Tatbeständen gehören – allerdings sollte dann auch sichergestellt werden, dass etwaige Beschwerden in angemessener

---

73 Siehe http://www.spiegel.de/netzwelt/gadgets/vtech-spielzeug-daten-von-eltern-und-kinder-erbeutet-a-1065182.html; http://www.welt.de/wirtschaft/webwelt/article13314277/Sony-entschuldigt-sich-fuer-Playstation-Datenleck.html (zuletzt abgerufen am 29.1.2020).

Zeit abgearbeitet werden können, da ab Kenntniserlangung möglicherweise Meldefristen laufen.

2. Interne Richtlinien

Richtlinien können helfen, Verhaltensregeln in einem Unternehmen zu definie- **105** ren. Jedoch sollten Richtlinien nur dort implementiert werden, wo ein ausreichendes Maß an Prozessen und Standardisierung erreicht ist, damit eine Richtlinie auch gelebt werden kann. Zudem sollten Richtlinien eingreifen, wenn eine Vielzahl von Ereignissen oder Sachverhalten unter gleichartige Verhaltensmuster fallen und vereinheitlicht bearbeitet werden sollen. Für allgemeine Verhaltensregeln oder Nutzungsbestimmungen sollte eine Richtlinie schon dann festgelegt werden, wenn hierdurch ein einheitlicher rechtlicher Rahmen für alle Mitarbeiter geschaffen werden kann. Für speziellere Sachverhalte sind Prozesse zu definieren, wenn Sachverhalte häufiger oder regelmäßig auftreten, diese auch zukünftig zu erwarten sind und eine klare Festlegung von Prozessen dazu beitragen kann, diese Sachverhalte zukünftig standardisiert und professionell abarbeiten zu können. Haben diese Sachverhalte für eine Vielzahl von Mitarbeitern Relevanz (Adressatenkreis), dann sind bereichsspezifische Richtlinien festzulegen. Sobald eine Schwelle überschritten ist, ab der die zu regelnden Sachverhalte die Mehrheit der Mitarbeiter betreffen sollten Richtlinien grundsätzlich für sämtliche Mitarbeiter gelten. Richtlinien müssen dabei klar formuliert werden und die Ziele, den persönlichen und sachlichen Geltungsbereich sowie die rechtlichen oder sonstigen regelungsbedürftigen Grundlagen genau beschreiben.

a) Datenschutzrichtlinie

Die Datenschutzrichtlinie regelt den betrieblichen Umgang mit personenbezo- **106** genen Daten für sämtliche mit der Datenverarbeitung beschäftigten Personen im Unternehmen. Man könnte nun einwenden, dass die Verarbeitung personenbezogener Daten schon im Gesetz hinlänglich bestimmt ist, aber es werden nicht sämtliche Mitarbeiter das Verständnis für die Auslegung der DSGVO, des BDSG sowie weiterer bereichsspezifischer gesetzlicher Regelungen mitbringen. Daher ist es sinnvoll, eine Richtlinie zu etablieren, die in allgemeiner Form darstellt, wie der einzelne Mitarbeiter mit personenbezogenen Daten umzugehen hat. In einer solchen Richtlinie sollte praxisnah beschrieben werden, was alles personenbezogene Daten sein können, in welchem Umfang personenbezogene Daten genutzt werden dürfen, welche Bereiche zusammenwirken müssen oder wie und wann der DSB zu kontaktieren oder einzubeziehen ist. Zudem sollten die Grundsätze zur Verarbeitung personenbezogener Daten darin geregelt werden und zwar in einer verständlichen und nachvollziehbaren Form.

b) IT-Nutzungsrichtlinie

Die IT-Nutzungsrichtlinie regelt die Nutzung von datenverarbeitenden Endgerä- **107** ten. Darin ist zu regeln, welche Endgeräte (z.B. PCs, Laptops, Smartphones) in welcher Form (stationär, mobil) für welche Zwecke (dienstlich/privat) vom jeweiligen Mitarbeiter genutzt werden dürfen. Für diese Richtlinie sind u. a. folgende Punkte zu berücksichtigen:

– Dürfen private Geräte dienstlich genutzt werden?[74] Hierbei wäre dann zu regeln, wie der Arbeitgeber Zugriff auf dienstliche Daten erhält und was geschieht, wenn der Mitarbeiter das Unternehmen verlässt. Dieser sensible Bereich wäre umfassend organisatorisch zu regeln und in der Richtlinie detailliert zu beschreiben. Ohne eindeutige Regelung mit welchen Befugnissen der Arbeitgeber Zugriff auf dienstliche Daten des privaten Endgeräts erhält und wie diese – u. a. Betriebsgeheimnisse – zum Ende der Mitarbeit ausschließlich beim Arbeitgeber verbleiben, ist zu berücksichtigen.

– Ist Mitarbeitern die private Nutzung dienstlicher Endgeräte gestattet? Dieses Thema wird immer wieder kontrovers diskutiert,[75] denn wenn die private Nutzung dienstlicher Endgeräte gestattet ist, sollte geregelt sein, in welchem Umfang die private Nutzung gestattet ist und wie der Arbeitgeber auf dienstliche Informationen (z. B. E-Mails, s. u. IV.2.c) zugreifen darf.

– Ferner sind die Protokollierung und Stichprobenkontrollen der Nutzung von Endgeräten zu regeln, denn der Arbeitgeber wird stets ein Interesse daran haben zu wissen, wie mit seinen Geschäftsdaten umgegangen wird, wie der Arbeitgeber die Kontrolle hierüber behalten kann und erforderlichenfalls Missbrauch sanktionieren kann. Die Protokollierung dürfte auch bei der Möglichkeit von Telearbeit oder Homeoffice relevant sein.

c) E-Mail-Policy

108 E-Mails sind als das wesentliche Kommunikationsmittel in Unternehmen unentbehrlich. Die Regelung zur Nutzung des dienstlichen E-Mail-Systems ist in vielerlei Hinsicht sinnvoll. Grundsätzlich ist zu regeln, ob das dienstliche E-Mail-Postfach zu privaten Zwecken genutzt werden darf. Diese Entscheidung hat weitreichende Auswirkungen auf Zugriffsmöglichkeiten auf die E-Mails von Mitarbeitern. Bei einer Duldung oder aktiven Gestattung der privaten Nutzung des dienstlichen E-Mail-Postfachs muss der Arbeitgeber klären, wie er geschäftliche E-Mails als Geschäftsbriefe (§ 35a Abs. 1 GmbHG) im gesetzlich erforderlichen Umfang (z. B. § 147 Abs. 1 Nr. 2 AO) aufbewahrt und private E-Mails hiervon ausnimmt, denn Letztere darf der Arbeitgeber weder archivieren noch einsehen. Auch der Zugriff auf das dienstliche E-Mail-Postfach z. B. bei internen Untersuchungen wird bei Gestattung privater Nutzung erheblich erschwert. Die Rechtsprechung[76]

---

74 Siehe hierzu *Neundorf*, in: Hauschka/Moosmayer/Lösler, Corporate Compliance, 3. Aufl. 2016, § 29 Rn. 151 ff.

75 Vgl. https://www.bitkom.org/Publikationen/2013/Leitfaden/BYOD/130304-LF-BYOD.pdf (zuletzt abgerufen am 29.1.2020); *Franck*, RDV 2013, 185 ff.; *Brink*, ZD 2015, 295 ff.

76 Die Dienstanbietereigenschaft des Arbeitgebers gemäß § 88 TKG verneinend und Zugriffsrecht des Arbeitgebers auf dienstliche E-Mails trotz privater Nutzungsmöglichkeit des dienstlichen E-Mail-Postfachs gemäß §§ 32, 28 BDSG bejahend: LAG Berlin-Brandenburg, Urt. v. 16.2.2011, 4 Sa 2132/10; LAG Niedersachsen, Urt. v. 31.5.2010, 12 Sa 875/09; VGH

und die Literatur[77] sind hierzu bisher noch zu keinem klaren Ergebnis gekommen, weshalb eine klare betriebliche Regelung zu mehr Rechtssicherheit beitragen kann.

d) Social-Media und Messaging-Dienste

Immer häufiger werden auch Messaging-Dienste zu dienstlichen Zwecken ein- **109** gesetzt. Oftmals erfolgt dies aufgrund der großen Beliebtheit/Verbreitung sowie des häufig nicht klar abgegrenzten Bereichs zwischen privater und dienstlicher Nutzung insbesondere auf Mobilfunkgeräten (Smartphone). Grundsätzlich gelten für Messaging-Dienste (Skype, WhatsApp, usw.) die gleichen Anforderungen, wie für E-Mail-Dienste. Allerdings dürfte die an sich erforderliche Archivierung von geschäftlicher Kommunikation über diese Dienste eher selten Beachtung finden (§ 35a GmbHG!). Daher sollten auch bezüglich dieser Dienste Regelungen zum Einsatz im geschäftlichen Umfeld bestehen, um zu verhindern, dass erhebliche Geschäftskommunikation in diesem schwer überschaubaren Bereich erfolgt oder gar sensible Daten hierüber ausgetauscht werden.

Gleiches gilt auch für Postings in sozialen Medien. Denn gerade hier ist es insbe- **110** sondere im IT-Umfeld üblich geworden, Profile mit Projekten, an denen Mitarbeiter mitgewirkt haben, anzureichern, wodurch sehr viele Informationen über das Unternehmen in möglicherweise ungefilterter aber auch kritischer Form publiziert werden können, was sich schädigend auf das Unternehmen und andere beteiligte Mitarbeiter auswirken kann. Daher sind Unternehmen auch hier gut beraten, Ihren Mitarbeitern klare Dos & Don'ts mitzuteilen, damit keine unbedarften Postings zum Schaden der betroffenen Mitarbeiter selbst, von Kollegen oder dem Unternehmen online gestellt werden.

e) IT-Datenschutzmanagement-Richtlinie (Datenschutzmanagementkonzept)

Die IT-Datenschutzmanagement-Richtlinie richtet sich in erster Linie an IT-Mit- **111** arbeiter. Diese Richtlinie regelt den Umgang mit personenbezogenen Daten im IT-Umfeld. Hier sind u.a. Grundsätze zur Umsetzung der technischen und organisatorischen Maßnahmen gemäß Art. 32 DSGVO zu spezifizieren. Weitere wichtige Punkte einer solchen Richtlinie sind z.B.:

– Regelung der Datenschutzverantwortlichkeiten innerhalb der IT;
– Prüfung rechtlicher Rahmenbedingungen und Datenschutz-Folgenabschätzung;

Baden-Württemberg, Urt. v. 30.7.2014, 1 S 1352/13. – Gemäß EGMR – Rs. Barbulescu gegen Rumänien (61496/08) – verletzt die Kündigung nicht das Menschenrecht auf Achtung des Privat- und Familienlebens gemäß Art. 8 Abs. 1 der Europäischen Menschenrechtskonvention (EMRK).

77 Überblick: *Behling*, CB 2013, 265 ff.; BVerfG, Beschl. v. 16.6.2009, 2 BvR 902/06.

– Verfahren zur Sicherstellung der Rechte der Betroffenen (hier insb.: Bearbeitung von Auskunfts- und Löschersuchen von Betroffenen oder auch das Recht auf Datenübertragbarkeit[78]);
– Führung von Verfahrensverzeichnissen und Erfüllung der Meldepflichten;
– Datenschutzrechtliche Freigabeprozesse;
– Meldung und Regelung von Abrufverfahren;
– Regelung der Auftragsverarbeitung (bei rechtlicher Selbstständigkeit z. B. der Konzern-IT auch die Auftragsverarbeitung für die Konzerngesellschaften);
– Regelung zur Verknüpfung und Verwendung von personenbezogenen Daten;
– Dokumentation der datenschutzrechtlichen Zulässigkeit;
– Aufrechterhaltung des Datenschutzes im laufenden Betrieb;
– Datenschutzaspekte bei der Protokollierung;
– Datenschutzgerechte Löschung/Vernichtung;
– Umsetzung der „Datenschutz durch Technikgestaltung" („Privacy by Design") und „Datenschutz durch datenschutzfreundliche Voreinstellungen" („Privacy by Default");
– Mitwirkung bei der Zusammenarbeit mit Aufsichtsbehörden.

112 Eine solche Regelung ist hilfreich, wenn das Handeln der IT-Fachabteilung in Bezug zu den operativen Einheiten spezifiziert werden soll. Insbesondere zur Umsetzung gesetzlich erforderlicher Maßnahmen kann eine solche Richtlinie als interner Leitfaden dienlich sein und helfen, die datenschutzrechtlichen (Verfahrens-)Prozesse im Unternehmen zu strukturieren und zu den IT-spezifischen (technikbezogenen) Regelungen abzugrenzen.

f) Archivierungs- und Löschungsrichtlinie

113 Die Archivierungs- und Löschungsrichtlinie immer stärker an Bedeutung gewinnen. Schon allein um Kosten zu sparen und die Performanz von Datenverarbeitungssystemen nicht zu beeinträchtigen, ist es hilfreich, Altdaten regelmäßig zu löschen. Der für Unternehmen häufigste Fall der Datenlöschung ist in Art. 17 DSGVO geregelt, wonach personenbezogene Daten zu löschen sind, sobald ihre Kenntnis für die Erfüllung des Zwecks der Speicherung nicht mehr erforderlich ist, wenn der Betroffene seine Einwilligung widerruft oder der Verarbeitung seiner Daten widerspricht, die Daten unrechtmäßig verarbeitet wurden, die Löschung zur Erfüllung einer rechtlichen Verpflichtung erfolgt oder es wenn Daten von Kindern verarbeitet wurden. Durch Zeitablauf dürften Daten regelmäßig dann zu löschen sein, wenn Rechtsansprüche Betroffener verjährt sind, eine gesetzliche Archivierungspflicht nicht mehr besteht (Bis dahin sind personenbezogene Daten ggf. zu sperren)[79] oder ein öffentliches Informationsinteresse hieran nicht mehr besteht (z. B. Presseartikel und wenn im öffentlichen Interesse liegende Archivzwecke, wissenschaftliche oder historische Forschungszwecke nicht mehr gegeben sind). Im Hinblick auf die Vielzahl geltender Aufbewah-

---

78 Siehe Art. 20 DSGVO.
79 Siehe § 35 Abs. 3 Nr. 1 BDSG; Art. 18 DSGVO.

rungsfristen (z. B. § 147 AO) gestaltet sich ein schlüssiges Archivierungs- und Löschkonzept insbesondere in internationalen Konzernen als Herausforderung. Dennoch sollte ein solches Konzept nicht wegen seiner Komplexität vernachlässigt werden, denn mit dem „Recht auf Vergessenwerden" nach Art. 17 EU-DSGVO dürfte diese Anforderung eine weit höhere Bedeutung erlangen als bisher.

3. Verzeichnis von Verarbeitungstätigkeiten

Unternehmen müssen den Beauftragten für den Datenschutz bei der Erfüllung **114** seiner Aufgaben unterstützen und ihm insbesondere Hilfsmittel, Einrichtungen, Geräte und Mittel zur Verfügung stellen. Zudem muss dem Beauftragten für Datenschutz eine umfassende Übersicht über sämtliche Datenverarbeitungsprozesse im Unternehmen zur Verfügung gestellt werden (sog. Verzeichnis der Verarbeitungstätigkeiten, vgl. Art. 30 DSGVO, und er ist über alle Neuerungen und Vorhaben zu informieren.

Erfassen der Datenverarbeitungsvorgänge im Unternehmen **115**

Datenschutz-Compliance erfordert eine enge Zusammenarbeit von Geschäftsleitung, dem Compliance Officer und dem DSB sowie insbesondere den operativen Geschäftsbereichen. Im Alltag eines Unternehmens wird diese Zusammenarbeit nicht immer gelebt. Die Unternehmensleitung sollte daher sämtliche mit der Bearbeitung von personenbezogenen Daten befassten Abteilungen des Unternehmens zur Mitwirkung an der Verfahrensübersicht und ihrer fortlaufenden Aktualisierung sowie insbesondere an einer frühzeitigen Einbeziehung des DSB bei IT-gestützten Projekten anhalten und je nach Situation ggf. verpflichten. Aber auch der DSB sollte einen ständigen Austausch mit den relevanten Mitarbeitern etablieren. Bewährt haben sich monatliche oder quartalsweise Jour Fixe sowie jährliche Gesprächsrunden mit den relevanten Abteilungen im Rahmen etwa eines Datenschutz-Audits – hierzu ausführlich unten unter Rn. 132 ff. Eines aufwendigen Prozesses mit Formblättern und dergleichen mehr bedarf es rechtlich zwar nicht, hat sich in der Praxis aber häufig als alternativlos herausgestellt – hier gilt es Balance zu wahren und die Kollegen *in operativen Geschäftsbereichen* nicht zu überfordern. Wichtig für eine funktionierende *Datenschutz-Compliance* sind zudem ein reger Austausch mit den Kollegen, schnelle Reaktion und lösungsorientiertes Mitwirken.

Das Verzeichnis von Verarbeitungsvorgängen ist der Aufsichtsbehörde auf An- **116** frage zur Verfügung zu stellen, vgl. Art. 30 DSGVO.

Das Verzeichnis nach Art. 30 DSGVO muss unter anderem folgende Angaben **117** enthalten:

– Name und Anschrift der datenverarbeitenden Stelle sowie Inhaber, Vorstände, Geschäftsführer oder sonstige gesetzliche oder nach der Verfassung des Unternehmens berufene Leiter und die mit der Leitung der Datenverarbeitung beauftragten Personen,
– Zweckbestimmung der Datenerhebung, -verarbeitung oder -nutzung,
– Beschreibung der betroffenen Personengruppen (z.B. Kunden und Mitarbeiter),
– Beschreibung der Daten und Datenkategorien (z.B. Kundendaten, Adressdaten),
– Empfänger oder Kategorien von Empfängern, denen die Daten mitgeteilt werden können,
– Regelfristen für die Löschung der Daten und
– geplante Datenübermittlungen in Drittstaaten (z.B. in die USA oder nach Indien).

4. Interne Kommunikation und Awareness

118 Die direkte Kommunikation mit den Mitarbeitern sollte vom DSB so häufig wie möglich genutzt werden. Sie bietet ein effektives Mittel, sämtliche Mitarbeiter zu erreichen sowie regelmäßig das Thema Datenschutz bei diesen ins Bewusstsein zu rufen. Als Foren können hier Abteilungsmeetings, sog. „Town-Hall-Meetings" oder andere Zusammenkünfte oder Treffen in Unternehmen genutzt werden, um Datenschutz als Teil der Agenda zum Bestandteil der Kommunikation an die Mitarbeiter zu etablieren.[80] Mit den heutigen elektronischen Massenkommunikationsmitteln kann zudem die Mitarbeiterschaft eines gesamten Konzerns erreicht werden. Jedoch sollte beim Einsatz von Kommunikationsmitteln stets darauf geachtet werden, fachbereichsspezifische Ausdrucksformen zu vermeiden. Gerade in internationalen Konzernen ist es wichtig, dass auch kulturelle Unterschiede bei der Kommunikation berücksichtigt werden. Besteht ein Bereich Unternehmenskommunikation o.Ä., sollte die Unterstützung dieses Bereichs erwogen werden, um mit der Kommunikation effektiv eine Vielzahl von Mitarbeitern zu erreichen. Entscheidend für die Kommunikation im Datenschutz ist, dass diese einprägsam und bewusstseinsbildend ist, um das Thema Datenschutz als Allgemeingut im Handeln der Mitarbeiter zu etablieren.

a) Der Datenschutz-Newsletter

119 Der Datenschutz-Newsletter bietet eine einfache und effektive Möglichkeit, sich regelmäßig bei den Mitarbeitern ins Gedächtnis zu rufen und über aktuelle Themen aus dem Unternehmen, zum Datenschutz und zu allgemeinen Entwicklungen im Bereich Datenschutz Stellung zu beziehen. Auch hier sollte vermieden werden, rechtlich oder fachlich zu komplexe Themen darzustellen. Vielmehr sollte anhand praktischer Beispiele gezeigt werden, welche Themen bewegen

---

80 Zur Bedeutung von Kommunikationsmaßnahmen bei Compliance Management siehe ausführlich *Hastenrath*, Kap. 6.

oder was aktuell geschieht. Wichtig ist, dass eine Vielzahl von Mitarbeitern den Newsletter liest und der Datenschutz damit bei den Mitarbeitern präsent bleibt. Dies kann durch ansprechende Layouts oder sog. Eyecatcher im Text erreicht werden. Ideal ist es, wenn man über die Themen des Newsletters unter den Mitarbeitern spricht.

b) Intranet

Das Intranet bietet sich an, um dauerhaft Informationen über den Datenschutz **120** des Unternehmens darzustellen. Die Informationen können die Organisation, Ansprechpartner, Zuständigkeitsbereiche, Richtlinien, Muster zur Auftragsverarbeitung, Formulare Checklisten sowie andere Arbeitshilfen oder auch die bisherigen Aktivitäten wie Jahresberichte, Vorträge, Schulungsunterlagen oder das Newsletter-Archiv beinhalten. Dabei sollte die Struktur die Wichtigkeit der jeweiligen Information berücksichtigen. Mitarbeiter werden in diesem Bereich des Intranets in erster Linie Ansprechpartner, Antworten zu allgemeinen oder aktuellen Fragen und Arbeitshilfen suchen.

c) Der „Datenschutz-Tag" und Fachtagungen

Zusätzlich kann auch ein „Datenschutz-Tag" erheblich zur Wahrnehmung des **121** Themas Datenschutz beitragen. Ein solcher Tag sollte sorgfältig vorbereitet und abgestimmt werden, denn hier geht es darum, die Mitarbeiter des Unternehmens auf unterhaltsame Weise über das Thema Datenschutz zu informieren. Dies kann durch Podiumsdiskussionen mit interessanten Gesprächspartnern oder möglichen Kritikern des Datenschutzes erfolgen. Zudem kann auch zusammen mit dem Revisionsleiter oder Compliance Officer die Wichtigkeit des Datenschutzes zur Wahrung des Verhältnismäßigkeitsprinzips (Sicherheit und Aufklärung von Fehlverhalten vs. freie Entfaltung am Arbeitsplatz und dem Recht auf informationelle Selbstbestimmung) erörtert werden. Es gibt gerade gegenwärtig sehr viele Themen, die anschaulich dargestellt werden können: Internet der Dinge, das sog. Recht auf Vergessenwerden, Datenprofile im Internet, Datenmissbrauch, Beschäftigten-Gesundheitsdatenverarbeitung zur Risikominimierung und Verhinderung der Ausbreitung von Pandemien, usw. Die Darstellung dieser Themen kann in Diskussionen, technischen Beispielen oder Schaudiagrammen erfolgen.

Inhaltlich begleitet und ergänzt werden können solche Datenschutz-Tage auch **122** durch Fachtagungen und Workshops zusammen mit externen Experten oder interdisziplinär durch Mitarbeiter aus anderen Bereichen, Betrieben oder Landesorganisationen. Damit kann man die alltägliche Vorgehensweise durch Erfahrungen anderer Bereiche erweitern und evtl. auch neue Möglichkeiten aufzeigen, um die Arbeit effektiver und zielführender zu gestalten.

5. Schulungen

Schulungen von Mitarbeitern, die mit der Verarbeitung personenbezogener Da- **123** ten beschäftigt sind, bilden die Grundlage oder auch das Fundament, auf dem der DSB seine Tätigkeit ausüben kann. Ohne Schulungen können die jeweiligen Mitarbeiter oftmals gar nicht erkennen, welche Sensibilität ihre Tätigkeit im Bereich Datenschutz erfordert. Daher ist der regelmäßigen Schulung von sensiblen Bereichen eines Unternehmens stets eine hohe Aufmerksamkeit zu widmen.[81] Zu schulende Kernbereiche sind die Personalabteilung, die Kundenbetreuung, die Revision, der Vertrieb, die Beschaffung, die IT, der Betriebsrat und immer mehr auch der Marketingbereich. Hier gilt es sowohl das Fachwissen (Was ist zu tun, wie muss ich mich verhalten?), aber insbesondere auch den Wertekodex des Datenschutzes zu vermitteln (Warum soll ich das machen? – Wen interessiert das?). Denn nur, wenn Mitarbeiter den Sinn hinter einer Tätigkeit verstehen, werden sie die gebotenen Aufgaben auch mit dem erforderlichen Engagement umsetzen.

a) Persönliche Schulungen

124 Die persönliche Schulung von Kernbereichen, d. h. solchen Bereichen, die ständig und in ausgeprägter Form mit personenbezogenen Daten zu tun haben, ist unerlässlich. Für das sehr komplexe Thema Datenschutz ist eine lebendige Darstellung hilfreich. Statische Schulungen oder Schulungen, in denen versucht wird, gesetzlich lückenlos zu präsentieren, werden den Zuhörer schon sehr bald ablenken. Wenn solche Schulungen u. a. Präsentationen nutzen, in denen Gesetzestexte hineinkopiert werden oder Textdateien schlicht in Präsentationsfolien umgewandelt wurden, besteht die Gefahr, dass die Zuhörer nicht folgen können. Nachfolgend zunächst ein Beispiel einer eher schwer zu vermitteln, wenn auch juristisch kaum zu beanstandenden Präsentation:

Pflicht zur Bestellung eines Datenschutzbeauftragten nach Art. 37 DSGVO/ § 38 BDSG

Nach Art. 37 DSGVO benennen der Verantwortliche und der Auftragsverarbeiter auf jeden Fall einen Datenschutzbeauftragten, wenn

- die Verarbeitung von einer Behörde oder öffentlichen Stelle durchgeführt wird, mit Ausnahme von Gerichten, soweit sie im Rahmen ihrer justiziellen Tätigkeit handeln,
- die Kerntätigkeit des Verantwortlichen oder des Auftragsverarbeiters in der Durchführung von Verarbeitungsvorgängen besteht, welche aufgrund ihrer Art, ihres Umfangs und/oder ihrer Zwecke eine umfangreiche regelmäßige und systematische Überwachung von betroffenen Personen erforderlich machen, oder
- die Kerntätigkeit des Verantwortlichen oder des Auftragsverarbeiters in der umfangreichen Verarbeitung besonderer Kategorien von Daten gemäß Artikel 9 oder von personenbezogenen Daten über strafrechtliche Verurteilungen und Straftaten gemäß Artikel 10 besteht.

Erweitert durch § 38 BDSG:

- Ergänzend benennen der Verantwortliche und der Auftragsverarbeiter eine Datenschutzbeauftragte oder einen Datenschutzbeauftragten, soweit sie in der Regel mindestens 20 Personen ständig mit der automatisierten Verarbeitung personenbezogener Daten beschäftigen.
- Nehmen der Verantwortliche oder der Auftragsverarbeiter Verarbeitungen vor, die einer Datenschutz-Folgenabschätzung nach Artikel 35 der Verordnung (EU) 2016/679 unterliegen, oder verarbeiten sie personenbezogene Daten geschäftsmäßig zum Zweck der Übermittlung, der anonymisierten Übermittlung oder für Zwecke der Markt- oder Meinungsforschung, haben sie unabhängig von der Anzahl der mit der Verarbeitung beschäftigten Personen eine Datenschutzbeauftragte oder einen Datenschutzbeauftragten zu benennen.

---

81 Zur Relevanz von Schulungen und vielfältigen Schulungsmöglichkeiten ausführlich *Hastenrath*, Kap. 6.

Diese Präsentation enthält sämtliche wichtigen Informationen zum Erfordernis **125**
der Bestellung eines DSB. Allerdings wird es den Zuhörern schwerfallen, während des mündlichen Vortrags die Präsentation zu lesen und der Präsentierende wird versucht sein, die umfassende Darstellung abzulesen. Anders sieht es im folgenden Beispiel aus:

Pflicht zur Bestellung eines Datenschutzbeauftragten

- Verarbeitung erfolgt von Behörde oder öffentlicher Stelle (Ausnahme: Gerichte im Rahmen Rechtssprechungstätigkeit) – (DSGVO)
- Kerntätigkeit besteht hins. Art, Umfang und/oder Zwecke in Verarbeitung von pbD (DSGVO)
- Kerntätigkeit besteht in umfangreicher Verarbeitung besonderer Kategorien von Daten oder pbD über strafrechtliche Verurteilungen und Straftaten (DSGVO)
- Ergänzend (BDSG), soweit Unternehmen in der Regel mindestens 20 Personen ständig mit der automatisierten Verarbeitung personenbezogener Daten beschäftigen
- Ergänzend (BDSG), unabhängig von der Anzahl damit beschäftigten Personen:
  - wenn Unternehmen Daten verarbeiten, die einer Datenschutz-Folgenabschätzung unterliegen
  - wenn Unternehmen pbD geschäftsmäßig zum Zweck der Übermittlung, der anonymisierten Übermittlung oder für Zwecke der Markt- oder Meinungsforschung verarbeiten.

Im zweiten Beispiel werden lediglich die fundamentalen Eckwerte zur Bestel- **126**
lung eines DSB nach Art. 37 DSGVO und § 38 BDSG benannt ohne die Gesetzesnormen selbst zu referenzieren. Obwohl diese Darstellung nicht alle Details des Gesetzeswortlauts wiedergibt, wird es jedoch insbesondere dem nichtjuristischen Zuhörer ermöglicht, den wesentlichen Inhalt des Vortrags schnell zu erfassen, dem Vortragenden die Aufmerksamkeit zu schenken, die Kernaussagen zu verstehen und es ermöglicht dem Vortragenden, den Vortrag frei zu gestalten ohne den Text nur abzulesen. Für den Vortragenden sollte hierbei stets klar sein: Es kommt nicht auf die Lückenlosigkeit des Vortrags an, sondern dass die Zuhörer die Kernbotschaft verstanden haben. Auch sollte stets verdeutlicht werden, worum es beim Datenschutz geht: Der Schutz der Daten ist Mittel, der Schutz der Person vor Missbrauch und Ausbeutung im digitalen Umfeld ist Zweck!

In der Praxis hat sich zudem die Workshop-Schulung als wesentlich effektiver **127**
gezeigt, als die Präsentations-Schulung. Der Unterschied besteht darin, dass nicht frontal anhand von Präsentationen das für wichtig erachtete Fachwissen durch den Vortragenden vermittelt wird sondern in einer offenen Diskussion der Arbeitsalltag, die Arbeitsabläufe und Inhalte mit den Beschäftigten erörtert werden, um anhand dieser die datenschutzrechtlichen Berührungspunkte darzustellen und die Umsetzung von erforderlichen und adäquaten Maßnahmen zur Verbesserung des Datenschutzes zu erörtern. Damit nehmen die geschulten Mitarbeiter praktisch dargestellte Maßnahmen für ihren Arbeitsalltag mit und werden aktiver Teil der Schulung.

b) E-Learning/Webinars

128   In Unternehmen mit mehreren oder vielen nationalen oder internationalen Standorten sind Präsenzschulungen kaum kosteneffizient durchzuführen. Hier bietet es sich an, die Schulungen zu automatisieren, indem man mit auf bestimmte Bereiche oder auch die Allgemeinheit der Mitarbeiter abgestimmten Schulungen eine möglichst große Zahl von Mitarbeitern erreicht. Diese Schulungen sollten so abgestimmt sein, dass sie:

– die Zielgruppe erreichen;
– den Zweck der Schulung (Initial- oder Folgeschulung) transportieren;
– die Problemfelder in aktueller und verständlicher Form darstellen;
– den Schulenden interaktive Elemente anbietet (durch entsprechend aufbereitetes Schulungsmaterial oder bei Schulungen durch Telefonkonferenzen, indem Fragerunden ermöglicht werden);
– die Teilnahme dokumentieren.

129   Nur so kann gewährleistet werden, dass die datenschutzrechtlichen Themen der Zielgruppe adressiert, die erforderlichen Maßnahmen vermittelt und die datenschutzrechtlichen Risiken im Rahmen des Schulungserfordernisses vermindert werden.

130   E-Learnings oder Webinars können ebenso dazu beitragen, die Beschäftigten die Verarbeitungen durchführen, hinsichtlich ihrer Pflichten nach den Datenschutzvorschriften zu beraten, zu sensibilisieren und zu schulen.[82] Gerade im Hinblick auf die stetige und gegenwärtig sehr dynamische Entwicklung im Datenschutz sollten diese Möglichkeiten genutzt werden, um die Flut an Neuerungen effektiv vermitteln zu können.

c) Unterstützung dezentraler Compliance-Funktionen

131   Die umfassenden Aufgaben des DSB sind seit Einführung der Datenschutzgrundverordnung noch erheblich umfangreicher geworden (man bedenke nur die erweiterten Dokumentationspflichten und Prozesse, um die „Privacy by Design & Default"-Anforderungen gemäß Art. 25 DSGVO erfüllen zu können). Von daher wird es von immer größerer Wichtigkeit, dezentrale Unternehmenseinheiten zu unterstützen und die Zusammenarbeit zu koordinieren. Schulungsunterlagen oder Muster können ausgetauscht werden oder zentrale Netzwerkressourcen (Netzlaufwerke, Sharepoint usw.) können dem Austausch und der gegenseitigen Verfügbarmachung von Mustern, Formularen, Schulungsunterlagen oder aktuellen Diskussionen dienen. Ein derartiger Know-how-Austausch dürfte bei zunehmender Komplexität der datenschutzrechtlichen Anforderungen und auch der IT-Infrastruktur sehr hilfreich sein. Zudem kann eine zentrale Koordination und Verfügbarmachung von Verzeichnissen von Verarbeitungstätig-

---

82   Siehe Art. 39 Abs. 1 lit. a und b DSGVO.

keiten und datenschutzrechtlichen Dokumentationen auch dazu beitragen, dass diese nicht mehrfach – z. B. in einem dezentral organisierten international tätigen Unternehmen – erstellt werden müssen.

V. Effektive Datenschutzüberwachung

Neben der rechtlichen Beratung und der Projektbegleitung mit Erstellung oder Beratung zur Erstellung der erforderlichen Dokumentation gehört auch die Überwachung der ordnungsgemäßen Anwendung der Datenverarbeitungsprogramme, mit deren Hilfe personenbezogene Daten verarbeitet werden (Art. 30 DSGVO und Art. 25 im Hinblick auf „Privacy by Design & Default"-Dokumentationspflichten). Eine solche Überwachung kann mit diversen Mitteln erfolgen. Denn neben der Kontrolle gehört auch die Kommunikation der Feststellungen dazu. Die Geschäftsführung ist sich oft z. B. nicht darüber bewusst, welche Risiken und Probleme in datenschutzrechtlicher Hinsicht bestehen. Daher ist es u. a. erforderlich, die Feststellungen auch richtig zu adressieren. Die Überwachung und Kontrolle der Datenverarbeitung dagegen können in diversen Schritten mit unterschiedlicher Intensität erfolgen.   132

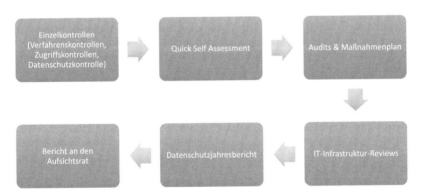

Abbildung 4: Maßnahmen der datenschutzrechtlichen Kontrolle

1. Audits und Maßnahmenpläne/Quick Self-Assessment

Die Datenschutzkontrolle kann als Einzelfallkontrolle (Überprüfung der Verarbeitung, Zugriffskontrollen, Datenschutzkontrolle nach Art. 39 Abs. 1 lit. b DSGVO), als Quick Self-Assessment oder als (Groß-)Audit erfolgen. Sämtliche dieser Prüfungen können in einer Jahresplanung festgelegt oder aber vorfall- oder verdachtsbezogen durchgeführt werden.   133

Die Einzelfallkontrolle bietet sich bei allgemein gängigen, etablierten und strukturierten Datenverarbeitungsverfahren an. Denn die Einzelfallkontrolle erfolgt punktuell und betrachtet nur einen Ausschnitt eines Datenverarbeitungs-   134 verfahrens. Hierzu können Kurzinterviews mit verantwortlichen Personen oder die Auswertung sämtlicher Daten, die zur Sicherstellung des ordnungsgemäßen Betriebes vorliegen (z.B. Logdateien), herangezogen und ausgewertet werden. Die Einzelfallkontrolle dient der Stichprobenprüfung für Datenverarbeitungsverfahren, die vom datenschutzrechtlichen Reifegrad her als grundsätzlich sicher eingestuft werden können oder aber als Folge- bzw. Zwischenprüfung nach erfolgten Audits durchgeführt werden. Ferner erfolgen Einzelfallkontrollen zusammen mit IT-Security oder der internen Revision bei Verdachts- oder Vorfall-Audits, um schnell im Hinblick auf Compliance-relevante Vorfälle eingreifen zu können. Bei diesen Einzelfallkontrollen sollten auch das jeweilige Verzeichnis der Verarbeitungstätigkeit auf Vollständigkeit und Aktualität überprüft werden.

135 Quick Self-Assessments dienen dem DSB dazu, mit verhältnismäßig geringem Aufwand die datenschutzrechtliche Überwachung von Datenverarbeitungsverfahren zu gewährleisten, die entweder nicht im Fokus eines Audits stehen (Relevanz des Datenverarbeitungsverfahrens oder kurzer Zeitraum seit dem letzten Audit) oder weil ein Audit aufgrund anderweitiger Prioritäten nicht erfolgen kann. Ein solches Quick Self-Assessment wird von verantwortlichen Personen des jeweiligen Datenverarbeitungsverfahrens durchgeführt und es gibt insbesondere Aufschluss über (a) Selbstwahrnehmung des/der Verantwortlichen für das jeweilige Datenverarbeitungsverfahren, (b) einen Überblick über das Datenverarbeitungsverfahren und (c) eine gegenwärtige Risikobetrachtung[83] im Hinblick auf das jeweilige Datenverarbeitungsverfahren. Damit das Quick Self-Assessment auch selbstkritisch von den Verantwortlichen durchgeführt wird, ist sicherzustellen, dass die das Quick Self-Assessment durchführenden Verantwortlichen darauf hingewiesen werden, dass eine zu positive Darstellung auch dazu führen kann, dass mögliche Risiken von den verantwortlichen Mitarbeitern zu verantworten sein können, denn nur eine kritische und offene Selbstwahrnehmung ermöglicht die Einleitung erforderlicher Maßnahmen zur Risikominimierung.

136 Audits (Groß-Audits, Regel-Audits) erfolgen im Rahmen von jährlichen Planungen. Sie haben dabei die Relevanz der zu prüfenden Datenverarbeitungsverfahren sowie die Intervalle zwischen zwei Audits zu berücksichtigen. Je nach Umfang des zu prüfenden Datenverarbeitungsverfahrens müssen Abstimmungen mit den Verantwortlichen des Datenverarbeitungsverfahrens erfolgen. Audits bei Auftragsverarbeitern haben auch vertragliche Bestimmungen über die Ankündigungsfrist, den Umfang und die Häufigkeit solcher Audits zu beachten. Die Vorbereitung, Durchführung und die Erstellung eines Abschluss- und Maßnahmenplans können sich dabei über mehrere Wochen oder gar Monate hinziehen. Hat der DSB nicht selbst die Ressourcen zur Durchführung von Audits, sind

---

83 *Schmidl*, in: Hauschka/Moosmayer/Lösler, Corporate Compliance, 3. Aufl. 2016, § 28 Rn. 5 ff.

diese mit der internen Revision abzustimmen und in die jährliche Prüfungsplanung aufzunehmen. Das Ergebnis der Prüfungen ist transparent darzustellen. Aus den einzelnen Feststellungen sollten Maßnahmen abgeleitet werden, die es den Verantwortlichen ermöglichen, in einem angemessenen Umfang festgestellte Defizite oder Risiken zu beseitigen. Hierauf sich anschließende Folge-Audits können sich dann wiederum auf punktuelle Prüfungen oder Quick Self-Assessments beschränken.

2. IT-Infrastruktur-Reviews und Koordinierung mit IT Security

Ein IT-Infrastruktur-Review oder auch ein ITIL-Service-Review (ITIL = IT Infrastructure Library, welche eine Sammlung von vordefinierten und standardisierten Prozessen, Funktionen und Rollen, wie sie typischerweise in jeder IT-Infrastruktur von mittleren und großen Unternehmen vorkommen,[84] darstellt) stellt eine Herausforderung für alle Beteiligten dar, denn ein solches Review erfordert eine langfristige Planung und ist mit den relevanten Bereichen abzustimmen (Insb. IT und interne Revision). Ein solches Review kann nur als „Joint Review" zusammen mit der IT-Security, der internen Revision sowie erforderlichenfalls externen Dienstleistern gemeinsam in einem überschaubaren Zeitrahmen durchgeführt werden.[85] Die aus einem solchen Review gewonnenen Erkenntnisse sollten dann ebenfalls mit einem Maßnahmenplan versehen werden, so dass Risikobeseitigungen aber auch Prozessoptimierungen effizient umgesetzt werden können. Bei einem solchen Review dürften regelmäßig auch die Maßnahmenpläne umfangreicher sein, so dass schon bei der Planung eines solchen Reviews der zeitliche Umfang und Kostenaufwand für die Maßnahmenrealisierung mitberücksichtigt werden sollten.

137

Mit einem IT-Infrastruktur-Review oder ITIL-Service-Review sollen die IT-Ressourcen und Datenverarbeitungsverfahren hinsichtlich eines sicheren und strukturierten IT-Betriebs insbesondere im Hinblick auf die Integrität und Verfügbarkeit der IT auf Grundlage des Sicherheitskonzepts geprüft werden.[86] Das Sicherheitskonzept muss mit der IT-Strategie und der IT-Organisation übereinstimmen und eine Bewertung der spezifischen Sicherheitsrisiken des Unternehmens ermöglichen.[87] Die aus dem Sicherheitskonzept abgeleiteten Verfahren, Anweisungen oder Sicherungsmaßnahmen umfassen physische und logische Sicherungsmaßnahmen, die in datenschutzrechtlicher Hinsicht den Härte- oder

138

---

84 Siehe https://de.wikipedia.org/wiki/IT_Infrastructure_Library (zuletzt abgerufen am 29.1.2020).

85 Zur Notwendigkeit eines sog. Schnittstellenmanagements bei Compliance-Maßnahmen siehe ausführlich *Rau*, Kap. 3.

86 Siehe *Jacobs*, Kap. 12, Rn. 40.

87 Zur wachsenden Bedeutung der IT-Security im Rahmen des Compliance Managements siehe *Bensinger*, Kap. 13.

Reifegrad der Ausgestaltung der technischen und organisatorischen Maßnahmen[88] darstellen und durch ein solches Review verifiziert und ggf. auch einem Belastungs- oder Stresstest ausgesetzt werden sollten.

3. Incident- und Regel-Reporting aus den Betrieben

139 In Unternehmen mit diversen in- und/oder ausländischen Beteiligungen sollte frühzeitig über eine effiziente (zentrale) Datenschutzorganisation[89] nachgedacht werden. Gerade vor dem Hintergrund von zentralen Datenverarbeitungsverfahren (Buchhaltung, Warenwirtschaftssystem, ERP, CRM usw.) ist es hilfreich, wenn die datenschutzrechtlich relevanten Maßnahmen dort geprüft werden, wo sie zentral oder erstmalig eingeführt werden. Zugleich ist es erforderlich, eine aktive Rückkopplung aus den Beteiligungen oder Landesorganisationen zu erhalten, um mögliche Risiken, Defizite oder sonstige Maßnahmen erfordernde Sachverhalte zu erfahren. Hierfür eignen sich Incident- und Regel-Reports, die standardisiert an den z.B. Konzern-DSB[90] zu übermitteln sind. Diese Reports können kurzfristig dabei helfen, bei schwierigen Sachverhalten zu unterstützen oder aber zentrale Gegenmaßnahmen abzustimmen sowie bei Regel-Reports, einen Statusbericht über den allgemeinen Zustand des Datenschutzes in der jeweiligen Organisation zu erhalten.

4. Der Datenschutzjahresbericht

140 Der Datenschutzjahresbericht[91] ist streng genommen kein Überwachungsinstrument. Allerdings dient dieser dazu, die Geschäftsführung eines Unternehmens über die Wahrnehmungen und Erkenntnisse des DSB aus Audits und Einzelfallprüfungen zu informieren und dieser somit Aufschluss über den Ist-Zustand des Datenschutzes im Unternehmen zu geben. Hierdurch wird die Geschäftsführung erst in die Lage versetzt, ggf. Maßnahmen einzusteuern oder Budgets freizugeben, denn die Risikodarstellung im Jahresdatenschutzbericht liefert häufig erst die Begründung für die Mittelfreigabe.

141 Der Datenschutzjahresbericht sollte für einen festgelegten Zeitraum die durchgeführten Maßnahmen des DSB, die Feststellungen und Risiken sowie die erforderlichen Maßnahmen zur Risikominimierung darstellen. Er kann vor Übergabe an die Geschäftsführung mit der IT-Security, dem Compliance Officer oder auch der internen Revision abgestimmt oder sogar um eigene Kapitel ergänzt werden, um ein umfassendes Bild über den Zustand des Datenschutzes vermitteln zu

---

88 Siehe Art. 32 DSGVO geregelt.
89 Vgl. *v. d. Bussche/Voigt*, Konzerndatenschutz, 2. Aufl., 2019, Teil 2, Kap. 1, Rn. 30 ff.; siehe auch Art. 37 Abs. 2 DSGVO.
90 Siehe *v. d. Bussche/Voigt*, Konzerndatenschutz, 2. Aufl., 2019, Teil 2, Kap. 2, Rn. 41 ff.; siehe auch Art. 37 Abs. 2 DSGVO.
91 *Simitis*, in: Simitis, BDSG, 8. Aufl. 2014, § 4g Rn. 94; *v. d. Bussche/Voigt*, Konzerndatenschutz, 2. Aufl., 2019, Teil 2, Kap. 1, Rn. 78.

können. Allerdings gilt auch für den Jahresdatenschutzbericht, dass der DSB bei Ausübung seiner Fachkunde auf dem Gebiet des Datenschutzes weisungsfrei ist.[92]

5. Bericht an Aufsichtsrat/Compliance-Bericht/Audit Committee

Angelehnt an den Jahresdatenschutzbericht kann es auch hilfreich sein, einen **142** jährlichen Bericht an den Aufsichtsrat zu erstellen. Ein solcher kann auf dem Jahresdatenschutzbericht an die Geschäftsführung basieren, sollte jedoch berücksichtigen, dass eine vergleichbare Detailtiefe hier nicht geboten ist, denn der Aufsichtsrat soll strategische Weichen für das Unternehmen stellen. Daher wären operative Risiken oder gar die Darstellung einzelner Datenverarbeitungsmaßnahmen wenig hilfreich. Vielmehr sollte hierin darüber berichtet werden, ob sich der Datenschutz im Unternehmen auf einem guten Weg befindet oder wo strategische Maßnahmen zur besseren Ausrichtung des Datenschutzes geboten sind.

Eine weitere Möglichkeit zum Bericht über den Zustand des Datenschutzes **143** stellt der Compliance-Bericht dar. In diesem kann der Datenschutz als eigenes Kapitel dargestellt werden. Regelmäßig wird die Darstellung von empfohlenen Maßnahmen hier jedoch wenig hilfreich sein, weil der Compliance-Bericht an einen zu breiten Adressatenkreis gerichtet ist. Deshalb wäre in einem solchen Bericht der Fokus eher auf durchgeführte Maßnahmen und festgestellte Risiken zu lenken.

6. Zusammenarbeit mit dem Compliance Officer, IT-Security und Revision

Bei der Datenschutzüberwachung ist der DSB regelmäßig auch auf die Zusam- **144** menarbeit mit anderen Fachbereichen angewiesen. Dies erfolgt durch gegenseitige Unterstützung bei der täglichen Zusammenarbeit und durch die Abstimmung von Maßnahmen zur Sicherstellung eines effektiven Datenschutzes. Relevant für die Zusammenarbeit im Unternehmen können die folgenden Bereiche sein.

---

92 Siehe Art. 38 Abs. 3 Satz 1 DSGVO.

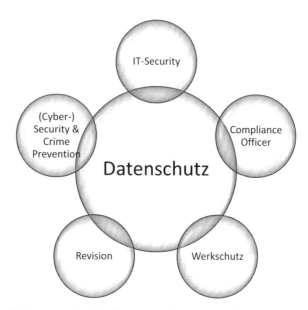

Abbildung 5: Zusammenarbeit des Datenschutzbeauftragten mit anderen Bereichen

145 Die IT-Security ist für den DSB der regelmäßige Ansprechpartner bei Fragen zur Umsetzung des technischen Datenschutzes insbesondere im Hinblick auf die technischen und organisatorischen Maßnahmen, die nunmehr aus Art. 24, Art. 25 und Art. 32 DSGVO abgeleitet werden können. Man könnte auch sagen, dass der DSB die datenschutzrechtlichen Anforderungen der operativen Fachbereiche mitdefiniert (das „Was", „Wieviel" und „Wozu") und sodann die IT-Security auf IT-Seite die technische Umsetzung (das „Wie") mitdefiniert. Hierbei ist eine enge Abstimmung unumgänglich.

146 Auch bei der täglichen Zusammenarbeit ist ein fortwährender Austausch erforderlich, damit datenschutzrechtlich relevante Maßnahmen effektiv umgesetzt und berücksichtigt werden können. Die IT-Security kann den DSB bei seiner Arbeit insbesondere hinsichtlich der Umsetzung folgender technischer und organisatorischer Maßnahmen[93] unterstützen: Verschlüsselung, Gewährleistung der Vertraulichkeit, Integrität, Verfügbarkeit und Belastbarkeit der Systeme. Zudem unterstützt die IT-Security bei der Umsetzung von Verfahren regelmäßiger Überprüfung, Bewertung und Evaluierung der Wirksamkeit der technischen und organisatorischen Maßnahmen.

---

93 Hilfreich hierzu auch: https://datenschutz.sachsen-anhalt.de/fileadmin/Bibliothek/Landes aemter/LfD/PDF/binary/Informationen/Internationales/Datenschutz-Grundverordnung/ Checkliste_TOM/Checkliste_toM_nach_DS-GVO.pdf (Zuletzt abgerufen am 12.4.2020).

Der Bereich (Cyber-)Security und Crime Prävention – soweit vorhanden, an- **147**
sonsten die interne Revision – kann den DSB insbesondere bei der Zugriffs-,
Weitergabe- und Eingabekontrolle (Datenintegrität) unterstützen.[94] Denn diese
Abteilung kann insbesondere bei einem Verdacht des illegalen Datenzugriffs,
der Datenmanipulation oder der unberechtigten Weitergabe prüfen, ob und in
welcher Form unberechtigt personenbezogene Daten genutzt, sich verschafft
oder an Dritte übermittelt wurden. Zudem kann dieser Bereich dabei unterstützen, Schwachstellen in den o.g. Bereichen der technischen und organisatorischen Maßnahmen aufzuzeigen bzw. solche vom DSB bewerten lassen.

Der Werkschutz wiederum kann den DSB im Bereich der Zutritts- und Weiterga- **148**
bekontrolle (Verschlüsselung und Vertraulichkeit) von personenbezogenen Daten unterstützen. Dieser kann z.B. effektive Maßnahmen mit dem DSB abstimmen, um den unberechtigten Zutritt zu datenschutzrechtlich sensiblen Bereichen
durch Einführung eines Berechtigungssystems abzusichern. Zudem sind Kontrollen bzgl. der Nutzung privater Speichermedien oder Geräte denkbar, um zu
verhindern, dass Besucher oder Mitarbeiter des Unternehmens personenbezogene Daten unberechtigt mitnehmen.

Die interne Revision ist im Zusammenhang mit einer effektiven Datenschutz- **149**
kontrolle unverzichtbar. Ihr obliegt es, im Zuge der Durchführung von Audits
bei Feststellungen mit datenschutzrechtlicher Relevanz den DSB hinzuzuziehen,
um geeignete Maßnahmen festlegen zu können. Gerade bei den immer wichtiger
werdenden sog. E-Discovery-Maßnahmen, wie z.B. E-Mail-Screenings[95] oder
der Kontrolle des Internetzugangs und der Internetnutzung durch Mitarbeiter,[96]
ist im Vorfeld die Rechtmäßigkeit der Maßnahme genau zu prüfen, um anschließend rechtlichen Problemen bis hin zu möglichen Beweisverwertungsverboten[97]
begegnen zu können. Sollte der DSB Datenschutz-Audits nicht selbst oder durch
Hilfspersonen durchführen können, sollte der DSB erforderliche Datenschutz-
Audits durch die interne Revision durchführen lassen. Hierzu wären der Prü-
fungsplan sowie der Prüfungsinhalt (Checklisten) mit der internen Revision jeweils abzustimmen.

Schließlich ist auch die Zusammenarbeit mit dem Compliance Officer von Be- **150**
deutung für den DSB.[98] Mit dem Compliance Officer sollte der DSB abstimmen,
inwieweit ein einheitliches Compliance-Reporting-System auch datenschutz-

---

94 Zu *Cyber Crime* und *IT-Security* siehe ausführlich *Bensinger*, Kap. 13.
95 Siehe *v. Brühl/Sepperer*, ZD 2015, 415 ff.
96 *Schmidl*, in: Hauschka/Moosmayer/Lösler, Corporate Compliance, 3. Aufl. 2016, § 28
    Rn. 355 f.
97 Beschluss des LAG Berlin-Brandenburg vom 15.5.2014, 18 TaBV 828/12 u. 18 TaBV 830/
    12, zum Beweisverbot von unter datenschutzrechtswidrig erlangten Beweisen durch den Be-
    triebsrat; siehe auch: ZD 2015, 591 ff.
98 Siehe auch: *v. d. Bussche/Voigt*, Konzerndatenschutz, 2. Aufl., 2019, Teil 5, Kap. 1, Rn. 1 ff.;
    Renz/Frankenberger, ZD 2015, 158 ff.

rechtliche Aspekte umfassen soll. Hierdurch können standardisierte Reports an die verschiedenen Bereiche übermittelt werden und einheitliche Prozesse ermöglichen es den jeweiligen Bereichen, mit einem einheitlich strukturierten Report umfassend Auskunft geben zu können, ohne jeden einzelnen compliance-relevanten Bereich getrennt mit Reports versorgen zu müssen, was ohnehin die administrative Komplexität nur zusätzlich erhöhen würde. Zudem können in Compliance-Schulungen auch allgemeine datenschutzrechtliche Aspekte angesprochen werden. Damit kann die Frequenz der bewusstseinsbildenden Maßnahmen bei den Mitarbeitern zusätzlich erhöht werden, ohne dass der DSB diese Maßnahmen stets selbst durchführen muss. Ferner ist der DSB auch zur effektiven Umsetzung der Compliance heranzuziehen, denn das Spannungsfeld (Datenvermeidung und Datensparsamkeit vs. Transparenz) zwischen dem Beschäftigtendatenschutz (§ 26 BDSG i.V.m. Art. 88 DSGVO) und die effektive Ausgestaltung von Maßnahmen zur Gewährleistung einer effektiven Compliance werden eine enge Zusammenarbeit zwischen diesen beiden Funktionen stets erfordern.

VI. Beschäftigtendatenschutz

1. Bedeutung des Beschäftigtendatenschutzes für Compliance

151 Compliance ist vor allem Managementaufgabe – wie sich aus diesem Handbuch allenthalben zu Recht entnehmen lässt. Dies betrifft jedoch neben den üblichen Rechtsbereichen vorrangig auch den Datenschutz[99] und damit auch den Beschäftigtendatenschutz. Während sich der allgemeine Datenschutz mit Daten in Drittbeziehungen (z.B. Kundendaten, Lieferantendaten etc.) befasst, betrifft der Beschäftigtendatenschutz die Verarbeitung von Daten der Mitarbeiter im eigenen Unternehmen und Betrieb.

152 Aus der Sicht eines Compliance-Verantwortlichen eröffnet sich beim Beschäftigtendatenschutz ein Schnittstellenbereich zwischen Compliance, Arbeitsrecht und Datenschutz. Das Verhältnis von Arbeitgeber und Arbeitnehmer ist durch zahlreiche beiderseitige Rechte und Pflichten geprägt, die unmittelbar die Compliance-Arbeit beeinflussen. Zudem bilden Regelungswerke wie Betriebsvereinbarungen – in Zusammenarbeit mit dem Betriebsrat – die Basis für Verhaltensvorgaben an Mitarbeiter. Gleichzeitig sind die Möglichkeiten der Informationsbeschaffung und der Verwendung von Mitarbeiterdaten durch die datenschutzrechtlichen Grenzen geprägt. Sowohl das Arbeitsrecht als auch der Datenschutz sind wesentliche Bestandteile einer regelkonformen Compliance-Organisation, während sie zugleich jeweils eigene Risikofelder **determinieren**. Das gilt erst recht für den Beschäftigtendatenschutz.

153 Die Begrifflichkeit des Beschäftigtendatenschutzes wird dabei synonym für die Begriffe Arbeitnehmer-, Mitarbeiter- und Personaldatenschutz verwendet und

---

99 Man spricht insoweit von einem Datenschutzmanagementsystem (DMS).

Becker/Böhlke/Fladung

hat sich spätestens mit der Anpassung des BDSG an die DSGVO[100] als solches weitgehend durchgesetzt. Der Begriff des Beschäftigten, welcher im Rahmen von § 26 BDSG Anwendung findet, wird in nunmehr auch in § 26 Abs. 8 BDSG legaldefiniert. Er ist weit gefasst, deckt sich nicht mit dem sozialversicherungsrechtlichen Begriff des Beschäftigten und umfasst aus diesem Grund nicht nur Arbeitnehmer, sondern u. a. auch zur Berufsbildung beschäftigte Personen, arbeitnehmerähnliche Personen und Bewerber sowie Personen, deren Beschäftigungsverhältnis beendet ist (Rentner und Pensionäre). Offen ist die Stellung von Organen, z. B. Fremd-Geschäftsführer, Vorstandsmitglied u.Ä. Diese sind laut Gesetzeswortlaut nicht erfasst. Das widerspricht aber teilweise europäischem Recht, wonach z. B. Fremd-Geschäftsführer praktisch in einem Unterordnungsverhältnis zur Gesellschaft stehen und daher als Arbeitnehmer zu qualifizieren sind.[101]

Der Beschäftigtendatenschutz als besonderer Regelungsbereich des Datenschutzes ist hiermit ebenso Teilbereich der gelebten Compliance im Unternehmen. Letztlich geht es um die Einhaltung der Vorgaben der DSGVO[102] zu dem Zweck, im Unternehmen den entsprechenden Umgang mit Beschäftigtendaten nicht nur zu leben, sondern auch entsprechend zu überwachen und zu dokumentieren. In der Praxis erläutert häufig eine interne Richtlinie die Vorgaben – insbesondere für den Kernbereich der Verarbeitung von personenbezogenen Daten im Beschäftigungsverhältnis: die Personalabteilung. Originäre Aufgabe ist es, den Schutz der Beschäftigtendaten als Aufgabe der verantwortlichen Stelle wahrzunehmen und die Risiken beim Umgang mit Beschäftigtendaten sowie mit Gesundheitsdaten (sensible Daten) zu minimieren. **154**

Dies alles soll im täglichen Kerngeschäft nicht untergehen und muss somit intern als Richtlinie bzw. Verhaltensleitlinie herausgestellt werden. Compliance als Instrument der Nachhaltigkeit kann dabei nicht nur helfen, die datenschutzrechtlichen Vorgaben einzuhalten, sondern auch den Umgang mit den oben genannten Daten zu steuern. **155**

Weitere Kontrollinstrumente im Rahmen der datenschutzrechtlichen Compliance sind die Dokumentation für die eigenen Prozessabläufe und Behördenkontrollen im täglichen Umgang mit Beschäftigtendaten sowie der rechtlich einwandfreie Umgang mit Daten bei der Aufdeckung von Straftaten im Rahmen des Beschäftigungsverhältnisses. **156**

Nicht zuletzt sind die enorm gestiegenen Bußgelder,[103] Schadenersatzforderungen und Strafen ein weiterer Grund für den Compliance-Verantwortlichen, das **157**

---

100 Vgl. die Gesetze zur Anpassung des Datenschutzrechts an die Verordnung (EU) 2016/679 und zur Umsetzung der Richtlinie (EU) 2016/680 (Datenschutz-Anpassungs- und Umsetzungsgesetz EU – DSAnpUG-EU).
101 *Taeger/Gabel*, DSGVO BDSG, 3. Aufl. 2019, § 26 Rn. 104.
102 Vgl. auch die Regelungen in Art. 5, Art. 24 und in der Öffnungsklausel des Art. 88 DSGVO.
103 Nach Art. 83 Abs. 1 DSGVO müssen diese wirksam, verhältnismäßig und abschreckend sein.

Datenschutzmanagement in das bestehende CMS zu integrieren.[104] Dabei wird man schnell erkennen, dass die Anforderungen an ein DMS aus der DSGVO und dem BDSG zu einem Großteil deckungsgleich mit den Anforderungen an ein wirksames CMS sind.[105] Bei diesem Vorhaben kann folgende **Checkliste** helfen:

158   **Checkliste zur Integration von einem DMS in ein bestehendes CMS:**[106]

1. Kultur der Datenvermeidung und Datensparsamkeit schaffen (Tone-from-the-Top)[107]
2. Datenschutzbeauftragten und Personaler in Compliance-Organisation einbinden
3. Datenfluss analysieren (entspricht besonderer Risikoanalyse)[108]
4. Daten- und IT-Sicherheit gewährleisten[109]
5. Datenschutz in Compliance-Richtlinien aufnehmen[110]
6. Datenschutzschulung zum Umgang mit (sog. sensiblen) Beschäftigtendaten
7. Datenschutzbeiräte benennen[111]
8. Mitarbeiter-Monitoring verhältnismäßig gestalten
9. Dokumentation der Beschäftigtendatenvorgänge sicherstellen[112]

---

104 Dies lohnt sich vor allem deswegen, weil sich insbesondere präventive Maßnahmen haftungsmildernd nach Art. 83 DSGVO auswirken i.V.m. Art. 40ff. DSGVO auswirken.
105 *Fladung*, CB 2015, 364.
106 Nach *Fladung*, CB 2015, 364.
107 Nach Möglichkeit sollten sinnvolle Instrumente wie Pseudonymisierung und Anonymisierung zum Standardrepertoire gehören. Zur Bedeutung des *Tone-from-the-Top* für die Wirksamkeit von Compliance-Maßnahmen siehe *Schulz*, Kap. 1, Rn. 69.
108 Allein dies hilft schon das Risiko der vielfach gefürchteten sog. Datenpanne nach Art. 33 DSGVO zu verringern.
109 Mit Art. 32 DSGVO und dem IT-Sicherheitsgesetz vom 25.7.2015, welches sich jüngst wiederum in einer verschärfenden Reform befindet, wurden die Anforderungen nochmals höher gesetzt.
110 Nichtssagende Standardsätze, die die Beachtung der DSGVO versichern, finden sich in der Praxis immer noch häufig. Hier sollten künftig zum einen die Vorgaben aus der DSGVO und dem BDSG präzisiert werden und zum anderen klare Maßgaben zur vernünftigen Abwägung zur Wahrung des Persönlichkeitsrechts des einzelnen Mitarbeiter an die Hand gegeben werden.
111 Diese können bei der Vermittlung der Bedeutung an Mitarbeiter unterstützend tätig werden; vgl. auch *Thüsing* in seinem CB-Editorial in CB 10/2015.
112 Ob in einer zentralen mit gesonderten Zugriffsrechten versehenen Compliance-Datenbank oder über ein bereits vorhandenes Informationsmanagementsystem – personenbezogene Daten unterliegen dem besonderen Schutz der DSGVO bzw. des BDSG. So wurde vom BGH bereits lange vor dem Inkrafttreten der DSGVO in seiner Entscheidung vom 28.7.2015, VI ZR 340/14, Rn. 40, unter Heranziehung der Ausführungen von *Wybitul/Fladung*, BB 2012, 509, 511, ein „Recht auf Vergessenwerden" unter dem Gesichtspunkt der Störerhaftung bestätigt (vgl. dazu mittlerweile auch Art. 17 DSGVO).

2. Rechtsgrundlagen für den Umgang mit Mitarbeiterdaten

Rechtsgrundlagen für den Umgang mit Mitarbeiterdaten sind neben der zentra- **159**
len gesetzlichen Norm des § 26 BDSG, vor allem die Art. 6ff. DSGVO und die
Kollektivvereinbarungen.[113] Insbesondere Art. 6 Abs. 1 lit. c DSGVO stellt auf
rechtliche Verpflichtungen ab, denen der Verantwortliche unterliegt. Mit Art. 6
Abs. 1 (7) DSGVO hat der europäische Gesetzgeber eine Auffangnorm geschaffen, die auf das überwiegende Interesse abstellt, die im Rahmen von Compliance-Maßnahmen mit Beschäftigtendatenschutzbezug einer ausführlichen Abwägung durch den Verantwortlichen erforderlich macht, aber auch gerade auch
ermöglicht.[114] Die Einwilligung hat ihre Bedeutung in der Praxis nach allgemeiner Ansicht verloren, da diese nur noch in wenigen Fällen notwendig ist und ver-
lässlichere gesetzliche Rechtsgrundlagen geschaffen wurden.

a) Kollektivvereinbarungen zur Nutzung von Mitarbeiterdaten

Kollektivvereinbarungen – wie beispielsweise Tarifverträge und Betriebsverein- **160**
barungen – sind ausdrücklich genannte Rechtsgrundlagen i. S. d. Art. 88 Abs. 1
bzw. § 26 Abs. 4 BDSG und stellen in der Betriebspraxis zuverlässige Rechtsgrundlagen dar.[115] Die Herausforderung besteht darin, die Anforderungen des
Art. 88 Abs. 2 DSGVO zu erfüllen, der geeignete und besondere Maßnahmen
zur Wahrung der menschlichen Würde, der berechtigten Interessen und der
Grundrechte der betroffenen Person u.Ä. erfordert. Tarifverträge regeln in den
seltensten Fällen Fallkonstellationen, die auf den individuellen Bedarf des Betriebs zugeschnitten sind und bieten daher der Compliance-Abteilung kaum
Handlungsspielraum für die Gestaltung der datenschutzrechtlichen Compliance.
Ganz anders verhält es sich mit **Betriebsvereinbarungen**, die den gewohnten
Handlungsrahmen eröffnen, wie ihn die Compliance-Abteilung z. B. bei der Implementierung des Compliance-Systems bereits nutzt.[116] Der Vorteil der Betriebsvereinbarung gegenüber der Einwilligung ist ihre Beständigkeit aufgrund
ihrer Laufzeit und die Möglichkeit, zumindest alle nicht leitenden Mitarbeiter
auf einmal zu erreichen (kollektive Wirkung). Dafür ist jedoch auch das Bestehen eines Betriebsrats erforderlich, der die beabsichtigten Regeln mitträgt, dafür
aber de facto möglicherweise für sog. „Kompensationsgeschäfte" nutzt.

Seit der Honeywell-Entscheidung des Bundesarbeitsgerichts[117] ist bekannt, dass **161**
der Betriebsrat nach § 87 Abs. 1 Nr. 1 BetrVG mitzubestimmen hat, wenn der

---

113 Vgl. zur detaillierten Darstellung der Erlaubnisnormen die Ausführungen unter Rn. 29.
114 Für den Umgang mit Gesundheitsdaten ist Art. 9 DSGVO relevant.
115 Vgl. dazu auch die „Hinweise zur Regelung der Nutzung von Beschäftigtendaten" unter
 Rn. 208.
116 Vgl. dazu Ausführungen von *Benkert* zu den Herausforderungen für das Personalmanagement, Kap. 4, Rn. 61 ff.
117 BAG, Beschl. v. 22.7.2008, 1 ABR 40/07, BB 2008, 2520 mit BB-Komm. *Sittard*.

Arbeitgeber in einem Verhaltenskodex das Verhalten der Arbeitnehmer und die betriebliche Ordnung regeln will.[118]

162 Eine Betriebsvereinbarung als Rechtsgrundlage zur Verarbeitung von Beschäftigtendaten findet dort ihre Grenzen, wo ein schwerwiegender Eingriff in das Selbstbestimmungsrecht des einzelnen Mitarbeiters geregelt werden soll. Maßnahmen, die den einzelnen Mitarbeiter im geschützten innersten Kern seiner Persönlichkeitssphäre betreffen, können durch eine Betriebsvereinbarung nicht legitimiert werden.[119] Eine Betriebsvereinbarung kann daher die Grenzen des geltenden Gesetzesrechts nicht unterschreiten, sondern lediglich die Anwendung in der Praxis ausgestalten.[120] Dies muss der Compliance-Verantwortliche gerade vor dem Hintergrund der regelkonformen Ausgestaltung des Compliance-Systems im Auge behalten. Dies betrifft auch den Umfang der Legitimierung des Datenumgangs. So wenig wie eine Generaleinwilligung in alle denkbaren datenschutzrelevanten Sachverhalte durch den Mitarbeiter erfolgen kann, so wenig kann eine Betriebsvereinbarung mittels Generalklausel den unbeschränkten Umgang mit Beschäftigtendaten regeln.

163 Das Verhältnis der Rechtsgrundlagen zueinander hat sich mit dem Inkrafttreten zudem grundlegend geändert. Sollte man früher noch Betriebsvereinbarung und Einwilligung nicht parallel für den gleichen Sachverhalt verwenden, ist dies heute möglich. Rechtmäßig ist eine Datenverarbeitung gemäß Art. 6 Abs. 1 DSGVO, wenn „mindestens" einer der dort aufgeführten Erlaubnistatbestände erfüllt ist. Eine Datenverarbeitung lässt sich also auch auf mehrere Rechtsgrundlagen stützen. D. h., dass der Verantwortliche zusätzlich eine Einwilligung einholen darf, auch wenn bereits ein gesetzlicher Rechtsgrund einschlägig ist.[121] Daraus ergibt sich die Möglichkeit mit etwas Aufwand[122] eine erheblich größere Rechtssicherheit beim Umgang mit Beschäftigtendaten im Rahmen der Compliance-Arbeit zu gewinnen.

164 Neu zu gestaltende und bereits bestehende Betriebsvereinbarungen sind wegen des Anwendungsvorrangs der Verordnung an deren Standard anzupassen.[123] Fol-

---

118 Das Mitbestimmungsrecht an einzelnen Regelungen begründet jedoch nicht notwendig ein Mitbestimmungsrecht am Gesamtwerk. Gleichwohl ist es empfehlenswert, das Gesamtwerk mit dem Betriebsrat zu besprechen, um die Akzeptanz der Regelungen in der Belegschaft zu steigern. Der Betriebsrat ist insoweit auch nicht unwesentlicher Teil der Compliance-Kommunikation. Vgl. zur Zusammenarbeit mit dem Betriebsrat auch die Ausführungen unter Rn. 198 ff.

119 Z. B. Zwang zu einer Genomanalyse.

120 Dies ergibt bereits aus § 1 Abs. 3 BDSG, wonach das BDSG nur gegenüber Rechtsvorschriften des Bundes subsidiär ist.

121 Vgl. etwa die Ausführungen des Landesbeauftragten für Datenschutz Baden-Württemberg vom 19.10.2018, Einstieg ins Datenschutzrecht für behördliche Datenschutzbeauftragte, S. 26.

122 So ist etwa darauf zu achten, dass der Betroffene über die verschiedenen Rechtsgrundlagen informiert wird.

123 Vgl. die Ausführungen zur DSGVO unter Rn. 8 ff.

gende **Checkliste** soll die Umsetzung i. R. d. Betriebsvereinbarungen erleichtern:

Checkliste zur Anpassung von Betriebsvereinbarungen nach der DSGVO:	**165**

1. Schaffung eines datenschutzrechtlichen Ausnahmetatbestands deutlich machen
2. Schaffung eines Erlaubnistatbestandes hervorheben
3. Zulässigen Rückgriff auf andere Rechtsgrundlagen vereinbaren
4. Datenverarbeitung genau und transparent beschreiben
5. Rechte der betroffenen Personen und deren Geltendmachung beschreiben
6. Pflichten des für die Verarbeitung Verantwortlichen benennen
7. Umfangreiche Zweckbeschreibung vornehmen
8. Mögliche Zweckänderungen voraussehen
9. Datensicherheit und technische und organisatorische Maßnahmen beschreiben
10. geeignete Maßnahmen beschreiben …
    a) zur Wahrung der menschlichen Würde
    b) zu den berechtigten Interessen
    c) zur Sicherung der Grundrechte der betroffenen Personen

b) Rechtfertigende Einwilligung des Mitarbeiters

Gemäß der gesetzgeberischen Vorstellung ist eine wirksame Einwilligung das Instrument auf die das Erheben, Verarbeiten oder Nutzen personenbezogener Daten alternativ gestützt werden kann. Die Einwilligung als Unterfall der Zustimmung muss jedoch ein paar grundlegende Voraussetzungen für ihre Wirksamkeit erfüllen: **166**

Die Einwilligung muss zeitlich vor dem Erheben, Verarbeiten oder Nutzen eingeholt werden. Sie muss zudem freiwillig erfolgen, d.h. auf dem freien Willen des Betroffenen beruhen. Zusätzlich muss ein Hinweis auf den Zweck erfolgen und sie muss entsprechend deutlich hervorgehoben werden. Handelt es sich um besondere Arten von personenbezogenen Daten, so muss sich die Einwilligung auch auf solche besonderen Daten erstrecken. **167**

Im Arbeitsverhältnis besteht eine besonders hohe Prüfpflicht hinsichtlich der Freiwilligkeit der Einwilligung.[124] Kritische Vertreter verneinen sogar die Möglichkeit der Einwilligung im Arbeitsverhältnis, da das Über-Unter-Ordnungsverhältnis zwischen Arbeitgeber und Arbeitnehmer einen freien Willen des Mitar- **168**

---

124 EG 33 der DSGVO spricht von „echter Wahlfreiheit".

beiters generell ausschließen würde.[125] Die herrschende Auffassung geht jedoch unter strenger Prüfung davon aus, dass die Einwilligung auch im Arbeitsverhältnis zulässig ist. Dem trägt auch Art. 7 Abs. 4 DSGVO Rechnung, welcher unter Heranziehung eines Koppelungsverbots ebenfalls von der Zulässigkeit ausgeht.

169   Gleichwohl birgt die Einwilligung aufgrund ihrer jederzeitigen Widerruflichkeit Verlässlichkeitsrisiken, die der Compliance-Verantwortliche im Rahmen einer ständigen Überwachung im Fokus behalten muss.[126] Darüber hinaus sprechen die Dokumentationspflicht und die Notwendigkeit, im Streitfall die gewährte Einwilligung nachweisen zu können, dafür, diese schriftlich zu fixieren, auch wenn es dafür keine gesetzliche Pflicht gibt. Die Beweislast für erfolgte Einwilligung trägt insoweit der für die Verarbeitung Verantwortliche.

170   Die Wirksamkeitsvoraussetzungen der Einwilligung sind im Rahmen der Compliance-Arbeit demnach entsprechend abzufragen, zu prüfen und zu dokumentieren. Beispielsweise[127] sind zu prüfen: Hat ein Personaler die entsprechenden schriftlichen Dokumente für die Einwilligung vorliegen? Wurde dem Mitarbeiter das Dokument im Vorfeld vorgelegt? Beruhte die Entscheidung auf dem freien Willen des Betroffenen?

171   Compliance prüft im Rahmen des sog. Datenschutz-Audits ab, inwieweit und bis zu welchem Grad die gesetzlichen Vorgaben und die Umsetzung der internen Richtlinien umgesetzt wurden. Dies kann im Einzelfall künftig als Anlass genommen werden, die jeweiligen Prozesse entsprechend anzupassen.

c) Arbeitsvertragliche Regelungsmöglichkeiten

172   Der Klassiker in Sachen Anhang zum Arbeitsvertrag findet für nicht-öffentliche Stellen kein ausdrückliches gesetzliches Pendant mehr im Gesetz.[128] Gleichwohl sind Personen, soweit sie bei nicht-öffentlichen Stellen beschäftigt werden, bei der Aufnahme ihrer Tätigkeit auf das Datengeheimnis zu verpflichten. Die Dokumentationspflicht hinsichtlich des Datengeheimnisses leitet sich nun aus Art. 5 Abs. 2 und Art. 32 Abs. 4 DSGVO ab.[129] Bisherige Verpflichtungen auf das Datengeheimnis müssen daher an die neuen Regelungen der DSGVO angepasst werden. Eine Fortwirkung des Datengeheimnisses – wie bisher in § 5

---

125 Statt vieler: *Trittin/Fischer*, NZA 2009, 343.
126 Als verlässliche Alternative steht dem Arbeitgeber der Art. 6 Abs. 1 lit. f DSGVO zur Verfügung, wonach ein überwiegendes berechtigtes Interesse vorliegen muss. Über diese Rechtsgrundlage und die damit verbundene Verarbeitung muss der Arbeitnehmer jedoch ebenfalls ausreichend informiert werden.
127 Vergleiche weitere Beispielsfälle unter Rn. 90 ff.
128 Eine solche Pflicht war auch für nicht-öffentliche Stellen ursprünglich in § 5 Satz 2 BDSG a. F. festgeschrieben. Die neue Regelung des § 53 BDSG zum Datengeheimnis ist hingegen für nicht-öffentliche Stellen nicht unmittelbar anwendbar.
129 Auch eine analoge Anwendung des § 53 BDSG ist denkbar, da eine vergleichbare Interessenlage zu den öffentlichen Stellen besteht und ein redaktionelles Versehen vor dem Hintergrund der aus der DSGVO bestehenden Dokumentationspflicht nicht auszuschließen ist.

Satz 3 BDSG-alt geregelt – ist auch hier dringend angeraten. HR-Compliance überprüft im Rahmen des HR-Reviews, ob bei Einstellung entsprechende Dokumente vorgelegt werden und ob die Verpflichtung auf das Datengeheimnis bei Tätigkeitsaufnahme (Einstellung) in den Prozess integriert wird. Darüber hinaus muss dieser Prozess schriftlich dokumentiert werden. Der Mitarbeiter unterzeichnet die entsprechende Verpflichtung. Zudem wird ein Belegexemplar hierfür zur Personalakte abgelegt. Ein einfacher Vorgang, der jedoch im Rahmen von Audits auf Vollständigkeit hin abzuprüfen ist. Besteht hier eine Lücke im HR-Prozess, kann dies weitreichende Konsequenzen haben. Diese sind nicht immer unmittelbar zu spüren, können allerdings im Einzelfall zum Wettbewerbsnachteil werden. Sinn und Zweck dieser Regelung ist es, das Unternehmen und sein Know-how sowie alle Betriebsinterna zu schützen.[130]

Letztlich geht es jedoch um weit mehr. Es ist die Verpflichtung jedes Einzelnen **173** auf die Beachtung des gesetzlichen Verbots unbefugter Datenerhebung und -verwendung. Hiermit kommt zum Ausdruck, dass nicht nur der Verantwortliche zuständig ist, sondern auch jeder Beschäftigte. Die Verpflichtung auf das Datengeheimnis stellt für jeden Beschäftigten seine persönliche Verantwortung hinsichtlich der datenschutzrechtlichen Vorschriften beim Umgang mit personenbezogenen Daten dar.[131] Das Datengeheimnis ist aus Sicht der Compliance weit auszulegen. Hiermit fallen auch Praktikanten, freie Mitarbeiter, Leiharbeitnehmer, ehrenamtliche Helfer und regelmäßig eingesetzte Dienstleister – wie beispielsweise das Reinigungspersonal – unter diese Verpflichtung. Wichtig im gesamten Prozessablauf ist, dass die Verpflichtung auf das Datengeheimnis bereits bei der Aufnahme der Tätigkeit erfolgt. Damit ist die Verpflichtung möglichst am ersten Arbeitstag vorzunehmen und in einem gesonderten Dokument festzuhalten und abzuzeichnen.[132]

All diese Prozesse überprüft die HR-Compliance auf Vollständigkeit und Richtigkeit **174** im Rahmen einer regelmäßigen und internen Kontrolle der Abteilungen.[133] Neben den erwähnten Kontrollen ist den Mitarbeitern die Bedeutung dieser Vorschrift zu erläutern. Denn zur Verpflichtung gehört ebenso eine Belehrung in regelmäßigen Zeitintervallen.[134] Zusätzlich sollte im Rahmen in-

---

130 Insoweit kann dieser Prozess auch die Maßnahmen nach dem GeschäftsgeheimnisG bzw. aus der Know-How-Schutz-Richtlinie (EU) 2016/943 flankieren und ergänzen.
131 Vgl. das „Kurzpapier Nr. 19 Unterrichtung und Verpflichtung von Beschäftigten auf Beachtung der datenschutzrechtlichen Anforderungen nach der DS-GVO" der Datenschutzkonferenz unter https://www.lda.bayern.de/media/dsk_kpnr_19_verpflichtungBeschaeftigte.pdf (Stand: 29.5.2018), S. 1.
132 Vgl. das „Kurzpapier Nr. 19 Unterrichtung und Verpflichtung von Beschäftigten auf Beachtung der datenschutzrechtlichen Anforderungen nach der DS-GVO" der Datenschutzkonferenz unter https://www.lda.bayern.de/media/dsk_kpnr_19_verpflichtungBeschaeftigte.pdf (Stand: 29.5.2018), S. 2.
133 Vgl. auch HR-Review.
134 Vgl. das „Kurzpapier Nr. 19 Unterrichtung und Verpflichtung von Beschäftigten auf Beachtung der datenschutzrechtlichen Anforderungen nach der DS-GVO" der Datenschutzkonfe-

terner Schulungsmaßnahmen die Bedeutung und Tragweite auch dieser Vorschrift erläutert werden, um sicherzustellen, dass nicht nur eine Verpflichtung auf dem Papier besteht. Nur gelebte Compliance kann insofern die Einhaltung von Vorschriften sicherstellen.

175   Nicht zu empfehlen ist hingegen die Regelung von Einwilligungen im Rahmen von Arbeitsverträgen. Spätestens mit Umsetzung der DSGVO sind alle Umstände zu vermeiden, die darauf schließen lassen könnten, dass die Einwilligung als Gegenleistung für die Einstellung oder eine sonstige Begünstigung vom Mitarbeiter verlangt wurde.[135]

d) Gesetzliche Erlaubnistatbestände

176   Auch nach dem Inkrafttreten der DSGVO ist aus Perspektive der Compliance insbesondere § 26 Abs. 1 Satz 2 BDSG als spezifischere Vorschrift gemäß Art. 88 DSGVO[136] relevant, und zwar im Rahmen der Aufdeckung von Straftaten der Mitarbeiter. Dies bedeutet i. S. d. Wortlautes von § 26 BDSG, dass personenbezogene Daten eines Beschäftigten „zur Aufdeckung von Straftaten" nur dann verarbeitet werden dürfen, wenn zu dokumentierende tatsächliche Anhaltspunkte hierbei einen Verdacht begründen können.

177   Eine nicht weniger bedeutende Rolle spielt darüber hinaus § 26 Abs. 1 Satz 1 BDSG, der eine Verarbeitung von personenbezogenen Daten eines Beschäftigten zulässt, sofern dies nur für Zwecke des Beschäftigungsverhältnisses oder nach Begründung des Beschäftigungsverhältnisses für dessen Durchführung oder Beendigung erforderlich ist.[137] Lediglich bei Maßnahmen zur Aufdeckung konkreter, bereits begangener Straftaten kommt die strengere Regelung des § 26 Abs. 1 Satz 2 BDSG zur Anwendung.[138] Kontrollen der Leistung oder des Verhaltens der Mitarbeiter fallen grundsätzlich unter § 26 Abs. 1 Satz 1 BDSG.[139] Im Übrigen bietet Art. 6 Abs. 1 lit. f DSGVO nunmehr einen Auffangtatbestand.

178   Unter Datenschutzexperten besteht die einhellige Auffassung, dass beide Rechtsgrundlagen auch nach dem Inkrafttreten der DSGVO und der entsprechenden Anpassung des BDSG weiterhin reformbedürftig sind.[140] Der Gesetzge-

---

renz unter https://www.lda.bayern.de/media/dsk_kpnr_19_verpflichtungBeschaeftigte.pdf (Stand: 29.5.2018), S. 3.

135 So Art. 7 Abs. 4 DSGVO.

136 Als allgemeine Auffangvorschrift kommt insbesondere Art. 6 Abs. 1 lit. f DSGVO in Betracht, der die Erforderlichkeit zur Wahrung der berechtigten Interessen des Unternehmens in den Mittelpunkt stellt.

137 *Taeger/Gabel*, DSGVO BDSG, 3. Aufl. 2019, § 26 Rn. 22.

138 *Taeger/Gabel*, DSGVO BDSG, 3. Aufl. 2019, § 26 Rn. 68.

139 *Taeger/Gabel*, DSGVO BDSG, 3. Aufl. 2019, § 26 Rn. 41.

140 Der Gesetzgeber hätte mit der Anpassung des BDSG die Chance gehabt, die bereits seit 2009 bestehenden und bekannten Unsicherheiten im Umgang mit diesen Bestimmungen zu beseitigen. Zudem kritisierte die Aufsichtsbehörden der Länder in einer gemeinsamen Entschließung bereits rechtzeitig vor der Anpassung des BDSG-alt an die DSGVO, dass die getroffenen Regelungen voraussichtlich nicht europarechtskonform seien.

ber entschied sich dafür, die bisherigen Regelungen weitestgehend unverändert fortzuführen und der bestehenden Rechtsprechung zu § 32 BDSG-alt eine möglichst weite Fortgeltung zuzubilligen.[141] Damit bieten die Regelungen des § 26 BDSG und des Art. 6 DSGVO aus Compliance-Sicht zunächst ausreichend Rechtssicherheit, um unter Wahrung der allgemeinen Datenschutzgrundsätze die wichtigsten Compliance-Maßnahmen gegenüber Mitarbeitern im Betrieb ergreifen zu können.[142] So können präventive Compliance-Maßnahmen wie ein Hinweisgeber-System (z.B. Whistleblowing-Hotline) auf § 26 Abs. 1 Satz 2 BDSG oder auf Art. 6 Abs. 1 lit. f DSGVO beruhen.[143] Im Rahmen der Angemessenheitsprüfung sind die dem Unternehmen obliegenden Pflichten, welche der Gesetzgeber und die Rechtsprechung an das Unternehmen stellen, zu berücksichtigen. So sieht § 130 OWiG eine Pflicht der Unternehmensleitung zur Verhinderung von unternehmensbezogenen Straftaten u.Ä. vor. Gleichzeitig sind Mitarbeiter im Rahmen ihrer arbeitsrechtlichen Treuepflicht zur Einhaltung von Compliance-Standards verpflichtet. Ähnliche Argumentationen lassen sich auch für die Kontrolle von E-Mails der Mitarbeiter finden, auch wenn die Regelung durch Betriebsvereinbarung jeweils eindeutig vorzugswürdig ist.[144]

Aufgrund der neuen europarechtlichen Vorgaben der DSGVO war der deutsche   **179** Gesetzgeber angehalten, den Beschäftigtendatenschutz im BDSG neu zu fassen. Art. 88 DSGVO hat den Mitgliedstaaten klare Regelungskompetenzen für diesen Bereich eingeräumt, da die unterschiedlichen Arbeitsrechtssysteme der derzeit 27 Mitgliedstaaten im Rahmen der DSGVO selbstverständlich nicht harmonisiert werden konnten. Laut Art. 88 Abs. 2 DSGVO stehen Regelungen zur Transparenz, Überwachung von Mitarbeitern und Datenübermittlung im Unternehmen[145] weiterhin aus.[146] Insgesamt bleiben die Grundprinzipien der DSGVO unabdingbar, die auch Compliance in der täglichen Praxis beachten muss.

---

141 Vgl. die Gesetzesbegründung in BT-Drucks. 18/11325, S. 96f. Der Gesetzgeber hat sich aber vorbehalten, konkretere Vorschriften zum Beschäftigtendatenschutz zu erlassen.

142 Vgl. dazu auch den Beispielsfall unter Rn. 224ff.

143 Vgl. die „Orientierungshilfe der Datenschutzaufsichtsbehörden zu Whistleblowing-Hotlines: Firmeninterne Warnsysteme und Beschäftigtendatenschutz" der Datenschutzkonferenz unter https://www.datenschutzkonferenz-online.de/media/oh/20181114_oh_whistle blowing_hotlines.pdf (Stand: 14.11.2018).

144 Vgl. dazu auch die Hinweise zur Regelung der Nutzung von Internet und E-Mail unter Rn. 214ff.

145 Zu einem Konzernprivileg konnte sich der europäische Gesetzgeber nicht durchringen. In EG (32) hat er immerhin die Möglichkeit eines berechtigten Interesses anerkannt. Dieses ist jedoch von Fall zu Fall zu prüfen.

146 Immerhin hat sich der Gesetzgeber aber vorbehalten, konkretere Vorschriften zum Beschäftigtendatenschutz zu erlassen.

e) Internationaler Datenverkehr mit Beschäftigtendaten

180 Der internationale Datenverkehr ist auch hinsichtlich der Übertragung von Beschäftigtendaten kaum wegzudenken. In multinationalen Unternehmen sitzen personaldatenverarbeitende Stellen nur in seltenen Fällen im selben Land wie die Mitarbeiter selbst. So funktionieren bspw. globale Personalmanagement-Systeme nur durch Übertragung der Beschäftigtendaten. Vor dem Hintergrund der Safe-Harbor-Entscheidung des EuGH stellen sich, nicht nur im Kontext mit der Übertragung von Beschäftigtendaten in die USA, Fragen zur Zulässigkeit dieser Datenübermittlung. Der Europäische Gerichtshof (EuGH) hat mit Urteil vom 6.10.2015[147] die Safe-Harbor-Entscheidung der EU-Kommission für ungültig erklärt und damit vielen Datenübermittlungen in die USA die rechtliche Grundlage entzogen. Dieses Urteil des EuGH wirft eine Reihe von Fragen für zahlreiche betroffene Unternehmen auf, insbesondere auch hinsichtlich seiner Auswirkung auf andere Rechtsinstitute. Dies betrifft nicht nur die künftige Gestaltung für den Umgang mit personenbezogenen Daten auf internationaler Ebene, sondern auch die „Auflösung" von Altfällen.

181 In der Gesamtschau bleibt festzuhalten, dass eine Übermittlung von personenbezogenen Daten in ein Drittland für das kein Angemessenheitsbeschluss (z.B. USA[148]) nach Art. 45 Abs. 3 DSGVO vorliegt immer einer Rechtsgrundlage bedarf, Art. 46 ff. DSGVO. Dies können sein:

– die Einwilligung durch die Betroffenen: praktisch kaum umsetzbar; Generaleinwilligungen sind ausgeschlossen.
– Binding Corporate Rules: Die sog. BCR sind nach dem europäischen Gesetzgeber erste Wahl und unter engen Voraussetzungen durch die DSGVO umsetzbar; in der Regel langwierige Abstimmung mit der Behörde notwendig.
– EU-Standardvertragsklauseln: Auch hier wird die Datenschutzbehörde prüfen müssen, ob die vom EuGH aufgestellten Grundsätze gewahrt sind.[149]
– EU-US Privacy Shield: Aktueller Maßstab für die Übermittlung in die USA ist derzeit der sog. EU-US Privacy Shield. Der Nachfolger des Safe-Harbor-Abkommens soll den Schutz europäischer Daten bei zertifizierten US-amerikanischen Unternehmen sicherstellen. Die EU Kommission hat mit Beschluss vom 12.7.2016 entschieden, dass unter dem Selbstzertifizierungsmechanismus des EU-US Privacy Shield ein angemessenes Datenschutzniveau für Datenübermittlungen in die USA besteht. Das EU-US Privacy Shield ist ein Selbstzertifizierungsmechanismus für US-Unternehmen. Die Entscheidung der EU-Kommission bedeutet nicht, dass für die USA allgemein ein angemessenes Datenschutzniveau festgestellt wurde. Die Entscheidung der EU-Kom-

---

147 EuGH, Urt. v. 6.10.2015, Rs. C 362/14, BB 2015, 374.
148 Das Gleiche ist aufgrund des sog. Brexit für das Vereinigte Königreich ab dem 1.1.2021 zu befürchten, wenn bis dahin kein Angemessenheitsbeschluss vorliegt.
149 Nach Ansicht des EU-Generalanwalts im Vorabentscheidungsersuchen C-311/18 obliege es den EU-Datenschutzbehörden, im Einzelfall zu überprüfen, ob es in den Zielländern Mängel im Datenschutz gibt.

Becker/Böhlke/Fladung

mission zum EU-US Privacy Shield gilt unter der Maßgabe von Art. 45 Abs. 9 DSGVO fort. Es bleibt weiterhin noch abzuwarten, ob das EU-US-Privacy-Shield gegenüber einer künftigen und neuerlichen EuGH-Entscheidung Bestand hat.[150]

Compliance muss im Rahmen von internen Prüfungen in Zusammenarbeit mit   **182** dem jeweiligen DSB nachhalten und prüfen, wo Anpassungsbedarf besteht und wie hoch die jeweiligen Risiken einzuschätzen sind. Die Sachverhalte, Änderungen zu Verträgen, Kooperationen etc. müssen im Sinne von Compliance dokumentiert, nachgehalten und aktualisiert werden, um das entsprechende Schutzniveau gewährleisten zu können, welches nach aktuellem Stand verlangt wird.

Bis zur abschließenden Klärung der Zulässigkeit der Übermittlung von Beschäf-   **183** tigtendaten sind folgende Vorsichtsmaßnahmen zu ergreifen:

– Datenübertragung in die USA so weit wie möglich minimieren;
– nach Möglichkeit Technik mit europäischen Servern verwenden;
– laut Art. 29-Datenschutzgruppe: Standardvertragsklauseln oder BCR verwenden;
– ergänzend Business-Partner-Compliance: Zertifikate vorweisen lassen.

Ein Untätigbleiben von Seiten des internen DSB ist hier ein Anlass für den Com-   **184** pliance Officer, tätig zu werden und in Rücksprache mit den jeweiligen Fachabteilungen zu treten. Dies belegt umso mehr, dass der DSB und der Compliance Officer ein gemeinsames Interesse daran haben müssen, auf ein einheitliches Datenschutzniveau hinzuwirken.

3. Risiken beim Umgang mit Beschäftigtendaten

Es wird zu jeder Zeit, d.h. in jeder Phase des Kontakts zum (künftigen) Mitarbei-   **185** ter ein gesetzeskonformer Umgang mit seinen personenbezogenen Daten gefordert. Das Unternehmen ist damit sowohl bei der Gewinnung und Speicherung von Bewerberdaten, während des Anstellungsverhältnisses und auch im Anschluss daran an die entsprechenden Vorgaben aus Gesetz und Rechtsprechung gebunden. Zu jeder Phase bedeutet im üblichen „Unternehmenswording": Beim Boarding, On Board und Off Boarding gibt es spezielle unternehmerische Risiken, die nicht nur den Umgang mit Unternehmensdaten, sondern auch mit personenbezogenen Daten betreffen können.

a) Phase 1: Begründung des Arbeitsverhältnisses/„Boarding-Phase"

Gewinnung von Bewerberdaten und Informationen: Über § 26 Abs. 8 BDSG   **186** ist auch noch mal klargestellt, dass Bewerber „Beschäftigte" im Sinne dieser

---

150 Das EU-US-Privacy-Shield sieht sich trotz Nachbesserungen ganz ähnlicher Kritik ausgesetzt wie das Safe-Harbor-Abkommen, das mit EuGH-Urteil vom 6.10.2015 gekippt wurde.

Vorschrift sind. Bei der Gewinnung von Bewerberdaten kann der Arbeitgeber alle ihm öffentlich zugänglichen Daten nutzen.[151]

187 **Risikobereich:** Risikobelastet sind die Bereiche, die als sog. Grauzone dem Arbeitgeber so nicht zugänglich sind und beispielsweise im Raum des Web 2.0 gewonnen werden. Dies betrifft vor allem Informationen, von denen der Bewerber im Zweifel nicht möchte, dass sie bekannt werden. Bei Daten aus Social Media ist daher zu differenzieren. Wenn private Beziehungen im Vordergrund stehen (z. B. Facebook, Instagram) ist die Verarbeitung nicht zulässig, während die aus berufsbezogenen Netzwerken (z. B. XING und LinkedIn) erhobenen Daten genutzt werden dürfen.[152]

188 **Gesetzliche Vorgaben:** Die gesetzlichen Vorgaben sind hier vor allem der DSGVO, dem BDSG, dem Wettbewerbsrecht, dem AGG und den Grundsätzen zum Fragerecht des Arbeitgebers im Bewerbungsprozess zu entnehmen.

189 **Praxistipp**

Das bisher geltende Prinzip der Direkterhebung bei der betroffenen Person (§ 4 Abs. 2 BDSG a. F.) hat der europäische Gesetzgeber nicht normiert. Der Betroffene muss nach Art. 14 DSGVO jedoch über die Verarbeitung der Daten informiert werden. Dies ist ein wesentliches Mittel zur Sicherstellung der Transparenz beim Umgang mit personenbezogenen Daten. Dies entspricht auch einem compliance-konformen Umgang mit Daten im Bewerberprozess.

b) Phase 2: Durchführung des Arbeitsverhältnisses/„On Board-Phase"

190 **Umgang mit personenbezogenen Daten im Beschäftigtenverhältnis:** Dem Arbeitgeber muss es möglich sein, die für die Durchführung des Arbeitsverhältnisses erforderlichen Daten zu erheben und zu verarbeiten (also Name, Alter, Beruf, sonstige Qualifikationen und Einsatzfähigkeit). Dazu gehören auch Beschäftigtendaten, die zwar zurzeit noch nicht von Bedeutung sind, die es aber werden könnten. Nicht verwendet werden dürfen Daten über die rassische oder ethnische Herkunft, politische Meinungen, religiöse[153] oder philosophische Überzeugungen, Gewerkschaftszugehörigkeit, Gesundheit und Sexualleben.

---

151 *Taeger/Gabel*, DSGVO BDSG, 3. Aufl. 2019, § 26 Rn. 32. Ohne einen Zweck und eine ausreichende Transparenz ist aber auch dann die Verarbeitung von Daten nicht zulässig. Im Übrigen gilt die Erforderlichkeitsprüfung.

152 Insoweit ist aber eine Kontaktaufnahme unter Vorspiegelung falscher Tatsachen untersagt. Vgl. *Taeger/Gabel*, DSGVO BDSG, 3. Aufl. 2019, § 26 Rn. 32.

153 Ausnahme: Konfession für die Abführung von Kirchensteuern aufgrund gesetzlicher Regelungen.

Risikobereich: Die Grenzen der zulässigen Verarbeitung von Beschäftigtenda-   **191**
ten sind vor allem bei der internen Ermittlung von Sachverhalten[154] mit Personenbezug und mit Bezug zu den Gesundheitsdaten der Mitarbeiter zu beachten.
Letztere kommen immer auch dann ins Spiel, wenn die Einsatzfähigkeit der Mitarbeiter fraglich ist. Die DSGVO sieht insoweit eine Erleichterung vor, als dass
diesbezügliche Eignungstests in ausdrücklich erlaubt sind, soweit diese für die
Personalplanung und Beschäftigung erforderlich sind.

Gesetzliche Vorgaben: Grundlage des Umgangs mit Beschäftigtendaten im   **192**
Arbeitsverhältnis stellt § 26 BDSG dar. Untergesetzliche Bestimmungen zur Ermittlung der Einsatzfähigkeit der Mitarbeiter (z. B. Vorgaben der Berufsgenos-
senschaften zum G25-Eignungstest o. Ä.) können lediglich Rechtfertigungshil-
fe, nicht aber Rechtsgrundlage sein.

Praxistipp   **193**

Aufgrund der Reformbedürftigkeit des Beschäftigtendatenschutzes – insbesondere der Regelungen des § 26 BDSG – sind sämtliche datenschutzrechtlichen und Compliance-relevanten Vorgänge umfassend und auch für Dritte
nachvollziehbar zu dokumentieren. Die Datenschutzaufsichtsbehörden der
Länder legen Wert darauf, dass die Grundsätze des Datenschutzes eingehalten werden und vor allem die erforderlichen Abwägungen der Interessen
nachvollzogen werden können.

---

c) Phase 3: Beendigung des Arbeitsverhältnisses/„Off Boarding-Phase"

Ausscheidungsprozess des Mitarbeiters: Dem Arbeitgeber muss es gerade vor   **194**
dem Hintergrund der Anforderungen des KSchG möglich sein, die kündigungs-
relevanten Sachverhalte nicht zuletzt auch vor Gericht vortragen zu können. Die
im Zusammenhang mit dem Beschäftigungsverhältnis stehenden Beschäftigtendaten muss der Arbeitgeber daher speichern dürfen. Dies gilt auch für sämtliche
Daten, die im Rahmen eines Interessenausgleichs und Sozialplans erforderlich
sind.

Risikobereich: Die Grenze stellt wie üblich auch hier die Erforderlichkeit dar.   **195**
Aufbewahrungsfristen ergeben sich aus zahlreichen anderen Gesetzen. Bedeutsam ist hier zumeist auch das AGG, das einen sog. Entschädigungsanspruch des
ehemaligen Mitarbeiters bis zu zwei Monate nach Ausscheiden vorsieht. Auch
dagegen muss sich das Unternehmen wehren können, so dass hier ein Interesse
an der Aufbewahrung der Beschäftigtendaten besteht. Gleichzeitig muss hier
das Risiko der zeitlich darüberhinausgehenden Speicherung von Beschäftigtendaten eingedämmt werden. Dies erfordert ein umfassendes Löschmanagement.

---

154 Vgl. dazu den Beispielsfall „zur Kontrolle bei Verdacht gegen Mitarbeiter" unter Rn. 224 ff.

Dieses wurde noch durch Ansprüche auf Beseitigung von Suchergebnissen in Suchmaschinen erweitert (sog. Recht auf Vergessenwerden; Art. 17 DSGVO).

196 Gesetzliche Vorgaben: Neben der Löschpflicht aus Art. 17 DSGVO bestehen zahlreiche auch steuerrechtliche Aufbewahrungspflichten. Das AGG und das KSchG bilden dazu einen weiteren Rahmen.

197 Praxistipp

Schon während der Aussteuerungsphase des Mitarbeiters sollte ein Augenmerk auf den künftigen Umgang mit den Daten des ausscheidenden Mitarbeiters gelegt werden. Die Rechtsprechung flankiert diese Überlegungen durch zahlreiche Ansprüche auf Löschung und Beseitigung bis hin zur Eliminierung der Daten aus den sozialen Netzwerken.

4. Zusammenarbeit mit dem Betriebsrat

198 Beim Umgang mit Beschäftigtendaten spielt der Betriebsrat eine maßgebliche Rolle. So ist er natürlich zunächst den Interessen der Mitarbeiter verpflichtet und damit nicht zuletzt auch dem Schutz der Persönlichkeitsrechte als Ausfluss des Datenschutzes.

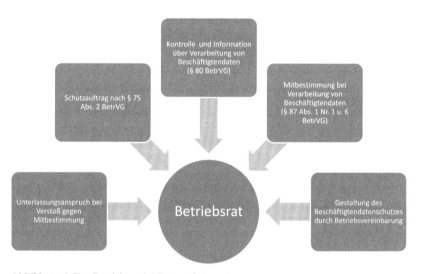

Abbildung 6: Der Betriebsrat im Datenschutzsystem

199 Des Weiteren ermöglicht eine vertrauensvolle Zusammenarbeit mit dem Betriebsrat auch die Schaffung von Regelwerken, die es erst ermöglichen, ein datenschutzrechtlich intaktes Compliance-System zu betreiben. Um eine solche Zusammenarbeit unter Hinzuziehung der Personalabteilung zu erreichen, muss man zunächst verstehen, welche Stellung der Betriebsrat datenschutzrechtlich im Betrieb einnimmt. Es ist zunächst zu beachten, dass der Betriebsrat nach derzeit überwiegender Auffassung als eigener Verantwortlicher betrachtet wird.[155] Er unterliegt damit auch nicht der Kontrolle durch den betrieblichen DSB. Gleichwohl müssen die Rechte der Beschäftigten auch ihm gegenüber gewahrt werden. So ist das Informationsinteresse des Betriebsrats mit den Datenschutzbelangen der Mitarbeiter abzuwägen. Der Betriebsrat hat zudem eine eigene Datenschutzorganisation (Datensicherungspflicht, Verpflichtung auf Datengeheimnis, Löschmanagement etc.) vorzuhalten.

Eine vertrauensvolle Zusammenarbeit mit dem Betriebsrat bietet zudem die **200** Chance, dass Compliance- und Datenschutzregeln auf eine viel größere Akzeptanz in der Belegschaft treffen. Der Betriebsrat trägt seine Auffassung vom Compliance-System als Kommunikator zu den von ihm vertretenen Mitarbeitern. Eine stichhaltige Argumentation und ein rechtzeitiges Einbeziehen in einzelne Compliance-Maßnahmen und Planungen sind daher unabdingbar. Die Grenze eines wohlwollenden Miteinanders zwischen Arbeitgeber und Betriebsrat ist natürlich dann überschritten, wenn ein Betriebsratsmitglied begünstigt wird.

5. Personalleiter und Betriebsrat als Teil des Datenschutz- und Compliance-Teams

Der Personalbereich als Kernbereich eines Unternehmens mit seinen Verknüp- **201** fungen zu allen internen Prozessen, kann kaum losgelöst von den anderen Unternehmensbereichen agieren.

In der Gesamtorganisation steht der Personalbereich mit seinem Personalleiter **202** schon durch das BetrVG in unmittelbarer rechtlicher Verknüpfung. Dieses Gesetz verknüpft die Teilbereiche Personal und Betriebsrat nicht zuletzt aufgrund von Mitbestimmungsrechten und Informationspflichten. Darüber hinaus sind diese eben genannten Teilbereiche als Bereiche von Arbeitgeberseite und Arbeitnehmerseite datenverarbeitende und prozesslastige Themenfelder. In vielen Fällen wird es in der Praxis zu inhaltlichen Überschneidungen oder gar Problem-

---

155 Die Aufsichtsbehörden der Bundesländer haben sich dafür entsprechend ausgesprochen. Allen voran vertritt dies der Landesbeauftragte für Datenschutz und Informationssicherheit Baden-Württemberg in seinem Tätigkeitsbericht für das Jahr 2018 explizit; vgl. den „Tätigkeitsbericht Datenschutz 2018" unter https://www.baden-wuerttemberg.datenschutz.de/wp-content/uploads/2019/02/LfDI-34.-Datenschutz-T%C3%A4tigkeitsbericht-Internet.pdf (Stand: 4.2.2019). Diese Ansicht lässt sich u. a. aus der Definition des Verantwortlichen nach Art. 4 Abs. 7 DSGVO ableiten, der regelt, dass jede „natürliche oder juristische Person (…), die allein oder mit andern über die Zwecke und Mittel der Verarbeitung von personenbezogenen Daten entscheidet" verantwortlich ist.

stellungen kommen, die nur in der Gesamtschau zu lösen sind. Dies bedeutet, dass der Personalbereich und der Betriebsrat als Teil des Datenschutz- und Compliance-Teams fungieren müssen.

203 Dennoch kann gesagt werden, dass selbstverständlich jeder Fachbereich eine eigene Perspektive und Interessen vertritt. Dies erschwert natürlich die Zusammenarbeit in ganz praktischer Hinsicht. Jedoch hat jeder hier genannte Fachbereich seine eigene Berechtigung hierfür:

1. Personalwesen: Organisation und Koordination der Mitarbeiter im Unternehmen
2. Betriebsrat: Interessenvertretung der Mitarbeiter – für AT evtl. Sprecherausschuss
3. Datenschutz: Organisation und Koordination von Datenschutz im Unternehmen (Umgang mit personenbezogenen Daten) – Hinwirken auf Datenschutzkonformität
4. Compliance: Organisation, Koordination und Kontrolle (Audit) von Prozessen im Unternehmen (hier gibt es je nach Perspektive und Aufbau der Compliance-Abteilung unterschiedliche Aufgaben. Vorliegend ist die wohl übliche Aufgabenteilung beschrieben).

204 Diese Auflistung macht deutlich, in welchem Lager die einzelnen Abteilungen stehen können. Die folgende Darstellung ist eine mögliche Perspektive und Abgrenzung der einzelnen Bereiche zueinander.

205 Sehr eindeutig sind der Betriebsrat sowie der Bereich Datenschutz aufseiten der Mitarbeiter einzuordnen. Der DSB betreibt letztlich Persönlichkeitsrechtsschutz, der Betriebsrat schützt die Rechte der Arbeitnehmer im Allgemeinen und setzt sich logischerweise auch für den Arbeitnehmerdatenschutz ein. Der DSB ist auf Grundlage von Art. 33 DSGVO (sog. Datenschutzverletzung) verpflichtet, die zuständige Aufsichtsbehörde und die Betroffenen zu informieren.[156] Dies ist der Fall, wenn die Daten unrechtmäßig zur Kenntnis gelangt sind und schwerwiegende schutzwürdige Interessen der Betroffenen beeinträchtigt sind. Allein diese Regelung macht deutlich, dass der DSB im Zweifelsfall auch nicht zugunsten des Unternehmens handeln kann. Er fungiert hier teilweise als verlängerter Arm der staatlichen Aufsichtsbehörde. Der Staat stellt hiermit weitere sog. Schutzbeauftragte ab: die Aufsichtsbehörden i.S.v. Art. 51 DSGVO i.V.m. § 40 BDSG und den Bundesbeauftragten für den Datenschutz und die Informationsfreiheit (BfDI), § 8 BDSG. Die jeweiligen Landesbehörden prüfen in ihrem Rahmen, ob die Ausführung der datenschutzrechtlichen Anforderungen eingehalten wird. Der BfDI überwacht bei Bundesbehörden, anderen öffentliche Stellen des Bundes sowie bei Telekommunikations- und Postdienstunternehmen die Einhaltung des Datenschutzes und setzt dies durch (Art. 57 DSGVO, § 14 BDSG). Er kontrolliert zudem die Einhaltung des Datenschutzes bei der Durch-

---

156 Vgl. dazu auch Rn. 103 f.

führung von Sicherheitsüberprüfungen nach dem Sicherheitsüberprüfungsgesetz (SÜG) des Bundes, auch soweit sie private Unternehmen betreffen.

Im Falle der Compliance-Abteilung ist dies etwas anders zu beurteilen. Hier ist **206** grundsätzlich alles in privater Hand. Selbstverständlich kann eine derartige Meldepflicht i. S. d. oben erwähnten BDSG auch für den Compliance-Bereich gelten, sofern für den Einzelfall hierzu eine Verpflichtung besteht; beispielsweise im Falle der Strafverfolgung nach dem StGB, da andernfalls ein Unterlassen seitens der Compliance-Abteilung bestünde. Dennoch kann gesagt werden, dass der Compliance Officer im Lager des Unternehmens steht und grundsätzlich alle präventiven Maßnahmen ergreifen wird, damit es nicht zu einer sog. „red flag" kommt. Er wägt Risiken ab und berät die Geschäftsleitung in Fragen der Haftung. Den Compliance Officer trifft vielmehr eine Dokumentations- und Beweispflicht im Auftrag der Geschäftsleitung.

Dies gilt ebenso im Personalbereich. Er ist als „Organ" der Geschäftsleitung und **207** des gesamten Unternehmens zu sehen und führt letztlich die berechtigten Interessen[157] aus.

6. Hinweise, Muster und Beispielsfall

a) Hinweise zur Regelung der Nutzung von Beschäftigtendaten

Die betriebsinterne Nutzung von Beschäftigtendaten sollte genauestens in einer **208** eigenen Betriebsvereinbarung zum Datenschutz im Unternehmen geregelt sein. Dabei versteht es sich von selbst, dass darin weder allein der Gesetzestext wiederholt noch reine Schutzbehauptungen zur Einhaltung des BDSG enthalten sein sollten. Betriebsvereinbarungen geben dem Betrieb die Möglichkeit, die gesetzgeberischen Freiräume zu nutzen und eigene Rechtsgrundlagen zu schaffen. Diese sollten dabei soweit wie möglich an den Grundsätzen des Datenschutzes orientiert sein.

Gemäß § 77 Abs. 4 Satz 1 BetrVG gelten Betriebsvereinbarungen unmittelbar **209** und zwingend. Damit können Betriebsvereinbarungen den bestehenden Arbeitsvertrag modifizieren. Nach ständiger Rechtsprechung des BAG gilt sogar Folgendes: Wenn mit einer Betriebsvereinbarung nicht gegen grundlegende datenschutzrechtliche Prinzipien verstoßen wird, kann diese nach Art. 88 Abs. 1 DSGVO i.V.m. § 26 Abs. 4 Satz 1 BDSG das Verarbeiten von personenbezogenen Daten rechtfertigen.

---

157 Dies können u. a. sein: personalpolitische Ziele, wie Gleichbehandlungsgrundsätze oder internationale Ausrichtung des Unternehmens, Förderung von Elternzeit für werdende Väter etc. sowie Kündigungsmaßnahmen im Rahmen von betriebswirtschaftlichen Entscheidungsprozessen.

210 Bei einer Betriebsvereinbarung sollten stets folgende Fragestellungen im Zusammenhang mit der DSGVO und dem BDSG geprüft werden:
- Welche Inhalte regelt die BV?
- Für wen gilt die BV? Welchen Geltungsbereich hat die BV?
- Steht die BV im Widerspruch zum Datenschutz (BDSG bzw. DSGVO) und zu datenschutzrechtlichen Grundprinzipien?
- Greifen die enthaltenen Regelungen in unverhältnismäßiger Weise in das Persönlichkeitsrecht des Betroffenen (hier: Arbeitnehmer) ein?
- Sind die Vorgaben des Art. 88 Abs. 2 DSGVO gewahrt (Menschenwürde, berechtigte Interessen, Grundrechte)?
- Soll die BV eine eigene Rechtsgrundlage bilden?
- In welchem Verhältnis steht die BV zu anderen Rechtsgrundlagen?
- Welche Verarbeitungszwecke sollen erfasst sein?
- Soll eine Datenübermittlung innerhalb der Unternehmensgruppe ermöglicht werden?
- Soll die Möglichkeit der Überwachung erlaubt werden?
- Welche Wirkung hat die BV für Regelungen aus der Vergangenheit?

211 Im Ergebnis hilft eine gut ausgestaltete Betriebsvereinbarung auch dem Personaler, alle Schritte im Arbeitsverhältnis rechtlich einwandfrei einzuordnen und entsprechend vertraglich zu gestalten. Compliance kann hieran anknüpfen und entsprechend den Personalbereich auf die Einhaltung der gesetzlichen Vorgaben (und auch Umsetzung) überprüfen. Darüber hinaus ist Compliance für seine eigene Tätigkeit verpflichtet, die Vorschriften der DSGVO und des BDSG einzuhalten und nur insbesondere nach dem Grundsatz der Datensparsamkeit zu agieren. Für die Praxis heißt das: Daten nur zweckgebunden zu erheben und möglichst wenig Daten zu erheben.

212 Dies stellt für die Praxis oftmals ein Problem dar. Die Compliance-Abteilung ist meist im Zusammenhang mit internen Prüfungen dazu angehalten, entsprechendes Beweismaterial zu sichern und zu dokumentieren. In vielen Fällen kann dies umgangen werden, indem die jeweilige Abteilung zu einem bestimmten Testlauf verpflichtet wird und die Auswertungen dann verschlüsselt als Beleg an die Compliance-Abteilung weitergibt.

213 In vielen Audit-Bereichen geht es nicht darum, dass eine bestimmte Person etwas getan hat, sondern darum, ob bestimmte Prozesse und Prozessabläufe eingehalten werden. Damit ist das Verarbeiten von personenbezogenen Daten hinfällig. Die jeweiligen Prüfungen sollten – egal ob intern oder extern ausgeführt – möglichst prozess- und inhaltsorientiert ausgerichtet sein. Nur so ist es auch Compliance möglich, datenschutzfreundlich zu prüfen und die strengen Vorgaben einzuhalten. Für den Fall, dass ein Gesetz eine Berichtspflicht normiert, ist dies, wie oben erwähnt, kein Problem.

b) Hinweise zur Regelung der Nutzung von Internet und E-Mail

Die Datenschutzaufsichtsbehörden haben eine Orientierungshilfe zur daten-   **214**
schutzgerechten Nutzung von E-Mail und anderen Internetdiensten am Arbeitsplatz veröffentlicht.[158] Diese Orientierungshilfe zeigt den datenschutzrechtlichen Rahmen und Regelungsmöglichkeiten der Nutzung des betrieblichen
Internet- und E-Mail-Dienstes durch die Beschäftigten auf. Zusätzlich enthält
diese Orientierungshilfe ein Muster für eine Betriebsvereinbarung (Richtlinie)
für die private Nutzung von Internet und/oder des betrieblichen E-Mail-Postfachs.

Sofern der Arbeitgeber Hardware bzw. Software zur Verfügung stellt, dürfen   **215**
Dienste grundsätzlich nur für die betriebliche Tätigkeit genutzt werden. Eine
private Nutzung ist damit nicht erlaubt, es sei denn, der Arbeitgeber hat eine Privatnutzung ausdrücklich – entweder im Arbeitsvertrag oder in einer Betriebsvereinbarung – geregelt. Darüber hinaus besteht auch die Möglichkeit, in Kenntnis
und Duldung der privaten Nutzung über einen längeren Zeitraum dies konkludent zu genehmigen (sog. „betriebliche Übung"). Den gesetzlichen Rahmen geben die DSGVO, das BDSG, das Arbeitsrecht und das TKG/TMG[159] vor.[160]

Im Idealfall gibt es eine Betriebsvereinbarung sowie interne Richtlinien, welche   **216**
die genauen Grenzen abstecken und allen Beteiligten klar machen, was möglich
ist. In den meisten Fällen wird es in den Unternehmen eine entsprechende Betriebsvereinbarung geben, welche die Nutzung ausdrücklich regelt. Wie auch
immer dies geregelt sein mag, es ist von großer Bedeutung, die Nutzungsbedingungen klar an die Belegschaft zu kommunizieren und transparent zu machen.[161]
Neben all den Nutzungsmöglichkeiten will sich das Unternehmen weiterhin
technisch sauber aufstellen. Aus diesem Grund ist zu empfehlen, Mitarbeiter zusätzlich darauf hinzuweisen, dass bei privater Nutzung des dienstlichen E-Mail-
Postfachs, private Mails im Hinblick auf Viren- oder Spamfilter, wie dienstliche
gehandhabt werden.

---

158 Vgl. die „Orientierungshilfe der Datenschutzaufsichtsbehörden zur datenschutzgerechten
Nutzung von E-Mail und anderen Internetdiensten am Arbeitsplatz" unter https://www.
bfdi.bund.de/DE/Infothek/Orientierungshilfen/Artikel/OH_ZurDatenschutzgerechtenNut
zungVonEMailUndAnderenInternetdienstenAmArbeitsplatz.html (Stand: Januar 2016), die
auch nach dem Inkrafttreten der DSGVO Bestand hat.

159 Der Regelungskomplex des TKG/TMG sollte zeitnah zum Inkrafttreten der DSGVO durch
die sog. ePrivacy-Verordnung (ePVO) neu geregelt werden. Bisher kam es noch zu keiner
abschließenden Regelung, so dass derzeit nach wie vor an den bisherigen Regelungen festzuhalten ist.

160 Vgl. die „Orientierungshilfe der Datenschutzaufsichtsbehörden zur datenschutzgerechten
Nutzung von E-Mail und anderen Internetdiensten am Arbeitsplatz" unter https://www.
bfdi.bund.de/DE/Infothek/Orientierungshilfen/Artikel/OH_ZurDatenschutzgerechtenNut
zungVonEMailUndAnderenInternetdienstenAmArbeitsplatz.html (Stand: Januar 2016),
S. 3.

161 Vgl. dazu auch Rn. 35.

217   Wie bereits erwähnt, sollte das Thema Internet- und E-Mail-Nutzung standardmäßig in einer Betriebsvereinbarung geregelt werden. Um jedoch E-Mails im Bedarfsfall auch filtern zu können, wie es u. a. im Zusammenhang mit Compliance-Verfahren notwendig sein kann, sollten einige Aspekte berücksichtigt werden.

218   **Checkliste zu den besonderen Regelungsaspekten im Rahmen von Compliance-Verfahren:**

– Nutzungsform und Nutzungsbedingungen
– Bei erlaubter privater Nutzung werden die privaten E-Mails dienstlichen E-Mails gleichgestellt, so dass Virenanalysen, Spamfilter und sonstige automatisierte Kontrollen weiterhin ermöglicht werden können (Zustimmung des Betroffenen)
– Vorgehensweisen und Abläufe bei notwendigem Zugriff auf das Postfach bei Abwesenheit des Beschäftigten oder der Geschäftsleitung (bspw. länger andauernder Krankheitsfall – Person ist nicht mehr ansprechbar)
– Ablaufplan für interne Untersuchungen im Rahmen von Compliance-Ermittlungen

219   Im Ergebnis ist nur ein Verbot im Hinblick auf die Privatnutzung wirklich sicher. Neben dieser sehr restriktiven Vorgehensweise besteht die Möglichkeit, den Mitarbeitern die Nutzung von Web-Mail-Diensten freizugeben oder darüberhinausgehend einzelne Rechner als „Surf-Stationen" oder W-LAN für private Devices freizugeben. Dies ist letztlich eine Abwägungsfrage.

220   Für Compliance ist standardmäßig die Perspektive der Aufsichtsbehörden als Maßstab heranzuziehen, um eine entsprechende Empfehlung an die Geschäftsleitung geben zu können. Auch hierzu gibt die Orientierungshilfe der Datenschutzkonferenz ein paar wichtige Empfehlungen.

221   **Empfehlungen der Aufsichtsbehörden**[162] **zur Internet- und E-Mail-Nutzung:**

– Es sollten schriftliche Regelungen zur Internet- und E-Mail-Nutzung getroffen werden. Hier sollten folgende Punkte geregelt sein: Fragen des Zugriffs, Protokollierung, Auswertung, Durchführung von Kontrollen. Auf mögliche Überwachungsmaßnahmen und damit in Verbindung stehende Sanktionen sind die Beschäftigten hinzuweisen.

---

162 Vgl. die „Orientierungshilfe der Datenschutzaufsichtsbehörden zur datenschutzgerechten Nutzung von E-Mail und anderen Internetdiensten am Arbeitsplatz" unter https://www. bfdi.bund.de/DE/Infothek/Orientierungshilfen/Artikel/OH_ZurDatenschutzgerechtenNut zungVonEMailUndAnderenInternetdienstenAmArbeitsplatz.html (Stand: Januar 2016), S. 1, 10.

- Für den Fall, dass der Arbeitgeber seinen Beschäftigten die Möglichkeit der privaten Nutzung des betrieblichen E-Mail-Accounts ermöglicht, sollte klar sein, dass damit das Fernmeldegeheimnis gilt. Dies kann in der Praxis zu einigen Problemen führen. Insbesondere dann, wenn der Arbeitgeber für den Geschäftsablauf auf das betriebliche Postfach des Beschäftigten Zugriff nehmen möchte. Wie bereits erwähnt, sollte den Beschäftigten besser die Nutzung von Web-Mail-Diensten angeboten werden. Damit ist auch das Problem der Nutzung des betrieblichen Accounts für private Zwecke besser gelöst. Das betriebliche Postfach wird hiermit nicht mit privaten Nachrichten vermengt.
- Bei privater Nutzung des betrieblichen E-Mail-Accounts: E-Mails mit erkennbar privatem Inhalt dürfen nur in dem Umfang zur Kenntnis genommen werden, wie dies von der Einwilligung gedeckt ist, um eine Abgrenzung von den betrieblichen Mails zu erreichen. Dasselbe gilt für die Kommunikation mit sog. „Geheimnisträgern" (Betriebsrat, Jugend- und Ausbildungsvertretung, Schwerbehindertenvertretung, Gleichstellungsbeauftragte u. a.). Dies bedeutet, wenn sich im Rahmen der Sichtung aus dem Absender ergibt, dass es sich um eine geschützte und dem Privatbereich zuzurechnende E-Mail handelt, ist die Arbeitgeberseite nicht berechtigt, den Inhalt der E-Mail zur Kenntnis zu nehmen, zu verarbeiten oder zu nutzen.
- Bei Ausscheiden von Mitarbeitern aus dem Unternehmen sollte darauf geachtet werden, dass die persönliche betriebliche E-Mail-Adresse so schnell wie möglich deaktiviert wird. Dies kann im Rahmen von internen Prozessen definiert und festgelegt werden. Hierbei ist selbstverständlich erforderlich, dass die Personalabteilung in Abstimmung mit der IT-Abteilung diesen Prozess aufsetzt und entsprechend kommuniziert. Compliance behält sich hierbei vor, diesen Prozessablauf zu überprüfen, um die Einhaltung der Vorschriften der DSGVO und des BDSG intern zu gewährleisten.
- Für den Virenschutz gilt Folgendes: Das Herausfiltern und Prüfen von virenbehafteten E-Mails mit Kenntnisnahme des Inhalts ist hinsichtlich privater E-Mails nur in dem in § 100 TKG festgelegten Umfang gestattet. Dies sollte insbesondere von Systemadministratoren beachtet werden. Auch hier kann Compliance im Rahmen von Audits bei der IT nachprüfen, inwiefern diese relevanten Vorgaben auch eingehalten werden.[163]

Ein noch viel komplexeres Feld eröffnet sich, wenn vertrauliche Dateien auf private Geräte gelangen, die außerhalb der Kontrolle der Firmen-IT liegen. Denn hierbei können vertrauliche Dokumente und Daten nicht mehr ferngesteuert gelöscht werden. Darüber hinaus kann es passieren, dass mittels eines ungesicherten Privatgeräts der User sich in ein ungeschütztes Netzwerk einloggt. **222**

---

163 Vgl. die „Orientierungshilfe der Datenschutzaufsichtsbehörden zur datenschutzgerechten Nutzung von E-Mail und anderen Internetdiensten am Arbeitsplatz" unter https://www.bfdi. bund.de/DE/Infothek/Orientierungshilfen/Artikel/OH_ZurDatenschutzgerechtenNutzung VonEMailUndAnderenInternetdienstenAmArbeitsplatz.html (Stand: Januar 2016), S. 1, 12.

223 Es ist Unternehmen daher aus Compliance-Sicht unbedingt anzuraten, eine interne Regelung im Umgang mit dem „Privatbereich" zu treffen. Somit kann zumindest auf ein datenschutzkonformes Verhalten hingewirkt werden.

c) Beispielsfall zur Kontrolle bei Verdacht gegen Mitarbeiter

224 Unrechtmäßiges Verhalten von Mitarbeitern ruft regelmäßig auch die Compliance-Abteilung auf den Plan, da schwere Compliance-Verstöße nicht zuletzt auch mit fristgemäßen und außerordentlichen Kündigungen geahndet werden sollen. In enger Abstimmung mit der Personalabteilung ist dann die Ermittlung des Sachverhalts voranzutreiben (sog. internal investigation). Besteht bei Kunden regelmäßig noch die Möglichkeit, durch Kontrollen Diebstähle u. Ä. zu vermeiden, so sind solche offenen Maßnahmen aufgrund der besonderen Kenntnis der Mitarbeiter in der Praxis meistens untauglich. Anhand eines in jüngster Vergangenheit entschiedenen Urteils des BAG zur Schrankkontrolle[164] wird im Folgenden das arbeits- und datenschutzrechtliche korrekte Vorgehen bei Vorliegen eines Tatverdachtes gegen einen Mitarbeiter erläutert. Vor allem die zeitlichen Komponenten aus den Arbeitsrechtsvorschriften geben hier den Takt vor. Gleichzeitig wird schnell ersichtlich, dass auch das (Beschäftigten-)Datenschutzrecht den Compliance-Maßnahmen deutliche Grenzen setzt. Es ist daher Aufgabe des Compliance Officers, in enger Abstimmung mit dem Personalleiter und dem DSB auf der einen Seite, die Fristen und auf der anderen Seite, die Grenzen der zulässigen Ermittlung des Sachverhalts zu managen.

225 **Fallbeispiel:** Der Leiter eines Großhandelsmarkts verdächtigt einen Mitarbeiter der Getränkeabteilung, diverse Damenunterwäsche aus dem Sortiment des Markts gestohlen zu haben. Aus diesem Grund informiert der Marktleiter den Betriebsrat umgehend von seinem Diebstahlsverdacht und holt dessen Zustimmung zur Durchsuchung des privaten und verschlossenen Schranks des Mitarbeiters ein. Im Beisein eines Betriebsratsmitglieds wird der Schrank geöffnet und durchsucht, ohne den Mitarbeiter von dieser Maßnahme zu informieren. Tatsächlich befinden sich darin vier gestohlene Wäscheartikel.

226 Was zunächst als eindeutiger Fall zu beginnen scheint, kann sich schnell als arbeits- und datenschutzrechtlich unhaltbar und damit für die Compliance-Abteilung als Worst-Case-Szenario entwickeln. Aus arbeitsrechtlicher Sicht berechtigt ein nachweisbarer Diebstahl zu einer außerordentlichen Kündigung, da nach ständiger Rechtsprechung des BAG Straftaten zulasten des Arbeitgebers – insbesondere Diebstahl und Betrug – einen wichtigen Kündigungsgrund darstellen.[165] Nichts weniger als die erfolgreiche Durchführung der fristlosen Kündi-

---

164 BAG, Urt. v. 20.6.2013, 2 AZR 546/12, BB 2014, 890 mit BB-Komm. *Ihle.*
165 Zu (strafbarem) Fehlverhalten als Regelungsgegenstand eines Code of Conduct siehe *Benkert*, Kap. 4, Rn. 11 ff.

gung als angemessene Compliance-Maßnahme wird daher regelmäßig von der Geschäftsleitung erwartet werden.

Um hier bereits nicht formell schon zu scheitern, ist die kurze Zwei-Wochen-Frist des § 626 Abs. 2 BGB zu beachten.[166] Sie beginnt mit der Kenntnis des Arbeitgebers vom Sachverhalt, der zur Kündigung berechtigen würde. Innerhalb dieser Zeit sind regelmäßig der Mitarbeiter und der Betriebsrat zu hören. Viel Zeit bleibt der Arbeitgeberseite daher nicht. Gleichzeitig kann der Arbeitgeber, der Anhaltspunkte für ein strafbares Verhalten des Mitarbeiters hat, grundsätzlich den Fortgang eines laufenden Straf- oder Ermittlungsverfahrens abwarten. Es steht ihm jedoch frei, eigene Ermittlungen anzustellen und die Strafverfolgungsbehörden nicht oder nicht unmittelbar einzuschalten. Auch private Ermittlungen hemmen – zügig vorangetrieben – den Lauf der Zwei-Wochen-Frist.[167]   **227**

Daneben beschränkt der Beschäftigtendatenschutz die Möglichkeiten des Arbeitgebers zudem nicht unerheblich. Das BAG hat in seiner Entscheidung vom 20.6.2013 klargestellt, dass das BDSG auf tatsächliche Ermittlungsmaßnahmen wie das Öffnen und Durchsuchen eines Schrankes anwendbar ist. Der Arbeitgeber muss daher dem Erlaubnisvorbehalt entsprechend zumindest die Erfüllung der Tatbestandsvoraussetzungen einer Erlaubnisnorm wie z. B. des § 26 BDSG nachweisen können. Im Ergebnis laufen die Erlaubnisnormen für den Umgang mit Beschäftigtendaten jedoch alle auf die Prüfung der Rechtmäßigkeit des Eingriffs nach Art. 2 Abs. 1 GG hinaus. Die Überwachung und Durchsuchung des Mitarbeiters stellt einen Eingriff in dessen Persönlichkeitsrecht dar. Der Arbeitgeber hat demnach gerade keinen eigenen Entscheidungsspielraum, welche Überwachungs- und Kontrollmaßnahme er anwendet.[168] Diese Prüfung hat sich am Verhältnismäßigkeitsprinzip zu orientieren. Die Maßnahme muss der Mitarbeiter daher nur dulden, wenn sie geeignet, erforderlich und angemessen ist.   **228**

Insbesondere die Erforderlichkeit wird in der Praxis nicht selten eher behauptet, denn genau geprüft, obwohl deren Fehlen für den Richter am augenfälligsten ist. Ist eine Maßnahme ebenso erfolgversprechend, aber greift sie weniger tief in das Persönlichkeitsrecht des Mitarbeiters ein, so ist sie vorrangig anzuwenden. Diese **Kontrollüberlegung** sollten Compliance Officer ihren internen Ermittlern standardmäßig vorgeben. Im Fallbeispiel führt sie dem BAG entsprechend dazu, dass die Schrankkontrolle ohne Hinzuziehung des Mitarbeiters datenschutzrechtlich unzulässig ist, da nicht ersichtlich ist, weshalb diese Kontrolle weniger erfolgversprechend wäre, wenn der Mitarbeiter beim Öffnen anwesend ist. Die nicht heimliche Kontrolle des Mitarbeiters ist daher als milderes Mittel häufig vorzuziehen. Der Fall wird andernfalls auch vor Gericht nicht dadurch zu retten sein, dass Zeugen aufgefahren werden können. Laut BAG resultiert aus der rechtswidrigen Beweiserhebung auch ein Beweisverwertungsverbot, da die Ver-   **229**

---

166 Vgl. BAG, Urt. v. 16.7.2015, 2 AZR 85/15, BB 2016, 505 mit BB-Komm. von *Helwig*.
167 BAG, Urt. v. 16.7.2015 – 2 AZR 85/15, BB 2016, 505 mit BB-Komm. von *Helwig*.
168 *Ihle*, BB 2014, 890, 896.

wertung einen erneuten Eingriff in das Persönlichkeitsrecht des Mitarbeiters bedeutet.[169]

230 Im Ergebnis müssen Maßnahmen zur Verhinderung oder Aufdeckung von Regelverstößen selbst regelkonform sein. Compliance-Prozesse sind daher auf die
Einhaltung datenschutzrechtlicher Vorgaben zu überprüfen und anzupassen.[170]
Die Risikominimierung durch Hinzuziehung des Betriebsrats bzw. des DSB bei
der Kontrollmaßnahme selbst funktioniert nur teilweise. Die generelle Hinzuziehung bedeutet zunächst sogar eine nicht gewollte Intensivierung des Eingriffs in
das Persönlichkeitsrecht, da eine weitere Person die Daten des Mitarbeiters zur
Kenntnis nimmt. Sehen betriebsinterne Datenschutzregelungen hingegen eine
stufenweise Information und Beiziehung vor, die ersichtlich auf einen möglichst
geringen Eingriff abzielen, fallen diese Bedenken deutlich geringer aus.

d) Beispielsfall zum Auskunftsrecht eines Mitarbeiters bei Untersuchungen von Compliance-Verstößen

231 Die Ermittlung von Compliance-Verstößen ist regelmäßig von der Erlangung
entsprechender einschlägiger Kenntnisse abhängig. Wirksame Compliance Management-Systeme setzen hierfür regelmäßig auf Hinweisgeber-Systeme (sog.
Whistleblowing-Systeme).[171] Die Wirksamkeit eines solchen Systems lebt von
der Bereitschaft der Mitarbeiter dieses zu nutzen. Aus diesem Grund wird regelmäßig – auch zum Schutz des hinweisgebenden Mitarbeiters und zur Vermeidung datenschutzrechtlicher Friktionen – die Anonymität zugesichert. Gleichzeitig sieht der Grundsatz der Transparenz ein entgegenlaufendes **Recht auf
Auskunft** des betroffenen, will heißen „verpfiffenen" Mitarbeiters nach Art. 15
Abs. 3 Satz 1 DSGVO vor. Mit diesen widerstreitenden Interessen hatte sich das
Landesarbeitsgericht Baden-Württemberg[172] auseinanderzusetzen.

232 **Fallbeispiel:** In dem zu entscheidenden Kündigungsschutzverfahren hatte
ein gekündigter Mitarbeiter einen Auskunftsanspruch nach Art. 15 DSGVO
geltend gemacht sowie beantragt, dass die beklagte Arbeitgeberin ihm eine
Kopie seiner personenbezogenen Leistungs- und Verhaltensdaten zur Verfügung stellt. Zudem forderte er das Unternehmen auf, ihm Einsicht in das
Whistleblowingsystems – konkret in die sog. Einsicht in eine Business Practices Office-Akte (BPO-Akte) – zu ermöglichen, dass die Beklagte zum
Zwecke der Untersuchung von etwaigen Compliance-Verstößen und möglichen sonstigen Regelverletzungen betreibt.

---

169 Für diesen erneuten Eingriff fehlt es regelmäßig an einem überwiegenden Interesse des Arbeitgebers.
170 *Wybitul/Astor*, CB 2014, 260, 264.
171 Eine Pflicht zur Errichtung interner Meldekanäle ergibt sich künftig auch nach der Umsetzung der Richtlinie (EU) 2019/1937 des Europäischen Parlaments und des Rates vom
23. Oktober 2019 in nationales Recht.
172 LAG Baden-Württemberg, Urteil vom 20.12.2018 – Az. 17 Sa 11/18.

Das LAG verurteilt die beklagte Arbeitgeberin unter anderem dazu, die Ein- **233**
sichtnahme in die BPO-Akte zu gewähren und dem Kläger Auskunft über die
von der Arbeitgeberin verarbeiteten und nicht in der Personalakte gespeicherten,
personenbezogenen Leistungs- und Verhaltensdaten zu erteilen. Hinsichtlich
des Antrags auf Auskunftserteilung urteilte das Gericht, dem Kläger die geforderten Auskünfte umfassend zu erteilen. Das Mindestmaß müsse folgende Informationen umfassen:

- Zwecke der Datenverarbeitung,
- Empfänger gegenüber denen personenbezogene Daten des Klägers/Anspruch-
  stellers offengelegt werden,
- Speicherdauer oder Kriterien zur Festlegung der Dauer,
- Herkunft der personenbezogenen Daten, soweit diese nicht bei dem Kläger
  selbst erhoben wurden,
- automatisierte Entscheidungsfindung (inkl. Profiling) sowie aussagekräftige
  Informationen über die involvierte Logik sowie die Tragweite und die angestrebten Auswirkungen einer Verarbeitung.

Das LAG Baden-Württemberg forderte die Beklagte allerdings auch auf, dem **234**
Kläger Auskunft über jeden einzelnen Empfänger zu geben und ging damit sogar
über die von den Aufsichtsbehörden geforderten Informationen hinaus.

Das Gericht qualifiziert zudem die BPO-Akten als Personalakte.[173] Das gesetz- **235**
lich nicht eingeschränkte Akteneinsichtsrecht kann demnach gerade nicht mit
der Begründung verweigert werden, Mitarbeiter, die eine interne Untersuchung
durch ihren Hinweis ausgelöst haben, müssten geschützt werden. Trotz zugesi-
cherter Anonymität dürfe der Arbeitgeber nicht gegen das Verbot des Führens
von Geheimakten im Rahmen der Personalakte verstoßen.

In der Konsequenz hätte der Arbeitgeber zur Erfüllung seiner Pflichten die Infor- **236**
mationen, die Rückschlüsse auf die Person des Hinweisgebers erlauben, gar
nicht erst zur Akte nehmen. Alternativ hätte er auch Teile der Akte schwärzen
oder durch sonstige Vorkehrungen unkenntlich machen können. Die Anonymität
von Hinweisgebenden[174] kann insbesondere sichergestellt werden, indem interne
Untersuchungen über externe Berater als Ombudspersonen durchgeführt werden. Eine Beschränkung des Anspruchs auf Auskunft und Erhalt einer Kopie ist
in diesen Fällen wegen entgegenstehender berechtigter Interessen Dritter gesetzlich möglich.[175] Dies erfordert aber eine konkrete Abwägung im Einzelfall, aus
der sich ein überwiegendes Interesse des Dritten an der Geheimhaltung ergibt.
Ein automatisches Überwiegen des Geheimhaltungsinteresses lehnt das Gericht

---

173 Irrelevant soll sein, ob der Arbeitgeber die Unterlagensammlung als Personalakte i. S. d.
§ 83 BetrVG bezeichnet oder nicht.
174 Die Zusicherung von Anonymität zum Zwecke der Aufklärung innerbetrieblichen Fehlver-
haltes hat das Gericht grundsätzlich als berechtigtes Interesse anerkannt und sogar die höhere Effektivität von anonymen Melde-verfahren gerade innerhalb hierarchischer Strukturen
betont.
175 Vgl. Art. 15 Abs. 4 DSGVO, § 34 Abs. 1 i.V.m. § 29 Abs. 1 Satz 2 BDSG.

ab. Das Urteil zieht damit nicht zwangsläufig einen geringeren Schutz von Hinweisgebern nach sich. Vielmehr zeigt es, dass der Beschäftigtendatenschutz einen festen Platz in der täglichen Compliance-Praxis eingenommen hat.

VII. Fazit

237 Im modernen Compliance Management nimmt der Schutz personenbezogener Daten bereits jetzt eine zentrale Rolle ein. Das gilt sowohl in konzeptioneller als auch in rechtstatsächlicher Hinsicht, was die betrieblichen Abläufe angeht. Compliance lässt sich ohne datenschutzrechtliche Kenntnis nicht mehr seriös betreiben. Ohne den rechtmäßigen Umgang mit personenbezogenen Daten ist ein Compliance-System nicht mit Leben zu erfüllen. Dies betrifft sowohl Kunden- als auch Beschäftigtendaten. Beschäftigtendatenschutz betrifft dabei den Kernbereich der täglichen Compliance-Arbeit. Er beschreibt nicht nur eigene Risikofelder, sondern setzt bedeutsame Maßstäbe für das regelkonforme Betreiben von Compliance im Unternehmen.

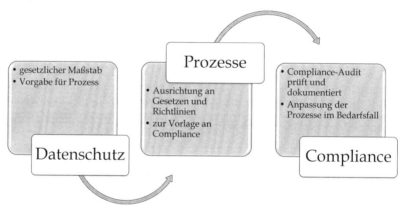

Abbildung 7: Ausrichtung der Compliance-Prozesse am Datenschutz

238 Ein Compliance-System funktioniert zudem nur dann, wenn es gelebt wird. Ein Compliance-System lebt damit von den Mitarbeitern, die sich mit diesem System identifizieren. Ein wesentlicher Baustein ist dabei die Vorgabe nachvollziehbarer Regelungen durch eine Richtlinie (Betriebsvereinbarung). Diese ist wiederum vom Betriebsrat maßgeblich mitbeeinflusst, der die Interessen der Beschäftigten wahrnimmt. Letztlich sind es die Daten der Mitarbeiter, die im Rahmen des Compliance-Systems erhoben, verarbeitet und genutzt werden. Um dieses Zusammenspiel so regelkonform wie möglich zu gestalten, sind Personaler und DSB in die Compliance-Organisation weitgehend und rechtzeitig einzubinden.

239 Mit Blick auf die seit 2018 anzuwendende Datenschutzgrundverordnung sind die mit dem Datenschutz verbundenen Herausforderungen noch weiter gestiegen. Umso wichtiger sind Schulungs- und andere Maßnahmen, damit Datenschutzanforderungen langfristig nicht zu Fallstricken des Compliance Managements werden. Die internen Compliance-Prozesse sind demgemäß an den Grundsätzen des Datenschutzes auszurichten.

12. Kapitel
IT-Compliance – Software-Lizenzmanagement, IT-Sicherheit und Blockchain

I. Rechtliche Herausforderungen der fortschreitenden Digitalisierung und Vernetzung

Der Bericht zur Lage der IT-Sicherheit in Deutschland 2019[1] des Bundesamts für **1** Sicherheit in der Informationstechnik (BSI) zeigt, dass Unternehmen aus allen Industriebereichen von den rechtlichen Herausforderungen der fortschreitenden Digitalisierung und Vernetzung betroffen sind. Durch den allgegenwärtigen Einsatz moderner Informationstechnologie und die fortschreitende Technisierung („Machine-to-Machine"-Kommunikation,[2] Cloud Computing,[3] Big Data,[4] Industrie 4.0[5] und Blockchains/Smart Contracts[6]) werden die Bedeutung und das Auftreten von IT-Risiken in Unternehmen auch künftig zunehmen.[7] Eine objektive Analyse der mit dem Einsatz von Informationstechnologie und der Intensivierung der gegenseitigen Abhängigkeiten zusammenhängenden Risiken ist daher zwingender Bestandteil einer ordnungsgemäßen Unternehmensorganisation.[8]

---

1 Abrufbar unter: https://www.bsi.bund.de/SharedDocs/Downloads/DE/BSI/Publikationen/ Lage berichte/Lagebericht2019.pdf?__blob=publicationFile&v=7 (zuletzt abgerufen am 25.3.2020).

2 „Machine-to-Machine"(M2M)-Kommunikation bezeichnet den Austausch von Daten zwischen technischen Einrichtungen ohne menschliche Intervention, *Spies*, MMR-Aktuell 2011, 317500.

3 Als Cloud Computing wird das Angebot komplexer Leistungen aus Soft- und Hardware in Form eines abstrakten, modularen Dienstes über das Internet bezeichnet; flexibel und bedarfsabhängig bereitgestellter Speicher, Rechenzeit oder komplexere Dienste („elastic scaling") können über festgelegte Schnittstellen abgefordert werden, wobei es keine Rolle spielt, auf welcher Hardware diese letztendlich ausgeführt werden, *Nägele/Jacobs*, ZUM 2010, 281.

4 Big Data befasst sich mit der Anforderung eines Unternehmens, eine gigantische Menge unterschiedlichster Daten aus unterschiedlichsten Quellen möglichst in Echtzeit präzise so auszuwerten, dass sich hierauf unternehmerische Entscheidungen stützen lassen, *Hackenberg*, in: Hoeren/Sieber/Holznagel, Handbuch Multimedia-Recht, Stand: 42. EL 2015, 16.7 Rn. 1.

5 Unter dem Begriff Industrie 4.0 wird die durch das Internet getriebene vierte industrielle Revolution verstanden. Sie umschreibt den technologischen Wandel heutiger Produktionstechnik zur intelligenten Fabrik, in der Maschinen und Produkte untereinander vernetzt sind, Bitkom, Pressemitteilung vom 16.11.2015.

6 Siehe hierzu Rn. 48 ff. und *Klein*, DSRITB 2015, 429 f.

7 *Schmidl*, in: Hauschka/Moosmayer/Lösler, Corporate Compliance, § 28 Rn. 3.

8 *Schmidl*, in: Hauschka/Moosmayer/Lösler, Corporate Compliance, § 28 Rn. 3, der ergänzend darauf hinweist, das aus Sicht der für die ordentliche Geschäftsführung verantwortlichen Leitungsebene eines Unternehmens richtige Ergebnis dieser Analyse im Einzelfall auch sein könne, dass technologische Neuerungen nicht eingeführt werden.

2 Obwohl es schon aufgrund der Unterschiedlichkeit der verfolgten Ziele, kein einheitliches Gesetz gibt, das sämtliche Aspekte der IT-Compliance regelt, wird unter diesem Begriff die Einhaltung der speziell die Informationstechnik eines Unternehmens betreffenden Regelwerke, Richtlinien und Gesetze verstanden. Hierunter fallen beispielsweise das Vorhandensein und die Einhaltung eines Regelwerks, das die nach einem Zusammenbruch der IT-Systeme oder einem Cyberangriff auf derartige Systeme zu ergreifenden Schritte zur Wiederherstellung eines geordneten Betriebs beschreibt oder eines Lizenzmanagements, d. h. eines Verfahrens, mit dessen Hilfe sichergestellt wird, dass ausreichend Lizenzen für die Anzahl aktiver Nutzer vorhanden sind und dass sonstige Nutzungsbeschränkungen aus den Lizenzverträgen beachtet werden.

3 Grenzen findet der Bereich der IT-Compliance im Verfassungsrecht[9] (Grundrecht auf informationelle Selbstbestimmung[10]/Grundrecht auf Gewährleistung der Vertraulichkeit und Integrität informationstechnischer Systeme[11]), dem Datenschutzrecht,[12] Arbeitnehmerrechten und dem Strafrecht (insb. §§ 201 ff. StGB und § 88 TKG[13]).

II. Software-Lizenzmanagement

4 Die Auswahl und die Beschaffung von Unternehmenssoftware erfolgt oftmals bedarfsorientiert und daher häufig unstrukturiert im Sinne einer Gesamtstrategie für den Bereich IT. Dementsprechend ist es schwierig, kontinuierlich einen Überblick einerseits über die aktuell im eigenen Unternehmen eingesetzte Software und andererseits über die erworbenen Lizenzen zu behalten. Unternehmen sollten jedoch sicherstellen, dass Art und Anzahl der Lizenzen für Software mit deren Einsatzzweck übereinstimmen. Rechtlich stellt die Nutzung von Software oftmals eine grundsätzlich dem Rechteinhaber vorbehaltene Vervielfältigung der Software oder wesentlicher Teile davon dar. Notwendig ist daher die Einholung ausreichender Nutzungsrechte durch entsprechende Lizenzverträge. Unternehmen sollten daher sowohl prüfen, welche Lizenzen für den beabsichtigen Einsatzzweck notwendig sind, aber auch wie sich ein veränderter Einsatzzweck, neue Hardware oder eine geänderte IT-Infrastruktur auf die erworbenen Nutzungsrechte auswirken. Hierfür sollte ein Lizenzmanagement aufgebaut werden.[14]

---

9 Siehe zur „mittelbaren Drittwirkung" von Grundrechten, BVerfGE 7, 198, 204 – Lüth-Urteil.
10 BVerfG, NJW 1984, 419 – Volkszählungsurteil.
11 BVerfG, NJW 2008, 822.
12 *Schmidl*, in: Hauschka/Moosmayer/Lösler, Corporate Compliance, § 28 Rn. 39.
13 Siehe hierzu *Wybitul*, NJW 2014, 3605.
14 *Rath/Kuß*, in: Umnuß, Corporate Compliance Checklisten, Kap. 8, Rn. 16, die ergänzend darauf hinweisen, dass regelmäßig mit einen Softwareupdate oder weiteren Lizenzen neue Lizenzbedingungen verbunden werden, insbesondere auch durch den Einsatz von Endnutzer-Lizenzbedingungen (EULA).

Der Einsatz eines effektiven Lizenzmanagements ermöglicht daher nicht nur   **5**
eine Verringerung der Kosten,[15] sondern auch die Vermeidung rechtlicher Probleme.[16] Durch einen Überblick über den aktuellen Lizenzbestand kann neue
Software bedarfsgerecht eingekauft und damit eine Überlizenzierung (wodurch
unnötige Kosten entstehen) oder Unterlizenzierung (wodurch das Risiko rechtlicher Sanktionen entsteht) vermieden werden.[17]

1. Rechtliche Grundlagen der Nutzung von Computerprogrammen

§§ 69c, 69d UrhG bilden die Grundlage für die Ausgestaltung von Softwareüber-   **6**
lassungs- und Softwarenutzungsverträgen. Nach § 69c UrhG ist derjenige, der
ein Computerprogramm geschaffen oder die Rechte daran erworben hat, ausschließlich dazu berechtigt, das unter anderem Programm dauerhaft oder auch
nur vorübergehend zu vervielfältigen (Nr. 1), es zu übersetzen und zu bearbeiten
(Nr. 2), jede Form der Verbreitung einschließlich der Vermietung (Nr. 3) oder anderen Nutzern öffentlich zugänglich zu machen (Nr. 4) oder dies Dritten zu gestatten.

Ausgenommen von diesen zustimmungsbedürftigen Handlungen sind nach   **7**
§ 69d Abs. 1 UrhG die in § 69c Nr. 1 und 2 UrhG genannten Handlungen, wenn
diese für eine bestimmungsgemäße Benutzung des Computerprogramms notwendig sind, vorausgesetzt, dass keine abweichenden vertraglichen Bestimmungen vorliegen. Darüber hinaus sind nach § 69d Abs. 2 und 3 UrhG die Erstellung
einer Sicherungskopie und der Funktionstest eines Programms, sowie gem.
§ 69e UrhG die Dekompilierung keine zustimmungsbedürftigen Handlungen
des Rechtsinhabers. Bei Softwarevertriebsverträgen[18] wurden bisher regelmäßig
Vervielfältigungsstücke überlassen mit der Einräumung von Nutzungsrechten
nach Maßgabe der Lizenzbestimmungen. In diesem Fall kann bei der dauerhaften Überlassung das Verbreitungsrecht gem. § 69c Nr. 3 UrhG erschöpft sein.[19]

Über diese gesetzlich geregelten Nutzungsrechte können eigenständige Nut-   **8**
zungsarten vereinbart werden; müssen jedoch nach der Verkehrsauffassung hin-

---

15 Studien haben ergeben, dass mit einem funktionierenden Lizenzmanagement eine Kos-
tenreduktion von ca. 15 % realisiert werden kann, siehe Lizenzmanagement in deutschen Unternehmen – Ergebnisse einer Umfrage von KPMG.

16 Das OLG Karlsruhe hat die persönliche Haftung des Geschäftsführers bejaht, weil der Geschäftsführer es versäumt habe, „im Rahmen des Zumutbaren und Erforderlichen Maßnahmen zu treffen, die eine Gefährdung der Urheberrechte Dritter ausschließen oder doch ernsthaft mindern.", OLG Karlsruhe, Urt. v. 23.4.2008 – 6 U 180/06.

17 *Rath/Kuß*, in: Umnuß, Corporate Compliance Checklisten, Kap. 8, Rn. 17 weisen ergänzend
darauf hin, Unternehmen neben einem Lizenzmanagement konkrete Richtlinien darüber erlassen müssen, wie Software im Unternehmen eingesetzt werden darf, und technische Maßnahmen ergreifen, um Urheberrechtsverletzungen auszuschließen oder zu mindern. Zudem
müssen Unternehmen im Jahresabschluss ihre immateriellen Güter, einschließlich etwaiger
Lizenzen erfassen und bewerten.

18 *Polley/Seeliger*, CR 2001, 1 ff.

19 *Wiebe*, in: Leupold/Glossner, Münchener Anwaltshandbuch IT-Recht, Teil 3, Rn. 75.

---

reichend klar abgrenzbar sowie wirtschaftlich-technisch als einheitlich und selbstständig anzusehen sein.[20] Eine Beschränkung auf bestimmte Personenkreise innerhalb eines Vertriebswegs ist ebenso wenig mit dinglicher Wirkung möglich wie auf bestimmte Formen des Gebrauchs beim Nutzer.[21]

9 Rechtlich umstritten ist darüber hinaus die so genannte „indirekte Nutzung" von Software, also Lizenzmodelle welche berücksichtigen, dass die zunehmende Digitalisierung und Automatisierung von Geschäftsprozessen sowie das Internet der Dinge dazu führen, dass immer weniger menschliche Nutzer notwendig sind, um Geschäftsvorgänge über Software abzuwickeln und dass die entstehende Lücke durch andere Software geschlossen wird, die automatisiert mit anderen Computerprogrammen interagiert. Mehr Automatisierung führt zu weniger menschlichen Nutzern und folglich zu geringeren Lizenzeinnahmen.[22]

10 Umstritten ist nun, ob die indirekte Nutzung von Software nur zulässig ist, wenn der Rechteinhaber zustimmt, oder nicht, also welche Handlungen die bestimmungsgemäße Benutzung eines Computerprogramms gemäß § 69d Abs. 1 UrhG erfasst.[23]

2. Besondere Arten von Software, insbesondere Open-Source-Software

11 Damit die Unternehmensleitung im Hinblick auf das Software-Lizenzmanagement eine unternehmerische Entscheidung auf Grundlage angemessener Informationen treffen kann („Business Judgement Rule"), ist zu ermitteln, welche Art von Software in welcher Version genutzt wird. Zu berücksichtigen sind hierbei auch die Besonderheiten von Public Domain-Software,[24] Freeware,[25] Shareware[26] und insbesondere von „Open-Source"-Software.

12 Open-Source-Software ist Software, welche oftmals unentgeltlich vertrieben wird, deren Nutzung jedoch an die Einhaltung bestimmter Bedingungen ge-

---

20 BGH, GRUR 1992, 310, 311 – Taschenbuch-Lizenz; BGH, GRUR 2001, 153, 154 – OEM; BGH, GRUR 2003, 416, 418 – CPU-Klausel. Unterhalb der dadurch gezogenen Grenze können Nutzungsbeschränkungen zwar grundsätzlich mit schuldrechtlicher Wirkung vereinbart werden, aber nicht mit dinglicher Wirkung gegenüber Dritten.
21 Siehe hierzu *Grützmacher*, in: Wandtke/Bullinger, Praxiskommentar UrhR, § 69c UrhG Rn. 30 ff.
22 *Rath/Kuß*, in: Umnuß, Corporate Compliance Checklisten, Kap. 8, Rn. 17.
23 Vgl. *Metzger/Hoppen*, CR 2017, 625; *Barnitzke*, K&R 2018, 455; *Schneider*, ITRB 2017, 286; *Redeker*, ITRB 2017, 44; *Kroke*, CR 2019, 73.
24 Unter Public-Domain-Software wird allgemein unentgeltliche und frei nutz-, vervielfältig-, bearbeit- und verbreitbare Software verstanden, OLG Stuttgart, CR 1994, 743, 744 m. w. N.; LG Stuttgart, CR 1994, 162, 163.
25 Anders als bei Public-Domain-Software ist es bei Freeware nicht erlaubt, Veränderungen vorzunehmen und die Software in dieser veränderten Form zu vertreiben, *Marly*, Praxishandbuch Softwarerecht, Rn. 867.
26 Shareware wird dauerhaft nur gegen Registrierung überlassen, wobei der Benutzer aufgefordert wird, eine Registrierungs-, letztlich also eine Lizenzgebühr an den Rechtsinhaber zu entrichten, OLG Hamburg, CR 1994, 616, 617.

knüpft ist,[27] bei Lizenzen mit sogenanntem Copyleft-Effekt[28] insb. die der Offenlegung des Quellcodes.[29] Die am weitesten verbreiteten Lizenzbedingungen im Bereich Open-Source-Software sind die GNU General Public License Version 2 aus dem Jahr 1991 (GPLv2)[30] und die Version 3 aus dem Jahr 2007 (GPLv3).[31] Daneben existieren weitere Open-Source-Software-Lizenzbedingungen mit und ohne den Copyleft-Effekt.[32] Strittig ist, ob zwischen Urheber und Lizenznehmer ein zweiseitiger (kausaler) Lizenzvertrag zustande kommt[33] oder lediglich einseitig die Nutzungsrechte von den Urhebern dinglich eingeräumt werden.[34] Darüber hinaus ist in Rechtsprechung und Literatur umstritten, inwieweit dingliche Beschränkungen und Aufspaltungen der Nutzungsrechte zulässig sind und Auswirkungen auf die Erschöpfung der Rechte haben.[35] Diese Fragen sind beim Lizenzmanagement zu berücksichtigen.

3. Software-Lizenzmanagement im Rahmen verantwortungsbewusster Unternehmensführung

Die unternehmensinterne Erfassung und Bewertung von Software-Lizenzen ist **13** nicht nur relevant bei dem Verkauf von Unternehmensteilen, der Umstrukturierung und Ausgliederung, dem Outsourcing von IT-Funktionen oder Geschäftsprozessen sowie ähnlichen Maßnahmen.[36] Vielmehr ist ein angemessenes Software-Lizenzmanagement Bestandteil einer verantwortungsbewussten Unternehmensführung. Im Rahmen des Jahresabschlusses einer Gesellschaft bedarf es einer Erfassung und Bewertung immaterieller Vermögenswerte (§ 248 Abs. 2 HGB). Insbesondere große und mittelgroße Kapitalgesellschaften müssen in diesem Zusammenhang sicherstellen, dass eine ordnungsgemäße Bewertung im Einklang mit den gesetzlichen Vorschriften erfolgt (§ 266 Abs. 2 HGB). Darüber hinaus verlangt § 93 Abs. 1 Satz 2 AktG ein Handeln des Vorstands zum „Wohl der Gesellschaft", worunter der Gesetzgeber die langfristige Stärkung des Ertrags und der Wettbewerbsfähigkeit versteht. Der Vorstand muss daher Strukturen stets so einrichten und für die Etablierung solcher Prozesse sorgen, dass die

---

27 *Nimmer*, CRi 2006, 129.
28 Der Copyleft-Effekt schreibt fest, dass Bearbeitungen des Werks nur dann erlaubt sind, wenn alle Änderungen mit den gleichen oder zumindest ähnlichen Bedingungen weitergegeben werden.
29 Vgl. etwa LG Hamburg, CR 2013, 498, 499 m. Anm. *Mantz*, CR 2013, 640, 641.
30 Wiedergegeben bei *Jaeger/Metzger*, Open Source Software, Anhang A.
31 *Funk/Zeifang*, CR 2007, 617; *Grützmacher*, ITRB 2009, 184, 186 ff.; *Jaeger/Metzger*, GRUR 2008, 130.
32 *Koch*, CR 2000, 273 f.
33 So die h. M.: *Deike*, CR 2003, 9, 13, 15 ff.; *Metzger/Jaeger*, GRUR Int. 1999, 839, 843; *Koch*, CR 2000, 333, 338; *Kreutzer*, MMR 2004, 695, 696 f.; *Sester*, CR 2000, 797, 804.
34 *Heussen*, MMR 2004, 445, 447 f.
35 *Grützmacher*, in: Wandtke/Bullinger, Praxiskommentar UrhR, § 69c UrhG Rn. 79.
36 *Schrey/Krupna*, CCZ 2012, 141.

finanziellen, sachlichen und personellen Ressourcen der Gesellschaft möglichst optimal dem Wohle der Gesellschaft dienend eingesetzt werden.[37]

4. Rechtsfolgen einer Unterlizenzierung

14 Bei Verwendung einer nicht oder nicht ausreichend lizenzierten Software steht dem Rechtsinhaber nach § 97 Abs. 1 Satz 1 UrhG ein Anspruch auf Beseitigung der Beeinträchtigung, nach § 97 Abs. 1 Satz 2 UrhG ein Anspruch auf Unterlassung und bei Kenntnis der nicht oder nicht ausreichend bestehenden Lizenzierung gemäß § 97 Abs. 2 UrhG ein Anspruch auf Schadensersatz zu. Darüber hinaus kommen gemäß § 98 UrhG Ansprüche auf Vernichtung, Rückruf und Überlassung sowie gemäß § 101a UrhG auf Vorlage und Besichtigung in Betracht. Gegenüber den Inhabern eines Unternehmens besteht nach § 99 UrhG eine eigenständige verschuldensunabhängige Haftung für Unterlassungs- und Beseitigungsansprüche, wenn von einem Arbeitnehmer oder Beauftragten im Unternehmen ein Urheberrecht verletzt wurde. Neben den zivilrechtlichen Ansprüchen kommt bei einem vorsätzlichen Handeln des Arbeitnehmers auch eine Strafbarkeit nach § 106 UrhG in Betracht.

15 Auch ein Mitglied der Geschäftsleitung kann auf Unterlassung und Schadensersatz nach § 97 UrhG in Anspruch genommen werden, sobald es Kenntnis von der Verwendung nicht lizenzierter Software hatte.[38] Bei einer Verletzung von Lizenzrechten kommen darüber hinaus Schadensersatzansprüche der Gesellschaft gegen die Unternehmensleitung gemäß § 43 Abs. 2 GmbHG und § 93 Abs. 2 AktG in Betracht.

III. Software-Lizenzmanagement im Rahmen von Cloud- Diensten

16 Cloud Computing-Dienste und die hiermit verbundene Ablösung bisheriger Lizenzmodelle, werfen bei einem Vergleich mit der werkträgerbasierten Software-Nutzung eine Reihe rechtlicher Fragen auf.[39]

1. Nutzungshandlungen beim Cloud Computing

17 Ob Software in einer „Cloud" genutzt werden darf, hängt zunächst davon ab, ob dadurch Ausschließlichkeitsrechte des Rechtsinhabers berührt werden. Ist dies der Fall, so ist anhand der Lizenzbedingungen des Herstellers zu klären, ob die dafür benötigten Nutzungsrechte bereits erworben wurden oder vom Anwender zu erwerben sind.

---

37 *Schrey/Krupna*, CCZ 2012, 141.
38 *Schrey/Krupna*, CCZ 2012, 141, 143 m. w. N.
39 Vergleichbare Fragen stellen sich beim sog. Application Service Providing, siehe hierzu näher *Grützmacher*, ITRB 2001, 59, 62; OLG München, GRUR-RR 2009, 91; *Jaeger*, CR 2002, 309, 311.

Hinsichtlich der technischen Ausgestaltung sind mindestens drei Formen des **18** Cloud Computing zu unterscheiden: Beim sog. „Software-as-a-Service" (SaaS) wird dem Kunden die Nutzung von auf der Infrastruktur des Anbieters installierter Software ermöglicht, ohne dass die Software auf dem Rechner des Nutzers installiert werden muss. „Platform-as-a-Service" (PaaS) umschreibt das Angebot einer kosteneffizienten cloud-basierten Entwicklungsumgebung an Nutzer. Bei der Ausgestaltung als „Infrastructure-as-a-Service" (IaaS) werden Kunden jeweils Rechenleistung und Speicherplatz auf virtuellen Servern zur Verfügung gestellt, nicht jedoch die für Anwendungen erforderliche Applikationssoftware.[40]

a) Recht der öffentlichen Zugänglichmachung der Software

Entgegen der wohl h.M.[41] ist im Rahmen des Cloud Computing, sowohl bei **19** SaaS, wie auch IaaS und PaaS, nur dann das Recht zur öffentlichen Zugänglichmachung betroffen, wenn die Benutzeroberfläche selber schutzfähig ist, oder bei Verwendung client-seitig laufender Programmteile.[42] Öffentlich zugänglich gemacht werden durch Cloud-Dienste im Zweifel (noch) lediglich die Grafikdaten.[43] Selbst soweit technisch doch (schon) eine Zugänglichmachung der Programmdaten stattfindet, liegt nur auf dem Rechner des Anbieters ein Vervielfältigungsstück vor.[44] Der insofern vom OLG München vorgebrachte Vergleich, auch andere Werke (Theaterstücke oder Musikwerke) würden etwa durch öffentliche Darbietung (z.B. ohne Textbuch oder Partitur) in unkörperlicher Form zugänglich gemacht,[45] ist verfehlt, da in diesen Fällen das ganze Werk wahrnehmbar gemacht wird, beim Cloud Computing das Computerprogramm aber regelmäßig nicht.[46]

Cloud-Dienste erfordern daher die Einräumung eines Nutzungsrechtes sui ge- **20** neris an den Provider. Eine eigene Nutzungsart liegt vor, wenn es sich nach der Verkehrsauffassung um eine als solche hinreichend klar abgrenzbare, wirtschaftlich-technisch als einheitlich und selbstständig erscheinende Nutzungsart handelt.[47] Ebenso wie für die Überlassung von Software im Wege des Application Service Providing und der zugrunde liegenden Single-Tenant-Architektur ist bei Cloud-Diensten und deren Multi-Tenant-Architektur davon auszugehen, dass

---

40 Siehe hierzu *Nägele/Jacobs*, ZUM 2010, 281, 282.
41 OLG München, GRUR-RR 2009, 91; *Marly*, Praxishandbuch Softwarerecht, Rn. 1087; *Jaeger*, CR 2002, 309, 311.
42 *Grützmacher*, in: Wandtke/Bullinger, Praxiskommentar UrhR, § 69c UrhR Rn. 66; *Nägele/Jacobs*, ZUM 2010, 281, 287, 290; vgl. zum ASP *Grützmacher*, ITRB 2001, 59, 62.
43 Vgl. *Lehmann/Giedke*, CR 2013, 681, 682.
44 *Grützmacher*, in: Wandtke/Bullinger, Praxiskommentar UrhR, § 69c UrhR Rn. 66.
45 OLG München, GRUR-RR 2009, 91.
46 *Grützmacher*, in: Wandtke/Bullinger, Praxiskommentar UrhR, § 69c UrhR Rn. 66; ähnlich auch *Koch*, ITRB 2011, 42, 43 f. zu CALs.
47 BGH, GRUR 1992, 310, 311 – Taschenbuchlizenz unter Verweis auf BGH, GRUR 1990, 669, 671 – Bibelreproduktion und BGH, GRUR 1979, 637, 638 – White Christmas.

diese Voraussetzungen erfüllt sind, da ein und dasselbe Programm zeitgleich mehreren Nutzern zugänglich gemacht und damit einer erhöhten wirtschaftlichen Auswertung zugeführt wird.[48]

b) Recht zur Vervielfältigung der Software

21 Sofern im Rahmen einer Cloud-Dienstleistung die Software nur auf dem Server des Cloud-Computing-Dienstleisters läuft und ein Nutzer lediglich mittels eines Browsers auf die Software zugreift, so wird, entsprechend der vorherigen Ausführungen, auf dem Rechner des Nutzers grundsätzlich nur die Benutzeroberfläche vervielfältigt[49] und nicht die Anwendersoftware. Für den Fall des nicht applet-basierten Cloud Computings bedarf es daher auch keines Rückgriffs auf § 44a UrhG bzw. § 69d Abs. 1 UrhG.[50]

22 Auf dem Rechner des Cloud Computing-Dienstleisters hingegen liegt mit Blick auf die Lizenzierung aufgrund der eigenständigen technischen und bei mehreren Nutzern wirtschaftlichen Bedeutung eine eigenständige Nutzungsart vor und ohne entsprechende Rechtseinräumung keine bestimmungsgemäße Nutzung. Beim SaaS und dem damit zusammenhängenden Angebot von Software durch den Dienstleister benötigt dieser dementsprechend ein auf diese Nutzungsart bezogenes Nutzungsrecht.[51] Demgegenüber erfolgt die Vervielfältigung einer Applikation beim IaaS oder PaaS primär nur durch den Nutzer,[52] welcher die Erstellung von Vervielfältigungsstücken auf dem Server des Cloud-Computing-Dienstleisters vornimmt und/oder veranlasst.[53]

2. Lizenzmanagement im Zusammenhang mit Cloud Computing-Diensten

23 Verlagert der Kunde eines Cloud-Dienstes eigene Software und/oder Anwendungen in eine Cloud, so muss er nicht nur prüfen, ob er über die dazu benötigten Nutzungsrechte verfügt; er muss vielmehr auch im Rahmen einer Bestandsaufnahme über die erforderlichen Kennzahlen verfügen, aus denen sich die Häufig-

---

48 *Leupold*, in: Leupold/Glossner, Münchener Anwaltshandbuch IT-Recht, Teil 4, Rn. 120 m. w. N.

49 Die Benutzeroberfläche als solche genießt aber nur in Ausnahmefällen Urheberrechtsschutz, jedoch nicht als Computerprogramm.

50 *Grützmacher*, in: Wandtke/Bullinger, Praxiskommentar UrhR, § 69d UrhG Rn. 13; *Nägele/ Jacobs*, ZUM 2010, 281, 289 f.; so aber *Pohle/Ammann*, CR 2009, 273, 276; *Splittgerber/ Rockstroh*, BB 2011, 2179.

51 *Grützmacher*, in: Wandtke/Bullinger, Praxiskommentar UrhR, § 69d UrhG Rn. 13; so auch *Nägele/Jacobs*, ZUM 2010, 281, 290; *Pohle/Ammann*, CR 2009, 273, 276, empfehlen eine solche Regelung auch aus Anwendersicht.

52 Vgl. *Grützmacher*, CR 2011, 697, 704 f.; *Nägele/Jacobs*, ZUM 2010, 281, 290.

53 *Nägele/Jacobs*, ZUM 2010, 281, 286; *Bisges*, MMR 2012, 574, 578; weitergehend *Niemann*, CR 2009, 661, 662 f.; a. A. *Schuster/Reichl*, CR 2010, 38, 40.

keit und Intensität der Nutzung einer Software ergibt[54] und diesen Ausgaben die langfristigen Kosten für Pflegeleistungen und Lizenzgebühren gegenüberstellen.

Das Aufkommen von Cloud-Diensten hatte zunächst die Hoffnung geweckt, **24** dass das Software-Lizenzmanagement obsolet werden würde, da der Cloud-Anbieter das genaue Ausmaß der Nutzung durch jeden Anwender überwachen und steuern könne.[55] Aufgrund der (gegenwärtigen) parallelen Nutzung von lokalen Softwareinstallationen („On-Premise") und Software, die auf Abruf zur Verfügung gestellt wird („On-Demand") durch viele Unternehmen, ist das Software-Lizenzmanagement allerdings im Gegenteil deutlich komplexer geworden, von der Messung der Nutzung bis zum Abgleich mit den Verträgen.[56] Es gilt daher, sowohl die On-Premise- wie auch die On-Demand-Dienste und deren Abrechnungsmodelle in die Lizenzbilanz und Kostenstruktur zu integrieren.

Bewährte und teilweise von der Rechtsprechung als zulässig anerkannte Lizenz- **25** modelle,[57] wie etwa die Koppelung der Nutzungsrechte an eine bestimmte Hardware, Einzel-User („Named-User-Modell") oder User-Gruppen („Concurrent-User"-Modell). Der große Vorteil von Cloud-Diensten Ressourcen und/oder Applikationen nach Bedarf zur Verfügung zu stellen, macht vielmehr dynamische und flexible Lizenzmodelle notwendig, im Rahmen dessen der Anwender bedarfsabhängig die Nutzung bestimmter Software und/oder IT-Dienstleistungen mietet (sog. „User Subscription License").[58] Hierdurch wird der Anwender oftmals berechtigt, für den jeweiligen Zeitraum die Software auf verschiedenen Endgeräten (u.a. PCs, Smartphones, Tablets) anzuwenden, wobei die erzeugten Daten zentral in der Cloud gespeichert werden.

IV. Rechtsrahmen von Softwarelizenz-Audits

Softwarelizenz-Audit bezeichnet die durch den Rechtsinhaber angestoßene **26** Überprüfung, ob die von dem Nutzer dieses Programms erworbenen Nutzungsrechte (Softwarelizenzen) dessen tatsächliche Nutzung decken.[59] Hintergrund

---

54 So berichtet von *Leupold*, in: Leupold/Glossner, Münchener Anwaltshandbuch IT-Recht, Teil 4, Rn. 122. Im Idealfall wird mittels eines Lizenzpoolings sichergestellt, dass immer nur diejenigen Mitarbeiter Zugriff auf eine Softwareanwendung erhalten, die diese auch tatsächlich nutzen, *Kassing*, Softwarepooling im Konzern – Möglichkeiten und Grenzen http://www.cio.de/strategien/2900809/ (zuletzt abgerufen am 29.1.2020).

55 So berichtet von *Leupold*, in: Münchener Anwaltshandbuch IT-Recht, Teil 4, Rn. 123.

56 *Drews*, Softwarelizenzen richtig verwalten, http://www.computerwoche.de/a/softwarelizen zen-richtig-verwalten,2500448 (zuletzt abgerufen am 29.1.2020). Nach *Doubrava*, in: Leupold/Glossner, Münchener Anwaltshandbuch IT-Recht, Teil 4, Rn. 110, kommt dem Lizenzmanagement daher mindestens ebenso große Bedeutung zu, wie den bisher vorrangig diskutierten Themen Datenschutz und Datensicherheit.

57 Vgl. zu CPU-Klauseln BGH, MMR 2003, 393.

58 Siehe hierzu *Leupold/James*, in: Münchener Anwaltshandbuch IT-Recht, Teil 4, Rn. 129 f. m.w.N.

59 Definition nach *Kotthoff/Wieczorek*, MMR 2014, 3.

solcher Audits ist die (bisherige) Schwierigkeit der Rechtsinhaber die tatsächliche Nutzung zu überprüfen und sein Interesse an der Wahrung der aus dem urheberrechtlichen Schutz des Computerprogramms (§ 69a UrhG) resultierenden Befugnis, eine von ihm nicht autorisierte Nutzung zu untersagen. Demgegenüber hat der Lizenznehmer ein Interesse, nicht mit finanziellen Nachforderungen für eine tatsächliche oder vermeintliche Unterlizenzierung konfrontiert zu werden, Ressourcen für die Untersuchung zur Verfügung zu stellen und das Risiko einzugehen, Betriebs- und Geschäftsgeheimnisse zu verletzen bzw. personenbezogene Daten Dritter unberechtigt zugänglich zu machen.[60] Die möglichen Arten eines Audits reichen von einer bloßen Selbstauskunft des Lizenznehmers bis hin zur Besichtigung seiner Räumlichkeiten und dem Zugriff auf seine IT-Systeme durch den Lizenzgeber.

1. Rechtliche Grundlagen für einen Softwarelizenz-Audit

27 Um seinen Auskunftsanspruch durchsetzen zu können, benötigt der Lizenzgeber entweder eine gesetzliche oder eine vertragliche Anspruchsgrundlage. Mögliche gesetzliche Auskunftsrechte finden sich in § 101 UrhG und § 242 BGB. Diese werden durch die Vorlage- und Besichtigungsrechte in § 101a UrhG und § 809 BGB ergänzt.

28 Nach § 101 Abs. 1 UrhG kann der Lizenzgeber vom Lizenznehmer Auskunft über den Lizenzbestand und die Softwarenutzung verlangen,[61] wenn eine Rechtsverletzung in einem gewerblichen Ausmaß vorliegt.[62] Der Anspruchsteller muss hierbei zumindest „in der Lage sein, einen Sachverhalt vorzutragen, der das Auskunftsbegehren rechtfertigt", eine Ausforschung des Anspruchsgegners lässt § 101 Abs. 1 UrhG indes nicht zu.[63] Ein Softwarelizenz-Audit hat allerdings gerade eine anlassunabhängige Ermittlung möglicherweise existierender anspruchsbegründender Tatsachen zum Ziel, also die Frage, ob ein Anspruch überhaupt in Betracht kommt.[64] Das Auskunftsersuchen muss nach § 101 Abs. 4 UrhG ferner verhältnismäßig, also geeignet, erforderlich und angemessen sein, um die Überschreitung des Lizenzbestands aufzudecken. Die Verhältnismäßigkeit ist einzelfallabhängig anhand der Eindeutigkeit sowie der Art und

---

60 *Kotthoff/Wieczorek*, MMR 2014, 3.
61 Die Auskunft umfasst jedoch nicht die Besichtigung von Räumlichkeiten, Computern und Servern, die Vorlage von Unterlagen, Bucheinsicht oder darüber hinausgehende Maßnahmen, *Hoeren*, CR 2008, 409 f.
62 Das ist dann der Fall, wenn eine Verletzungshandlung im geschäftlichen Verkehr vorgenommen wird, um einen unmittelbaren oder mittelbaren wirtschaftlichen oder kommerziellen Vorteil zu erlangen, Erwägungsgrund 14 der RL 2004/48/EG; *Dreier*, in: Dreier/Schulze, UrhG, § 101 Rn. 6 f.
63 BT-Drucks. 11/4792, 31.
64 *Kotthoff/Wieczorek*, MMR 2014, 3, 4.

Schwere der Rechtsverletzung zu bestimmen und mit den berechtigten Geheimhaltungsinteressen des Anspruchsgegners abzuwägen.[65]

Gem. § 101a UrhG kann der Lizenzgeber die Vorlage von Urkunden und die Besichtigung von Sachen verlangen. Darunter fällt grundsätzlich auch ein Zugriff auf die Software.[66] Zur Geltendmachung des Anspruchs muss der Lizenzgeber dabei die Lizenzdokumente und die Software genau bezeichnen[67] sowie die hinreichende Wahrscheinlichkeit einer Rechtsverletzung nachweisen (§ 101a Abs. 1 Satz 1 UrhG).[68] Zudem müssen bei einem Auditverlangen nach § 101a UrhG die Interessen des Lizenzgebers diejenigen des Lizenznehmers überwiegen und verhältnismäßig sein.[69]   **29**

Daneben gewährt § 242 BGB einen allgemeinen, auf Treu und Glauben gestützten Auskunftsanspruch,[70] welcher eine Sonderverbindung zwischen Lizenzgeber und -nehmer sowie den begründeten Verdacht einer Pflichtverletzung voraussetzt und durch den Anspruch auf Besichtigung nach § 809 BGB ergänzt wird.   **30**

2. Vertragliche Ausgestaltung eines Softwarelizenz-Audits

Ob und inwieweit Softwarelizenz-Audits auf rein gesetzlicher Grundlage in der Praxis möglich und zulässig sind, wird in der Literatur überwiegend kritisch beurteilt.[71] Zur Vermeidung dieser Unsicherheit werden durch die Hersteller und/ oder Anbieter von Software regelmäßig vertragliche Auditierungsrechte gefordert. Derartige vertragliche Auditierungsrechte sehen in der Regel vor, dass dem Lizenzgeber ein anlassloses Recht gewährt wird, die Einhaltung der vertraglich vereinbarten Nutzungsbedingungen überprüfen zu können. Bei der Formulierung einer vertraglichen Auditklausel zur Prüfung der Softwarelizenzen sind insbesondere die vom Prüfer einsehbaren Informationen und Anonymisierungen/ Pseudonymisierungen, die Prüfungsfrequenz, die Person des Prüfers, die Prüf-   **31**

---

65 *Czychowski*, in: Fromm/Nordemann, Urheberrecht, 11. Aufl. 2014, § 101 Rn. 82. Umstritten ist, ob die Einschaltung einer zur Verschwiegenheit verpflichteten, neutralen Vertrauensperson geboten ist, der gegenüber die Auskunft anstelle des Anspruchstellers erteilt wird (sog. Wirtschaftsprüfervorbehalt), wie auch wer die Beweislast für die Unverhältnismäßigkeit trägt, siehe hierzu *Kotthoff/Wieczorek*, MMR 2014, 3, 4.
66 BGH, MMR 2013, 526, 527.
67 BT-Drucks. 16/5048, 49.
68 Siehe hierzu *Kotthoff/Wieczorek*, MMR 2014, 3, 4 m. w. N., die ergänzend darauf hinweisen, dass im Rahmen eines Softwarelizenz-Audits es nicht ausreicht, auf allgemeine Erfahrungswerte hinzuweisen, nach denen Audits für ein bestimmtes Produkt typischerweise Lizenzierungslücken aufzeigen.
69 Dies wird in der Literatur überwiegend streng und deshalb im Ergebnis skeptisch beurteilt, *Kotthoff/Wieczorek*, MMR 2014, 3, 5; *Ohst*, in: Wandtke/Bullinger, Praxiskommentar UrhR, § 101a Rn. 10.
70 Wie sich die §§ 242, 809 BGB zu den §§ 101, 101a UrhG verhalten, ist nicht eindeutig geklärt, zutreffend gehen *Kotthoff/Wieczorek*, MMR 2014, 3, 5, davon aus, dass Einiges dafür spricht, dass die §§ 242, 809 BGB durch die §§ 101, 101a UrhG verdrängt werden.
71 Siehe *Hoeren*, CR 2008, 409 f.; *Huppertz/Schneider*, ZD 2013, 427 ff. m. w. N.; *Intween*, ITRB 2012, 208, 210 ff.; *Moos*, CR 2006, 797, 798; *Strittmatter/Harnos*, CR 2013, 621 ff.

methode, die verwendeten Applikationen und Messverfahren, eine Vorankündigungspflicht, Verfahrensregeln, Nachkaufkonditionen und Vereinbarungen zur Vertraulichkeit zu regeln.[72]

32 Sofern es sich bei einem Lizenzvertrag um einen Standardvertrag handelt, ist dieser der AGB-Kontrolle nach den §§ 305 ff. BGB unterworfen.[73] Die Unwirksamkeit einer Auditklausel in AGB kann sich daraus ergeben, dass die Klausel intransparent ist (§ 307 Abs. 1 Satz 2 BGB) oder den Lizenznehmer unangemessen benachteiligt (§ 307 Abs. 1 Satz 1, Abs. 2 Nr. 1 BGB), d.h. insbesondere als Abweichen von dem gesetzlichen Regelfall nach § 101a UrhG zulasten des Lizenznehmers nach § 307 Abs. 2 Nr. 1 BGB unzulässig ist oder der Lizenzgeber durch eine einseitige Vertragsgestaltung missbräuchlich eigene Interessen auf Kosten des Lizenznehmers durchsetzt.[74] Sofern der Lizenznehmer im Rahmen der Verhandlungen eine echte Wahlfreiheit genießt und eine freie Entscheidung bezüglich der Einbeziehung und Ausgestaltung der Klausel treffen kann, stellen derartige Klauseln keine AGB dar, sondern sind vielmehr individualvertragliche Regelungen, auf die die AGB-Kontrolle der §§ 305 ff. BGB keine Anwendung findet.[75]

V. IT-Sicherheit

33 Neben dem dargestellten Lizenzmanagement sind Regelungen zur Sicherheit der IT-Systeme, die Verpflichtung zum Einsatz von sicherer Informationstechnik nach dem Stand der Technik und Handlungsschritte nach einem Cyberangriff, jeweils mit dem Ziel der Erlangung von Verfügbarkeit, Unversehrtheit oder Vertraulichkeit von Informationen, innerhalb eines Unternehmens zentraler Bestandteil einer IT-Compliance.[76]

34 Ein modernes IT-Sicherheitskonzept reicht dabei über rein organisatorisch orientierte Ziele hinaus sondern umfasst ein fein ausdifferenziertes System von Vorkehrungen gegen Risiken im IT-Bereich und die Einhaltung gesetzlicher Regelungen und branchenspezifischer Standards.[77]

1. Das IT-Sicherheitsgesetz

35 Obwohl das Bewusstsein für IT-Sicherheit durch die zunehmende Cyberkriminalität in den letzten Jahren gestärkt wurde, ist nicht sichergestellt, dass sich in den

---

72 Siehe hierzu *Kotthoff/Wieczorek*, MMR 2014, 3, 9.
73 Die AGB-Kontrolle ist gem. § 305 Abs. 1 Satz 1 BGB eröffnet, wenn eine vom Verwender gestellte Klausel für eine Vielzahl von Verträgen vorformuliert wurde. Die §§ 308, 309 BGB gelten zwischen Unternehmern gem. § 310 Abs. 2 Satz 1 BGB zwar nicht direkt, jedoch entfalten die Normen i.R.v. § 307 BGB als Indizien und Wertungsmöglichkeiten mittelbare Wirkung.
74 Vgl. BGHZ 143, 103, 113; BGH, NJW 2005, 1774, 1775.
75 *Grüneberg*, in: Palandt, BGB, 75. Aufl. 2016, § 305 Rn. 10 m.w.N.
76 Siehe hierzu *Bensinger*, Kap. 13, Rn. 17 ff.; vgl. ferner *Heckmann*, MMR 2006, 280, 281.
77 *Draf*, in: Bürkle, Compliance in Versicherungsunternehmen, Rn. 107–115 ff.

einzelnen Sektoren ein gleichwertiges und hinreichendes Schutzniveau für die eingesetzte Informationstechnik herausbilden kann. Hauptprobleme sind neben unzureichenden Sicherheitsmaßnahmen und einer entsprechenden IT-Organisation auch unzureichende Meldepflichten für Unternehmen und keine ausreichenden Kompetenzen für staatliche Überwachungsorgane.

Angesichts der besonderen Bedeutung von IT für das Funktionieren und den Fortbestand des Unternehmens gehört es damit auch zu den Pflichten der Geschäftsleitung, das Unternehmen vor erkennbaren Gefahren im Bereich Informationstechnologie zu schützen.[78] **36**

Entscheidende Bedeutung hat hierbei das IT-Sicherheitsgesetz („Gesetz zur Erhöhung der Sicherheit informationstechnischer Systeme"). Dieses richtet sich allerdings nur an Betreiber so genannter „kritischer Infrastrukturen", also Unternehmen die die beiden folgenden Voraussetzungen erfüllen. Erstens muss es sich um ein Unternehmen handeln, dass einem der neun im Gesetz benannten Sektoren unterfällt (Energie, Informationstechnik, Telekommunikation, Transport, Verkehr, Gesundheit, Wasser, Ernährung sowie das Finanz- und Versicherungswesen). Zweitens muss die vom Unternehmen betriebene Infrastruktur oder wenigstens Teile davon, „von hoher Bedeutung für das Funktionieren des Gemeinwesens" sein. Das ist dann der Fall, wenn durch ihren Ausfall oder ihre Beeinträchtigung erhebliche Versorgungsengpässe oder eine Gefährdung der öffentlichen Sicherheit eintreten würde.[79] Da diese abstrakt formulierten Kriterien in der Praxis wenig hilfreich sind, wurden diese durch Rechtsverordnungen konkretisiert. In diesen Verordnungen wurden spezifische Schwellenwerte für die Betreiber kritischer Infrastrukturen definiert.[80] **37**

2. Die Vorgaben der EU-Datenschutz-Grundverordnung

Bestandteil von IT-Sicherheit ist außerdem die Einhaltung der technischen und organisatorischen Maßnahmen, die erforderlich sind, um Unternehmen vor unberechtigten Zugriffen auf die IT-Infrastruktur zu schützen. Die zentrale Norm für die Einhaltung der IT-Sicherheit in der Datenschutz-Grundverordnung ist Artikel 32 DSGVO. **38**

Nach Artikel 32 Abs. 1 DSGVO haben der Verantwortliche (Artikel 4 Nr. 7 DSGVO) und der Auftragsverarbeiter (Artikel 4 Nr. 8 DSGVO) unter Berücksichtigung des Stands der Technik, der Implementierungskosten und der Art, des Umfangs, der Umstände und der Zwecke der Verarbeitung sowie der unterschiedlichen Eintrittswahrscheinlichkeit und Schwere des Risikos für die Rechte **39**

---

78 *Rath/Kuß*, in: Umnuß, Corporate Compliance Checklisten, Kap. 8, Rn. 7.
79 *Rath/Kuß*, in: Umnuß, Corporate Compliance Checklisten, Kap. 8, Rn. 8.
80 *Rath/Kuß*, in: Umnuß, Corporate Compliance Checklisten, Kap. 8, Rn. 8 f., die ergänzend darauf hinweisen, dass viele Unternehmen von diesen Vorgaben mittelbar betroffen sind, da die Vorgaben des IT-Sicherheitsgesetzes oftmals an Dienstleister weitergegeben und als „Best Practices" herangezogen werden.

und Freiheiten natürlicher Personen geeignete technische und organisatorische Maßnahmen zu treffen, um ein dem Risiko angemessenes Schutzniveau zu gewährleisten.[81] Diese Vorgaben an die Datensicherheit sollen einen unzulässigen Umgang mit personenbezogenen Daten allgemein verhindern und die Integrität sowie Verfügbarkeit personenbezogener Daten mittels technischer und organisatorischer Maßnahmen zu gewährleisten.[82]

40 Den Inhalt der Anforderungen konkretisieren Artikel 32 Abs. 1 Hs. 2 und Artikel 32 Abs. 2 DGSVO mit einem nicht abschließenden Maßnahmenkatalog. Nach den Vorstellungen des Unionsgesetzgebers sind dies insbesondere die Pseudonymisierung und Verschlüsselung personenbezogener Daten, die Fähigkeit, die Vertraulichkeit, Integrität, Verfügbarkeit und Belastbarkeit der Systeme und Dienste im Zusammenhang mit der Verarbeitung auf Dauer sicherzustellen, die Fähigkeit, die Verfügbarkeit der personenbezogenen Daten und den Zugang zu ihnen bei einem physischen oder technischen Zwischenfall rasch wiederherzustellen und ein Verfahren zur regelmäßigen Überprüfung, Bewertung und Evaluierung der Wirksamkeit der technischen und organisatorischen Maßnahmen zur Gewährleistung der Sicherheit der Verarbeitung.

41 Die Anforderungen an die Risikobewertung und die Schutzniveaubeurteilung werden in Artikel 32 DSGVO beispielhaft konkretisiert.[83] Bei der Beurteilung sind daher insbesondere die Risiken zu berücksichtigen, die mit der Verarbeitung verbunden sind, insbesondere durch Vernichtung, Verlust, Veränderung oder unbefugte Offenlegung von beziehungsweise unbefugten Zugang zu personenbezogenen Daten, die übermittelt, gespeichert oder auf andere Weise verarbeitet wurden.

42 Trotz der beispielhaften Vorgaben Artikel 32 Abs. 1 und 2 DGSVO bleiben die Anforderungen an die gebotenen Sicherheitsmaßnahmen abstrakt.[84] Hilfreich sind daher auch genehmigte Verhaltensregeln nach Artikel 40 DSGVO und genehmigte Zertifizierungsverfahren nach Artikel 42 DSGVO. Diese können nach Artikel 32 Abs. 3 DSGVO als Indiz für die Einhaltung der Sicherheitsanforderungen herangezogen werden.

43 Ein hierauf aufbauendes IT- und Sicherheitskonzept, die jederzeitige Anpassung der bestehenden Schutzmechanismen bei einer veränderten Gefährdungslage, eine umfassende Dokumentationspflicht sowie die Verhältnismäßigkeit der Maßnahmen sind ebenfalls erforderlich.[85] Maßgeblich ist der jeweilige Stand der Technik, verknüpft mit dem wirtschaftlich sinnvoll Machbaren.

---

81 Der EuGH hat Datensicherheit als Bestandteil des Schutzgutes des in Artikel 8 GrCh verbürgten Rechts auf informationelle Selbstbestimmung anerkannt, sieheEuGH Urt. v. 8.4.2014 – verbundene Rs. C-293/12 und C-594/12 – Digital Rights Ireland Ltd, NJW 2014, 2169, 2170.

82 Siehe *Martini*, in: Paal/Pauly, DS-GVO/BDSG, Art. 32 DSGVO, Rn. 1.

83 *Martini*, in: Paal/Pauly, DS-GVO/BDSG, Art. 32 DSGVO, Rn. 4.

84 *Martini*, in: Paal/Pauly, DS-GVO/BDSG, Art. 32 DSGVO, Rn. 5.

85 *Löschhorn/Fuhrmann*, NZG 2019, 161, 165.

3. Adressaten der Pflichten zur IT-Sicherheit

Die Erreichung und Aufrechterhaltung von IT-Sicherheit ist in einer Aktienge- **44** sellschaft Aufgabe des Vorstands und durch seinen Überwachungsauftrag auch des Aufsichtsrats. Nach Maßgabe von § 91 Abs. 2 AktG hat der Vorstand (als Teil seiner Verpflichtung zur ordentlichen und gewissenhaften Geschäftsführung gemäß § 93 Abs. 1 Satz 1 AktG) geeignete Maßnahmen zu treffen, insbesondere ein Überwachungssystem[86] einzurichten, damit den Fortbestand der Gesellschaft gefährdende Entwicklungen früh erkannt werden.[87] Datenschutz und Datensicherheit gehören zu den unumstößlichen Bestimmungen, die auf jeden Fall eingehalten werden müssen.[88] Dabei betrifft die Verpflichtung nicht nur das für die IT-Sicherheit unmittelbar zuständige Vorstandsmitglied, sondern alle Vorstandsmitglieder, die somit ihre interne Aufgabenverteilung und Kommunikation entsprechend zu organisieren haben.[89]

Die Verpflichtung zur Wahrung der IT-Sicherheit gilt darüber hinaus auch für an- **45** dere Gesellschaftsformen, insbesondere auch für die GmbH. Gemäß § 43 GmbHG haben die Geschäftsführer in den Angelegenheiten der Gesellschaft die Sorgfalt eines ordentlichen Geschäftsmannes anzuwenden.

Die Einhaltung dieser Bestimmungen stellt eine originäre Geschäftsleitungs- **46** pflicht dar.[90] Hält sich der Geschäftsleiter nicht daran, so begeht er neben dem Verstoß gegen die einschlägigen Datenschutzbestimmungen auch höchstpersönlich eine Pflichtverletzung nach § 93 AktG, § 43 GmbHG.[91]

Der Geschäftsleiter muss aber auch dafür sorgen, dass sich nachgeordnete Un- **47** ternehmensangehörige gesetzeskonform verhalten[92] und sowohl Organisationsstrukturen zu schaffen, die Verstöße gegen geltende Rechtsvorschriften möglichst ausschließen (Prävention), die Einhaltung der Legalitätspflicht durch die Mitarbeiter des Unternehmens zu überwachen (Überwachungspflicht) und in Verdachtsfällen nicht gesetzeskonformen Verhaltens aufzuklären (Reaktionspflicht).[93]

---

86 *Schmidl*, in: Hauschka/Moosmayer/Lösler, Corporate Compliance, § 28 Rn. 46.
87 *Pauli/Albrecht*, CCZ 2014, 17.
88 *Löschhorn/Fuhrmann*, NZG 2019, 161, 166; *Hoffmann/Schieffer*, NZG 2017, 401, 404.
89 *Schulze*, NJW 2014, 3484, 3485.
90 Vgl. *Spindler*, in: MünchKomm-AktG, § 93 AktG, Rn. 74; LG München I, BB 2014, 850 mit Anm. Grützner.
91 *Löschhorn/Fuhrmann*, NZG 2019, 161, 166.
92 *Sonnenberg*, JuS 2017, 917; *Fleischer*, NJW 2009, 2337, 2338.
93 *Löschhorn/Fuhrmann*, NZG 2019, 161, 166.

VI. Blockchain und Smart Contracts

48 Der Blockchain-Technologie wird ein gewaltiges Potenzial zugeschrieben,[94] welches diverse Industriesektoren nachhaltig beeinflussen werde.[95]

1. Was ist die „Blockkette"?

49 Die Blockchain scheint magisch zu sein: Wahlen werden fälschungssicher, Onlinespeicher wird viel günstiger sowie überwachungssicher und Verträge werden direkt in Code implementiert, statt ausgedruckt in Aktenordnern zu vergammeln.

50 Unter einer Blockchain (Blockkette) wird eine verteilte Datenbank (distributed ledger) verstanden, die eine erweiterbare Liste von Datensätzen enthält, und deren Integrität (Sicherung gegen nachträgliche Manipulation) durch Speicherung der (kryptografischen) Prüfsumme des vorangehenden Datensatzes im jeweils nachfolgenden gesichert ist.[96] Ausgangspunkt einer Blockchain ist ein Software-Client, der zunächst eine individuelle ID generiert, die mit einem private key anhand der zugehörigen public keys von anderen Clients identifiziert werden kann.[97]

51 Die wesentlichen Elemente einer Blockchain und jeder darauf aufsetzenden Anwendung sind deren dezentraler Aufbau und die Verifikation von Willenserklärungen ohne zentrale Instanz. Dies führt dazu, dass beispielsweise Transaktionen ohne Intermediäre durchgeführt werden können, welche üblicherweise die Rolle der Verifikationsstelle einnehmen. Die Verifikation erfolgt innerhalb einer Blockchain vielmehr durch die einzelnen Mitglieder des Netzwerks: Hat eine bestimmte Anzahl der Mitglieder bzw. Clients einen Vorgang bestätigt, wird die Blockchain um diesen verifizierten Vorgang fortgeschrieben.[98]

52 In Zusammenhang mit einer Blockchain werden häufig auch sog. „smart contracts" verwendet, also Computerprotokolle, welche die Logik von Verträgen abbilden oder überprüfen oder die Verhandlung oder Abwicklung eines Vertrages technisch unterstützen.

---

94 „In blockchain technologies we may be witnessing one of those potential explosions of creative potential that catalyse exceptional levels of innovation. The technology could prove to have the capacity to deliver a new kind of trust to a wide range of services. ...the visibility in these technologies [may] reform our financial markets, supply chains, consumer and business-to-business services, and publicly held registers." UK Government Chief Scientific Adviser, Government Office for Science, Distributed Ledger Technology: Beyond Blockchain, 2016, 4.

95 „Die Blockchain-Technologie hat das Potenzial, die gesamten heutigen Abwicklungssysteme z. B. im Wertpapierbereich, möglicherweise auch im Zahlungsverkehr, zu revolutionieren." – Antworten des Bankenverbands auf die Fragen des Ausschusses Digitale Agenda für das Fachgespräch „Digitalisierung der Finanzbranche".

96 *Klein*, DSRITB 2015, 429, 433.

97 *Engelhardt/Klein*, MMR 2014, 355, 355 f.; *Spindler/Bille*, WM 2014, 1357, 1358.

98 *Klein*, DSRITB 2015, 429, 433.

2. Rechtliche Herausforderungen und Compliance-Themen

Die Verwendung einer Blockchain und von Smart Contracts werfen diverse **53** Rechtsfragen auf, welche weder durch den jeweiligen Normgeber noch die Rechtsprechung bisher ausreichend beleuchtet wurden.

Dies betrifft zum einen schon den Vertragsschluss und die Einordnung von **54** M2M-Kommunikation in Form von Smart Contracts als rechtsverbindliche Willenserklärungen, wie auch die Bestimmung des anwendbaren Rechts. Ungeklärt sind daneben auch die Anwendbarkeit von Formvorschriften und die Einhaltung von AGB-Vorschriften, wie auch Anwendung von Gewährleistungsrechten und Beweislastfragen.

Auch vor dem Hintergrund des großen Potenzials der Blockchain und von Smart **55** Contracts sollten Unternehmen im Rahmen einer Risikoeinschätzung diesen Rechtsfragen ausreichend Beachtung und eine umfassende rechtliche Würdigung schenken.

VII. Implementierung eines IT-Compliance-Systems

1. Risikoanalyse und Grundlagen eines Lizenzmanagement-Systems

Grundlage jeder unternehmerischen Entscheidung sollte also die Schaffung **56** einer ausreichenden Tatsachengrundlage sein. Eine Unternehmensleitung muss daher nicht nur alle zur Verfügung stehenden Erkenntnisquellen ausschöpfen, sondern unter Abwägung zwischen Kosten und Nutzen einer ausgiebigen Tatsachenermittlung permanent in der Lage sein, unternehmerische Entscheidungen zu treffen.

Um zu ermitteln, welche Inhalte Teil einer IT-Compliance sein sollen, bedarf es **57** einer individuellen, d.h. auf das Unternehmen (insbesondere mit seinen Anforderungen an IT-Sicherheit, seine Tätigkeitsbranche, seine Größe, die anfallende Datenmenge) zugeschnittenen Risikoanalyse. Hierbei sollten die jeweiligen Besonderheiten Teil der rechtlichen Folgenabschätzung und Risikoabwägung sein, insbesondere aus urheber- und datenschutzrechtlicher Sicht, sowie unter den rechtlichen Anforderungen zur IT-Sicherheit.

Im Rahmen der Risikoanalyse können hierbei beispielhaft folgende Fragen ge- **58** stellt werden:[99]

– Welche Hardware wird verwendet (u.a. mobile Speichermedien, Mobiltelefone/Smartphones, Tablet-Computer, mobile Geräte für den Empfang von E-Mails oder Laptops)? Wo wird diese konzipiert und hergestellt, wie wird diese gewartet und wie oft wird diese ausgetauscht oder modernisiert?

---

[99] Aufzählung basierend auf *Schmidl*, in: Hauschka/Moosmayer/Lösler, Corporate Compliance, § 28 Rn. 6 mit weiteren Ergänzungen.

– Besteht die Möglichkeit für Arbeitnehmer, Kommunikationsmittel des Arbeitgebers auch zu privaten Zwecken zu nutzen? Besteht die Möglichkeit der Nutzung privater Endgeräte für geschäftliche Zwecke („Bring-Your-Own-Device")? Besteht die Möglichkeit zur Nutzung dienstlicher Endgeräte für private Zwecke („Corporately-Owned-Privately-Enabled")?
– Welche Software wird verwendet, wo wird diese programmiert und welche Gefährdungspotenziale (z.B. durch Viren oder bekannte systembedingte Schwächen) existieren?
– Welche Softwareanwender innerhalb des Unternehmens haben welche Berechtigungen, welche externen Dienstleister sind eingebunden und mit welchen Berechtigungen? Wie sind die Wartungsintervalle ausgestaltet?
– Welche Bereiche wurden im Wege des Outsourcing ausgelagert? Wurden ausreichende Weisungsrechte vereinbart? Werden Cloud-Dienste in Anspruch genommen? Werden die Dienstleistungen von Orten außerhalb der EU/des EWR erbracht?
– Wie sind die Zugriffs- und Zutrittsbefugnisse geregelt? Besteht eine angemessene Infrastruktur (Gebäude, Räume etc.)? Wie ist das Gebäudemanagement geregelt?
– Wo entstehen relevante Daten, wie werden diese verwendet und übermittelt?
– Wie ist die Integrität des Firmennetzes gegen Angriffe von außen abgesichert (z.B. durch verschiedene Ebenen von Firewalls oder das Entfernen von Anschlussmöglichkeiten für Datenträger, wie beispielsweise USB-Speicher)?
– Wie und in welchen zeitlichen Abständen werden Daten gesichert, wie und nach welchen Zeiträumen werden Daten gelöscht und wie werden ausgetauschte Datenträger entsorgt?
– Existiert ein Notfallteam für den Fall einer Störung/eines unberechtigten Zugriffs? Ist eine Meldestelle vorgesehen?
– Welche Regelungen wurden mit dem Betriebsrat getroffen? Existiert eine Betriebsvereinbarung?

59 Um ein ordnungsgemäßes Lizenzmanagement zu gewährleisten, muss zunächst der vorhandene Softwarenutzungsbedarf ermittelt werden, wobei, entsprechend der obigen Ausführungen, zwischen On-Premis- und On-Demand-Software unterschieden werden muss.

60 Im Anschluss sind der Inhalt und die Nutzungsrechte aus den vorhandenen Lizenz- und Wartungsverträgen festzustellen. Die anschließend zu erstellende Datenbank sollte weitgehend automatisiert erfolgen, sich einfach aktualisieren lassen und Schnittstellen zu Drittsystemen bieten. Daneben sollte ein aktuelles Lizenzmanagement-System in der Lage sein, komplexe und verteilte Firmenstrukturen zu erfassen.

2. Richtlinie zur IT-Sicherheit

Eine IT-Richtlinie stellt eine Anweisung an den Arbeitnehmer dar, wie er sich in   **61**
Bezug auf die IT-Sicherheit im Unternehmen zu verhalten hat.[100] Kernstück einer
IT-Compliance ist neben einem umfassenden Lizenzmanagement eine IT-Richtlinie, welche die Ergebnisse der Risikoanalyse aufgreift und in Prozessen umsetzt, welche die vorgenannten Risiken reduziert oder sogar ausschließt. Eine
derartige Richtlinie dürfte inzwischen zum allgemein üblichen Standard im Bereich der IT-Compliance gehören.[101] Für sämtliche der im Rahmen der Risikoanalyse genannten typischen Regelungen einer IT-Richtlinie ist durch eine regelmäßige Kontrolle und Sanktionierung von Verstößen sicherzustellen, dass die
aufgestellten Vorgaben in ihrer tatsächlichen und rechtlichen Wirksamkeit erhalten bleiben.

Zentrale Elemente einer Richtlinie zur IT-Sicherheit sollten neben einer genauen   **62**
Beschreibung des Regelungsgegenstandes in der Regel Bestimmungen zur Privatnutzung der IT-Infrastruktur, zur Handhabung von Passwörtern, Abwesen-
heitsregelungen, zu Kopier- und Installationsverboten, zur Handhabung der
elektronischen Kommunikation und Vorgaben zur IT-Sicherheit sein.[102]

3. Der IT-Sicherheitsbeauftragte

Ein IT-Sicherheitsbeauftragter ist für alle Fragen rund um die Informationssi-   **63**
cherheit in der Organisation zuständig. Anders als bei den Positionen des Datenschutzbeauftragten nach § 4 f BDSG existieren bislang – abgesehen von § 109
Abs. 4 TKG für den Telekommunikationsbereich – für den IT-Sicherheitsbeauftragten keine allgemeinen gesetzlichen Vorgaben hinsichtlich der Einrichtung
und der Ausgestaltung der Stelle. Aus den allgemeinen Anforderungen gemäß
§§ 91 Abs. 2 AktG, 43 Abs. 1 GmbHG wird aber teilweise die mittelbare gesetzliche Pflicht zur Ernennung eines IT-Sicherheitsbeauftragten abgeleitet, weil die
„übliche Sorgfalt" der Unternehmensführung auch das Erkennen und Bekämpfen von IT-Risiken umfasst.[103]

Nach den Empfehlungen des BSI sollte er organisatorisch unabhängig sein und   **64**
ein unmittelbares Vortragsrecht bei der Unternehmens- oder Behördenleitung
haben, wobei empfohlen wird, diese Funktion als Stabsstelle der Organisations-
leitung zuzuordnen.

Das BSI formuliert folgende Empfehlungen im Hinblick auf den IT-Sicherheits-   **65**
beauftragten. Zu seinen Aufgaben gehöre es:

---

100 Der Betriebsrat hat daher in der Regel gemäß § 87 Abs. 1 Nr. 1 BetrVG ein Mitbestim-
    mungsrecht.
101 *Schmidl*, in: Hauschka/Moosmayer/Lösler, Corporate Compliance, § 28 Rn. 216.
102 *Schmidl*, in: Hauschka/Moosmayer/Lösler, Corporate Compliance, § 28 Rn. 212 ff.
103 *Schmidl*, in: Hauschka/Moosmayer/Lösler, Corporate Compliance, § 28 Rn. 252.

– den Sicherheitsprozess zu steuern und zu koordinieren,
– die Leitung bei der Erstellung der Sicherheitsleitlinie zu unterstützen,
– die Erstellung des Sicherheitskonzepts und zugehöriger Teilkonzepte Richtlinien zu koordinieren,
– den Realisierungsplan für Sicherheitsmaßnahmen zu erstellen und ihre Umsetzung zu initiieren und zu überprüfen,
– dem IS-Management-Team und der Leitungsebene über den Status der Informationssicherheit zu berichten,
– sicherheitsrelevante Projekte zu koordinieren,
– sicherheitsrelevante Vorfälle zu untersuchen und
– Sensibilisierungs- und Schulungsmaßnahmen zur Informationssicherheit zu initiieren und zu koordinieren.

13. Kapitel
Cybersecurity, IT-Sicherheit und Krisenmanagement

I. Analyse

1. Ziele der IT-Sicherheit

Sowohl die diversen gesetzlichen Vorgaben zur IT-Sicherheit, als auch das davon **1** unabhängige Bestreben von Unternehmen, IT-Sicherheit so weit wie möglich zu gewähren, verfolgen verschiedene Ziele. Diese Ziele zu verstehen ist wichtig für das Verständnis und die Auslegung der jeweiligen Vorgaben.

Vor dem im Juli 2015 in Kraft getretenen IT-Sicherheitsgesetz[1] waren Unterneh- **2** men in Deutschland zur IT-Sicherheit im Wesentlichen nur in zwei Kategorien verpflichtet: Alle Unternehmen (und im Übrigen auch andere, insb. öffentliche Institutionen) mussten schon bisher im Bereich des Datenschutzes durch das BDSG-alt und die Landesdatenschutzgesetze die Sicherheit von IT-Systemen gewährleisten. Diese Verpflichtung, die seit 2018 durch die Datenschutz-Grundverordnung (DSGVO)[2] ersetzt bzw. ergänzt wurde (s. hierzu unten Rn. 42 ff.), gilt unabhängig von dem Sektor, in dem das Unternehmen tätig ist, und auch unabhängig von den konkreten Tätigkeiten, denn Ziel der Vorschriften ist es, so weit wie möglich zu gewährleisten, dass personenbezogene Daten,[3] die von dem Unternehmen verarbeitet und gespeichert werden, gesichert und vor dem Zugriff Dritter geschützt sind.[4] Ob andere Teile des IT-Systems gesichert sind, ist in diesem Zusammenhang irrelevant, und entsprechend unterlagen Unternehmen bis 2015 diesbezüglich keinen gesetzlichen Verpflichtungen. Einzige Ausnahme bildeten schon vor dem IT-Sicherheitsgesetz einige wenige Sektoren oder Arten von Unternehmen wie etwa Kreditunternehmen nach dem KWG oder Energieunternehmen nach dem EnWG. Abgesehen davon, dass es sich bei diesen Regelungen um recht allgemeine, unspezifische Vorschriften handelte, dienen diese Vorschriften dem institutionellen Schutz von (zum Beispiel) Banken und Kreditunternehmen, die zum einen wichtige und sensible Geschäfte für ihre Kunden tätigen und einen besonders hohen Grad an Integrität und Verlässlichkeit bieten müssen, zum anderen wichtige Funktionen in der Gesellschaft übernehmen, nämlich in unserem Beispiel die Gewährleistung des Zahlungsverkehrs, deren

---

1 BGBl. I, S. 1324. Siehe hierzu auch *Jacobs*, Kap. 12, Rn. 35 ff.
2 Verordnung (EU) 2016/679 des Europäischen Parlaments und des Rates vom 27. April 2016 zum Schutz natürlicher Personen bei der Verarbeitung personenbezogener Daten, zum freien Datenverkehr und zur Aufhebung der Richtlinie 95/46/EG (Datenschutz-Grundverordnung), Abl. 119/1 v. 4.5.2016.
3 Zur Definition personenbezogener Daten nach Datenschutzrecht siehe *Becker/Böhlke/Fladung*, Kap. 11, Rn. 41 ff.
4 Zum Datenschutz beim Compliance Management ausführlich *Becker/Böhlke/Fladung*, Kap. 11, Rn. 1 ff.

Wegfall oder Beeinträchtigung verheerende Folgen hätte und es deshalb zu verhindern gilt.

3 Demgegenüber gibt es Compliance-Verpflichtungen des Vorstands einer Aktiengesellschaft oder der Geschäftsführung einer GmbH, die sich auch auf die Gewährleistung der IT-Sicherheit richten. Diese Verpflichtungen sollen wiederum das Unternehmen selbst und seine Aktionäre bzw. Gesellschafter vor Schäden durch Angriffe auf die IT-Infrastruktur eines Unternehmens, aber auch zum Beispiel deren Ausfall schützen.

4 Hauptanwendungsbereich der Verpflichtungen zur IT-Sicherheit sind damit An-, Zu- oder Eingriffe durch Unbefugte in die IT-Infrastruktur. Diese Eingriffe können von innen durch hierzu nicht befugte Mitarbeiter erfolgen oder von außen durch externe Dritte. Letzteres ist insbesondere durch die zunehmende Vernetzung von Unternehmen und ihrer IT-Systeme eine wachsende Gefahr. Solche Eingriffe haben viele Ausformungen und Namen – „Cybercrime" und „Hackerangriff" sind nur einige davon. Demgegenüber wird der Ausfall der IT-Infrastruktur insgesamt oder in Teilen weniger diskutiert. In der Tat sind z.B. personenbezogene Daten hiervon in der Regel nur dann betroffen, wenn der Ausfall den Wegfall von Sicherheitsschranken zur Folge hat. Für das Funktionieren der Gesellschaft wichtige Infrastrukturen sind aber durch einen Ausfall der IT-Struktur kompromittiert, und dem Unternehmen selbst entstehen hierdurch in der Regel hohe Schäden.

2. Cybercrime im Wandel[5]

5 Die Berichte über die wachsende Zahl von Angriffen, immer neue Sicherheitslücken und die zunehmende Kompromittierung von unternehmensrelevanten Daten machen deutlich, welchen Bedrohungen Unternehmen auch in Deutschland ausgesetzt sind. Allein in Deutschland wurden im Jahr 2018 87.106 bekannte Fälle von „Cybercrime" verzeichnet.[6] Hinzu kommt eine signifikante Dunkelziffer von nicht erkannten und nicht gemeldeten Angriffen.[7] Immer häufiger sind dies Akte organisierter Kriminalität, und nicht nur die Taten einzelner Hacker. Die organisierte Kriminalität agiert hierbei nicht nur als Täter, z.B. in Form von digitaler Schutzgelderpressung (z.B. bei sog. „Ransomware") und dem Diebstahl von Konto- und Kreditkarteninformationen, sondern zunehmend auch als Lieferant von Produkten, mit denen ihre „Kunden" Angriffe auf die Unternehmens-IT durchführen können. Diese Spielart wird auch „Crime as a Service" genannt und hat dieser Art von Verbrechen eine äußerst bedrohliche Dimension gebracht, da hierdurch das Interesse an einem Angriff oder Zugriff auf ein IT-

---

5 Ich danke Herrn *Volker Kozok*, Referent im Bundesministerium der Verteidigung, für seine Erklärungen und Erläuterungen zum gesamten Themenkomplex der Verhinderung und Bekämpfung von Cybercrime.

6 Cybercrime – Bundeslagebild 2018 des BKA, S. 6. Dies bedeutet eine Steigerung gegenüber dem Vorjahr um 1,3 % (2017: 85.960 Fälle).

7 Cybercrime – Bundeslagebild 2018 des BKA, S. 48.

System nicht mehr verbunden sein muss mit den technischen Kenntnissen und Fertigkeiten, um diesen auch auszuführen. Mithilfe solcher Produkte, beispielsweise sogenannter „Exploit-Kits",[8] stehen den Angreifern Werkzeuge zur Verfügung, mit denen sie in Unternehmensnetze eindringen, die Netzstruktur analysieren und kritische Unternehmensinformationen abgreifen können oder durch sog. „Denial-of-Service-Angriffe" die Nutzung der unternehmenseigenen IT, digitale Produktionsanlagen oder auch an Kunden gerichtete Webportale stören können.[9]

a) Ideelle Hintergründe

Waren in den letzten Jahren vor allem „Targeted Attacks", also zielgerichtete   6
Angriffe gegen Unternehmen oder bestimmte Bereiche von Unternehmen üblich, greifen heute Hackergruppen mit klassischen Hackerfähigkeiten und unter Ausnutzung von Social Media Unternehmen auch in sogenannten „Combined Attacks" an. Dabei wird ein „Denial-of-Service-Angriff" beispielsweise mit einem „Shitstorm" gegen das Unternehmen und einer „Facebook-Attacke" gegen die Geschäftsleitung verbunden. Oftmals werden mit den Angriffen keine wirtschaftlichen Ziele verfolgt. Vielmehr soll z. B. auf – in den Augen der Angreifer (sog. „Cyberaktivisten") – vom Unternehmen zu verantwortende Missstände aufmerksam gemacht und so der Ruf des Unternehmens geschädigt werden.[10]

Der größte Hackerangriff der letzten Jahre war wahrscheinlich der im Dezember   7
2016 bekannt gegebene Angriff auf „Yahoo!". Das Unternehmen enthüllte, dass es im Laufe der Jahre (vor allem 2013 und 2014) mehreren großen Hackerangriffen zum Opfer gefallen war, durch die persönliche Daten wie Namen, E-Mail-Adressen, Telefonnummern und Geburtsdaten von drei Milliarden Nutzern erbeutet wurden.[11]

Im Januar 2018 wurden bei Intel-CPUs und Prozessoren von AMD und ARM   8
sowie Android-Systemen Sicherheitslücken festgestellt, durch die sich Schadsoftware quasi unbemerkt auf Computern, Laptops und sogar Smartphones ausbreiten können. Die Sicherheitslücken „Spectre" und „Meltdown" erlauben es

---

8   Ein Exploit-Kit ist ein sogenannter Werkzeugkasten, der automatisch Sicherheitslücken in Browsern, Betriebssystemen, Applikationen oder anderen Softwareprogrammen erkennt und ausnutzt. Die Nutzung eines Exploit-Kits ist auch ohne detaillierte Programmierkenntnis möglich. In der Regel beinhalten diese Kits auch Möglichkeiten für den Fernzugriff (Remote Access).
9   Vgl. *Bensinger/Kozok*, CB 2015, 376.
10   Vgl. *Bensinger/Kozok*, CB 2015, 376.
11   Vgl. https://www.sueddeutsche.de/digital/yahoo-hackerangriff-bei-yahoo-traf-alle-drei-milliarden-konten-1.3693671 (zuletzt abgerufen am 23.4.2020).

Angreifern, sensible Speicherbereiche des Computers, wie z. B. Passwörter, kryptografische Schlüssel, E-Mail-Nachrichten oder Chat Inhalte auszulesen.[12]

9 Bei dem im November 2018 bekannt gegebenen Angriff auf die später von der Hotelkette Marriott erworbene Hotelkette Starwood haben sich Hacker die Namen, Adressen, Kontaktinformationen und Passnummern von mehr als 300 Millionen Hotelgästen verschafft, und sind in die Starwood- Reservierungsdatenbank mit ca. 500 Millionen Konten eingedrungen. Das Hacking dauerte wahrscheinlich bereits seit 2014 an.[13]

10 In Deutschland ist der zeitgleiche Hackerangriff auf rund 20 Betriebe des Gesundheitssektors in Rheinland-Pfalz und dem Saarland im Juli 2019 erwähnenswert. Ein Trojaner hatte Server und Datenbanken verschlüsselt, sodass die Mitarbeiter nicht mehr auf die Systeme zugreifen konnten.[14] Ende September 2019 wurde ein Hacker-Angriff auf das Berliner Kammergericht mit dem Trojaner „Emotet" festgestellt, bei dem der Angreifer höchstwahrscheinlich in der Lage war, den gesamten Datenbestand des Kammergerichts zu exfiltrieren und zu manipulieren.[15]

11 Immer häufiger sind Unternehmen und staatliche Institutionen politisch motivierten sog. „State Sponsored Attacks" ausgesetzt, sei es als Teil der kritischen Infrastrukturen oder wegen Produkten/Aktionen, die in der öffentlichen Diskussion stehen.[16]

12 Exemplarisch seien hier der immer noch spektakuläre Angriff auf die Sony Corporation (und insbesondere ihren Entertainment-Zweig) im Jahr 2014 sowie der Computerwurm „Stuxnet" genannt, der erstmals im Juni 2010 entdeckt wurde. Hinter dem „Sony-Hacking" stand wohl nach weit verbreiteter Überzeugung der Staat Nordkorea,[17] und auch die Komplexität und Entwicklung von „Stuxnet" speziell zum Angriff auf Industrieanlagen lassen nach Expertenmeinung eine dahinterstehende staatliche Organisation vermuten.[18]

---

12 Vgl. https://www.bsi-fuer-buerger.de/BSIFB/DE/Service/Aktuell/Informationen/Artikel/ Meltdown_Spectre_Sicherheitsluecke_10012018.html (zuletzt abgerufen am 15.4.2020); *Vogel*, CB 2018, 197, 197.

13 Vgl. https://www.psw-group.de/blog/hackerangriffe-2018/6673 (zuletzt abgerufen am 15.4.2020).

14 Vgl. https://www.datenschutz-praxis.de/fachnews/bisher-groesster-hackerangriff-in-deutsch land/ (zuletzt abgerufen am 15.4.2020).

15 Vgl. https://www.sueddeutsche.de/digital/berlin-kammergericht-hacker-angriff-emotet-1.47 75305 (zuletzt abgerufen am 15.4.2020).

16 Vgl. *Bensinger/Kozok*, CB 2015, 376.

17 Vgl. http://www.zeit.de/digital/2014-12/sony-hack-fbi-beschuldigung-nordkoreak; http:// www.heise.de/security/meldung/US-Geheimdienste-Fehler-beim-Sony-Hack-belegen-Schuld-Nordkoreas-2513504.html (beides zuletzt abgerufen am 29.1.2020).

18 Vgl. http://www.faz.net/aktuell/feuilleton/debatten/digitales-denken/trojaner-stuxnet-der-di gitale-erstschlag-ist-erfolgt-1578889.html (zuletzt abgerufen am 29.1.2020).

Der Erpressungstrojaner „Wannacry" hatte im Mai 2017 300.000 Computer in   **13**
150 Ländern angegriffen. In Großbritannien legte die Ransomware zahlreiche
Kliniken und das Gesundheitssystem des NHS lahm. Betroffen waren außerdem
die Deutsche Bahn, der Automobilhersteller Renault, der Telekommunikationsanbieter Telefónica und das russische Innenministerium.[19] Die Schadsoftware
verschlüsselte die auf dem Computer befindlichen Daten und gab diese nur gegen Zahlung eines Lösegeldes in Bitcoin wieder frei. Laut dem Bundesamt für
IT-Sicherheit (BSI) ist das Besondere an diesem Erpressungstrojaner, dass er
sich eigenständig, also ohne Mitwirkung des Nutzers, weiter verbreitet.[20] Hinter
dem Angriff wird Nordkorea vermutet.[21]

Ebenso ist der Angriff auf das Datennetz der Bundesverwaltung (Informations-   **14**
verbund Berlin-Bonn, IVBB) durch die Hackergruppe APT28 nennenswert, welcher im Februar 2018 bekannt wurde. Betroffen waren nach bisherigen Informationen jedenfalls das Verteidigungsministerium und das Auswärtige Amt.[22] Man
geht davon aus, dass sich hinter der Hackergruppe der russische Militärgeheim-
dienst GRU verbirgt.[23]

Der im Juli 2019 bekannt gewordene und wahrscheinlich schon mehrere Jahre   **15**
andauernde Hacker-Angriff auf mehrere DAX-Konzerne, darunter Siemens,
BASF, Henkel[24] und Lanxess,[25] vonseiten der Hackergruppe „Winnti" wird von
IT-Sicherheitsexperten und deutschen Sicherheitsbehörden dem chinesischen
Staat zugeschrieben.[26]

b) Materielle Hintergründe

Meist werden die Fähigkeiten der Hacker jedoch mit dem Ziel eingesetzt, Ver-   **16**
mögenswerte oder geldwerte Daten/Informationen oder wettbewerbliche Vorteile zu erlangen. Insbesondere hat die organisierte Kriminalität die Industriespio-

---

19 Vgl. https://www.zeit.de/digital/datenschutz/2017-12/wannacry-cyberattacke-nordkorea-us-
   regierung (zuletzt abgerufen am 13.5.2020).
20 Vgl. https://www.tagesspiegel.de/gesellschaft/panorama/ransomware-wanna-cry-wie-hacker
   -mit-cyber-attacken-millionen-erpressen/19797626.html (zuletzt abgerufen am 13.5.2020).
21 Vgl. http://www.zeit.de/digital/2014-12/sony-hack-fbi-beschuldigung-nordkorea; http://
   www.heise.de/security/meldung/US-Geheimdienste-Fehler-beim-Sony-Hack-belegen-
   Schuld-Nordkoreas-2513504.html (zuletzt abgerufen am 25.10.2020).
22 Vgl. https://www.tagesschau.de/inland/hackerangriff-regierungsnetz-101.html (zuletzt abgerufen am 23.4.2020).
23 Vgl. https://www.sueddeutsche.de/politik/cyberattacken-russland-bundesregierung-1.41576
   97 (zuletzt abgerufen am 23.4.2020).
24 Vgl. https://www.tagesschau.de/investigativ/ndr/winnti-101.html (zuletzt abgerufen am
   15.4.2020).
25 Vgl. https://www.tagesschau.de/investigativ/ndr/hackerangriff-chemieunternehmen-101.
   html (zuletzt abgerufen am 15.4.2020).
26 Vgl. https://web.br.de/interaktiv/winnti/ und https://www.spiegel.de/netzwelt/web/hacker-
   gruppe-winnti-griff-auch-basf-siemens-roche-und-henkel-an-a-1278705.html (beides zuletzt abgerufen am 15.4.2020).

nage als Geschäftsmodell entdeckt. Lag dabei der Fokus früher vorwiegend auf den Entwicklungsabteilungen mit ihren Patenten, deren Vorstufen und anderem Know-how, sind jetzt auch die Vertragsabteilungen, Kunden- und Mitarbeiterdaten und die Finanzbuchhaltung mit den entsprechenden Kontoinformationen für Angreifer interessant. Eine weitere Spielart ist das Ausspähen von Unternehmensdaten im Rahmen von privaten und öffentlichen Ausschreibungen, um durch die Abgabe entsprechend angepasster Angebote zum einen Konkurrenten auszuschalten und zum anderen den Ausschreibenden zu benachteiligen. Auch „Denial-of-Service-Angriffe" werden nicht nur aus ideologischen Gründen ausgeführt, sondern durchaus auch zur Schädigung von Konkurrenten.

3. Entwicklungen bei Schutzmaßnahmen

17   In den vergangenen Jahren lag der Schwerpunkt der technischen und organisatorischen Maßnahmen, die Unternehmen zur Verbesserung der IT-Sicherheit gemeinhin getroffen hatten, eher auf dem reaktiven Schutz der IT-Systeme mit dem vorrangigen Ziel, Angriffe von außen abzuwehren und aufzuklären, welche Systeme betroffen sind – etwa durch Firewall-, Virenschutz- und „Intrusion Detection"-Systeme. Seit dem Zeitalter der „Industrie 3.0" und erst recht in der Ära der „Industrie 4.0" mit Cloud-Angeboten, „Bring Your Own Device", mobilem Arbeiten in dezentralen Strukturen und der gewachsenen Abhängigkeit von IT-Systemen in Produktion und Entwicklung, ist jedoch ein ganzheitlicher Ansatz erforderlich. Neben der notwendigen durchgängigen Verschlüsselung aller unternehmensrelevanten Informationen und dem weiterhin notwendigen Schutz vor „Malware" sind Analyse- und Auswertetools und ein zielgerichtetes Auditing heutzutage unabdingbar. Diese Entwicklung lässt sich am besten mit dem Begriff „Cyberintelligence" beschreiben: Es geht nicht nur darum, die betroffenen Systeme zu identifizieren, sondern im Rahmen der Angriffserkennung auch herauszufinden, wer der Angreifer ist, welche Methoden er angewandt hat und welche Tools er eingesetzt hat, um die unternehmenseigenen Systeme zu kompromittieren.[27] Die hierzu notwendige Hard- und Software, wie z.B. eine „Next Generation Firewall", SIEM-Systeme und moderne Auditingtools ergänzen die vorhandenen IT-Sicherheitssysteme und unterstützen nicht nur die Angriffserkennung, sondern erleichtern auch die erforderlichen Maßnahmen im Rahmen des „Business Continuity Managements".[28]

II. Vorbeugende Maßnahmen

18   Eine Reihe von gesetzlichen Regelungen formulieren – mehr oder weniger konkret – Anforderungen, die Unternehmen im Bereich der IT-Sicherheit erfüllen

---

27 Für eine Illustration der verschiedenen Angriffswege vgl. *Ahrend*, CB 2019, 105, 106.
28 Vgl. BSI, Empfehlungen für die Wirtschaft, jeweils auch für einzelne Teilbereiche der Wirtschaft, https://www.bsi.bund.de/DE/Themen/Cyber-Sicherheit/Empfehlungen/fuer_ Wirtschaft/CS_Empfehlungen_node.html (zuletzt abgerufen am 15.4.2020); *Bensinger/ Kozok*, CB 2015, 376 f.

müssen. Hervorzuheben sind die DSGVO, das Gesetz über das Bundesamt für Sicherheit in der Informationstechnik (BSIG), das durch das im Juli 2015 in Kraft getretene IT-Sicherheitsgesetz, das Gesetz zur Umsetzung der NIS-Richtlinie sowie das Zweite Gesetz zur Anpassung des Datenschutzrechts grundlegend überarbeitet wurde. Daneben gibt es noch Vorschriften für spezielle Sektoren, wie etwa Kredit- und Finanzdienstleistungsinstitute (§§ 25a, 25b KWG, §§ 28, 29 KAGB), Energieversorger (§ 11 EnWG) oder Telematiksysteme im Gesundheitswesen (§ 291b SGB V)). § 291b SGB V wurde durch das E-Health-Gesetz vom 29.12.2015[29] neu gefasst und erweitert. Der am 30.6.2017 zur Anpassung an Art. 15 NIS angefügte Abs. 8 stärkt die Aufsicht des BSI über die Gesellschaft für Telematik (GfT) im Hinblick auf mögliche Sicherheitsmängel und ermächtigt die GfT, Betreibern von Diensten und Anwendungen zur Beseitigung festgestellter Sicherheitsmängel unmittelbare Anweisungen zu erteilen.[30] Das E-Health-Gesetz enthält konkrete Maßnahmen für den Aufbau der sicheren Telematikinfrastruktur und die Einführung medizinischer Anwendungen.[31] Auf EU-Ebene hat die 2016 in Kraft getretene NIS-Richtlinie[32] einen einheitlichen Rechtsrahmen für IT-Sicherheit aufgestellt, der in Deutschland aber weitestgehend bereits im IT-Sicherheitsgesetz umgesetzt war. Keine Verpflichtungen für Unternehmen, sondern für die Geschäftsleitung einer Aktiengesellschaft bzw. einer GmbH enthalten die allgemeinen Compliance-Vorschriften der §§ 91, 93, 116 AktG sowie § 43 GmbHG. Diese Vorschriften enthalten keine spezifischen Pflichten zur IT-Sicherheit, werden aber auch hierfür herangezogen.

1. Adressaten

Abgesehen von den Vorschriften der DSGVO, die alle Unternehmen und Institutionen verpflichtet, wenn und soweit diese personenbezogene Daten verarbeiten,[33] richten sich alle anderen gesetzlichen Verpflichtungen zu vorbeugenden IT-Sicherheitsmaßnahmen nur an einen ganz bestimmten, zum Teil eng abgegrenzten Adressatenkreis: **19**

a) KRITIS-Betreiber

Adressat der öffentlich-rechtlichen Pflichten der §§ 8a, 8b und 8c BSIG sind „Betreiber kritischer Infrastrukturen" (auch KRITIS-Betreiber genannt), d. h. Unternehmen aus den Bereichen Energie, Informationstechnik, Telekommuni- **20**

---

29 Gesetz für sichere digitale Kommunikation und Anwendungen im Gesundheitswesen (E-Health-Gesetz), BGBl. I, S. 2408.
30 *Michels,* in: Becker/Kingreen, SGB V § 291b Rn. 1.
31 Vgl. https://www.bundesgesundheitsministerium.de/service/begriffe-von-a-z/e/e-health-ge setz.html (zuletzt abgerufen am 15.4.2020).
32 Richtlinie (EU) 2016/1148 vom 6. Juli 2016 über Maßnahmen zur Gewährleistung eines hohen gemeinsamen Sicherheitsniveaus von Netz- und Informationssystemen in der Union, ABl. L 194/1 v. 19.7.2016.
33 Zum Datenschutz beim Compliance Management ausführlich *Becker/Böhlke/Fladung,* Kap. 11.

kation, Transport und Verkehr, Gesundheit, Wasser, Ernährung sowie Finanz-
und Versicherungswesen, deren Einrichtungen und Anlagen von hoher Bedeutung für das Funktionieren des Gemeinwesens sind. Anders als Nicht-KRITIS-
Unternehmen dürfen also KRITIS-Unternehmen nicht selbst entscheiden, ob
und welche IT-Sicherheitsmaßnahmen sie für sinnvoll und angemessen erachten
und ergreifen wollen. Als Begründung für diese Sonderverpflichtung gilt, dass
durch einen Ausfall oder eine Beeinträchtigung der von KRITIS-Unternehmen
betriebenen kritischen Infrastruktur erhebliche Versorgungsengpässe oder Gefährdungen für die öffentliche Sicherheit eintreten würden (§ 2 Abs. 10 BSIG).
Nach der Gesetzesbegründung werden etwa 2.000 in Deutschland ansässige Unternehmen als KRITIS-Betreiber einzustufen sein.[34] Die im Mai 2016 in Kraft
getretene Verordnung zur Bestimmung Kritischer Infrastrukturen (BSI-KritisV)
regelte zunächst nur für die Sektoren Energie, Informationstechnik, Telekommunikation sowie Wasser und Ernährung, wann ein Unternehmen eine kritische
Infrastruktur betreibt und in den Anwendungsbereich des IT-Sicherheitsgesetzes
bzw. des BSIG fällt. So enthält die Verordnung konkrete Bestimmungen zu den
entsprechenden Dienstleistungen, Bereichen sowie den Anlagenkategorien und
diesbezüglichen Schwellenwerten. Die Verordnung wurde maßgeblich vom BSI
und UP KRITIS[35] erarbeitet, was den betroffenen Unternehmen die Möglichkeit
gab, bei der Entwicklung der Verordnung mitzuwirken. Durch die Änderungs-
verordnung vom 21.7.2017 wurde die noch ausstehende Bestimmung kritischer
Infrastrukturen in den Sektoren Gesundheit, Finanz- und Versicherungswesen
sowie Transport und Verkehr vorgenommen.[36]

21   Eine fast deckungsgleiche Zielgruppe wird von der am 8.8.2016 in Kraft getretenen EU-Richtlinie zur Verbesserung der Netz- und Informationssicherheit[37]
(NIS-Richtlinie) verpflichtet: Auch diese Richtlinie richtet sich an Betreiber von
kritischen Infrastrukturen,[38] allerdings aus etwas anderen Sektoren: Energie,
Transport, Bank- und Finanzwesen, Gesundheitswesen, Wasserversorgung und
digitale Infrastruktur. Insbesondere Telekommunikationsanbieter sind hier also
nicht erfasst.

22   Mittelbar sind neben den KRITIS-Betreibern aber noch weitere Unternehmen
betroffen, etwa solche, die (IT-)Dienstleistungen für KRITIS-Betreiber erbringen und denen die neuen Standards vertraglich auferlegt werden.

---

34 Gesetzesbegründung zum IT-Sicherheitsgesetz, BT-Drucks. 18/4096, S. 21.
35 Öffentlich-private Kooperation zwischen Betreibern kritischer Infrastruktur, deren Ver-
    bänden und zuständigen staatlichen Stellen, vgl. http://www.kritis.bund.de/SubSites/Kri
    tis/DE/Aktivitaeten/Nationales/UPK/upk_node.html (zuletzt abgerufen am 29.1.2020).
36 Erste Verordnung zur Änderung der BSI-Kritisverordnung, BGBl. I 2017, S. 1903 ff.
37 Richtlinie (EU) 2016/1148 vom 6. Juli 2016 über Maßnahmen zur Gewährleistung eines ho-
    hen gemeinsamen Sicherheitsniveaus von Netz- und Informationssystemen in der Union,
    ABl. L 194/1 v. 19.7.2016.
38 Ähnlich wie das IT-Sicherheitsgesetz adressiert die NIS-Richtlinie außerdem auch Anbieter
    digitaler Dienstleistungen, s. u. Rn. 24.

b) Anbieter von Telemediendiensten

Auch für Anbieter von Telemediendiensten gelten wegen der von ihnen verwal- **23**
teten Kundendaten spezialgesetzliche Anforderungen, obwohl diese an sich keine kritischen Infrastrukturen betreiben. Zu beachten ist der weite Adressatenkreis des TMG, der für Anbieter von „geschäftsmäßig angebotenen Telemedien"
gilt. Hierzu gehören etwa Websites, Blogs, Shops, aber auch Online-Games und
Apps, sofern sie Online-Inhalte darstellen. Da insbesondere fast jeder Website-
betreiber zu den Telemediendiensteanbietern zählt, sind die Anforderungen nach
dem TMG von einer Vielzahl von Unternehmen zu beachten.

Demgegenüber sind Adressaten der NIS-Richtlinie (vgl. Rn. 30 ff. und Rn. 81 ff.) **24**
nur „Anbieter digitaler Dienstleistungen". Im Vergleich zum Anbieter von Telemediendiensten dürfte es sich hier nur um solche Dienstleister handeln, die konkret Dienstleistungen für Kunden anbieten, also etwa Betreiber von E-Commerce-Plattformen, Cloud-Dienste-Anbieter oder Suchmaschinenbetreiber.

Mittelbar sind Online-Händler (insb. E-Commerce-Plattformen) auch an be- **25**
stimmte Vorgaben der von der BaFin erlassenen „Mindestanforderungen an die
Sicherheit von Internetzahlungen" („MaSI", vgl. unten Rn. 27 und Rn. 71 ff.) gebunden, da Internet-Zahlungsdienstleister solche Online-Händler, die mit
sensiblen Zahlungsdaten umgehen, vertraglich verpflichten müssen, in ihrer
IT-Infrastruktur bestimmte Sicherheitsmaßnahmen zur Verhinderung von uner-
laubtem Zugriff auf diese Daten umzusetzen. Die korrekte Implementierung dieser vertraglichen Verpflichtungen muss der Internet-Zahlungsdienstleister auch
regelmäßig überprüfen.[39]

c) Anbieter von Telekommunikationsdiensten

Aufgrund der hohen Bedeutung zuverlässiger und sicherer Kommunikation für **26**
Wirtschaft und Gesellschaft gelten auch für die Anbieter von Telekommunikationsdiensten besondere Verpflichtungen.[40] Zum einen folgen diese schon aus
§§ 8a und 8b BSIG, da Telekommunikationsanbieter KRITIS-Unternehmen
sind; zum anderen sind solche Verpflichtungen im TKG geregelt (s. u. Rn. 58 f.).
Die Bundesnetzagentur soll für die Aufrechterhaltung von Integrität und Sicherheit der öffentlichen Kommunikationsnetze sorgen. Um dies zu gewährleisten,
ist die Mitwirkung der Diensteanbieter erforderlich, woraus sich insbesondere
eine Meldepflicht für Sicherheitsverletzungen ergibt (s. u. Rn. 134 f.).

d) Bank- und Finanzwesen

Für Kreditinstitute sieht das Kreditwesengesetz (KWG) Regelungen zur Sicher- **27**
heit der Geschäftsorganisation vor, zu denen über die von der BaFin aufgestellten „Mindestanforderungen an das Risikomanagement" (MaRisk) auch Pflichten zur Sicherheit der IT-Infrastruktur gehören. Ähnlich sind E-Geldinstitute und

---

39 MaSI Titel II, Nr. 3.4.
40 So schon ErwG 44 der RL 2009/140/EG.

Zahlungsinstitute durch § 22 ZAG und Kapitalverwaltungsgesellschaften nach den §§ 28, 29 KAGB zu bestimmten Risikosicherungsmaßnahmen auch im IT-Bereich verpflichtet. Die ebenfalls von der BaFin erlassenen „Mindestanforderungen an die Sicherheit von Internetzahlungen" (MaSI) hingegen richten sich umfassender an alle Kreditinstitute, E-Geldinstitute, Zahlungsinstitute und andere Zahlungsdienstleister, die Zahlungsgeschäfte im Massenzahlungsverkehr über das Internet anbieten.

e) Energiewirtschaft

28 Für Betreiber von Energieversorgungsnetzen oder Energieanlagen nach dem EnWG (Energieanlagen jedoch nur, wenn sie als Kritische Infrastruktur nach dem BSIG einzustufen sind) sieht § 11 Abs. 1a EnWG, der durch das IT-Sicherheitsgesetz konkretisiert und um die Absätze 1b und 1c ergänzt wurde, ein Pflichtenprogramm zur Gewährleistung der IT-Sicherheit vor.[41] Dieses ist seither durch die von der Bundesnetzagentur erstellten IT-Sicherheitskataloge zu § 11 Abs. 1a EnWG[42] und § 11 Abs. 1b EnWG[43] detailliert ausgearbeitet worden.

f) Geschäftsführung von Aktiengesellschaften und GmbHs

29 Die §§ 76, 91, 93 AktG sowie § 43 GmbHG richten sich an einen ganz anderen Adressatenkreis: Hiernach sind nicht (bestimmte) Unternehmen zur Vorhaltung von Risikomanagementsystemen verpflichtet, sondern die Mitglieder des Vorstands von Aktiengesellschaften und GmbH-Geschäftsführer persönlich – und zwar grundsätzlich unabhängig davon, ob das Unternehmen eine kritische Infrastruktur betreibt oder sonst selbst zu bestimmten IT-Sicherheitsmaßnahmen verpflichtet ist.

2. Inhalt der gesetzlichen Verpflichtungen

30 Die Gefahren der Cyberkriminalität gehen weit über den Verlust oder die unrechtmäßige Verarbeitung von personenbezogenen Daten hinaus. Da es Pflichten zur Vermeidung von Industriespionage oder zur Sicherung der Operationsfähigkeit wichtiger Unternehmen und Strukturen zuvor nicht bzw. nur vereinzelt und unkonkret gab, stellte 2015 das IT-Sicherheitsgesetz auch im internationalen Vergleich eine wichtige und bemerkenswerte Änderung der Rechtslage dar. Rechtstechnisch handelt es sich bei dem IT-Sicherheitsgesetz um ein Artikelge-

---

41 Vgl. ausführlich *Weise/Brühl*, CR 2015, 290 ff., und *Giebichenstein/Schirp*, CB 2015, 66, 68.
42 IT-Sicherheitskatalog gemäß § 11 Absatz 1a Energiewirtschaftsgesetz von August 2015, https://www.bundesnetzagentur.de/SharedDocs/Downloads/DE/Sachgebiete/Energie/Unternehmen_Institutionen/Versorgungssicherheit/IT_Sicherheit/IT_Sicherheitskatalog_08-2015.pdf?__blob=publicationFile&v=1 (zuletzt abgerufen am 10.5.2020).
43 IT-Sicherheitskatalog gemäß § 11 Absatz 1b Energiewirtschaftsgesetz von Dezember 2018, https://www.bundesnetzagentur.de/SharedDocs/Downloads/DE/Sachgebiete/Energie/Unternehmen_Institutionen/Versorgungssicherheit/IT_Sicherheit/IT_Sicherheitskatalog_2018.pdf?__blob=publicationFile&v=4 (zuletzt abgerufen am 10.5.2020).

setz, das ein ganzes Paket an Änderungen bestehender Gesetze im Bereich IT-Sicherheit bewirkte. Weitere Änderungen kamen 2017 hinzu, als die NIS-Richtlinie ins deutsche Recht umgesetzt wurde. Als EU-Richtlinie entfaltet die 2016 in Kraft getretene und bis zum 10.5.2018 von den Mitgliedstaaten umzusetzende NIS-Richtlinie[44] keine unmittelbare Rechtswirkung. Mit dem Gesetz zur Umsetzung der NIS-Richtlinie vom 29.6.2017[45] wurde die Regelung ins deutsche Recht umgesetzt, soweit dies angesichts des IT-Sicherheitsgesetzes noch nötig war. Insbesondere wurden die Aufsichts- und Durchsetzungsbefugnisse des BSI gegenüber KRITIS-Betreibern erweitert (s. u. Rn. 39 ff.) und Regelungen für Anbieter Digitaler Dienste neu geschaffen (s. u. Rn. 35 und 121).

Als Reaktion auf die weitreichenden Cyberangriffe der letzten Jahre, insbesondere auf den Bundestag und das Auswärtige Amt (vgl. Rn. 14), hat das Bundesinnenministerium im März 2019 einen Referentenentwurf eines neuen IT-Sicherheitsgesetzes, das sog. „IT-Sicherheitsgesetz 2.0" vorgelegt, der zuletzt im Mai 2020 aktualisiert wurde[46] und eine umfassende Überarbeitung des BSIG sowie Neuerungen im TKG und TMG vorsieht. Der Gesetzesentwurf erweitert die bereits bestehenden Befugnisse des BSI, das in Zukunft etwa für die Entwicklung und Veröffentlichung eines Standes der Technik bei sicherheitstechnischen Anforderungen an IT-Produkte zuständig sein und als nationale Behörde für die Cybersicherheitszertifizierung gem. EU Cybersecurity Act (CSA) agieren soll. Darüber hinaus wird das BSI die Beratung, Information und Warnung von staatlichen und privaten Stellen in Fragen der Informationssicherheit übernehmen, Empfehlungen für Identifizierungs- und Authentizierungsverfahren vergeben und Krisenreaktionspläne aufstellen. Außerdem soll das BSI in Zukunft zur Prüfung bestimmter informationstechnischer Systeme auf Schadprogramme und Sicherheitslücken befugt werden. Die Abfallwirtschaft wird zum neuen kritischen Sektor bestimmt. Zudem werden durch die Einführung des Begriffs „Infrastrukturen im besonderen öffentlichen Interesse" die bestehenden verpflichtenden Mindeststandards und Meldepflichten für KRITIS-Betreiber auf weitere Teile der Wirtschaft ausgeweitet. „Infrastrukturen im besonderen öffentlichen Interesse" gelten zwar nicht unmittelbar als kritische Infrastrukturen, werden aber im Ergebnis als solche behandelt. Hierunter fallen etwa Unternehmen der Rüstungsindustrie, Hersteller von IT-Produkten für die Verarbeitung staatlicher Verschlusssachen, Unternehmen, die einer Regulierung durch die Verordnung zum Schutz von Gefahrstoffen unterliegen, sowie Unternehmen von erheblicher volkswirtschaftlicher Bedeutung.

31

---

44 Richtlinie (EU) 2016/1148 vom 6. Juli 2016 über Maßnahmen zur Gewährleistung eines hohen gemeinsamen Sicherheitsniveaus von Netz- und Informationssystemen in der Union, ABl. L 194/1 v. 19.7.2016, Art. 25 Abs. 1.
45 BGBl. I, S. 1885.
46 Entwurf vom 7.5.2020, http://intrapol.org/wp-content/uploads/2020/05/200507_BMI_RefE
  _IT-SiG20.pdf (zuletzt abgerufen am 13.5.2020).

32 Schließlich sollen die Bußgelder denen der DSGVO angeglichen werden: Während derzeit Strafen von bis zu 100.000 EUR drohen, soll dies zukünftig auf bis zu 20 Mio. EUR oder 4 % des gesamten weltweit erzielten Unternehmensumsatzes des vorangegangenen Geschäftsjahrs erhöht werden, je nachdem, welcher der Beträge höher ist.

33 Wann und in welcher Form das IT-Sicherheitsgesetz 2.0 in Kraft treten wird, ist unklar – vor Herbst 2020 ist jedoch nicht mit einer Verabschiedung zu rechnen. Da die Regelungen wieder der Umsetzung durch eine Rechtsverordnung bedürfen, für die eine zweijährige Frist vorgesehen ist, würden die meisten Regelungen wohl frühestens im Herbst 2022 in Kraft treten.

a) BSIG

aa) Pflichten der KRITIS-Betreiber

34 Insbesondere das BSIG wurde durch das IT-Sicherheitsgesetz und später durch die NIS-Richtlinie weitreichend geändert. Im Vordergrund stehen die Anforderungen an die KRITIS-Betreiber, die sich dahingehend zusammenfassen lassen, dass KRITIS-Betreiber ein Information Security Management betreiben und kritische Cyber-Assets identifizieren und managen müssen. Daneben müssen Maßnahmen zur Angriffsprävention und -erkennung und ein „Business Continuity Management" eingerichtet werden. Hierbei haben die KRITIS-Betreiber branchenspezifische Besonderheiten zu beachten und umzusetzen.[47]

35 Der Gesetzgeber hat sich dabei für eine dynamische und eigenverantwortliche Lösung entschieden (§ 8a Abs. 1 BSIG): Die Unternehmen müssen selbst entscheiden, welche Maßnahmen für sie erforderlich und nach Abwägung der Umstände angemessen sind. Jedoch haben sie sich stets am Stand der Technik zu orientieren. „Stand der Technik" ist der Entwicklungsstand fortschrittlicher Verfahren, Einrichtungen oder Betriebsweisen, der die praktische Eignung einer Maßnahme zum Schutz der Funktionsfähigkeit von informationstechnischen Systemen, Komponenten oder Prozessen gegen Beeinträchtigungen der Verfügbarkeit, Integrität, Authentizität und Vertraulichkeit gesichert erscheinen lässt.[48] Für Anbieter Digitaler Dienste gelten nach § 8c BSIG besondere Anforderungen. Abs. 1 verlangt von Anbietern Digitaler Dienste geeignete und verhältnismäßige technische und organisatorische Maßnahmen, um Risiken für die Sicherheit der Netz- und Informationssysteme, die sie zur Bereitstellung der digitalen Dienste innerhalb der EU nutzen, zu bewältigen und den Auswirkungen von Sicherheitsvorfällen auf innerhalb der EU erbrachte digitale Dienste vorzubeugen (bzw. die Auswirkungen so gering wie möglich zu halten). Dabei ist der Sicherheit der Systeme und Anlagen, der Erkennung, Analyse und Eindämmung von Sicherheitsvorfällen, dem Betriebskontinuitätsmanagement, der Überwachung,

---

47 BT-Drucks. 18/4096, 26 f.
48 Gesetzesbegründung, BT-Drucks. 18/4096, 26.

Überprüfung und Erprobung sowie der Einhaltung internationaler Normen besonders Rechnung zu tragen.[49]

Anerkannte Standards, Regelwerke oder Interpretationsmaßstäbe wie die Mindestanforderungen an das Risikomanagement (MaRisk) der BaFin können die Pflichten der KRITIS-Betreiber konkretisieren. So nennt die Gesetzesbegründung z.B. die (zertifizierbaren) branchenunabhängigen ISO-Normen als Maßstab.[50] Demgegenüber betrachtet das BSI seine eigenen Empfehlungen wie z.B. die Grundschutzkataloge lediglich als Orientierungshilfe, und (weder im positiven noch im negativen Sinne) nicht als Vorgabe. Deshalb kommt den Branchenorganisationen eine besondere Bedeutung zu: Gemäß § 8a Abs. 2 BSIG können branchenspezifische Sicherheitsstandards (BS3) vorgeschlagen werden, die das Bundesamt für Sicherheit für geeignet erklären muss.[51] In den Branchen Trinkwasserversorgung/Abwasserbeseitigung, Lebensmittelhandel und IT sowie in den Anlagenkategorien Rechenzentrum, Serverfarmen und CDN[52] sowie Ernährungswirtschaft, Fernwärme, Versicherungen, (medizinische) Labore und Elektrizität[53] wurde die Eignung der Sicherheitsstandards durch das BSI bereits erfolgreich festgestellt. Hält sich ein Unternehmen dann an die spezifischen Standards seiner Branche, so dürften die Anforderungen jedenfalls insoweit als erfüllt anzusehen sein.[54] Ungeklärt ist die Frage nach der „Haltbarkeit" einer Eignungserklärung des Bundesamts: Nach einiger Zeit geben solche Standards eben nicht mehr den Stand der Technik wieder. Vermutlich dürfte hier ein ähnlicher Zeitrahmen gelten wie für die Sicherheitsmaßnahmen der einzelnen Unternehmen, sodass die Eignung alle zwei Jahre nachgewiesen werden muss. Bei aller Kritik am Fehlen konkreter Maßstäbe bietet dieses Regime jedenfalls ausreichend Flexibilität, um auch neue, alternative Ansätze für IT-Sicherheitsstandards zu etablieren, wie z.B. kooperative Ansätze. Hilfreich ist außerdem, dass das BSI schon von Gesetzes wegen auf Ersuchen der KRITIS-Betreiber diese bei der Sicherung ihrer IT beraten und unterstützen oder auf qualifizierte Sicherheitsdienstleister verweisen kann.

Grundsätzlich brauchen KRITIS-Betreiber auch nur angemessene Maßnahmen **37** zu implementieren, bei denen also der erforderliche Aufwand nicht außer Verhältnis zu den Folgen eines Ausfalls oder einer Beeinträchtigung der betroffenen Infrastruktur steht. Was genau das heißt, ist schon im Rahmen der Business-

---

49 *Schneider/Forgó/Helfrich*, in: Forgó/Helfrich/Schneider, Betrieblicher Datenschutz, Teil XII. Kap. 4. Überblick zu Risikomanagement unter BSIG, BSI-KritisV, NIS-RL i.V. m. DS-GVO Rn. 7.
50 Gesetzesbegründung, BT-Drucks. 18/4096, 27; hierzu ausführlich *Giebichenstein/Schirp*, CB 2015, 66, 69 ff.
51 Es handelt sich bei der Entscheidung des BSI um eine Allgemeinverfügung i. S. d. § 35 Satz 2 VwVfG (*Guckelberger*, DVBl 2019, 525, 531).
52 BSI, Die Lage der IT-Sicherheit in Deutschland 2018, S. 66.
53 BSI, Die Lage der IT-Sicherheit in Deutschland 2019, S. 59.
54 So im Ergebnis schon *Reinhard/Pohl/Capellaro*, IT-Sicherheit und Recht, S. 37 ff.; *von Holleben/Menz*, CR 2010, 63, 65 f.

Judgement-Rule des § 93 AktG unklar (s. u. Rn. 45); hier dürfte die Latte aber wegen der Bedeutung der kritischen Infrastrukturen noch höher anzulegen sein.

38 Die KRITIS-Betreiber haben mindestens alle zwei Jahre beim BSI nachzuweisen, dass sie die oben genannten Anforderungen erfüllen und entsprechende Vorkehrungen getroffen haben. Die Nachweise können durch Sicherheitsaudits, Prüfungen oder Zertifizierungen erfolgen. Das BSI kann dazu Verfahrensanforderungen nach Anhörung von Vertretern der betroffenen Betreiber und Wirtschaftsverbände festlegen. Bislang hat das BSI nur eine unverbindliche Orientierungshilfe[55] erlassen. Für die Anlagenkategorie 2.1.1 Rechenzentrum hat das BSI aber nur einen Entwurf veröffentlicht, der die Anforderungen zur Nachweisführung konkretisiert (§ 8a Abs. 3 BSIG).

bb) Befugnisse des BSI

39 § 8a Abs. 4 Satz 1 BSIG verleiht dem BSI eine Eingriffsbefugnis zur Überprüfung der Anforderungen des § 8a Abs. 1 BSIG unabhängig von der Anzeige konkreter Mängel. Diese Eingriffsbefugnis wird flankiert von § 8a Abs. 4 Satz 2 BSIG: Hiernach müssen KRITIS-Betreiber dem BSI und den in dessen Auftrag handelnden Personen das Betreten der Geschäfts- und Betriebsräume während der üblichen Betriebszeiten gestatten, auf Verlangen die in Betracht kommenden Aufzeichnungen, Schriftstücke und sonstigen Unterlagen in geeigneter Weise vorlegen, Auskünfte erteilen und die sonstige erforderliche Unterstützung gewähren. Bei konkreten Anhaltspunkten für berechtigte Zweifel an der Einhaltung des § 8a Abs. 1 BSIG darf das BSI nach § 8a Abs. 4 Satz 3 BSIG Gebühren und Auslagen für die Überprüfung des KRITIS-Betreibers erheben.

40 § 7 BSIG enthält eine Ermächtigung für das BSI zu Warnungen und Empfehlungen. Nach Abs. 1 Satz 1 Nr. 1 kann das BSI Warnungen an die Öffentlichkeit oder die betroffenen Kreise richten vor: Sicherheitslücken in informationstechnischen Produkten und Diensten, vor Schadprogrammen sowie bei einem Verlust oder unerlaubten Zugriff auf Daten. Außerdem kann das BSI Sicherheitsmaßnahmen sowie den Einsatz bestimmter Sicherheitsprodukte empfehlen (§ 7 Abs. 1 Satz 1 Nr. 2 BSIG). Erlässt das BSI Warnungen oder Empfehlungen bzgl. bestimmter informationstechnischer Produkte oder Dienste, so dürfte insoweit von einer Änderung des „Stands der Technik" auszugehen sein, sodass Unternehmen solche Warnungen und Empfehlungen berücksichtigen müssen.[56]

41 Wenn hinreichende Anhaltspunkte dafür vorliegen, dass von diesen Produkten oder Diensten Sicherheitslücken bzw. Gefahren für die Sicherheit in der Informationstechnik ausgehen, darf das BSI die Öffentlichkeit sogar unter Nennung der Bezeichnung und des Herstellers des betroffenen Produkts/Dienstes warnen. Vor Produktwarnungen müssen die Hersteller rechtzeitig informiert werden, sofern

---

55 Vgl. https://www.bsi.bund.de/DE/Themen/KRITIS/IT-SiG/Was_tun/Nachweise/Orientierungshilfe/Orientierungshilfe_node.html (zuletzt abgerufen am 25.2.2020).

56 Anders aber *Guckelberger*, DVBl 2019, 525, 533.

hierdurch der Zweck der Maßnahme nicht gefährdet wird (§ 7 Abs. 1 Satz 3 BSIG).

b) DSGVO

Den zweiten wichtigen Regelungsrahmen bietet die DSGVO mit Art. 32 **42** DSGVO. Zwar bezweckt der Datenschutz primär den Schutz der Person, nicht der Daten. Dennoch besteht eine inhärente Verknüpfung zur IT-Sicherheit, denn ein unberechtigter Zugriff auf die IT-Systeme kann zu einem Verlust oder unberechtigten Zugriff auf personenbezogene Daten führen.[57] Deshalb verpflichten in der Regel alle Datenschutzgesetze, und insbesondere auch die DSGVO, IT-Systeme jedenfalls insoweit gegen unbefugten Zugriff oder Versagen zu schützen, als mit ihnen personenbezogene Daten verarbeitet werden. Nach Art. 32 Abs. 1 DSGVO sind sowohl der Verantwortliche als auch – was neu ist – der Auftragsverarbeiter verpflichtet, geeignete technische und organisatorische Maßnahmen[58] zum Schutz personenbezogener Daten zu treffen und zur Vorbeugung gegen ihre unrechtmäßige Verarbeitung.[59] Der Verantwortliche kann zwar ihn treffende Pflichten durch einen Auftragsverarbeiter erfüllen lassen, zum Beispiel, wenn personenbezogene Daten gar nicht beim Verantwortlichen selbst verarbeitet werden. Dies ändert jedoch nichts daran, dass der Verantwortliche selbst Pflichtenadressat bleibt.[60]

Die entsprechenden Maßnahmen müssen ein Schutzniveau gewährleisten, das **43** den von der Verarbeitung ausgehenden Risiken und der Art der zu schützenden personenbezogenen Daten angemessen ist.[61] Art. 32 Abs. 1 DSGVO verpflichtet den Verantwortlichen und den Auftragsverarbeiter mithin nicht zu einem absoluten Schutz(niveau) der Daten.[62] Das Schutzniveau muss vielmehr, je nach Verarbeitungskontext und dem Risiko für die Rechte und Freiheiten der betroffenen Personen im Einzelfall angemessen sein. Für die Analyse des konkret notwendigen Schutzniveaus gibt die DSGVO ein Reihe von zu berücksichtigenden Faktoren vor.[63] Im Ergebnis ist also eine Verhältnismäßigkeitsprüfung anhand dieser

---

57 *Schmitz/v. Dall'Armi*, in: Forgó/Helfrich/Schneider, Betrieblicher Datenschutz, Teil XII, Kap. 1. Anforderungen an die IT-Sicherheit und deren rechtliche Grundlage Rn. 5. Zum Datenschutz im Compliance Management ausführlich *Becker/Böhlke/Fladung*, Kap. 11.

58 Für eine Übersicht über in Frage kommende Maßnahmen zum Schutz der Datensicherheit und des Datenschutzes vgl. *Schmitz/v. Dall'Armi*, in: Forgó/Helfrich/Schneider, Betrieblicher Datenschutz, Teil XII., Kap. 1. Anforderungen an die IT-Sicherheit und deren rechtliche Grundlage Rn. 37. Für eingehendere Ausführungen vgl. *Schmieder*, in: Forgó/Helfrich/ Schneider Betr. Datenschutz, Teil XII., Kap. 2. Technische und organisatorische Maßnahmen Rn. 44 ff.

59 *Conrad*, in: Auer-Reinsdorff/Conrad, HdB IT- und Datenschutzrecht, § 33 Compliance, IT-Sicherheit, Ordnungsmäßigkeit der Datenverarbeitung Rn. 180.

60 *Piltz*, in: Gola, DS-GVO, Art. 32 Rn. 7.

61 ErwG 83 zu DSGVO.

62 *Martini*, in: Paal/Pauly, DS-GVO BDSG, Art. 32 Rn. 46. Siehe auch *Becker/Böhlke/Fladung*, Kap. 11, Rn. 30 ff.

63 *Martini*, in: Paal/Pauly, DS-GVO BDSG, Art. 32 Rn. 47.

Prüfungsfaktoren vorzunehmen.[64] Daraus ergibt sich auch, dass die Maßnahmen das angemessene Schutzniveau nicht nur einmalig herstellen, sondern auch in der Zukunft beibehalten müssen.[65] Wie bisher (vgl. Art. 17 RL 95/46/EG und § 9 BDSG-alt) wird die Erfüllung der Umsetzungspflicht damit von einer Verhältnismäßigkeitsprüfung abhängig gemacht.[66] Im Ergebnis ist eine Schutzbedarfsfeststellung bzw. Risikoanalyse[67] durch das Unternehmen vorzunehmen, deren Ziel und Zweck es ist zu klären, welches Schutzniveau Informationen (bzw. die zugehörigen Dokumente oder Daten) benötigen, und welche angemessenen Sicherheitsmaßnahmen für die einzelnen Objekte erforderlich sind.[68] Im Rahmen der Schutzbedarfsfeststellung sollten folgende Schritte eingehalten werden: Strukturanalyse, Einrichtung von Schutzbedarfskategorien (Schutzklassen),[69] Feststellung (Klassifikation) des Schutzbedarfs von Gruppen von Verarbeitungstätigkeiten sowie Ableitung (Klassifikation) des Schutzbedarfs der weiteren, damit zusammenhängenden IT-Systeme und Kommunikationsverbindungen.[70] Im Rahmen der Risikoanalyse wird v. a. anhand der Eintrittswahrscheinlichkeit und des Schadensausmaßes das Gefährdungspotenzial ermittelt.

44 Im Rahmen der Verhältnismäßigkeitsprüfung sind gemäß Art. 32 Abs. 1 DSGVO folgende Prüfungsfaktoren zu beachten: der Stand der Technik, die Implementierungskosten und Art, Umfang, Umstände und Zwecke der Verarbeitung sowie die unterschiedliche Eintrittswahrscheinlichkeit und Schwere des Risikos für die Rechte und Freiheiten natürlicher Personen. Insbesondere fließt hier auch eine Einschätzung des Risikos ein, dass ein unautorisierter Zugriff überhaupt erfolgt. Mit dem „Stand der Technik" sind nicht die absolut besten und leistungsfähigsten Technologien zum Zeitpunkt der Verhältnismäßigkeitsprüfung gemeint, sondern vielmehr bekannte, bewährte und effektive Maßnahmen, die derzeit auf dem Markt verfügbar und etabliert sind.[71] Es muss somit die aktuelle Marktsituation und das Verhalten von Wettbewerbern analysiert werden. Zudem sind auch Informationen und Empfehlungen staatlicher Stellen zu be-

---

64 *Schmieder*, in: Forgó/Helfrich/Schneider, Betrieblicher Datenschutz, Teil XII, Kap. 2. Technische und organisatorische Maßnahmen, Rn. 24.

65 *Piltz*, in: Gola, DS-GVO, Art. 32 Rn. 11 f.

66 *Piltz*, in: Gola, DS-GVO, Art. 32 Rn. 9.

67 Wie eine solche Risikoanalyse aussehen könnte, veranschaulichen *Schmitz/v. Dall'Armi*, in: Forgó/Helfrich/Schneider, Betrieblicher Datenschutz, Teil XII, Kap. 1. Anforderungen an die IT-Sicherheit und deren rechtliche Grundlage, Rn. 35.

68 *Conrad*, in: Auer-Reinsdorff/Conrad, HdB IT- und Datenschutzrecht, § 33 Compliance, IT-Sicherheit, Ordnungsmäßigkeit der Datenverarbeitung, Rn. 193.

69 Für Einzelheiten vgl. *Conrad*, in: Auer-Reinsdorff/Conrad, HdB IT- und Datenschutzrecht, § 33 Compliance, IT-Sicherheit, Ordnungsmäßigkeit der Datenverarbeitung, Rn. 195 ff.

70 *Conrad*, in: Auer-Reinsdorff/Conrad, HdB IT- und Datenschutzrecht, § 33 Compliance, IT-Sicherheit, Ordnungsmäßigkeit der Datenverarbeitung, Rn. 194.

71 *Piltz*, in: Gola, DS-GVO, Art. 32 Rn. 18; *Schmitz/v. Dall'Armi*, in: Forgó/Helfrich/Schneider, Betrieblicher Datenschutz, Teil XII, Kap. 1. Anforderungen an die IT-Sicherheit und deren rechtliche Grundlage, Rn. 47.

rücksichtigen, wie etwa die IT-Grundschutz-Kataloge des BSI, die weitere Empfehlungen zur Gewährleistung der IT-Sicherheit enthalten und im EU-Raum die
ISO 27000-Normenreihe mit dem Zertifizierungsstandard ISO 27002.[72]

Der zweite Prüfungsfaktor – die Implementierungskosten – erlaubt es dem Ver-   **45**
antwortlichen, ökonomische Aspekte in die Ermittlung des notwendigen Schutzniveaus einzubeziehen.[73] Der Verantwortliche hat im Rahmen einer Wirtschaftlichkeitsbetrachtung zu prüfen, ob Kosten und Risiken in einem angemessenen
Verhältnis zueinander stehen.[74] Hohe Implementierungskosten allein können es
jedoch nicht rechtfertigen gar keine oder schlechterdings unzureichende Sicherheitsmaßnahmen zu treffen, sondern nur die Art und den Umfang der erforderlichen Maßnahmen beeinflussen.[75] Im Ergebnis bewirkt der Prüfungsfaktor der
Implementierungskosten, dass nicht alles implementiert werden muss, was dem
gegenwärtigen Stand der Technik entspricht, wenn dadurch die Kosten unverhältnismäßig werden.[76] Grundsätzlich gilt: Je risikoreicher die Datenverarbeitung und je größer der daraus resultierende Schaden für die betroffene Person,
desto höhere notwendige Implementierungskosten müssen in Kauf genommen
werden.[77] Streitig ist hier insbesondere, ob mit den Implementierungskosten
auch Folgekosten (und nicht nur einmalige Kosten der Einführung von Maßnahmen) erfasst werden können. Hierfür spricht viel; insbesondere sollen die Implementierungskosten wohl alle Kosten erfassen, die für die Umsetzung der Maßnahmen erforderlich sind. Dazu gehören aber auch laufende und Folgekosten.[78]

---

72 *Martini*, in: Paal/Pauly, DS-GVO BDSG, Art. 32 Rn. 57 f. Es gibt zahlreiche weitere Kataloge, wie etwa die des TeleTrusT, Handreichung zum „Stand der Technik" technischer und organisatorischer Maßnahmen, 2018, https://www.teletrust.de/fileadmin/docs/fachgruppen/
ag-stand-der-technik/TeleTrusT-Handreichung_Stand_der_Technik_-_Ausgabe_2018.pdf
(zuletzt abgerufen am 27.2.2020).
73 *Laue*, in: Spindler/Schuster, Recht der elektronischen Medien, DS-GVO Art. 32 Rn. 7.
74 *Jandt*, in: Kühling/Buchner, DS-GVO/BDSG, Art. 32 Rn. 11; *Schultze-Melling*, in: Taeger/
Gabel, DSGVO – BDSG, Art. 32 Rn. 14.
75 *Laue*, in: Spindler/Schuster, Recht der elektronischen Medien, DS-GVO Art. 32 Rn. 7;
Mantz, in: Sydow, Europäische Datenschutzgrundverordnung, DSGVO Art. 32 Rn. 1, 10;
Paulus, in: BeckOK DatenschutzR, 31. Ed. 1.11.2019, DS-GVO Art. 32 Rn. 9; a. A. *Martini*,
in: Paal/Pauly, DS-GVO BDSG, Art. 32 Rn. 60, wenn die Gefahren für den Betroffenen gering sind und Datensicherheitsmaßnahmen zugleich hohe Implementierungskosten nach sich
zögen.
76 *Schultze-Melling*, in: Taeger/Gabel, DSGVO – BDSG, Art. 32 Rn. 14.
77 *Jandt*, in: Kühling/Buchner, DS-GVO/BDSG, Art. 32 Rn. 11; *Schultze-Melling*, in: Taeger/
Gabel, DSGVO – BDSG, Art. 32 Rn. 14.
78 So auch *Laue*, in: Spindler/Schuster, Recht der elektronischen Medien, DS-GVO Art. 32
Rn. 8; *Hansen*, in: Simitis/Hornung/Spiecker gen. Döhmann, Datenschutzrecht, DSGVO
Art. 32 Rn. 26. Anders aber *Sydow*, Europäische Datenschutzgrundverordnung, DSGVO
Art. 32 Rn. 1, 10; *Martini*, in: Paal/Pauly, DS-GVO BDSG, Art. 32 Rn. 60 und *Schmitz/v.
Dall'Armi*, in: Forgó/Helfrich/Schneider, Betrieblicher Datenschutz, Teil XII, Kap. 1. Anfor-
derungen an die IT-Sicherheit und deren rechtliche Grundlage, Rn. 50.

46 Bei der Risikobestimmung sind auch besondere Kategorien personenbezogener Daten gemäß Art. 9 DSGVO zu identifizieren, die besonderen Beschränkungen oder Anforderungen unterliegen.[79]

47 Allerdings sind diese Prüfungsfaktoren nur zu „berücksichtigen", d.h., sie müssen in der Verhältnismäßigkeitsprüfung zwar beachtet, aber nicht notwendigerweise insgesamt geschützt werden. Dies ist insbesondere für den Prüfungsfaktor „Stand der Technik" relevant. Dieser ist bei der erforderlichen Abwägungsentscheidung vor Umsetzung der Maßnahmen zu berücksichtigen und quasi als Leitlinie zu beachten.[80]

48 In Übereinstimmung mit dem Gedanken der Technikneutralität und Entwicklungsoffenheit werden keine konkreten Maßnahmen verlangt. Art. 32 Abs. 1 Hs. 2 DSGVO zählt jedoch einige Maßnahmen und insbesondere Datensicherheitsziele auf, die von den verpflichteten Stellen zu erreichen sind: (a) Pseudonymisierung und Verschlüsselung personenbezogener Daten; (b) die Fähigkeit, die Vertraulichkeit, Integrität, Verfügbarkeit und Belastbarkeit der Systeme und Dienste im Zusammenhang mit der Verarbeitung auf Dauer sicherzustellen; (c) die Fähigkeit, die Verfügbarkeit der personenbezogenen Daten und den Zugang zu ihnen bei einem physischen oder technischen Zwischenfall rasch wiederherzustellen und (d) ein Verfahren zur regelmäßigen Überprüfung, Bewertung und Evaluierung der Wirksamkeit der technischen und organisatorischen Maßnahmen zur Gewährleistung der Sicherheit der Verarbeitung zu etablieren. Die Aufzählung in Art. 32 Abs. 1 Hs. 2 erfolgt entgegen des Wortlauts nur beispielhaft und orientiert sich ebenfalls am Verhältnismäßigkeitsprinzip.[81]

49 Gesetzliche Definitionen der verwendeten Begrifflichkeiten im Rahmen von Maßnahme (b) existieren in der DSGVO nicht. Für die Anwendung in der Praxis kann auf die bereits bekannten Definitionen der Begriffe durch das BSI zurückgegriffen werden.[82] Danach ist unter Vertraulichkeit der Schutz vor unbefugter Preisgabe von Informationen zu verstehen. Die DSGVO definiert insbesondere den neuen Begriff der Belastbarkeit nicht weiter. Darunter ist wohl die Fähigkeit der Systeme zu verstehen, auch unter hoher Inanspruchnahmefrequenz ordnungsgemäß zu funktionieren.[83] Die verwendete IT-Infrastruktur, d.h. Räumlichkeiten, Hard- und Software, Netze und Dienste, muss möglichst wenig risikoanfällig sein. Durch dieses Schutzziel der „Belastbarkeit" wird ein neuer Fokus auf

---

79 *Conrad*, in: Auer-Reinsdorff/Conrad, HdB IT- und Datenschutzrecht, § 33 Compliance, IT-Sicherheit, Ordnungsmäßigkeit der Datenverarbeitung, Rn. 185. Siehe auch *Becker/Böhlke/Fladung*, Kap. 11, Rn. 44.

80 *Piltz*, in: Gola, DS-GVO, Art. 32 Rn. 14.

81 *Piltz*, in: Gola, DS-GVO, Art. 32 Rn. 23 f.

82 Vgl. https://www.bsi.bund.de/DE/Themen/ITGrundschutz/ITGrundschutzKompendium/vor kapitel/Glossar_.html (zuletzt abgerufen am 26.2.2020).

83 *Piltz*, in: Gola, DS-GVO, Art. 32 Rn. 31.

die Effizienz der technischen und organisatorischen Maßnahmen gelegt, der stärker ist als bisher im BDSG-alt.[84]

Art. 32 Abs. 1 lit. d DSGVO verpflichtet zur regelmäßigen dokumentierten **50** Überprüfung, Bewertung und Evaluierung der Wirksamkeit der getroffenen technischen und organisatorischen Maßnahmen zur Sicherstellung der Datensicherheit. Der Verantwortliche muss den Nachweis erbringen, dass die umgesetzten Maßnahmen bezogen auf das prognostizierte Risiko geeignet sind, ein angemessenes Schutzniveau zu gewährleisten und somit den Anforderungen des Art. 32 gerecht werden.[85]

Die Norm konkretisiert nicht, wie genau derartige Untersuchungen auszugestalten sind. Daher kommen sowohl technische Maßnahmen wie etwa Penetrationstests[86] als auch organisatorische Maßnahmen in Frage, wie etwa externe oder interne Prüfberichte,[87] Befragungen von Nutzern oder Betroffenen oder die Einsichtnahme in den Ablauf und die Ergebnisse von Verarbeitungsprozessen.[88] Außerdem ist zu denken an die Auswertung von Sicherheitsmeldungen des Verarbeitungssystems, auffälligen Protokolleinträgen, Hinweisen der Hersteller auf Updates oder Patches sowie Warnungen aus der Fachpresse oder durch das BSI.[89] Im Rahmen der Bewertung und Evaluierung sind die Testergebnisse auszuwerten. Sollte der Verantwortliche zu dem Ergebnis kommen, dass die Wirksamkeit der Maßnahmen nicht (mehr) ausreichend ist, besteht die Pflicht zur Anpassung der technischen und organisatorischen Maßnahmen.[90]

Die konkreten Zeitabstände für eine Überprüfung werden nicht näher konkretisiert und sind daher vom Verantwortlichen selbst risikoorientiert zu bestimmen.[91] Je größer das Risiko für einen internen oder externen Systemangriff und je höher das angemessene Schutzniveau, desto häufiger sind die Kontrollen

---

84 *Conrad*, in: Auer-Reinsdorff/Conrad, HdB IT- und Datenschutzrecht, § 33 Compliance, IT-Sicherheit, Ordnungsmäßigkeit der Datenverarbeitung, Rn. 203.
85 *Piltz*, in: Gola, DS-GVO, Art. 32 Rn. 36, 37; *Hansen*, in: Simitis/Hornung/Spiecker gen. Döhmann, Datenschutzrecht, DSGVO Art. 32 Rn. 53 f.
86 Dabei werden Systemangriffe simuliert, um die Empfindlichkeit des Systems zu prüfen vgl. *Hladjk*, in: Ehmann/Selmayr, DS-GVO, Art. 32 Rn. 10; *Jandt*, in: Kühling/Buchner DS-GVO/BDSG, Art. 32 Rn. 29.
87 *Schmitz/v. Dall'Armi*, in: Forgó/Helfrich/Schneider, Betrieblicher Datenschutz, Teil XII, Kap. 1. Anforderungen an die IT-Sicherheit und deren rechtliche Grundlage, Rn. 40 f.
88 *Laue*, in: Spindler/Schuster, Recht der elektronischen Medien, DS-GVO Art. 32 Rn. 18; *Martini*, in: Paal/Pauly, DS-GVO BDSG, Art. 32 Rn. 44.
89 *Hansen*, in: Simitis/Hornung/Spiecker gen. Döhmann, Datenschutzrecht, DSGVO Art. 32 Rn. 56.
90 *Jandt*, in: Kühling/Buchner, DS-GVO/BDSG, Art. 32 Rn. 29; *Hansen*, in: Simitis/Hornung/ Spiecker gen. Döhmann, Datenschutzrecht, DSGVO Art. 32 Rn. 56; *Martini*, in: Paal/Pauly, DS-GVO BDSG, Art. 32 Rn. 44; *Behling*, ZIP 2017, 697, 702.
91 *Laue*, in: Spindler/Schuster, Recht der elektronischen Medien, DS-GVO Art. 32 Rn. 19; *Jandt*, in: Kühling/Buchner, DS-GVO/BDSG, Art. 32 Rn. 30; *Hansen*, in: Simitis/Hornung/ Spiecker gen. Döhmann, Datenschutzrecht, DSGVO Art. 32 Rn. 55.

durchzuführen.[92] Das Angriffsrisiko steigt in der Regel mit dem Umfang der behandelten Daten, der Komplexität der Verarbeitungsprozesse und der Zahl der (Unter-)Auftragnehmer.[93] Zudem sind anlassbezogene Kontrollen anzuraten, etwa wenn sich die technischen oder organisatorischen Rahmenbedingungen ändern (z. B. bei einem Software-Update) oder wenn neue Bedrohungen oder Meldungen von Sicherheitsvorfällen bekannt werden.[94]

53 Die vorgenommene Planung und Durchführung der Tests sowie die Testergebnisse sollten dokumentiert werden, um die regelmäßige Überprüfung im Zweifelsfall entsprechend Art. 5 Abs. 2 DSGVO nachweisen zu können.[95]

54 Nach Art. 83 Abs. 4 lit. a DSGVO kann ein Verstoß gegen die Vorgaben des Art. 32 DSGVO mit einem Bußgeld von bis zu 10.000.000 EUR oder von bis zu 2 % des gesamten weltweit erzielten Jahresumsatzes des vorangegangenen Geschäftsjahres geahndet werden. Nach Art. 83 Abs. 2 lit. d DSGVO ist jedoch bei der Entscheidung über die Verhängung eines Bußgeldes zu berücksichtigen, welche technischen und organisatorischen Maßnahmen getroffen wurden. Das bedeutet, dass wirksame und geeignete Maßnahmen sich bei dem Ob und der Höhe des Bußgeldes bei einem Verstoß gegen die Vorgaben der DSGVO mildernd auswirken.[96] In diesem Zusammenhang erlangt die Dokumentations- und Nachweispflicht besondere Bedeutung, denn nur solche Compliance-Maßnahmen, deren Vornahme nachgewiesen werden kann, können auch geltend gemacht werden.[97] Die Dokumentations- und Nachweispflicht ergibt sich aus der allgemeinen Rechenschaftspflicht (Art. 5 Abs. 2) für die Datensicherheit, die sich explizit aus Art. 5 Abs. 1 lit. f ergibt. Relevant für Unternehmen ist, dass Art. 32 Abs. 3 es dem Verantwortlichen und dem Auftragsverarbeiter ermöglicht, die Anforderungen an die geeigneten technischen und organisatorischen Maßnahmen durch Einhaltung genehmigter Verhaltensregeln (Art. 40 Abs. 2 lit. h), oder eines genehmigten Zertifizierungsverfahrens (Art. 42) nachzuweisen.[98]

---

92 *Jandt*, in: Kühling/Buchner, DS-GVO/BDSG, Art. 32 Rn. 30; *Hansen*, in: Simitis/Hornung/ Spiecker gen. Döhmann, Datenschutzrecht, DSGVO Art. 32 Rn. 55; *Laue*, in: Spindler/Schuster, Recht der elektronischen Medien, DS-GVO Art. 32 Rn. 19; *Mantz*, in: Sydow, Europäische Datenschutzgrundverordnung, DSGVO Art. 32 Rn. 21.

93 *Martini*, in: Paal/Pauly, DS-GVO BDSG, Art. 32 Rn. 45.

94 *Jandt*, in: Kühling/Buchner, DS-GVO/BDSG, Art. 32 Rn. 30; *Hansen*, in: Simitis/Hornung/ Spiecker gen. Döhmann, Datenschutzrecht, DSGVO Art. 32 Rn. 55.

95 *Hansen*, in: Simitis/Hornung/Spiecker gen. Döhmann, Datenschutzrecht, DSGVO Art. 32 Rn. 56; *Laue*, in: Spindler/Schuster, Recht der elektronischen Medien, DS-GVO Art. 32 Rn. 19.

96 *Piltz*, in: Gola, DS-GVO, Art. 32 Rn. 55. Siehe auch *Becker/Böhlke/Fladung*, Kap. 11, Rn. 157.

97 *Conrad*, in: Auer-Reinsdorff/Conrad, HdB IT- und Datenschutzrecht, § 33 Compliance, IT-Sicherheit, Ordnungsmäßigkeit der Datenverarbeitung, Rn. 210.

98 *Hladjk*, in: Ehmann/Selmayr, DS-GVO, Art. 32 Rn. 12.

c) BDSG

Die Regelung der erforderlichen Sicherheitsmaßnahmen in Art. 32 DSGVO ist   **55**
an die Stelle von § 9 BDSG-alt getreten,[99] der mitsamt der Anlage hierzu ersatz-
los entfallen ist.[100]

Im neuen BDSG hat § 64 BDSG einen ähnlichen Regelungsgehalt zu § 9 BDSG-   **56**
alt,[101] allerdings nur für die Datenverarbeitung durch Polizei und Justiz zum
Zweck der Gefahrenabwehr bzw. Strafverfolgung (vgl. § 45 Satz 1 BDSG).[102]
Der allgemeine datenschutzrechtliche Teil des BDSG enthält keine Vorschrift
mehr zu technischen und organisatorischen Maßnahmen zur Gewährleistung der
Sicherheit der Datenverarbeitung.[103] § 64 BDSG konkretisiert den Grundsatz der
Sicherheit der Verarbeitung aus § 47 Nr. 6 BDSG.[104] Die in § 64 Abs. 2 BDSG
genannten Zwecke, die durch die ausgewählten technischen und organisatorischen Maßnahmen erzielt werden müssen, spiegeln die Inhalte des Art. 32
Abs. 1 lit. a–c DSGVO wieder. Abs. 3 konkretisiert die zu erreichenden Zwecke
für den Fall einer automatisierten Verarbeitung. Der Katalog entspricht weitestgehend § 9 BDSG-alt und dem Anhang hierzu.[105]

d) TMG und TKG

aa) TMG

Es wird gemeinhin davon ausgegangen, dass die §§ 11 ff. TMG im Abschnitt 4   **57**
„Datenschutz" keine Anwendung mehr finden.[106] Die Konferenz der unabhängigen Datenschutzbehörden des Bundes und der Länder vertritt in einer Positionsbestimmung vom 26.4.2018 die Position, dass die Kollisionsnorm des Art. 95
DSGVO auf die §§ 11–15a TMG keine Anwendung findet, da es sich bei diesen
Regelungen überwiegend um Umsetzungen der Vorgaben aus der EU-Daten-
schutz-Richtlinie handele und nicht um solche der ePrivacy-Richtlinie. Art. 13
Abs. 7 TMG, nach welchem Anbieter von Telemediendiensten bei den von ihnen
für ihre Telemedienangebote genutzten Einrichtungen ebenfalls technisch-organisatorische Vorkehrungen treffen müssen, obwohl diese an sich keine kritischen

---

99 *Conrad*, in: Auer-Reinsdorff/Conrad, HdB IT- und Datenschutzrecht, § 33 Compliance, IT-
  Sicherheit, Ordnungsmäßigkeit der Datenverarbeitung, Rn. 182.
100 *Jandt*, in: Kühling/Buchner, DS-GVO/BDSG, Art. 32 Rn. 41.
101 *Marnau*, in: Gola/Heckmann, BDSG, § 64 Rn. 3.
102 *Braun*, in: Gola/Heckmann, BDSG, § 45 Rn. 1–2.
103 *Jandt*, in: Kühling/Buchner, DS-GVO/BDSG, Art. 32 Rn. 41.
104 *Bock*, in: BeckOK DatenschutzR, 31. Ed. 1.2.2020, BDSG, § 64 Rn. 1.
105 *Gräber/Nolden*, in: Paal/Pauly, DS-GVO BDSG, § 64 Rn. 5–6.
106 Positionsbestimmung der Konferenz der unabhängigen Datenschutzbehörden des Bundes
  und der Länder – Düsseldorf, 26.4.2018: Zur Anwendbarkeit des TMG für nicht-öffentliche
  Stellen ab dem 25.5.2018, https://www.datenschutzkonferenz-online.de/media/ah/2018
  04_ah_positionsbestimmung_tmg.pdf (zuletzt abgerufen am 24.4.2020); *Golland*, in: Tae-
  ger/Gabel, DSGVO – BDSG, Art. 95 Rn. 20; *Piltz*, in: Gola, DS-GVO, Art. 95 Rn. 19.

Infrastrukturen betreiben[107], kommt neben Art. 32 DSGVO keine eigenständige Bedeutung hinsichtlich des Schutzes personenbezogener Daten mehr zu.[108]

bb) TKG

58 Nach § 109 Abs. 1 TKG haben die Anbieter von Telekommunikationsdiensten die erforderlichen technischen Vorkehrungen und sonstigen Maßnahmen zum Schutz des Fernmeldegeheimnisses und personenbezogener Daten zu treffen. Hinzu kommen Verpflichtungen nach § 109 Abs. 2 ff. TKG zum Schutz gegen Störungen, die zu erheblichen Beeinträchtigungen von TK-Netzen und Diensten führen können. Insbesondere sind die Telekommunikations- und Datenverarbeitungssysteme gegen unerlaubte Zugriffe zu sichern und Maßnahmen zu treffen, um den ordnungsgemäßen Betrieb der Netze zu gewährleisten und Risiken für deren Sicherheit zu beherrschen.

59 Nach § 100 Abs. 4 TKG ist von den Diensteanbietern ein Sicherheitsbeauftragter zu benennen und ein Sicherheitskonzept zu erstellen. Dieses Sicherheitskonzept ist der Bundesnetzagentur unverzüglich nach Aufnahme des Netzbetriebes vorzulegen. Die Bundesnetzagentur kann auch eine Überprüfung des Sicherheitskonzepts und seiner Implementierung anordnen, sowie Abhilfemaßnahmen fordern, wenn sich dabei Mängel herausstellen. Nach § 109 Abs. 6 TKG werden direkt von der Bundesnetzagentur gemeinsam mit dem BSI Sicherheitskataloge[109] aufgestellt, die verbindliche Mindeststandards darstellen. § 8a BSIG ist gem. § 8c Abs. 2 Nr. 1 BSIG nicht gleichzeitig anwendbar; die datenschutzrechtlichen Pflichten gelten aber daneben auch für Telekommunikationsdiensteanbieter, schon in Ausfüllung des § 109 Abs. 1 Nr. 2 TKG.

cc) Verhältnis zur DSGVO

60 Als EU-Verordnung hat die DSGVO grundsätzlich in ihrem Anwendungsbereich Vorrang vor den nationalen Bestimmungen des Datenschutzes.[110] Art. 95 DSGVO erklärt jedoch nationale Ausführungsvorschriften zur ePrivacy-Richtlinie zur *lex specialis* gegenüber den gleichgerichteten Vorschriften der

---

107 Siehe hierzu oben Rn. 16.

108 Vgl. *Conrad/Hausen*, in: Auer-Reinsdorff/Conrad, HdB IT- und Datenschutzrecht, § 36 Datenschutz im Internet Rn. 20 für eine Bewertungstabelle zu der Anwendbarkeit der einzelnen Vorschriften des §§ 11 ff. TMG im Hinblick auf die DSGVO.

109 Bundesnetzagentur, Katalog von Sicherheitsanforderungen für das Betreiben von Telekommunikations- und Datenverarbeitungssystemen sowie für die Verarbeitung personenbezogener Daten nach § 109 Telekommunikationsgesetz (TKG) Version 2.0, Stand 9.10.2019, https://www.bundesnetzagentur.de/SharedDocs/Downloads/DE/Sachgebiete/Telekommunikation/Unternehmen_Institutionen/Anbieterpflichten/OeffentlicheSicherheit/KatalogSicherheitsanforderungen/KatalogSicherheitsanforderungen2.pdf?__blob=publicationFile&v=2 (zuletzt abgerufen am 7.5.2020).

110 *Eckhardt*, in: Spindler/Schuster, Recht der elektronischen Medien, TKG § 91 Rn. 6.

DSGVO.[111] Demnach werden nur solche nationalen Regelungen im Anwendungsbereich der DSGVO von dieser verdrängt, die entweder nicht auf der ePrivacy-Richtlinie beruhen oder die ePrivacy-Richtlinie überschießend umsetzen. Eine Ausnahme besteht für Regelungen, die über eine Öffnungsklausel der DSGVO Anwendung finden (für öffentliche Stellen kommt insbesondere Art. 6 Abs. 2 DSGVO in Betracht).[112] Die Regelungen der ePrivacy-Richtlinie sind im deutschen Recht im Wesentlichen in den §§ 91 ff. TKG und in den §§ 11 ff. TMG umgesetzt.[113] Daher sind das TKG und TMG weiterhin anwendbar, auch sofern und soweit die fraglichen Regelungen des TKG den Schutz personenbezogener Daten bezwecken.[114] Dies gilt insbesondere für die §§ 109 ff. TKG, da nur Abs. 1 (auch) personenbezogene Daten schützt, im Übrigen aber die Telekommunikationsanlagen und -dienste als Kritische Infrastrukturen geschützt werden sollen.

e) KWG, ZAG, MaRisk und MaSI

Kreditinstitute müssen nach § 25a KWG über eine ordnungsgemäße Geschäfts-   **61** organisation verfügen, wozu auch die Einrichtung eines angemessenen und wirksamen Risikomanagements gehört. Die Verantwortung hierfür liegt bei der Geschäftsleitung. Es wird jedoch vom Gesetz selbst kein konkretes Risikomanagement vorgegeben, sondern lediglich bestimmte qualitative Mindeststandards festgelegt. Ausgangspunkt der Überlegungen zum Risikomanagement ist der Schutz des Kundenvermögens, die Sicherstellung der Ordnungsmäßigkeit der Erbringung der Bank- und Finanzdienstleistungen, die Vermeidung von erheblichen Nachteilen für die Gesamtwirtschaft sowie der Schutz der Kunden bei Erbringung von Wertpapierdienstleistungen und Wertpapiernebendienstleistungen. Für Zahlungsdienstleistungen hat die EU-Richtlinie (EU) 2015/2366 vom 25. November 2015[115] (gemeinhin als PSD II bezeichnet) weitgehende und komplexe Anforderungen eingeführt. Diese wurden 2017 ins deutsche Recht umgesetzt,[116] wobei die Regelungen nur stufenweise in Kraft treten, und der Zeitplan aufgrund der Umsetzungsschwierigkeiten bei den Zahlungsdienstleistern derzeit auch verzögert ist. Die meisten Vorschriften sind entsprechend Art. 115 Abs. 1 und 2 PSD II am 13.1.2018 in Kraft getreten (sog. erste Stufe). Bereiche, in denen neben den rechtlichen auch umfangreiche technische Anpassungen durch

---

111 *Karg*, in: Simitis/Hornung/Spiecker gen. Döhmann, Datenschutzrecht, DSGVO Art. 95 Rn. 16; *Holländer*, in: BeckOK DatenschutzR, 31. Ed. 1.11.2019, DS-GVO Art. 95 Rn. 5.
112 *Golland*, in: Taeger/Gabel, DSGVO – BDSG, Art. 95 Rn. 19.
113 *Golland*, in: Taeger/Gabel, DSGVO – BDSG, Art. 95 Rn. 18.
114 *Karg*, in: Simitis/Hornung/Spiecker gen. Döhmann, Datenschutzrecht, DSGVO Art. 95 Rn. 16; *Holländer*, in: BeckOK DatenschutzR, 31. Ed. 1.11.2019, DS-GVO Art. 95 Rn. 22.
115 Richtlinie (EU) 2015/2366 des Europäischen Parlaments und des Rates vom 25. November 2015 über Zahlungsdienste im Binnenmarkt, zur Änderung der Richtlinien 2002/65/EG, 2009/110/EG und 2013/36/EU und der Verordnung (EU) Nr. 1093/2010 sowie zur Aufhebung der Richtlinie 2007/64/EG.
116 Vgl. https://www.bundesfinanzministerium.de/Content/DE/Gesetzestexte/Gesetze_Verord nungen/2017-07-21-G-z-Umsetzung-d-Zweiten-Zahlungsdiensterichtlinie.html (zuletzt abgerufen am 17.4.2020).

die Anbieter von Zahlungsverkehrsprodukten und -dienstleistungen vorgeschrieben waren, hatten eine Übergangsfrist von weiteren 18 Monaten, also bis zum 13.9.2019 (Art. 115 Abs. 4 PSD II).[117] So sollte ursprünglich ab dem 14.9.2019 bei Online-Zahlungen eine sog. Starke Kundenauthentifizierung notwendig sein. Aufgrund des immer noch erheblichen Anpassungsbedarfs aufseiten der Zahlungsempfänger verzichtet die BaFin für Kreditzahlungen im Internet vorübergehend auf die Starke Kundenauthentifizierung.[118]

aa) MaRisk (Mindestanforderungen an das Risikomanagement)

62 § 25a KWG ist eine allgemeine Norm, Verpflichtungen im Zusammenhang mit Informationstechnologien nennt sie nicht spezifisch.[119] Wichtig sind in diesem Zusammenhang deshalb die von der BaFin aufgestellten MaRisk. Hierbei handelt es sich eher um interne, veröffentlichte Interpretationsgrundsätze, wann die BaFin die Anforderungen des § 25a KWG als erfüllt ansieht. Faktisch kommt ihnen damit aber Regelungscharakter zu, und entsprechend werden sie von der BaFin regelmäßig überarbeitet.[120] Einzelne Bankenverbände geben wiederum Interpretationsleitlinien für die MaRisk heraus, die diese noch weiter spezifizieren – so zum Beispiel der Interpretationsleitfaden MaRisk des Deutschen Sparkassen- und Giroverbandes (DSGV).[121] Gemäß § 25b KWG darf eine Auslagerung die ordnungsgemäße Geschäftsorganisation, insbesondere das angemessene und wirksame Risikomanagement, nicht beeinträchtigen und nicht zu einer Übertragung der Verantwortung der Geschäftsleitung an das Auslagerungsunternehmen führen.[122]

63 Inhaltlich fordern die MaRisk[123] eine angemessene technisch-organisatorische Ausstattung des Finanzinstitutes. Konkret ist das Institut entsprechend Art, Umfang, Komplexität und Risikogehalt seiner Geschäftsaktivitäten dazu verpflichtet, Regelungen zur Aufbau- und Ablauforganisation zu treffen sowie angemessene Risikosteuerungs- und -controllingprozesse einzurichten, die eine

---

117 *Zahrte*, BKR 2019, 484, 484.

118 Vgl. https://www.bafin.de/SharedDocs/Veroeffentlichungen/DE/Pressemitteilung/2019/pm _190821_PSD2_Kundenauthentifizierung.html (zuletzt abgerufen am 7.5.2020).

119 Vgl. *Braun/Wolfgarten*, in: Boos/Fischer/Schulte-Mattler, KWG, 4. Aufl. 2012, § 25a Rn. 1.

120 Insgesamt hierzu aufschlussreich *Kokert/Held*, IT-Sicherheit: Erwartungen der Bankenaufsicht (Stand 31.10.2013), https://www.bafin.de/SharedDocs/Veroeffentlichungen/DE/Fachartikel/2013/fa_bj_2013_11_it_sicherheit.html (zuletzt abgerufen am 29.1.2020). Zur Compliance-Funktion in einem Kreditinstitut siehe *Renz/Frankenberger*, Kap. 19.

121 Vgl. https://www.s-wissenschaft.de/kunden/ebusti/xpage/s-wissenschaft.nsf/0/2D49B25D 9D45CDBCC12581F0004AC370/$FILE/DSGV_MaRisk-ILF_Version_6-1_Internet.pdf (zuletzt abgerufen am 17.4.2020).

122 So auch *Schneider/Forgó/Helfrich*, in: Forgó/Helfrich/Schneider, Betrieblicher Datenschutz, Teil XII. Kap. 4. Überblick zu Risikomanagement unter BSIG, BSI-KritisV, NIS-RL i.V.m. DS-GVO Rn. 17.

123 Rundschreiben 09/2017 (BA) – Mindestanforderungen an das Risikomanagement – MaRisk https://www.bafin.de/SharedDocs/Veroeffentlichungen/DE/Rundschreiben/2017/rs_1709 _marisk_ba.html (zuletzt abgerufen am 22.4.2020).

Identifizierung, Beurteilung, Steuerung sowie Überwachung und Kommunikation der wesentlichen Risiken und damit verbundener Risikokonzentrationen gewährleisten (AT 4.3.2 Tz. 1 MaRisk).[124] Durch geeignete Maßnahmen ist sicherzustellen, dass die identifizierten Risiken und damit verbundenen Risikokonzentrationen wirksam begrenzt werden (AT 4.3.2. Tz. 1 MaRisk). Diese Maßnahmen können sowohl aus quantitativen Instrumenten (z.B.: Limit- oder Ampelsysteme) als auch qualitativen Instrumenten (z.B.: regelmäßige Risikoanalysen) bestehen. Bestandteile einer ordnungsgemäßen Geschäftsorganisation sind nach den MaRisk insbesondere, dass die etablierten Regelungen zur Aufbau- und Ablauforganisation schriftlich dokumentiert sind und die betroffenen Mitarbeiter die Regelungen kennen (AT 5 Tz. 1 und 2 MaRisk), die Beachtung des Prinzips der Funktionstrennung (AT 4.3.1 Tz. 1 MaRisk), die sofortige und vollständige Erfassung aller Geschäftsvorfälle und die laufende Überwachung der Einhaltung der Regelungen.[125] Das Prinzip der Funktionstrennung verlangt die Verteilung von Funktionen und Tätigkeiten auf verschiedene Personen, Stellen und Bereiche unter Beachtung des Vier-Augen-Prinzips.[126]

Bestandteil des Risikomanagements ist auch die in AT 1 Tz. 1 Satz 3 Nr. 3 lit. c **64** MaRisk ausdrücklich geforderte Einrichtung einer Risikocontrolling-Funktion. Die Anforderungen hieran werden konkretisiert in AT 4.4.2 MaRisk. Die Risikocontrolling-Funktion ist für die unabhängige Überwachung und Kommunikation der Risiken zuständig und demzufolge aufbauorganisatorisch von den Bereichen zu trennen, die für die Initiierung bzw. den Abschluss von Geschäften zuständig sind (AT 4.4.1 Tz. 1 MaRisk).[127] Der Compliance-Funktion kommen drei Kernaufgaben zu. Sie muss die wesentlichen rechtlichen Regelungen und Vorgaben identifizieren, deren Nichteinhaltung das Vermögen des Instituts gefährden kann (AT 4.4.2 Tz. 2 MaRisk), auf die Implementierung wirksamer Verfahren zur Einhaltung dieser Regeln und auf entsprechende Kontrollen hinwirken (AT 4.4.2 Tz. 1 Satz 2 MaRisk) und die Geschäftsleitung zukunftsbezogen hinsichtlich der Einhaltung dieser Regeln beraten und unterstützen (AT 4.4.2 Tz. 1 Satz 3 MaRisk).[128] Bei wichtigen risikopolitischen Entscheidungen der Geschäftsleitung ist die Leitung der Risikocontrolling-Funktion zu beteiligen (AT 4.4.1 Tz. 4 MaRisk).

Weitere essenzielle Bestandteile des Risikomanagements sind die sog. Stress- **65** tests und die Pflicht zur Einrichtung einer Internen Revision (AT 4.4.3 MaRisk).[129] Stresstest ist ein Oberbegriff für die unterschiedlichen Methoden, mit denen die Institute ihr individuelles Gefährdungspotenzial auch bezüglich au-

---

124 *Boos*, in: Fischer/Schulte-Mattler/Braun, KWG, 5. Aufl. 2016, § 25a Rn. 372–374.
125 *Boos*, in: Fischer/Schulte-Mattler/Braun, KWG, 5. Aufl. 2016, § 25a Rn. 377.
126 *Langen*, in: Schwennicke/Auerbach/Langen, KWG, § 25a Rn. 69.
127 *Boos*, in: Fischer/Schulte-Mattler/Braun, KWG, 5. Aufl. 2016, § 25a Rn. 238.
128 *Langen*, in: Schwennicke/Auerbach/Langen, KWG, § 25a Rn. 86.
129 Für Einzelheiten zur Internen Revision vgl. *Boos*, in: Fischer/Schulte-Mattler/Braun, KWG, 5. Aufl. 2016, § 25a Rn. 562 ff.

ßergewöhnlicher Risiken überprüfen.[130] Es sind regelmäßig sowie anlassbezogen angemessene Stresstests für die wesentlichen Risiken durchzuführen, die Art, Umfang, Komplexität und den Risikogehalt der Geschäftsaktivitäten widerspiegeln. Hierfür sind die für die jeweiligen Risiken wesentlichen Risikofaktoren zu identifizieren (AT 4.3.3 Tz. 1 MaRisk).

66 Die Geschäftsleitung muss sich in angemessenen Abständen über die Risikosituation berichten lassen (Risikobericht, AT 4.3.2 MaRisk). Neben dieser regelmäßigen Berichterstattung ist eine Ad-hoc-Berichterstattung bei Eintritt besonderer Ereignisse, Zustände oder Vorkommnisse (z.B. Überschreitung von Grenzwerten, Änderung wesentlicher Marktbedingungen etc.) notwendig. In den Risikoberichten sind insbesondere auch die Ergebnisse der Stresstests, die den Stresstests zugrunde liegenden wesentlichen Annahmen und deren potenzielle Auswirkungen auf die Risikosituation und das Risikodeckungspotenzial darzustellen (BT 3.1 Tz. 2 MaRisk). Weitere Einzelheiten zur Risikoberichterstattung sind in BTR 1–BTR 4 der MaRisk 2012 geregelt. Die Geschäftsleitung hat das Aufsichtsorgan vierteljährlich über die Risikosituation in angemessener Weise schriftlich zu informieren (AT 4.3.2 Tz. 3 MaRisk). Die Risikosteuerungs- und -controllingprozesse sowie die zur Risikoquantifizierung eingesetzten Methoden und Verfahren sind regelmäßig sowie bei sich ändernden Bedingungen auf ihre Angemessenheit zu überprüfen und ggf. anzupassen (AT 4.3.2 Tz. 5 MaRisk).[131]

67 Die neue Ziffer AT 4.3.4 der MaRisk 2017 verpflichtet große systemrelevante Institute sowohl auf Gruppenebene als auch auf Ebene der ihr zugehörigen Institute, entscheidungserhebliche Daten zu ermitteln, diese aufzuarbeiten und bereitzustellen. Das Einführungsschreiben zur MaRisk empfiehlt auch kleineren Instituten – in ihrem eigenen Interesse – besonderes Augenmerk auf das Management, die Qualität und die Bearbeitung und Zusammenführung von Risikodaten zu legen.[132]

68 Zudem fordern die MaRisk ein angemessenes Notfallkonzept für IT-Systeme (AT 7.3 MaRisk). Die im Notfallkonzept festgelegten Maßnahmen müssen dazu geeignet sein, das Ausmaß möglicher Schäden zu reduzieren. Dabei sind Wirksamkeit und Angemessenheit des Notfallkonzepts regelmäßig durch Notfalltests zu überprüfen. Das Notfallkonzept muss außerdem auch Geschäftsfortführungs- und Wiederanlaufpläne mit umfassen. Nach AT 7.2 MaRisk müssen die IT-Systeme und IT-Prozesse die Integrität, Verfügbarkeit und Authentizität sowie Vertraulichkeit der Daten sicherstellen. Bei Ausgestaltung der IT-Systeme und IT-Prozesse ist auf die gängigen Standards abzustellen, z.B. ISO/IEC 27001, ISO/

---

130 *Langen*, in: Schwennicke/Auerbach/Langen, KWG, § 25a Rn. 78.

131 *Boos*, in: Fischer/Schulte-Mattler/Braun, KWG, 5. Aufl. 2016, § 25a Rn. 233 und 236.

132 *Krimphove*, BKR 2018, 1, 3; BaFin, Anschreiben an die Verbände v. 27.10.2017 GZ: BA 54-FR 2210-2017/0002 dl_rs0917_marisk_anschreiben_pdf_ba; S. 1 ff. S. 3, zu finden unter: https://www.bafin.de/SharedDocs/Downloads/DE/Rundschreiben/dl_rs0917_marisk_anschreiben_pdf_ba.html (zuletzt abgerufen am 28.2.2020).

IEC 27002, IT-Grundschutzkatalog des BSI oder CoBiT. Innerhalb der Sparkassen-Finanzgruppe hat sich außerdem der SIZ Informations-Sicherheitsstandard „Sicherer IT-Betrieb" etabliert.[133] Die Eignung der IT-Systeme ist vor ihrem erstmaligen Einsatz und nach wesentlichen Änderungen zu testen und abzunehmen und auch anschließend regelmäßig von den fachlich und technisch zuständigen Mitarbeitern zu überprüfen. Zu berücksichtigen ist hier auch AT 8.2 MaRisk, wonach vor wesentlichen Änderungen in den IT-Systemen deren Auswirkungen auf die eingerichteten Kontrollverfahren und die Kontrollintensität zu analysieren sind.

Nach AT 9 Tz. 1 MaRisk gelten die Anforderungen der MaRisk auch dann, wenn **69** ein Institut ein anderes Unternehmen mit der Wahrnehmung oder Teilwahrnehmung seiner Geschäftätigkeit betraut. Die Auslagerung von Geschäftsaufgaben führt nicht zur Übertragung der Verantwortung der Geschäftsleitung auf ein anderes Unternehmen (AT 9 Tz. 4 MaRisk). Das bedeutet, dass ein Institut Kontrollfunktionen wie etwa die des Risikocontrollings, der Compliance und die der Internen Revision grundsätzlich nicht vollständig outsourcen kann. Diese Funktionen kann ein übergeordnetes Institut allenfalls vollständig auf sein Tochterinstitut innerhalb einer Institutsgruppe auslagern, sofern dieses Tochterinstitut hinsichtlich seiner Größe, Komplexität und dem Risikogehalt der Geschäftsaktivitäten für den nationalen Finanzsektor als auch hinsichtlich seiner Bedeutung innerhalb der Gruppe als nicht wesentlich einzustufen ist (AT 9 Tz. 5 MaRisk). Eine vollständige Auslagerung der Compliance-Funktion oder der Internen Revision ist ferner bei kleinen Instituten möglich, sofern deren Einrichtung vor dem Hintergrund der Institutsgröße sowie der Art, des Umfangs, der Komplexität und des Risikogehalts der betriebenen Geschäftsaktivitäten nicht angemessen erscheint (AT 9 Tz. 5 Satz 4 MaRisk). Die Auslagerung einzelner Tätigkeiten und Prozesse ist demgegenüber möglich. Bei wesentlichen Auslagerungen ist die Kontinuität und Qualität der ausgelagerten Aktivitäten und Prozesse besonders zu gewährleisten (AT 9 Tz. 6–11 MaRisk). Dies geschieht im Wesentlichen durch die Einrichtung und den Unterhalt eines zentralen Auslagerungsmanagements (AT 9 Tz. 12 MaRisk).

Mangels Normcharakters der MaRisk können diese keine Sanktionen bei Verstö- **70** ßen vorschreiben. Allerdings liegt in einem Verstoß gegen die MaRisk gleichzeitig ein Verstoß gegen die Rechts- bzw. Gesetzesnormen, die die MaRisk (BA) interpretieren (i. d. R. §§ 1, 25a KWG). Zudem ist eine wiederholte, nachhaltige und schuldhafte Missachtung von in den MaRisk niedergelegten Verhaltensanweisungen als Indiz für eine nicht ordnungsgemäße Geschäftsorganisation und Geschäftsführung und unter Umständen auch für die Unzuverlässigkeit der Mitglieder ihres Leitungsorgans bzw. des Verwaltungs- oder Aufsichtsorgans oder für deren fehlende Sachkunde, i. S. d. § 32 Abs. 1 Nr. 8 KWG, zu werten. Dementsprechend kann ein andauernder oder wiederholter Verstoß gegen Inhalte

---

133 Mittlerweile ebenfalls ISO 27001 zertifiziert; https://www.siz.de/de/themenfelder/informationssicherheit/sicherer-it-betrieb-iso-27001.html (zuletzt abgerufen am 4.5.2020).x

der MaRisk (BA) die Sanktionen des KWG (Versagen oder Aufheben der Erlaubnis; Abberufung der Geschäftsleitung) zur Folge haben.[134]

bb) ZAG und MaSI[135]

71 Zusätzlich zu der Einrichtung einer entsprechenden Geschäftsorganisation haben die Finanzinstitute auch die Sicherheit von Internetzahlungen zu gewährleisten. Hierzu hat die BaFin im Mai 2015 mit Rundschreiben 4/2015 bestimmte Mindestanforderungen an die Sicherheit von Internetzahlungen (MaSI) aufgestellt. Der Abschnitt „Starke Kundenauthentifizierung" ist nunmehr in § 55 ZAG geregelt; die diesbezüglichen Regelungen der MaSI haben insofern nur noch für Altfälle Bedeutung.[136] Die Delegierten-Verordnung (EU) 2018/389[137] (DelVO) konkretisiert (u. a.) die §§ 48 ff. ZAG, indem sie eine Reihe der von der Europäischen Bankaufsichtsbehörde (European Banking Authority, EBA) erarbeiteten RTS für verbindlich erklärt.[138] Die EBA hat Anfang 2018 Leitlinien zu Sicherheitsmaßnahmen bezüglich der operationellen und sicherheitsrelevanten Risiken von Zahlungsdiensten gemäß der PSD II herausgegeben.[139] Die Erstellung bzw. Anpassung von Leitlinien durch die BaFin an das seit 2018 bzw. 2019 geltende Zahlungsdiensterecht, die DelVO und die neuen EBA-Leitlinien stehen noch aus. Bis dahin haben sich Zahlungsdienstleister nach Maßgabe der BaFin weiterhin an den MaSI zu orientieren, was insbesondere für die Compliance-Pflichten in § 53 ZAG Bedeutung hat.[140]

72 Anders als die MaRisk basieren die MaSI nicht auf einer gesetzlichen Vorschrift (z. B. des ZAG), sondern setzen die „Leitlinien zur Sicherheit von Internetzahlungen" um, die die EBA am 19.12.2014 auf Grundlage von Art. 16 der VO (EU) Nr. 1093/2010 über die Errichtung einer Europäischen Aufsichtsbehörde erlassen hat.[141] Entsprechend sind die Vorgaben der MaSI als „Soll"-Vorschriften ausgestaltet, werden in der Praxis aber trotzdem als verpflichtend betrachtet.

---

134 *Krimphove*, BKR 2018, 1, 3.

135 Vgl. *Kociok*, in: Auer-Reinsdorff/Conrad, HdB IT- und Datenschutzrecht, zu den Missbrauchsszenarien beim Online-Banking § 27 Rn. 13 ff.; zu den Missbrauchsszenarien bei Kreditkartenzahlungen im Internet § 27 Rn. 45 ff.

136 *Jungmann*, in: MünchKomm-BGB, 8. Aufl. 2020, § 675m Rn. 22.

137 Delegierten-Verordnung (EU) 2018/389 der Kommission vom 27. November 2017 zur Ergänzung der Richtlinie (EU) 2015/2366 des Europäischen Parlaments und des Rates durch technische Regulierungsstandards für eine starke Kundenauthentifizierung und für sichere offene Standards für die Kommunikation.

138 Vgl. https://eur-lex.europa.eu/legal-content/DE/TXT/?uri=uriserv:OJ.L_.2018.069.01.0023 .01.DEU (zuletzt abgerufen am 28.2.2020).

139 Vgl. https://eba.europa.eu/sites/default/documents/files/documents/10180/2081899/6724c c1a-6e5b-427a-8503-3f7e23552acc/Guidelines%20on%20the%20security%20measures% 20under%20PSD2%20(EBA-GL-2017-17)_DE.pdf (zuletzt abgerufen am 22.4.2020).

140 BaFin-Journal Januar 2018, S. 12 f.; *Brechfeld*, in: Luz/Neus/u. a., ZAG, § 53 Rn. 2.

141 Die EBA-Leitlinien beruhen wiederum auf den „Recommendations for the Security of Internet Payments" der Europäischen Zentralbank (EZB) aus dem Jahr 2013, die ihrerseits von einer gemeinsamen Arbeitsgruppe der europäischen Notenbanken und Bankaufsichten,

Inhaltlich ist insbesondere die Verpflichtung zur starken Kundenauthentifizie- 73
rung (auch zwei Faktor-Authentifizierung genannt) jetzt in § 55 Abs. 1, § 1
Abs. 24 ZAG geregelt. Verstöße gegen § 55 ZAG werden von § 64 ZAG nicht
sanktioniert. Sie stellen aber Organisationspflichtverletzungen dar (§ 27 Abs. 1
Satz 1 ZAG), gegen die die BaFin einschreiten kann. Zivilrechtlich kommt es
außerdem zu einer Haftungsverschärfung im Schadensfall (§ 675 v Abs. 4
BGB).[142]

Weiterhin setzt jetzt § 53 ZAG den Art. 95 PSD II um, wodurch erstmals eine 74
Pflicht zum Aufbau und zur Umsetzung einer Governance-Struktur eingeführt
wird. Zahlungsdienstleister müssen nun angemessene Risikominderungsmaß-
nahmen und Kontrollmechanismen für die Beherrschung von operativen und sicherheitsrelevanten Risiken umsetzen. Angelehnt ist die Regelung damit im Ergebnis an die schon für die Banken bestehenden Regelungen des § 25a KWG
und den dort festgelegten Anforderungen für eine ordnungsgemäße Geschäftsorganisation.[143] Dadurch werden die Anforderungen für Zahlungsdienstleister an
ihre Geschäftsorganisation nunmehr angehoben auf das Niveau von Banken, womit der Abstand zu den regulatorischen Anforderungen an Banken und Zahlungsdienstleister weiter verringert wird.[144]

§ 53 Abs. 2 ZAG verpflichtet Zahlungsdienstleister, die Bewertung der operati- 75
ven und sicherheitsrelevanten Risiken einmal jährlich an die BaFin zu übermitteln. Der Bericht muss eine Darstellung der ergriffenen Risikominderungsmaß-
nahmen und Kontrollmechanismen enthalten.[145]

Inhaltlich werden die Pflichten des § 53 ZAG nach wie vor durch die Vorschrif- 76
ten der MaSI ausgefüllt (siehe oben Rn. 71). Nach den MaSI sollen die Institute
formelle Sicherheitsrichtlinien aufstellen, umsetzen und regelmäßig überprüfen,
um die Risiken zu kontrollieren und zu mindern. Hierzu gehört auch die Implementierung eines „gestaffelten Sicherheitskonzepts". Ein solches Konzept beinhaltet insbesondere das „Prinzip des geringsten Zugriffsrechts", die Befreiung
der Server, die die sensiblen Funktionen hosten, von überflüssigen Daten und
Funktionen, die Verwendung von Sicherheitszertifikaten, generelle Datenverrin-
gerung und die Rückverfolgbarkeit von Transaktionen und Einzugsermächti-
gungen.

Im Hinblick auf die Authentifizierung der Kunden sind die Anforderungen der 77
MaSI und der PSD II mittlerweile in § 55 ZAG aufgegangen; den MaSI bzw. der

---

des „European Forum on the Security of Retail Payments" (SecuRePay-Forum) erarbeitet
wurden. Die ebenfalls vom SecuRePay erarbeiteten Empfehlungen für die Sicherheit von
mobilen Zahlungsdienstleistungen sowie für die Sicherheit von Dienstleistungen zum Zugang zu Zahlungskonten wurden bisher noch nicht von der EZB oder der EBA zu Leitlinien
erhoben.

142 *Zahrte*, BKR 2019, 484, 486.
143 *Steinhoff*, in: Casper/Terlau, ZAG, § 53 Rn. 1.
144 *Steinhoff*, in: Casper/Terlau, ZAG, § 53 Rn. 3.
145 *Steinhoff*, in: Casper/Terlau, ZAG, § 53 Rn. 71.

bisherigen Praxis ihrer Anwendung kommt damit nur noch Bedeutung für Altfälle zu sowie im Hinblick auf Auslegungs- und Umsetzungsleitlinien. § 55 ZAG verlangt eine sog. starke Kundenauthentifizierung, also ein Verfahren, das auf mindestens zwei der folgenden Elemente basiert: (a) Wissen (z. B. Passwort, Code), (b) Besitz (z. B. Token, Smartcard, Mobiltelefon) und Eigenschaft des Nutzers (z. B. biometrische Daten wie Fingerabdruck oder Stimme). Drei Anwendungsfälle werden in § 55 ZAG hierfür geregelt: 1. der Online-Zugriff auf das Zahlungskonto durch den Kunden oder Zahlungsdienstnutzer; 2. Auslösung eines elektronischen Zahlungsvorgangs, und zwar auch an einem Point of Sale (POS) und insoweit über die MaSI hinausgehend, und 3. bei kritischen Handlungen über einen Fernzugang, also solchen, bei denen Betrugs- oder Missbrauchsverdacht besteht.[146]

cc) § 27 Abs. 1 ZAG

78 Inhaltlich ähnlich dem § 25a KWG legt § 27 Abs. 1 ZAG für E-Geldinstitute und Zahlungsinstitute fest, dass diese über eine ordnungsgemäße Geschäftsorganisation verfügen müssen. Die MaRisk werden hier entsprechend angewandt; die MaSI gelten für diese Institute weiterhin übergangsweise (s. o. Rn. 71).

dd) Konkurrenz zum BSIG

79 Viele Kreditinstitute und Zahlungsdienstleister werden auch kritische Infrastrukturen i. S. d. § 8a BSIG betreiben und damit den dort neu kodifizierten Pflichten unterliegen. Das wirft die Frage nach einer Konkurrenz der unter Umständen unterschiedlichen Regelungen auf. Hierzu bestimmt § 8d Abs. 2 Nr. 5 BSIG, dass jedenfalls die Pflichten nach § 8a BSIG (also die Verpflichtung zu angemessenen technisch-organisatorischen Maßnahmen) dann für KRITIS-Betreiber nicht gelten, wenn sie aufgrund von (anderen) Rechtsvorschriften vergleichbare oder strengere Anforderungen erfüllen müssen. Zwar enthalten die §§ 25a KWG und 27 Abs. 1 ZAG keine spezifischen Regeln zur IT-Sicherheit, und handelt es sich bei den MaRisk und den MaSI nicht um „Rechtsvorschriften". Jedoch finden sich nun in §§ 53, 54 ZAG Verpflichtungen zu angemessenen technisch-organisatorischen Maßnahmen, die insoweit § 8a BSIG vorgehen.

f) EnWG

80 § 11 Abs. 1a EnWG wurde ebenfalls durch das IT-Sicherheitsgesetz überarbeitet und um die Absätze 1b und 1c ergänzt. Nach § 8d Abs. 2 Nr. 2 BSIG sind die Vorschriften des BSIG nicht auf Betreiber von Energieversorgungsnetzen oder Energieanlagen i. S. d. EnWG anwendbar. Stattdessen gelten hier die Sicherheitskataloge nach § 11 Abs. 1a und 1b EnWG,[147] die direkt von der Bundesnetzagentur gemeinsam mit dem BSI aufgestellt werden. Zur Verpflichtung der

---

146 Insgesamt zu § 55 ZAG vgl. *Brechfeld*, in: Luz/Neus/u. a., ZAG, § 55.
147 Vgl. Fundstellen in Fn. 42 und 43 sowie zum Katalog von 2015 ausführlich *Weise/Brühl*, CR 2015, 290 ff. und *Giebichenstein/Schirp*, CB 2015, 66, 68.

Netzbetreiber zum Betrieb eines sicheren Energieversorgungsnetzes gehört nach Einführung des § 11 Abs. 1a EnWG im Jahr 2011 auch der angemessene Schutz der Telekommunikations- und elektronischen Datenverarbeitungssysteme, die der Netzsteuerung dienen. Sofern der Netzbetreiber die Anforderungen des nach § 11 Abs. 1a EnWG erstellten Sicherheitskataloges erfüllt, wird ein angemessener Schutz angenommen. Dasselbe gilt nach § 11 Abs. 1b EnWG für die Betreiber von solchen Energieanlagen, die eine Kritische Infrastruktur nach dem BSIG darstellen, und die die Anforderungen des nach § 11 Abs. 1b EnWG erstellten Sicherheitskatalogs der Bundesnetzagentur erfüllen. Sofern jedoch auf Telekommunikations- oder Datenverarbeitungssysteme von Anlagen nach § 7 Abs. 1 AtomG Vorgaben des AtomG anwendbar sind, haben diese Vorrang, wie § 11 Abs. 1b Satz 3 EnWG klarstellt. Nachrangig ist jedoch dennoch der entsprechende Sicherheitskatalog anwendbar, der für diese Anlagen ebenfalls ausdrücklich Regelungen vorsieht.

g) NIS-Richtlinie

Die Richtlinie zur Verbesserung der Netz- und Informationssicherheit (NIS-Richtlinie) in der Europäischen Union[148] führt Mindestvorgaben für die Cybersicherheit in Europa ein. Sie ist am 8.8.2016 in Kraft getreten und in Deutschland durch das Gesetz zur Umsetzung der NIS-Richtlinie umgesetzt worden. Angesichts des zuvor bereits in Kraft getretenen IT-Sicherheitsgesetzes war der Umsetzungsbedarf in Deutschland allerdings gering.   **81**

Ziel der Richtlinie ist insbesondere die Etablierung eines Mindestsicherheitsniveaus für digitale Technologien, Netze und Dienste in allen Mitgliedstaaten. Ein solches einheitliches Sicherheitsniveau ist schon aufgrund der Entwicklung des Binnenmarkts der EU, der vor Netz- und Informationssystemen nicht Halt macht, erforderlich. Die Mitgliedstaaten sollen daher zukünftig sowohl die strategische als auch operationelle Kooperation verstärken. Wie das IT-Sicherheitsgesetz auch, verfolgt die NIS-Richtlinie maßgeblich den Zweck, das Sammeln, „Poolen" und den Austausch von Informationen und Wissen im Zusammenhang mit IT-Sicherheit zu verstärken. Auf europäischer Ebene ist die ENISA hierfür die zentrale Behörde und „Drehkreuz" und es leuchtet unmittelbar ein, dass eine Ausweitung des Pools auf die gesamte EU für die verfolgten Zwecke nur förderlich sein kann.   **82**

h) §§ 76, 91, 93 AktG

Eine ganz andere Zielrichtung verfolgen die Pflichten des Vorstands bzw. der GmbH-Geschäftsführung nach den §§ 91, 93 AktG (i.V.m. § 76 AktG und § 43 GmbHG). Diese Pflichten stellen nicht wie die vorgenannten Pflichten öffentlich-rechtliche Verpflichtungen dar, sondern solche gegenüber der Gesellschaft   **83**

---

148 Richtlinie (EU) 2016/1148 vom 6. Juli 2016 über Maßnahmen zur Gewährleistung eines hohen gemeinsamen Sicherheitsniveaus von Netz- und Informationssystemen in der Union, ABl. L 194/1 v. 19.7.2016.

selbst, deren Verletzung zu Schadensersatzverpflichtungen führt. Aus den Legalitätspflichten und der Pflicht zur Legalitätskontrolle der Geschäftsleitung folgen konkrete Organisations- und Überwachungspflichten für die Unternehmensführung, deren wesentliches Element die Einrichtung eines auf Schadensprävention und Risikokontrolle angelegten effizienten Compliance-Systems ist, um Rechtsverstöße zu verhindern.[149] Dabei sind Art, Größe und Organisation des Unternehmens, sowie die geografische Präsenz und das Aufkommen etwaiger Verdachtsfälle in der Vergangenheit mit zu berücksichtigen.[150] Die gesetzlichen Regelungen stellen zwar keine konkreten IT-bezogenen Pflichten auf, sondern beinhalten allgemeine Regeln zur Implementierung von Risikomanagementsystemen. Wegen der hohen Bedeutung der IT-Infrastruktur für Unternehmen einerseits und dessen hoher Sicherheitsanfälligkeit andererseits gehören hierzu auch IT-Risikomanagementsysteme.[151] Teil der Schadensprävention für das Unternehmen ist es auch, dass der Vorstand so weit wie möglich dafür Sorge trägt, dass Dritte keine Rechtsverletzung gegenüber dem Unternehmen und dessen Kunden vornehmen können.[152]

84 So haftet die Geschäftsleitung etwa gegenüber der Gesellschaft gemäß den § 43 GmbHG, § 93 AktG, wenn das Unternehmen aufgrund der Verletzung von gesetzlichen Verpflichtungen einen Schaden erleidet und der Geschäftsführer dabei seine Pflichten verletzt hat.[153] Damit zählen auch Geldbußen von Aufsichtsbehörden gegen das Unternehmen grundsätzlich zum ersatzfähigen Schaden im Rahmen der Vorstandshaftung.[154] Dies hat insbesondere durch den massiv ausgeweiteten Bußgeldrahmen der DSGVO gegenüber dem BDSG besondere Bedeutung gewonnen.[155] Dies bedeutet jedoch zugleich, dass der Vorstand bzw. die Geschäftsführung sich bei einem wirksamen und fortlaufend aktualisierten Compliance Management-System im Falle von Verstößen, insbesondere durch untergeordnete Mitarbeiter, vom Vorwurf des Organisationsverschuldens bzw. der Verletzung der Aufsichtspflicht, entlasten kann.[156]

---

149 *Schulz*, BB 2019, 579 ff.; *Spindler*, CR 2017, 715, 721; *Behling*, ZIP 2017, 697, 698. Siehe zur Compliance-Organisationspflicht *Schulz*, Kap. 1, Rn. 27 ff.

150 LG München I, NZG 2014, 345, 346 f. (*Siemens/Neubürger*), das zwar keine IT- oder Sicherheits-Compliance-Pflichten betrifft, dessen Maßstäbe aber hierauf durchaus übertragbar sind (so auch *Löschhorn/Fuhrmann*, NZG 2019, 161, 163).

151 *Rath/Kuß*, in: Umnuß, Corporate Compliance-Checklisten, Kap. 8. IT-Compliance: Anforderungen an die Informationstechnologie und den Datenschutz Rn. 7; *Spindler*, CR 2017, 715, 723.

152 *Löschhorn/Fuhrmann*, NZG 2019, 161, 163, 166.

153 *Löschhorn/Fuhrmann*, NZG 2019, 161, 169.

154 *Daghles*, DB 2018, 2289, 2291.

155 *Löschhorn/Fuhrmann*, NZG 2019, 161, 162; *Spindler*, CR 2017, 715, 721; vgl. auch *Behling*, ZIP 2017, 697, 697 f.

156 *Löschhorn/Fuhrmann*, NZG 2019, 161, 168.

aa) *Ausgestaltung des IT-Risikomanagementsystems*

Nach der in § 93 Abs. 1 Satz 2 AktG kodifizierten sog. „Business Judgement **85** Rule",[157] die auch auf IT-relevante Fragen Anwendung findet,[158] steht die konkrete Ausgestaltung eines einzurichtenden IT-Risikomanagementsystems grundsätzlich im unternehmerischen Ermessen der Geschäftsführung.[159] Eine unternehmerische Entscheidung, die den Anforderungen der Business Judgement Rule gerecht wird, liegt vor, wenn der Vorstand eine an den Risiken ausgerichtete, zukunftsorientierte Entscheidung trifft. Dabei darf grundsätzlich eine Kosten-/Nutzen-Abwägung vorgenommen werden.[160] Dafür muss sich die Unternehmensführung zunächst eine hinreichende Informationsbasis verschaffen. Sie muss sich unter Ausschöpfung aller ihr zur Verfügung stehenden Erkenntnisquellen über den Ist-Zustand und die Risiken informieren und auf dieser Grundlage eine individuelle Risikoanalyse[161] sowie eine Prognose erstellen lassen.[162] Der Umfang der benötigten Informationsbasis und Risikoanalyse zur Bestimmung der erforderlichen Maßnahmen richtet sich nach der Größe des Unternehmens, der anfallenden Datenmenge und der Bedeutung der IT für das Unternehmen. Die gegenüber früher wesentlich erweiterten Möglichkeiten zur Aggregation und Strukturierung von großen Datenmengen (Stichwort Big Data) erhöhen die Anforderungen an die Informationssammlung.[163] Je nach Komplexität und Größe des Unternehmens kann die Hinzuziehung von externem Rechtsbeistand sowie von externen (IT-)Experten nötig sein.[164] Es liegt keine Pflichtverletzung eines Vorstandsmitglieds vor, wenn das Vorstandsmitglied bei einer unternehmerischen Entscheidung vernünftigerweise davon ausgehen durfte, auf der Grundlage angemessener Informationen zum Wohle der Gesellschaft zu handeln. Diese Safe Harbor Regelung findet auch im Bereich von IT-Managemententscheidungen Anwendung. Allerdings sind Vorstand/Geschäftsführung verpflichtet, im Rahmen ihrer Entscheidungen stets Recht und Gesetz einzuhalten. Auch nach der Business Judgement Rule kann eine Kosten-Nutzen-Analyse nicht rechtfertigen, bewusst Rechtsverletzungen in Kauf zu nehmen.[165] Bei KRITIS-Betreibern bzw. anderen, durch spezialgesetzliche Vorschriften zu besonderen Sicherheitsmaßstäben verpflichteten Unternehmen (wie etwa Kredit- und Fi-

---

157 Entsprechendes gilt für § 43 GmbHG (vgl. *Spindler*, CR 2017, 715, 717) und über § 34 VAG auch für den Vorstand von Versicherungsvereinen auf Gegenseitigkeit.

158 *Spindler*, CR 2017, 715, 717.

159 So auch *von Holleben/Menz*, CR 2010, 63, 67; *Rodewald/Unger*, BB 2006, 113, 115.

160 *Daghles*, DB 2018, 2289, 2290.

161 *Schmitz/v. Dall'Armi* veranschaulichen, wie eine solche Risikoanalyse aussehen könnte (in Forgó/Helfrich/Schneider, Betrieblicher Datenschutz, Teil XII, Kap. 1. Anforderungen an die IT-Sicherheit und deren rechtliche Grundlage, Rn. 35).

162 *Spindler*, in: MünchKomm-AktG, § 91 Rn. 20; *Krieger/Sailer*, in: Schmidt/Lutter, AktG, § 91 Rn. 8; *Müller-Michaels*, in: Hölters, AktG, § 91 Rn. 4 ff.

163 *Spindler*, CR 2017, 715, 717.

164 *Spindler*, CR 2017, 715, 719.

165 *Schulz*, BB 2019, 579, 581; *Daghles*, DB 2018, 2289, 2290; *Spindler*, CR 2017, 715, 717 f.

nanzdienstleistungsunternehmen) ist das Ermessen daher durch die gesetzlichen Vorgaben konkretisiert und eingeschränkt.[166] Jenseits dieser Grenze muss es aber zulässig sein, betriebswirtschaftliche Aspekte bei der Abwägung zu berücksichtigen.[167]

86 Wo konkrete Pflichten fehlen, können z. B. das IT-Grundschutz Kompendium[168] sowie betriebswirtschaftliche Management- oder Organisationsmodelle (insb. Normungen des Managementsystems, wie die ISO 27001 ff. für den IT Bereich) zur Konkretisierung des Pflichtenprogramms herangezogen werden.[169] Allerdings führt die Einhaltung dieser Vorgaben nicht automatisch dazu, dass die durch § 93 Abs. 1 AktG bzw. § 43 GmbHG geforderte Sorgfalt nachgewiesen werden kann. Die Organisation der IT-Sicherheit ist vielmehr höchst individuell, so dass stets eine Prüfung des Einzelfalls erforderlich ist.[170] Außerdem handelt es sich nicht um rechtliche Vorgaben. Der Vorstand bzw. die Geschäftsführung ist daher nicht verpflichtet ein bestimmtes betriebswirtschaftliches Managementsystem bzw. -modell oder Normung zu nutzen, solange eine vertretbare, sachlich begründete Wahl getroffen wird. Allerdings muss der Vorstand/die Geschäftsführung sich nichtsdestotrotz mit den einschlägigen Normungen vertraut machen und erläutern weshalb einer Normung gefolgt bzw. nicht gefolgt wird. Anderenfalls laufen sie Gefahr, mangels hinreichender Informationsbasis der Business Judgement Rule nicht gerecht zu werden.[171]

87 Der Vorstand bzw. die Geschäftsführung müssen über Berichtspflichten ihre fortlaufende Information sicherstellen.[172] Dafür ist zu empfehlen, Kontroll- und Berichtsstrukturen zu schaffen, um das Reporting an die fachliche Leitung und den Vorstand zu erleichtern.[173] So informiert, hat der Vorstand dann die angemessenen organisatorischen und technischen Maßnahmen zu ergreifen und kontinuierlich an den Stand der Technik anzupassen, um eine Verwirklichung der identifizierten Risiken zu verhindern.[174] Dies umfasst regelmäßige Überprüfungen, bspw. in Form von Audits,[175] sowie die Erstellung eines Notfallkonzepts (für Kredit- und Zahlungsdienstleister schon nach den MaRisk bzw. § 53 ZAG erforderlich, s. o. Rn. 68). Die Geschäftsleitung von KRITIS-Betreibern muss hier nun auch Informationen berücksichtigen, die das BSI über Sicherheitsvorfälle bei anderen Unternehmen nach § 8b Abs. 2 Nr. 4 BSIG mitgeteilt hat. Je nach Risikoprofil und Angebot kann auch der Abschluss einer Cyberversiche-

---

166 Vgl. dazu *Daghles*, DB 2018, 2289, 2292 f.
167 *Nietsch/Hastenrath*, CB 2015, 221, 223.
168 *Spindler*, CR 2017, 715, 723.
169 *Spindler*, CR 2017, 715, 716.
170 *Spindler*, CR 2017, 715, 723.
171 *Spindler*, CR 2017, 715, 716.
172 LG München I, BB 2007, 2170; *Schulz*, BB 2019, 579, 583; *Krieger/Sailer*, in: Schmidt/Lutter, AktG, § 91 Rn. 8, 13.
173 *Daghles*, DB 2018, 2289, 2294.
174 *Von Holleben/Menz*, CR 2010, 63, 67.
175 *Daghles*, DB 2018, 2289, 2291.

rung zu den angemessenen Maßnahmen zählen.[176] Diese gleicht im Schadensfall nicht nur den finanziellen Schaden aus, sondern kann auch für u. U. notwendigen Rechtsschutz aufkommen und Experten und Dienstleister, insbesondere einen Krisenmanager, vermitteln, um die geschäftliche Tätigkeit zügig wieder aufnehmen zu können.[177] Bei Hinweisen auf rechtswidrige Handlungen muss eine umfassende Untersuchung der Rechtsverstöße stattfinden (Internal Investigation).[178] Wichtig ist außerdem: Auch nach Einrichtung eines solchen Risikomanagementsystems muss die Geschäftsleitung das System kontinuierlich an den jeweils aktuellen Stand der Technik anpassen und überwachen, beispielsweise durch das Berichtswesen, Dokumentation oder den Erlass interner Richtlinien.[179] So schreiben es auch die bankaufsichtsrechtlichen Anforderungen an die IT (BAIT) vor: Die von der Geschäftsleitung beschlossene Informationssicherheitsleitlinie muss regelmäßig überprüft und an geänderte Bedingungen angepasst werden. Dabei müssen Veränderungen der Aufbau- und Ablauforganisation sowie der IT-Systeme einer Institution (Geschäftsprozesse, Fachaufgaben, organisatorische Gliederung) und Veränderungen der äußeren Rahmenbedingungen (z. B. gesetzliche Regelungen, regulatorische Anforderungen), der Bedrohungsszenarien oder der Sicherheitstechnologien berücksichtigt werden.[180]

bb) Anforderungen nach DSGVO

Bei Datenschutzverstößen ist grundsätzlich zu unterscheiden zwischen Verstößen, die aus dem Unternehmen heraus begangen werden (sog. interne Datenschutzverstöße) und Verstößen, die von außen gegen das Unternehmen verübt werden (z. B. Hackerangriffe). Beide Fälle sind echte Compliance-Verstöße.[181] **88**

Zur Vorbeugung von internen Datenschutzverstößen sind vor allem eine wirksame Kontrolle von Mitarbeitern auf eine Sicherheitsarchitektur, die den „internen Datenklau" unmöglich macht, und eine zügige und umfassende Aufklärung wichtig.[182] Die zentrale Norm, die den Pflichtenkatalog festschreibt, ist Art. 32 DSGVO (vgl. Rn. 42 ff.). **89**

Auch von außen gegen das Unternehmen verübte Datenschutzverletzungen können als Compliance-Verstöße gewertet werden, wenn das Unternehmen nicht **90**

---

176 *Vogel*, CB 2018, 197, 199; *Schneider/Forgó/Helfrich*, in: Forgó/Helfrich/Schneider, Betrieblicher Datenschutz, Teil XII. Kap. 4. Überblick zu Risikomanagement unter BSIG, BSI-KritisV, NIS-RL i. V. m. DS-GVO Rn. 23.

177 *Vogel*, CB 2018, 197, 199.

178 *Löschhorn/Fuhrmann*, NZG 2019, 161, 163.

179 LG München I, BB 2007, 2170; *Schulz*, BB 2019, 579, 583; *Müller-Michaels*, in: Hölters, AktG, § 91 Rn. 4 ff. Für eine Checkliste zur Umsetzung eines angemessenen Cybersecurity Management Systems vgl. *Daghles*, DB 2018, 2289, 2294.

180 Rundschreiben BaFin 10/2017 (BA) BAIT S. 8 unter II. Anforderungen 4. Informationssicherheitsmanagement, Rn. 16.

181 *Löschhorn/Fuhrmann*, NZG 2019, 161, 162.

182 *Löschhorn/Fuhrmann*, NZG 2019, 161, 163. Siehe auch *Becker/Böhlke/Fladung*, Kap. 11, Rn. 121.

über eine dem Stand der Technik entsprechende Sicherheitsarchitektur verfügt. Denn der Pflichtenkatalog von Art. 32 DSGVO verlangt gerade eine solche sicherzustellen und ahndet Verstöße mit Bußgeldern nach Art. 83 IV DSGVO.[183]

cc) Verantwortungsverteilung innerhalb der Geschäftsleitung

91 Die IT-Sicherheit ist Aufgabe der Geschäftsleitung als Gesamtorgan. Daher trägt jedes Organmitglied unabhängig von der konkreten Ressortzuständigkeit eine Kontroll- und Überwachungsverantwortung. Jedes Organmitglied hat daher zur eigenen Haftungsvermeidung dafür Sorge zu tragen, dass das Unternehmen so organisiert und beaufsichtigt wird, dass keine Gesetzesverletzungen stattfinden.[184] Eine vertikale Delegation kommt nur für Aufgaben in Betracht, die nicht in den Kernbereich der Leitungsverantwortung der Geschäftsleitung fallen.[185] Übertragbar sind somit nur vorbereitende Aufgaben und Hilfstätigkeiten. Im Rahmen der Auswahlpflicht ist bei vertikaler Delegation vor allem auf Qualifikation und persönliche Eignung der beauftragten Personen zu achten. Zudem verlangt die Überwachungspflicht laufende als auch anlassbezogene Kontrollen. Damit einher gehen umfassende Dokumentationspflichten sowie ggf. Instruktionspflichten hinsichtlich Rechtspflichten und Risiken.[186] Die konkreten Anforderungen bei der Überwachung sind eine Frage des Einzelfalles und hängen etwa ab von der Art und Größe des Unternehmens, der Bedeutung der IT-Systeme im Unternehmen und möglichen Risiken bei Fehlverhalten, sowie den persönlichen Merkmalen des zuständigen Geschäftsleitungsmitglieds (etwa Erfahrung und Fachkenntnis).[187] In Krisensituationen bestehen intensivere Überwachungspflichten.[188] Insbesondere ist auch im Hinblick auf solche IT-Sicherheitspflichten, die aus der DSGVO folgen, keine Delegation der Letztverantwortung (und Haftungsrisiken) auf den Datenschutzbeauftragten des Unternehmens möglich. Dem Datenschutzbeauftragten kommt lediglich eine Beratungsfunktion zu, die datenschutzrechtlichen Handlungspflichten und Haftungsrisiken verbleiben bei dem Unternehmen selbst. Daher kann auch nur die Geschäftsleitung letztverantwortlich entscheiden.[189]

92 Das bedeutet im Ergebnis, dass (1) die Kontroll- und Überwachungsverantwortung in jedem Fall beim Gesamtvorstand bleibt und nicht nur bei dem ressortzuständigen Organmitglied liegt. Daher muss sich jeder Geschäftsführer ressortunabhängig „auf der Basis der konkreten Besprechungsinhalte und mit gezielten

---

183 *Löschhorn/Fuhrmann*, NZG 2019, 161, 162 f.

184 BGH, NJW 2019, 1067, Rn. 15; LG München I, NZG 2014, 345, 347 f.; *Daghles*, DB 2018, 2289, 2291; *Behling*, ZIP 2017, 697, 699.

185 LG München I, NZG 2014, 345, 348; *Löschhorn/Fuhrmann*, NZG 2019, 161, 163; *Daghles*, DB 2018, 2289, 2291. Zu Delegationsfragen bei Compliance-Maßnahmen siehe auch *Schulz*, Kap. 1, Rn. 65 f.

186 *Daghles*, DB 2018, 2289, 2291.

187 *Löschhorn/Fuhrmann*, NZG 2019, 161, 166.

188 *Spindler*, CR 2017, 715, 721.

189 So auch *Behling*, ZIP 2017, 697, 699.

Nachfragen ein eigenes Bild über den Geschäftsbereich" machen.[190] Außerdem (2) müssen auch Organmitglieder, die mit Spezialthemen – wie hier der IT-Sicherheit – nicht vertraut sind, das gemäß Ressortverteilung zuständige Organmitglied fortlaufend überwachen und kontrollieren.[191]

Aufgrund der Anwendbarkeit des sogenannten Prinzips des innerbetrieblichen **93** Organisationsverschuldens kann sich der Vorstand bzw. die Geschäftsführung bei einem wirksamen und fortlaufend aktualisierten Compliance Management-System im Falle von Verstößen durch untergeordnete Mitarbeiter (vertikale Delegation) gegen die Vorgaben dieses Systems vom Vorwurf des Organisationsverschuldens entlasten, wenn den Aufsichts- und Kontrollpflichten entsprochen wurde und die vertikale Delegation den Anforderungen an eine wirksame Compliance-Organisation entsprach.[192]

dd) Dokumentationspflicht

Insgesamt ist für die Geschäftsführung eine gründliche Dokumentation von es- **94** senzieller Bedeutung. Die Dokumentation selbst ist schon unmittelbar Teil der gesetzlichen Anforderungen an ein entsprechendes Risikomanagementsystem.[193] Zum anderen ist die Dokumentation unverzichtbar, um im Ernstfall nachweisen zu können, dass die erforderlichen Schritte durchgeführt wurden – auch wenn sich Entscheidungen vielleicht im Nachhinein als falsch herausgestellt haben. Denn das in Anspruch genommene Organ muss sich im Hinblick auf sein Verschulden bei der Pflichtverletzung entlasten.[194] Dabei können Nachweise über die Einhaltung der im Verkehr erforderlichen Sorgfalt bei der Installation und der Überwachung der Effizienz des Compliance-Systems helfen.[195] Insbesondere der Nachweis der Einhaltung des BSI-Grundschutzes wirkt sich positiv aus, da dies jedenfalls in den meisten Fällen im Sinne des anzulegenden objektiven Sorgfaltsmaßstabs aufzeigt, dass der Stand der Technik hinsichtlich der ergriffenen Abwehrmaßnahmen gegen einen Cyberangriff eingehalten worden ist.[196]

3. Unternehmensinterne Vorkehrungen

a) Interne Vorgaben

Zur effektiven Gewährleistung einer IT-Sicherheit empfiehlt es sich für ein Un- **95** ternehmen, mit internen Richtlinien, Protokollen und ähnlichen Vorgaben Mitar-

---

190 BGH, NJW 2019, 1067, Rn. 34.
191 *Schmidt-Versteyl*, NJW 2019, 1637, 1640; *Daghles*, DB 2018, 2289, 2291.
192 *Schulz*, BB 2019, 579, 580, 582; *Löschhorn/Fuhrmann*, NZG 2019, 161, 168.
193 LG München I, NZG 2008, 319, 320 m. w. N.
194 *Löschhorn/Fuhrmann*, NZG 2019, 161, 169 f.
195 LG München I, NZG 2014, 345, 348 für das AktG: Im Anwendungsbereich von § 92 Abs. 2 AktG und § 43 Abs. 2 GmbHG wirkt auch leichte Fahrlässigkeit haftungsbegründend, da diese Normen keine Einschränkung von § 276 BGB vorsehen.
196 *Schmidt-Versteyl*, NJW 2019, 1637, 1642.

beiter zu bestimmten Handlungsweisen zu verpflichten.[197] Das wird in gewissem Umfang schon deshalb erforderlich sein, um sicherzustellen, dass ein IT-Sicherheitskonzept auch tatsächlich umgesetzt wird, schafft aber auch einen internen Rechtsrahmen, in dem Fehlverhalten der Mitarbeiter sanktioniert werden kann.

96 Auch empfiehlt es sich, schon vorbeugend eine gemeinsame Arbeitsgruppe bzw. einen Krisenstab aus Geschäftsführung, Kommunikations- oder Presseabteilung, Rechtsabteilung (mit Compliance und Datenschutz) und vor allem der IT-Abteilung einzurichten und auf Krisensituationen vorzubereiten, mögliche Szenarien durchzuspielen, Handlungsabläufe durchzuproben und Protokolle zu entwickeln. Ist das Ereignis einmal da, überschlagen sich die Ereignisse und es bleibt wenig Zeit zur Vorbereitung von Entscheidungen. Dann ist es nicht nur wichtig, ein solches Gremium schon benannt zu haben, sondern auch, dass dieses Gremium in der Zusammenarbeit bereits geübt und auf die sich stellenden Fragen und Situationen vorbereitet ist.

b) Aktuelle technisch-organisatorische Schutzmaßnahmen

97 Allein die Etablierung von Compliance-Mechanismen genügt jedoch nicht, um Angriffe auf das System abzuwehren,[198] vielmehr ist dafür ein solide aufgestelltes IT-System notwendig.[199] Unabhängig davon, ob Unternehmen eine eigene Sicherheitsabteilung eingerichtet oder einen externen Dienstleister mit dem Schutz ihrer Systeme betraut haben, schon jetzt dürften die vom BSI vorgeschlagenen Sicherheitsmaßnahmen zum Basisschutz[200] oder äquivalente Maßnahmen das Minimum der umzusetzenden Schutzmaßnahmen darstellen. Für die Geschäftsführung ist die Implementierung von und Zertifizierung nach ISO 27001-Standards in der Regel eine geeignete Möglichkeit, die Erfüllung ihrer Pflichten

---

197 Auch hier gibt es Vorlagen des BSI, abrufbar auf dessen Website www.bsi.bund.de.
198 Für eine Illustration der verschiedenen Angriffswege vgl. *Ahrend*, CB 2019, 105, 106.
199 *Ahrend*, CB 2019, 105, 105.
200 IT-Grundschutz-Kompendium (1.2.2020) des BSI. Im Fokus des IT-Grundschutz-Kompendiums stehen die sog. IT-Grundschutz-Bausteine, die jeweils ein Thema zu allen relevanten Sicherheitsaspekten beleuchten. Vertiefende Informationen sind in den sog. Umsetzungshinweisen zu finden: https://www.bsi.bund.de/DE/Themen/ITGrundschutz/ITGrundschutz Kompendium/itgrundschutzKompendium_node.html (zuletzt abgerufen am 25.2.2020). Für kleinere und mittlere Unternehmen ist der BSI Leitfaden zur Basis-Absicherung nach IT-Grundschutz 2017 relevant, https://www.bsi.bund.de/SharedDocs/Downloads/DE/BSI/ Publikationen/Broschueren/Leitfaden_zur_Basis-Absicherung.pdf?__blob=publicationFile &v=3 (zuletzt abgerufen am 25.2.2020). Außerdem hilfreich sind die BSI-Standards: BSI-Standard 200-1: Managementsysteme für Informationssicherheit (ISMS) (https://www.bsi. bund.de/SharedDocs/Downloads/DE/BSI/Grundschutz/Kompendium/standard_200_1.pdf? __blob=publicationFile& v=8); BSI-Standard 200-22: IT-Grundschutz-Methodik (https:// www.bsi.bund.de/SharedDocs/Downloads/DE/BSI/Grundschutz/Kompendium/standard_ 200_2.pdf?__blob=publi cationFile&v=7); BSI-Standard 200-3: Risikomanagement (https://www.bsi.bund.de/SharedDocs/Downloads/DE/BSI/Grundschutz/Kompendium/ standard_200_3.pdf?__blob=publicationFile&v=7) (jeweils zuletzt abgerufen am 11.5. 2020).

Bensinger

nachzuweisen. Da dies aber einigermaßen aufwändig ist, können für kleinere und mittelständische Unternehmen die VDS-Richtlinie 3472[201] und ISIS 12 zur IT-Sicherheit eher geeignet sein, die dem Stand der Technik entsprechenden IT-Sicherheitsmaßnahmen zu identifizieren und umzusetzen.[202] Schon durch einige sehr einfache Prinzipien, wie etwa Inventarisierung, Update/Patch Management, Sichere Konfiguration, Berechtigungsvergabe nach Minimalprinzip und Backups, können Unternehmen ihre IT-Sicherheit erheblich stärken.[203] Weitere Maßnahmen sind in der Regel erforderlich, richten sich aber nach dem entsprechenden Schutzbedarf, der im Rahmen einer Risikoanalyse festgestellt wurde. Dazu gehören Auditing- und Überwachungstools zur Überwachung der Mitarbeiter, zur Verhinderung von „Insider Threats" oder zur Kontrolle der Datenströme zur Vermeidung von „Data Leakage", oder proaktive Tools zur Anomalieerkennung und „Intrusion Prevention", die bei einem festgestellten Angriff die Systeme schützen. „Identity Protection" sowie „Identity Theft Protection" – und zwar nicht nur für leitende Mitarbeiter, sondern auf jeder Stufe – dürften mittlerweile auch zu den wichtigsten Standards gehören, schon um ein unbefugtes „Eindringen" oder unbefugten Zugriff auf die IT des Unternehmens zu verhindern. Bei der Auswahl dieser Systeme sind auch die Besonderheiten des konkreten Geschäftsmodells zu berücksichtigen, da alle Maßnahmen der IT-Sicherheit auch einer Wirtschaftlichkeitsbetrachtung unterliegen. Ein Online-Shop braucht eine hohe Verfügbarkeit, eine Werkzeugmaschinenfabrik integre Steuersysteme, die Personalabteilung oder Finanzbuchhaltung eine hohe Vertraulichkeit. Dies lässt sich nur durch eine professionelle Risikoanalyse feststellen.[204]

Neben den bisher bekannten Risiken kommt den sozialen Medien nicht nur in der Veränderung unseres Kommunikationsverhaltens eine zunehmend bedeutende Rolle zu. Facebook und Twitter, Bewertungsportale und andere Formen öffentlicher Meinungsäußerung prägen und verändern maßgeblich das Image einer Firma. Auch „Trolling" oder ein sogenannter „Shitstorm" bringt Medienpräsenz – allerdings negative und ungewollte. Hierfür gibt es Auswerte- und Analyse-Tools, welche die Firmen bei der (Früh-)Erkennung von „Social Media"-Angriffen unterstützen und den zuständigen Stellen eine angemessene Reaktion ermöglichen.   **98**

Hilfestellung für konkret erforderliche und verfügbare technische Sicherheitssysteme können (IT-)Berater leisten, die in der Regel den besten Marktüberblick haben. Wichtig bei der Aufstellung solcher Konzepte ist (a) die konsequente   **99**

---

201 *Rath/Kuß*, in: Umnuß, Corporate Compliance-Checklisten, Kap. 8. IT-Compliance: Anforderungen an die Informationstechnologie und den Datenschutz, Rn. 10.

202 Für einen Überblick über Regelwerke, die ein ISMS (Informations-Sicherheits-Management-System) definieren und bei der Implementierung unterstützen, siehe *Schmitz/v. Dall'-Armi*, in: Forgó/Helfrich/Schneider, Betrieblicher Datenschutz, Teil XII, Kap. 1. Anforderungen an die IT-Sicherheit und deren rechtliche Grundlage, Rn. 26–28.

203 *Ahrend*, CB 2019, 105, 108 f.

204 Vgl. *Bensinger/Kozok*, CB 2015, 376, 378.

Umsetzung, (b) die regelmäßige Aktualisierung und (c) der Abgleich mit dem jeweils geltenden Stand rechtlicher Verpflichtungen.

III. Der Krisenfall

100 Haben Schutzmaßnahmen versagt und kommt es zum Krisenfall, so sind sowohl rechtlich wie technisch/organisatorisch andere Maßnahmen gefragt. Vor allem müssen schnell Entscheidungen getroffen und erforderliche Schritte eingeleitet werden. Jetzt zahlt es sich aus, wenn diese Maßnahmen, oder ein Teil davon, bereits unter Beteiligung aller einschlägigen Fachbereiche vorbereitet, angelegt und möglichst auch probeweise durchgespielt wurden.

1. Hacker-Angriffe erkennen

101 Bei der Erkennung von Hacker-Angriffen beschränken sich viele Betroffene noch auf die Prüfung, wie der oder die Täter in das System eingedrungen sind, welche Systeme betroffen sind und welchen Schaden der Angriff angerichtet hat. Die immer besser werdenden Angriffswerkzeuge machen es jedoch notwendig, sich intensiv mit der Frage nach dem Angriffsverfahren zu beschäftigen und zum Beispiel auch zu analysieren, welche Werkzeuge der Angreifer benutzt hat, ob ein „Trojaner" installiert wurde, der einen Zugriff von außen erlaubt, ob Malwareprogramme im Netz sind, die erst später aktiv werden, auf welche IT-Systeme der Angreifer zugreifen konnte und welche Ziele er verfolgt.[205]

2. Rechtliche Konsequenzen und Handlungsoptionen

102 Wurde ein Angriff auf das IT-System oder eine andere digitale Attacke gegen das Unternehmen entdeckt, so können daraus ganz konkrete gesetzliche Pflichten des Unternehmens z. B. zur Meldung des Angriffs folgen.

a) Melde- und Informationspflichten

aa) DSGVO

103 Sind von dem Angriff personenbezogene Daten betroffen, z. B. von Kunden, Patienten, Mitarbeitern etc., ist zu prüfen, ob Meldepflichten nach der DSGVO bestehen. Das ist schon deshalb wichtig, weil Verstöße hier mit hohen Strafen geahndet werden können, und die Meldungen i. d. R. äußerst öffentlichkeitswirksam sind und deshalb im Rahmen der i. d. R. parallel laufenden Kommunikationsmaßnahmen berücksichtigt werden müssen. Die DSGVO unterscheidet in Art. 33, 34 DSGVO zwischen Meldungen an die Aufsichtsbehörde und Meldungen an die betroffenen Personen.

---

205 Vgl. *Bensinger/Kozok*, CB 2015, 376, 379.

(1) Meldung an die Aufsichtsbehörde (Art. 33 DSGVO)

Nach Art. 33 Abs. 1 DSGVO trifft den Verantwortlichen eine fristgebundene   **104**
Meldepflicht gegenüber der Aufsichtsbehörde, wenn er von einer Datenschutzverletzung erfährt. Dabei genügt eine objektive Schutzverletzung, auf ein Verschulden des Verantwortlichen kommt es nicht an. Außerdem muss der Verantwortliche nicht nur eigene, sondern auch Verletzungen des Auftragsverarbeiters
oder Dritter (Art. 4 Nr. 10 DSGVO) melden.[206]

(a) Entstehung der Pflicht: Grundsätzlich muss dann gemeldet werden, wenn   **105**
eine Verletzung des Schutzes personenbezogener Daten eingetreten ist, und dies
dem Verpflichteten bekannt ist. Eine Meldepflicht besteht also noch nicht, wenn
eine Verletzung nur droht oder nur vermutet wird, oder zwar objektiv eingetreten
ist, aber dem Verpflichteten nicht bekannt war. Außerdem entfällt die Meldepflicht ausnahmsweise dann, wenn die Datenschutzverletzung nicht zu einem
Risiko für die Rechte und Freiheiten natürlicher Personen führt (Art. 33 Abs. 1
Satz 1 Hs. 2 DSGVO). Ein Risiko für die Rechte und Freiheiten natürlicher Personen besteht, wenn ihnen Diskriminierung, Identitätsdiebstahl oder -betrug,
finanzielle Verluste, unbefugte Aufhebung einer Pseudonymisierung, Rufschädigung, Verlust der Vertraulichkeit von dem Berufsgeheimnis unterliegenden Daten oder andere erhebliche wirtschaftliche oder gesellschaftliche Nachteile drohen (vgl. ErwG 85 DSGVO). Wichtig ist hier, dass die DSGVO Risiken
nur dann sieht, wenn erhebliche Schäden drohen. Je höher der anzunehmende
Schaden, desto geringere Anforderungen sind an die Wahrscheinlichkeit des
Schadenseintritts zu stellen (vgl. ErwG 85 Satz 1 DSGVO).

Demnach bedarf es einer Prognose zu den Folgen des Datenschutzverstoßes; die-   **106**
se erstellt (zunächst) der Verantwortliche selbst. Sie ist im Nachhinein von der
Aufsichtsbehörde überprüfbar.[207] Stellt sich die Prognose nachträglich als falsch
heraus, realisiert sich also entgegen der Prognose das Risiko, ist nicht die Unrichtigkeit der Prognose selbst Grund für eine Sanktionierung. Entscheidend ist
vielmehr, ob die Annahmen des Verantwortlichen über die Tatsachenlage und
die rechtlichen Überlegungen sowie zur weiteren Fortentwicklung nachvollziehbar und plausibel waren oder nicht. Geprüft wird, ob der Verantwortliche alle
maßgeblichen Umstände nach seinen Fähigkeiten ermittelt, vollständig einbezogen sowie zutreffend und nachvollziehbar (vgl. Abs. 5: Dokumentationspflicht)
bewertet hat.[208]

(b) Zeitpunkt der Meldepflicht: Der Verantwortliche muss die Verletzung „un-   **107**
verzüglich" und soweit es ihm möglich ist binnen 72 Stunden nach Bekanntwerden der Verletzung melden (Art. 33 Abs. 1 Satz 1 DSGVO). Das ist wohl so zu
verstehen, dass eine Meldung innerhalb von 72 Stunden immer unverzüglich
und damit rechtzeitig ist. Die Vorgabe der 72-Stunden-Regelfrist darf der Ver-

---

206 *Brink*, in: BeckOK DatenschutzR, 30. Ed. 1.11.2019, DS-GVO Art. 33 Rn. 27 und 28.
207 *Brink*, in: BeckOK DatenschutzR, 30. Ed. 1.11.2019, DS-GVO Art. 33 Rn. 37.
208 *Brink*, in: BeckOK DatenschutzR, 30. Ed. 1.11.2019, DS-GVO Art. 33 Rn. 38.

antwortliche nur überschreiten, wenn ihm eine Meldung vorher unmöglich war. Dies hat der Verantwortliche gem. Satz 2 gegenüber der AB darzulegen (ErwG 85 der DGSVO). Auch eine nicht rechtzeitige Meldung kann aufsichtsbehördliche Maßnahmen nach sich ziehen (Verwarnung nach Art. 58 Abs. 2 lit. b DSGVO, Bußgeld nach Art. 83 Abs. 4 lit. a DSGVO).

108 *(c) Inhalt der Meldung:* Die Meldung nach Art. 33 DSGVO bedarf keiner bestimmten Form. Angesichts der Bedeutung der Meldepflicht ist jedoch anzuraten, die gebotene Mitteilung (auch) schriftlich an die Aufsichtsbehörde zu richten.[209] Der Mindestumfang der Meldung wird in Art. 33 Abs. 3 DSGVO spezifiziert. Lit. a verlangt die Beschreibung der Art der Verletzung des Schutzes personenbezogener Daten (vgl. die Legaldefinition in Art. 4 Nr. 12 DSGVO: Vernichtung, Verlust, Veränderung oder unbefugte Offenlegung), sowie Angaben zu Kategorien und (ungefähren) Zahl der betroffenen Personen und zu Kategorien und (ungefähren) Zahl der betroffenen personenbezogenen Datensätze. Nach lit. b sind Namen und Kontaktdaten des Datenschutzbeauftragten in der Meldung zu nennen. Lit. c verlangt eine Beschreibung der wahrscheinlichen Folgen der Verletzung des Schutzes personenbezogener Daten. Nach lit. d muss der Verantwortliche beschreiben, welche Maßnahmen er bereits ergriffen hat oder noch vorschlägt, um die eingetretene Verletzung zu beseitigen oder in ihren Auswirkungen abzumildern, damit die Aufsichtsbehörde beurteilen kann, ob zur Schadensabwehr oder -minimierung weitere Maßnahmen geboten sind.

109 Liegen die Information nicht alle zu dem Zeitpunkt vor, zu dem gemeldet werden muss, so sind zunächst die Informationen vorzulegen, über die der Verantwortliche bereits verfügt, und die übrigen dann sukzessive nachzureichen, sobald sie dem Verantwortlichen vorliegen; Schnelligkeit ist hier wichtiger als Richtigkeit und Vollständigkeit (vgl. auch ErwG 85 Satz 2 der DSGVO). Dies resultiert in einer Vorabmeldepflicht im Sinne einer „Erstbenachrichtigung" auch bei noch nicht vollständigem Lagebild[210] – immer vorausgesetzt, dass gleichwohl bereits eine Schutzverletzung eingetreten ist.

110 Außerdem trifft den Verantwortlichen nach Abs. 5 eine Dokumentationspflicht hinsichtlich Umfang und Auswirkungen der Datenschutzverletzung sowie zu den ergriffenen Abhilfemaßnahmen. Diese ist insbesondere von Bedeutung, wenn der Verantwortliche von einer Meldung nach Abs. 1 abgesehen hat, weil er kein hinreichendes Risiko gesehen hat. Dann kann die Aufsichtsbehörde diese wertende Entscheidung des Verantwortlichen mithilfe der Dokumentation nachvollziehen und ggf. bewerten. Der Verantwortliche hat nicht die Pflicht, die Dokumentation der Aufsichtsbehörde unaufgefordert zuzuleiten. Er muss sie lediglich bereithalten, um sie der Aufsichtsbehörde auf Anfrage unverzüglich übermitteln oder vorlegen zu können.[211]

---

209 *Brink*, in: BeckOK DatenschutzR, 30. Ed. 1.11.2019, DS-GVO Art. 33 Rn. 31.
210 *Brink*, in: BeckOK DatenschutzR, 30. Ed. 1.11.2019, DS-GVO Art. 33 Rn. 59–61.
211 *Brink*, in: BeckOK DatenschutzR, 30. Ed. 1.11.2019, DS-GVO Art. 33 Rn. 65–68.

(d) Meldepflicht des Auftragsverarbeiters: Bei Auftragsdatenverarbeitungen ist **111** es häufig der Auftragsverarbeiter, der (zuerst) von einer Datensicherheitsverletzung erfährt. Ihn trifft dann zwar keine eigene Meldepflicht gegenüber der Aufsichtsbehörde, er muss die Verletzung aber unverzüglich dem Verantwortlichen melden (Art. 33 Abs. 2 DSGVO). Da bei Nicht-EU-Auftragsverarbeitern nicht gewährleistet ist, dass sie unmittelbar aus Art. 33 Abs. 2 DSGVO verpflichtet sind, sollte diese Pflicht sowie die Pflicht zur weiteren Unterstützung des Verantwortlichen bei der Schadenbegrenzung, Verfolgung von Rechten, „Stopfen" des Datenlochs etc. dem Auftragsverarbeiter vertraglich auferlegt werden (vgl. auch Art. 28 Abs. 3 lit. f DSGVO). Zu beachten ist auch, dass für die Meldung des Auftragsverarbeiters die 72-Stunden-Frist nicht gilt; er muss also wirklich unverzüglich melden, auch wenn das früher als 72 Stunden ist. Schließlich muss seine Meldung den Verantwortlichen in die Lage versetzen, rechtzeitig an die Aufsichtsbehörde melden zu können.

(2) Meldung an die Betroffenen (Art. 34 DSGVO)

(a) Entstehung der Pflicht: Neben der Meldepflicht des Art. 33 DSGVO kann **112** auch eine Benachrichtigungspflicht gegenüber den Betroffenen nach Art. 34 DSGVO bestehen, falls die Verletzung des Schutzes personenbezogener Daten voraussichtlich ein hohes Risiko für die persönlichen Rechte und Freiheiten natürlicher Personen zur Folge hat. Auf ein Verschulden des Verantwortlichen kommt es nicht an,[212] sondern auf das Ergebnis einer anzustellenden Risikoprognose. Die Risikoprognose nimmt hier aber eine andere Funktion ein als bei Art. 33 DSGVO: Erst wenn sie ein Risiko statuiert, und zwar ein hohes Risiko, entsteht überhaupt erst die Meldepflicht gegenüber den Betroffenen.[213] Prinzipiell ist das von einer Datenschutzverletzung ausgehende Risiko dann hoch, wenn anzunehmen ist („voraussichtlich"), dass bei ungehindertem Geschehensablauf mit hoher Wahrscheinlichkeit ein Schaden für die Rechte und Freiheiten des/der Betroffenen eintritt. Neben der Eintrittswahrscheinlichkeit sind auch die Art der Verletzung, die Natur, Sensibilität und der Umfang der betroffenen personenbezogenen Daten, der zur Identifizierung der Individuen notwendige Aufwand, die Schwere der Folgen für den Betroffenen sowie spezielle Eigenschaften der Betroffenen zu berücksichtigen.[214] So ist das Risiko auch dann hoch, wenn zwar der Eintritt eines Schadens als wenig wahrscheinlich prognostiziert wird, dieser Schaden dann aber besonders groß wäre (ErwG 75 Satz 1 der DSGVO) oder besondere Kategorien personenbezogener Daten i. S. v. Art. 9 Abs. 1 DSGVO, personenbezogene Daten über strafrechtliche Verurteilungen und Straftaten (vgl. Art. 10 DSGVO) oder Profiling-Daten sowie aus der systematischen Überwachung öffentlich zugänglicher Bereiche (vgl. Art. 35 Abs. 3 DSGVO) Gegen-

---

212 *Brink*, in: BeckOK DatenschutzR, 30. Ed. 1.11.2019, DS-GVO Art. 34 Rn. 23.
213 So auch *Brink*, in: BeckOK DatenschutzR, 30. Ed. 1.11.2019, DS-GVO Art. 34 Rn. 19.
214 Leitlinien für die Meldung von Verletzungen des Schutzes personenbezogener Daten gemäß der Verordnung (EU) 2016/679, S. 27, https://ec.europa.eu/newsroom/article29/item-detail.cfm?item_id=612052 (zuletzt abgerufen am 27.2.2020).

stand der Datenschutzverletzung waren.[215] Die Benachrichtigungspflicht entfällt, wenn der Verantwortliche durch vorherige oder nachträgliche Maßnahmen
(Art. 34 Abs. 3 lit. a bzw. lit b DSGVO) eine Risikominimierung erreicht. Ob
mit den vorhergehenden Schutzmaßnahmen nur solche gemeint sind, die der
Verantwortliche vor Eintritt des Ereignisses eingerichtet hat, ist unklar, denn eigentlich werden diese schon in der Risikoanalyse berücksichtigt, die dann gar
kein hohes Risiko indizieren dürfte. Nach § 29 Abs. 1 Satz 3 BDSG entfällt die
Pflicht zur Benachrichtigung außerdem dann, wenn und soweit durch die Benachrichtigung Informationen offenbart würden, die nach einer Rechtsvorschrift
oder ihrem Wesen nach geheim gehalten werden müssen, insbesondere wegen
der überwiegenden berechtigten Interessen eines Dritten. Allerdings ist ein solches Geheimhaltungsinteresse dann gegen die Interessen der von dem Sicherheitsvorfall betroffenen Person abzuwägen; überwiegen ihre Interessen, insbesondere weil z. B. durch die Meldung drohende Schäden abgewendet werden
können, so muss sie trotzdem benachrichtigt werden (§ 29 Abs. 1 Satz 4 BDSG).

113 Wie bei Art. 33 DSGVO kann der Verantwortliche natürlich eine (im Nachhinein) falsche Risikoprognose treffen, oder die Aufsichtsbehörde auf Grundlage
derselben Tatsachen zu einer anderen Prognose gelangen. Deshalb kann die Aufsichtsbehörde vom Verantwortlichen verlangen, die Benachrichtigung nachzuholen. Sie kann zur Rechtssicherheit des Verantwortlichen auch feststellen, dass
eine Benachrichtigung nicht erforderlich ist, weil ein Ausnahmegrund nach
Art. 34 Abs. 3 DSGVO vorliegt (Abs. 4). Ein Verantwortlicher, der sich über die
Verpflichtung zur Benachrichtigung nach Abs. 1 im konkreten Fall unsicher ist,
kann sich an die Aufsichtsbehörde mit dem Antrag wenden, einen solchen Beschluss nach Abs. 4 zu erlassen.[216]

114 *(b) Zeitpunkt der Meldepflicht:* Der Verantwortliche muss unverzüglich benachrichtigen, d. h. ohne schuldhaftes Zögern. Die 72-Stunden-Frist nach Art. 33
DSGVO gilt hier nicht; „unverzüglich" kann im Einzelfall also auch schon vor
72 Stunden bedeuten. Wegen der unterschiedlichen Maßstäbe des Art. 33 und
des Art. 34 DSGVO müssen die Meldepflichten nicht zum selben Zeitpunkt entstehen; so kann sich das hohe Risiko einer Rechtsverletzung, das zur Meldepflicht an die Betroffenen führt, auch erst zu einem späteren Zeitpunkt manifestieren, wenn z. B. mehr Informationen über das Ausmaß des Vorfalls bekannt
werden. Ein längeres Abwarten vor der Benachrichtigung ist auch dann als gerechtfertigt anzusehen, um geeignete Maßnahmen gegen fortlaufende oder vergleichbare Verletzungen zu treffen, wenn dies mit der Aufsichtsbehörde abgesprochen ist oder von anderen zuständigen Behörden, wie bspw.
Strafverfolgungsbehörden angewiesen wurde (ErwG 86 der DSGVO). Problematisch ist in diesem Zusammenhang insbesondere, ob entsprechende Weisungen anderer als EU-Behörden hier maßgeblich sein können, z. B. bei EU-Gren-
zen überschreitenden Sicherheitsvorfällen; insbesondere multinationale

215 *Brink*, in: BeckOK DatenschutzR, 30. Ed. 1.11.2019, DS-GVO Art. 34 Rn. 25, 26.
216 *Brink*, in: BeckOK DatenschutzR, 30. Ed. 1.11.2019, DS-GVO Art. 34 Rn. 46.

Konzerne können sich hier mit einander widersprechenden Pflichten konfrontiert sehen. Erwägungsgrund 86 stellt nicht darauf ab, dass solche Weisungen von EU-Behörden kommen müssen, entscheidend ist allein, ob sie für den Verantwortlichen oder den Sicherheitsvorfall „zuständig" sind. Im Einzelfall sollte dies mit der Aufsichtsbehörde abgesprochen werden.

(c) Form und Inhalt der Meldepflicht: Der Verantwortliche muss dem Betroffenen die Art der Datenschutzverletzung mitteilen und die Informationen nach Art. 33 Abs. 3 lit. b, c und d DSGVO (also Kontaktdaten des Datenschutzbeauftragten, Beschreibung der wahrscheinlichen Folgen der Schutzverletzung für den Betroffenen und die vom Verantwortlichen getroffenen oder vorgeschlagenen Maßnahmen zur Behebung der Verletzung etc.) zukommen lassen. Die Meldung muss in „klarer und einfacher Sprache" abgefasst sein und hat in präziser, transparenter und leicht zugänglicher Form zu erfolgen. Sie darf also nicht fachsprachlich formuliert sein, sondern muss für jedermann gut verständlich sein. Adressaten der Benachrichtigung sind alle Personen, die von der Datenschutzverletzung betroffen sind. **115**

Die Betroffenen sind grundsätzlich individuell zu benachrichtigen, es sei denn, der Benachrichtigungsaufwand wäre unangemessen hoch (Art. 33 Abs. 3 lit. c DSGVO). Anders als noch bei der Meldepflicht nach BDSG-alt kann (muss aber nicht) der Verantwortliche in diesem Fall eine öffentliche Bekanntmachung oder eine ähnlich wirksame Maßnahme vornehmen. Unter öffentlicher Bekanntmachung ist die Verbreitung über amtliche Verkündungsblätter oder Tageszeitungen zu verstehen (vgl. § 186 Abs. 2 ZPO). Als ähnlich wirksame Maßnahme kommt eine Veröffentlichung im Internet in Betracht, soweit zu erwarten ist, dass die betroffenen Personen diese dort auffinden werden.[217] **116**

Da der Auftragsverarbeiter schon aus Art. 33 Abs. 2 DSGVO (und ggf. Vertrag) verpflichtet ist, den Sicherheitsvorfall an den Verantwortlichen zu melden, ist eine erneute Meldepflicht im Rahmen des Art. 34 DSGVO entbehrlich. Die Risikoanalyse und das Ergreifen von Melde- und anderen Maßnahmen ist Aufgabe und Privileg des Verantwortlichen. So sollte dem Auftragsverarbeiter in der Auftragsverarbeitungsvereinbarung zwar Hilfestellung und Mitwirkung auch zur Risikoanalyse und Meldung nach Art. 34 DSGVO auferlegt werden (vgl. Art. 28 Abs. 3 lit. f DSGVO; z.B. durch Mitteilung der Adressen von Betroffenen), dem Auftragsverarbeiter sollte es aber untersagt werden, selbst irgendwelche Meldungen vorzunehmen. **117**

(3) Sanktionen

Wenn der Verantwortliche die nach Art. 33 bzw. 34 DSGVO gebotenen Meldungen unterlässt, kann die Aufsichtsbehörde den Verstoß mit einer Geldbuße von bis zu 10 Mio. EUR oder im Falle von Unternehmen sogar in Höhe von bis zu 2% des weltweiten (Konzern-)Jahresumsatzes ahnden (Art. 83 Abs. 4 lit. a **118**

---

217 *Brink*, in: BeckOK DatenschutzR, 30. Ed. 1.11.2019, DS-GVO Art. 34 Rn. 41, 43.

DSGVO). Als Verstoß des Verantwortlichen ist auch eine unvollständige Meldung nach Art. 33 Abs. 3 DSGVO, eine unterlassene Teilmeldung nach Abs. 4 und eine fehlende oder unvollständige Dokumentation nach Abs. 5[218] oder eine unverständliche bzw. unvollständige Meldung im Rahmen des Art. 34 DSGVO zu werten.[219] Zudem wird auch der Auftragsverarbeiter bei unterlassener Meldung an den Verantwortlichen nach Art. 33 Abs. 2 DSGVO bußgeldpflichtig.[220]

bb) BDSG

119   Meldepflichten nach dem BDSG sind mittlerweile reduziert auf Sicherheitsvorfälle bei öffentlichen Stellen, die für die Verhütung, Ermittlung, Aufdeckung, Verfolgung oder Ahndung von Straftaten oder Ordnungswidrigkeiten zuständig sind (§ 65 BDSG). Diese müssen eine Verletzung des Schutzes personenbezogener Daten unverzüglich und möglichst innerhalb von 72 Stunden, nachdem sie ihnen bekannt geworden ist, der oder dem Bundesbeauftragten für Datenschutz und Informationsfreiheit melden. Eine Ausnahme hiervon besteht, wenn die Verletzung voraussichtlich keine Gefahr für die Rechtsgüter natürlicher Personen ausgelöst hat.

cc) BSIG

120   Auch das BSIG schreibt eine Meldepflicht für erhebliche Störungen vor (§ 8b Abs. 4 BSIG). Betreiber Kritischer Infrastrukturen haben Störungen der Verfügbarkeit, Integrität, Authentizität und Vertraulichkeit ihrer informationstechnischen Systeme, Komponenten oder Prozesse, die zu einem Ausfall oder zu einer erheblichen Beeinträchtigung der Funktionsfähigkeit der von ihnen betriebenen Kritischen Infrastrukturen führen können (Satz 1 Nr. 2) oder geführt haben (Satz 1 Nr. 1) zu melden. In der Meldung müssen Angaben zu der Störung, zu möglichen grenzübergreifenden Auswirkungen und zu den technischen Rahmenbedingungen, insbesondere der vermuteten oder tatsächlichen Ursache, der betroffenen Informationstechnik, der Art der betroffenen Einrichtung oder Anlage sowie zur erbrachten kritischen Dienstleistung sowie zu den Auswirkungen der Störung auf diese Dienstleistung gemacht werden. Dafür bleiben Meldungen vergleichsweise diskret: KRITIS-Betreiber sind verpflichtet, erhebliche Störungen (nur) dem BSI zu melden. Das BSI soll hierdurch in die Lage versetzt werden, ggf. andere Unternehmen und relevante Behörden vor Sicherheitslücken oder Angriffen auf die IT-Sicherheit warnen zu können. Das entspricht der Umsetzung der Meldepflicht in Art. 14 der NIS-Richtlinie, wonach Meldungen nur an die nationale zuständige Behörde oder das nationale CSIRT (Computer Security Incident Response Team) erfolgen. Das BSI kooperiert allerdings dann im Rahmen der Art. 10 ff. NSI-Richtline mit der europäischen Behörde ENISA und den anderen nationalen Behörden und CSIRTs.

---

218 *Brink*, in: BeckOK DatenschutzR, 30. Ed. 1.11.2019, DS-GVO Art. 33 Rn. 19.
219 *Brink*, in: BeckOK DatenschutzR, 30. Ed. 1.11.2019, DS-GVO Art. 34 Rn. 17.
220 *Brink*, in: BeckOK DatenschutzR, 30. Ed. 1.11.2019, DS-GVO Art. 33 Rn. 19.

Eine Warnung des BSI kann auch anonymisiert erfolgen; nur dann, wenn die   **121**
Störung tatsächlich zu einem Ausfall oder einer Beeinträchtigung der Funktionsfähigkeit der kritischen Infrastruktur geführt hat, wird das BSI auch den Betreiber namentlich nennen (§ 8b Abs. 4 letzter Satz BSIG). Hier gibt es außerdem
Überlegungen, die Meldepflichten durch ein kooperatives Monitoringsystem
auf eine übergeordnete Einrichtung zu übertragen und so für das betroffene Unternehmen Anonymität zu wahren.[221] Nach § 8c Abs. 3 Satz 1 BSIG trifft den
Anbieter digitaler Dienste dieselbe Meldepflicht wie Betreiber Kritischer Infrastrukturen in § 8b Abs. 4 BSIG, das bedeutet für jeden Sicherheitsfall, der erhebliche Auswirkungen auf die Bereitstellung eines von ihm innerhalb der Europäischen Union erbrachten digitalen Dienstes hat.[222] Wenn Anhaltspunkte dafür
vorliegen, dass ein Anbieter diesen Anforderungen nicht gerecht wird, kann das
BSI von dem Anbieter die Übermittlung der zur Beurteilung der Sicherheit seiner Netz- und Informationssysteme erforderlichen Informationen, einschließlich
Nachweisen über ergriffene Sicherheitsmaßnahmen und die Beseitigung der
Mängel, verlangen.

Außerdem müssen KRITIS-Betreiber gemäß § 8b Abs. 3 BSIG eine Kontaktstel-   **122**
le für die von ihnen betriebenen Kritischen Infrastrukturen benennen. Damit
werden sie Teil der Warn- und Meldestruktur des BSI. Über 1.500 KRITIS-An-
lagen haben sich laut Lagebericht 2019 bereits beim BSI registriert.[223]

Es besteht keine Konkurrenz von Art. 33 oder 34 DSGVO zur Meldepflicht nach   **123**
§ 8b Abs. 1 BSIG, da diese eine andere Zielrichtung verfolgt – den Schutz kritischer Infrastrukturen. Daher stehen diese Meldepflicht und diejenige nach
Art. 33 bzw. 34 nebeneinander.[224] Hingegen sind KRITIS-Betreiber von den
Meldepflichten des BSIG ausgenommen, wenn sie aufgrund spezialgesetzlicher
Vorschriften vergleichbare oder gar striktere Anforderungen erfüllen müssen
(§ 8d Abs. 3 Nr. 5 BSIG). Interessanterweise gilt dies auch dann, wenn diese Anforderungen keine Meldepflichten beinhalten.[225] So handelt es sich bei § 54
ZAG um eine solche spezialgesetzliche Rechtsvorschrift (vgl. Rn. 126), welche
die Anwendung von § 8a BSIG ausschließt.

Nach dem durch das NIS-RL-Umsetzungsgesetz eingefügten § 5a BSIG kann   **124**
das BSI auf Ersuchen des betroffenen KRITIS-Betreibers die erforderlichen
Maßnahmen zur Wiederherstellung der Sicherheit oder Funktionsfähigkeit des
IT-Systems treffen, wenn die Beeinträchtigung der Sicherheit eines IT-Systems
einen herausgehobenen Fall darstellt (Abs. 1 Satz 1). Von einem solchen ist nach

---

221 Vgl. *Roos*, MonIKA: IT-Sicherheit durch kooperative Ansätze, 2015, S. 5, 7, 16.
222 *Eckhardt*, in: Auer-Reinsdorff/Conrad, HdB IT- und Datenschutzrecht, § 33 Compliance,
     IT-Sicherheit, Ordnungsmäßigkeit der Datenverarbeitung, Rn. 284.
223 BSI, Die Lage der IT-Sicherheit in Deutschland 2019, S. 59.
224 *Brink*, in: BeckOK DatenschutzR, 30. Ed. 1.11.2019, DS-GVO Art. 33 Rn. 18.
225 Die Gesetzesbegründung (BT-Drucks. 18/4096, 29) verweist diesbezüglich nur auf die Tele-
     matikinfrastruktur im Gesundheitswesen, für die in § 291b SGB V Anforderungen an die IT-
     Sicherheit, aber keine Meldepflichten festgelegt sind.

Abs. 2 insbesondere bei einem Angriff von besonderer technischer Qualität oder in Fällen auszugehen, in denen die zügige Wiederherstellung der IT-Sicherheit von besonderem öffentlichen Interesse ist. Dies ist der Fall, wenn der Ausfall oder die Beeinträchtigung spürbare Auswirkungen auf das Gemeinwohl, zum Beispiel im Sinne der Versorgung der Allgemeinheit mit kritischen Dienstleistungen, haben kann. Gem. Abs. 5 kann das BSI mit Einwilligung des Ersuchenden auf dessen Kosten qualifizierte Dritte zur Hilfe heranziehen. Nach Abs. 6 kann es vom Hersteller des IT-Systems die Mitwirkung an der Wiederherstellung der Sicherheit oder Funktionsfähigkeit des IT-Systems verlangen, soweit dies erforderlich ist. Beruht die Sicherheitslücke auf der verwendeten Hard- oder Software, kann der Produkthersteller schnell und nachhaltig Abhilfe schaffen. Allerdings darf der Hersteller aus Gründen der Verhältnismäßigkeit nach Ablauf des Supportzeitraums nicht zur kostenlosen Mitwirkung herangezogen werden.

dd) Meldepflichten für Energiewirtschaftsunternehmen

125   Für Betreiber von Energieversorgungsnetzen und Energieanlagen werden die Meldepflichten nach dem BSIG durch die Meldepflicht nach § 11 Abs. 1c EnWG verdrängt. Hiernach müssen Störungen dem BSI gemeldet werden, das diese dann an die Bundesnetzagentur weitergeben und gemeinsam mit dieser das weitere Störungs-Management begleiten wird. Im Bereich des AtomG gelten außerdem die §§ 6 ff. AtSMV (Atomrechtliche Sicherheitsbeauftragten- und Meldeverordnung).

ee) ZAG

126   § 54 Abs. 1 Satz 1 ZAG verpflichtet Zahlungsdienstleister, die BaFin unverzüglich über schwerwiegende Betriebs- oder Sicherheitsvorfälle zu unterrichten und ersetzt die bisherige Regelung in Nr. 3.2 der MaSI.[226] Die BaFin wiederum muss dann die EBA sowie die EZB unverzüglich über den Vorfall informieren, § 54 Abs. 1 Satz 2 ZAG.

127   Unter einem Betriebs- oder Sicherheitsvorfall wird ein Ereignis verstanden, das vom Zahlungsdienstleister nicht geplant war und sich negativ auf die Integrität, die Verfügbarkeit, die Vertraulichkeit, die Authentizität und/oder die Kontinuität von zahlungsbezogenen Diensten auswirkt oder aller Wahrscheinlichkeit nach eine solche negative Auswirkung haben wird.[227] Schwerwiegend ist ein Betriebs- oder Sicherheitsvorfall schon dann, wenn quantitativ eine hohe Zahl an offenen Transaktionen oder Kunden betroffen ist, die Ausfallzeit besonders lange dauert, der wirtschaftliche Schaden besonders hoch ist, Auswirkungen auf weitere Zahlungsdienstleister oder Infrastrukturen vorliegen, ein qualitativ als relevant einzustufender Reputationsschaden droht oder qualitativ eine hohe interne Eskalationsstufe erreicht wird, die über das Standard-Reporting deutlich hinausgeht.[228]

---

226 *Steinhoff*, in: Casper/Terlau, 2. Aufl. 2020, ZAG, § 54 Rn. 17.
227 *Steinhoff*, in: Casper/Terlau, 2. Aufl. 2020, ZAG, § 54 Rn. 8.
228 *Steinhoff*, in: Casper/Terlau, 2. Aufl. 2020, ZAG, § 54 Rn. 11, 12.

Dagegen müssen z. B. ein einzelner Phishing-Angriff oder einzelne Brute-Force-Angriffe durch Scriptkiddies nicht gemeldet werden, wenn aufgrund des situativen Einzelfalls eine wie auch immer geartete Serie auszuschließen ist.[229] Die EBA Leitlinien zur Meldepflicht schwerwiegender Sicherheitsvorfälle[230] geben Auskunft darüber, welche Vorfälle konkret meldepflichtig sind. Die BaFin beabsichtigt, diese per Rundschreiben inhaltlich unverändert in die deutsche Aufsichtspraxis zu übernehmen. Meldepflichtige Zahlungsdienstleister sollten sich daher bereits jetzt an den Kriterien der Leitlinien orientieren.[231] Die BaFin hat bereits eine Melde- und Veröffentlichungsplattform der BaFin (MVP-Portal) etabliert, das genutzt werden muss, um der Meldepflicht nachzukommen.[232]

Die Berichte muss der Zahlungsdienstleiter unter Verwendung des von der EBA **128** im Anhang zu den Leitlinien bereitgestellten Musters[233] vorlegen. Es gibt drei Arten von Berichten, die Zahlungsdienstleister kumulativ ausfüllen müssen, so dass der Abschlussbericht Informationen zu allen Feldern enthält.[234] Zunächst muss der Zahlungsdienstleister einen ersten Bericht (Initial Report) innerhalb von vier Stunden ab dem Zeitpunkt der ersten Feststellung eines Betriebs- oder Sicherheitsvorfalls an die zuständige Behörde senden. Dabei müssen einige grundlegende Merkmale des Vorfalls und die erwarteten Folgen angegeben werden. Anschließend muss der Zahlungsdienstleister im Zuge des Intermediate Reports eine detailliertere Beschreibung des Vorfalls und seiner Folgen vorlegen. Bei wesentlichen Änderungen, neuen Informationen oder relevanten Statusaktualisierungen müssen Zwischenberichte eingereicht werden. Schließlich muss ein Abschlussbericht (Final Report) eingereicht werden, und zwar innerhalb von maximal zwei Wochen, nachdem der normale Geschäftsablauf wieder aufgenommen wurde. Diese Berichte müssen dann alle vollständigen Informationen enthalten, also die tatsächlichen Zahlen zu den Auswirkungen, die eigentliche Ursache und eine Zusammenfassung der Maßnahmen, die zur Beseitigung des

---

229 BaFin BA 51, PSD2-Infoveranstaltung, Sicherheit im Zahlungsverkehr einschließlich Meldewesen v. 5.12.2017, S. 40, https://www.bafin.de/SharedDocs/Downloads/DE/Veranstaltung/dl_171205_NeufassungZAG_3_Sicherheit_Zahlungsverkehr.pdf?__blob=publication File&v=2 (zuletzt abgerufen am 30.4.2020).
230 Guidelines on major incident reporting under Directive (EU) 2015/2366 (PSD2) – EBA/GL/2017/10 vom 19.12.2017, https://eba.europa.eu/sites/default/documents/files/documents/10180/1914076/3902c3db-c86d-40b7-b875-dd50eec87657/Guidelines%20on%20incident%20reporting%20under%20PSD2%20%28EBA-GL-2017-10%29.pdf (zuletzt abgerufen am 30.4.2020).
231 Vgl. https://www.bafin.de/SharedDocs/Veroeffentlichungen/DE/Fachartikel/2018/fa_bj_1801_Zahlungsdienste.html (zuletzt abgerufen am 30.4.2020).
232 Vgl. https://www.bafin.de/DE/DieBaFin/Service/MVPportal/PSD2/psd2_artikel.html;jsessionid=D7E6587CEF42F255B3EBC35711B87DF6.1_cid361 und https://www.bafin.de/SharedDocs/Veroeffentlichungen/DE/Merkblatt/mb_170914_Meldepflicht_sicherheitsvorfaelle.html?nn=10241070 (beides zuletzt abgerufen am 30.4.2020).
233 Vgl. Guidelines on major incident reporting under Directive (EU) 2015/2366 (PSD2) – EBA/GL/2017/10 vom 19.12.2017 Annex 1, S. 33 ff.
234 *Steinhoff*, in: Casper/Terlau, 2. Aufl. 2020, ZAG, § 54 Rn. 19.

Problems getroffen wurden oder geplant sind und verhindern, dass es in der Zukunft erneut auftritt.[235]

129 § 54 Abs. 4 ZAG verpflichtet Zahlungsdienstleister, ihre Nutzer über Vorfälle in Kenntnis zu setzen, die sich auf deren finanzielle Interessen auswirken können. Außerdem müssen diese Nutzer über alle Maßnahmen informiert werden, die getroffen werden können, um negative Auswirkungen des Vorfalls zu begrenzen. Schließlich müssen Zahlungsdienstleister nach § 54 Abs. 5 ZAG mindestens einmal jährlich Betrugsstatistiken an die BaFin liefern.

130 Nach § 64 Abs. 3 Nr. 15, Abs. 4 ZAG ist die vorsätzlich oder fahrlässig nicht abgegebene oder nicht richtige, nicht vollständige oder nicht rechtzeitige Meldung mit bis zu 100.000 EUR bußgeldbewehrt.

131 Die Meldepflichten nach ZAG lassen andere Meldepflichten, also insb. nach der DSGVO, an andere zuständige Behörden unberührt (§ 54 Abs. 6 ZAG). Art. 33 DSGVO ist damit in jedem Fall zusätzlich anwendbar, wenn ein Vorfall dazu führt, dass unbefugte Dritte Zugriff auf personenbezogene Daten bekommen (insb. von Zahlungsdienstnutzern). Unklar ist aber das Verhältnis zur Benachrichtigungspflicht an die Betroffenen nach Art. 34 DSGVO. Da auch § 54 ZAG auf europarechtlichen Regelungen beruht und insoweit lex specialis gegenüber Art. 34 DSGVO ist, wird man aber vertreten können, dass sich eine Benachrichtigung von Zahlungsdienstnutzern nur nach dem ZAG richtet.

ff) Meldepflichten für Energiewirtschaftsunternehmen

132 Für Betreiber von Energieversorgungsnetzen und Energieanlagen gelten ebenfalls die Meldepflichten nach dem BSIG; diese werden nicht etwa durch die Meldepflicht nach § 54 EnWG verdrängt. Im Bereich des AtomG gelten außerdem die §§ 6 ff. AtSMV (Atomrechtliche Sicherheitsbeauftragten- und Meldeverordnung).

gg) TMG

133 § 15a TMG verweist für Datenlecks auf § 42a BDSG-alt; der Verweis ist seit Inkrafttreten der DSGVO als Verweis auf Art. 33, 34 DSGVO zu lesen. Da sich § 15a TMG aber ohnehin nur auf die Meldung von Sicherheitsvorfällen bezüglich (Bestands- oder Nutzungs-)Daten von Nutzern bezieht, die natürliche Personen sind (vgl. § 11 Abs. 2 TMG), wird § 15a TMG im Ergebnis von Art. 33, 34 DSGVO verdrängt (vgl. oben Rn. 57 ff.). Auf die unterschiedlichen Voraussetzungen der Meldepflicht und die Frage, ob § 15a TMG einen Rechtsfolgen- oder einen Rechtsgrundverweis statuiert, kommt es deshalb nicht mehr an.

---

235 Vgl. Guidelines on major incident reporting under Directive (EU) 2015/2366 (PSD2) – EBA/GL/2017/10 vom 19.12.2017 Guideline 2: Notification process, S. 24 ff.; *Steinhoff*, in: Casper/Terlau, 2. Aufl. 2020; ZAG, § 54 Rn. 20–24.

hh) TKG

Anbieter von Telekommunikationsdiensten haben eine Meldepflicht nach § 109 **134**
TKG; § 8b Abs. 4 BSIG gilt für Telekommunikationsanbieter nicht. Für die Meldepflicht genügt es, wenn es zu einer Störung kommen kann, ohne dass diese
eingetreten sein muss (§ 109 Abs. 5 Satz 1 Nr. 2 TKG).

Falls tatsächlich eine Störung entsteht, kann die BNetzA nach § 109 Abs. 5 **135**
Satz 4 TKG einen detaillierten Bericht anfordern. Die Mitteilung muss nach
§ 109 Abs. 5 Satz 1 TKG sowohl an die BNetzA als auch an das BSI[236] erfolgen.[237] Sind hiervon personenbezogene Daten betroffen, richtet sich die Meldepflicht nach § 109a TKG. Die Meldung muss an die BNetzA und den Bundesbeauftragten für den Datenschutz und die Informationsfreiheit gemacht werden.
Zusätzlich muss der Betroffene informiert werden, wenn anzunehmen ist, dass
durch die Verletzung des Schutzes personenbezogener Daten Teilnehmer oder
andere Personen schwerwiegend in ihren Rechten oder schutzwürdigen Interessen beeinträchtigt werden. Neu hinzugekommen ist mit dem IT-Sicherheitsgesetz die Pflicht, Nutzern solche Störungen zu melden, die auf den Systemen der
Nutzer bestehen und dem Anbieter bekannt werden, und die Nutzer auf angemessene technische Mittel zur Erkennung und Beseitigung der Störungen hinzuweisen, § 109a Abs. 4 TKG. § 109a TKG geht damit noch über die Regelungen
zur Meldung von Verletzungen des Schutzes personenbezogener Daten nach
Art. 34 DSGVO hinaus.[238] § 109a TKG bleibt als Umsetzung von Art. 4 Abs. 3
und 4 der Richtlinie 2002/58/EG nach Maßgabe von Art. 95 DSGVO neben der
DSGVO anwendbar.[239] Für nicht öffentlich zugängliche Kommunikationsdienste
kommt § 109a TKG nicht zur Anwendung, so dass insoweit die DSGVO gilt.[240]

ff) Sonstige Informationspflichten

Neben den vorgenannten Meldepflichten kann ein IT-Sicherheitsvorfall auch an- **136**
dere Informationspflichten auslösen, die in dieser Situation zu prüfen und ggf.
zu erfüllen sind: Hierzu gehören etwa Ad-hoc-Meldungen bei börsennotierten
Unternehmen, versicherungsvertraglich vereinbarte Meldungen an Cyber- und
andere Versicherungen sowie interne Informationspflichten an Aufsichtsräte,
Betriebsräte oder interne Datenschutzbeauftragte. Bei Datenleaks empfiehlt es
sich außerdem zu prüfen, ob hierdurch vertragliche oder gesetzliche Vertraulich-
keitsverpflichtungen verletzt wurden, was ggf. Informations- oder auch andere

---

236 Die Mitteilungspflicht an das BSI wurde durch Art. 5 Nr. 2 des NIS-Umsetzungsgesetzes
am 23.6.2017 in das Gesetz eingefügt.
237 *Conrad*, in: Auer-Reinsdorff/Conrad, HdB IT- und Datenschutzrecht, § 33 Compliance, IT-
Sicherheit, Ordnungsmäßigkeit der Datenverarbeitung, Rn. 301.
238 *Conrad*, in: Auer-Reinsdorff/Conrad, HdB IT- und Datenschutzrecht, § 33 Compliance, IT-
Sicherheit, Ordnungsmäßigkeit der Datenverarbeitung, Rn. 303.
239 *Conrad*, in: Auer-Reinsdorff/Conrad, HdB IT- und Datenschutzrecht, § 33 Compliance, IT-
Sicherheit, Ordnungsmäßigkeit der Datenverarbeitung, Rn. 304.
240 *Eckhardt*, in: Spindler/Schuster, Recht der elektronischen Medien, TKG § 109a Rn. 45.

Pflichten auslöst. Insgesamt gilt auch hier, dass ein Abgleich mit der Kommunikationsstrategie unbedingt erforderlich ist.

b) Werkzeuge zur Abwehr von Cyberangriffen

137 Selbstverständlich ist eine der vordringlichsten Pflichten des betroffenen Unternehmens im Falle eines IT-Sicherheitsvorfalls, die entstandene Sicherheitslücke zu beseitigen. Stellt der Vorfall (auch) eine Datenschutzverletzung nach Art. 33, 34 DSGVO dar, ergibt sich dies schon aus Art. 32 Abs. 1c DSGVO (und zwar nach Art. 83 Abs. 4 DSGVO bußgeldbewehrt).[241] Hierzu ist aber in der Regel zunächst erforderlich, genau zu verstehen, was eigentlich in welchem Ausmaß passiert ist – wozu in erster Linie IT-forensische Analysen erforderlich sein werden. Diese liefern hoffentlich die erforderlichen Informationen zur Abwehr einer Cyberattacke, zur Identifizierung und Lokalisierung des Täters[242] und zur Sicherung von Nachweisen für die straf- oder zivilrechtliche Verfolgung.[243] Die IT-forensischen Analysen sollten juristisch begleitet werden, schon um sicherzustellen, dass gesicherte Nachweise auch ausreichen, um prozessrechtlich als Beweise zu dienen und nicht etwa Beweisverwertungsverboten unterliegen. Andere Informationen können besser oder nur mit juristischen Hilfsmitteln (wie z. B. Auskunftsansprüchen gegen Telekommunikationsnetzbetreiber auf Nennung des Inhabers einer IP-Adresse) erlangt werden. Allerdings gibt es für angegriffene Unternehmen keine generellen Ansprüche, sondern nur vereinzelt spezialgesetzliche wie beispielsweise § 101a UrhG. Solche engen Voraussetzungen führen dazu, dass für die Mehrheit von „Cyberattacken" das Zivil(prozess)recht keine oder nur unzureichende Hilfsmittel gewährt und stattdessen die Polizei oder Staatsanwaltschaft in Anspruch genommen werden muss. Diese sind rechtlich auch deutlich besser ausgestaltet,[244] etwa durch die Bestandsdatenauskunft (§ 100j StPO, § 113 TKG, Art. 6 Abs. 1 lit. e DSGVO), die Verkehrs- oder Nutzungsdatenauskunft (§ 100g StPO, Art. 6 Abs. 1 lit. e DSGVO), Beschlagnahme (§§ 94 ff. StPO), die verfassungsrechtlich sensible Telekommunikationsüberwachung (§§ 100a, b StPO) oder Durchsicht von Daten nach § 110 StPO, dessen Abs. 3 auch für Daten auf externen Medien (wie z. B. der Cloud) gilt.[245] Für die grenzüberschreitende Strafverfolgung von „Cyber-Crimes" gibt es zwar eine Reihe von Kooperationen[246] und

---

241 *Löschhorn/Fuhrmann*, NZG 2019, 161, 162 f.

242 Vgl. *Brodowski/Freiling*, Cyberkriminalität, Computerstrafrecht und die digitale Schattenwirtschaft, S. 55 f.

243 Vgl. *Brodowski/Freiling*, Cyberkriminalität, Computerstrafrecht und die digitale Schattenwirtschaft, S. 122 ff.

244 Vgl. Übersicht bei *Brodowski/Freiling*, Cyberkriminalität, Computerstrafrecht und die digitale Schattenwirtschaft, S. 129 ff.

245 Ausführlich *Brodowski/Eisenmenger*, ZD 2014, 119 ff.

246 Z. B. das European Cybercrime Centre der EUROPOL, www.europol.europa.eu/ec3 (zuletzt abgerufen am 29.1.2020) oder das Cyber Fusion Centre der INTERPOL https://www.inter

Ansätzen;[247] gleichwohl bleiben hier viele rechtliche und faktische Hürden, die von Tätern bewusst ausgenutzt werden.

Insbesondere bei rufschädigenden Internet-Attacken können einstweilige Unter- **138** lassungsverfügungen, einschließlich der Inanspruchnahme von Blogbetreibern oder Hostprovidern, ein probates Mittel zur Abwehr darstellen. Diese sollten aber nie einen Selbstzweck erfüllen, sondern Werkzeug einer abgestimmten Kommunikationsstrategie sein (s. u. Rn. 139 f.). Sonst besteht die Gefahr, mit solchen Aktionen noch negativere Presse auszulösen.

3. Interne und externe Kommunikation

Häufig wird in Krisensituationen die Bedeutung einer professionellen Kommu- **139** nikationsstrategie unterschätzt. Viele „Cyberattacken" bezwecken genau die Denunziation des betroffenen Unternehmens in der Öffentlichkeit, und/oder die Störung der Interaktion mit Kunden. Neben der Sorge um die technische Stabilität ist es deshalb von höchster Dringlichkeit, immer gleichzeitig auch die Kommunikation nach außen zu kontrollieren und hierdurch eine Diskreditierung des Unternehmens mit fatalen Folgen für eine zukünftige Geschäftstätigkeit zu verhindern. Selbst wenn eine „Cyberattacke" aus rechtlichen oder anderen Gründen nicht mehr vor der Presse und der übrigen Außenwelt „geheim gehalten" werden kann, gibt es noch eine große Bandbreite an Möglichkeiten, wie sich das Unternehmen in seinem Umgang mit der Krise präsentieren kann: Diese Möglichkeiten sollten gezielt abgestimmt und professionell ausgeschöpft werden.

Hierbei ist die Bildung einer gemeinsamen Arbeitsgruppe bzw. eines Krisen- **140** stabs aus Geschäftsführung, Kommunikations- oder Presseabteilung, Rechtsabteilung (mit Compliance und Datenschutz) und vor allem der IT-Abteilung von essenzieller Bedeutung. In Krisensituationen überschlagen sich die Ereignisse, Entscheidungen müssen ohne zeitliche Spielräume getroffen werden. Silo-Denken und Delegation von Fragen an Fachdezernate haben hier keinen Platz. Vielmehr müssen die Entscheidungsträger gemeinsam am Tisch sitzen, um schnell Handlungsschritte unter Berücksichtigung aller wichtigen Aspekte erarbeiten zu können. Beispielsweise muss der Pressesprecher wissen, ob eine Meldung eines „Datenleaks" zwingend vorgeschrieben ist, und dies gegebenenfalls kommunikativ vorbereiten und begleiten. Idealerweise arbeiten die Heads of Department nicht erst in der Krisensituation so eng zusammen, sondern haben schon zuvor verschiedene Szenarien durchgespielt und Reaktionsstrategien entwickelt.

---

pol.int/Crimes/Cybercrime/Investigative-support-for-cybercrime (zuletzt abgerufen am 10.5.2020).
247 Vgl. *Brodowski/Freiling*, Cyberkriminalität, Computerstrafrecht und die digitale Schattenwirtschaft, S. 162 ff.

4. Mittel- und längerfristige Maßnahmen

141   Ist ein Unternehmen einmal Opfer einer „Cyberattacke" geworden, so müssen die erkannten Schwachstellen oder Lücken des bestehenden IT-Sicherheitsmanagements spätestens jetzt geschlossen werden. Auch haben die Mitarbeiter gelernt, dass die Risiken ernst genommen werden müssen. Dieses Bewusstsein sollte in Awareness-Schulungen für Mitarbeiter, für das Management und für die Krisenarbeitsgruppe geschärft werden. Mit den Behörden und Sicherheitsberatern sollte auch weiterhin ein kontinuierlicher Informationsaustausch gepflegt werden.

IV. Ausblick

142   Die zunehmende Digitalisierung und Vernetzung aller Unternehmen und Institutionen eröffnet auch immer mehr Risiken für Angriffe. Deshalb gilt es, durch effektive, aber umsetzbare Maßnahmen jederzeit einen möglichst hohen Schutzstandard zu erreichen und beizubehalten. Jedenfalls im Bereich der KRITIS-Unternehmen leisten das IT-Sicherheitsgesetz sowie europaweit die NIS-Richtlinie hier einen wertvollen Beitrag. Insbesondere die Informationsbündelung beim BSI bzw. anderen kontrollierenden Stellen (z. B. der Bundesnetzagentur) trägt außerdem dazu bei, dass das Wissen um die Techniken und Vorgehensweisen von Cyberkriminellen sowie geeignete Vorbeuge- und Abwehrmaßnahmen sich deutlich besser als bisher verbreiten können. Gleichzeitig zeigen die oft noch unbestimmten rechtlichen Vorgaben insbesondere zu vorbeugenden Schutzmaßnahmen, dass von Unternehmen und ihrer Geschäftsführung eine kontinuierliche Überwachung und Aktualisierung des Risikomanagements gefordert wird. Ebenso wie bei der Abwehr von tatsächlichen Angriffen ist eine effektive Compliance deshalb nur dann möglich, wenn die Geschäftsführung eng mit ihren IT-Spezialisten und Juristen zusammenarbeitet.

Bensinger

14. Kapitel
Corporate Social Responsibility und Corporate Compliance – Die gesellschaftliche und juristische Verantwortung von Unternehmen

I. Einführung

1. „Shareholder Value" und „Stakeholder Value" – eine „Mission Impossible"?

In den 1980er Jahren gewann das „Shareholder Value"-Management immer **1** größere Bedeutung. Die bis dahin vorherrschende Form einer gesellschaftlich verantwortungsbewussten Unternehmungsführung, die *Frank Abrams* (Standard Oil, CEO) 1951 mit der Aufgabe des Managements zur Herstellung eines „fairen und funktionierenden Ausgleich[s] zwischen den Ansprüchen verschiedener, direkt betroffener Interessensgruppen wie Aktionären, Beschäftigten, Kunden und der gesamten Öffentlichkeit",[1] charakterisiert hatte, wurde mehr und mehr von einer kapitalmarktorientierten Unternehmensführung – der das Verständnis vom effizienten Kapitalmarkt innewohnt – abgelöst.[2] Infolgedessen hatten sich Aktienbeteiligungen nun „auch auf kürzere Sicht so zu rentieren […], dass der Ertrag in einem angemessenen Verhältnis zum Risiko steht. Wenn dieser Ertrag nicht erwirtschaftet wird, sucht sich der Aktionär eine alternative Anlagemöglichkeit […]. Oberstes Ziel für die Unternehmensführung ist es demnach, eine Wertsteigerung für den Aktionär zu erbringen und so sein Vermögen zu mehren. Diesem Ziel sind alle anderen, auch das Überlebensziel der Unternehmung als selbstständige Organisation, klar untergeordnet", wie es *Peter Wuffli* (McKinsey & Company) 1988 in der *Neuen Zürcher Zeitung* ausführte.[3]

Die Globalisierung der Weltwirtschaft – d.h. der Prozess der Ausweitung von **2** Märkten über Ländergrenzen hinweg bis zu weltweiten Märkten[4] – bot (nicht nur kapitalmarktorientierten) Unternehmensführungen eine weitere lukrative Möglichkeit an, ihren (Shareholder) Value zu steigern. Neben der Reduktion der Distanzüberwindungskosten relativ zu den Produktionskosten, werden auch der Abbau von Handelshemmnissen sowie die weltweite Deregulierung weiter Teile der Wirtschaft als ursächlich für das Voranschreiten der Globalisierung angesehen.[5] Gleichwohl hat die Zunahme der globalen Vernetzung der Märkte und der weltweiten Arbeitsteilung nicht nur eine positive, sondern – wie man anhand diverser, bereits in der Vergangenheit aufgedeckter Skandale im Zusammenhang

---

1 Vgl. *Kuhn/Weibler*, Bad Leadership, S. 41; *Reich*, Superkapitalismus, S. 66.
2 Vgl. *Kuhn/Weibler*, Bad Leadership, S. 41 f.
3 Vgl. Neue Zürcher Zeitung v. 16.11.1988, Nr. 268, S. 41; *Kuhn/Weibler*, Bad Leadership, S. 42.
4 Vgl. *Baßeler/Heinrich/Utecht*, Grundlagen und Probleme der Volkswirtschaft, S. 588 f.
5 Vgl. *Baßeler/Heinrich/Utecht*, Grundlagen und Probleme der Volkswirtschaft, S. 590.

mit Verstößen gegen Menschenrechte, Umweltschutz- und wirtschaftsstrafrechtliche Normen sowie an den Folgen der Corona-Pandemie erkennen kann – auch eine negative Seite für die Weltgesellschaft.

3 Im Rahmen eines Gastbeitrages im *Harvard Business Manager* befasste sich *Joe Kaeser* (Siemens AG, CEO) 2019 mit der gesellschaftlichen Verantwortung von Unternehmen (Corporate Social Responsibility, CSR).[6] Darin vertritt er die Auffassung, dass Gewinne nicht das einzige Ziel von Unternehmen sein sollten: „Ihren tieferen Sinn finden Unternehmen dann, wenn sie Wert schaffen nicht nur für Shareholder und Stakeholder, sondern für eine integrierte Interessengemeinschaft: ‚The business of business is to serve society‘", so *Kaeser*.[7]

4 In Zusammenhang mit CSR gibt es aber auch kritische Stimmen, denn: Der „Business Case for Corporate Social Responsibility" läuft letztlich auf die These hinaus, „dass eine kapitalmarktorientierte Unternehmensführung dann am erfolgreichsten ist, wenn sie eine gesellschaftlich verantwortungsbewusste Unternehmensführung hat".[8] Oder anders ausgedrückt: „Der Shareholder Value ist hoch, wenn der Stakeholder Value hoch ist – und umgekehrt."[9] Durch die Kombination von „Shareholder Value"-Management mit dem „Stakeholder Value"-Management – d. h. zweier entgegengesetzter Verständnisse der Unternehmensführung – wird CSR nicht selten als Quadratur des Kreises angesehen und daher von einem „Mythos" gesprochen.[10] Im Ergebnis zeigt dieser kleine Ausritt in die wissenschaftlichen Diskussionen auf, vor welchen Herausforderungen eine Unternehmensführung heute in der Praxis steht, wenn gleichzeitig sowohl Shareholder Value als auch Stakeholder Value maximiert werden soll.

2. CSR und Unternehmensführung – Auswirkungen auf die Unternehmen?

5 Nachdem die gesellschaftliche Verantwortung von Unternehmen über viele Jahre hinweg häufig nur als strategisches gesellschaftliches Engagement eines Unternehmens angesehen worden war, hat sich in der Zwischenzeit ein Wandel von der traditionellen Philanthropie hin zu modernen Corporate Social Responsibility-Konzeptionen in Unternehmen vollzogen. Um in der Gesellschaft nicht nur als „guter Bürger" (Coporate Citizen) glaubhaft wahr- und ernstgenommen zu werden (Stichwort: Reputation!), sondern mit dieser neuen strategischen Ausrichtung auch im weltweiten Wettbewerb dauerhaft erfolgreich bestehen zu können, haben sich häufig tiefgreifende Eingriffe in die Kernkompetenzen – insbe-

---

6 Vgl. *Kaeser*, Harvard Business Manager 10/2019, 44 ff.
7 Vgl. *Kaeser*, Harvard Business Manager 10/2019, 44 ff.
8 Vgl. *Kuhn/Weibler*, Bad Leadership, S. 43; darstellend dazu u. a.: *Carroll/Shabana*, International Journal of Management Reviews 12 (1), S. 85–105; *Kuhn/Weibler*, Zeitschrift für Betriebswirtschaft 81 (Special Issue 1), S. 93–118.
9 Vgl. *Kuhn/Weibler*, Bad Leadership, S. 44.
10 Vgl. *Kuhn/Weibler*, Bad Leadership, S. 44; dazu vertiefend: *Raith*, Mythos CSR; *Groening/Kanuri*, Journal of Business Research 66 (10), S. 1852–1860.

sondere in das Kerngeschäft – eines Unternehmens als zwingend notwendig und erforderlich erwiesen.[11]

Dieser Wandel kam nicht von ungefähr: Den Unternehmen ist klar geworden, **6** dass es heutzutage nicht mehr ausreichend ist, ein unternehmerisches Ziel, das jenseits der Gewinnmaximierung liegt, zu formulieren und sich nur vordergründig dazu zu bekennen – das unternehmerische Ziel muss letztlich auch ernsthaft und nachhaltig in die Tat umgesetzt werden.[12] Zwar wollen auch viele Unternehmen „gar nicht mehr Geld in ihre Mitarbeiter, in langlebigere Produkte, in den Umweltschutz investieren. Mit dem vordergründigen Bekenntnis zum Purpose wollen sie vielmehr echte Veränderungen hin zu einer gemeinwohl-orientierteren Wirtschaftsweise verhindern".[13] Die – teilweise schmerzhafte – Abrechnung erfolgt allerdings dann, wenn die Shareholder und Stakeholder das Unternehmen bzw. die Unternehmensleitung im Hinblick auf ihre öffentlichen Bekenntnisse hin in die Pflicht nehmen sowie im gleichen Maße öffentlichwirksam Transparenz und Rechenschaft verlangen.

Aus diesem Grund verwundert es nicht mehr, dass CSR – inklusive Reputations- **7** management – nicht mehr nur in den PR- und Kommunikationsabteilungen eines Unternehmens verortet ist und von dort aus betrieben wird: Insbesondere in Unternehmen, die international oder global agieren, wird CSR- und Reputationsmanagement nun auch von Vorstand und Aufsichtsrat bzw. der Geschäftsleitung ernstgenommen und aktiv praktiziert.[14]

3. CSR und Unternehmensführung – Auswirkungen auf die Compliance?

Im Zuge dessen gewinnen auch rechtliche Fragestellungen zunehmend an Bedeu- **8** tung: Die Unternehmensführung unterliegt schließlich nicht nur einem gesell-

---

11 Vgl. *Osburg*, in: Schneider/Schmidpeter (Hrsg.), Corporate Social Responsibility, S. 737 f.; *Porter/Kramer*, Harvard Business Review, 2006 (Dezember), S. 78–94.

12 Vgl. dazu u. a. die Absichtserklärung des *Business Roundtable*, einer Interessensgruppierung US-amerikanischer Unternehmen zur Nachhaltigkeit: FAZ Online v. 20.8.2019, https:// www.faz.net/aktuell/finanzen/finanzmarkt/usa-business-roundtable-distanziert-sich-vom-shareholder-value-16342395.html (zuletzt abgerufen am 13.6.2020); Süddeutsche Zeitung Online v. 20.8.2019, https://www.sueddeutsche.de/wirtschaft/usa-unternehmen-profit-ama zon-1.4569758 (zuletzt abgerufen am 13.6.2020); Business Roundtable Online, Embracing Sustainability Challenge, https://www.businessroundtable.org/policy-perspectives/energy-environment/sustainability (zuletzt abgerufen am 13.6.2020).

13 Vgl. *Sommer*, brand eins Magazin 4/2020, https://www.brandeins.de/magazine/brand-eins-wirtschaftsmagazin/2020/investieren/viele-die-von-purpose-reden-wollen-echte-veraen derungen-verhindern (zuletzt abgerufen am 13.6.2020); vertiefende Darstellung: *Kreiß/Sie-benbrock*, Blenden Wuchern Lamentieren.

14 Vgl. dazu vertiefend auch: *Laasch/Suddaby/Freeman/Jamali*, The Research Handbook of Responsible Management; insbesondere: *Carroll/Laasch*, in: Laasch/Jamali/Freeman/Sud-daby (Hrsg.), The Research Handbook of Responsible Management, S. 84–90. Zum Reputationsmanagement als Bestandteil eines effektiven Compliance Management siehe *Schulz*, Kap. 1, Rn. 23 ff.

schaftlichen Legitimitätsprinzip (sog. „licence to operate"),[15] sondern auch einer rechtlich verankerten Legalitäts- und Legalitätskontrollpflicht.[16] Werden diese Pflichten verletzt, indem z. B. gesetzliche Bestimmungen vom Unternehmen, dem Leitungspersonal oder den Mitarbeitern nicht eingehalten werden und/oder das Compliance Management-System mangelhaft ist, drohen u. U. empfindliche Konsequenzen strafrechtlicher und/oder zivilrechtlicher Art. Es gilt daher zu klären, ob und welche rechtlichen Implikationen CSR auf die Führung eines Unternehmens – insbesondere im Hinblick auf dessen Compliance Management-System – haben. Da viele Unternehmen weltweit agieren, gewinnen nicht selten sowohl globale CSR-Standards als auch CSR-Normen anderer Nationen sowie sonstige CSR-Themen für ein Unternehmen an Bedeutung.

9 Zusammenfassend stellen sich daher insbesondere folgende Fragen:

– Was versteht man unter CSR?
– In welchem Verhältnis stehen CSR und Corporate Governance?
– In welchem Verhältnis stehen CSR und Corporate Compliance?
– Wird CSR überhaupt reguliert? Und wenn ja: Wie wird es reguliert?
– Inwieweit hat Corporate Compliance CSR-Normen und CSR-Themen zu beachten?
– Welche Auswirkungen hat CSR auf das Compliance-Risikomanagement?
– Inwieweit hat Corporate Compliance das Reputationsmanagement zu berücksichtigen?[17]

10 Im Rahmen dieses Beitrages werden daher unter II. zuerst die Grundlagen zu Corporate Social Responsibility, Corporate Governance und Corporate Compliance einführend dargestellt. Unter III. wird dann die Regulierung von Corporate Social Responsibility beleuchtet. Im Mittelpunkt stehen zum einen die Ansätze und Ebenen von Regulierungsmaßnahmen, zum anderen aber auch deren Umsetzung, die anhand von einschlägigen Regulierungsbeispielen aufgezeigt wird. Anschließend wird unter IV. auf das Zusammentreffen von Corporate Social Responsibility und Corporate Compliance im Unternehmen eingegangen. Neben den Risiken, die für ein Unternehmen durch Corporate Social Responsibility bestehen, wird zudem die Verortung und Integration von Corporate Social Responsibility in die Corporate Compliance näher betrachtet. Der Beitrag schließt unter V. mit einer Zusammenfassung.

---

15 Vgl. *Suchanek*, in: Schneider/Schmidpeter (Hrsg.), Corporate Social Responsibility, S. 62.
16 Vgl. *Schulz*, Kap. 1, Rn. 27, 42.
17 Zu diesem Zusammenhang siehe auch *Schulz*, Kap. 1, Rn. 23 ff.

II. Grundlagen

1. Corporate Social Responsibility

a) Bedeutungswandel des Begriffsverständnisses

Der Begriff der gesellschaftlichen Verantwortung von Unternehmen hat eine **11** lange Historie. Diese lässt sich – nach den bis dato bekannten Aufzeichnungen – über den Ehrbaren Kaufmann (12. Jahrhundert) bis hin zum 2. Buch Mose (vermutlich 400 v. Chr.) zurückverfolgen.[18]

Im Wandel der Zeit hat sich die Bedeutung dieses Begriffs allerdings stark ver- **12** ändert. Mittlerweile etablierte sich hierfür zwar einheitlich die internationale Bezeichnung „Corporate Social Responsibility (CSR)". Jedoch fehlt es nach wie vor sowohl an einer gefestigten und abgrenzbaren Konzeption als auch Definition von CSR.[19] *Votaw* bringt es treffend auf den Punkt: „The term [CSR] is a brilliant one; it means something but not always the same thing to everybody. To some it conveys the idea of legal responsibility or liability; to others it means socially responsible behavior in an ethical sense; to still others, the meaning transmitted is that of 'responsible for', is a casual mode; many simply equate it with a charitable contribution."[20]

b) Konzeptionen und Modelle

Mit dem „**Four-Part Model of Corporate Social Responsibility**" hat *Carroll* **13** 1991 ein CSR-Modell in die CSR-Diskussion eingebracht, das bis zum heutigen Tage an akzeptiert und etabliert sowie auch stetig von ihm weiterentwickelt worden ist. Es handelt sich hierbei um ein Pyramidenkonzept, das aus vier Verantwortlichkeitsebenen besteht, die sich folgendermaßen von unten nach oben aufeinander aufbauen: Economic Responsibility ($\rightarrow$ „Required by Society"), Legal Responsibility ($\rightarrow$ „Required by Society"), Ethical Responsibility ($\rightarrow$ „Expected by Society") und Philanthropic Responsibility ($\rightarrow$ „Desired by Society"). Nach Vorstellung von *Carroll* setzt das Vorliegen einer wahrhaftigen Corporate Social Responsibility letztlich die konsekutive Erfüllung aller vier genannten Verantwortungsebenen voraus.[21]

Die **CSR-Reifegradpyramide** von *Schneider* von 2012 stellt dagegen ein ak- **14** tuelles CSR-Modell mit einer nach oben offenen Skala dar, das u. a. Anleihe an *Carrolls* CSR-Pyramide nahm und diese zeitgemäß weiterentwickelte: Das Fun-

---

18 *Votaw*, in: Votaw/Sethi (Hrsg.), The Corporate Dilemma, S. 11 f.
19 *Schneider*, in: Schneider/Schmidpeter (Hrsg.), Corporate Social Responsibility, S. 21 f. und 29, Abb. 1.
20 *Votaw*, in: Votaw/Sethi (Hrsg.), The Corporate Dilemma, S. 11 f.
21 *Carroll*, Business Horizons 1991 (July-August), S. 40 ff., 42, Fig. 3; *Crane/Matten/Glozer/ Spence*, Business Ethics, S. 50 f., S. 51, Fig. 2.2; vgl. dazu vertiefend u. a. auch: *Carroll/ Brown/Buchholtz*, Business & Society; *Carroll/Shabana*, International Journal of Management Reviews 12 (1), S. 85–105; *Schwartz/Carroll*, Business Ethics Quaterly 13 (4), S. 503–530.

dament der CSR-Reifegradpyramide bildet CSR 0.0, das die passive gesellschaftliche Verantwortung eines Unternehmens (Economic & Legal Responsibility) umfasst. Auf erster Stufe – CSR 1.0 – stehen die philanthropische CSR (Social Sponsoring) und das unsystematische Corporate Citizenship sowie lose CSR-Maßnahmen ohne System außerhalb des Kerngeschäfts des Unternehmens. Darauf aufbauend legt die zweite Stufe – CSR 2.0 – mit der unternehmerischen und gesellschaftlichen Wertschöpfung durch ein strategisches, systematisches und integriertes CSR-Management den Fokus auf das Kerngeschäft des Unternehmens. Auf der dritten Stufe – CSR 3.0 – befasst sich dieses Modell schließlich mit dem Unternehmen als proaktivem politischen Gestalter.[22]

15 *Stehr & Struve* haben 2017 die CSR-Reifegradpyramide von *Schneider* modifiziert und deren nach oben offene Skala um einen **CSR 4.0-Gedanken** erweitert (vgl. Abb. 1): Darin wird das strategische Corporate Citizenship nicht CSR 1.0, sondern als integraler Bestandteil von CSR 4.0 gesehen. Dieses Verständnis beruht auf dem Gedankengang, dass sich insbesondere internationale Unternehmen bewusst sein müssen, dass sie in einer wechselseitigen Abhängigkeit mit der lokalen Gesellschaft im In- und Ausland stehen – gemäß dem Motto: „Think Global – Act Local". CSR 4.0 legt den Fokus zudem auf die gelebte Individualethik eines jeden einzelnen Mitarbeiters. Im Sinne eines „Ehrbaren Kaufmanns" des 21. Jahrhunderts soll deren Verhalten, Einstellung, Gedanken und Überzeugungen dazu beitragen, dass im Unternehmen Veränderungsprozesse angestoßen und Wettbewerbsvorteile generiert werden. Die Führungskräfte tragen zur Implementierung der vom Unternehmen erwünschten Werte bei den Mitarbeitern bei. Auf diese Art und Weise wird die individuelle gesellschaftliche Verantwortung (Personal Social Responsibility, PSR) der Mitarbeiter eines Unternehmens bewusst in den Kontext von Individual-, Instituts- und Unternehmensethik gestellt. Ziel ist, dass sich die Mitarbeiter mit ihrem Unternehmen und dessen Unternehmenswerten identifizieren.[23] Auf diese Art und Weise können klassische Compliance- und CSR-Management-Systeme zu einem integralen Bestandteil einer jeden Abteilung werden, denn die Mitarbeiter besitzen dann als Wissens- und Werteträger eines Unternehmens bereits vermittelte Werte, die sie im Kontext CSR und Compliance einbringen und anwenden können.[24]

---

22 *Schneider*, in: Schneider/Schmidpeter (Hrsg.), Corporate Social Responsibility, S. 32 ff. und 33, Abb. 2.

23 Vgl. dazu u. a. auch das „Total Social Impact"-Konzept: Boston Consulting Group Online v. 25.10.2017, https://www.bcg.com/publications/2017/total-societal-impact-new-lens-strategy.aspx (zuletzt abgerufen am 13.6.2020); Boston Consulting Group Online, https://www.bcg.com/de-de/capabilities/social-impact/business-society.aspx (zuletzt abgerufen am 13.6.2020); Karl-Heinz Land Online, https://karlheinzland.com/erde-5-0-total-societal-impact-statt-shareholder-value/ (zuletzt abgerufen am 13.6.2020).

24 *Stehr/Struve*, in: Schulz (Hrsg.), Compliance Management im Unternehmen, 1. Aufl., S. 357 ff.

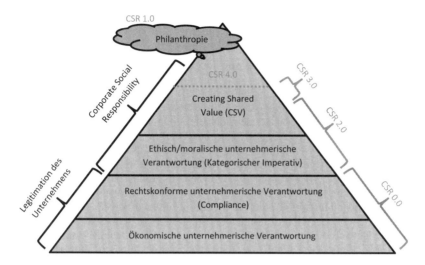

Abbildung 1: Integration des CSR 4.0-Gedankens in die CSR-Pyramide (*Stehr & Struve* [2017], S. 359, Abb. 7)

c) Definitionen

Nachdem die **Europäische Union** die CSR zu ihrem Anliegen gemacht hatte,[25]   **16** veröffentlichte die Europäische Kommission 2001 hierzu ihr Grünbuch „Europäische Rahmenbedingungen für die soziale Verantwortung von Unternehmen".[26] Die darin enthaltene CSR-Definition verstand CSR „als ein Konzept, das den Unternehmen als Grundlage dient, auf freiwilliger Basis soziale Belange und Umweltbelange in ihre Unternehmenstätigkeit und in die Wechselbeziehungen mit den Stakeholdern zu integrieren".[27] Die Erkenntnisse und Folgen aus bzw. durch die Wirtschafts- und Finanzkrise veranlasste die Europäische Kommission jedoch dazu, die Strategie zur Förderung von CSR in der EU zu überdenken und zu erneuern.[28] Im Zuge dessen wurde „Eine neue Strategie (2011–14) für die soziale Verantwortung der Unternehmen (CSR)" erarbeitet und 2011 vorgestellt.[29] Das Fundament dazu bildet ein modernes Verständnis von CSR, das von der allein auf Freiwilligkeit basierenden CSR-Konzeption abrückte und so zu einem Paradigmenwechsel im CSR-Verständnis der Europäischen Union führte.[30] Nach

---

25 KOM (2001) 366 endgültig, S. 3, Rn. 6.
26 KOM (2001) 366 endgültig.
27 KOM (2001) 366 endgültig, S. 7, Rn. 20.
28 KOM (2011) 681 endültig, S. 7.
29 KOM (2011) 681 endültig.
30 KOM (2011) 681 endültig, S. 7; *Spießhofer*, Unternehmerische Verantwortung, S. 277.

der neuen EU-Definition von CSR versteht man unter CSR nun die „Verantwortung von Unternehmen für ihre Auswirkungen auf die Gesellschaft".[31]

17 Nachdem die Internationale Organisation für Normung ihren **Leitfaden zur gesellschaftlichen Verantwortung von Organisationen (ISO 26000)** im Jahre 2010 veröffentlicht hatte, entwickelte sich die darin enthaltene Definition von „Social Responsibility" zu einer globalen CSR-Definitionsbasis.[32] Dies ist zum einen darauf zurückzuführen, dass dieser freiwillige internationale Standard nicht nur für Unternehmen, sondern für alle Arten von Organisationen in allen Ländern der Welt anwendbar ist; zum anderen, dass er allen Organisationen einen praktischen Orientierungsrahmen – bestehend aus der Definition und Beschreibung grundlegender Prinzipien, Kernthemen und Handlungsfeldern – anbietet, der für die Wahrnehmung und Gestaltung gesellschaftlicher Verantwortung notwendig und erforderlich ist.[33] Gemäß der deutschen Übersetzung versteht man unter Social Responsibililty die „Verantwortung einer Organisation für die Auswirkungen ihrer Entscheidungen und Aktivitäten auf die Gesellschaft und die Umwelt durch transparentes und ethisches Verhalten, das zur nachhaltigen Entwicklung, Gesundheit und Gemeinwohl eingeschlossen, beiträgt, die Erwartungen der Anspruchsgruppen berücksichtigt, anwendbares Recht einhält und im Einklang mit internationalen Verhaltensstandards steht und in der gesamten Organisation integriert ist und in ihren Beziehungen gelebt wird. Anmerkung 1: Aktivitäten umfassen Produkte, Dienstleistungen und Prozesse. Anmerkung 2: Mit Beziehungen sind solche gemeint, die im Zusammenhang mit den Aktivitäten der Organisation innerhalb ihres Einflussbereichs (2.19) entstehen".[34]

2. Corporate Governance

a) Begriffsverständnis

18 Corporate Governance kann dem Kern seiner Bedeutung nach am ehesten mit dem Begriff „Unternehmensverfassung" ins Deutsche übersetzt werden. Denn im Grundsatz versteht man unter Corporate Governance „den rechtlichen und faktischen Ordnungsrahmen für die [gute und verantwortungsvolle] Leitung und Überwachung eines Unternehmens".[35]

19 Corporate Governance soll „zur Schaffung eines Umfelds von Vertrauen, Transparenz und Rechenschaftspflicht beitragen, wie es nötig ist, um langfristige In-

---

31 KOM (2011) 681 endültig, S. 7.
32 *Schneider*, in: Schneider/Schmidpeter (Hrsg.), Corporate Social Responsibility, S. 27.
33 *Schmiedeknecht/Wieland*, in: Schneider/Schmidpeter (Hrsg.), Corporate Social Responsibility, S. 299.
34 DIN ISO 26000, Ausgabedatum 2011-01, S. 17.
35 Vgl. Deutscher Corporate Governance Kodex in der Fassung vom 16.12.2019, S. 2 f., https://www.dcgk.de//files/dcgk/usercontent/de/download/kodex/191216_Deutscher_Corporate_Governance_Kodex.pdf (zuletzt abgerufen am 13.6.2020); *Schewe*, Unternehmensverfassung, S. 8 ff.

vestitionen, Finanzstabilität sowie Geschäftsintegrität zu fördern und so ein stärkeres Wachstum und eine inklusivere Gesellschaft möglich zu machen".[36]

b) Corporate Governance und Corporate Social Responsibility

Wie bereits die Erläuterungen zu Begrifflichkeit und Zweck der Corporate Go **20** vernance erahnen lassen, haben Corporate Social Responsibility und Corporate Governance über die Corporate Responsibility gemeinsame Wurzeln (vgl. dazu Abb. 2):[37]

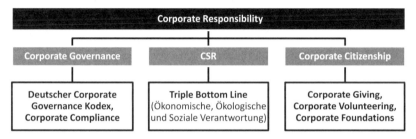

Abbildung 2: Corporate Responsibility und deren Abgrenzung (in Anlehnung an: *Bay* [2010], ISO 26000 in der Praxis, S. 4, Abb. 1)

Nach *Buchholtz et al.* stellen heute u. a. folgende vier Themenkomplexe die **21** Hauptdiskussionsfelder zwischen Corporate Social Responsibility und Corporate Governance dar:[38]

- „Defining the purpose of contemporary firms (Does the firm exist only for shareholders?),
- Evaluating the nature of the professional (senior) manager (Are managers really opportunistic and self-serving?),
- Questioning the relevance of a range of features of boards of directors for CSR (Does board composition and structure matter for CSR?), and
- Evaluating the processes whereby individuals obtain board positions (Are selection and appointment processes sufficiently open and how effectively can the voice of shareholders be heard?)."

---

36 Vgl. G20/OECD-Grundsätze der Corporate Governance, OECD-Library Online v. 23.12.2015, S. 7, https://www.oecd-ilibrary.org/governance/g20-oecd-grundsatze-der-cor porate-governance_9789264250130-de (zuletzt abgerufen am 13.6.2020).
37 Vgl. u. a. auch *Brammer/Pavelin*, in: Wrigth/Siegel/Keasey/Filatotchev (Hrsg.), The Oxford Handbook of Corporate Governance, S. 719 ff.; *Sahut/Peris-Ortiz/Teulon*, Journal of Management and Governance 23, S. 901 ff.
38 Vgl. *Brammer/Pavelin*, in: Wrigth/Siegel/Keasey/Filatotchev (Hrsg.), The Oxford Handbook of Corporate Governance, S. 720; *Buchholtz/Brown/Shabana*, in: Crane/McWilliams/Matten/Moon (Hrsg.), The Oxford Handbook of Corporate Social Responsibility, S. 327 ff.

22 Es zeigt sich, dass Corporate Governance aus insgesamt zwei Perspektiven zu betrachten ist:

- Zum einen aus der Innenansicht, die sich mit den Rollen, Kompetenzen, Funktionsweisen und dem Zusammenwirken der Organe eines Unternehmens befasst. Zentrale Bedeutung erlangt dabei u. a. der Bereich der Regelung und Überwachung des Prinzipal-Agent-Verhältnisses (wie z. B. bzgl. Interessenskonflikten sowie Kontroll- und Anreizsystemen), die gerade in Personenvereinigungen – wie z. B. der Aktiengesellschaft – durch die Trennung von Eigentum am Unternehmen (Aktionäre/Gesellschafter) und Leitung des Unternehmens (Vorstand/Geschäftsführer) entstehen.[39]
- Zum anderen aber auch aus der Außenansicht, die sich mit dem Verhältnis zwischen Unternehmensführung und den wesentlichen Stakeholdern – insbesondere der Shareholder – eines Unternehmens beschäftigt. Im Mittelpunkt steht dabei u. a. die Bedeutung der gesellschaftlichen Verantwortung eines Unternehmens im Rahmen von strategischen Unternehmensentscheidungen und dem Risikomanagement.[40]

23 Aktuell ist zu beobachten, dass dem Thema CSR auch im Rahmen der Ausgestaltung und Umsetzung von Corporate Governance Maßnahmen in Unternehmen immer größere Bedeutung beigemessen wird, wie z. B. im Code of Conduct, einem unternehmensinternen Verhaltenskodex.[41] Diese Entwicklung ist zudem auf Regulierungsmaßnahmen zurückzuführen. Dies hat auch Auswirkungen auf die Ausgestaltung und Umsetzung unternehmensinterner Kontroll- und Sicherungssysteme – insbesondere auf das Compliance Management System.

c) Gesellschaftsrecht und Deutscher Corporate Governance Kodex

24 Die gesetzliche Regulierung von privatrechtlichen Körperschaften (Grundform: Verein; weitere Formen: u. a. Aktiengesellschaft [AG] und Gesellschaft mit beschränkter Haftung [GmbH]) erfolgt über das Gesellschaftsrecht.[42] Wie folgende Wesenszüge zeigen, erlangt die Corporate Governance bei privatrechtlichen Körperschaften eine besonders hohe Relevanz:[43]

- Körperschaften wurden für einen häufigen Wechsel ihrer Mitglieder bzw. Gesellschafter konzipiert. Aus diesem Grund weisen sie nur einen geringen Grad an mitgliedschaftlicher Bindung auf. Dies führt zu einer weitreichenden Verselbstständigung der Körperschaft von ihren Mitgliedern. Diesem Leitbild folgend erlangt ein Gesellschafter – insbesondere in kapitalmarktorientierten

---

39 Vgl. *Joost*, Die Prinzipal-Agenten-Theorien in der Betriebswirtschaft, S. 11 ff.; *Saenger*, Gesellschaftsrecht, Rn. 525.
40 Vgl. *Sahut/Peris-Ortiz/Teulon*, Journal of Management and Governance 23, S. 11 ff.; *Brammer/Pavelin*, in: Wrigth/Siegel/Keasey/Filatotchev (Hrsg.), The Oxford Handbook of Corporate Governance, S. 719 ff.; *Saenger*, Gesellschaftsrecht, Rn. 525.
41 Zur Gestaltung eines *Code of Conduct* siehe *Benkert*, Kap. 4.
42 Vgl. *Saenger*, Gesellschaftsrecht, S. 1 f., 3.
43 Vgl. *Saenger*, Gesellschaftsrecht, S. 3 ff.; *Grigoleit*, Aktiengesetz, § 1 AktG Rn. 1 ff.

Körperschaften wie der Aktiengesellschaft (AG) – primär nur in seiner Eigenschaft als Kapitalgeber – nicht als Person – an Bedeutung.

– Körperschaften beruhen auf einem Gesellschaftsvertrag in Form einer Satzung, die (a) von den gesetzlichen Vorschriften nur abweichen darf, wenn dies ausdrücklich zugelassen ist („Satzungsstrenge"), (b) von den Gesellschaftern beschlossen wird sowie (c) einer notariellen Beurkundung bedarf. Körperschaften sind i.d.R. in ein Register einzutragen.

– Körperschaften verfügen über eine eigene Rechtspersönlichkeit. Als juristische Person sind sie nicht nur Träger von Rechten und Pflichten, sondern auch des Gesellschaftsvermögens. Wie für Kapitalgesellschaften charakteristisch, ist die Haftung einer Aktiengesellschaft auf das Vermögen der Gesellschaft beschränkt („Haftungsexklusivität").

– Körperschaften haben Organe. Bei einer Aktiengesellschaft sind dies die Hauptversammlung, der Aufsichtsrat und der Vorstand. Im Grundsatz wird die Gesellschaft durch den Vorstand (Management) geführt, nicht durch die Aktionäre (Eigentümer). Der Aufsichtsrat wird von der Hauptversammlung eingesetzt, um den Vorstand zu kontrollieren. Damit liegt bei Körperschaften i.d.R. eine Dritt- oder Fremdorganschaft vor.

Neben den gesetzlichen Normierungen des Gesellschaftsrechts erlangt der Deutsche Corporate Governance Kodex (DCGK) – ein Verhaltenskodex, der von einer staatlich eingesetzten Regierungskommission formuliert wird, jedoch keinen eigenen Gesetzescharakter innehat – an Bedeutung, insbesondere für Gesellschaften, die an deutschen Börsen notiert sind, denn:[44] **25**

Nach § 161 Abs. 1 Satz 1 AktG (sog. „Entsprechungsklausel") haben Vorstand und Aufsichtsrat börsennotierter Gesellschaften jährlich zu erklären, dass den aktuellen Empfehlungen der Regierungskommission Deutscher Corporate Governance Kodex entsprochen wurde und wird oder welche Empfehlungen nicht angewendet wurden oder werden und warum nicht (sog. „Comply or Explain"). Gemäß § 161 Abs. 2 AktG ist diese Erklärung zudem auch auf der Internetseite der jeweiligen Gesellschaft dauerhaft öffentlich zugänglich zu machen. **26**

Mit Hilfe dieser rechtlichen Konstruktion wird nicht nur versucht, eine Art Best Practice der Unternehmensführung zu formulieren und in die Corporate Governance deutscher Unternehmen zu implementieren, sondern auch das duale deutsche Corporate Governance System per se „transparent und nachvollziehbar zu **27**

---

44 *Saenger*, Gesellschaftsrecht, Rn. 523, 572; vgl. Deutscher Corporate Governance Kodex in der Fassung vom 16.12.2019, S. 3, https://www.dcgk.de//files/dcgk/usercontent/de/down load/kodex/191216_Deutscher_Corporate_Governance_Kodex.pdf (zuletzt abgerufen am 13.6.2020): Empfehlungen und Anregungen des Kodex mögen nicht-kapitalmarktorientierten Gesellschaften zur Orientierung dienen, für die Corporate Governance börsennotierter Kreditinstitute und Versicherungsunternehmen ergeben sich aus dem Aufsichtsrecht zudem weitere Besonderheiten.

machen".[45] Aufbauend auf drei Elementen – d. h. verbindlicher gesetzlicher Vorschriften zur Unternehmensführung sowie nicht-verbindlicher Empfehlungen und Anregungen, die aus international und national anerkannten Standards guter und verantwortungsvoller Unternehmensführung gebildet worden sind[46] – wird durch den DCGK die Ausdifferenzierung der deutschen Regulierung von Corporate Governance Systemen in den Bereichen (a) Leitung und Überwachung, (b) Besetzung des Vorstands, (c) Zusammensetzung des Aufsichtsrats, (d) Arbeitsweise des Aufsichtsrats, (e) Interessenskonflikte, (f) Transparenz und externe Berichterstattung sowie (g) Vergütung von Vorstand und Aufsichtsrat nachhaltig weiter vorangetrieben.[47]

28 Dabei ist bemerkenswert, dass nach der Präambel des DCGK nicht nur die Legalität von Vorstand (Leitungsorgan) und Aufsichtsrat (Aufsichtsorgan) als relevant erachtet werden, sondern auch ein ethisch fundiertes und eigenverantwortliches Verhalten nach dem Leitbild des Ehrbaren Kaufmanns.[48] Eine Bezugnahme auf CSR enthält Grundsatz 13 des DCGK, der für eine gute Unternehmensführung eine offene Diskussionen zwischen Vorstand und Aufsichtsrat sowie in Vorstand und Aufsichtsrat voraussetzt. Dabei haben „die Gesellschaft und ihre Organe [...] sich in ihrem Handeln [stets] der Rolle des Unternehmens in der Gesellschaft und ihrer gesellschaftlichen Verantwortung bewusst zu sein".[49] Für den verantwortungsvollen Umgang mit den Risiken der Geschäftstätigkeit bedarf es nach Grundsatz 4 des DCGK eines geeigneten und wirksamen internen Kontroll- und Risikomanagementsystems. Dem Grundsatz 5 des DCGK folgend hat der Vorstand darüber hinaus für die Einhaltung der gesetzlichen Bestimmungen und internen Richtlinien zu sorgen und auf deren Beachtung im Unternehmen (Compliance) hinzuwirken.

---

45 Vgl. Regierungskommission Deutscher Corporate Governance Kodex, https://www.dcgk.de/de/kodex.html (zuletzt abgerufen am 13.6.2020).

46 Vgl. Regierungskommission Deutscher Corporate Governance Kodex, https://www.dcgk.de/de/kodex.html (zuletzt abgerufen am 13.6.2020); *Saenger*, Gesellschaftsrecht, Rn. 523, 572.

47 Vgl. Deutscher Corporate Governance Kodex in der Fassung vom 16.12.2019, S. 1 und Regelungsabschnitte, https://www.dcgk.de//files/dcgk/usercontent/de/download/kodex/191216 _Deutscher_Corporate_Governance_Kodex.pdf (zuletzt abgerufen am 13.6.2020).

48 Vgl. Deutscher Corporate Governance Kodex in der Fassung vom 16.12.2019, S. 2, https://www.dcgk.de//files/dcgk/usercontent/de/download/kodex/191216_Deutscher_Corporate_ Governance_Kodex.pdf (zuletzt abgerufen am 13.6.2020).

49 Vgl. Deutscher Corporate Governance Kodex in der Fassung vom 16.12.2019, S. 2, https://www.dcgk.de//files/dcgk/usercontent/de/download/kodex/191216_Deutscher_Corporate_ Governance_Kodex.pdf (zuletzt abgerufen am 13.6.2020).

3. Corporate Compliance

a) Begriffsverständnis

Unter dem Begriff „Compliance" versteht man die Einhaltung und Übereinstim- **29**
mung mit Regelwerken, d. h. „i. d. R. mit staatlichen Gesetzen und der unternehmensinternen Regelwelt".[50]

Unter Corporate Compliance versteht man „eine präventiv wirkende und das Ri- **30**
siko der Haftung des Unternehmens bzw. der Unternehmensleitung minimieren-
den Unternehmensorganisation".[51] Die Primärziele der Corporate Compliance
sind (a) Verringerung von Haftungsrisiken und (b) Vermeidung von Schadensersatzpflichten, Bußgeldern und Reputationsschäden für das Unternehmen durch
unternehmerische Handlungen.[52]

Zwar haben viele Unternehmen bereits ein Compliance Management System in **31**
ihre Unternehmensorganisation implementiert.[53] Jedoch kann selbst ein effektives Compliance Management System nicht garantieren, dass jeglicher Compliance-Verstoß verhindert wird, denn „[…] auch ein Optimum an Compliance
[kann] nicht verhindern […], dass einzelne Leitungspersonen Straftaten begehen".[54] Hinzu kommt, dass auf Unternehmen täglich neue Herausforderungen
warten, die u. U. die Corporate Compliance Organisation im Aufbau, aber auch
in ihrer täglichen Arbeit, verändern und eine Anpassung erfordern.[55] Neue Herausforderungen für die Compliance Organisation folgen auch aus dem Trend
einer zunehmenden „Verrechtlichung von CSR".[56] Auch die Individualität eines
jeden Unternehmens und das entsprechend unterschiedliche Risikoprofil stehen
einer „One-Size-Fits-All"-Lösung einer Corporate Compliance Organisation für
alle Unternehmen entgegen.[57]

---

50 *Knierim*, in: Wabnitz/Janovsky/Schmitt (Hrsg.), Handbuch Wirtschafts- und Steuerstrafrecht,
Kap. 5, Rn. 5; dazu auch einführend: *Schulz*, in: Schulz, Kap. 1, Rn. 1.

51 Vgl. *Knierim*, in: Wabnitz/Janovsky/Schmitt (Hrsg.), Handbuch Wirtschafts- und Steuerstrafrecht, Kap. 5, Rn. 7. Siehe zu Begriffsverständnis und -entwicklung auch *Schulz*, Kap. 1,
Rn. 1 ff.

52 *Saenger*, Gesellschaftsrecht, Rn. 573; Zu den Funktionen von Compliance und Compliance
Management ausführlich *Schulz*, Kap. 1, Rn. 8 ff.

53 Vgl. dazu exemplarisch die drei Anforderungen der Wirksamkeit, Dauerhaftigkeit und Unabhängigkeit an die Organisation und den Aufbau einer Compliance-Funktion von Wertpapierdienstleistungsunternehmen nach § 80 Abs. 1 WpHG i. V. m. Art. 22 DV; weiterführend dazu:
Schäfer, in: Krimphove/Kruse (Hrsg.), MaComp, BT 1, Rn. 602 f., 606 ff., 769 ff., 866 ff.

54 Vgl. dazu aus dem Entwurf eines „Gesetzes zur Stärkung der Integrität in der Wirtschaft",
S. 95, https://www.bmjv.de/SharedDocs/Gesetzgebungsverfahren/DE/Staerkung_Integritaet
_Wirtschaft.html (zuletzt abgerufen am 13.6.2020).

55 Vgl. dazu exemplarisch: *Birnbaum*, in: Krimphove/Kruse (Hrsg.), MaComp, Einleitung,
Rn. 1 f., Rn. 27 ff. Siehe ferner *Schulz*, Kap. 1, Rn. 89.

56 Vgl. *Teicke*, CCZ 2018, 274 f. sowie *Schulz*, Kap. 1, Rn. 19 ff.

57 Vgl. dazu u. a. *Schulz*, Kap. 1, Rn. 57 ff.

b) Corporate Compliance und Corporate Governance

32 Die Corporate Governance befasst sich primär mit den Regeln, welche die Organisation und Struktur der Gesellschaft betreffen. Die Aufgabe der Corporate Compliance besteht dagegen u. a. darin, die Vorgaben der Corporate Governance zu konkretisieren und umzusetzen.

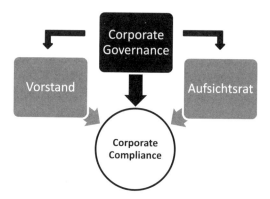

Abbildung 3: Corporate Governance – ein Regulator im Verhältnis von Geschäftsleitung, Aufsichtsorgan und Corporate Compliance (eigene Darstellung)

33 Um zu gewährleisten, dass die für die Gesellschaft agierenden Personen geltendes Recht bzw. bestimmte Regeln oder Gebote, die im Interesse der Gesellschaft liegen, möglichst optimal einhalten, kann die Unternehmensleitung bestimmte Compliance-Maßnahmen (z. B. die Erarbeitung und Umsetzung von Verhaltensstandards) an die Compliance Organisation delegieren.[58] Der Zusammenhang zwischen Compliance und Corporate Governance wird ferner dadurch deutlich, dass der Aufsichtsratsvorsitzende einer Aktiengesellschaft in bestimmten Fällen berechtigt ist, Informationen über Compliance-Themen direkt beim Compliance Officer zu erfragen.[59] Neben gesetzlichen und aufsichtsrechtlichen Vorgaben finden sich häufig weitere individuelle unternehmensinterne Regelungen, die in der Zusammenschau letztlich das Verhältnis zwischen Geschäftsleitung, Aufsichtsorgan und Compliance Organisation konstituieren bzw. konkretisieren (vgl. Abb. 3).

c) Corporate Compliance als Organisationspflicht

34 Wie das Beispiel der Aktiengesellschaft zeigt, lässt sich die Corporate Compliance als Organisationspflicht nicht nur aus Gesetzen (wie z. B. §§ 9, 30, 130

---

58 *Saenger*, Gesellschaftsrecht, Rn. 573. Zu Delegationsfragen siehe *Schulz*, Kap. 1, Rn. 65 f.
59 *Schäfer*, in: Krimphove/Kruse (Hrsg.), MaComp, BT 1, Rn. 35a ff.

OWiG, §§ 13, 14 StGB), sondern auch aus Rechtsprechungsgrundsätzen (vgl. z. B. die Leitsätze des „Neubürger-Urteils") ableiten.[60] Diese Grundsätze zeigen zugleich die Grenzen der Überwachungspflicht auf: Neben der Verhältnismäßigkeit und Zumutbarkeit kommen zudem Grundsätze, wie z. b. die Eigenverantwortung der Mitarbeiter und der Vertrauensgrundsatz im Rahmen von Delegationen, zur Geltung. Im Einzelfall kann u. U. der sorgfältige und gewissenhafte Inhaber eines Betriebes oder Unternehmens i. S. d. § 130 OWiG als Maßstab herangezogen werden, um in konkreten Situationen normative Grenzen aufzeigen zu können.[61]

d) Implikationen durch ein „Verbandssanktionengesetz"

Der am 16.6.2020 veröffentlichte Regierungsentwurf eines „Gesetz[es] zur Stärkung der Integrität in der Wirtschaft" (Verbandsanktionengesetz-Entwurf, VerSanG-E) zeigt, dass die Einführung eines Unternehmenssanktionenrechts in Deutschland näher rückt.[62] Dies hätte zur Folge, dass eine völlig neue Form der Verbandssanktion eingeführt wird und Verbänden bei Compliance-Verstößen in Zukunft nicht mehr nur eine ordnungswidrigkeitenrechtliche Geldbuße, sondern auch eine sog. Verbandssanktion nach neuem VerSanG droht. **35**

Kommt es zur Verabschiedung des VerSanG-E, würde zudem erstmals gesetzlich normiert werden, dass Vorkehrungsmaßnahmen zur Vermeidung von Verbandstaten (d. h. Compliance-Maßnahmen) u. a. in die Grundlage für die Bemessung von Verbandsgeldsanktionen mit einfließen.[63] Es ist zu erwarten, dass dies (über die sanktionsreduzierende Würdigung hinaus) eine grundlegende Stärkung der Corporate Compliance im Unternehmen sowie eine größere Rechtssicherheit für Unternehmen zur Folge haben wird.[64] **36**

---

60 *Knierim*, in: Wabnitz/Janovsky/Schmitt (Hrsg.), Handbuch Wirtschafts- und Steuerstrafrecht, Kap. 5, Rn. 47; *Hauschka/Moosmayer/Lösler*, in: Hauschka/Moosmayer/Lösler (Hrsg.): Corporate Compliance, § 1, Rn. 28 ff., Rn. 30 ff., Rn. 33 ff. Zur Compliance-Organisationspflicht siehe auch *Schulz*, Kap. 1, Rn. 4 f.

61 *Knierim*, in: Wabnitz/Janovsky/Schmitt (Hrsg.), Handbuch Wirtschafts- und Steuerstrafrecht, Kap. 5, Rn. 48.

62 Bundesministerium der Justiz und Verbraucherschutz v. 22.4.2020, Entwurf eines „Gesetzes zur Stärkung der Integrität in der Wirtschaft", https://www.bmjv.de/SharedDocs/Gesetzgebungsverfahren/DE/Staerkung_Integritae_Wirtschaft.html (zuletzt abgerufen am 13.6.2020); vgl. dazu u. a. auch *Schulz*, Kap. 1, Rn. 3; *Böttger*, Kap. 2, Rn. 15, 142; *Nolte/Michaelis*, BB 2020, 1154 ff.

63 Vgl. Entwurf eines „Gesetzes zur Stärkung der Integrität in der Wirtschaft", S. 91 ff., https://www.bmjv.de/SharedDocs/Gesetzgebungsverfahren/DE/Staerkung_Integritaet_Wirtschaft.html (zuletzt abgerufen am 13.6.2020); *Nolte/Michaelis*, BB 2020, 1154, 1158.

64 Vgl. *Grunert*, CCZ 2020, 71 ff., *Nolte/Michaelis*, BB 2020, 1154, 1158 sowie *Schulz*, Kap. 1, Rn. 3.

III. Corporate Social Responsibility und Regulierung

1. Einführung in die CSR-Regulierung

37   Über die letzten Jahrzehnte hinweg wurde eine Vielzahl an CSR-Konzeptionen erarbeitet, die privat- und/oder öffentlichrechtlich normiert worden sind. Unternehmen stehen dann häufig vor der Frage, ob und in welcher Form diese CSR-Normen Geltung für sie erlangt haben.

a) Regulierungsebenen

38   Mit Einordnung der Organisationen, die CSR-Normierungen erlassen und in Kraft gesetzt haben, in das Gefüge der geltenden Völkerrechtsordnung, lassen sich – hier aus der Perspektive Deutschlands – folgende Regulierungsebenen herausarbeiten:[65]

- **Nationale Regulierungsebene**: Normierungen auf Bundesebene.
- **Supranationale Regulierungsebene**: Normierungen der Europäischen Union.
- **Internationale Regulierungsebene**: z.B. Normierungen der USA oder des UK.
- **Globale Regulierungsebene**: z.B. Normierungen der UN oder OECD.

39   Daneben gibt es noch diverse privatrechtliche Vereinigungen und/oder intermediäre Institutionen, die Leitfäden oder Standards – teilweise sektorspezifisch – zu CSR veröffentlicht haben.[66]

b) Regulierungsansätze

40   Nachdem die einzelnen Regulierungsebenen aufgezeigt worden sind, stellt sich nun die Frage, welche Regulierungsansätze den Regulatoren zur Verfügung stehen, um die erlassenen CSR-Normierungen – hier: gegenüber Unternehmen – wirksam in Kraft setzen zu können:[67]

- **Staatliche/hoheitliche Regulierung**: d.h. nationale oder supranationale Normierung.
- **Regulierte Selbstregulierung (Koregulierung)**: d.h. Normierung durch Staat (Rechtsakt) und privater Partei (wie z.B. Wirtschaftsteilnehmer, Nichtregierungsorganisationen, Verbände).
- **Selbstregulierung**: d.h. Normierung – ohne Staat – nur durch private Partei (wie z.B. Wirtschaftsteilnehmer, Nichtregierungsorganisationen, Verbände).

---

65 Vgl. *Dörr*, in: Grabitz/Hilf/Nettesheim (Hrsg.): Art. 47 EUV, Rn. 11 ff.; *Spießhofer*, Unternehmerische Verantwortung, S. 61 ff., 181 ff., 219 ff., 273 ff., 285 ff.

66 Vgl. *Spießhofer*, Unternehmerische Verantwortung, S. 219 ff., 311 ff., 583 f.

67 Vgl. dazu exemplarisch die institutionelle Vereinbarung des Europäischen Parlaments, des Rates und der Kommission zur „Besseren Rechtsetzung", veröffentlicht im Amtsblatt der EU C 321/1, S. 3.

Zur Vollständigkeit ist zu erwähnen, dass daneben die Möglichkeit besteht, be- **41** stimmte CSR-Aspekte bewusst unreguliert – d. h. ohne privat- bzw. öffentlich- rechtliche Regulierung – und damit alleine der Steuerung des Marktes zu über- lassen. Die Vertragspartner können so freiwillig auf privatrechtlicher Ebene bila- teral individuelle CSR-Vereinbarungen treffen.[68]

c) Rechtsqualität

Um herausfinden zu können, welche normative Dimension CSR-Normierungen **42** auf den jeweiligen Regulierungsebenen im Zusammenhang mit den jeweiligen Regulierungsansätzen haben, ist die rechtliche Qualität der jeweiligen Regulie- rungsmaßnahmen zu analysieren. Grundsätzlich wird zwischen zwei Normenka- tegorien unterschieden:

– „**Hard Law**": d. h. „staatliches, supranationales und internationales Recht mit rechtsverbindlichen Durchsetzungsmechanismen",[69] also „hoheitlich gesetz- tes und aus diesem Grunde verbindliches Recht",[70] wie z. B. die Konfliktmine- ralienVO der EU.[71]

– „**Soft Law**": d. h. „weiche Normen öffentlicher und privater Provenienz [...], die verhaltenssteuernde Soll-Vorgaben für unternehmerische Verantwortung statuieren, sofern sie gegenüber Unternehmen [...] Bindungswirkung entfal- ten können",[72] also „Regelungen, Leitlinien, Standards, oder Empfehlungen, die nicht durch Gesetzgebungsverfahren entstanden sind, sondern durch pri- vate Akteure oder unter deren Mitwirkung",[73] wie z. B. die OECD-Leitlinien oder ISO 26000.[74]

Der Begriff „Soft Law" stellt dabei eine Art Zwischenkategorie dar, d. h. eine **43** Kategorie zwischen „Recht" und „Nicht-Recht". Bis dato bestehen hierzu noch erhebliche Forschungs- und Theoriedefizite hinsichtlich der genauen juris- tischen Charakterisierung der unter diesem Terminus versammelten Konzepte.[75] Im Grunde wurde mit „Soft Law" – wenn man der Realität Rechnung trägt – „eine Kategorie ‚anerkannter Normativität' kreiert, die sich [...] im juristischen ‚Niemandsland' befindet".[76]

---

68 Vgl. *Simons*, ZGR 2018, 316, 320: sog. „Vertrags-CSR".
69 Vgl. *Spießhofer*, Unternehmerische Verantwortung, S. 574.
70 Vgl. *Schütz/Beckmann/Röbken*, Compliance-Kontrolle in Organisationen, S. 16.
71 Verordnung (EU) 2017/821 des Europäischen Parlaments und des Rates vom 17. Mai 2017 zur Festlegung von Pflichten zur Erfüllung der Sorgfaltspflichten in der Lieferkette für Unionseinführer von Zinn, Tantal, Wolfram, deren Erzen und Gold aus Konflikt- und Hochri- sikogebieten, veröffentlicht im Amtsblatt der EU L 130/1.
72 Vgl. *Spießhofer*, Unternehmerische Verantwortung, S. 574.
73 Vgl. *Schütz/Beckmann/Röbken*, Compliance-Kontrolle in Organisationen, S. 16 f.
74 Vgl. *Bay*, in: Kleinfeld/Martens (Hrsg.), CSR und Compliance, S. 121; *Spießhofer*, Unterneh- merische Verantwortung S. 585 f.
75 Vgl. *Knauff*, Der Regelungsverbund: Recht und Soft Law im Mehrebenensystem, S. 387 ff.; *Spießhofer*, Unternehmerische Verantwortung, S. 579, 583 f. mwN.
76 Vgl. *Spießhofer*, Unternehmerische Verantwortung, S. 585.

44 Auch in der Praxis stellt sich die Einordnung von CSR-Normen häufig als große Herausforderung dar, denn deren Bindungswirkung kann – je nach Verwendungskontext – zwischen verbindlich, unverbindlich bzw. freiwillig variieren. Somit zeigt sich, dass nicht nur das „Ob" und „Wieviel" an Bindung, sondern auch deren Qualität im Einzelfall für die konkrete Kategorisierung von CSR-Normen bedeutsam ist.[77]

d) Reputationsmanagement

45 Unabhängig von der Rechtswirksamkeit einer CSR-Norm ist zu bedenken, dass letztlich aus jedem Verstoß gegen eine (CSR-)Norm oder aus jeder Missachtung eines relevanten CSR-Themas ein Reputationsschaden erwachsen kann.[78] Dementsprechend ist zu empfehlen, dass Unternehmen die Erwartungen ihrer Stakeholder analysieren und ein Reputationsmangement betreiben.

2. Beispiele für CSR-Regulierung

a) Globale Regulierungsebene

aa) OECD-Leitlinien für mulitnationale Unternehmen

46 Die OECD-Leitsätze für multinationale Unternehmen stellen „Soft Law" in Form von „Empfehlungen der Regierungen [an multinationale Unternehmen dar], die in oder von den Teilnehmerstaaten aus operieren. Sie enthalten [keine rechtsverbindlichen] Grundsätze und Maßstäbe [, sondern Empfehlungen] für verantwortungsvolles unternehmerisches Handeln in einem globalen Kontext, das dem geltenden Recht und international anerkannten Normen entspricht".[79] Die teilnehmenden Nationalstaaten verpflichten sich, die Leitlinien zu fördern und an Unternehmen zu vermitteln. Zur Erfüllung dieser Aufgabe haben die Nationalstaaten i. d. R. „Nationale Kontaktstellen" eingerichtet, die u. a. als Beschwerde- sowie Schlichtungsstelle fungieren, um zur Lösung von Problemen bei Verstößen gegen die OECD-Leitlinien beizutragen.[80]

47 Da die Umsetzung der OECD-Leitlinien auf Freiwilligkeit der Unternehmen basiert und die öffentliche Wahrnehmung der Leitsätze gering ist, handelt es sich hierbei aller Voraussicht nach um die Hauptgründe, die verantwortlich dafür sind, dass die OECD-Leitlinien für multinationale Unternehmen von den Unternehmen bis dato nur lückenhaft umgesetzt worden sind und ihnen nur eine geringe operative Bedeutung zugemessen worden ist.[81]

---

77 Vgl. *Spießhofer*, Unternehmerische Verantwortung, S. 580, 583 f.
78 Zur Bedeutung von Reputationsrisiken und Reputationsmanagement siehe *Schulz*, Kap. 1, Rn. 23 ff. m. w. N.
79 Vgl. OECD-Leitsätze für multinationale Unternehmen, S. 3, https://mneguidelines.oecd.org/ 48808708.pdf (zuletzt abgerufen am 13.6.2020); weiterführend: OECD Online, http://mne guidelines.oecd.org/ (zuletzt abgerufen am 13.6.2020).
80 Vgl. *Schank/Hayduk*, in: Kleinfeld/Martens (Hrsg.), CSR und Compliance, S. 79 ff., 83 f., 86 f.; *Spießhofer*, Unternehmerische Verantwortung, S. 181 ff., 197 f.
81 Vgl. *Schank/Hayduk*, in: Kleinfeld/Martens (Hrsg.), CSR und Compliance, S. 86 f.

bb) GRI-Berichtsstandards

Die Global Reporting Initiative (GRI), eine unabhängige internationale Organi- **48**
sation, hat ein Rahmenwerk entwickelt, mit dessen Hilfe ein modular aufgebau-
tes und international vergleichbares Nachhaltigkeitsreporting erstellt werden
kann. Es handelt sich dabei um „Soft Law" in Form von Richtlinien für die CSR-
Berichterstattung, die mittlerweile von einer Vielzahl an Unternehmen freiwillig
angewendet werden.[82]

Nach Einführung gesetzlicher Verpflichtungen zur nicht-finanziellen Bericht- **49**
erstattung bestimmter Unternehmen – wie z.B. durch die neuen CSR-Berichts-
pflichten – konnte der GRI-Berichtsstandard neben Großunternehmen vermehrt
auch mittlere Unternehmen für sich gewinnen. Davor fanden Nachhaltigkeits-
bzw. CSR-Reportings in der Regel nur bei Großunternehmen Anklang, die diese
u.a. als probates Mittel zur Reputationssicherung nutzten.[83]

Zwar bezieht sich der GRI-Standard nicht nur auf CSR-, sondern auch auf Com- **50**
pliance-Themen, wie z.B. die Ablegung der Rechenschaft „über die Einhaltung
von Gesetzen, Normen und externen Richtlinien, in erster Linie aber über ihre
internen Maßnahmen zur Sicherstellung verantwortungsvollen Handelns".[84] Am
Ende dienen alle Maßnahmen letztlich dem Ziel der Herstellung eines international vergleichbaren Nachhaltigkeitsreportings. Der GRI-Standard verfolgt dabei einen integrierten Ansatz von Compliance und Nachhaltigkeitsmanagement,
in dem Compliance nur als ein Gesichtspunkt der gesellschaftlichen Verantwortung eines Unternehmens angesehen wird, der sich letztlich der CSR unterzuord-
nen hat.[85]

cc) UN Global Compact

Der UN Global Compact stellt die „weltweit größte und wichtigste Initiative für **51**
verantwortungsvolle Unternehmensführung [dar]".[86] Er beruht auf 10 universel-
len Prinzipien und 17 nachhaltigen Entwicklungszielen.[87]

---

82 Vgl. Global Reporting Initiative Online, https://www.globalreporting.org/information/sustai
nability-reporting/Pages/default.aspx (zuletzt abgerufen am 13.6.2020); *Henrich*, in: Klein-
feld/Martens (Hrsg.), CSR und Compliance, S. 91 ff.; *Spießhofer*, Unternehmerische Verantwortung, S. 398 ff.
83 Vgl. *Henrich*, in: Kleinfeld/Martens (Hrsg.), CSR und Compliance, S. 91 ff.; Global Reporting Initiative Online, https://www.globalreporting.org/information/policy/Pages/EUpoli
cy.aspx (zuletzt abgerufen am 13.6.2020). Zum CSR-Reporting siehe auch *Beisheim/Dopy-
chai*, Kap. 15.
84 Vgl. *Henrich*, in: Kleinfeld/Martens (Hrsg.), CSR und Compliance, S. 96.
85 Vgl. *Henrich*, in: Kleinfeld/Martens (Hrsg.), CSR und Compliance, S. 96; *Spießhofer*, Unternehmerische Verantwortung, S. 399 f.
86 Vgl. UN Global Compact Online, https://www.globalcompact.de/de/ueber-uns/dgcn-ungc.
php?navid=539859539859 (zuletzt abgerufen am 13.6.2020).
87 Vgl. UN Global Compact Online, https://www.globalcompact.de/de/ueber-uns/dgcn-ungc.
php?navid=539859539859 (zuletzt abgerufen am 13.6.2020).

52 Um sich dieser CSR-Initiative anschließen zu können, müssen Unternehmen bestimmte formale Voraussetzungen erfüllen, wie z. B. die Beschäftigung von mindestens zehn Mitarbeitern. Tabakunternehmen, aber auch Unternehmen, die z. B. bestimmte Waffen herstellen, sind jedoch grundsätzlich von der Teilnahme ausgeschlossen.[88] Die Teilnahme erfordert zudem ein Bekenntnis des Unternehmens zu den Prinzipien des UN Global Compact, das an den UN-Generalsekretär zu richten ist. Im Ergebnis resultiert daraus allerdings keine formale Mitgliedschaft, sondern nur eine Teilnahme am UN Global Compact. Kommt es zu Regelverletzungen, können diese Integritätsmaßnahmen nach sich ziehen, wie z. B. den Widerruf des Teilnahmestatus eines Unternehmens bei systematischem oder gravierendem Fehlverhalten.[89]

53 Neben CSR-Themen befasst sich der UN Global Compact auch mit Compliance. Nach dessen Verständnis ist „Compliance [...] zunächst nichts anderes als die an sich selbstverständliche Einhaltung des geltenden Rechts und selbst gesetzter Regeln. Aber Compliance ist und will noch mehr: In der heutigen modernen, schnelllebigen Zeit soll es die Grundsätze des Ehrbaren Kaufmanns untermauern und sich aktiv dazu bekennen. Diese sind Integrität, Seriosität, Glaubwürdigkeit, Stabilität, Verlässlichkeit, Fairness, Sicherheit und Nachhaltigkeit. Hinter einer Compliance-Kultur steckt also auch die Idee von der Übereinstimmung unternehmerischen Verhaltens mit gesellschaftlichen Richtlinien und Wertvorstellungen".[90]

54 Im Vergleich zu den OECD-Leitlinien für multinationale Unternehmen und dem GRI-Berichtsstandard zeigt sich beim UN Global Compact erstmals, dass ein Verstoß gegen diesen Standard nicht nur Reputationsschäden, sondern auch Integritätsmaßnahmen nach sich ziehen können. Es liegt auch hier wieder lediglich „Soft Law" vor, allerdings kann aus einem Verstoß eine konkrete Sanktion – nämlich der Widerruf des Teilnahmestatus – resultieren.

dd) ISO 26000

55 Die ISO 26000 verkörpert einen Leitfaden zur gesellschaftlichen Verantwortung von Organisationen. Er soll „weltweit für Unternehmen und Organisationen jeder Art als Leitfaden für die freiwillige Übernahme von gesellschaftlicher Ver-

---

88 Vgl. UN Global Compact Online, https://www.globalcompact.de/de/ueber-uns/dgcn-ungc.php?navid=539859539859 (zuletzt abgerufen am 13.6.2020); *Hößle*, in: Kleinfeld/Martens (Hrsg.), CSR und Compliance, S. 105 ff.; *Spießhofer*, Unternehmerische Verantwortung, S. 66 ff.

89 Vgl. UN Global Compact Online, https://www.globalcompact.de/de/ueber-uns/dgcn-ungc.php?navid=539859539859 (zuletzt abgerufen am 13.6.2020); *Hößle*, in: Kleinfeld/Martens (Hrsg.), CSR und Compliance, S. 105 ff.; *Spießhofer*, Unternehmerische Verantwortung, S. 66 ff.

90 Vgl. Global Compact Netzwerk Deutschland Online v. 14.12.2016, Compliance – Praxisleitfaden für den Mittelstand, S. 8, https://www.globalcompact.de/de/newscenter/meldungen/Neue-Publikation-Compliance-Praxisleitfaden-fuer-den-Mittelstand.php (zuletzt abgerufen am 13.6.2020).

antwortung dienen".[91] Er fußt u. a. auf den folgenden sieben Prinzipien: (1) Rechenschaftspflicht, (2) Transparenz, (3) ethisches Verhalten, (4) Achtung der Interessen der Stakeholder, (5) Achtung der Rechtsstaatlichkeit, (6) Achtung internationaler Verhaltensstandards und (7) Achtung der Menschenrechte.[92]

Auch bei diesem Standard handelt es sich um „Soft Law", das auf die Freiwillig-   **56** keit bei der Umsetzung durch die Unternehmen setzt. Dies entspricht dem Selbstverständnis dieser Normierung: „[ISO 26000] provides guidance rather than requirements, so it cannot be certified to unlike some other well-known ISO standards. Instead, it helps clarify what social responsibility is, helps businesses and organizations translate principles into effective actions and shares best practices relating to social responsibility, globally. It is aimed at all types of organizations regardless of their activity, size or location."[93]

Zwar drohen bei Verstößen gegen die ISO 26000 keine unmittelbaren Sanktio-   **57** nen. Allerdings hat dieser Standard durch die deutsche Umsetzung in die DIN ISO 26000 („Leitfaden zur gesellschaftlichen Verantwortung von Unternehmen")[94] an Gewicht gewonnen. Ferner weist er eine hohe Konsistenz mit existierenden internationalen Normen, Konventionen und Verträgen auf.[95] Zudem gewinnt er durch seine internationale Präsenz und Akzeptanz Einfluss auf die Glaubwürdigkeit und Reputation eines Unternehmens – im positiven wie im negativen Sinne. Zur Vermeidung von nicht nur unerheblichen Reputationsschäden, kann auch in Bezug auf ISO 26000 empfohlen werden, sich an die dort statuierten Mindestanforderungen zu halten, wenn man sich als Unternehmen diesem freiwilligen Standard unterworfen hat.[96]

b) Internationale Regulierungsebene

In den Jurisdiktionen anderer Nationalstaaten haben u. a. folgende Gesetze in   **58** letzter Zeit zur nachhaltigen Förderung und Beachtung von Corporate Social Responsibility beigetragen:

– **Frankreich**: „Loi de Vigilance 2017" (Gesetz gegen Menschenrechtsverletzungen in der Lieferkette)[97].

---

91 Vgl. *Bay*, in: Kleinfeld/Martens (Hrsg.), CSR und Compliance, S. 121; vertiefend zur ISO 26000: *Spießhofer*, Unternehmerische Verantwortung, S. 222 ff.; *Schmiedeknecht/Wieland*, in: Schneider/Schmidpeter (Hrsg.), Corporate Social Responsibility, S. 299 ff.

92 Vgl. *Bay*, in: Kleinfeld/Martens (Hrsg.), CSR und Compliance, S. 122 f.

93 Vgl. ISO Online, https://www.iso.org/iso-26000-social-responsibility.html (zuletzt abgerufen am 13.6.2020).

94 Vgl. Bundesministerium für Arbeit und Soziales, https://www.bmas.de/DE/Service/Medien/Publikationen/a395-csr-din-26000.html (zuletzt abgerufen am 13.6.2020).

95 Vgl. *Bay*, in: Kleinfeld/Martens (Hrsg.), CSR und Compliance, S. 122.

96 Vgl. *Schmiedeknecht/Wieland*, in: Schneider/Schmidpeter (Hrsg.), Corporate Social Responsibility, S. 307; *Bay*, in: Kleinfeld/Martens (Hrsg.), CSR und Compliance, S. 122 und 137.

97 Vgl. Légifrance Online, https://www.legifrance.gouv.fr/eli/loi/2017/3/27/2017-399/jo/texte (zuletzt abgerufen am 13.6.2020).

- **UK**: „Bribery Act 2010" (Anti-Korruptionsgesetz)[98] oder „Modern Slavery Act 2015" (Gesetz gegen Zwangsarbeit, Sklaverei und Menschenhandel in der Lieferkette)[99].
- **USA**: „Foreign Corrupt Practices Act 1977" (Anti-Korruptionsgesetz)[100]. „Dodd-Frank Wall Street Reform and Consumer Protection Act 2010" (Gesetz zur Verbesserung der Verantwortung und Transparenz im Finanzsystem)[101].

59 Ein Anwendungsbezug kann sich aus diesen Normen für diejenigen deutschen Unternehmen ergeben, die grenzüberschreitend mit Bezug zu den o. a. Rechtsordnungen agieren: Als Anknüpfungspunkt kann z. B. eine internationale Lieferkette in Betracht kommen.[102] Jedes Unternehmen hat dann im Einzelfall zu klären, ob die betreffenden Normen nicht doch eine unmittelbare oder mittelbare Bindungswirkung entfalten könnten. Das gilt insbesondere für internationale Normen, die eine extraterritoriale Geltung für sich in Anspruch nehmen. Häufig kommt es dabei zu Jurisdiktionskonflikten.[103]

c) Supranationale bzw. europäische Regulierungsebene

60 Die Europäische Union legte im Rahmen ihrer „neue[n] EU Strategie (2011–14) für die soziale Verantwortung der Unternehmen (CSR)"[104] einen Aktionsplan vor, der „Verpflichtungen für die Kommission selbst sowie Anregungen für Unternehmen, Mitgliedsstaaten und andere Stakeholder Gruppen [umfasste]".[105] Eine der zentralen Regulierungsmaßnahmen, die aus dieser neuen CSR-Strategie der EU resultierte, stellt die CSR-Richtlinie 2014/95/EU zur nicht-finanziellen Berichterstattung dar. Mit dem „Gesetz zur Stärkung der nicht-finanziellen Berichterstattung der Unternehmen in ihren Lage- und Konzernlageberichten" (CSR-Richtlinien-Umsetzungsgesetz, CSR-RUG) vom 11.4.2017 erfolgte bereits deren Umsetzung in die deutsche Rechtsordnung. Daneben kann u. a. auf die Verordnung (EU) 2017/821 (KonfliktmineralienVO) verwiesen werden.[106]

---

98 Vgl. UK Legislation Online, http://www.legislation.gov.uk/ukpga/2010/23/contents (zuletzt abgerufen am 13.6.2020).

99 Vgl. UK Legislation Online, http://www.legislation.gov.uk/ukpga/2015/30/contents (zuletzt abgerufen am 13.6.2020).

100 Vgl. The United States Departement of Justice Online, https://www.justice.gov/criminal-fraud/foreign-corrupt-practices-act (zuletzt abgerufen am 13.6.2020).

101 Vgl. US Law Online, https://uslaw.link/citation/us-law/public/111/203 (zuletzt abgerufen am 13.6.2020).

102 Vgl. *Schulz*, Kap. 1, Rn. 15 sowie zur Compliance in Supply Chain *Schleper/Förstl*, Kap. 16.

103 Vgl. *Spießhofer*, Unternehmerische Verantwortung, S. 296 ff., 301 ff.; vertiefend zur Extraterritorialität: *Schwarz*, in: Wieland/Steinmeyer/Grüninger (Hrsg.), Handbuch Compliance Management, Rn. 1 ff.; exemplarische Auswahl an nationalen und internationalen Standards und Gesetzen zur verantwortlichen Lieferkettengestaltung: https://www.csr-praxistage.de/wissen/lieferketten/standards-gesetze/ (zuletzt abgerufen am 13.6.2020).

104 KOM (2011) 681 endültig.

105 KOM (2011) 681 endültig, S. 10.

106 Zum CSR-Reporting siehe ausführlich *Beisheim/Dopychai*, Kap. 15.

Neben hoheitlichen/staatlichen Regulierungsmaßnahmen setzt die Europäische **61** Union ausdrücklich auch auf Selbst- und Koregulierungsprozesse, denn: „Derartige Prozesse können, wenn sie entsprechend konzipiert sind, die Unterstützung durch die Stakeholder sichern und ein effizientes Mittel zur Gewährleistung von verantwortlichem unternehmerischen Handeln darstellen. Selbst- und Koregulierung werden von der EU als Bestandteil der Agenda für bessere Rechtsetzung anerkannt."[107] Im Ergebnis setzt die Europäische Union auf verschiedene Regulierungsmaßnahmen, die einen sog. „Smart Mix" – bestehend aus „Hard Law", „Soft Law" und sonstigen weichen Steuerungsinstrumenten – darstellen, um ihre Strategie und Idee von CSR umsetzen zu können.[108]

d) Nationale bzw. deutsche Regulierungsebene

Auch Deutschland setzt – ebenso wie die EU – auf einen „Smart Mix" zur CSR- **62** Regulierung (vgl. Abb. 4). Neben Gesetzen, wie z.B. dem CSR-RUG oder dem geplanten neuen Verbandssanktionengesetz („Gesetz zur Stärkung der Integrität der Wirtschaft")[109], enthalten u.a. Rechtsverordnungen staatliche Regulierungsmaßnahmen, um CSR-Normen als „Hard Law" in die Rechtsordnung zu implementieren.

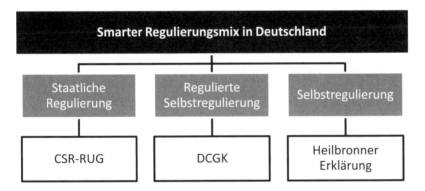

Abbildung 4: Smarter Regulierungsmix in Deutschland mit einschlägigen Beispielen (eigene Darstellung)

---

107 KOM (2011) 681 endültig, S. 12; KOM (2005) 97.
108 Vgl. *Spießhofer*, Unternehmerische Verantwortung, S. 283.
109 Vgl. Bundesministerium der Justiz und Verbraucherschutz, https://www.bmjv.de/Shared Docs/Gesetzgebungsverfahren/DE/Staerkung_Integritaet_Wirtschaft.html (zuletzt abgerufen am 13.6.2020).

63 Als Beispiel für eine regulierte Selbstregulierung (sog. „Koregulierung")[110] kann der DCGK herangezogen werden: Eine private Kommission schafft einen privaten Kodex, der vom deutschen Gesetzgeber normativ überformt wird. Das wird u. a. anhand des § 161 AktG deutlich, wonach Vorstand und Aufsichtsrat der adressierten Aktiengesellschaften zum einen nach Abs. 1 einer „Comply-or-Explain"-Erklärungsverpflichtung, zum anderen nach Abs. 2 einer Veröffentlichungspflicht dieser Erklärung unterliegen. Die Publizitätsverpflichtungen gehen aber noch weiter, wie u. a. § 285 Nr. 16 HGB (Veröffentlichung der Erklärung im Bilanzanhang) oder § 325 Abs. 1 Satz 1 Nr. 2 HGB (Veröffentlichung der Erklärung im Handelsregister) zeigen.[111] Letztlich ist auch der DCGK dem „Soft Law" zuzuordnen,[112] da aus einem Verstoß gegen den DCGK keine unmittelbare Sanktion gegen das Unternehmen verhängt werden kann.[113]

64 Als Beispiel für eine freiwillige Selbstregulierung im CSR-Bereich kann auf die sog. „Heilbronner Erklärung zur gesellschaftlichen Verantwortung des Mittelstands in der Wirtschaft" von 2012 verwiesen werden, bei der es sich um eine freiwillige Selbstverpflichtungserklärung für Unternehmen aus der Region Franken-Heilbronn handelt.[114] Auch bei dieser Initiative handelt es sich um „Soft Law", da grundsätzlich nur eine privatrechtliche Verbindlichkeit zwischen dem Herausgeber der Selbstverpflichtungserklärung und dem sich selbstverpflichtenden Unternehmen erzeugt wird.[115] Verstößt ein Unternehmen (bewusst) gegen eine freiwillige Selbstverpflichtung (z. B. bzgl. einer CSR-Zertifizierung, mit der sich das Unternehmen oder seine Produkte in der Werbung schmückt), kann dies u. U. allerdings wettbewerbsrechtliche Folgen haben.[116]

65 Darüber hinaus steht es Unternehmen grundsätzlich frei, inter partes – d. h. im Rahmen der Vertragsfreiheit – wirksame CSR-Verträge abzuschließen.[117] Als Beispiel können hier CSR-Vereinbarungen in Lieferkettenverträgen genannt werden.

3. CSR-Normenflut als Herausforderung für Unternehmen

66 Wie die genannten Beispiele zeigen, hat das Thema CSR auf nationaler, supranationaler, internationaler sowie globaler Ebene immer größere Bedeutung gewonnen. Ein Grund für diese Entwicklung wird darin gesehen, dass mit Hilfe von

---

110 Vgl. *Schütz/Beckmann/Röbken*, Compliance-Kontrolle in Organisationen, S. 16 f.
111 Vgl. *Tieben*, Das Drei-Säulen-System des Bankenmarktes als regulierungsrechtliche Steuerungsressource, S. 134 f. m. w. N.; *Knierim*, in: Wabnitz/Janovsky/Schmitt (Hrsg.), Handbuch Wirtschafts- und Steuerstrafrecht, Kap. 5, Rn. 84.
112 Vgl. *Schütz/Beckmann/Röbken*, Compliance-Kontrolle in Organisationen, S. 17.
113 Vgl. *Simons*, ZGR 2018, 316, 317 f. und 321; *Eidam*, Unternehmen und Strafe, Kap. 5, Rn. 143 f. und Rn. 149.
114 Vgl. German Graduate School Online v. Mai 2015, https://www.ggs.de/executive-education/heilbronner-erklaerung-csr/ (zuletzt abgerufen am 13.6.2020).
115 Vgl. *Schütz/Beckmann/Röbken*, Compliance-Kontrolle in Organisationen, S. 17.
116 Vgl. *Birk*, GRUR 2011, 196–203.
117 Vgl. *Simons*, ZGR 2018, 316, 320 f.

CSR-Normen versucht wird, den schwindenden Einfluss von Nationalstaaten auf die Handlungen transnationaler Unternehmen zu kompensieren und entstandene Regelungsfreiräume (sog. „Governance Gaps") zu minimieren.[118] Soweit die auf globaler, supranationaler oder internationaler Ebene erlassenen relevanten CSR-Normen noch einer nationalen regulatorischen Umsetzung bedürfen, wird diese i. d. R. durch die Nationalstaaten vollzogen. Ebenso – wie bei der Umsetzung nationaler CSR-Normen – greifen Nationalstaaten wie oben gezeigt dabei häufig auf die Anwendung eines „smarten Regulierungsmixes", bestehend aus den Ansätzen der hoheitlichen/staatlichen Regulierung, der regulierten Selbstregulierung (sog. „Koregulierung") sowie der Selbstregulierung, zurück.[119] Wie der CSR-Bereich zeigt, wird globales Handeln durch ein Netzwerk gesteuert, das sich aus privaten und öffentlichen Regelungsinstrumenten zusammensetzt. Demnach könnte „transnationales Recht" u. a. auch als ein Recht verstanden werden, „das sich durch ein maßgeschneidertes Zusammenspiel öffentlicher und privater einschließlich hybrider Mechanismen auszeichnet, die zur Regulierung grenzüberschreitender Sachverhalte und zur Streitschlichtung herangezogen werden".[120] Klammert man nationale Aspekte aus, kann dieses Verständnis zur Analyse grenzüberschreitender Entstehung von CSR beitragen.[121]

Wie **Abb. 5** zu entnehmen ist, haben sowohl die Regulierungsebene als auch der   **67** jeweilige Regulierungsansatz Einfluss auf die Bindungsqualität, die eine CSR-Norm gegenüber einem Unternehmen entfaltet. Der relativen rechtlichen Bindungswirkung von CSR-Normen nach kann dann eine Kategorisierung in „Hard Law", „Soft Law" oder „No Law" erfolgen.[122] Ferner zeigt Abb. 5 weiter auf, dass in diesem Zusammenhang auch die Rechtswirksamkeit relevanter CSR-Normen zu klären ist: Handelt es sich um eine formelle oder materielle CSR-Norm? Insbesondere: Handelt es sich bei der relevanten materiellen CSR-Norm um eine Norm, die bei einer Missachtung oder einem Verstoß eine Sanktion für das Unternehmen nach sich ziehen könnte (sog. „juristische Verantwortung")? Unabhängig von der Rechtswirksamkeit einer CSR-Norm sind die relevanten Stakeholder eines Unternehmens zu ermitteln, um analysieren zu können, ob einem Unternehmen durch diese – bei der Missachtung oder einem Verstoß gegen eine bestimmte CSR-Norm/Thematik – ein Reputationsschaden drohen könnte (sog. „gesellschaftliche Verantwortung").

---

118 *Vgl. Schütz/Beckmann/Röbken*, Compliance-Kontrolle in Organisationen, S. 17; weiterführend dazu u. a.: *Spießhofer*, Unternehmerische Verantwortung, S. 571 ff.
119 Vgl. KOM (2011) 681 endgültig, S. 12; *Spießhofer*, Unternehmerische Verantwortung, S. 595; vertiefend zum Prozess der Transnationalisierung des Rechts: *Spießhofer*, Unternehmerische Verantwortung, S. 596 f.
120 Vgl. *Spießhofer*, Unternehmerische Verantwortung, S. 597 m. w. N.
121 Vgl. *Spießhofer*, Unternehmerische Verantwortung, S. 597.
122 Vgl. *Schütz/Beckmann/Röbken*, Compliance-Kontrolle in Organisationen, S. 16 f.; *Spießhofer*, Unternehmerische Verantwortung S. 574 ff., 579 ff.

Abbildung 5: Übersicht zur Regulierung von CSR-Normen und deren Einordnung für Unternehmen (eigene Darstellung)

68 Die Unternehmen stehen nun vor der Herausforderung, eine wahre Flut an stetig zunehmenden CSR-Normen[123] – die sowohl auf nationaler, supranationaler, internationaler als auch globaler Ebene in Kraft gesetzt worden sind – in regelmäßigen Zeitabständen wiederholend systematisch zu erfassen, die für sie relevanten CSR-Normen herauszufiltern und auf ihre relative Rechtsqualität hin zu überprüfen, um Verstöße gegen jene CSR-Normen/Themen zu vermeiden, die Haftungsrisiken, Schadensersatzpflichten, Strafzahlungen, Bußgelder und/oder Reputationsschäden für das Unternehmen auslösen könnten.

IV. Corporate Social Responsibility und Corporate Compliance

1. Einführung

69 In den letzten Jahren wurde über Compliance-Verstöße (welche teilweise auch CSR-Themen betrafen) bei namhaften Unternehmen und Verbänden berichtet, u. a.:

– 2006 – Siemens AG (Korruptionsaffäre)[124]
– 2012 – KiK Textilien und Non-Food GmbH (Feuer in pakistanischer Textilfabrik)[125]

---

123 *Vgl. Schütz/Beckmann/Röbken*, Compliance-Kontrolle in Organisationen, S. 17.
124 Vgl. u. a. Stern Online v. 29.7.2008, https://www.stern.de/wirtschaft/news/chronologie-der-siemens-skandal-3758286.html (zuletzt abgerufen am 13.6.2020).
125 Vgl. u. a. Business & Human Rights Resource Centre Online, Blog, letzter Eintrag v. 19.2.2019, https://www.business-humanrights.org/de/betroffene-von-fabrikbrand-in-pakistan-erhalten-entsch%C3%A4digung-von-kik-zivilgesellschaft-fordert-bessere-regelungen-f%C3%BCr-verfahren (zuletzt abgerufen am 13.6.2020).

– 2015 – Deutscher Fußball-Bund e. V. („Sommermärchen-Skandal")[126]
– 2015 – RWE (Klimaklage eines peruanischen Bergbauern)[127]
– 2015 – Volkswagen AG („Abgasskandal")[128]
– 2020 – Siemens AG (Steinkohlebergwerk Carmichael in Australien)[129]

Wie diese prominenten Fälle von Non-Compliance exemplarisch gezeigt haben, **70** waren die Konsequenzen für die betroffenen Unternehmen häufig sowohl im In- als auch und im Ausland höchst nachteilig. Bemerkenswert ist hierbei der Zusammenhang zwischen (Non-)Compliance und CSR, denn entsprechend der ökonomischen Vorteile, die im Rahmen der unternehmerischen Globalisierung erlangt worden sind, können prominente Fälle von Non-Compliance eine entsprechend negative globale Entwicklung nach sich ziehen. Die weltweite Vernetzung – auch durch das Internet oder Social Media – ermöglicht eine globale Kommunikation der relevanten Stakeholder und demzufolge das Risiko eines globalen Reputationsschaden für das Unternehmen. Im Fall von Non-Compliance können einem Unternehmen daher u. a. folgende finanzielle und nicht-finanzielle Konsequenzen – auch kumulativ – drohen:[130]

– Negative mediale Berichterstattung (TV, Presse, Radio, Internet, Social Media etc.)
– Reputationsschaden (Börsenkurs, Markenwert, Mitarbeiterfluktuation etc.)
– Zivilrechtliche Verfahren (Gutachterkosten, Anwaltskosten etc.)
– Zivilrechtliche Schadensersatzpflichten (Schadensersatz, Schmerzensgeld etc.)
– Unternehmensinterne Ermittlungen (Internal Investigations, Anwaltskosten etc.)
– Staatsanwaltschaftliche Ermittlungen (Hausdurchsuchungen, Anwaltskosten etc.)

---

126 Vgl. u. a. LTO Online v. 11.6.2020, https://www.lto.de/recht/nachrichten/n/wm-2006-som mermaerchen-prozess-kosten-zwanziger-verschleppung-schadensersatz/ (zuletzt abgerufen am 13.6.2020); Spiegel Online v. 10.6.2020, https://www.spiegel.de/sport/fussball/wm-2006-prozess-darum-sollen-die-dfb-funktionaere-trotz-verjaehrung-zahlen-a-fea1f6b4-79 23-456c-9819-951aeab4d672 (zuletzt abgerufen 13.6.2020); Spiegel Online v. 1.9.2016, https://www.spiegel.de/sport/fussball/chronologie-des-skandals-um-die-wm-vergabe-2006 -a-1110419.html (zuletzt abgerufen 13.6.2020).
127 Vgl. u. a. LTO Online v. 29.1.2020, https://www.lto.de/recht/nachrichten/n/olg-hamm-5-u-15-17-klage-klimafolgen-rwe-beweisaufnahme-ortstermin-peru/ (zuletzt abgerufen am 13.6.2020); Germanwatch Online, Blog, letzter Eintrag v. 8.6.2020, https://germanwatch. org/de/der-fall-huaraz (zuletzt abgerufen am 13.6.2020).
128 Vgl. u. a. Stiftung Warentest Online v. 25.5.2020 (Stand: 8.6.2020), https://www.test.de/Ab gasskandal-4918330-5092247/ (zuletzt abgerufen am 13.6.2020); NDR Online v. 7.8.2018, https://www.ndr.de/nachrichten/niedersachsen/braunschweig_harz_goettingen/Die-VW-Abgas-Affaere-eine-Chronologie,volkswagen892.html (zuletzt abgerufen am 13.6.2020).
129 Vgl. u. a. Zeit Online v. 13.1.2020, https://www.zeit.de/wirtschaft/2020-01/umweltschuet zer-australien-empoerung-siemens-kohlebergwerk (zuletzt abgerufen 13.6.2020); Tagesschau Online v. 13.1.2020, https://www.tagesschau.de/wirtschaft/siemens-kohle-austra lien-103.html (zuletzt abgerufen am 13.6.2020).
130 Zu den Nachteilen von Non-Compliance siehe auch *Schulz*, Kap. 1, Rn. 6 m. w. N.

- Ordnungswidrigkeitenrechtliche Sanktionen (Bußgeld, Gewinnabschöpfung etc.)
- Unternehmensstrafrechtliche Sanktionen (Strafzahlungen, Compliance-Monitor etc.)
- Unternehmensinterne Aufarbeitung (Umstrukturierungskosten, Beraterkosten etc.)

71 Um es an einem konkreten Beispiel zu illustrieren: Die Aufarbeitung des sog. „Abgasskandals" hatte den Volkswagen-Konzern nicht nur hohe Vergleichs-, Straf- und Bußgeldzahlungen gekostet (wie z.b. in den USA mit bislang mehr als 20 Mrd. EUR sowie in Deutschland mit bislang 1 Mrd. EUR),[131] sondern u. a. auch Honorare für Beratungs- und Anwaltsunternehmen in Rekordhöhe verursacht: Im Juni 2019 wurde berichtet, dass bis dato bereits rund 1,7 Mrd. EUR an Honoraren für Berater, Forensiker und Anwälte entrichtet worden sind.[132] Zu diesem Zeitpunkt beliefen sich die Gesamtkosten des Wirtschaftsskandals noch auf lediglich rund 30 Mrd. EUR.[133] Die Aufarbeitung ist bis zum heutigen Tage noch nicht abgeschlossen. Es wird erwartet, dass weitere Kosten in Milliardenhöhe hinzukommen, insbesondere auch im Hinblick auf die zivilrechtlichen Konsequenzen aus dem BGH-Urteil vom 25.5.2020 – VI ZR 252/19: Darin wurde u. a. höchstrichterlich entschieden, dass „dem Käufer eines mit einer unzulässigen Abschalteinrichtung versehenen Fahrzeugs Schadensersatzansprüche gegen VW zustehen. Er kann Erstattung des für das Fahrzeug gezahlten Kaufpreises verlangen, muss sich aber den gezogenen Nutzungsvorteil anrechnen lassen und VW das Fahrzeug zur Verfügung stellen".[134]

72 Wie gezeigt, haben die Leitungsorgane von Unternehmen und Verbänden rechtsformübergreifend die Pflicht, das Unternehmen so zu organisieren und zu beaufsichtigen, dass sowohl das Unternehmen als auch dessen Mitarbeiter gegen keine Gesetze verstoßen (sog. „Legalitäts- und Legalitätskontrollpflicht")[135] um Kosten – wie sie z.B. der Volkswagen-Konzern bereits zu tragen hatte – zu vermei-

---

131 Vgl. u. a. Süddeutsche Zeitung Online v. 13.6.2018, https://www.sueddeutsche.de/wirt schaft/diesel-affaere-vw-muss-eine-milliarde-euro-strafe-zahlen-1.4015308 (zuletzt abgerufen am 13.6.2020).

132 Vgl. u. a. Handelsblatt Online v. 14.6.2019, https://www.handelsblatt.com/unternehmen/in dustrie/autohersteller-berater-im-dieselskandal-kosten-den-vw-konzern-mehr-als-1-7-mil liarden-euro/24457804.html?ticket=ST-6115684-paEYJULgbSqqsnNeB1u9-ap5 (zuletzt abgerufen am 13.6.2020).

133 Vgl. u. a. Handelsblatt Online v. 14.6.2019, https://www.handelsblatt.com/unternehmen/in dustrie/autohersteller-berater-im-dieselskandal-kosten-den-vw-konzern-mehr-als-1-7-mil liarden-euro/24457804.html?ticket=ST-6115684-paEYJULgbSqqsnNeB1u9-ap5 (zuletzt abgerufen am 13.6.2020).

134 Vgl. Bundesgerichtshof, Pressemitteilung 063/2020 v. 25.5.2020, https://www.bundesge richtshof.de/SharedDocs/Pressemitteilungen/DE/2020/2020063.html (zuletzt abgerufen am 13.6.2020); BGH, 25.5.2020 – VI ZR 252/19.

135 Siehe hierzu *Schulz*, Kap. 1, Rn. 4 f. m. w. N.; *Knierim*, in: Wabnitz/Janovsky/Schmitt (Hrsg.), Handbuch Wirtschafts- und Steuerstrafrecht, Kap. 5, Rn. 31 ff.; *Eidam*, Unternehmen und Strafe, Kap. 5, Rn. 25.

den. Demzufolge ist zu klären, ob auch CSR-Normen hierbei grundsätzlich eine Relevanz für institutionalisierte Vorkehrungsmaßnahmen der Compliance-Organisationspflicht haben.

2. Allgemeine Relevanz von CSR-Normen für die Corporate Compliance

Die Aufgabe der Corporate Compliance besteht darin, „Compliance-Verstöße", **73** d. h. Regelverletzungen, zu verhindern. Damit erlangen grundsätzlich alle CSR-Normen des „Hard Law", die unter die oben genannten Normen und Regelungen subsumiert werden können, allgemeine Relevanz für die Corporate Compliance.

Abbildung 6: CSR-Normen und CSR-Themen – Relevanzprüfung für die Corporate Compliance (eigene Darstellung)

Da (Reputations-)Schäden (wie gezeigt) nicht nur aus Verstößen gegen „Hard **74** Law" resultieren können, ist zudem zu prüfen, ob bestimmte CSR-Themen, die im oder ohne Zusammenhang mit CSR-Normen stehen und das Unternehmen sowie sein unternehmerisches Handeln betreffen, ebenfalls Relevanz für die Corporate Compliance erlangen könnten (vgl. dazu Abb. 6), wie z. B. das Angebot CSR-kritischer Produkte/Dienstleistungen.

3. Konkrete Relevanz von CSR-Normen sowie sonstiger CSR-Themen für die Corporate Compliance

Diese Fragen sind im Rahmen des Compliance-Risikomanagements zu prüfen, **75** das einen wesentlichen Eckpfeiler eines robusten und effektiven Compliance Management Systems darstellt.[136] Es wird i. d. R. in das Risikomanagement eines Unternehmens integriert. Compliance-Risiken werden grundsätzlich dem operationellen Risiko eines Unternehmens zugeordnet, wie man z. B. aus der Legaldefinition des Art. 4 Abs. 1 Nr. 52 CRR entnehmen kann: „Operationelles Risiko

---

136 Vgl. dazu u. a. *Kark*, Compliance-Risikomanagement, Rn. 12; *Schulz*, Kap. 1, Rn. 57 ff.; *Romeike*, Kap. 9.

ist das Risiko von Verlusten, die durch die Unangemessenheit oder das Versagen von internen Verfahren, Menschen und Systemen oder durch externe Ereignisse verursacht werden, einschließlich Rechtsrisiken".[137]

a) CSR-Normen und CSR-Themen im Compliance-Risikomanagementprozess

76 Ein Compliance-Risikomanagementprozess umfasst i.d.R. folgende Schritt (vgl. Abb. 7):

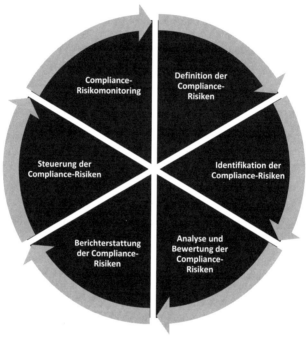

Abbildung 7: Compliance-Risikomanagementprozess in sechs Schritten (nach *Kark* [2019], S. 123, Abb.11)

aa) Schritt 1: Definition der CSR-Compliance-Risiken

77 Im ersten Schritt dieses Prozesses sind die Compliance-Risiken des Unternehmens zu definieren.[138] Der Fokus der vorliegenden Prüfung wird auf das Thema

---

137 Verordnung (EU) Nr. 575/2013 des Europäischen Parlaments und des Rates vom 26. Juni 2013 über Aufsichtsanforderungen an Kreditinstitute und Wertpapierfirmen und zur Änderung der Verordnung (EU) Nr. 646/2012, Amtsblatt der Europäischen Union L 176/1 vom 27.6.2013.
138 Vgl. *Kark*, Compliance-Risikomanagement, Rn. 639 ff., 644.

Corporate Social Responsibility gelegt. Die Erforderlichkeit einer solchen Prüfung kann z. B. darin begründet sein, dass neue CSR-Normen in Kraft getreten sind, alte CSR-Normen verschärft wurden oder gar ein neues CSR-Thema relevant geworden ist.

bb) Schritt 2: Identifikation der CSR-Compliance-Risiken

Im zweiten Schritt dieses Prozesses sind die konkreten Compliance-Risiken des **78** Unternehmens im Hinblick auf den Themenkomplex Corporate Social Responsibility zu identifizieren. Hierzu wird u. a. auf folgende Informationsquellen zurückgegriffen: Mitarbeiter des Unternehmens, Führungskräfte und Mitglieder der Geschäftsleitung, Interne Revision, Rechtsabteilung, Unternehmensanwälte, Wirtschaftsprüfer, Internes Kontrollsystem, Whistleblower und Wettbewerbsanalyse. Auf diese Art und Weise der Informationsgewinnung sollten i. d. R. alle – auch bislang verborgene – CSR-Normen und CSR-Themen, die für das betreffende Unternehmen Relevanz zeigen, identifiziert worden sein.[139]

cc) Schritt 3: Analyse und Bewertung der CSR-Compliance-Risiken

Im dritten Schritt dieses Prozesses erfolgt die Analyse und Bewertung der identi- **79** fizierten Compliance-Risiken. Dabei erfolgt zuerst eine inhaltliche Analyse. Demzufolge sind nun auch die unternehmensspezifischen CSR-Compliance-Risiken zu sichten, zu strukturieren und weiteren Untersuchungen zu unterziehen, „die den konkreten Bedürfnissen und Anforderungen des Unternehmens [hier: im Kontext Corporate Social Responsibility] Rechnung [tragen]“.[140]

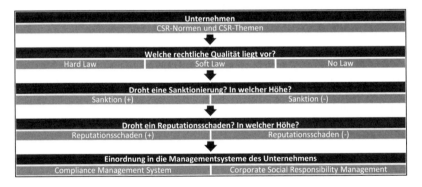

Abbildung 8: Idee zur Analyse und Bewertung der identifizierten CSR-Normen und CSR-Themen (eigene Darstellung)

---

139 Vgl. *Kark*, Compliance-Risikomanagement, Rn. 646 ff., 662 ff.; *Klingenstein*, in: Bay/Hastenrath (Hrsg.), Compliance Management-Systeme, Kap. 4, Rn. 42 ff.
140 Vgl. *Kark*, Compliance-Risikomanagement, Rn. 706 ff., 710.

80 Nach der Analyse erfolgt die Bewertung der identifizierten CSR-Compliance-Risiken (vgl. beispielhaft Abb. 8). Dabei kommt es zuerst auf die Bemessung der erwarteten Schadenshöhe an.[141] Mit Blick auf die bereits identifizierten CSR-Compliance-Risiken kann insbesondere hier überprüft werden, ob eine konkrete CSR-Norm bzw. ein konkretes CSR-Thema tatsächlich der Corporate Compliance zuzuordnen ist, denn es muss letztlich eine Schadensbemessung in Form einer konkreten Sanktion (Strafe, Geldbuße und/oder Gewinnabschöpfung) oder eines Reputationsschadens denkbar bzw. möglich sein (vgl. zur Orientierung Abb. 9):

Corporate Social Responsibility mit Relevanz für die Corporate Compliance		
Hard Law:	**Soft Law:**	**No (German) Law:**
• Sanktion (+) u. Reputationsschaden (-)	• Sanktion (+) u. Reputationsschaden (-)	• Sanktion (+) u. Reputationsschaden (-)
• Sanktion (+) u. Reputationsschaden (+)	• Sanktion (+) u. Reputationsschaden (+)	• Sanktion (+) u. Reputationsschaden (-)
• Sanktion (-) u. Reputationsschaden (+)	• Sanktion (-) u. Reputationsschaden (+)	• Sanktion (-) u. Reputationsschaden (+)

Abbildung 9: Kriterien, die im Zweifel für eine Relevanz von CSR für Corporate Compliance anzeigen (eigene Darstellung)

81 Die Bewertung identifizierter CSR-Compliance-Risiken wird mit Prüfung der Eintrittswahrscheinlichkeit – u. a. anhand interner und externer Faktoren – abgeschlossen.[142] Die Integration in eine Compliance-Risikomatrix (einschließlich der Reputationsrisiken), ein Risikoportfolio und/oder in die Compliance-Risikolandkarte des Unternehmens ist davon mit umfasst.[143]

dd) Schritt 4: Berichterstattung der CSR-Compliance-Risiken

82 Im vierten Schritt dieses Prozesses wird das Ergebnis über die analysierten und bewerteten CSR-Compliance-Risiken in einem Bericht verschriftlicht. Die Leitung der Corporate Compliance händigt diesen – nach Freigabe – dann u. a. an den Vorstand bzw. Geschäftsleiter des Unternehmens aus. Der Bericht stellt eine Grundlage dar, auf der die Unternehmensleitung eine Entscheidung über die zukünftige Steuerung der unternehmensspezifischen CSR-Compliance-Risiken treffen kann.[144]

---

141 Vgl. *Kark*, Compliance-Risikomanagement, Rn. 711 ff., 714 ff.; *Klingenstein*, in: Bay/Hastenrath (Hrsg.), Compliance Management-Systeme, Kap. 4, Rn. 56 ff.

142 Vgl. *Kark*, Compliance-Risikomanagement, Rn. 724 ff.; *Klingenstein*, in: Bay/Hastenrath (Hrsg.), Compliance Management-Systeme, Kap. 4, Rn. 58 ff.

143 Vgl. *Kark*, Compliance-Risikomanagement, Abb. 16 bei Rn. 748, Rn. 749; *Klingenstein*, in: Bay/Hastenrath (Hrsg.), Compliance Management-Systeme, Kap. 4, Rn. 67 f.

144 Vgl. *Kark*, Compliance-Risikomanagement, Rn. 764 ff.; *Klingenstein*, in: Bay/Hastenrath (Hrsg.), Compliance Management-Systeme, Kap. 4, Rn. 97 ff.

ee) Schritt 5: Steuerung der CSR-Compliance-Risiken

Im fünften Schritt dieses Prozesses erfolgt die Steuerung der CSR-Compliance- **83**
Risiken. Ob und welche präventiven Maßnahmen in einem Unternehmen ergriffen werden, hängt vor allem von der Compliance-Strategie der Unternehmensleitung ab. In diesem Zusammenhang finden u.a. Aspekte wie z.B. die Compliance-Risikokapazität, die Compliance-Risikotoleranz, die Compliance-Risikogrenzen sowie die Ertragschancen des Unternehmens Beachtung. Im Rahmen der Compliance-Risikosteuerung kommen dann i.d.R. konkrete Maßnahmen zur Compliance-Risikovermeidung, Compliance-Risikoverminderung, Compliance-Risikobegrenzung sowie Compliance-Risikoweitergabe zur Anwendung. Die Entscheidung, ob und wie die unternehmensspezifischen CSR-Compliance-Risiken im Unternehmen zukünftig gesteuert werden, liegt im Ermessen der Geschäftsleitung („Business Judgement Rule").[145]

ff) Schritt 6: CSR-Compliance-Risikomonitoring

Neben der Nachverfolgung, ob die definierten Steuerungsmaßnahmen umge- **84**
setzt worden sind, gehört zu diesem Prozessschritt u.a. auch die unterjährige Befassung mit der Compliance-Risikosituation. Im Hinblick auf den Schwerpunkt CSR ist daher zu prüfen, ob während des Jahres womöglich neue CSR-Risiken für das Unternehmen hinzugekommen sind.[146]

b) Verknüpfung von CSR- und Compliance-Risiken

Im Interesse eines wirksamen Compliance Management-Systems erscheint ein **85**
rein regel- bzw. normenbasierter Ansatz alleine nicht mehr ausreichend.[147] Wie die normativen Erwartung der Stakeholder in der aktuellen CSR-Debatte zeigen, ist die Erweiterung der Compliance-Risikoanalyse um relevante CSR-Normen und CSR-Themen zu empfehlen. Dies gilt – unabhängig von der Rechtsverbindlichkeit von CSR-Vorgaben – jedenfalls zum Schutz der Unternehmensreputation.

V. Zusammenfassung

Über die letzten Jahre hinweg haben die nationalen, supranationalen, internationalen **86**
und globalen Regulierungsmaßnahmen in Summe ein Ausmaß angenommen, das zu einer wahren Flut an CSR-Normen geführt hat, denen insbesondere international agierende Unternehmen nun ausgesetzt sind. Dabei hat die im letzten Jahrzehnt in Erscheinung getretene (globale) Wirtschaftskrise diese Entwicklung noch einmal erheblich verschärft, wie z.B. in der EU: „Die Wirt-

---

145 Vgl. *Kark*, Compliance-Risikomanagement, Rn. 770 ff., Rn. 800; *Klingenstein*, in: Bay/Hastenrath (Hrsg.), Compliance Management-Systeme, Kap. 4, Rn. 71 ff.
146 Vgl. *Kark*, Compliance-Risikomanagement, Rn. 803 ff.; *Klingenstein*, in: Bay/Hastenrath (Hrsg.), Compliance Management-Systeme, Kap. 4, Rn. 80 ff.
147 Vgl. *Schulz*, Kap. 1, Rn. 71 ff. m.w. N.

schaftskrise und ihre sozialen Folgen haben das Vertrauen in die Wirtschaft bis zu einem gewissen Grad erschüttert. Dadurch wurde die Öffentlichkeit für die Leistungen der Unternehmen auf sozialem und ethischem Gebiet sensibilisiert. Die [Europäische] Kommission erneuert ihre Anstrengungen zur CSR-Förderung jetzt um auf mittlere und lang[e] Sicht günstige Bedingungen für nachhaltiges Wachstum, verantwortungsvolles unternehmerisches Verhalten und die Entstehung dauerhafter Arbeitsplätze zu schaffen."[148]

87   Die Unternehmen stehen jetzt vor der Herausforderung, die für sie relevanten CSR-Normen und CSR-Themen herauszufiltern und mit ihrer Unternehmensstrategie – insbesondere ihrem Kerngeschäft – in Einklang zu bringen. Es zeigt sich, dass dabei der „Stakeholder Value"-Ansatz an immer größerer Bedeutung gewinnt. Daneben sind Fragen u.a. zur Rechtsqualität, Rechtssicherheit und Legitimation von CSR-Normen zu beantworten.[149] In diesem Kontext sind die organisatorischen Vorkehrungen zur Vermeidung von Haftungsrisiken, Schadensersatzverpflichtungen, Straf-/Bußgeldern sowie Reputationsschäden zu überprüfen und zu aktualisieren. Im Interesse des Reputationsschutzes erlangt die Corporate Compliance auch im Hinblick auf CSR an neuem Gewicht, denn es kommen nun vermehrt Aufgaben auf sie zu, die nicht allein die juristische Verantwortung betreffen, sondern auch die gesellschaftliche Verantwortung ihres Unternehmens berühren. Dies spricht dafür, das Compliance Management um einen werteorientierten Integrity-Ansatz zu ergänzen.[150]

88   Insofern bietet CSR den Unternehmen auch eine Chance, den Markt mit neuen Produkten und Dienstleistungen im Einklang mit CSR-Anforderungen zu erobern und auf diese Art und Weise zu versuchen, innovative und nachhaltige Geschäftsfelder zu erschließen.

---

148 Vgl. KOM (2011) 681 endgültig, S. 5.
149 Vgl. dazu u. a. *Simons*, ZGR 2018, 316 ff.
150 Vgl. dazu u. a.: *Wieland*, in: Wieland/Steinmeyer/Grüninger (Hrsg.), Handbuch Compliance Management, S. 15–39; *Grüninger*, in: Wieland/Steinmeyer/Grüninger (Hrsg.), Handbuch Compliance Management, S. 41–71; siehe auch *Schulz*, Kap. 1, Rn. 71 ff.

15. Kapitel
CSR-Compliance:
Herausforderungen des CSR-Reportings

I. Einleitung: Corporate Social Responsibility, Corporate Governance und die (mögliche) Rolle von Compliance

Seit vielen Jahren schon ist mit einer gewissen Regelmäßigkeit in Veröffentlichungen jeder Art zu lesen, Corporate Social Responsibility (CSR), oftmals synonym gebraucht mit Nachhaltigkeit, sei in aller Munde.[1] Die Diskussion über diese Themen sei aktueller denn je, Unternehmen hätten sich ihrer mehr denn je anzunehmen.

1

CSR steht – in einem engen Kontext mit der Unternehmensethik – für einen Leitgedanken, der mit Blick auf die gesellschaftliche Verantwortung der Unternehmen einen unternehmensspezifisch zu konkretisierenden Handlungsrahmen gewährt. Im Grundsatz geht es darum, auf welche Art und Weise ein Unternehmen seine Gewinne erwirtschaftet. Tatsächlich verhält es sich faktisch so, dass der Begriff der CSR bereits über eine längere Historie verfügt und seine Bedeutung im Einklang mit der insoweit deutlich wahrnehmbaren gesellschaftlichen Entwicklung – ungeachtet der inhärenten Interpretationsspielräume[2] – kontinuierlich zunimmt. Kaum jemand, der beruflich oder privat motiviert politische, wirtschaftliche oder gesellschaftliche Themen verfolgt, kommt umhin, sich mit ihm zu befassen – allein die Intensität dürfte variieren. Regelmäßig steht die Auseinandersetzung im engen Kontext mit Fehlentwicklungen in bestimmten Bereichen: Bezogen auf die Wirtschaft geht es so etwa um die Bankenkrise und Korruptionsskandale, um Fehlanreize bei der Management-Vergütung und um Unternehmensgewinne in Zeiten von Stellenabbau.

2

Die Ethik, konkret die sogenannte Wirtschaftsethik, wird in diesem Rahmen vielfach als Orientierungsrahmen mit herangezogen. Die Tugenden des „ehrbaren Kaufmanns", kaufmännisch-unternehmerische Werte und eine Orientierung der Wirtschaftsunternehmen an verschiedensten „Stakeholder-Interessen" sollen als wesentliche Bestandteile die „Good Corporate Governance" in zunehmendem Maße prägen. Wann aber gilt das Buddenbrook'sche Mahnwort, die Maxime des Firmengründers Johann Buddenbrook: *„Mein Sohn, sey mit Lust bey den*

3

---

1 *Meier*, Wirtschaftswoche v. 1.7.2013; *Miegel*, Frankfurter Allgemeine Feuilleton, 23.10.2013; *Hardtke/Kleinfeld*, in: Hardtke, Kleinfeld (Hrsg.), Gesellschaftliche Verantwortung von Unternehmen, Vorwort, 5 ff.; *Ruter*, CSR und Aufsichtsrat, in: Schneider/Schmidpeter, Corporate Social Responsibility, 2. Aufl. 2015, 1078.
2 *Beisheim*, Nachhaltigkeit: Eine Tour d'Horizon unter Berücksichtigung neuerer Rechtsentwicklungen, in: FS Stilz, 2014, 45, 48 ff. Zum CSR-Begriff ferner *Stehr/Knopp*, Kap. 14, Rn. 11 ff. m. w. N.

Geschäften am Tage, aber mache nur solche, daß wir bey Nacht ruhig schlafen können"?[3] Welche Werte sind dem wirtschaftsbezogenen Handeln beizumessen und welche Stakeholder sind aus der Unternehmensperspektive im Blick zu behalten? Welcher Rahmen ist bezogen auf Nachhaltigkeitsanforderungen und die gesellschaftliche Unternehmensverantwortung zu beachten und in welcher Form sollte über die diesbezügliche Positionierung berichtet werden? Fragen über Fragen stellen sich und jedenfalls bislang waren die Antworten wenig greifbar, weil über zahlreiche Soft Law-Ansätze bzw. Selbst- oder Co-Regulierungen wie Reportingstandards und Verhaltenskodizes hinaus verbindliche Vorgaben kaum bzw. nur in wenigen Teilbereichen existierten.[4] Dies änderte sich indes seit dem Jahr 2017, ab dem CSR-bezogen neue Berichtspflichten mit Blick auf die sogenannten nichtfinanziellen Informationen für durchaus größere Teile der Wirtschaft – unmittelbar und auch nur mittelbar – bestehen.

4 Dieser Buchbeitrag ist im Kern ausgerichtet auf Grundsatzfragen der unternehmerischen Verantwortung und der guten Unternehmensführung.[5] Immer deutlicher wird die Rolle von Compliance als wesentliches Element einer guten Corporate Governance und als integraler Bestandteil einer nachhaltigen, auf langfristige Wertschöpfung, Vertrauen und Reputationserhalt angelegten Unternehmensführung. Diese ist zudem gekennzeichnet von Transparenz und einer Nachvollziehbarkeit der Entscheidungen, einem angemessenen Umgang mit Risiken und der weitgehenden Wahrung der Interessen der Stakeholder – nicht mehr nur der Shareholder.[6]

5 Die ursprünglich rein regelbasierte Compliance schließt schon heute mehr und mehr ethische Aspekte mit ein („Compliance 2.0").[7] Dieses bereits wertebezogen erweiterte Verständnis[8] kann eine gute Basis für hieran anknüpfende Aktivitäten auch im Bereich der CSR-Compliance sein („Compliance 3.0"). Die künftig notwendige Sicherstellung und Überwachung der Einhaltung des neuen Regelwerks eröffnet der Compliance-Funktion die Möglichkeit neuer Wertschöpfungsbeiträge.

6 Mit dem Inkrafttreten der „Richtlinie 2014/95/EU des EU-Parlaments und des Rates vom 22.10.2014 im Hinblick auf die Angabe nichtfinanzieller und die Diversität betreffender Informationen" (verkürzt: „CSR-Richtlinie" oder auch nur „Richtlinie") am 5.12.2014 fand im Bereich der Nachhaltigkeitsberichterstat-

---

3 *Mann*, Buddenbrooks. Verfall einer Familie, 46. Aufl. 1999, 174.
4 *Beisheim*, in: FS Stilz, 2014, 45, 51; *Schwarze*, EuR 2011, 3, 4.
5 Siehe hierzu auch *Schulz*, Kap. 1, Rn. 4 f. m. w. N.
6 *Mülbert*, AG 2009, 766, 768; *Fleischer*, in: Spindler/Stilz AktG, 4. Aufl. 2019, § 76 Rn. 34.
7 Grundlegend *Grüninger*, Werteorientiertes Compliance Management-System, in: *Wieland/Steinmeyer/Grüninger*, Handbuch Compliance Management, 2. Aufl. 2014, 41 ff.; *Wieland*, Integritäts- und Compliance Management als Corporate Governance, ebenda, 15 ff.
8 Vgl. hierzu *Schulz*, Kap. 1, Rn. 1 ff. m. w. N.

tung ein Paradigmenwechsel statt.[9] Es geht um eine für wesentliche Teile der Wirtschaft grundhafte Entwicklung weg von der bisherigen Freiwilligkeit des Reportings und damit letztlich auch der zugrunde liegenden Aktivitäten, hin zu entsprechenden Verpflichtungen. Mit der Richtlinie 2014/95/EU wurde die für das Bilanzrecht zuvor zentrale Richtlinie 2013/34/EU um neue Vorgaben zur nichtfinanziellen Berichterstattung und im Hinblick auf Diversitätskonzepte für die Besetzung von Leitungsorganen ergänzt. Die Richtlinie war bis zum 6.12.2016 von den Mitgliedstaaten in nationales Recht zu überführen, um ihre erstmalige Anwendung im Geschäftsjahr 2017 sicherzustellen. Der deutsche Gesetzgeber kam dieser Anforderung mit dem „CSR-Richtlinie-Umsetzungsgesetz" (CSR-RUG) etwas verspätet nach, das am 19.4.2017 in Kraft trat und eine nahezu eins-zu-eins Umsetzung der CSR-Richtlinie im Wesentlichen durch Änderungen des HGB und AktG enthielt.[10] Dennoch verlangte das CSR-RUG bereits für ab dem 1.1.2017 beginnende Geschäftsjahre von den berichtspflichtigen Unternehmen eine CSR-Berichterstattung. Lediglich die Veröffentlichung der Beurteilung des Prüfungsergebnisses einer freiwilligen externen Prüfung nach §§ 289b Abs. 4, 315b Abs. 4 HGB war erst für ab dem 1.1.2019 beginnende Geschäftsjahre verpflichtend.[11]

Im Hinblick auf die Methodik der Berichterstattung veröffentlichte die EU-Kommission nach Maßgabe von Art. 2 der Richtlinie am 5.7.2017 unverbindliche Leitlinien für die Berichterstattung über nichtfinanzielle Informationen als bloße Orientierungshilfe ohne rechtlich bindenden Charakter.[12] Vor dem Hintergrund der in der jüngeren Vergangenheit und Gegenwart intensiven öffentlichen Diskussion über Klimathemen veröffentlichte die EU-Kommission am 20.6.2019 ein update der Leitlinien speziell zur klimabezogenen Berichterstattung.[13]   **7**

1. Zielsetzungen der CSR-Richtlinie und des CSR-Richtlinie-Umsetzungsgesetzes

Mit der CSR-Richtlinie sowie mit dem CSR-RUG werden zwei zentrale, miteinander zusammenhängende Ziele verfolgt: Die Information der Adressaten der Berichterstattung über nichtfinanzielle Themen und die mittelbare Steuerung des Verhaltens der berichtspflichtigen Unternehmen.   **8**

---

9 Richtlinie 2014/95/EU des Europäischen Parlaments und des Rates vom 22.10.2014 zur Änderung der Richtlinie 2013/34/EU im Hinblick auf die Angabe nichtfinanzieller und die Diversität betreffender Informationen durch bestimmte große Gruppen und Unternehmen; ABl. L 330 v. 15.11.2014, 1; ABl. L 369 v. 24.12.2014, 79 (sprachliche Berichtigung); *Spießhofer*, NZG 2014, 1281, 1282.
10 BGBl. I 2017, 802–814; BT-Drucks.18/9982, 30.
11 Art. 4 Abs. 1 UAbs. 2 RL 2014/95/EU; Art. 80 Satz 1, Art. 81 EGHGB; Art. 12 Abs. 2 i. V.m. Art. 2, Art. 4 CSR-RUG; BGBl. I 2017, 813.
12 ABl. 2017 C 215/01 v. 5.7.2017.
13 ABl. 2019 C 209/01 v. 20.6.2019.

9 Angelegt ist die regulatorische Tendenz zur Gewährleistung der Wahrnehmung der gesellschaftlichen Verantwortung der Unternehmen bereits seit einigen Jahren. So war bereits die „Binnenmarktakte – Zwölf Hebel zur Förderung von Wachstum und Vertrauen" der EU-Kommission vom 13.4.2011 darauf ausgerichtet, EU-weit mit Blick auf Unternehmen aller Branchen eine Verbesserung der Transparenz in der Sozial- und Umweltberichterstattung und ein vergleichbar hohes Niveau zu erreichen.[14] Insbesondere die Mitteilung der Kommission vom 25.10.2011 „Eine neue EU-Strategie (2011–14) für die soziale Verantwortung der Unternehmen (CSR)" schuf indes die Basis für weitere spezifische Maßnahmen zur Beförderung eines verstärkten unternehmerischen Nachhaltigkeitsengagements auf EU- und nationalstaatlicher Grundlage.[15] Die Mitteilung zielte so etwa auch darauf ab, einen Vorschlag für eine Rechtsvorschrift über die Transparenz der sozialen und ökologischen Informationen von Unternehmen aller Branchen zu entwickeln. Die CSR-Richtlinie setzt damit nun in Verbindung mit dem deutschen CSR-RUG ein wesentliches Element der neuen EU-Strategie um.

10 Ausweislich der in den Erwägungsgründen zur CSR-Richtlinie zitierten „Entschließung des EU-Parlaments vom 6.2.2013 zur sozialen Verantwortung der Unternehmen" geht es insgesamt um ein „rechenschaftspflichtiges, transparentes und verantwortungsvolles Geschäftsgebaren, um soziale Verantwortung" und ganz allgemein um eine Förderung der Interessen der Gesellschaft.[16] Der Offenlegung von Informationen zur Nachhaltigkeit durch Unternehmen komme eine große Bedeutung zu, um diesbezügliche Gefahren aufzuzeigen und das Vertrauen von Investoren und Verbrauchern zu gewährleisten. Die konsistente und vergleichbare Angabe nichtfinanzieller Informationen durch die Unternehmen soll helfen, das Geschäftsergebnis von Unternehmen und ihre Auswirkungen auf die Gesellschaft zu messen, zu überwachen und zu handhaben. Langfristige Rentabilität als Zielsetzung wird mit sozialer Gerechtigkeit und Umweltschutz verbunden, die Angabe nichtfinanzieller Informationen wird als ein wesentliches Element der Bewältigung des Übergangs hin zu einer nachhaltigen globalen Wirtschaft begriffen.

11 Das CSR-RUG hebt dementsprechend die zunehmende Bedeutung der Unternehmenskommunikation mit Blick auf nichtfinanzielle Informationen für die Wirtschaft hervor. Insbesondere große Unternehmen, Investoren, aber auch Verbraucherinnen und Verbraucher bewerteten die Unternehmen, mit denen sie Geschäfte machen, längst nicht mehr nur nach ihren Finanzdaten. Zur Anbahnung eines geschäftlichen Kontakts oder in ihrer laufenden Geschäftsbeziehung erwarteten sie ein Mehr an unternehmensspezifischen Informationen. Im Kern gehe es um Vertrauensbildung. Aus Sicht jedes Unternehmens selbst seien nicht-

---

14 KOM(2011) 206 endg.
15 KOM(2011) 681 endg.
16 Entschließung des Europäischen Parlaments vom 6.2.2013 zur sozialen Verantwortung der Unternehmen: Förderung der Interessen der Gesellschaft und ein Weg zu einem nachhaltigen und integrativen Wiederaufschwung (2012/2097(INI)).

finanzielle Aspekte, nicht zuletzt auch aufgrund der fortschreitenden Globalisierung und der diesbezüglich hohen medialen Sensibilität, deshalb von immer größerer Bedeutung als Entscheidungsfaktoren etwa im Rahmen des Risikomanagements.[17] Ihr Handeln soll gleichsam über die Berichterstattung zu nichtfinanziellen Belangen beeinflusst werden; den diesbezüglichen Aspekten soll – einerseits unter Beibehalt eines gewissen Maßes an Handlungsflexibilität, andererseits unter Gewährleistung einer weitgehenden Vergleichbarkeit im Reporting – zukünftig ein deutlich stärkeres Gewicht in der Unternehmensführung beigemessen werden.

2. Neuausrichtung des Nachhaltigkeitsreportings

Aktivitäten auf dem Gebiet der CSR-Berichterstattung über nichtfinanzielle und 12 die Diversität betreffende Informationen sind nicht grundsätzlich neu und finden sich schon heute vor unterschiedlichen Hintergründen in durchaus weiteren Teilen der deutschen Wirtschaft, insbesondere in größeren Unternehmen. Einerseits bestehen – nur begrenzte – Anforderungen im deutschen Bilanzrecht, andererseits gibt es vielgestaltige freiwillige Reportingansätze im Rahmen von Selbstregulierungen nach Maßgabe internationaler und nationaler Berichtsstandards.

a) Bereits vor dem CSR-RUG vorhandene, nichtfinanzielle Berichtspflichten im deutschen Bilanzrecht

Schon seit über einem Jahrzehnt bestehen für große Kapitalgesellschaften im 13 Sinne des § 267 Abs. 3 HGB und über einen Verweis auf § 264d HGB auch für kapitalmarktorientierte Unternehmen Verpflichtungen nach § 289 Abs. 3 HGB, im Lagebericht Informationen zu nichtfinanziellen Leistungsindikatoren vorzusehen, soweit diese für das Verständnis des Geschäftsverlaufs oder der Lage der Gesellschaft von Bedeutung sind. Nach § 315 Abs. 3 HGB (§ 315 Abs. 1 HGB a. F.) gilt eine entsprechende Informationspflicht für den Konzernlagebericht. Große Kapitalgesellschaften überschreiten mindestens zwei der drei Merkmale nach § 267 Abs. 2 HGB (20 Mio. EUR Bilanzsumme, 40 Mio. EUR Umsatzerlöse in den zwölf Monaten vor dem Abschlussstichtag, im Jahresdurchschnitt 250 Arbeitnehmer). Exemplarisch verweisen die Normen auf Informationen über Umwelt- und Arbeitnehmerbelange. In der Praxis beziehen sich die in diesem Kontext erteilten Informationen im Schwerpunkt bislang auf den Personal- und Sozialbereich. In zunehmendem Maße, wenngleich insgesamt von untergeordneter Bedeutung, finden sich in den Lageberichten aber auch Angaben zu umweltbezogenen Aspekten und ferner zu reputationsbezogenen Themen.

Anzumerken ist, dass der Begriff der nichtfinanziellen Leistungsindikatoren in 14 den Grundsätzen der Rechnungslegung bis Ende 2012 keine weitergehende Konkretisierung erfahren hatte. Dies änderte sich erst mit der Verabschiedung des Deutschen Rechnungslegungs Standards Nr. 20 (DRS 20 – Konzernlagebericht)

---

17 BT-Drucks. 18/9982, 1.

durch das Deutsche Rechnungslegungs Standards Committee (DRSC) und dessen Bekanntmachung nach § 342 Abs. 2 HGB.[18] Nach DRS 20.105/106 sind die bedeutsamsten nichtfinanziellen Leistungsindikatoren – auf Konzernebene – in die Analyse des Geschäftsverlaufs und der Lage des Konzerns einzubeziehen, soweit sie für das Verständnis des Geschäftsverlaufs und der Lage von Bedeutung sind und sofern sie zur internen Steuerung herangezogen werden. DRS 20.107 benennt in Ausformung der bisherigen HGB-Vorgaben beispielhaft folgende nichtfinanzielle Leistungsindikatoren, also diesbezügliche Faktoren zur Beurteilung von Aspekten der qualitativen oder quantitativen Leistung eines Unternehmens:

- Kundenbelange (Indikatoren zum Kundenstamm, Kundenzufriedenheit etc.),
- Umweltbelange (Emissionswerte, Energieverbrauch etc.),
- Arbeitnehmerbelange (Indikatoren zur Mitarbeiterfluktuation, Mitarbeiterzufriedenheit, Betriebszugehörigkeit, Fortbildungsmaßnahmen etc.),
- Indikatoren zur Forschung und Entwicklung und
- gesellschaftliche Reputation (Indikatoren zum sozialen und kulturellen Engagement, Wahrnehmung gesellschaftlicher Verantwortung etc.).

15 Ganz im Sinne eines sukzessive stärkeren Einbezugs ökologischer und sozialer Aspekte der Geschäftstätigkeit in die Finanzberichterstattung verfolgt auch das DRSC mit der in verschiedener Hinsicht vorgenommenen Angleichung der Regelungen zur nichtfinanziellen Berichterstattung an das klassische finanzielle Reporting die Richtung, der Wertigkeit der nichtfinanziellen Berichterstattung Rechnung zu tragen. In der Praxis indes verfängt dieser Ansatz auch ausweislich von Studien kaum.[19]

16 Letztlich verpflichtete § 289a HGB a. F. (heute § 289f HGB) börsennotierte Aktiengesellschaften und Kommanditgesellschaften auf Aktien sowie andere in der Norm näher bezeichnete emittierende Aktiengesellschaften zur Abgabe einer Erklärung zur Unternehmensführung im Lagebericht oder, unter dortiger Inbezugnahme, auf der Unternehmenshomepage. In die Erklärung zur Unternehmensführung waren bereits nach § 289a Abs. 2 Nr. 2 HGB a. F. (heute § 289f Abs. 2 Nr. 2 HGB) – sehr weich formuliert – „relevante Angaben zu Unternehmensführungspraktiken, die über die gesetzlichen Anforderungen hinaus angewandt werden" aufzunehmen. Auch in diesem Kontext kam damit etwa eine Berichterstattung zu Arbeits- und Sozialbelangen sowie ferner zu ethischen Gesichtspunkten in Betracht. Weitergehend griff § 289a Abs. 2 Nr. 5 HGB a. F. (heute § 289f Abs. 2 Nr. 5 HGB) diversity-bezogen bereits – inhaltlich auf diesen Diversitäts-Aspekt begrenzt – die Vorgaben des Gesetzes für die gleichberechtigte Teilhabe von

---

18 Verabschiedung am 2.11.2012, Bekanntmachung der deutschsprachigen Fassung gem. § 342 Abs. 2 HGB durch das Bundesministerium der Justiz am 4.12.2012.

19 *Lanfermann*, CSR in Berichterstattung und Bilanzrecht, in: Walden/Depping, CSR und Recht, 2015, 115 m. w. N.

Frauen und Männern an Führungspositionen in Unternehmen der Privatwirtschaft und im öffentlichen Dienst vom 24.4.2015 auf.[20]

b) Sog. „Soft Law-Ansätze" als Rahmenwerke für das CSR-Reporting

Die Berichterstattung zahlreicher Unternehmen zu Themen der gesellschaftlichen Verantwortung erfolgte zuvor aus unterschiedlichen Motiven heraus auf freiwilliger Grundlage. Tendenziell engagieren sich eher größere Gesellschaften, doch auch KMU berichten, sei es vor dem Hintergrund spezifischer Situationen im Unternehmen, in Branchen oder generell im Markt. Diese Berichte werden regelmäßig auf der Grundlage internationaler oder nationaler Rahmenwerke erstellt. Als solche kommen ihrer Bedeutung bzw. Verbreitung nach insbesondere der „UN Global Compact",[21] die „OECD Leitsätze für multinationale Unternehmen"[22] und der „Standard G4 der Global Reporting Initiative" bzw. seit dem 1.7.2018 die „GRI Standards"[23] in Betracht; sie werden neben weiteren Standards im Rahmen der Erwägungsgründe zur CSR-Richtlinie als anerkannte Rahmenwerke aufgeführt.[24] In der Begründung zum CSR-RUG findet sich aber exemplarisch auch etwa der „Deutsche Nachhaltigkeitskodex", der zudem ebenfalls seitens der EU-Kommission explizit geschätzt wird.[25]

17

c) Paradigmenwechsel

Vordergründig betrachtet geht es bei der seitens der EU-Kommission angestoßenen Neuausrichtung der Nachhaltigkeitsberichterstattung um eine Abkehr vom bisherigen Freiwilligkeitsgrundsatz. Relevante Teile der deutschen Wirtschaft werden zukünftig entsprechenden Verpflichtungen unterliegen. Das insoweit veränderte Verständnis von der Bedeutung und der Funktion der Corporate Social Responsibility bildet sich bereits grundhaft in der Entwicklung der CSR-Definitionen auf EU-Ebene ab. Verstand man Anfang des neuen Jahrtausends unter CSR noch „ein Konzept, das den Unternehmen als Grundlage dient, auf freiwilliger Basis soziale Belange und Umweltbelange in ihre Unternehmenstätigkeit und in die Wechselbeziehungen mit den Stakeholdern zu integrieren",[26] umschreibt die Europäische Kommission CSR seit 2011 in einem sehr viel breiter angelegten Ansatz als „Verantwortung von Unternehmen für ihre Auswirkungen

18

---

20 BGBl. I 2015, 642.
21 Siehe www.globalcompact.de.
22 Siehe www.oecd.org/berlin/publikationen/oecd-leitsaetze-fuer-multinationale-unternehmen. htm (zuletzt abgerufen am 26.2.2020).
23 Siehe https://www.globalreporting.org/standards/ (zuletzt abgerufen am 25.2.2020).
24 Richtlinie 2014/95/EU, Erwägungsgrund 9.
25 Siehe www.deutscher-nachhaltigkeitskodex.de; BT-Drucks. 18/9982, 46, 52; IP/13/330 vom 16.4.2013; vgl. zur Verwendung von Rahmenwerken zur Berichterstattung Rn. 53 ff.
26 KOM(2001) 366 endg.; GRÜNBUCH Europäische Rahmenbedingungen für die soziale Verantwortung der Unternehmen, Rn. 8, 20.

auf die Gesellschaft".[27] Es geht damit nicht mehr nur um Fragen der Werthaltigkeit des Unternehmens, wie sie bislang im Mittelpunkt des bilanziell ausgerichteten Reportings zu nichtfinanziellen Leistungsindikatoren nach den Vorschriften des HGB standen, sondern weitergehend, so auch nach Maßgabe der Erwägungsgründe zur CSR-Richtlinie, um ein gegenüber der Gesellschaft insgesamt verantwortungsvolles, transparentes und interessengerechtes Geschäftsgebaren.[28]

19   Eine Wertung dieser Veränderung als Paradigmenwechsel liegt nahe,[29] verhaltenssteuernde Elemente der neuen Vorgaben sind deutlich wahrnehmbar und werden ebenfalls in der Begründung zum CSR-RUG hervorgehoben.[30] Eine Verhaltenslenkung erfolgt insoweit, als gegenüber sämtlichen Stakeholdern des Unternehmens – über deutlich präzisere Angaben – Transparenz über die verschiedenen im jeweiligen Kontext relevanten nichtfinanziellen Risikofaktoren und deren Management herzustellen ist. Dieser weite Ansatz erfasst indes nicht nur Risiken im Kontext normativer Vorgaben jeder Art, sondern auch die Einhaltung außerrechtlicher „Standards" – eben soweit ein relevanter „impact" des Unternehmens auf die Gesellschaft gegeben ist.[31] Gegebenenfalls sind demnach rechtlich zulässige, aber aus anderen Gründen etwa ethisch zu hinterfragende Sachverhalte im Rahmen der Geschäftstätigkeit aufzuzeigen – möglicherweise auch nur in einem weiteren Zusammenhang hiermit. Neben Normen konstituieren eben auch Werte die Gesellschaft; eine risikoorientierte Betrachtung im gegebenen Rahmen wird also insgesamt auf Gemeinwohlbezüge ausgerichtet sein bzw. diese zu berücksichtigen haben.

20   Bezogen auf das Diversitätskonzept hat sich letztlich ein modifizierter Adressatenkreis zukünftig auf eine intensivere Art und Weise mit deutlich mehr relevanten Aspekten auseinanderzusetzen.

3. Adressaten der CSR-Berichtspflichten

21   Die Berichtspflichten finden der Richtlinie zufolge Anwendung auf große Unternehmen von öffentlichem Interesse, die unter das Recht eines EU-Mitgliedstaats fallen und im Geschäftsjahr durchschnittlich mehr als 500 Mitarbeiter beschäftigen. Unternehmen oder Gruppen von öffentlichem Interesse sind nach Art. 2 Nr. 1 der EU-Bilanzrichtlinie (RL 2013/34/EU) kapitalmarktorientierte

---

27 KOM(2011) 681 endg.; Mitteilung „Eine neue EU-Strategie (2011–14) für die soziale Verantwortung der Unternehmen; Ziff. 3. Ein modernes Verständnis .... – Ziff. 3.1. Eine neue Definition."

28 Entschließung des Europäischen Parlaments vom 6.2.2013 zur sozialen Verantwortung der Unternehmen: Förderung der Interessen der Gesellschaft und ein Weg zu einem nachhaltigen und integrativen Wiederaufschwung (2012/2097(INI)). Zum neuen Begriffsverständnis ferner *Stehr/Knopp*, Kap. 14, Rn. 11 ff. m. w. N.

29 *Eufinger*, EuZW 2015, 424, 424; *Spießhofer*, NZG 2014, 1281, 1282.

30 BT-Drucks. 18/9982, 26.

31 So auch *Spießhofer*, NZG 2014, 1281, 1282.

Unternehmen, Kreditinstitute und Versicherungsunternehmen. Den Mitgliedstaaten der EU steht weitergehend (wie auch bezogen auf verschiedene andere Aspekte) ein sogenanntes Mitgliedstaatenwahlrecht zu. Im Rahmen der nationalen Umsetzung der Vorgaben können hiernach zusätzliche Unternehmenstypen zu solchen „von öffentlichem Interesse" bestimmt werden; hierfür kommen Gesellschaften in Betracht, die aufgrund der Art ihrer Tätigkeit, ihrer Größe oder der Zahl ihrer Beschäftigten von erheblicher öffentlicher Bedeutung sind. Hiervon hat der deutsche Gesetzgeber jedoch keinen Gebrauch gemacht.

a) Der Adressatenkreis im Rahmen der nichtfinanziellen Erklärung

§ 289b Abs. 1 HGB übernimmt für die nichtfinanzielle Erklärung und die Berichtsvarianten mit Blick auf den Adressatenkreis den Anwendungsbereich der Richtlinie 1:1. Die Norm richtet sich damit zunächst an Kapitalgesellschaften – AG, KGaA, GmbH –, wenn diese „groß" im Sinne des § 267 Abs. 3 Satz 1, Abs. 4 bis 5 HGB sind, kapitalmarktorientiert im Sinne des § 264d HGB sind und im Jahresdurchschnitt mehr als 500 Arbeitnehmer beschäftigen. Diese Kriterien sind darüber hinaus auch entsprechend auf nach anderen, besonderen Vorschriften berichtspflichtige Gesellschaften unterschiedlicher Rechtsformen wie Genossenschaften oder haftungsbeschränkte Personenhandelsgesellschaften anzuwenden.[32]   **22**

Im Rahmen von § 267 Abs. 3 Satz 1 HGB haben große Gesellschaften zwei der drei in der Norm enthaltenen Kriterien zu erfüllen; im gegebenen Kontext bedarf es damit einer Bilanzsumme von über 20 Mio. EUR oder Umsatzerlösen von über 40 Mio. EUR und der – im hier gegebenen Kontext wie aufgezeigt modifizierten und zwingend erforderlichen – Mindestbeschäftigtenanzahl. Sowohl mangels Verweis in § 289b Abs. 1 Satz 1 Nr. 1 HGB auf § 267 Abs. 3 Satz 2 HGB als auch explizit laut der Gesetzesbegründung zum CSR-RUG müssen die Größenkriterien nach § 267 Abs. 3 Satz 1 HGB tatsächlich erfüllt sein, insbesondere die Fiktion des § 267 Abs. 3 Satz 2 HGB dahingehend, dass eine kapitalmarktorientierte Kapitalgesellschaft im Sinne des § 264d HGB stets als „groß" gilt, ist insoweit nicht anwendbar.[33]   **23**

Entsprechendes gilt nach § 315b Abs. 1 Satz 1 HGB für die Unternehmen des Adressatenkreises, die Mutterunternehmen einer großen Gruppe sind. Sofern Tochterunternehmen in einen Konzernabschluss einbezogen werden und das Mutterunternehmen eine „konsolidierte nichtfinanzielle Erklärung", d. h. eine nichtfinanzielle Erklärung im Konzernlagebericht oder einen gesonderten nichtfinanziellen Konzernbericht abgibt, sind die Tochterunternehmen von der Pflicht zur eigenständigen Berichterstattung (nicht aber von den Berichtspflichten betreffend die Diversität in der Erklärung zur Unternehmensführung) nach § 289b Abs. 2 HGB bzw. § 315b Abs. 2 HGB befreit. Eine konzernweite Erklä-   **24**

---

32 BT-Drucks. 18/9982, 44, 60 f.; *Stawinoga/Velte*, DB, 2016, 841, 842; ausführlich siehe unten Rn. 26 ff.
33 BT-Drucks. 18/9982, 44.

rung soll in diesem Fall genügen und den Berichtsaufwand reduzieren. Die Tochterunternehmen haben ihrerseits dann lediglich den Sachverhalt im Rahmen ihres Lageberichts zu erläutern sowie das berichtende Mutterunternehmen und den Ort der Veröffentlichung in deutscher oder englischer Sprache anzugeben. Die durchschnittliche Mitarbeiteranzahl wird bei einem Reporting nur auf Konzernebene auf einer konsolidierten Basis berechnet.

25 Anzumerken ist, dass nach § 289 Abs. 3 HGB alle großen, nicht durch die neuen Vorgaben adressierten Kapitalgesellschaften im Sinne des § 267 Abs. 3 HGB verpflichtet bleiben, nichtfinanzielle Belange wie schon bisher in ihren Lageberichten zu berücksichtigen – was vor dem hier aufgezeigten Hintergrund ggf. mit einer größeren Aufmerksamkeit bzw. Berichtsintensität erfolgen wird.

26 Große Kreditinstitute und Versicherungsunternehmen werden unabhängig von einer Kapitalmarktorientierung unter den im Übrigen gleichen Voraussetzungen wie bei § 289b Abs. 1 HGB über die modifizierten Spezialvorschriften der §§ 340a Abs. 1a Satz 1, 341a Abs. 1a Satz 1 HGB bzw. als Konzerne über §§ 340i Abs. 5 Satz 1, 341j Abs. 4 Satz 1 HGB erfasst. Die Vorgaben gelten in beiden Branchen unabhängig von der konkret gewählten Rechtsform, da der Gesetzgeber einen Wettbewerb über die Rechtsformen verhindern möchte und alle Unternehmen den gleichen bilanzrechtlichen Vorgaben unterliegen sollen.[34]

27 Für Europäische Gesellschaften (SE) sind die CSR-Reportingvorgaben nach Art. 61 der Verordnung (EG) Nr. 2157/2001 des Rates vom 8.10.2001 über das Statut der Europäischen Gesellschaft entsprechend anwendbar.

28 Über den Verweis des § 264a Abs. 1 HGB werden in der deutschen Gesetzessystematik zudem bestimmte kapitalgesellschaftsähnliche Personengesellschaften in den Anwendungsbereich der Vorgaben einbezogen. Namentlich gilt dies für offene Handelsgesellschaften und Kommanditgesellschaften, bei denen ausschließlich Kapitalgesellschaften oder aber neben Kapitalgesellschaften etwa Genossenschaften oder Stiftungen (und eben nicht auch natürliche Personen) persönlich haftende Gesellschafter sind, insbesondere also für die GmbH & Co. KG. Die Abschlusspublizität wird als notwendiger Ausgleich für die Haftungsbeschränkung betrachtet.

29 Gleichermaßen werden Genossenschaften – inklusive Europäischer Genossenschaften (SCE) gemäß Art. 68 VO (EG) 1435/2003 – nach näherer Maßgabe der §§ 336 ff. HGB originär von den neuen Berichtspflichten erfasst (vgl. § 336 Abs. 2 Satz 1 Nr. 2 HGB). Die Rechtsform der Genossenschaft kann in ähnlicher Weise für eine Unternehmenstätigkeit genutzt werden wie Kapitalgesellschaften. Der Gesetzgeber sieht insoweit explizit ein Bedürfnis nach Gleichstellung,

---

34 Für Kreditinstitute: Richtlinie 86/635/EWG vom 8.12.1986 (ABl. L 372 v. 31.12.1986, 1); für Versicherungsunternehmen: Richtlinie 91/674/EWG vom 19.12.1991 (ABl. L 374 v. 31.12.1991, 7); vgl. auch BT-Drucks. 18/9982, 61 f.

weil die Rechtsformwahl nicht durch unterschiedliche Vorgaben des Handelsbilanzrechts beeinflusst werden soll.[35]

Sog. „Kleinstunternehmen", kleinen und mittleren Unternehmen (KMU; in der **30** CSR-Richtlinie in einem von der EU-Empfehlung 2003/361 abweichenden Sinne definiert) sollen der Begründung zur Richtlinie und der Gesetzesbegründung zufolge keine zusätzlichen Anforderungen auferlegt werden.[36] Gleichwohl ist nicht zu verkennen, dass die neuen Berichtsvorgaben mittelbare Auswirkungen auch auf diese Gesellschaften haben werden. Vor dem Hintergrund spezifischer Berichtspflichten der originären Adressaten zu deren Geschäftsbeziehungen, Produkten und Dienstleistungen nach § 289c Abs. 3 Nr. 4 HGB ist mit einer Weitergabe von Berichtspflichten im Rahmen der Vertrags- bzw. Lieferkette auch an KMU zu rechnen. Schon bislang vereinbaren Unternehmen mit Geschäftspartnern vor Compliance- bzw. CSR-Hintergründen die Angabe spezifischer Informationen, um auf dieser Grundlage in der Folge eigenen (Selbst-)Verpflichtungen nachkommen zu können. Gerade größere Gesellschaften dringen mit solchen Anliegen vertraglicher Vereinbarungen aufgrund ihrer Marktposition regelmäßig durch; für KMU bedingt dies Vorgehen dann Mehraufwände. Die Begründung zur CSR-Richtlinie merkt unter Erwägungsgrund 8 an, dass dieser Zusammenhang „nicht zu übermäßigem Verwaltungsaufwand für kleine und mittlere Unternehmen führen" sollte. Die Zielrichtung greift das CSR-RUG ebenfalls auf. In seiner Begründung wird unter Hinweis auf zu vermeidende Belastungen für den deutschen Mittelstand, auf das dem deutschen Bilanzrecht innewohnende System der Abstufung von Berichtsanforderungen nach der Unternehmensgröße und auf Erwartungen der Allgemeinheit eine Ausweitung der Anwendung auf KMU als zumindest derzeit nicht angezeigt gewertet.[37]

b) Die Verpflichteten der Vorgaben zum Diversitätskonzept

Das gesondert in der Erklärung zur Unternehmensführung darzulegende Diver- **31** sitätskonzept ist der CSR-Richtlinie zufolge lediglich von bestimmten großen, namentlich börsennotierten Unternehmen zu erstellen. Entsprechend der Richtlinie gilt bei der Bestimmung der relevanten Größe nach § 289f Abs. 2 Nr. 6 HGB indes – anders als bei der nichtfinanziellen Erklärung – nicht der besondere Schwellenwert von 500 Arbeitnehmern, sondern der bisherige Ansatz von § 267 Abs. 3 Satz 1 und Abs. 4 bis 5 HGB von im Jahresdurchschnitt 250 Arbeitnehmern.

Die auf „Diversity" bezogenen Berichtsvorgaben richten sich gemäß § 289f **32** Abs. 1 und 2 Nr. 6 HGB an – im vorstehenden Sinne definierte – große börsennotierte Aktiengesellschaften und nach § 289f Abs. 3 HGB an Kommanditgesellschaften auf Aktien. Auch Europäische Aktiengesellschaften (SE) sind nach

---

35 BT-Drucks. 18/9982, 60.
36 Richtlinie 2014/95/EU, Erwägungsgründe 8, 13, 14; BT-Drucks. 18/9982, 2, 40, 51.
37 BT-Drucks. 18/9982, 44.

Art. 61 VO (EG) 2157/2001, der Verordnung über das Statut der Europäischen Gesellschaft, erfasst. Ferner finden die Vorgaben Anwendung auf weitere, in § 289f Abs. 1 HGB näher bezeichnete kapitalmarktorientierte Unternehmen. Insoweit geht es um Aktiengesellschaften, die andere Wertpapiere als Aktien, also etwa Schuldverschreibungen, Genussscheine oder Pfandbriefe, zum Handel an einem organisierten Markt zugelassen haben (§ 2 Abs. 11 WpHG) und deren Aktien gleichzeitig über ein multilaterales Handelssystem (§ 2 Abs. 8 Satz 1 Nr. 8 WpHG) gehandelt werden – und zwar vor dem Hintergrund einer ansonsten vorstellbaren Unkenntnis hiervon: auf eigene Veranlassung. Nicht börsennotierte Gesellschaften sind wie auch GmbHs von der diesbezüglichen Berichtspflicht ausgenommen.

33 § 315d HGB regelt – mit Verweis auf § 289f HGB – entsprechende Pflichten für Mutterunternehmen. Große Kreditinstitute und Versicherungsunternehmen im Sinne des § 267 Abs. 3 Satz 1 und Abs. 4 bis 5 HGB unterliegen den Anforderungen nach den Spezialnormen der §§ 340a Abs. 1b HGB bzw. 341a Abs. 1b HGB. Gleiches gilt gemäß §§ 340i Abs. 6, 341j Abs. 5 HGB entsprechend für Mutterunternehmen, die Kreditinstitute oder Versicherungsunternehmen sind.

4. Berichtsanforderungen im Rahmen des CSR-Reportings

a) Berichtsvarianten: Die nichtfinanzielle Erklärung und der gesonderte Bericht

34 Der Lagebericht der von den Berichtspflichten erfassten Unternehmen hat nach den §§ 289b Abs. 1, 289c HGB zukünftig in einem besonderen Abschnitt oder vollständig in den Lagebericht integriert eine sogenannte nichtfinanzielle Erklärung mit Angaben zur Nachhaltigkeit des unternehmerischen Handelns aufzuweisen. Einzelne Mitgliedstaaten können nach der CSR-Richtlinie unter bestimmten Bedingungen einen „gesonderten Bericht" anstelle der nichtfinanziellen Erklärung und damit außerhalb des Lageberichts anerkennen. Der deutsche Gesetzgeber macht von dieser Möglichkeit in § 289b Abs. 3 HGB Gebrauch und eröffnet – im Verhältnis zu den bisherigen handelsrechtlichen Informationspflichten – einen weiteren flexiblen Weg in der Berichterstattung. Nach dieser Norm sind berichtspflichtige Unternehmen von der Angabe einer nichtfinanziellen Erklärung im Lagebericht befreit, wenn ein gesonderter Bericht nach bestimmten Maßgaben erstellt und – spezifisch – veröffentlicht wird. Nach § 289b Abs. 3 HGB kann der gesonderte nichtfinanzielle Bericht als eigenständiger Unternehmensbericht oder als Bestandteil eines anderen Unternehmensberichtes – wiederum als besonderer Abschnitt oder vollständige Integration – verfasst werden. Der gesonderte nichtfinanzielle Bericht hat inhaltlich den Anforderungen an eine nichtfinanzielle Erklärung nach § 289c HGB zu entsprechen; auch die weiteren Rahmenbedingungen der nichtfinanziellen Erklärung gelten in dieser Variante der Berichterstattung (vgl. § 289b Abs. 3 Satz 2 HGB). Er muss sich auf dasselbe Geschäftsjahr beziehen, über das auch anderweitig berichtet wird, und ist entweder gemeinsam mit dem Lagebericht zu ver-öffentlichen oder – was eine gewisse Flexibilität mit sich bringen wird – binnen maximal vier Monaten nach dem Bilanzstichtag auf der Homepage des Unternehmens. In letzterem Falle ist im Lagebericht ein Verweis auf die Homepage-Veröffentlichung vorzusehen. Die Veröffentlichung ist ferner für mindestens 10 Jahre auf der Internetseite aufrechtzuerhalten, um ein hohes Maß an Transparenz für die Stakeholder herzustellen und eine nachhaltige Vergleichbarkeit in der Berichterstattung zu gewährleisten.

Die §§ 315b und 315c HGB regeln die entsprechenden Pflichten auf der Ebene **35** der Mutterunternehmen. Der Konzernlagebericht ist nach näherer Maßgabe dieser Normen um eine nichtfinanzielle Konzernerklärung zu erweitern oder es ist ein gesonderter nichtfinanzieller Konzernbericht zu erstellen. Die Gestaltung und der Inhalt haben der nichtfinanziellen Erklärung bzw. dem gesonderten nichtfinanziellen Bericht zu entsprechen; die §§ 289c ff. HGB finden deshalb entsprechende Anwendung.

Nach der CSR-Richtlinie sind die Mitglieder der Verwaltungs-, Leitungs- und **36** Aufsichtsorgane des Unternehmens entsprechend den nationalen Zuständig-keitsvorschriften für die Erstellung und Veröffentlichung des CSR-Reportings verantwortlich.[38] Entsprechend dem deutschen Gesellschaftsrecht obliegt diese Aufgabe den gesetzlichen Vertretern des Unternehmens, d. h. bei einer AG dem Vorstand.[39]

b) Inhalte, Relevanzmaßstab und Methodik des CSR-Reportings

Inhaltlich hat der Bericht nach der CSR-Richtlinie und nach § 289c Abs. 2 HGB **37** einzugehen „zumindest" auf Umwelt-, Arbeitnehmer- und Sozialbelange, auf die Achtung der Menschenrechte und auf die Bekämpfung von Korruption und Bestechung. Zu jedem dieser Themenfelder benennt die Norm beispielhaft und nicht abschließend spezifische, in der Erklärung grundsätzlich aufzugreifende Gesichtspunkte. Trotz Diskussion im Gesetzgebungsverfahren über die Aufnah-me weiterer Mindestaspekte wie die „Belange von Verbraucherinnen und Ver-brauchern als Vertragspartner" des berichtspflichtigen Unternehmens,[40] konnte sich dies nicht durchsetzen. Die Regelung ist aufgrund der Formulierung „zu-mindest" nicht als abschließende Checkliste zu begreifen, sondern folgt eher einem prinzipienorientierten Ansatz. Unternehmensindividuell ist zu entschei-den, was über die normseitig benannten Belange hinaus für das Geschäftsmodell wesentlich ist; auch über diese wichtigsten sonstigen nichtfinanziellen Aspekte ist zu berichten. Es bleibt berichtspflichtigen Unternehmen daher unbenommen,

---

38 Art. 1 Nr. 4 RL 2014/95/EU zu Art. 33 Abs. 1 RL 2013/34/EU.
39 § 264 Abs. 1 Satz 1, Satz 3 HGB in Verbindung mit § 78 Abs. 1 Satz 1 AktG.
40 Konzept des BMJV vom 27.4.2015 zur Umsetzung der CSR-Richtlinie – Reform des La-geberichts; https://germanwatch.org/de/download/11813.pdf, Ziff. 3; Übersendungsschrei-ben des BMJV vom 11.3.2016 an die Verbände.

über solche, weiteren CSR-Aspekte zu berichten, soweit sie diese als wesentlich betrachten.

38 *Relevant* sind bezogen auf alle berichtspflichtigen CSR-Belange bzw. -Aspekte nur die Informationen, die nach § 289c Abs. 3 HGB für das „Verständnis des Geschäftsverlaufs, des Geschäftsergebnisses, der Lage der Kapitalgesellschaft sowie der Auswirkungen ihrer Tätigkeit ... erforderlich sind". Die Gesetzesbegründung spricht insoweit von einem Wesentlichkeitsvorbehalt; die Wesentlichkeit der Information über ein Risiko ist ein generelles Berichtserfordernis. Der hier anzuwendende Wesentlichkeitsvorbehalt geht jedoch über den des § 289 Abs. 3 HGB hinaus, indem die Angaben zusätzlich für das Verständnis der unternehmensspezifischen Auswirkungen der Geschäftstätigkeit auf nichtfinanzielle Aspekte im Sinne des § 289c Abs. 2 Nr. 1–5 HGB erforderlich sein muss.[41] In erster Linie geht es damit um durch die Geschäftstätigkeit des Unternehmens verursachte spezifische Risiken für die nichtfinanziellen Voraussetzungen bzw. Grundlagen seiner weiteren Geschäftstätigkeit.

39 *Systematisch* gibt bereits Art. 19a Abs. 1a–e der Richtlinie eine sinnvolle, aber nicht verpflichtende Berichtsstruktur vor. Diese wird zunächst von § 289c Abs. 1 und Abs. 3 Nr. 1, Nr. 2 HGB aufgegriffen: Nach einer kurzen Beschreibung des Geschäftsmodells des Unternehmens bedarf es der Darlegung der in Bezug auf die spezifischen nichtfinanziellen Belange bzw. Aspekte nach § 289c Abs. 2 HGB verfolgten Konzepte, einschließlich der angewandten Due-Diligence-Prozesse sowie von Angaben zur Umsetzung der Konzepte („Ergebnisse"). „Konzepte" im Sinne der Richtlinie – die englische Version spricht von „Policies" – sind im gegebenen Kontext als Grundsätze, Strategien oder Vorgehensweisen zu verstehen. Der deutsche Gesetzgeber stellt ab auf Zielsetzungen des Unternehmens, geplante Maßnahmen und deren Unterlegung mit (Due-Diligence-)Prozessen sowie die Einbindung der Geschäftsleitung.[42] Der Begriff der Due Diligence stammt aus dem Bereich der Risikofrüherkennung und steht für mit gebotener Sorgfalt durchgeführte Untersuchungs-, Bewertungs- und Überwachungsverfahren. Spezifische Due-Diligence-Anforderungen mit Blick auf nichtfinanzielle Aspekte fordert indes weder die Richtlinie noch das nationale Umsetzungsgesetz. Explizit geht es nur um „angewandte" Prozesse. Zudem bezieht sich die Gesetzesbegründung auf Verfahren, die bereits im Unternehmen installiert sind, um Sorgfaltspflichten und -obliegenheiten zu identifizieren und zu erfüllen, also auf solche eines bestehenden Risikomanagements bzw. des internen Kontrollsystems. Bezogen auf die Ergebnisse der Konzepte geht es um eine Darlegung der tatsächlichen und wahrnehmbaren Auswirkungen des jeweiligen Konzepts; existieren solche nicht, ist auch dies zu berichten.[43] Weitergehender Erläuterungen über diese Fakten hinaus bedarf es nach den Vorgaben nicht; regelmäßig werden solche Informationen aber sinnvoll sein.

---

41 BT-Drucks. 18/9982, 48 f.; *Kajüter*, DB 2017, 617, 620 f.
42 BT-Drucks. 18/9982, 49.
43 BT-Drucks. 18/9982, 50.

Zu erläutern sind nach § 289c Abs. 3 Nr. 3 HGB darüber hinaus im Zusammen-   **40**
hang mit den jeweiligen Aspekten die wesentlichen Risiken, die *mit der eigenen Geschäftstätigkeit des Unternehmens verknüpft* sind und die sehr wahrscheinlich schwerwiegende negative Auswirkungen auf die genannten Belange bzw. Aspekte haben oder haben werden, sowie die Handhabung dieser Risiken durch das Unternehmen. Der Risikobegriff ist durch ein Wesentlichkeitskriterium eingeschränkt. Im Rahmen der vorzunehmenden Risikobewertung geht es um die Wahrscheinlichkeit des Eintritts schwerwiegender Auswirkungen auf nichtfinanzielle Aspekte, um deren Ausmaß und Intensität. Während die relevante Schwelle nach Maßgabe der Richtlinie bereits bei nur „wahrscheinlich negativen Auswirkungen" überschritten ist, bedarf es in der nationalen Umsetzung deutlich restriktiver „sehr wahrscheinlicher" und „schwerwiegender negativer" Auswirkungen. Anzumerken ist ferner, dass es nicht (mehr) nur um unternehmensbezogene, bilanzielle Risiken geht, sondern auch und gerade um Risiken für nichtfinanzielle Aspekte außerhalb des Unternehmens, also dessen gesellschaftlichen „impact". In Anbetracht dieser hohen Wesentlichkeitsschwelle, überrascht es nicht, dass über diesbezügliche Angaben kaum berichtet wird.[44]

§ 289c Abs. 3 Nr. 4 HGB verlangt – als Spezialregelung zu § 289c Abs. 3 Nr. 3   **41**
HGB – unter den vorstehend erörterten Bedingungen (Wesentlichkeitsvorbehalt, Risikorelevanz) weitergehend Angaben bezogen auf die wesentlichen Risiken, die *mit den Geschäftsbeziehungen des Unternehmens, seinen Produkten und seinen Dienstleistungen verknüpft* sind und deren Handhabung, sofern diese Berichterstattung – explizit – als relevant und verhältnismäßig einzustufen ist. Im Wesentlichen geht es hier um Risiken, auf die das berichtspflichtige Unternehmen nur mittelbar Einfluss ausübt, da sie aus der Sphäre ihrer Geschäftspartner stammen.[45] Die hierin angelegte und vielfach zu erwartende Ausdehnung der Berichtspflichten auf Unternehmen der Vertrags- und Lieferkette begegnete schon im Rahmen des Gesetzgebungsprozesses vielfacher Kritik von Wirtschaftsverbänden.[46] Nicht zu verkennen ist, dass Unternehmen, insbesondere größere und mit einer gewissen Marktmacht ausgestattete, bereits heute Teile ihrer Verantwortung im Zusammenhang mit Compliance- oder auch Nachhaltigkeits-Risiken auf vertraglichem Wege auf ihre Geschäftspartner verlagern. So sehr dieses Bedürfnis nach Absicherung anzuerkennen ist, führt eine solche Handhabung unweigerlich zu spürbaren Aufwänden bei vielen kleinen und mittleren, originär nicht berichtsverpflichteten Unternehmen; dies kommt insbesondere dann in Betracht, wenn diverse Vertragspartner ihnen unterschiedliche Anforderungen stellen. Wegen unterschiedlicher, unternehmensspezifisch ermittelter Berichtsschwerpunkte der Gesetzesadressaten werden oftmals überproportionale Aufwände bei Unternehmen entstehen, die sowohl nach den Begrün-

---

44 PwC, Erstanwendung des CSR-Richtlinie-Umsetzungsgesetzes, Studie zur praktischen Umsetzung im DAX 160, S. 57.
45 BT-Drucks. 18/9982, 50; *Rimmelspacher/Schäfer/Schönberger*, KoR 2017, 225, 228.
46 Vgl. bereits oben Rn. 30 am Ende.

dungen zur CSR-Richtlinie als auch zum CSR-RUG explizit zu vermeiden sind. Die Berichterstattung soll hiernach „nicht zu übermäßigem Verwaltungsaufwand" bei den KMU führen; der originär Berichtsverpflichtete soll die Größenklasse des Geschäftspartners angemessen berücksichtigen und damit Proportionalitätsgesichtspunkten Rechnung tragen. Ungeachtet dessen aber verweist der nationale Gesetzgeber in seinen Erwägungen auch auf das Interesse der Allgemeinheit, vom Normadressaten zu erfahren, ob seinerseits eine Wertschöpfungskette existiert und bis zu welcher Tiefe diesbezüglich nichtfinanzielle Angaben gemacht werden.[47]

42 Entsprechend der CSR-Richtlinie sowie nach § 289c Abs. 3 Nr. 5 HGB bedarf es weitergehend generell der Angabe der für die konkrete Unternehmenstätigkeit wichtigsten nichtfinanziellen Leistungsindikatoren. Hierunter versteht man gemeinhin die im konkreten Kontext anzulegenden (Mess-)Kriterien und wesentlichen Kennzahlen eines Unternehmens, die zur Steuerung des Unternehmens dienen, umweltbezogen etwa den Energie-, Rohstoff- oder Wasserverbrauch. Waren diese Punkte bislang (vgl. § 289 Abs. 3 HGB) nur im Rahmen der Analyse von Geschäftsverlauf und -ergebnis zu betrachten, sind sie nun in ihrer Bedeutung selbstständig und präziser darzustellen. Überschneidungen oder Doppelungen in den Angaben werden sich indes in der gegenwärtigen Gesetzeskonzeption mit Blick auf bereits vorangehende Erläuterungen nicht vollständig vermeiden lassen, jedoch sind Verweise auf bestimmte Stellen des (Konzern-) Lageberichtes nach § 289b Abs. 1 Satz 3, Abs. 3 Satz 2 bzw. § 315b Abs. 1 Satz 3, Abs. 3 Satz 2 HGB zulässig. Gefordert ist ein gesamthafter Überblick aller unternehmensspezifisch wichtigsten nichtfinanziellen Leistungsindikatoren, aus welchem Bereich auch immer sie stammen. Es erscheint empfehlenswert, weil zweckmäßig, die entsprechenden Darlegungen im Rahmen der nichtfinanziellen Erklärung vorzuziehen und die Leistungsindikatoren unmittelbar anschließend an die Erläuterungen zum Konzept im Rahmen des jeweiligen Belangs darzustellen. Ausweislich der Gesetzesbegründung ist die Reihenfolge der Angaben im Rahmen der Erklärung nach § 289c Abs. 3 HGB nicht zwingend an der gesetzlichen Abfolge der Berichtspunkte zu orientieren; diese sei nicht als Festlegung einer Priorität zu verstehen. Sie kann daher insbesondere unternehmensspezifischen Bedürfnissen folgen.[48]

43 Die unverbindliche Leitlinie der EU-Kommission ist eine Orientierungshilfe zur Methodik der Berichterstattung – insbesondere zu den Grundsätzen der ordnungsgemäßen Lageberichterstattung sowie Ausführungen zum Inhalt der Angaben nach § 289c Abs. 3 HGB – und enthält Beispiele zu wichtigen nichtfinanziellen Leistungsindikatoren.[49] Im Hinblick auf Umweltbelange ist das

---

47 BT-Drucks. 18/9982, 51; siehe auch gleichlautende Berichtsanforderungen zu den DNK-Kriterien 4 und 17: Rat für Nachhaltige Entwicklung, Der Deutsche Nachhaltigkeitskodex, „Texte Nr. 47", 2015.

48 BT-Drucks. 18/9982, 48.

49 ABl. 2017 C 215/01 v. 5.7.2017.

ausführliche update der Leitlinie, das sich explizit auf die „klimabezogene Berichterstattung" bezieht, eine gute Hilfestellung bei der Erstellung des CSR-Berichtes.[50]

Nur soweit für das Verständnis der nichtfinanziellen Erklärung im Zusammen- **44** hang mit dem Jahresabschluss erforderlich, sind schließlich nach § 289c Abs. 3 Nr. 6 HGB Hinweise auf einzelne im Jahresabschluss ausgewiesene Beträge und weitere diesbezügliche Erläuterungen zu geben. Auch wenn die EU-Kommission sich erklärtermaßen – und ähnlich wie der Gesetzgeber – (noch) von einer sogenannten integrierten Berichterstattung distanziert und diesen Ansatz lediglich „mit großem Interesse verfolgt", ergibt sich durch Verknüpfungen nichtfinanzieller Informationen mit im Jahresabschluss ausgewiesenen Beträgen eine gewisse einfache Form des „Integrated Reportings", also einer durchgängigen Verbindung der Finanzdaten eines Unternehmens mit den nichtfinanziellen Informationen.[51]

c) Muster: Struktur und Ansätze zur Gestaltung des CSR-Reportings

Die nichtfinanzielle Erklärung im Lagebericht kann inhaltlich bzw. strukturell **45** wie folgt konzipiert werden. Die Reihenfolge der Behandlung der verschiedenen in § 289c Abs. 2 HGB genannten nichtfinanziellen Aspekte ist der Gesetzesbegründung zufolge nicht zwingend. Letztlich kommt es nur darauf an, sich konkret mit jedem Belang nach näherer Maßgabe des § 289c Abs. 3 HGB auseinanderzusetzen. Auch einer Orientierung an anerkannten Rahmenwerken bedarf es nicht (vgl. § 289d HGB, der nur eine solche Möglichkeit eröffnet).

Hervorzuheben ist ferner, dass die Angaben zum Diversitätskonzept im Hinblick **46** auf das vertretungsberechtigte Organ und den Aufsichtsrat nach § 289f Abs. 2 Nr. 6 HGB zukünftig gesondert in der Erklärung zur Unternehmensführung zu erfolgen haben – und damit außerhalb der nichtfinanziellen Erklärung.[52]

Das CSR-Reporting – Aufbau und Bestandteile: **47**

– **Darstellung des Geschäftsmodells der Gesellschaft** (kurze Beschreibung)
– **Angaben zu Umweltbelangen,** „insbesondere, wenn angebracht" zu: Treibhausgasemissionen, Wasserverbrauch, Luftverschmutzung, Nutzung erneuerbarer und nicht erneuerbarer Energien, Schutz biologischer Vielfalt
  – weitere Angaben, sofern unternehmensspezifisch relevant (Themenbeispiele: Abfallmanagement, Energieeinsatz und -effizienz, Finanzanlagen, Gesundheitsaspekte, Klimaschutz, Produkte, Rohstoff- und Materialverbrauch, Sicherheit)

---

50 ABl. 2019 C 209/01 v. 20.6.2019.
51 Überblicke zum Integrated Reporting: *Lanfermann*, in: Walden/Depping, CSR und Recht, 2015, 111.
52 Vgl. die diesbezüglichen Erläuterungen unter Rn. 56 f.

– Konzept („policy": Grundsätze, Strategien oder Vorgehensweisen) im Umgang mit dem Themenfeld, einschließlich angewandter Due-Diligence-Prozesse

– Wichtigste nichtfinanzielle Leistungsindikatoren (zweckmäßigerweise im Kontext der Darstellung des jeweiligen Belangs und des Konzepts aufzunehmen; ausweislich der Gesetzesbegründung ist die Reihenfolge der Angaben in § 289c Abs. 3 HGB nicht zwingend; die Bearbeitung kann sich etwa an unternehmensspezifischen Bedürfnissen orientieren)

– Ergebnisse des Konzepts (Umsetzung in der Praxis, Funktionsfähigkeit etc.)

– Wesentliche Risiken der Geschäftstätigkeit des Unternehmens mit potenziell negativen Auswirkungen im Zusammenhang mit Umweltbelangen sowie Umgang mit diesen Risiken; sofern relevant und angemessen auch explizit bezogen auf
  – die Geschäftsbeziehungen des Unternehmens, „einschließlich seiner Lieferkette und seiner Kette von Subunternehmern"[53] sowie Abnehmer der Produkte und Dienstleistungen[54]
  – seine Produkte und
  – seine Dienstleistungen

– Soweit für das Verständnis der nichtfinanziellen Erklärung erforderlich: Inbezugnahme im Jahresabschluss ausgewiesener Beträge und diesbezügliche Erläuterungen

48   – **Angaben zu Arbeitnehmerbelangen** (ggf. wegen inhaltlicher Überschneidungen gemeinsam mit dem Themenfeld Sozialbelange zu bearbeiten), „insbesondere, wenn angebracht" zu: Gewährleistung der Geschlechtergleichstellung, Arbeitsbedingungen, Achtung der Rechte der Arbeitnehmerinnen und Arbeitnehmer sowie der Gewerkschaften, Gesundheitsschutz, Arbeitssicherheit – weitere Angaben, sofern unternehmensspezifisch relevant (Themenbeispiele: Aufwendungen für Aus- und Weiterbildung, Ausfallzeiten, Berufskrankheiten, betriebliche Sozialleistungen)

– Konzept (wie vorstehend), einschließlich angewandter Due-Diligence-Prozesse

– Wichtigste nichtfinanzielle Leistungsindikatoren (wie vorstehend)

– Ergebnisse des Konzepts (wie vorstehend)

– Wesentliche Risiken (wie vorstehend)

– Soweit für das Verständnis der nichtfinanziellen Erklärung erforderlich: Inbezugnahme im Jahresabschluss ausgewiesener Beträge und diesbezügliche Erläuterungen

---

53 Richtlinie 2014/95/EU, Erwägungsgrund 8; BT-Drucks. 18/9982, 51.
54 ABl. 2019 C 209/01 v. 20.6.2019, 5.

– **Angaben zu Sozialbelangen** (ggf. wegen inhaltlicher Überschneidungen   49
gemeinsam mit dem Themenfeld Arbeitnehmerbelange zu bearbeiten),
„insbesondere, wenn angebracht" zu: Dialog auf kommunaler oder regionaler Ebene, Schutz und Entwicklung lokaler Gemeinschaften – weitere
Angaben, sofern unternehmensspezifisch relevant (Themenbeispiele:
Beiträge zum Gemeinwesen – „Corporate Citizenship", Beziehungen zur
Gemeinde, Sozialstandards bei Dienstleistern)
    – Konzept (wie vorstehend), einschließlich angewandter Due-Diligence-
      Prozesse
    – Wichtigste nichtfinanzielle Leistungsindikatoren (wie vorstehend)
    – Ergebnisse des Konzepts (wie vorstehend)
    – Wesentliche Risiken (wie vorstehend)
    – Soweit für das Verständnis der nichtfinanziellen Erklärung erforderlich:
      Inbezugnahme im Jahresabschluss ausgewiesener Beträge und diesbe-
      zügliche Erläuterungen
– **Angaben zur Achtung der Menschenrechte**, „insbesondere, wenn ange-   50
bracht" zur Verhinderung von Menschenrechtsverletzungen (Themenbeispiele: Akzeptanz internationaler Standards, Maßnahmen zur Verhinderung von Zwangs- oder Kinderarbeit oder von Formen der Ausbeutung)
    – Konzept (wie vorstehend), einschließlich angewandter Due-Diligence-
      Prozesse
    – Wichtigste nichtfinanzielle Leistungsindikatoren (wie vorstehend)
    – Ergebnisse des Konzepts (wie vorstehend)
    – Wesentliche Risiken (wie vorstehend)
    – Soweit für das Verständnis der nichtfinanziellen Erklärung erforderlich:
      Inbezugnahme im Jahresabschluss ausgewiesener Beträge und diesbe-
      zügliche Erläuterungen
– **Angaben zur Bekämpfung von Korruption und Bestechung**, „insbe-   51
sondere, wenn angebracht" zu bestehenden Instrumenten zur Bekämpfung
von Korruption und Bestechung (Themenbeispiele: fraud-spezifisches
Compliance Management-System, Gefährdungsanalyse, spezifisches
Risk Assessment, Hinweisgebersystem, integritätsfördernde Unterneh-
menskultur, Richtlinien für Geschenke und Einladungen, Rolle des
Managements, Schulungen)
    – Konzept (wie vorstehend), einschließlich angewandter Due-Diligence-
      Prozesse
    – Wichtigste nichtfinanzielle Leistungsindikatoren (wie vorstehend)
    – Ergebnisse des Konzepts (wie vorstehend)
    – Wesentliche Risiken (wie vorstehend)
    – Soweit für das Verständnis der nichtfinanziellen Erklärung erforderlich:
      Inbezugnahme im Jahresabschluss ausgewiesener Beträge und diesbe-
      zügliche Erläuterungen

52 – **Darstellung der wichtigsten sonstigen** (vgl. § 289c Abs. 2 Satz 1 HGB: „zumindest") **nichtfinanziellen Aspekte**, die für die Geschäftstätigkeit des Unternehmens von Bedeutung sind (Themenbeispiele: Entwicklung und Forschung, Prozessmanagement, Kundenbelange (z.B. Kundenorientierung (allg.), Einhaltung Verbraucherschutzvorgaben, Datenschutz, Kundenansprache und Werbung, Kundengesundheit und -sicherheit, Beschwerdemanagement), Produktsicherheit, Reputation)
  – Konzept(e) (wie vorstehend), einschließlich angewandter Due-Diligence-Prozesse
  – Wichtigste nichtfinanzielle Leistungsindikatoren (wie vorstehend)
  – Ergebnisse des(r) Konzept(s)e (wie vorstehend)
  – Wesentliche Risiken (wie vorstehend)
  – Soweit für das Verständnis der nichtfinanziellen Erklärung erforderlich: Inbezugnahme im Jahresabschluss ausgewiesener Beträge und diesbezügliche Erläuterungen

d) Die Möglichkeit der Verwendung von Rahmenwerken

53 § 289d HGB ermöglicht die Verwendung geeigneter nationaler, europäischer oder internationaler Standards. Hierdurch werden entsprechend der Genesis und der Zielsetzung der CSR-Richtlinie breit angelegte Gestaltungsmöglichkeiten eröffnet, jedoch zulasten des Ziels der Vergleichbarkeit der CSR-Berichterstattung. In Erwägungsgrund 9 der Richtlinie werden als anerkannte Rahmenwerke im Sinne dieser Vorgehensweise exemplarisch das Umweltmanagement- und -betriebsprüfungssystem (EMAS), der UN-Global Compact, die UN Leitprinzipien für Wirtschaft und Menschenrechte, die Leitlinie ISO 26.000 „Guidance on Social Responsibility" der Internationalen Organisation für Normung, die Dreigliedrige Grundsatzerklärung der Internationalen Arbeitsorganisation zu multinationalen Unternehmen und zur Sozialpolitik, die OECD-Leitlinien für multinationale Unternehmen oder die Richtlinie der Global Reporting Initiative (GRI) genannt.[55]

54 Darüber hinaus empfiehlt sich – auch nach der Begründung zum CSR-RUG[56] – eine Berichterstattung nach dem Deutschen Nachhaltigkeitskodex (DNK) des Rates für Nachhaltige Entwicklung (RNE),[57] der inhaltlich an den Prinzipien der vorgenannten Standards ausgerichtet ist. Die EU-Kommission hat den DNK ebenfalls ausdrücklich als einen zur CSR-Berichterstattung geeigneten Berichterstattungsstandard bezeichnet.[58] Das Berichtsinstrumentarium des DNK orientiert sich an den Standards der GRI und des europäischen Analystenverbandes

---

55 Vgl. www.unglobalcompact.org; www.iso.org; www.oecd.org; www.globalreporting.org.
56 BT-Drucks. 18/9982, 46, 52.
57 Rat für Nachhaltige Entwicklung, Der Deutsche Nachhaltigkeitskodex, „Texte Nr. 47", 2015.
58 IP/13/330 vom 16.4.2013.

EFFAS und ist damit insbesondere auch für Finanzanalysten und Investoren interessant. Der DNK ist gut strukturiert und wird seinem Anspruch gerecht, den deutschen Unternehmen angesichts der Vielzahl der einschlägigen Rahmenwerke Orientierung zu geben: Er eignet sich sowohl für „Neueinsteiger" zur Erschließung der Materie als auch für „Fortgeschrittene".[59] Der RNE verweist mit Blick auf die Kompatibilität des DNK mit der CSR-Richtlinie auf ein von ihm eigens eingeholtes Gutachten.[60]

Das berichtspflichtige Unternehmen hat nach § 289d Satz 2 HGB in der nichtfi-   **55**
nanziellen Erklärung anzugeben, welche(s) Rahmenwerk(e) es verwendet hat oder – sofern kein Rahmenwerk verwendet wurde – eine diesbezügliche Begründung. Ein Reporting nach Maßgabe von § 289d HGB „unter Anlehnung an oder unter Verwendung" von Rahmenwerken setzt dem Wortlaut nach lediglich ein gewisses Maß an Orientierung an den entsprechenden Vorgaben voraus. Ein Rahmenwerk kann daher nur teilweise verwendet werden oder mehrere Rahmenwerke können kombiniert werden, soweit diesbezüglich eine deutliche Kennzeichnung erfolgt.[61] Der Gesetzesbegründung zufolge ist dem Gesetzgeber bewusst, dass manche der in Betracht zu ziehenden Standards nur Teilaspekte der inhaltlichen Mindestanforderungen abdecken. Die Normadressaten werden vor diesem Hintergrund explizit in die Verantwortung genommen, alle gesetzlich geforderten Berichtselemente auch im Rahmen dieses Berichtsansatzes abzudecken.[62] Die Konkretisierungen in § 289c Abs. 2 HGB zu den einzelnen Belangen bzw. Themenfeldern haben demnach explizit auch den Zweck, im gegebenen Kontext eine Vergleichbarkeit der Berichterstattung zu gewährleisten. Hilfreich für den Berichtsersteller sind insoweit Begutachtungen, wie sie beispielsweise der RNE mit Blick auf die Kompatibilität des DNK mit den CSR-Vorgaben hat vornehmen lassen.

5. Ein Spezifikum: Das Diversitätskonzept

Das gesondert in der Erklärung zur Unternehmensführung darzustellende Diver-   **56**
sitätskonzept hat nach § 289f Abs. 2 Nr. 6 HGB weitergehende Erläuterungen im Hinblick auf die Zusammensetzung des vertretungsberechtigten Organs und des Aufsichtsrats aufzuweisen.[63] Als relevante Aspekte betrachtet der Gesetzgeber exemplarisch das Alter und das Geschlecht sowie den Bildungs- und Berufshintergrund der Organmitglieder; aber auch die geografische Herkunft, Internationalität, Sachkenntnis in einschlägigen Nachhaltigkeitsfragen, Arbeitnehmervertretung und sozioökonomischer Hintergrund etwa mögen im gegebenen Kontext

---

59 Ausführlicher hierzu: *Beisheim*, in: FS Stilz, 2014, 55 ff.
60 Siehe https://www.nachhaltigkeitsrat.de/aktuelles/mit-dem-dnk-die-neue-crs-berichtspflicht
    -erfuellen/ (zuletzt abgerufen am 29.7.2020).
61 BT-Drucks. 18/9982, 49; *Kajüter*, DB 2017, 617, 623; *Winkeljohann/Schäfer*, in: BeckBilKo,
    § 289d HGB Rn. 2.
62 BT-Drucks. 18/9982, 46, 49, 52; *Kajüter*, DB 2017, 617, 623; *Klene*, WM 2018, 308, 313.
63 Zum Adressatenkreis siehe oben Rn. 31 ff., zum Prüfungsumfang siehe unten Rn. 68.

– je nach geografischer Präsenz und Wirtschaftszweig eines Unternehmens – besondere Bedeutung erlangen.[64]

57 Methodisch sollte die Beschreibung des Diversitätskonzepts die angewandten Diversitätsaspekte und eine Begründung, warum gerade diese speziellen Aspekte ausgewählt wurden, enthalten. Die anzugebenden Ziele des Diversitätskonzepts sollten zur besseren Vergleichbarkeit messbar sein, sodass sich quantitative Ziele sowie die Angabe des zeitlichen Umsetzungshorizonts empfehlen. Die Erläuterungen zur Art und Weise der Umsetzung des Diversitätskonzepts sollten vor allem umfassen, inwiefern die Ziele des Diversitätskonzepts im Rahmen der Nachfolgeplanung sowie der Auswahl, Ernennung und Bewertung des Vertretungs- und Aufsichtsorgans Berücksichtigung finden und inwiefern Ausschüsse der entsprechenden Organe hierbei involviert werden. Zudem sollte der Stand der Umsetzung sowie die im Geschäftsjahr erreichten Ergebnisse des Diversitätskonzepts erläutert werden. Auch die Nichterreichung von Diversitätszielen ist hier mitzuteilen, inklusive eines Konzepts zur Zielerreichung mit entsprechendem Umsetzungshorizont.[65] Mit der dadurch gewährleisteten präziseren und tiefergehenden Berichterstattung zu Diversity-Themen verfolgt die Regulierung das Ziel, bezogen auf den Sachverstand und die Auffassungen der Organvertreter eine größere Vielfalt und ein besseres Verständnis der geschäftlichen und organisatorischen Angelegenheiten zu erreichen.[66] Es geht insbesondere um ein Mehr an konstruktiven und innovativen Ansätzen und um die Verhinderung von „Gruppendenken." Existiert kein solches Diversitätskonzept, ist dies nach dem in § 289f Abs. 5 HGB kodifizierten, vom Gesetzgeber intendierten „Comply-or-Explain"-Prinzips in der Erklärung auszuführen – wobei es sich jedoch nicht um einen echten „Comply-or-Explain"-Grundsatz handelt".[67]

6. Nichtangaben, unrichtige Angaben und ihre Folgen

58 Vorstellbar ist, dass ein relevantes Unternehmen zu einem Themenfeld über kein einschlägiges Konzept verfügt und deshalb insoweit keine Angaben vorzunehmen vermag. Weitergehend könnte die nichtfinanzielle Erklärung, der gesonderte Bericht oder das Diversitätskonzept in Gänze fehlen oder ganz oder in Teilen unwahr bzw. unrichtig sein.

a) Der „Comply or Explain"-Grundsatz

59 Die Richtlinie und § 289c Abs. 4 HGB verlangen grundsätzlich eine Bearbeitung aller vorgegebenen Themen, zumindest Angaben hinsichtlich der jeweils verfolgten Konzepte. Sind im Einzelfall oder generell keine Angaben zu Konzepten möglich, bedarf es einer eindeutigen und nachvollziehbaren Begründung im

---

64 ABl. 2017 C 2015/01 v. 5.7.2017, 19.
65 ABl. 2017 C 2015/01 v. 5.7.2017, 19.
66 Richtlinie 2014/95/EU, Erwägungsgrund 18.
67 Siehe unten Rn. 61, die dortigen Ausführungen gelten hier entsprechend.

Wege einer zusätzlichen Erläuterung, warum konkret keine spezifische Darstellung möglich ist – eine schlichte „Fehlanzeige" genügt also nicht. Jedoch muss nur das Fehlen eines gesamten Konzepts, nicht das Fehlen einzelner Konzeptteile – wie z. B. ein Due-Diligence-Prozess – begründet werden.[68] § 289c Abs. 4 HGB soll nach der Richtlinie und der Gesetzesbegründung damit den sog. „Comply or Explain-Ansatz" verfolgen, um ein hohes Maß an Transparenz zu gewährleisten, wie er sich ausweislich der Begründung zum CSR-RUG bereits im Rahmen der Corporate-Governance-Erklärung nach § 161 AktG bewährt hat.[69] Bedenkt man, aus welchem CSR-Verständnis heraus und mit welchen Zielsetzungen man die Normen auf EU-Ebene und national in die Umsetzung gebracht hat,[70] werden die verhaltenssteuernden Elemente dieses Ansatzes deutlich sichtbar. Es geht eben nicht nur um unternehmensinterne Risikomanagementansätze, sondern insgesamt um negativ wahrgenommene Auswirkungen des Unternehmens auf die Gesellschaft. Allen Stakeholdern – etwa Investoren, Kunden, Mitarbeitern und insbesondere auch der Öffentlichkeit gegenüber – soll Rechenschaft abgelegt werden über die nachhaltigkeitsbezogene Aufstellung des Unternehmens und ggf. verbundener Einheiten, über die der Geschäftstätigkeit inhärenten spezifischen Risiken und den unternehmensseitig vorgesehenen Umgang mit ihnen. Durch Herstellung angemessener Transparenz soll sichtbar werden, ob der Berichtersteller seiner gesellschaftlichen Verantwortung gerecht wird, in seinem Auftritt glaubwürdig erscheint und das Vertrauen der Stakeholder zu Recht in Anspruch nimmt. Glaubwürdigkeit und Vertrauen sind neben Zuverlässigkeit und Verantwortung wesentliche Grundlagen für eine gute Reputation des Unternehmens.

Andererseits hebt die Gesetzesbegründung die grundsätzliche Eigenverantwortung des Unternehmens bzw. seiner Organmitglieder im Umgang mit nichtfinanziellen Informationen hervor: Eine Anpassung bestehender Konzepte allein für Zwecke der Berichterstattung sei nicht intendiert. Das Unternehmen müsse selbst entscheiden, wie es mit nichtfinanziellen Themen umgehen möchte.[71] **60**

Tatsächlich enthält § 289c Abs. 4 HGB jedoch keinen echten „Comply-or-Explain"-Grundsatz. Der echte „Comply-or-Explain"-Grundsatz setzt untergesetzliche Verhaltensvorgaben voraus, die erklärtermaßen befolgt werden oder deren Nichtbefolgung zu begründen ist.[72] Mangels einheitlichem, kodifiziertem Standard für CSR-Themen in Unternehmen oder gar einer „best practice" existiert kein diesbezüglicher Referenzstandard.[73] Auch § 289c HGB selbst setzt keinen CSR-Standard, sondern kodifiziert lediglich eine Berichtpflicht.[74] **61**

---

68 BT-Drucks. 18/9982, 49, 52.
69 BT-Drucks. 18/9982, 52.
70 Siehe oben Rn. 8 ff.
71 BT-Drucks. 18/9982, 49.
72 *Leyens*, ZEuP 2016, 388, 389.
73 *Nietsch*, NZG 2016, 1330, 1333; *Mock*, ZIP 2017, 1195, 1198.
74 *Bachmann*, ZGR 2018, 231, 232 f.

b) Ein Sonderfall: Das (vorübergehende) Weglassen nachteiliger Angaben

62 Mit Blick auf einen Sonderfall vorübergehenden Geheimhaltungsbedarfs besteht nach der Richtlinie ein sogenanntes Mitgliedstaatenwahlrecht, das auch in Deutschland seine Anwendung findet: Einzelne EU-Länder können im Rahmen der nationalen Umsetzung Nichtangaben in begründeten Fällen ausnahmsweise dann und unter weiteren Bedingungen zulassen, wenn über Entwicklungen oder Belange Verhandlungen geführt werden und die Veröffentlichung diesbezüglicher Informationen dem Unternehmen „ernsthaft schaden würde".[75] Der deutsche Gesetzgeber greift diese Regelung in § 289e HGB auf. Die spezifische Berichtspflicht entfällt hiernach, wenn im Zusammenhang mit einem Themenfeld zukunftsgerichtet Gespräche mit Dritten geführt werden und diesbezügliche Angaben gegenüber der Öffentlichkeit „nach vernünftiger kaufmännischer Beurteilung" geeignet sind, dem Unternehmen einen erheblichen Nachteil zuzufügen. Stets bedarf es zudem einer Bewertung dahingehend, ob das Weglassen der Angaben noch ein ausgewogenes (Gesamt-)Verständnis des Geschäftsverlaufs und -ergebnisses, der Lage der Gesellschaft und ihrer Tätigkeitsauswirkungen erlaubt (sog. „True and Fair View-Prinzip"). Im Kern ist hinsichtlich der betroffenen Angaben eine Interessenabwägung zwischen dem unternehmerischen Geheimhaltungsinteresse und dem Offenbarungsinteresse der Adressaten der CSR-Berichterstattung durch die Geschäftsleitung des Unternehmens durchzuführen.

63 Das Unternehmen kann sich hiernach nur in extremen Ausnahmefällen auf die Regelung berufen. Ohnedies besteht in der vorgesehenen Gestaltung ein sogenanntes Unternehmenswahlrecht, da es der Gesellschaft grundsätzlich freisteht, sich trotz bestehender bzw. als bestehend angenommener Berichtshindernisse überobligatorisch zu erklären. Nimmt das Unternehmen die Befreiungsmöglichkeit aber in Anspruch, hat es die Angaben im Rahmen des nächsten zu erstellenden Reportings nachzuholen (sog. „Nachholpflicht"). Ein willkürliches Absehen vom Reporting soll verhindert werden, die Transparenz und Vergleichbarkeit der Informationslage soll zumindest im Nachhinein sichergestellt sein.[76]

c) Prüfungen

64 Art. 19a Abs. 5, 29a Abs. 5 und 34 Abs. 3 der CSR-Richtlinie fordern von den Mitgliedstaaten die Sicherstellung einer Überprüfung durch den Abschlussprüfer oder „die Prüfungsgesellschaft" lediglich dahingehend, ob die nichtfinanzielle Erklärung oder der gesonderte Bericht vorgelegt wurde. Dies wurde vom deutschen Gesetzgeber in § 317 Abs. 2 Satz 4 HGB umgesetzt. Die Abschlussprüfung erfasst grundsätzlich nur den Aspekt des Vorliegens der Erklärung bzw. des Berichts („ob"). Im Falle eines nach § 289b Abs. 3 HGB möglichen, zeitlich verzögerten, gesonderten Berichts ist eine ergänzende Prüfung vorgesehen – un-

---

75 Richtlinie 2014/95/EU, Art. 19a Abs. 1 Unterabs. 4.
76 BT-Drucks. 18/11450, 44; BT-Drucks. 18/9982, 53.

ter entsprechender Ergänzung auch des Bestätigungsvermerks nach § 316 Abs. 3 Satz 2 HGB.

Das Mitgliedstaatenwahlrecht nach Art. 19a Abs. 6, 29a Abs. 6 der CSR-Richt- **65** linie hinsichtlich einer verpflichtenden inhaltlichen Überprüfung durch einen „unabhängigen Erbringer von Bestätigungsleistungen" hat der deutsche Gesetzgeber in Anbetracht des Erfüllungsaufwands nicht ausgeübt.[77] Berichtspflichtige Unternehmen – explizit dem Aufsichtsrat nach § 111 Abs. 2 Satz 4 AktG – steht es jedoch frei, eine freiwillige externe Prüfung durchführen zu lassen. Daran anknüpfend verlangen § 289b Abs. 4 bzw. § 315b Abs. 4 HGB für ab dem 1.1.2019 beginnende Geschäftsjahre die Veröffentlichung der Beurteilung des Prüfungsergebnisses in gleicher Weise wie das Reporting als solches. Die Allgemeinheit soll erkennen können, in welchem Umfang die Informationen geprüft wurden. Beauftragt das Unternehmen keine freiwillige inhaltliche Prüfung, ist dies hingegen nicht mitzuteilen. Als Prüfer kommen ein „unabhängiger Erbringer von Bestätigungsleistungen", etwa Zertifizierungen anbietende NGOs, „ein Abschlussprüfer" oder ein anderer Sachverständiger in Betracht.

Hervorzuheben ist ferner eine Erweiterung der Prüfungspflichten des Aufsichts- **66** rats.[78] Der Aufsichtsrat hat im Rahmen seiner Verantwortung sicherzustellen, dass die vorstandsseitige Rechnungslegung – und damit also auch die Anforderungen im Rahmen des nichtfinanziellen Reportings – den gesetzlichen Anforderungen entspricht. Nach § 170 Abs. 1 AktG bedarf es deshalb der unverzüglichen Vorlage des gesonderten nichtfinanziellen Berichts nach § 289b HGB bzw. des entsprechenden Konzernberichts nach § 315b HGB an ihn; die Prüfungsverpflichtung seitens des Aufsichtsrats regelt § 171 Abs. 1 Satz 4 AktG. Die nichtfinanzielle Erklärung als solche wird bereits per se als Teil des Lageberichts bzw. des Konzernlageberichts von § 171 Abs. 1 Satz 1 HGB erfasst. Jedoch ist umstritten, welchen Prüfungsumfang der Aufsichtsrat hinsichtlich der Recht- und Ordnungsmäßigkeit des CSR-Reportings anzuwenden hat[79]: Gleicher Prüfungsumfang wie im Rahmen der sonstigen Rechnungslegung,[80] „Plausibilitätskontrolle"[81] oder Ermessen hinsichtlich des eigenen Prüfungsumfangs.[82] Vor dem Hintergrund der bestehenden Rechtsunsicherheiten überrascht es nicht, dass Aufsichtsräte – auch zu ihrer eigenen Absicherung – überwiegend eine externe inhaltliche Prüfung des CSR-Reportings in Auftrag geben.[83]

---

77 BT-Drucks. 18/9982, 31; *Velte*, IRZ 2017, 325, 326.
78 Zu Rolle und Aufgaben des Aufsichtsrats im Rahmen des Compliance Managements siehe *Leupolt*, Kap. 17, Compliance Management im Unternehmen, 1. Aufl. 2017.
79 Hierzu insgesamt ausführlich *Velte*, AG 2018, 266, 269 ff.
80 IDW Positionspapier, Zukunft der Berichterstattung, Nachhaltigkeit,14.6.2017, S. 7; *Mock*, ZIP 2017,1195, 1201; *Klene*, WM 2018, 308, 313.
81 Ausführlich m. w. N. *Koch*, in: Hüffer/Koch AktG § 171 Rn. 8a; *Hennrichs/Pöschke*, NZG 2017, 121, 124 ff.; *Hirte*, BT-Plenarprotokoll 18/221, 22258.
82 BT-Drucks. 18/11450, 47.
83 Global Compact Netzwerk Deutschland/econsense, Neuer Impuls für die Berichterstattung zu Nachhaltigkeit? – Studie zur Umsetzung des deutschen CSR-Richtlinie-Umsetzungsge-

67 Sofern eine GmbH über einen Aufsichtsrat verfügt, bestehen entsprechende Pflichten über § 52 Abs. 1 GmbHG; für Genossenschaften gilt § 38 Abs. 1 Satz 5, Abs. 1b GenG.

68 Entsprechende Prüfanforderungen bestehen im Übrigen mit Blick auf das Diversitätskonzept nach § 289f Abs. 2, Abs. 5 HGB bzw. konzernbezogen nach § 315d HGB. Auch hier erfolgt die Prüfung nach § 317 Abs. 2 Satz 6 HGB lediglich eingeschränkt dahingehend, ob die Angaben gemacht wurden, nicht aber in inhaltlicher Hinsicht. Die Möglichkeit zur Beauftragung einer freiwilligen externen Prüfung der Erklärung zur Unternehmensführung ist zwar nicht explizit in § 111 AktG enthalten, kann aber als von der allgemeinen Ermächtigung in § 111 Abs. 2 Satz 2 AktG umfasst angesehen werden.[84] Hingegen besteht hier – im Gegensatz zum nichtfinanziellen Reporting[85] – keine gesetzliche Pflicht zur Veröffentlichung der Beurteilung des Prüfungsergebnisses. Inwiefern der Aufsichtsrat selbst die Erklärung zur Unternehmensführung – abgesehen von der ohnehin umstrittenen Frage des Prüfungsumfangs – zu prüfen hat ist umstritten. Das Meinungsspektrum reicht hier von der Verneinung einer Prüfpflicht, über eine mittelbare Prüfung bis hin zur vollständigen materiellen Prüfpflicht.[86]

d) Verstöße, Säumnisse und Sanktionen

69 Nach Erwägungsgrund 10 zur CSR-Richtlinie sollten die Mitgliedstaaten sicherstellen, dass es „sachgerechte und wirksame Mechanismen" zur Gewährleistung der Compliance mit der Richtlinie gibt. Art. 51 der dieser zugrunde liegenden Richtlinie 2013/34/EU fordert gar „abschreckende Sanktionen". Wirksame nationale Verfahren sollten hierfür eingerichtet werden, die die Erfüllung der Pflichten sicherstellen und die allen natürlichen und juristischen Personen zur Verfolgung deren berechtigter Interessen im gegebenen Kontext offenstehen; letztere Formulierung zielt im Grunde ab auf die Einführung spezifischer Verbands- und Privatklageinstrumente. Der deutsche Gesetzgeber hat sich demgegenüber für eine Ausdehnung der bestehenden Straf- und Bußgeldvorschriften auf die Nichteinhaltung der Berichtspflichten zu den nichtfinanziellen Informationen entschieden.[87]

70 Die Strafbarkeit der unrichtigen Wiedergabe oder Verschleierung der Verhältnisse der Kapitalgesellschaft bezieht in § 331 Abs. 1 Nr. 1 bzw. Nr. 2 HGB explizit auch die nichtfinanzielle Berichterstattung mit ein. Die Strafandrohung erfasst die Angaben in der nichtfinanziellen Erklärung, im gesonderten nichtfinanziel-

---

setzes, S. 16; EY, CSR-Richtlinie-Umsetzungsgesetz, Die nichtfinanzielle Erklärung – Lessons learned aus dem ersten Berichtsjahr 2017, S. 13; PwC, Erstanwendung des CSR-Richtlinie-Umsetzungsgesetzes, Studie zur praktischen Umsetzung im DAX 160, S. 64–65.

84 Ebenso *Velte*, AG 2018, 266, 269.

85 Siehe oben Rn. 65.

86 Ausführlich *Velte*, AG 2018, 266, 271 f.

87 Kritisch mit Blick auf die Unbestimmtheit der Sanktionsandrohungen: *Nietsch/Muneretto*, CB 2016, 177, 182.

len Bericht sowie das entsprechende Berichtswesen auf Konzernebene und richtet sich an die Mitglieder des vertretungsberechtigten Organs und des Aufsichtsrats. Täter in Kreditinstituten und Versicherungen werden über die Verweisungsnormen der §§ 340m Abs. 1 Satz 1, 341m Abs. 1 Satz 1 HGB erfasst.

§ 334 Abs. 1 Nr. 3 und Nr. 4 HGB enthalten Bußgeldtatbestände mit Blick auf **71** Verstöße gegen die in diesen Vorschriften konkret benannten Vorgaben zur nichtfinanziellen Berichterstattung. Für Kreditinstitute und Versicherungen gelten nach dem bereits bestehenden § 334 Abs. 5 HGB die speziellen Bußgeldvorschriften der §§ 340n und 341n HGB. Während der vorherige Bußgeldrahmen bis zu 50.000 EUR betrug erfolgte eine Erhöhung des Bußgeldrahmens bei kapitalmarktorientierten Unternehmen. Geschäftsleitungs- und Aufsichtsratsmitglieder kapitalmarktorientierter Unternehmen droht nach § 334 Abs. 3 Satz 2 HGB ein Bußgeld von bis zu 2 Mio. EUR oder in Höhe des Zweifachen des aus der Ordnungswidrigkeit erlangten Vorteils. Dem kapitalmarktorientierten Unternehmen selbst droht nach § 334 Abs. 3a HGB ein Bußgeld von bis zu 10 Mio. EUR, in Höhe von 5 % des jährlichen Umsatzes des vorausgegangenen Geschäftsjahres oder in Höhe des Zweifachen des aus der Ordnungswidrigkeit erlangten Vorteils. Maßgeblich für die Obergrenze ist stets der höchste dieser Beträge.

Die CSR-Berichterstattung unterliegt im Übrigen per se nicht den Regelungen **72** des Gesetzes gegen den unlauteren Wettbewerb (UWG), weil dieses im Kern auf die werbliche Kommunikation der Unternehmen ausgerichtet ist. Ist die Berichterstattung allerdings konkret im Lichte der Imageverbesserung oder Absatzförderung zu sehen und damit werblich geprägt, und stehen gar irreführende Angaben eines Unternehmens im Raum, etwa um sich in der Öffentlichkeit ohne hinreichende Grundlage eines umweltfreundlichen oder verantwortungsbewussten Verhaltens zu berühmen („Greenwashing"), sind die §§ 5, 5a UWG und die insoweit bestehenden Sanktionen zu beachten.[88]

Die neuen Transparenzanforderungen werden darüber hinaus einen erhöhten, ge- **73** samtgesellschaftlich und insbesondere medial geprägten externen Druck auf die Unternehmen bewirken.[89] Ansätze für ein sogenanntes „Naming and Shaming" werden eröffnet. Eine Sanktionierung wahrgenommener Defizite beispielsweise über ein verändertes Konsum- oder Investitionsverhalten ist vorstellbar. Die CSR-Themen weisen wegen ihrer Gesellschaftsbezüge sämtlich eine hohe Reputationsrelevanz auf.

II. Fazit und Ausblick

Die zukünftigen Vorgaben zur CSR-Berichterstattung führen zu einer schon seit **74** Längerem angelegten, weiteren Verrechtlichung der CSR- bzw. Nachhaltigkeitsthemen. Diese geht einher mit einer diesbezüglich deutlichen Sensibilisierung in

---

88 Ausführlich hierzu *Birk*, CSR und Wettbewerbsrecht, in: Walden/Depping, CSR und Recht, 2015, 191 ff.
89 *Voland*, DB 2014, 2815, 2815.

den Unternehmen und in der Zivilgesellschaft. Die spürbare Zurückhaltung in der Wirtschaft gegenüber den neuen Berichtspflichten beruht ganz wesentlich und gut nachvollziehbar auf den mit einem solchen Reporting verbundenen Aufwänden. Fraglos ist es zudem wünschenswert, dass die Unternehmen, wie es bislang schon verbreitet so gehandhabt wird, ihrer gesellschaftlichen Verantwortung aus einem inneren Antrieb und etwa zur Sicherstellung ihrer Wettbewerbsfähigkeit nachkommen – und nicht aus regulatorischen Zwängen heraus.

75   Dessen ungeachtet werden dem mit der Regulierung verfolgten, gewissermaßen ersten Schritt des Gesetzgebers, perspektivisch in den kommenden Jahren sicherlich noch weitere gesetzgeberische Aktivitäten folgen; dem globalen „Megatrend der Nachhaltigkeit", insbesondere auch unternehmensbezogen, wird regulatorisch weitergehend Rechnung getragen werden. Zu gegebener Zeit indes sollte dann auch die übergeordnete Frage geklärt werden, ob die aktuell vorgesehene normative Verortung der Vorgaben im Bilanzrecht dem der Thematik innewohnenden Anspruch und den zunehmenden gesellschaftlichen Erwartungen in jeder Hinsicht gerecht wird oder ob sich andere Weichenstellungen wie gesonderte Regelungsbereiche empfehlen.

76   Rein praktisch wird darüber hinaus in vielen Unternehmen unklar sein, wer sich zukünftig verantwortlich, mit einer vor reputativen Hintergründen (Sanktionen, mediale Aufmerksamkeit etc.) wichtigen kritischen Sicht und mit einem breit angelegten Know-how als Querschnitteinheit, um die Einhaltung der neuen Berichtspflichten im Zusammenhang mit der unternehmerischen Verantwortung kümmert. Schon diese Fragestellung offenbart – wie auch diverse unmittelbare inhaltliche Anknüpfungspunkte im Rahmen der bisherigen Arbeit – einige gute Gründe dafür, die Compliance-Funktion mit der Sicherstellung und Überwachung der Einhaltung der CSR-Compliance als wesentliches Element einer guten Corporate Governance zu betrauen.

16. Kapitel
Compliance im Kontext nachhaltigen
Supply Chain-Managements

I. Einleitung

Aufgrund der Outsourcing- und Offshoring-Welle in den vergangenen 20 Jahren **1**
werden heutzutage bis zu 80% der Wertschöpfung von vorgelagerten Lieferanten betrieben.[1] Viele Unternehmen in Industrienationen haben die Erstellung von Produkten, Komponenten und ganzer Funktionen an Lieferanten in Entwicklungs- und Schwellenländer ausgelagert, um von den dort niedrigeren Lohnkosten zu profitieren.[2] Durch diese drastische Senkung der Wertschöpfungstiefe bestehen moderne globale Lieferantennetzwerke oftmals aus vielen einzelnen Unternehmensgliedern wie beispielsweise Rohmateriallieferanten, Produzenten, Distributoren, aber auch Logistikdienstleistern, Handelsunternehmen und Endkunden. Aufgrund dieser spezialisierten und disaggregierten Wertschöpfungsstrukturen sind insbesondere Produzenten von hochwertigen Markengütern stark von der Kosten-, Qualitäts- und Lieferperformance ihrer direkten und indirekten Lieferanten abhängig.[3] Gleichzeitig nehmen Nichtregierungsorganisationen wie Greenpeace oder Oxfam, Stakeholdergruppen sowie aufgeklärte und nachhaltigkeitsbewusste Endkunden diese fokalen Unternehmen (d. i. das zentrale Unternehmen in einem Wertschöpfungsnetzwerk) in die Pflicht, für adäquate Arbeitsschutzbedingungen und strikte Sozial- und Umweltstandards entlang der gesamten Supply Chain einzustehen.[4]

Die teils dramatischen Folgen, die hieraus für fokale Unternehmen resultieren, **2**
lassen sich an namhaften Beispielen festmachen: Im Jahr 2007 musste der Spielzeughersteller Mattel Inc. knapp eine Million Spielzeugartikel zurückrufen, da deren Farbanstrich für Kinder giftige Bleipartikel enthielt.[5] Obwohl Mattel Inc. ein ambitioniertes Lieferantenmanagementprogramm betrieb, blieben die von einem Sublieferanten beigemischten verunreinigten Partikel zunächst unentdeckt. Die aus dem Vorfall resultierenden Rückrufkosten in Höhe von 30 Mio. USD und enorme Imageschäden sorgten dafür, dass die Aktie anschließend massiv an Wert verlor.

---

1 Vgl. *Carter/Rogers*, International Journal of Physical Distribution & Logistics Management 2008, 360 ff.
2 *Ehrgott/Reimann/Kaufmann/Carter*, Journal of Business Ethics 2011, 99 ff.
3 *Awaysheh/Klassen*, International Journal of Operations & Production Management 2012, 1246 ff.
4 Vgl. *Klassen/Vereecke*, International Journal of Production Economics 2008, 103 ff.
5 *Story*, New York Times 2007.

3   Um Imageschäden und finanzielle Einbußen zu vermeiden,[6] haben im Blick-
punkt der Öffentlichkeit stehende Unternehmen seit einiger Zeit damit begonnen, neben den traditionellen ökonomischen Faktoren zunehmend auch „ökologische" und soziale Aspekte hin zu einem ganzheitlich nachhaltigem Supply
Chain Management[7] zu integrieren. Dennoch ist es auch in der jüngsten Vergangenheit wieder zu tragischen Beispielen gekommen: Negativer Höhepunkt war
2013 der Zusammensturz der Rana Plaza Textilfabrik in Bangladesch, die überwiegend westliche fokale Unternehmen beliefert hat. Mehr als 1.100 Menschen
starben bei dem Unglück und über 2.400 Personen wurden zum Teil schwer verletzt.[8] Einer der Hauptgründe für solche Vorfälle ist, dass die seitens der einkaufenden Unternehmen unternommenen Maßnahmen augenscheinlich nicht ausreichen, um Compliance mit Nachhaltigkeitsstandards und -anforderungen in
ihren Lieferantennetzwerken sicherzustellen. Zusätzlich sind Entscheidungsträger im Einkauf im Hinblick auf die tatsächliche Nachhaltigkeitsperformance
ihrer Lieferanten vielfach immer noch großen Informationsdefiziten ausgesetzt.
Supply Chain Manager sollten sich demnach kritisch die Frage stellen, ob wirklich alle Lieferanten ihres Netzwerkes gemäß international anerkannter Umwelt-
und Sozialstandards produzieren und wie Compliance effektiv gewährleistet
werden kann.

4   Vor diesem skizzierten Hintergrund hat sich ein vierstufiger Prozess herausgebildet, den fokale Unternehmen anwenden, um ihre Lieferantenbasis nachhalti-
ger zu gestalten: (1) Lieferantenbewertung, (2) Lieferantenentwicklung, (3) Lieferantenauswahl und (4) Lieferantenmonitoring.

II. Nachhaltiges Lieferantenmanagement

5   Im Folgenden werden die einzelnen Elemente des nachhaltigen Lieferantenmanagements exemplarisch von links nach rechts erläutert (vgl. Abb. 1).

---

6 Vgl. *Hofmann/Busse/Bode/Henke*, Business Strategy and the Environment 2014, 160 ff.
7 Nachhaltiges Supply Chain Management wird in der Literatur zitiert als: „[…] management of
   material, information and capital flows as well as cooperation among companies along the
   supply chain while taking goals from all three dimensions of sustainable development, i.e.,
   economic, environmental and social, into account which are derived from customer and stakeholder requirements", *Seuring/Müller*, Journal of Cleaner Production 2008, 1700. Zur Diskussion um ein sog. „Lieferketten-Gesetz" im Rahmen der aktuellen Compliance-Diskussion
   siehe *Schulz*, Kap. 1, Rn. 15.
8 *Bajaj*, New York Times 2012.

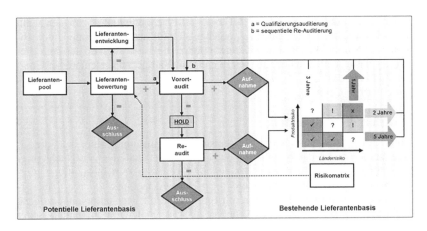

Abbildung 1: Prozessmodell des nachhaltigen Lieferantenmanagements

1. Lieferantenbewertung

Während die Auswahl geeigneter Lieferanten in der Vergangenheit zumeist auf **6** den klassischen ökonomischen Kriterien Qualität und Preis der gekauften Ware sowie Liefertreue, -bedingungen und -risiken abzielten, spielt der Faktor Nachhaltigkeit mittlerweile für viele Unternehmen und deren Stakeholder eine wichtige Rolle in der Gesamtbetrachtung.[9]

Aus einem Gesamtpool potenzieller Lieferanten einer Warengruppe werden die **7** geeignetsten unterschiedlichen standardisierten Bewertungsverfahren unterzogen. Beispielsweise werden neben Selbstauskünften der Lieferanten verschiedene externe Informationsquellen genutzt (Auditierungsdienstleister, Nichtregierungsorganisationen und andere Stakeholdergruppen, öffentliche Informationen wie z. B. Code of Conducts, Nachhaltigkeitsberichte etc. oder ggf. sogar Daten von Mitbewerbern), um ein umfassendes Bild der Nachhaltigkeitsperformance möglicher Lieferanten einzuholen. In diese Beurteilung fließen neben allgemeinen standardisierten Kriterien entlang der ökonomischen, ökologischen und sozialen Dimension, sektor- und produktspezifische Lieferantenbewertungskriterien[10] sowie in bestimmten Fällen auch eine Sublieferantenbewertung über mehrere Wertschöpfungsstufen ein. Oftmals wird dafür mittels eines risikobasierten Ansatzes eine Vorabidentifizierung kritischer Lieferanten angestrebt. All dies führt dazu, dass Unternehmen weniger und gleichzeitig genauere Daten er-

---

9 *Foerstl/Reuter/Hartmann/Blome*, Journal of Purchasing and Supply Management 2010, 118 ff.

10 Bspw. sind der Ausschluss von Kinder- und Zwangsarbeit Hauptbewertungskriterien für Textilunternehmen, während die Reduzierung von Abwässern und des CO_2-Verbrauches besonders für Chemie- und Pharmaunternehmen wichtig ist.

heben, um Informationsdefizite in Bezug auf Nachhaltigkeit abzubauen. Fällt die Gesamtbeurteilung negativ aus, ergeben sich für das einkaufende Unternehmen zwei Möglichkeiten: Entweder der potenzielle Lieferant wird aus dem Bieterkreis ausgeschlossen oder aber es zeichnet sich aufgrund verschiedener Überlegungen ab, dass eine Kooperation mit dem in Frage kommenden Lieferanten vorteilhaft sein könnte.

2. Lieferantenentwicklung

8   Unter „Lieferantenentwicklung" lassen sich alle Maßnahmen einordnen, die auf eine Verbesserung der Nachhaltigkeitsperformance und/oder von Nachhaltigkeitspotenzialen des Lieferanten zielen, um die einkaufsseitige Nachfrage kurz- und/oder langfristig sicherzustellen. Spezifische Aktivitäten bilden u. a. die Erarbeitung gemeinsamer Lösungen mit Lieferanten für nachhaltigkeitsbezogene Probleme, die Schaffung von Anreizen für Lieferanten mit besonders guter Nachhaltigkeitsperformance sowie die Bereitstellung kostenlosen technischen und organisationalen Know-hows oder in Einzelfällen gezielter Vorabinvestitionen zum Aufbau neuer Techniken und Prozesse. Diese Maßnahmen dienen sowohl der kontinuierlichen Entwicklung neuer als auch bestehender Lieferanten hinsichtlich ökologischer und sozialer Kriterien und stellen so die Compliance mit allgemeinen internationalen Anforderungen und speziellen Bedarfen der Einkaufsseite sicher.

9   Da eine Entwicklung von Lieferanten jedoch eine erhöhte Investitionsbereitschaft bei gleichzeitig erhöhtem Verlustrisiko darstellt, wird diese zumeist nur in Situationen angewandt, in denen sich Lieferanten als kritisch für den Erfolg des einkaufenden Unternehmens erweisen und/oder keine alternativen Lieferanten zur Verfügung stehen.[11]

3. Lieferantenauswahl

10   Nachdem der jeweilige Lieferant entweder die Bewertungsphase direkt bestanden hat oder aber vom einkaufenden Unternehmen entwickelt wurde, kommt es in der Phase der Lieferantenauswahl zur Qualifizierungsauditierung, die vor Ort beim Lieferanten durchgeführt wird. Diese kann entweder durch den Kunden selbst oder aber eine dritte unabhängige Auditierungsorganisation geschehen. In einigen Fällen haben sich zudem Unternehmen einer Branche zusammengeschlossen und gemeinsame Auditierungsstandards entwickelt. Somit erkennen sie gegenseitig ihre bereits absolvierten Auditierungen bei gemeinsamen Lieferanten an, um zeit- und kostenintensive[12] Mehrfach-Auditierungen zu vermeiden.[13]

---

11 *Busse/Schleper/Niu/Wagner*, International Journal of Physical Distribution & Logistics Management 2016, 442 ff.

12 Für eine detaillierte Diskussion der Vorteile standardisierter Nachhaltigkeitsinstrumente siehe *Schleper/Busse*, Logistics Research 2013, 187 ff.

13 Sowohl in der chemisch-pharmazeutischen Industrie (Pharmaceutical Supply Chain Initiative), der Bekleidungsbranche (Detox Campaign), der elektronischen Unterhaltungsindustrie

Insofern eine solche Qualifizierungsauditierung negativ beurteilt wird, wird der 11
betroffene Lieferant auf „hold" gestellt; d. h. er bekommt eine Karenzzeit eingeräumt, in der er die Möglichkeit erhält, die Mängel hinsichtlich der ersten Audi-
tierung bis zu einer Re-Auditierung abzustellen. Nach einer positiven Beurteilung der Qualifikations- oder Re-Auditierung wird der neue Lieferant dann in
die aktive Lieferantenbasis aufgenommen.

4. Lieferantenmonitoring

Die Lieferantenbasis sollte von jedem Unternehmen hinsichtlich ihrer Nachhal- 12
tigkeitsperformance kontinuierlich beobachtet werden, da Reputationsrisiken
und Imageschäden jederzeit durch Probleme im Lieferantennetzwerk auftreten
können.[14] Neben klassischen ökonomischen Kennzahlen wie bspw. Lieferzuver-
lässigkeit und Produktivitätsindikatoren gibt es eine Vielzahl ökologischer
(CO_2-Ausstoß, Abwassermenge, Menge und Art eingesetzter gefährlicher Che-
mikalien etc.) und sozialer Indikatoren (Arbeitsunfälle, geleistete Überstunden,
durchschnittliche Bezahlung etc.), die Kunden hinsichtlich ihrer Lieferantenbasis regelmäßig überprüfen sollten.[15]

Darüber hinaus sollten bestehende Lieferanten weiterhin hinsichtlich ihres Ge- 13
samtrisikos in Bezug auf Nachhaltigkeitsrisiken beurteilt und klassifiziert werden. Sowohl Länder- als auch Produktgruppenrisiken können sich verändern,
sodass das nachhaltige Lieferantenmanagement als dynamischer Prozess verstanden werden muss. Die basal dargestellte Risikomatrix ermöglicht eine erste
Einordnung, die je nach Risikoklasse sequenzielle Re-Auditierungen nach unterschiedlichen Zeiträumen vorsieht.[16]

III. Unterschiede entlang der Supply Chain

Obwohl Nachhaltigkeit in den letzten Jahrzehnten einen enormen Aufschwung 14
erlebt hat und nachhaltiges Supply Chain Management samt seiner Multiplikato-
renwirkung (s. Abb. 2) in vielen Branchen, Industrien und Unternehmen in den
Vordergrund gerückt ist, lassen sich im Hinblick auf die Intensität unternehmeri-

---

(Electronic Industry Corporate Citizenship Initiative), als auch in Teilen der Chemiebranche
(Together for Sustainability) gibt es Zusammenschlüsse von Unternehmen, die sich absol-
vierte Lieferantenauditierungen gegenseitig anerkennen.
14 *Hofmann/Busse/Bode/Henke*, Business Strategy and the Environment 2014, 160 ff. Zu Prävention von Reputationsrisiken durch Compliance Management siehe auch *Schulz*, Kap. 1,
Rn. 23 ff.
15 Für einen umfassenden Überblick solcher Indikatoren siehe bspw. die vierte und aktuellste
Version der *Global Reporting Initiative (GRI4)* oder die wissenschaftliche Diskussion in
Miemczyk/Johnsen/Macquet, Supply Chain Management 2012, 485.
16 Die in Abbildung 1 arbiträr gewählten Perioden dienen ausschließlich der Orientierung und
sollen darauf hinweisen, dass riskantere Warengruppen und Lieferanten aus risikoreicheren
Ländern (dunkelgelb/rot) tendenziell in kürzeren Abständen re-auditiert werden müssen, als
solche aus risikoarmen Ländern und Warengruppen (hellgelb/grün).

scher Nachhaltigkeitsaktivitäten, sowohl intern als auch im Lieferantenmanagement, noch immer große Unterschiede konstatieren.

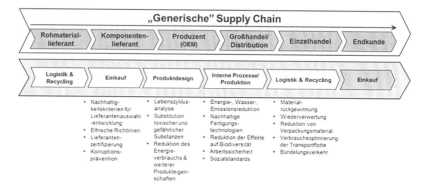

Abbildung 2: Funktionale Nachhaltigkeitspraktiken entlang der Supply Chain

15   Bisherige Studien legen nahe, dass die Supply Chain-Position eines Unternehmens in Bezug auf seine Nachhaltigkeitsaktivitäten dabei eine wichtige Rolle spielt.[17] Diese Vermutung ergibt sich aus einer Vielzahl möglicher Erklärungen:[18]

16   (a) Immer mehr Stakeholder, insbesondere Endkunden und NGOs üben den größten Druck auf exponierte Unternehmen mit starken Marken (fokale Unternehmen) aus. Dies geschieht hauptsächlich, weil diese Unternehmen am sichtbarsten sind und aufgrund ihrer exponierten Stellung auch am meisten Imageschaden zu fürchten haben.

17   (b) Die produzierenden Unternehmen kontrollieren und managen sowohl das Produktdesign als auch die Produktentwicklung selbst. Somit haben sie einen starken Einfluss auf die nachhaltigen Produkteigenschaften und können gleichzeitig bewusst durch Lieferanten- und Standortwahl die Wertschöpfungsprozesse organisieren. Folglich sind es die Hersteller der Markenartikel, bei denen die Prozesse zusammenlaufen. In den Augen vieler Stakeholder haben sie daher auch die Verantwortung, dafür zu sorgen, dass in der gesamten Wertschöpfungskette keine Nachhaltigkeitsprobleme auftauchen.[19]

---

17 Vgl. z. B. *Lo*, International Journal of Operations & Production Management 2013, 93 ff.

18 Für eine ausführliche Diskussion dieser Studie siehe *Foerstl/Azadegan/Leppelt/Hartmann*, Journal of Supply Chain Management 2015, 67 ff.

19 *Hartmann/Moeller*, Journal of Operations Management 2014, 281 ff.

(c) Das Gros der Europäischen Umweltregularien wie etwa REACH[20] oder **18** RoHS[21] sowie auf internationaler Ebene die Section 15 des Dodd-Frank Wall Street Reform and Consumer Protection Act[22] zielen auf jene Unternehmen ab, die das Endprodukt produzieren und/oder durch Import in Marktumlauf bringen. Dies sind in der Regel die Hersteller von Markenprodukten.

(d) Ausgerechnet Unternehmen mit dem stärksten Umwelteinfluss und der **19** höchsten körperlichen Arbeitsintensität – meist auf relativ niedrigem Qualifikations- und Bildungsniveau – sind häufig gegen den Druck von Stakeholdern und Imagekampagnen immun. Dieser paradoxe Effekt lässt sich darauf zurückführen, dass sie aufgrund ihrer geringen Sichtbarkeit ein lediglich geringes öffentliches Interesse wecken. Ein Umstand, der die Chance erhöht, dass ein Fehlverhalten seitens Lieferanten unentdeckt bleibt, und der Lieferanten einen Anreiz liefern kann, selbst nicht aktiv zu werden und somit die Kosten für etwaige Nachhaltigkeitsaktivitäten einzusparen. Dadurch werden wiederum die fokalen produzierenden und großen Handelsunternehmen in die Pflicht genommen, ihre marktdominierende Stellung zu nutzen, um Nachhaltigkeitsstandards bei ihren Lieferanten durchzusetzen. Wenn nötig heißt dies auch, aktiv Entwicklungs- und Kooperationsprogramme zu kreieren und mit eigenen Ressourcen voranzutreiben.

Folglich wäre zu erwarten, dass produzierende und handelsnahe Unternehmen **20** typischerweise stärker in ihr Nachhaltigkeitsengagement investieren als ihre Lieferanten. Gleichzeitig könnte man davon ausgehen, dass Unternehmen, die mehr in Nachhaltigkeit investieren, auch den größten ökonomischen Nutzen daraus ziehen.

Wie in internationalen Studien bereits gezeigt wurde, wirken sich Investitionen **21** in Nachhaltigkeitsaktivitäten positiv auf den Markterfolg und den Finanzerfolg von Unternehmen aus.[23] Ein in Nachhaltigkeit investierter Euro wird sich also kurz bis mittelfristig durch gesteigerten Umsatz, ein verbessertes Unternehmensimage sowie gesteigerte Profitabilität verzinsen. Das ist nicht überraschend. Weiterhin lässt sich nachweisen, dass je näher die Supply Chain-Position dem Endkunden kommt, desto mehr investieren Unternehmen in Nachhaltigkeitsengagement. Endkundenferne Unternehmen investieren dagegen signifikant weniger. Eine erhöhte Sichtbarkeit endkundennaher Unternehmen sollte also im Unternehmensalltag zu einem gesteigerten Bedarf an Nach-

---

20 Registration, Evaluation, Authorisation and Restriction of Chemicals. Europäische Chemikalienverordnung zur Registrierung, Bewertung, Zulassung und Beschränkung chemischer Stoffe.

21 RoHS: Restriction of Hazardous Substances. Beschränkung der Verwendung bestimmter gefährlicher Stoffe) in Elektro- und Elektronikgeräten.

22 US-amerikanische gesetzliche Verpflichtung des Nachweises über die Vermeidung von Konfliktmineralien innerhalb der Supply Chain für alle an die US Securities and Exchange Commission (SEC) berichtenden Unternehmen und ihre Zulieferer.

23 Vgl. *Hoejmose/Brammer/Millington*, Industrial Marketing Management 2012, 609 ff.

haltigkeitsengagement führen. Paradoxerweise nimmt jedoch zugleich die Erfolgswirkung von Nachhaltigkeitsinvestitionen mit steigender Endkundennähe ab. Folglich sind die potenziell größten Profiteure im ökonomischen Sinne diejenigen, die am wenigsten für Nachhaltigkeit entlang der Supply Chain beitragen: endkundenferne Komponenten- und Rohmateriallieferanten. Dies hat in Bezug auf dringend anzugehende Themen wie die Konfliktmineralienproblematik[24] jedoch gravierende Folgen.

IV. Konfliktmineralien und Due Diligence – „beyond compliance"

22 Von Supply Chain-Managern wird heutzutage nicht nur verlangt, Compliance mit nachhaltigen Standards innerhalb ihrer Lieferantennetzwerke aufrechtzuerhalten und zu verbreiten. An sie werden zunehmend auch Aufgaben gestellt, die in der Vergangenheit unter originär staatlicher Gewalt standen.

23 Unterschiedliche gesetzliche Rahmenbedingungen schaffen heutzutage noch immer ein legislatives Vakuum, das es ermöglicht, Produktionsstätten prinzipiell nicht nur dahin zu verlagern, wo die Kosten am geringsten sind, sondern gleichzeitig dort anzusiedeln, wo Menschenrechtsstandards, Umweltauflagen und Löhne am wenigsten in der Bilanz zu Buche schlagen.[25] Eine Konsequenz daraus ist, dass Menschenrechtsverletzungen in Zeiten von *failed states* und immer globaler agierender Unternehmen eher die Regel als die Ausnahme sind.[26]

24 Da die westliche Öffentlichkeit jedoch zunehmend auf die Belange der Bevölkerung afrikanischer Staaten und anderer Entwicklungsländer blickt und sich seit mehreren Dekaden unternehmerische Verantwortung als etabliertes und angesehenes Konzept durchgesetzt hat, sehen sich international agierende Unternehmen vor die Herausforderung gestellt, zumindest nachzuweisen, dass ihre immer globaleren Lieferantennetzwerke nachhaltig und ethisch korrekt gemanagt werden. Darüber hinaus gibt es mittlerweile viele, zum Teil gewichtige Fürsprecher, die fordern, dass internationale Unternehmen dieses legislative Vakuum füllen.[27] Einer der derzeitigen Hotspots in der Diskussion um Menschenrechte und unternehmerische Verantwortung befasst sich mit dem Thema Konfliktmineralien.[28]

25 Neben dem zunehmenden Stakeholderdruck (Medien, Nichtregierungsorganisationen etc.) haben die Europäische Kommission, das Europa-Parlament und die Mitgliedstaaten sich Mitte 2016 auf eine EU-Richtlinie verständigt, die Unternehmen dazu veranlassen soll, mehr Verantwortung innerhalb ihrer Lieferketten

---

24 Konfliktmineralien bezeichnen Rohstoffe, deren systematische Ausbeutung und Handel dazu beitragen, Menschenrechtsverletzungen im Land ihres Abbaus und angrenzenden Gebieten zu finanzieren. In erster Linie sind hier die Rohstoffe Gold, Wolfram, Tantal und Zinn aus dem Gebiet der Demokratischen Republik Kongo zu nennen.
25 *Ehrgott/Reimann/Kaufmann/Carter*, Journal of Business Ethics 2011, 99 ff.
26 *Arnold*, Business Ethics Quarterly 2010, 371 ff.
27 Eine ausführliche Diskussion bietet bspw. *Ruggie*, Innovations: Technology, Governance, Globalization 2008, 189 ff.
28 Siehe hierzu *Teicke*, CCZ 2018, 274 .

zu übernehmen. Diese Vorgabe orientiert sich primär an der *OECD Due Diligence Guidance for Responsible Supply Chains of Minerals from Conflict-Affected and High-Risk Areas.*

Obwohl Due Diligence (dt. Sorgfaltspflicht) ursprünglich aus dem M&A- (Mergers & Acquisitions) Bereich kommt[29] und dort eine vielseitige Untersuchung und Überprüfung der Finanzvorgänge eines Unternehmens vor Fusionen und Übernahmen beschreibt, wird das Konzept zunehmend auch im Lieferantenmanagement und dort vor allem im Nachhaltigkeitskontext angewandt.   **26**

Supply Chain-Manager in der westlichen Welt befinden sich somit immer öfter   **27** in der Position, angemessene Maßnahmen zu implementieren, die Konfliktmineralien zu identifizieren und größtmögliche Transparenz über den Warenfluss von der Rohstoffgewinnung bis hin zum Endkunden zu gewährleisten. Viele der betroffenen Unternehmen versuchen, diese Verantwortung in der Lieferkette an Zulieferer zu übertragen oder diese mit ihrer Marktmacht durchzudrücken. Ein solcher „Verantwortungstransfer" wird jedoch kaum dazu führen, dass der Handel mit Konfliktmineralien effektiv unterbunden werden kann, insbesondere aus folgenden zwei Gründen: Auf der einen Seite führt das bereits erwähnte regulative Vakuum dazu, dass Menschenrechtsverletzungen durch unternehmerische Akteure stattfinden können, ohne dass diese dafür zur Verantwortung gezogen werden, d. i. eine klare Non-Allokation von Verantwortungszuschreibungen. Auf der anderen Seite werden Konfliktmineralien in etlichen verschiedenen Legierungen zu Zwischenprodukten und Komponenten umgewandelt. Sobald diese jedoch vermischt werden, ist eine Post-hoc-Bestimmung des Ursprungsortes kaum noch nachvollziehbar. Dies führt dazu, dass endkundennahe Unternehmen in Wertschöpfungsketten so gut wie nicht in der Lage sind, die Risiken im Zusammenhang mit Konfliktmineralien zu identifizieren und managen, sodass das Thema keineswegs länger von einzelnen Compliance- oder Rechtsabteilungen in den Griff zu bekommen ist. Was benötigt wird, ist vielmehr ein Supply Chain Due Diligence-Ansatz, unter dem einzelne Unternehmen kooperativ und gemeinsam Verantwortung tragen und effektiv zusammenarbeiten.[30]

Wichtig ist in diesem Zusammenhang, insbesondere die kleineren Zulieferer ab-   **28** seits der Endkonsumenten nicht auf sich alleine gestellt zu lassen, da diese sich einem enormen ökonomischen Druck ausgesetzt sehen. Dies ist jedoch selten der Fall: Auf der einen Seite versuchen die Markenhersteller und die Händler so viel Profit wie möglich zu generieren – zumeist auf Kosten der kleineren und schwächeren Zulieferunternehmen. Auf der anderen Seite sollen diese jedoch ihre begrenzten Ressourcen in Due Diligence und Nachhaltigkeitsaktivitäten investieren, damit das Einfallstor für Konfliktmineralien, das fast immer an den

---

29 Für eine rechtliche Betrachtung von Compliance und Due Diligence in M&A-Transaktionen siehe in diesem Band *Ullrich*, Kap. 18, Rn. 5 ff.

30 Für eine ausführliche Diskussion von Supply Chain Due Diligence im Rahmen der Konfliktmineralienthematik siehe *Hofmann/Schleper/Blome*, Journal of Business Ethics, Vol. 147, No. 1, pp. 115–141.

ersten zwei Positionen der Lieferketten liegt (Schmelzer oder Händler, die die Legierungen weitervertreiben), so gering wie möglich gehalten wird. Diese doppelte Belastung führt jedoch selten zum Ziel. Werden Zulieferer ausgebeutet und werden ihnen gleichzeitig immer höhere Anforderungen an Nachhaltigkeit gestellt, kann dies schnell zu opportunem Verhalten von Unternehmen führen. Entweder versuchen die unter Druck stehenden kleineren Unternehmen abseits der Endkunden die abfließenden Profite und finanziellen Bürden durch andere Kanäle wieder hereinzuholen, beispielsweise durch Minderungen bei Qualität und Sicherheit, oder sie implementieren nur die nötigsten Mechanismen und „täuschen" damit ein wahres Bekenntnis zu mehr Nachhaltigkeit nur vor. Was jedoch insbesondere in Situationen wie der unternehmensübergreifenden Konfliktmineralienproblematik benötigt wird, ist eine unternehmerische Praxis „beyond compliance", das ist eine auf ethischen und gerechten Grundsätzen basierende lösungsorientierte Nachhaltigkeitskultur.

V. Praxisrelevanz

29   Offensichtlich haben endkundenferne Lieferanten das volle ökonomische Potenzial möglicher Nachhaltigkeitsaktivitäten noch nicht für sich entdeckt. Doch insbesondere diese Unternehmen sollten erkennen, dass sie durch eine Verbesserung ihrer ökologischen und sozialen Bilanz auch ihre ökonomische Bilanz signifikant verbessern könnten. Ökologisches und soziales Wirtschaften steht somit seltener im Konflikt mit den ökonomischen Zielen des Unternehmens als oft behauptet. Folglich sollten die Lieferanten nicht abwarten, bis ihre direkten Kunden sie drängen, Nachhaltigkeitskonzepte zu implementieren. Stattdessen sollten sie tragfähige Konzepte umsetzen und versuchen, Vorteile im Vergleich zu ihren zögerlichen Wettbewerbern zu erzielen.

30   Weiterhin scheint es, dass die endkundennahen Unternehmen und Händler bereits ein höheres Niveau als ihre Lieferanten erreicht haben. Aufgrund des abnehmenden Grenznutzens wirken sich jedoch weitere Investitionen weniger positiv aus. Die tiefhängenden Früchte scheinen bereits gepflückt – was im Sinne der Nachhaltigkeit ein gutes Zeichen ist. Viele Produzenten und Handelsunternehmen versuchen ihre Ressourcen und ihr Know-how in branchenübergreifenden Organisationen einzubringen. Durch die gemeinsame Entwicklung von Nachhaltigkeitsstandards können heute mehr Lieferanten gefördert werden. So haben beispielsweise alle Mitglieder verschiedener Branchen und Industrien Abkommen geschlossen, in denen sie sich ihre Lieferantenauditierung gegenseitig anerkennen (vgl. Fußnote 11). Folglich können mit bestehenden Ressourcen quantitativ noch mehr Lieferanten nachhaltig entwickelt werden. Als positiver Nebeneffekt können alle Marktteilnehmer und Stakeholder transparent sehen, welche Unternehmen sich solchen Aktivitäten anschließen und welche nicht.

31   Endkunden und Nichtregierungsorganisationen sollte dies alarmieren. Sie haben vieles richtig gemacht und durch kluge Kaufentscheidungen und effektive Kampagnen das Nachhaltigkeitsniveau gerade im vorderen, sichtbaren Teil der Sup-

ply Chains wesentlich erhöht. Nun jedoch sollte das Hauptaugenmerk stärker auf Lieferanten fallen, da auch sie durch nachhaltiges Verhalten Wettbewerbsvorteile generieren können. Im vorgelagerten Bereich der Supply Chain ist folglich noch viel Überzeugungsarbeit, aber auch Unterstützungsarbeit zu leisten. Wie das Beispiel der Konfliktmineralien gezeigt hat, muss es aber auch die Aufgabe der starken fokalen Unternehmen sein, die Zulieferer mit diesen Forderungen nicht allein zu lassen. Nur durch Vertrauen, faire Geschäftsbeziehungen und kooperatives Handeln lässt sich für beide Seiten ein profitables Unterfangen generieren. Auch die Zusammenarbeit mit NGOs, die auf einzelne Nachhaltigkeitsthemen spezialisiert sind, ist lohnenswert und befruchtet beide Seiten.

Ein gutes Beispiel ist die „Eins plus Drei Initiative" zur Lieferantenentwicklung **32** der BASF.[31] Diese Initiative hilft BASF seine Lieferanten im Bereich Nachhaltigkeit zu sensibilisieren und zu entwickeln. Im Gegenzug für die erhaltene kostenlose Unterstützung verpflichtet sich der Lieferant, sein gewonnenes Wissen mit drei seiner eigenen Lieferanten aktiv zu teilen und eigenständig nach Nachhaltigkeitsoptimierungspotenzialen bei diesen Sublieferanten zu suchen. Dadurch entsteht nicht nur ein gewichtiger Nachhaltigkeitsmultiplikator, sondern auch eine glaubhafte wertebasierte Nachhaltigkeits*kultur* nicht nur in einzelnen Unternehmen, sondern entlang der Supply Chain und im gesamten Netzwerk.

Trotz solcher Erfolgsgeschichten wie der „Eins plus Drei Initiative" zur Liefe- **33** rantenentwicklung müssen sich verantwortungsbewusste Unternehmen weiterhin kritisch die Frage stellen, ob wirklich alle Lieferanten in ihrem Netzwerk gemäß international anerkannter Umwelt- und Sozialstandards produzieren. Eine aktuelle Studie zeigt, dass es dazu unabdingbar geworden ist, nachhaltigkeitsbezogene Informationsdefizite innerhalb des Lieferantennetzwerks kontinuierlich zu beseitigen.[32] Hierbei spielt insbesondere netzwerkbezogene Komplexität eine besondere Rolle. Sie bezieht sich auf die Struktur des Lieferantennetzwerks und hat drei Treiber: (a) horizontale, (b) vertikale sowie (c) räumliche Komplexität. Um die daraus resultierenden Nachhaltigkeitsrisiken langfristig abzusichern, setzen einige Unternehmen auf Supply Chain Redesign-Maßnahmen um Informationsdefizite direkt an ihrer Wurzel zu bekämpfen. Beispielsweise sind in der Chemie- und Pharmaindustrie insbesondere die letzten Produktionsschritte im Vergleich zur Bekleidungsindustrie eher kapitalintensiv. Die Opportunitätskosten einer Verlagerung des Lieferantenstandortes sind somit grundsätzlich geringer. Daraus folgt, dass insbesondere Unternehmen, die hohe komparative Kostenvorteile in Ländern mit hohen Nachhaltigkeitsrisiken erzielen, geneigt sind, in reaktive Maßnahmen zur Informationsbewältigung wie Mitarbeitermanagement und nachhaltige Lieferantenbewertung und zu investieren, um diese Lieferanten zu kontrollieren anstatt die verfügbaren Kostenvorteile, in Form von Niedriglöhnen, durch Supply Chain Redesign aufzugeben. Für Unternehmen

---

31 *Meinlschmidt/Foerstl/Kirchoff*, International Journal of Physical Distribution & Logistics Management, 2016, Vol. 46 No. 2, pp. 177–211.
32 *Foerstl/Meinlschmidt/Busse*, Journal of Purchasing and Supply Management 2018, 204 ff.

mit geringen Kostenvorteilen durch Beschaffung aus Ländern mit hohen Nachhaltigkeitsrisiken erscheinen dagegen proaktive Investitionen in Lieferantenrückverlagerung attraktiver. Dies zeigt sich am Beispiel zweier Fallstudien bei einem globalen Chemieunternehmen und einem europäischen Möbelproduzenten. Beide Unternehmen haben es vorgezogen, die Vorproduktion zu verlagern und teilweise sogar wieder in die eigene Wertschöpfung zu integrieren, anstatt die als Nachhaltigkeitsrisiko eingestuften Lieferanten permanent durch Lieferantenevaluation mit hohem Aufwand zu beobachten. Durch solche Reintegrations- (sog. Insourcing) und Verlagerungsmaßnahmen (sog. Backshoring) sinkt die Komplexität des zu steuernden Lieferantennetzwerks und folglich auch die unsichtbaren Compliance-Risiken innerhalb der Lieferantenbasis.

VI. Fazit

34   Zwar haben insbesondere die vorgelagerten Wertschöpfungsstufen Nachholbedarf im Hinblick auf ihr Nachhaltigkeitsengagement, doch auch der Konsument als das letzte Glied der Kette trägt große Verantwortung. Wird ein Nachhaltigkeitsskandal durch Enthüllungsjournalismus oder engagierte Nichtregierungsorganisationen zu Tage gefördert, dann nützt ein kurzfristiger Kaufboykott auf lange Sicht wenig. Konsumenten müssen die zum Teil bereits vorhandenen Informationen zu Produkten und Unternehmen zu ihren Gunsten nutzen und eine Zahlungsbereitschaft für transparente, nachhaltig gefertigte Produkte entwickeln. Dies gilt zumindest für Wohlstandsstaaten wie Deutschland mit hinreichend hohem Lohnniveau. Auch wenn es unmöglich ist, alle Wertschöpfungsprozesse entlang der Supply Chain seines PCs oder Turnschuhs genau zu kennen, reicht es häufig aus, folgende Frage mit gesundem Menschenverstand zu beantworten: *Ist es möglich, dass dieses Produkt zu diesem Preis unter ordentlichen Arbeitsbedingungen und mit Rücksicht auf die Umwelt gefertigt wurde?* Wird diese erste Frage mit „Ja" beantwortet, dann sollte man als mündiger Konsument noch die Gegenprobe machen und überlegen, ob man das gewünschte Produkt nicht vielleicht auch zu einem vergleichbaren Preis bei einem Anbieter mit nachweislich besserem Nachhaltigkeitsengagement erstehen kann.

35   Warum wird dies so deutlich betont? Der Endkunde ist integraler Bestandteil der Supply Chain. Mit seinem Verhalten bestimmt er nicht nur die Taktung der Supply Chain, sondern auch ihre Zusammensetzung (Lieferanten und Produktionstechnologien), ähnlich wie ein Dirigent nicht nur über den Takt seines Orchesters, sondern auch über die Musikanten und ihre Instrumente entscheidet. Gerade wenn es um das Thema Nachhaltigkeit geht, wird besonders deutlich, dass die viel zitierte Supply Chain eben in der Realität auch eine Demand Chain ist, auf der sich Angebot und Nachfrage treffen.

17. Kapitel
Das Organisationsrisiko
der „kriminogenen Verbandsattitüde"*

I. Nützliche Rechtsverstöße zum Vorteil des Unternehmens und zum Nachteil des Mitarbeiters

Als aktuelle Zeiterscheinung lässt sich beobachten, dass Vorstände vermehrt vor **1** Gericht stehen, sich vor Aufsichtsbehörden verantworten müssen, weil ihnen beispielsweise Untreue, Prozessbetrug oder Manipulation von Leitzinsen vorgeworfen wird. Rechtsrisiken bei Banken entwickeln sich zu Schäden, die die Höhe der ausgezahlten Jahresdividende erreichen und für die Rücklagen in Milliardenhöhe gebildet werden müssen. Illegales Verhalten in Unternehmen ist verbreitet. Berichte füllen darüber die Tageszeitungen.

Es fragt sich, warum Unternehmensmitarbeiter auf der Führungs-, also auch auf **2** der Arbeitsebene, sich durch ihr illegales Verhalten persönlichen Schadensersatzansprüchen und dem Risiko von Freiheits- und Geldstrafen aussetzen, persönliche Nachteile in Kauf nehmen, den Verlust ihres Arbeitsplatzes riskieren und sich regelmäßig, aber erfolglos mit dem Argument zu entlasten versuchen, keine Vorteile für sich persönlich, sondern nur für das Unternehmen angestrebt zu haben.[1]

Der ehemalige Finanzvorstand von Siemens wurde persönlich zu 15 Mio. EUR **3** Schadensersatz vom eigenen früheren Unternehmen verklagt und verurteilt, weil er kein effizientes Compliance Management-System eingeführt und die Schmiergeldpraxis zur Akquisition von Aufträgen nicht verhindert hat.[2]

Der Finanzvorstand der Berliner Stadtreinigung und der Leiter der Rechtsabtei- **4** lung und der Innenrevision wurden wegen Betrugs und Beihilfe zum Betrug durch Gebührenüberhöhung verurteilt.[3]

Der Werksleiter eines deutschen Stahlwerks in Turin wurde zu zehn Jahren Haft **5** wegen fahrlässiger Tötung verurteilt, weil er die Kosten für die Nachrüstung des Brandschutzes zum Vorteil seines Unternehmens einsparen wollte und dadurch sieben Stahlarbeiter bei einem Brand getötet wurden.[4]

---

* Dieses Kapitel basiert auf einem Beitrag, der in zwei Teilen in der Zeitschrift Compliance-Berater (CB 2015, 277 und 330) erschienen ist.
1 BGH, 6.5.1986 4 StR 124/86, NStZ 1986; LG Nürnberg-Fürth, 24.11.2008, 3 KLs 501 Zs 1777/2008, n. v.
2 LG München I, 10.12.2013, 5 HKO 1387/10, CB 2014, 167 mit CB-Komm. *Kränzlin/Weller* = BB 2014, 850 Ls m. BB-Komm. *Grützner* = BeckRS 2014, 17 (Neubürger).
3 BGH,17.7.2009, 5 StR 394/05, NJW 2009, 3173 ff. (Berliner Stadtreinigungsfall).
4 Wirtschaftswoche v. 16.4.2012, 102.

6   Gemeinsam ist diesen spektakulären Fällen das Verhaltensmuster von Mitarbeitern, erhebliche persönliche Nachteile durch eigenes illegales Verhalten zum Vorteil des Unternehmens und ohne eigenen Vorteil in Kauf zu nehmen. Ein Verhalten zum eigenen Nachteil gilt als irrationales Fehlverhalten, das als Organisationsrisiko durch organisatorische Maßnahmen vermieden werden muss, um Schäden durch Organisationsverschulden präventiv zu verhindern. Es lässt sich jedoch nur verhindern, wenn die Ursachen bekannt sind. Nur gegen die Ursachen illegalen Verhaltens lassen sich organisatorische Abwehrmaßnahmen formulieren und einsetzen. Erklärungen zum illegalen Verhalten im Unternehmen (Unternehmenskriminalität) werden von der Strafrechtsdogmatik diskutiert und von der Kriminologie nach Ursachen erforscht. Sobald sich irrationales Verhalten wiederholt und als Fallgruppe typisiert werden kann, muss sich eine Unternehmensorganisation darauf einrichten, es als Risiko zu erkennen und durch organisatorische Maßnahmen abzuwenden.

II. Die Theorie der kriminogenen Verbandsattitüde

7   Illegales Verhalten für ein Unternehmen wird als eine eigene Art von Kriminalität wahrgenommen und als „Verbands- oder Unternehmenskriminalität" von der Individualkriminalität einer Einzelperson unterschieden. Beim illegalen Handeln für ein Unternehmen hat der Mitarbeiter die Nachteile und das Unternehmen die Vorteile.

8   Erste Erklärungsversuche für illegales Verhalten zum Vorteil des Unternehmens gehen auf *Richard Buschs* Ausgangshypothese von 1933 zurück.[5] Danach kann schon die bloße Zugehörigkeit zu einem Verband oder zu einem Unternehmen kriminelles Verhalten auslösen. Es ist die kriminogene Wirkung der bloßen Verbandszugehörigkeit. „Danach begehen Unternehmensangehörige strafbare Handlungen in aller Regel, um den Unternehmenszweck zu fördern, wodurch sich die Mitarbeiter im Dienste überpersönlicher Interessen fühlen. Normale seelische Hemmungen, die bei einer dem eigenen Anstandsgefühl widerstreitenden Handlungen auftreten, würden verringert und sogar gänzlich verschwinden, sobald die Handlung von dem grundsätzlich höher bewerteten Gemeinschaftsinteresse geboten erscheine." Die persönliche Strafdrohung vermag ihre Abschreckungswirkung deswegen nicht mehr zu entfalten, weil sich der Einzelne der Verbandsgemeinschaft gegenüber tiefer verpflichtet fühle als der staatlichen Gemeinschaft, zu der er ein weniger enges Verhältnis habe als zu seinem Verband. Dies gelte insbesondere auch bei Unternehmen, bei denen ihr Gedeihen als das Grundgesetz jeglichen wirtschaftlichen Handelns zur dominierenden Richtschnur für die in der Betriebsgemeinschaft vereinigten Menschen werde. Diese altruistische Motivation werde oft gerade bei denjenigen Menschen dominant, die ein Delikt aus egoistischen Motiven heraus niemals begehen würden.

---

5 *Busch*, Grundfragen der strafrechtlichen Verantwortlichkeit der Verbände, 1933, S. 98.

Rack

Bestärkt würde dieses Phänomen durch den in jedem Verband geltenden Korpsgeist.[6]

Buschs Hypothese umschreibt treffend den Konflikt eines Unternehmensmitarbeiters, entweder einen für sein Unternehmen nützlichen Pflichtverstoß zu begehen oder zum Nachteil des Unternehmens Rechtspflichten einzuhalten. Der Konflikt zwischen Unternehmensvorteil und der Einhaltung von Rechtspflichten lässt sich im Unternehmensalltag beobachten, wenn als populäres und intuitiv zunächst einleuchtendes Verhaltensprinzip zitiert wird, „Geschäfte gehen vor", oder wenn Juristen vorgeworfen wird, sie würden „als Bedenkenträger Geschäfte kaputt prüfen". In der Diskussion um *Buschs* Hypothese stellt sich die Frage, wem die Verantwortung für illegales Verhalten im Unternehmen zuzurechnen ist, dem Unternehmen oder seinem Mitarbeiter. Wenn sich bestätigen sollte, dass schon allein die Eingliederung in einer Organisation eine solche kriminogene Wirkung entfaltet, dass Hemmschwellen, die bei einem reinen Individualdelikt wirksam sind, bei der Unternehmenskriminalität nicht wirken, müsse dafür die Unternehmensleitung verantwortlich gemacht werden.[7]

9

Das Individualstrafrecht verliert offenbar seine abschreckende Wirkung bei selbstlosen Straftätern, die Straftaten nur zum Vorteil ihres Unternehmens begehen, externe Rechtsgüter Dritter außerhalb des Unternehmens verletzen und nicht zum eigenen Vorteil handeln, sondern altruistisch für das Unternehmen und nicht egoistisch für sich selbst, wie Diebe, Betrüger, Wucherer aus Vorteilsabsicht und Habgier.[8]

10

III. Empirische Untersuchungen zur kriminogenen Verbandsattitüde

Die Theorie von der kriminogenen Wirkung der bloßen Zugehörigkeit zu einem Unternehmen wurde bestritten, insbesondere mit dem Argument, kriminelle Mitarbeiter, die aus purer Selbstlosigkeit zum Vorteil ihres Unternehmens Straftaten begehen und bereit seien, ihnen drohende Strafen und Schadensersatzansprüche auf sich zu nehmen, seien eine Ausnahmeerscheinung und nicht die Regel.[9] Diese konkurrierenden Theorien wurden seitdem vielfach empirisch untersucht. Einen aktuellen Überblick über den Umfang der Forschungsergebnisse seit 35 Jahren bietet *Kölbel*.[10] Insbesondere wird aufgezeigt, welche Annahmen aus der Ausgangshypothese bestätigt wurden. Die Darstellung zeigt, dass die Unternehmenskriminalität ein internationales Forschungsthema ist.

11

---

6 *Busch*, Grundfragen der strafrechtlichen Verantwortlichkeit der Verbände, 1922, S. 98; *Schünemann*, Unternehmenskriminalität und Strafrecht, 1979, S. 18.

7 *Schünemann*, Unternehmenskriminalität und Strafrecht, 1979, S. 18.

8 *Schünemann*, Unternehmenskriminalität und Strafrecht, 1979, S. 18, 19.

9 *Englsch*, Verhandlung des 40. DJT, 1953, Band II 1954, S. 33.

10 *Kölbel*, ZIS 2014, 552.

12   Vor allem *Schünemann* hat in seiner umfassenden Monographie von 1979 „Unternehmenskriminalität und Strafrecht" zur Haftung der Wirtschaftsunternehmen und ihrer Führungskräfte nach geltendem und geplantem Straf- und Ordnungswidrigkeitengesetz die kriminogene Verbandsattitüde untersucht.[11] Frühe kriminologische Untersuchungen zur „Weiße-Kragen-Kriminalität" haben ergeben, dass Unternehmensdelikte nach Häufigkeit und Art ihrer Ausführungen vom Charakter der Unternehmensmitarbeiter vollständig unabhängig sind und nicht durch eine individualisierende Theorie erklärt werden können, dass vielmehr die Neigung zur Unternehmenskriminalität in der beruflichen Umgebung „erlernt" wird.[12] Nicht der Charakter des Mitarbeiters und auch nicht schon die bloße Einbindung in ein Unternehmen macht kriminell, sondern nur das Unternehmen mit schon vorhandener kriminogener Verbandsattitüde, ist die These *Schünemanns*.

13   Empirisch bestätigt wurde außerdem, dass die Bestärkung innerhalb der Gruppe durch Billigung und Beifall anderer Unternehmensangehöriger aus an sich angepassten Durchschnittsbürgern Straftäter macht, die sich illegal zum Vorteil ihres Unternehmens verhalten. Der Vorgang wird unter dem Stichwort „Korpsgeist", „Gruppendruck", „Group Support" gekennzeichnet. Zur Erklärung der Verbandskriminalität durch Gruppendruck und durch das „Lernen im Verband" werden als Beispiele die nationalsozialistischen Gewaltverbrechen angeführt. *Hannah Arendt* hat an der Figur *Eichmanns* die Entwicklung vom angepassten, sozial unauffälligen Durchschnittsbürger zum Massenmörder beschrieben.[13]

IV. Das Milgram-Experiment zur Gehorsamsbereitschaft gegenüber Autorität

14   Die bekannteste psychologisch-experimentelle Bestätigung der These, dass die Einbindung in ein Unternehmen mit einem hierarchischen System zu einer Wesensänderung bei dem Mitarbeiter führen kann, liefert das berühmte Milgram-Experiment. Es bestätigt die Ausgangshypothese, dass sich eine Person, sobald sie Mitarbeiter eines Unternehmens wird, anders verhält, als sie es als Einzelperson tun würde.[14] *Milgram* testet die Bereitschaft von Einzelpersonen, autoritären Anweisungen auch dann Folge zu leisten, wenn sie direkt im Widerspruch zu ihrem Gewissen stehen. Gestützt auf die Anweisung und die Autorität eines Versuchsleiters muss eine Versuchsperson den Opfern des Experiments, die von

---

11 *Schünemann*, Unternehmenskriminalität und Strafrecht, 1979; *Kuhlen*, Strafrechtliche Haftung von Führungskräften, in: Maschmann, Corporate Compliance und Arbeitsrecht, 2009, S. 12.

12 *Sutherland*, White-Collar-Crime, 2. Aufl. 1961, S. 257, 264; *Sack/König*, Kriminalsoziologie, 1968, S. 187, 189; *Schünemann*, Ungelöste Rechtsprobleme bei der Bestrafung nationalsozialistischer Gewalttaten, in: FS Bruns, 1978, S. 20.

13 *Arendt*, Eichmann in Jerusalem: Ein Bericht von der Banalität des Bösen, 1964; *Schünemann*, FS Bruns, 1978, S. 232, 242.

14 *Milgram*, Das Milgram-Experiment, Zur Gehorsamsbereitschaft gegenüber Autorität, 2015, S. 9, 17.

Schauspielern dargestellt werden, Elektroschocks versetzen. Diese Versuchspersonen zeigten eine überraschend hohe Gehorsamsbereitschaft gegenüber der Autorität des Versuchsleiters und zwar ganz entgegen ihrer Intuition und ihrer natürlichen Instinkte und Hemmschwellen. Die Stromstöße waren gespielt, was die Versuchspersonen, die diese Elektroschocks auslösten, nicht wussten. Sie glaubten an die Echtheit der Stromstöße und die vorgetäuschte Qual der Versuchspersonen. Diese experimentell festgestellte Gehorsamsbereitschaft gegenüber Autorität kann bei Unternehmensmitarbeitern dazu führen, dass sie sogar ohne konkrete Anweisung in vorauseilendem Gehorsam sich zum Nutzen ihres Unternehmens strafbar machen und Delikte begehen, zu denen sie als Privatpersonen nicht fähig sind.[15]

Auch ohne konkrete Anweisungen im Unternehmen können Zielvorgaben von   **15** Vorständen zu Straftaten zum Nutzen des Unternehmens führen, weil sich Mitarbeiter dazu autorisiert glauben, die vorgegebenen Ziele auch durch illegales Verhalten zu erreichen.[16] Vorgesetzte können Informationen Autorität verleihen, die sie nicht persönlich geben müssen.[17] Im Konflikt zwischen Rechtstreue einerseits und Unternehmensnutzen andererseits glaubt sich ein Mitarbeiter zum Vorteil des Unternehmens gegen seine Rechtstreue entscheiden zu können. Dadurch lassen sich in einer Organisation außerordentlich komplizierte Verhaltensweisen programmieren, ohne dass der Vorgesetzte in den vorprogrammierten Ablauf im Einzelfall noch eingreifen muss.[18]

Zum Beispiel konnten die Derivatehändler und die Ermittler der Referenzzins-   **16** sätze kommunizieren und sich absprechen, ohne dass die interne Organisation der Bank den ständigen Interessenkonflikt durch organisatorische Vorgaben, insbesondere durch die strikte Trennung von Händlern und Ermittlern geregelt hatte. Ausdrückliche Regelungen fehlten. Von den Vorgesetzten haben die Derivatehändler die vorgelebte Arbeitsweise übernommen. Praktiziert wurde diese Kommunikation, auch ohne dass eine ausdrückliche Anweisung von Vorgesetzten vorgelegen hatte. Der Austausch von Informationen verlief wie vorprogrammiert.[19]

V. Konsequenzen für die Organisationspflicht der Organe

Soweit sich die Theorie nicht widerlegen lässt, Unternehmensmitarbeiter wür-   **17** den sich trotz drohender strafrechtlicher Sanktionen als Mitarbeiter zum Vorteil ihres Unternehmens illegal verhalten, müssen Vorstände und Geschäftsführer, die für die Organisation des Unternehmens verantwortlich sind, aufgrund ihrer

---

15 *Milgram*, Das Milgram-Experiment, Zur Gehorsamsbereitschaft gegenüber Autorität, 2015, S. 22, 155.
16 *Kölbel*, ZIS 2014, 552.
17 *Schünemann*, FS Bruns, 1978, S. 21.
18 *Schünemann*, Unternehmenskriminalität und Strafrecht, 1979, S. 21, 22, mit Hinweise auf *Luhmann*, Funktion und Folgen formaler Organisation, 1994, S. 99.
19 ArbG Frankfurt a. M., 11.9.2013, 9 Ca 1551/13, n. v.

Legalitätspflicht dafür sorgen, dass ihre Mitarbeiter alle Rechtspflichten einhalten. Die kriminogene Verbandsattitüde muss als Organisationsrisiko wahrgenommen werden. Dieses Risiko löst die Organisationspflicht aus, präventiv illegales Verhalten von Mitarbeitern zum Vorteil des Unternehmens abzuwenden. Die Organe von Unternehmen müssen mit illegalem Verhalten ihrer Mitarbeiter rechnen. Das Organisationsrisiko lässt sich nur durch entsprechende Organisationspflichten abwenden, wenn die Ursachen der kriminogenen Verbandsattitüde bekannt sind.

18 Die im Strafrecht geführte Diskussion, ob Sanktionen gegen das Unternehmen (Verbandssanktionen)[20] deliktshemmend wirken und die Sanktionen gegen die Mitarbeiter nach dem Individualstrafrecht ergänzen sollen, ist ausschließlich von rechtspolitischem Interesse. Wenn die Kriminologie das Risiko der kriminogenen Verbandsattitüde mit ihren Ursachen beschreibt, muss es als Organisationsrisiko behandelt und durch Organisationspflichten abgewendet werden, um den Vorwurf des Organisationsverschuldens gegen Vorstände und Geschäftsführer zu vermeiden. Wer ein Unternehmen betreibt, begründet seine Verkehrssicherungspflicht, wenn durch die Mitarbeiter seines Unternehmens Rechtsgüter Dritter verletzt werden, dadurch Schäden verursacht werden und diese Schäden durch entsprechende organisatorische Schutzmaßnahmen vermeidbar gewesen wären. In aller Regel werden Verkehrssicherungspflichten im Nachhinein und zwar in Kenntnis des Geschehensablaufs formuliert. Die Rechtsprechung zum Organisationsverschulden kennt die Organisationspflicht, durch Kontrollen Delikte zu verhindern, indem von vornherein durch unternehmensinterne Kontrollen die Gelegenheit dazu verhindert wird. Aus der allgemeinen menschlichen Erfahrung ist bekannt, dass Gelegenheit Diebe macht und Gelegenheiten erst gar nicht geboten werden dürfen.[21] *Schünemann* führt fünf Ursachen für die kriminogene Verbandsattitüde an.

19 Erstens muss eine Neigung zur Wirtschaftskriminalität im Unternehmen schon vorhanden sein. Zweitens ist die im Wirtschaftsrecht typische Rechtsgutsferne eine weitere Ursache, wobei die Schutzwürdigkeit des geschützten Rechtsguts nicht offensichtlich ist, sondern intensiveres Nachdenken erfordert. Drittens ist die ständige Abhängigkeit des Mitarbeiters vom Unternehmen als Existenzgrundlage eine weitere Ursache dafür, Vorteile für das Unternehmen zum Nachteil der Rechtsordnung anzustreben. Viertens wird der selbstlose Straftäter als weniger strafwürdig verstanden als der, der seinen eigenen ihm nicht zustehenden Vorteil verfolgt. Fünftens ist schließlich die diffuse Verantwortungslosigkeit, die durch die unverzichtbare Arbeitsteilung im Unternehmen die Zurechnung von Straftaten erschwert eine Ursache für die kriminogene Verbandsattitüde. Alle Ursachen müssen durch organisatorische Maßnahmen verhindert werden.

---

20 *Kölbel*, ZIS 2014, 552.
21 BGH, 4.11.1953, VI ZR 64/52, BGHZ 11, 151 (Zinkdach-Urteil); BGH, 9.2.1960, VIII ZR 51/59, BGHZ 32, 53 (Besitzdiener-Urteil).

VI. Die schon vorhandene kriminelle Attitüde im Unternehmen und die Legalitätspflicht zu ihrer Abwehr

Buschs Ausgangshypothese, dass allein schon die Zugehörigkeit zu einem Ver- **20** band oder Unternehmen kriminell mache, hat sich empirisch nicht bestätigen lassen. Wer dies annehmen würde, müsste Verbände und Unternehmen abschaffen. Hinzu kommt, dass illegales Verhalten in Unternehmen nicht die Regel ist. Allenfalls in mafiosen Unternehmen gehört illegales Verhalten zum Geschäftsmodell der organisierten Kriminalität. *Schünemann* schränkt deshalb die Ausgangsthese *Buschs* dahingehend ein, dass Mitarbeiter durch ihre Unternehmenszugehörigkeit nur dann kriminell werden können, wenn in dem Unternehmen schon eine kriminelle Attitüde vorhanden ist. Wenn kriminelles Verhalten das Ergebnis eines Lernprozesses ist, müssen Vorbilder im Unternehmen schon vorhanden sein, kriminelles Verhalten vorleben, um aus an sich rechtstreuen Mitarbeitern Straftäter zu machen.

Gegen die kriminogene Verbandsattitüde ist die Legalitätspflicht sowohl vor **21** einem Rechtsverstoß als auch danach durch Vorstände und Geschäftsführer mit allen Mitteln der Organisation zu erfüllen. Legales Verhalten im Unternehmen hat absoluten Vorrang. Darüber haben die Organe aufzuklären, um Zweifel erst gar nicht aufkommen zu lassen.

VII. Die präventive Legalitätspflicht durch Vorstände und Geschäftsführer vor dem Rechtsverstoß

Zur Legalitätspflicht der Unternehmensorgane gehört es, Rechtsverstöße prä- **22** ventiv zu vermeiden, noch bevor sie begangen wurden.

Im Gesellschaftsrecht ist unbestritten, dass Pflichtverletzungen selbst dann zu **23** vermeiden sind, wenn sie für das Unternehmen nützlich sind.[22] Die Erfüllung der generellen Legalitätspflicht darf nicht von Kosten und Nutzen für das Unternehmen abhängig gemacht werden. Die Theorie des „efficient breach of public law" gilt im deutschen Recht nicht.[23] Nach der Legalitätspflicht ist nicht nur der Vorstand zum gesetzestreuen Verhalten selbst verpflichtet, sondern auch zu organisatorischen Maßnahmen, die ein rechtmäßiges Verhalten seiner Mitarbeiter gewährleisten.[24] Die Legalitätspflicht wird aus § 93 Abs. 1 S. 1 AktG abgeleitet, wonach Vorstandsmitglieder mit ihrer Geschäftsführung die Sorgfalt eines ordentlichen und gewissenhaften Geschäftsleiters anzuwenden haben. Aufgrund ihres Vertrages haben sie nach § 276 BGB die im Verkehr erforderliche Sorgfalt einzuhalten. Was der Verkehr von Geschäftsleitern erwartet, wird in untergesetzlichen Regelwerken durch Selbstregulierung der Verkehrskreise festgelegt.

---

22 *Fleischer*, ZIP 2005, 142, 143, 148; *Pietzke*, CCZ 2010, 45, 46.
23 *Reichert*, ZIS 2011, 113, 114.
24 *Reichert*, ZIS 2011, 113, 114; *Schneider*, ZIP 2003, 645, 647.

24 Nach Ziffer 4.1.3 des deutschen Corporate Governance Kodex hat „der Vorstand für die Einhaltung der gesetzlichen Bestimmung zu sorgen, wirkt auf deren Beachtung durch die Konzernunternehmen ein".

25 Der neue Standard für Compliance Management-Systeme ist in ISO 19600 festgelegt, die am 15.12.2014 in Kraft getreten ist und sich in der Einleitung als „Benchmark" für Compliance Management-Systeme erklärt. Sie enthält sechs Organisationspflichten. Alle Rechtspflichten im Unternehmen sind nach Ziffer 4.5.1, 4.6 zu ermitteln, nach 5.3, 9.1.2 zu delegieren, nach 4.5.2 und 4.6 zu aktualisieren, zu erfüllen, nach 8.2 zu kontrollieren und nach 4.5.1 und 7.5 zu dokumentieren. Vorstände und Geschäftsführer haben Vorbildfunktionen zu erfüllen. Wenn illegales Verhalten im Unternehmen erlernt wird, wie es die Kriminologie erforscht hat, dann ist auch legales Verhalten zu erlernen. Zur Legalitätspflicht gehört auch, dass Vorstände bei eigener Rechtsunkenntnis Rechtsrat einzuholen und auf Plausibilität zu prüfen haben, um Verbotsirrtümer zu vermeiden und die Rechtslage nicht zu verkennen.[25]

26 Die Legalitätspflicht haben Vorstände und Geschäftsführer unmissverständlich im Unternehmen zu vertreten. Sie haben ein Compliance Management-System anzuordnen, anzuwenden, zu verbessern und zu dokumentieren.[26]

27 Kommt es zu einem Rechtsverstoß, hat der Vorstand auf rechtswidriges Handeln im Unternehmen zu reagieren. Zu seiner Legalitätspflicht gehört es

– erstens den Sachverhalt aufzuklären,
– zweitens das festgestellte rechtswidrige Verhalten zu untersagen und
– drittens es angemessen zu sanktionieren.[27]

28 Insbesondere hat der Compliance-Beauftragte regelmäßig die Information an den Vorstand weiterzugeben. Dazu ist er vom Vorstand anzuweisen. Nach dem Berliner-Stadtreinigungsurteil haben Compliance-Beauftragte die Pflicht, auf Rechtsverstöße hinzuweisen, ihren Vorstand zu informieren, den Vorstandsvorsitzenden, wenn der zuständige Vorstand nicht reagiert und schließlich den Aufsichtsrat, sollte auch der Vorstandsvorsitzende nicht auf die Hinweise des Compliance-Beauftragten eingehen. Die Aufklärungspflicht setzt schon bei jedem Verdacht eines Regelverstoßes ein.[28] Der Vorstand hat kein Ermessen bei seiner Entscheidung, ob er den Regelverstoß aufklären muss, er hat vielmehr eine uneingeschränkte Aufklärungspflicht.[29] Er kann sich nicht auf Unkenntnis berufen. Mit ihrer Aufklärung müssen Organe eines Unternehmens zum Ausdruck bringen, dass sie ihre Legalitätspflicht uneingeschränkt erfüllen und auch in Zu-

---

25 BGH, 20.9.2011, II ZR 234/2009, NJW-RR 2011, 1670 (Ision-Entscheidung).
26 Nach ständiger Rspr. seit RG, 14.12.1911, VI 75/11, RGZ 78, 107 (Kutscher-Urteil); zuletzt LG München I, 10.12.2013, 5 HKO 1387/10, CB 2014, 167 m. CB-Komm. *Kränzlin/Weller* = BB 2014, 850 Ls m. BB-Komm. *Grützner* = BeckRS 2014, 17 (Neubürger).
27 *Reichert*, ZIS 2011, 113, 117.
28 *Rönnau/Schneider*, ZIP 2010, 59.
29 *Reichert*, ZIS 2011, 113, 117.

kunft Gesetzesverstöße verfolgen werden, so dass ihre Einstellung zur Legalitätspflicht für jeden im Unternehmen deutlich wird.[30]

VIII. Die unternehmensexterne Aufklärung

Der Vorstand hat die Wahl zwischen unternehmensinterner und externer Aufklärung. Bei externer Aufklärung müsste Strafanzeige gestellt werden, um ein Ermittlungsverfahren einzuleiten. Zur externen Aufklärung ist ein Vorstand nur dann verpflichtet, wenn er von dem Vorhaben oder der Ausführung der in § 138 StGB von Nummer eins bis acht aufgezählten Straftaten zu einer Zeit glaubhaft erfährt, zu der die Ausführung oder der Erfolg der Taten abgewendet werden können. Dem Vorstand oder Geschäftsführer droht selbst die Strafbarkeit wegen Nichtanzeige geplanter Straftaten, wenn er untätig bleibt. Ausdrücklich vorgeschrieben ist die Pflicht zur Strafanzeige in der Spezialnorm des § 13 Geldwäschegesetz (GwG). Aus dieser speziellen Vorschrift zur Geldwäsche lässt sich der Schluss ziehen, dass grundsätzlich keine Strafanzeigepflicht in allen anderen Fällen außer in denen des § 138 StGB besteht.[31]   **29**

IX. Die unternehmensinterne Aufklärung

Vorstände sind zur Informationsbeschaffung und damit zur unternehmensinternen Aufklärung verpflichtet. Sie handeln nach § 93 Abs. 1 S. 2 AktG „auf der Grundlage angemessener Informationen" und sind damit zur Aufklärung rechtserheblicher Sachverhalte verpflichtet.[32] Interne Ermittlungen sind regelmäßig deshalb zu empfehlen, um schlechte Presse und Reputationsverluste für das Unternehmen zu vermeiden. Die unternehmensinterne Aufklärung hat Vorrang. Bevor Strafanzeige gestellt wird, haben die Mitarbeiter die Pflicht zur unternehmensinternen Klärung der offenen Fragen. Arbeitgeber und Arbeitnehmer sind zur gegenseitigen Rücksichtnahme seit der Whistleblower-Entscheidung des Bundesarbeitsgerichts verpflichtet.[33] Auf die unternehmensinterne Aufklärung kann nur verzichtet werden, wenn sich eine der Parteien selbst strafbar zu machen droht.[34]   **30**

Die unternehmensinterne Ermittlung ist auch deshalb zu empfehlen, um das Unternehmen nicht vorschnell mit dem Vorwurf der Aufsichtspflichtverletzung nach § 130 OWiG oder wegen Organhaftung nach § 14 Abs. 1 StGB und § 9 Abs. 1 OWiG zu belasten.   **31**

Klären die Geschäftsleiter eines Unternehmens darüber auf, dass sie ihre Legalitätspflicht uneingeschränkt erfüllen und zwar vor als auch nach einem Rechts-   **32**

---

30 *Schneider*, ZIP 2003, 649.
31 BGH, 30.4.1997, 2 StR 670/96, NStZ 1997, 597 (ARAG/Garmenbeck).
32 BGH, 30.4.1997, 2 StR 670/96, NStZ 1997, 597 (ARAG/Garmenbeck); seit Kutscher-Urteil ständige Rspr., RG, 14.12.1911, VI 75/11, RGZ 78, 107 (Kutscher-Urteil).
33 BAG, 3.7.2003, 2 AZR 235/2002, NZA 2004, 427 (Whistleblower-Urteil.)
34 *Reichert*, ZIS 2011, 113, 121.

verstoß, wirkt dies deliktshemmend, weil klargestellt ist, dass im Unternehmen nützliche Gesetzesverstöße aufgeklärt und unternehmensintern geahndet werden. Eine kriminogene Verbandsattitüde würde damit im Keim erstickt. Der Vorstand hat nicht nur Rechtsverstöße aufzuklären, sondern auch zu sanktionieren. Insbesondere durch die außerordentliche Kündigung gemäß § 626 Abs. 1 BGB, die ordentliche Kündigung gemäß § 1 Abs. 2 KSchG oder die Änderungskündigung gemäß § 626 Abs. 1 BGB, § 2 KSchG. Er kann durch sein Direktionsrecht Arbeitsbedingungen des Verantwortlichen ändern, ihn abmahnen und schließlich Strafanzeigen nach § 158 StPO und § 77 StGB stellen.

X. Die Strafbarkeit von Managern als „Täter hinter dem Täter" durch Organisationsherrschaft

33 Die Folgen formaler Organisation ist die Möglichkeit, Verhaltensweisen durch Informationen zu programmieren, ohne dass Vorgesetzte mit den programmierten Verhaltensweisen im Unternehmen in Beziehung gebracht werden.[35] Seit dem Mauerschützen-Urteil hat der BGH die Organisationsherrschaft „als Fallgruppe der mittelbaren Täterschaft anerkannt".[36] Die Mitglieder des nationalen Verteidigungsrats der DDR wurden als strafrechtlich verantwortliche „Hintermänner" oder als „Täter hinter dem Täter" behandelt, weil sie im Rahmen eines organisierten Machtapparats an untergeordnete, selbstverantwortliche Personen die Weisung zur Begehung einer Straftat erteilt haben. Die Grenzsoldaten waren strafrechtlich uneingeschränkt als verantwortliche Täter verurteilt. Begründet wurde die Strafbarkeit des „Täters hinter dem Täter" durch die Organisationsstruktur eines Systems, in dem Rahmenbedingungen herrschen, die der Hintermann zur Tatbegehung ausnutzt. Insbesondere wird der unmittelbar handelnde Täter austauschbar. Auf seine Individualität kommt es nicht an. Der Täter wird zum „Rädchen im Getriebe", der zwar die Tat mit eigenem Willen begeht und seinen Vorgesetzen als Hintermann durch dessen Organisationsherrschaft ebenfalls zum Täter macht. Die Organisation funktioniert „automatisch".[37] Die Organisation des Machtapparats funktioniert danach so, dass der Wille des Hintermanns ausgeführt wird. Der Tatbeitrag des Hintermanns löst regelhafte Abläufe aus.

34 Die in der Mauerschützen-Entscheidung bestehende Organisationsherrschaft verwendet der BGH zur Begründung der Täterschaft des Vorgesetzten nicht mehr nur innerhalb einer Unrechtsorganisation. Vielmehr überträgt er dies auch auf rechtskonforme Organisationen, wie etwa auf ein Krankenhaus.[38]

---

35 *Schünemann*, FS Bruns, 1978, S. 22; *Luhmann*, Funktion und Folgen formaler Organisation, 1994, S. 99.
36 BGH, 26.7.1994, 5 StR 98/94, BGHSt 40, 218 (Mauerschützen-Urteil).
37 *Roxin*, Straftaten im Rahmen organisatorischer Machtapparate, GA 1963, 193, 200.
38 BGH, 13.9.1994, 1 StR 357/94, BGHSt 40, 257 = NJW 1995, 204.

Der BGH hat die mittelbare Täterschaft einer Aktiengesellschaft kraft Organisa-   **35**
tionsherrschaft in seiner Entscheidung zum Bremer Vulkan angenommen. Vorstandsmitglieder einer beherrschenden Aktiengesellschaft haben ihre Vermögensbetreuungspflicht gegenüber einer abhängigen GmbH verletzt, indem sie
deren Vermögenswerte im Konzern ungesichert so angelegt haben, dass die
Tochtergesellschaft ihre Verbindlichkeiten im Falle eines Verlustes nicht mehr
erfüllen konnte und durch ihren Eingriff ihre Existenz gefährdet war. Die Organisationsherrschaft im Konzern hat es den Vorständen erlaubt, ein Cash-Ma-
nagement im Konzern zu betreiben. Die strafrechtliche Verantwortlichkeit der
Vorstandsmitglieder des Organs der Konzernmutter sah der BGH als begründet
an, „ohne dass es darauf ankäme, ob sie von den einzelnen Kapitaltransfers
Kenntnis erlangt haben".[39] Für Vorstände und Geschäftsführer besteht durch die
Hintermann-Rechtsprechung des BGH das Risiko, dass sie allein aufgrund ihrer
Organisationsherrschaft für Straftaten von Mitarbeitern unterer Hierarchiestufen
verantwortlich gemacht werden können, ohne Kenntnis von Tat, Täter und Tat-
umständen, nur weil Angestellte glaubten, durch Unternehmensinteressen gedeckt zu sein. Mit der Hintermänner-Rechtsprechung des BGH muss bei Führungskräften die Illusion abgelegt werden, sie seien so weit vom strafrechtlich
relevanten Geschehen entfernt, dass sie nicht strafrechtlich belangt werden
könnten. Auf Kenntnisse über die Tatumstände kommt es nicht mehr an. Interne
Untersuchungen erübrigen sich nach dieser Rechtsprechung seit dem Bremer
Vulkan-Urteil.

Im Fall seines Neueintritts hat sich ein Vorstand auch über die Probleme inner-   **36**
halb der Gesellschaft kundig zu machen und darf nicht auf eine vollumfängliche
Information durch den Aufsichtsrat vertrauen. In der „Neubürger-Entscheidung"
hat das Landgericht München hervorgehoben, dass Vorstände nach § 76 Abs. 1
AktG in eigener Verantwortung die Gesellschaft leiten. Gerade die Schmiergeldpraxis mit schwarzen Kassen, Beraterverträgen und Buchungen ohne Geschäfts-
bezug deuten auf kriminelle Verbandsattitüden hin und müssen beim Neueintritt
eines Vorstands geprüft werden.[40] Unternehmen sollten gerade von neuen Vorstandsmitgliedern kritisch zum eigenen Schutz auf kriminelle Verbandsattitüden
geprüft werden.

XI. Zwischenergebnis

Die Theorie der kriminogenen Verbandsattitüde in Unternehmen ist durch empi-   **37**
rische Forschungen nicht widerlegt sondern bestätigt. Sie muss als Organisationsrisiko durch spezielle Organisationspflichten abgewendet werden. Das
Individualstrafrecht verliert gegenüber der Unternehmenskriminalität seine abschreckende Wirkung. Die Ursachen der kriminogenen Verbandsattitüde sind

---

39 BGH, 13.5.2004, 5 StR 73/03, BGHSt 49, 147 (Untreue durch AG-Vorstandmitglieder zum
   Nachteil einer abhängigen GmbH – Bremer Vulkan).
40 LG München, 10.12.2013, 5 HKO-1387/10, CB 2014, 167 mit CB-Komm. *Kränzlin/Weller*;
   BB 2014, 850 Ls m BB.-Komm. *Grützner*; BeckRS 2014, 21 (Neubürger-Entscheidung).

- erstens eine im Unternehmen schon vorhandene kriminelle Neigung nach dem Prinzip „Geschäft geht vor",
- zweitens die für das Wirtschaftsrecht typische Rechtsgutsferne,
- drittens die ständige Abhängigkeit der Mitarbeiter vom Unternehmen als Existenzgrundlage,
- viertens der in Unternehmen häufig anzutreffende selbstlose altruistische Straftäter, der keine eigenen, sondern nur die Vorteile des Unternehmens zu verfolgen scheint, und
- fünftens die diffuse Verantwortungslosigkeit durch Arbeitsteilung. Strafrechtliche Verbandssanktionen gegen das Unternehmen in Ergänzung zum Individualstrafrecht gelten als ebenso wirkungslos. Gefordert werden von der Unternehmensorganisation wirksam unternehmensinterne Kontrollen, um die Ursachen der inzwischen unbestrittenen kriminogenen Verbandsattitüde präventiv zu vermeiden.

XII. Kriminelles Mitarbeiterverhalten zum Vorteil des Unternehmens als vorhersehbares Organisationsrisiko

38 Verhalten sich Mitarbeiter beim Handeln für ihr Unternehmen kriminell, treffen sie persönlich Freiheits- und Geldstrafen. Sie glauben zum Vorteil ihres Unternehmens zu handeln und setzen sich persönlich dadurch strafrechtlichen Sanktionen aus. Ein Verhalten zum eigenen Nachteil und zum fremden Vorteil, selbst wenn es dem eigenen Unternehmen nützt, gilt zwar als irrational, aber nach der Theorie der kriminogenen Verbandsattitüde als vorhersehbar. Es weicht von den Erwartungen ab, die man an rationales Verhalten stellt. Das Strafrecht soll generalpräventiv wirken und durch seine Sanktionen von kriminellem Verhalten abschrecken. Von vernünftig irrational verhaltenden Menschen erwartet man, dass sie Straftaten wegen der rechtlichen Sanktionen vermeiden. Offenbar versagt die abschreckende Wirkung gegenüber Unternehmensmitarbeitern, die glauben, sich illegal verhalten zu können, wenn es nur ihrem Unternehmen nützt.

39 Vorstände und Geschäftsführer müssen illegales Verhalten ihrer Mitarbeiter und das dadurch begründete eigene Risiko vermeiden, als mittelbare Täter aufgrund ihrer Organisationsherrschaft sich strafbar zu machen.[41] Für Vorstände und Geschäftsführer besteht das Risiko, dass ihr eigenes Verhalten als Vorgabe für die Mitarbeiter missverstanden werden kann. Sie haben präventiv das Legalitätsprinzip durchzusetzen, insbesondere auch durch arbeitsrechtliche Sanktionen.

40 Die kriminogene Verbandsattitüde gilt als empirisch bestätigt.[42] Deshalb ist sie im Rahmen der Unternehmensorganisation als vorhersehbares Organisationsrisiko zu vermeiden. Wer als Vorstand oder Geschäftsführer vorhersehbare und vermeidbare Schäden vom Unternehmen nicht abwendet, handelt bei der Erfüllung seiner Organisationspflicht aus seinem Dienstvertrag fahrlässig nach § 276

---

41 *Rack*, CB 2015, 277.
42 *Kölbel*, ZIS 2014, 552, 553.

BGB. Zu den Pflichten von Vorständen und Geschäftsführern gehört es, für legales Verhalten ihrer Mitarbeiter zu sorgen und sich selbst ebenfalls legal zu verhalten. Vorstände und Geschäftsführer trifft die Legalitätspflicht, wonach gemäß § 91 AktG die Pflicht gehört, ein Risikofrüherkennungssystem und ein Überwachungssystem einzurichten und zu unterhalten. Nach § 93 AktG haben Organe die Sorgfaltspflichten eines gewissenhaften und ordentlichen Geschäftsführers anzuwenden.

Zwischenzeitlich gehört es zur allgemeinen Überzeugung, dass Menschen in **41** Entscheidungssituationen systematisch von der Grundannahme der Rationalität und Eigennützigkeit abweichen und nur begrenzt rational und eigennützig agieren. Insbesondere gilt das allgemeine Verhaltensmodell des Homo Oeconomicus als widerlegt. Menschen verhalten sich nicht nur grundsätzlich rational und eigennützig. Vielmehr ist mit irrationalem Verhalten zu rechnen.[43]

Spektakuläre Beispielsfälle bestätigen die Beobachtung der kriminogenen Verbandsattitüde. Der frühere Finanzvorstand von Siemens wurde zu 15 Mio. EUR Schadensersatz verurteilt, weil er es unterlassen hat, ein Compliance Management-System (CMS) einzurichten, um die Korruptionspraxis durch Schmiergeldzahlungen zu verhindern. Der Standortleiter eines Stahlwerks in Turin wurde zu zehn Jahren Gefängnis verurteilt, weil er aus Kostengründen die Brandschutznachrüstung bewusst unterlassen hat. Zu 14 Jahren Gefängnis wurde erstmals ein Banker in London verurteilt, weil er den Referenzzinssatz Libor manipuliert hat.

Nach der Theorie der kriminogenen Verbandsattitüde ist kriminelles und illegales Verhalten von Unternehmensmitarbeitern unter bestimmten Bedingungen vorhersehbar. Es muss durch organisatorische Maßnahmen im Unternehmen vermieden werden. Die Organisationspflicht trifft die Organe, die Vorstände und Geschäftsführer. Diese haben die präventive Legalitätspflicht und müssen unternehmensexterne und -interne Aufklärung betreiben. Vor allem müssen sie Straftaten von Mitarbeitern aufgrund ihrer eigenen Organisationsherrschaft vermeiden.[44] Organe müssen sich selbst legal verhalten. Vor allem müssen sie vermeiden, von Mitarbeitern unterer Hierarchiestufen als Mittäter mit Organisationsherrschaft belastet zu werden, weil ihr Verhalten als Vorgabe für kriminelles Verhalten von den Mitarbeitern gewertet werden kann.[45] Insbesondere haben sie den Vorrang legalen Verhaltens vor der Gewinnerzielung als Verhaltensprinzip im Unternehmen ausdrücklich zu erklären und durchzusetzen. Auf die Einhaltung des Legalitätsprinzips haben sie präventiv hinzuwirken und bei illegalem Verhalten der Mitarbeiter durch unternehmensinterne, arbeitsrechtliche Sanktionen zu reagieren.

---

43 *John*, Verhaltensökonomik im Recht des Arbeitnehmerurhebers in Deutschland und der Schweiz, 2014, S. 22, 31, 63.
44 *Rack*, CB 2015, 281.
45 *Schroeder*, Der Täter hinter dem Täter, 1995; Roxin, GA 1963, 200.

XIII. Die Rechtsgutsferne als Ursache kriminogener Wirkung

44   Um die kriminogene Verbandsattitüde von Mitarbeitern von vorneherein nicht aufkommen zu lassen, müssen die Ursachen ermittelt und vermieden werden. Neben einer schon vorhandenen kriminellen Attitüde im Unternehmen[46] wird als zweite Ursache für Unternehmenskriminalität die Rechtsgutsferne von *Schünemann* beschrieben. Bei Wirtschaftsdelikten liegt das Schutzgut oft so fern, dass sich der einzelne Mitarbeiter den Schaden und die Verletzung des Rechtsguts nicht vorstellen kann. Es handelt sich oft um abstrakte Gefährdungstatbestände, auf die das individuelle Gewissen nicht anspricht.[47]

45   Zum Beispiel beim Rechtsgut des freien Wettbewerbs kann sich ein Mitarbeiter nicht ohne Weiteres vorstellen, welche nachteiligen Konsequenzen Kartellverstöße oder Korruptionsverhalten für die gesamte Rechtsordnung haben können. Den Vorteil von Schmiergeldzahlungen kann sich der Mitarbeiter dagegen viel leichter vorstellen. Schmiergeldzahlungen führen zu Geschäftsabschlüssen. Dagegen bedarf es größerer mentaler Anstrengung für die Einsicht, dass Korruption und Schmiergelder im Regelfall den freien Wettbewerb zum Nachteil aller schädigen. Werden Schmiergeldzahlungen zum Regelfall in der Unternehmenspraxis, wird der freie Wettbewerb zum Nachteil aller eingeschränkt. Der Vorteil im Einzelfall wird zum Nachteil im Regelfall.[48]

46   Die geschützte Umwelt stellt ebenfalls ein Beispiel für Rechtsgutsferne dar. Umweltschäden sind fernliegende Langfristschäden, durch ihre schleichende Entwicklung kaum wahrzunehmen. Wegen ihrer Langfristwirkung sind sie hoch umstritten. Die Umweltbelastungen in Einzelfällen ergeben erst in ihrer Summe als Regelfall das Risiko von Umweltschäden. Charakteristisch im Umweltschutz sind die sogenannten Summationsschäden.

47   Ein Beispiel für ein naheliegendes Rechtsgut ist die Arbeitnehmergesundheit, die durch arbeitsschutzrechtliche Vorschriften bezweckt wird. Die eigene Gesundheit und die der Belegschaft ist ein naheliegendes und für alle begreifbares schützenswertes Rechtsgut.

XIV. Die existenzielle Abhängigkeit vom Unternehmen als Ursache kriminogener Wirkungen

48   Als dritten Grund für die Entstehung der kriminogenen Verbandsattitüde nennt *Schünemann* die Abhängigkeit der Mitarbeiter von ihrem Arbeitsplatz als Existenzgrundlage.[49] Sie kann kriminelles Verhalten zum Vorteil eines Unterneh-

---

46 *Rack*, CB 2015, 277 f.
47 *Schünemann*, Unternehmenskriminalität und Strafrecht, Eine Untersuchung der Haftung der Wirtschaftsunternehmen, ihrer Führungskräfte nach geltendem und geplanten Straf- und Ordnungswidrigkeitengesetz, 1979, S. 23.
48 *Lübbe-Wolff*, Rechtsfolgen und Realfolge – Welche Rolle können Folgeerwägungen in der juristischen Regel und Begriffsbildung spielen, 1981, S. 143.
49 *Schünemann*, Unternehmenskriminalität und Strafrecht, 1979, S. 23.

mens fördern. Wenn der Verlust des Arbeitsplatzes droht, fürchten einzelne Mitarbeiter um ihren sozialen Status, um ihre wirtschaftliche Existenz und verlieren ihre Hemmungen vor illegalem Verhalten zum Vorteil des Unternehmens, selbst wenn Rechtsgüter Dritter verletzt werden. Individuelle Existenzsorgen neutralisieren die Legalitätspflicht. Das Wohl des Unternehmens und die eigene Existenz sind dem Mitarbeiter näher als die Rechtsordnung. Zu den Risikofaktoren für die kriminelle Verbandsattitüde zählen im Übrigen geringe Gewinnmargen, Ertragsdefizite und finanzielle Schwierigkeiten eines Unternehmens.[50] Der Konflikt zwischen Rechtstreue und Unternehmenstreue lässt sich nur durch Folgeerwägungen argumentativ auflösen. Die Abhängigkeit vom Arbeitsplatz und die Sorge um das Wohl des Unternehmens heben offenbar die abschreckende Wirkung strafrechtlicher Sanktionen auf.

Die Erwägung der Folgen hilft dabei, intuitiv erfasste Scheinvorteile rational als Irrtümer aufzudecken. Der Irrtum der Mitarbeiter besteht darin, dass die eigene Existenz durch illegales Verhalten zum Vorteil des Unternehmens gerade nicht gefördert, sondern gefährdet wird. Möglicherweise hat das Unternehmen kurzfristig einen Scheinvorteil. Den Nachteil hat jedoch auf jeden Fall der Mitarbeiter persönlich, wenn sein illegales Verhalten entdeckt wird. In aller Regel geht die Unternehmensführung auf Distanz und erklärt den Mitarbeiter als Einzeltäter im Einzelfall, um von der kriminellen Verbandsattitüde im Unternehmen als systematisches Verhaltensprinzip abzulenken. Der wirtschaftliche Vorteil für das Unternehmen führt zu den existenzvernichtenden strafrechtlichen Konsequenzen für den Mitarbeiter. Nicht das Unternehmen als juristische Person trägt den Nachteil einer Freiheits- oder Geldstrafe, sondern der einzelne Angestellte persönlich. Unternehmen sind als juristische Person nämlich nicht schuldfähig, nicht handlungsfähig und nicht straffähig. Eine juristische Person handelt immer nur durch ihre Vertreter. Der einzelne Unternehmensmitarbeiter wird durch den Strafvollzug getroffen nicht aber das Unternehmen. Unsere Rechtsordnung kennt kein Strafrecht für Unternehmen. Allenfalls befasst sich die rechtspolitische Diskussion mit der Möglichkeit eines Unternehmensstrafrechts. Nach der geltenden Rechtslage geht immer noch der Mitarbeiter ins Gefängnis oder trägt die Geldstrafe persönlich.

In allen drei Beispielsfällen wird diese Rechtslage deutlich. Der Standortmanager des Stahlwerks in Turin hat seinem Unternehmen zwar die Kosten für die Nachrüstung der Brandschutzanlagen ersparen wollen. Dafür geht er für zehn Jahre ins Gefängnis, weil sieben Stahlwerker durch einen Brand getötet wurden. Der Manager verbüßt persönlich die Freiheitsstrafe und nicht etwa sein Unternehmen. Die eingesparten Brandschutznachrüstungskosten flossen nicht dem Standortmanager als persönlicher Vorteil zu. Diesen Scheinvorteil für das Unternehmen bezahlt er mit zehn Jahren Gefängnis in Italien.

49

50

---

50 *Kölbel*, ZIS 2014, 552, 554 m. w. N. zu kriminologischen Forschungsergebnissen.

51   Der ehemalige Finanzvorstand wird von der eigenen Firma zu 15,0 Mio. EUR Schadensersatz verklagt und verurteilt, weil er kein CMS eingeführt hat, um u. a. die Korruptionspraxis durch Schmiergeldzahlungen zu unterbinden, wodurch er der Firma einen Wettbewerbsvorteil gegenüber Konkurrenten verschafft hat. Den persönlichen Nachteil hatte der Finanzvorstand, aus strafrechtlichen Ermittlungsverfahren und den Schadensersatz über 15 Mio. EUR. Sein Konflikt zwischen Rechtstreue und Unternehmensvorteil blieb ungelöst. Die Ausweglosigkeit lässt sich als Grund für seinen Selbstmord vermuten. Unternehmen müssen deshalb Interessenkonflikte dieser Art durch organisatorische Maßnahmen auflösen.

52   Auch im Berliner Stadtreinigungsfall trugen der Finanzvorstand und sein Compliance Officer die strafrechtlichen Folgen mit der Verurteilung wegen Betrugs und Beihilfe zum Betrug. Vorstände und Geschäftsführer haben die Pflicht, das Risiko der kriminogenen Verbandsattitüde abzuwenden, die Mitarbeiter von illegalen Verhalten abzuhalten, die Existenzängste der Mitarbeiter um das Wohl der Firma und ihre eigene Existenz einzukalkulieren und auf den Vorrang der Legalitätspflicht unmissverständlich hinzuweisen, die persönlichen Nachteile für einzelne Mitarbeiter als Konsequenzen zu beschreiben und den nützlichen Pflichtverstoß im Unternehmen mit Nachdruck zu verbieten. Begehen Mitarbeiter Straftaten zum Vorteil ihres Unternehmens, weil sie sich irrtümlich dazu berechtigt glauben, besteht das Risiko für Geschäftsleiter, wenn sie keine Anordnung zum illegalen Verhalten getroffen haben, sich selbst als Hintermänner, Drahtzieher, Schreibtischtäter und als mittelbare Täter strafbar zu machen und zwar allein schon deshalb, weil sie die Organisationsherrschaft haben und damit alle Mittel einsetzen können, um illegales Verhalten zu unterbinden. Mitarbeiter mit kriminellen Neigungen zum Wohl des Unternehmens stellen damit ein Risiko für die Unternehmensführung dar, selbst wenn sie zum Wohl des Unternehmens handeln.[51]

XV. Der altruistische selbstlose Straftäter als kriminogene Ursache

53   Gefördert wird die kriminogene Verbandsattitüde durch die nützliche Rechtspflichtverletzung zum Vorteil des Unternehmens. Der Mitarbeiter verhält sich insbesondere bei Delikten mit egoistischen Motiven gerade nicht egoistisch, sondern altruistisch und selbstlos. Delikte, die im Tatbestand Habgier, Zueignungs-, Vorteils-, Bereicherungsabsicht voraussetzen, scheinen den Mitarbeiter nicht zu treffen.

54   Auch ohne Vorteil für den Täter werden jedoch Rechtsgüter Dritter verletzt. Der Irrtum kommt dann zum Ausdruck, wenn Unternehmensmitarbeiter zu ihrer Entlastung darauf hinweisen, sie hätten sich nicht selbst bereichert und keine ei-

---

51 BGH, 26.7.1994, 5 StR 98/94, BGHSt 40, 218 (Mauerschützen-Urteil); BGH, 13.5.2004, 5 StR 73/03, BGHSt 49, 147 (Bremer Vulkan). BGH, 2.6.2008 – II ZR 27/07 NJW-RR 2008, 2070.

Rack

genen Vorteile durch ihr illegales Verhalten gewonnen.[52] Neutralisiert wird illegales Verhalten dadurch, dass das im sozialen Leben verwurzelte Tatbild eines Straftäters wie das eines Diebes oder Betrügers vom kriminellen Unternehmensmitarbeiter nicht erfüllt wird, weil er sich altruistisch und selbstlos für sein Unternehmen zu opfern scheint.[53] In allen drei Beispielsfällen haben die Täter keine persönlichen Vorteile, sondern nur persönliche Nachteile gehabt.[54]

XVI. Die diffuse Verantwortungslosigkeit durch Arbeitsteilung als kriminogene Ursache und die Vermeidung durch die Delegation von Rechtspflichten

Schünemann nennt fünftens als kriminalitätsauslösenden Faktor beim Handeln **55** für ein Unternehmen die Arbeitsteilung und die Informationskanalisierung.[55] Die in der Industrie unverzichtbare Arbeitsteilung bewirkt, dass einzelne Mitarbeiter nur in Ausschnitten die Konsequenzen ihres Handels wahrnehmen können. Ihnen fehlt der Überblick über das Ausmaß ihres Beitrages zu einem strafbaren oder schadensbegründenden Verhalten. Die Arbeitsteilung führt zur Teilung der Verantwortung. Mitarbeiter vertrauen darauf, dass sie von übergeordneten Organen und Vorgesetzen kontrolliert werden. Die Organe dagegen vertrauen darauf, dass sich Mitarbeiter wie selbstverständlich legal verhalten. Die Führungsebene verlässt sich auf die Arbeitsebene, auf deren Detailkenntnisse und Spezialerfahrung am Arbeitsplatz der ausführenden Mitarbeiter und umgekehrt. Wenn sich einer auf den anderen verlässt, versagen im Ergebnis die Kontrollen. Insbesondere innerhalb der Betriebshierarchie vertrauen die Mitarbeiter auf die Kompetenz ihrer Führungskräfte und auf ihre höhere Einsichtsfähigkeiten. Die objektive Verantwortung wird von oben nach unten delegiert, während das subjektive Verantwortungserlebnis umgekehrt ist.[56] Das Kontrollversagen im Unternehmen ist dadurch vorprogrammiert.

Neutralisierend im Unternehmen wirkt der Umstand, dass niemand alleine ver- **56** antwortlich zu sein scheint, sondern aufgrund der Arbeitsteilung die Verantwortung auf alle Mitarbeiter sich verteilt. Dieses Risiko der geteilten Verantwortungslosigkeit durch Arbeitsteilung lässt sich nur durch eine klare Verantwortungszuweisung durch die ausdrückliche Delegation aller Pflichten des Unternehmens auf Einzelverantwortliche vermeiden. Die Organisationspflicht der Delegation der Unternehmenspflichten auf namentlich benannte Mit-

---

52 LG Nürnberg-Fürth, 24.11.2008, 3 KLs 501 Js 1777/08, n. v. (Feldmayer).
53 *Schünemann*, Unternehmenskriminalität und Strafrecht, 1979, S. 24.
54 Im Falle des Siemens-Vorstands ist hervorzuheben, dass er sich nicht strafbar gemacht hat, sondern zu 15 Mio. EUR Schadensersatz wg. Organisationsverschulden verurteilt wurde.
55 *Schünemann*, Unternehmenskriminalität und Strafrecht, 1979, S. 24.
56 *Schünemann*, Unternehmenskriminalität und Strafrecht, 1979, S. 24.

arbeiter gehört zur ständigen Rechtsprechung des BGH und bereits des Reichsgerichts zum Organisationsverschulden.[57]

57 Nach der neuen ISO 19600 zum Compliance Management vom 15.12.2014 wird die Delegation in Ziff. 5.3 und 9.1.2 als Empfehlung ausdrücklich geregelt.

XVII. Blockierte Informationen als Ursache kriminogener Verbandsattitüden

58 Kriminogen wirkt eine psychologisch erklärbare Informationsblockade. Wer aufgrund seiner Meldepflichten über Risiken aus seinem Verantwortungsbereich seine Vorgesetzten informieren muss, hat die Neigung, nur positive Informationen zu liefern und negative Nachrichten solange zurück zu halten, bis er die Probleme eventuell selbst gelöst hat.[58] Die Informationen über Risiken im Unternehmen sind für die Entscheidung über deren Abwehr durch die Organe des Unternehmens unverzichtbar. Ohne Risiken zu kennen, kann kein Vorstand oder Geschäftsführer ihre Abwehr organisieren. Organe sind deshalb auf die Informationen von der Arbeitsebene auf die Entscheidungsebene angewiesen. Nur die Führungskräfte können aufgrund ihres Direktionsrechts Krisenmanagement betreiben und die Risikoabwehr organisieren. Sie sind zum Eingreifen verpflichtet,[59] was jedoch voraussetzt, dass sie über den Anlass ihres Eingreifens informiert sind. Risiken sind Schadensprognosen und deshalb grundsätzlich schlechte Nachrichten. Wer schlechte Nachrichten überbringt, macht sich unbeliebt. Im Übrigen erzeugt der Berichterstatter über Risiken Entscheidungs- und Handlungsdruck bei den informierten Führungskräften. Im unaufgeklärten Mittelalter wurden die Boten schlechter Nachrichten geköpft. „Töte nicht den Boten" galt dagegen als aufgeklärte Empfehlung.[60] Der blockierende Informationsfilter muss überwunden werden.[61]

---

57 BGH, 17.10.1967, VI ZR 70/66, NJW 1968, 247 (Schubstreben-Urteil); RG, 14.12.1911, VI 75/11, RGZ 78, 107 (Kutscher-Urteil); RG, 28.11.1913, III 194/13, RG Warn. 1914, 35, 50 = RGJW (1923), 1026 (Neuzement-Urteil); RG, 25.2.1915, VI 526/14, RGZ 87 (1916), 1 (Heilsalz-Urteil); RG, 19.2.1923, IV 427/22, RGJW (1923), 1026 (Fuhrwerk-Urteil); RG, 12.1.1938, VI 172/37, RGJW 1938, 1651 (Kleinbahn-Urteil); BGH, 4.11.1953, VI ZR 64/52, BGHZ 11, 151 (Zinkdach-Urteil); BGH, 10.5.1957, I ZR 234/55, BGHZ 24, 200 (Presseangriff-Urteil); BGH, 6.11.1956, VI ZR 71/56, MDR 1957, 214 (Streupflicht-Urteil II); BGH, 25.10.1951, III ZR 95/50, BGHZ 4, 1 (Benzinfahrt-Urteil); BGH, 9.2.1960, VIII ZR 51/59, BGHZ 32, 53 (Besitzdiener-Urteil); BGH, 28.10.1958, V ZR 54/56, VersR 1959, 104 (Gießerei-Urteil); BGH, 13.12.1960, VI ZR 42/60, NJW 1961, 455 (Propagandisten-Urteil); RG, 14.12.1911, VI 75/11, RGZ 78, 107 (Kutscher-Urteil); OLG Düsseldorf, 9.12.2009, 6 W 45/09, NJW 2010, 1537 (IKB-Entscheidung).
58 *Schünemann*, Unternehmenskriminalität und Strafrecht, 1979, S. 23.
59 LG München I, 10.12.2013, 5 HKO 1387/10, = = (Neubürger); BGH, 6.7.1990, 2 StR 549/89, NJW 1990, 2560 (Lederspray-Urteil).
60 Die Empfehlung wird Sophokles zugeschrieben.
61 *Schünemann*, Unternehmenskriminalität und Strafrecht, 1979, S. 37.

Die Informationsblockade macht das Strafrecht untauglich zur Abschreckung **59** gegen Unternehmenskriminalität. In internen Untersuchungen wird mit großem Aufwand geprüft, wer Kenntnis von welchem Missstand hatte. Dadurch wird die strafrechtliche Zurechnung zum Problem. Die subjektive Sorgfaltswidrigkeit wandert vom Täterkreis der Leitungsorgane in der Betriebshierarchie nach unten. Aus der vertikalen Arbeitsteilung und der Betriebshierarchie resultieren dadurch Strafbarkeitslücken. Die Führungskräfte sind keine Täter, weil sie nicht informiert sind. Die informierten Mitarbeiter sind keine Täter, weil sie keine Organe sind oder keine Leitungsfunktion im Sinne von § 14 Abs. 2 StGB erfüllen.[62] Weil strafrechtlich relevante Informationen über Risiken von Mitarbeitern unterer Hierarchiestufen nicht weitergegeben werden, weil sie befürchten müssen, sich unbeliebt zu machen und weil Führungskräfte an strafrechtlichen relevanten Informationen nicht interessiert sind, die sie zu Entscheidungen zwingen, entsteht eine Blockade von Informationen über Sachverhalte der Unternehmenskriminalität.

Im Zivilrecht gilt die Informationsbeschaffungspflicht für Führungskräfte und **60** die Meldepflicht der übrigen Mitarbeiter. Es kommt nicht darauf an, ob Vorstände und Geschäftsführer tatsächlich etwas über die Risiken im Unternehmen wussten, sondern was sie wissen mussten und welche Information sie sich hätten beschaffen müssen. Unkenntnis schützt nicht vor Strafe gilt als Gemeingut. Verbotsirrtümer müssen vermieden werden. Seit 1957 gilt § 17 StGB. Seit 1996 gilt die Rechtsprechung des BGH zur Vermeidung der Wissensaufspaltung. Danach sind rechtserhebliche Informationen zu sammeln, zu speichern, weiterzuleiten und im Unternehmen ständig verfügbar zu halten.[63] Schon im Kutscherurteil von 1911 hat das Reichsgericht ein Informationsbeschaffungssystem als Organisationspflicht formuliert. Jeder Mitarbeiter jeder Hierarchiestufe ist zur Meldung über Risiken verpflichtet. Zu verbinden ist die Meldepflicht mit einer vereinbarten Vertragsstrafe bei ihrer Verletzung.[64]

XVIII. Die Auskunftspflicht mit Verwertungsverbot als Konfliktlösung

Vorstände sind an der ungehinderten Information von der Arbeitsebene auf die **61** Entscheidungebene angewiesen. Sie müssen ihr Organisationsverschulden vermeiden, alle Risiken erfassen, Rechtsverstöße aufklären, abstellen und sanktionieren.[65] Jeder Verstoß gegen Rechtspflichten trifft Vorstand und Geschäftsführer mit dem Vorwurf, die Legalitätspflicht verletzt zu haben und nicht ausreichend dafür gesorgt zu haben, dass sich auch die Mitarbeiter legal verhal-

---

62 *Schünemann*, Unternehmenskriminalität und Strafrecht, 1979, S. 38.
63 BGH, 15.4.1997, XI ZR 105/96, BGHZ 135, 202 = BB 1997, 1276 (Wissenszurechnung beim Scheckinkasso); BGH 2.2.1996, V ZR 239/94, BGHZ 132,30 = BB 1996, 924 (Wissensaufspaltung); Spindler, Unternehmensorganisationspflichten, 2001, S. 640.
64 RG, 14.12.1911, VI 75/11, RGZ 78, 107 (Kutscher-Urteil).
65 *Reichert*, ZIS 2011, 113, 120.

ten. Die Angestellten dagegen wollen nicht die Boten schlechter Nachrichten sein, und sind in Sorge, sich selbst zu belasten und sich selbst strafrechtlichen Sanktionen auszusetzen. Nach ihrem Dienstvertrag sind sie zur Auskunft verpflichtet. Die zwar verbreitete, aber meist unbegründete Sorge, „immer mit einem Bein schon im Gefängnis zu stehen", vermindert die Auskunftsbereitschaft zulasten einer unbegründeten Risikoabwehr im Unternehmen. Die Sorge vor Selbstbelastung und Strafverfolgung lässt sich den Mitarbeitern in aller Regel nicht nehmen. Sie bleibt meistens unausgesprochen. Vor allem wird die Informationsblockade gerade auch durch die weitere Sorge verursacht, dass Mitarbeiter sich vor einer eventuellen Haftung für falschen Alarm fürchten und deshalb Informationen zurückhalten. Risiken sind Schadensprognosen, und nicht zu erkennen und zu beweisen. Vielmehr muss man sie sich denken. Denkbar ist alles. Unter vielen denkbaren möglichen künftigen Schadensverläufen muss sich ein Entscheidungsträger entscheiden und diesen Geschehensverlauf als Risiko behandeln und abwenden. Tritt das Risiko nicht ein und wurden Kosten zur Schadensprävention vergeblich verursacht, führt diese Sorge zur verständlichen Zurückhaltung der Unternehmensmitarbeiter, Risiken an die Unternehmensführung zu melden.

62 Der Konflikt zwischen arbeitsrechtlicher Auskunftspflicht einerseits und dem Risiko der Selbstbelastung andererseits wurde erstmals im Gemeinschuldnerbeschluss des Bundesverfassungsgerichts behandelt.[66] In ihrem Arbeitsvertrag haben sich Mitarbeiter freiwillig verpflichtet, Informationen über Risiken zu melden. Im Gemeinschuldnerbeschluss wurde die uneingeschränkte Auskunftspflicht des Gemeinschuldners bejaht und das Interesse an einem Schutz gegen erzwungene Selbstbelastung zurückgestellt. Die Auskunftspflicht gilt als absolut vorrangig. Eine andere Lösung würde zu untragbaren Konsequenzen führen. Würde sich ein pflichtwidriger Vertragspartner auf seinen Schutz vor Selbstbelastung berufen und Informationen verweigern können, würden diejenigen bevorteilt, die pflichtwidrig ihre Vertragspartner benachteiligt haben. Der pflichtwidrige Vertragspartner würde immer belohnt, weil er seinem Gläubiger Informationen vorenthält, die ihn belasten. Pflichtenverstöße würden privilegiert, die Pflichterfüllung würde benachteiligt, insbesondere auch dann, wenn der gravierende Pflichtverstoß strafbewehrt wäre. Die Auskunftspflicht muss uneingeschränkt gelten, selbst wenn die Informationen zur Selbstbelastung und zu strafrechtlichen Konsequenzen führen könnten. Die Lösung besteht in der Kombination einer Auskunftspflicht mit einem gleichzeitigen Verwertungsverbot für Maßnahmen der Strafverfolgung. Verpflichtet sich ein Vertragspartner zur Information, gilt diese Verpflichtung nicht gleichzeitig zur Selbstanzeige in einem Strafverfahren. Die Verknüpfung von Auskunftspflicht und gleichzeitiger Pflicht zum Verwertungsverbot gilt für alle Fälle der vertraglich vereinbarten Informationspflicht. Wenn schon im Strafverfahren Zeugen und Beschuldigte ein

---

66 BVerfG, 13.1.1981, 1 BvR 116/77, BVerfGE 56, 37 = BB 1981, 639 = NJW, 1981, 1431, 1432 (Gemeinschuldner).

Aussageverweigerungsrecht zusteht, muss dieses Recht auch außerhalb des Strafverfahrens Anwendung finden. Die Aussagepflicht in Verbindung mit einem Verwertungsverbot stellt das Bundesverfassungsgericht in seinem Gemeinschuldnerbeschluss[67] als Lösung des Konflikts zwischen Informationspflicht und Selbstbelastungsverbot fest. Im Interesse einer effizienten Risikoabwehr empfiehlt es sich, durch das Verwertungsverbot auf die Strafverfolgung zu verzichten. Die Auskunftspflicht kombiniert mit dem Selbstbelastungsverbot ist gesetzlich in § 97 Abs. 1 S. 3 InsO für das Verhältnis zwischen Insolvenzverwalter und Gemeinschuldner und in § 393 AO im Besteuerungsverfahren zwischen Steuerpflichtigem und Finanzbehörde geregelt.[68] Beide Vorschriften lassen sich zur Analogie in vergleichbaren Fällen heranziehen. In § 97 InsO und § 393 AO hat der Gesetzgeber die Konfliktlösung des Bundesverfassungsgerichts aus dem Gemeinschuldnerbeschluss umgesetzt. Im Arbeitsrecht fehlt eine vergleichbare und wünschenswerte Regelung. Solange der Gesetzgeber den Konflikt zwischen arbeitsrechtlicher Informationspflicht und dem Schutz vor strafrechtlichen[69] Selbstbelastung nicht regelt, bietet sich im Arbeitsrecht die Analogie zur Regelung in der Insolvenzordnung und in der Abgabenordnung an.

XIX. Fazit

Die kriminogene Verbandsattitüde erweist sich als empirisch nachgewiesenes **63** Fehlverhalten im Unternehmen. Als Organisationsrisiko ist es zu erfassen und abzuwenden, seine Ursachen zu ermitteln und präventiv zu vermeiden. Schon vorhandene Tendenzen zur Unternehmenskriminalität sind durch klare unmissverständliche Bekenntnisse zur Legalitätspflicht sowie zum Vorrang der Legalität im Unternehmen präventiv vor und repressiv nach Straftaten zu bekämpfen. Vor allem ist die Sozialkontrolle des Strafrechts mit seiner nachlassenden abschreckenden Wirkung durch interne Unternehmenskontrollen und Vertragsstrafen zu ersetzen. Über die persönlichen Nachteile der Unternehmensmitarbeiter durch illegales Verhalten zum Nutzen des Unternehmens ist aufzuklären. Insbesondere ist darauf hinzuweisen, dass der selbstlose Täter durch eventuelle Vorteile für das Unternehmen sich nicht entlasten kann. Die diffuse Verantwortungslosigkeit für die Einhaltung der Unternehmenspflichten lässt sich durch die Delegation der Pflichten auf Mitarbeiter vermeiden. Die Informationsblockade ist durch Auskunftspflicht mit gleichzeitigem Verwertungsverbot zu überwinden. Die Früherkennung illegalen Verhaltens im Unternehmen, lässt sich durch diese organisatorischen Maßnahmen verbessern.

---

67 BVerfG, 13.1.1981, 1 BvR 116/77, BVerfGE 56, 37 BB 1981, 639 = NJW, 1981, 1431, 1432 (Gemeinschuldner).

68 *Maschmann*, Corporate Compliance und Arbeitsrecht, 2009, S. 175; LG Hamburg, 15.10.2010, 608 QS 18/10, CCZ 2011, 155 mit Anm. Fritz.

69 *Schroeder*, Der Täter hinter dem Täter, 1995; *Roxin*, Straftaten im Rahmen organisatorischer Machtapparate, GA 1963, 200.

Teil 3
Besondere Aufgaben und Anwendungsfelder

18. Kapitel
Compliance in M&A-Transaktionen

I. Einleitung

Eine Vielzahl rechtlicher Regeln kann sich im Fall ihrer Nichtbeachtung nachteilig auf M&A-Transaktionen auswirken. Insofern ist zu differenzieren: Einerseits gibt es Regeln, die auf den M&A-Prozess selbst Anwendung finden (prozessuale M&A-Compliance). Dabei handelt es sich beispielsweise um das kartellrechtliche Vollzugsverbot oder das Erfordernis, vor der Offenlegung vertraulicher Informationen in Bezug auf die Zielgesellschaft mit dem Erwerber eine Vertraulichkeitserklärung abzuschließen. **1**

Neben der Bewältigung prozessualer Compliance-Themen stellt sich die Frage, wie mit Risiken aufgrund der Nichteinhaltung von rechtlichen Regeln jeglicher Art durch die Zielgesellschaft umzugehen ist (materielle M&A-Compliance). Im Kern stehen hier die Fragen, ob und wenn ja, inwieweit eine Pflicht besteht, im Rahmen der Due Diligence nach derartigen Risiken zu suchen und welche Möglichkeiten es gibt, mit etwaigen materiellen Compliance-Risiken in einer M&A-Transaktion umzugehen. Die materielle M&A-Compliance hat bislang deutlich weniger Beachtung gefunden, als die prozessuale M&A-Compliance. **2**

Freilich sind prozessuale und materielle M&A-Compliance nicht immer scharf voneinander abzugrenzen: Streng genommen ist die Frage nach der Pflicht zur Durchführung einer Compliance-Due Diligence (ebenso wie die Frage nach der Pflicht zur Due Diligence ganz allgemein) zumindest auch eine prozessuale Frage. Inhaltlich geht es aber um potenzielle materielle Compliance-Themen der Zielgesellschaft, weshalb die Frage nach der Pflicht zur Durchführung einer Compliance-Due Diligence hier als eine solche der materiellen M&A-Compliance behandelt wird. **3**

Kaum der Erwähnung bedarf wohl die erhebliche praktische Relevanz der M&A-Compliance – und zwar sowohl der prozessualen wie der materiellen. M&A-Transaktionen sind komplex und häufig großvolumig, was betragsmäßig zu einem hohen Schadenspotenzial führt.[1] Man stelle sich nur vor, der Geschäftsbereich der Siemens AG, in dem sich der der Siemens/Neubürger-Entscheidung[2] zugrunde liegende Sachverhalt abspielte, wäre (vor Bekanntwerden der korruptiven Handlungen) Gegenstand einer M&A-Transaktion gewesen. Der Erwerber hätte sich Risiken in Höhe von ca. 2,5 Milliarden EUR einge- **4**

---

1 *Liese*, BB 2010, 27.
2 LG München I, 10.12.2013, 5 HK O 1387/10, BB 2014, 850.

kauft.[3] Auch wird die tatsächliche Entdeckungswahrscheinlichkeit von Compliance-Verstößen durch M&A-Transaktionen erheblich erhöht, z. B. aufgrund von Zufallsfunden in Unterlagen, die im Zusammenhang mit der Prüfung des Zusammenschlussvorhabens von Kartellbehörden angefordert wurden. Aber nicht nur die materielle M&A-Compliance ist haftungsträchtig: Beispielsweise können unterlassene oder verspätete Ad-hoc-Mitteilungen oder Verstöße gegen das kartellrechtliche Vollzugsverbot erhebliche Bußgelder nach sich ziehen. Im Fall unterlassener oder verspäteter Ad-hoc-Mitteilungen drohen zudem (erhebliche) Schadensersatzforderungen. Insiderhandel ist für die betroffenen Individuen sogar strafbar und es kann auch im Zusammenhang mit der Durchführung einer M&A-Transaktion selbst zu korruptiven Handlungen kommen: So hatte etwa jedes dritte Verfahren nach dem US-amerikanischen Foreign Corrupt Practices Act (FCPA) im Kern einen M&A-Sachverhalt.[4]

II. Prozessuale M&A-Compliance – Einhaltung von Rechtsvorschriften im M&A-Verfahren

1. Strukturierung der Transaktion

a) Auktions- und Einzelbieterverfahren

5   In einem ersten Schritt wird sich der Veräußerer Gedanken zur Transaktionsstruktur machen müssen, sowohl hinsichtlich des Kaufgegenstands als auch des Prozesses. Prozessual spielt vor allem die Frage eine Rolle, ob der Verkauf als Auktionsverfahren mit mehreren Bietern aufgesetzt oder exklusiv mit einem einzelnen Bieter verhandelt werden soll. Empirische Untersuchungen deuten darauf hin, dass der Kaufpreis in einem Auktionsverfahren maximiert werden kann. Im Einzelfall mag es dessen ungeachtet gewichtige Gründe geben, mit nur einem Bieter exklusiv zu verhandeln. Die Entscheidung gegen ein Bieterverfahren sollte aus Sicht der handelnden Organe aber sorgfältig abgewogen und dokumentiert werden, um sich gegen den etwaigen Vorwurf wehren zu können, die Zielgesellschaft sei zu günstig (oder zu unnötig nachteilhaften Konditionen im Übrigen) veräußert worden.[5] Eine Pflicht zur Veräußerung zu einem möglichst hohen Preis kann jedoch nicht angenommen werden. So findet die mitunter angeführte Revlon-Doktrin[6] aus dem angelsächsischen Recht, wonach die Direktoren einer Zielgesellschaft – deren Verkauf feststeht – zur Erzielung des höchsten Kauf-

---

3 Handelsblatt v. 22.4.2014, http://www.handelsblatt.com/unternehmen/management/milliar denschwere-korruption-prozess-gegen-ex-siemens-vorstand-kommt-voran/9790090.html (zuletzt abgerufen am 1.2.2020).

4 *Schwarz*, BB 2012, 136, 138.

5 Vgl. *Liese/Theusinger*, in: Hauschka/Moosmayer/Lösler, Corporate Compliance, 3. Aufl. 2016, § 27 Rn. 8. Zur haftungsprivilegierenden Wirkung der Business Judgement Rule sowie deren Voraussetzungen, siehe unten Rn. 83.

6 *Revlon v. MacAndrews & Forbes Holding Inc.*, 506 A.2d 173 (Del. 1986).

preises verpflichtet sind, hier keine Grundlage.[7] Die Unternehmensleitung ist vielmehr den Unternehmens- und jedenfalls nicht allein den Eigentümerinteressen verpflichtet.

b) Transaktionsgegenstand

Als Transaktionsgegenstand kommen einerseits die Gesellschaftsanteile der **6** Zielgesellschaft („Share Deal") und andererseits die Vermögensgegenstände der Zielgesellschaft („Asset Deal") in Betracht. Die Wahl hat steuerliche Auswirkungen und kann weiterhin dazu dienen, den Übergang von materiellen Risiken der Zielgesellschaft zu steuern.[8] Allerdings hat die Wahl der Strukturierung der Transaktion als Asset oder Share Deal weitere compliance-relevante Implikationen, die ebenfalls bedacht werden müssen.

Z.B. kann es regelmäßig durch die Übertragung von Vermögensgegenständen **7** im Rahmen eines Asset Deals zu einer Verarbeitung von personenbezogenen Daten kommen (Art. 4 Nr. 2 DSGVO). Bereits die Erhebung solcher Daten unterliegt einer Zweckbindung (Art. 5 Abs. 1 lit. b DSGVO). Die Verarbeitung darf nicht über diesen ursprünglich festgelegten Zweck (bei Kundendaten das Geschäftsverhältnis) hinaus gehen. Gerechtfertigt kann eine Verarbeitung jedoch dann sein, wenn (i) die betroffene Person in die Verarbeitung einwilligt oder (ii) ein überwiegendes berechtigtes Interesse an der Verarbeitung besteht (Art. 6 Abs. 1 lit. a, f DSGVO). Eine Einwilligung ist bei der möglichen hohen Anzahl der betroffenen Personen, der gewünschten Geheimhaltung der Transaktion und dem ursprünglich verfolgten Zweck kaum praktikabel.

Sind hingegen Gesellschaftsanteile Gegenstand der M&A-Transaktion, werden **8** durch die Transaktion selbst keine Daten an einen Dritten übermittelt, da die Identität desjenigen, der die Daten gespeichert hat und sie verarbeitet – nämlich der Zielgesellschaft –, nicht berührt wird. Die (Kunden-)Daten verbleiben beim ursprünglichen Verantwortlichen im Sinne des Art. 4 Nr. 7 DSGVO.[9]

Im Fall einer unbefugten Verarbeitung von personenbezogenen Daten kann **9** durch die Aufsichtsbehörde eine Geldbuße von bis zu 20 Mio. EUR oder 4 % des gesamten weltweit erzielten Jahresumsatzes verhängt werden (Art. 83 DSGVO). Zudem sind Reputationsschäden zu erwarten, weshalb hier vorsichtig vorgegangen werden sollte.[10]

---

7 *Fleischer*, Geschäftsleiterpflichten bei der Veräußerung von Unternehmensbeteiligungen, in: Grunewald/Koch/Tielmann (Hrsg.), Festschrift für Eberhard Vetter zum 70. Geburtstag, S. 144 ff.

8 Siehe dazu unten Rn. 97.

9 *Plath/Struck/ter Hazeborg*, Verkauf von Kundendaten im Asset Deal, CR 2020, 9, 10 (hier auch ausführlich zu Rechtfertigungsoptionen beim Asset-Deal).

10 Siehe zum Thema Datenschutz ausführlicher unten Rn. 22 ff. sowie ausführlich *Becker/Böhlke/Fladung*, Kap. 11.

2. Offenlegung von Informationen

a) Offenlegungs- und Aufklärungspflichten des Veräußerers

10 Der Veräußerer haftet für unterlassene oder unvollständige Auskünfte aus der Verletzung eines vorvertraglichen Schuldverhältnisses, soweit ihn besondere Offenlegungs-, Aufklärungs- oder Informationspflichten treffen (§§ 280 Abs. 1, 311 Abs. 2 Nr. 1, 241 Abs. 2 BGB). Dabei ist zwischen der Offenlegung einerseits und der Aufklärung andererseits zu unterscheiden.[11] Nach ganz überwiegender Auffassung ist unter einer Offenlegung nur die Bereitstellung der Informationen zu verstehen. Eine Aufklärung beinhaltet auch aktive Hinweise auf bestimmte Sachverhalte, um die Kenntnisnahme durch die andere Partei sicherzustellen.[12] Grundsätzlich hat der Veräußerer nur eine Pflicht zur Offenlegung wesentlicher Umstände.[13] Darüber hinaus trifft den Veräußerer in zwei Fällen eine Pflicht zur Aufklärung: Erstens, wenn wegen der besonderen Umstände des Einzelfalls davon auszugehen ist, dass der Erwerber die Verhältnisse nicht durchschaut.[14] Zweitens hat der Veräußerer im Rahmen der Verhandlungen ungefragt über solche Umstände aufzuklären, die den Vertragszweck des Erwerbers vereiteln könnten und daher für seinen Entschluss von wesentlicher Bedeutung sind. Dies gilt jedoch nur, sofern der Erwerber die Mitteilung nach der Verkehrsauffassung erwarten darf.[15]

11 Indem der Veräußerer in einem (virtuellen) Datenraum Unterlagen für die Due Diligence zur Verfügung stellt, kommt er seinen Offenlegungspflichten nach, nicht aber automatisch seinen hiervon zu unterscheidenden Aufklärungspflichten.[16] Hierzu kann es weiterer Informationen bedürfen, wobei es auch darauf ankommt, inwieweit mit der Kenntnisnahme der betroffenen Information zu rechnen war. In einem vom BGH entschiedenen Fall[17] war die allgemein gehaltene Information seitens des Veräußerers ausreichend, dass die Zielgesellschaft in der geführten Form ein Verlustgeschäft sei, da der Erwerber sonst alle erfragten Informationen erhalten hatte und sachkundig war. Ungefragt bedurfte es darüber hinaus keiner Darstellung der Verluste der einzelnen Geschäftsjahre. Denn von einem hinreichend sach- und branchenkundigen Erwerber wäre zu erwarten ge-

---

11 *Göthel*, in: Göthel, Grenzüberschreitende M&A-Transaktionen, 4. Aufl. 2015, § 2 Rn. 83.

12 *Göthel*, in: Göthel, Grenzüberschreitende M&A-Transaktionen, 4. Aufl. 2015, § 2 Rn. 83, 85; *Möller*, NZG 2012, 841, 846, auch mit Nachweisen zur a. A.

13 Due Diligence-Anforderungslisten des Erwerbers dürften allenfalls ein Indiz dafür sein, was wesentlich ist, da der Erwerber die Zielgesellschaft regelmäßig noch nicht kennt und er diese Frage mithin im Zweifelsfall nur abstrakt, nicht aber unternehmensspezifisch beurteilen kann; anders wohl *Liese/Theusinger*, in: Hauschka/Moosmayer/Lösler, Corporate Compliance, 3. Aufl. 2016, § 27 Rn. 34.

14 BGH, Urt. v. 14.6.2007, III ZR 269/06, NJW-RR 2007, 1503, 1504; *Göthel*, in: Göthel, Grenzüberschreitende M&A-Transaktionen, 4. Aufl. 2015, § 2 Rn. 83.

15 BGH, Urt. v. 28.11.2001, VIII ZR 37/01, NZG 2002, 298, 300; *Göthel*, in: Göthel, Grenzüberschreitende M&A-Transaktionen, 4. Aufl. 2015, § 2 Rn. 83.

16 *Göthel*, in: Göthel, Grenzüberschreitende M&A-Transaktionen, 4. Aufl. 2015, § 2 Rn. 85.

17 BGH, Urt. v. 28.11.2001, VIII ZR 37/01, NZG 2002, 298, 300.

Ullrich

wesen, dass er auf den Hinweis hin, es handele sich um ein Verlustgeschäft, Bilanzen, Gewinn- und Verlustrechnungen, betriebswirtschaftliche Auswertungen oder ähnliche Unterlagen anfordert, wenn dies für ihn von Interesse gewesen wäre.[18]

b) Rechtliche Grenzen der Offenlegung von Informationen

Neben kartellrechtlichen Schranken für die Informationsweitergabe in M&A- **12** Transaktionen[19] können sich Grenzen weiterhin aus dem Gesellschaftsrecht (unter Rn. 10 ff.), aus von der Zielgesellschaft geschlossenen Verträgen (unter Rn. 16 ff.) und datenschutzrechtlichen Bestimmungen (unter Rn. 22 ff.) ergeben.

aa) Gesellschaftsrechtliche Zulässigkeit der Offenlegung von Informationen gegenüber Dritten

Im Rahmen der Verhandlung einer M&A-Transaktion werden in vielfältiger **13** Weise vertrauliche Informationen in Bezug auf die Zielgesellschaft offengelegt. In diesem Zusammenhang stellt sich die Frage, unter welchen Voraussetzungen dies den Organen der Zielgesellschaft mit Blick auf ihre eigenen dienstvertraglichen und gesetzlichen Verschwiegenheitspflichten (§§ 93 Abs. 1 Satz 3, 404 AktG, vgl. § 85 GmbHG) gestattet ist. Die Vertraulichkeitspflichten der Organe gelten nicht absolut; vielmehr dürfen vertrauliche Informationen dann offengelegt werden, wenn das Organ nach einer Abwägung zu dem Ergebnis kommen durfte, dass die Offenlegung im Interesse der Zielgesellschaft ist.[20] Dabei kann die Veräußerung aus Sicht der Zielgesellschaft insbesondere deshalb von Vorteil sein, weil sie sich als Bestandteil der Gruppe des Erwerbers neue Märkte, Finanzierungsquellen oder Know-how erschließt.[21] Allerdings sind bei der Offenlegung bestimmte Voraussetzungen einzuhalten.

Die Organe der Zielgesellschaft sind zunächst gehalten, mit dem Erwerber eine **14** Vertraulichkeitsvereinbarung abzuschließen.[22] Zwar wird durch die Aufnahme von Verhandlungen zwischen Veräußerer und Erwerber regelmäßig ein vorvertragliches Schuldverhältnis begründet (§ 311 Abs. 2 Nr. 1 BGB), aus dem die Verpflichtung des Erwerbers folgt, ihm zur Verfügung gestellte Informationen vertraulich zu behandeln.[23] Dessen ungeachtet sollten diese Pflichten in Form

---

18 BGH, Urt. v. 28.11.2001, VIII ZR 37/01, NZG 2002, 298, 300.

19 Dazu unten Rn. 29 ff.

20 *Schiffer/Bruß*, BB 2012, 847, 849; *K. J. Müller*, NJW 2000, 3452, 3453; vgl. aber die Mindermeinung von *Lutter*, ZIP 1997, 613, 617, nach dem der Vorstand einer Aktiengesellschaft eine umfassende Due Diligence nur dann zulassen dürfe, wenn ein anders nicht erreichbares überragend wichtiges unternehmerisches Interesse der Gesellschaft dies gebiete.

21 *K. J. Müller*, NJW 2000, 3452, 3453.

22 *Göthel*, in: Göthel, Grenzüberschreitende M&A-Transaktionen, 4. Aufl. 2015, § 2 Rn. 113; *K. J. Müller*, NJW 2000, 3452, 3455. Für Muster siehe nur *Seibt*, in: Seibt, Beck'sches Formularbuch Mergers & Acquisitions, 3. Aufl. 2018, B.I. 1 und 2.

23 *Seibt*, in: Seibt, Beck'sches Formularbuch Mergers & Acquisitions, 3. Aufl. 2018, Anm. 1 zu B.I.1, 36; *von Werder/Kost*, BB 2010, 2903, 2905.

einer ausdrücklichen schriftlichen Vertraulichkeitsvereinbarung konkretisiert werden, um Streit über Beginn und Inhalt der Geheimhaltungsverpflichtung zu vermeiden (Beweis- und Dokumentationsfunktion) und um ggf. Regelungen zu treffen, die über die gesetzlichen Pflichten des Informationsempfängers hinausgehen.[24] Trotz dieser grundsätzlichen Pflicht zum Abschluss einer Vertraulichkeitsvereinbarung sollte man sich der Tatsache bewusst sein, dass eine solche häufig nur wenig Schutz vor einer unerlaubten Offenlegung vertraulicher Informationen bieten kann. Denn es wird in der Praxis regelmäßig zu Beweisschwierigkeiten hinsichtlich (i) der Person desjenigen, der die vertrauliche Information konkret offengelegt hat, und (ii) des durch die Offenlegung eingetretenen Schadens kommen (soweit keine pauschalierte Vertragsstrafe vereinbart wird).

15 Neben dem Abschluss einer Vertraulichkeitsvereinbarung mit dem Erwerber sowie eines Gesellschafterbeschlusses ist die Offenlegung von Informationen nur zulässig, soweit der Erwerber ein ernsthaftes Interesse an einem möglichen Erwerb der Zielgesellschaft hat. Dies wird typischerweise durch den Abschluss einer Absichtserklärung (Letter of Intent, Term Sheet, Memorandum of Understanding o. Ä.) dokumentiert.[25]

16 Weiterhin ist es im Fall einer GmbH den Geschäftsführern der Zielgesellschaft anzuraten, einen Beschluss der Gesellschafterversammlung hinsichtlich der Informationsweitergabe einzuholen, da jedenfalls eine umfassende Due Diligence angesichts ihrer Bedeutung für die Gesellschaft keine Angelegenheit der laufenden Geschäftsführung darstellt.[26] Im Fall einer Aktiengesellschaft bedarf es eines Beschlusses des Gesamtvorstands der Zielgesellschaft, da die Entscheidung über die Zulassung der Due Diligence aufgrund ihrer Bedeutung regelmäßig die Ressortkompetenz eines einzelnen Vorstandsmitglieds übersteigt.[27]

17 Ist der Kaufinteressent ein (potenzieller) Wettbewerber des Zielunternehmens, bedarf die Offenlegung der wettbewerbsrechtlich sensiblen Informationen besonderer Vorkehrungen.[28] Welche Informationen wettbewerbsrechtlich sensibel sind, sollte in der Vertraulichkeitsvereinbarung klargestellt werden (z. B. als Unterdefinition von vertraulichen Informationen).[29] Als wettbewerbsrelevante

---

24 *Linke/Fröhlich*, GWR 2014, 449; *Seibt*, in: Seibt, Beck'sches Formularbuch Mergers & Acquisitions, 3. Aufl. 2018, Anm. 1 zu B.I.1, 36.

25 *K. J. Müller*, NJW 2000, 3452, 3455.

26 Ganz überwiegende Auffassung, siehe nur *Fleischer*, in: MünchKomm-GmbHG, 3. Aufl. 2019, § 43 Rn. 208 m. w. N. Nach der wenig überzeugenden, aber wohl überwiegenden Meinung ist dieser Beschluss einstimmig zu fassen, LG Köln, Urt. v. 26.3.2008, 90 O 11/08, GmbHR 2009, 261; *Lutter*, ZIP 1997, 613, 615; dagegen *Göthel*, in: Göthel Grenzüberschreitende M&A-Transaktionen, 4. Aufl. 2015, § 2 Rn. 113; *Liese/Theusinger*, in: Hauschka/Moosmayer/Lösler, Corporate Compliance, 3. Aufl. 2016, § 27 Rn. 36; *Stephan/Tieves*, in: MünchKomm-GmbHG, 3. Aufl. 2019, § 37 Rn. 137 jeweils m. w. N.

27 *K. J. Müller*, NJW 2000, 3452, 3455; *Meincke*, WM 1998, 749, 751; *Schroeder*, DB 1997, 2161, 2163.

28 Siehe dazu unten Rn. 33 ff.

29 *Linke/Fröhlich*, GWR 2014, 449, 451.

Informationen sind vor allem einzustufen: Angaben zu Preisen, Rabatten, Preisgestaltung, Informationen über aktuelle oder erwartete Angebote, kundenspezifische Informationen, Kosten für strategische Waren oder Kosten, die von strategischen Subunternehmen verlangt werden, sowie die Kapazitätsauslastung.[30]

Im Fall von Transaktionen, an denen eine börsennotierte Gesellschaft beteiligt **18** ist, kommt dem Abschluss einer Vertraulichkeitsvereinbarung Bedeutung weiterhin deshalb zu, da ab Vorliegen einer Insidertatsache grundsätzlich eine Ad-hoc-Mitteilung zu erfolgen hat (Art. 17 Abs. 1 Marktmissbrauchsverordnung)[31] und die Möglichkeit des Emittenten, sich von dieser Pflicht selbst zu befreien (Art. 17 Abs. 4 Marktmissbrauchsverordnung), u. a. voraussetzt, dass die Vertraulichkeit der Insiderinformation gewährleistet werden kann.[32] Es bedarf jedoch einer genauen Abwägung, ob eine Vertraulichkeitsvereinbarung notwendig ist, da auch diese selbst einen Anlass zur Prüfung der Ad-hoc-Publizitätspflicht geben kann.[33]

bb) Vertraulichkeitsbestimmungen in Verträgen mit Dritten

In Verträgen mit Dritten wird die Zielgesellschaft häufig Bestimmungen über **19** die Vertraulichkeit des betroffenen Vertrags aufgenommen haben, über die sie nicht einseitig disponieren kann.[34] Ein solches mit einem Dritten vereinbartes Verbot der Offenlegung steht in diametralem Widerspruch zum Interesse des Erwerbers, z. B. wichtige Verträge mit Kunden und Lieferanten zu prüfen. Wird dem Erwerber der Zugang zu aus seiner Sicht wesentlichen Informationen verwehrt, so kann dies die Organe des Erwerbers unter Umständen dazu zwingen, von der Transaktion Abstand zu nehmen.[35]

Vertraulich ist dabei über den Inhalt des Vertrags mit dem Dritten hinaus häufig **20** sogar die Existenz des Vertrags als solchem. Neben einer Offenlegung entgegenstehender Interessen des Dritten wird eine ausdrückliche Zustimmung zur Offenlegung seitens des Dritten häufig schon daran scheitern, dass die Planung einer (wie auch immer gearteten) Transaktion – gerade gegenüber Vertragspartnern wie Kunden oder Lieferanten – zunächst geheim gehalten werden soll.[36] Selbst im unwahrscheinlichen Fall, dass die geplante Transaktion gegenüber Dritten offengelegt werden kann, könnten sich seitens des Dritten Fragen zu den

---

30 *Linke/Fröhlich*, GWR 2014, 449, 451.
31 Zur Frage, wann eine Insiderinformation vorliegt, siehe unten Rn. 41.
32 Zur Selbstbefreiung nach Art. 17 Abs. 4 Marktmissbrauchsverordnung siehe unten Rn. 42.
33 *Hasselbach/Stepper*, BB 2020, 203, 205 mit Hinweis darauf, dass die BaFin in Einzelfällen dazu neigt, schon in einem sehr frühen Stadium einer Transaktion die Publizitätspflicht anzunehmen.
34 Auch ohne eine ausdrückliche Vertraulichkeitsbestimmung kann eine entsprechende Nebenpflicht bestehen, *Liese/Theusinger*, in: Hauschka/Moosmayer/Lösler, Corporate Compliance, 3. Aufl. 2016, § 27 Rn. 47; *Werder/Kost*, BB 2010, 2903, 2905.
35 Siehe unten Rn. 49.
36 Vgl. auch *Schiffer/Bruß*, BB 2012, 847, 851.

Hintergründen der Offenlegung und dem Erwerber ergeben, deren Beantwortung nicht erwünscht ist.

21 In einer idealen Welt würde man vor diesem Hintergrund bereits bei Vertragsabschluss Vertraulichkeitsbestimmungen dahingehend einschränken, dass der Vertrag bei einem berechtigten Interesse des Veräußerers gegenüber Dritten offengelegt werden darf (ggf. wenn und soweit der Dritte selbst zur Vertraulichkeit verpflichtet ist). Häufig ist es dafür aber zu spät, wenn die Due Diligence ansteht. Auch kann es sein, dass sich der Vertragspartner auf eine derartige Regelung nicht einlässt. Um im Fall einer Offenlegung entgegenstehenden Vertraulichkeitsbestimmungen nicht gegenüber dem Dritten vertragsbrüchig zu werden und Vertragsstrafen, Schadensersatzforderungen und/oder den Abbruch der Geschäftsbeziehung als mögliche Konsequenzen in Kauf nehmen zu müssen, kommt lediglich noch die Schwärzung des Vertrags (z.B. zur Anonymisierung) oder die Erstellung einer Zusammenfassung durch den Veräußerer bzw. dessen Berater in Betracht.[37] Dabei wird im Einzelnen zu prüfen sein, inwieweit hierdurch die Anforderungen der Vertraulichkeitsabrede mit dem Dritten gewahrt werden. Auch kann sich dabei das Problem stellen, dass die Schwärzung faktisch einer unterbliebenen Offenlegung gleichkommt.[38]

cc) Datenschutzrechtliche Anforderungen für die Offenlegung von personenbezogenen Daten

22 Von der Transaktion selbst und der Übertragung von Assets oder Anteilen ist die Due Diligence als eigener Verarbeitungstatbestand zu unterscheiden. Werden Daten des Zielunternehmens in einem Datenraum zur Verfügung gestellt, wird sowohl beim Share als auch beim Asset Deal regelmäßig eine Verarbeitung (im Sinne einer Übermittlung) von Daten gegeben sein. Insbesondere personenbezogene Arbeitnehmerdaten sind hier betroffen, anhand derer die Zulässigkeit der Offenlegung dargestellt werden soll. Dafür ist zunächst zu erörtern, auf welcher Grundlage die Daten überhaupt im Rahmen einer Due Diligence offengelegt werden dürfen. Soweit es sich bei der Verarbeitung von Daten um personenbezogene Daten (z.B. Name, Familienstand, Leistungsverhalten und Gesundheitszustand) handelt (Art. 4 Nr. 1 DSGVO), findet auch die DSGVO Anwendung. Eine Verarbeitung nach Art. 4 Nr. 2 DSGVO liegt immer dann vor, wenn die Daten in einen digitalen oder elektronischen Datenraum eingestellt werden (vgl. Art. 2 Abs. 1 DSGVO).[39] Zulässig ist diese Verarbeitung nach vorheriger Einwilligung oder durch eine gesetzliche Erlaubnis (Art. 6 Abs. 1 DSGVO). Eine Einwilligung wird meist schon aus rein praktischen Gründen nur schwer einholbar sein, beachte man die Anzahl betroffener Personen und das Interesse der Geheimhal-

---

37 *Schiffer/Bruß*, BB 2012, 847, 851.
38 Vgl. *Schiffer/Bruß*, BB 2012, 847, 851.
39 *Plath*, in: v. d. Busche/Voigt, Konzerndatenschutz, 2. Aufl. 2019, Teil 6 Datenschutz bei M&A Transaktionen, Rn 13 f. Zur Rolle des Datenschutzes im Rahmen des Compliance Managements ausführlich *Becker/Böhlke/Fladung*, Kap. 11.

tung einer geplanten Veräußerung.[40] Eine gesetzliche Rechtfertigung ergibt sich aus Art. 6 Abs. 1 lit. f DSGVO, wenn (i) berechtigte Interessen des Verantwortlichen vorliegen, die (ii) die Interessen des Betroffenen in Bezug auf seine Grundfreiheiten und Grundrechte, die seine personenbezogenen Daten schützen, überwiegen.[41]

Während sich das berechtigte Interesse als wirtschaftliches Interesse an einer **23** möglichst vorteilhaften Veräußerung des Unternehmens gut begründen lässt, bedarf es bei der Abwägung mit den Interessen der Betroffenen einer Einzelfallbetrachtung.[42] Darüber hinaus ist die Offenlegung bestimmter Informationen für eine Transaktion zwar zwingend erforderlich, doch gilt es auch bei besonderen personenbezogenen Kategorien (Gesundheitszustand, Religionszugehörigkeit, Gewerkschaftszugehörigkeit etc.) die strengeren Vorgaben des Art. 9 Abs. 2 DSGVO zu beachten.[43] Unter dieser Prämisse bleibt nur die Anonymisierung und Pseudonymisierung der Daten, um einen Verstoß zu vermeiden. Es ist jedoch zu beachten, dass ein Rückschluss auf die Person ausgeschlossen sein muss. Ist dieser weiterhin möglich, bleibt die DSGVO anwendbar. Die Abwägung der Interessen kann nun jedoch zu Gunsten der Unternehmensinteressen ausfallen, da personenbezogene Daten geschwärzt wurden.[44] Das gleiche Problem entsteht in sehr kleinen Betrieben, in denen die Pseudonymisierung und Schwärzung häufig daran scheitert, dass stets eine Re-Individualisierung möglich wäre.[45] Dann könnte eine Interessenabwägung dazu führen, dass die Übertragung personenbezogener Daten der gesamten Belegschaft zulässig ist, wenn anders keine Transaktion möglich wäre.

Demgegenüber ist die Übermittlung personenbezogener Daten der Organmit- **24** glieder und Führungskräfte regelmäßig erforderlich und zwingende Voraussetzung für eine erfolgreiche Transaktion. Denn die genaue Kenntnis dieser Schlüsselmitarbeiter, einschließlich ihres Werdegangs sowie der Einzelheiten ihrer

---

40 *Tribess/Spitz*, GWR 2019, 261, 263.
41 *Plath*, in: v. d. Busche/Voigt Konzerndatenschutz, 2. Aufl. 2019, Teil 6 Datenschutz bei M&A Transaktionen, Rn. 18. Umstr. ist in diesem Zusammenhang, ob eine verweigerte, unwirksame oder widerrufene Einwilligung im Verhältnis zu anderen Rechtfertigungsgründen Sperrwirkung entfalten. Hiergegen wird jedoch zurecht eingewandt, die Transparenz- und Informationspflichten der Art. 12 ff. DSGVO würden diesem Umstand bereits angemessen Rechnung tragen. Darüber hinaus ließen sich entsprechende Anhaltspunkte weder dem Wortlaut von Art. 6 Abs. 1 DSGVO noch dem von Art. 17 Abs. 1 lit. b a. E. DSGVO entnehmen. Zuletzt ist darauf hinzuweisen, dass eine Sperrwirkung Datenverarbeiter dazu motivieren könnte, auf die Einwilligung seltener zurückzugreifen, was kaum im Sinne des Gesetzgebers liegen dürfte; vgl. zu diesem Thema auch *Albers/Veit*, BeckOK Datenschutzrecht, 31. Ed. 1.11.2019, DS-GVO Art. 6 Rn. 26 f. m. w. N.
42 *Plath*, in: v. d. Busche/Voigt Konzerndatenschutz, 2. Aufl. 2019, Teil 6 Datenschutz bei M&A Transaktionen, Rn. 20.
43 *Tribess/Spitz*, GWR 2019, 261, 263 f.
44 *Plath*, in: v. d. Busche/Voigt Konzerndatenschutz, 2. Aufl. 2019, Teil 6 Datenschutz bei M&A Transaktionen, Rn. 29 f.
45 *Braun/Wybitul*, BB 2008, 782, 785.

Verträge, insbesondere Kündigungsfristen und Change-of-Control-Klauseln (auch „golden parachute"), ist für den Erwerber von besonderer Bedeutung. Werden diese Daten nicht an den Erwerber übermittelt, dürfte dies – mit Blick auf die grundsätzlich bestehende Pflicht zur Durchführung einer Due Diligence[46] – die Chancen eines Abschlusses der M&A-Transaktion erheblich beeinträchtigen.[47] Auch wenn die Interessenabwägung grundsätzlich dazu führt, dass die Offenlegung personenbezogener Daten von Organmitgliedern und Führungskräften erforderlich ist, kann es geboten sein, diese Daten als mildestes Mittel nur einem kleinen Kreis von Personen auf Seiten des Erwerbers in einem Bereich des (virtuellen) Datenraums zur Verfügung zu stellen, der besonderen Zutrittsbeschränkungen unterliegt.[48]

25 Weiterhin sind bei einer Übermittlung von personenbezogenen Daten in der Regel vertragliche Vereinbarungen zur Sicherung des Datenschutzes zu treffen. Diese sollten neben der vertraulichen Behandlung der zur Verfügung gestellten Daten die Zweckbestimmung der Verwendung klar regeln und sicherstellen, dass die Daten allein zum Zweck der Due Diligence genutzt sowie nach Abschluss der Vertragsverhandlungen unverzüglich vernichtet werden. Ebenso sollte, im Hinblick auf die Informationspflicht aus Art. 13, 14 DSGVO gegenüber dem Betroffenen über die Verarbeitung seiner Daten, genau dokumentiert werden, aus welchem Grund eine solche Information unterblieben ist. Aus den vorgenannten Gründen liegt es ebenso nicht im Interesse des Veräußerers die Betroffenen auf die Verarbeitung hinzuweisen. Ein Rechtfertigungsgrund besteht jedoch bereits im Falle einer drohenden Vereitelung der Transaktion (Art. 14 Abs. 5 lit. b DSGVO) oder aus dem Geheimhaltungsinteresse des Dritten (Art. 29 Abs. 1 S. 1 BDSG).[49]

3. Kartellrechtliche M&A-Compliance – Vollzugsverbot und Informationsaustausch

a) Anmeldepflicht und Vollzugsverbot

26 Unternehmenskaufverträge unterliegen nach deutschem Recht der Fusionskontrolle (§§ 35 ff. GWB), die vom Bundeskartellamt ausgeübt wird. Jeder Zusammenschluss, der einen der Zusammenschlusstatbestände erfüllt (§ 37 GWB) und bestimmte Umsatzschwellen erreicht (§ 35 GWB), ist vor Vollzug beim Bundeskartellamt anzumelden und darf vor dessen Freigabe bzw. dem Ablauf von bestimmten Wartefristen nicht vollzogen werden (präventive Fusionskontrolle, § 41 Abs. 1 GWB). Bei Zusammenschlussvorhaben, die aufgrund der Umsätze der am Zusammenschlussvorhaben beteiligten Unternehmen gemeinschaftsweite Bedeutung haben, erfolgt eine Fusionskontrolle nach europäischem Recht

---

46 Dazu unten Rn. 45 f.
47 Vgl. *Braun/Wybitul*, BB 2008, 782, 785.
48 *Braun/Wybitul*, BB 2008, 782, 785.
49 *Tribess/Spitz*, GWR 2019, 261, 264.

(Verordnung Nr. 139/2004 des Rates vom 20.1.2004 über die Kontrolle von Unternehmenszusammenschlüssen (EG-Fusionskontrollverordnung) – FKVO). Soweit eine europäische Fusionskontrolle nach der FKVO stattfindet, ist die Anwendung des deutschen Kartellrechts im Übrigen ausgeschlossen (§ 35 Abs. 3 GWB). Auch soweit europäisches Recht anwendbar ist, darf ein Zusammenschluss nicht vollzogen werden, solange er von der Kommission nicht freigegeben worden ist (Art. 7 Abs. 1 FKVO). Eine in die Einzelheiten gehende Darstellung der fusionskontrollrechtlichen Bestimmungen kann hier nicht erfolgen; insofern sei auf die einschlägige kartellrechtliche Literatur verwiesen.[50]

Verstöße gegen das fusionskontrollrechtliche Vollzugsverbot (bzw. ein etwaiges **27** Anmeldeerfordernis in anderen Jurisdiktionen) werden in der Praxis von den Kartellbehörden zunehmend verfolgt und sanktioniert.[51] Dabei setzt die Verhängung eines Bußgeldes nicht voraus, dass das Zusammenschlussvorhaben materiell-rechtlich nicht freigabefähig ist; ausreichend ist vielmehr der – rechtliche oder tatsächliche – Vollzug ohne erforderliche Anmeldung.[52] In zwei Fällen eines solchen Frühstarts (sog. „gun jumping") hat die EU-Kommission in der Vergangenheit Bußgelder in Höhe von jeweils 20 Mio. EUR verhängt; in einem der beiden Fälle wurde die Bußgeldhöhe vom EuGH bestätigt.[53] In jüngeren Fällen verhängte die Kommission gar Bußgelder in der Höhe von 124,5 Mio. EUR[54] und 28 Mio. EUR.[55] Darüber hinaus sind gegen das Vollzugsverbot verstoßende Rechtsgeschäfte grundsätzlich unwirksam (§ 41 Abs. 1 Satz 2 GWB). Um zu überprüfen, ob im Zusammenhang mit einer M&A-Transaktion gegen das Vollzugsverbot verstoßen wurde, kommt es mitunter sogar zu Durchsuchungen durch die Kartellbehörden.[56]

Der genaue Inhalt des Vollzugsverbots ist nicht gesetzlich festgelegt, aber es ist **28** anerkannt, dass neben der rechtlichen auch die tatsächliche Vollendung des Zusammenschlussvorhabens erfasst ist, d. h. Handlungen, die die wirtschaftlichen

---

50 Siehe nur *Seeliger/Crozals*, in: Schalast/Raettig, Grundlagen des M&A-Geschäftes, 2019, Kap. 14, S. 431 ff.; zur kartellrechtlichen Compliance außerhalb von M&A-Transaktionen siehe *Seeliger/Heinen/Mross*, Kap. 23 sowie *Haus/Erne*, ZWH 2016, 162.

51 *Steger*, DB 2014, 1857, 1858.

52 *Badtke*, KSzW 2011, 418, 420, der m. w. N. auch darauf hinweist, dass sich der Umstand, dass keine wettbewerblichen Bedenken gegen das Zusammenschlussvorhaben bestehen, jedoch bußgeldmindernd auswirken kann.

53 EuGH, 3.7.2015, Rs. C-84/13 P, ECLI:EU:C:2014:2040 – Electrabel/Compagnie Nationale du Rhône; KOM, ABl. 2014 C 455, 5 – Marine Harvest/Morpol (M.7184).

54 Beschluss C(2018) 2418 final der Kommission vom 24. April 2018 zur Verhängung einer Geldbuße wegen des Vollzugs eines Zusammenschlusses unter Verstoß gegen Art. 4 Abs. 1 und Art. 7 Abs. 1 der Verordnung (EG) Nr. 139/2004 (1) des Rates (Fall M.7793 Altice/PT Portugal, Verfahren nach Art. 14 Abs. 2).

55 Fall M.8179 (noch nicht im ABl. veröffentlicht), Pressemitteilung vom 27. Juni 2019, abrufbar unter: https://ec.europa.eu/commission/presscorner/detail/de/IP_19_3429 (zuletzt abgerufen am 6.3.2020).

56 *Steger*, DB 2014, 1857, 1858.

Wirkungen des Zusammenschlusses vorwegnehmen.[57] Das ist von besonderer Bedeutung für die Integrationsplanung. Verständlicherweise würde der Erwerber nach erfolgter Unterzeichnung des Unternehmenskaufvertrags gerne sofort mit der – mitunter langwierigen – Integration der Zielgesellschaft beginnen. Soweit die Transaktion aber der Fusionskontrolle unterliegt, wird man sich zwingend auf vorbereitende Maßnahmen beschränken müssen. Verboten sind grundsätzlich die organisatorische Zusammenführung, die Aufnahme gemeinsamer Geschäftsaktivitäten, die Implementierung gemeinsamer Reporting- und Organisationsstrukturen, die Befolgung interner Weisungen der zukünftigen Geschäftsführung/Anteilseigner, die Abstimmung und Anpassung von Produkten sowie der beiderseitigen Marketing- und Absatzbemühungen und ein gemeinsamer Vertrieb.[58] Allenfalls in Randbereichen können derartige Aktivitäten ausnahmsweise als Integrationsvorbereitung zulässig sein, wobei die Abgrenzung im Einzelnen komplex ist.[59] Das Vollzugsverbot des GWB kann dabei in bestimmten Fällen strenger ausgelegt werden, als das in der FKVO was auch explizit in Art. 3 Abs. 3 Wettbewerbsregeln DVO (Verordnung (EG) Nr. 1/2003 des Rates vom 16. Dezember 2002 zur Durchführung der in den Artikeln 81 und 82 des Vertrags niedergelegten Wettbewerbsregeln) festgehalten ist.

29 Vor dem Hintergrund der vorstehenden (beispielhaften) Aufzählung unzulässiger Integrationsmaßnahmen ergibt sich eine weitere Haftungsfalle durch unbeabsichtigte Verstöße gegen das Vollzugsverbot: Der Erwerber wird dem Veräußerer regelmäßig Verhaltenspflichten für die Leitung der Zielgesellschaft in der Zeit zwischen Vertragsunterzeichnung und Vollzug auferlegen und jedenfalls wesentliche Maßnahmen an seine vorherige Zustimmung knüpfen wollen (sog. „Conduct of Business Covenants").[60] Das Fusionskontrollrecht erkennt den Schutzzweck derartiger Klauseln grundsätzlich an. Diese dürfen jedoch nicht zu einer De-facto-Integration führen. Das wäre insbesondere dann der Fall, wenn der Erwerber die Möglichkeit eingeräumt bekäme, über die Geschäftspolitik der Zielgesellschaft insgesamt zu entscheiden und beispielsweise der Geschäftsführung Weisungen erteilen könnte.[61]

30 In der Praxis empfiehlt es sich, die mit der Verhandlung und Durchführung einer Transaktion betrauten Personen von dem fusionskontrollrechtlichen Anmeldeerfordernis und Vollzugsverbot sowie deren Implikationen in Kenntnis zu setzen (z.B. durch Erstellung einer Übersicht der kartellrechtlichen „Dos" und „Don'ts") und frühzeitig Experten heranzuziehen. Dies dient einerseits dazu Haftungsfallen zu erkennen und andererseits, um frühzeitig zu verhindern, dass

---

57 BGH, Beschl. v. 17.7.2018 – KVR 64/17 (OLG Düsseldorf), NZKart 2018, 541; statt vieler *Badtke*, KSzW 2011, 418, 419 m. w. N.
58 *Badtke*, KSzW 2011, 418 m. w. N.
59 *Badtke*, KSzW 2011, 418, 419 m. w. N.
60 Vgl. nur *Schrader*, in: Seibt, Beck'sches Formularbuch Mergers & Acquisitions, 3. Aufl. 2018, C.II.2, § 13.1, 411 sowie die Erläuterungen in Fn. 135, 454.
61 *Badtke*, KSzW 2011, 418, 424 m. w. N.

übertriebene Darstellungen der Transaktion erstellt werden, die den Parteien später kartellrechtlich „auf die Füße fallen" können. Das kann auch bei rein internen Unterlagen – wie z. B. Vorstandsvorlagen – der Fall sein, die die Kartellbehörden zur Prüfung des Zusammenschlussvorhabens anfordern können. Dies dürfte aber in Deutschland die Ausnahme sein.[62]

Weiterhin kann die frühzeitige Einschaltung von Beratern eine Verzögerung des Vollzugs vermeiden. Dies gilt insbesondere bei Transaktionen, an denen Unternehmen mit (signifikanten) Umsätzen in vielen Ländern beteiligt sind: Derzeit gibt es weltweit mehr als 100 Jurisdiktionen, die ggf. im Hinblick auf ein Anmelde- oder zumindest Notifizierungserfordernis geprüft werden müssen.[63] Zudem gibt es auf europäischer Ebene ein formalisiertes Pränotifizierungsverfahren und im Idealfall kann auch auf nationaler Ebene bereits vor Abschluss des Unternehmenskaufvertrags die fusionskontrollrechtliche Anmeldung entworfen werden und eine mündliche Vorabstimmung mit der zuständigen Behörde stattfinden (sog. „courtesy call"). Spätestens mit Unterzeichnung des Unternehmenskaufvertrags kann dann die Anmeldung des Zusammenschlussvorhabens mit dem Ziel einer zügigen Freigabe erfolgen. **31**

b) Informationsaustausch

Das Kartellrecht hat jedoch nicht nur Auswirkungen auf den Vollzug einer M&A-Transaktion, sondern auch auf Transaktionsstadien vor Abschluss des Unternehmenskaufvertrags, namentlich den Austausch wettbewerbsrelevanter Informationen im Rahmen der Due Diligence. Denn eine kartellrechtswidrige Vereinbarung (Art. 101 AEUV, § 1 GWB) kann schon in einer unmittelbaren oder mittelbaren Fühlungnahme zwischen Unternehmen liegen, die bezweckt oder bewirkt, das Marktverhalten eines Wettbewerbers zu beeinflussen oder ihn über das eigene beabsichtigte Marktverhalten in Kenntnis zu setzen.[64] Auch insofern ist von einer erheblichen praktischen Relevanz auszugehen, da sich der Fokus sowohl des Bundeskartellamtes als auch der Kommission seit einigen Jahren neben den sog. Hardcore-Kartellen auch auf den Austausch wettbewerbsrelevanter Informationen erstreckt.[65] **32**

Für den Austausch von wettbewerbsrelevanten Informationen im Zusammenhang mit einer M&A-Transaktion lassen sich die folgenden Grundregeln formulieren: Ein transaktionsbezogener Informationsaustausch ist grundsätzlich dann unbedenklich, wenn es sich bei den beteiligten Unternehmen nicht um (poten- **33**

---

62 *Badtke*, KSzW 2011, 418, 419, mit dem plastischen Beispiel einer Aussage wie „[w]ir steigen mit dem Deal zum absoluten Weltmarktführer auf".
63 *Steger*, DB 2014, 1857, 1858.
64 EuGH, Urt. v. 28.5.1998, C-7/95, Slg. 1998 I-3111, Rn. 87 – John Deere; EuGH, Urt. v. 4.6.2009, C-8/08, Slg. 2009 I-4529, Rn. 36 – T-Mobile.
65 Vgl. noch zur alten Bekanntmachung: *Besen/Gronemeyer*, CCZ 2013, 137; *Bischke/Brack*, NZG 2018, 696; zurückhaltender *Liese/Theusinger*, in: Hauschka/Moosmayer/Lösler, Corporate Compliance, 3. Aufl. 2016, § 27 Rn. 40.

zielle) Wettbewerber handelt und sie auch nicht auf denselben einander vor- oder nachgelagerten Marktstufen tätig sind.[66] Dies trifft häufig insbesondere auf M&A-Transaktionen unter Beteiligung von Finanzinvestoren zu, soweit sich in deren Portfolio noch kein Wettbewerber der Zielgesellschaft oder ein Unternehmen auf einem vor- oder nachgelagerten Markt befindet.[67] Unbedenklich ist ein Informationsaustausch im Rahmen der Due Diligence weiterhin grundsätzlich dann, wenn die Informationen öffentlich verfügbar sind (in Geschäftsberichten etc.).[68]

34   Sind die beteiligten Unternehmen (potenzielle) Wettbewerber und handelt es sich nicht um öffentlich verfügbare Informationen, ist der gemeinsame Marktanteil und die Art der Informationen entscheidend: Ein Austausch soll nach der Literatur, die die sog. De-Minimis-Bekanntmachung der Kommission[69] heranzieht, dann unbedenklich sein, wenn der gemeinsame Marktanteil der beteiligten Unternehmen unter 10 % liegt und eine Wettbewerbsbeschränkung nicht bezweckt wird. Im Falle eines reinen Vertikalverhältnisses (d. h. einer Leistungsbeziehung zwischen einem Unternehmen und seinen Lieferanten) gilt das Gleiche, wenn der Marktanteil der beteiligten Unternehmen auf ihren jeweiligen Märkten 15 % nicht überschreitet. Handelt es sich um einen kumulativen Marktabschottungseffekt (durch nebeneinander bestehende Netze von Vereinbarungen), sinkt die Marktanteilsschwelle auf 5 %.[70] Auch in diesen Fällen ist jedenfalls aus Sicht der Kommission aber ein Austausch von solchen Informationen unzulässig, die das beabsichtigte Preis- oder Mengenverhalten betreffen.[71]

35   In allen anderen Fällen ist die Zulässigkeit davon abhängig, inwiefern der Informationsaustausch für die beabsichtigte Transaktion erforderlich und angemessen ist,[72] was naturgemäß zu einem nicht unerheblichen Maß an Rechtsunsicherheit führt. Insofern gilt grundsätzlich, dass eine Preisgabe von Informationen umso eher zulässig ist, (i) je weiter die Verhandlungen fortgeschritten sind (in einem späteren Stadium steigt einerseits die Notwendigkeit einer genauen Kenntnis der Zielgesellschaft und andererseits sinkt die Gefahr des Scheiterns der Transaktion und damit das wettbewerbliche Gefährdungspotenzial), (ii) je weniger Unternehmen noch an dem Auktionsverfahren beteiligt sind (soweit es sich bei der geplanten Transaktion um ein solches handelt) und (iii) je weniger wettbewerbssensibel die konkreten Informationen sind.[73]

---

66 *Besen/Gronemeyer*, CCZ 2013, 137, 142.
67 *Besen/Gronemeyer*, CCZ 2013, 137, 142 m. w. N.
68 *Besen/Gronemeyer*, CCZ 2013, 137, 142.
69 Vgl. Bekanntmachung über Vereinbarungen von geringer Bedeutung, die im Sinne des Art. 101 Abs. 1 des Vertrags über die Arbeitsweise der Europäischen Union den Wettbewerb nicht spürbar beschränken (De-minimis-Bekanntmachung) (2014/C 291/01) Rn. 8–10.
70 *Besen/Gronemeyer*, CCZ 2013, 137, 142.
71 *Besen/Gronemeyer*, CCZ 2013, 137, 142.
72 *Badtke*, KSzW 2011, 418, 421 m. w. N.; *Besen/Gronemeyer*, CCZ 2013, 137, 142.
73 *Besen/Gronemeyer*, CCZ 2013, 137, 142 m. w. N.

Dabei sollte sichergestellt sein, dass die Informationen nur so weit verbreitet **36** werden, wie dies zum Zweck der Bewertung der Transaktion durch den Erwerber erforderlich ist. Insbesondere sollten die wettbewerbsrelevanten Informationen nur solchen Mitarbeitern oder Beratern des Erwerbers zugänglich gemacht werden, die an der Transaktion beteiligt sind und die Informationen daher tatsächlich benötigen („need to know"-Basis). Diese Mitarbeiter sollten darüber hinaus nicht mit dem operativen Geschäft befasst sein und keinen Einfluss auf das Wettbewerbsverhalten haben, z. B. indem sie an der Preisgestaltung mitwirken. Nur so kann sichergestellt werden, dass die ausgetauschten Informationen sich nicht auf das Marktverhalten des Erwerbers auswirken. Diejenigen Mitarbeiter des Erwerbers, die über die Durchführung der M&A-Transaktion entscheiden und zugleich Verantwortung für die operative Tätigkeit tragen, sollten die betroffenen wettbewerbsrelevanten Informationen zunächst (d. h. vor Durchführung der Transaktion) lediglich in Form aggregierter Berichte erhalten. Auf diesem Weg kann vermieden werden, dass einzelne Mitarbeiter des Erwerbers in der Folge ihrer Kenntniserlangung mit einer Sperre belegt werden müssten, während der sie nicht in das operative Geschäft des Erwerbers eingreifen dürfen.[74] Dies kann insbesondere dann überaus unangenehm sein, wenn die geplante Transaktion noch auf der Zielgeraden scheitert. In diesem Fall kann die Sperre nicht mit Vollzug der geplanten Transaktion enden, sondern muss fortdauern.

Organisatorisch kann die erforderliche Begrenzung des Kreises der Personen, an **37** die wettbewerbsrelevante Informationen in nicht aggregierter Form weitergegeben werden, durch die Einrichtung eines sog. „Clean Teams" umgesetzt werden.[75] Teil des Clean Teams werden Mitarbeiter, die nicht (mehr) operativ tätig sind, gleichzeitig aber über die nötige Marktkenntnis verfügen (z. B. pensionierte Führungskräfte). Dabei kann es sich – insbesondere zu Dokumentationszwecken – anbieten, von den Mitgliedern des Clean Teams ungeachtet ihrer entsprechenden arbeitsvertraglichen (oder im Fall „reaktivierter" ehemaliger Führungskräfte in deren Beratervertrag verankerter) Vertraulichkeitspflichten spezielle persönliche Vertraulichkeitserklärungen einzuholen. Ferner sollten Informationsbarrieren (auch sog. „Ethical" oder „Chinese Walls") innerhalb der Organisation des Erwerbers implementiert werden.[76]

Schließlich kann sich auch die Einbindung von externen Beratern anbieten: Die **38** wettbewerbsrelevanten Informationen können – statt von einem unternehmensinternen Clean Team – von einer Wirtschaftsprüfungsgesellschaft oder Anwaltskanzlei gesichtet und nur anonymisiert oder aggregiert an den Erwerber weitergegeben werden.[77] Dies kommt insbesondere dann in Betracht, wenn auf Seiten

---

74 Zum Ganzen: *Besen/Gronemeyer*, CCZ 2013, 137, 143 (insbesondere Fn. 70).
75 *Badtke*, KSzW 2011, 418, 422 m. w. N.; *Besen/Gronemeyer*, CCZ 2013, 137, 144.
76 *Besen/Gronemeyer*, CCZ 2013, 137, 144, dort auch zu Vorschlägen für konkrete organisatorische Maßnahmen.
77 *Besen/Gronemeyer*, CCZ 2013, 137, 144.

des Erwerbers keine oder nicht ausreichend geeignete Clean Team-Mitglieder vorhanden sind[78] oder wenn es sich um hochsensible Daten handelt.[79]

39 Die wettbewerbsrelevanten Daten können naturgemäß nicht im allgemein zugänglichen (virtuellen) Datenraum offengelegt werden, sondern sind in einen speziellen Teilbereich des (virtuellen) Datenraums einzustellen, der nur den Mitgliedern des Clean Teams zugänglich ist (sog. „Red Data Room").[80] Einer detaillierten Dokumentation der Maßnahmen, die ergriffen wurden, um zu verhindern, dass wettbewerbsrelevante Daten operativ tätigen Mitarbeitern des Erwerbers zugänglich gemacht werden, kommt dabei entscheidende Bedeutung zu, falls eine Wettbewerbsbehörde Ermittlungen anstellt. In inhaltlicher Hinsicht wird zu prüfen sein, inwiefern die wettbewerbsrechtliche Brisanz der offengelegten Informationen durch eine Steuerung der Qualität der Daten minimiert werden kann. In Betracht kommt hier, sensible Preis- und Kundendaten nicht in der jeweils aktuellen Fassung offenzulegen.[81] Im Falle des Scheiterns der Transaktion sind die wettbewerbsrelevanten Daten zu vernichten. Dies ist bereits bei Offenlegung der Daten in der zwischen Veräußerer und Erwerber abzuschließenden Vertraulichkeitsvereinbarung[82] entsprechend zu vereinbaren.

4. Kapitalmarktrechtliche M&A-Compliance

a) Informationsweitergabe im Rahmen der Due Diligence

40 Die Weitergabe von Informationen im Rahmen einer Due Diligence durch börsennotierte Zielgesellschaften bzw. Zielgesellschaften, deren Obergesellschaft eine börsennotierte Gesellschaft ist, wird nach allgemeiner Auffassung nicht durch das Verbot der Offenlegung von Insiderinformationen (Art. 14 Marktmissbrauchsverordnung) ausgeschlossen.[83]

b) Ad-hoc-Pflicht

41 Wann die beabsichtigte Durchführung einer M&A-Transaktion eine präzise Information über nicht öffentlich bekannte Umstände wird, die sich auf einen Emittenten von Insiderpapieren bezieht und geeignet ist, im Falle ihres öffentlichen Bekanntwerdens den Börsen- oder Marktpreis der Insiderpapiere erheblich zu beeinflussen – es sich mithin um eine Insiderinformation handelt (Art. 7 Abs. 1 Marktmissbrauchsverordnung) – ist umstritten und stark vom Einzelfall

---

78 *Besen/Gronemeyer*, CCZ 2013, 137, 144.
79 *Badtke*, KSzW 2011, 418, 422 m. w. N.
80 *Link/Fröhlich*, GWR 2014, 449, 451.
81 *Badtke*, KSzW 2011, 418, 422 m. w. N.
82 Siehe oben Rn. 11 f.
83 *Banerjea*, ZIP 2003, 1730, 1737; *K. J. Müller*, NJW 2000, 3452, 3456; vgl. BT-Drucks. 12/6679 zu § 14 Abs. 1 WpHG, 47; vgl. auch *Liese/Theusinger*, in: Hauschka/Moosmayer/Lösler, Corporate Compliance, 3. Aufl. 2016, § 27 Rn. 29 f., die die Zulässigkeit implizit voraussetzen.

abhängig.[84] Insbesondere auf Veräußererseite kann bereits die Tatsache für sich, dass eine M&A-Transaktion geplant ist, oder die Einleitung erster Schritte eine konkrete Information sein, die bei Kurserheblichkeit dem Grunde nach veröffentlichungspflichtig ist, ohne dass es auf die hinreichende Wahrscheinlichkeit des Vertragsabschlusses ankommt.[85] Denn nach dem Urteil des EuGH in der Rechtssache Geltl/Daimler können auch Zwischenschritte für sich eine Insiderinformation darstellen, vgl. Art. 7 Abs. 3 Marktmissbrauchsverordnung.[86] Die Abgrenzung zwischen veröffentlichungspflichtigen Zwischenschritten und bloßen Planungs- und Vorbereitungshandlungen führt hier häufig zu Rechtsunsicherheit. Der Emittentenleitfaden der BaFin versucht Orientierung zu bieten und zählt Umstände auf, die zumindest Anlass zur Prüfung des Vorliegens einer Insiderinformation geben sollen (bspw. Übersendung eines Term Sheets, Abschluss einer Vertraulichkeitsvereinbarung, Durchführung einer Due Diligence).[87] Entscheidend bleibt weiterhin, ob es sich um eine (i) präzise Information handelt, die (ii) Kursbeeinflussungspotenzial aufweist. Je weiter der Übernahmeprozess vorangeschritten ist, umso höher muss dieses Potenzial auch angesehen werden. Nicht zuletzt vor dem Hintergrund der Pflicht, Aktionären etwaige Schäden zu ersetzen, die durch eine unterlassene Ad-hoc-Mitteilung entstanden sind (§§ 97, 98 WpHG), sowie der Möglichkeit zur Selbstbefreiung (dazu sogleich) sollte im Zweifel jedoch aus Gründen der Vorsicht eine Ad-hoc-Pflicht angenommen werden.

Liegt eine Insiderinformation vor, kann sich die betroffene Gesellschaft in zulässiger Weise von ihrer Pflicht zur Veröffentlichung einer Ad-hoc-Mitteilung durch einen entsprechenden Beschluss des Vorstands selbst befreien. Voraussetzung hierfür ist nach Art. 17 Abs. 4 Marktmissbrauchsverordnung, dass (i) die Offenlegung die berechtigten Interessen des Emittenten an der Geheimhaltung der Information zu beeinträchtigen geeignet wäre (beispielsweise weil laufende Verhandlungen beeinträchtigt würden), (ii) die Aufschiebung nicht geeignet wäre, die Öffentlichkeit irrezuführen (der Emittent darf während des Befreiungszeitraums nicht selbst aktiv Signale hinsichtlich des Gegenstands des Selbstbefreiungsbeschlusses setzen, z. B. durch Dementi, die zu der noch nicht veröffentlichten Information in Widerspruch stehen) und (iii) die Geheimhaltung gewährleistet ist. Es ist fortlaufend zu überprüfen, ob die Voraussetzungen für eine Selbstbefreiung weiter vorliegen und bei Entfallen ist die Ad-hoc-Mitteilung unverzüglich nachzuholen (Art. 17 Abs. 7 Marktmissbrauchsverordnung). Der Emittent hat unmittelbar im Anschluss an die aufgeschobene Veröffentlichung der Ad-hoc-Mitteilung der Bundesanstalt für Finanzdienstleis-

42

---

84 Ausführlich zur umfassenden Kasuistik und insb. auch zur Due Diligence: *Hasselbach/Stepper*, BB 2020, 203, 206 ff.

85 Vgl. *v. Bonin/Böhmer*, EuZW 2012, 694, 697.

86 EuGH, Urt. v. 28.6.2012, C-19/11 – Markus Geltl/Daimler AG, DB 2012, 1496.

87 BaFin-Konsultation, Nr. 14/2019, Entwurf Emittentenleitfaden, Modul C (Stand 1.7.2019), S. 27 f.

tungsaufsicht den Aufschub als solchen und die Gründe für die Befreiung mitzuteilen (Art. 17 Abs. 4 Unterabs. 2 Marktmissbrauchsverordnung).

43 Neben der Veröffentlichung einer Ad-hoc-Mitteilung bzw. der Selbstbefreiung
von einer entsprechenden Pflicht hierzu hat der Vorstand der börsennotierten
Aktiengesellschaft die Insiderliste gemäß Art. 18 Markmissbrauchsverordnung
ergänzen zu lassen, sobald eine Insiderinformation vorliegt. Zudem muss er die
Insider auf ihre gesetzliche Pflicht zur Beachtung des Insiderrechts hinweisen
und mit ihnen eine Vertraulichkeitsvereinbarung schließen (lassen), soweit sie
nicht bereits standesrechtlich zur Verschwiegenheit verpflichtet sind.

c) Übernahmerechtliche M&A-Compliance

44 Bei der Übernahme einer börsennotierten Gesellschaft sind insbesondere die Bestimmungen des WpÜG zu beachten, dessen Ziele es sind, (i) ein Übernahme-
verfahren ohne Forderung und Behinderung einer Unternehmensübernahme zu
schaffen, (ii) Information und Transparenz für die Aktionäre und Arbeitnehmer
der Zielgesellschaft zu verbessern, (iii) die rechtliche Stellung der Minderheits-
aktionäre bei einer Unternehmensübernahme zu stärken und (iv) international
übliche Standards zu implementieren.[88] Die Veröffentlichungspflicht nach
WpÜG bezieht sich auf die Entscheidung zur Abgabe eines Angebots (§ 10
Abs. 1 WpÜG). Das Konkurrenzverhältnis zu § 17 Abs. 1 Marktmissbrauchsverordnung, der deutlich früher eine Veröffentlichungspflicht auferlegt, wird über
§ 10 Abs. 6 WpÜG gelöst. Hier wird bezüglich dieser speziellen Entscheidung
nur das WpÜG für anwendbar erklärt.[89] Hinsichtlich der übernahmerechtlichen
Einzelfragen wird auf die einschlägige Literatur verwiesen.[90]

5. Pflicht zur Durchführung einer rechtlichen Due Diligence

a) Regelfall

45 Jedenfalls bei Transaktionen von grundsätzlicher Bedeutung geht die herrschende Auffassung von einer Pflicht der Organe des Erwerbers zur Durchführung
einer Due Diligence aus, um dem Erfordernis einer sorgfältigen Entscheidungs-
vorbereitung zu genügen.[91] Hierbei handelt es sich allerdings nicht um eine absolute Pflicht. Vielmehr ist der erforderliche Umfang der Informationsbeschaffung für eine Transaktion – insbesondere im Wege der Due Diligence – von der
Geschäftsleitung des Erwerbers im Einzelfall abzuwägen.[92]

---

88 *Beisel*, in: Beisel/Klumpp, Unternehmenskauf, 7. Aufl. 2016, § 14 Rn. 26.
89 *Hasselbach/Stepper*, BB 2020, 203, 209 f.
90 Siehe nur zum Einstieg *Beisel*, in: Beisel/Klumpp, Unternehmenskauf, 7. Aufl. 2016, § 14,
sowie *Schwark/Zimmer* (Hrsg.), Kapitalmarktsrechts-Kommentar, 5. Aufl. 2020, WpÜG,
passim.
91 LG Hannover, 23.2.1977, 1 O 123/75, AG 1977, 198 f.; *Böttcher*, NZG 2005, 49, 50 (für den
Vorstand einer AG); *Liese*, BB 2010, 27, 28; *Spindler*, in: MünchKomm-AktG, 5. Aufl. 2019,
§ 93 Rn. 80; vgl. auch *Schiffer/Bruß*, BB 2012, 847, 848.
92 *Schiffer/Bruß*, BB 2012, 847, 848.

Bei der somit grundsätzlich bestehenden Pflicht der Organe des Erwerbers, eine   **46**
Due Diligence durchzuführen, handelt es sich allerdings nur um eine ihrer eigenen Gesellschaft geschuldete Sorgfaltspflicht und ausdrücklich nicht um eine
solche gegenüber dem Veräußerer. Auch handelt es sich nicht um eine Obliegenheit des Erwerbers, deren Nichtbeachtung etwa zu einem Rechtsverlust gegenüber dem Veräußerer führen würde: Denn nach deutschem Kaufrecht gibt es
grundsätzlich keine Prüfungspflicht des Erwerbers.[93] Soweit die M&A-Transak-
tion für beide Seiten ein Handelsgeschäft ist, könnte zwar grundsätzlich eine
gesetzliche Untersuchungs- und Rügeobliegenheit bestehen (§ 377 Abs. 1
HGB). Die Anwendbarkeit einer solchen Obliegenheit auf Unternehmenskäufe
wird jedoch von der wohl herrschenden Auffassung abgelehnt.[94] Im Übrigen
werden die Norm sowie ihr zugrunde liegende Rechtsgedanken in der Praxis regelmäßig im Unternehmenskaufvertrag (höchstvorsorglich) abbedungen. Zudem würde eine Untersuchungsobliegenheit erst ab Ablieferung der Kaufsache
(d.h. wohl dem Vollzug der M&A-Transaktion) bestehen und somit jedenfalls
nicht zu einer Pflicht zu einer Due Diligence vor Vertragsunterzeichnung führen.[95] Allenfalls in extremen Ausnahmefällen könnte man bei Unterlassen einer
Due Diligence an ein Mitverschulden des Erwerbers (§ 254 Abs. 1 BGB) denken.[96]

b) Besonders gelagerte Fälle

Die Rechtsprechung erkennt ausdrücklich an, dass es Ziel der Due Diligence nur   **47**
sein kann, die „vorhandenen Risiken zumindest in einem gewissen, mit zumutbarem Aufwand erreichbaren Umfang zu begrenzen".[97] Während diese Abwägung – wie eingangs erläutert – im Regelfall dazu führen wird, dass es einer Due
Diligence bedarf, kann in besonders gelagerten Fällen die Geschäftsleitung des
Erwerbers durchaus zu dem Ergebnis kommen, nur eine stark eingeschränkte
oder auch keine Due Diligence durchzuführen.[98] Das kann insbesondere dann
der Fall sein, wenn der Erwerber die Zielgesellschaft hinreichend kennt, beispielsweise weil er bereits deren Gesellschafter ist. Denkbar ist auch, dass es sich
um eine feindliche Übernahme handelt, bei der die Zielgesellschaft naturgemäß
keine Informationen zur Verfügung stellen wird. Ein vollständiger Verzicht auf
eine Due Diligence ist in diesem Fall gleichwohl nicht angezeigt; vielmehr sind

---

93 *Göthel*, in: Göthel, Grenzüberschreitende M&A-Transaktionen, 4. Aufl. 2015, § 2 Rn. 84;
    Schiffer/Bruß, BB 2012, 847, 848; *Beisel*, in: Beisel/Klumpp, Unternehmenskauf, 7. Aufl.
    2016, § 2 Rn. 8.
94 Siehe nur *Göthel*, in: Göthel, Grenzüberschreitende M&A-Transaktionen, 4. Aufl. 2015, § 2
    Rn. 84 (Fn. 95); a. A. *Beisel*, in: Beisel/Klumpp, Unternehmenskauf, 7. Aufl. 2016, § 2
    Rn. 10.
95 *Göthel*, in: Göthel, Grenzüberschreitende M&A-Transaktionen, 4. Aufl. 2015, § 2 Rn. 84.
96 Zusammenfassend *Fleischer/Körber*, BB 2001, 841, 848 f.
97 OLG Oldenburg, 22.6.2006, 1 U 34/03, BB 2007, 66, 68; vgl. auch *Schwarz*, BB 2012,
    136 ff.; *Andras/Szesny*, Deutscher AnwaltSpiegel 20/2015, 3, 4.
98 *Schiffer/Bruß*, BB 2012, 847, 848.

alle öffentlich zugänglichen Erkenntnisquellen auszuschöpfen.[99] Diese sind bei börsennotierten Unternehmen vielfältig, da sie ungleich mehr Berichtspflichten unterliegen als nicht-börsennotierte Unternehmen. Zu nennen sind in diesem Zusammenhang beispielsweise Ad-hoc-Mitteilungen oder der Abschnitt zur Compliance-Berichterstattung im Jahresabschluss.[100]

48 Grundsätzlich kommt ein Verzicht auf eine Due Diligence bei einer Transaktion mit sehr geringem Volumen in Betracht.[101] Allerdings ist auch dabei sicherzustellen, dass – ungeachtet des geringen Volumens – keine unbekannten Risiken eingekauft werden, die ggf. das Volumen der Transaktion übersteigen und unter Umständen sogar auf den Erwerber „durchschlagen" (etwa aufgrund von Reputationsschäden). Denn auch „kleine" Transaktionen können große Risiken bergen. Bei sehr großvolumigen Transaktionen können nach sorgfältiger Abwägung bestimmte Schwellenwerte festgelegt werden, unterhalb derer Verträge nicht oder nur eingeschränkt geprüft werden. Auch die Kosten der Durchführung einer Due Diligence,[102] zeitliche Aspekte[103] sowie die fehlende Bereitschaft des Veräußerers, Informationen offenzulegen, können in die Abwägungsentscheidung hinsichtlich des Umfangs der Informationsbeschaffung einbezogen werden.

49 Allein der Verweis auf die Eilbedürftigkeit einer Transaktion kann allerdings kaum hinreichender Grund sein, auf die Durchführung einer Due Diligence zu verzichten. Denn praktisch jede Transaktion ist aus Sicht der Handelnden eilbedürftig.[104] Auch kann die fehlende Bereitschaft des Veräußerers zur Offenlegung von wesentlichen Informationen für sich alleine kaum eine ausreichende Begründung für die Geschäftsleitung des Erwerbers sein, die Due Diligence zu unterlassen oder unangemessen einzuschränken. Im Regelfall müssen weitere Umstände hinzutreten, die es aus Sicht der Geschäftsleitung des Erwerbers angemessen erscheinen lassen, die Transaktion auch ohne Due Diligence durchzuführen. Dies kann beispielsweise dann der Fall sein, wenn der Kaufpreis sehr attraktiv ist und die maximalen Risiken auch ohne (eingehende) Due Diligence abgeschätzt werden können. Im Zweifelsfall wird es aber so liegen, dass die Geschäftsleitung von einer Transaktion Abstand nehmen muss, wenn ihr nicht die Möglichkeit eingeräumt wird, in dem erforderlichen Maß Due Diligence zu betreiben, wie es im Einzelfall geboten ist – zumal dies gerade ein Indiz für wesentliche Risiken sein könnte, die unentdeckt bleiben sollen.

---

99 *Schwarz*, BB 2012, 136.

100 Vgl. *Schwarz*, BB 2012, 136.

101 *Hölters*, AktG, 3. Aufl. 2017, § 93 Rn. 180.

102 *Nauheim/Goette*, DStR 2013, 2520, 2525; *Schiffer/Bruß*, BB 2012, 847, 848.

103 *Nauheim/Goette*, DStR 2013, 2520, 2525; *Schiffer/Bruß*, BB 2012, 847, 848; *Böttcher*, NZG 2007, 481, 483 f.

104 Insbesondere in Bieterverfahren wird absichtlich Zeitdruck generiert, *Nauheim/Goette*, DStR 2013, 2520, 2525.

Auch die Tatsache, dass (umfangreiche) Garantien im Unternehmenskaufvertrag   **50**
vereinbart werden, kann für sich allein in der Regel kein Argument sein, auf eine
Due Diligence zu verzichten. Denn typischerweise sind jedenfalls operative Garantien höhenmäßig auf einen bestimmten Prozentsatz des Kaufpreises (sog.
„cap") beschränkt und erst ab einer bestimmten Höhe ersatzfähig (sog. „de mini-
mis"). Auf Rechtsfolgenseite wird entgangener Gewinn jedenfalls auf Ebene des
Erwerbers häufig als ersatzfähiger Schaden ausgeklammert und es wird vereinbart, dass bei der Schadensberechnung keine EBIT(DA)-Multiplikatoren (sog.
„Multiples") berücksichtigt werden dürfen, selbst wenn diese bei der Berechnung des Kaufpreises zugrunde gelegt wurden. Weiterhin unterliegen Garantien
der (typischerweise kenntnisunabhängigen) Verjährung. Schließlich stellt sich
auch immer die Frage der tatsächlichen Beweis- und Durchsetzbarkeit etwaiger
Ansprüche aus der Verletzung von Garantien. Vor diesem Hintergrund muss der
Unternehmenskaufvertrag stark vom marktüblichen Standard abweichen, um
für sich alleine genommen einen Verzicht oder eine unangemessene Einschränkung der Due Diligence rechtfertigen zu können. Statt Garantien müsste der Unternehmenskaufvertrag wohl eher – umfassende, d.h. alle denkbaren Risiken ab-
deckende – Freistellungen auf Euro-für-Euro-Basis zugunsten des Erwerbers
vorsehen. Im Fall eines Garantieverstoßes muss der Erwerber die Garantieverlet-
zung einschließlich des eingetretenen Schadens darlegen und ggf. beweisen; im
Fall einer Freistellung muss der Erwerber hingegen nur das Vorliegen der vertraglich vereinbarten Freistellungsvoraussetzungen – beispielsweise die Geltendmachung eines Anspruchs gegen die Zielgesellschaft durch einen Dritten –
darlegen und beweisen.[105] Schließlich werden Freistellungen auch nicht von etwa vertraglich vereinbarten oder gesetzlichen Einschränkungen für solche Schäden erfasst, die der Erwerber kannte oder hätte kennen müssen. Die tatsächliche
Durchsetzbarkeit von Schadensersatzansprüchen müsste in besonders weitge-
hendem Maße abgesichert sein (z.B. durch eine Hinterlegung eines nicht unerheblichen Teils des Kaufpreises auf einem Treuhandkonto).

Abschließend ist noch einmal hervorzuheben, dass – wie eingangs formuliert –   **51**
das Ergebnis der Abwägungsentscheidung hinsichtlich des erforderlichen Infor-
mationsumfangs immer von den Umständen des Einzelfalls abhängt und die vorstehenden Überlegungen nur Erwägungen hinsichtlich des Regelfalls sind.

c) Nachgelagerte Due Diligence (Post-Closing Due Diligence)

Soweit es ausnahmsweise zulässig ist, vor Vertragsunterzeichnung auf die   **52**
Durchführung einer Due Diligence zu verzichten, wird diese in aller Regel nach
Vollzug des Erwerbs als sog. „Post-Closing Due Diligence" jedenfalls in dem
Umfang nachzuholen sein, wie dies erforderlich ist, um festzustellen, ob An-
sprüche unter Freistellungsvereinbarungen oder Garantien bestehen. Dies hat

---

105 Vgl. *Schrader*, in: Seibt, Beck'sches Formularbuch Mergers & Acquisitions, 3. Aufl. 2018,
   Anm. 101 zu C.II.1, 313.

vor Ablauf der Verjährungsfristen zu erfolgen.[106] Hinweise, die den Verdacht auf Gesetzesverstöße begründen oder eine unzureichende Einhaltung von Compliance- und Kartellrechtsanforderungen nahelegen, sind weitere Gründe für eine nachgelagerte Due Diligence mit dem Ziel, fortgesetzte Verstöße zu identifizieren und abzustellen.[107]

6. (Abbruch der) Vertragsverhandlungen

53 Durch die Aufnahme von Verhandlungen zwischen Veräußerer und Erwerber wird regelmäßig ein vorvertragliches Schuldverhältnis begründet (§ 311 Abs. 2 Nr. 1 BGB). Dieses vorvertragliche Schuldverhältnis kann durch den treuwidrigen Abbruch von Vertragsverhandlungen verletzt werden. Ein Schadensersatzanspruch (§§ 280 Abs. 1, 241 Abs. 2 BGB) soll nach der Rechtsprechung dabei aber ausnahmsweise nur dann entstehen, wenn eine Partei der anderen fälschlicherweise ihre Bereitschaft zum Abschluss eines Unternehmenskaufvertrags vorgespiegelt hat und die andere Partei dadurch zu Aufwendungen veranlasst wurde.[108] Eine solche Haftung kann allerdings von den Parteien dadurch ausgeschlossen werden, dass im Letter of Intent,[109] im Term Sheet[110] oder einem den Ablauf eines Bieterverfahrens beschreibenden Process Letter[111] deutlich gemacht wird, dass keine solche Abschlussbereitschaft besteht.

54 Weiterhin ist ausdrücklich darauf hinzuweisen, dass die Aufgabe einer zunächst vorhandenen Erwerbsabsicht nicht mit dem Vorspiegeln einer gar nicht vorhandenen Erwerbsabsicht verwechselt werden darf und grundsätzlich keine Haftung auslöst. Zu einer Haftung kann es aber dann kommen, wenn nicht nur eine Abschlussbereitschaft signalisiert wird, sondern darüber hinaus der Eindruck erweckt wird, dass es mit Sicherheit zu einem Vertragsabschluss kommen wird, anschließend die Verhandlungen aber dessen ungeachtet ohne triftigen Grund abgebrochen werden.[112] Die Haftung setzt dabei nicht voraus, dass sich die Parteien bereits über sämtliche Punkte des Vertrags geeinigt hatten, kommt aber umso eher in Betracht, je weiter die Verhandlungen bereits gediehen waren.[113] An die Annahme eines wichtigen Grundes, der den Abbruch von Vertragsverhandlungen zu rechtfertigen vermag, dürfen indes keine hohen Anforderungen

---

106 Vgl. *von Busekist/Timmerbeil*, CCZ 2013, 225, 228; *Hölters*, AktG, 3. Aufl. 2017, § 93 Rn. 181; zur Post-Closing Due Diligence siehe auch unten Rn. 92 f.

107 *Spindler*, in: MünchKomm-AktG, 5. Aufl. 2019, § 93 Rn. 81.

108 BGH, Urt. v. 29.3.1996, V ZR 332/94, NJW 1996, 1884, 1885; *Göthel*, in: Göthel, Grenzüberschreitende M&A-Transaktionen, 4. Aufl. 2015, § 2 Rn. 88.

109 *Geyrhalter/Zirngibl/Strehle*, DStR 2006, 1559, 1562.

110 *Göthel*, in: Göthel, Grenzüberschreitende M&A-Transaktionen, 4. Aufl. 2015, § 2 Rn. 25.

111 *Liese/Theusinger*, in: Hauschka/Moosmayer/Lösler, Corporate Compliance, 3. Aufl. 2016, § 27 Rn. 19.

112 St. Rspr., BGH, Urt. v. 8.6.1978, III ZR 48/76, NJW 1979, 1802, 1804; BGH, Urt. v. 7.2.1980, III ZR 23/78, NJW 1980, 1683, 1684; BGH, Urt. v. 9.11.2012, V ZR 182/11, NJW 2013, 928 Rn. 7 f.; *Emmerich*, in: MünchKomm-BGB, 8. Aufl. 2019, § 311 Rn. 176.

113 *Emmerich*, in: MünchKomm-BGB, 8. Aufl. 2019, § 311 Rn. 176.

gestellt werden. Jede vernünftige Erwägung genügt für einen legitimen Abbruch der Verhandlungen.[114] Beispiele sind das bessere Angebot eines anderen Interessenten, eine Verschlechterung der Geschäftschancen der Zielgesellschaft, die es nahelegt, von dem beabsichtigten Geschäft Abstand zu nehmen, oder der Umstand, dass sich der andere Vertragspartner dem begründeten Verdacht der Korruption in Zusammenhang mit dem intendierten Vertragsabschluss ausgesetzt hat.[115]

Die vorstehenden Ausführungen gelten dabei nur eingeschränkt bei beurkun- **55** dungsbedürftigen Verträgen. Denn das Gesetz behält den Vertragsparteien bis zur Beurkundung die volle Entscheidungsfreiheit vor, da dem Schutzzweck des Formerfordernisses nur Rechnung getragen werden kann, wenn auch kein indirekter Zwang zur Vornahme des beurkundungsbedürftigen Geschäfts besteht.[116] Lediglich in Fällen einer vorsätzlichen Treuepflichtverletzung kommt eine Haftung wegen des Abbruchs der Verhandlungen über einen beurkundungsbedürftigen Vertrag in Betracht. Denn allein die Formbedürftigkeit eines Vertrages gibt einer Partei noch kein Recht zu illoyalem Verhalten gegenüber dem Verhandlungspartner.[117] Ein Beurkundungserfordernis ergibt sich bei vielen M&A-Transaktionen, z.B. im Fall der Abtretung von Geschäftsanteilen einer GmbH (§ 15 Abs. 3 GmbHG) und bei der Veräußerung (nahezu) des gesamten Vermögens einer Gesellschaft (§ 311b Abs. 3 BGB).

Die bewusste und gewollte Vorspiegelung falscher Tatsachen, die zu einer Ver- **56** mögensverfügung führt, kann auch strafrechtlich relevant sein (§ 263 Abs. 1 StGB); ggf. in Form eines Versuchs, wenn kein Vermögensschaden eingetreten ist (§§ 263 Abs. 1 und 2, 22, 23 Abs. 1 Var. 2 StGB). In Betracht kommt insofern beispielsweise die Vorspiegelung einer tatsächlich nicht vorhandenen Abschlussbereitschaft (dazu bereits oben Rn. 50). Aber auch Angaben betreffend die Zielgesellschaft oder die Behauptung, es befänden sich weitere Bieter im Auktionsverfahren, kommen insofern in Betracht. Wenngleich strafrechtlichen Bestimmungen in regulär verlaufenden Transaktionen keine große praktische Bedeutung zukommt, ist auch zu bedenken, dass eine Strafanzeige aus Sicht eines Erwerbers, der mit seinem Investment unzufrieden ist und sich betrogen fühlt, ein Mittel zur Informationsgewinnung sein kann. Mitunter wird zur Vorbereitung eines späteren zivilgerichtlichen (Schieds-)Verfahrens versucht, die Arbeit der – zur Amtsermittlung verpflichteten und mit behördlichen Befugnissen versehenen – Staatsanwaltschaft zur „Sachverhaltsaufbereitung" fruchtbar zu machen. Auch ein frustrierter und sich betrogen fühlender Erwerber wird sich allerdings gut überlegen müssen, ob er wirklich die Staatsanwaltschaft einschal-

---

114 BGH, Urt. v. 10.1.1996, VIII ZR 327/94, DtZ 1996, 113, 114; *Emmerich*, in: MünchKomm-BGB, 8. Aufl. 2019, § 311 Rn. 176.
115 *Emmerich*, in: MünchKomm-BGB, 8. Aufl. 2019, § 311 Rn. 176.
116 BGH, Urt. v. 20.1.1987, 4 U 22/86, NJW-RR 1987, 801.
117 BGH, Urt. v. 20.1.1987, 4 U 22/86, NJW-RR 1987, 801; BGH, Urt. v. 9.11.2012, V ZR 182/11, NJW 2013, 928.

ten will. Denn M&A-Transaktionen sind für die meisten Unternehmen keine sin-
gulären Ereignisse und mit einer Involvierung der Staatsanwaltschaft wird man
Gefahr laufen, den eigenen Ruf als verlässlicher Vertragspartner zu riskieren,
wenn nicht tatsächlich ganz massive Anhaltspunkte für betrugsrelevante Sachverhalte vorliegen.

7. Zustimmungserfordernisse

57 Eine M&A-Transaktion kann Gegenstand einer Vielzahl potenzieller Zustimmungserfordernisse sein, die unterschiedlichsten Rechtsgebieten entspringen
können, insbesondere dem Gesellschaftsrecht, dem öffentlichen Recht und dem
Familien- und Erbrecht (auch die kartellrechtliche Freigabe kann man hierunter
fassen, die jedoch unter Rn. 23 ff. separat behandelt wurde).[118] Um die erforderlichen Zustimmungen rechtzeitig zu erhalten, sollten etwaige Zustimmungsvorbe-
halte möglichst früh ermittelt werden.[119]

58 Nachfolgend sollen lediglich zwei erfahrungsgemäß besonders praxisrelevante
Zustimmungserfordernisse in der gebotenen Kürze näher beleuchtet werden,
nämlich gesellschaftsrechtliche Zustimmungserfordernisse und das Erfordernis
der Zustimmung von Ehegatten und gleichgeschlechtlichen Lebenspartnern
i. S. d. Lebenspartnerschaftgesetzes.

a) Zustimmung von Aufsichtsgremien und/oder der Gesellschafter

59 Oft wird eine M&A-Transaktion jedenfalls ab einem bestimmten Volumen der
Zustimmung der Gesellschafterversammlung, der Hauptversammlung und/oder
eines Aufsichts- oder Beirats bedürfen. Ein solches Erfordernis kann sich aus
dem Gesetz, der Satzung oder einer Geschäftsordnung für den Vorstand bzw. die
Geschäftsführer ergeben. Ein gesetzliches Erfordernis wird dabei für die AG insbesondere aus § 179a AktG resultieren, soweit eine Veräußerung (nahezu) des
ganzen Vermögens erfolgt. Auch bei Verbleib erheblichen Anlagevermögens ist
die Vorschrift anzuwenden, wenn bisherige Unternehmensziele nicht weiter
verfolgt werden können.[120] Darüber hinaus kann nach der sog. Holzmüller-
Rechtsprechung des BGH eine ungeschriebene Zustimmungspflicht der Hauptversammlung einer AG bestehen, wenn eine M&A-Transaktion die Mitglied-
schaftsrechte der Aktionäre ganz wesentlich beeinträchtigt (sog. „Mediatisie-
rungseffekt").[121] Die Einzelheiten sind umstritten, aber man wird ab einer
Veräußerung von 80% des Gesellschaftsvermögens von einer entsprechenden

---

118 Vgl. die ausführliche Checkliste bei *Seibt*, in: Seibt, Beck'sches Formularbuch Mergers &
Acquisitions, 3. Aufl. 2018, A. III., 17 ff., sowie *Beisel*, in: Beisel/Klumpp, Unternehmenskauf, 7. Aufl. 2016, § 8.

119 *Liese/Theusinger*, in: Hauschka/Moosmayer/Lösler, Corporate Compliance, 3. Aufl. 2016,
§ 27 Rn. 11.

120 *Beisel*, in: Beisel/Klumpp, Unternehmenskauf, 7. Aufl. 2016, § 8 Rn. 70.

121 BGH, Urt. v. 25.2.1982, II ZR 174/80, DB 1982, 795; statt vieler: *Beisel*, in: Beisel/Klumpp,
Unternehmenskauf, 7. Aufl. 2016, § 8 Rn. 80 f.

Zustimmungspflicht ausgehen dürfen. Im Einzelfall – etwa der Veräußerung des wertvollsten Unternehmensteils – kann eine ungeschriebene Hauptversammlungskompetenz aber auch bei Werten unterhalb dieser Schwelle entstehen.[122] Erwerbsvorgänge fallen nach herrschender Auffassung hingegen nicht in die Kompetenz der Hauptversammlung des Erwerbers, sondern sind dem Vorstand zugewiesene Maßnahmen der Vermögensverwendung.[123]

Eine analoge Anwendung des § 179a Abs. 1 Satz 1 AktG auf die GmbH hat der **60** BGH hingegen jüngst, entgegen der wohl herrschenden Meinung in der Literatur, abgelehnt.[124] Ein Zustimmungserfordernis der Gesellschafterversammlung ergibt sich, soweit es sich um ein bedeutsames Geschäft handelt, hingegen aus § 49 Abs. 2 GmbHG. Hiernach ist die Gesellschafterversammlung einzuberufen, wenn es im Interesse der Gesellschaft erforderlich scheint, was bei einer Veräußerung wesentlicher Anteile stets zutrifft. Auch aus dem Gesellschaftsvertrag ergibt sich, als ungeschriebene Vorlagepflicht gem. § 37 Abs. 1 GmbHG, ein Zustimmungserfordernis. Den Beschluss der Gesellschafterversammlung hat der Geschäftsführer dann selbstständig herbeizuführen.[125]

Aus Sicht der handelnden Organe sollte bereits bei Einleitung des M&A-Prozes- **61** ses ein (Grundsatz-)Beschluss der Gesellschafter (im Fall der GmbH) bzw. des Aufsichtsrats (im Fall der AG) hinsichtlich der Transaktion herbeizuführen sein. Dies ist aus Sicht des handelnden Organs (Geschäftsführung, Vorstand) auch zur Vermeidung der eigenen Haftung empfehlenswert.[126] Insbesondere deshalb weil entgegen der eigenen Verschwiegenheitspflicht des Organs möglicherweise in erheblichem Umfang vertrauliche Informationen offengelegt werden[127] und zudem durch den M&A-Prozess erhebliche Kosten entstehen können, die eine vorbehaltene Maßnahme darstellen könnte. Letzteres ist auch im Fall des Erwerbers bedeutsam. Erwerbsnebenkosten (etwa für die Due Diligence), die leicht sechs-

---

122 *Beisel*, in: Beisel/Klumpp, Unternehmenskauf, 7. Aufl. 2016, § 8 Rn. 80 f., 83.
123 OLG Frankfurt, Urt. v. 7.12.2010, 5 U 29/10, ZIP 2011, 75; zusammenfassend *Beisel*, in: Beisel/Klumpp, Unternehmenskauf, 7. Aufl. 2016, § 8 Rn. 82 m. w. N., auch zur a. A.
124 BGH, Urt. v. 8.1.2019 – II ZR 364/18, GmbHR 2019, 528; ausführliche Besprechung: *Müller*, NZG 2019, 807. Dem Argument der Literatur, die Gesellschafter einer GmbH seien in gleicher Weise schutzwürdig wie Aktionäre, tritt das Gericht entgegen, und verweist auf die erheblich einflussreichere Stellung eines GmbH-Gesellschafters gegenüber der Geschäftsführung im Vergleich zur AG. Ferner betont das Gericht, dass es sich mit Blick auf die Rechtsfolge des § 179a AktG nicht um eine verallgemeinerungsfähige Norm i. S. e. Prinzip des Verbandsrechts handele. Die Gegenansicht berücksichtige nur unzureichend die Kollision mit dem tragenden handelsrechtlichen Prinzip, wonach Geschäftsleiter von Handelsgesellschaften im Außenverhältnis grds. unbeschränkbare Vertretungsmacht innehätten.
125 BGH, Urt. v. 8.1.2019 – II ZR 364/18, GmbHR, 2019, 528, 533 f.
126 Zu den Risiken eines fehlenden Beschlusses: BGH, Urt. v. 8.1.2019 – II ZR 364/18, GmbHR, 2019, 528, 534.
127 So die entsprechende Empfehlung bei *Seibt*, in: Seibt, Beck'sches Formularbuch Mergers & Acquisitions, 3. Aufl. 2018, Anm. 1 zu B.I.1, 35; für ein Muster eines entsprechenden Grundsatzbeschlusses *Seibt*, in: Seibt, Beck'sches Formularbuch Mergers & Acquisitions, 3. Aufl. 2011, B.IX. 3, 178 ff.

stellige Beträge erreichen, können bereits allein aufgrund ihrer Höhe – d. h. ungeachtet sonstiger spezieller Zustimmungserfordernisse für M&A-Transaktionen – eine Zustimmungspflicht der Gesellschafterversammlung nach der Satzung oder Geschäftsordnung des Erwerbers auslösen. Zudem besteht das Risiko auf Erwerberseite aus der Transaktion aufgrund des fehlenden Gesellschafterbeschlusses keine vertraglichen Rechte und Einwendungen herleiten zu können.

62 In der AG wirkt sich die Unwirksamkeit im Innenverhältnis aufgrund eines fehlenden Beschlusses, mit dem einer Übertagung (im Wesentlichen) des Ganzen Vermögens gem. § 179a AktG zugestimmt wird, immer auch auf das Außenverhältnis aus. Für die GmbH sieht § 37 Abs. 2 Satz 1 GmbHG zwar einen Verkehrsschutz vor und die Beschränkung der Geschäftsführerbefugnis (hier durch den erforderlichen Gesellschafterbeschluss) entfaltet keine Wirkung gegenüber Dritten. Dieser Verkehrsschutz wirkt aber nur gegenüber demjenigen, der auch schutzbedürftig ist. Ein bösgläubiger Geschäftspartner kann sich nicht auf die Unwirksamkeit im Außenverhältnis berufen. Das Vertrauen des Geschäftspartners auf den Bestand des Geschäfts ist hierbei nach der Rechtsprechung des BGH als nicht schutzwürdig einzustufen, wenn es sich diesem geradezu aufdrängen müsse, dass der Geschäftsführer seine Vertretungsmacht missbrauche; ohne Einfluss sei hingegen, ob der Geschäftsführer zum Nachteil der Gesellschaft handele.[128]

63 Zu trennen von der Frage der Erforderlichkeit eines Zustimmungsbeschlusses, ist die Frage der erforderlichen Form dieses Beschlusses. Nahm die herrschende Meinung vor dem Urteil des BGH aus dem Jahr 2019 eine Beurkundungspflicht auch für GmbHs an,[129] so ist diesem Ansatz – soweit die Herleitung auf einer analogen Anwendung des § 179a AktG (i.V.m. § 130 AktG) beruhte – durch das Urteil die Grundlage entzogen worden.[130] Jedoch gab es auch vor Ablehnung der Analogie bereits andere Ansätze, die Beurkundungspflicht zu begründen.[131]

64 So konzentriert sich die Diskussion um die Beurkundungspflicht von Gesellschafterbeschlüssen, mit denen der Veräußerung des (im Wesentlichen) gesamten Vermögens einer GmbH zugestimmt wird, nunmehr auf die Frage, ob bereits durch den Beschluss eine (faktische) Satzungsänderung vorliegt, die zu einer Anwendung des § 53 Abs. 2 GmbHG (analog) führt.[132] Der BGH befasste sich in seinem Urteil mit dieser Frage nicht. Er äußerte sich weder zur Beurkundungspflicht des Beschlusses noch zu seinem Charakter als gegebenenfalls satzungs-

---

128 BGH, Urt. v. 8.1.2019 – II ZR 364/18, GmbHR, 2019, 528, 534; BGH, Hinweisbeschluss v. 10.4.2006 – II ZR 337/05, NZG 2006, 626, 627.

129 *Weitnauer*, GWR 2018, 3 f. mit zusammenfassendem Verweis auf *Scholz/Priester*, 11. Aufl., § 53 GmbHG Rn. 176.

130 So noch vor dem Urteil des BGH, *Harbarth*, in: MünchKomm-AktG, 5. Aufl. 2019, § 53 Rn. 229 mit Verweis auf *Scholz/Priester*, 11. Aufl., § 53 GmbHG Rn. 176.

131 *Schnorbus*, in: Rowedder/Schmidt-Leithoff, § 53 GmbHG Rn 25.

132 *Müller*, NZG 2019, 807, 812; so bereits einige Stimmen vor der Entscheidung des BGH: vgl. *Müller*, NZG 2019, 807, 811.

durchbrechend in Bezug auf den Unternehmensgegenstand. Nach hier vertretener Auffassung stellt der Beschluss allein, auch über den Verkauf des gesamten Gesellschaftsvermögens, für sich noch keine Satzungsänderung dar.[133]

Eine Beurkundungspflicht wird weiterhin auch auf die wesentliche Bedeutung **65** des Beschlusses für das Unternehmen gestützt.[134] Die Ableitung einer Beurkundungspflicht aus der Rechtsprechung in Sachen Holzmüller/Gelatine geht jedoch fehl. Zum einen weist der BGH bezüglich des Beschlussbedürfnisses auf die Beschränkung der Geschäftsführungsbefugnis aus § 37 Abs. 1 GmbHG hin und begründet ein Zustimmungserfordernis (aber keine Beurkundungspflicht) bereits aus § 49 Abs. 2 GmbHG im Falle einer fehlenden Regelung oder Beschränkung in der Satzung aufgrund der Bedeutung des Geschäfts.[135] Zum anderen lässt sich aus der Holzmüller/Gelatine-Rechtsprechung nur die Erforderlichkeit eines Beschlusses und nicht seine Form ableiten.[136]

Die analoge Anwendung des § 53 Abs. 2 GmbHG auf einer Veräußerung des (im **66** Wesentlichen) ganzen Vermögens zustimmende Gesellschafterbeschlüsse wird mit dem Charakter des Beschlusses als faktische Satzungsänderung begründet.[137] Jedoch ist hier genau zu differenzieren, inwieweit die Veräußerung von einem wesentlichen Teil oder dem gesamten Gesellschaftsvermögen noch vom bisherigen Unternehmensgegenstand gedeckt ist oder nicht.[138] Nur in dem Fall, dass der Unternehmensgegenstand die Veräußerung nicht umfasst oder aber dieser durch die Veräußerung nicht mehr verfolgt werden kann, kann eine faktische Satzungsänderung überhaupt erwogen werden. Es bleiben darüber hinaus berechtigte Zweifel, ob für eine Analogie in diesen Fällen ausreichend Raum besteht. Der Annahme einer planwidrigen Regelungslücke kann entgegengehalten werden, dass der Schutzzweck des § 53 Abs. 2 GmbHG dadurch erfüllt ist, dass das Vollzugsgeschäft als tatsächliche und nicht bloß faktische Satzungsänderung zu einem späteren Zeitpunkt beurkundet wird.[139] Durch den vorherigen Beschluss allein werden noch keine Gesellschafterrechte so stark betroffen sein, dass die Schutz- und Warnfunktion der notariellen Beurkundung notwendig erscheint und der Beschluss stellt noch nicht sicher, dass die Veräußerung am Ende auch durchgeführt wird.

---

133 So die allg. Auffassung: *Zöllner/Noack*, in: Baumbach/Hueck § 53 Rn. 26, auch vor dem Urteil des BGH: *Harbarth*, in: MünchKomm-AktG, 5. Aufl. 2019, § 53 Rn. 230, *Altmeppen*, in: Roth/Altmeppen, GmbHG, 9. Aufl. 2019, § 53 Rn. 18, *Schnorbus*, in: Rowedder/Schmidt-Leithoff, § 53 GmbHG Rn. 25.

134 Vgl. *Decker*, NZG 2018, 447, 449.

135 BGH, Urt. v. 8.1.2019 – II ZR 364/18, GmbHR 2019, 528, 533 f.

136 *Decker*, NZG 2018, 447, 449.

137 *Heckschen*, AG 2019, 420, 422; *Trölitzsch*, in: Ziemons/Jaeger/Pöschke, BeckOK GmbHG, § 53 Rn. 8.3 m. w. N.

138 *Decker*, NZG 2018, 447, 450 ff. und DNotI-Report 2019, 193, 194 mit jew. differenzierten Abgrenzungskriterien zur Beurteilung.

139 So wohl auch *Decker*, NZG 2018, 447, 450 f., *Keller*, NJW-Spezial 2019, 271, 272 differenzierend zwischen Beschluss und tatsächlicher Satzungsänderung.

67 Eine Tendenz im Schrifttum zur Beurkundungsbedürftigkeit des Beschlusses lässt sich folglich nicht erkennen.[140] Vielmehr wird allein auf die satzungsändernde Wirkung des Beschlusses verwiesen. Solange diese bloß faktisch wirkt, ist eine Beurkundungspflicht schwer zu begründen. Als Vorsichtsmaßnahme[141] muss die Beurkundung mit den entstehenden Kosten abgewogen werden. Umfasst der Unternehmensgegenstand hingegen auch die Veräußerung des Gesellschaftsvermögens oder kann dieser weiterhin verfolgt werden, erscheint die Beurkundung auch aus dieser Perspektive nicht erforderlich.

b) Zustimmung von Ehegatten oder Lebenspartnern

68 Soweit ein Veräußerer im gesetzlichen Güterstand der Zugewinngemeinschaft oder der Gütergemeinschaft lebt, bedarf die Veräußerung (nahezu)[142] des Vermögens im Ganzen der Zustimmung des Ehegatten (§ 1365 Abs. 1 Satz 1 BGB bei Zugewinngemeinschaft, § 1423 Satz 1 BGB bzw. §§ 1419 Abs. 1, 1422 ff., 1450 ff. BGB bei Gütergemeinschaft) bzw. des gleichgeschlechtlichen Lebenspartners (§§ 6 und 7 LPartG i.V.m. den für die Zugewinn- bzw. Gütergemeinschaft einschlägigen Normen des BGB). Insbesondere das Zustimmungserfordernis für Lebenspartner i.S.d. LPartG wird in der Praxis häufig übersehen. Da der Zweck der einschlägigen Normen ist, die materiellen Grundlagen der Ehe bzw. Lebenspartnerschaft in ihrem Bestand zu schützen, bestehen diese Zustimmungserfordernisse unabhängig davon, ob die Gegenleistung äquivalent zu den veräußerten Gesellschaftsanteilen ist.[143]

69 Um nicht die Vermögensverhältnisse eines Veräußerers ausforschen zu müssen, empfiehlt es sich in der Praxis, Zustimmungserklärungen losgelöst von den (vermeintlichen) Vermögensverhältnissen und damit der Frage einer Veräußerung (nahezu) des gesamten Vermögens immer dann einzuholen, wenn natürliche Personen Veräußerer sind. Sollte das im Einzelfall nicht in Betracht kommen – etwa weil die Ehegatten oder Lebenspartner zerstritten sind –, muss die Vermögenslage des Veräußerers näher analysiert werden, was z.B. anhand eines vom Steuerberater erstellten Vermögensstatus geschehen kann.

70 Die Einwilligung kann grundsätzlich formlos erklärt werden.[144] Zu Beweiszwecken empfiehlt es sich jedoch, eine schriftliche Erklärung einzuholen, die als Anlage zum Unternehmenskaufvertrag genommen wird. In inhaltlicher Hinsicht ist zu beachten, dass sich die Einwilligung des Ehegatten oder gleichgeschlecht-

---

140 So aber DNotI-Report 2019, 193, 195 mit einzigem Verweis auf *Bayer*, in: Lutter/Hommelhoff, GmbHG, 20. Aufl. 2020, § 53 Rn. 3.

141 DNotI-Report 2019, 193, 196: vorsorgliche Beurkundung in Holzmüller/Gelatine Fällen.

142 *Brudermüller*, in: Palandt, BGB, 79. Aufl. 2020, § 1365 Rn. 6 (allg. Meinung).

143 *Brudermüller*, in: Palandt, BGB, 79. Aufl. 2020, § 1365 Rn. 6; die Höhe der Gegenleistung spielt aber für die Frage eine wichtige Rolle, ob eine etwaige Verweigerung berechtigt war und die fehlende Zustimmung gerichtlich ersetzt werden kann, *Siede/Cziupka*, in: Bamberger/Roth, BGB, 4. Aufl. 2019, § 1365 Rn. 31.

144 *Siede/Cziupka*, in: Bamberger/Roth, BGB, 4. Aufl. 2019, § 1365 Rn. 23.

lichen Lebenspartners auf den Mindestinhalt des konkreten Rechtsgeschäfts des konkret anstehenden Geschäfts beziehen muss („essentialia negotii"; bei einem Kaufvertrag in der Regel Kaufsache, Kaufpreis und Vertragspartner).[145] Andernfalls könnte die Einwilligung als Generaleinwilligung einzustufen sein, die – als Ausnahme vom Grundsatz der Formfreiheit – jedenfalls dann der notariellen Niederschrift bedarf, wenn sie unwiderruflich erklärt wird (§§ 1413, 1410 BGB).[146] Eine Unwiderruflichkeit bietet sich regelmäßig deshalb an, weil die Einwilligung ansonsten vor Unterzeichnung oder Vollzug des Unternehmenskaufvertrags jederzeit widerrufen werden könnte.[147] Wurde der Widerruf abbedungen, ist die Einwilligung nur noch aus wichtigem Grund widerrufbar.[148] Vor diesem Hintergrund empfiehlt es sich, die Einwilligung zwar unwiderruflich auszugestalten, sie jedoch erst zu einem Zeitpunkt einzuholen, in dem die essentialia negotii – insbesondere der Kaufpreis – bereits feststehen. Es ist allerdings nicht erforderlich, dass die essentialia negotii auch ausdrücklich in der Erklärung genannt werden, um eine Einstufung als Generaleinwilligung zu vermeiden.[149]

8. Vereinbarung von Wettbewerbsverboten im Unternehmenskaufvertrag

Wettbewerbsverbote sind als den Wettbewerb beschränkende Abreden grundsätzlich unzulässig (Art. 101 AEUV, § 1 GWB). Im Zusammenhang mit der Veräußerung eines Unternehmens können dem Veräußerer jedoch in kartellrechtlich zulässiger Weise vertraglich vereinbarte Wettbewerbsverbote auferlegt werden.[150] Das Bedürfnis für und die Zulässigkeit derartiger Wettbewerbsverbote ergeben sich daraus, dass der Erwerber zumindest in gewissem Umfang vor Wettbewerb durch den Veräußerer geschützt werden muss, damit er den vollständigen Wert der Zielgesellschaft bzw. der veräußerten Vermögensgegenstände erhält.[151] Denn aufgrund seines Know-hows und seiner Kundenbeziehungen wäre es dem Veräußerer in vielen Transaktionen ein Leichtes, innerhalb kurzer Zeit ein Konkurrenzunternehmen aufzubauen und so den wirtschaftlichen Erfolg der Transaktionen zu torpedieren. **71**

Voraussetzung für die Zulässigkeit entsprechender Wettbewerbsverbote ist allerdings, dass sie sachlich, räumlich und zeitlich auf das zur Durchführung des Ver- **72**

---

145 *Siede/Cziupka*, in: Bamberger/Roth, BGB, 4. Aufl. 2019, § 1365 Rn. 23 a. E.
146 *Brudermüller*, in: Palandt, BGB, 79. Aufl. 2020, § 1365 Rn. 15.
147 Unter Umständen kann sich ein redlicher Geschäftspartner aber auf den Schutz der §§ 170 ff. BGB berufen, *Siede/Cziupka*, in: Bamberger/Roth, BGB, 4. Aufl. 2019, § 1365 Rn. 24 m. w. N.
148 *Bayreuther*, in: MünchKomm-BGB, 8. Aufl. 2018, § 183 Rn. 16.
149 Ob die Erklärung die essentialia negotii abdeckt, ist in diesem Fall durch Auslegung zu ermitteln, *Siede/Cziupka*, in: Bamberger/Roth, BGB, 4. Aufl. 2019, § 1365 Rn. 23 m. w. N.
150 *Badtke*, KSzW 2011, 418, 422 m. w. N.; *Baron/Trebing*, BB 2016, 131, 133 m. w. N.
151 *Badtke*, KSzW 2011, 418, 422.

tragszwecks erforderliche Maß begrenzt sind.[152] In sachlicher Hinsicht ist dies der Fall, wenn das Wettbewerbsverbot auf diejenigen Waren und Dienstleistungen beschränkt ist, die Geschäftsgegenstand der Zielgesellschaft sind.[153] In zeitlicher Hinsicht gilt, dass Wettbewerbsverbote für eine Dauer von bis zu drei Jahren gerechtfertigt sind, wenn – neben Vermögensgegenständen und Goodwill – auch Know-how übertragen wird.[154] Wird zwar kein Know-how, aber – neben Vermögensgegenständen – zumindest auch Goodwill übertragen, soll eine Dauer von zwei Jahren zulässig sein.[155] Werden hingegen ausschließlich materielle Vermögensgegenstände und/oder gewerbliche Schutzrechte (nicht aber Know-how oder Goodwill) übertragen, ist es zweifelhaft, ob überhaupt ein Wettbewerbsverbot vereinbart werden darf.[156] In diesem Fall dürfte der Erwerber kein schützenswertes Interesse daran haben, die übertragenen Maschinen, Grundstücke oder gewerblichen Schutzrechte frei von Wettbewerb zu nutzen. Denn in der Regel gewähren sie bereits nach dem Gesetz ihrem Eigentümer bzw. Inhaber das Recht zur ausschließlichen Nutzung und ihr Wert kann nicht durch die Nutzung anderer vergleichbarer Wirtschaftsgüter (die nicht mitveräußert wurden) durch den Veräußerer torpediert werden. In räumlicher Hinsicht sollten sich Wettbewerbsverbote auf das Gebiet beschränken, in denen die Zielgesellschaft ihre Waren oder Dienstleistungen anbietet oder anzubieten plant, wobei es nach der EU-Kommission in diesem Fall erforderlich sein soll, dass bereits Investitionen für die geplante Expansion getätigt wurden.[157]

---

152 *Badtke*, KSzW 2011, 418, 423 m. w. N.

153 Vgl. Bekanntmachung der KOM über Einschränkungen des Wettbewerbs, die mit der Durchführung von Unternehmenszusammenschlüssen unmittelbar verbunden und für diesen notwendig sind, ABl. 2005 C 56/03, Rn. 18; *Badtke*, KSzW 2011, 418, 423.

154 Vgl. Bekanntmachung der KOM über Einschränkungen des Wettbewerbs, die mit der Durchführung von Unternehmenszusammenschlüssen unmittelbar verbunden und für diesen notwendig sind, ABl. 2005 C 56/03, Rn. 20; *Badtke*, KSzW 2011, 418, 423.

155 KOM v. 12.4.1999, IV/M.1482 Rn. 26 – Kingfisher/Großlabor; KOM v. 14.12.1997, IV/M.884, Rn. 17 – KNP BT/Bunzl; Bekanntmachung der KOM über Einschränkungen des Wettbewerbs, die mit der Durchführung von Unternehmenszusammenschlüssen unmittelbar verbunden und für diesen notwendig sind, ABl. 2005 C 56/03, Rn. 20; *Badtke*, KSzW 2011, 418, 423.

156 Vgl. Bekanntmachung der KOM über Einschränkungen des Wettbewerbs, die mit der Durchführung von Unternehmenszusammenschlüssen unmittelbar verbunden und für diesen notwendig sind, ABl. 2005 C 56/03, Rn. 21; *Badtke*, KSzW 2011, 418, 423.

157 Vgl. Bekanntmachung der KOM über Einschränkungen des Wettbewerbs, die mit der Durchführung von Unternehmenszusammenschlüssen unmittelbar verbunden und für diesen notwendig sind, ABl. 2005 C 56/03, Rn. 22; *Badtke*, KSzW 2011, 418, 423.

III. Materielle M&A-Compliance – Prüfung von/Umgang mit Compliance in der Zielgesellschaft

1. Due Diligence

a) Erfordernis einer Compliance-Due Diligence

aa) Einführung unter besonderer Beachtung von ESG/CSR

Neben dem Begriff der Compliance-Due Diligence, also der Überprüfung der Einhaltung rechtlicher Regeln durch die Zielgesellschaft, erfahren in jüngerer Zeit auch die Begriffe ESG (Environmental, Social, Governance) und CSR (Corporate Social Responsibility) zunehmend Aufmerksamkeit auch und gerade im Kontext von M&A-Transaktionen.   73

ESG versteht sich als übergeordneter Begriff für nachhaltige Investitionen und Nachhaltigkeitsrisiken im Zusammenhang mit Finanzinvestitionen, ohne jedoch einer präzisen gesetzlichen Bestimmung oder gar Definition zu unterliegen.[158] Große institutionelle Investoren stellen die Relevanz solcher Faktoren durch die Aufnahme in ihre Veröffentlichungsanforderungen an Portfolio-Gesellschaften heraus und verstehen ESG in ihren Portfolios als Mittel zur Risikominimierung.[159]   74

CSR-Anforderungen bilden ein Normsystem, das Lücken zwischen Völkerrecht und nationalem Recht schließen will, um z.B. die Ausbeutung von Drittländern unter Missachtung von Sozial- und Umweltstandards zu verhindern.[160] Als Oberbegriff versteht sich CSR auch als Konzeption die Ausprägungen in Unternehmenszielbestimmungen, der Business Judgment Rule, dem DCGK und den oben bereits behandelten ESG-Kriterien findet.[161]   75

Durch das CSR-Richtlinien-Umsetzungsgesetz wurden CSR- und ESG-Aspekte in § 289b HGB aufgenommen. Kapitalmarktorientierte Unternehmen, Banken und Versicherungen (börsenorientiert und mehr als 500 Mitarbeiter) werden hierdurch verpflichtet, in ihre Lageberichte auch nichtfinanzielle Erklärungen abzugeben.[162] Diese unterliegen dann, auch wegen ihrer erheblichen wirtschaftlichen Risikobehaftung durch Reputationsverlust bei Nichteinhaltung,[163] häufig auch einer Prüfung im Zusammenhang mit der Due Diligence.   76

---

158 *Eberius*, WM 2019, 2143, 2143.
159 Vgl. https://www.blackrock.com/us/individual/literature/whitepaper/bii-sustainability-futu re-investing-jan-2019.pdf (zuletzt abgerufen am 6.3.2020).
160 *Spießhofer*, NZG 2018, 441, 443. Siehe ferner *Stehr/Knopp*, Kap. 14.
161 *Spießhofer*, NZG 2018, 441, 445.
162 *Eberius*, WM 2019, 2143, 2152.
163 Siehe umfangreich zu möglichen Risiken: Merkblatt zum Umgang mit Nachhaltigkeitsrisiken, BaFin 20.12.2019, https://www.bafin.de/SharedDocs/Downloads/DE/Merkblatt/dl_ mb_Nachhaltigkeitsrisiken.html;jsessionid=414F62A0B719C385E6A24E4A74C7958.2 _cid370?nn=9021442 (zuletzt abgerufen am 6.3.2020).

77 In Due Diligence-Prüfungen rücken insbesondere die risikobezogenen ESG/ CSR-Faktoren in den Fokus, beispielsweise der Umgang mit Korruption, Privatsphäre und Datensicherheit, Klimawandel, Treibhausgasemissionen, Diversität und Arbeitsbedingungen. Diese Aufzählung zeigt bereits eine große Schnittmenge mit anderen Bereichen der (Compliance-)Due Diligence und verdeutlicht die fehlende Trennschärfe der Begrifflichkeiten: Inwieweit die unter ESG/CSR gefassten Anforderungen über eine übliche Compliance hinaus gehen, muss auch vom jeweiligen Bezugsraum abhängig gemacht werden. So kann im europäischen Rechtsraum durchaus davon ausgegangen werden, dass jedenfalls CSR-Standards im engeren Sinne vielfach nicht über den bereits bestehenden Rechtsrahmen hinaus gehen oder aber (wie z. B. durch die CSR-Richtlinie) bereits umgesetzt sind.[164]

78 Es wird erwartet, dass die ESG-Performance zukünftig einen wesentlichen Einfluss auf die Unternehmensbewertung haben wird. Da die Validierung des indikativen Kaufpreises eine der Kernaufgaben der Due Diligence ist, deutet dies in der Tat auf eine zunehmende Bedeutung der ESG-Due Diligence hin.

79 Soweit mitunter auch von einer „Integrity-Due Diligence" die Rede ist, wird dieser Begriff teilweise synonym mit dem der Compliance-Due Diligence verwendet.[165] Naheliegender scheint indes ein enges Verständnis, das auf die Integrität der Gesellschafter und/oder Manager der Zielgesellschaft abzielt. So wird z. B. in der Folge des Weinstein-Skandals jedenfalls in den USA im Kontext von M&A-Transaktionen zunehmend um Offenlegung von Informationen über Anschuldigungen sexuellen Missverhaltens gegenüber leitenden Angestellten gebeten (was datenschutzrechtlich immer unproblematisch ist).[166]

bb) Erfordernis der Durchführung einer Compliance-Due Diligence

80 Vor dem Hintergrund, dass eine – nicht in jedem Fall besonders aufwendige[167] – Compliance-Due Diligence oft noch immer unterbleibt, soll nachfolgend dargestellt werden, weshalb in vielen Fällen die Durchführung einer Compliance-Due Diligence den handelnden Organen des Erwerbers anzuraten ist oder sogar eine entsprechende Pflicht besteht.

81 Lediglich standardmäßig getroffene Regelungen im Unternehmenskaufvertrag – insbesondere Garantien – reichen regelmäßig nicht zur hinreichenden Absicherung des Erwerbers gegen Risiken aus Compliance-Verstößen aus. So kann der Schaden aus Compliance-Verstößen vereinbarte Haftungshöchstsummen

---

164 *Spießhofer*, NZG 2018, 441, 444.

165 Vgl. *Liese*, BB 2010, 27, 28 m. w. N., der die Bezeichnung noch als Oberbegriff für die Compliance-Due Diligence verwendet.

166 *Watchell, Lipton, Rosen & Katz*, ESG Memo: The Coming Impact of ESG on M&A, 18.2.2020, https://www.wlrk.com/esg-memos/ (zuletzt abgerufen am 25.3.2020).

167 Eingehend dazu sogleich unter Rn. 86 ff.

leicht übersteigen.[168] Denn Compliance-Garantien werden in Unternehmens-kaufverträgen häufig den operativen Garantien zugeordnet und als solche einer Haftungshöchstgrenze („Cap") von oft nur 25 % des Kaufpreises oder weniger unterworfen (wobei die Vereinbarung eines Caps und dessen Höhe stets Ver-handlungssache ist).[169] Zudem sind Reputationsschäden,[170] entgangener Gewinn (z. B. aufgrund von Vergabesperren) und/oder die Kosten für interne Untersu-chungen häufig nicht vom Schadensbegriff des Unternehmenskaufvertrags er-fasst, da dieser – je nach der Verteilung der Verhandlungsmacht im Einzelfall – auf bestimmte direkte Schäden beschränkt wird und Posten wie interne Kosten oder entgangenen Gewinn ausschließt. Deshalb müssen Compliance-Verstöße durch eine Due Diligence aufgedeckt oder zumindest hinreichend plausibilisiert werden, um in den Vertragsverhandlungen zumindest eine (der Höhe nach nicht begrenzte) Freistellung für damit in Zusammenhang stehende Schäden auf Eu-ro-für-Euro-Basis durchsetzen zu können (sofern nicht weitergehende Maßnah-men zu ergreifen sind, dazu unten Rn. 81 ff.). Damit dient eine Compliance-Due Diligence nicht nur der Absicherung des Erwerbers durch die Ermöglichung einer tatsächlichen Aufdeckung von Compliance-Risiken, sondern u. U. auch der Stärkung der eigenen Verhandlungsposition mit dem Ziel der Vereinbarung einer Freistellung für lediglich vermutete Verstöße.

Zudem kann es im Fall des Unterlassens einer Compliance-Due Diligence zu **82** einem Verstoß gegen die Legalitätspflicht der (ggf. neuen) Geschäftsleiter der Erwerberin/Zielgesellschaft oder – aufgrund ihrer Konzernleitungspflicht[171] – sogar der Geschäftsleiter der Konzernobergesellschaft kommen, wenn es in der Zielgesellschaft nach Vollzug der M&A-Transaktion zu fortgesetzten Compli-ance-Verstößen kommt.[172] In der Literatur wird insofern davon ausgegangen, dass es nach deutschem Recht (unmittelbar) nach Abschluss der Transaktion möglich sein muss, die Geschäfte der Zielgesellschaft unter Beachtung aller ein-schlägigen rechtlichen Voraussetzungen fortzuführen.[173] Ein nur schrittweises Abstellen von jeglichem als rechtswidrig erkannten Verhalten sei nicht mit dem

---

168 *Liese*, BB 2010, 27, 30. Zu den zahlreichen Nachteilen von Non-Compliance siehe *Schulz*, Kap. 1, Rn. 6.
169 Eine derartige Haftungshöchstgrenze gilt regelmäßig selbst bei käuferfreundlichen Unter-nehmenskaufverträgen, vgl. nur *Seibt*, in: Seibt, Beck'sches Formularbuch Mergers & Ac-quisitions, 3. Aufl. 2018, C.II.2 Fn. 113, 450, Anm. 125 zu C.II.1, 317.
170 *Liese*, BB 2010, 27, 30.
171 Die Einzelheiten einer Konzernleitungspflicht sind umstritten; das LG München I hat in sei-ner Siemens /Neubürger-Entscheidung (LG München I, 10.12.2013, 5 HK O 1387/10, BB 2014, 850) die Existenz einer Konzernleitungspflicht ohne weitere Begründung unterstellt; vgl. zum Kartellrecht *Baron/Trebing*, BB 2016, 131, 135 m. w. N. sowie *Seeliger/Heinen/ Mross*, Kap. 23, Rn. 92.
172 Für nach Vollzug begangene Kartellrechtsverstöße haftet nach Europäischem Recht – neben der Zielgesellschaft selbst – ab Vollzug auch der Erwerber; und zwar kenntnisunabhängig, *Baron/Trebing*, BB 2016, 131, 134. Zur Legalitätspflicht siehe ferner *Schulz*, Kap. 1, Rn. 27, 42.
173 *Schwarz*, BB 2012, 136, 142.

Legalitätsprinzip vereinbar.[174] In anderen Jurisdiktionen wird dies mitunter großzügiger gesehen und dem Erwerber unter bestimmten Voraussetzungen einige Wochen oder Monate Zeit gegeben, um sicherzustellen, dass die Zielgesellschaft etwaige Compliance-Verstöße abstellt.[175]

cc) (Eigen-)Interesse der Geschäftsleitung (Business Judgement Rule)

83   Überdies sollte die Durchführung einer Compliance-Due Diligence ein ureigenes Interesse der Geschäftsleiter sein: Eine Pflichtverletzung eines Geschäftsleiters liegt nicht vor, wenn er bei einer unternehmerischen Entscheidung vernünftigerweise annehmen durfte, auf Grundlage angemessener Informationen zum Wohle der Gesellschaft zu handeln (§ 93 Abs. 1 Satz 2 AktG, „Business Judgement Rule"). Bei einer M&A-Transaktion handelt es sich typischerweise um eine solche unternehmerische Entscheidung und das wichtigste Mittel zur Schaffung einer angemessenen Informationsgrundlage ist die Due Diligence. Das Unterlassen einer Compliance-Due Diligence kann dazu führen, dass die Haftungsprivilegierung der Business Judgement Rule nicht in Anspruch genommen werden kann, weil nicht auf angemessener Informationsgrundlage gehandelt wurde. Die Nichtanwendbarkeit der Business Judgement Rule muss zwar nicht automatisch zu einer Pflichtverletzung führen,[176] verschlechtert aber die haftungsrechtliche Position des Geschäftsleiters erheblich – ein unangenehmes Szenario für jeden Geschäftsleiter; man denke in diesem Zusammenhang nur an den in der Einleitung skizzierten – fiktiven – Fall, dass der Geschäftsbereich, in dem sich der Sachverhalt der Siemens/Neubürger-Entscheidung[177] abspielte, Gegenstand einer M&A-Transaktion gewesen wäre. Der Erwerber hätte sich ein Risiko in Milliardenhöhe eingekauft.[178]

84   Eines der Ziele der Due Diligence ist es weiterhin, die Kosten für die rechtliche, organisatorische, technische und personelle Eingliederung der Zielgesellschaft in die Gruppe des Erwerbers (Integrationskosten) zu berechnen. Ist bei der Zielgesellschaft die Einführung oder Überarbeitung eines Compliance-Management-Systems (CMS) erforderlich, so erfordert dies Investitionen.[179] Durch eine Compliance-Due Diligence können die hierfür ggf. erforderlichen Investitionen geschätzt und in der Kalkulation des Kaufpreises berücksichtigt werden.[180]

---

174 *Schwarz*, BB 2012, 136, 142.
175 *Schwarz*, BB 2012, 136, 138 (am Beispiel einer Entscheidung des US-amerikanischen DoJ betreffend eine öffentliche Übernahme durch den US-Konzern Halliburton nach englischem Recht).
176 Allg. Meinung, siehe nur *Spindler*, in: MünchKomm-AktG, 5. Aufl. 2019, § 93 Rn. 47 m. w. N.
177 LG München I, 10.12.2013, 5 HK O 1387/10, BB 2014, 850.
178 Siehe oben Rn. 4.
179 Zur Pflicht, ein Compliance Management einzuführen, siehe den Beitrag von *Schulz*, Kap. 1.
180 *Andras/Szesny*, Deutscher AnwaltSpiegel 20/2015, 3, 5; *von Busekist/Timmerbeil*, CCZ 2013, 225, 226; *Liese*, BB 2010, 27, 28.

dd) *Normative Kraft des Faktischen*

Schließlich macht es die Jellinek'sche „normative Kraft des Faktischen" immer **85** häufiger erforderlich, eine Compliance-Due Diligence durchzuführen. Zum einen ist in der Praxis vermehrt zu beobachten, dass die die M&A-Transaktion ggf. finanzierenden Banken Compliance als Bestandteil der von der rechtlichen Due Diligence umfassten Gebiete einfordern. Zum anderen versichern sog. Warranty & Indemnity-Versicherer typischerweise nur solche Risiken aus Garantien und Freistellungen in einem Unternehmenskaufvertrag, die im Rahmen der Due Diligence untersucht wurden. Ferner sind grob fahrlässige Pflichtverstöße in aller Regel ein Ausschlusstatbestand für die sog. D&O-Versicherung der Geschäftsleiter. Allerdings dürfte das Unterlassen einer Compliance-Due Diligence allenfalls in besonders gelagerten Fällen grob fahrlässig sein; etwa dann, wenn offensichtliche, massive, sich aufdrängende Compliance-Risiken nicht untersucht und auch keine hinreichenden Freistellungen vereinbart wurden.

b) Vorgehensweise: Abgestufte, risikobasierte Compliance-Due Diligence

aa) *Rechtlicher Rahmen*

Die Rechtsprechung erkennt es ausdrücklich an, dass Ziel der Due Diligence nur **86** sein kann, die vorhandenen Risiken in einem gewissen, mit zumutbarem Aufwand erreichbaren Umfang zu begrenzen.[181] Vor diesem Hintergrund erscheint es vertretbar, den Umfang einer Compliance-Due Diligence entsprechend den Anforderungen der Transaktion sowie einem zu ermittelnden spezifischen Risikoprofil der Zielgesellschaft auszugestalten, also einen abgestuften, risikobasierten Ansatz zu wählen,[182] der im Folgenden erläutert wird.

Anders als bei einer rechtlichen Due Diligence in anderen Bereichen existiert **87** für die Compliance-Due Diligence noch kein gefestigtes Verständnis hinsichtlich der konkreten Vorgehensweise.[183] In der Praxis sollte sich der „Scope" der Compliance-Due Diligence auf alle Bereiche erstrecken, in denen potenziell Rechtsverstöße von einigem Gewicht auftreten können. Neben den nachfolgend exemplarisch hervorgehobenen Korruptions- und Bestechungstatbeständen sind dies vor allem das Kartellrecht und der Datenschutz.[184] Dabei werden Verstöße gegen Datenschutzrecht im Vergleich zu Hardcore-Kartellen, Fällen wettbewerbswidrigen Informationsaustauschs sowie Korruptions- und Bestechungstatbeständen erheblich leichter zu identifizieren sein. Denn es muss insofern nicht nach der „Nadel im Heuhaufen" gesucht werden, sondern es können alle Daten-

---

181 OLG Oldenburg, 22.6.2006, 1 U 34/03, BB 2007, 66; vgl. auch *Schwarz*, BB 2012, 136 ff.; *Andras/Szesny*, Deutscher AnwaltSpiegel 20/2015, 3, 4.

182 Vgl. auch *Schwarz*, BB 2012, 136, 137.

183 Siehe aber *von Buskist/Timmerbeil*, CCZ 2013, 225; *Störk/Görtz*, in: Beisel/Andreas, Beck'sches Mandats Handbuch Due Diligence, 3. Aufl. 2017, § 41 Rn. 11; *Schwarz*, BB 2012, 136, 140 f.; *Ullrich/von Hesberg*, CB 2015, 233, 234.

184 Vgl. *von Buskist/Timmerbeil*, CCZ 2013, 225, 228. Zum Compliance-Risikomanagement ferner *Schulz*, Kap. 1, Rn. 39 ff.

verarbeitungsprozesse der Zielgesellschaft schlicht im Hinblick auf ihre Rechtskonformität überprüft werden.

88 Deutlich hervorzuheben ist, dass eine den Anforderungen der Transaktion sowie einem zu ermittelnden spezifischen Risikoprofil der Zielgesellschaft angemessene, sorgfältig geplante und durchgeführte Due Diligence nicht zwingend zeit- und kostenintensiv sein muss. Wenn die spezifischen Compliance-Risiken der Zielgesellschaft vor dem Hintergrund der Natur des Geschäftsbetriebs, der Sektoren und Länder, in denen sie tätig wird sowie weiterer Faktoren sehr niedrig sind, kann es ausreichend sein, sich in einem strukturierten Prozess und in dokumentierter Weise zu vergewissern, dass dem so ist. Dann bedarf es im Rahmen der Compliance-Due Diligence als weitere Maßnahme neben der Erstellung des Risikoprofils möglicherweise nur noch der Prüfung, ob die Zielgesellschaft ein Compliance-Management-System (CMS) hat und dieses auch gelebt wird. Bei einem sehr hohen Risikoprofil wird die Compliance-Due Diligence hingegen umfangreicher ausfallen müssen. Das mag aus Sicht der Geschäftsleiter des Erwerbers störend sein, ist bei erheblichen Risiken aber angemessen. Man denke in diesem Zusammenhang nur an die Worte des früheren US-amerikanischen Deputy Attorney General *Paul McNulty*: *„If you think compliance is expensive, try non-compliance“*.[185]

bb) Ermittlung des Risikoprofils der Zielgesellschaft

89 In einem ersten Schritt sind die konkreten Korruptions- und Bestechungsrisiken in der Zielgesellschaft fundiert einzuschätzen (Risikoprofil). Die für die Risikobewertung maßgeblichen Faktoren sind (i) unternehmensbezogene Risiken, wie z. B. in der Vergangenheit aufgetretene Compliance-Verstöße oder enge Geschäftsbeziehungen mit Amtsträgern, (ii) geschäftsmodellbezogene Risiken, wie z. B. die Abhängigkeit von öffentlich-rechtlichen Erlaubnissen und/oder öffentlichen Aufträgen und (iii) das geografische Tätigkeitsgebiet sowie die Geschäftsfelder, in denen die Zielgesellschaft tätig ist (geografische und sektorspezifische Risiken).[186] Zur Bewertung dieser Risikofaktoren müssen zunächst Informationen zur Zielgesellschaft eingeholt werden. Dies werden zumeist mindestens sämtliche öffentlich zugänglichen Informationen aus dem Internet, Presseerzeugnissen oder weiteren allgemein zugänglichen Quellen sein, wie z. B. der sog. „Blacklist" der Weltbank („Desktop Review"). Auch die Heranziehung von (kostenpflichtigen) Datenbanken (sog. „negative press databases", wie z. B. Acuity oder Worldcheck) kann in diesem Stadium sinnvoll sein, um Compliance-Verstöße in der Vergangenheit aufzudecken. Weiterhin kann es bei Transaktionen mit Auslandsberührung angezeigt sein, bereits zu diesem Zeitpunkt zu versuchen, über lokale Berater Informationen zur Zielgesellschaft bzw. deren

---

185 Zitiert nach *Doug Cornelius*, McNulty Keynote on a Tale of Two Sectors, http://www.compliancebuilding.com/2009/06/04/mcnulty-keynote-on-a-tale-of-two-sectors/ (zuletzt abgerufen am 1.2.2020).

186 Im Einzelnen *Ullrich/von Hesberg*, CB 2015, 233, 234 f.

Tochtergesellschaften im Ausland und dem relevanten Marktumfeld zu erhalten (handelt es sich um eine besonders korruptionsanfällige Branche, ist die Zielgesellschaft in besonders korruptionsanfälligen Ländern tätig?). Diese Informationen werden zwar nur selten definitive Antworten auf die Frage nach möglichen Compliance-Verstößen liefern, erlauben es aber, eine Risikoanalyse durchzuführen und bestehende Risiken besser einzuschätzen, um sodann ggf. eine tiefergehende Due Diligence für besonders risikoaffine Bereiche durchzuführen.

cc) Risikobewertung und Dokumentation

Zweitens hat eine Risikobewertung auf Grundlage der ermittelten Informationen **90** zu erfolgen, die z.B. in Form einer Matrix dargestellt werden kann und zu Beweiszwecken hinreichend dokumentiert werden sollte. Ergebnis der Bewertung sollte ein Überblick über die Zielgesellschaft sein, der einzelne Geschäftsbereiche in Risikoklassen untergliedert und damit den Umfang für den (weiteren) Ablauf der Prüfung vorgibt.

dd) Eigentliche Due Diligence

Der dritte Schritt liegt dann in der Durchführung der eigentlichen Due Diligence. **91** Hier können – je nach Risikoprofil – neben Fragebögen und Interviews auch unternehmensinterne Dokumente zu sichten sowie in Extremfällen sogar umfangreiche E-Searches durchzuführen sein. Dieser Schritt kann somit auch im Fall einer abgestuften, risikobasierten Vorgehensweise sehr aufwendig sein, wenn die Zielgesellschaft bzw. einzelne Geschäftsbereiche ein sehr hohes Risikoprofil aufweisen. Umgekehrt kann ein niedriges Risikoprofil aber dazu führen, dass neben dem „Desktop Review", der zunächst der Bestimmung des Risikoprofils diente, keine oder nur wenige, minimalinvasive weitere Maßnahmen vorzunehmen sind.[187]

c) Due Diligence nach Vollzug

Wurden keine oder nicht ausreichend Informationen zu Compliance-Themen **92** von der Zielgesellschaft bereitgestellt, sollte eine Untersuchung im angemessenen Umfang unmittelbar nach Vollzug der Transaktion in einer sogenannten Post-Closing oder auch Confirmatory-Due Diligence nachgeholt werden.[188] In rechtlicher Hinsicht ergibt sich die Pflicht zur Durchführung der Due Diligence nach Vollzug (Post-Closing Due Diligence) im Fall solcher Informationsdefizite zunächst aus der Legalitätspflicht der Organe, die die rechtmäßige Fortführung

---

187 *Liese/Theusinger*, in: Hauschka/Moosmayer/Lösler, Corporate Compliance, 3. Aufl. 2016, § 27 Rn. 60 f.
188 *Andras/Szesny*, Deutscher AnwaltSpiegel 20/2015, 3, 5; *Störk/Görtz*, in: Beisel/Andreas, Beck'sches Mandatshandbuch Due Diligence, 3. Aufl. 2017, § 41 Rn. 12; *Benz*, BOARD 4/ 2012, 137, 139; *Schwarz*, BB 2012, 136, 142.

des Geschäftsbetriebs sicherzustellen haben.[189] Zudem gilt es, etwaige Ansprüche aus Garantien oder Freistellungen zu identifizieren und geltend zu machen, bevor eine im Unternehmenskaufvertrag vereinbarte (regelmäßig kenntnisunabhängige) Verjährung eintritt.[190] Auch wenn kartellrechtliche Risiken erst nach Vollzug der Transaktion aufgedeckt werden, kann über die Inanspruchnahme der sog. Kronzeugenregelung versucht werden, einen Erlass oder wenigstens eine Reduzierung von Bußgeldern zu erreichen.[191] Dabei ist jedoch ausdrücklich darauf hinzuweisen, dass eine Post-Closing Due Diligence keinesfalls die Due Diligence vor Abschluss des Unternehmenskaufvertrags ersetzt (soweit diese erforderlich ist, was nicht zwingend der Fall sein muss, siehe oben Rn. 49), sondern ergänzend neben diese tritt.

93　Eine Post-Closing Due Diligence dürfte also vor allem dann erforderlich sein, wenn z. B. aufgrund eines Bieterverfahrens oder einer öffentlichen Übernahme die (Compliance-)Due Diligence zulässigerweise in einem geringeren Umfang erfolgt ist, als es mit Blick auf das spezifische Risikoprofil der Zielgesellschaft grundsätzlich erforderlich gewesen wäre und es so zu Informationsdefiziten gekommen ist.

2. Umgang mit bekannten/bekanntgewordenen Compliance-Verstößen/-Risiken

94　Werden im Rahmen einer Due Diligence mögliche oder tatsächliche Compliance-Verstöße identifiziert, so stellt sich die Frage, wie mit derartigen Risiken umzugehen ist. Regelmäßig besteht die Sorge, dass jegliche Compliance-Risiken potenziell zu einem Abbruch der Verhandlungen führen können. Angesichts des gravierenden Schadenspotenzials vieler Compliance-Verstöße kann es durchaus Fälle geben, in denen das Risiko derartig groß ist, dass sinnvollerweise von dem Abschluss der M&A-Transaktion Abstand genommen werden sollte. In der überwiegenden Mehrzahl der Transaktionen wird es aber so sein, dass durch die Strukturierung der Transaktion oder Regelungen im Unternehmenskaufvertrag auch noch nicht bis ins letzte Detail scharf umrissene Compliance-Risiken beherrscht werden können.

a) Risikobewertung

95　In einem ersten Schritt gilt es, (i) die Eintrittswahrscheinlichkeit sowie (ii) die potenzielle Schadenshöhe der identifizierten Compliance-Risiken so gut wie möglich zu beziffern. Dabei sollten alle Aspekte in die Bewertung mit einbezogen werden, die den potenziellen Schaden bei Realisierung des relevanten Risi-

---

189　Für nach Vollzug begangene Kartellrechtsverstöße haftet nach Europäischem Recht – neben der Zielgesellschaft selbst – ab Vollzug auch der Erwerber; und zwar kenntnisunabhängig, *Baron/Trebing*, BB 2016, 131, 135.

190　*Liese/Theusinger*, in: Hauschka/Moosmayer/Lösler, Corporate Compliance, 3. Aufl. 2016, § 27 Rn. 95; *Schwarz*, BB 2012, 136, 142.

191　*Baron/Trebing*, BB 2016, 131, 135.

kos beeinflussen können. Zunächst stellt sich insofern die Frage, inwiefern das Geschäftsmodell der Zielgesellschaft auf unlauterem Verhalten aufbaut (zu erwartender Umsatzeinbruch bei Änderung der illegitimen Geschäftspraxis). Bedeutsam ist auch, in welchen Jurisdiktionen Compliance-Verstöße (potenziell) begangen wurden, ob in der (oder den) betroffenen Jurisdiktion(en) eine Anzeigepflicht besteht und wie sich dort die Durchsetzungspraxis der betroffenen Behörden gestaltet (drohen Bußgelder, Gewinnabschöpfung, Steuernach- und/oder -strafzahlungen oder Vergabesperren (sog. „Blacklisting")?). Auch Schadensersatzklagen von Kunden und/oder Wettbewerbern oder – in der Praxis natürlich schwer zu bemessende – Reputationsschäden können zu Schäden der Zielgesellschaft oder sogar des Erwerbers führen. Haben Schlüsselmitarbeiter Compliance-Verstöße begangen, muss ihnen u. U. gekündigt werden, was sich nachteilig auf das Geschäft auswirken kann. Ist der (vermutete) Compliance-Verstoß die Folge eines allgemein unzureichenden Compliance-Management-Systems (CMS), handelt es sich bei dem (vermuteten) Verstoß also nicht um einen „Ausreißer", so muss das Compliance-Management-System (CMS) überarbeitet werden (sog. „Remedial Action"). Dies erfordert Investitionen.

b) Umgang mit bekannten/entdeckten Compliance-Risiken

Wurde das identifizierte Compliance-Risiko hinsichtlich der Höhe und der Eintrittswahrscheinlichkeit so gut es geht beziffert, stellt sich in einem zweiten Schritt die Frage, wie mit Blick auf die Eigenart des Risikos und die potenzielle Schadenshöhe damit umzugehen ist. Naheliegend ist zunächst die Überlegung, erwartete direkte Schäden wie z. B. Bußgelder, Gewinnabschöpfung und Steuernachzahlungen oder indirekte Schäden wie z. B. entgangener Gewinn durch Vergabesperren oder Reputationsschäden, einzupreisen, wobei eine Multiplikation der Schadenshöhe mit der Eintrittswahrscheinlichkeit erfolgen sollte. Inwiefern diese Vorgehensweise praktisch durchsetzbar ist, wird vor allem davon abhängen, ob (i) die zu erwartenden Schäden und deren Eintrittswahrscheinlichkeit im Zeitpunkt der Kaufpreisfindung überhaupt schon beziffert werden können und (ii) es die Verteilung der Verhandlungsmacht dem Erwerber erlaubt, seine Preisvorstellungen durchzusetzen. Dabei wird sich häufig das faktische Problem stellen, dass der Erwerber bei Unterzeichnung des Letter of Intent oder Term Sheets bereits ein indikatives Kaufpreisangebot abgegeben hat. Fällt der Kaufpreis wegen der identifizierten Compliance-Risiken nun niedriger aus, so wird dies vom Veräußerer typischerweise als Kaufpreisreduktion wahrgenommen, wenngleich der indikative Kaufpreis unter den Vorbehalt der Due Diligence gestellt wurde.

96

Wurden sehr konkrete Risiken oder sogar belegbare Compliance-Verstöße bekannt, kann versucht werden, die Transaktion so zu strukturieren, dass die Risiken nicht mitveräußert werden. In Betracht kommt hier insbesondere die Strukturierung als Erwerb einzelner Vermögensgegenstände (sog. „Asset Deal") anstelle der Geschäftsanteile der Zielgesellschaft (sog. „Share Deal"). Hierbei

97

wird aber im Einzelfall sehr sorgfältig zu prüfen sein, ob der Übergang etwaiger Compliance-Risiken auf diesem Wege tatsächlich ausgeschlossen werden kann.[192] Es könnte z. B. zu einem gesetzlichen Übergang von Verbindlichkeiten kommen (§§ 25 Abs. 1 Satz 1 HGB, 75 Abs. 1 Satz 1 AO, 613a Abs. 1 Satz 1 BGB) und bei „Nahezu-Identität" von übertragenem Vermögen und dem sonstigen Vermögen des Erwerbers kann selbst die Strukturierung als Asset Deal die Haftung für etwaige kartellrechtliche Bußgelder nicht ausschließen.[193]

98   Häufig wird es so liegen, dass die Compliance-Due Diligence Verdachtsmomente zutage gefördert hat, der Informationsstand aber noch nicht ausreicht, um die Risiken zu beziffern. Lehnt es der Veräußerer mit Blick auf die Zeitschiene oder aus Vertraulichkeitserwägungen ab, dem Erwerber eine weitergehende Compliance-Due Diligence zu gestatten, hält der Erwerber es aber dessen ungeachtet (ggf. wegen im Unternehmenskaufvertrag vereinbarter Sicherungsmechanismen wie z. B. Freistellungen, dazu sogleich) für vertretbar, den Unternehmenskaufvertrag zu unterzeichnen, so kommt unter Umständen eine Fortsetzung der Compliance-Due Diligence zwischen Unterzeichnung und Vollzug des Unternehmenskaufvertrags in Betracht. Das hat natürlich nur dann Sinn, wenn der Unternehmenskaufvertrag Möglichkeiten vorsieht, die Ergebnisse einer solchen vertieften Due Diligence auch nach Unterzeichnung noch zu reflektieren. Denkbar wäre es beispielsweise, im Fall der Strukturierung der M&A-Transaktion als Asset Deal zu vereinbaren, dass Vermögensgegenstände (ggf. sogar ganze Geschäftsbereiche), die sich als (in hohem Maße) risikobehaftet herausstellen, unter entsprechender Reduzierung des Kaufpreises zwischen Abschluss der Transaktion und Vollzug aussortiert werden können (sog. „clean gate-Struktur"). Dabei stellen sich natürlich wiederum die vorstehend geschilderten Risiken, dass auch ein Asset Deal nicht in jedem Einzelfall den Übergang von Compliance-Risiken auszuschließen vermag. Denkbar wäre weiterhin eine Rücktrittsmöglichkeit für den Erwerber vor Vollzug bei Identifizierung gravierender Compliance-Risiken im Zeitraum zwischen Abschluss und Vollzug des Unternehmenskaufvertrags. Naturgemäß wird der Veräußerer einem solchen Vorschlag kritisch gegenüberstehen, da dies die Transaktionssicherheit beeinträchtigt, sich möglicherweise aber damit einverstanden erklären, wenn die Transaktion sonst scheitern würde.

99   Hat die Due Diligence lediglich Risiken von Compliance-Verstößen zutage gefördert und ist eine vertiefte Due Diligence nach Unterzeichnung des Kaufvertrags nicht gewünscht oder erfolgversprechend, bietet sich die Vereinbarung einer Compliance-Freistellung an, die gegenüber der standardmäßig in Unternehmenskaufverträgen vereinbarten Compliance-Garantie eine Reihe von Vor-

---

192 *Liese/Theusinger*, in: Hauschka/Moosmayer/Lösler, Corporate Compliance, 3. Aufl. 2016, § 27 Rn. 75. Zu den Grundlagen des Risikomanagements siehe ferner *Romeike*, Kap. 9.

193 Zuletzt BGH, Urt. v. 27.1.2015, KRB 39/14, NZKart 2015, 276 – Kaffeekartell (Melitta), dies besätigend: BVerfG, Beschl. v. 20.8.2015 – 1 BvR 980/15 NJW 2015, 3641; *Seeliger/Heinen/Mross*, Kap. 23, Rn. 97 sowie *Baron/Trebing*, BB 2016, 131, 134.

teilen aufweist.[194] Compliance-Freistellungen sind in der Praxis bislang eher ungewöhnlich. Aus Sicht des Erwerbers ist die Interessenlage aber jedenfalls im Fall eines mittleren bis hohen Risikos von Compliance-Verstößen mit der für unbekannte Steuerverbindlichkeiten[195] oder Bodenaltlasten – zwei typische Risiken, die regelmäßig durch Freistellungen abgesichert werden – vergleichbar. In sämtlichen Fällen ist zumindest mit hinreichender Sicherheit zu erwarten, dass in der Zeit vor Vollzug der M&A-Transaktion Risiken entstanden sind, von denen jedoch bei Abschluss der Transaktion noch nicht absehbar ist, ob und wenn ja, in welchem Ausmaß sie sich materialisieren. Dies ist die typische Konstellation, in der eine Freistellung vereinbart wird.[196] Insbesondere vor dem Hintergrund der aus Sicht des Veräußerers mit einer Compliance-Freistellung verbundenen Risiken sowie der Tatsache, dass derartige Freistellungen bislang eher selten anzutreffen sind, wird sich der Veräußerer in der Praxis wohl nur bei einer entsprechend starken Verhandlungsposition des Erwerbers oder bei sehr konkreten Risiken darauf einlassen. Soweit eine Compliance-Freistellung vereinbart wird, besteht umfangreicher Regelungsbedarf. So gilt es zu klären, wie z. B. entgangener Gewinn berechnet werden soll. Mit Blick auf die bisweilen horrenden Untersuchungskosten wird der Erwerber fordern, dass er insbesondere auch von den Kosten für (weitere) interne Untersuchungen freigestellt wird. Dies kann der Veräußerer regelmäßig allenfalls bei hinreichenden Verdachtsmomenten für (weitere) Verstöße akzeptieren und wird in diesem Zusammenhang einen Mechanismus zur Überprüfung durch einen unabhängigen Dritten (z. B. eine unbeteiligte Anwaltskanzlei oder einen Schiedsgutachter) sowie eine höhenmäßige Begrenzung fordern.

Für die Zeit nach Vollzug wäre schließlich denkbar, ein Rücktrittsrecht oder eine **100** Put-Option für den Erwerber für den Fall zu vereinbaren, dass sich wider Erwarten doch (neue) Compliance-Risiken materialisieren.[197] Diese Idee mag insofern zunächst überraschend erscheinen, als jedenfalls für die Zeit nach Vollzug ein Rücktritt oder eine irgendwie geartete Rückabwicklung des Unternehmenskaufvertrags in aller Regel gerade nicht gewollt und mit großen praktischen Schwierigkeiten verbunden ist, und deshalb explizit ausgeschlossen wird. Man muss sich aber vor Augen halten, dass die Vereinbarung entsprechender Rücktrittsrechte allenfalls dann in Betracht kommen wird, wenn der Erwerber erhebliche Bedenken aufgrund zumindest von ihm gesehener Compliance-Risiken hat und die M&A-Transaktion kurz vor dem Scheitern steht. In einem solchen Szenario kommt auf den ersten Blick ungewöhnlich erscheinenden Lösungen die Funktion zu, andernfalls nicht zustande kommende Transaktionen zu ermöglichen.

---

194 Siehe dazu oben Rn. 50.
195 *Benz*, BOARD 2012, 137, 139.
196 *Schrader*, in: Seibt, Beck'sches Formularbuch Mergers & Acquisitions, 3. Aufl. 2018, Anm. 101 zu C.II.1 313 f.
197 *Schwarz*, BB 2012, 136, 142.

IV. Zusammenfassung

101   M&A-Transaktionen sind – ungeachtet eines zunehmenden Grades der Standardisierung – komplexe Prozesse, auf die eine Vielzahl von rechtlichen Regelungen aus unterschiedlichsten Bereichen Anwendung finden, deren Nichtbeachtung hohes Schadenspotenzial birgt. Neben Bestimmungen, die auf den M&A-Prozess selbst Anwendung finden, besteht die Gefahr, dass ein Erwerber sich mit einem Unternehmen(-steil) unbekannte Compliance-Risiken einkauft, die den Wert der erworbenen Beteiligung stark mindern und schlimmstenfalls sogar die gesamte Gruppe des Erwerbers nachteilig beeinträchtigen können.

102   Prozessuale Compliance-Risiken sind grundsätzlich gut beherrschbar. Die wesentliche Aufgabe der am M&A-Prozess beteiligten Personen liegt insofern darin, den Überblick über mögliche Haftungsfallen zu behalten und frühzeitig zu erkennen, ob ein Spezialist für bestimmte Rechtsgebiete wie z. B. Kartell- oder Datenschutzrecht heranzuziehen ist. Materielle Compliance-Risiken aus M&A-Transaktionen bergen hingegen regelmäßig viele Unwägbarkeiten und haben bislang weder im Schrifttum noch in der Praxis die ihnen gebührende Aufmerksamkeit erfahren. Ungeachtet der Tatsache, dass in vielen Fällen eine rechtliche Verpflichtung der Geschäftsleiter des Erwerbers zur Durchführung einer Compliance-Due Diligence besteht oder das Unterlassen zumindest Nachteile wie den Verlust der Haftungsprivilegierung der Business Judgement Rule für sie nach sich ziehen dürfte, unterbleibt sie häufig. Die Gründe hierfür sind vielfältig; insbesondere dürften fehlendes Problembewusstsein oder fehlendes Knowhow und die Sorge vor dem (vermeintlichen) Aufwand sowie einem möglichen Scheitern der Transaktion ausschlaggebend sein. Diese Befürchtungen sind häufig unbegründet, denn eine (Compliance-)Due Diligence muss nicht zwingend sehr umfangreich ausfallen. Es ist vielmehr zulässig, den Umfang in angemessener Weise zu beschränken. Bei einem sehr hohen Risikoprofil der Zielgesellschaft kann der rechtlich gebotene Umfang der Compliance-Due Diligence allerdings durchaus erheblich ausfallen. Man wird sich jedoch vor Augen halten müssen, dass in den betroffenen Fällen ganz massive Compliance-Risiken bestehen. Insofern kommt einer eingehenden Compliance-Due Diligence hier eine Ermöglichungsfunktion zu: Ohne eine fundierte Risikoeinschätzung wäre jedenfalls in derartigen Hochrisikofällen die einzige Alternative für den Erwerber, Abstand von der Transaktion zu nehmen. Gleiches gilt für die sich an die Erforschung der Compliance-Risiken anschließende Frage nach dem Umgang mit ebendiesen. Zwar mögen vertragliche Vereinbarungen wie Rücktrittsrechte oder Compliance-Freistellungen auf den ersten Blick (noch) ungewöhnlich erscheinen, können aber durchaus geeignet sein, einer M&A-Transaktion trotz (erheblicher) Compliance-Risiken zum Abschluss zu verhelfen.

19. Kapitel
Die Compliance-Funktion in einem Kreditinstitut

I. Einführung: Was ist die Bedeutung des Begriffs Compliance?*

Der Begriff Compliance leitet sich aus dem Englischen „to comply with" (zu **1** Deutsch: „befolgen" oder „einhalten") ab und bedeutet die Einhaltung sämtlicher für das jeweilige Unternehmen relevanter gesetzlicher Bestimmungen, regulatorischer und selbst gesetzter ethischer Standards und Anforderungen.[1] Compliance umfasst damit die Gesamtheit aller Maßnahmen, die das rechtmäßige Verhalten des Unternehmens, der Organisation und der Mitarbeiter im Blick auf alle gesetzlichen Gebote und Verbote, Richtlinien und freiwilligen Kodizes im Unternehmen sicherstellen.[2] Darüber hinaus ist unter Compliance auch eine Methode oder Herangehensweise zur Sicherstellung rechtmäßigen und richtlinienkonformen Verhaltens aller Beteiligten eines Unternehmens (Compliance-Management-System, CMS) zu verstehen. Zu diesem Zweck ist die Etablierung einer entsprechenden Organisation (Compliance-Organisation) inkl. eines Compliance-Beauftragten erforderlich.[3] Bei Kreditinstituten erstreckt sich der Begriff Compliance neben den allgemeinen Vorschriften insbesondere auch auf die speziellen Vorschriften wie beispielsweise des WpHG, des KWG und des KAGB, die für die Kreditwirtschaft die Compliance-Anforderungen auf diese Industriesäule branchenspezifisch vorgeben.

Auch die EBA-Leitlinien zur internen Governance zielen insbesondere darauf **2** ab, die internen Governance Regelungen, Prozesse und Mechanismen der Banken in der Europäischen Union (EU) weiter zu harmonisieren, das Verhältnismäßigkeitsprinzip zu stärken und zusätzliche Maßnahmen zur Reduzierung von Risiken im Bankenbereich zu treffen.[4]

Compliance ist als zentrale Leitungsaufgabe eine originäre Zuständigkeit der ge- **3** samten Geschäftsleitung, die die Gesamtverantwortung für die Compliance-

---

* Dieser Beitrag stellt ausschließlich die persönliche Meinung der Verfasser dar und ist nicht zwingend auch die Auffassung der jeweiligen Arbeitgeber.

1 Zum Begriffsverständnis siehe *Schulz*, Kap. 1, Rn. 1 ff. sowie *Krügler*, VDI Umwelt-Magazin, Heft 7–8/2011, 50, 50.

2 Siehe *Schulz*, Kap. 1, Rn. 1. Der Deutsche Corporate Governance Kodex (DCGK) beispielsweise definiert Compliance als die in der Verantwortung des Vorstands liegende Pflicht zur Einhaltung der gesetzlichen Bestimmungen und unternehmensinternen Richtlinien, https://www.dcgk.de/de/kodex.html (zuletzt abgerufen am 25.2.2020).

3 *Renz*, BvD-News 2/2014, 26, 26.

4 *Renz/Brenner*, in: Gebauer/Kirschhöfer/Repke, Compliance Miszellen – Dieter Eisele zum 80. Geburtstag gewidmet, 2019, 295; BaFin, Leitlinien zur internen Governance und zur Eignungsbeurteilung: Keine vollständige Umsetzung durch BaFin, in: BaFin Journal Oktober 2017, 8 und 9.

Funktion trägt.[5] Damit ist der Compliance-Beauftragte unmittelbar der Geschäftsleitung zu unterstellen und muss an diese berichten.[6] Gemäß Ziffer 4.1.3 des Deutschen Corporate Governance Kodex muss der Vorstand für die Einhaltung der gesetzlichen Bestimmungen und der unternehmensinternen Richtlinien sorgen sowie auch auf deren Beachtung durch die Konzernunternehmen hinwirken. Ferner ist die Geschäftsleitung für ein rechtskonformes Verhalten der Mitarbeiter verantwortlich (Legalitätsprinzip[7]). Somit fallen zum einen die Einrichtung und Überwachung eines effektiven und effizienten Compliance-Systems sowie dessen Gestaltung, Umsetzung, Überwachung und Weiterentwicklung als Kernaufgabe in die Gesamtverantwortung der Geschäftsleitung.[8] Aufgrund der bestehenden Vorbildfunktion der Geschäftsleitung gegenüber ihren Mitarbeitern, müssen und sollten sie sich an alle vorgeschriebenen Regelungen halten (tone at the top).[9]

II. Welche Compliance-Funktionen gibt es in einem Kreditinstitut?

4 Um einen umfassenden Compliance-Bereich in einem Kreditinstitut effizient aufzubauen und (aufsichts-)rechtlich konform auszugestalten, müssen verschiedene Themengebiete und Aspekte berücksichtigt werden. Diese setzen sich aus den für Kreditinstitute allgemein gültigen Compliance-Anforderungen nach den Mindestanforderungen an das Risikomanagement (MaRisk) sowie den speziellen Anforderungen für Wertpapierdienstleistungsunternehmen nach §§ 63 ff. WpHG und den BaFin-Auslegungen zu den Mindestanforderungen an die Compliance-Funktion (MaComp) zusammen.[10] Ferner müssen die Funktionen Datenschutz nach der Datenschutz-Grundverordnung (DSGVO), ein Hinweisgebersystem sowie die „Zentrale Stelle" zur Koordination der Prävention von Geldwäsche, Terrorismusfinanzierung und sonstigen strafbaren Handlungen nach § 25h KWG ordnungsgemäß eingerichtet sein. Der Organisationsbereich Compliance umfasst demzufolge zusammenfassend im Wesentlichen fünf Säulen mit folgenden Themenbereichen:

1. Kapitalmarkt-Compliance,
2. Zentrale Stelle/sonstige strafbare Handlungen (inkl. Geldwäscheprävention),
3. MaRisk-Compliance,

---

5 *Fleischer*, CCZ 2008, 1, 3; *Hauschka/Galster/Marschlich*, CCZ 2014, 242, 243. Siehe auch *Schulz*, Kap. 1, Rn. 27 ff.

6 *Kramer/Renz/Hartz/Braun*, BvD-News 1/2015, 12, 12.

7 *Schulz*, Kap. 1, Rn. 27 f. m. w. N.; *Böttger*, Kap. 2, Rn. 115 m. w. N.

8 *Bretschneider*, in: Renz/Hense, Wertpapier-Compliance in der Praxis, 2. Aufl. 2019, I.1. Rn. 10 ff.

9 *Bretschneider*, in: Renz/Hense, Wertpapier-Compliance in der Praxis, I.1. Rn. 11; *Wiedmann/Greubel*, CCZ 2019, 88, 88; *Schulz*, Compliance-Management im Unternehmen – Compliance-Strategie als (Dauer-)Aufgabe der Unternehmensleitung, BB 2019, 579, 580 f.

10 MaRisk in der Fassung vom 27.10.2017; MaComp vom 19.4.2018 in der Fassung vom 9.5.2018; Dokumente abrufbar unter www.bafin.de.

4. Hinweisgebersystem (Whistleblowing),
5. Datenschutz.

Daneben werden häufig noch andere Funktionen einer Compliance Funktion zu-   **5**
geordnet wie bspw. Single Officer, IT-Security, Information Security, Auslage-
rungskontrollen, IKS etc.

1. Kapitalmarkt-Compliance

Nach AT 6 der MaComp haben Wertpapierdienstleistungsunternehmen ange-   **6**
messene Grundsätze aufzustellen, Mittel vorzuhalten und Verfahren einzurichten, die darauf ausgerichtet sind, sicherzustellen, dass das Unternehmen selbst
und seine Mitarbeiter den Verpflichtungen nach dem WpHG nachkommen. Dies
erfordert insbesondere die Einrichtung einer dauerhaften und wirksamen, prozessbegleitenden als auch präventiv vorgehenden Kapitalmarkt-Compliance-
Funktion, auch Wertpapier-Compliance-Funktion genannt. Diese ist in Art. 22
Delegierte Verordnung (EU) 2017/565 i.V.m. BT 1 der MaComp geregelt und
beschränkt sich im Gegensatz zu anderen Compliance-Organisationseinheiten
ausschließlich auf Wertpapierdienstleistungen und -nebendienstleistungen sowie weiteren Vorschriften des WpHG, insbesondere die Marktmissbrauchsüber-
wachung.[11] Die Geschäftsleitung hat einen Kapitalmarkt-Compliance-Beauftragten (Compliance-Beauftragter) zu ernennen, der gemäß § 87 Abs. 5 WpHG
bei der Bundesanstalt für Finanzdienstleistungsaufsicht (BaFin) zu registrieren
ist. Dieser muss, ebenso wie die übrigen Mitarbeiter der Compliance-Funktion
seine Aufgaben unabhängig wahrnehmen. Die Stellung der Compliance-Funktion spiegelt sich somit insbesondere in drei Säulen wider:[12]

1. Unabhängigkeit: Fachliche Unabhängigkeit, organisatorische und persönliche Unabhängigkeit;
2. Wirksamkeit: Einbindung in Informationsflüsse, Fachkenntnisse, Personal-
   und Sachausstattung, Vertretung des Compliance-Beauftragten, Organisati-
   ons- und Arbeitsanweisungen;
3. Dauerhaftigkeit.

Nach den EBA-Leitlinien zur internen Governance[13] sollte der Compliance-Be-   **7**
auftragte ferner auch über einen angemessenen Status (Ansehen, Autorität und
Befugnisse) verfügen und berechtigt sein, Compliance-Vorgaben in der Bank erfolgreich durchzusetzen und evtl. Interessenkonflikte zu entschärfen oder zu lösen.[14]

Eine Kombination der Kapitalmarkt-Compliance-Funktion mit weiteren Kon-   **8**
trolleinheiten (bspw. dem Risikocontrolling) eines Instituts ist grundsätzlich
dann zulässig, wenn hierdurch die Wirksamkeit und Unabhängigkeit der Kapi-

---

11 §§ 25 ff. WpHG.
12 *Schäfer*, BKR 2011, 45, 45 f.
13 EBA/GL/2017/11, Nr. 187 ff.
14 *Renz/Brenner*, in: Gebauer/Kirschhöfer/Repke, Compliance-Miszellen, 295, 311.

talmarkt-Compliance-Funktion nicht beeinträchtigt wird.[15] Dies ist gerade bei einer Kombination mit der Organisationseinheit für Datenschutz zweifelhaft, da sie der eigentlichen Funktion der Wertpapier-Compliance zuwiderlaufen würde, so dass eine Kombination zu vermeiden ist. Möglich und zudem sinnvoll ist eine Kombination mit der MaRisk-Compliance-Funktion. Jedes Unternehmen muss jegliche Kombination unter Angaben der Gründe für die Kombination prüfungstechnisch nachvollziehbar dokumentieren.

9   Eine Anbindung an die Interne Revision ist grundsätzlich nicht statthaft, da diese die Kapitalmarkt-Compliance-Funktion neutral zu prüfen hat und durch eine Kombination beider Funktionen die erforderliche Unabhängigkeit nicht mehr gewährleistet wäre (vgl. BT 1.3.3.2 Tz. 2 der MaComp).

2. Zentrale Stelle/sonstige strafbare Handlungen (inkl. Geldwäscheprävention)

10   Gemäß § 6 GwG müssen Kreditinstitute angemessene interne Sicherungsmaßnahmen treffen, um zu verhindern, dass sie zur Geldwäsche und zur Terrorismusfinanzierung missbraucht werden können. Daher sind angemessene geschäfts- und kundenbezogene Sicherungssysteme zu schaffen, laufend zu aktualisieren und Kontrollen durchzuführen, die die Einhaltung dieser Sicherungssysteme gewährleisten. Zudem haben die Kreditinstitute angemessene Datenverarbeitungssysteme zu betreiben und zu aktualisieren, mittels derer sie in der Lage sind, Geschäftsbeziehungen und einzelne Transaktionen im Zahlungsverkehr zu erkennen, die aufgrund des öffentlichen und im Kreditinstitut verfügbaren Erfahrungswissens über die Methoden der Geldwäsche, der Terrorismusfinanzierung und sonstigen strafbaren Handlungen als zweifelhaft oder ungewöhnlich anzusehen sind.[16]

11   Des Weiteren ist den Kreditinstituten eine Vielzahl von Sorgfaltspflichten auferlegt. Sie müssen bspw. Informationen über die Identität ihrer Vertragspartner bzw. den wirtschaftlich Berechtigten einholen (Know-your-Customer-Prinzip)[17] und ihre Geschäftsbeziehungen auf Auffälligkeiten überwachen. Um diese Aufgaben zur Geldwäscheprävention erfüllen zu können, müssen Kreditinstitute nach § 25h Abs. 4 KWG einen der Geschäftsleitung unmittelbar nachgeordneten Geldwäschebeauftragten bestellen.[18] Seit dem 1.1.2015 in Kraft getretenen § 25h Abs. 9 Satz 1 KWG werden die Funktion des Geldwäschebeauftragten und die Pflichten zur Verhinderung der sonstigen strafbaren Handlungen im Sinne des Abs. 1 Satz 1 nunmehr im Institut von einer Stelle wahrgenommen. Damit

---

15 *Schäfer*, BKR 2011, 187, 189.
16 *Achtelik*, in: Boos/Fischer/Schulte-Mattler, KWG, 5. Aufl. 2016, § 25h Rn. 16. Siehe zu Fragen der Geldwäsche-Compliance bei sog. Güterhändlern *Komma*, Kap. 21, zu Stellung und Funktion des Geldwäschebeauftragten ausführlich *Kaetzler*, Kap. 20.
17 *Diergarten*, in: Hauschka/Moosmayer/Lösler, Corporate Compliance, 3. Aufl. 2016, § 34 Rn. 45 ff.
18 *Grützner/Jakob*, in: Compliance von A–Z, 2. Aufl. 2015, „Geldwäschebeauftragter".

wurden die vormals getrennten Teilbereiche der Geldwäsche- und Betrugsprävention zur Zentralen Stelle zusammengefasst.[19]

Auch in anderen Ländern bestehen umfangreiche Regelungen zur Verhinderung **12** von Geldwäsche, Terrorismusfinanzierung oder sonstigen strafbaren Handlungen. Eines der schärfsten Anti-Korruptionsgesetze ist in Großbritannien zum 1.7.2011 in Kraft getreten. Der UK Bribery Act stellt neben der aktiven und passiven Bestechung für natürliche und juristische Personen auch die Bestechung ausländischer Amtsträger unter Strafe sowie das Versäumnis, Bestechung zu vermeiden. Eine Besonderheit liegt darin, dass er nicht nur für britische Unternehmen gilt, sondern für alle, die in irgendeiner Form in Großbritannien Geschäfte tätigen.[20] Als Folge des UK Bribery Act wurde von Unternehmen fortan erwartet:[21]

1. Risikobewertung der Korruptionsrisiken,
2. Verpflichtung der Mitarbeiter durch das Top-Management zur Korruptionsprävention,
3. Beachtung der gebührenden Sorgfalt bei Auswahl und Überwachung von Geschäftspartnern (Due Diligence),
4. Klare, praktische und verfügbare Richtlinien und Vorgehensweisen,
5. Effektive Einführung bzw. Umsetzung des Compliance-Programms,
6. Überwachung und (externe) Überprüfung des Compliance-Programms.

In den USA gilt der Foreign Corrupt Practices Act (FCPA), ein Gesetz zur **13** Korruptionsbekämpfung, das Zahlungen und Wertgeschenke an ausländische staatliche Amtsträger verbietet.[22] Darüber hinaus verpflichtet das Gesetz alle in den USA börsennotierten Unternehmen dazu, eine Buchführung vorzunehmen, die auf die Antikorruptionsregeln des FCPA abgestimmt ist.[23] Der Grund hierfür liegt darin, dass in der Vergangenheit Schmiergeldzahlungen jeweils entweder gar nicht in den Büchern der Unternehmen verzeichnet oder dort falsch ausgewiesen waren. Deshalb stellt der FCPA nicht allein das Zahlen von Bestechungsgeldern unter Strafe, sondern auch das Anlegen falscher oder irreführender Einträge in die Unternehmensunterlagen. Die Vorschriften zur Bestechungsbekämpfung des FCPA gelten für Emittenten, inländische Unternehmen und Personen sowie bestimmte natürliche bzw. juristische Personen, die in den territorialen Zuständigkeitsbereich fallen.[24] Die Bestimmungen verbieten US-Personen und US-Unternehmen, nach US-Recht gegründeten Unternehmen, Unternehmen mit Hauptniederlassung in den USA, Unternehmen, deren Aktien an US-Börsen notiert sind und Unternehmen, die einer regelmäßigen Berichtspflicht gegenüber der US-Wertpapier- und Börsenaufsichtsbehörde SEC unterliegen sowie be-

---

19 *Achtelik*, in: Boos/Fischer/Schulte-Mattler, KWG, § 25g KWG Rn. 36.
20 *Hugger/Röhrich*, BB 2010, 2643, 2646.
21 *Pörnbacher/Mark*, NZG 2010, 1372, 1375.
22 *Cohen/Holland*, CCZ 2008, 7, 7.
23 *Spehl/Grützner*, CCZ 2013, 198, 201.
24 *Passarge*, in: Martinek/Semler/Flohr, Handbuch des Vertriebsrechts, § 79 Rn. 122.

stimmten ausländischen natürlichen Personen und Unternehmen bei Tätigkeit im Hoheitsgebiet der USA, Korruptionszahlungen an ausländische Amtsträger zu leisten, um den Zuschlag für Geschäftsabschlüsse zu erhalten oder zu wahren.

3. MaRisk-Compliance

14 Basierend auf den durch die CRD IV (Capital Requirements Directive – EU-Eigenkapitalrichtlinie) veranlassten KWG-Änderungen wurde über die daraus folgende MaRisk-Novelle eine neue erweiterte Compliance-Funktion für Kreditinstitute geschaffen. Gemäß AT 4.4.2 der MaRisk in der Fassung vom 27.10.2017 muss jedes Kreditinstitut über eine Compliance-Funktion verfügen, um den Risiken, die sich aus der Nichteinhaltung rechtlicher Regelungen ergeben können, entgegenzuwirken. Die Compliance-Funktion bekam daher erstmals den Status einer besonderen Funktion i. S. d. MaRisk und wird systematisch auf Augenhöhe mit den Funktionen Risikocontrolling und Interne Revision eingeordnet.[25] Somit kommt es zu einer Bündelung und zentralen Identifizierung aller rechtlichen Regelungen und Vorgaben, denen das Unternehmen im Rahmen der Ausübung seiner verschiedenen Aufgaben auf unterschiedlichen Märkten unterliegt. Im Zuge der 5. MaRisk-Novelle haben systemrelevante Institute nunmehr für die Compliance-Funktion zwingend eine eigenständige Organisationseinheit einzurichten.[26]

15 Zur Erreichung der vorgenannten Ziele und Gewährleistung einer effektiven Wahrnehmung ihrer Aufgaben müssen der MaRisk-Compliance-Funktion ausreichende Befugnisse und uneingeschränkter Informationszugang eingeräumt werden.[27] Die MaRisk-Compliance-Funktion ist unabhängig und nach AT 4.4.2 Tz. 3 der MaRisk unmittelbar der Geschäftsleitung zu unterstellen und ist dieser gegenüber berichtspflichtig. Dieser Bericht hat Ausführungen zur Angemessenheit und Wirksamkeit der aufbau- und ablauforganisatorischen Regelungen, die die Einhaltung der identifizierten wesentlichen rechtlichen Regelungen und Vorgaben gewährleisten sollen, zu erhalten. Darüber hinaus müssen in dem Bericht auch festgestellte Mängel sowie Maßnahmen zu deren Behebung enthalten sein.

16 Die MaRisk-Compliance-Funktion hat auf die Implementierung wirksamer Verfahren zur Einhaltung der für das Institut wesentlichen rechtlichen Regelungen und Vorgaben und entsprechender Kontrollen hinzuwirken und dies aufgrund ihrer Stellung als Second Line of Defence im Rahmen des IKS zu überwachen.[28] Der Fokus soll nicht ausschließlich auf den neuen bzw. zukünftigen Regelungen liegen, sondern auch bereits bestehende rechtliche Regelungen und Vorgaben (inkl. Rechtsprechung) umfassen, sofern diese Einfluss für das Compliance-Risiko für das Institut haben können. Die inhaltlichen rechtlichen Themenbereiche

---

25 *Weber-Rey*, CCZ 2014, 97, 97.
26 *Hannemann/Steinbrecher/Weigl*, Mindestanforderungen an das Risikomanagement (MaRisk), AT 4.4 Rn. 6.
27 *Schäfer*, in: Park, Kapitalmarktstrafrecht, 5. Aufl. 2019, Teil 2, Kap. 2.2 Rn. 85.
28 *Boldt/Büll/Voss*, CCZ 2013, 248, 251.

der MaRisk-Compliance-Funktion sind demnach nach einem proportional angemessenen Ansatz umzusetzen. Diesem Ansatz wird man dadurch gerecht, indem das Institut die Compliance-Risiken identifiziert. Eine konkrete Definition hierfür existiert nicht, wobei sie sich insbesondere dadurch auszeichnen, dass bei einer Nichtbeachtung von rechtlichen Regelungen und Vorgaben vor allem Strafen (Bußgelder), Schadensersatzansprüche und/oder die Nichtigkeit von Verträgen drohen, die zu einer Gefährdung des Vermögens des Instituts führen können. Somit ist eine fortlaufende Bestandsaufnahme im Hinblick auf alle relevanten Regelungsbereiche und Vorgaben der MaRisk-Compliance-relevanten Bereiche und Aufgabengebiete institutsspezifisch erforderlich. Dies kann zur Folge haben, dass einige Themengebiete schon durch andere Kontroll- und Stabseinheiten abgedeckt sind und wiederum andere Themengebiete bereits Aufgabe von speziellen Compliance-Funktionen sind (Kapitalmarkt-Compliance-Funktion/ Zentrale Stelle etc.). Die bislang in einem Kreditinstitut noch nicht zugewiesenen Aufgaben und Verantwortlichkeiten werden von der MaRisk-Compliance-Funktion auf Basis der für das Institut bestehenden rechtlichen Regularien durch eine Risikoanalyse einer Risikobetrachtung unterzogen und das Ergebnis wird an den Vorstand berichtet. Zudem wirkt die MaRisk-Compliance-Funktion darauf hin, dass für alle identifizierten wesentlichen rechtlichen Regelungen und Vorgaben eindeutige Zuständigkeiten bestehen und bei ggf. bestehenden Risiken eine Risikoverantwortung zugeordnet ist.[29] Damit füllt die MaRisk-Compliance-Funktion eine heute in Kreditinstituten bestehende Lücke und stellt eine Klammerfunktion zu bereits bestehenden Compliance-Funktionen dar.

Die MaRisk-Compliance-Funktion befasst sich als Teil des bankweiten Risiko-   **17** managements mit der Vermeidung von Compliance-Risiken. Daher obliegt der MaRisk-Compliance-Funktion die Überwachung der Fachbereiche dahingehend, ob diese ihren Pflichten nachkommen und rechtliche relevante Regelungsbereiche mit Handlungsbedarf „zugewiesen" werden.[30] Die Durchführung von Kontrollhandlungen durch die Compliance-Funktion ist nach dem Wortlaut der MaRisk zwar nicht gesondert vorgeschrieben. Dennoch ist es unter MaRisk-Aspekten ebenfalls erforderlich,[31] analog zu den MaComp, die explizit einen Überwachungsplan und daraus abgeleitete risikobasierte Überwachungshandlungen fordern, dass die MaRisk-Compliance-Funktion Kontrollhandlungen durchführt und ihr die hierfür notwendigen Kontrollrechte eingeräumt werden. Die MaRisk-Compliance-Funktion kann nur dann (weitestgehend) auf eigene Prüfprozesse verzichten, wenn die anderen bereits genannten Funktionen eigene Kontrollhandlungen vornehmen und diese risikobasiert ausreichend sind.

---

29 *Baumert*, CCZ 2013, 265, 267.
30 *Auerbach*, Banken- und Wertpapieraufsicht, 2015, D. IV. Rn. 173.
31 *Renz/Frankenberger*, CB 2015, 420, 420–425; *Schmitt/Stränger*, in: Schmidt, Compliance-Funktion nach MaRisk, 2015, Rn. 486 f.; *Lang/Renz*, in: Schäfer/Sethe/Lang, Handbuch der Vermögensverwaltung, § 16 Rn. 93.

4. Hinweisgebersystem (Whistleblowing)

18 Nach Section 301 des Sarbanes-Oxley Act (SOA) besteht eine Verpflichtung zur Einrichtung eines Hinweisgebersystems für Unternehmen, die in den USA börsennotiert sind.[32] Seit dem 1.1.2014 besteht gemäß § 25a Abs. 1 Satz 6 Nr. 3 KWG diese Verpflichtung auch für Kreditinstitute. Damit wurde ein weiterer verpflichtender Bestandteil einer Compliance-Organisation eingeführt, der als eine ordnungsgemäße Geschäftsorganisation u.a. einen Prozess zur Verarbeitung anonymer Hinweise von Mitarbeitern (Whistleblowing) umfasst. Die Ausgestaltung dieses Prozesses hängt gemäß § 25a Abs. 1 Satz 6 Nr. 3 KWG von Art, Umfang, Komplexität und Risikogehalt der Geschäftstätigkeit ab. Die Hinweise können auf ein schädigendes Verhalten hindeuten und bspw. Verstöße gegen das Gesetz oder eine aufgrund des Gesetzes erlassenen Verordnung, strafbare Handlungen innerhalb des Unternehmens, Verstöße gegen gesetzliche Pflichten oder rechtliche Bestimmungen, Verstöße gegen interne Richtlinien und Verfahren, Verstöße, die dem Image der Bank abträglich sein können (auch unethisches Verhalten) oder unerlaubte Weitergabe von Informationen betreffen. Ein Hinweisgebersystem bietet daher die Chance, relevante Informationen und Kenntnisse über Abläufe, aktuell oder zukünftig schädigende Angriffe, Missstände, Manipulationen oder Ähnliches, die damit verbundenen handelnden Personen und deren Motivation zu erhalten.[33]

19 Die Institute haben bei der Ausgestaltung des Whistleblowing-Verfahrens eine weitgehende Gestaltungsfreiheit im Hinblick auf den Adressaten der Meldung.[34] So sind z.B. interne oder externe Anlaufstellen möglich. Hinweisgeber können anonym per Telefon oder E-Mail Verstöße gegen Gesetze und/oder Compliance-Richtlinien an eine (unternehmensinterne oder externe) zentrale Stelle melden (Whistleblower-Hotline). Hierzu bedarf es eines unabhängigen und höchst vertraulichen Kommunikationsprozesses. Die Whistleblower-Hotline sammelt Informationen, geht ihnen nach und informiert die zuständigen Stellen. Ähnliches erfolgt bei einem Ombudsmann (oftmals Externer).[35] Dieser sammelt ebenfalls die Informationen und gibt sie nach einer Prüfung weiter. Durch die Implementierung eines solchen Hinweisgebersystems wird das Entdeckungsrisiko von Straftaten erhöht und eine positive Außendarstellung ermöglicht.

20 Voraussetzung für eine wirksame Whistleblower-Hotline ist neben geeigneten Prozessen das Vertrauen und die Akzeptanz der Mitarbeiter in einem Unternehmen. Hierzu ist neben einem CMS eine etablierte Compliance-Kultur erforder-

---

32 *Moosmayer*, Compliance, 3. Aufl. 2015, Rn. 181; *Passarge*, in: Martinek/Semler/Flohr, Handbuch des Vertriebsrechts, § 79 Rn. 120. Zu Aufbau und Management von Hinweisgebersystemen siehe ferner *Möhlenbeck*, Kap. 5.

33 *Benz*, ZRFC 2015, 126, 127.

34 *Hannemann/Steinbrecher/Weigl*, Mindestanforderungen an das Risikomanagement (MaRisk), AT 4.4.2 Rn. 33.

35 *Moosmayer*, Compliance, Rn. 186.

lich, die die Mitarbeiter motiviert, intern Hinweise zu geben und grobe Missstände und Gefahren abzustellen.

5. Datenschutz

Bei der Ausgestaltung des Compliance-Bereichs eines Kreditinstituts spielt auch **21** die Gewährleistung des Datenschutzes (Compliance im weiteren Sinne) eine wesentliche Rolle. Kreditinstitute sind, wie jedes Unternehmen auch, dazu verpflichtet Maßnahmen zu ergreifen, die die Einhaltung der Datenschutzbelange der eigenen Mitarbeiter sowie der Kunden gewährleistet.[36] Demgegenüber steht die grundsätzliche Zielsetzung der Compliance-Funktion, möglichst viele Daten zu sammeln und auszuwerten, um die Einhaltung von Regelungen und Maßnahmen zu überwachen. Problematisch sind im Allgemeinen weniger die Regelungen und Maßnahmen als solche, die im jeweiligen Unternehmen zur grundsätzlichen Vermeidung von Regelverstößen getroffen werden, sondern vielmehr die Vorgehensweisen, die im Unternehmen eingesetzt werden, um Compliance-Verstöße aufzudecken.

Die Aufgabenwahrnehmung der Funktionen Kapitalmarkt-Compliance und Da- **22** tenschutz sowie die Verhinderung bzw. angemessene Verminderung von Interessenkonfliktpotenzialen beider Funktionen erfordert eine detaillierte Schnittstellendefinition. Die unterschiedlichen Maßstäbe und Ansätze beider Funktionen werden damit, soweit sinnvoll und möglich, aufeinander abgestimmt und eine Zusammenarbeit beider Beauftragten erleichtert.

Eine Schnittstelle besteht für beide Funktionen insofern, dass der Grundsatz der **23** Datensparsamkeit gilt. Häufig werden im Rahmen von Compliance-Maßnahmen personenbezogene Daten verarbeitet, wie etwa Auswertungen von Personen- und Kommunikationsdaten von Mitarbeitern oder Transaktionen, die Bestandteil der Aufgaben einer „Compliance-Organisation" sind.[37] Dies ist z.B. bei unternehmensinternen Untersuchungen der Fall, bei denen Verbindungsnachweise kontrolliert und mithilfe der E-Mail-Korrespondenz Sachverhalte rekonstruiert werden. Bei solchen Handlungen muss das Unternehmen neben dem BDSG, der DSGVO auch das Telekommunikations- bzw. Telemediengesetz beachten. Gerade in diesem Bereich bestehen sehr hohe einfachgesetzliche und grundrechtliche Hürden, da hier in der Regel Grundrechte betroffen sind, deren rechtswidrige Verletzung strafrechtliche Folgen haben können. Nach § 26 BDSG ist beispielsweise die Nutzung und Übermittlung von Daten des Arbeitnehmers beschränkt. Im Rahmen von Compliance-Maßnahmen darf keine Totalkontrolle

---

36 *Brandt*, in: Hauschka/Moosmayer/Lösler, Corporate Compliance, 3. Aufl. 2016, § 29 Rn. 27. Zum Datenschutz im Compliance Management siehe ausführlich *Becker/Böhlke/Fladung*, Kap. 11.
37 *Boldt/Büll/Voss*, CCZ 2013, 248, 252.

der Beschäftigten mit umfassenden Auswertungen erfolgen. Der Umfang der Kontrollmaßnahmen muss jedenfalls verhältnismäßig sein.[38]

24 Eine weitere Schnittstelle zwischen den Funktionen Kapitalmarkt-Compliance-Funktion und Datenschutz besteht dahingehend, dass beide Funktionen der Geschäftsleitung, die für beide Funktionen die Gesamtverantwortung trägt, unmittelbar nachgeordnet sein müssen. Beide Beauftragten müssen somit unmittelbar an die Geschäftsleitung berichten. Diese Gesamtverantwortung beinhaltet auch, dass die Verpflichtung der Geschäftsleitung zum Aufbau einer effizienten Datenschutz- und Compliance-Organisation besteht.[39] Damit sind ein Kapitalmarkt-Compliance- und Datenschutzbeauftragter zu ernennen. Voraussetzung für die Ernennung ist, dass der Beauftragte sowohl fachkundig als auch zuverlässig ist.[40] Weiterhin hat die Geschäftsleitung die Unabhängigkeit der betrieblichen Datenschutz- und Kapitalmarkt-Compliance-Beauftragten sicherzustellen. Während der Kapitalmarkt-Compliance-Beauftragte nur gegenüber dem Gesamtvorstand weisungsgebunden ist, ist der Datenschutzbeauftragte gemäß Art. 38 Abs. 3 DSGVO in Ausübung seiner Fachkunde auf dem Gebiet des Datenschutzes weisungsfrei.

25 Im Übrigen sind beide Beauftragte nicht für die Umsetzung und Einhaltung von Regeln verantwortlich (AT 6 Tz. 2 der MaComp). Gemäß AT 6 Tz. 3 der MaComp obliegt dem Kapitalmarkt-Compliance-Beauftragten insbesondere die Überwachung der Einhaltung der Vorschriften des WpHG, wohingegen der Datenschutzbeauftragte die Einhaltung datenschutzrechtlicher Grundsätze und Regelungen innerhalb des Unternehmens überwacht.[41]

26 Ein Unterschied zwischen beiden Funktionen besteht im Hinblick auf Mitarbeiterschulungen. Nach BT 1.2.3 Tz. 2 der MaComp hat der Compliance-Beauftragte Mitarbeiterschulungen zu unterstützen, ist jedoch nicht primär für Mitarbeiterschulungen verantwortlich (vgl. arg. ex. AT 6.2 der MaComp). Damit obliegt es der Compliance-Funktion zu entscheiden, ob sie diesem Beratungsauftrag nachkommt oder dies bspw. den Fachbereichen selbst überlässt.

6. Auslagerung der Compliance-Funktion oder von einzelnen Compliance-Tätigkeiten

27 Wertpapierdienstleistungsunternehmen ist es außerdem unter den Voraussetzungen des § 25b KWG und § 80 Abs. 6 WpHG i.V.m. BT 1.3.4 MaComp erlaubt, die Compliance-Funktion teilweise oder vollständig auszulagern. Voraus-

---

38 *Thüsing*, in: Thüsing, Beschäftigtendatenschutz und Compliance, 2. Aufl. 2014, § 3 Rn. 17. Zum Management von internen Untersuchungen siehe *Wettner/Walter*, Kap. 8.

39 LG München, 10.12.2013, 5 HK O 1387/10, NZG 2014, 345 (sog. „Neubürger-Urteil"). Siehe auch *Becker/Böhlke/Fladung*, Kap. 11, Rn. 104.

40 *Brandt*, in: Hauschka/Moosmayer/Löster, Corporate Compliance, § 29 Rn. 41 f.

41 *Oberlin/Bossardt*, Datenschutz-Compliance: Die Anforderungen der EU-DSGVO und des VE-DSG der Schweiz, CB 2017, 245, 246.

setzung hierfür ist jedoch nach BT 1.3.4 Tz. 1 MaComp, dass alle einschlägigen aufsichtsrechtlichen Anforderungen eingehalten werden.

Trotz Auslagerung der Compliance-Funktion oder einzelner Compliance-Tätig- **28** keiten verbleibt die Verantwortung bei dem auslagernden Unternehmen. Daher ist die Geschäftsleitung weiterhin für die Erfüllung der Anforderungen, insbesondere für eine Einrichtung der ganz oder teilweise ausgelagerten Compliance-Funktion verantwortlich. Damit verbleibt es bei dem Grundsatz der Alleinverantwortung der Geschäftsleitung.[42] Um eine angemessene Aufgabenerfüllung durch den Dienstleister zu gewährleisten, ist eine fortlaufende Überwachung der Qualität als auch der Quantität der Dienstleistung erforderlich.[43] Diese Auslagerungskontrolle obliegt ebenfalls der Geschäftsleitung, die jedoch unternehmenszugehörige Personen mit der laufenden Beaufsichtigung und Überwachung beauftragen kann.[44] Diese handelt dann im Namen der Geschäftsleitung. Im Zuge der 5. MaRisk-Novelle hat die BaFin die Anforderungen an die Auslagerung von Aktivitäten und Prozessen der Compliance-Funktion für die Geschäftsleitung neu geregelt. Eine Auslagerung ist nunmehr nur noch dann zulässig, wenn das auslagernde Institut weiterhin über Kenntnisse und Erfahrungen verfügt, die eine wirksame Überwachung der erbrachten Dienstleistungen gewährleistet.[45]

Eine Vollauslagerung der Compliance-Funktion wird jedoch nach dem Propor- **29** tionalitätsprinzip nur bei kleineren und evtl. mittelgroßen Instituten möglich sein. Systemrelevante Institute können diese Möglichkeit nach aktueller Aufsichtspraxis nicht nutzen.

III. Inhalt und Aufgabe einer modernen Compliance-Funktion

Weltweit finden Rechtsverstöße von Wirtschaftsunternehmen eine immer größe- **30** re Aufmerksamkeit. Insbesondere die Themen Wirtschaftskriminalität, (Arbeitnehmer-)Datenschutz und Korruption rücken stärker in das öffentliche Bewusstsein. Die sich hieraus u. a. ergebende Zunahme von Haftungsrisiken, (indirekten) Schadenersatzforderungen und Imageschäden haben für das Unternehmen und deren Management zur Folge, dass es an Bedeutung gewinnt, sich im Einklang mit gesetzlichen Vorschriften zu verhalten.[46] Somit gewinnt die Compliance-Funktion immer stärker an Bedeutung.

Die Aufgabe der Compliance-Funktion besteht daher insbesondere darin, eine **31** bestimmte Compliance-Kultur im Sinne einer Wertekultur zu implementieren und zu fördern. Gemäß BT 1.1 Tz. 5 der MaComp fördert und bestärkt das Wert-

---

42 *Schäfer*, in: Krimphove/Kruse, MaComp, 2. Aufl. 2019, BT 1, Rn. 1056. Zu Delegationsfragen siehe auch *Schulz*, Kap. 1, Rn. 65 f.

43 *Schäfer*, in: Krimphove/Kruse, MaComp, BT 1, Rn. 1129 f.

44 *Schäfer*, in: Krimphove/Kruse, MaComp, BT 1, Rn. 1133.

45 *Hannemann/Steinbrecher/Weigl*, Mindestanforderungen an das Risikomanagement (MaRisk), AT 4.4.2 Rn. 67.

46 *Salvenmoser/Hauschka*, NJW 2010, 331, 331 f.

papierdienstleistungsunternehmen eine unternehmensweite Compliance-Kultur, durch die Rahmenbedingungen für eine Förderung des Anlegerschutzes durch die Mitarbeiter und eine angemessene Wahrnehmung von Compliance-Angelegenheiten geschaffen werden. Eine adäquate Wertekultur mindert somit die Risiken, dass Mitarbeiter eines Instituts gegen gesetzliche Vorgaben verstoßen wollen. Schulung und Trainingsmaßnahmen dienen dazu, diese Anforderungen transparent zu machen, so dass die Motivation eines jeden Mitarbeiters gefördert wird, sich an die Vorgaben zu halten. Ferner bestimmt BT 1.3.1.2 Tz. 2 der Ma-Comp, dass der Compliance-Beauftragte neben den eingehenden Kenntnissen hinsichtlich der Organisation und der Entscheidungsprozesse des Wertpapierdienstleistungsunternehmens auch über die Unternehmenskultur eingehende Kenntnisse haben muss. Dies bedeutet, dass er seine Beratungs- und Überwachungsaktivitäten anhand der durch die Geschäftsleitung vorgegebenen Unternehmenskultur i. S. e. Compliance-Kultur ausrichten kann und auch muss. Um dies umzusetzen, ist es wichtig, dass sowohl die aufsichtsrechtlichen Vorgaben als auch die gesetzlichen Normen sowie die Werte des Unternehmens i. S. e. Unternehmens- und Compliance-Kultur kommuniziert werden. Kommunikation ist eine der wesentlichen Aufgaben einer Compliance-Funktion, zum einen innerhalb der Compliance-Funktion selbst, so dass alle Mitarbeiter anhand gleicher Maßstäbe beraten, überwachen sowie die Risiken steuern können. Zum anderen ist aber auch die Kommunikation ins eigene Unternehmen hinein einer der wesentlichen Grundpfeiler als Aufgabe einer Compliance-Funktion. Compliance-Funktionen sind Dienstleister für das eigene Unternehmen und beraten sowohl Mitarbeiter als auch die Geschäftsleitung zu den aufsichtsrechtlichen Vorgaben als auch zur Vermeidung von Compliance-Risiken. Gerade diese Compliance-Risiken, die durch die Compliance-Funktion evaluiert und gesteuert werden, sind es, die die Basis für die Tätigkeit der Compliance-Funktion darstellen. Die Ausrichtung der Compliance-Funktion ist durch das Management von Compliance-Risiken somit ein Teil des unternehmensinternen Risikomanagements mit speziellem Fokus auf qualitative Compliance-Risiken.

IV. Das Compliance-Management-System (CMS)

32   Gemäß des IDW PS 980 versteht man unter einem CMS die gewählte Organisationsform eines Unternehmens, die auf die Sicherstellung eines regelkonformen Verhaltens der Führungskräfte und Mitarbeiter des Unternehmens abzielt. Ziel jedes CMS ist es damit, Verstöße gegen definierte Pflichten zu vermeiden bzw. wesentlich zu erschweren und eingetretene Verstöße zu erkennen und zu behandeln. Das CMS stellt damit einen wesentlichen Bestandteil des Risikomanagements eines Kreditinstituts dar.[47] Damit die Anforderungen des Compliance-Standards erfüllt werden können, muss ein Unternehmen eine systematische

---

47 *Bank*, in: Patzina/Bank/Schimmer/Simon-Widmann, Haftung von Unternehmensorganen, 2010, Kap. 6 Rn. 329 ff.

Compliance-Organisation (CMS) einführen, dokumentieren, umsetzen und aufrechterhalten. Hierfür ist der Compliance-Beauftragte verantwortlich.[48]

Um auch neue regulatorische Anforderungen schneller verorten und umsetzen **33** zu können, sind klare, durch die Geschäftsleitung zugewiesene Prozessverantwortlichkeiten zwingende Voraussetzung. Denn wer die regulatorischen Anforderungen effizient beherrscht, verschafft sich Wettbewerbsvorteile.[49] Prozessuale Schwachstellen, auch bei der Erschließung neuer Geschäftsfelder, lassen sich mit einem effektiven CMS innerhalb des IKS schneller erkennen und beheben. Compliance-Risiken können auf diese Weise erfolgreich minimiert werden. Sollten das CMS und das IKS nicht ausreichend ausgestaltet und funktionsfähig sein, stünde dies einer Ausweitung oder Veränderung des strategischen Geschäftsmodells mangels Beherrschbarkeit der Risiken entgegen. In der regulatorischen Weiterentwicklung ist für zukünftige Anforderungen der Fokus erkennbar, der Wirksamkeit von IKS-Systemen, der internen Governance und den Compliance-Funktionen eine noch höhere Bedeutung beizumessen. Damit soll sichergestellt werden, dass Kreditinstitute Risiken erkennen und beherrschen.[50]

Ein CMS ist effektiv und wirksam, wenn allgemein und in risikobehafteten Pro- **34** zessen des Institutes keine Gesetzesverstöße begangen (Prävention) und etwaige Gesetzesverstöße aufgedeckt werden (effektive Kontrolle) und auf diese mit wirksamen Maßnahmen reagiert wird (Reaktion).

Im Hinblick auf die Prävention ist im Unternehmen darauf zu achten, dass Com- **35** pliance nicht lediglich in der Verantwortlichkeit des Vorstandes liegt, sondern dieser auch eine Vorbildfunktion („Tone at the Top"[51]) innehat – ungeachtet der Aufstellung von Verhaltensregeln für alle Mitarbeiter. Der Compliance-Beauftragte ist zwecks Prävention von Risiken sowohl für die Identifikation risikobehafteter Prozesse als auch für die Identifizierung der allgemeinen und branchen- oder unternehmensspezifischen Risikobereiche, in denen sich das Unternehmen bewegt, verantwortlich, welche dann an den Vorstand gemeldet werden.[52] Darüber hinaus ist die Erstellung detaillierter Arbeitsanweisungen für die Mitarbeiter eines Instituts im Bereich risikobehafteter Prozesse und die Auswahl von besonders zuverlässigem Personal in diesen Bereichen im Rahmen der präventiven Ausrichtung des CMS von Bedeutung. Des Weiteren hat der Compliance-Beauftragte sicherzustellen, dass Mitarbeiter über die Risiken etwa durch Mitarbeiterschulungen aufgeklärt sind.[53]

Zur Erfüllung der Kontrollfunktion eines wirksamen CMS ist besonders auf eine **36** klare Struktur der Compliance-Organisation hinzuwirken. Im Rahmen dessen

---

48 Zu Stellung und Aufgaben des Compliance-Beauftragten siehe *Wolf*, DStR 2011, 997, 998.
49 *Powilleit*, GWR 2010, 28, 28 ff.
50 *Bergmoser*, BB Special 4 (zu BB 50/2010), 2, 5.
51 *Sandmann*, CCZ 2015, 70, 72; *Wolf*, DStR 2011, 997, 998.
52 Siehe *Wolf*, BB 2011, 1353, 1354 ff.
53 *Tüllner*, BB 2012, 2551, 2551.

sind klare Kontrollzuständigkeiten festzulegen und dafür ausreichende Kontrollbefugnisse zu erteilen. Auch ist sowohl eine regelmäßige als auch anlassbezogene Überprüfung risikobehafteter compliance-relevanter Prozesse durchzuführen. Damit wird auch ein etwaiger Anpassungsbedarf des CMS – etwa aufgrund
veränderter Risikolage oder Vorfällen – erkannt.

37 Die reagierende Ausrichtung der Compliance-Funktion dient der Aufklärung
von Pflichtverletzungen sowie deren Ursachen und soll eventuelle Konsequenzen – organisatorischer oder ggf. personeller Natur – tragen. Denn lediglich
durch die Anpassung des CMS kann die Wirksamkeit des CMS auf Dauer sichergestellt werden.

38 Bei der Einführung eines CMS erweisen sich Prüfungsstandards als hilfreich, da
die Implementierung eine Herausforderung darstellt. Einer dieser Prüfungsstandards, der Compliance-Prüfungsstandard IDW PS 980, wurde im April 2011
vom Institut der Deutschen Wirtschaftsprüfer veröffentlicht. Dieser ist ein speziell in Deutschland generell standardisierter Maßstab für die Prüfung von CMS
durch externe Prüfer. Eine Hinzuziehung dieses Maßstabes als Hilfestellung für
die Einrichtung eines wirksamen CMS erscheint sinnvoll. Der Maßstab stellt die
Wirksamkeit eines CMS in Abhängigkeit von sieben Kategorien:[54]

1. **Compliance-Kultur**: Grundeinstellung und Verhaltensweisen des Vorstands
   und des Verwaltungsrats („Tone at the Top");
2. **Compliance-Ziele**: Festlegung relevanter Teilbereiche und dort einzuhalten-
   der Regeln;
3. **Compliance-Organisation**: Festlegung der Verantwortlichkeiten, Aufbau-
   und Ablauforganisation, Ressourcenplanung;
4. **Compliance-Risiken**: Identifikation von Risiken und systematische Risikoerkennung mit Risikoanalyse;
5. **Compliance-Programm**: Einführung von Grundsätzen und Maßnahmen zur
   Risikominimierung, Vermeidung von Regelverstößen und Behandlung von
   Verstößen;
6. **Compliance-Kommunikation**: Information von Mitarbeitern und ggf. Dritten, Berichtswege für identifizierte Risiken, Regelverstöße und Hinweise;
7. **Compliance-Verbesserung**: Überwachung der Angemessenheit und Wirksamkeit des CMS, Einrichtung von Abläufen zur Berichterstattung und systematischen Verbesserung des CMS.

39 Ein weiterer Standard ist der ISO 19600[55] aus dem Jahre 2014.[56] Dieser stellt im
Gegensatz zum IDW PS 980 einen international anerkannten Leitfaden mit

---

54 Siehe hierzu auch *Schulz*, Kap. 1, Rn. 51 ff.; *Wolf*, DStR 2011, 997, 998 ff.
55 Der ISO 19600 ist ein Management-Standard, der IDW PS 980 ist ein Standard für externe
   Wirtschaftsprüfer.
56 ISO 19600: 2014 Compliance Management Systems – Guidelines, https://www.iso.org/stand
   ard/62342.html (zuletzt abgerufen am 14.3.2020). Zum Vergleich zwischen IDW PS 980 und
   ISO 19600 ausführlich *Withus*, Kap. 6, Rn. 6 ff.

Empfehlungen zur Einrichtung eines wirksamen und effektiven CMS dar.[57] Er ist daher als Ergänzung zum IDW PS 980 und Konkretisierung der dort formulierten sieben Grundelemente zu sehen.[58] Basierend auf den Grundsätzen Good Governance, Nachhaltigkeit, Transparenz und Verhältnismäßigkeit folgt er einem Vier-Phasen Prinzip, „Plan-Do-Check-Act".[59] Somit ist das CMS – ähnlich den zuvor beschriebenen drei wesentlichen Bestandteilen, der Prävention, Kontrolle und Reaktion – in vier Phasen gegliedert, Planung, Handlung, Kontrolle und Maßnahme.

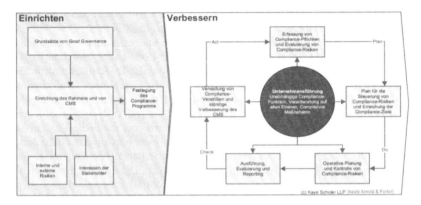

V. Schnittstellen zu anderen Funktionen

Compliance-Risiken setzen sich aus verschiedenen Aspekten des rechtlichen **40** und damit des operationellen Risikos sowie des Reputationsrisikos zusammen. Für das Management dieser Risiken sind bei Kreditinstituten diverse Fachbereiche zuständig (bspw. Rechtsbereich, Compliance-Organisationseinheit, Interne Revision), so dass teilweise zahlreiche Schnittstellen sowie ähnlich gelagerte Aufgaben bestehen. Nicht zuletzt durch die hinzugekommene Verpflichtung, eine übergreifende MaRisk-Compliance-Funktion i. S. e. Klammerfunktion zu implementieren, ist die Fragestellung der Ausgestaltung von Schnittstellen noch komplexer geworden. Dies erfordert für Kreditinstitute, die einzelnen Aufgabenstellungen der vorgenannten Organisationseinheiten voneinander abzugrenzen, die Schnittstellen optimal auszugestalten und einen effizienten Informationsaustausch zwischen den einzelnen Funktionen und Organisationseinheiten zu gewährleisten. Damit sollen einerseits Doppelarbeiten und andererseits Über-

---

57 *Withus*, BB 2015, 685, 688; *Makowicz*, CB 2015, 45, 48.
58 *Withus*, BB 2015, 685, 685 ff.; Schmidt/Wermelt/Eibelshäuser, CCZ 2015, 18, 18 ff.
59 *Kayser*, CB 2015, 441, 442.

wachungslücken durch fehlende Zuordnungen vermieden werden.[60] Für eine effektive Aufgabenerfüllung der Compliance-Funktion ist es jedenfalls sinnvoll und zweckmäßig, mit vielen Schlüsselfunktionen, auf die im Nachfolgenden näher eingegangen wird, intensiv und effizient zusammenzuarbeiten.

1. Fach- und Marktbereiche

41 Compliance dient der proaktiv präventiven Beratung der operativen Einheiten zur Einhaltung regulatorischer und sonstiger Vorgaben. Zur Sicherstellung der Einhaltung der Vorgaben überwacht die Compliance-Funktion daher auch die Marktbereiche und die dort implementierten Kontrollhandlungen. Compliance-Risiken werden somit evaluiert und gesteuert. Eine optimale und zweckdienliche Beratung der Markt- und Fachbereiche durch die Compliance-Funktion ist jedoch nur dann möglich, wenn entsprechende Sachkundevoraussetzungen für Mitarbeiter der Compliance-Funktion bzw. für den Compliance-Beauftragten vorliegen. Die Sachkundevoraussetzungen für den Compliance-Beauftragten sind in § 3 WpHG-Mitarbeiteranzeigeverordnung normiert. Neben rechtlichen Kenntnissen muss der Compliance-Beauftragte auch über fachliche Kenntnisse verfügen. Daneben müssen gemäß BT 1.3.1.3 Tz. 1 der MaComp auch die Mitarbeiter der Compliance-Funktion über die erforderlichen Fachkenntnisse für den jeweils zugewiesenen Aufgabenbereich verfügen. Die entsprechende Sachkunde muss vorhanden sein, damit sich die Compliance-Funktion mit den Markt- und Fachbereichen auf Augenhöhe unterhalten können. Zudem ist nur bei Verstehen der eigene Produkte und Vertriebswege eine optimale und zielgerichtete Beratung der Marktbereiche durch die Compliance-Funktion überhaupt erst möglich. Denn wer besser berät, muss weniger überwachen.[61]

2. Rechtsabteilung

42 Die Rechtsabteilung ist wie die Compliance-Funktion, die Geldwäschepräventions-Funktion, das Risikomanagement/-controlling, die Finance-Abteilung sowie die Personalabteilung eine Funktion der sog. Second Line of Defence.[62] Die Aufgaben der Compliance-Organisationseinheit mit denen des Rechtsbereichs überschneiden sich dahingehend, dass es bei beiden im Wesentlichen um die Einhaltung rechtlicher Vorgaben geht. Dennoch gibt es diverse Unterschiede.[63]

---

60 *Faust*, in: Schimansky/Bunte/Lwowski, Bankrechts-Handbuch, 5. Aufl., Bd. II, 5. Aufl. 2017, § 109 Rn. 112. Zur „Schnittstellen-Funktion" von Compliance siehe ausführlich *Rau*, Kap. 3.

61 *Schäfer*, BKR 2011, 187, 191.

62 *Hannemann/Steinbrecher/Weigl*, Mindestanforderungen an das Risikomanagement (Ma-Risk), AT 4.4, Rn. 13.

63 Zu Schnittstellen mit der Rechtsabteilung und anderen Unternehmensfunktionen siehe auch *Schulz*, Kap. 1, Rn. 72 sowie ausführlich *Rau*, Kap. 3.

Ein wesentlicher Unterschied besteht darin, dass die Compliance-Organisations- **43**
einheit einen präventiven, viel stärker prozessbezogenen und überwachenden
prozessualen Ansatz verfolgt und nicht nur Beratungs-, sondern auch Kontrollfunktionen wahrnimmt, wohingegen der Rechtsbereich im Regelfall auf Anfrage
und im Einzelfall tätig wird.[64] Ein weiterer Unterschied besteht darin, dass beide
Bereiche für unterschiedliche Rechtsgebiete zuständig sind. Während sich bspw.
die Kapitalmarkt-Compliance-Funktion im Wesentlichen mit Regelungen/Vor-
gaben befasst, die einen Bezug zum Wertpapiergeschäft aufweisen, so würdigt
der Rechtsbereich diverse Rechtsgebiete, wie bspw. Zivilrecht oder auch Gesellschaftsrecht. Im Übrigen unterscheidet sich die Zielrichtung beider Organisationseinheiten. Der Rechtsbereich, der insbesondere für die Vertragsgestaltung
und Haftungsrisiken verantwortlich ist, vertritt ausschließlich die Interessen des
jeweiligen Instituts. Hierbei hat die Geschäftsleitung im Rahmen ihrer Legalitätspflicht für die Einhaltung von gesetzlichen Bestimmungen und der unternehmensinternen Richtlinien zu sorgen und auf deren Beachtung durch alle Mitarbeiter ihres Instituts hinzuwirken. Ein Legal Counsel kann sich durch
Warnhinweise exkulpieren, während ein Compliance Officer bei Verfehlungen
sofort eingreifen, handeln und das Fehlverhalten unterbinden muss.[65] Die Compliance-Organisationseinheit ist neutraler und berücksichtigt bei der Wahrnehmung ihrer Beratungs- und Überwachungsfunktion insbesondere auch die Kun-
deninteressen. Die Compliance-Organisationseinheit handelt daher nicht nur
nach Legalitätsaspekten, sondern auch nach dem Legitimitätsprinzip. Sie stellt
durch organisatorische Maßnahmen sicher, dass potenzielle oder bestehende
Compliance-Risiken reduziert bzw. ausgeschlossen werden.

Eine enge Zusammenarbeit und regelmäßiger Austausch beider Organisations- **44**
einheiten ist erforderlich, um gemeinsam bestehende oder potenzielle Compli-
ance- und Rechtsrisiken minimieren zu können. Auch wenn die Zuständigkeiten
beider Bereiche grundsätzlich klar abgegrenzt sind, ist im Einzelfall zu entscheiden, ob nicht die jeweils andere Abteilung in einen Beratungsvorgang einzubinden ist. Beispielsweise kann ein von der Rechtsabteilung beratener Vertriebsver-
trag wettbewerbsbeschränkende Klauseln enthalten, so dass insofern eine
grundsätzliche oder einzelfallbezogene Abstimmung mit der Compliance-Abteilung erfolgen sollte, wenn dieser der Bereich der kartellrechtlichen Compliance zugewiesen ist.[66]

3. Risikocontrolling-Funktion

Die Risikocontrolling-Funktion hat die Aufgabe, eine Risikoinventur durchzu- **45**
führen und daraus ein Risikogesamtprofil der wesentlichen Risiken gemäß Ma-

---

64 Wiedmann/Greubel, CCZ 2019 ,88, 90; *Faust*, in: Schimansky/Bunte/Lwowski, Bankrechts-
   Handbuch, 5. Auflage, Bd. II, § 109 Rn. 112a.
65 *Warneke*, NStZ 2010, 312, 313.
66 *Klahold/Lochen*, in: Hauschka/Moosmayer/Lösler, Corporate Compliance, § 37, Rn. 72.

Risk abzuleiten.[67] Hierbei sind neben Risiken aus innerbetrieblichen Vorgängen auch solche erfasst, die aus der Interaktion von Unternehmensprozessen mit der Umwelt herrühren. Aufgrund ihrer Spezialisierung auf einzelne Risikomanagementaspekte und einer laufenden Überwachung der Risikosituation können Risikoentwicklungen frühzeitig erkannt und gegen diese äußert effektiv und effizient vorgegangen werden.[68] Ein wesentlicher Aspekt der Compliance-Funktion beim Management von Compliance-Risiken ist neben der Vermeidung aufsichtsrechtlicher Sanktionen i. S. v. Bußgeldern das Steuern und Vermeiden von Reputationsrisiken. Reputationsrisiken stellen qualitative Compliance-Risiken dar, die aufgrund des eigenen Verhaltens einer Bank bzw. seiner Mitarbeiter von innen heraus entstehen. Dies unterscheidet die Compliance-Funktion, die im Wesentlichen ein sog. qualitatives Risikomanagement wahrnimmt, auch von der klassischen Risikocontrolling-Funktion. Diese stellt eine quantitative, auf Zahlen basierte Risikocontrolling-Funktion dar und fokussiert bei Reputationsrisiken eher äußere Risiken, bspw. Marktpreisrisiken, die das Risiko der Bank von außen beeinflussen können. Zudem ist die Compliance-Funktion primär auf die Erreichung der Ordnungsmäßigkeit ausgerichtet, wohingegen die Risikocontrolling-Funktion im Wesentlichen die Aspekte der Risikoerkennung zur Vermeidung von Vermögensschäden sowie der Strategiekonformität berücksichtigt.

46 Eine enge Zusammenarbeit zwischen der Risikocontrolling- und der Compliance-Funktion ist zwingend notwendig, da nur eine ganzheitliche Betrachtung von Risiken zu deren dauerhafter Minimierung führen kann.[69]

4. Interne Revision

47 Die Interne Revision als Third Line of Defence im Rahmen der internen Kontrollverfahren ist primär nicht auf die Prävention und (zeitnahe) Aufdeckung von Unregelmäßigkeiten oder (Compliance-)Verstößen ausgerichtet, sondern auf die Prüfung der Funktionsfähigkeit und Wirksamkeit des IKS im Besonderen sowie des Risikomanagements eines Unternehmens im Allgemeinen.[70] Somit prüft die Interne Revision auch die Compliance-Organisationseinheit, so dass eine strikte Trennung von Überwachenden und Überwachten sicherzustellen ist. Auch wenn die Prävention und die Aufdeckung von Unregelmäßigkeiten ein bedeutender Bestandteil der risikoorientierten Prüfungsplanung und -durchführung ist, liegt der Schwerpunkt der Internen Revision auf prozessunabhängigen Ex-Post-Prüfungen.[71] Diese werden nach Einführung bzw. Veränderung von Geschäftspro-

---

67 *Braun*, in: Boos/Fischer/Schulte-Mattler, KWG, § 25a Rn. 211 f.; *Schmidt*, in: Schmidt, Compliance-Funktion nach MaRisk, Rn. 33. Zum Risikomanagement siehe *Romeike*, Kap. 9.
68 *Hannemann/Steinbrecher/Weigl*, Mindestanforderungen an das Risikomanagement (MaRisk), AT 4.4.1 Rn. 28 ff.
69 EBA/GL/2017/11, Nr. 174 ff.
70 *Faust*, in: Schimansky/Bunte/Lwowski, Bankrechts-Handbuch, Bd. II, § 109 Rn. 112c. Siehe auch *Bartuschka*, Kap. 10, Rn. 21.
71 *Faust*, in: Schimansky/Bunte/Lwowski, Bankrechts-Handbuch, Bd. II, § 109 Rn. 112c.

zessen zeitlich, zum Teil deutlich nachgelagert durchgeführt. In Abhängigkeit vom Prüfungsintervall und dem gewählten Prüfungsumfang kann dies bedeuten, dass Geschäftsvorfälle in Stichproben erst nach Jahren näher geprüft werden. Der Prüfungsturnus der Internen Revision beträgt in der Regel drei Jahre und kann risikobasiert auf zwei bzw. ein Jahr reduziert werden.[72] Bei einer derartigen Vorgehensweise der Internen Revision erfolgt eine zeitnahe Aufdeckung von möglichen Unregelmäßigkeiten oder (Compliance-)Verstößen im Zweifel verspätet. Für die Kapitalmarkt-Compliance-Organisationseinheit besteht hingegen ein jährlicher Überwachungsturnus aller relevanten Verfahren, insbesondere im Rahmen der Kapitalmarkt-Compliance-Funktion. Auch wenn die von der Compliance-Funktion implementierten bzw. vorzunehmenden Kontrollen zwar zum Teil auch zeitlich nachgelagert sind, sind sie dennoch zeitnah, teilweise auch prozessintegriert am jeweiligen Geschäftsvorfall orientiert, so dass Risiken minimiert werden können und ggf. sogar noch Möglichkeiten zur Verhinderung drohenden Schadens bestehen.[73] Die Compliance-Organisationseinheit ist demzufolge in den täglichen Geschäftsbetrieb durch eine proaktive Beratung zeitnah eingebunden. Diese folgt einem präventiven, prozessbegleitenden Ansatz. Damit sich die Compliance-Funktion und die Interne Revision, die ebenfalls Kontrollhandlungen durchführen,[74] optimal ergänzen, ist es erforderlich, dass die Kommunikation funktioniert und Informationen ausgetauscht werden.

Im Übrigen ist der Fokus der Internen Revision deutlich weiter gefasst als der **48** Aufgabenbereich der Kontrolleinheiten. Neben dem Aspekt der Ordnungsmäßigkeit auf den ersten beiden Verteidigungslinien werden bei den Prüfungshandlungen der Internen Revision auch Aspekte der Sicherheit, Wirtschaftlichkeit und Zweckmäßigkeit aufgegriffen.[75] Damit stehen das Auffinden von Schwachstellen, die Verminderung von Risiken ebenso im Fokus der Internen Revision wie auch die Schaffung von Mehrwert für das Institut.

VI. Compliance als Teil des IKS eines Kreditinstituts

Das IKS ist ein wichtiges Führungsinstrument eines jeden Unternehmens. Viele **49** Kreditinstitute und Wertpapierdienstleistungsinstitute verfügen über ein IKS, wobei die Anforderungen an die internen Kontrollen und die Prüfung des IKS in den letzten Jahren stark gestiegen sind. Grund hierfür war insbesondere die Wirtschafts- und Finanzmarktkrise der letzten Jahre, die Schwachstellen im IKS von Kreditinstituten offengelegt haben.[76] Aufgrund dieser Ereignisse wurden strikte-

---

72 *Renz/Frankenberger*, Aufgaben einer Compliance-Organisation im Rahmen des Internen Kontrollsystems (IKS), CB 2015, 420, 423.

73 *Hauschka/Galster/Marschlich*, CCZ 2014, 242, 244; *Faust*, in: Schimansky/Bunte/Lwowski, Bankrechts-Handbuch, Bd. II, § 109 Rn. 112c.

74 *Obermayr*, in: Hauschka/Moosmayer/Lösler, Corporate Compliance, § 44 Rn. 65 ff.

75 *Obermayr*, in: Hauschka/Moosmayer/Lösler, Corporate Compliance, § 44 Rn. 69.

76 *Boldt/Büll/Voss*, CCZ 2013, 248, 254. Zum Zusammenhang zwischen Governance, Risk und Compliance Management siehe auch *Bartuschka*, Kap. 10, Rn. 2 ff.

re regulatorische Anforderungen – u. a. in Form der MiFID II/MiFIR, EMIR oder MAR – an Finanzinstitute erlassen, um die Risiken, die zur Finanzkrise geführt haben, zu minimieren.[77] Daneben wurden auch Eigenkapital- bzw. Reportingverpflichtungen erweitert. Beispielsweise verfolgt die EBA einen ganzheitlichen Supervisory Review and Evaluation Process (SREP)-Ansatz. Er schließt die Beurteilung der Schlüsselindikatoren, des Geschäftsmodells, der Kapital- und Liquiditätsrisiken als auch der Governance ein. Zu den Vorgaben zählt dabei auch eine regelmäßige Berichterstattung über die Prozesse zur internen Governance und zur Wirksamkeit von Compliance.[78]

50 Obgleich die Anforderungen an und die Herausforderungen für Finanzinstitute stetig steigen, bieten diese Änderungen gleichzeitig eine Chance, die Effizienz der internen Organisation grundlegend zu verbessern. Zur Wahrnehmung dieser stetig steigenden Herausforderungen und um die spezifischen Risiken, denen jedes Unternehmen aufgrund der Produkt- oder Dienstleistungspalette, der Märkte oder des Ressourceneinsatzes ausgesetzt ist, zu managen und insbesondere zu minimieren, ist ein wirksames IKS unerlässlich und von großer Bedeutung.

51 Das IKS umfasst alle in einem Unternehmen eingeführten, aufeinander abgestimmten Grundsätze, Methoden und Maßnahmen (Regelungen), die dazu dienen, einen ordnungsgemäßen Ablauf des betrieblichen Geschehens sicherzustellen.[79] Aus den Ergebnissen der Überwachung und Beurteilung von Risiken werden risikobasiert weitere interne Kontrollen abgeleitet. Weil es sich auf die gesamte Geschäftstätigkeit und damit auf alle wesentlichen Geschäftsprozesse des Unternehmens richtet, trägt das IKS zur Einhaltung der unternehmerischen Ziele bei. In jedem Institut sind in Abhängigkeit von Art, Umfang, Komplexität und Risikogehalt der Geschäftsaktivitäten gemäß dem Proportionalitätsprinzip innerhalb des IKS:

– Regelungen zur Aufbau- und Ablauforganisation zu treffen,
– Risikosteuerungs- und -controlling-Prozesse zur Identifizierung, Beurteilung, Steuerung, Überwachung sowie Kommunikation der Risiken einzurichten und
– eine Risikocontrolling-Funktion sowie eine angemessene, unabhängige, dauerhafte und wirksame Compliance-Funktion zu implementieren.[80]

---

77 MiFIR: Verordnung (EU) Nr. 600/2014 des Europäischen Parlaments und des Rates vom 15.5.2014; MiFID II: Richtlinie 2014/65/EU des Europäischen Parlaments und des Rates vom 15.5.2014; MAR: Verordnung (EU) Nr. 596/2014 des Europäischen Parlaments und des Rates vom 16.4.2014; MAD II: Richtlinie 2014/57/EU des Europäischen Parlaments und des Rates vom 16.4.2014; EMIR: Verordnung (EU) Nr. 648/2012 des Europäischen Parlaments und des Rates vom 4.7.2012.
78 *Wittig*, WM 2010, 2337, 2342.
79 *Dirks/Sandmann/Herre*, CCZ 2013, 164, 166. Siehe auch *Bartuschka*, Kap. 10, Rn. 21.
80 *Bürkle*, in: Bürkle, Compliance in Versicherungsunternehmen, § 2 C. III. Rn. 90.

Die Einrichtung, Ausgestaltung, Steuerung und Überwachung eines wirksamen **52** IKS sind Aufgabe der Geschäftsleitung.[81] Die Verantwortung – sowohl Letzt- als auch Gesamtverantwortung – für die Sicherstellung der Errichtung und Überwachung wirksamer interner Kontrollverfahren liegt damit bei der Geschäftsleitung und ist als solche – wie auch die Verantwortung für die Compliance – nicht delegierbar.[82] Dahingehend hat die Geschäftsleitung sicherzustellen, dass überprüft wird, ob diejenigen internen Vorgaben und Geschäftsprozesse, welche die Einhaltung der zu beachtenden Gesetze und Verordnungen sowie der aufsichtsbehördlichen Anforderungen gewährleisten sollen, eingehalten werden und somit die Wirksamkeit und Wirtschaftlichkeit der Geschäftstätigkeit sichergestellt werden können.[83]

Für Kreditinstitute bestehen verpflichtende Regelungen zur Implementierung **53** des IKS und dessen Ausgestaltung. So schreibt § 25a Abs. 1 Satz 3 Nr. 3 KWG vor, dass eine ordnungsgemäße Geschäftsorganisation insbesondere angemessene Kontrollverfahren zu umfassen hat, die aus einem IKS und einer Internen Revision bestehen. Die Verpflichtung der Institute zur Einrichtung einer Internen Revision wird durch den Abschnitt BT 2 der MaRisk, der die Anforderungen an die Ausgestaltung der Internen Revision behandelt, konkretisiert. Das IKS, das alle Unternehmensebenen inkl. ausgelagerter Prozesse umfasst, ist vom Institut stets auf dem neuesten Stand zu halten und weiterzuentwickeln sowie auf alle Prozesse auszudehnen, um neue gesetzliche oder weitere regulatorische Bestimmungen und die damit einhergehenden potenziellen Risiken zu minimieren.[84]

Die Hauptziele des IKS sind:[85] **54**

1. die Sicherstellung der Effektivität und Effizienz der Geschäftsprozesse sowie auch Prozessoptimierung und Identifizierung von operativen Schwachstellen innerhalb der Prozesse;
2. das Hinwirken auf ein erhöhtes Risikobewusstsein auf Mitarbeiterebene; u. a. bei bevorstehenden Personalwechseln;
3. das Sicherstellen der Einhaltung der relevanten Gesetze und Vorschriften und dahingehend
4. die Reduzierung der für Unternehmen bestehenden Risiken, die insbesondere durch Verstöße gegen regulatorische und gesetzliche Vorschriften drastisch erhöht werden.

---

81 *Wimmer*, BKR 2006, 146, 147.
82 *Bürkle*, CCZ 2008, 50, 50.
83 § 25a Abs. 1 Satz 2 KWG.
84 *Dierks/Sandmann/Herre*, CCZ 2013, 164, 166 f.
85 *Renz/Frankenberger*, Aufgaben einer Compliance-Organisation im Rahmen des Internen Kontrollsystems (IKS), CB 2015, 420, 420. Siehe auch *Bartuschka*, Kap. 10, Rn. 21 ff.

55 Man unterscheidet zwischen drei Kontrollverantwortlichkeiten:

1. „**First Line of Defence**":[86] Organisations- und Facheinheiten
   - Verantwortung eines jeden Fachbereichs für die Einhaltung von Gesetzen, aufsichtsrechtlichen Vorgaben und internen Richtlinien in seinem Zuständigkeitsbereich- und Aufgabenbereich.
   - Verantwortung der Geschäfts- und Fachbereiche für die Implementierung angemessener Mechanismen und Systeme, um ihrer Verantwortung nachzukommen und die in ihren verantworteten Bereichen bestehenden Risiken und Prozesse zu steuern.
2. „**Second Line of Defence**":[87] Compliance-, Risikomanagement- und Controlling-Funktionen
3. „**Third Line of Defence**":[88] Interne Revision
   - Regelmäßige Regel- und Sonderprüfungen der First Line of Defence und unabhängige Prüfung und Bewertung der Second Line-Kontroll- und Überwachungshandlungen.

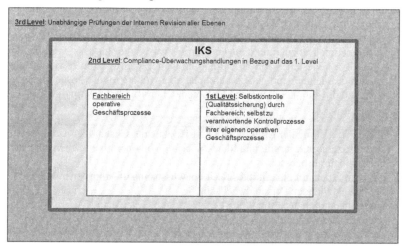

56 Die erste Verteidigungslinie („First Line of Defence" oder auch „Front Line") – die Fachbereiche – erstellt fachbereichsspezifische Organisations- und Arbeitsanweisungen, welche die Prozesse innerhalb des Fachbereiches definieren und bestimmen.[89] Des Weiteren sind die Fachbereiche für das Treffen von strategischen Entscheidungen zuständig. Dahingehend entscheiden diese etwa über die Erschließung neuer Geschäftsfelder, Dienstleistungen, Märkte und Handelsplät-

---

86 *Welsch/Foshag*, in: Renz/Hense, Wertpapier-Compliance in der Praxis, I.5. Rn. 17.
87 *Boldt/Büll/Voll*, CCZ 2013, 248, 250 f.
88 *Hannemann/Steinbrecher/Weigl*, Mindestanforderungen an das Risikomanagement (MaRisk), AT 4.4 Rn. 16.
89 *Boldt/Büll/Voss*, CCZ 2013, 248, 251.

ze oder über die Auflage neuer Finanzprodukte sowie die Einführung neuer Werbestrategien für das Angebot von Wertpapierdienstleistungen. Solche Entscheidungen sind unter Berücksichtigung der damit verbundenen Risiken zu treffen, so dass die Einhaltung der anzuwendenden Vorschriften nicht gefährdet ist. Gemäß AT 6 Ziffer 2 der MaComp sind die operativen Bereiche für die Einhaltung der Vorschriften und die Durchführung von eigenen Kontrollen (Selbstkontrollen) verantwortlich. Somit besteht eine Pflicht der Fachbereiche zur Durchführung von eigenen Kontrollen (etwa der aufgestellten Abläufe und Prozesse). Des Weiteren sind nach AT 5 der MaRisk geeignete Kontrollen für die Identifizierung, Beurteilung und Steuerung der operativen Risiken einzurichten und entsprechend zu dokumentieren. Diese Kontrollen dienen neben der Vermeidung bzw. Steuerung von Risiken regelmäßig auch der Überwachung der Prozessqualität und der Überprüfung der Strategiekonformität. Die Fachbereiche haben demzufolge Prozesse und Maßnahmen zur Minimierung von Risiken und zur Qualitätssicherung einzurichten bzw. einzuleiten.

Die zweite Verteidigungslinie („Second Line of Defence") – primär die Risiko- **57** controlling-Funktion, die Compliance-Funktion und der Rechtsbereich – ist insbesondere für die Beratung und Überwachung der Fachbereiche als erste Verteidigungslinie und deren Kontrollprozesse verantwortlich.[90] Die Compliance-Funktion berät und unterstützt insb. bei der Ausgestaltung neuer Produkte und Dienstleistungen.[91] Zudem analysiert und bewertet sie die von den verantwortlichen Fachbereichen erstellten Kontrollberichte der Geschäftsfelder. Darüber hinaus führt die zweite Verteidigungslinie regelmäßige als auch risikobasierte Kontroll- und Überwachungshandlungen durch. Diese umfasst die Überwachung der Abläufe, Prozesse, (Selbst-)Kontrollen sowie die Einhaltung interner (etwa Arbeits- und Organisationsanweisungen) sowie externer Vorgaben (etwa Gesetze, Richtlinien) durch angemessene und wirksame interne Verfahren. Darüber hinaus überwacht die Compliance-Funktion, ob die betroffenen Bereiche angemessene und wirksame Verfahren eigenverantwortlich einrichten und ihren Pflichten nachkommen. Die Compliance-Funktion hat die Ergebnisse (insbesondere festgestellte Schwächen und Handlungsempfehlungen) ihrer Überwachung neben den zuständigen Fachbereichen auch der Geschäftsleitung und dem Aufsichtsrat über Berichte mitzuteilen.[92] Dies kann risikobasiert im Rahmen der Regelberichterstattung, aber auch insbesondere bei schwerwiegenden Verstößen gegen compliance-relevante Vorschriften durch Ad-hoc-Berichte[93] erfolgen. Die Geschäftsleitung leitet im Falle von schwerwiegenden Verstößen geeignete Gegenmaßnahmen ein, die zeitnah von den jeweiligen Fachbereichen umzusetzen

---

90 *Renz/Frankenberger*, Aufgaben einer Compliance-Organisation im Rahmen des Internen Kontrollsystems (IKS), CB 2015, 420, 423.
91 *Welsch/Foshag*, in: Wertpapier-Compliance in der Praxis, 2012, I.5. Rn. 18.
92 *Schäfer*, in: Krimhove/Kruse, MaComp, BT 1 Rn. 395, 434.
93 *Schockenhoff*, NZG 2015, 409, 411; *Schäfer*, in: Krimhove/Kruse, MaComp, BT 1 Rn. 418 f.

sind. Die Überwachung (der Einhaltung) dieser Maßnahmen liegt in der Verantwortlichkeit der Compliance-Funktion.

58 Zusammenfassend hat die Compliance-Funktion folgende Aufgaben im Rahmen des IKS:[94]

1. Beratung der Fachbereiche und der Geschäftsleitung;
2. Überwachung der First Line of Defence-Kontrolle und Prozesse;
3. Überwachung des Bestehens einer wirksamen Selbstkontrolle der Fachbereiche, inkl. einer risikobasierten Kontrolle deren Ergebnisse;
4. Überwachung der Einhaltung der externen Vorgaben und Gesetze durch Vorhalten angemessener Prozesse und Verfahren;
5. Überwachung der Einhaltung interner Arbeitsanweisungen und Verpflichtungen durch die Fachbereiche;
6. Regelmäßige Berichterstattung an die Geschäftsleitung;
7. Unverzügliche Information an die Geschäftsleitung bei erheblichen Mängeln und Feststellungen;
8. Überwachung der getroffenen Maßnahmen zur Behebung von erheblichen Mängeln und Feststellungen.

59 Die dritte Verteidigungslinie („Third Line of Defence") – die Interne Revision – ist vorwiegend für die Ex-Post-Prüfung, die sich auf alle Aktivitäten und Prozesse eines Institutes erstreckt, verantwortlich. Nach Einführung bzw. Veränderung von Geschäftsprozessen prüft die Interne Revision diese neuen Prozesse, welche zeitlich, zum Teil deutlich, nachgelagert sind. Die Interne Revision bewertet objektiv, prozessunabhängig die Wirksamkeit der Risikomanagement- und Steuerungsprozesse sowie des Überwachungssystems und prüft die Wirksamkeit des IKS, d.h. sowohl die Erfüllung der Aufgaben und Pflichten durch die Compliance-Funktion als zweite Verteidigungslinie und durch die einzelnen Fachbereiche als erste Verteidigungslinie.[95] Zur Wahrnehmung ihrer Aufgaben verfügt die Interne Revision über ein vollständiges und uneingeschränktes Informationsrecht gegenüber allen Fachbereichen.[96]

VII. Übertragung der Struktur/des Ansatzes auf andere Industriesäulen – und umgekehrt

60 Die Compliance-Funktion ist in der Finanzindustrie bereits fest etabliert, in der „Nicht-Banken-Industrie" fehlen häufig noch der prozessuale Ansatz sowie die zur Einhaltung der Vorgaben notwendige Überwachungsfunktion durch Compliance. Zudem sind gerade in Industriebereichen, die nicht dem Finanzdienstleistungssektor zuzuordnen sind, Themenkomplexe der Compliance-Funktion zugeordnet, die sich so im Bankensektor noch nicht ausreichend wiederfinden. Hierzu

---

94 Siehe grundlegend *Renz/Frankenberger*, CB 2015, 420 ff.
95 *Welsch/Foshag*, in: Wertpapier-Compliance in der Praxis, 2012, I.5. Rn. 15.
96 *Hannemann/Steinbrecher/Weigl*, Mindestanforderungen an das Risikomanagement (MaRisk), AT 4.4.3 Rn. 72 f.

gehört bspw. die Kartell-Compliance, die in der Industrie typischerweise in der Compliance-Funktion fest verankert ist.[97] In Unternehmen des Finanzdienstleistungssektors wird das Thema Kartellrecht jedoch noch häufig den Rechtsbereichsfunktionen zugeordnet. Da es durchaus sinnvoll ist, kartellrechtliche Verfahren und Prozesse so im Hause zu implementieren, dass Kartellabsprachen und Kartellverstöße nicht vorkommen können, ist dieser aufgrund des prozessualen Ansatzes eindeutig der Compliance-Funktion zuzuordnen. Ferner ist das Thema Business Partner Due Diligence und damit die Überprüfung von Teilnehmern der Wertschöpfungskette im Vertrieb und in der Herstellung der Produkte in Industrieunternehmen üblich und dort auch selbstverständlich der Compliance-Funktion zugeordnet.[98] Diese Compliance-Sicht entwickelte sich durch die neuen „Product Governance-Vorgaben" gemäß § 80 WpHG, wonach Produktüberwachungsprozesse regelmäßig zu überprüfen sind.

Umgekehrt bestehen in der Finanzdienstleistungsindustrie Prozesse in der Compliance-Funktion, von denen auch die Industrie-Compliance profitieren kann. **61** Hierzu gehört insbesondere der prozessuale Ansatz einer Compliance-Funktion im Finanzdienstleistungssektor.[99] Die Compliance-Funktion denkt und agiert dort in Prozessen und Verfahren, wohingegen Compliance-Funktionen in Industrieunternehmen häufig noch nach Rechtsbereichsthemen und Rechtsproblematiken denken und handeln. Das Denken in diesen Prozessen macht durchaus Sinn, da durch die Implementierung eines wirksamen IKS Verantwortlichkeiten für Prozesse und Verfahren geschaffen werden, die so in der Industrie häufig noch nicht ausreichend vorhanden sind. Dadurch werden Verantwortlichkeiten klar gesetzt und diesen auch entsprechenden Bereichen zugeordnet. Die Verantwortlichkeit für die Prozesse liegt dabei typischerweise gerade nicht in der Compliance-Funktion, sondern in den jeweils für den Prozess zuständigen Fachbereichen.[100] Ferner ist, teilweise aufsichtsrechtlich getrieben, im Finanzdienstleistungssektor die Compliance-Funktion von Legitimitätsgrundsätzen geprägt. Dies bedeutet, die Compliance-Funktion prüft, ob es opportun ist, rechtlich einwandfreie ausgestaltete Produkte und Dienstleistungen dennoch bestimmten Kundenkreisen anzubieten bzw. zu verkaufen. Dieser Schutzaspekt des Kunden i. S. v. Kundenschutz, Anlegerschutz und Verbraucherschutz ist so in der klassischen Industrie häufig noch nicht verankert. Hier ist die Compliance-Funktion im Wesentlichen darauf ausgerichtet, Risiken vom eigenen Unternehmen fernzuhalten, ohne dabei Kundenschutz-Themen zu berücksichtigen. Ein weiterer wesentlicher Punkt, der in der Finanzdienstleistungsindustrie mittlerweile „State of the Art" ist, ist die Notwendigkeit der Sach- und Fachkundevoraussetzungen für Compliance-Mitarbeiter bzw. für den Compliance-Beauftragten.[101] Dies ist

---

97 *Eufinger*, WM 2014, 1113, 1114.
98 *Liese*, BB Special 4 (zu BB 50/2010), 27, 29.
99 *Hammer*, BB 2013, 1175, 1178.
100 *Wolff/Schroeren/Martin*, CCZ 2014, 86, 88.
101 *Hauschka/Galster/Marschlich*, CCZ 2014, 242, 244.

zwingend notwendig, da ohne Verständnis der Produkte, der Vertriebswege bzw. der Herstellungsprozesse der Produkte eine optimale und zweckdienliche Beratung der Markt- und Fachbereiche durch die Compliance-Funktion überhaupt nicht möglich ist. Ferner ist das Verständnis für Vertriebswege notwendig, um korruptive Verhaltensweisen proaktiv präventiv begegnen zu können. Dieses Verständnis der Sach- und Fachkundevoraussetzungen für Mitarbeiter der Compliance-Funktion bzw. für den Compliance-Beauftragten ist so in der Industrie noch nicht verankert. Dies führt häufig dazu, dass Compliance-Beauftragte die Prozesse im eigenen Hause nicht kennen, nicht verstehen und auch die Produkte nicht bis ins Detail beurteilen können. Dies ist aber notwendig, um Compliance-Risiken, die aus den Produkten, Dienstleistungen und Vertriebswegen entstehen können, adäquat beurteilen zu können, um im Rahmen einer Risikoanalyse diese auch an den Vorstand berichten zu können. Nicht ausreichende Sach- und Fachkunde bei Mitarbeitern der Compliance-Funktion bzw. dem Compliance-Beauftragten in der Industrie zeugt häufig von einer schwachen Compliance-Funktion bzw. zum Teil auch von einer gewollt schwachen Compliance-Funktion. Nur bei entsprechenden Kenntnissen können die Prozesse hinterfragt, Risiken gesehen und entsprechend transparent gemacht werden und auch zur Verminderung bzw. zur Vermeidung von Compliance-Risiken beigetragen.

VIII. Fazit/Ausblick

62 Es stellt sich also gerade nicht die Frage, ob die Compliance-Funktion im Finanzdienstleistungssektor besser ausgestaltet ist als im Nicht-Finanzdienstleistungssektor oder umgekehrt. Vielmehr sollte der Fokus beider Seiten das gegenseitige voneinander profitieren sein. Dies beinhaltet insbesondere, wie die jeweiligen Vorteile der Compliance-Funktion des jeweils anderen Industriebereichs in die Überlegungen einzufließen lassen sind, wie im eigenen Unternehmen die Compliance-Funktion optimal zum Schutz des Unternehmens, der Mitarbeiter des Unternehmens aber auch der Kunden des Unternehmens ausgestaltet sein kann.

63 Der große Vorteil im Finanzdienstleistungssektor und der Finanzwirtschaft ist, dass die Einrichtung eines CMS durch spezielle Rechtsgrundlagen geregelt wird und Vorgaben zu einem strukturierten IKS existieren. Insbesondere bei Kreditinstituten ist das IKS aufsichtsrechtlich formal zwingend vorgegeben, was zur Folge hat, dass die Compliance-Funktion als Second Line of Defence zwingend innerhalb des IKS vorgeschrieben ist. Somit bestehen bei Kreditinstituten feste Strukturen, die im Nicht-Finanzdienstleistungssektor hingegen mangels gesetzlicher Vorschriften bislang nicht so ausgeprägt sind. Das IKS mit klar geregelten Prozessverantwortlichkeiten und Überwachungshandlungen durch die Compliance-Funktion ist Bestandteil der Governance-Struktur der Banken. Damit ist das CMS Bestandteil des IKS und demzufolge ähnlich strukturiert wie das IKS. Von diesem im Finanzdienstleistungssektor bestehenden strukturellen Ansatz können andere Branchen profitieren und die in Banken vorhandene Struktur im jeweiligen Unternehmen ganz oder teilweise übernehmen.

20. Kapitel
Der Geldwäschebeauftragte – Stellung und Aufgaben

I. Der Geldwäschebeauftragte

Viele Unternehmen innerhalb und außerhalb des Finanzsektors haben qua Gesetz einen Geldwäschebeauftragten und einen Stellvertreter im Rahmen ihrer Sicherungsmaßnahmen gegen Geldwäsche zu bestellen. Vom „üblichen" Compliance Officer unterscheidet er sich in mehrerlei Hinsicht: So sind Rolle, Aufgaben, Rechte, Verantwortung und Haftung gesetzlich vorgeschrieben und teilweise nicht von innerbetrieblicher Aufbau- und Ablauforganisation oder gar individueller Delegation abhängig. Der Geldwäschebeauftragte agiert nicht ausschließlich im Unternehmens-, sondern teils in hoheitlichem Interesse.[1] Hinsichtlich vieler Aspekte seines Handelns ist seine Rolle und Funktion deshalb eher vergleichbar mit der eines Datenschutzbeauftragten.

Der Geldwäschebeauftragte[2] ist dennoch – mangels öffentlichem Beleihungsakt – kein öffentlich Beliehener, sondern agiert ausschließlich privatrechtlich, wenn auch im öffentlichen Interesse. Seine Rechte und Stellung im Unternehmen, Befugnisse und Schutzrechte sind weitgehend gesetzlich geregelt und in einer untergesetzlichen Verwaltungspraxis detailliert ausgestaltet.

Innerhalb der Finanzindustrie haben sich hierzu jahrzehntelang Industriestandards herausgebildet, teils induziert durch die Branchenverbände (in der Finanzindustrie namentlich des ZKA (heute DK)),[3] teils durch die Verwaltungspraxis der Aufsichtsbehörden, namentlich der Bundesanstalt für Finanzdienstleistungsaufsicht (BaFin)[4] sowie – vor allem – deren Vorgängerbehörde Bundesaufsichtsamt für das Kreditwesen (BAKred)[5] und der entsprechenden europäischen Behörden und politischen Instanzen.[6]

Wie zu zeigen sein wird, war der „Geldwäschebeauftragte" in seiner Ausprägung über Jahre eine reine Kreation der Verwaltungsbehörden, zu der über lange Jahre hinreichende gesetzliche Eingriffsgrundlagen fehlten. Dies änderte sich

---

1 Vgl. näher *Kaetzler*, in: Zentes/Glaab, GwG, § 7 Rn. 26 ff. mit weiteren Ausführungen. Zu Rolle und Aufgaben des Compliance Officers vgl. *Rau*, Kap. 3; *Schulz*, Kap. 1, Rn. 67 m. w. N.

2 Das in diesem Aufsatz verwendete Genus soll nicht diskriminierend wirken. Insbesondere in der Kreditwirtschaft ist vielmehr zu beobachten, dass der Frauenanteil unter den Geldwäschebeauftragten stetig ansteigt.

3 Vgl. z. B. die Auslegungs- und Anwendungshinweise der DK vom 1.2.2014, Ziff. 82 ff.

4 Vgl. BaFin, Auslegungs- und Anwendungshinweise zum Geldwäschegesetz vom Mai 2020, Ziff. 3.2.

5 BAKred Rundschreiben Nr. 1/1998 vom 30.12.1997 (*Kleinhans/Reischauer*, KWG, Ziff. 948) und die Verlautbarung vom 30.3.1998, Z-5 E 100 Nr. 35 (leider nicht mehr öffentlich verfügbar).

6 Ein Überblick über die weiteren normsetzenden Organe der Exekutive und der Legislative findet sich bei *Wende*, in: Zentes/Glaab, GwG, Geschichte der Geldwäsche, Rn. 4 ff.

für die Kreditwirtschaft und weitere Unternehmen der Finanzindustrie i.w.S. erst 2011. Mit den Änderungen des GwG im Jahr 2017 wurden schließlich weitere Verpflichtete außerhalb des Finanzsektors in den Pflichtenkreis einbezogen und mussten einen Geldwäschebeauftragten bestellen. Außerhalb des Finanzsektors existieren seitdem zwar rudimentäre eigene Verwaltungspraxen zur Notwendigkeit, wann und unter welchen Umständen ein Geldwäschebeauftragter bestellt werden muss und wann nicht. Zur näheren Ausgestaltung dessen Rolle – insbesondere in den finanzfernen Branchen und Wirtschaftssektoren (etwa im Handel und bei Immobilienmaklern) – bestehen jedoch nur höchst allgemeine Vorgaben oder Rechtsanwendungstraditionen zur eigentlichen Funktion und Rolle des Geldwäschebeauftragten. Das mit der Umsetzung der 2. EU-Geldwäscherichtlinie angestrebte „level playing field" zwischen den Wirtschaftssektoren mit dem Ziel, alle relevanten Wirtschaftszweige gleichsam unattraktiv für Geldwäsche zu machen, hat sich hinsichtlich Normdurchsetzung und Rechtspraxis leider bisher nicht einstellen können, was die Geldwäschebeauftragten im Nichtfinanzsektor nicht selten ohne spezielle gewerberechtliche „Guidance" in Sektoren wie dem Edelmetallhandel, dem Immobiliengewerbe, Verbrauchs- und Konsumgüterhandel oder Glücksspiel relativ[7] alleine lässt.

5   Die ursprünglich für den Finanzsektor entwickelte Funktion des Geldwäschebeauftragten wurde mit der Umsetzung der 2. und 3. EU-Geldwäscherichtlinie einfach auf immer weitere Felder des Nichtfinanzsektors erstreckt, ohne dass deren Sinn und Zweck in einzelnen Branchen hinterfragt wurde. Deshalb orientieren sich Geldwäschebeauftragte aller Sektoren bis heute an ihren Kollegen in den Kreditinstituten und den regulatorischen Vorgaben für Kreditinstitute.

6   Der Geldwäschebeauftragte blickt also, anders als der „bloße" Compliance Officer, auf eine lange Rechtstradition und Regulierung jedenfalls im Finanzsektor zurück, die es wenigstens grob zu verstehen gilt, um Tätigkeit, Pflichten und Rolle des Geldwäschebeauftragten überhaupt verstehen zu können. Ein wenig geldwäschegeschichtliches Verständnis mag zudem manch rechtspraktische Auslegungsfrage sicherlich einfacher zu beantworten lassen.

1. Warum eigentlich ein Geldwäschebeauftragter? – Geschichte einer besonderen Funktion

7   Mit dem Banking Secrecy Act 1970[8] wurde in den USA ein unter Datenschutzgesichtspunkten drastisches Mittel zur Bekämpfung von organisierter Kriminalität eingeführt: Dokumentationspflichten für Bankkunden und Bankgeschäfte sowie der sogenannte „Currency Transaction Report" (CTR). Finanzinstitute

---

7 Die – wenigen – Publikationen beschränken sich im Wesentlichen auf eine nicht industriespezifische Wiedergabe der Regeln im Finanzsektor. Sie sind in der Rechtsanwendungspraxis für die Sektoren außerhalb der Finanzindustrie weitgehend wertlos.

8 PUBLIC LAW, 91-508-OCT. 26, 1970, „An Act to amend the Federal Deposit Insurance Act to require insured banks to maintain certain records, to require that certain transactions in U.S. currency be reported to the Department of the Treasury, and for other purposes."

wurden qua Gesetz verpflichtet, bei Transaktionen jenseits des Schwellenwertes von 10.000 USD und bei bestimmten Forex-Transaktionen einen „Schwellenreport" zur Nachverfolgung von Transaktionen (den sogenannten „paper trail") abzusetzen. Anders als in modernen Geldwäschepräventionssystemen wurden solche Meldungen unabhängig von Verdachtsmomenten, unabhängig von Relevanz und Größenordnung und regelmäßig bei Schwellenüberschreitungen bei einzelnen Transaktionen abgesetzt („Regelansatz"). Dies geschah, um rein repressiv, nicht präventiv, Finanzkriminalität durch Beweissicherung zu bekämpfen. Ein solcher Versuch, organisierter und cleverer Finanzkriminalität mit rein beweisorientierten Maßnahmen zu begegnen, mag aus heutiger Sicht erstaunlich oder gar rückständig erscheinen, war in den 1970er Jahren in den USA (und anderswo) aber Mittel der Wahl.

Versetzt man sich in die Zeit der 1970er Jahre, wird schnell die Dimension der **8** Aufgabe klar: Insbesondere für Großbanken war das Meldewesen schon aufgrund der schieren Anzahl von Transaktionen (und den beschränkten technischen Möglichkeiten der Zeit) eine logistische Herausforderung. Clearinghäuser und große Institute hatten folglich mehrere zehntausend Meldungen am Tag abzusetzen, größtenteils ohne IT-Infrastruktur, sondern auf Basis von Einzelbelegen, bestenfalls Microfiche oder Lochstreifen, erst später mit Computern. Anfragen von Behörden und die Rückverfolgung des „paper trail" waren entsprechend langsam zu bearbeiten und erforderten „manpower".

Um diese organisatorischen und logistischen Herausforderungen des Regelmel- **9** dewesens zu bändigen, wurde im amerikanischen Rechtskreis die zunächst nicht im Gesetz verankerte Funktion des „Money Laundering Reporting Officer" (MLRO) geboren, der die Organisation des Dokumentations- und Schwellenwertmeldewesens organisierte. Zunächst war der Geldwäschebeauftragte also kaum mehr als ein Koordinator ziemlich unspektakulärer (Standard-)Meldevorgänge an die Finanzbehörden. Kam ein Verdachtsfall auf, war er der im Institut Verantwortliche, um den zuständigen Behörden Informationen aus der Bank zu verschaffen. Auf Überprüfung von Identität oder gar wirtschaftliche Berechtigung an Transaktionen kam es damals (noch) nicht an.

Mit Inkrafttreten des US Money Laundering Control Act 1986[9] wurde die Teil- **10** nahme an Geldwäschetransaktionen unter Strafe gestellt. Ebenso wurde das strukturierte Unterschreiten der CTR und FTR unter Strafe gestellt – ebenso die Mitwirkung hieran. Entsprechend sahen sich Kreditinstitute veranlasst, binnenorganisatorische Vorkehrungen zu treffen, um gezielte Schwellenwertunterschreitungen durch Strukturierungen zu erkennen und um Identitäten zu verifi-

---

9 PUBLIC LAW 99-570 – OCT. 27, 1986 100 STAT. 3207, „An Act to strengthen Federal efforts to encourage foreign cooperation in eradicating illicit drug crops and in halting international drug traffic, to improve enforcement of Federal drug laws and enhance interdiction of illicit drug shipments, to provide Oct. 27, 1986 strong Federal leadership in establishing effective drug abuse prevention and [H.R. 5484] education programs, to expand Federal support for drug abuse treatment and rehabilitation efforts, and for other purposes."

zieren. In der Folge wurde – wiederum rein faktisch durch die Markt- und Verwaltungspraxis, nicht von Gesetzes wegen veranlasst – die Rolle des MLRO zunehmend institutionalisiert und weiter gefasst. Insbesondere entwickelte sich der MLRO zur zentralen Instanz für Rückfragen und Nachforschungen von Behörden und innerhalb der Institute selbst, wenn Kundenbeziehungen verschleiert werden oder eben die Regelmeldungen durch geschickte Transaktionsstrukturierungen („Smurfing", „Structuring") umgangen werden sollten, was naturgemäß Dokumentationsaufgaben und Analyseleistungen zur wahren wirtschaftlichen Berechtigung hinter Transaktionen mit sich brachte. Wenngleich noch nicht gesetzlich geregelt, erweiterte sich die Funktion des „MLRO" inhaltlich also stetig.

11 Wie der vormalige Name der Funktion erahnen lässt, war die Rolle des „MLRO" ursprünglich also im Wesentlichen darauf fokussiert, das Schwellenmeldewesen in amerikanischen Instituten zu organisieren und dann – ab 1986 – auch Verdachtsfälle hinsichtlich der Verschleierung von ansonst meldepflichtigen Transaktionen zu identifizieren und als Ansprechpartner für die Informationsbeschaffung durch staatliche Stellen zu fungieren. Vom modernen Verständnis eines „Compliance Officers" im Sinne eines Risikomanagers war er aber weit entfernt. Durch die Änderungen des US Money Laundering Control Act wurde auch die Identifizierung und die Prüfung von Inhabern von Bankkonten und Depots zur Aufgabe des Instituts, was vom Geldwäschebeauftragten überwacht werden musste.

12 In Europa wurden entsprechende Praktiken von der Finanzindustrie übernommen. Schon lange galten in vielen Europäischen Staaten Identifikationspflichten gegenüber Bankkunden, wie andernorts auch in Deutschland aber eher steuerrechtlich indiziert als geldwäscherechtlich.[10]

13 Als Anfang und Mitte der 1990er Jahre auf Basis der 1. EU-Geldwäscherichtlinie[11] die ersten europäischen Geldwäschegesetze erlassen wurden, wurden Institute zwar verpflichtet, angemessene Maßnahmen zur Bekämpfung der Geldwäsche zu erlassen und Ermittlungsbehörden durch Personen, die Teil dieser Organisation sein sollten,[12] die notwendigen Informationen zur Verfügung zu stellen; eine ausdrückliche Bestellung eines Geldwäschebeauftragten sah die Richtlinie allerdings nicht vor.

---

10 Vgl. z.B. zum Prinzip der „Kontenwahrheit" die Identifikationspflichten nach § 154 Abgabenordnung. Das Gesetz war bereits 1977 in Kraft getreten und zwang Institute, zum Zwecke der Erfassung korrekter Besteuerungsgrundlagen den Konteninhaber zu identifizierten.

11 Richtlinie des Rates vom 10. Juni 1991 zur Verhinderung der Nutzung des Finanzsystems zum Zwecke der Geldwäsche (91/308/EWG).

12 Vgl. Art. 3 und 11 der 1. EU-Geldwäscherichtlinie.

Anders verhielt es sich dann mit den einzelstaatlichen Umsetzungsgesetzen.[13] In **14** Deutschland war mit § 14 Abs. 2 des ersten Geldwäschegesetzes 1993[14] erstmals eine gesetzliche Pflicht kodifiziert, „eine leitende Person zu bestimmen, die Ansprechpartner für die Strafverfolgungsbehörden bei der Verfolgung der Geldwäsche ist". Analog dem US-Vorbild beschränkte sich die Haupttätigkeit dieser „leitenden Person" also zunächst darauf, Ansprechpartner für die Strafverfolgungsbehörden zu sein und das Meldewesen zu organisieren. Anders als in den USA hatte in Europa das Regelmeldewesen allerdings nie Fuß fassen können. Mit dem Inkrafttreten der ersten Geldwäschegesetze wurden Institute verpflichtet, ausschließlich verdächtige Transaktionen zu melden;[15] auch diese zu entdecken war Aufgabe der „leitenden Person".

Im Rest der Welt entwickelte sich seit den 1990er Jahren durch den Dialog US- **15** amerikanischer Finanzbehörden mit deren internationalen, insbesondere europäischen, Kollegen das Gegenmodell zum Regelansatz, der sogenannte „Risikoansatz".

Nach dem Risikoansatz („risk based approach") fand Geldwäschebekämpfung **16** nicht durch eine regelmäßige Meldung und Rückverfolgung von Transaktionsdaten statt, sondern war darauf ausgerichtet, besonders risikobehaftete Konstellationen schon während der Anbahnung oder Abwicklung von Transaktionen genauer zu untersuchen, Verdachtsfälle unter den Transaktionen schon in der Anbahnung oder während der Durchführung zu erkennen, die Transaktionen anzuhalten oder zu unterbinden und ggf. den Strafverfolgungsbehörden als „verdächtige Transaktion" zu melden (Suspicious Transaction Reports (STR)).

Durch diese in Europa favorisierten Geldwäschebekämpfungsmaßnahmen wur- **17** de die Rolle des Geldwäschebeauftragten vom „Reporting Officer" durch die erste Geldwäscherichtlinie faktisch weiterentwickelt hin zu einer Art „Transaktions- und Kundenrisikomanager". Man gestand dem Geldwäschebeauftragten zu, Risiken von Transaktionen selbst einzustufen, KYC-Prozesse auf Inkonsistenzen zu überprüfen und im Rahmen des neugeschaffenen Risikoansatzes verdächtige Transaktionen und zugehörige Kundenbeziehungen anzuhalten, abzulehnen und/oder zu melden. Anders als nach den US-basierten Regelmeldesystemen wurde mehr Gewicht auf institutsindividuelle Risikoexposition, individuellen Risikoappetit, geschäftsimmanente Risiken, die von Institut zu Institut divergierten, gelegt. Der Geldwäschebeauftragte wurde also – zunächst in be-

---

13 Vgl. z.B. in U.K., wo im Nachgang zum Erlass des dortigen Money Laundering Acts in 1993 dann im Folgejahr das Erfordernis eingeführt wurde, eine „adequate Person" mit den genannten Aufgaben zu betreuen. 2002 wurde aus der „adequate Person" dann ein „designated officer"; vgl. die historische Schilderung bei *Abdullahi Usman Bello*, „Improving Anti-Money Laundering Compliance", S. 41 mit zahlreichen Nachweisen für U.K.

14 Bundesgesetzblatt Jahrgang 1993 Teil I Nr. 56, ausgegeben am 29.10.1993, S. 1770, „Gesetz über das Aufspüren von Gewinnen aus schweren Straftaten (Geldwäschegesetz – GwG)" vom 25.10.1993.

15 Vgl. § 1 GwG in der Urfassung von 1993.

grenztem Umfang – als Risikomanager tätig, der besonders risikorelevante Geschäftsbereiche beobachtete, besonders risikoträchtige Transkationen und Kunden identifizierte, managte und im Extremfall sogar beendete und anzeigte.

18 Zunächst galt dies in Deutschland aber allein in der Finanzindustrie; durch eine „Umstrukturierung" der Verpflichtungen des GwG wurden die Zentralnormen des „Ur-GwG" in einen „generellen Teil" (GwG) und die (Fach- bzw.) Spezialgesetze wie das KWG und das VAG aufgeteilt.[16] Der Geldwäschebeauftragte befand sich – wie die übrigen Sicherungsmaßnahmen gegen Geldwäsche – nunmehr im Kredit- und Versicherungsaufsichtsrecht wieder.

19 Wie eingangs erwähnt, hatte in der Folge die Verwaltungspraxis der Finanzaufsichtsbehörden wesentlichen Anteil an der Ausprägung der Rolle und der Pflichtenkreise des Geldwäschebeauftragten. Zunächst war seine Rolle wie geschildert darauf beschränkt, Ansprechpartner für die Strafverfolgungsbehörden zu sein. In Deutschland institutionalisierte sich die Rolle des Geldwäschebeauftragten dann aber vor allem in den Jahren nach 1998 durch die Verwaltungspraxis der BaFin, zunächst für „Finanzdienstleistungsinstitute" im altrechtlichen Sinn, später dann für die komplette Finanzwirtschaft.

20 Obgleich in der Verlautbarung des BAKred 1/1998 vom Dezember 1997, gerichtet an die Finanzdienstleistungsinstitute, noch „Bestellung eines Geldwäschebeauftragten als Ansprechpartner" in der Überschrift zu finden ist,[17] legt das BAKred auf den folgenden Seiten der Verlautbarung sehr weit reichende Kompetenzen und Pflichten fest, die ein Geldwäschebeauftragter als Ansprechpartner haben bzw. erfüllen müsse.[18] Insbesondere gehöre zu den Aufgaben des Geldwäschebeauftragten,

– die Bearbeitung der internen Verdachtsmeldungen und Entscheidung über die Weiterleitung dieser Meldungen gem. § 11 GwG an die zuständigen Ermittlungsbehörden,

– die Zuständigkeit für die Entwicklung, Aktualisierung und Durchführung interner Grundsätze, Verfahren und Kontrollen zur Verhinderung der Geldwäsche,

– die Schulung und zeitnahe Unterrichtung der Beschäftigten über Methoden der Geldwäsche und den Pflichtenkatalog des Geldwäschegesetzes,

---

16 Diese Aufteilung wurde viel später, nämlich mit der Umsetzung der Vierten EU-Geldwäscherichtlinie wieder umgekehrt; vgl. das Gesetz zur Umsetzung der Vierten EU-Geldwäscherichtlinie, zur Ausführung der EU-Geldtransferverordnung und zur Neuorganisation der Zentralstelle für Finanztransaktionsuntersuchungen vom 23. Juni 2017, BGBl. I, S. 1822.

17 Vgl. Verlautbarung 1/1998 vom 30.12.1997 (Ziff. VII Rn. 35), zitiert nach *Reischauer/Kleinhans*, KWG, Nr. 948, S. 16 ff.

18 Bei der „Verlautbarung" des BAKred handelte es sich um eine konkretisierende Verwaltungspraxis zur Durchführung der Pflichten nach dem GwG durch die verpflichteten Institute, die aufgrund § 16 GwG a. F. durch die zuständige Verwaltungsbehörde zu konkretisieren und zu veröffentlichen waren. Die „Verlautbarung" vom Dezember 1997 war allerdings in ihrer Rechtsnatur noch weniger verbindlich als das folgende „Rundschreiben GW".

– die Schaffung schriftlicher interner Organisationsanweisungen und technischer Systeme, die gewährleisten, dass diejenigen unbaren/baren Transaktionen, Geschäftsarten und Dienstleistungen, die aus Sicht des einzelnen Finanzdienstleistungsinstituts als besonders geeignet anzusehen sind, mit Geldwäsche verbunden zu sein, mit besonderer Aufmerksamkeit behandelt und auf ihre Geldwäscherelevanz untersucht werden. Dabei reiche es aus, wenn derartige Anti-Geldwäsche-Systeme mit bereits institutsintern für andere Zwecke bestehenden technischen Systemen (z.B. zum Risk Management, Kundenakquisition, Minimierung von Betrugsfällen) verbunden wurden.

– Um der Innenrevision sowie den mit einer Jahresabschlussprüfung bzw. mit einer Prüfung gem. § 44 Abs. 1 KWG beauftragten Prüfer die Ergebnisse dieser Researcharbeit nachvollziehbar zu machen, seien diese (vom Geldwäschebeauftragten) zu dokumentieren.

– Die Überwachung einer auffälligen Geschäftsbeziehung sei ebenso Aufgabe des Geldwäschebeauftragten, wobei dieser die Ergebnisse dieser Überwachung ebenso zu dokumentieren habe.

– Den Geldwäschebeauftragten treffe ferner eine Pflicht zur laufenden Kontrolle der Einhaltung des Geldwäschegesetzes und der internen Grundsätze zur Verhinderung der Geldwäsche. Diese Kontrollpflicht bestehe unabhängig von den retrospektiven Prüfungspflichten der Innenrevision bzw. der Funktion der von der Innenrevision beauftragten externen Stelle.

Schon aus den vorgenannten Pflichtenkreisen ergibt sich also, dass der Geldwäschebeauftragte weitaus mehr sein sollte als lediglich der „Ansprechpartner für Strafverfolgungsbehörden", wie es noch reichlich naiv in der Überschrift anmuten ließ. Das moderne, bis heute bestehende Rollenverständnis des Geldwäschebeauftragten war geboren. **21**

Wenige Wochen später, nämlich am 30.3.1998, wurden inhaltlich weitgehend gleich gerichtete Grundsätze für die Kreditinstitute festgelegt.[19] In der weiteren Verlautbarung wurde für die Kreditinstitute nochmals ausführlich dargelegt, dass dem Geldwäschebeauftragten insbesondere Entscheidungen im Zusammenhang mit der Bearbeitung und Erstattung von Verdachtsmeldungen, zum Anlass von unternehmensinternen Weisungen (auf Einzelanweisung, Arbeitsanweisung, Organisationsrichtlinien) sowie zur Stornierung von Transaktionen und der Kündigung der Geschäftsverbindung zustünden. **22**

Ferner äußerte sich die Verlautbarung vom 30.3.1998 auch dahingehend, dass der Geldwäschebeauftragte eine leitende Position unterhalb der Geschäftsleiterebene, im Falle mehrerer Tätigkeiten jedoch nicht zwingend in der zweiten Hierarchieebene angesiedelt sein solle. Im Wesentlichen wurden allerdings die Funktionen und Aufgaben des Geldwäschebeauftragten den für Finanzdienstleistungsinstitute geltenden Regeln angepasst. Obgleich durch die ständige Verwaltungspraxis tief in die Binnenorganisation der Verpflichteten – und somit in **23**

---

19 BAKred, Verlautbarung vom 30.3.1998 Z 5 E-100.

die Gewerbefreiheit und sogar in Grundrechtspositionen – eingegriffen wurde, handelte es sich bei den vorgenannten rechtlichen Vorgaben um „soft law" im Rahmen der Verwaltungspraxis der Finanzaufsicht. „Verlautbarungen" waren nach damaligem Verständnis zwar die Ausprägung einer allgemeinen Verwaltungspraxis, die an die betroffenen Institute eben in Form von allgemeinen Hinweisen kommuniziert wurde. Aus rechtsstaatlicher Sicht (im Rahmen der Gewerbefreiheit[20] bedürfen Eingriffe einer gesetzlichen Grundlage[21]) war dieses Vorgehen des BAKred bemerkenswert robust: Zwar waren die Institute faktisch verpflichtet, Geldwäschebeauftragte zu bestellen und ihre Binnenorganisation an die Verwaltungspraxis anzupassen. Es mangelte hierfür aber schlicht an einer hinreichenden rechtlichen Eingriffsgrundlage. Inhaltlich war das Vorpreschen der Aufsichtsbehörden aber völlig richtig.

24 Auch mit der 2.[22] und 3. EU-Geldwäscherichtlinie[23] und deren einzelstaatlicher Umsetzung änderte sich an einer fehlenden formalrechtlichen Grundlage zunächst nichts; es war den Verpflichteten aus europäischer Sicht – nunmehr auch denjenigen außerhalb des Finanzsektors – qua Richtlinie lediglich aufgebürdet, „interne Strukturen" zu schaffen, die die Einhaltung der geldwäscherechtlichen Pflichten sicherstellen sollten; von einem förmlichen Erfordernis eines ausgewiesenen „Beauftragten" sprachen die Richtlinien einstweilen nicht.

25 2003 wurde schließlich die Rolle des Geldwäschebeauftragten formalgesetzlich festgelegt. Durch das Geldwäschebekämpfungsverbesserungsgesetz[24] wurden die Verpflichteten innerhalb (und, soweit damals schon verpflichtet auch außerhalb) des Finanzsektors nunmehr qua Gesetz angehalten, einen „der Geschäftsleitung unmittelbar nachgeordneten Geldwäschebeauftragten zu bestimmen", der Ansprechpartner für die Behörden sein sollte. Der Makel fehlender Eingriffsgrundlage war geheilt.

26 In den späten 1990er und frühen 2000er Jahren verschob sich die Rolle des Geldwäschebeauftragten – getrieben durch die Verwaltungspraxis – immer weiter. Waren es vormalig – basierend auf dem Gedanken des Regelansatzes – vornehmlich „Transaktionen", die ein Tätigwerden des Geldwäschebeauftragten erforderten, wurden auffällige Kundenprofile, Inkonsistenzen im Kundenverhalten und verdächtige und fragwürdige Verhaltensmuster im Kundenverhalten pri-

---

20 *Erbs/Kohlhaas*, Strafrechtliche Nebengesetze, § 1 GewO Rn. 1.
21 BVerfG, NJW 1970, 1591; BVerwGE 38, 209 ff. (NJW 1971, 1475). Aufgrund der bundesweiten Geltung des Geldwäscherechts ist hier auf das Erfordernis einer bundesgesetzlichen Norm abzustellen.
22 Richtlinie 2001/97/EG des Europäischen Parlaments und des Rates vom 4. Dezember 2001 zur Änderung der Richtlinie 91/308/EWG des Rates zur Verhinderung der Nutzung des Finanzsystems zum Zwecke der Geldwäsche.
23 Richtlinie 2005/60/EG des Europäischen Parlaments und des Rates vom 26. Oktober 2005 zur Verhinderung der Nutzung des Finanzsystems zum Zwecke der Geldwäsche und der Terrorismusfinanzierung.
24 Gesetz zur Verbesserung der Bekämpfung der Geldwäsche und der Finanzierung des Terrorismus (Geldwäschebekämpfungsgesetz) vom 8.8.2002 (BGBl. I, S. 3105).

märes Ziel des staatlichen Interesses. Mithin wurden nicht nur einzelne verdächtige Transaktionen anzeigepflichtig („Suspicious Transaction Reporting" (STR)), sondern jegliche geldwäscheverdächtige Aktivität eines (Bank-)Kunden („Suspicious Activity Reporting" (SAR)). Die verdächtige Gesamtaktivität eines oder mehrerer Kunden, nicht mehr nur noch einzelne verdächtige Transaktionen zu erkennen, wurde somit zur weiteren Aufgabe des Geldwäschebeauftragten. Hierzu musste der Geldwäschebeauftragte Monitoringsysteme errichten und betreuen, mit deren Hilfe die Kundenprofile analysiert und besonders risikoträchtige Geschäftsbeziehungen herausgefiltert werden mussten. Das Tätigkeitsprofil des Geldwäschebeauftragten, insbesondere in der Finanzindustrie, entwickelte sich zu einer IT-lastigen Funktion weiter; der Geldwäschebeauftragte war für die Einrichtung und vor allem die institutsspezifische Kalibrierung der IT-Systeme verantwortlich. Hierdurch wurde das Tätigkeitsprofil des Geldwäschebeauftragten mehr und mehr auf eine Tätigkeit als „Risikomanager" zur Abwehr von Gefahren für den Verpflichteten weit im Vorfeld eigentlich verdächtiger Transaktionen ausgerichtet.

Im Jahr 2011 wurde die Pflicht, einen Geldwäschebeauftragten zu bestellen, in **27** das Geldwäschegesetz aufgenommen, während es vorher nur in den Fachgesetzen für die Finanzbranche vorgeschrieben war.[25] Leider waren die Begrifflichkeiten des Gesetzes unklar bzw. ließen deutlichen Raum für Interpretation. Hierdurch wurde für viele Verpflichtete jedenfalls unklar oder strittig, ob diese einen Geldwäschebeauftragten zu ernennen hatten.

Die Umsetzung der 4. EU-Geldwäscherichtlinie[26] in das deutsche GwG[27] im Jahr **28** 2017 war schließlich für die Figur des Geldwäschebeauftragten in dreierlei Hinsicht eine wesentliche Zäsur: Zum einen wurde die Bestellung des Geldwäschebeauftragten unter die Unterüberschrift „Risikomanagement" in den Zweiten Abschnitt des GwG eingeführt, die oben beschriebene Rolle als „Risikomanager" mithin fest im Gesetz verankert. Zum anderen wurden auch – dies war in den vorherigen Gesetzesfassungen vielfach streitig – zahlreiche weitere Verpflichtete nochmals ausdrücklich aufgefordert, einen Geldwäschebeauftragten zu bestellen bzw. Härtefallregelungen aufgenommen, um unsachgerechte Konstellationen zu vermeiden (siehe hierzu sogleich unten, Rn. 38 ff.).

Durch die Einführung einer „Transparenzkultur" durch das Umsetzungsgesetz **29** zur 4. EU-Geldwäscherichtlinie erweiterte sich aber die Rolle des Geldwäsche-

---

25 Vgl. das „Gesetz zur Optimierung der Geldwäscheprävention" vom 22.12.2011 (BGBl. I, S. 2959).

26 Richtlinie (EU) 2015/849 des Europäischen Parlaments und des Rates vom 20. Mai 2015 zur Verhinderung der Nutzung des Finanzsystems zum Zwecke der Geldwäsche und der Terrorismusfinanzierung, zur Änderung der Verordnung (EU) Nr. 648/2012 des Europäischen Parlaments und des Rates und zur Aufhebung der Richtlinie 2005/60/EG des Europäischen Parlaments und des Rates und der Richtlinie 2006/70/EG der Kommission.

27 GwG in der Fassung des Gesetzes zur Umsetzung der 4. EU-Geldwäscherichtlinie, zur Ausführung der EU-Geldtransferverordnung und zur Neuorganisation der Zentralstelle für Finanztransaktionsuntersuchungen vom 23. Juni 2017 (BGBl. I, S. 1822).

beauftragten erneut. Im Nachgang zu einigen Steuer-Skandalen[28] rückte die Transparenz von Eigentümerstrukturen und die wirtschaftliche Kontrolle über an Transaktionen beteiligte Personen in den Vordergrund.

30 Spätestens mit dem Umsetzungsgesetz zur Änderungsrichtlinie zur 4. EU-Geldwäscherichtlinie,[29] dort durch § 23a GwG n. F., erweiterte sich das Aufgabenspektrum des Geldwäschebeauftragten weiter. Schon nach der bisherigen Rechtslage war es eine wesentliche Aufgabe, die Eigentümer- und Kontrollstruktur von Kunden zu ermitteln, allerdings bisher allein als Folge einer eigenen, gewerberechtlichen Verpflichtung zur Abwehr einer eigenen Geldwäscheverantwortlichkeit des Unternehmens. Mit der Einfügung der Pflicht zur Abgabe von Unstimmigkeitsmeldungen, § 23a GwG, wird die neue Rolle des Geldwäschebeauftragten „im Dienste der Transparenzkultur" weiter ausgestaltet. Über eine reine unternehmensbezogene Tätigkeit zur Abwehr von geldwäscheverdächtigen Kunden und Transaktionen im eigenen Risiko wird die Funktion eines Überwachers von Unternehmens- und Eigentümertransparenz im öffentlichen Interesse in Zukunft stärker werden.

31 Rückblickend sind Rolle und Aufgaben des Geldwäschebeauftragten also immer weiter gefasst worden – teils mit der technischen Entwicklung, zum weitaus größeren Teil im Zuge der Reformen der Geldwäschebekämpfung, die sich nach deutschrechtlichem Verständnis in der Rolle des Geldwäschebeauftragten als unmittelbar verantwortlicher Person kristallisieren.

2. Verpflichtete Unternehmen

32 Wie oben dargestellt traf die Pflicht zur Einsetzung eines Geldwäschebeauftragten erst seit der Umsetzung der 4. EU-Geldwäscherichtlinie wesentliche Teile der Gesamtverpflichteten, vorher nur die Finanzindustrie. Dennoch sind einzelne Abstufungen im Gesetz vorgesehen, um der Geldwäschesensibilität und den Eigenheiten einiger Sektoren Rechnung tragen zu können.

a) Qua Gesetz

33 Nach § 7 Abs. 1 GwG müssen zunächst die „Kernverpflichteten" aus der Finanzindustrie, nämlich

– Kreditinstitute nach § 1 Abs. 1 des Kreditwesengesetzes, mit Ausnahme der in § 2 Abs. 1 Nr. 3 bis 8 des Kreditwesengesetzes genannten Unternehmen, und im Inland gelegene Zweigstellen und Zweigniederlassungen von Kreditinstituten mit Sitz im Ausland,

---

28 Vgl. RL (EU) 2018/843 des Europäischen Parlaments und des Rates vom 30.5.2018 zur Änderung der RL (EU) 2015/849 zur Verhinderung der Nutzung des Finanzsystems zum Zwecke der Geldwäsche und der Terrorismusfinanzierung und zur Änderung der RL 2009/138/EG und 2013/36/EU, ABl. EU Nr. L 156/43 vom 19.6.2018.

29 Gesetz zur Umsetzung der Änderungsrichtlinie zur 4. EU-Geldwäscherichtlinie vom 12. Dezember 2019 (BGBl. I, S. 2602).

- Finanzdienstleistungsinstitute nach § 1 Abs. 1a des Kreditwesengesetzes, mit Ausnahme der in § 2 Abs. 6 Satz 1 Nr. 3 bis 10 und 12 und Abs. 10 des Kreditwesengesetzes genannten Unternehmen, und im Inland gelegene Zweigstellen und Zweigniederlassungen von Finanzdienstleistungsinstituten mit Sitz im Ausland, und
- Zahlungsinstitute und E-Geld-Institute nach § 1 Abs. 3 des Zahlungsdiensteaufsichtsgesetzes und im Inland gelegene Zweigstellen und Zweigniederlassungen von vergleichbaren Instituten mit Sitz im Ausland,

einen Geldwäschebeauftragten bestellen. Vor dem oben geschilderten historischen Hintergrund der Funktion ist dies auch nur konsequent.

Ferner müssen Finanzunternehmen im Sinne des § 1 Abs. 24 GwG sowie im Inland gelegene Zweigstellen und Zweigniederlassungen von Finanzunternehmen mit Sitz im Ausland, soweit sie nicht bereits aus anderen Gründen hierzu verpflichtet sind, einen Geldwäschebeauftragten bestellen. Diese Pflicht war – wie die Erfassung von Finanzunternehmen ehemals im Sinne des § 1 Abs. 3 KWG – über viele Jahre hoch umstritten, da nach alter Lesart auch reine Industrieholdings jedenfalls theoretisch in den Verpflichtetenkreis fallen konnten.[30] Erst eine klarstellende Gesetzesänderung hat mit Wirkung vom Januar 2020 dies – zutreffenderweise – verneinend klargestellt.[31] **34**

Die Versicherungswirtschaft ist neben der Kreditwirtschaft zwar ein Kernverpflichteter, aber nur sofern Geldwäscherisiken tatsächlich bestehen, was z.B. bei Sach- oder Transportversicherungen sicherlich anders eingeschätzt werden muss als bei kapitalbildenden Lebensversicherungen. Konsequenterweise erfasst das GwG von vornherein nur solche Versicherungen, die besonders risikobehaftete Produkte vertreiben oder makeln. Insbesondere handelt es sich hierbei um Lebensversicherungen, Unfallversicherungen mit Prämienrückgewähr, Darlehen im Sinne des Kreditwesengesetzes oder Kapitalisierungsprodukte. Folglich sind Versicherungsunternehmen, die entsprechende Produkte anbieten, verpflichtet, einen Geldwäschebeauftragten zu bestellen; die Verpflichtung gilt wiederum für inländische Versicherungen und Niederlassungen ausländischer Unternehmen. Für Versicherungsmakler gilt dies aber nur auf Anordnung im Einzelfall, s.u. Rn. 44 ff. **35**

Kapitalverwaltungsgesellschaften nach dem KAGB sind ebenso verpflichtet, Geldwäschebeauftragte zu bestellen, wie inländische Niederlassungen ausländischer KVG'en. Aufgrund des komplexen Passporting-Verfahrens bei KVG'en gelten für Konstellationen mit Auslandsberührung jedoch komplexere Regeln.[32] **36**

---

30 Vgl. eine Übersicht über den Problemkreis bei *Brian/Frey/Krais*, CCZ 2019, 245 mit zahlreichen aktuellen Nachweisen.
31 Vgl. § 1 Abs. 24 Satz 2 GwG n. F.; über den Gesetzeswortlaut wird es hinsichtlich Minderheitsbeteiligungen an Unternehmen des Finanzsektors wohl noch zu Auseinandersetzungen kommen.
32 Der Grund hierin liegt in komplexeren „Passporting"-Konstellationen bei Fonds, wo zwischen Produkt- und Dienstleistungspassporting, bspw. als Fondsmanager oder Vertriebsmitt-

37 Ferner müssen Veranstalter und Vermittler von Glücksspielen Geldwäschebeauftragte bestellen, soweit es sich nicht um Betreiber von Geldspielgeräten nach § 33c der Gewerbeordnung handelt, Vereine, die das Unternehmen eines Totalisatoren nach § 1 des Rennwett- und Lotteriegesetzes betreiben, oder im Falle von Lotterien, die nicht im Internet veranstaltet werden und für die die Veranstalter und Vermittler über eine staatliche Erlaubnis der in Deutschland jeweils zuständigen Behörde verfügen. Ausgenommen sind ferner Soziallotterien.

b) Freistellungsmöglichkeit (§ 7 Abs. 2 GwG)

38 Für die genannten Verpflichtetengruppen besteht die Möglichkeit, bei der zuständigen Aufsichtsbehörde eine Freistellung von der Verpflichtung, einen Geldwäschebeauftragten bestellen zu müssen, zu beantragen, § 7 Abs. 2 GwG. Eine entsprechende Befreiungsmöglichkeit ist auch in den internationalen Quellen vorgesehen; die FATF z.B. empfiehlt den FATF-Mitgliedsstaaten sogar, aus Verhältnismäßigkeitsgründen eine entsprechende, breit gefasste Härteklausel aufzunehmen.[33]

39 Eine Härteausnahme kommt vor allem für kleine und kleinste Unternehmen in Betracht. Hierzu müssen nach dem Gesetz die folgenden Voraussetzungen kumulativ erfüllt sein:

– Die Gefahr von Informationsverlusten aufgrund arbeitsteiliger Unternehmensstruktur besteht nicht und
– risikobasiert wurden anderweitige Vorkehrungen getroffen, um Geschäftsbeziehungen und Transaktionen zu verhindern, die mit Geldwäsche oder Terrorfinanzierung zusammenhängen.

40 Sofern die spezifische Risikolage eines Verpflichteten dem nicht entgegensteht, sollen durch die Möglichkeit einer Befreiung wie gesagt nur unangemessene Härtefälle vermieden werden; flächendeckende Ausnahmen sind auch in der Rechtsanwendungspraxis nicht zu beobachten.

41 Unter dem Erfordernis, dass „die Gefahr von Informationsverlusten und -defiziten aufgrund der Unternehmensstruktur nicht besteht", ist zu verstehen, dass die zur Geldwäscheprävention wesentlichen Erkenntnisse über Kunden, Produkte, Vertriebskanäle, Zahlungen etc. bei einer anderen Person als dem Geldwäschebeauftragten zusammenfließen bzw. dies jedenfalls eingerichtet werden kann.[34] Gerade bei Kleinstunternehmen mit zwei oder drei Mitarbeitern ist dies in der Regel der Fall. Hinter dem zweiten Erfordernis, dass jedenfalls „anderweitige Vorkehrungen" getroffen werden, um Geldwäsche zu verhindern, ist zu verstehen, dass die förmlichen Sicherungsmaßnahmen und die förmlichen Risikoanalysen wie sie das GwG vorschreibt, schlicht nicht risikoangemessen und deshalb

---

ler, unterschieden wird. Zu den technischen Details vgl. *Kaetzler*, in: Zentes/Glaab, GwG, § 2 Rn. 139 ff.
33 Vgl. FATF Recommendations 2012–2017, Interpretive Note zu Recommendation 18, Rn. 3.
34 Vgl. *Herzog*, in: Herzog, GwG, § 7 Rn. 7.

nicht notwendig sind. Kann ein Unternehmen mithin beides darlegen, kommt eine Befreiung von der Verpflichtung, einen Geldwäschebeauftragten zu bestellen, in Betracht.

Hinsichtlich des Finanz- und Versicherungssektors hat die Vorschrift allerdings **42** kaum praktische Relevanz. Die BaFin hat in ihren Auslegungs- und Anwendungshinweisen klargestellt, dass § 7 Abs. 2 GWG als Ausnahmevorschrift allenfalls für kleine und kleinste Finanzdienstleister überhaupt in Betracht kommen dürfte;[35] Ausnahmegenehmigungen beschränken sich auf ein paar Handvoll Institute, meistens kleinste Spezialinstitute.

Außerhalb des Finanzsektors spielt die genannte Vorschrift allerdings eine relevante Rolle, insbesondere bei Güterhändlern,[36] welche nur sehr vereinzelt Transaktionen jenseits der Bargeldschwelle des § 4 Abs. 5 GwG vornehmen, bei Beteiligungsgesellschaften und Finanzholdings i. S. d. § 1 Abs. 24 GwG und in ähnlichen Konstellationen.

c) Anordnung der Behörden

Nach dem Gesetz kann die zuständige Aufsichtsbehörde (vgl. § 50 GwG) anordnen, dass auch einzelne Verpflichtete weiterer Verpflichtetengruppen einen Geldwäschebeauftragten zu bestellen haben, für die dies das Gesetz regelmäßig nicht vorsieht. Die Schwelle hierfür liegt relativ niedrig; eine Anordnung kann erfolgen, wenn die Behörde dies für „angemessen" erachtet.

Insbesondere handelt es sich hierbei um die Verpflichteten nach § 2 Abs. 1 Nr. 4, **45** 5, 8, 10 bis 14 und 16 GwG, mithin also Zahlungs- und E-Geld-Agenten bzw. Gewerbetreibende, die E-Geld vertreiben oder rücktauschen, Versicherungsvermittler, soweit das GwG für sie anwendbar ist, Rechtsanwälte bei der Wahrnehmung von Katalogmandaten sowie nicht verkammerte Rechtsbeistände, „Trust-Service-Provider" bei der Ausübung einer Katalogdienstleistung, Immobilienmakler und Güterhändler. Bei Letzteren soll eine Anordnung erfolgen, wenn die Haupttätigkeit des entsprechenden Güterhändlers im Handel mit hochwertigen Gütern, insbesondere Edelmetallen, Edelsteinen, Schmuck oder Kunstgegenständen, liegt, vgl. § 1 Abs. 10 GwG.

Erfolgt eine solche behördliche Anordnung, hat der Geldwäschebeauftragte die **46** gleiche Stellung und die gleichen Pflichten, wie sie § 7 GwG für den Geldwäschebeauftragten bei den Kernverpflichteten vorsieht, wobei die Aufsichtsbehörde hierzu konkretisierende Anordnungen treffen kann, vgl. § 51 GwG. Die Anordnung nach § 7 Abs. 3 GwG ist ein den jeweiligen Verpflichteten belastender Verwaltungsakt, gegen den der Rechtsweg (Widerspruch und Anfechtungsklage) möglich ist; Rechtsmittel haben allerdings keine aufschiebende Wirkung, § 51 Abs. 2 Satz 3 GwG.

---

35 BaFin, Auslegungs- und Anwendungshinweise zum Geldwäschegesetz 2020, Ziff. 3.2, S. 20 unten.
36 Zur Geldwäscheprävention bei Güterhändlern siehe *Komma*, Kap. 21 m. w. N.

47 In der Vergangenheit haben verschiedene Aufsichtsbehörden vor allem im Wege der Allgemeinverfügung entsprechende Anordnungen erlassen.[37] In der Praxis darf erwartet werden, dass Aufsichtsbehörden von einer Anordnung allerdings dann absehen, wenn schon aufgrund der Unternehmensstruktur und des geringen Geldwäscherisikos eigentlich eine Befreiung nach § 7 Abs. 2 GwG in Betracht kommen könnte.[38]

3. Anforderungen an den Geldwäschebeauftragten und Bestellung

48 Nach dem Gesetz müssen der Geldwäschebeauftragte und sein Stellvertreter die erforderliche Sachkunde und Zuverlässigkeit zur Ausführung dieses Amtes besitzen, § 7 Abs. 4 Satz 2 GwG. Wie unten zu zeigen sein wird, ist er aufgrund des ihm von Gesetz und Verwaltungspraxis zugewiesenen Pflichtenkreises gleichzeitig Beschützer und zum kleineren Teil auch Überwachergarant.[39] Dies und die oben geschilderte fortschreitende öffentlich-rechtliche Prägung seines Tätigkeitsbereiches erfordern – branchenspezifisch – hinreichende Sachkunde und, selbstverständlich aufgrund der Sensibilität der Tätigkeit, eine unzweifelhafte Integrität.

49 Unter hinreichender „fachlicher Eignung" versteht das Gesetz, dass der Geldwäschebeauftragte und sein Stellvertreter die notwendigen theoretischen Kenntnisse sowie praktische Erfahrungen, insbesondere Leitungserfahrung, aufweisen können. Ein Berufsanfänger wird in keiner Branche Geldwäschebeauftragter werden können. Innerhalb der verschiedenen zu verpflichtenden Gruppen werden allerdings jeweils höchst unterschiedliche Anforderungen gestellt.

50 Die erforderlichen theoretischen Kenntnisse setzen bis heute keinen Hochschulabschluss voraus. Der Geldwäschebeauftragte muss jedoch nachweisen können, dass er – etwa durch geeignete Fortbildungen – die notwendigen rechtlichen Grundlagen, insbesondere die gesetzlichen regulatorischen Anforderungen sowie regulatorische Rahmengesetze (z. B. das KWG, das VAG oder weitere gewerberechtliche Grundvorschriften) kennt und deren Auswirkungen auf die Ablauforganisation einordnen kann.[40]

51 Insbesondere bei den Kernverpflichteten besteht ferner die Anforderung, dass eine gewisse Berufserfahrung, gekoppelt mit „praktischer Leitungserfahrung" besteht. Unter solcher praktischer Leitungserfahrung ist vor allem zu verstehen, dass der Betreffende über praktische Anwendungserfahrung in geldwäscherechtlich relevanten Tätigkeitsfeldern verfügt. Hierbei muss es sich nicht zwin-

---

37 Vgl. hierzu *Roth*, in: Gehra/Gittfried/Lienke, Prävention von Geldwäsche und Terrorismusfinanzierung, S. 106 f. m. w. N.; *Kaetzler*, in: Zentes/Glaab, GwG, § 7 Rn. 21 ff. m. w. N. sowie *Herzog*, GwG, § 7 Rn. 9.

38 Vgl. *Roth*, in: Gehra/Gittfried/Lienke, Prävention von Geldwäsche und Terrorismusfinanzierung, S. 107 Rn. 25.

39 Vgl. *Kaetzler*, in: Zentes/Glaab, GwG, § 7 Rn. 26 m. w. N.

40 Vgl. *Roth*, in: Gehra/Gittfried/Lienke, Prävention von Geldwäsche und Terrorismusfinanzierung, S. 108 Rn. 30 ff.; *Kaetzler*, in: Zentes/Glaab, GwG, § 7 Rn. 33 ff.

gend um eine Tätigkeit in einer Compliance- oder Geldwäscheabteilung handeln; auch langjährige Erfahrungen, z. B. im Bereich der Debitorenbuchhaltung, der Stammdatenanlage, der Finanzbuchhaltung, des Controllings oder der Innenrevision dürften hierzu in der Regel ausreichen; in der Finanzwirtschaft werden hinreichende Branchenkenntnisse und Branchenerfahrung erwartet. Wesentlich ist weiterhin, dass sich der Geldwäschebeauftragte – dies sehen die Verwaltungspraxen durchgehend vor – in angemessener Form laufend weiterbildet. Es ist zu empfehlen, diese Weiterbildung zu dokumentieren und entsprechend nachzuhalten. Der Geldwäschebeauftragte und sein Stellvertreter haben aufgrund dieser Anforderungen einen im Gesetz angelegten Anspruch auf Kostenerstattung, selbstverständlich nur solange die Kosten angemessen sind.[41]

Da der Geldwäschebeauftragte in der Regel seine Tätigkeit „im Inland ausüben"   **52**
muss, sind hinreichende deutsche Sprachkenntnisse, die z. B. die angemessene Koordination mit den Aufsichtsbehörden oder der FIU ermöglichen, Grundvoraussetzung. Eine ständige Anwesenheit im Inland ist wünschenswert, nicht zwingend Voraussetzung, wird aber gerne von den Aufsichtsbehörden gesehen.

Unter „Zuverlässigkeit" ist zu verstehen, dass der Geldwäschebeauftragte und   **53**
sein Stellvertreter die Gewähr bieten, sich stets rechtstreu zu verhalten und keine strafrechtlich relevanten Verstöße zu begehen. Der Begriff rekurriert allerdings nur teilweise auf die Legaldefinition in § 1 Abs. 20 GwG, welcher die Zuverlässigkeit von Mitarbeitern regelt. Die Anforderungen an den Geldwäschebeauftragten dürften hinsichtlich der Sensibilität seiner Tätigkeit inhaltlich deutlich über die Vorgaben des § 1 Abs. 20 GwG hinausgehen.[42] In Übereinstimmung mit verschiedenen Industriestandards ist entsprechend zu fordern, dass der Geldwäschebeauftragte jedenfalls innerhalb der letzten fünf Jahre vor Bestellung nicht wegen eines Verbrechens oder wegen eines Vermögens- oder Urkundsdelikts, einer Insolvenzstraftat oder einer Steuerhinterziehung rechtskräftig verurteilt worden ist.[43] In der Finanzindustrie gelten in der Praxis deutlich höhere Maßstäbe; selbst eine Einstellung nach § 153a StPO innerhalb der letzten Jahre stellt faktisch einen Hinderungsgrund dar, ebenso wie ein einschlägiges Bußgeld. Aufgrund der gestiegenen Sanktionsaktivität der Aufsichtsbehörden wird diesem Punkt in Zukunft erhebliches Gewicht zukommen.

Die förmliche Bestellung des Geldwäschebeauftragten im Unternehmen ist ge-   **54**
setzlich geregelt, vgl. § 7 Abs. 4 GwG. Die Verpflichteten haben der zuständigen Aufsichtsbehörde, vgl. § 50 GwG, die Bestellung des Geldwäschebeauftragten und seines Stellvertreters sowie ihre Entpflichtung vorab anzuzeigen. Würde ein externer Geldwäschebeauftragter bestellt, sind zusätzlich die Anforderungen an

---

41 Vgl. *Kaetzler*, in: Zentes/Glaab, GwG, § 7 Rn. 38 m. w. N.

42 Vgl. hierzu *Kaetzler*, in: Zentes/Glaab, GwG, § 7 Rn. 40 ff.; abweichend ausdrücklich *Roth*, in: Gehra/Gittfried/Lienke, Prävention von Geldwäsche und Terrorismusfinanzierung, S. 110 Rn. 39 ff.

43 Dieser Rückschluss ergibt sich aus den für die Kreditwirtschaft geltenden Mindestanforderungen an die Compliance-Organisation „MaComp", dort BT Ziff. 1.3.1.4, Rn. 1.

Auslagerungen von Sicherungsmaßnahmen nach § 6 Abs. 7 GwG, mithin eine zweiwöchige Voranzeige und inhaltliche Darlegung, erforderlich. Die Anzeige selbst ist formlos, muss aber Schriftformerfordernissen genügen. Während außerhalb des Finanzsektors kurze Anschreiben genügen bzw. sogar Formblätter existieren, besteht im Finanzsektor darüber hinaus eine explizite Darlegungspflicht zur Funktion bzw. zu den Abberufungsgründen.[44]

55   Zusammengefasst ist jedoch anzumerken, dass die Voraussetzungen, insbesondere an die Vorbildung und Vorerfahrung des Geldwäschebeauftragten und seines Stellvertreters stark zwischen den einzelnen verpflichtenden Gruppen divergieren. Während z. B. im Handel lediglich eine minimale Vorbildung, z. B. durch Seminare etc. und eine Tätigkeit auf „Marktfolgeseite" nachgewiesen werden muss, bestehen im Finanzsektor, insbesondere bei großen oder gar systemrelevanten Instituten, deutlich erhöhte Anforderungen, die nur durch langjährige einschlägige Vortätigkeiten und ein makelloses Führungszeugnis erfüllt werden können. Sofern eingangs geschildert wurde, dass bis heute zwar ein einschlägiges Hochschulstudium grundsätzlich nicht nötig ist, wird dies faktisch bei Großbanken und Versicherungskonzernen vorausgesetzt.

4. Kompetenzen und Stellung im Unternehmen

56   Anders als beim „normalen" Compliance Officer sind Stellung im Unternehmen, Kompetenzen und Befugnisse des Geldwäschebeauftragten gesetzlich geregelt. Auskunft hierzu gibt § 7 Abs. 5 GwG.

57   Der Geldwäschebeauftragte muss u. a. seine Tätigkeit im Inland ausüben. Unter „im Inland ausüben" versteht das Gesetz zwar keine strenge Residenzpflicht, jedoch eine angemessene Anwesenheitspflicht im Inland. Eine grenzüberschreitende Auslagerung der Funktion ist entsprechend nur dann möglich, wenn im Inland ein „Geldwäscheansprechpartner" verbleibt. Zum Teil wird dieses Erfordernis sogar durch das Gesetz selbst begründet:

58   „Er muss Ansprechpartner sein für die Strafverfolgungsbehörden, für die für Aufklärung, für Hütung und Beseitigung von Gefahren zuständigen Behörden, für die Zentralstelle für Finanztransaktionsuntersuchungen und für die Aufsichtsbehörde in Bezug auf die Einhaltung der einschlägigen Vorschriften."

59   Das Gesetz verlangt also eine relative Verfügbarkeit im Inland für Behörden, was wie angesprochen hinreichende deutsche Sprachkenntnisse voraussetzt. Ein weiterer Grund für das Erfordernis, dass der Geldwäschebeauftragte seine Tätigkeit im Inland ausüben muss, liegt jedoch darin, dass aufgrund des Territorialitätsprinzips erwartet wird, dass der Geldwäschebeauftragte hinreichenden Kontakt zu den im Inland belegenen Organisationsteilen, den im Inland vertriebenen

---

44 Vgl. hierzu *Herzog*, in: Herzog, GwG § 7 Rn. 10 m. w. N.; *Roth*, in: Gehra/Gittfried/Lienke, Prävention von Geldwäsche und Terrorismusfinanzierung, S. 111 Rn. 45.

Produkten und Leistungen hat, um seine Tätigkeit als „Risikomanager" zielführend ausüben zu können. Die Anwesenheit in unvorhergesehenen Eil- und Auskunftsfällen muss ebenso sichergestellt sein.

Nach dem Gesetz sind dem Geldwäschebeauftragten (und seinem Stellvertreter) **60**
ferner ausreichend Befugnisse und die für eine ordnungsgemäße Durchführung seiner Funktion notwendigen Mittel, einzuräumen. Liegen Defizite bei der personellen oder sachlichen Ausstattung vor, kann dies zu einer unzureichenden Delegation im haftungsrechtlichen Sinne führen, welche als Organisationsverstoß in einem Geldwäschefall die Haftung des zuständigen Geschäftsleiters wieder aufleben lässt.[45] Aus Sicht des Geldwäschebeauftragten empfiehlt es sich deshalb, schwerwiegende Ausstattungsdefizite revisionssicher beim zuständigen Mitglied der Leitungsebene zu monieren. Welche Sach- und Betriebsmittel „notwendig" sind, bestimmt sich nach der Größe, dem Geschäftsmodell und der Risikosituation des jeweiligen Verpflichteten. Allgemeingültige konkrete Regeln können kaum erstellt werden; dies gilt sowohl im Hinblick auf die erforderliche personelle Ausstattung wie auch die sachliche Ausstattung.[46]

Nach dem Gesetz sind dem Geldwäschebeauftragten und dem Stellvertreter **61**
auch „umgehender Zugang zu sämtlichen Informationen, Daten, Aufzeichnungen und Systemen zu gewähren oder zu verschaffen, die im Rahmen der Erfüllung seiner Aufgaben von Bedeutung sein können".

Die angemessene Einbindung des Geldwäschebeauftragten in die Informations- **62**
architektur des Unternehmens ist von herausragender Bedeutung. Der Geldwäschebeauftragte muss – zur effektiven Delegation von Verantwortlichkeit vom Geschäftsleiter auf den Geldwäschebeauftragten – in sämtliche Informationsflüsse, die für seine Arbeit von Bedeutung sein können, eingebunden werden. Nach stehender Verwaltungspraxis im Finanzsektor ist ihm auch Zugang zu Prüfberichten der internen Revision und von externen Prüfern zu gewähren.[47]

In der Verwendung der entsprechenden Daten, die dem Geldwäschebeauftragten **63**
zur Verfügung gestellt werden, ist der Geldwäschebeauftragte selbstverständlich beschränkt; nach § 7 Abs. 6 darf der Geldwäschebeauftragte Daten und Informationen ausschließlich zur Erfüllung seiner Aufgaben verwenden.

Ferner legt das Gesetz fest, dass der Geldwäschebeauftragte der Geschäftslei- **64**
tung unmittelbar zu berichten hat. Hierin liegt ein Eingriff in die Gewerbefreiheit und die Freiheit einer Selbstorganisation von Gewerbebetrieb und freien Berufen. Er ist auf „Führungsebene" zu bestellen und der Geschäftsleitung – in seinem Kompetenzbereich – unmittelbar nachgeordnet, § 7 Abs. 1 GwG. Hinter-

---

45 Vgl. *Kaetzler*, in: Zentes/Glaab, GwG, § 7 Rn. 57 und 66.
46 Vgl. BaFin, Auslegungs- und Anwendungshinweise zum Geldwäschegesetz 2020, Ziff. 3.2 oder *Achtelik*, in: Boos/Fischer/Schulte-Mattler, KWG/CRR-VO, § 25 h KWG Rn. 27 m. w. N.
47 Vgl. BaFin, Auslegungs- und Anwendungshinweise zum Geldwäschegesetz 2020, Ziff. 3.1.

grund der Vorschrift ist, dass der Gesetzgeber den Geldwäschebeauftragten als „starke Funktion" im Unternehmen sehen will. Der Begriff der „Führungsebene" ist legal definiert, vgl. § 1 Abs. 15 GwG. Der Geldwäschebeauftragte muss mithin eine „Führungskraft oder ein leitender Mitarbeiter" mit ausreichenden Qualifikationen und Befugnissen sein. Er muss – ausweislich der Gesetzessystematik und der Gesetzesbegründung[48] – in dieser leitenden Funktion vor allem Kenntnisse und Erfahrungen aufweisen; „leitend" ist hier also durchaus qualitativ, nicht hierarchisch zu verstehen.

65 Dass ein gewerberechtlich orientiertes Gesetz die Stellung eines Beauftragten sogar nach der Hierarchieebene definiert, mag bemerkenswert erscheinen. Begründet ist dies jedoch in einer langen Rechtstradition, in welcher insbesondere die Verwaltungspraxis anstrebt, dem Geldwäschebeauftragten eine hinreichend exponierte Stellung zu verschaffen, die ihm insbesondere Entscheidungsbefugnisse und Weisungsbefugnisse gegenüber nachgeordneten Mitarbeitern verschaffte. Durch die Klarstellung, dass der Geldwäschebeauftragte lediglich in seiner Funktion (als „dotted line") der Geschäftsleitung unmittelbar nachgeordnet ist, hält sich der Eingriff in die Binnenorganisation der Gewerbetreibenden in verhältnismäßigen Grenzen.

66 Oftmals übt der Geldwäschebeauftragte allerdings weitere Tätigkeiten aus. Dies ist selbstverständlich zulässig. Die hierarchische Nachordnung zur Geschäftsleitung darf durch die parallelen Tätigkeiten jedoch nicht entwertet werden.

67 Ebenso ist es üblich, den Geldwäschebeauftragten – z. B. in disziplinarisch/organisatorischer Hinsicht – an andere Unternehmenseinheiten als die Geschäftsleitung anzubinden. Insbesondere außerhalb des Finanzsektors ist zu beobachten, dass eine Einbindung an Rechtsabteilungen oder andere Marktfolgeeinheiten üblich ist. Dies ist so lange nicht zu beanstanden, wie es nicht zu Interessenkonflikten führt. Aus diesen Gründen wird z. B. schon seit langem vertreten, dass der Geldwäschebeauftragte nicht gleichzeitig in der Innenrevision eines Verpflichteten tätig sein darf.[49] EBA und BaFin vertreten für den Finanzsektor mit sehr guten Gründen, dass eine Einbindung an die Innenrevision unzulässig sei.[50]

68 Eine gleichzeitige Ausübung der Funktion des Datenschutzbeauftragten ist – aufgrund der evidenten Interessenkollision zwischen Datenschutz und Geldwäsche – unzulässig. Eine in der Vergangenheit vertretene Ansicht, dass eine Dop-

---

48 Vgl. die Abweichung zum Referentenentwurf zur Umsetzung der 4. EU-Geldwäscherichtlinie 2017 vom 15.12.2016, S. 17. Auf Intervention der Kreditwirtschaft wurde das Erfordernis zurückgenommen.

49 Vgl. *Roth*, in: Gehra/Gittfried/Lienke, Prävention von Geldwäsche und Terrorismusfinanzierung, S. 118 Rn. 87 ff., insbesondere 118 ff.

50 EBA/GL/2017/11, Leitlinie zur internen Governance gem. Art. 16 VO (EU) 1093/2010, Rn. 159; BaFin, Auslegungs- und Anwendungshinweise zum Geldwäschegesetz 2020, Ziff. 3.2.

pelfunktion durch eine Person ausgeübt werden könne, sofern diese die Pflichtenkreise jeweils differenziere, ist mittlerweile verworfen.[51]

Eine gleichzeitige Funktionswahrnehmung in der Rechtsabteilung ist grundsätzlich möglich. Sofern die Rechtsabteilung auf „Marktseite" tätig wird, sind hier jedoch auch Interessenkollisionen evident und müssen durch geeignete organisatorische Maßnahmen ausgeschlossen werden; bei größeren Einheiten sowie bei Kernverpflichteten wie größeren Kreditinstituten oder Versicherungsgesellschaften ist eine gleichzeitige Einbindung in die Rechtsabteilung in fachlicher Hinsicht generell untunlich. Eine solche kann wie erörtert selbstverständlich in rein disziplinarischer oder organisatorischer Hinsicht erfolgen, solange die Bereichsautonomie nicht beeinträchtigt ist. **69**

In kleineren Unternehmen, insbesondere außerhalb des Finanzsektors, ist eine gleichzeitige Wahrnehmung einer Funktion als Syndikusanwalt jedoch noch weit verbreitet. Hiermit möglicherweise einhergehende Interessenkollisionen verantwortet der Geldwäschebeauftragte in eigenem Risiko, sofern nicht ein „Delegationsverschulden" vorliegt, bei dem eine entsprechende Haftung des zuständigen Geschäftsleiters aufgrund mangelhafter Geschäftsorganisation fortbesteht. Dies wird – außerhalb des Finanzsektors – bei kleinen Unternehmen jedoch in der Regel zu verneinen sein. **70**

Allerdings ist hierbei zu beachten, dass Syndikusanwälte als Rechtsanwälte gemäß § 2 Abs. 1 Nr. 10 GwG selbst Geldwäscheverpflichtete sind, sofern sie in einem Katalogmandat tätig sind. Hierdurch entstehen Überlappungen der Verpflichtetenkreise, die im Unternehmen durch gezielte Maßnahmen geregelt werden müssen. Nach einer vermeintlich klarstellenden Abgrenzung zu den Pflichtenkreisen des Syndikusanwalts in § 10 Abs. 8a GwG, wonach bei der Wahrnehmung der Pflichten bei den allgemeinen Kundensorgfaltspflichten auf das Unternehmen, nicht den Syndikusanwalt abzustellen sei, entstand die Frage, ob dies auch für die Sicherungsmaßnahmen und die Risikoanalyse gelte. Richtigerweise wird hierbei auf den Rechtsgedanken des § 6 Abs. 3 GwG abzustellen sein, der Ähnliches für die Sicherungsmaßnahmen regelt. Für Risikoanalysen nach § 5 GwG ist dies allerdings offen; hier sind pragmatische Lösungen gefragt. Wichtig ist, dass der Syndikusrechtsanwalt Tätigkeiten für andere Mandanten als seinen Arbeitgeber genau von seiner Tätigkeit für das Unternehmen abgrenzt. **71**

Dem Geldwäschebeauftragten sind nach Gesetz wie genannt „ausreichende Befugnisse einzuräumen und insbesondere Zugang zu allen Informationen einzuräumen, die zur Wahrnehmung seiner Aufgabe notwendig sind", § 7 Abs. 5 Satz 3 und 4 GwG. **72**

In der Praxis verbirgt sich hinter dieser leichtfüßig anmutenden Anordnung des Gesetzes oftmals die sehr komplexe Folgefrage, ob dem Geldwäschebeauftrag- **73**

---

51 Vgl. *Roth*, in: Gehra/Gittfried/Lienke, Prävention von Geldwäsche und Terrorismusfinanzierung, S. 123 Rn. 122 ff.; zudem *Kaetzler*, in: Zentes/Glaab, GwG, § 7 Rn. 51 m. w. N.

ten eigene Entscheidungsbefugnisse, z. B. zum Abbruch oder Beendigung einer Geschäftsbeziehung und hiermit kumulierende Weisungsrechte zustehen sollen. Während der „normale Compliance-Beauftragte" oftmals durch Festschreibung einer entsprechenden Delegation die Frage in seinem Arbeitsvertrag klärt, ist bei dem Pflichtenkatalog des Geldwäschebeauftragten (aufgrund der Haftung, siehe hierzu unten Rn. 130 ff.) der gewerberechtliche Einschlag der Vorschrift des § 7 GwG zu berücksichtigen.

74 Aus Sicht der Geldwäschebeauftragten wird hierzu natürlich oftmals angemerkt, dass das Bestehen von Weisungsrechten, insbesondere Kündigungsrechten, in einer Geschäftsbeziehung zu einer deutlich erweiterten Haftung führt. In der Kreditwirtschaft haben sich hierzu – nach langem Ringen – mittlerweile sachgerechte Verwaltungspraxen herausgebildet: Das Bundesaufsichtsamt für das Kreditwesen (BAKred) hat in seiner Verlautbarung vom 30.3.1998 an die Kreditinstitute, dort Teilziffer 35, noch gefordert, dass ein Geldwäschebeauftragter beispielsweise mit entsprechenden Kündigungsrechten gegenüber Dritten ausgestattet sein müsse. Die entsprechende Verlautbarung ist mittlerweile durch Rundschreiben 2/2009 vom 13.1.2009 aufgehoben. Nach heute überwiegender Praxis werden Geldwäschebeauftragte mit solchen, über das eigene Tätigkeitsfeld hinausgehenden Kompetenzen nicht mehr ohne eine ausdrückliche Delegation durch die Geschäftsleitung ausgestattet sein. Außerhalb des Finanzsektors ist eine entsprechende Kompetenz in der Praxis kaum vorzufinden. Eine Delegation entsprechender Rechte ist mithin möglich, aber nicht mehr zwingend notwendig. Dies hat die moderne Verwaltungspraxis mittlerweile so aufgegriffen. Die Entscheidung über den Abbruch einer Geschäftsbeziehung sei lediglich „unter Einbeziehung der Geschäftsleitung zu treffen".[52]

75 Anders gestaltet sich die Frage der Weisungsbefugnis im Unternehmen. Hier wird anzunehmen sein, dass dem Geldwäschebeauftragten jedenfalls hinreichende Weisungsbefugnisse zur Erfüllung seiner Aufgaben zu gewähren sind;[53] die Auslegungs- und Anwendungshinweise der BaFin verlangen allerdings lediglich die Kompetenz, dass dem Geldwäschebeauftragten seine Aufgabenwahrnehmung „mit Nachdruck" ermöglicht werden soll. Nach hiesigem Verständnis schließt dies innerbetriebliche Weisungsbefugnisse ein.

76 Darüber hinausgehende Kompetenzen zum Eingreifen in innerbetriebliche Abläufe können dem Geldwäschebeauftragten mithin eingeräumt werden. Ein ausdrückliches gewerberechtliches Erfordernis hierzu ergibt sich aus § 7 Abs. 5 Satz 3 GwG jedoch nicht.

---

52 Vgl. DK, Auslegungs- und Anwendungshinweise zum Geldwäschegesetz 2014, Zeile 85, S. 60.
53 Die bisherige Kommentarliteratur schweigt sich hierzu aus, vgl. *Herzog*, in: Herzog, GwG, § 7 Rn. 13 ff.

5. Aufgaben des Geldwäschebeauftragten

Wie oben dargelegt, entwickelte sich das Aufgabenspektrum des Geldwäschebe- **77**
auftragten historisch stets weiter. Nach dem Gesetz ist er zentraler Ansprechpartner für sämtliche Fragen der Geldwäscheprävention, nicht nur für Behörden,
sondern auch für Mitarbeiter und die Geschäftsleitung. Wie oben geschildet, hat
sich der historische Aufgabenbereich des Geldwäschebeauftragten hin zu einem
modernen „Risikomanager" entwickelt.

In der Finanzindustrie gibt es seit langem typische „Tätigkeitskataloge", die die **78**
Pflichtenkreise jedenfalls im Finanzsektor gut umreißen.[54]

Für Unternehmen außerhalb des Finanzsektors können die Tätigkeits- und **79**
Pflichtenkataloge der Finanzwirtschaft jedenfalls dahingehend herangezogen
werden, dass die folgend dargestellten Pflichten und Tätigkeiten von Geldwäschebeauftragten, jedenfalls dem Grunde nach, hier jedoch industrieabhän-
gig, zu erfüllen sind. Auch hier ist die Tätigkeit des Geldwäschebeauftragten jedoch sehr stark vom Sektor bzw. der Industrie des jeweiligen Verpflichteten
abhängig. So treten außerhalb des Finanzsektors insbesondere vertriebsbezoge-
ne Risiken, die erfasst und gemanagt werden wollen, Lieferungen und Leistungen und deren Risiken sowie weitere Faktoren hinzu, die die Risikolage mit
Blick auf Geldwäsche- und Terrorismusfinanzierung beeinträchtigen können,
welche ggf. mit ganz eigenen Sicherungsmaßnahmen gemanagt und überwacht
werden wollen. Dem Grunde nach kann sich ein Geldwäschebeauftragter außerhalb des Finanzsektors aber an den unten dargestellten Richtlinien orientieren:

a) Risikoanalyse

Gem. § 5 GwG haben Verpflichtete eine Risikoanalyse zu erstellen. Hierbei sind **80**
die Risiken der Geldwäsche für das konkrete Unternehmen individuell zu erheben und zu bewerten. Diese Aufgabe, zumindest jedoch die Verantwortung hierfür, kommt in der Regel dem Geldwäschebeauftragten zu.

Da die Durchführung der Risikoanalyse gem. § 5 GwG sozusagen der „Nukleus" **81**
für Sicherungsmaßnahmen nach § 6 GwG darstellt, kommt dieser Funktion in
den letzten Jahren erhebliche Aufmerksamkeit – auch aus Perspektive der Wirtschaftsprüfer – zu.

In der Verwaltungspraxis haben sich zahlreiche Anforderungen zur Erstellung **82**
der Risikoanalyse herausgeprägt.[55]

---

54 BaFin, Auslegungs- und Anwendungshinweise zum Geldwäschegesetz 2020, Ziff. 3.2; DK,
   Auslegungs- und Anwendungshinweise zum Geldwäschegesetz 2014, Zeile 84; *Roth*, in:
   Gehra/Gittfried/Lienke, Prävention von Geldwäsche und Terrorismusfinanzierung, S. 126 ff.
   m. w. N.
55 Vgl. *Zentes*, in: Zentes/Glaab, GwG, § 5 Rn. 1 ff. mit zahlreichen weiteren Nachweisen.

b) Sicherungsmaßnahmen

83 Der Geldwäschebeauftragte ist ferner verpflichtet, basierend auf den Ergebnissen der Risikoanalyse, risikoangemessene interne Grundsätze und Verfahren zur Verhinderung von Geldwäsche und Terrorismusfinanzierung zu schaffen. Dies umfasst die Erstellung und Aktualisierung von internen Organisations- und Arbeitsanweisungen für den jeweiligen Verpflichteten, z. B. durch geeignete Richtlinien, Arbeitsplatzbeschreibungen, ablauf- und aufbauorganisationstechnische Maßnahmen. Letztere sind selbstverständlich in Absprache mit der Geschäftsleitung zu erstellen und durch diese in Kraft zu setzen.

84 Innerhalb größerer Einheiten, insbesondere in der Finanzwirtschaft, ist der Geldwäschebeauftragte auch für die Selbstorganisation der entsprechenden Abteilung zuständig. Innerhalb der Kompetenzen, die Gesetz und Geschäftsleitung dem Geldwäschebeauftragten zuweisen, ist eine Weiterdelegation an nachgeordnete Mitarbeiter selbstverständlich möglich. Soweit nicht die Residualverantwortung des zuständigen Geschäftsleiters greift, ist der Geldwäschebeauftragte jedoch als Beschützer- und Überwachergarant qua Gesetz auch für solche Aufgaben weiter verantwortlich, die er im Wege der Delegation auf nachgeordnete Mitarbeiter übertragen hat.

85 Vom Geldwäschebeauftragten wird hierbei selbstverständlich nicht erwartet, dass er dafür einzustehen hat, dass sämtliche Fälle von Geldwäsche beim Verpflichteten unterbleiben. Er hat vielmehr durch geeignete und risikoangemessene Maßnahmen ein geldwäscheaverses Umfeld im Unternehmen zu schaffen, welches risikoangemessen ist. Im Übrigen kann auf die einschlägigen Kommentierungen zu § 6 GwG verwiesen werden.

c) Antizipation und Implementierung neuer rechtlicher und verwaltungspraktischer Vorschriften

86 Der Geldwäschebeauftragte fungiert ferner in seinem eigenen Verantwortungskreis als „Radarstation" für neue gesetzliche Anforderungen. Die genannte Pflicht besteht in der Finanzindustrie übrigens parallel zur inhaltlich gleichlautenden Pflicht für MaRisk-Compliance-Beauftrage, die gemäß Ziff. 4.2. der MaRisk eine entsprechende Beobachtungs- und Organisationspflicht trifft.

87 Außerhalb des Finanzsektors besteht eine solche Beobachtungspflicht selbstverständlich ebenfalls. Hier wird sie – mangels Anknüpfung an § 25a KWG – auf allgemeine Legalitätspflichten[56] gestützt. Wie auch hinsichtlich der internen Aufbau- und Ablauforganisation müssen etwaige Änderungen in Übereinkunft mit der Geschäftsleitung entwickelt und durch diese im Unternehmen formell umgesetzt werden.

88 Insbesondere wegen der hohen Geschwindigkeit von Reformen im Geldwäscherecht, der Überlappung verschiedener Aufsichtsbehörden und weiterer normset-

---

56 Vgl. Ziff. 4.1.3 DCGK; ebenso die Kommentierungen zu § 93 AktG.

zender Instanzen im Geldwäscherecht und des schieren Volumens neuer Regulierung darf diese Aufgabe in ihrer Komplexität nicht unterschätzt werden. Praktische Hilfe kommt – da wesentliche und zeitnahe Unterstützung insbesondere bei Rechtsänderungen durch die Verwaltungsbehörden außerhalb des Finanzsektors nicht zu erwarten ist – von Verbänden, Dienstleistern und Auslagerungsunternehmen, die die „Radarstation" unterstützen.

d) Kontinuierliche Überwachung von Geschäftsbeziehungen/„Monitoring"

Den Geldwäschebeauftragten trifft die in § 10 Abs. 1 Nr. 5 GwG normierte **89** Pflicht, die bestehenden Geschäftsbeziehungen, einschließlich aller Transaktionen, kontinuierlich zu überwachen.

Während innerhalb der Finanzindustrie (vgl. § 25h Abs. 2 KWG) im Wesent- **90** lichen elektronische Datenverarbeitungssysteme zur kontinuierlichen Überwachung eingesetzt werden müssen, existiert eine solche Pflicht außerhalb des Finanzsektors nicht.

Ob mit oder ohne EDV-gestützten Systemen muss der Geldwäschebeauftragte **91** jedenfalls in der Lage sein, Indizien und Indikatoren zu bestimmen, wann er Transaktionen oder Geschäftsbeziehungen als risikobehaftet ansehen möchte bzw. von derart gestiegenen Geldwäscherisiken ausgehen muss, dass eine Geschäftsbeziehung beendet und/oder Verdachtsmeldungen abgegeben werden. Die Organisation einer entsprechenden Struktur ist eine weitere Kernaufgabe eines Geldwäschebeauftragten.

Es ergibt sich aus der Natur der Aufgabe, dass diese enorm von der Industrie, der **92** Größe des Unternehmens und der Zahl der zu überwachenden Kunden- und Geschäftsbeziehungen sowie der geschäftlichen Tätigkeit des Verpflichteten abhängt.

Hinsichtlich der Risikoträchtigkeit für den Verpflichteten und den Geldwäsche- **93** beauftragten selbst handelt es sich hierbei um die wohl wichtigste Tätigkeit des Geldwäschebeauftragten, der naturgemäß bei Geldwäschefällen im Unternehmen in den Fokus der untersuchenden Behörden gerät und sich nicht selten rechtfertigen, in Extremfällen sogar gegen strafrechtliche Verfolgung verteidigen muss.

In regelmäßigen Abständen hat sich der Geldwäschebeauftragte zudem davon **94** zu überzeugen, dass die gewählten Monitoringsysteme wirksam sind. Der Geldwäschebeauftragte kann zur Überwachung eigene risikobasierte Prüfungshandlungen durchführen und/oder Prüfungshandlungen bzw. Prüfungsergebnisse durch Dritte (interne oder externe Revision) in Bezug nehmen und auswerten.

e) Verdachtsfälle und Verdachtsmeldewesen/Unstimmigkeitsmeldungen

Wie oben anhand der historischen Herleitung berichtet, ist die Pflicht des Geld- **95** wäschebeauftragten zur Vornahme von Verdachtsmeldungen die historisch älteste. Zweifelhafte oder ungewöhnliche Sachverhalte muss der Geldwäschebeauftragte untersuchen; dies im Übrigen unabhängig davon, ob eine Transaktion angetragen, durchgeführt oder bereits abgewickelt ist. Der Geldwäschebeauftragte bearbeitet die Verdachtsfälle intern wie extern, stellt möglicherweise Verdachtsmeldungen und Strafanzeigen und ist erster Ansprechpartner im Institut für Strafverfolgungs- und Polizeibehörden.

96 In der Praxis steht dem Geldwäschebeauftragten bei der Beurteilung, ob ein konkreter Sachverhalt oder eine Transaktion im Rahmen einer Verdachtsmeldung nach § 43 GwG zu melden ist, ein – allerdings begrenztes – Einschätzungsermessen zu. Die Literatur ist sich insoweit einig, dass es sich bei einer Verdachtsmeldung nicht um eine Strafanzeige nach § 158 StPO handelt, weshalb der Verdachtsgrad auch geringer als der eines Anfangsverdachtes nach § 152 StPO sein muss.[57] Es ist gerade nicht Aufgabe eines Geldwäschebeauftragten, insbesondere weit in die Möglichkeit einer Bemakelung bzw. sogar in Vortaten hinein zu untersuchen, die möglicherweise mit einer Transaktion oder einer Geschäftsbeziehung in Verbindung stehen könnten.[58]

97 Die Meldung hat nach § 43 Abs. 1 GwG unverzüglich, also ohne schuldhaftes Zögern, zu erfolgen. In einer weit beachteten Entscheidung hat das OLG Frankfurt am Main[59] erhebliche Anforderungen an die Unverzüglichkeit gestellt und einen Geldwäschebeauftragten sogar mit einem Bußgeld belegt.

98 Zur Einreichung der Verdachtsmeldungen wurde bei der Financial Intelligence Unit ein eigenes IT-Portal (GoAML) errichtet. Die Anlage eines eigenen Profils für jeden Verpflichteten ist auch unabhängig von einer Verdachtsmeldung anzuraten.

99 Mit dem Inkrafttreten des Gesetzes zur Umsetzung der Änderungsrichtlinie zur 4. EU-Geldwäscherichtlinie im Jahr 2020 ist neben die Pflicht zur Abgabe einer Verdachtsmeldung die Pflicht zur Abgabe einer Unstimmigkeitsmeldung (§ 23a GwG) getreten. Stellt ein Verpflichteter bei der Prüfung der Eigentümer- und Kontrollstrukturen, insbesondere bei der Überprüfung des wirtschaftlich Berechtigten (§ 3 GwG) fest, dass die im Transparenzregister enthaltenen Eintragungen nicht mit den Ergebnissen des Verpflichteten übereinstimmen, muss – bußgeldbewehrt – eine Unstimmigkeitsmeldung abgegeben werden. Hierdurch wird ein weiterer Pflichtenkreis des Geldwäschebeauftragten begründet, welchen dieser zwar durch Delegation auf andere Mitarbeiter übertragen kann; letzten Endes haftet er jedoch auch für die Abgabe und die inhaltliche Richtigkeit einer solchen Unstimmigkeitsmeldung. Inhaltlich sind kaum praktische Erfahrungen mit Unstimmigkeitsmeldungen vorhanden. Tendenziell wird allerdings zu erwarten sein, dass durch die Prüfpraxis, vor allem im Finanzsektor, zukünf-

---

57 Vgl. *Roth*, in: Gehra/Gittfried/Lienke, Prävention von Geldwäsche und Terrorismusfinanzierung, S. 135 Rn. 91 m. w. N.

58 Vgl. OLG Frankfurt v. 10.4.2018, 2 Ss-OWi, 1059/2017.

59 Vgl. OLG Frankfurt v. 10.4.2018, 2 Ss-OWi, 1059/2017.

tig wesentlich größeres Augenmerk auf die rechtssichere Feststellung wirtschaftlich Berechtigter gelegt werden wird. Hierzu wird es unerlässlich sein, dass die Verpflichteten Zugang zu werthaltigen Informationen über Eigentümer- und Kontrollstrukturen durch qualifizierte Informationsdienstleister erhalten. Anderenfalls läuft die – inhaltlich sicherlich richtige – Rolle des Geldwäschebeauftragten als Wächter über die Transparenz juristischer Personen und rechtlicher Gestaltungen – ins Leere.

Je nach Schwere des Verdachtsgrades muss der Geldwäschebeauftragte anschließend über den Abbruch einer Geschäftsbeziehung bzw. das Anhalten einer Transaktion entscheiden; wie oben geschildet geschieht dies allerdings in der Regel mangels entsprechender eigener Weisungs- und Entscheidungsrechte „unter Einbindung" entsprechend befugter Hierarchieebenen bzw. der Geschäftsleitung. Allerdings genießt der Geldwäschebeauftragte – im Rahmen des Verdachtsmelde- und Prüfwesens – besondere arbeitsrechtliche Privilegien (vgl. hierzu unten Rn. 107 ff.). **100**

f) Berichtswesen, Bericht an Geschäftsleitung und Aufsichtsorgan

Nach § 7 Abs. 5 Satz 5 GwG muss der Geldwäschebeauftragte der Geschäftsleitung „unmittelbar" berichten. In der Finanzindustrie hat sich hierzu eine Verwaltungspraxis verfestigt, wonach der Geldwäschebeauftragte mindestens einmal jährlich einen – schriftlichen – Bericht über seine Tätigkeit, insbesondere über die Risikosituation, etwaige Verdachtsfälle und erfolgte und beabsichtigte Maßnahmen zur Umsetzung der geldwäscherechtlichen Pflichten abgeben muss.[60] **101**

Neben die periodische Berichterstattungspflicht tritt selbstverständlich eine anlassbezogene Berichterstattung, die „Ad hoc"-Meldung an die Geschäftsleitung. **102**

Von besonderer praktischer Bedeutung war in den vergangenen Jahren die Frage, ob und inwieweit der Geldwäschebeauftragte – ähnlich dem Compliance Officer – bei konkretem Fehlverhalten oder bei Organisationsverschulden der Geschäftsleitung direkt an den Aufsichtsrat zu berichten habe. Mittlerweile prägt sich jedenfalls im Finanzsektor eine Verwaltungspraxis heraus, wonach dem Aufsichtsorgan nicht nur ein eigenes Auskunftsrecht gegenüber dem Geldwäschebeauftragten zusteht, sondern nach der in extremen Fällen, z. B. bei dauerhaftem Widersetzen der Geschäftsleitung gegen Empfehlungen des Geldwäschebeauftragten oder bei strukturellen Defiziten, der Geldwäschebeauftragte sich direkt und unmittelbar an das Aufsichtsorgan wenden darf.[61] Lediglich die Form der Einbeziehung der Geschäftsleitung ist noch nicht abschließend geklärt. Aufgrund allgemeiner Legalitätserwägungen und der gesetzlich ausge- **103**

---

60 Vgl. *Roth*, in: Gehra/Gittfried/Lienke, Prävention von Geldwäsche und Terrorismusfinanzierung, S. 133, Rn. 182 mit Verweis auf die Auslegungs- und Anwendungshinweise der BaFin zum Geldwäschegesetz aus 2020, Ziff. 3.2; vgl. zum Berichtswesen eingehend auch *Kaetzler*, in: Zentes/Glaab, GwG, § 7 Rn. 111 ff.

61 Vgl. *Kaetzler*, in: Zentes/Glaab, GwG, § 7 Rn. 115.

prägten Stellung des Geldwäschebeauftragten verhält sich dies für Verpflichtete außerhalb des Finanzsektors ähnlich.

g) Mitarbeiterschulungen

104 Der Geldwäschebeauftragte ist ferner verpflichtet, die vom Gesetz in § 6 Abs. 2 Nr. 6 GwG vorgesehene Unterrichtungspflicht gegenüber den Mitarbeitern des Verpflichteten zu erfüllen.

105 Hierbei hat der Geldwäschebeauftragte die relevanten Geschäftsbereiche und Mitarbeiter des Unternehmens mit Blick auf die Risiken, etwaige Stereotypen und Pflichten zur Verhinderung von Geldwäsche und Terrorismusfinanzierung zu schulen. Der Geldwäschebeauftragte kann die Schulungen selbst vornehmen oder delegieren/auslagern.

106 Auch über die Schulungspflicht hinaus steht der Geldwäschebeauftragte als „Vertrauensmann" den Mitarbeitern des Verpflichteten als Ansprechpartner und „Berater" zur Verfügung.[62]

6. Arbeitsrechtlicher Schutz des Geldwäschebeauftragten und Teilausnahme vom Direktionsrecht des Arbeitgebers

107 Im Hinblick auf die besondere Interessenlage zwischen den Verpflichteten als Arbeitgeber und dem Geldwäschebeauftragten als Stellvertreter staatlicher Interessen im Unternehmen genießt der Geldwäschebeauftragte mittlerweile erhebliche arbeitsrechtliche Sonderrechte. Mit dem Umsetzungsgesetz zur 4. EU-Geldwäscherichtlinie verbesserte sich der Status des Geldwäschebeauftragten 2017 in dieser Hinsicht deutlich.

108 Schon seit langem hatte in Deutschland und Europa zuvor eine Diskussion darüber geschwelt, ob der Geldwäschebeauftragte nicht – ähnlich dem Datenschutzbeauftragen – einen höheren arbeitsrechtlichen Schutz in Anspruch nehmen können solle. Mit dem Umsetzungsgesetz zur 4. EU-Geldwäscherichtlinie wurde der arbeitsrechtlich privilegierte Status des Geldwäschebeauftragten (und selbstverständlich seines Stellvertreters) gewerberechtlich schließlich festgezurrt. Lediglich im Finanzsektor herrschte zuvor bereits ein gewisser faktischer Schutz des Geldwäschebeauftragten, da die Abberufung desselben den Aufsichtsbehörden angezeigt und Gründe transparent gemacht werden mussten.[63] Schließlich wurde in Erwägungsgrund 41 und Art. 38 der 4. EU-Geldwäscherichtlinie ein Benachteiligungsschutz in arbeitsrechtlicher Hinsicht formalisiert. Ziel des Gesetzgebers bei der Umsetzung der 4. EU-Geldwäscherichtlinie war es, den Schutz des Geldwäschebeauftragten in arbeitsrechtlicher Hinsicht dem

---

62 Vgl. *Roth*, in: Gehra/Gittfried/Lienke, Prävention von Geldwäsche und Terrorismusfinanzierung, S. 138, Rn. 212 f.

63 Vgl. DK, Auslegungs- und Anwendungshinweise zum Geldwäschegesetz 2014, Zeile 83.

des Datenschutzbeauftragten gleichzustellen.[64] Flankiert wird der arbeitsrechtliche Schutz durch eine Ausnahme vom Direktionsrecht und ein allgemeines Benachteiligungsverbot.

a) Sonderkündigungsschutz

Der in § 7 Abs. 7 GwG enthaltene Sonderkündigungsschutz ist stark an den Regelungen für den Datenschutzbeauftragten orientiert. Wie auch beim Datenschutzbeauftragten beschränkt sich der Sonderkündigungsschutz – ebenso wie das Benachteiligungsverbot – auf solche Kündigungsgründe, die unmittelbar aus der Funktion als Geldwäschebeauftragter bzw. als Stellvertreter „herrühren". Für „freiwillig" bestellte Geldwäschebeauftragte gilt der Sonderkündigungsschutz nicht; ebenso für die nicht ausdrücklich als Geldwäschebeauftragter oder Stellvertreter bestimmten Mitarbeiter entsprechender Abteilungen. **109**

Bei der Frage, ob eine Kündigung aus der Funktion als Geldwäschebeauftragter herrührt, ist insbesondere in Fällen, in denen Kündigungsgründe aus einer anderen Tätigkeit herrühren, aber in die Funktion als Geldwäschebeauftragter hineinragen, grundsätzlich anzudenken, eine Teilkündigung auszusprechen, die die Funktion des Geldwäschebeauftragten ggf. unberührt lässt.[65] Sofern ein Geldwäschebeauftragter allerdings einen ganz wesentlichen Teil seiner Arbeitszeit der Funktion widmet, die Stellung des Geldwäschebeauftragten der Tätigkeit des betroffenen Arbeitnehmers also „das Gepräge" gibt, sind die Kündigungsmöglichkeiten des Arbeitgebers allerdings deutlich erschwert.[66] **110**

Auch für den externen Geldwäschebeauftragten (siehe zur Ausgestaltung einer solchen Funktion sogleich unten, Rn. 121 ff.) gilt der Sonderkündigungsschutz nicht. Hier werden entsprechende Erwägungen jedoch nach §§ 242, 315 BGB in den Auslagerungs- bzw. Geschäftsbesorgungsvertrag hineinzulesen sein. **111**

b) Benachteiligungsverbot

Nach dem Gesetzeswortlaut darf dem Geldwäschebeauftragten und seinem Stellvertreter wegen der Erfüllung seiner Aufgaben keine Benachteiligung im Beschäftigungsverhältnis entstehen, § 7 Abs. 7 Satz 1 GwG. Hinter diesem generellen Benachteiligungsverbot steht die Erwägung, dass der Gesetzgeber den Geldwäschebeauftragten in seiner Unabhängigkeit und vor Nachteilen und Repressionen durch den Arbeitgeber schützen will.[67] Das Benachteiligungsverbot erstreckt sich auf das gesamte Tätigkeitsfeld des Geldwäschebeauftragten und des Stellvertreters innerhalb ihrer Funktion. **112**

---

64 Vgl. Gesetzesbegründung in BT-Drucks. 18/11555, S. 113 ff.
65 Vgl. – für eine ähnlich gelagerte Konstellation beim Datenschutzbeauftragten – BAG, DB 2007, 1198.
66 Vgl. *Kaetzler*, in: Zentes/Glaab, GwG, § 7 Rn. 147 ff. m. w. N.
67 Vgl. Gesetzesbegründung in BT-Drucks. 18/11555, S. 114.

113 Der Begriff der „Benachteiligung" ist weit auszulegen; zur Begriffsbestimmung können die allgemeinen arbeitsrechtlichen Grundsätze herangezogen werden.[68]

114 Hinter der Norm steht auch die – regulatorische – Erwartung, dass der Geldwäschebeauftragte seine Funktion „robust" ausüben kann. Sollten entsprechende Ungleichbehandlungen evident werden, kann der Geldwäschebeauftragte dies einer Ombudsstelle bei der BaFin mitteilen. Dieselbe hat in der Konsequenz die in § 51 GwG genannten Möglichkeiten (in Extremfällen sicherlich durch Ermessensreduktion eine Pflicht), auf die entsprechenden Verpflichteten hinzuwirken.

c) Ausnahme vom Direktionsrecht

115 In den Gesetzgebungsverfahren zur Umsetzung der 4. EU-Geldwächerichtlinie war zwar beabsichtigt, die Stellung des Geldwäschebeauftragten möglichst nah derjenigen des Datenschutzbeauftragten anzugleichen. Anders als der Datenschutzbeauftragte ist der Geldwäschebeauftragte allerdings nicht im Rahmen seiner gesamten Tätigkeiten vom Direktionsrecht befreit.

116 Der Grund hierfür liegt darin, dass der Datenschutzbeauftragte eine – auch nominal – besondere öffentlich-rechtliche Stellung trägt, die – anders als beim Geldwäschebeauftragten – weiter mit zudem ausdrücklich auch so benannten hoheitlichen Funktionen durchsetzt ist. Der Geldwäschebeauftragte ist hingegen nur dann vom Direktionsrecht ausgenommen, „soweit [er] die Erstattung einer Meldung nach § 43 Abs. 1 beabsichtigt oder ein Auskunftsersuchen der Zentralstelle für Finanztransaktionsuntersuchungen nach § 30 Abs. 3 beantwortet".

117 In diesem historischen „Kernbereich" des Tätigwerdens des Geldwäschebeauftragten manifestieren sich die unterschiedlichen Interessen zwischen Arbeitgeber und Geldwäschebeauftragten besonders deutlich.

118 Nach der funktionalen Auslegung des Geldwäschegesetzes erstreckt sich die Weisungsausnahme auf Vorbereitungs- und Untersuchungshandlungen des Geldwäschebeauftragten im Vorfeld der Prüfungen; anderenfalls liefe der Sinn des Gesetzes leer.

119 Auch hinsichtlich der Ausnahme vom Direktionsrecht im Hinblick auf „Auskunftsersuchen" sind Vorbereitungshandlungen derselben mit von der Privilegierung erfasst. Inhaltlich beschränkt sich die Ausnahme vom Direktionsrecht allerdings auf förmliche Auskunftsersuchen nach § 30 Abs. 3 GwG; „informelle" Auskunftsersuchen und Auskunftsersuchen anderer Behörden als solche der FIU sind nicht umfasst. Diesbezüglich können Geschäftsleiter also noch Weisungen erteilen.

120 Die Weisungsfreiheit erstreckt sich – innerhalb des eng umfassten Anwendungsbereiches – auch auf die Stellvertreter und die Mitarbeiter des Geldwäschebe-

---

68 Vgl. *Schlachter*, in: Erfurter Kommentar zum Arbeitsrecht, § 40 AGG Rn. 2 ff.

auftragten. Dies ist aus einer Parallelschau mit dem Datenschutzbeauftragten abzulesen.

7. Auslagerung der Funktion

Die Funktion des Geldwäschebeauftragten sowie des Stellvertreters kann – allerdings nur unter engen gesetzlichen Voraussetzungen – ausgelagert werden. Gegenüber der allgemeinen Auslagerungsfähigkeit nach § 6 Abs. 7 GwG gelten jedoch für die Auslagerung der Funktion des Geldwäschebeauftragten einige rechtliche Besonderheiten. Diese sind in § 7 Abs. 5 Satz 1 GwG niedergelegt; teilweise ergeben dieselben sich aber aus Nachbarnormen innerhalb des Geldwäschegesetzes. **121**

Eine Auslagerung der Funktion des Geldwäschebeauftragten auf eine geeignete (mithin fachlich geeignete, mit Leitungserfahrung versehene, zuverlässige, siehe oben Rn. 48 ff.) Person ist nach – formloser – schriftlicher Anzeige mit mindestens zwei Wochen Vorlauf möglich. **122**

Eine bloße Übersendung des Auslagerungsvertrages reicht hierzu i. d. R. nicht aus; im Rahmen des Finanzsektors ist es mittlerweile durch entsprechende Verwaltungspraxis klargestellt.[69] Vielmehr soll genau erläutert werden, welche Sicherungsmaßnahmen aufgrund des konkreten Geschäftsmodells des auslagernden Unternehmens erforderlich sind und wie die Ablauforganisation des Auslagerungsunternehmens mit dem des auslagernden Unternehmens zusammenspielt.[70] **123**

Die Übertragung der Funktionen und Aufgaben des Geldwäschebeauftragten erfolgt über einen Auslagerungsvertrag. Dieser ist in der Grundfassung ein „Service Level Agreement", also ein Geschäftsbesorgungsvertrag, der dienstvertragliche und werkvertragliche Elemente enthält. Zwar sind nach § 6 Abs. 7 GwG „sämtliche Sicherungsmaßnahmen" auslagerungsfähig. Dies stimmt jedoch nur zum Teil. Aufgrund eines Missverständnisses in der Gestaltung der EU-Geldwäscherichtlinie ist z. B. das laufende „Monitoring" in einer Geschäftsbeziehung, insbesondere von Kundendaten, nicht ohne Weiteres auslagerungsfähig, sondern muss beim auslagernden Verpflichteten verbleiben. Hier ist der Gesetzgeber dringend gefordert. **124**

Wie in der Kreditwirtschaft auch, muss sich der Verpflichtete auch außerhalb des Finanzsektors gewisse Steuerungsmöglichkeiten zurückbehalten. Grund hierfür ist die Residualverantwortlichkeit des zuständigen Mitglieds der Leitungsebene (§ 1 Abs. 15 GwG), die nicht auf einen externen Dienstleister „wegdelegiert" werden kann. **125**

---

69 Vgl. BaFin, Auslegungs- und Anwendungshinweise zum Geldwäschegesetz 2020, Ziff. 3.10.
70 Vgl. hierzu ausführlich *Roth*, in: Gehra/Gittfried/Lienke, Prävention von Geldwäsche und Terrorismusfinanzierung, S. 111.

126 Insbesondere müssen entsprechende Auslagerungsverträge Überwachungsmöglichkeiten, ein detailliertes Reporting, Überwachungs- und Prüfrechte, einschließlich Zutrittsrechten für den Verpflichteten und seine Prüfer, mithin also auch für die Aufsichtsbehörden, vorsehen. Der zuständigen Behörde (§ 50 GwG) müssen zudem Kontrollmöglichkeiten beim Dienstleister eingeräumt werden.

127 Auf die Anzeige hin hat die zuständige Behörde die Möglichkeit, die Auslagerung zu untersagen, insbesondere wenn das Auslagerungsunternehmen/der externe Dienstleister nicht über die erforderliche Zuverlässigkeit oder Sachkunde verfügt.

128 Hinsichtlich besonderer Verschwiegenheitspflichten sind die Verpflichtungen nach der Datenschutzgrundverordnung über entsprechende Datenschutzklauseln auf das Auslagerungsunternehmen zu erstrecken. Gleiches gilt für Geschäfts-/Bankgeheimnisse, wo anwendbar.

129 Allerdings verbleibt auch bei Bestellung eines externen Geldwäschebeauftragten die Residualverantwortung für die Erfüllung der Sicherungsmaßnahmen gem. § 6 Abs. 7 Satz 4 GwG beim Verpflichteten selbst. Entsprechend ist eine – engmaschige – Überwachung des externen Geldwäschebeauftragten nach Risikogesichtspunkten anzuraten. Innerhalb der Kreditwirtschaft bestehen hierzu detaillierte „Best Practices";[71] außerhalb des Finanzsektors existieren solche „Best Practices" nicht. Hier werden die zuständigen Aufsichtsbehörden außerhalb des Finanzsektors in den kommenden Jahren eine entsprechende Verwaltungspraxis entwickeln müssen.

8. Haftung

130 *„Der Geldwäschebeauftragte ist für die Einhaltung der geldwäscherechtlichen Vorschriften zuständig; …".*

131 Die in § 7 Abs. 1 Satz 2 Hs. 1 GwG genannte Zuständigkeitsregelung deutet an, dass der Geldwäschebeauftragte möglicherweise besondere Obhutspflichten wahrnehmen muss. Es liegt nahe, dass er in strafrechtlicher Hinsicht möglicherweise Beschützer- und zu einem kleineren Anteil auch Überwachergarant ist.[72] Hinsichtlich der besonderen persönlichen Merkmale i. S. d. § 14 StGB liegen solche sicherlich gehäuft beim Geldwäschebeauftragten vor, wenn es um entsprechende Organisations- und Funktionsverstöße geht. Ob aus der vorgenannten Vorschrift eine harte, gesetzliche Garantenstellung „herauszulesen" ist, wird abzuwarten bleiben.

132 Die Frage der persönlichen Haftung des Geldwäschebeauftragten ist nicht neu. Schon im Jahre 1995 wurde in der Literatur bei der genannten Stellung des Geld-

---

71 Vgl. *Roth*, in: Gehra/Gittfried/Lienke, Prävention von Geldwäsche und Terrorismusfinanzierung, S. 115 mit zahlreichen Beispielen.

72 Vgl. *Kaetzler*, in: Zentes/Glaab, GwG, § 7 Rn. 26 m. w. N.

wäschebeauftragten diskutiert und diese jedenfalls als persönliches Risiko für denselben wahrgenommen.[73]

Durch die im Rahmen der Umsetzung der 4. EU-Geldwäscherichtlinie eingefüg- **133**
te verschärfende Formulierung kommt eine Garantenstellung jedenfalls in Betracht. Zu beachten ist allerdings, dass – wenn man eine solche annähme – die Residualverantwortlichkeit der Leitungspersonen hierdurch nicht überlagert oder präkludiert werden darf. Das Nähere werden die Gerichte in Zukunft klären müssen.

In arbeitsrechtlicher Hinsicht gelten die allgemeinen Haftungsregelungen für **134**
Arbeitnehmer. Bei etwaigen verursachten Schäden kommen die Prinzipien des „innerbetrieblichen Schadensausgleichs"[74] zum Tragen.

Erste Ordnungswidrigkeitenverfahren gegen Geldwäschebeauftragte im Zusam- **135**
menhang mit Pflichtverstößen[75] verdeutlichen das deutlich erhöhte Risiko des Geldwäschebeauftragten im Umgang mit seinen Aufgaben. In der Konsequenz ist den Geldwäschebeauftragten dringend anzuraten, die durch gesetzliche Aufgabenverteilung vorgesehene „Globaldelegation" durch eine möglichst genaue Definition des Verantwortungskreises im Arbeitsvertrag oder in entsprechenden Stellenbeschreibungen zu begrenzen.

Während beim „normalen" Compliance Officer mangels gesetzlicher Vorgaben **136**
einzig die Delegation durch die residual verantwortlichen Leitungsorgane den Pflichtenkreis bestimmt, ist es beim Geldwäschebeauftragten wie oben geschildert mithin anders. Eine Delegation auf den Geldwäschebeauftragten hat mithin nur ausgestaltenden Charakter; die zwingenden gesetzlichen Vorgaben der o. g. Zuständigkeitsbereiche dürfen lediglich ausgeführt, nicht verändert werden. Anderenfalls läge ein Delegationsverschulden beim zuständigen Leitungsorgan vor.

9. Der Geldwäschebeauftragte – gefangen zwischen hoheitlicher und unternehmerischer Tätigkeit?

Aus den vorgenannten Erwägungen wird deutlich, dass den Geldwäschebeauf- **137**
tragten eine besondere Funktion innerhalb des verpflichteten Unternehmens trifft. Wenngleich seine Tätigkeit an die des Datenschutzbeauftragten angelehnt ist, entspricht sie ihm – mangels ausdrücklicher Beleihung – nicht vollumfänglich.

Der Geldwäschebeauftragte wird wie geschildert teils in hoheitlichem, teils im **138**
privatrechtlichen Interesse tätig. Während in den 1990ern und frühen 2000er Jahren der Schwerpunkt der Tätigkeit und der Verantwortung des Geldwäsche-

---

73 *Otto*, wistra 1995, 323.
74 Vgl. *Preis*, in: Erfurter Kommentar zum Arbeitsrecht, BGB, § 619a Rn. 10 ff.
75 OLG Frankfurt, Beschl. v. 10.4.2018, 2 Ss-OWi 1059/17 mit Besprechung von *Komma*, CB 2019, 197.

beauftragten noch darin gesehen wurde, Straftaten des Unternehmens, mithin des Verpflichteten abzuwehren, treten spätestens seit der Erweiterung des Pflichtenkatalogs um die Unstimmigkeitsanzeigen klare öffentlich-rechtliche, ordnungsrechtliche, ggf. sogar polizeirechtliche Aufgaben hinzu. Rolle, Pflichtenkreis und gesetzliche Stellung im Unternehmen haben sich – wie geschildert – sehr weit von einem „MLRO" fortentwickelt; die Abwehr von Strafbarkeitsrisiken und Schäden für das eigene Unternehmen steht ausweislich der hinzugetretenen erweiterten Anzeigepflichten nicht mehr im Mittelpunkt des Handelns.

139   Nicht selten gerät ein Geldwäschebeauftragter hierdurch in einen Entscheidungskonflikt, der zwar durch die geschilderte arbeitsrechtliche Sonderstellung etwas abgefedert werden kann. Im Grunde genommen wird der Geldwäschebeauftragte durch die zahlreichen öffentlich-rechtlichen Durchsetzungen seiner Rolle oftmals gegen das Unternehmensinteresse entscheiden müssen.

140   Ob ein Tätigwerden im öffentlichen Interesse zukünftig bei etwaigen Schadensfällen durch Gerichte berücksichtigt werden wird, darf auch außerhalb der Haftungsfreistellungsnormen des GwG und des allgemeinen Straf- und Ordnungswidrigkeitenrechts abzuwarten bleiben.

21. Kapitel
Geldwäsche-Compliance in Industrie und Handel

I. Einführung in die Geldwäscheprävention

Geldwäsche ist seit Längerem kein exklusives Thema der Finanzindustrie mehr. **1**
Gesetzgeberische Aktivitäten, Maßnahmen von Aufsichtsbehörden und nicht
zuletzt eine vermehrte öffentliche Berichterstattung rückten den Fokus der Geldwäsche und deren Verhinderung vermehrt auf Unternehmen aus Industrie und
Handel. Dies ist nicht zuletzt auch der Erkenntnis der letzten Jahre geschuldet,
dass Unternehmen aus Industrie und Handel an Geldwäschehandlungen beteiligt
waren, teilweise ohne davon überhaupt Kenntnis erlangt zu haben.[1]

Aufgrund ihrer Relevanz für das System der Geldwäscheprävention sind Indus- **2**
trie- und Handelsunternehmen Regelungsadressaten des Geldwäschegesetzes
(„**GwG**"), in dem sie als „Güterhändler" bezeichnet werden. Das GwG verlangt
von seinen Adressaten, den Verpflichteten, die Implementierung zahlreicher
Maßnahmen, die zum Ziel haben, Vorgänge im Zusammenhang mit Geldwäsche
oder Terrorismusfinanzierung[2] zu erkennen und an die zuständigen Behörden zu
melden.[3]

Die Geldwäsche-Compliance ist daher – anders als andere klassische Compli- **3**
ance-Bereiche wie die Korruptionsprävention – primär darauf ausgerichtet zu
verhindern, dass außenstehende Dritte das Unternehmen zu Geldwäschezwecken missbrauchen. Allerdings spielt auch der Aspekt, Straftaten im eigenen Unternehmen zu verhindern, mit Blick auf die leichtfertige Geldwäsche gem. § 261
Abs. 5 StGB eine nicht nur untergeordnete Rolle und muss in ein Geldwäsche-
Compliance-System entsprechend aufgenommen werden.

1. Begriff und Methoden der Geldwäsche

Der Begriff der Geldwäsche soll ursprünglich auf den berüchtigten amerikani- **4**
schen Gangsterboss *Al Capone* zurückgehen, der illegal beschafftes Geld aus
vornehmlich Glücksspiel, Prostitution, Schutzgelderpressung und illegalem Al-
koholhandel in Waschsalons investiert haben soll, um damit seine Einnahmen

---

1 Siehe beispielhaft die Berichterstattung zum „Danske Bank Skandal" unter https://www.tages
  schau.de/wirtschaft/danske-bank-geldwaesche-101.html (zuletzt aufgerufen am 6.5.2020).
2 Das zweite gesetzliche Ziel des GwG, die Verhinderung von Terrorismusfinanzierung, wird in
  diesem Kapitel nicht gesondert dargestellt. Einen gesonderten Maßnahmenkatalog zur Verhinderung der Terrorismusfinanzierung sieht das GwG auch nicht vor.
3 Entsprechend der „drei Säulen der Geldwäscheprävention" mit der die Pflichten der Adressaten zusammengefasst werden: Risikomanagement, Kundensorgfaltspflichten und Verdachtsmeldewesen, vgl. unter https://www.zoll.de/DE/FIU/Fachliche-Informationen/Geldwaesche
  praevention-Nichtfinanzunternehmen/Geldwaeschepraevention-Thema/geldwaeschepraeven
  tion-thema_node.html#:~:text=Unter%20dem%20Dach%20der%20Geldw%C3%A4schepr
  %C3%A4vention,Verdachtsmeldungen (zuletzt abgerufen am 9.7.2020).

legal erscheinen zu lassen.[4] Dafür schienen Waschsalons prädestiniert, denn sie erwirtschafteten Bargeldumsätze ohne Quittung, Ware oder nachhaltige Leistung und eigneten sich somit hervorragend für Umsatzlegenden und die Vermischung von bemakeltem mit sauberem Geld.[5] Die Wortschöpfung „Geldwäsche" erklärt aber auch bereits bildlich den wesentlichen Kern des Geldwäschevorgangs: „Schmutzige" Gelder oder Vermögenswerte sollen von ihrer kriminellen Herkunft reingewaschen werden.

5   Nach der kriminologischen Definition ist Geldwäsche die Einschleusung kriminell erworbener Vermögenswerte in den legalen Wirtschaftskreislauf unter Verschleierung der wahren Herkunft, um diese zu einem späteren Zeitpunkt als scheinbar legales Vermögen im regulären Geschäftsverkehr zu verwenden.[6]

6   Ausgehend von dieser Definition lässt sich die Funktionsweise der Geldwäsche in anschaulicher, wenn auch in etwas simplifizierter Weise, mit dem sog. „Dreiphasenmodell" erklären.[7] Die drei Phasen, die in der Regel nacheinander, jedoch auch zeitgleich ablaufen können, werden Einspeisung („Placement"), Verschleierung („Layering") und Integration („Integration") genannt.

7   Die erste Phase der Einspeisung bezeichnet den Vorgang, Gelder oder Vermögenswerte aus kriminellen Aktivitäten in den Wirtschaftskreislauf einzubringen unter Ausnutzung der Einzahlungswege von Kreditinstituten oder durch sonstige Unternehmen. Auf die Einspeisung folgt die eigentliche Phase der Geldwäsche, die Verschleierung. Dabei soll die Herkunft der illegal erworbenen Gelder oder Vermögenswerte durch komplexe Finanztransaktionen und Handlungsketten sowie durch die Vermischung mit legal erworbenen Vermögen verschleiert werden, um es den Strafverfolgungsbehörden unmöglich zu machen, die Papierspur des schmutzigen Geldes gerichtsfest zu belegen. In der dritten Phase, der Integration, werden die nunmehr „gewaschenen" Gelder und Vermögenswerte von den Kriminellen investiert, insbesondere in hochwertige Konsum- und Luxusgüter und hochwertige Immobilien, aber auch in Geschäftsbeteiligungen, Bauprojekte oder Lebensversicherungen.[8]

8   Auch wenn sich das Dreiphasenmodell als praktikables Erklärungsmodell der Geldwäsche durchgesetzt hat, muss berücksichtigt werden, dass es noch aus den Anfangszeiten der Geldwäschebekämpfung Ende der 1980er Jahre stammt, als es im Wesentlichen um das Waschen von Bargeldern aus Straftaten der Drogenkriminalität ging.[9] Heute sind die relevanten Vortaten einer Geldwäsche hingegen längst nicht mehr auf die klassischen Delikte der organisierten Kriminalität

---

4 *Bausch/Voller*, Geldwäsche-Compliance für Güterhändler, S. 1.
5 *Herzog/Achtelik*, in: Herzog, GwG, Einleitung Rn. 2.
6 *Herzog/Achtelik*, in: Herzog, GwG, Einleitung Rn. 3.
7 Das Dreiphasenmodell wurde 1989 von der damaligen US-Zollbehörde zur Bekämpfung des Drogenhandels entwickelt, vgl. *Herzog/Achtelik*, in: Herzog, GwG Einleitung Rn. 7; *Kaetzler*, in: Wohlschlägl-Aschberger, Geldwäscheprävention, S. 482.
8 *Krais*, Geldwäsche und Compliance, S. 23.
9 *Krais*, Geldwäsche und Compliance, S. 23.

begrenzt, sondern erfassen auch zahlreiche Straftaten der Wirtschaftskriminalität. Auch spielt Bargeld in der modernen Geldwäschekriminalität eine weitaus geringere Rolle. Die Methoden der Geldwäsche haben sich unter Einfluss neuer Technologien wie beispielsweise virtuelle Währungen vervielfältigt. Das zeigt schon ein Blick auf die zahlreichen Publikationen zu den Methoden der Geldwäsche.[10] Im Grunde eignet sich jedoch jedes Geschäftsmodell dazu, Geldwäsche zu betreiben, also illegal erworbene Vermögenswerte in den Wirtschaftskreislauf zu schleusen. Nichtsdestotrotz sieht der Gesetzgeber in bargeldintensiven Geschäften weiterhin ein hohes Geldwäscherisiko und setzt Anreize für Unternehmen, Bargeldgeschäfte in größerem Umfang auszuschließen (siehe dazu Rn. 27).

2. Die Geldwäschebekämpfung

a) Geldwäschebekämpfung auf internationaler Ebene: FATF

Auch wenn Geldwäsche als Phänomen bereits seit den 1920er Jahren existierte, **9** erfolgten erste gesetzgeberische Aktivitäten erst Mitte der 1980er Jahre in den USA mit der Einführung einer Strafnorm zur Geldwäsche.[11] Im gleichen Zeitraum gab es auf internationaler Ebene Bemühungen, Regeln für die Geldwäschebekämpfung zu schaffen. Dabei ging es in erster Linie darum, die Drogenkriminalität zu bekämpfen. Entsprechend heißt das erste internationale Vertragswerk der UN zur Geldwäschebekämpfung „Übereinkommen gegen den unerlaubten Verkehr mit Suchtstoffen und psychotropen Stoffen" aus dem Jahr 1988 („UN-Suchtstoffübereinkommen").[12]

Mit der Zielsetzung über die Bekämpfung des Drogenhandels hinaus, Offshore- **10** Finanzplätze zu kontrollieren und die organisierte Kriminalität zu bekämpfen, einigten sich die Staats- und Regierungschefs der G-7-Staaten im Jahr 1989 in Paris darauf, mit der Financial Action Task Force on Money Laundering („**FATF**") eine besondere Ad-hoc-Expertengruppe einzusetzen, die Empfehlungen zur Bekämpfung der Geldwäsche in allen Bereichen erarbeiten sollte.[13] Das bei der OECD in Paris angegliederte Gremium ist heute der internationale Standardsetzer für die Bekämpfung von Geldwäsche, Terrorismusfinanzierung und Proliferationsfinanzierung.

Die FATF veröffentlichte 1990 erstmals Empfehlungen zur Bekämpfung von **11** Geldwäsche („The FATF Recommendations"), die fortlaufend aktualisiert werden.[14] Auch wenn die insgesamt 40 Empfehlungen rechtlich nicht bindend sind,

---

10 Vgl. die Liste der Publikationen zu Methoden und Trends der Geldwäsche unter: http://www.fatf-gafi.org/publications/methodsandtrends/?hf=10&b=0&s=desc(fatf_releasedate) (zuletzt abgerufen am 9.7.2020).
11 *Herzog/Achtelik*, in: Herzog, GwG, Einleitung Rn. 57.
12 BGBl. 1993 II, 1136.
13 *Herzog*, in: Herzog, GwG, Einleitung, Rn. 59.
14 Letzte Aktualisierung im Juni 2019, vgl. http://www.fatf-gafi.org/publications/fatfrecommendations/documents/fatf-recommendations.html (zuletzt abgerufen am 6.5.2020).

entfalten sie eine politische Druckwirkung auf die Teilnehmerstaaten. Denn die FATF prüft diese turnusgemäß im Rahmen der FATF-Länderevaluationen auf die Einhaltung der internationalen Standards zur Bekämpfung der Geldwäsche und Terrorismusfinanzierung und veröffentlicht ihre Ergebnisse in einem ausführlichen Evaluierungsreport.[15] Die letzte Evaluation der Bundesrepublik Deutschland im Jahr 2010 bescheinigte der Bundesrepublik Versäumnisse bei der Geldwäschebekämpfung und führte zu einer Novellierung des deutschen Geldwäscherechts.[16]

13   Daneben stellt die FATF auf ihrer Homepage regelmäßig Veröffentlichungen zu aktuellen Methoden und Trends, „Best Practices" zum Thema Geldwäsche und Terrorismusfinanzierung zur Verfügung und unterhält eine Liste mit sog. Hochrisikostaaten bzw. nicht kooperativer Länder und Territorien („High Risk and non-cooperative Jurisdictions").[17] Diesen Ländern bescheinigt die FATF einen gravierenden Mangel bei ihren Maßnahmen zur Geldwäsche- und Terrorismusfinanzierung. Die EU-Kommission folgt bei der Benennung der Drittländer mit hohem Risiko in der Regel der FATF-Länderlistung.

13   Die FATF Recommendations und sonstigen Veröffentlichungen haben einen großen Einfluss auf die EU-Geldwäscherichtlinien, die wiederum maßgeblich für das deutsche Geldwäscherecht sind. Teilweise werden die Empfehlungen wortgleich von der EU in die Geldwäscherichtlinien übernommen. Ein Blick auf die Publikationen der FATF stellt also gelegentlich einen Blick in die Zukunft der deutschen Geldwäschegesetzgebung dar. So veröffentlichte die FATF bereits im Juni 2014 einen Bericht zu den Risiken virtueller Währungen, bevor der deutsche Gesetzgeber zu Beginn des Jahres 2020 virtuelle Währungen regulierte.[18] Das deutsche Geldwäscherecht ist damit ganz wesentlich von den Empfehlungen der FATF geprägt. Bei der Auslegung der Normen des GwG sind daher neben den EU-Richtlinien auch die FATF-Recommendations und die entsprechenden „Interpretive Notes" heranzuziehen.[19]

b) Geldwäschebekämpfung in der deutschen Gesetzgebung

14   Entsprechend den internationalen Entwicklungen nahm die deutsche Gesetzgebung das Thema Geldwäschebekämpfung zu Beginn der 1990er Jahre auf die Agenda mit der Einführung des Straftatbestandes der Geldwäsche in § 261

---

15 Vgl. http://www.fatf-gafi.org/faq/mutualevaluations/#d.en.448461 (zuletzt abgerufen am 9.7.2020).

16 *Diergarten/Barreto da Rosa*, Praxiswissen Geldwäscheprävention, Kap. 1 Rn. 182.

17 Vgl. unter http://www.fatf-gafi.org/publications/high-risk-and-other-monitored-jurisdicti ons/?hf=10&b=0&s=desc(fatf_releasedate) (zuletzt abgerufen am 9.7.2020).

18 Vgl. https://www.fatf-gafi.org/media/fatf/documents/reports/Virtual-currency-key-definiti ons-and-potential-aml-cft-risks.pdf (letzter Zugriff am 15.5.2020).

19 Die „Interpretive Notes" schließen sich direkt an die FATF Recommendations im selben Dokument an, vgl. http://www.fatf-gafi.org/media/fatf/documents/recommendations/pdfs/FATF% 20Recommendations%202012.pdf (zuletzt abgerufen am 15.5.2020).

StGB.[20] Seitdem erfuhr die Strafnorm zahlreiche Anpassungen, insbesondere der Vortatenkatalog wurde kontinuierlich erweitert. Die jüngste Anpassung wird infolge der Richtlinie 2018/1673 über die strafrechtliche Bekämpfung der Geldwäsche erfolgen, die der deutsche Gesetzgeber bis zum 3.12.2020 umsetzen muss.[21]

Neben der strafrechtlichen Norm ist insbesondere das GwG seit 1993 das gesetzgeberische Instrument der Geldwäscheprävention. Das GwG ist ein gewerberechtliches Instrument mit weitgehend präventivem Charakter.[22] Deren Vorschriften sind wie bereits erwähnt ganz wesentlich durch die entsprechenden EU-Richtlinien geprägt. Die letzte Umsetzung der nunmehr 5. EU-Geldwäscherichtlinie[23] erfolgte am 1.1.2020. **15**

Das GwG ist historisch gesehen und mit Blick auf seine Anforderungen, Terminologien und nicht zuletzt seiner Systematik (immer noch) ein Gesetz, dem man ansieht, dass es ursprünglich für den Finanzsektor geschaffen wurde. Mit der Umsetzung der 4. EU-Geldwäscherichtlinie[24] hat sich der deutsche Gesetzgeber dafür entschieden, die EU-Vorgaben wieder in ein einheitliches Gesetzbuch zu gießen.[25] Dabei hat der Gesetzgeber wohl einige Inkonsistenzen in Kauf genommen, die im Laufe dieses Kapitels noch thematisiert werden, sofern sie Güterhändler betreffen. **16**

3. Geldwäscherisiken für Industrie- und Handelsunternehmen

Mit Blick auf das Dreiphasenmodell können Unternehmen aus Industrie und Handel in jeder Phase mit Geldern oder Vermögenswerten aus illegalen Quellen in Berührung kommen. Bei der Einspeisung wird dies in der Regel durch Bargeldgeschäfte geschehen. In der Folge wird das Bargeld mit Einzahlung auf das Konto des Unternehmens in den Finanzkreislauf eingeschleust. In der Verschleierungsphase können Unternehmen dafür genutzt bzw. missbraucht werden, durch den Vertrieb schnell umschlagfähiger Güter oder sonstiger Wirt- **17**

---

20 Die Einführung erfolgte durch das Gesetz zur Bekämpfung des illegalen Rauschgifthandels und anderer Erscheinungsformen der Organisierten Kriminalität v. 15.7.1992 (OrgKG), BGBl. 1992 I, 1302.
21 Richtlinie (EU) 2018/1673 des Europäischen Parlaments und des Rates vom 23. Oktober 2018 über die strafrechtliche Bekämpfung der Geldwäsche.
22 *Krais*, Geldwäsche und Compliance, S. 6.
23 Richtlinie (EU) 2018/843 des Europäischen Parlaments und des Rates vom 30. Mai 2018 zur Änderung der Richtlinie (EU) 2015/849 zur Verhinderung der Nutzung des Finanzsystems zum Zwecke der Geldwäsche und der Terrorismusfinanzierung und zur Änderung der Richtlinien 2009/138/EG und 2013/36/EU.
24 Richtlinie (EU) 2015/849 des Europäischen Parlaments und des Rates vom 20. Mai 2015 zur Verhinderung der Nutzung des Finanzsystems zum Zwecke der Geldwäsche und der Terrorismusfinanzierung.
25 Anders als beispielsweise Österreich, wo die EU-Richtlinie in jeweils branchenspezifische Gesetzbücher umgesetzt wurde, z.B. in das Finanzmarkt-Geldwäschegesetz, das Glücksspielgesetz oder die Gewerbeordnung.

schaftsobjekte Verschleierungstransaktionen durchzuführen, mit der Folge, dass die Herkunft des Vermögens kaum noch bestimmt werden kann.[26] Dafür eignen sich insbesondere solche Güter, die einen hohen Wiederverkaufswert haben. Nach dem ursprünglichen Vorstellungsbild des Dreiphasenmodells besteht das höchste Risiko für Industrie- und Handelsunternehmen in der Integrationsphase, in der Kriminelle die „gewaschenen" Gelder oder Vermögenswerte in teure Statussymbole und Konsumgüter investieren möchten.[27] Aufgrund ihres hohen Wiederverkaufswerts eignen sich einige Luxusgüter (insbesondere Edelmetalle und Schmuck) aber auch für die Verschleierung.

18   Wenn man sich diese Erwägungen vor Augen führt, wird schnell deutlich, dass Missbrauchsgefahren für Industrie- und Handelsunternehmen nicht nur im Zusammenhang mit bargeldintensiven Geschäften bestehen. In der jüngeren Vergangenheit haben das eindrucksvoll die Geldwäscheskandale gezeigt, die öffentlich als „Russian Laundromat",[28] „Troika Laundromat"[29] oder „Danske Bank Skandal"[30] bekannt wurden. Auch wenn der Fokus der Berichterstellung und der Ermittlungen im Danske Bank Skandal auf dem Finanzsektor lag, waren zahlreiche Industrie- und Handelsunternehmen von den Vorgängen betroffen. Als 2018 bekannt wurde, dass über eine Filiale der Danske Bank in Tallin zwischen 2007 und 2015 Gelder aus Russland und ehemaligen Sowjetrepubliken in Milliardenhöhe gewaschen wurden, ergaben Nachforschungen in Deutschland die Involvierung zahlreicher bekannter deutscher Unternehmen.[31] Über die Konten bei der estnischen Filiale flossen insgesamt 31 Mio. EUR offenbar unbemerkt auf deutsche Firmenkonten. In der Mehrzahl der Fälle wurden mit den Geldern Warenlieferungen nach Russland bezahlt.[32] Die Empfänger der Handelsgüter waren allerdings nicht identisch mit den Firmen, die für die Warenlieferungen bezahlt hatten. Auch ließen sich keine unmittelbaren Geschäftsbeziehungen zwischen den beteiligten Firmen nachweisen. Bei den gelieferten Gütern handelte es sich unter anderem um Industrieausrüstungen, Hausgerätetechnik, Stoffe, Aquarientechnik, Ersatzteile oder Autos.[33] Auch wenn die Vorfälle für die beteiligten Unternehmen – soweit bekannt – keine strafrechtlichen oder sonstigen behörd-

---

26 *Kaetzler*, in: Wohlschlägl-Aschberger, Geldwäscheprävention, S. 483.

27 *Krais*, Geldwäsche und Compliance, S. 23.

28 Vgl. https://www.sueddeutsche.de/wirtschaft/geldwaesche-die-russische-geldwaschmaschine-1.3427580 (zuletzt aufgerufen am 14.5.2020).

29 Vgl. https://www.sueddeutsche.de/politik/laundromat-geldwaesche-russland-1.4354499 (zuletzt aufgerufen am 14.5.2020).

30 Vgl. https://www.tagesschau.de/wirtschaft/danske-bank-geldwaesche-101.html (zuletzt aufgerufen am 6.5.2020).

31 Vgl. https://www.nzz.ch/wirtschaft/danske-bank-steckt-tief-im-geldwaescherei-sumpf-ld.1400914 (zuletzt aufgerufen am 6.5.2020).

32 Vgl. https://www.tagesschau.de/wirtschaft/danske-bank-geldwaesche-101.html (zuletzt aufgerufen am 6.5.2020).

33 Vgl. https://www.tagesschau.de/wirtschaft/danske-bank-geldwaesche-101.html (zuletzt aufgerufen am 15.5.2020).

lichen Ermittlungen oder Sanktionen nach sich zogen, war der Reputationsschaden aufgrund der Presseberichterstattung beträchtlich.

Der Danske Bank Skandal liefert einige Erkenntnisse für die Risikoexposition **19** von Unternehmen aus Industrie und Handel, die teilweise mit veralteten Vorstellungen zum Geldwäscherisiko außerhalb der Finanzbranche brechen:

– Zunächst ist die pauschale Aussage, bargeldlose Geschäftsaktivitäten wiesen ein geringe(re)s Risiko der Geldwäsche auf, nicht korrekt. Die Transaktionen auf die Firmenkonten erfolgten bargeldlos mittels Kontoüberweisungen.
– Die betroffenen Unternehmen produzierten allesamt keine Waren oder Güter, die gemeinhin als „geldwäscheexponiert" angesehen werden, wie beispielsweise Schmuck und Uhren, Kraftfahrzeuge, Schiffe und Motorboote oder Kunst und Antiquitäten.
– Im Danske Bank Skandal waren insbesondere exportorientierte Unternehmen aus dem deutschen Mittelstand betroffen. Es spricht einiges dafür, dass diese Unternehmen gezielt ausgewählt wurden, möglicherweise da ihnen – im Gegensatz zu den Unternehmen aus der Automobil- oder Luxusgüterbranche – generell hin ein geringes Geldwäscherisiko bescheinigt wurde und entsprechende Sicherungsmaßnahmen weniger stark ausgeprägt waren.

Die Geldwäscheskandale der letzten Jahre haben gezeigt, dass Industrie- und **20** Handelsunternehmen verstärkt in der „Layering-Phase" genutzt bzw. benutzt werden, um durch den Kauf bestimmter Waren die Herkunft der dazu eingesetzten Gelder zu verschleiern. Dieses Ausnutzen von internationalen Warenströmen zu Geldwäschezwecken ist insgesamt allerdings kein neues Phänomen. Das sog. „Trade-based Money Laundering" ist vielmehr seit vielen Jahrzehnten bekannt und hat inzwischen viele Erscheinungsformen angenommen. Bereits im Jahr 2008 veröffentlichte die FATF ein „Best Practices Paper" zu diesem Thema.[34] Tatsächlich eignet sich der globalisierte Weltmarkt mit seinen internationalen Warenströmen und Finanztransaktionen sehr gut dafür, die illegale Herkunft von Geldern und Vermögenswerten zu verschleiern. Damit kann jedoch nicht pauschal ein erhöhtes Risiko für Industrie und Handel angenommen werden. Vielmehr kommt es bei der Bestimmung des Geldwäscherisikos auf die Eignung der Produkte zu Geldwäschezwecken, Art und Größe des Geschäfts sowie auf die Kunden und Geschäftspartner an.

II. Industrie- und Handelsunternehmen im GwG: Der Begriff des Güterhändlers

Mit Blick auf die soeben geschilderte Risikoexposition ist die Einbeziehung von **21** Industrie- und Handelsunternehmen in die gesetzliche Geldwäschebekämpfung konsequent. Diese sind nach § 1 Abs. 9 GwG Güterhändler, wenn sie gewerblich

---

34 Vgl. https://www.fatf-gafi.org/media/fatf/documents/recommendations/BPP%20Trade%20 Based%20Money%20Laundering%202012%20COVER.pdf (zuletzt abgerufen am 15.5. 2020).

Güter veräußern, unabhängig davon in wessen Namen oder auf wessen Rechnung. Normadressaten sind sowohl natürliche Personen als auch juristische Personen und rechtsfähige Personengesellschaften.[35]

22 Voraussetzung ist, dass die Person gewerblich handelt. Darunter ist ein Gewerbe i. S. d. GewO zu verstehen, also jede selbstständige, erlaubte, auf Gewinnerzielungsabsicht gerichtete und auf Dauer angelegte Tätigkeit, die nicht der Urproduktion, den freien Berufen oder der bloßen Verwaltung von eigenem Vermögen zuzurechnen ist.[36] Damit fallen private oder nur gelegentliche Veräußerungsgeschäfte nicht in den Anwendungsbereich.[37] Neben dem Eigenhandel (eine Person veräußert eigene Güter in eigenem Namen) sind auch Kommissionsgeschäfte und Auktionatoren (in eigenem Namen auf fremde Rechnung) und Vermittlergeschäfte (in fremdem Namen auf fremde Rechnung) von dem Begriff erfasst.[38]

23 Güterhändler sind nicht nur An- und Wiederverkäufer von Waren, sondern auch Industriebetriebe, die Waren und Güter herstellen und vertreiben.[39] Auf einen Absatz an Endkunden kommt es nicht an, so dass in einer Weiterveräußerungskette jeder involvierte Händler ein Güterhändler i. S. d. GwG ist.[40] Gewerbliche Dienstleister sind hingegen nicht erfasst.[41] Auch Güterhändler, die im Rahmen ihrer Tätigkeit Dienstleistungen ausüben, unterliegen dabei nicht den geldwäscherechtlichen Pflichten.

24 Der Begriff der „Güter" wird sehr weit ausgelegt. Nach der Gesetzesbegründung sind Güter alle beweglichen und nicht beweglichen Sachen, unabhängig von ihrem Aggregatzustand, die einen wirtschaftlichen Wert haben und deshalb Gegenstand einer Transaktion sein können.[42] Danach fallen körperliche als auch unkörperliche Gegenstände (z. B. Gas und Strom) sowie auch Immobilien nach dem Willen des Gesetzgebers unter den Güterbegriff.[43]

25 Daneben unterhält das GwG eine Definition für hochwertige Güter. Nach § 1 Abs. 10 GwG sind darunter Gegenstände zu verstehen, die sich aufgrund ihrer Beschaffenheit, ihres Verkehrswertes oder ihres bestimmungsgemäßen Gebrauchs von Gebrauchsgegenständen des Alltags abheben oder die aufgrund ihres Preises keine Alltagsanschaffung darstellen. Hochwertige Güter sind insbesondere Edelmetalle wie Gold, Silber und Platin, Edelsteine, Schmuck und Uhren, Kunstgegenstände und Antiquitäten, Kraftfahrzeuge, Schiffe und Motor-

---

35 BT-Drucks. 19/13827, S. 63.
36 *Kaetzler*, in: Wohlschlägl-Aschberger, Geldwäscheprävention, S. 492.
37 *Kaetzler*, in: Wohlschlägl-Aschberger, Geldwäscheprävention, S. 490, 493.
38 BT- Drucks. 18/11555, S. 103.
39 *Krais*, Geldwäsche und Compliance, S. 31.
40 *Kaetzler*, in: Wohlschlägl-Aschberger, Geldwäscheprävention, S. 493.
41 *Krais*, Geldwäsche und Compliance, S. 33.
42 BT-Drucks. 18/11555, S. 103.
43 BT-Drucks. 18/11555, S. 103; *Gehrmann/Wengenroth*, BB 2019, 1035, 1037.

boote sowie Luftfahrzeuge.[44] Aufgrund ihrer höheren Risikoexposition unterliegen Händler mit hochwertigen Gütern strengeren Vorschriften.

Eine schwierige Abgrenzungsfrage kann dann entstehen, wenn Dienstleistungs-   **26**
unternehmen (auch) Geschäfte tätigen, die sie als Güterhändler qualifizieren könnten. Nach § 2 Abs. 1 GwG sind Personen oder Unternehmen Verpflichtete, soweit sie in Ausübung ihres Gewerbes oder Berufes als Angehörige der genannten Instituts- oder Berufsgruppen handeln. Zur Bestimmung der Verpflichteteneigenschaft aufgrund einer bestimmten Tätigkeit kommt es auf die gewerbliche bzw. freiberufliche Tätigkeit im Kern an.[45] Sofern also vereinzelte Verkaufsgeschäfte nicht von der gewerblichen Tätigkeit des Unternehmens gedeckt sind, führen sie nicht dazu, dass das Unternehmen zum Güterhändler wird und entsprechende Pflichten nach dem GwG in der Geschäftsbeziehung zu erfüllen hat. Mit Blick auf § 4 Abs. 5 Nr. 1 GwG kann dieses Unterscheidungsmerkmal auch für die Abgrenzung herangezogen werden, ob ein Unternehmen über seine Stellung als Güterhändler hinaus als Kunsthändler oder als Edelmetallhändler bestimmt werden kann und unter niedrigeren Voraussetzungen ein Risikomanagement einführen muss.

III. Die Pflichten der Güterhändler im GwG

Güterhändler sind in Deutschland unabhängig von einer Bargeldbeschränkung   **27**
stets Verpflichtete nach dem GwG. Das ist deshalb erwähnenswert, weil die EU-Geldwäscherichtlinien nur Güterhändler verpflichten, die Zahlungen in Höhe von 10.000 EUR oder mehr in bar tätigen oder entgegennehmen.[46] Entsprechend müssen in vielen anderen EU-Ländern Unternehmen aus Industrie und Handel überhaupt nur dann geldwäscherechtliche Pflichten erfüllen, wenn sie Bargeldgeschäfte in dieser Höhe tätigen. Der deutsche Gesetzgeber hat sich dagegen zu einer „überschießenden" Umsetzung der 4. EU-Geldwäscherichtlinie entschieden mit der Folge, dass Güterhändler unabhängig von Bargeldgeschäften verpflichtet sind. Sofern sie jedoch Bargeldgeschäfte von über 10.000 EUR ausschließen, sind Güterhändler von der Pflicht befreit, ein Risikomanagement durchzuführen. Sie müssen jedoch in bestimmten Situationen Sorgfaltspflichten gegenüber ihren Kunden und Geschäftspartnern durchführen und verdächtige Sachverhalte an die Zentralstelle für Finanztransaktionsuntersuchungen (Financial Intelligence Unit – „**FIU**") melden.

1. Die privilegierte Verpflichtetenstellung von Güterhändlern

Eine zentrale Norm für Güterhändler ist § 4 Abs. 5 Nr. 1 GwG. Sie gibt vor, unter   **28**
welchen Voraussetzungen Güterhändler die Vorschriften zur Errichtung eines Risikomanagements zu erfüllen haben. An dieser Stelle kommt dem Ausschluss

---

44 Vgl. den nicht abschließenden Katalog in § 1 Abs. 10 Nr. 2 Satz 2 GwG.
45 *Kaetzler*, in: Zentes/Glaab, GwG § 2 Rn. 2.
46 Art. 2 Abs. 1 Nr. 3 lit. e) der 4. EU-Geldwäscherichtlinie.

von Bargeldtransaktionen über mindestens 10.000 EUR eine wesentliche Bedeutung zu. Denn nur Güterhändler, die Bartransaktionen über Güter über mindestens 10.000 EUR selbst oder durch Dritte tätigen oder entgegennehmen, müssen kein Risikomanagement einführen. Für Händler mit Edelmetallen wie Gold, Silber und Platin gilt seit dem 1.1.2020 eine Bargeldschwelle von 2.000 EUR. Güterhändler, die mit Kunstgegenständen handeln, müssen bei Transaktionen über Kunstgegenstände von mindestens 10.000 EUR – unabhängig davon, ob diese bar oder unbar erfolgen – ein Risikomanagement einführen. Bei dieser Vorschrift wird die Ansicht des Gesetzgebers deutlich, dass unternehmensinterne Bargeldbeschränkungen in besonderem Maße geeignet sind, in präventiver Weise Geldwäscherisiken entgegenzuwirken.[47] Güterhändler können sich also mit einem Ausschluss von Bartransaktionen in entsprechender Höhe davon befreien, die formellen Vorgaben zum Risikomanagement einzuhalten und in der Folge insb. keine Risikoanalyse erstellen oder interne Sicherungsmaßnahmen vorhalten zu müssen.

a) Praktische Umsetzung des Bargeldausschlusses

29 In der Praxis stellt sich regelmäßig die Frage, was ein Unternehmen oder eine Unternehmensgruppe beachten muss, um die Entgegennahme oder Durchführung von Bargeldtransaktionen in Höhe von 10.000 EUR (bzw. 2.000 EUR) wirksam auszuschließen. Auch ohne explizite gesetzliche Vorgabe bietet es sich aus Dokumentations- und Darlegungszwecken gegenüber Behörden an, eine entsprechende Bargeldregelung in einer Richtlinie, Arbeitsanweisung oder einer sonstigen Kommunikation zu verschriftlichen. Darüber hinaus muss regelmäßig kontrolliert werden, ob die Regelung auch tatsächlich eingehalten wird.

30 Bei der konkreten Ausgestaltung der Regelung muss inhaltlich beachtet werden, dass vom Transaktionsbegriff in § 1 Abs. 5 Satz 1 GwG erfasst sind „eine oder, soweit zwischen ihnen eine Verbindung zu bestehen scheint, mehrere Handlungen, die eine Geldbewegung oder eine sonstige Vermögensverschiebung bezwecket oder bezwecken oder bewirkt oder bewirken". Der Transaktionsbegriff erfasst somit auch mehrere zusammenhängende Geldbewegungen oder sonstige Vermögensverschiebungen, soweit zwischen ihnen eine Verbindung besteht. Damit sollen insbesondere solche Transaktionen erfasst werden, die künstlich aufgeteilt werden, um einen möglichen Schwellenbetrag zu unterschreiten (sog. „Smurfing"). Maßgeblich ist ein von der Verkehrsanschauung logisch als zusammenhängend zu betrachtender Vorgang.[48]

31 Eine Bargeldregelung muss diesen Gedanken aufgreifen um sicherzustellen, dass der Schwellenwert von 10.000 EUR nicht durch mehrere einzelne aber zusammenhängende Bartransaktionen überschritten wird. Denn zumindest nach alter Rechtslage reichte nach Ansicht der Aufsichtsbehörden bereits eine einzige

---

47 BT-Drucks. 19/15196, S. 45.
48 *Kaetzler*, in: Zentes/Glaab, GwG, § 1 Rn. 57.

den Schwellenwert übersteigende Bargeldtransaktion aus, um die Pflichten in Abschnitt 2 des GwG auszulösen.[49] Mit der Umsetzung der 5. EU-Geldwäscherichtlinie hat sich indes der Wortlaut in § 4 Abs. 5 GwG dahingehend geändert, dass nunmehr Transaktionen (Plural) im Wert von mindestens EUR 10.000 vorliegen müssen. Die alte Gesetzeslage sprach von einer Transaktion (Singular). Daher kann nach neuer Rechtslage wohl nicht mehr davon ausgegangen werden, dass bereits eine Bartransaktion die Pflicht zur Einrichtung eines Risikomanagements auslöst. In der Praxis führt die Unsicherheit zur Bestimmung von zusammenhängenden Barzahlungen oftmals dazu, dass – je nach Geschäftsmodell – Güterhändler Barzahlungen vollständig ausschließen oder intern einen Schwellwert benennen, der weit unter der 10.000 EUR-Grenze liegt.

Für Güterhändler von großer Relevanz ist die Änderung in § 4 Abs. 5 Nr. 1 lit. c) **32** GwG, wonach die Norm nunmehr auch Bartransaktionen über mindestens 10.000 EUR erfasst, die durch Dritte getätigt oder entgegengenommen werden. Unklar ist, was unter dem Zusatz „durch Dritte" zu verstehen ist.[50] Es spricht einiges dafür, dass der deutsche Gesetzgeber solche Umgehungskonstellationen erfassen wollte, in denen Güterhändler über eine von ihnen eingeschaltete Hilfsperson Barzahlungen entgegennehmen oder tätigen lassen, um nicht selbst eine pflichtenauslösende Bartransaktion durchzuführen. Die Veranlassung und Weisung des Dritten durch den Güterhändler muss sich zumindest auch auf die Annahme von Bargeld in Höhe von mehr als 10.000 EUR beziehen, da die Gesetzesbegründung davon spricht, dass „der Schwellenbetrag unabhängig davon greift, ob Bargeld tatsächlich zwischen dem Güterhändler und dem Vertragspartner ausgetauscht wird oder insoweit Dritte eingeschaltet werden".[51]

b) Konsequenzen bei Einführung einer Bargeldbeschränkung

Mit Einführung einer Bargeldgrenze entfällt für Güterhändler die Pflicht, über **33** ein wirksames Risikomanagement zu verfügen. Mit dem Ausschluss müssen Güterhändler auch keine gruppenweiten Pflichten nach § 9 GwG erfüllen. Dies war bereits nach alter Rechtslage h. M. und ist nunmehr durch den Gesetzgeber ausdrücklich klargestellt.

Die Kundensorgfaltspflichten müssen Güterhändler mit Bargeldausschluss oder **34** -beschränkung nach § 10 Abs. 3 GwG lediglich bei Vorliegen von Tatsachen durchführen, die darauf hindeuten, dass es sich bei Vermögensgegenständen, die

---

49 Vgl. Das Gemeinsame Merkblatt der Länder der Bundesrepublik Deutschland „Basisinformation Geldwäschegesetz (GwG) für Güterhändler, Immobilienmakler und andere Nichtfinanzunternehmen" (Stand: Februar 2018), abrufbar u. a. auf der Homepage des Regierungspräsidiums Darmstadt unter https://rp-darmstadt.hessen.de/sites/rp-darmstadt.hessen. de/files/Merkblatt%20Basisinformationen%20Geldw%C3%A4sche.pdf (zuletzt abgerufen am 15.5.2020).
50 Weder die 4. noch die 5. EU-Geldwäscherichtlinie noch die für Güterhändler relevanten FATF Recommendations Nr. 22 und Nr. 23 sowie die dazugehörigen Interpretive Notes geben vor, dass Transaktionen durch Dritte erfasst sein sollen.
51 BT-Drucks. 19/13827, S. 70.

mit einer Transaktion oder Geschäftsbeziehung im Zusammenhang stehen, um den Gegenstand von Geldwäsche handelt oder die Vermögensgegenstände im Zusammenhang mit Terrorismusfinanzierung stehen (sog. „**Verdachtsfall**"), siehe unten Rn. 70 ff. Unbeschränkt ist die Pflicht für Güterhändler, bei Vorliegen eines Verdachtsfalles eine Verdachtsmeldung nach § 43 Abs. 1 GwG an die FIU abzugeben (siehe Rn. 70).

35   Güterhändler müssen also in der Regel erst mit Vorliegen eines Verdachtsfalls die formellen Vorgaben des GwG erfüllen. Daher ist es für Güterhändler von hoher Bedeutung, Verdachtsfälle erkennen zu können. Das wiederum setzt voraus, dass Güterhändler ihre unternehmensspezifischen geldwäscherelevanten Risiken kennen, um verdächtige Sachverhalte überhaupt erkennen zu können. Solche kritische und pflichtenauslösende Sachverhalte erkennen Unternehmen am ehesten, wenn sie sich im Rahmen einer Risikoanalyse (siehe Rn. 39) mit ihren Kunden und Geschäftspartnern, Produkten und Dienstleistungen sowie Vertriebsländern und Vertriebswegen auseinandergesetzt haben.

36   Wie eingangs geschildet, können Unternehmen aus Industrie und Handel auch ohne Bargeldgeschäfte von Geldwäsche betroffen sein. Denn Geldwäscherisiken bestehen in Unternehmen je nach Tätigkeitsfeld unabhängig von Verdachtsschwellen für Kundenidentifizierungs- und Risikomaßnahmen im GwG.[52] Die praktische Konsequenz der Ausnahme nach § 4 Abs. 5 Nr. 1 GwG ist daher nicht, dass Güterhändler komplett auf sämtliche Maßnahmen des Risikomanagements verzichten können.[53] Empfehlenswert ist, anhand der Vorschriften im zweiten Abschnitt des GwG geeignete Elemente der Geldwäscheprävention aufzugreifen und in die allgemeine Compliance-Organisation zu integrieren (siehe Rn. 46 ff.).

37   Dies ist nicht nur aus der Perspektive des gewerberechtlichen GwG ratsam. Schließlich darf nicht vernachlässigt werden, dass die Strafnorm der Geldwäsche in § 261 StGB einen sehr weiten Vortatenkatalog besitzt, zahlreiche Tathandlungen umfasst und auch leichtfertiges Handeln pönalisiert. Um Mitarbeiter nicht der Gefahr auszusetzen, leichtfertig Geldwäsche zu betreiben und um der Legalitätspflicht der Unternehmensführung besser gerecht zu werden, empfiehlt es sich, auch ohne formale Pflicht nach dem GwG organisatorische Maßnahmen zur Geldwäscheprävention einzurichten.

2. Risikomanagement

38   Das Risikomanagement besteht gemäß § 4 Abs. 2 GwG aus einer Risikoanalyse und den internen Sicherungsmaßnahmen. Damit umfasst das Risikomanagement im Grunde diejenigen Maßnahmen, die auch Bestandteil eines allgemeinen Compliance Management Systems sind.

---

52 *Kaetzler*, in: Wohlschlägl-Aschberger, Geldwäscheprävention, S. 487 f.
53 *Kaetzler*, in: Zentes/Glaab, GwG, § 4 Rn. 38; zum Risikomanagement grundsätzlich auch *Romeike*, Kap. 9.

a) Risikoanalyse

Die Analyse der Compliance-Risiken ist das Kernstück eines jeden Compliance- **39**
Management-Systems.[54] Nur wer seine Risiken kennt, kann ihnen angemessen
und wirksam begegnen. Daher ist die Erstellung einer Risikoanalyse für Güterhändler empfehlenswert, auch wenn sie formell nicht dazu verpflichtet sind
(siehe oben Rn. 27). Güterhändler finden inzwischen u. a. gute und übersichtli-
che Muster auf den Internetseiten ihrer Aufsichtsbehörden, anhand derer sie eine
eigene Risikoanalyse erstellen können.[55]

Eine Risikoanalyse nach § 5 Abs. 1 GwG erfolgt üblicherweise in mehreren **40**
Schritten. Nach einer ersten Bestandsaufnahme, in der die Situation des Unternehmens konkret erfasst wird, erfolgt die Risikoidentifizierung. In diesem zweiten Schritt erfolgt die Beschreibung der konkreten Geldwäscherisiken des Unternehmens. Als Ausgangspunkt für die Risikoidentifizierung werden in der Praxis
bestimmte Risikoklassen herangezogen. Diese wurden zwar ursprünglich für die
Finanzindustrie entwickelt, können aber durchaus auch in Industrie und Handel
herangezogen werden. Grundsätzlich bestehen die folgenden Risikoklassen:

- Kunden- und Geschäftspartnerrisiken,
- Produktrisiken,
- Transaktionsrisiken und
- Länderrisiken, die aber auch z. B. beim Kundenrisiko mit thematisiert werden
  können.

Die Risikoklassen bestehen selbst aus einzelnen Risikofaktoren, die in abstrakter **41**
Form Fälle von erhöhtem Geldwäscherisiko beschreiben. Das GwG nennt in den
Anlagen 1 und 2 einige Faktoren, die potenziell ein geringeres oder höheres
Geldwäscherisiko darstellen. Sie sind neben den Ergebnissen der Ersten Nationalen Risikoanalyse,[56] die im Oktober 2019 veröffentlicht wurde, zwingend in
der Risikoanalyse zu berücksichtigen. Viele der „klassischen" geldwäschespezi-
fischen Risikofaktoren sind jedoch auf den Finanzsektor zugeschnitten und nur
bedingt für Güterhändler geeignet. Eine gute Hilfestellung bilden insoweit die
fortlaufend aktualisierten Typologie-Papiere der FIU, die neben allgemeinen Typologien für den Nicht-Finanzsektor auch branchenspezifische Auffälligkeiten
beispielsweise für die Automobilbrache oder für den Immobiliensektor benennt.

Im Rahmen der Risikoanalyse muss sich das Unternehmen also bewusst ma- **42**
chen, inwieweit sein Geschäft diesen Risikofaktoren potenziell ausgesetzt ist. Ist

---

54 Vgl. *Schulz*, Kap. 1, Rn. 57 ff.
55 Vgl. für das Regierungspräsidium Darmstadt https://rp-darmstadt.hessen.de/sicherheit/ge
   fahrenabwehr/geldw%C3%A4sche/risikomanagement-%C2%A7-4-gwg (zuletzt abgerufen
   am 15.5.2020). Zu den Grundlagen und Anforderungen eines Risikomanagements siehe *Romeike*, Kap. 9.
56 Vgl. https://www.bundesfinanzministerium.de/Content/DE/Downloads/Broschueren_Be
   stellservice/2019-10-19-erste-nationale-risikoanalyse_2018-2019.pdf?__blob=publication
   File&v=14 (zuletzt abgerufen am 15.5.2020).

es beispielsweise in Ländern aktiv, in denen ein hohes Risiko für Geldwäsche existiert, muss es sein Länderrisiko entsprechend hoch gewichten. Dagegen sprechen Geschäftspartner, die als börsennotierte Gesellschaften organisiert sind und ihren Sitz in der EU haben, für ein geringes Geschäftspartnerrisiko.[57] Risikofaktoren spielen nicht nur bei der Erstellung und Aktualisierung der Risikoanalyse eine Rolle. Sofern sie in einem konkreten Einzelfall auftauchen, sind sie maßgeblich für die Frage, ob ein Verdachtsfall vorliegt, welcher der FIU angezeigt werden muss (siehe zur Verdachtsmeldepflicht unten Rn. 70 ff.).

43 Im dritten Schritt müssen die identifizierten Risiken kategorisiert und gewichtet werden. Hierbei geht es darum, die im Laufe der Geschäftstätigkeit auftretenden Kunden und Geschäftspartner, Transaktionen und Produkte in (abstrakte) Risikogruppen einzuteilen. In der Regel sind drei Risikokategorien ausreichend:

Geringes Risiko – Mittleres Risiko – Hohes Risiko

44 Die Kategorisierung kann anhand folgender Kriterien erfolgen:[58]

– Hohes Risiko: Alle Fallkonstellationen, die entweder unter die vom Gesetzgeber definierten Hochrisikoklassen (§ 15 GwG) oder aufgrund der eigenen Risikoeinschätzung unter Berücksichtigung der Anlage 2 zum GwG oder sonstiger Informationen ebenfalls in diese Klassifizierung fallen.

– Mittleres Risiko: Alle Fallkonstellationen, die aufgrund der eigenen Risikoeinschätzung des Verpflichteten nicht in die Klassifizierung „hoch" oder „gering" fallen.

– Geringes Risiko: Alle Fallkonstellationen, in denen unter Beachtung der Anforderungen des § 14 GwG, der Anlage 1 des GwG oder sonstiger Informationen aufgrund einer nachvollziehbaren Risikoanalyse ein geringes Risiko angenommen werden kann.

45 Das Ergebnis dieser Risikoanalyse ist die Grundlage für die zu ergreifenden Präventionsmaßnahmen, die in § 6 GwG als interne Sicherungsmaßnahmen bezeichnet und aufgelistet werden. Hierbei gilt, wie im gesamten GwG, ein risikobasierter Ansatz: Je höher das festgestellte Risiko zu bewerten ist, desto strenger und größer müssen die entsprechenden Abwehrmaßnahmen ausfallen.

b) Interne Sicherungsmaßnahmen

46 Nach § 6 Abs. 1 GwG haben Verpflichtete angemessene geschäfts- und kundenbezogene interne Sicherungsmaßnahmen zu schaffen, um die Risiken von Geldwäsche und von Terrorismusfinanzierung in Form von Grundsätzen, Verfahren und Kontrollen zu steuern und zu mindern. Angemessen sind solche Maßnahmen, die der jeweiligen Risikosituation entsprechen, die in der Risikoanalyse

---

57 Siehe Nr. 1 lit. a) und Nr. 3 lit. a) der Anlage 1 zum GwG.
58 Angelehnt an die beispielhafte Risikoeinstufung in den Auslegungs- und Anwendungshinweisen der BaFin, vgl. BaFin, Auslegungs- und Anwendungshinweise, Mai 2020, S. 12 f.

herausgearbeitet wurde, und diese hinreichend abdecken.[59] Die Verpflichteten haben die Funktionsfähigkeit der internen Sicherungsmaßnahmen zu überwachen und sie bei Bedarf zu aktualisieren. Nach § 6 Abs. 2 GwG gehören zu den internen Sicherungsmaßnahmen unter anderem die Bestellung eines Geldwäschebeauftragten,[60] die Durchführung von Mitarbeiterschulungen in Bezug auf Typologien und aktuelle Methoden der Geldwäsche oder die Einrichtung eines Hinweisgebersystems.

Güterhändler mit Bargeldbegrenzung sind nicht dazu verpflichtet, interne Siche- **47** rungsmaßnahmen gemäß § 6 GwG zu errichten. Es empfiehlt sich allerdings aus oben genannten Gründen, auch mit einer eingeführten Bargeldgrenze im angemessenen Umfang geeignete Maßnahmen zur Geldwäscheprävention zu ergreifen. In § 6 Abs. 2 GwG sind nicht abschließende Regelbeispiele für interne Sicherungsmaßnahmen genannt. Viele sind auch für Güterhändler gut umsetzbar, z. B. die Ausarbeitung von internen Grundsätzen, Verfahren und Kontrollen.

Aufgrund der grundsätzlichen Risikoexposition von Güterhändlern haben sich **48** folgende spezifische Sicherungsmaßnahmen für Güterhändler etabliert, die nur zum Teil im Katalog des § 6 Abs. 2 GwG niedergeschrieben sind:

aa) Richtlinie zur Prävention von Geldwäsche

Empfehlenswert ist eine separate oder in eine allgemeine Compliance-Richtlinie **49** eingegliederte Richtlinie zur Prävention von Geldwäsche. Im GwG ist diese Sicherungsmaßnahme als „interner Grundsatz" in § 6 Abs. 2 Nr. 1 GwG genannt. Eine enge Orientierung an § 6 Abs. 2 Nr. 1 GwG ist durchaus sinnvoll; neben allgemeinen Ausführungen zum Begriff und Erscheinungsformen von Geldwäsche sollten Sorgfalts- und Dokumentationspflichten sowie die Erfüllung der Meldepflicht nach § 43 Abs. 1 GwG thematisiert werden. Letzterer Punkt beinhaltet nicht nur den Hinweis auf die Pflicht zur Abgabe von Verdachtsmeldungen, sondern auch die Beschreibung klarer Verantwortlichkeiten und Eskalationswege für den Fall, in dem ein verdächtiger Sachverhalt im Unternehmen bekannt wurde (sog. internes Verdachtsmeldewesen).[61] Die Erstellung einer Geldwäschepräventionsrichtlinie ist für Güterhändler auch mit Bargeldgrenze empfehlenswert, da sie im Verdachtsfall dazu verpflichtet sind, Sorgfaltspflichten gegenüber ihren Kunden oder Geschäftspartnern durchzuführen. Daher sollten entsprechende Prozesse, Verantwortlichkeiten und Formulare zur Dokumentation im Unternehmen vorherrschen.

---

59 *Kaetzler*, in: Zentes/Glaab, GwG, § 6 Rn. 22.
60 Zu Stellung und Aufgaben des Geldwäschebeauftragten siehe *Kaetzler*, Kap. 20.
61 Die BaFin hat in ihren Auslegungs- und Anwendungshinweisen die Voraussetzungen für das interne Verdachtsmeldewesen ausführlich beschrieben, woran sich Güterhändler gut orientieren können, vgl. BaFin, Auslegungs- und Anwendungshinweise, Mai 2020, S. 74 ff.

bb) Überprüfung von Geschäftspartnern

50 Die Überprüfung von Geschäftspartnern erfolgt in der Regel im Hinblick auf Korruptionsrisiken und dient dazu, das Unternehmen vor Reputations- und Haftungsrisiken zu schützen, die sich aus in- und ausländischen Korruptionsstraftatbeständen ergeben. Geschäftspartnerprüfungen decken gleichzeitig viele Elemente ab, die auch im Rahmen der Sorgfaltspflichten nach §§ 10 ff. GwG gefordert werden und stellen insofern einen Prüfungsprozess dar, der auch der Geldwäscheprävention dient. Zudem sind Geschäftspartnerprüfungen dazu geeignet, verdächtige Sachverhalte aufzudecken, die eine Verdachtsmeldung nach § 43 Abs. 1 GwG erforderlich machen können.

cc) Überwachung von Zahlungseingängen

51 Zahlungen aus einer unbekannten Quelle oder von einem unbekannten Konto sind ein Risikofaktor für Geldwäsche, der in der Praxis für Industrie- und Handelsunternehmen eine große Rolle spielt. Auch wenn mit der ungeprüften Annahme von Geldern aus illegaler Quelle nicht zwingend eine Strafbarkeit nach § 261 Abs. 5 StGB wegen leichtfertiger Geldwäsche einhergeht, kann damit zumindest ein erheblicher Reputationsschaden entstehen (siehe oben Rn. 18). Unternehmen in Industrie und Handel, die eine gewisse Risikoexposition aufweisen, prüfen daher automatisiert oder stichprobenartig, ob Zahlungseingänge durch den Vertragspartner und von dem vorher festgelegten Konto des Vertragspartners erfolgen oder nicht. Inwieweit aus einer Zahlung durch unbekannte Dritte oder von einem unbekannten Konto ein Verdachtsfall erwächst, der an die FIU zu melden ist, siehe unten Rn. 70 ff.

52 Darüber hinaus bestehen vielfach schon Prozesse und Maßnahmen in Unternehmen, die auch der Geldwäscheprävention dienen, wie beispielsweise Sanktionslistenscreenings,[62] Einholung von Kreditauskünften über Geschäftspartner oder eingerichtete Hinweisgebersysteme.

c) Gruppenweite Pflichten

53 Verpflichtete, die Mutterunternehmen einer Gruppe sind, müssen nach § 9 Abs. 1 GwG eine Risikoanalyse für alle gruppenangehörigen Unternehmen nach § 1 Abs. 16 Nr. 2 bis 4 GwG durchführen und auf dieser Grundlage weitere gruppenweite Sicherungsmaßnahmen ergreifen. Normadressat ist nur das ultimative Mutterunternehmen einer Gruppe und nicht eine Zwischenobergesellschaft, vgl. § 1 Abs. 25 GwG. Die Erfüllung von gruppenweiten Pflichten gemäß § 9 GwG

---

62 Das Screening von Geschäftspartnern und auch Mitarbeitern wird irrtümlicherweise oft als Pflicht aus dem GwG gesehen. Rechtsgrundlagen sind jedoch die entsprechenden EU-Verordnungen, deren Verstoß nach dem AWG sanktioniert wird, sowie die entsprechenden US-Sanktionslisten. Bei einem Treffer sollte, neben der Meldung an die Bundesbank, aber auch eine Verdachtsmeldung nach § 43 GwG abgegeben werden.

trifft zunächst nur diejenigen Güterhändler, die zur Einrichtung eines Risikomanagements verpflichtet sind, siehe § 4 Abs. 5 GwG.[63]

In die gruppenweit zu erstellende Risikoanalyse sind gruppenangehörige Unternehmen miteinzubeziehen, soweit sie geldwäscherechtlichen Pflichten unterliegen. Gruppenangehörige Unternehmen, die als Güterhändler Bargeldgeschäfte über 10.000 EUR ausgeschlossen haben und daher kein Risikomanagement inklusive Sicherungsmaßnahmen einführen müssen, sind daher ebenso wenig erfasst, wie ausländische Tochtergesellschaften, die nach ihrem lokalen Recht nicht Verpflichtete sind.[64] Güterhändler, die Mutterunternehmen einer Gruppe sind, jedoch aufgrund eines Bargeldausschlusses kein Risikomanagement einführen müssen, unterliegen auch dann nicht den Pflichten nach § 9 Abs. 1 GwG, wenn ihre in- oder ausländischen Tochtergesellschaften weiter Bargeldgeschäfte tätigen. Allerdings müssen in dieser Konstellation aufgrund der neu ins Gesetz aufgenommenen Regelung des § 9 Abs. 4 GwG die gruppenangehörigen Unternehmen, deren Muttergesellschaft weder nach § 9 Abs. 1 GwG noch nach dem Recht ihres Sitzlandes gruppenweite Maßnahmen zu erfüllen hat, die Regelungen des § 9 GwG befolgen, sofern ihnen mindestens ein anderes Tochterunternehmen untergeordnet ist. Der Gesetzgeber hat diese Übertragung der gruppenweiten Pflichten aufgenommen, um Umgehungen der gruppenweiten Pflichten durch die Gründung einer Muttergesellschaft, die ohne operatives Geschäft nicht Verpflichtete ist, zu vermeiden.[65]

54

Im Falle von EU-ausländischen Zweigstellen oder gruppenangehörigen Unternehmen müssen deutsche Mutterunternehmen sicherstellen, dass die in dem jeweiligen EU-Mitgliedstaat geltenden geldwäscherechtlichen Rechtsvorschriften eingehalten werden, § 9 Abs. 2 GwG. Deutsche Mutterunternehmen, die über Zweigstellen oder gruppenangehörige Unternehmen in (Nicht-EU-)Drittstaaten verfügen, müssen unter Umständen nach § 9 Abs. 3 GwG sicherstellen, dass die Anforderungen nach dem deutschem Geldwäscherecht erfüllt sind, soweit das Recht des Drittstaates dies zulässt. Insoweit gilt das deutsche GwG also exterritorial.

55

3. Kundensorgfaltspflichten

Die Sorgfaltspflichten in Bezug auf Kunden gehören zu den Kernpflichten der Geldwäscheprävention. Anders als die Überschrift des Dritten Abschnitts vermuten lässt, sind nicht nur auf Kunden Sorgfaltspflichten anzuwenden, sondern

56

---

63 Im Referenten- und auch im Regierungsentwurf für ein Gesetz zur Umsetzung der 5. EU-Geldwäscherichtlinie war noch die Rede davon, dass die Privilegierung für Güterhändler nicht für die gruppenweiten Pflichten gelte. Erst nach Protest aus der Wirtschaft wurde die Rückausnahme nach Beratung im Finanzausschuss des Bundestages wieder gestrichen und stattdessen der klarstellende Passus in § 4 Abs. 5 GwG „einschließlich gruppenweiter Verfahren" eingefügt.

64 *Krais*, Geldwäsche und Compliance, S. 84.

65 BT-Drucks. 19/13827, S. 72.

ganz grundsätzlich auf alle Vertrags- und Geschäftspartner. Entsprechend steht das Akronym „KYC", das „Know Your Customer" bedeutet, außerhalb der Finanzindustrie immer öfter für „Know Your Counterparty". Die Sorgfaltspflichten bestehen aus den allgemeinen, verstärkten und vereinfachten Sorgfaltspflichten. Bereits die allgemeinen Sorgfaltspflichten umfassen eine umfangreiche Prüfung des Geschäftspartners samt Eigentums- und Kontrollstruktur bei juristischen Personen, Personengesellschaften und anderen Rechtsgestaltungen, im Rahmen derer nicht nur Angaben erhoben, sondern auch mittels offizieller Dokumente und ggf. Drittquellen überprüft werden müssen.

a) Auslösetatbestände der Sorgfaltspflichten für Güterhändler

57   Güterhändler müssen nicht bei jeder neu begründeten Geschäftsbeziehung Sorgfaltspflichten erfüllen, sondern nur in den in § 10 Abs. 6a Nr. 1 GwG genannten Fällen, also bei Transaktionen im Wert von mindestens 10.000 EUR über Kunstgegenstände, Transaktionen über Edelmetalle, bei welchen sie Barzahlungen über mindestens 2.000 EUR selbst oder durch Dritte tätigen oder entgegennehmen oder Transaktionen über sonstige Güter, bei welchen sie Barzahlungen über mindestens 10.000 EUR selbst oder durch Dritte tätigen oder entgegennehmen. Die Norm ist lex specialis zu § 10 Abs. 3 GwG, der die allgemeinen Eröffnungstatbestände für die Sorgfaltspflichten benennt.[66] § 10 Abs. 6a GwG ist identisch aufgebaut wie § 4 Abs. 5 GwG, der die Pflichten zur Einführung eines Risikomanagements regelt (siehe oben Rn. 28). Auch hier zeigt sich wieder, dass der Gesetzgeber diejenigen Güterhändler privilegieren möchte, die keine Bargeldgeschäfte über 10.000 EUR tätigen.

58   Daneben müssen Güterhändler gemäß § 10 Abs. 3 Nr. 3 GwG auch im Verdachtsfall Sorgfaltspflichten erfüllen. Mit der Gesetzesnovellierung zum 1.1.2020 ist zwar der Verweis in der Spezialregelung § 10 Abs. 6a GwG für Güterhändler auf § 10 Abs. 3 Nr. 3 GwG unerklärlicherweise weggefallen. Letztere gilt jedoch ungeachtet etwaiger nach dem GwG oder anderen Gesetzen bestehender Ausnahmeregelungen, Befreiungen oder Schwellenbeträge und damit ungeachtet der Spezialregelung in § 10 Abs. 6a GwG.

59   Die Durchführung der Sorgfaltspflichten bei Vorliegen eines Verdachtsfalls geht also regelmäßig mit der Abgabe einer Verdachtsmeldung einher. Letztere muss gemäß § 43 Abs. 1 GwG unverzüglich, also ohne schuldhaftes Zögern, erfolgen. Während also eine Verdachtsmeldung binnen kurzer Zeit abgegeben werden muss, ist die Durchführung der Sorgfaltspflichten in der Regel zeitaufwändiger und überdauert regelmäßig die bereits abgegebene Verdachtsmeldung. Sofern der Kunde oder Geschäftspartner nicht überobligatorisch identifiziert wurde, wird der meldende Güterhändler im Zeitpunkt der Meldung noch gar keine bzw. nicht ausreichende Informationen über beispielsweise die Eigentums- oder Kontrollstruktur, wirtschaftlich Berechtigte oder deren „PEP-Eigenschaften" besit-

---

[66] *Krais*, Geldwäsche und Compliance, S. 96 (zur Vorgängernorm § 10 Abs. 6 GwG).

zen. In der Folge kann ein Güterhändler in der Regel nur eine mehr oder weniger unsubstantiierte Verdachtsmeldung abgeben und erst nach Durchführung allgemeiner Sorgfaltspflichten mit einer Mitteilung an die FIU ergänzende Informationen nachreichen. Der Geldwäschebekämpfung ist mit dieser Vorgehensweise kaum gedient.[67]

Viel gravierender ist, dass der Verdachtsfall den Güterhändler regelmäßig vor ein **60** Dilemma stellt. Denn die Durchführung der Sorgfaltspflichten bringt es mit sich, dass bei dem Geschäftspartner eine Reihe von Identifizierungsmerkmalen sowie Angaben zu den wirtschaftlich Berechtigten abgefragt werden. Ein Vertragspartner mit Grundkenntnissen im deutschen Geldwäscherecht könnte dadurch schnell misstrauisch werden und auf den Gedanken kommen, dass der Nachfragende eine Verdachtsmeldung erstattet hat.[68] Das in § 47 Abs. 1 GwG statuierte Verbot der Informationsweitergabe („Tipping Off-Verbot")[69] verbietet es jedoch, den betroffenen Vertragspartner von einer beabsichtigten oder erstatteten Verdachtsmeldung in Kenntnis zu setzen. Die Durchführung von Sorgfaltspflichten nach einer zuvor erstatteten Verdachtsmeldung erhöht somit ganz wesentlich das Risiko, gegen das bußgeldbewehrte Verbot der Informationsweitergabe zu verstoßen. Da die nicht richtige oder nicht vollständige Durchführung von Sorgfaltspflichten ebenfalls bußgeldbewehrt ist, kann die spezielle Regelung für Güterhändler im GwG diese in die missliche Lage eines Befolgungskonflikts bringen, in dem sie entscheiden müssen, welche Norm sie befolgen bzw. verletzen.

Eine klare Handlungsempfehlung in diesem Dilemma existiert von Seiten der **61** Aufsichtsbehörden derzeit nicht. Ein gangbarer Ausweg könnte sein, die Sorgfaltspflichten bei einem zu hohen Risiko, gegen das Verbot der Informationsweitergabe zu verstoßen, auszusetzen. So gibt es zumindest die „Interpretative Note" zu Empfehlung 10 der FATF Recommendations vor, nach der sich der Verpflichtete in dem Fall, dass die Durchführung der Sorgfaltspflichten den (potenziellen) Kunden warnt, dafür entscheiden kann, diese Sorgfaltspflichten nicht durchzuführen und eine Verdachtsmeldung abzugeben.[70]

b) Ausgewählte Aspekte der allgemeinen Sorgfaltspflichten

Die allgemeinen Sorgfaltspflichten sind im Wesentlichen von der Identifizie- **62** rung des Vertragspartners und gegebenenfalls der für ihn auftretenden Personen sowie von etwaigen wirtschaftlich Berechtigten geprägt. Eine Identifizierung besteht aus der Feststellung der Identität durch die Erhebung von Angaben und die Überprüfung der Identität mittels durch das GwG vorgeschriebenen Dokumente und Unterlagen, wie beispielsweise Ausweisdokumente und Handelsregisterauszüge.

---

67 *Komma*, CB 2019, 197, 201.
68 *Krais*, Geldwäsche und Compliance, S. 98.
69 Zum Verbot der Informationsweitergabe im Detail unten Rn. 79 ff.
70 FATF (2012), The FATF Recommendations, Interpretative Note zu Empfehlung 10, A.3; *Barreto da Rosa*, in: Herzog, GwG, § 47 Rn. 5.

63 Insbesondere die Bestimmung des wirtschaftlich Berechtigten kann sich auch für routinierte Akteure aus dem Finanzsektor als aufwendig und kompliziert herausstellen. In ihren Auslegungs- und Anwendungshinweisen zum GwG nennt die BaFin gesetzliche Konkretisierungsbeispiele und gibt eine Prüfungsabfolge für mehrstufige Beteiligungsstrukturen vor, an die sich auch Güterhändler bei der Bestimmung von wirtschaftlich Berechtigten halten können.[71]

64 Die identifizierten natürlichen Personen müssten darüber hinaus auf ihre Eigenschaft als politisch exponierte Person („**PEP**"), als Familienmitglied einer PEP oder als bekanntermaßen nahestehende Person einer PEP geprüft werden. Wie auch die Bestimmung der wirtschaftlich Berechtigten kann die Abklärung der PEP-Eigenschaft nicht nur über Internet-Recherchen oder kommerzielle Auskunftsdienste erfolgen, sondern auch mittels Selbstauskunftsbogen des Geschäftspartners. Inwieweit sich Verpflichtete allerdings auf die Selbstauskünfte eines Geschäftspartners ohne weitere Recherchen in unabhängigen Quellen verlassen dürfen, ist eine Frage der Risikobewertung des Geschäftspartners.

c) Ausgewählte Aspekte der vereinfachten und verstärkten Sorgfaltspflichten

65 Neben den allgemeinen Sorgfaltspflichten können Güterhändler auch vereinfachte oder müssen verstärkte Sorgfaltspflichten unter den jeweiligen Voraussetzungen erfüllen.[72] Die vereinfachten Sorgfaltspflichten spielen für Güterhändler regelmäßig keine Rolle, wenn man sich vor Augen führt, dass Güterhändler erst im Verdachtsfall oder bei Bargeldtransaktionen über 10.000 EUR überhaupt Sorgfaltspflichten zu erfüllen haben. In beiden Fällen erlaubt es das mit diesen Vorgängen einhergehende Risiko nicht, lediglich vereinfachte Sorgfaltspflichten durchzuführen.

66 Anders sieht es hingegen bei den sogenannten verstärkten Sorgfaltspflichten aus. Verpflichtete haben zusätzlich zu den allgemeinen Sorgfaltspflichten in den folgenden Situationen verstärkte Sorgfaltspflichten zu erfüllen:

– Der Vertragspartner oder der wirtschaftlich Berechtigte ist ein PEP, ein Familienmitglied einer PEP oder eine bekanntermaßen nahestehende Person einer PEP.

– In der Geschäftsbeziehung oder Transaktion ist ein Drittstaat mit hohem Risiko[73] oder eine in diesem Drittstaat ansässige natürliche oder juristische Person beteiligt.

---

71 Die Auslegungs- und Anwendungshinweise zum GwG der BaFin sind abrufbar unter: https://www.bafin.de/SharedDocs/Downloads/DE/Auslegungsentscheidung/dl_ae_auas_gw_aenderungsfassung.html (zuletzt abgerufen am 18.5.2020).
72 BT-Drucks. 18/11555, S. 117.
73 Vgl. zur Liste mit Drittstaaten mit hohem Risiko der EU-Kommission: Delegierte Verordnung (EU) 2016/1675 der Kommission vom 14. Juli 2016 zur Ergänzung der Richtlinie (EU) 2015/849 des Europäischen Parlaments und des Rates durch Ermittlung von Drittländern mit hohem Risiko, die strategische Mängel aufweisen.

– Eine Transaktion liegt vor, die im Vergleich zu ähnlichen Fällen besonders komplex oder ungewöhnlich groß ist, einem ungewöhnlichen Transaktionsmuster folgt oder keinen offensichtlichen wirtschaftlichen oder rechtmäßigen Zweck hat.

– Bei der vorliegenden Transaktion/Geschäftsbeziehung ist aufgrund der Risikoanalyse oder im Einzelfall ein erhöhtes Risiko festgestellt worden.

Die anschließend durchzuführenden „verstärkten" Maßnahmen unterscheiden **67**
sich nach dem jeweiligen oben aufgezählten Auslösetatbestand. Bei Involvierung einer PEP oder einem im Einzelfall erhöhten Risiko muss beispielsweise ein Mitglied der Führungsebene der Begründung oder Fortführung der Geschäftsbeziehung zustimmen, die Herkunft der Vermögenswerte mit angemessenen Maßnahmen bestimmt und die Geschäftsbeziehung einer verstärkten kontinuierlichen Überwachung unterzogen werden.[74] Die Durchführung der zu ergreifenden Maßnahmen kann also durchaus aufwendig und zeitintensiv werden.

Das Vorliegen eines oder mehrerer der Auslösetatbestände in § 15 GwG bedeutet **68**
für Güterhändler jedoch nur dann die Pflicht zur Erfüllung von verstärkten Sorgfaltpflichten, wenn auch die Voraussetzungen für die allgemeinen Sorgfaltspflichten gegeben sind, also ein Verdachtsfall oder eine Bargeldtransaktion von über 10.000 EUR. Eine Geschäftsbeziehung in einen Drittstaat mit hohem Risiko ohne verdachtsfallbegründete Auffälligkeiten oder Bargeldzahlungen löst für Güterhändler formell gesehen also keine verstärkten Sorgfaltspflichten aus.

Güterhändler, die regelmäßig erst bei einem Verdachtsfall den Sorgfaltspflichten **69**
nachkommen, müssen sich fragen, ob ein Verdachtsfall nicht dazu führen muss, neben den allgemeinen auch die verstärkten Sorgfaltspflichten nach § 15 GwG durchzuführen, da ein im Einzelfall erhöhtes Risiko besteht. Nach der hier vertretenen Ansicht löst ein Verdachtsfall gemäß § 43 Abs. 1 GwG für Güterhändler nicht automatisch die Pflicht aus, nach § 15 GwG verstärkte Sorgfaltspflichten durchzuführen, sofern nicht zusätzlich eine der Fallgruppen in § 15 Abs. 3 GwG einschlägig ist.[75] Außerhalb der fallbasierten Auslösetatbestände in § 15 GwG kommt es auf die individuelle Risikoeinschätzung des Verpflichteten an, ob ein Sachverhalt zu verstärkten Sorgfaltspflichten führt oder nicht. Ein Verdachtsfall kann einzelfallbezogen ein erhöhtes Risiko i. S. v. § 15 Abs. 2 Satz 1 GwG darstellen und damit verstärkte Sorgfaltspflichten auslösen. Allerdings löst ein Verdachtsfall nicht stets verstärkte Sorgfaltspflichten aus. Ein Auslöseautomatismus besteht insofern nicht. Der Gesetzgeber schreibt in § 10 Abs. 3 Satz 1 Nr. 3 GwG lediglich vor, dass im Verdachtsfall zwingend die allgemeinen Sorgfaltspflichten von allen Verpflichteten zu erfüllen sind, nicht aber zwingend verstärkte Sorgfaltspflichten.

---

74 Vgl. § 15 Abs. 4 Satz 1 GwG.
75 *Krais*, in: Frey/Pelz, BeckOK GwG, § 10 Rn. 59.

4. Pflicht zur Abgabe von Verdachtsmeldungen

70 Die zweite zentrale Pflicht für Güterhändler ist die Meldung verdächtiger Sachverhalte an die FIU. Die Meldung erfolgt elektronisch über das online Meldeportal goAML.[76] Grundlage einer jeden Verdachtsmeldung ist der Verdachtsfall.

a) Verdachtsfall und typische Verdachtsmomente

71 Wann ein Verdachtsfall vorliegt, kann eine Frage von Nuancen sein und ist häufig nicht leicht zu beantworten. In praktischer Hinsicht werden in den existierenden Typologie-Papieren und -Aufzählungen bestimmte Auffälligkeiten dargestellt, die Anhaltspunkte für einen Geldwäscheverdacht geben. Typologien sind je nach Kunde, Geschäft oder anderen Umständen ganz unterschiedlich zu bewerten. Teilweise ist bereits ein Anhaltspunkt ausreichend, um einen Verdachtsfall zu bejahen, in einem anderen Sachverhalt können hingegen selbst mehrere Anhaltspunkte keine Abgabe einer Verdachtsmeldung rechtfertigen. Als Regel gilt jedoch, je mehr Anhaltspunkte vorliegen, desto wahrscheinlicher ist ein Verdachtsfall.

72 Folgende Risikofaktoren kommen in der Praxis von Industrie- und Handelsunternehmen regelmäßig vor und können für sich genommen oder kumulativ einen Verdachtsfall begründen:[77]

- **„untypisches" oder „wirtschaftlich unsinniges" Geschäft:** Das Geschäft passt nicht zu dem üblichen Geschäftsbereich des Kunden oder Geschäftspartners oder erscheint vor dem Hintergrund der sonstigen dahingehenden Geschäfte als für den Kunden wirtschaftlich nachteilig.
- **Angaben des Kunden stehen im Widerspruch zu anderweitig bekannten Informationen:** Angaben des Kunden widersprechen Auskünften von Dritten, z. B. Geschäftspartnern, Registern oder Datenbanken.
- **Unerwartete und nicht plausible Veränderung des Kunden-/Transaktionsverhaltens:** Kunde steigert die Bestellgrößen, ohne dass es dafür konkrete Anhaltspunkte gibt.
- **Kunde nutzt eine Vielzahl ähnlicher Adressen/Postfächer/Sammeladresse/Briefkastenfirmen:** Der Kunde nutzt bei verschiedenen Aufträgen verschiedene Rechnungs- oder Lieferadressen, ohne dafür einen nachvollziehbaren Grund zu offenbaren.
- **Zweifel an der Echtheit von zur Identifizierung vorgelegten Ausweisdokumenten:** Das vorgelegte Dokument erscheint z. B. wenig wertig in Bezug auf Auflösung und Gestaltung.

---

76 Vgl. https://goaml.fiu.bund.de/Home (zuletzt abgerufen am 18.5.2020).
77 Vgl. auch die Liste von typischen Verdachtskonstellationen für Güterhändler bei *Kaetzler*, in: Wohlschlägl-Aschberger, Geldwäscheprävention, S. 510 und die kommentierte Liste von Anhaltspunkten für mögliche Verdachtsfälle bei *Krais*, Geldwäsche und Compliance, S. 233 ff.

– **Angaben zur Identität des Vertragspartners, wirtschaftlich Berechtigten oder zu Zahlungsmodalitäten werden mehrfach korrigiert:** Der Kunde ändert ständig seine Aussagen bzgl. des Vertragspartners, ohne dass es dafür nachvollziehbare Gründe gibt.
– **Kunde weicht Nachfragen aus und/oder macht ungenaue oder nicht nachvollziehbare Angaben:** Der Kunde antwortet auf Anfragen, z. B. per E-Mail, nicht, oder weicht Nachfragen aus.
– **Abweichender Zahlungsleistender:** Die Überweisung selbst wird nicht von dem Kunden, sondern einem unbekannten Dritten (aus einem Drittstaat) geleistet, ohne dass dies angekündigt wurde oder plausibel ist.
– **Eingehende Bestellungen sind jeweils mit anderen Zahlungsmodalitäten versehen:** Der Kunde nutzt wiederholt unterschiedliche Bankverbindungen zur Zahlung, die nicht als Stammdaten erfasst wurden.

Den Verpflichteten wird bei der Einordnung und Bewertung von Anhaltspunkten im Hinblick auf einen Verdachtsfall ein gewisser Ermessensspielraum eingeräumt.[78] Dieser notwendige Ermessensspielraum resultiert daraus, dass der Gesetzgeber auf eine enumerative Aufzählung möglicher Konstellationen, in denen ein Verdachtsfall zu bejahen ist, bewusst verzichtet hat. Denn die Methoden der Geldwäsche sind einem raschen Wandel unterworfen und zu vielgestaltig, um im Einzelnen dargestellt zu werden. **73**

In der Beurteilungsphase ist es Unternehmen nicht per se verwehrt, dem Kunden oder Geschäftspartner Fragen zu stellen, um eine Auffälligkeit zu plausibilisieren. In der Regel wird ihnen als kurzfristige Maßnahme zur Informationsbeschaffung oftmals auch nur die Kontaktaufnahme mit dem Kunden übrigbleiben. Viele auffällige Sachverhalte lassen sich auch oft überhaupt nur mit Hilfe des Vertragspartners aufklären.[79] Hier muss jedoch stets das Verbot der Informationsweitergabe beachtet werden (siehe unten Rn. 79 ff.). **74**

Die zeitliche (Ober-)Grenze der Aufklärungs- und Beurteilungsphase setzt § 43 Abs. 1 GwG fest, wonach Verdachtsmeldungen unverzüglich abgegeben werden müssen. Zwar gilt dieses Unverzüglichkeitsgebot nur für die Abgabe einer Verdachtsmeldung, wirkt sich aber auch auf den vorgelagerten Aufklärungs- und Beurteilungszeitraum aus, der ebenfalls „schnellstmöglich abgeschlossen" werden muss.[80] **75**

b) Folgen einer Verdachtsmeldung

Die Abgabe einer Verdachtsmeldung hat strafbefreiende Wirkung, führt jedoch auch dazu, dass der Verpflichtete eine Drei-Tages-Frist abwarten muss, um weiter eine Transaktion durchzuführen. Schließlich muss bei einer beabsichtigten **76**

---

78 BMF, Auslegungshinweise zur Handhabung des Verdachtsmeldewesens vom 6.11.2014, S. 3.
79 Ausführlich zur Beurteilungsphase für Güterhändler: *Komma*, CB 2019, 197.
80 BMF, Auslegungshinweise zur Handhabung des Verdachtsmeldewesens vom 6.11.2014, S. 3.

oder bereits abgegebenen Verdachtsmeldung das Verbot der Informationsweitergabe beachtet werden.

aa) Strafbefreiende Wirkung

77 Eine Verdachtsmeldung gilt gemäß § 43 Abs. 4 GwG zugleich als strafbefreiende Selbstanzeige i. S. v. § 261 Abs. 9 Satz 1 StGB, wenn sie die für eine Anzeige nach § 261 Abs. 9 Satz 1 StGB erforderlichen Angaben enthält. Eine zusätzliche Anzeige nach § 261 Abs. 9 StGB zur Sicherstellung der Strafbefreiung von Verpflichteten und den sachbefassten Mitarbeitern ist daher nicht notwendig. Selbstverständlich bleibt es dem Verpflichteten unbenommen, neben der Verdachtsmeldung eine Strafanzeige nach § 158 StPO zu stellen.[81]

bb) Transaktionssperrfrist § 46 GwG

78 Nach einer abgegebenen Verdachtsmeldung ist die Transaktionssperrfrist nach § 46 Abs. 1 GwG einzuhalten. Der Verpflichtete darf Transaktionen frühestens durchführen, wenn ihm dazu die Zustimmung der FIU oder einer Staatsanwaltschaft erteilt wurde oder der dritte Werktag nach dem Abgangstag der Meldung verstrichen ist, ohne dass die Durchführung der Transaktion durch die FIU oder einer Staatsanwaltschaft untersagt wurde. In der Praxis kommt es selten vor, dass Behörden nach einer abgegebenen Verdachtsmeldung Güterhändler kontaktieren, so dass in der Regel nach Ablauf der Drei-Tages-Frist Transaktionen durchgeführt werden können.

cc) Verbot der Informationsweitergabe (Tipping Off-Verbot)

79 Eine ganz wesentliche Regelung im Geldwäscherecht und für Güterhändler von großer Bedeutung ist das in § 47 Abs. 1 GwG statuierte Verbot der Informationsweitergabe. Es besagt, dass ein Verpflichteter weder dem Vertragspartner, dem Auftraggeber der Transaktion noch einem sonstigen Dritten über eine beabsichtigte oder erstattete Verdachtsmeldung in Kenntnis setzen darf. Das Verbot erfasst zudem Ermittlungsverfahren infolge einer Verdachtsmeldung und einem Auskunftsverlangen der FIU. Zweck des in § 47 Abs. 1 GwG statuierten Verbots ist es, staatsanwaltliche oder polizeiliche Ermittlungen nicht zu gefährden und zu verhindern, dass kriminelle Beweismittel unterdrückt werden (Verdunkelungsgefahr).[82]

80 Ein „In Kenntnis setzen" ist nicht nur bei ausdrücklichen, sondern auch bei stillschweigenden („impliziten") Hinweisen anzunehmen.[83] In praktischer Hinsicht bedeutet das für Güterhändler eine sehr zurückhaltende Kommunikation in Geschäftsbeziehungen, in deren Verlauf eine Verdachtsmeldung abgegeben wurde. Es darf nicht der Anschein erweckt werden, dass eine Verdachtsmeldung beab-

---

81 Vgl. hierzu *Rothe/Schlombs*, ZRFC 2018, 266, 271.
82 BT-Drucks. 16/9038, S. 46.
83 *Krais*, Geldwäsche und Compliance, S. 183.

sichtigt wird oder bereits abgegeben wurde. Dies ist insbesondere in solchen Situationen problematisch, in denen der Geschäftspartner oder Kunde wegen einer dringend benötigten Warenlieferung bereits nachfragt, der Güterhändler allerdings die Transaktionssperrfrist abwarten muss. Das Verbot der Informationsweitergabe hindert den Güterhändler daran, den wahren Grund der Verzögerung zu nennen. Daher sollten Güterhändler bei Nachfragen wenn möglich liefer- oder buchhalterische Gründe vorschieben, um die Verzögerung zu erklären.

Mit der Umsetzung der 5. EU-Geldwäscherichtlinie ist für Güterhändler bzw. **81** Güterhändlergruppen eine neue Problemdimension mit Blick auf das „Tipping Off"-Verbot hinzugekommen. Während nach alter Gesetzeslage das Verbot der Informationsweitergabe zwischen allen Verpflichteten, also auch Güterhändlern, die derselben Gruppe angehören, nicht galt, gilt nunmehr diese Ausnahme nicht mehr für Güterhändlergruppen. Da andere gruppenangehörige Unternehmen als „sonstige Dritte" anzunehmen sind, dürfen sich innerhalb einer Güterhändlergruppe die einzelnen Gesellschaften nicht mehr über beabsichtigte oder erstattete Verdachtsmeldungen austauschen. Der Geldwäscheprävention dient diese Änderung nicht. Aus Konzernsicht wäre es vielmehr gerade wünschenswert, dass sich gruppenangehörige Verpflichtete zu geldwäscheverdächtigen Sachverhalten umfassend austauschen und gegenseitig informieren, um einen Missbrauch der einzelnen Tochtergesellschaften zu Geldwäschezwecken zu verhindern. Mit § 9 Abs. 1 Nr. 4 GwG besteht für das Mutterunternehmen einer Gruppe i. S. v. § 1 Abs. 16 GwG sogar die Pflicht, Verfahren für den Informationsaustausch innerhalb der Gruppe zur Verhinderung von Geldwäsche und Terrorismusfinanzierung zu schaffen. Zu den Informationen gehören grundsätzlich auch Verdachtsmeldungen.[84] Eine denkbare Lösung könnte sein, über Auslagerung der Verdachtsmeldepflicht nach § 45 Abs. 4 i. V. m. § 6 Abs. 7 GwG zumindest einen gewissen Informationsfluss aufrechtzuerhalten.

IV. Fazit

Das deutschen Geldwäscherecht ist für Güterhändler eine Disziplin mit Licht **82** und Schatten. Einerseits werden sie – anders als in vielen anderen EU-Ländern – durch ihre uneingeschränkte Einbeziehung in den Adressatenkreis des GwG überbordend verpflichtet. Im internationalen Wettbewerb kann das durchaus ein Nachteil sein, zumal die gesetzlichen Vorschriften und Terminologien vielfach nicht selbsterklärend sind. Zudem pönalisiert die Strafnorm des § 261 Abs. 5 StGB bereits die leichtfertige Verkennung der illegalen Herkunft eines Gegenstandes und erhöht somit die Strafbarkeits- und Bußgeldrisiken in und von Unternehmen.

Andererseits können sich Güterhändler mit vergleichsweise einfachen Mitteln **83** vielen gewerberechtlichen Pflichten entziehen und mit verhältnismäßig geringem Aufwand ihre Pflichten erfüllen. In der Einhaltung der für sie obligatorisch

---

84 *Lang*, in: Zentes/Glaab, GwG, § 9 Rn. 9.

zu beachtenden Vorschriften des GwG sollten Güterhändler daher eine Chance sehen. Denn bereits mit dem Erkennen und Melden verdächtiger Sachverhalte sowie den anlassbezogenen Prüfungen von Kunden und Geschäftspartnern schützen sich Unternehmen, deren Geschäftsleitung und die einzelnen Mitarbeiter vor straf- und bußgeldrechtlichen Sanktionen.

84 Mit Blick auf die zahlreichen Erscheinungsformen der Geldwäsche und die daraus resultieren Risiken für Unternehmen ist ein Blick in das GwG auch über die obligatorisch zu erfüllenden Pflichten hinaus ratsam. Denn ein wesentlicher Vorteil der Geldwäscheprävention im Vergleich zu anderen klassischen Compliance-Feldern ist, dass mit dem GwG im Grunde eine gesetzlich legitimierte und regelmäßig aktualisierte Mustervorlage zur Einrichtung einer wirksamen Präventionsstrategie existiert, die den Güterhändlern das Rüstzeug zur Einrichtung einer wirksamen Geldwäsche-Compliance-Organisation an die Hand gibt. Insbesondere Unternehmen mit einem erhöhten Geldwäscherisiko sollten diese Gelegenheit nutzen, indem sie Elemente der Geldwäscheprävention aus dem GwG in ihr Compliance-Management-System integrieren.

22. Kapitel
Produktbezogenes Compliance- und Risikomanagement im Treasury[1]

I. Einleitung

Die Nutzung von Finanz- und Kapitalmarktprodukten durch Unternehmen der **1** sogenannten Realwirtschaft birgt Risiken, die den Bestand des Unternehmens gefährden können. In der Regel handelt es sich um Risiken, die keinen Bezug zum Kerngeschäft des Unternehmens aufweisen und deshalb nur schwer oder gar nicht eingeschätzt werden können. Hinzu kommt, dass neben die marktbezogenen Risiken weitere Risiken treten, die sich aus der Konstruktion des Produkts ergeben. Selbst ein CFO mit Bankhintergrund, der im Unternehmen als Generalist tätig ist, wird damit auf ein ausgefeiltes Risikomanagementsystem angewiesen sein, um seinen Leitungspflichten nachkommen und die persönliche Haftung vermeiden zu können. Das Compliance-Management-System, das die Einrichtung und den Betrieb des Risikomanagementsystems begleitet, muss mit diesem eng verzahnt sein. Im Folgenden wird daher als „Best Practice" davon ausgegangen, dass ein Unternehmen sich für ein integriertes Compliance- und Risiko-Management-System entscheidet („ICRM"), das sich konzeptionell auch im Bankbereich zum Standard entwickelt.

Das vorliegende Kapitel befasst sich in Abschnitt II zunächst mit den relevanten **2** Finanz- und Kapitalmarktprodukten und deren spezifischen Risiken (Rn. 3 ff.). Hierbei werden die Charakteristika genauso wie die spezifischen Risiken vor dem Hintergrund der Einordnung als „einfaches" oder als „komplexes" Finanzprodukt bestimmt. In Abschnitt III (Rn. 15 ff.) werden zunächst die Risikomanagement- und Compliance-Pflichten der regulierten Marktteilnehmer (Finanzinstitute) beschrieben. In einem zweiten Schritt wird dargestellt, unter welchen Voraussetzungen Unternehmen, die keiner Regulierung unterliegen, im Finanzbereich ein Risikomanagementsystem nach Bankvorbild einrichten müssen, das im Idealfall in einem ICRM aufgeht. In Abschnitt IV (Rn. 41 ff.) werden die verschiedenen Komponenten – „Tools" – eines Risikomanagementsystems für Finanz- und Kapitalmarktprodukte erläutert und die Frage erörtert, ob und unter welchen Bedingungen die Risikomanagement- und Compliance-Pflichten im Finanzbereich an Dritte ausgelagert werden können. Ergänzt wird das Kapitel in Abschnitt V (Rn. 57 ff.) um die Erörterung von Haftungsfragen, die sich ergeben, wenn die Verantwortlichen es entweder unterlassen haben, erforderliche Systeme zu installieren oder ihnen Fehler im Umgang mit den Systemen oder

---

1 Überarbeitete und aktualisierte Version des in der Vorauflage unter dem Titel „Risikomanagement und Compliance bei der Nutzung von Finanz- und Kapitalmarktprodukten" erschienenen Beitrags.

den Finanzprodukten unterlaufen sind. Es schließt sich in Abschnitt VI. ein Fazit an (Rn. 62).

II. Finanz- und Kapitalmarktprodukte; Risiken

1. „Einfache" Produkte

3 Im Rahmen einer Risikoinventur ist es erforderlich, den Bestand an genutzten Finanz- und Kapitalmarktprodukten zu bestimmen. Um Verhaltenspflichten ableiten zu können, empfiehlt es sich zunächst, Kategorien zu bilden. Hierbei kann zwischen Produkten unterschieden werden, die als „einfach" und solchen, die als „komplex" einzustufen sind. „Einfache" Produkte lassen sich im Gegensatz zu „komplexen" Produkten häufig nicht in verschiedene Komponenten teilen.[2] Die Tatsache, dass ein Produkt nicht „strukturiert" ist, lässt häufig den Schluss darauf zu, dass die Risiken begrenzt sind. „Einfache" Produkte sind beispielsweise:

Produkte	Eigenschaften
Zahlungsverkehr	Auftragsgemäße Abwicklung eines Zahlungsstroms
Darlehen mit fester/variabler Verzinsung	Abwicklung eines bis zur Endfälligkeit festgelegten Zahlungsstroms; beim variabel verzinslichen Darlehen gebunden an allgemein verbindliche Referenz (z.B. EURIBOR)
Aval/Akkreditiv	Standardisierte Abwicklung von Lieferung/Zahlung über Bank unter Herausnahme des Kundenrisikos
Factoring	Abwicklung eines Zahlungsstroms aus dem Kerngeschäft; die Risiken bestimmen sich im Wesentlichen nach der Kundenbonität
Bestimmte standardisierte Derivate, soweit sie ausschließlich der Risikoabsicherung einer Einzelposition dienen, über Clearing-Stellen abgewickelt werden, keine Stillhalterrisiken begründen und deutschem Recht unterliegen	„Spiegelung" eines Zahlungsstroms zu Absicherungszwecken; „Null-Summen-Spiel"

---

2 Im angelsächsischen Sprachgebrauch werden „einfache" Finanzprodukte als „plain vanilla" bezeichnet. Im Derivatebereich werden häufig die Begriffe „exotisch" oder auch „strukturiert" als Gegensatz zu „plain vanilla" verwendet. Siehe zu Finanzderivaten z.B. *de Corbavia-Perisic/Maier*, in: Zerey, Finanzderivate, 4. Aufl. 2016, 80 ff.

Betrachtet man die Beispiele, so wird deutlich, dass die Risiken der jeweiligen **4**
Produkte recht transparent sind. Im Zahlungsverkehr geht es regelmäßig um
einen Auftrag an die Bank, der dann ohne weiteren Eingriff Dritter und ohne Er-
messensspielräume der Bank auszuführen ist. Auch Darlehen sind grundsätzlich
„einfach" strukturiert. Zwar müssen die Bedingungen verhandelt und dokumentiert werden. Jedoch hat das Unternehmen als Darlehensnehmer über die Laufzeit bis zur Endfälligkeit keine besonderen Risiken aus der Sphäre Dritter zu
tragen, sieht man einmal vom Referenzzinssatz beim variabel verzinslichen Darlehen ab. Bei der Nutzung von Avalen und den darauf aufbauenden Finanzprodukten (z. B. Garantie oder Akkreditiv) geht es im Wesentlichen um die Aus-
schaltung des Kunden- oder des eigenen Bonitätsrisikos, das auch ohne das
jeweilige Finanzprodukt zu überwachen wäre und dem Kerngeschäft zuzuordnen ist. Das Factoring ist in dieser Hinsicht auch als „einfaches" Produkt zu bewerten, weil die Forderungen gegen Kunden mit einem Abschlag aber regresslos
an die Factoring-Bank verkauft werden („echtes Factoring"). Auch im Laufe der
Factoring-Transaktion ist das Unternehmen nur Forderungen ausgesetzt, die aus
der eigenen oder der Bonität von Kunden (Kerngeschäft) resultieren. Zudem
sind die Forderungen regelmäßig über einen Warenkreditversicherer abgesichert.[3] Bestimmte standardisierte Derivate sind nach der Reform des Derivate-
marktes durch die European Market Infrastructure Regulation (EMIR)[4] als „einfach" einzustufen, sofern sie der Einzelabsicherung dienen, über Clearing-
Stellen abgewickelt werden, keine Stillhalterrisiken begründen und deutschem
Recht unterliegen.

2. „Komplexe" Produkte

a) Überblick

„Komplexe" Produkte sind in der Regel zusammengesetzt und/oder beziehen **5**
sich auf einen Basiswert, der vom Unternehmen entweder nicht überwacht oder
nicht beeinflusst werden kann. Die spezifische Gefährlichkeit solcher Produkte
besteht darin, dass die Risiken aus sämtlichen Komponenten des Produkts und
deren Wechselwirkung berücksichtigt werden müssen. Komplexe Produkte sind
beispielsweise:

---

3 Näher zum Factoring im Unternehmensbereich: *von Bodungen*, in: Kessler, Unternehmensfinanzierung Mittelstand, 2014, 277 f.
4 Verordnung (EU) Nr. 648/2012 des Europäischen Parlaments und des Rates vom 4.7.2012
  über OTC-Derivate, zentrale Gegenparteien und Transaktionsregister, ABl. L 201 vom
  27.7.2012, 1; in der Zukunft ergänzt durch weitere nationalstaatliche Anforderungen an die
  „Insolvenzfestigkeit" der jeweiligen zentralen Gegenpartei, s. hierzu den entsprechenden Gesetzesentwurf auf der Grundlage von Art. 4a und 10 der vorzitierten VO vom 3.12.2019, BT-
  Drs. 19/15665.

Produkte	Eigenschaften
Cash-Pooling- und Payment-Factory-Lösungen	Software-basierte und damit automatische Abwicklung von konzerninternen Zahlungsströmen, die rechtlichen Restriktionen unterliegen
Darlehen mit separater Zinssicherung	Zwar Abwicklung eines festen Zahlungsstromes unter dem Darlehen, aber separater Zahlungsstrom mit unbegrenztem Risiko über den Kapitaleinsatz hinaus unter dem Zins-Swap/-Cap
ABS (= Asset Backed Securities)	Verkauf eines Kundenzahlungsstroms an eine Zweckgesellschaft (SPV) – grundsätzlich wie Factoring, aber unter Einbindung von Kapitalmarktinstrumenten („Kapitalmarkt-Factoring")
Strukturierte Schuldscheine, Anleihen und Kreditderivate	Abwicklung eines Zahlungsstromes, der von der Bonität Dritter und dem Kapitalmarkt abhängig ist sowie rechtlich anspruchsvoll dokumentiert wird
Derivate, welche die oben unter 1. erläuterten Kriterien nicht erfüllen	Häufig Begründung von Zahlungsströmen mit unbegrenztem Verlustrisiko, die sich nicht auf gegenläufige Zahlungsströme aus dem Kerngeschäft beziehen (kein Hedging)
Sonstige zusammengesetzte Produkte	s. o.

6 Die Schwierigkeit bei dem Einsatz von Cash-Pooling- und Payment-Factory Lösungen ergibt sich im Konzern bereits daraus, dass regelmäßig taggleich über die vorhandene Liquidität aller Konzerngesellschaften verfügt wird, obgleich unter Kapitalerhaltungsgesichtspunkten (§§ 30, 31 GmbHG; § 57 AktG) jedenfalls in der Kapitalgesellschaft im Einzelfall über die Kreditgewährung an die Muttergesellschaft unter Bonitätsgesichtspunkten entschieden werden müsste.[5] Darüber hinaus sind viele Funktionen der marktüblichen Payment-Factory-Lösungen software-basiert und damit automatisiert, sowohl im Hinblick auf das „Pooling" an sich und die weitere Verwendung von Finanzprodukten wie zum Beispiel den Einsatz von Derivaten zur Absicherung von bestimmten Risiken.

7 Darlehen mit separater Zinssicherung sind regelmäßig so strukturiert, dass ein variabel verzinsliches Darlehen mit einem Swap oder einem Cap verbunden wird. Hierdurch tauscht (Swap) das Unternehmen gegen Gebühr den variablen gegen einen festen Zins. Bei der Verwendung eines Caps erwirbt das Unternehmen gegen Zahlung einer Gebühr das Recht, über einen bestimmten Zinssatz hinaus kein höheres Zinsrisiko zu tragen, weil der Vertragspartner des Cap ein-

---

5 Zu den Pflichten der Geschäftsführung bei der Nutzung von Cash-Pooling: *Gesell/Seulen*, in: Kessler, Unternehmensfinanzierung Mittelstand, 2014, 140.

springt. Häufig werden diese Gestaltungen bei der Finanzierung von gewerblichen Immobilien (aber auch darüber hinaus) eingesetzt. Nicht selten ist die darlehensgebende Bank zugleich Vertragspartner der Zinssicherung. Die swap-basierte Variante wird gefährlich, wenn das Darlehen vorzeitig fällig wird, entweder weil die Immobilie veräußert wurde, das Unternehmen gekündigt hat oder die Bank das Darlehen vorzeitig fällig gestellt hat. In einem solchen Fall ist nicht nur die Darlehensvaluta zurückzuzahlen, sondern es sind auch die Forderungen aus dem Derivat zu erfüllen, die grundsätzlich der Höhe nach nicht begrenzt sind. Hat sich das Zinsniveau während der Laufzeit des Darlehens entsprechend markant und gegenläufig verändert, ist der Ausgleichsanspruch des Vertragspartners entsprechend hoch, ohne dass sich etwas an der Hauptforderung der Bank geändert hätte.[6]

Die Ausgabe von Asset Backed Securities (ABS) in der Form der Verbriefung **8** von Handelsforderungen dient grundsätzlich dem gleichen Zweck wie Factoring, nämlich der Veräußerung von Kundenforderungen zur Liquiditätsgewinnung. Der Unterschied besteht darin, dass die Forderungen zwar regresslos verkauft werden, der Käufer aber keine Bank ist, welche die Forderungen zum Einzug auf ihre Bilanz nimmt, sondern eine Zweckgesellschaft, die ihrerseits Anleihen am Kapitalmarkt begibt, um den Kaufpreis zu refinanzieren.[7] Die Bedingungen des Forderungsverkaufs und die Zahlungsströme, die damit verbunden sind, müssen entsprechend gestaltet werden und auf Rating-Erfordernisse muss Rücksicht genommen werden. Die Transaktion kann grundsätzlich vom Arrangeur bzw. der Zweckgesellschaft gekündigt werden, wenn diese sich am Kapitalmarkt nicht mehr zu den ursprünglich festgelegten Konditionen refinanzieren kann. Unter anderem trägt das Unternehmen daher neben dem Bonitätsrisiko des Arrangeurs, der die Zweckgesellschaft zusätzlich absichert, auch das allgemeine Kapitalmarktrisiko. Beide Risiken kann das Unternehmen nicht steuern.

Derivate, die als „komplex" einzustufen sind, dienen häufig nicht der Absicherung **9** von Einzelpositionen, sondern beziehen sich auf Portfoliorisiken. Ein solches „Makro Hedging" kann sinnvoll sein, wenn bestimmte Portfoliorisiken sich bereits gegenseitig aufheben (zum Beispiel im Wege des „Netting", der Verrechnung von gegenseitigen Ansprüchen). Es werden zudem immer wieder Fälle bekannt, in denen Unternehmen mit Derivaten spekuliert haben, um Zusatzertrag zu generieren. Bekannt geworden ist zum Beispiel der Fall eines mittelständischen Unternehmens, das einen sogenannten „Spread Ladder Swap" von der Deutschen Bank erworben hatte, um auf dieDifferenz zwischen kurz- und langfristigen Zinsen zu wetten.[8] Neben erheblichen Kosten, die im Produkt versteckt waren, bestand ein praktisch unbegrenztes Verlustrisiko.

---

6 Siehe auch unten Rn. 47 ff. zu den Auswirkungen des Marktrisikos auf den Wert des Swap.
7 Zur Funktionsweise siehe *von Bodungen*, in: Kessler, Unternehmensfinanzierung Mittelstand, 2014, 281 ff.
8 BGH, Urt. v. 22.3.2011, XI ZR 33/10, BGHZ 189, 13 („Zinswette").

b) Risiken im Einzelnen

10 Neben den Marktpreisrisiken, die sich materialisieren, wenn die entsprechende Prognose nicht eintritt, weisen vor allem die „komplexen" Produkte häufig auch weitere Risiken auf. So erwähnt zum Beispiel das bankbetriebliche Risikobild zusätzlich zum Marktpreisrisiko Adressenausfall-, Liquiditäts- und operationelle Risiken[9] und bezieht diese Risiken auf Finanzinstrumente, aber auch auf den Bankbetrieb selbst. Adressenausfallrisiko wird häufig auch als Kreditrisiko bezeichnet. Es beschreibt das Risiko des bonitätsbedingten Ausfalls der Gegenpartei und lässt sich, wieder bankbetrieblich geprägt, weiter ausdifferenzieren.[10] Liquiditätsrisiko bezieht sich vorwiegend auf diejenigen Finanzprodukte, die an einer Börse gehandelt werden. Fehlt es dort an Liquidität, wird die Fähigkeit des Unternehmens eingeschränkt, sich von einem verlustbringenden Instrument zu trennen. Hierdurch können weitere Verluste (bis hin zum Totalverlust) entstehen.

11 Der Begriff „operationelles Risiko" wird häufig aus Bankensicht verwendet, um diejenigen Risiken zu beschreiben, die durch einen „Fehler" im weitesten Sinne entstanden sind. Das Paradebeispiel hierfür ist eine fehlerhafte Geschäftsorganisation oder der Verstoß gegen rechtliche Gebote und Verbote („Rechtsrisiko"). Jedenfalls aus Bankensicht fallen rechtliche Defekte der Dokumentation von vertriebenen Finanzprodukten ebenfalls in den Bereich des Rechts- und damit des operationellen Risikos. Auch aus Unternehmenssicht trägt eine eigenständige Risikokategorie „operationelles Risiko". Das Rechtsrisiko muss allerdings etwas anders definiert werden, weil ein Unternehmen Finanzprodukte nutzt und nicht selbst vertreibt. Ein rechtlicher Defekt der Dokumentation begründet danach Rechtsrisiko, wenn er sich nachteilig für das Unternehmen auswirkt, zum Beispiel wenn eine das Unternehmen schützende Vertragsbestimmung unwirksam ist. Häufig sind „komplexe" Produkte aus Unternehmenssicht auch rechtlich riskant.[11]

12 Betrachtet man die Beispiele oben (unter Rn. 5 ff.), so ergeben sich neben den marktbezogenen folgende weitere, rechtliche Risiken:

---

9 Näher *Kessler*, BB 2013, 1098, 1099.

10 *Bessis*, Risk Management in Banking, 2010, 28, unter Verweis auf die weiteren aufsichtsrechtlich vorgegebenen Risikokategorien innerhalb des Adressenausfallrisikos.

11 Zu den Rechtsrisiken im Derivatebereich ausführlich *Kessler*, Das Strukturrisiko von Finanzderivaten, 2012, 231 ff. (Dokumentation unter Deutschem Rahmenvertrag und ISDA Master Agreement). Lesenswert – weil unerwartet – BGH, Urt. v. 9.6.2016, IX ZR 314/14 (zitiert nach juris) (DRV teilweise unwirksam).

Produkte	Rechts- und Dokumentationsrisiken
Cash-Pooling- und Payment-Factory-Lösungen	Umfangreiche Vertragsdokumentation, die von allen GF der Konzerngesellschaften nach Schulung über das Kapitalerhaltungsrecht unterzeichnet werden muss; keine Standards ersichtlich; Verknüpfung mit Software-Lösungen Bank und i. d. R. SAP erforderlich
Darlehen mit separater Zinssicherung	Dokumentation des Darlehens nach deutschem Recht oder LMA-Standard (Loan Market Association Standard), teilweise englisches Recht; Dokumentation des Swaps/Caps häufig nach englischem oder New Yorker Recht (ISDA – International Swaps and Derivatives Association); Verknüpfung der Rechtssysteme erforderlich, sonst „Mismatch" (Unwirksamkeit einzelner Bestimmungen)
ABS (= Asset Backed Securities)	Umfangreiches Vertragswerk, das mehreren Rechtsordnungen unterliegt (Unternehmen, Bank, Zweckgesellschaft, „Kapitalmarkt")
Strukturierte Schuldscheine, Anleihen und Kreditderivate	Umfangreiches Vertragswerk, das in der Regel angelsächsischen Standards folgt und häufig nicht deutschem Recht unterliegt
Derivate, welche die oben unter 1. erläuterten Kriterien nicht erfüllen	Entweder individuelle Dokumentation (selten) oder Verwendung von DRV (Deutscher Rahmenvertrag für Finanztermingeschäfte) oder ISDA, Letztere nach englischem oder New Yorker Recht; Besicherung der Transaktionen mit hohem „Mismatch"-Risiko, wenn nach den Besicherungsanhängen Sicherheiten verwendet werden, die sammelverwahrt werden
Bestimmte Equity-Instrumente	s. o.

Sicherlich lassen sich Dokumentationsfehler vermeiden, doch erfordern komplexe Produkte dann den Einsatz entsprechend erfahrener interner oder externe Rechtsanwälte. Häufig wird aber der Aufwand gescheut und man verlässt sich auf die Aussagen der jeweiligen Gegenpartei oder man beauftragt den angestammten Berater, der nicht notwendigerweise Erfahrung mit den relevanten Produkten hat. Viele Risiken, die sich aus der Dokumentation von Finanz- und Kapitalmarktprodukten ergeben, verstärken sich gegenseitig. Diese Risiken stehen wiederum im Verhältnis der Wechselwirkung zu den marktbezogenen Risiken und begründen eine eigene Risikokategorie, das Strukturrisiko.[12] Häufig ist **13**

---

12 Grundlegend: *Kessler*, Das Strukturrisiko von Finanzderivaten, 2012, 46 ff.

zum Beispiel nicht bekannt, dass eine finanzierte Immobilie auch dann verwertet werden kann, wenn der Darlehensnehmer zwar den Darlehensvertrag erfüllt, also Zins und Tilgung leistet, aber den negativen Marktwert eines zusätzlich abgeschlossenen Zinssicherungsinstruments nicht durch entsprechende Sicherheiten abdeckt oder, im Rahmen einer Umfinanzierung, ausgleicht. In diesem Fall verwirklicht sich das Strukturrisiko dergestalt, dass ein Marktpreisrisiko (Veränderung der Zinsen) mit einem Rechtsrisiko (riskante vertragliche Verknüpfung zweier Finanzinstrumente) zusammentrifft und dadurch einen hohen Schaden verursachen. Im schlimmsten Fall kann eine solche Konstellation für das Unternehmen bestandsgefährdend sein.

14   Es ist in diesem Zusammenhang auch zu berücksichtigen, dass es wissenschaftlich allgemein akzeptierte Methoden der Risikobestimmung nicht gibt. Marktpreisrisiken werden regelmäßig „approximiert" (geschätzt) und zwar im Rahmen von Value-at-Risk-Modellen, die letztlich die „Gauß'sche Normalverteilung" abbilden.[13] Operationelle und damit auch Rechtsrisiken lassen sich allerdings gar nicht über mathematische Verfahren bestimmen. Hier bedarf es der Analyse von Wirkungsketten. Es liegt auf der Hand, dass eine solche Betrachtung zeit- und ressourcenintensiv ist und bei der Verwendung von Finanzprodukten auf Unternehmensseite mangels eigener Ressourcen in der Regel ausscheidet.

III. Rechtliche Anforderungen an das Risikomanagement- und Compliance-System

1. Anforderungen an Finanzinstitute

a) Aufsichtsrechtliche Anforderungen

15   Finanzunternehmen unterliegen strengen Anforderungen beim Risikomanagement und bei der Compliance. Das gilt verstärkt seit den Gipfelbeschlüssen von Pittsburgh 2009, die sich zum Ziel gesetzt haben, durch eine verstärkte Regulierung der relevanten Marktteilnehmer eine neue Finanzkrise zu verhindern.[14] Grundsätzlich ergeben sich die Anforderungen für regulierte Kapitalgesellschaften aus dem Gesellschaftsrecht (§ 91 Abs. 2 AktG; § 43 Abs. 2 GmbHG; DCGK) und, weitergehend, aus dem Aufsichtsrecht, das wiederum nach der Art des Geschäftsbetriebs und der jeweiligen Schutzrichtung (Institut oder Kunde) variiert. Rechtsquellen sind hier insbesondere das KWG inklusive MaRisk BA, das WpHG, die Delegierte Verordnung (EU) 2017/565, die WpDVerOV sowie die MaComp[15] und die entsprechenden weiteren europarechtlichen Vorgaben, häufig in der Form der „Technischen Ausführungsstandards" oder als sonstige administrative Konkretisierungen. Das Risikomanagement von Instituten erstreckt

---

13 Dazu näher unten Rn. 47 ff. und *Kessler*, BB 2013, 1098, 1099.

14 Die Erklärung des G 20-Gipfels von Pittsburgh zur Finanzmarktregulierung findet sich unter https://www.bundesregierung.de/Content/DE/StatischeSeiten/Breg/G7G20/Anlagen/G20-erklaerung-pittsburgh-2009-de.html (zuletzt abgerufen am 29.1.2020).

sich, anders als die Compliance-Funktion, die umfassender ist, auf die Überwachung der Erreichung und Erhaltung des regulatorischen Kapitals nach der europäischen Capital Requirements Regulation (CRR).[16]

Die Risikomanagement- und Compliance-Pflichten ergeben sich für Institute im **16** Einzelnen aus § 25a KWG in Verbindung mit den Bestimmungen der „Mindestanforderungen für das Risikomanagement" (MaRisk BA),[17] die auch für Versicherungen[18] und Kapitalverwaltungsgesellschaften[19] in ähnlicher Form als Rundschreiben der Bundesanstalt für Finanzdienstleistungsaufsicht Bindungswirkung entfalten.

Die MaRisk BA, die im vorliegenden Beitrag exemplarisch betrachtet werden **17** soll, besteht aus einem „allgemeinen Teil" (AT) und einem „besonderen Teil" (BT), der in verschiedene Module aufgeteilt ist, die sich an den jeweiligen Geschäftsarten des Instituts orientieren. AT 3, als Generalklausel, enthält die sich auch aus dem Gesellschaftsrecht ergebende Verpflichtung der Geschäftsleitung, „… die Risiken beurteilen zu können". Wie dies im Einzelnen geschieht, regeln die weiteren Bestimmungen des AT und des BT. Insbesondere schreiben AT 5 bis 7 Dokumentationspflichten vor und enthalten Anforderungen an die technische und personelle Ausstattung. Das Modul BTR enthält Regelungen für die relevanten Risikosteuerungs- und Controlling-Prozesse und bezieht diese auf die bereits erwähnten Risikopositionen Adressenausfallrisiko, Marktpreisrisiko, Liquiditätsrisiko und operationelles Risiko. Zur unabhängigen Überwachung der Prozesse muss nach AT 4.4.1 eine Risikocontrolling- und nach AT 4.4.2 eine Compliance-Funktion geschaffen werden. Letztere ist von einem Compliance-Beauftragten zu verantworten.

Entscheidend sind neben den Anforderungen der MaRisk BA die Konkretisie- **18** rungen, die sich kundenseitig aus den §§ 63 ff. WpHG, den Art. 21 ff. der Delegierten Verodnung (EU) 2017/565 und der MaComp ergeben. Betrachtet man zusätzlich die WpDVerOV, die für bestimmte Bereiche das kundenbezogene Wertpapiergeschäft gilt, ergeben sich ähnliche Anforderungen, insbesondere im Hinblick auf Konzeptionierung und den Vertrieb von Produkten. Es müssen weitreichende organisatorische Anforderungen erfüllt werden. Hierzu gehört in

---

15 Rundschreiben 05/2018 (WA) – Mindestanforderungen an die Compliance-Funktion und weitere Verhaltens-, Organisations- und Transparenzpflichten vom 19.4.2018 in der Fassung vom 9.5.2018.

16 Verordnung (EU) Nr. 575/2013 des Europäischen Parlaments und des Rates vom 26.6.2013 über Aufsichtsanforderungen an Kreditinstitute und Wertpapierfirmen und zur Änderung der Verordnung (EU) Nr. 646/2012.

17 Rundschreiben 09/2017 (BA) der BaFin zu den Mindestanforderungen an das Risikomanagement, Stand 27.10.2017.

18 Rundschreiben 3/2009 der BaFin zu den Mindestanforderungen an das Risikomanagement (MaRisk VA) wurde im Rahmen der Umsetzung der Solvency-II-Reform zum 1.1.2016 außer Kraft gesetzt.

19 Rundschreiben 01/2017 (WA) der BaFin zu den Mindestanforderungen an das Risikomanagement von Kapitalverwaltungsgesellschaften (KAMaRisk), Stand 10.1.2017.

allen relevanten Bereichen die Einrichtung einer qualifizierten Compliance-Funktion, die von einem Compliance-Beauftragten verantwortet werden muss. Auch wenn die WpDVerOV in erster Linie sicherstellen soll, dass die Interessen der Kunden in spezifischen Situationen wie z. B. der Honorar-Anlageberatung geschützt werden, entfaltet sie, wie WpHG und die dazugehörige Delegierte Verordnung, auch interne Wirkung. Geschäftsprozesse, die den Anforderungen des Kundenschutzes genügen, wirken sich auch langfristig positiv für das Institut aus.

b) „Best Practice" und praktische Ausgestaltung

19   In der Praxis haben sich sowohl für Finanzinstitute nach der MaRisk BA als auch kundenseitig und für Wertpapierdienstleister nach WpHG, Delegierter VO, Ma-Comp und WpDVerOV „Standards" bzw. eine „Best Practice" herausgebildet, wie mit den aufsichtsrechtlichen Anforderungen umzugehen ist. Hierbei ist auf der rechtlichen Ebene noch zwischen Risikomanagement einerseits und Compliance andererseits zu unterscheiden.[20] Inhaltlich sind die Anforderungskreise in der Praxis schon weitgehend verschmolzen. Auch die für die Abschlussprüfung relevanten IDW-Standards, hier IDW PS 980, gehen von einem thematisch integrierten Konzept aus, obwohl sich IDW PS 980 streng genommen nur auf die Prüfung eines Compliance-Management-Systems bezieht.[21]

aa) Risikomanagement

20   Im Bereich des Risikomanagements sind die Bestimmungen der MaRisk umzusetzen, damit die Risikotragfähigkeit des Instituts sichergestellt werden kann. Das geschieht nach AT 2.2 MaRisk BA zunächst durch Erstellung eines Gesamtrisikoprofils, das vor allem die wesentlichen Risiken für die Vermögens-, Ertrags- und Liquiditätslage identifizieren muss. Darüber hinaus müssen wegen des nicht abschließenden Charakters der Risikoaufzählungen in der MaRisk weitere Risiken identifiziert werden, wobei insgesamt Methodenfreiheit besteht.[22]

21   Nach AT 4.1 MaRisk BA besteht die Pflicht, einen internen Prozess einzurichten, der sicherstellt, dass die Risikoidentifikation und -bewertung nach den Regeln der MaRisk BA gewährleistet ist. Dieser interne Prozess muss die nach § 25a Abs. 1 Satz 3 KWG erforderlichen Elemente eines Risikomanagementsystems, nämlich Risikomanagementstrategie, Risikotragfähigkeitskonzept, interne Kontrollverfahren, personelle und technische Ausstattung, Notfallkonzept

---

20 Inwieweit diese Unterscheidung mit dem Übergang zu ICRM in der Praxis regulatorisch in der Zukunft entfällt, muss abgewartet werden.
21 Hinzu tritt letztlich noch der Einrichtungsstandard ISO 19600, der sich grundsätzlich auch auf Compliance-Systeme bezieht.
22 I. E. auch *Braun/Wolfgarten*, in: Boos/Fischer/Schulte-Mattler, KWG, 5. Aufl. 2016, § 25a Rn. 102 unter Verweis auf die zunehmende Normendichte in diesem Bereich und die weiter konkretisierenden Anforderungen aus den Rundschreiben der BaFin.

und nachhaltiges Vergütungssystem nach der InstitutsVergV, enthalten. Die einzelnen Komponenten stellen sich wie folgt dar:

(1) Risikomanagementstrategie

Die Risikomanagementstrategie dient der Verwirklichung des Risikomanage-   **22**
ments auf Gruppenebene, d. h. der Erfassung und Reduzierung aller wesentlichen Risiken aus der „Top down-Perspektive" und nach Aggregation.[23] Das konkrete Risikomanagementsystem und damit auch die Risikomanagementstrategie hängen von den Geschäftsaktivitäten der Gruppe ab und sind damit auch produktbezogen zu entwickeln. Praktisch heißt das, dass allgemeine sowie produktbezogene Risikomanagement- und Controlling-Prozesse aufzusetzen sind.[24] Für komplexe Finanzprodukte wird zunächst danach zu differenzieren sein, ob das Institut als Anbieter oder als Nutzer des Produkts auftritt. Die Risikomanagementstrategie unterscheidet sich naturgemäß danach, ob ein komplexes Finanzprodukt originär bilanzielle Risiken begründet (Kapitalrelevanz) oder das Institut einer Eventualverbindlichkeit, nämlich einer möglichen Haftung gegenüber dem Kunden, aussetzt.

Betrachtet man die Risikomanagementstrategie und das damit verbundene Com-   **23**
pliance-Management vor dem Hintergrund einer Nutzung komplexer Finanzprodukte, die zu Kapitalthemen nach der CRR führt, sind die Anforderungen nicht nur in § 25a KWG und der MaRisk BA zu suchen, sondern auch in der CRR selbst, die Instituten vorschreibt, wie und wie viel Kapital vorgehalten werden muss, um die Geschäftsrisiken abzudecken. Die CRR erwähnt in den Offenlegungsbestimmungen (Art. 435 Abs. 1 CRR) vor allem die Bereiche Risikosteuerung, Risikomanagement, Risikoberichts- und Messsysteme sowie Risikoabsicherung und -minderung, die mit konkreten Angaben zu unterlegen sind. Die jeweiligen Maßnahmen beziehen sich dann wieder auf die vorerwähnten Risikotypen Markt-, Adressenausfall-, Liquiditäts- und operationelles Risiko.

(2) Risikotragfähigkeitskonzept

Das Risikotragfähigkeitskonzept enthält dementsprechend Elemente der Infor-   **24**
mationssammlung und -verarbeitung, der Risikobestimmung und -analyse sowie der Anwendung kapitalbezogener und anderer Anforderungen aus § 25a KWG, der MaRisk BA und der CRR und wird damit wiederum Teil der Risikomanagementstrategie. Entscheidend für die Ausgestaltung des Risikotragfähigkeitskonzepts ist – jedenfalls bei der Nutzung von Finanzprodukten – die Bewertung und das Management von Marktrisiken.

---

23 *Hellstern*, in: Luz/Neus/Schaber/Schneider/Wagner/Weber, KWG mit CRR, 3. Aufl. 2015, § 25a KWG Rn. 138.
24 Siehe hierzu die Übersicht der WP-Gesellschaft Deloitte bei *Braun/Wolfgarten*, in: Boos/Fischer/Schulte-Mattler, KWG, 5. Aufl. 2016, § 25a Rn. 93.

(3) Interne Kontrollverfahren

25 Die internen Kontrollverfahren („Risiko-Controlling") sollen sicherstellen, dass die bestehenden Risiken richtig eingeschätzt und behandelt werden. Insofern beinhaltet das Risiko-Controlling Prozesse zur Identifizierung, Beurteilung, Steuerung und Überwachung der Risiken,[25] die von der internen Revision validiert und nachgeprüft werden. Die Compliance-Funktion dagegen prüft, ob das Risiko-Controlling selbst den gesetzlichen Anforderungen genügt.

(4) Personelle und technische Ausstattung

26 Das Institut muss tatsächlich in der Lage sein, die Anforderungen an das Risiko-management zu erfüllen. In erster Linie stellt es dazu sicher, dass es über Mitarbeiter und technische Systeme verfügt, die dafür geeignet sind. „Geeignet" bedeutet in diesem Zusammenhang, dass ausreichend Mitarbeiter vorhanden sind, die über das nötige Know-how verfügen, um Risiken entdecken und bewerten zu können (quantitative und qualitative Komponente). Dies muss durch die Einstellungspolitik, durch Schulungen, Neuproduktprozesse und Handbücher sichergestellt werden. Technische Systeme und damit vor allem das IT-System müssen nach gängigen Standards aufgebaut sein und die Integrität, die Verfügbarkeit, die Authentizität sowie die Vertraulichkeit der Daten gewährleisten.[26]

(5) Notfallkonzept

27 Im Rahmen eines Notfallkonzepts sind Vorkehrungen vor allem im Bereich der IT-Systeme aber auch darüber hinaus zu treffen. So sind Redundanzen zu schaffen, die sicherstellen, dass der Geschäftsbetrieb und damit auch das Risiko-management in Krisenzeiten aufrechterhalten werden kann. Das Notfallkonzept muss regelmäßig getestet werden und geeignet sein, die zu erwartenden Schäden erheblich zu reduzieren.[27] Das Konzept muss auch Wiederanlaufpläne enthalten.[28]

(6) Nachhaltiges Vergütungssystem

28 Die Einrichtung eines nachhaltigen und transparenten Vergütungssystems soll sicherstellen, dass nur solche Risiken eingegangen werden, die den langfristigen Unternehmenserfolg nicht gefährden. Die InstitutsVergV wurde insofern als vom Financial Stability Board (FSB) empfohlene Maßnahme mit den Inhalten

---

25 *Hellstern*, in: Luz/Neus/Schaber/Schneider/Wagner/Weber, KWG mit CRR, 3. Aufl. 2015, § 25a KWG Rn. 11.
26 *Braun/Wolfgarten*, in: Boos/Fischer/Schulte-Mattler, KWG, 5. Aufl. 2016, § 25a Rn. 609, wobei die technischen Standards solche sind, die nicht ausschließlich im Bankbereich gelten wie z. B. das Grundschutzhandbuch des Bundesamtes für Sicherheit in der Informationstechnik und ISO 17799.
27 *Braun/Wolfgarten*, in: Boos/Fischer/Schulte-Mattler, KWG, 5. Aufl. 2016, § 25a Rn. 640.
28 *Braun/Wolfgarten*, in: Boos/Fischer/Schulte-Mattler, KWG, 5. Aufl. 2016, § 25a Rn. 642.

der CRD II-Richtlinie[29] ursprünglich im Jahr 2010 von der BaFin erlassen und gilt nunmehr in der Fassung vom 28.8.2013. Sie geht grundsätzlich davon aus, dass höhere Risiken von den Mitarbeitern und Organen eingegangen werden, wenn sie von variablen Gehaltsbestandteilen abhängig sind. Die InstitutsVergV soll sicherstellen, dass Mitarbeiter und Organe nur entsprechend der Risikolage des Instituts vergütet werden und diesbezüglich keine Manipulationsmöglichkeiten gegeben sind, z. B. durch Absicherungsmaßnahmen im Interesse des Vergütungsempfängers.[30] Primär verantwortlich ist an dieser Stelle nicht das Risiko-Controlling, sondern die Compliance-Funktion.

bb) Compliance

(1) MaRisk BA-Compliance

Die Compliance-Pflicht aus der MaRisk soll sicherstellen, dass neben der Ma-   **29**
Risk selbst alle für das Institut geltenden gesetzlichen Bestimmungen eingehalten werden, wobei der Begriff der „gesetzlichen Bestimmungen" nicht nur das Kernaufsichtsrecht umfasst, sondern weit auszulegen ist.[31] Dies gilt auch nach dem IDW PS 980-Standard, der in der Anwendung auch auf solche Regeln erstreckt wird, die keinen bankaufsichtsrechtlichen Hintergrund haben (z. B. Arbeitsrecht). Der Überwachung der Compliance-Pflichten aus der MaRisk und dem sonstigen Gesetzesrecht dient die Compliance-Organisation, die seit der CRD IV-Richtlinie auch einen „Whistleblower-Prozess" beinhalten muss.[32] Wie diese Compliance-Funktion im Einzelnen auszugestalten ist, hängt von der Art des Instituts und der Natur der von ihm betriebenen Geschäfte ab.

Compliance Management bedeutet in diesem Zusammenhang nicht, die Aufga-   **30**
ben des Risikomanagements bzw. Risiko-Controllings zu duplizieren, sondern dafür zu sorgen, dass die jeweiligen Systeme im weitesten Sinne den gesetzlichen Anforderungen entsprechen. Ohne detaillierte Kenntnisse der Risiken und der Risikotragfähigkeit des Instituts lassen sich die Risikomanagementsysteme durch die Compliance-Funktion nicht bewerten. Deshalb geht der Trend – wie bereits unter III.1.b) erwähnt – zu integrierten Compliance- und Risikomanage-

---

29 Richtlinie 2009/111/EG des Europäischen Parlaments und des Rates vom 16.9.2009 zur Änderung der Richtlinien 2006/48/EG, 2006/49/EG und 2007/64/EG hinsichtlich Zentralorganisationen zugeordneter Banken, bestimmter Eigenmittelbestandteile, Großkredite, Aufsichtsregelungen und Krisenmanagement.
30 Näher die Auslegungshilfe der BaFin vom 1.1.2014 zur InstitutsVergV, dort insbesondere zu § 8.
31 Siehe *Glawischnig-Quinke*, in: Szesny/Kuthe, Kapitalmarkt Compliance, 2014, 397 m. w. N.; einschränkend aber *Braun/Wolfgarten*, in: Boos/Fischer/Schulte-Mattler, KWG, 5. Aufl. 2016, § 25a Rn. 44 („keine Ausdehnung auf Vorschriften, die keinen Bezug zum Bank- und Finanzdienstleistungsrecht aufweisen").
32 Richtlinie 2013/36/EU des Europäischen Parlaments und des Rates vom 26.6.2013 über den Zugang zur Tätigkeit von Kreditinstituten und die Beaufsichtigung von Kreditinstituten und Wertpapierfirmen, zur Änderung der Richtlinie 2002/87/EG und zur Aufhebung der Richtlinien 2006/48/EG und 2006/49/EG.

mentprozessen in Form des ICRM, die einen einheitlichen Risikomanagement- und Compliance-Rahmen schaffen.

31 Neben den klassischen Compliance-Themen Geldwäsche und Betrugspräven- tion erstreckt sich die MaRisk BA-Compliance auf sämtliche regulatorische Themen und dort vor allem auf die Risikomanagementfunktion, auf die Finanz- funktion (Treasury), auf die Personalfunktion und auf die Informationssicher- heitsfunktion. Aufbauend auf den internen Systemen ist ein Compliance-Hand- buch zu erstellen, das es jedem Mitarbeiter ermöglicht, innerhalb kurzer Zeit einen Überblick über die einzuhaltenden Anforderungen zu gewinnen.[33]

(2) MaComp-Compliance

32 Für den Wertpapierbereich (also kundenseitig) sind nach § 80 Abs. 1 WpHG i.V.m. der MaComp (Mindestanforderungen an die Compliance-Funktion)[34] de- taillierte Anforderungen zu erfüllen. Hierbei ist einerseits sicherzustellen, dass sämtliche Anforderungen des WpHG beachtet werden. Zudem müssen Interes- senkonflikte erkannt und vermieden und im Übrigen dürfen Interessen der Kun- den nicht beeinträchtigt werden. Hierzu gehört auch, dass Systeme vorhanden sind, die sicherstellen, dass Kunden über Risiken von Wertpapieren – soweit er- forderlich – nach den gesetzlichen Bestimmungen aufgeklärt werden.

33 Die zu schaffende Compliance-Funktion muss nach der MaComp unabhängig, wirksam und dauerhaft sein. Das heißt, dass der Compliance-Funktion hinrei- chende Befugnisse eingeräumt werden müssen. Weil die Compliance-Funktion präventiv und prozessleitend tätig ist, müssen die Mitarbeiter über ein hohes Fachwissen in allen geschäftsrelevanten Bereichen verfügen. Zum Beispiel be- deutet das für einen Compliance-Beauftragten einer großen Bank, dass er Kennt- nisse in allen Bereichen des WpHG-relevanten Wertpapiergeschäfts hat. Auch komplexe Finanzprodukte wie strukturierte Derivate muss er verstehen und de- ren Risiken einschätzen können.

34 Das „aufsichtsrechtliche" und das „wertpapierhandelsrechtliche" Compliance- Management-System muss wiederum auf übergeordneter Ebene zusammenge- führt werden, weil sich die Risiken aus den verschiedenen Geschäftsbereichen möglicherweise gegenseitig beeinflussen. Regelmäßig wird ein „Chief Compli- ance Officer" das auf Vorstandsebene tun.

2. Anforderungen an Unternehmen

a) Normativer Rahmen und Übertragbarkeit

35 Unternehmen als Kunden von Finanzdienstleistern werden bei der Nutzung von Finanzprodukten bereits durch die aufsichtsrechtlichen Anforderungen des Fi-

---

33 Siehe *Braun/Wolfgarten*, in: Boos/Fischer/Schulte-Mattler, KWG, 5. Aufl. 2016, § 25a Rn. 45.
34 Oben, Fn. 15.

nanzbereichs geschützt.[35] Ein solcher Schutz reicht aber regelmäßig nicht aus, weil die von Unternehmen verwendeten Finanzprodukte nur teilweise unter die §§ 31 ff. WpHG fallen. Cash-Pooling-Systeme, verbundene Darlehen, ABS und teilweise auch Derivate werden zwar von einem Finanzinstitut „begleitet", aber nicht als Wertpapier vertrieben oder nur im Rahmen eines sogenannten „Execution Only"-Geschäfts, das keine Beratungs- und Aufklärungspflichten auslöst.[36] Es besteht insofern eine Schutzlücke, wenn Unternehmen mit Finanz- und Kapitalmarktprodukten umgehen.

Ob sich deshalb für Unternehmen aus § 91 Abs. 2 AktG, § 43 Abs. 2 GmbHG **36** oder aus Grundsatz 5 DCGK die Pflicht ergibt, Risikomanagement- und Compliance-Systeme zu installieren, die denjenigen von Finanzinstituten entsprechen, ist im juristischen Schrifttum noch immer heftig umstritten.[37] Kern der Kontroverse ist die Frage, was der Gesetzgeber in § 91 Abs. 2 AktG unter der Formulierung „… ein Überwachungssystem einzurichten, damit den Fortbestand der Gesellschaft gefährdende Entwicklungen früh erkannt werden" versteht. Gerichtsentscheidungen, die sich mit der Problematik auseinandersetzen, beziehen sich auf nicht verallgemeinerungsfähige Sachverhalte.[38] Die h. L. im juristischen Schrifttum geht immer noch davon aus, dass es sich bei dem einzurichtenden Überwachungssystem nicht notwendigerweise um ein Risikomanage- bzw. Compliance-System handeln muss.[39] Als Argument wird im Wesentlichen vorgebracht, dass der Wortlaut kein solches System fordere und die Art und Weise, wie bestandsgefährdende Risiken erkannt und ausgeschaltet werden, im Leitungsermessen des Vorstands liege.[40] Ein Teil der Literatur spricht sich gleichwohl dafür aus, im Umgang mit Finanzrisiken Unternehmen die Pflicht aufzuerlegen, Vorgaben des § 25a KWG und damit der MaRisk BA „punktuell und selektiv" heranzuziehen.[41] Betriebswirtschaftlich geprägte Autoren sprechen

---

35 Siehe oben Rn. 15 ff. Ein solcher Schutz ergibt sich vor allem aus den WpHG- und MaComp-Bestimmungen. Teilweise ergeben sich hieraus und aus dem allgemeinen Zivilrecht Schadensersatzansprüche bei Verletzung der Pflichten.

36 Unter einem „Execution Only"-Geschäft versteht man ein beratungsfreies Geschäft im Kundenauftrag, durch das weder aufsichtsrechtliche noch allgemein zivilrechtliche Beratungspflichten des Dienstleisters ausgelöst werden. Für das Rechtsverhältnis zwischen Kunde und Discountbroker BGH, Urt. v. 19.3.2013, IX ZR 431/11, BGHZ 196, 370.

37 Zum Streitstand siehe *Krieger/Sailer-Coceani*, in: Schmidt/Lutter, AktG, 3. Aufl. 2015, § 91 Rn. 14 f. Durch die Überarbeitung des DCGK (jetzt in der Fassung vom 16.12.2019/20.3.2020) wird dort zumindest im Rahmen einer Empfehlung auf die Erforderlichkeit eines Compliance Mangement Systems hingewiesen (Empfehlung A 2).

38 OLG Celle, WM 2008, 1745 ff., legt sich nicht fest und das VG Frankfurt am Main, WM 2004, 2157 ff., („Bruderhilfe") bezieht sich auf ein Versicherungsunternehmen, das ohnehin in den Anwendungsbereich der aufsichtsrechtlichen Vorschriften fällt (MaRisk VA bzw. Solvency II).

39 *Krieger/Sailer-Coceani*, in: Schmidt/Lutter, AktG, 3. Aufl. 2015, § 91 Rn. 14 m. w. N.

40 Unter Verweis auf die Gesetzesbegründung *Krieger/Sailer-Coceani*, in: Schmidt/Lutter, AktG, 3. Aufl. 2015, § 91 Rn. 14 m. w. N.

41 So z. B. *Mertens/Cahn*, in: Kölner Kommentar AktG, 3. Aufl. 2009, Bd. 2/1, § 91 Rn. 31.

sich unter Praktikabilitätsgesichtspunkten beim Umgang mit Finanzrisiken überwiegend für eine konkrete Pflicht zum Risikomanagement aus und wenden die Grundsätze des § 25a KWG und der MaRisk BA direkt an.[42] Zwar kann eine solche Anwendung von bankbetrieblichen Regeln nicht grenzenlos erfolgen (siehe unten Rn. 39 f.), doch erscheint das MaRisk BA-Instrumentarium am ehesten geeignet, verlässliche Standards für den Umgang mit Risiken aus dem Finanzbereich zu setzen. Zumindest werden hierdurch die Risikokategorien definiert und die gängigen Risikobewertungsprozesse eingeführt. Die Notwendigkeit hierfür hat sich in der Aufarbeitung der Finanzkrise der Jahre 2008 ff. gezeigt. Gerade im Umgang mit Finanzderivaten haben Unternehmen durch Marktpreisfluktuationen erhebliche Verluste erlitten, die nur teilweise auf den Vertragspartner (die Bank) abgewälzt werden konnten. Relevant werden diese Fragestellungen wiederum im Zuge der Marktstörungen, die durch die Corona-Pandemie eingetreten sind.[43] Es wird sich zeigen, ob die Verbesserung der Risikomanagementprozesse im Nachgang zur sogenannten Finanzkrise ausreichend sind, um auch exogene Schocks dieser Größenordnung auffangen zu können.

37 Unabhängig davon, ob die zu treffenden Maßnahmen bei der Nutzung von Finanzprodukten im Leitungsermessen des Vorstands liegen oder ob MaRisk BA-Regeln punktuell angewendet werden oder ob ein bankentypisches Risikomanagement insgesamt zu übernehmen ist, muss die Geschäftsleitung die Risiken der genutzten Finanzprodukte einschätzen und überwachen können. Neben den Folgen für das Unternehmen muss nämlich auch die eigene Haftung im Blick behalten werden. Zwar werden unternehmerische Entscheidungen und dementsprechend auch die Nutzung eines Finanzprodukts von der „Business Judgement Rule" in § 93 Abs. 1 Satz 2 AktG (und entsprechend in § 43 Abs. 2 GmbHG) privilegiert, sodass Verluste nicht direkt zu einer Haftung des Geschäftsleiters führen müssen. Jedoch muss der Entscheider die verfügbaren Informationsquellen rechtlicher und tatsächlicher Natur ausschöpfen und auf dieser Basis eine abgewogene Entscheidung treffen.[44] Die Gesetzesbegründung zum UMAG,[45] durch das § 93 Abs. 1 Satz 2 AktG eingefügt worden ist, verweist darauf, dass die Informationen zwar nicht allumfassend sein können, aber innerhalb der betriebswirtschaftlichen Schwerpunkte unter Berücksichtigung anerkannter betriebswirtschaftlicher Verhaltensmaßstäbe bestimmt werden müssen.[46] Diejenigen betriebswirtschaftlichen Verhaltensmaßstäbe, die der Gesetzgeber im Blick hatte, umfassen im Umgang mit komplexen Finanzprodukten auch ein professionelles, produktbezogenes Risikomanagement.

---

42 So z. B. *Preußner*, NZG 2008, 574, 575.

43 Instruktiv zu den Folgen einer Pandemie auf Vertragsverhältnisse *Weller/Lieberknecht/Habrich*, NJW 2020, 1017. Zu Pandemien und Risikomanagement ferner *Romeike*, Kap. 4., Rn. 3 f.

44 So v. a. *Baums*, ZGR 2011, 218, 235 f.

45 Gesetz zur Unternehmensintegrität und Modernisierung des Anfechtungsrechts vom 22.9.2005, BGBl. I, 2802.

46 Begr. RegE, BT-Drucks. 15/5092, 12.

Keßler

Die Pflicht zur Compliance im Unternehmensbereich, die sich auch auf das Risi-   **38**
komanagement erstreckt, ist das Ergebnis der Organisationspflichten, die ihren
Ursprung in der Legalitätspflicht haben.[47]

b) Grenzen

Bei der Anwendung der MaRisk BA-Regeln im Unternehmensbereich sind sol-   **39**
che auszulassen, die sich, wie zum Beispiel das Modul BTO (Kreditgeschäft),
auf bankspezifische Risiken beziehen, die im Unternehmen nicht existieren. Andererseits müssen die übertragbaren Bestimmungen der MaRisk BA und ggf. der
WpDVerOV durch solche Regeln ergänzt werden, die speziell für Unternehmen
erforderlich sind. Zu denken ist in diesem Zusammenhang vor allem an interne
Schulungs- und Risikoaufklärungspflichten, weil in Bezug auf Finanzprodukte
regelmäßig weniger Know-how zur Verfügung steht als in Finanzinstituten.

Zu bedenken ist auch, dass der Bezug zu bankaufsichtsrechtlichen Pflichten und   **40**
deren Erfüllung alleine noch nicht ausreichen, um den Vorstand oder die Geschäftsführung über die Business Judgement Rule zu enthaften. Vielmehr ist in
diesem Rahmen immer eine Einzelfallbetrachtung durchzuführen.

IV. Ausgestaltung des Risikomanagement- und Compliance-Systems im Unternehmensbereich

1. Finanzproduktbezogenes Risikomanagement und Compliance – Überblick

Grundsätzlich müssen sich das finanzproduktbezogene Risikomanagement und   **41**
auch die nachfolgende Compliance-Organisation in das Gesamtkonzept einfügen. Insofern müssen Schnittstellen definiert und Zuständigkeiten übertragen
werden. Im folgenden Abschnitt wird die Betrachtung auf den Umgang mit Finanzprodukten beschränkt. Im Unternehmensbereich ist es wenig sinnvoll, verschiedene Risikomanagement- und Compliance-Systeme zu installieren, die
dann auf höherer Ebene wieder zusammengeführt werden. Vielmehr sollte – so
wie es der Bankpraxis heute schon entspricht – ein integriertes Risikomanagement und Compliance-System entwickelt werden, in das die verschiedenen ge-
schäftsbezogenen Module integriert werden. Am Beispiel der oben (unter
Rn. 39 f.) erläuterten komplexen Finanzprodukte soll skizziert werden, welche
Elemente ein solches ICRM-Modul für die jeweiligen Risikoarten enthalten
muss. Im Überblick ergibt sich das folgende Modell:

---

47 Zur Legalitätspflicht im Rahmen von § 93 Abs. 1 AktG und ihren Grenzen: *Hüffer/Koch*,
AktG, 14. Aufl. 2020, § 93 Rn. 6. Zur Compliance-Organisationspflicht ferner *Schulz*,
Kap. 1., Rn. 4 ff.

Instrument	Wesentliche Risiken	ICRM
Cash Pooling und Payment Factory	Adressenausfall-/Kreditrisiko; operationelles/Rechtsrisiko	– Kreditrisiko-Tool („Treasury Portal") – Rechtliche Einzelfallprüfung und fortlaufende Prüfungen – Einweisung und fortlaufende Schulung von GF und V
Darlehen mit separater Zinssicherung	Marktrisiko, Adressenausfall-/Kreditrisiko; operationelles/Rechtsrisiko	– Kreditrisiko-Tool (Darlehenskomponente) – Rechtliche Einzelfallprüfung und Monitoring der Covenants („Treasury Portal") – Liquiditäts- und Marktrisiko-Tool (Zinssicherung) – Ggf. Kreditrisiko-Tool (Zinssicherung) – Erweiterte rechtliche Prüfung der Dokumentation (Zinssicherung)
ABS	Marktrisiko, Adressenausfall-/Kreditrisiko; Liquiditätsrisiko, operationelles/Rechtsrisiko	– Erweiterte rechtliche Prüfung (wegen Komplexität und fremden Rechtsordnungen) – Kreditrisiko-Tool (Darlehens- und Anleihekomponenten; Liquiditätslinie Issuer) – Rechtliches und wirtschaftliches Monitoring der Covenants („Treasury Portal") – Liquiditäts- und Marktrisiko-Tool (Zinssicherung und weitere Derivate)
Strukturierte Schuldscheine, Anleihen, Kreditderivate	Marktrisiko, Adressenausfall-/Kreditrisiko; Liquiditätsrisiko, operationelles/Rechtsrisiko	– Erweiterte rechtliche Prüfung (wegen Komplexität und häufig fremden Rechtsordnungen) – Kreditrisiko-Tool (Darlehens- und Anleihekomponenten; Kreditderivat) – Rechtliches und wirtschaftliches Monitoring der Covenants („Treasury Portal") – Liquiditäts- und Marktrisiko-Tool (Zinssicherung und weitere Derivate)
Derivate	Marktrisiko, Adressenausfall-/Kreditrisiko; operationelles/Rechtsrisiko	– Liquiditäts- und Marktrisiko-Tool – Kreditrisiko-Tool (Zinssicherung) – Erweiterte rechtliche Prüfung der Dokumentation – Fortlaufende rechtliche Prüfung der Dokumentationsstandards

2. Die Ausgestaltung der wichtigsten ICRM-Komponenten im Einzelnen

a) Rechtliche Einzelfallprüfung: Covenant-Tool

Bei Covenants handelt es sich in Darlehensverträgen um Pflichten des Darle-   **42**
hensnehmers. Häufig wird ein bestimmtes Reporting vereinbart, aber auch boni-
tätsbezogene und rechtliche bzw. organisatorische Verpflichtungen spielen eine
Rolle. Neben diese allgemeinen Covenants treten in aller Regel sogenannte Financial Covenants, also finanzielle Kennzahlen oder „Kapitalstrukturauflagen",
die vom Darlehensnehmer eingehalten werden müssen.[48] Sie dienen der fortlaufenden Überprüfung der Rahmendaten, die für die Kreditentscheidung erheblich
waren.[49] Ein Verstoß gegen diese Covenants führt regelmäßig zu einem vertraglichen Kündigungsrecht des Darlehensgebers und begründet dann eine erhebliche Insolvenzgefahr für den Darlehensnehmer. Insofern ist es wichtig, die
Einhaltung der Financial Covenants im Rahmen des ICRM fortlaufend zu überwachen.

Üblich sind Eigenkapitalklauseln, die verlangen, dass das Eigenkapital des Dar-   **43**
lehensnehmers nicht unter eine bestimmte Quote absinkt. Weiterhin kommen
verschuldungsabhängige Kennzahlen zum Einsatz, welche die Verschuldung des
Darlehensnehmers ins Verhältnis zu seinem Eigenkapital setzen. Es wird zudem
regelmäßig verlangt, dass der Darlehensnehmer seine Netto-Finanzverbindlich-
keiten ins Verhältnis zum EBITDA setzt und damit sicherstellt, dass die Verbindlichkeiten in einem angemessenen Zeitraum zurückgeführt werden können.
Wichtig ist in diesem Zusammenhang die Feststellung des Schuldendienstde-
ckungsgrads, der bestimmt, ob die Aufwendungen für die eingegangene Verschuldung überhaupt getragen werden können. Schließlich muss sich der Darlehensnehmer verpflichten, eine bestimmte Liquidität vorzuhalten, um über die
Laufzeit des Darlehens die Illiquidität zu vermeiden.[50]

Das Covenant Tool kann eine simple Excel-Tabelle sein, die alle eingegangenen   **44**
Finanzierungen enthält und die Financial Covenants beinhaltet. Es muss dann in
regelmäßigen Abständen „händisch" überprüft werden, ob die meist unterschiedlichen Covenants eingehalten worden sind. Besser ist es, eine Verknüpfung mit dem allgemeinen Reporting des Unternehmens herzustellen, sodass jedenfalls an den jeweiligen Stichtagen (zumeist zum Ende eines jeden Quartals,
teilweise halbjährlich oder jährlich) die notwendigen Kennzahlen von der
Finanzabteilung im richtigen Format geliefert werden.

---

48 Näher *von Bodungen*, in: Kessler, Unternehmensfinanzierung Mittelstand, 2014, 165.
49 *von Bodungen*, in: Kessler, Unternehmensfinanzierung Mittelstand, 2014, 165.
50 Zu den Financial Covenants näher *von Bodungen*, in: Kessler, Unternehmensfinanzierung
Mittelstand, 2014, 167 f.

b) Kreditrisiko-Tool

45 Das Kreditrisiko-Tool dient der Überwachung des jeweiligen Gegenparteirisikos und muss vor allem dann das Gegenparteirisiko im Blick haben, wenn das Unternehmen selbst Gläubiger der Forderung ist oder werden kann. Normalerweise ist das bei einfachen Finanzierungen nicht der Fall, weil das Unternehmen regelmäßig unter einem Darlehensvertrag Zins und Tilgung schulden wird. Ist zur Zinssicherung aber ein Derivat abgeschlossen worden oder ist das Unternehmen Teil einer komplexeren Struktur (wie zum Beispiel bei ABS), muss das Gegenparteirisiko beachtet werden. Grundsätzlich kann das individuell erfolgen, indem die Gegenpartei bereits vertraglich verpflichtet wird, selbst bestimmte Finanzinformationen zu liefern. Häufig wird die Gegenpartei jedoch ein Finanzinstitut sein, das einem externen Rating unterliegt. Dann wird das Rating im Rahmen des Kreditrisiko-Tools mit zu überwachen sein. Im Bankbereich spielt das Kredit- oder Adressenausfallrisiko bei der Risikogewichtung von Bilanzpositionen zur Bestimmung von Eigenmittelanforderungen eine wesentliche Rolle, sodass die Bewertungsstandards entsprechend ausgefeilt sind. Anders als im Unternehmensbereich, der unreguliert ist, bestehen im Bankbereich allerdings Vorgaben, welche Positionen als besonders risikoarm oder besonders riskant anzusehen sind;[51] diese Vorgaben lassen sich im Unternehmensbereich nicht anwenden. Allerdings wird auch im Bankbereich darüber hinaus und unter bestimmten Bedingungen auf Ratings anerkannter Agenturen (sogenannte ECAI[52]) abgestellt werden. Wie das zu geschehen hat, richtet sich danach, ob die kurz- oder langfristige Bonität der Gegenpartei zu beurteilen ist. Die Einteilung in die gängigen Ratingklassen AAA (geringstes Ausfallrisiko) bis CCC+ (hohes Ausfallrisiko) kann grundsätzlich im Unternehmen übernommen werden. Einzig der „Cut off", das heißt diejenige Schwelle, unter der eine Gegenpartei nicht mehr akzeptabel ist, muss individuell festgelegt werden und sich an der Risikoneigung und Risikotragfähigkeit des Unternehmens orientieren.

46 Handelt es sich bei der Gegenpartei um eine Zweckgesellschaft (SPV) oder ein sonstiges, nicht geratetes Unternehmen, werden Aussagen nur schwer schematisiert zu treffen sein und müssen durch die individuelle Analyse des Kreditrisikos ersetzt und durch strukturelle Maßnahmen flankiert werden. Eine Zweckgesellschaft, die zum Beispiel im Rahmen einer ABS-Transaktion Vertragspartner wird, muss so strukturiert sein, dass sie neben den Verbindlichkeiten im Rahmen der eingegangenen Transaktion keine weiteren zu tragen hat und entsprechend kein Risiko besteht, dass externe Einflussfaktoren zu ihrem Zusammenbruch

---

51 Siehe hierzu insbesondere Art. 114 ff. CRR. Es fällt auf, dass Staatsanleihen aus dem Euro-Raum immer noch mit einer Kapitalunterlegungspflicht von 0 % und damit mit einem Ausfallrisiko von 0 geführt werden, obwohl u. a. die Situation in Griechenland (oder nunmehr auch in Italien) eine andere Ausfallwahrscheinlichkeit annehmen lässt. Ein Überblick findet sich bei *Luz*, in: Luz/Neus/Schaber/Schneider/Wagner/Weber, KWG mit CRR, 3. Aufl. 2015, CRR Art. 114–134 Rn. 3.

52 ECAI sind „External Credit Assessment Institutions". Zum Beispiel erfüllen Fitch, Standard & Poors und Moodys die Kriterien und sind als ECAI zugelassen.

und damit zum Ausfall des Unternehmens führen („Insolvency Remoteness").
Diese strukturellen Themen lassen sich im Rahmen des Kreditrisiko-Tools nur
durch die Hinterlegung einer regelmäßig von Anwälten und Wirtschaftsprüfern
zu aktualisierenden „Legal Opinion" erfassen.

c) Marktrisiko-Tool

Marktrisiko wohnt allen Finanzprodukten inne, die Marktpreisen unterliegen.   **47**
Hierbei kann es sich um die Tranche eines Darlehens handeln, das der Darlehens-
geber am Markt veräußert, ohne dass dies vom Darlehensnehmer gewünscht ist.
Es kann sich um Derivate zur Zinssicherung handeln, die einen eigenen Marktwert haben, der durchaus auch – je nach Zinsentwicklung – negativ sein kann. Eigene Schuldscheine, Anleihen und Equity-Instrumente haben Marktpreise, die
das Unternehmen als Schuldner nur mittelbar betreffen, aber unmittelbare Auswirkungen auf die Bonität und den Ruf des Unternehmens haben (z. B. wenn eine
vom Unternehmen begebene Anleihe weit unter dem Nominalwert notiert und damit Geschäftspartner auf eine Schieflage aufmerksam werden).

Die Bestimmung von Marktrisiko ist nicht trivial. Es geht letztlich darum vorher-   **48**
zusagen, wie sich ein Marktpreis in der Zukunft entwickelt und insbesondere, mit
welcher Wahrscheinlichkeit Verluste eintreten, die unter Risikomanagementge-
sichtspunkten für das Unternehmen relevant sind. Betrachtet man zum Beispiel
das Risiko eines Zins-Swaps, so hängt der Marktwert des Swaps eng mit dem Basiswert und damit mit der Zinsentwicklung zusammen. Tauscht das Unternehmen
einen variablen Zahlungsstrom in einen fixen Zahlungsstrom, zahlt es eine Prämie
dafür, dass der Kontrahent das Zinsrisiko übernimmt. Die Höhe der Prämie hängt
davon ab, wie der Markt die Zinsentwicklung über die Laufzeit einschätzt. Wird
der Swap während der Laufzeit aufgelöst, etwa weil der Darlehensnehmer das
Darlehen anderweitig refinanzieren möchte (oder muss), ergibt sich ein positiver
Marktwert, wenn das Zinsniveau weiter angestiegen ist, als der vom Darlehensnehmer „gekaufte" Zinssatz. Ein negativer Marktwert ergibt sich, wenn das Zinsniveau unter den „gekauften" Zinssatz abgesunken ist. Dann ist der Swap, den die
Bank als Kontrahent am Markt „refinanziert" hat, wertlos und es droht die Pflicht,
eine Ausgleichzahlung zu leisten, welche den Kontrahenten in die Lage versetzt,
seine Verpflichtungen gegenüber seiner Gegenpartei zu erfüllen. Grundsätzlich
besteht dieser Ausgleichsanspruch unbegrenzt.

Die Regeln der CRR, die teilweise auch im Unternehmensbereich angewendet   **49**
werden müssen, sind produkt- und risikobezogen ausgestaltet. Im Rahmen der
Marktpreisrisiken wird zwischen Allgemeinem Zinsrisiko, Spread-Risiko,
Währungsrisiko, Rohwarenrisiko, Aktienrisiko, Ausfallrisiko und Optionsrisiko
unterschieden.[53] Risikopositionen sind nach Marktpreis zu bestimmen (Art. 94
Abs. 2 CRR). Insofern findet sich durchaus eine bankaufsichtsrechtliche Kate-

---

[53] Einen guten Überblick über die Risikopositionen geben die Offenlegungsvorschriften der
CRR (Art. 431–435).

gorie für alle von Unternehmen verwendeten Finanz- und Kapitalmarktprodukte. Die Bestimmung des zukünftigen Marktwerts eines Kapitalmarktinstruments und die damit verbundene Risikoeinschätzung ist jedoch keine exakte Wissenschaft, weil die Zukunft unbekannt ist. Insofern stützen sich die Finanzmathematik und damit auch die Regulierung auf Verfahren, die auf vergangenen Daten beruhen. Ein Beispiel hierfür ist das Value-at-Risk-Verfahren (VaR), das im Bankbereich im Rahmen der Marktrisikomodelle angewendet wird.[54] Der Value-at-Risk beschreibt denjenigen Verlust, der innerhalb einer bestimmten Zeitspanne nur mit einer bestimmten Wahrscheinlichkeit überschritten wird.[55] Grundsätzlich obliegt es dem Risikomanagement im Unternehmen, Zielwerte festzulegen und insbesondere zu bestimmen, welcher VaR unter Risikotragfähigkeitsgesichtspunkten noch akzeptabel ist. Dieser Wert muss dann mit gängigen, software-basierten Berechnungs- und Überwachungsverfahren eingehalten werden.

d) Liquiditätsrisiko-Tool

50 Grundsätzlich muss ein Unternehmen sicherstellen, dass es „liquide" bleibt, um eine Insolvenz zu vermeiden. Um diese Liquidität geht es beim Umgang mit Finanz- und Kapitalmarktprodukten jedoch nicht. Finanzinstrumente, die an einem Markt gehandelt werden, weisen ein Liquiditätsrisiko auf. Es handelt sich dabei im Gegensatz zum Risiko der Illiquidität des Unternehmens um das Risiko, dass ein Handel in einem bestimmten Wertpapier oder Anlagegegenstand nicht zustande kommt, weil ein Verkäufer oder Käufer fehlt. Ist das Unternehmen in einer solchen Situation eines wenig liquiden Marktes gezwungen, ein Wertpapier zu verkaufen, kann es dies, wenn überhaupt, nur zu einem schlechten Preis tun und wird Verluste erleiden. Grundsätzlich muss es deshalb die Veräußerbarkeit gehaltener Finanz- und Kapitalmarktprodukte sicherstellen oder für „illiquide" Vermögenswerte entsprechend Rückstellungen bilden, wenn sich deren Marktwert verringert.

51 Ein Liquiditätsrisiko-Tool sollte täglich das Handelsvolumen in den relevanten Produkten genauso im Auge behalten, wie die Volatilität des Marktes und des Produkts.

3. Delegation des Risikomanagements und Compliance

52 Die Wahrscheinlichkeit ist hoch, dass ein komplexes Finanzprodukt von einem Finanzinstitut vertrieben worden ist. In den meisten Fällen haben Unternehmen und Finanzinstitut dann zumindest konkludent einen Beratungsvertrag[56] ge-

---

54 Siehe *Neus*, in: Luz/Neus/Schaber/Schneider/Wagner/Weber, KWG mit CRR, 3. Aufl. 2015, Einführung Rn. 43.

55 Siehe *Neus*, in: Luz/Neus/Schaber/Schneider/Wagner/Weber, KWG mit CRR, 3. Aufl. 2015, Einführung Rn. 43.

56 Die Obergerichte nehmen in ständiger Rechtsprechung an, dass die Bank Rechtsbindungswillen zum Abschluss eines Beratungsvertrages hat und ein solcher zustande kommt, wenn

schlossen, sodass zum Zeitpunkt des Vertragsschlusses Informationen zu Funktionsweise und Risiko des Produkts übermittelt worden sind, und zwar in der Form eines Beratungsgesprächs und/oder eines Prospekts. Der Beratungsvertrag wirkt aber nicht in die Zukunft, sodass grundsätzlich keine Pflicht des beratenden Instituts besteht, nach Vertragsschluss die Risiken für den Vertragspartner zu überwachen. Ganz im Gegenteil, die Bank hätte sogar, wenn sie Vertragspartner bliebe, einen Interessenkonflikt, wenn sie die gegenläufige Position hält. Unabhängig von der vertraglichen Gestaltung erwog die EU-Kommission jedoch im Rahmen der MiFID-Reform,[57] die Wohlverhaltensregeln für Finanzinstitute dergestalt zu ändern, dass auch während der Laufzeit zum Beispiel eines Derivatevertrages Hinweis- und Warnpflichten gegenüber einem strukturell unterlegenen Marktteilnehmer bestünden.[58] Dieser Ansatz ist jedoch bei der weiteren Umsetzung der Reform fallengelassen worden.

Ohne gesetzliche Vorgabe müssten Finanzinstitut und Unternehmen ein regelmäßiges, risikoorientiertes Reporting vereinbaren. Ein solcher Geschäftsbesorgungsvertrag würde dazu führen, dass ein Dritter, der über umfangreiches institutionelles Know-how im Umgang mit den relevanten Produkten und Risiken verfügt, die Pflichten des Vorstands nach § 91 Abs. 2 AktG übernehmen würde. Grundsätzlich würde eine solche Dienstleistung wohl wegen des inhärenten Interessenkonfliktes von einer Abteilung des Vertragspartners durchgeführt werden müssen, die von der Handelsabteilung organisatorisch getrennt ist (Chinese Walls). Ob der Interessenkonflikt gänzlich behebbar ist, wird von den Umständen des Einzelfalles abhängen. Auf der Bankenseite jedenfalls wäre die Auslagerung der Risikoüberwachungsfunktion für laufende Finanzprodukte nach § 25a KWG i.V.m. AT 9 MaRisk BA unter den dort festgeschriebenen Voraussetzungen (insbesondere Nr. 6) ausdrücklich zulässig. **53**

Der Vorstand kann im Rahmen von § 91 Abs. 2 AktG Pflichten grundsätzlich intern und auch extern delegieren, wobei ein bestimmter Kernbestand bei ihm bestehen bleibt, der nicht delegierbar ist.[59] Folgt man der hier vertretenen Auffassung, dass im Rahmen des § 91 Abs. 2 AktG für das Risikomanagement von **54**

---

sie an den Kunden herantritt und dieser das Gespräch aufnimmt, vgl. nur BGH, Urt. v. 22.3.2011, XI ZR 33/10 BGHZ 189, 13 („Zinswette"); auch die Vorinstanz: OLG Frankfurt a.M., ZIP 2010, 921 unter Verweis auf BGH, Urt. v. 4.3.1987, IVa. ZR 122/85, BGHZ 100, 117ff.

57 Die MiFID-Richtlinie (Richtlinie 2014/65/EU des Europäischen Parlaments und des Rates vom 15.5.2014 über Märkte für Finanzinstrumente sowie zur Änderung der Richtlinien 2002/92/EG und 2011/61/EU – Markets in Financial Instruments Directive – MiFID II) ist am 12.6.2014 im Amtsblatt der EU veröffentlicht worden. Das Konsultationspapier aus dem Jahr 2011 sah eine solche Hinweis- und Warnpflichtpflicht als „Idee" vor.

58 Die Frage, ob ein Marktteilnehmer, auch wenn er geeignete Gegenpartei im Sinne von § 31a WpHG ist, strukturell unterlegen ist („strukturelles Ungleichgewicht"), bestimmt sich danach, ob seine institutionelle, durch das Aufsichtsrecht vermittelte, Kompetenz hinter derjenigen seines Vertragspartners zurückbleibt – näher *Kessler*, Das Strukturrisiko von Finanzderivaten, 277ff. m.w.N.

59 *Baums*, ZGR 2011, 219, 268, beschreibt diesen Kernbestand als „Residualpflichten".

komplexen Finanzprodukten soweit wie möglich die Regeln der MaRisk BA bzw. der CRR heranzuziehen sind, dann wird man die schriftliche Fixierung des Risikomanagementkonzepts und der Anforderungen an den Dienstleister (regulierte Bank, hohe institutionelle Kompetenz) zwar als sogenannte Residualpflicht des Vorstands begreifen, aber gegen eine vertragliche Auslagerung der Ausführung unter den Voraussetzungen des AT 9 MaRisk BA keine Einwände haben. In Fällen, in denen die Einrichtung eines bankenüblichen Risikomanagementsystems für Unternehmen zu aufwendig ist, empfiehlt es sich, auf der Grundlage der Informationen, die im Rahmen der Beratung übermittelt worden sind (Stichwort: Informationssymmetrie), ein Auslagerungskonzept schriftlich zu fixieren. Im nächsten Schritt muss mit dem Vertragspartner oder einer anderen Bank auf dieser Grundlage ein unabhängiges Risiko-Controlling mit entsprechenden Hinweis-, Warn- und Berichtspflichten vereinbart werden, die wiederum die oben unter 1. erläuterten Risiko-Tools umfassen.

55   Den Interessenkonflikt, der typischerweise entsteht, wenn der Vertriebspartner Aufgaben des Risikomanagements übernimmt, lässt sich durch die Wahl eines bankenunabhängigen Dienstleisters vermeiden. Dieser kann im Rahmen des ICRM und eines Auslagerungskonzepts häufig sogar direkter eingebunden werden, als ein Finanzinstitut, dessen Kerngeschäft die operative software-basierte Begleitung seiner Kunden häufig nicht ist. Grundsätzlich gelten für einen solchen externen Dienstleister dieselben Grundsätze wie für eine Auslagerung an ein Finanzinstitut.

56   Die Compliance-Funktion wird, wie im Bankbereich auch, im Rahmen des ICRM-Ansatzes die aufgesetzten Prozesse plausibilisieren und die Einhaltung der Anforderungen an das Risikomanagement überwachen.[60]

V. Haftungsfragen

57   Grundsätzlich zieht die Verletzung der Rechtspflicht zum Risikomanagement und auch zur Compliance eine Haftung nach § 93 Abs. 2 AktG bzw. § 43 Abs. 2 GmbHG nach sich. Zur Bestimmung der bereichsspezifischen Anforderungen müssen jedoch die verschiedenen Komponenten des ICRM wieder getrennt betrachtet werden. Im Bereich des Risikomanagements werden Pflichten verletzt, wenn der Vorstand entweder kein Risikomanagementsystem installiert hat, obwohl es erforderlich war, oder bestandsgefährdende Risiken durch die Verwendung von Finanz- und Kapitalmarktprodukten in Fällen nicht erkannt worden sind, in denen kein Risikomanagementsystem erforderlich war. Im Bereich der Compliance geht es um Verstöße gegen die Legalitätspflicht, die zu einem Schaden im Unternehmen führen.

---

60 Näher zu den Schnittmengen von Risikomanagement und Compliance *Schulz/Galster*, in: Bürkle/Hauschka, Der Compliance Officer, 2015, § 4 Rn. 64.

1. Verstoß gegen die Pflicht zum Risikomanagement

Es ist im juristischen Schrifttum zunächst anerkannt, dass die Umstände des Ein- **58**
zelfalles zu betrachten sind. Weder ergibt sich aus der Einrichtung eines „allum-
fassenden" Systems (sofern das überhaupt möglich ist) eine Enthaftung des Vorstands noch führt das Fehlen eines solchen Systems in jedem Fall zur Haftung.[61]
Es gilt insofern die Privilegierung des § 93 Abs. 1 Satz 2 AktG (die sogenannte
„Business Judgement Rule" – BJR). Hiernach haftet ein Vorstand (oder auch ein
GmbH-Geschäftsführer) nicht, wenn er bei einer unternehmerischen Entscheidung richtige Annahmen getroffen hat. „Unternehmerisch" ist eine Entscheidung immer dann, wenn der Vorstand sein Leitungsermessen ausüben kann.[62]
Das wird typischerweise bei der Nutzung von Finanz- und Kapitalmarktprodukten genauso der Fall sein, wie bei der Frage, ob ein banktypisches Risikomanagementsystem einzurichten ist oder nicht (jedenfalls, wenn man der h.L. in
der Literatur folgt – s.o. Rn. 36f.). Die Annahmen, die der Vorstand trifft, müssen auf der Basis angemessener Information getroffen werden. Das ist der Fall,
wenn der Vorstand die für eine sachgerechte Entscheidung nötigen Informationen einholt.[63] Bei der Nutzung von Finanz- und Kapitalmarktprodukten treten
regelmäßig zwei Grundkonstellationen auf. Es ist einerseits denkbar, dass der
Vorstand es verabsäumt hat, ein produktspezifisches Risikomanagementsystem
einzurichten und dadurch im weiteren Verlauf nicht genügend Informationen
hatte, um Verluste zu vermeiden. Andererseits ist auch denkbar, dass der Vorstand auf der Grundlage angemessener Information, die auf einem funktionalen
Risikomanagementsystem beruht, eine Entscheidung getroffen hat, die zu Verlusten geführt hat. Im letzteren Fall ist er über die BJR privilegiert und, vorausgesetzt, die Entscheidung war zum Wohle der Gesellschaft gedacht, haftungs-
frei. Begibt er sich allerdings der Einschätzungsmöglichkeit, weil er die Systeme
nicht installiert, die erforderlich gewesen wären, um ermessensfehlerfreie Entscheidungen zu treffen, haftet er, auch wenn er zum Beispiel durch den Verzicht
auf ein Risikomanagementsystem Kosten zum Wohle der Gesellschaft sparen
wollte.

In diesem Zusammenhang gilt, dass die Maßnahmen des Risikomanagements **59**
der Gefährlichkeit der verwendeten Produkte entsprechen müssen. Der Vorstand
braucht beim Erwerb der Aktien eines DAX 30-Unternehmens wohl nicht mehr
zu tun, als täglich den Kurs und die im Rahmen der Kapitalmarktpublizität veröffentlichten Emittenteninformationen zur Kenntnis zu nehmen. Anders ist die
Lage aber beim Abschluss eines Vertragswerks für eine ABS-Transaktion mit
einer Reihe von Vertragspartnern und verschiedenen Kapitalmarktinstrumenten,
deren Risiken das Unternehmen direkt ausgesetzt ist. In diesem Zusammenhang
gilt es zu beachten, dass Stimmen im juristischen Schrifttum in Folge der Fi-

---

61 *Krieger/Sailer-Coceani*, in: Schmidt/Lutter, AktG, 3. Aufl. 2015, § 91 Rn. 14 m.w.N. Zu den
   positiven Effekten effektiver Compliance-Maßnahmen siehe *Schulz*, Kap. 1.
62 *Krieger/Sailer-Coceani*, in: Schmidt/Lutter, AktG, 3. Aufl. 2015, § 93 Rn. 15.
63 *Krieger/Sailer-Coceani*, in: Schmidt/Lutter, AktG, 3. Aufl. 2015, § 93 Rn. 17.

nanzkrise davon ausgegangen sind, es gäbe finanzmarktbezogene Risiken, die grundsätzlich eine Privilegierung nach der BJR ausschlössen, etwa weil sie „übergroß" seien[64] oder, gerade im Falle von Investments in ABS oder Derivaten, „per se" ein Sorgfaltspflichtverstoß vorläge.[65] Dieser Auffassung ist entgegenzutreten. Wenn der Vorstand die eingegangenen Risiken versteht und sachgerecht kontrollieren kann, haftet er nicht.

2. Verstoß gegen die Pflicht zur Compliance

60 Die Haftung für Compliance-Verstöße – die auch an § 93 Abs. 1 Satz 2 AktG zu messen sind – ist mit der Neuburger-Entscheidung des LG München[66] erheblich verschärft worden. Gestützt hat das Gericht die Entscheidung auf die Legalitätspflicht des Vorstands (es ging um Schmiergelder) und im Leitsatz festgestellt, dass eine Pflicht zur Einrichtung einer auf Schadensprävention und Risikokontrolle angelegten Compliance-Organisation besteht, wenn eine entsprechende Gefährdungslage vorliegt.[67]

61 Ob für die Nutzung von Finanz- und Kapitalmarktprodukten hieran angeknüpft werden kann, ist allerdings fraglich. Verabsäumt der Vorstand die Einrichtung eines Risikomanagementsystems, obwohl er nach § 91 Abs. 2 AktG dazu verpflichtet ist, verletzt er eine Organisationspflicht, die nach innen gerichtet ist. Ein Verstoß gegen die Legalitätspflicht setzt aber voraus, dass nicht nur ein Verstoß gegen innen-, sondern auch gegen nach außengerichtete Pflichten vorliegt.[68] Das wäre bei der Nutzung von Finanzprodukten z. B. der Fall, wenn ein regulierter Marktteilnehmer gegen Bank- oder Kapitalmarktaufsichtsrecht verstoßen würde und es kein Compliance-System gäbe, das einen solchen Verstoß hätte verhindern können. Es ist insofern anzunehmen, dass Fehler im ICRM oder das Fehlen eines Compliance-Elements im Unternehmensbereich jedoch nicht zum Wegfall der Privilegierungen durch die BJR führen würden.

VI. Fazit

62 Die Nutzung von Finanz- und Kapitalmarktprodukten im Unternehmen muss sowohl durch ein Risikomanagement- wie auch durch ein Compliance-System unterstützt werden. Es muss im Unternehmen abgewogen werden, ob unabhängige Systeme oder ein einheitliches ICRM installiert werden. Unabhängig von der organisatorischen Ausgestaltung variieren die Anforderungen je nach genutztem Produkt, wobei die Risiken komplexer Produkte besonders „gemanagt" und überwacht werden müssen. Neben Marktpreisrisiken stehen insbesondere

---

64 Z. B. *Lutter*, ZIP 2007, 841, 845.
65 Hierzu näher *Krieger/Sailer-Coceani*, in: Schmidt/Lutter, AktG, 3. Aufl. 2015, § 93 Rn. 20 m. w. N.
66 LG München, WM 2014, 947.
67 LG München, WM 2014, 947.
68 Zur Differenzierung und den haftungsrechtlichen Folgen siehe *Nietsch*, ZGR 2015, 631, 651 f.

Rechtsrisiken, die bei vorwiegend angelsächsisch geprägter Dokumentation von Finanz- und Kapitalmarktprodukten ein eigenständiges Risikomanagement erfordern. Aber auch im Bereich der banküblichen Risiken sind entsprechende „Tools" in das jeweilige System zu integrieren. Hierbei muss sich das Unternehmen an den „Best Practice"-Vorgaben der MaRisk BA, der CRR und des WpHG bzw. der MaComp orientieren, wobei ein externer Dienstleister im Rahmen eines Auslagerungsvorgangs beauftragt werden kann, den Vorstand zu unterstützen. Auch ist der Vorstand im Regelfall durch die BJR privilegiert und haftet nur, wenn entweder die Systeme keine ausreichende Informationslage schaffen oder wenn Systeme gar nicht existieren und der Vorstand deshalb nur ermessensfehlerhaft entscheiden kann. Die verschärfte Haftung nach der Neubürger-Entscheidung trifft den Vorstand bei der Verletzung seiner Organisationspflichten nicht, weil kein Verstoß gegen das Legalitätsprinzip „im Außenverhältnis" stattfindet.

23. Kapitel
Kartellrechts-Compliance

I. Überblick über die Kartellrechts-Risiken[1]

1. Einführung

Kartellrechts-Compliance stellt eine wichtige Herausforderung für rechtskonforme Geschäftstätigkeiten von Unternehmen im nationalen und internationalen Geschäftsverkehr dar und gilt als einer der „klassischen" Compliance-Themenbereiche. **1**

Kein Unternehmen kann es sich heute noch leisten, in seinem Compliance-System angemessene Maßnahmen zum Umgang mit seinen spezifischen Kartellrechtsrisiken auszusparen. In immer mehr Jurisdiktionen wird eine verschärfte Kartellverfolgung vorangetrieben. Die Kartellbußgelder erreichen dabei mitunter Rekordhöhen.[2] Darüber hinaus gibt es in mehr als 50 Staaten Kronzeugenprogramme zur Förderung der Aufdeckung von kartellrechtswidrigen Vereinbarungen. Hinzu kommen anonyme Hinweisgebersysteme in Unternehmen und bei Wettbewerbsbehörden. Diese arbeiten besonders eng im Netzwerk der Europäischen Wettbewerbsbehörden (ECN) unter Führung der Europäischen Kommission zusammen. Darüber hinaus erfolgt auf internationaler Ebene ein Austausch im Rahmen von Arbeitsgruppen im International Competition Network (ICN).[3] Öffentliche Hilfestellungen zur Ausgestaltung von Compliance-Programmen gibt des Weiteren die internationale Handelskammer (International Chamber of Commerce, ICC). Sie hat 2013 und 2015 Toolkits zur kartellrechtlichen Compliance als Leitfaden für (mittelständische) Unternehmen herausgegeben.[4] **2**

Kartellrechts-Compliance richtet sich in der Regel vorrangig an die Vertriebsabteilungen, sollte aber auch andere Unternehmensabteilungen einschließen. Insbesondere Bereiche, die unmittelbar oder auch nur mittelbar in Kontakt mit Wettbewerbern stehen oder die Geschäftsbeziehungen mit Kunden und Lieferanten gestalten oder strategisch bestimmen, sollten – neben der Unternehmensleitung – mit betrachtet werden. Bereits der Umstand, dass ein Unternehmen von **3**

---

1 Die Autoren danken Frau *Dorothee de Crozals*, Herrn *Michael Baron* und Herrn *Dennis Preiß* für ihre wertvolle Unterstützung.
2 Z. B. verhängte die Europäische Kommission im Bereich der Kartellverfahren in der Vergangenheit Bußgelder in Höhe von 1 Mrd. EUR gegen Daimler (LKW), 715 Mio. EUR gegen Saint Gobain (Autoglas), 705 Mio. EUR gegen Philips (Bildschirmröhren), 688 Mio. EUR gegen LG Electronics (Bildschirmröhren), 466 Mio. EUR gegen die Deutsche Bank (Kreditderivate). Siehe www.ec.europa.eu/competition/cartels/statistics/statistics.pdf zu grafischen Darstellungen, die z. B. auch in Compliance-Schulungen eingesetzt werden können (zuletzt abgerufen am 8.6.2020).
3 Im ICN arbeiten inzwischen über 135 nationale Kartellbehörden zusammen (siehe www.internationalcompetitionnetwork.org).
4 Beide abrufbar unter www.iccwbo.org.

kartellrechtlichen Ermittlungen der Wettbewerbsbehörden betroffen ist, kann gravierende Folgen haben. Ziel der Kartellrechts-Compliance muss es deshalb sein, schon präventiv jedem Anschein eines möglichen Kartellrechtsverstoßes so weit wie möglich vorzubeugen.

4 Die vorangehenden Abschnitte könnten bereits der Start in eine Ihrer Compliance-Schulungen sein. Denn das Stichwort „Risikopotenzial" ist ein guter Auftakt für eine lebhafte Diskussion auch zum Thema Kartellrechts-Compliance.

5 Eine Besonderheit des Kartellrechts ist, dass einzelne Geschäftsvorgänge kartellrechtlich oftmals nicht eindeutig in die Kategorien „erlaubt" (grün) oder „verboten" (rot) einsortiert werden können, sondern häufig „orange" mit unterschiedlichen Schattierungen sind. Jeder weiß, dass die Absprache von Preisen zwischen Wettbewerbern dem Kunden/Endverbraucher gegenüber verboten ist. Aber wenn im Verband über Rohstoffpreiserhöhungen – und wie der Einzelne damit umgeht – diskutiert wird, was dann? Hier können Nuancen entscheidend sein, ob ein schwerwiegender Kartellrechtsverstoß (Hardcore-Kartell) oder ein noch erlaubter allgemeiner Informationsaustausch vorliegt – und die Behörden weiten ihr Aufgreifermessen zunehmend aus. Gerade dies führt zu einem erhöhten Beratungsbedarf bei Ansprechpartnern insbesondere im Vertrieb, aber auch z. B. im Marketing, Einkauf, in der F&E, der Unternehmensstrategie und auch bei der Geschäftsführung und in Kontrollgremien. Dabei kann es bei Diskussionen zur rechtlichen Einschätzung zuweilen hilfreich sein, das eigene „Bauchgefühl" zu erspüren bzw. den „gesunden Menschenverstand" walten zu lassen. Auf jeden Fall ist der Sachverhalt, also die Umstände des Einzelfalls, möglichst umfassend zu erfragen.

6 Vonnöten sind gute rechtliche und im Einzelfall passende Compliance-Materialien im Unternehmen. Aus welchem Blickwinkel lesen Sie das Kapitel zur Kartellrechts-Compliance? Konzipieren Sie Ihre Strategie zu Compliance-Schulungen, stehen Sie vor dem Entwurf von Kartellrechts-Richtlinien, suchen Sie einen Leitfaden für Beratungen im Tagesgeschäft oder möchten Sie sich zur Vorgehensweise bei etwaigen internen Untersuchungen informieren? Dies sind einige der Aspekte der Kartellrechts-Compliance, die in diesem Kapitel im Fokus stehen.

7 Im Folgenden werden zunächst die wichtigsten kartellrechtlich relevanten Risiken aufgelistet (Rn. 8 ff.). In vielen Veröffentlichungen wird bei der Darstellung der kartellrechtlichen Themen eine Gliederung nach horizontalen Vereinbarungen (mit Wettbewerbern) auf der einen Seite und vertikalen Vereinbarungen (mit Lieferanten/Kunden) auf der anderen Seite vorgenommen. Bewusst erfolgt im Folgenden eine Gliederung nach Gewichtung des Ausmaßes der möglichen Risiken (zunächst „sehr hohe Risiken", dann „weniger hohe Risiken"). Mit den aufgelisteten Risiken sind dann auch die Inhalte abgedeckt, die – je nach kartellrechtlichem Risikoprofil des Unternehmens – in Compliance-Schulungen und Richtlinien behandelt werden sollten. Abschnitt I.3. (Rn. 78 ff.) befasst sich mit der Frage, welche Handlungen von natürlichen Personen einem Unternehmen

als eigener Verstoß zugerechnet werden. Unter Abschnitt I.4. (Rn. 87 ff.) werden Art und Umfang der kartellrechtlichen Haftung geschildert. In Teil II. (Rn. 106 ff.) werden Bausteine der – insbesondere präventiven – Steuerung der Kartellrechtsrisiken in der Praxis dargestellt. Teil III. (Rn. 148 ff.) der Abhandlung behandelt behördliche Durchsuchungen. Es werden die Ermittlungsbefugnisse der Wettbewerbsbehörden und der typische Ablauf einer solchen Durchsuchung dargestellt. Den Abschluss bildet eine Auflistung von Verhaltensregeln für die Unternehmen vor, während und nach einer möglichen Durchsuchung (Rn. 175 ff.). Dieser Teil nimmt einen relativ breiten Raum ein. Dies aus zwei Gründen. Zum einen stoßen Durchsuchungen in Compliance-Schulungen tendenziell auf großes Interesse der Mitarbeiter und der Geschäftsführung, vor allem, wenn dieser Teil durch – leidvolle – Erfahrungsberichte belebt wird. Dann steigen in vielen Fällen auch Interesse und Aufmerksamkeit für die notwendigen sonstigen präventiven Maßnahmen der Kartellrechts-Compliance. Zum anderen mag es sinnvoll sein, diese rein hypothetische Situation, die im Ernstfall eine Stresssituation darstellt, einmal in Ruhe zu durchdenken.

2. Kartellrechts-Risikokategorien

Bei der Einteilung in verschiedene Risikokategorien ist vor allem das Verfolgungs- bzw. Sanktionsrisiko zu berücksichtigen. **8**

Den weitaus größten Teil möglicher Kartellrechtsverstöße bilden Vereinbarungen oder Abstimmungen eines Unternehmens mit anderen Unternehmen zu Inhalten, die für das Wettbewerbsverhalten der Unternehmen relevant sind. Soweit durch eine solche Vereinbarung oder Abstimmung der Wettbewerb spürbar beeinträchtigt wird, handelt es sich um ein Kartell im Rechtssinn.[5] Auch einseitige Handlungen eines Unternehmens können einen Wettbewerbsverstoß darstellen, wenn das Unternehmen eine marktbeherrschende Stellung hat und sein Verhalten als Missbrauch zu bewerten ist.[6] In beiden Fällen sind im Folgenden als „sehr hohe Risiken" alle Verstöße eingestuft, die von den Wettbewerbsbehörden verstärkt verfolgt und üblicherweise mit empfindlichen Bußgeldern geahndet werden. Im Gegensatz dazu sind „weniger hohe Risiken" alle Verstöße, die grundsätzlich weniger stark im Fokus der Wettbewerbsbehörden stehen und bei denen im Regelfall nicht mit einem Bußgeld, sondern nur mit einer Untersagung (Verbot) zu rechnen ist. Zum Kartellrecht im weiteren Sinn gehört außerdem die Kontrolle von Zusammenschlüssen von Unternehmen, deren Umsätze eine be- **9**

---

5 Rechtsgrundlage sind insoweit Art. 101 des Vertrages über die Arbeitsweise der Europäischen Union (AEUV) für das europäische Recht und der inhaltlich identische § 1 des Gesetzes gegen Wettbewerbsbeschränkungen (GWB) für das deutsche Recht. Entsprechende Vorschriften gibt es grundsätzlich in den Kartellrechtsgesetzen anderer Länder.

6 Letzteres ist geregelt in Art. 102 AEUV für das europäische Recht und den teilweise weitergehenden Bestimmungen in den §§ 18 ff. GWB für das deutsche Recht. Ähnliche Vorschriften gibt es wiederum in den Kartellrechtsgesetzen anderer Länder.

stimmte Größenordnung übersteigen (Fusionskontrolle).[7] In diesem Zusammenhang sind ebenfalls Wettbewerbsverstöße denkbar, die von den zuständigen Wettbewerbsbehörden mit Sanktionen geahndet werden können.[8]

a) Das Verbot wettbewerbsbeschränkender Vereinbarungen: Absprachen mit anderen Unternehmen

10 Durch wettbewerbsbeschränkende Vereinbarungen wird der Wettbewerb der Unternehmen eingeschränkt oder verfälscht. Geschädigte sind die Kunden und letztlich die Verbraucher, die vor allem in Form höherer Preise die Nachteile zu tragen haben. Die Bekämpfung von wettbewerbsbeschränkenden Vereinbarungen ist deshalb ein Schwerpunkt der Kartellbehörden.

aa) Vereinbarung, abgestimmtes Verhalten oder Beschluss

11 Kartelle sind Absprachen zwischen zwei oder mehreren Unternehmen über das Verhalten im Wettbewerb („Vereinbarungen"). Gegenstand der Absprache kann alles sein, was für das Verhalten eines Unternehmens im Markt, also gegenüber Kunden und Lieferanten, von Bedeutung ist. Meist geht es um den Vertrieb von Produkten an Unternehmenskunden oder Endverbraucher. Aber auch Vereinbarungen mit anderen Unternehmen über die Produktion, den Einkauf oder die Forschung und Entwicklung können betroffen sein. Ein besonders gravierender Verstoß ist der (gegenseitige oder einseitige) Verzicht auf Wettbewerb (z. B. Preisabsprachen, Markt-, Kunden- oder Projektaufteilungen).

12 Für die Art und Weise, wie eine Vereinbarung zustande kommt, gibt es keine Einschränkungen. Es kann sich um ein formelles Rechtsgeschäft handeln, mit dem eine rechtliche Bindung bewirkt werden soll.[9] Wenn den Beteiligten bewusst ist, dass ihre Absprachen kartellrechtlich verboten sind, werden sie häufig geheimgehalten. In der Praxis kann den Unternehmen jedenfalls schon allein die Tatsache zur Last gelegt werden, dass sie bei einem Treffen anwesend waren, bei dem ein Kartellrechtsverstoß be- bzw. abgesprochen wurde.

13 Was häufig Mitarbeitern im Unternehmen nicht bewusst ist: Kartellrechtsverstöße können auch auf einem sog. „abgestimmten Verhalten" von Unternehmen beruhen. Wenn Unternehmen Kontakt mit Wettbewerbern hatten und anschließend ihr Verhalten im Wettbewerb anpassen, wird von den Wettbewerbsbehörden häufig vermutet, dass eine kartellrechtlich unzulässige Verhaltensabstimmung vorliegt. Diesen Anschein gilt es dann im Einzelfall ggf. zu entkräften. Nur dann, wenn sich ein Unternehmen aufgrund eigener Entscheidung im Wettbewerb

---

7 Vgl. dazu für das europäische Recht die Verordnung (EG) Nr. 139/2004 des Rates vom 20.1.2004 über die Kontrolle von Unternehmenszusammenschlüssen, ABl. L 24/1 v. 29.1.2004 – Fusionskontrollverordnung (FKVO). Im deutschen Recht sind die §§ 35 ff. GWB maßgeblich. Ähnliche Regelungen gibt es in den Rechtsordnungen anderer Länder.

8 Siehe dazu *Ullrich*, Kap. 18, Rn. 26 ff.

9 Eine kartellrechtswidrige Vereinbarung ist aber von Rechts wegen unwirksam und erzeugt daher keine rechtlich wirksame Bindung (Art. 101 Abs. 2 AEUV; § 1 GWB i.V. m. 134 BGB).

Seeliger/Heinen/Mross

nach dem Verhalten eines anderen Unternehmens ausrichtet, ohne sich mit diesem abzustimmen, ist ein solches „Parallelverhalten" kartellrechtlich zulässig. Grundsätzlich ist deshalb bei allen Kontakten mit Wettbewerbern Vorsicht geboten.

Für das Kartellrecht gilt die Regel: Solange die Unternehmen im Wettbewerb ih-   **14**
re Entscheidung eigenverantwortlich und ohne Abstimmung mit Wettbewerbern treffen, sind sie frei, die Bedingungen für ihre geschäftlichen Aktivitäten (z. B. Preise, Mengen, Qualität, Auswahl der Kunden) nach eigenem Belieben festzusetzen.[10] Jede Verständigung (Austausch oder einseitige Offenlegung) über eine solche Entscheidung mit einem Wettbewerber birgt das Risiko, dass die Behörden ein abgestimmtes Verhalten annehmen. Die Kartellbehörden wollen effektiv verhindern, dass einzelne Unternehmen ihr unternehmerisches Risiko durch Absprachen oder Abstimmungen mit Wettbewerbern verringern und dadurch den Wettbewerb zulasten anderer beeinträchtigen. Deshalb stellt auch der bloße Austausch (oder die einseitige Offenlegung) von Informationen ein hohes Risiko dar, wenn die Informationen für das Wettbewerbsverhalten eines oder mehrerer Unternehmen von Bedeutung sind.

bb) Bezweckte oder bewirkte Wettbewerbsbeschränkung

Schwerwiegende Verstöße, bei denen die Erfahrung dafür spricht, dass hierdurch   **15**
der Wettbewerb beeinträchtigt wird, gelten als „bezweckte Wettbewerbsbeschränkung".[11] Hier liegt der Verstoß bereits in der Absprache als solcher. Auf die Auswirkungen im konkreten Fall kommt es nicht an. Ein Unternehmen kann sich auch nicht damit verteidigen, es habe an dem Verstoß nicht aktiv mitgewirkt, es habe die Absprache gar nicht eingehalten oder die Vereinbarung habe sich nicht auf die Marktverhältnisse ausgewirkt. Diese Verstöße werden von den Wettbewerbsbehörden in der Regel mit empfindlichen Bußgeldern geahndet (dazu siehe unten Rn. 89 ff.). Im Folgenden werden sie als „sehr hohe Risiken" bezeichnet.

Im Unterschied dazu ist bei den weniger gravierenden Verstößen im Einzelnen   **16**
zu untersuchen, ob der Wettbewerb tatsächlich beeinträchtigt wurde. Bei diesen Verstößen handelt es sich um Verhaltensweisen, bei denen der Erfahrung nach eine Wettbewerbsbeschränkung zwar möglich, aber nicht unbedingt zu vermuten ist. Man nennt diese „bewirkte Wettbewerbsbeschränkungen".[12] Bei ihrer Beur-

---

10 Sowohl in der Rechtsprechung des EuGH als auch in der Entscheidungspraxis des Bundeskartellamtes ist dieses „Selbstständigkeitspostulat" wesentlicher Maßstab bei der Beurteilung, ob eine kartellrechtswidrige Absprache oder Abstimmung vorliegt. Vgl. z. B. EuGH, 8.7.1999 – Rs. C-49/92 P, ECLI:EU:C:1999:356 – Anic Partecipazioni SpA; 16.12.1975 – Rs. 40–48/73, 50/73, 54–56/73, 111/73, 113 u. 114/73, ECLI:EU:C:1975:174 – Suiker Unie; *Langen/Bunte*, § 1 GWB, Rn. 106.

11 EuGH, 13.12.2012 – Rs. C-226/11, ECLI:EU:C:795 – Expedia; EuGH, 11.9.2014 – Rs. C-67/13P, ECLI:EU:C:2014 – Cartes Bancaires.

12 EuGH, 13.12.2012 – Rs. C-226/11, ECLI:EU:C:795 – Expedia.

teilung müssen jeweils die konkreten Umstände des Sachverhalts ermittelt und bewertet werden. Bußgelder wurden in der Vergangenheit hier nur in Ausnahmefällen verhängt. Im Folgenden werden sie als „weniger hohe Risiken" eingestuft.

cc) Sehr hohe Risiken

(1) „Hardcore-Kartelle"

17 Sogenannte „Hardcore-Kartelle" sind die „klassischen" Kartelle, bei denen Wettbewerber untereinander Preise, Mengen oder die Zuteilung von Kunden, Märkten oder Projekten absprechen. Auch der Verzicht auf Wettbewerb ist davon erfasst. Dabei handelt es sich um eine Verständigung der Unternehmen, dass sie künftig z. B. die Preise ihrer Wettbewerber nicht unterbieten oder sich gegenseitig keine Kunden abwerben wollen. Ein Preiskartell liegt nicht nur bei der Absprache über Endkundenpreise vor. Es reicht in der Regel schon aus, wenn Preisbestandteile, Preiserhöhungen, Margen oder wesentliche Kostenfaktoren abgestimmt werden. In einem konkreten Fall hatten die Unternehmen beispielsweise nur die Referenzpreise ausgetauscht, mit denen sie jeweils die Preisverhandlungen mit ihren Kunden begonnen hatten. Die Europäische Kommission und das EuG haben hierin trotzdem einen Kartellverstoß gesehen, da aus ihrer Sicht die laufende Information über die Referenzpreise zusammen mit anderen Faktoren zumindest Tendenzaussagen über die tatsächlichen Kundenpreise ermöglichte und den Unternehmen „mehr" Sicherheit in ihren bilateralen Verhandlungen mit dem Kunden gab.[13] In derartigen Fällen werden die Behörden auch immer strenger und rücken „orange"-Bereiche mehr und mehr in „rot"-Bereiche.

18 Schwierigkeiten bereitet oft auch die Entscheidung, welches Unternehmen in welchem Zeitraum an der Kartellabsprache beteiligt war. Kartelle können sich über Jahre erstrecken und eine Vielzahl von Märkten umfassen. Auch wenn ein Unternehmen nicht an allen Absprachen unmittelbar mitgewirkt hat, ist es nach Ansicht der Behörden grundsätzlich für alle Verstöße im gesamten Zeitraum und auf allen Märkten verantwortlich.[14] Eine Ausnahme gilt nur dann, wenn es entweder an bestimmten Abschnitten des Gesamtkartells nicht teilgenommen oder sich von bestimmten Absprachen für die anderen Unternehmen erkennbar offen distanziert hat.

---

13 EuG, 14.3.2013 – Rs. T-588/08, EU:T:2013:130 – Dole Food und Dole Germany; EuGH, 19.3.2015 – Rs. C-286/13P, ECLI:EU:C:2015:184 – Dole Food Company Inc. und Dole Fresh Fruit Europe. In gleicher Weise beurteilte die Kommission auch Absprachen zu „Bruttolistenpreisen" als Grundlage für die Preisbildung im sog. LKW-Kartell, Europäische Kommission, Pressemitteilung v. 19.6.2016.
14 Man spricht dann von einer einheitlichen fortgesetzten Handlung.

(2) Ausschreibungen

Heimliche Absprachen von Unternehmen, die an einer Ausschreibung teilnehmen, verfälschen den Wettbewerb und stellen somit nach den allgemeinen Regeln ein Kartell dar. **19**

> **Beispiel:** Der Geschäftsführer A des Unternehmens X und der Geschäftsführer des Wettbewerbers B treffen sich zum Tennisspiel. Im Gespräch nach dem Spiel stellt sich heraus, dass X nur bei einem von 20 Angeboten, die es im Norden des Landes abgibt, den Zuschlag bekommt. Das Unternehmen von B erhält hingegen in demselben Gebiet bei jedem dritten Angebot den Zuschlag. Andererseits scheint X im Süden des Landes (anteilsmäßig) viel mehr Zuschläge zu bekommen als das Unternehmen von B. Die Preise in beiden Gebieten werden jedoch durch den Wettbewerb zwischen ihnen gedrückt. Deswegen vereinbart A mit B, dass A im Norden des Landes und B im Süden des Landes keine Angebote oder nur „erhöhte" Angebote abgeben werden. Diese Vereinbarung ist eine Marktaufteilung und ein schwerer Kartellrechtsverstoß. **20**

Bei unzulässigen Absprachen im Rahmen von (öffentlichen) Ausschreibungen gilt die Besonderheit, dass es sich für die handelnden Personen um eine Straftat handelt.[15] Das führt zu einer Aufteilung der Verfahren. Der Verstoß der Unternehmen wird als Ordnungswidrigkeit vom Bundeskartellamt verfolgt und mit einem Bußgeld geahndet. Gegen die handelnden Personen ermittelt die Staatsanwaltschaft und leitet ggf. durch eine Anklage ein gerichtliches Strafverfahren ein, an dessen Ende eine Verurteilung zu einer Gefängnis- oder Geldstrafe stehen kann. **21**

Eine weitere Besonderheit besteht darin, dass kleine und mittlere Unternehmen häufig die Ausschreibungsbedingungen nicht allein erfüllen können. In diesem Fall dürfen sie andere Unternehmen zu ihrem Angebot hinzuziehen, sofern sie dadurch in die Lage versetzt werden, ein wirksames Angebot abzugeben. Man spricht dann von einer sog. Arbeitsgemeinschaft. Der Wettbewerb wird durch diese Zusammenarbeit nicht beschränkt, vielmehr wird hierdurch die Beteiligung an der Ausschreibung erst ermöglicht. Sofern die Voraussetzungen einer Arbeitsgemeinschaft vorliegen, ist diese somit wettbewerbsfördernd und kein Kartellverstoß. Hier besteht aber ein in der Praxis erheblicher Graubereich, unter welchen Bedingungen und aus welchen Gründen es Unternehmen unmöglich ist, ein eigenständiges Angebot abzugeben (fehlende finanzielle/personelle Ressourcen, fehlendes Know-how etc.).[16] **22**

---

15 Rechtsgrundlage ist § 298 StGB.
16 Siehe hierzu z.B. BKartA, Pressemitteilung zu Verbandsleitlinien für Liefergemeinschaften vom 4.7.2019, abrufbar unter www.bundeskartellamt.de.

23   **Beispiel:** Ein Kunde hat X zur Abgabe eines Angebots für einen Auftrag von über 700 Mio. EUR aufgefordert. Aufgrund des Auftragsumfangs (und der hierfür erforderlichen Fachkenntnisse) wäre X nicht in der Lage, ihn allein auszuführen. Deshalb entschließt sich X, eine Arbeitsgemeinschaft mit zwei anderen Unternehmen zu gründen (die ebenfalls allein kein Angebot abgeben können) und legt auf dieser Basis ein Angebot vor. Das Konsortium erhält den Zuschlag. Solch eine Arbeitsgemeinschaft (die es X erlaubt, einen Auftrag auszuführen, den es allein nicht bewältigen könnte) verstößt als solches nicht gegen das Kartellrecht. Voraussetzung dafür ist jedoch, dass der Kunde von der Arbeitsgemeinschaft weiß und sich der Informationsaustausch zwischen den Unternehmen auf die Geschäftstätigkeit der Arbeitsgemeinschaft beschränkt.

(3) Informationsaustausch

24   Im Rahmen von Kartellabsprachen teilen sich die beteiligten Unternehmen in der Regel eine Vielzahl von Informationen mit, die für die Durchführung des Kartells notwendig sind. Diese Art des Informationsaustauschs ist Teil des Kartells, zu dem er gehört, und kein gesonderter Kartellverstoß.

25   Bei einem reinen Informationsaustausch ohne Bezug zu weitergehenden (Kartell-)Absprachen kann eine Wettbewerbsbeschränkung darin bestehen, dass durch die Verständigung mit Wettbewerbern die wirtschaftliche Unsicherheit und die unternehmerischen Risiken beseitigt oder verringert werden, die mit einer Tätigkeit im Markt üblicherweise verbunden sind (Verstoß gegen das Selbstständigkeitspostulat).[17] Dabei ist es regelmäßig eine verbotene Kartellabsprache, wenn die ausgetauschten Informationen geeignet sind, das Marktverhalten zumindest eines Unternehmens (beispielsweise hinsichtlich der Forderung eines gemeinsamen Kunden) zu beeinflussen. Dieser Umstand macht die meisten Kontakte und Treffen zwischen Wettbewerbern sehr risikoreich.

26   Es gibt keine allgemeine Regel, wie zwischen einem verbotenen und einem erlaubten Informationsaustausch zu unterscheiden ist. Dies hängt vom Thema des Treffens/Gesprächs im Einzelfall ab. Grundsätzlich unzulässig („roter Bereich") sind Hinweise zum aktuellen und künftigen geschäftlichen Verhalten der Unternehmen. Dies umfasst nicht nur Geschäftsgeheimnisse im engeren Sinn, sondern alle sensiblen Unternehmensdaten, die die Geschäftspolitik betreffen. Dazu zählen vor allem preisbezogene Informationen, aber auch Angaben zu einzelnen Kunden, aktuellen Aufträgen und konkrete (Liefer- oder Bezugs-)Konditionen einzelner Geschäfte. Grundsätzlich zulässig („grüner Bereich") ist ein Austausch, wenn die Informationen öffentlich zugänglich, nicht mehr aktuell oder so aggregiert sind, dass Rückschlüsse auf einzelne Wettbewerber/Kunden oder

---

17 Dazu s. oben Rn. 14.

Geschäftsabschlüsse nicht mehr möglich sind.[18] Dazwischen („oranger Bereich") liegt eine große Bandbreite an Informationen, bei denen es umso mehr auf die Umstände des Einzelfalls ankommt. Bei einer Offenlegung von Unternehmensdaten an Wettbewerber ist immer besondere Vorsicht geboten. Das soll nicht jeder Art von Benchmarking oder Verbandstreffen pauschal einen Riegel vorschieben, da es eine Vielzahl an Themen und Informationen gibt, die in legitimer Weise besprochen und ausgetauscht werden dürfen. Als Faustregel sollte gelten: Immer dann, wenn die Information Einfluss auf die unternehmerischen Entscheidungen auch nur eines einzigen Beteiligten haben könnte, sollte sie Wettbewerbern nicht offengelegt werden. Die Grenze der zulässigen Information ist rasch überschritten und bei Verstößen können empfindliche Bußgelder drohen. Hier ist die Entscheidungspraxis der Kartellbehörden im vergangenen Jahrzehnt deutlich strenger geworden.

Fragen zu zulässigem oder unzulässigem Informationsaustausch werden in vielen Unternehmen einen wichtigen Teil des Beratungsalltags und der Compliance-Schulungen ausmachen. Gerade dies sind auch Aspekte, die einen Teilnehmerkreis über die Vertriebsteams hinaus betreffen, z.B. auch die Abteilungen Einkauf, F&E, Marketing, Unternehmensstrategie und die Geschäftsführung. 27

Die Wettbewerbsbehörden und Gerichte haben den Kreis des verbotenen Informationsaustauschs immer weiter gezogen. Selbst die einmalige Information eines Wettbewerbers kann als Kartellverstoß geahndet werden.[19] Es muss sich auch nicht unbedingt um einen Austausch handeln. Auch die einseitige Unterrichtung gilt als Kartellabsprache, wenn die Information für das Marktverhalten relevant ist und der Empfänger die Mitteilung widerspruchslos entgegennimmt. Umgekehrt kann auch für den Empfänger die einseitige Entgegennahme der Äußerung eines Wettbewerbers, die wettbewerblich sensible Informationen enthält, kartellrechtlich verboten sein. 28

Beispiel: Vertriebsmitarbeiter A des Unternehmens X steht schweigend in der Bar an der Theke und trinkt ein Bier. Vertriebsmitarbeiter B des Unternehmens Y sitzt schweigend daneben. A sagt in die Luft: „Nächste Woche gehen wir [mit den Preisen] 2% hoch." B sagt nichts, trinkt sein Bier aus und geht. 29

Ebenso wenig kommt es darauf an, ob die Informationen direkt zwischen den Beteiligten ausgetauscht werden oder ob der Austausch über eine dritte Partei erfolgt. Ein Kartellverstoß liegt z.B. vor, wenn die Unternehmen ihre Daten an einen Verband oder ein Marktforschungsinstitut/Beratungsunternehmen übersenden und diese die Daten so aufbereiten, dass Rückschlüsse auf das geschäft- 30

---

18 Nach der Entscheidungspraxis müssen zu diesem Zweck die Angaben von mindestens fünf Unternehmen zusammengefasst werden.
19 EuGH, 4.6.2009 – Rs. C-8/08, ECLI:EU:C:2009:343 – T-Mobile Netherlands u. a.

liche Verhalten einzelner Unternehmen möglich bleiben.[20] Ein weiterer Problembereich sind schließlich Informationen, die zur Unterrichtung der Öffentlichkeit bestimmt sind. Zulässig sind nicht nur vorgeschriebene Mitteilungen z. B. aufgrund börsenrechtlicher Vorschriften, sondern auch eine sachgerechte Unterrichtung der Kunden und der Öffentlichkeit z. b. über eine bevorstehende Preiserhöhung wegen gestiegener Rohstoffpreise. Wenn diese Mitteilung aber tatsächlich einer wie auch immer gearteten Abstimmung mit Wettbewerbern unterliegt, wäre dies eine verbotene Preisabsprache.

(4) Verbandsarbeit

31 Die Mitwirkung an der Verbandsarbeit ist eine legitime Aufgabe der Unternehmen, die die Mitglieder bei der Ausübung ihrer operativen Tätigkeit erheblich unterstützt. Zu den legitimen Themen zählen z. B. allgemeine Gespräche zu regulatorischen Anforderungen, zu Qualität und Normierung, zum Umweltschutz, zu technischen Entwicklungen, zu Messen und zur Positionierung im Lobbying.

32 Teilnehmern an Verbandstreffen wird sich aber in einigen Fällen die Frage stellen, wie sie dafür sorgen können, dass der Kontakt mit Wettbewerbern bei Verbandstreffen kartellrechtskonform verläuft und keine kartellrechtswidrigen Themen besprochen werden. Die meisten Verbände haben inzwischen eigene Kartellrechtsleitfäden, die inhaltliche und organisatorische Vorgaben für den Ablauf von Verbandssitzungen enthalten.[21] Oft ist auch ein Verbandsmitarbeiter bei Arbeitstreffen anwesend, der unter anderem die Einhaltung des Kartellrechtsleitfadens sicherstellen soll. Dennoch sollten Unternehmen die Einhaltung des Kartellrechts nicht der Verbandsorganisation überlassen, sondern ihre ohnehin bestehende Verantwortung für das kartellrechtskonforme Verhalten ihrer Vertreter wahrnehmen.

33 (Potenzielle) Mitglieder in Verbänden bekommen z. B. durch das ICC Toolkit zur kartellrechtlichen Compliance hilfreiche Leitlinien an die Hand, die bei einer „Due Diligence" im Zusammenhang mit Verbänden unterstützen.

34 Selten, aber nicht ausgeschlossen sind formelle Verbandsbeschlüsse, die eine Wettbewerbsbeschränkung darstellen. Das größere Risiko bergen separate Gespräche am Rande oder bei Gelegenheit von Verbandsveranstaltungen, insbesondere wenn der Teilnehmerkreis beschränkt ist. Hier finden die allgemeinen Beurteilungsregeln insbesondere zum Informationsaustausch Anwendung.

35 Häufig ist es Aufgabe der Verbände, Statistiken und Übersichten zu ihrem Wirtschaftszweig auszuarbeiten und zu veröffentlichen. Dabei müssen alle sensiblen inhaltlichen Angaben so aggregiert werden, dass keine Rückschlüsse auf einzel-

---

20 So ermittelte die finnische Kartellbehörde zu Informationsaustausch auf Grundlage von AC Nielsen ScanTrack-Daten; *Rivas/Van De Walle De Ghelcke*, e-Competitions, N°43913.
21 Z. B. BDI Leitfaden Kartellrecht sowie Kartellrechtliche Leitlinien für die Mitarbeit im Markenverband, jeweils zugänglich über das Internet.

ne Unternehmen und ihr Geschäftsverhalten möglich sind (siehe oben Rn. 26).
Kein Unternehmen darf Einblick in die nicht aggregierten Daten erhalten.

(5) Preisbindungen und Preisempfehlungen

Vereinbarungen zwischen Herstellern und Händlern über den Vertrieb von Pro- **36**
dukten oder Dienstleistungen werden als vertikale Beziehungen bezeichnet. Sie
sind i. d. R. wettbewerblich weniger bedenklich als horizontale Absprachen zwischen Wettbewerbern. Aber auch bei (vertikalen) Vertriebsvereinbarungen sind
Hardcore-Kartellverstöße möglich und werden sowohl von der Europäischen
Kommission als auch vom Bundeskartellamt, aber auch von vielen weiteren
Kartellbehörden weltweit verstärkt verfolgt.

Keine Anwendung findet das Kartellrecht auf den Eigenvertrieb des Herstellers, **37**
da er nicht auf Absprachen mit anderen Unternehmen beruht. Gleiches gilt für
den Vertrieb durch Handelsvertreter, wenn es sich um „echte" Handelsvertreter
i. S. d. Kartellrechts handelt.[22] Ihnen ist in Bezug auf den Vertrieb der Produkte
kein oder nur ein geringes Risiko auferlegt. Sie gelten dann als „verlängerter
Arm" des Auftraggebers und unterliegen insoweit nicht dem Kartellrecht.

Zu den wichtigsten vertikalen „Hardcore-Kartellen" gehört die Preisbindung **38**
durch den Hersteller gegenüber seinen Händlern.[23] Der Hersteller darf seine
Händler in der Gestaltung der Wiederverkaufspreise nicht beschränken oder in
irgendeiner Form hierauf Einfluss nehmen. Die unzulässigen Vorgaben des Herstellers können eine rechtliche oder auch nur faktische Bindung der Händler bewirken, z. B. indem der Hersteller erkennen lässt, dass der Händler, wenn er den
Wünschen oder Erwartungen des Herstellers nicht Rechnung trägt, mit Konsequenzen rechnen muss. Unter dieser Voraussetzung sind auch bloße Preisempfehlungen verboten, gleichgültig ob sie als unverbindlich bezeichnet werden.
Der Händler muss völlig frei bleiben, der Preisempfehlung des Herstellers zu
folgen oder nicht. Auch hier geht das Bundeskartellamt sehr weit und hat bereits
mehrmalige telefonische oder direkte Kontakte des Herstellers mit seinen Händlern als eine unzulässige Druckausübung angesehen.[24]

Die Preisbindung muss sich nicht unbedingt auf einen bestimmten Preis bzw. **39**
einen Mindest- oder Wiederverkaufspreis beziehen. Untersagt sind alle Absprachen des Herstellers, die den Händler in Bezug auf preisbezogene Elemente einschränken. Dazu gehören z. B. Rabatte, Margen, Spannen etc.

---

22 Europäische Kommission, Leitlinien für vertikale Beschränkungen, ABl. C 130/1,
   19.5.2010, Rn. 12 ff.
23 So verhängte die Kommission Bußgelder in Höhe von 111 Mio. EUR wegen Preisbindungs-
   maßnahmen im Vertikalverhältnis gegen Elektronikhersteller, Pressemitteilung v. 24.7.2018.
   Das Bundeskartellamt ahndete Preisbindungen zuletzt in den Bereichen Fahrradgroßhandel
   (13,4 Mio. EUR, Pressemitteilung v. 29.1.2019) und Bekleidung (10,9 Mio. EUR, Pressemitteilung v. 25.7.2017).
24 Das Bundeskartellamt hat seine Praxis im „Hinweispapier Preisbindung im Lebensmittelein-
   zelhandel" vom 12.7.2017 im Einzelnen erläutert, abrufbar unter www.bundeskartellamt.de.

40 Zulässig sind dagegen Vereinbarungen über Höchstpreise. Es muss sich aber um echte Obergrenzen handeln, d. h. eine Preisunterschreitung muss für den Händler möglich und wirtschaftlich sinnvoll sein.

(6) Marktaufteilungen beim Vertrieb

41 Die Europäische Kommission verfolgt seit Langem mit besonderem Nachdruck alle Praktiken von Unternehmen, die auf eine künstliche Abschottung innerhalb des einheitlichen europäischen Binnenmarktes hinauslaufen.[25] Die klarste Form sind Im- und Exportverbote, die den Händlern vom Hersteller auferlegt werden, wenn sie auch sog. passive Verkäufe einschließen. Um einen passiven Verkauf handelt es sich dann, wenn die Initiative zum Kauf vom Kunden ausgeht, der Kunde sich also aus eigener Entscheidung an den Händler wendet (auch als „Komm-Kunde" bezeichnet). Grundsätzlich erlaubt ist es dagegen, wenn dem Händler nur die Akquisition von Kunden z. B. durch gezielte Ansprache untersagt wird (sog. aktive Verkäufe).[26]

42 **Beispiel:** Ein Kunde in Frankreich bestellt bei X zu einem in Frankreich üblichen Marktpreis. X befürchtet, dass die Produkte zum Weiterverkauf in Belgien bestimmt sind, wo der Marktpreis höher liegt. Der Kunde macht dort bedeutende Umsätze und kann die Preise seiner Wettbewerber unterbieten. Um seinen Umsatz und seine Kundenbeziehungen in Belgien zu schützen, beliefert X den Wiederverkäufer unter der Bedingung, dass dieser die Produkte nicht an Kunden in Belgien verkauft. Eine solche pauschale Kundenkreisbeschränkung stellt einen schweren Verstoß gegen das Kartellrecht dar. Hätte sich X die Belieferung von Kunden in Belgien ausschließlich selbst vorbehalten oder einem anderen Händler zugewiesen, wäre ein Verbot aktiver Verkäufe unter Umständen zulässig (passive Verkäufe jedoch in jedem Fall nicht).

43 In derselben Weise verfolgt die Kommission alle Maßnahmen, die im Ergebnis eine vergleichbare Marktabschottung bewirken. So will die Kommission grundsätzlich vermeiden, dass ein Hersteller seinen Händlern vorschreibt oder ihnen nahelegt, dass sie an Kunden aus anderen Staaten nicht oder nur zu einem höheren Preis verkaufen dürfen. Gleiches würde aus Sicht der Kommission für regional begrenzte Marktabschottungen gelten (z. B. kein Verkauf an Kunden aus

---

25 So verhängte sie zuletzt Bußgelder in Höhe von 6,7 Mio. EUR gegen die Hotelkette Meliá wegen Beschränkungen der Reiseveranstalter in Bezug auf die Vermittlung von Hotelunterkünften abhängig vom Wohnsitz der Verbraucher, Pressemitteilung v. 21.2.2020. Ebenso erging ein Bußgeld in Höhe von 14,3 Mio. EUR gegen NBC Universal wegen per-se Beschränkungen des Verkaufs außerhalb zugewiesener Gebiets- bzw. Kundengruppen, Pressemitteilung v. 30.1.2020.

26 Voraussetzung für die Zulässigkeit solcher Gebiets- oder Kundenschutzklauseln in Alleinvertriebsverträgen ist allerdings, dass die Marktanteile beider Parteien weniger als 30 % betragen. Siehe dazu unten Rn. 54.

einer anderen Stadt). Eine unzulässige Behinderung kann auch darin liegen, dass der Hersteller dem Händler nur eine solche Menge an Produkten zur Verfügung stellt, dass er nur seine festen Kunden und keine neuen zusätzlichen Kunden beliefern kann.[27] Mit einer solchen Praxis kann der Hersteller bezwecken, einen für ihn unerwünschten Parallelhandel bzw. Grauimporte aus anderen Staaten zu unterbinden. Grundsätzlich ist die Behinderung von Parallelimporten oder von Grauimporten durch den Hersteller eine von der Kommission nicht gewünschte Wettbewerbsbeschränkung.[28]

Schwierig kann in diesen Fällen die Feststellung sein, ob es sich um gemeinsame **44** Absprachen oder einseitige Handlungen des Herstellers handelt. Letztere sind keine Vereinbarungen und unterfallen deshalb nicht dem Verbot wettbewerbsbeschränkender Vereinbarungen. Ordnet also der Hersteller ohne Abstimmung mit den Händlern bestimmte Maßnahmen an, ist dies als einseitiges Verhalten kein Kartellverstoß. Hier ist aber Vorsicht geboten. Denn die Rechtsprechung nimmt in solchen Fällen mitunter eine stillschweigende Zustimmung der Händler an, die als Vereinbarung gewertet wird und zur Anwendung des Kartellrechts führt.[29] Eine stillschweigende Zustimmung kann vorab erteilt sein, z. B. durch Klauseln im Händlervertrag, die den Hersteller zu den getroffenen Maßnahmen berechtigen. Sie kann aber auch nachträglich erfolgen, indem die Händler die Anordnungen des Herstellers tatsächlich befolgen.

(7) Internet-Behinderungen

Zunehmend aktuell, aber im Einzelnen auch schwierig zu beurteilen sind Behin- **45** derungen des Internetvertriebs. Die EU-Kommission hat hierzu eine umfangreiche Sektoruntersuchung durchgeführt.[30] Im Abschlussbericht vom Mai 2017 stellte sie fest, dass Hersteller mit ihren Internet-Händlern vielfach Vereinbarungen träfen, die den Wettbewerb in problematischer Weise beschränkten. Hersteller wollen generell häufig das Image ihrer Produkte schützen, indem sie alle oder bestimmte Internetverkäufe durch Händler verbieten. Dies ist jedoch nicht uneingeschränkt möglich. Der Hersteller kann zwar von seinen Händlern verlangen, dass sie ein festes Verkaufslokal ordnungsgemäß einrichten („brick and click"-Klausel). Er darf jedoch seinen Händlern, die ein solches Verkaufslokal besitzen, nicht ohne Grund untersagen, daneben auch über das Internet zu vertreiben. Ergänzend zu den bislang geltenden Regeln wurde 2018 eine sog.

---

27 Voraussetzung ist, dass es sich hierbei nicht um eine einseitige Maßnahme des Herstellers handelt. Vgl. dazu EuGH, 6.1.2004 – Rs. C-2/01 P, ECLI:EU:C:2004:2 – Bayer/Kommission und den nachfolgenden Absatz.

28 Ausnahmen sind dann denkbar, wenn staatliche Preisregelungen, wie dies z. B. bei Medikamenten der Fall ist, zu starken Wettbewerbsverzerrungen führen. In einem solchen Fall kann es dem Hersteller erlaubt sein, sich hiergegen zu schützen, vgl. EuGH, 6.1.2004 – Rs. C-2/01 P, ECLI:EU:C:2004:2, Rn 53 ff. – Bayer/Kommission.

29 Siehe dazu z. B. EuGH, 6.1.2004 – Rs. C-2/01 P, ECLI:EU:C:2004:2 – Bayer/Kommission.

30 Einzelheiten zur Sektoruntersuchung E-commerce finden sich auf der Internetseite der GD Wettbewerb der Europäischen Kommission.

Geoblocking-Verordnung[31] erlassen. Diese verbietet es Händlern, Kunden aus anderen Mitgliedstaaten vom Zugang zu ihren Internet-Portalen auszuschließen.[32]

46 Verboten sind wie beim passiven Verkauf (siehe dazu oben Rn. 41 f.) alle Vereinbarungen, die den Vertrieb des Händlers über das Internet ausschließen oder erheblich behindern. Zulässig sind dagegen Vorgaben des Herstellers, die Mindestanforderungen an den Internetauftritt vorschreiben (sog. Qualitätsanforderungen). Die Abgrenzung ist problematisch und z. T. umstritten. Grundsätzlich ist danach zu fragen, ob es für die Einschränkung des Internetvertriebs einen konkreten sachlich gerechtfertigten Grund gibt. Maßstab ist dabei, ob es für die stationären Verkäufe vergleichbare und gleichwertige Beschränkungen gibt. Strengere Anforderungen, die sich nur gegen den Internetvertrieb richten, darf der Hersteller nicht verlangen. Bisher haben die Wettbewerbsbehörden bei Verstößen keine Bußgelder verhängt. Das kann sich aber ändern, nachdem bestimmte Praktiken in ersten Musterverfahren als unzulässig angesehen wurden. Das Bundeskartellamt hält z. B. das Verbot eines Herstellers, für den Vertrieb seiner Produkte Preissuchmaschinen oder die Internet-Werbung z. B. bei google.de zu nutzen, für nicht mit dem Kartellrecht vereinbar.[33] Auch unterschiedliche Preise für den Offline- und den Online-Vertrieb (sog. dual pricing) darf der Hersteller nur verlangen, soweit dies durch konkrete Kostenunterschiede gerechtfertigt ist. Außerdem muss er in allen Fällen darauf achten, dass die Einschränkungen diskriminierungsfrei für alle Händler und ggfs. auch für ihn selbst in gleicher Weise gelten. Um Qualitätsanforderungen handelt es sich dagegen z. B. bei Vorgaben an die Gestaltung des Internetauftritts, die Verpflichtung der Händler, bestimmte Mengen vorrätig zu halten und die Lieferfristen einzuhalten, Anforderungen an die Beratung beim Kauf sowie den Service nach dem Kauf. Solche Klauseln sind wettbewerbsrechtlich zulässig.

47 Unterschiedliche Auffassungen bestehen zwischen den nationalen Wettbewerbsbehörden, inwieweit Betreiber von Plattformen mit den Anbietern vereinbaren dürfen, dass ihnen jeweils die günstigsten Konditionen eingeräumt werden (sog. „Bestpreisklauseln").[34] Dies betraf vor allem Hotelvermittlungsdienste wie HRS und Booking, die für ihre Kunden immer den „besten Preis" sicherstellen wollten. Während sog. weite Bestpreisklauseln übereinstimmend als kartellrechtlich

---

31 Verordnung (EU) 2018/302 des Europäischen Parlaments und des Rates vom 28. Februar 2018, ABl. L 60 I/1.

32 Hierbei geht es um einseitige Maßnahmen der Händler, die mangels einer Vereinbarung von den allgemeinen Regeln des Wettbewerbsrechts nicht erfasst werden.

33 BKartA, 26.8.2015 – B 2-98/11 – Asics, WuW 2016, 198 ff. Dies wurde vom OLG Düsseldorf bestätigt, OLG Düsseldorf, 5.4.2017 – VI-Kart 13/15 (V), MMR 2017, 844. Die Nichtzulassungsbeschwerde wurde zurückgewiesen, BGH, 12.12.2017 – KVZ 41/17, MMR 2018, 380.

34 Zur deutschen Entscheidungspraxis siehe sogleich. Zur Entscheidungspraxis der französischen, italienischen und schwedischen Wettbewerbsbehörde siehe *Weitbrecht/Mühle*, Die Entwicklung des europäischen Kartellrechts 2015, EuZW 2016, 172, 175 m. w. N.

unzulässig beurteilt werden,[35] hat das OLG Düsseldorf mit Beschluss vom 4.6.2019 nunmehr enge Bestpreisklauseln für zulässig erachtet und die Untersagung des Bundeskartellamtes aufgehoben.[36] Zwar führen auch enge Bestpreisklauseln, die bspw. das Unterbieten von Preisen einer Hotelbuchungsplattform durch einen hoteleigenen Online-Vertriebsweg untersagen, im Grundsatz zu einer Wettbewerbsbeschränkung. Dennoch wird ein Verstoß gegen das Kartellverbot abgelehnt, da derartige Vereinbarungen für den fairen Leistungsaustausch zwischen Plattform- und Hotelbetreiber notwendig seien.

Ein weiterer Schwerpunktbereich mit z. T. noch offenen Fragen sind vertragliche **48** Vereinbarungen von Herstellern und Händlern, in denen die Verwendung aller oder bestimmter Internet-Plattformen (z. B. Amazon, Ebay) für den Vertrieb untersagt wird. Im Vorlageverfahren Coty hat der EuGH im Dezember 2017 entschieden, dass Drittplattformverbote in selektiven Vertriebssystemen dann mit dem Kartellrecht vereinbar sind, wenn die Anforderungen zum Schutz der Aura bzw. des Luxuscharakters des Produkts erforderlich sind, diskriminierungsfrei angewendet werden und nicht über das notwendige Maß hinausgehen.[37] Plattformverbote stellen auch keine Kernbeschränkung dar, sofern es den Händlern unbenommen bleibt, die Produkte über ihre eigenen Internetseiten zu vertreiben (unter Berücksichtigung der Qualitätsanforderungen). Die Entscheidung des EuGH und die entsprechende Anwendung durch das OLG Frankfurt[38] ist auch für das Bundeskartellamt, das das Drittplattformverbot bislang kritisch sah, verbindlich. Für das Bundeskartellamt ist ein wichtiger Gesichtspunkt, ob die vom Plattformverbot betroffenen Händler andere wirtschaftlich sinnvolle Möglichkeiten haben, das Internet für ihren Vertrieb zu nutzen. Offen bleibt, was unter den Begriff des Luxusgutes fällt und ob eine Übertragung auf andere hochwertige Produkte möglich ist.[39] Ein Risiko besteht für Hersteller vor allem dann, wenn sie selbst über Plattformen vertreiben oder das Plattformverbot nicht konsequent anwenden, z. B. den Vertrieb über einzelne Billiganbieter zulassen.

(8) Boykott

Der Boykott ist eine zwischen mehreren Unternehmen abgestimmte Liefer- oder **49** Bezugssperre, die sich gegen ein anderes Unternehmen richtet.[40] Sie stellt einen schwerwiegenden Wettbewerbsverstoß dar. Auch dieses Verbot ist weit auszule-

---

35 Im Verfahren HRS ist dies durch das OLG Düsseldorf in vollem Umfang bestätigt worden, OLG Düsseldorf, 9.1.2015 – VI-Kart. 1/14 (V), BB 2015, 593 ff.
36 OLG Düsseldorf, 4.6.2019 – VI-Kart 2/16 (V), NZKart 2019, 379 – Enge Bestpreisklausel II; BKartA, 22.12.2015 – B9-121/13 – Booking.com-Bestpreisklausel.
37 EuGH vom 6.12.2017 – Rs. C-230/16.
38 OLG Frankfurt am Main, 12.7.2018 – 11 U 96/14 (Kart), WRP 2018, 1213.
39 Das Bundeskartellamt steht einer Übertragung auf andere Produkte skeptisch gegenüber, siehe dazu z. B. den auf seiner Internetseite veröffentlichten Beitrag zum Thema „Wettbewerbsbeschränkungen im Internetvertrieb nach Coty und Asics – wie geht es weiter?", Oktober 2018.
40 Rechtsgrundlage im deutschen Recht ist § 21 Abs. 1 GWB.

gen. Die Liefer- oder Bezugssperre kann nicht nur im Abbruch bestehender, sondern auch in der Nichtaufnahme neuer Geschäftsbeziehungen bestehen.

dd) Weniger hohe Risiken

(1) Horizontale Kooperationen

50 Das Kartellrecht erfasst nicht nur Kartelle im engeren Sinn, sondern findet grundsätzlich auch Anwendung auf vielfältige Formen der betrieblichen oder geschäftlichen Zusammenarbeit mit anderen Unternehmen. Kartellrechtlich vertiefter Analyse bedürfen dabei in der Regel nur Kooperationen von Unternehmen, die im Wettbewerb stehen oder bei denen ein Wettbewerbsverhältnis zumindest möglich ist (potenzieller Wettbewerb). Gegenstand der Zusammenarbeit können alle Unternehmenstätigkeiten sein. In der Praxis finden sich Kooperationen vor allem in den Bereichen F&E, Produktion, Einkauf, Vermarktung und Lizenzierung.

51 Die Wettbewerbsbeschränkungen sind in diesen Fällen meist nicht bezweckt, sondern es handelt sich um bewirkte Wettbewerbsbeschränkungen. Hier ist in jedem Einzelfall konkret festzustellen, ob die Vereinbarung tatsächlich den Wettbewerb beschränkt und nicht – im Gegenteil – fördert. Es kommt also darauf an, ob die Kunden/Verbraucher oder andere Marktteilnehmer nachweisbar durch die Absprache geschädigt sind und Nachteile erleiden. Nach dem neueren wirtschaftlichen Ansatz der Wettbewerbsbehörden (sog. „more economic approach") setzt dies voraus, dass die Unternehmen über ein gewisses Maß an Marktmacht verfügen.[41] Das ist eine Abkehr von dem früheren rein juristischen Ansatz, der allein darauf abstellte, dass die Zusammenarbeit von Wettbewerbern zu einer Verringerung des Wettbewerbs führt. Zur Ermittlung der Spürbarkeit gelten die sog. Bagatellbekanntmachungen der Europäischen Kommission und des Bundeskartellamtes.[42] Aus Gründen der Praktikabilität kann danach eine Spürbarkeit verneint werden, wenn der gemeinsame Marktanteil der beteiligten Unternehmen weniger als 10 % beträgt. Sind die Marktanteile höher, bedeutet dies nicht automatisch, dass eine Wettbewerbsbeschränkung spürbar ist; dies muss im Einzelfall konkret festgestellt werden.

52 Für einzelne Formen der Kooperation gibt es Sonderregelungen (z. B. sog. Gruppenfreistellungsverordnungen),[43] die den Unternehmen die Feststellung erleich-

---

41 Vgl. KOM, Leitlinien zur Anwendbarkeit von Artikel 101 AEUV auf Vereinbarungen über horizontale Zusammenarbeit, ABl. C 11/1 v. 14.1.2011.

42 Bekanntmachung der Kommission über Vereinbarungen von geringer Bedeutung, die im Sinne des Artikel 101 Absatz 1 AEUV den Wettbewerb nicht spürbar beeinträchtigen (De-minimis-Bekanntmachung), ABl. C 291/1 v. 30.8.2014; Bekanntmachung Nr. 18/2007 des Bundeskartellamtes über die Nichtverfolgung von Kooperationsabreden mit geringer wettbewerbsbeschränkender Bedeutung v. 13.3.2007, www.bundeskartellamt.de.

43 Z. B. Verordnung (EU) Nr. 1218/2010 der Kommission vom 14.12.2010 über die Anwendung von Artikel 101 Absatz 3 AEUV auf bestimmte Gruppen von Spezialisierungsvereinbarungen, ABl. L 335/43 v. 18.12.2010 und Verordnung (EU) Nr. 1217/2010 der Kommission vom

tern sollen, ob eine Wettbewerbsbeschränkung vorliegt und ob diese spürbar ist. Dazu können nur einige allgemeine Hinweise gegeben werden. In allen Zweifelsfällen sollte der Rat von Experten eingeholt werden.

– **Forschung und Entwicklung**: Die Zusammenarbeit im Bereich Forschung und Entwicklung stellt in vielen Fällen keine Wettbewerbsbeschränkung dar. Sie ist unkritisch, wenn die Unternehmen keine Wettbewerber sind, es sich um eher marktferne Grundlagenforschung handelt oder keine gemeinsame Vermarktung der Forschungsergebnisse vereinbart ist. Liegt eine Wettbewerbsbeschränkung vor, ist diese freigestellt, wenn der gemeinsame Marktanteil der beteiligten Unternehmen weniger als 25 % beträgt. In diesem Fall ist auch der gemeinsame Vertrieb der Produkte durch die beteiligten Unternehmen oder einen beauftragten Dritten zulässig. Voraussetzung für die Freistellung ist, dass die Unternehmen in ihrer eigenen F&E-Tätigkeit in keiner Weise eingeschränkt sind.

– **Gemeinsame Produktion bzw. Spezialisierung**: In diesen Fällen liegt meist eine Wettbewerbsbeschränkung vor, da die Zusammenarbeit einen umfangreichen Austausch von Informationen erfordert und eine erhebliche Kostenangleichung bewirken wird. Dennoch sind diese Vereinbarungen vom Kartellverbot freigestellt, wenn der gemeinsame Marktanteil der Parteien nicht mehr als 20 % beträgt und gewisse Anforderungen erfüllt sind.[44] Die Kooperation kann sowohl in der gemeinsamen Produktion als auch in einer Spezialisierung bestehen, in der die Unternehmen die Produktion untereinander aufteilen. Mit freigestellt ist in beiden Fällen der gemeinsame Vertrieb durch die Parteien oder einen beauftragten Dritten.

– **Gemeinsamer Einkauf**: Einkaufskooperationen stellen grundsätzlich keine Wettbewerbsbeschränkung dar, wenn der gemeinsame Marktanteil der beteiligten Unternehmen sowohl beim Einkauf als auch bei der Vermarktung nicht mehr als 15 % beträgt.

– **Gemeinsame Vermarktung**: Vereinbarungen über eine gemeinsame Vermarktung der Produkte sind unzulässig, wenn hierbei die Preise abgestimmt oder Kunden bzw. Gebiete unter den beteiligten Unternehmen aufgeteilt werden. In den anderen Fällen, in denen keine solche „Hardcore-Kartellabsprache" vorliegt, ist die gemeinsame Vermarktung freigestellt, wenn der Marktanteil der beteiligten Unternehmen insgesamt 15 % nicht übersteigt.

14.12.2010 über die Anwendung von Artikel 101 Absatz 3 AEUV auf bestimmte Gruppen von Vereinbarungen über Forschung und Entwicklung, ABl. L 33/36 v. 18.12.2010. Siehe dazu auch KOM, Leitlinien zur Anwendbarkeit von Artikel 101 AEUV auf Vereinbarungen über horizontale Zusammenarbeit, ABl. C 11/1 v. 14.1.2011.

44 Die Parteien dürfen z. B. keine Preise für den Verkauf der Produkte außerhalb eines gemeinsamen Vertriebs festsetzen oder Märkte oder Kunden untereinander aufteilen.

(2) Vertriebsbeschränkungen

53 In Vereinbarungen zwischen dem Hersteller und seinen Händlern sind in vielen Fällen wettbewerbsbeschränkende Regelungen enthalten. Sie können sowohl den Wettbewerb zwischen den Händlern desselben Produkts (intrabrand-Wettbewerb) als auch den Wettbewerb zwischen verschiedenen Produkten (interbrand-Wettbewerb) betreffen. Wettbewerbsbeschränkungen im Vertikalverhältnis zwischen Hersteller und Händlern können aber eine wettbewerbsfördernde Wirkung entfalten, wenn sie z.B. dazu beitragen, dass die Händler vermehrte Anstrengungen für eine bessere Versorgung der Kunden oder eine höhere Qualität bei den Serviceleistungen unternehmen.

54 Vertikale Wettbewerbsbeschränkungen sind daher durch die Gruppenfreistellungsverordnung für vertikale Vereinbarungen (Vertikal-GVO)[45] grundsätzlich freigestellt, mit Ausnahme der bereits erwähnten Hardcore-Kartelle, insbes. der Preisbindung und der Beschränkungen von passiven Verkäufen sowohl im stationären als auch im Internet-Handel.[46] Die Freistellung setzt voraus, dass der Marktanteil sowohl des Herstellers als auch des Händlers für die betroffenen Produkte nicht mehr als 30 % beträgt.[47] In diesem Fall kommt es nicht darauf an, ob eine Wettbewerbsbeschränkung vorliegt, da die Vereinbarung wegen der Freistellung auf jeden Fall zulässig ist. Bei einem höheren Marktanteil ist dagegen zu prüfen, ob der intra- oder interbrand-Wettbewerb eingeschränkt oder behindert wird. Wenn das zu bejahen ist, muss weiter geprüft werden, ob die Vereinbarung zu Effizienzen (z.B. einer besseren Versorgung der Kunden) führt und ob diese Vorteile in angemessenem Umfang an die Verbraucher weitergegeben werden. Außerdem dürfen die Wettbewerbsbeschränkungen nicht über das unbedingt erforderliche Maß hinausgehen und den Wettbewerb nicht vollständig ausschließen.[48]

55 Für die wichtigsten **Vertriebsformen** gilt im Einzelnen:

– **Alleinvertrieb**: Wenn der Hersteller nur einen einzigen Händler oder einen kleinen Kreis ausgewählter Händler mit dem Vertrieb betraut, liegt immer eine (intrabrand-)Wettbewerbsbeschränkung vor. Für die Freistellung ist die Marktanteilsschwelle von 30 % besonders wichtig. Bei höheren Marktanteilen, insbesondere bei Marktmacht oder einer marktbeherrschenden Stellung des Herstellers, sind solche Vereinbarungen grundsätzlich verboten.

– **Alleinbelieferung**: Vereinbarungen, durch die sich der Hersteller verpflichtet, sein Produkt nur an einen einzigen Abnehmer in der EU zu liefern, sind bis zur doppelten Marktanteilsschwelle von 30 % (jeweils für Hersteller und

---

45 Verordnung (EU) Nr. 330/2010 der Kommission vom 20.4.2010 über die Anwendung von Artikel 101 Absatz 3 AEUV auf Gruppen von vertikalen Vereinbarungen und abgestimmten Verhaltensweisen, ABl. L 102/1 v. 23.4.2010.

46 Sie werden in der Vertikal-GVO als Kernbeschränkungen (Art. 4) bezeichnet. Im Einzelnen siehe dazu oben Rn. 38 ff.

47 Zur Definition des relevanten Marktes siehe die Ausführungen unter Rn. 61 ff.

48 Dies ist im Einzelnen in Art. 101 Abs. 3 AEUV und § 2 Abs. 1 GWB geregelt.

Händler) freigestellt. Sie können insbesondere in Zulieferbeziehungen von Bedeutung sein. Wenn sich ein Zulieferer verpflichtet, ein (Zwischen-)Produkt, das er im Auftrag des Endherstellers gefertigt hat, nur an diesen Endhersteller zu liefern, kann dies sogar unabhängig von den Marktanteilen wirtschaftlich gerechtfertigt und zulässig sein.[49]

– **Exklusivvertrieb**: Ein Hersteller kann seinen Vertrieb so organisieren, dass für ein bestimmtes Gebiet oder einen bestimmten Kreis von Kunden immer nur ein Händler ausschließlich zuständig ist. Eine solche Vereinbarung ist grundsätzlich zulässig. Wichtig ist aber, dass insoweit immer nur der aktive Verkauf exklusiv ausgestaltet ist. Passive Verkäufe[50] dürfen in keinem Fall eingeschränkt werden. Auch für sich selbst darf der Hersteller unter dieser Voraussetzung ein Gebiet oder einen Kundenkreis vorbehalten. Die Freistellung gilt in allen Fällen nur bis zu der Marktanteilsschwelle von 30 % für Hersteller und Händler.

– **Selektiver Vertrieb**: Der Hersteller kann bestimmte Auswahlkriterien für seine Händler festlegen, um auf diese Weise für eine gleichmäßig hohe Qualität der Händler zu sorgen. Das ist vor allem bei hochwertigen Markenprodukten weit verbreitet. Wenn es sich um reine Qualitätsanforderungen handelt (qualitative Selektion), ist eine solche Vereinbarung keine Wettbewerbsbeschränkung, wenn folgende Voraussetzungen erfüllt sind: Die Anforderungen müssen im Hinblick auf die Eigenart des Produktes angemessen sein, dürfen nicht über das erforderliche Maß hinausgehen und müssen diskriminierungsfrei in gleicher Weise auf alle Händler angewandt werden.[51] Falls die Auswahl nicht für alle Händler einheitlich erfolgt oder die Zahl der Händler begrenzt ist (quantitative Selektion), gilt die Freistellung bis zur doppelten Marktanteilsschwelle von 30 % (jeweils für Hersteller und Händler). Jedem Händler ist es dann untersagt, an Außenseiter, die nicht dem System angehören, zu liefern; selbst passive Verkäufe sind hier ausnahmsweise verboten.[52] Andererseits ist jeder Händler berechtigt, an andere Händler im System oder an Endverbraucher zu verkaufen. Dieses Recht darf vom Hersteller nicht eingeschränkt werden.

– **Franchising**: Vereinbarungen, durch die ein Hersteller seinen Händlern umfangreiches Know-how und meist auch die Nutzung seiner Marke (Firmennamen) zur Verfügung stellt, stellen keine Wettbewerbsbeschränkung dar, wenn die Beschränkungen nicht über das hinausgehen, was zum Schutz des Know-

---

49 Rechtsgrundlage ist insoweit die Zulieferbekanntmachung der Kommission vom 18.12.1978, die immer noch gültig ist (ABl. 1979 C 1/2 v. 3.1.1979).

50 Zu diesem Begriff siehe oben Rn. 41.

51 So die Definition der Kommission in den Vertikalleitlinien, Rn. 175. Vgl. auch EuGH, 11.12.1980 – Rs. C-31/80, ECLI:EU:C:1980:289, Rn. 15 f. – L'Oréal/PVBA; 25.10.1977 – Rs. C-26/76, ECLI:EU:C:1977:167, Rn. 21 f. – Metro I; 25.10.1983 – Rs. C-107/82, ECLI:EU:C:1983:293, Rn. 35 – AEG/Kommission.

52 Dies ergibt sich aus dem Wortlaut von Art. 4 lit. c und lit. d Vertikal-GVO.

hows erforderlich ist.[53] Bei weitergehenden Einschränkungen gilt die Freistellung bis zur doppelten Marktanteilsschwelle von 30 % (jeweils für Hersteller und Händler).

(3) Wettbewerbsverbote (Markenzwang); Alleinbezugsverpflichtungen

56 Nicht selten verlangen Hersteller von ihren Händlern, dass diese keine konkurrierenden Produkte anderer Hersteller vertreiben.[54] Eine vergleichbare Wirkung haben Vereinbarungen, die den Händler dazu verpflichten, seinen Bedarf ausschließlich oder ganz überwiegend (d. h. zu mehr als 80 %) von dem vorgeschriebenen Anbieter zu beziehen (Alleinbezugsverpflichtungen). Derartige Vereinbarungen sind bis zur doppelten Marktanteilsschwelle von 30 % (jeweils für Hersteller und Händler) freigestellt. Voraussetzung ist aber, dass die Bindung des Händlers eine Dauer von 5 Jahren nicht übersteigt. Die Vereinbarung einer automatischen stillschweigenden Verlängerung über diesen Zeitraum hinaus ist unzulässig. Soll die Bindung auch nach Ablauf der 5 Jahre bestehen, so muss diese kurz vorher erneut für eine maximale Laufzeit von 5 Jahren vereinbart werden. In den orangen Bereich fallen dabei Klauseln, die nach 5 Jahren eine Bezugsverpflichtung von knapp unter 80 % vorsehen.

57 Ist ein Marktanteil höher als 30 % oder übersteigt die Dauer des Wettbewerbsverbots bzw. der Alleinbezugsverpflichtung 5 Jahre, ist eine Einzelfallprüfung einer möglichen Freistellung erforderlich.

b) Machtmissbrauch (einseitige Handlungen)

aa) Allgemeine Voraussetzungen

58 Während das Verbot wettbewerbsbeschränkender Vereinbarungen nur Vereinbarungen von zwei oder mehr Unternehmen erfasst, gilt das Missbrauchsverbot auch für einseitige Handlungen eines Unternehmens.[55] Dies kann auch der Abschluss einer Vereinbarung sein; dann gelten das Kartell- und das Missbrauchsverbot nebeneinander. Anders als das Verbot wettbewerbsbeschränkender Vereinbarungen richtet sich das Missbrauchsverbot nicht an alle Unternehmen, sondern nur an den kleinen Kreis von Unternehmen, die auf dem relevanten Markt, d. h. unter Umständen für ein Produkt/eine Produktgruppe, über eine marktbeherrschende Stellung verfügen. Kartellrechtlich ist die Erlangung einer marktbeherrschenden Stellung nicht untersagt, sofern dies auf der eigenen geschäftlichen Tüchtigkeit und dem damit verbundenen marktwirtschaftlichen Erfolg beruht.[56] Wird eine marktbeherrschende Stellung dagegen durch den Zu-

---

53 EuGH, 28.1.1986 – Rs. C-161/84, ECLI:EU:C:1986:41 – Pronuptia.
54 Solche Wettbewerbsverbote werden von der Europäischen Kommission auch als Markenzwang bezeichnet, vgl. Vertikalleitlinien, Rn. 129 ff.
55 Rechtsgrundlage ist im europäischen Recht Art. 102 AEUV, im deutschen Recht sind es §§ 18 ff. GWB.
56 Dies wird auch als internes Wachstum bezeichnet.

sammenschluss mit einem anderen Unternehmen begründet oder verstärkt,[57] greift die Fusionskontrolle.

Marktbeherrschende Unternehmen dürfen wie jedes andere Unternehmen ihre geschäftlichen Interessen am Markt wahrnehmen. Sie müssen auch nicht auf günstige neue Geschäftsfelder verzichten, selbst wenn sie dadurch ihre Marktposition weiter ausbauen. Aber sie tragen eine besondere Verantwortung, weil der Wettbewerb durch ihre marktbeherrschende Stellung bereits eingeschränkt ist. Ihnen sind deshalb alle Handlungen untersagt, die ihnen nur durch ihre Marktmacht möglich sind und zu denen ein „normales" Unternehmen nicht in der Lage wäre.   **59**

Um einen Verstoß gegen das Missbrauchsverbot zu begründen, müssen somit zwei Voraussetzungen erfüllt sein. Das Unternehmen muss eine marktbeherrschende Stellung haben, und es muss diese Stellung missbräuchlich ausgenutzt haben. Zahlenmäßig spielen diese Verstöße in der Entscheidungspraxis keine große Rolle. Gleichwohl werden die Grundregeln hier erläutert, weil es durchaus Nischenmärkte gibt, in denen Unternehmen marktbeherrschend sind, ohne es immer selber so analysiert zu haben.   **60**

(1) Marktbeherrschende Stellung

Auch diese Prüfung erfolgt in zwei Schritten: Zunächst muss ermittelt werden, wie der relevante Markt abzugrenzen ist. Danach ist festzustellen, ob das Unternehmen auf diesem Markt eine beherrschende Stellung hat. Die Definition des relevanten Marktes gehört zu den schwierigsten Aufgaben im Kartellrecht. Die Wettbewerbsbehörden stellen dabei in zahlreichen Fällen auf die Perspektive der Nachfrager ab. Entscheidend ist dann, ob die Verbraucher für ihren Bedarf auf andere Anbieter ausweichen können. Der Bedarf der Verbraucher wird nur durch Produkte erfüllt, die hinsichtlich Zweck und Qualität, u. U. auch beim Preis bestimmte Eigenschaften erfüllen und vom Kunden als austauschbar angesehen werden. Das kann zu einer engen Abgrenzung der sachlichen und räumlichen Märkte führen.   **61**

Es empfiehlt sich, in Compliance-Schulungen auf die Produkte des eigenen Unternehmens abzustellen und die Teilnehmer diskutieren zu lassen. Ein guter Start in die Diskussion kann die Schilderung eines plakativen Beispiels sein, z. B. die Frage, ob Bananen einen separaten Produktmarkt bilden oder mit anderen frischen Früchten, z. B. Äpfeln, zu einem weiteren Markt gehören. Es kann analysiert werden, wie man aus Verbrauchersicht argumentieren kann („Denken Sie an die Alten, Kranken, Babys und sonstige Zahnlose."[58]).   **62**

Ins Gewicht fallen können aber auch Aspekte der Angebotsumstellungsflexibilität, d. h. der Austauschbarkeit auf der Seite des Anbieters. Sie ist dann gegeben,   **63**

---

57 In diesem Fall handelt es sich um externes Wachstum.
58 Vgl. EuGH, 14.2.1978 – Rs. C-27/76, ECLI:EU:C:1978:22 – United Brands & Co and United Brands Continentaal BV (Chiquita Bananas).

wenn die Anbieter ihre Produktion ohne spürbare Zusatzkosten und Risiken innerhalb kurzer Frist auf andere Erzeugnisse umstellen können. Dies ist im Einzelfall zu prüfen.

64 Eine marktbeherrschende Stellung liegt vor, wenn das Unternehmen auf dem so abgegrenzten sachlichen und räumlichen Markt keinem wirksamen Wettbewerb ausgesetzt ist und sein Verhalten im Wesentlichen unabhängig von den Wettbewerbern bestimmen kann. In der Praxis spielen Marktanteile eine wichtige Rolle. Im deutschen Recht wird eine marktbeherrschende Stellung vermutet, wenn das Unternehmen einen Marktanteil von mindestens 40 % hat.[59] Im europäischen Recht gibt es keine gesetzliche Vermutung; regelmäßig wird jedoch bei einem Marktanteil ab 50 % von Marktbeherrschung ausgegangen. Die Höhe der Marktanteile ist aber nicht das einzige Kriterium. Letztlich entscheidet eine Gesamtabwägung aller für die Wettbewerbssituation wesentlichen Umstände. Dies hängt stark von den Umständen des jeweiligen Einzelfalls ab. Für die Feststellung, ob ein Unternehmen eine marktbeherrschende Stellung hat, ist deshalb die Einschaltung von Experten zu empfehlen.

(2) Missbräuchliche Ausnutzung

65 Ein Missbrauch liegt vor, wenn die Unternehmen ihre Marktmacht ausgenutzt haben, um gegenüber ihren Abnehmern oder ihren Wettbewerbern Konditionen durchzusetzen, die nicht mit dem normalen Leistungswettbewerb vereinbar sind.[60] Auch diese Beurteilung ist immer von den Umständen des Einzelfalls abhängig. Eine weitere Schwierigkeit ist, dass sowohl zu hohe als auch zu niedrige Preise einen Missbrauch darstellen können. In der Entscheidungspraxis der Gerichte und Behörden sind bestimmte Fallgruppen entwickelt worden, bei denen ein Verstoß grundsätzlich vermutet wird, wenn die Unternehmen nicht besondere Gründe für die Rechtfertigung ihres Verhaltens nachweisen können. Sie gelten als „Per-se-Verbote".[61] In diesen Fällen besteht ein hohes Risiko, dass die Behörden bei einem Verstoß ein Bußgeld verhängen. Unternehmen, bei denen eine marktbeherrschende Stellung möglich ist, sollten die Per-se-Verbote unbedingt beachten oder sich ausreichend absichern, dass ihr Verhalten ausnahmsweise gerechtfertigt ist. In den anderen Fällen haben die Behörden zwar wiederholt Untersagungen ausgesprochen, aber bisher keine Bußgelder verhängt. Hier sind die Risiken somit weniger hoch.

---

59 Vgl. § 18 Abs. 4 GWB.
60 EuGH, st. Rspr.; 13.2.1979 – Rs. 85/76, ECLI:EU:C:1979:36 – Hoffmann-La Roche.
61 Siehe den folgenden Abschnitt zu diesen Fallgruppen. Vgl. KOM, Erläuterungen zu den Prioritäten der Kommission bei der Anwendung von Artikel 82 des EG-Vertrags auf Fälle von Behinderungsmissbrauch durch marktbeherrschende Unternehmen, 2009/C 45/02.

bb) Sehr hohe Risiken

(1) Behinderung/Ausgrenzung von Wettbewerbern

Verhaltensweisen eines marktbeherrschenden Unternehmens, deren Zweck er- **66** kennbar darauf ausgerichtet ist, Wettbewerber vom Markt zu verdrängen oder sie in ihrer geschäftlichen Entwicklung zu behindern, sind stets als Missbrauch anzusehen. Eine objektive Rechtfertigung kommt in diesen Fällen normalerweise nicht in Betracht.[62] Vielfach werden solche Handlungen unter eine der folgenden Kategorien fallen. Darauf kommt es aber nicht an, wenn eine Behinderung der Wettbewerber bei objektiver Betrachtung bezweckt ist. Beispiele für einen Missbrauch, die nicht einer besonderen Gruppe von Per-se-Verstößen zuzuordnen sind, sind Maßnahmen, die Wettbewerber vom Zugang zu notwendigen Rohstoffen ausschließen oder sie beim Absatz von einem geschäftlich nicht unerheblichen Kundenkreis abschneiden.

(2) Kundenbindung, Treuerabatte

Diese Gruppe gehört zu den häufigsten Verstößen gegen das Missbrauchsverbot. **67** Unbedenklich sind Mengenrabatte, die allein an abgenommene Volumina geknüpft sind. Verboten sind aber sog. „Treuerabatte", die einem Abnehmer dafür gewährt werden, dass er seinen gesamten Bedarf oder erhebliche Teile desselben bei dem marktbeherrschenden Unternehmen deckt.[63] Eine ähnliche „Sogwirkung" haben Rabatte, die an einen bestimmten Mindestumsatz über einen längeren Zeitraum hinweg geknüpft sind. Das trifft bereits bei einer Kundenbindung für ein Jahr zu.[64] Die in der Praxis verbreiteten Jahresumsatzrabattstaffeln sind deshalb für marktbeherrschende Unternehmen verboten.

(3) Squeeze-out von Wettbewerbern, Kosten-Preis-Schere

Diese Kategorie betrifft Fälle, in denen gewerbliche Abnehmer auf die Produkte **68** des marktbeherrschenden Unternehmens angewiesen sind (z. B. unabhängige Mineralölhändler, die das Benzin bei den großen Markenherstellern beziehen). Der Missbrauch besteht in diesen Fällen darin, dass das marktbeherrschende Unternehmen von den gewerblichen Abnehmern so hohe Entgelte fordert, dass sie im Wettbewerb nicht mehr bestehen können, weil sie die notwendige Verdienstspanne nicht mehr erwirtschaften können. Dies ist insbesondere der Fall, wenn die Preise für die gewerblichen Abnehmer gleich oder annähernd gleich hoch sind wie die Preise, die das marktbeherrschende Unternehmen von seinen eigenen Endkunden verlangt. Denkbar ist aber, dass die Preissetzung durch besonde-

---

62 Vgl. KOM, Erläuterungen zu den Prioritäten der Kommission bei der Anwendung von Artikel 82 des EG-Vertrags auf Fälle von Behinderungsmissbrauch durch marktbeherrschende Unternehmen, 2009/C 45/02.

63 EuGH, 13.2.1979 – Rs. 85/76, ECLI:EU:C:1979:36 – Hoffmann-La Roche; 16.12.1975 – Rs. 40-48/73, 50/73, 54-56/73, 111/73, 113 u. 114/73, ECLI:EU:C:1975:174 – Suiker Unie; 9.11.1983 – Rs. 322/81, ECLI:EU:C:1983:313 – Michelin I.

64 EuGH, 9.11.1983 – Rs. 322/81, ECLI:EU:C:1983:313 – Michelin I.

re Umstände, die das marktbeherrschende Unternehmen nicht beeinflussen kann, ausnahmsweise gerechtfertigt ist.

(4) Kopplung von Angeboten

69 Eine unzulässige Kopplung liegt dann vor, wenn mehrere Produkte nur gemeinsam erworben werden können, ohne dass es dafür einen vernünftigen wirtschaftlichen oder technischen Grund gibt. Die Europäische Kommission hat bereits extrem hohe Bußgelder wegen der unzulässigen Kopplung von verschiedenen Produkten verhängt.[65]

cc) Weniger hohe Risiken

(1) Ausbeutungsmissbrauch, Kundenpreisdifferenzierung

70 Ein Ausbeutungsmissbrauch ist dadurch gekennzeichnet, dass ein marktbeherrschendes Unternehmen von seinen Abnehmern oder den Endverbrauchern überhöhte Preise fordert, die bei normalem Wettbewerb nicht durchsetzbar gewesen wären. Der Nachweis unangemessen hoher Preise ist meist ausgesprochen schwierig. Im Regelfall stützen sich die Wettbewerbsbehörden auf die Preise anderer vergleichbarer Anbieter oder auf vergleichbaren Märkten (Vergleichsmarktkonzept). Ist dies nicht möglich, muss ermittelt werden, ob Preise und Kosten in einem angemessenen Verhältnis stehen.[66]

71 Ein Sonderfall des Ausbeutungsmissbrauchs ist die Preisdifferenzierung zwischen verschiedenen Kunden. Marktbeherrschenden Unternehmen ist dies anders als „normalen" Unternehmen grundsätzlich untersagt, es sei denn die Benachteiligung einzelner Kunden oder Kundenkreise ist durch besondere Umstände gerechtfertigt.

(2) Niedrigpreisstrategien

72 Häufiger sind die Fälle, dass ein marktbeherrschendes Unternehmen versucht, durch unangemessen niedrige Preise Wettbewerber aus dem Markt zu verdrängen oder sie zumindest in ihrer Entfaltung zu behindern (sog. „Preisdumping" oder „Kampfpreise"). Grundsätzlich kommt es darauf an, ob ein Unternehmen, das nicht marktbeherrschend aber ebenso leistungsfähig wie das marktbeherrschende Unternehmen ist, Preise dieser Höhe im Wettbewerb durchsetzen könnte. In der Praxis stützt man sich auf einfache festzustellende Kriterien. Sind die Preise so hoch, dass sowohl die variablen als auch die anteiligen Fixkosten des

---

65 So erging z. B. im Jahr 2018 im Fall Google Android ein Bußgeld in Höhe von 4,34 Mrd. EUR wegen der unzulässigen Kopplung des Betriebssystems mit vorzuinstallierenden Apps (Google-Suche und ihrem Browser Chrome), Europäische Kommission, Pressemitteilung v. 18.7.2018.

66 Besondere Bedeutung hat die Missbrauchsaufsicht über die Energiepreise in Deutschland. Für die Preise von Strom und Gas gibt es eine derzeit bis Ende 2022 befristete Sonderregelung (jeweils für Hersteller und Händler) in § 29 GWB. Dadurch waren Strom- und Gasanbieter in vielen Fällen genötigt, ihre Endverbraucherpreise z. T. deutlich abzusenken.

marktbeherrschenden Unternehmens gedeckt sind, scheidet ein Missbrauch aus. Reichen dagegen die Erlöse nicht einmal für die (vermeidbaren) durchschnittlichen variablen Kosten des Produkts aus, sind die Preise als missbräuchlich anzusehen. In dem Zwischenbereich, in dem zwar die variablen, nicht aber auch die anteiligen Fixkosten des Produkts gedeckt sind, ist jeweils eine Einzelfallprüfung erforderlich. Entscheidend ist, ob das marktbeherrschende Unternehmen die Absicht verfolgt hat, Wettbewerber aus dem Markt zu drängen oder von ihm fernzuhalten.[67]

(3) Lieferverweigerung; wesentliche Einrichtungen („essential facilities")

Auch marktbeherrschende Unternehmen können grundsätzlich frei entscheiden, **73** welche Abnehmer sie beliefern wollen. In besonderen Fällen kann aber eine Lieferverweigerung missbräuchlich sein. Das ist vor allem der Fall, wenn die Belieferung für den Nachfrager unerlässlich ist, um seine Geschäftstätigkeit weiter ausüben zu können, und es keine sachlichen Gründe für die Lieferverweigerung gibt. Dabei sind an die Rechtfertigung des Abbruchs einer bestehenden Lieferbeziehung höhere Anforderungen zu stellen als an die Weigerung, Geschäftsbeziehungen zu neuen Kunden aufzunehmen.[68] In Ausnahmefällen kann auch ein Anspruch auf Erteilung einer Lizenz für ein patentgeschütztes Produkt des marktbeherrschenden Unternehmens bestehen (Zwangslizenz).[69]

Eine Lieferverweigerung kann vor allem im Fall der sog. „essential facilities" **74** einen Missbrauch darstellen. Das sind Einrichtungen, auf die andere Unternehmen bei ihrer Geschäftstätigkeit angewiesen sind und die ihrer Natur nach nicht doppelt oder mehrfach vorgehalten werden können. Typische Beispiele sind Netze z. B. in der Telekommunikation, im Energiebereich oder im Schienenverkehr. Das marktbeherrschende Unternehmen muss den Unternehmen, die auf die Einrichtung angewiesen sind, grundsätzlich die Nutzung der Einrichtung gegen angemessenes Entgelt gestatten. Es darf dies nur dann verweigern, wenn dies durch besondere sachliche Gründe hinreichend gerechtfertigt ist.

---

67 *Huttenlauch/Lübbig*, in: Loewenheim/Meessen/Riesenkampff/Kersting/Meyer-Lindemann, Kartellrecht, 3. Aufl. 2016, Art. 102 AEUV Rn. 225 ff. m. w. N.

68 Mitteilung der Kommission – Erläuterungen zu den Prioritäten der Kommission bei der Anwendung von Artikel 82 des EG-Vertrags auf Fälle von Behinderungsmissbrauch durch marktbeherrschende Unternehmen, ABl. C 45/7 v. 24.2.2009, Rn. 84; siehe auch Kommission, 24.3.2004 – COMP/37.792, Rn. 556, 558 – Microsoft; *Fuchs*, in: Immenga/Mestmäcker, EU-Wettbewerbsrecht, 6. Aufl. 2019, Art. 102, Rn. 312, 320.

69 EuGH, 6.4.1995 – verb. Rs. C-241/91 P und C-242/92 P, ECLI:EU:C:1995:98 – Radio Telefis Eireann (RTE) und Independent Television Publications Ltd (ITP)/Kommission („Magill"); EuGH, 29.4.2004 – Rs. C-418/01, ECLI:EU:C:2004:257 – IMS Health/NDC Nealth. Siehe auch *Fuchs*, in: Immenga/Mestmäcker, EU-Wettbewerbsrecht, 6. Aufl. 2019, Art. 102, Rn. 329.

(4) Ausschließlichkeitsbindungen

75 Ein marktbeherrschendes Unternehmen handelt missbräuchlich, wenn es mit seinen Abnehmern vereinbart, dass diese ihren Gesamtbedarf oder einen beträchtlichen Teil davon (z. B. mehr als 80 %) bei ihm selbst eindecken. Die Bindung kann rechtlicher Art sein, aber auch rein faktisch auf Anreizen (wie z. B. entsprechenden Rabatten) oder wirtschaftlichem Zwang (z. B. als Voraussetzung für eine Belieferung) beruhen. Wendet ein marktbeherrschendes Unternehmen solche Klauseln in größerem Umfang an, wird dadurch der Markt für die Wettbewerber weitgehend verschlossen.

(5) Diskriminierung abhängiger Unternehmen

76 Dieses Verbot betrifft nicht nur marktbeherrschende Unternehmen, sondern auch marktstarke Unternehmen, die gegenüber anderen Unternehmen über eine erhebliche Marktmacht verfügen (relative Marktmacht).[70] Diese Unternehmen dürfen, ebenso wie marktbeherrschende Unternehmen, andere Unternehmen, die von ihnen abhängig sind, nicht unbillig benachteiligen. Abhängigkeit ist im Wirtschaftsleben ein häufiges Phänomen. Die Vorschrift hat daher eine große praktische Bedeutung. Beispiele sind u. a. Händler, die sich auf den Vertrieb bestimmter Produkte spezialisiert haben; Fachhändler, die im Hinblick auf ihr Standing die Produkte der Spitzengruppe in ihrem Sortiment führen müssen; umgekehrt Hersteller, die darauf angewiesen sind, dass ihre Produkte vom Handel gelistet werden; oder schließlich Zulieferer, die für die Herstellung ihrer Produkte erhebliche Investitionen getätigt haben. Marktbeherrschende oder marktstarke Unternehmen dürfen von solchen abhängigen Unternehmen keine ungünstigeren Preise oder Konditionen verlangen, als dies andere Unternehmen in vergleichbarer Lage tun.[71]

(6) Behinderung von kleineren Wettbewerbern; Verkauf unter Einstandspreis

77 Marktbeherrschende oder marktstarke[72] Unternehmen dürfen kleine und mittlere Wettbewerber nicht unbillig behindern.[73] Dieses Verbot hat in der Praxis keine große Bedeutung. Ein Sonderfall mit erheblichen Auswirkungen ist das Verbot des Verkaufs unter Einstandspreis. Marktstarke Unternehmen wie z. B. die großen Handelsketten dürfen ihre Waren unter bestimmten Voraussetzungen nicht unter ihrem eigenen Einstandspreis verkaufen. Auf den (meist erheblich höheren) Einstandspreis der kleinen und mittleren Wettbewerber kommt es nicht an. Erlaubt ist ein Verkauf unter Einstandspreis im Allgemeinen, wenn er nur gelegentlich erfolgt oder durch besondere Umstände gerechtfertigt ist (z. B. Notver-

---

70 Im deutschen Recht ist dies in § 19 Abs. 2 Nr. 1 i. V. m. § 20 Abs. 1 GWB ausdrücklich geregelt. Eine vergleichbare Vorschrift für marktstarke Unternehmen gibt es im europäischen Recht nicht.
71 Art. 102 Abs. 2 lit. c AEUV.
72 Zur Definition siehe oben Rn. 64.
73 Rechtsgrundlage ist im deutschen Recht § 20 Abs. 3 Satz 1 GWB.

käufe kurz vor dem Ablaufdatum). Im Jahr 2007 wurde die Vorschrift für den Lebensmittelhandel in § 20 Abs. 3 Nr. 1 GWB weiter verschärft.[74] Die zeitliche Befristung der Sonderregelung in diesem Sektor wurde aufgehoben.

3. Haftungssubjekte (Wer haftet für wen?)

a) Unternehmenshaftung

Für Kartellverstöße haften in erster Linie die Unternehmen, die an der wettbe-   **78** werbsbeschränkenden Vereinbarung mitgewirkt haben. Nach Ansicht der Kartellbehörden ist es für die Haftung ohne Bedeutung, dass das Unternehmen die Kartellabsprachen nicht eingehalten hat oder nicht einhalten wollte, wenn das für die anderen beteiligten Unternehmen nicht eindeutig erkennbar war.[75] Meistens bestehen Kartelle über einen längeren Zeitraum. Dann kommt es wiederum aus Sicht der Kartellbehörden nicht darauf an, ob sich die Durchführung des Kartells im Laufe der Zeit geändert hat oder vorübergehend unterbrochen worden ist. Wichtig ist nur, dass der Zweck der Kartellabsprache grundsätzlich, wenn auch mit etwaigen notwendigen Anpassungen, unverändert gewahrt bleibt.[76] Jedes Unternehmen haftet dann im Grundsatz, wenn es die Kartellabsprache kannte oder kennen musste, für alle Verstöße während des gesamten Zeitraums. Um die Haftung zu beenden, reicht es nicht, dass das Unternehmen seine Mitwirkung am Kartell einstellt. Es muss sich offen von der Absprache distanzieren und die anderen Beteiligten davon in Kenntnis setzen, dass es fortan an dem Kartellrechtsverstoß nicht mehr beteiligt ist. Die Haftung gilt nicht nur für die eigentlichen „Täter"; auch Unternehmen, die nur Hilfestellung geleistet haben, z.B. durch Beratung bei der Ausführung des Kartellrechtsverstoßes ohne selbst Wettbewerber zu sein, haften mit.[77] Das unterschiedliche Ausmaß der Beteiligung und des Umfangs des verursachten Schadens findet zwar bei der Haftung keine Berücksichtigung, ist aber für die Bemessung des Bußgeldes ein wesentlicher Faktor (dazu siehe unten Rn. 89 ff.).

b) Persönliche Haftung

Im deutschen Recht steht neben der Unternehmenshaftung die persönliche Haf-   **79** tung der am Kartellverstoß beteiligten Personen.[78] Das ist bei allen Verfahren des Bundeskartellamtes von Bedeutung. Für die Haftung spielt es keine Rolle,

---

74 Siehe dazu § 20 Abs. 3 Nr. 1 GWB.
75 EuG, 8.7.2008 – Rs. T-53/03, ECLI:EU:T:2008:254, Rn. 82 – BPB/Kommission; EuGH, 12.7.1979 – Rs. C-32/87, ECLI:EU:C:1979:191 – BMW-Belgium/Kommission; EuGH, 29.10.1980 – Rs. C-209/78, ECLI:EU:C:1980:248 – van Landewyck u.a./Kommission.
76 Vgl. dazu im Einzelnen EuG, 12.12.2007 – Rs. T-101/05, ECLI:EU:T:2007:380 – BASF und UCB/Kommission.
77 EuGH, 22.10.2015 – Rs. C-194/14 P – AC Treuhand, WuW 2016, 71 ff.
78 Die persönliche Haftung ist im deutschen System der Ordnungswidrigkeiten eigentlich die primäre Haftung (vgl. § 81 Abs. 4 Satz 1 GWB). Die Unternehmenshaftung folgt als Annex aus der persönlichen Haftung der Unternehmensangehörigen (§ 30 OWiG).

ob der Mitarbeiter für die Handlungen zuständig und befugt war. Voraussetzung für die Haftung ist ein Verschulden. Verantwortlich ist auch derjenige, der einen Kartellverstoß schuldhaft nicht verhindert hat, obwohl ihm dies aufgrund seiner Aufsichtspflicht möglich gewesen wäre.[79] Für die Leitungspersonen eines Unternehmens ist es deshalb wichtig, durch ein effektives Compliance-Programm so weit wie möglich dafür zu sorgen, dass es nicht zu einem Kartellrechtsverstoß kommt.

80 Für die Unternehmenshaftung ist Voraussetzung, dass mindestens ein Mitarbeiter schuldhaft an dem Kartellverstoß mitgewirkt hat.[80] Die handelnde Person muss nicht der Leitungsebene angehören. Welchen Rang und welche Kompetenzen der Mitarbeiter hat, ist unerheblich. Die Haftung des Unternehmens entfällt auch nicht deshalb, weil das Unternehmen alle denkbaren Compliance-Anstrengungen unternommen hat, um den Verstoß zu verhindern. Nach der Praxis des Bundeskartellamtes und der Europäischen Kommission ist dies bislang nicht einmal ein Milderungsgrund, der zu einer Verringerung der Geldbuße führt.[81] Der BGH hat hingegen in einem – nicht einen Kartellrechtsverstoß sondern Korruption und Steuerhinterziehung betreffenden – Urteil auf die Bedeutung eines „effizienten Compliance Managements" für die Bemessung einer Unternehmensgeldbuße nach § 30 OWiG hingewiesen.[82]

c) Haftung im Konzern („Wirtschaftliche Einheit")

81 Zusätzliche Regeln gelten für die Haftung von Unternehmen im Konzern, wenn zwischen der Konzernobergesellschaft (Mutter) und den Tochtergesellschaften eine sog. „wirtschaftliche Einheit" besteht. Nach der Praxis der Europäischen Kommission und der europäischen Gerichte beruht eine solche wirtschaftliche Einheit darauf, dass die Tochtergesellschaft ihr Verhalten im Geschäftsverkehr nicht autonom bestimmt, sondern im Wesentlichen Weisungen der Mutter befolgt oder sich aus eigener Entscheidung nach den Interessen der Mutter ausrichtet.[83] Dies wird vermutet, wenn die Mutter (nahezu) 100 % der Anteile besitzt.[84] Eine Widerlegung dieser Vermutung ist theoretisch möglich, in der Praxis aber

---

79 Dies ist im deutschen Recht in § 130 OWiG ausdrücklich geregelt.

80 Im deutschen Recht ist dies in den §§ 9, 30 OWiG geregelt.

81 Vgl. *Trüg/Ruppert*, ZWeR 2020, 69, 88; *Baur/Holle*, NZG 2018, 14; *Eufinger*, NZG 2018, 327. Eine wachsende Zahl von ausländischen Wettbewerbsbehörden berücksichtigt aber ausreichende Compliance-Anstrengungen bei der Bemessung der Geldbuße (sog. compliance defence). Vgl. dazu ausführlich das Gutachten von *Brettel/Thomas*, Compliance und Unternehmensverantwortlichkeit im Kartellrecht, 2016, 69 ff., 106.

82 BGH, 9.5.2017 – 1 StR 265/16. Siehe dazu *Kogel*, in: Rübenstahl u. a., Kartell Compliance, 2020, 23. Kap., Rn. 14.

83 Siehe z. B. EuGH, 14.7.1972 – Rs. C-48/69, ECLI:EU:C:1972:70, Rn. 132, 135 – ICI; EuGH, 10.9.2009 – Rs. C-97/08 P, ECLI:EU:C:2009:536, Rn. 58 – Akzo Nobel; EuGH, 10.4.2014 – Rs. C-231/11 P bis C-233/11 P, ECLI:EU:C:2014:256, Rn. 46 – Siemens.

84 St. Rspr. seit EuGH, 25.10.1983 – Rs. 107/82, ECLI:EU:C:1983:293, Rn. 50 – AEG. Siehe u. a. EuGH, 10.4.2014 – Rs. C-247/11 P, ECLI:EU:C:2014:257 Rn. 32 – Areva.

meist sehr schwierig. Mutter und Tochter gelten in diesem Fall als ein einheitliches Unternehmen; auf die rechtliche Selbstständigkeit der Tochter kommt es dann nicht an. Die Mutter haftet für Handlungen der Tochtergesellschaft wie für Handlungen ihrer eigenen Mitarbeiter, unabhängig davon, ob sie Kenntnis von dem Verhalten oder Einfluss darauf gehabt hat. Ein eigenes Verschulden der Mutter ist nicht erforderlich; es reicht das Verschulden eines Mitarbeiters der Tochtergesellschaft.

Mit der 9. GWB-Novelle[85] erfolgte durch den deutschen Gesetzgeber eine Angleichung an die europäische Praxis.[86] Demzufolge kann die Muttergesellschaft eines Konzerns nicht mehr nur dann vom Bundeskartellamt mit einer Geldbuße belegt werden, wenn ihr ein eigenes Verschulden nachgewiesen wird. Vielmehr haftet sie fortan verschuldensunabhängig. Voraussetzung für eine konzernweite Haftung ist, dass der Verstoß von einer Leitungsperson der Tochtergesellschaft i. S. d. § 30 OWiG begangen wurde und eine tatsächliche Ausübung eines bestimmenden Einflusses durch die Muttergesellschaft vorlag.[87] Gerade im Hinblick auf die erfolgte Haftungsausweitung ist ein effektives – konzernweites – Compliance-Management-System wichtig. **82**

d) Haftung bei Gemeinschaftsunternehmen

Eine „wirtschaftliche Einheit" kann auch bei einem Gemeinschaftsunternehmen (GU; englisch: Joint Venture) im Verhältnis zwischen den Muttergesellschaften und dem GU vorliegen. Dabei kann die wirtschaftliche Einheit sowohl zwischen dem GU und einer Mutter als auch zwischen dem GU und mehreren oder allen Müttern bestehen.[88] Voraussetzung ist, dass die eine Mutter allein oder die verschiedenen Mütter gemeinsam die Geschäftstätigkeit des GU tatsächlich so stark beeinflussen, dass dieses im Wesentlichen ihren Weisungen folgt oder sich auch ohne ausdrückliche Weisung nach den Interessen der Mutter bzw. der Mütter ausrichtet.[89] Liegt eine wirtschaftliche Einheit vor, gelten die beteiligten Unternehmen wiederum als ein einheitliches Unternehmen. Die Mutter haftet also für einen Kartellverstoß des GU wie für einen eigenen Verstoß, auch wenn sie kein eigenes Verschulden trifft. **83**

---

85 Neuntes Gesetz zur Änderung des Gesetzes gegen Wettbewerbsbeschränkungen vom 1.6.2017, BGBl. 2017, Teil I Nr. 33, ausgegeben am 8.6.2017, S. 1416 ff.

86 Einen guten Überblick über die Regelungsänderung geben *Timmerbeil/Blome*, BB 2017, 1544, sowie *Mäger/von Schreitter*, NZKart 2017, 264.

87 Vgl. § 81 Abs. 3a GWB.

88 Vgl. dazu EuGH, 26.9.2013 – Rs. C-172/12P, ECLI:EU:C:2013:601 – El du Pont de Nemours.

89 Die Vermutung im Fall von (nahezu) 100% des Anteilsbesitzes kann hier nicht zum Tragen kommen, da keine der Mütter bei einem GU einen Anteil in dieser Höhe besitzen kann.

e) Haftung für Beauftragte

84 In der europäischen Praxis ist die „wirtschaftliche Einheit" auf Fälle ausgedehnt worden, in denen ein Handelsvertreter für einen Auftraggeber tätig ist.[90] Auch hier ist es typischerweise so, dass der Handelsvertreter seine Geschäftstätigkeit auf die Interessen des Auftraggebers ausrichtet. Wird dies im Einzelfall festgestellt, gelten Auftraggeber und Handelsvertreter im Hinblick auf den Kartellverstoß ebenfalls als ein einheitliches Unternehmen. Das kann auch dann der Fall sein, wenn der Handelsvertreter noch für einen oder mehrere andere Auftraggeber tätig ist, sofern die finanziellen Risiken – wie dies üblich ist – vom Auftraggeber getragen werden.[91] Der Auftraggeber haftet dann für die Pflichtverletzung des Handelsvertreters so, als wenn ein eigener Mitarbeiter die Tat begangen hätte. Dabei spielt es wiederum keine Rolle, ob er von den Aktivitäten des Handelsvertreters Kenntnis hatte oder sie hätte verhindern können. Die gleichen Grundsätze gelten für sonstige Beauftragte, wenn die Voraussetzungen einer wirtschaftlichen Einheit erfüllt sind, d. h. der Beauftragte sein Verhalten im Wesentlichen nach den Interessen des Auftraggebers ausrichtet oder dessen Weisungen befolgt.

f) Haftung bei Rechtsnachfolge

85 Probleme können sich ergeben, wenn ein Unternehmen, nachdem es den Kartellverstoß begangen hat, aufgelöst oder umgewandelt wird und auf einen Rechtsnachfolger übergeht. Im europäischen wie im deutschen Recht bleibt die Haftung des Kartellunternehmens unberührt, solange es als Rechtssubjekt fortbesteht.[92] Bestand eine wirtschaftliche Einheit mit der früheren Mutter, bleibt auch deren Haftung unberührt. Der Erwerber haftet nicht, solange das erworbene Unternehmen rechtlich fortbesteht, selbst wenn er Kenntnis von dem Kartellverstoß gehabt hat. Löst der Erwerber das Kartellunternehmen auf oder wandelt es so um, dass es seine bisherige Rechtspersönlichkeit verliert, geht die Haftung nach dem Grundsatz der wirtschaftlichen Kontinuität auf den Erwerber über (Gesamtrechtsnachfolge).[93] Dies betrifft vor allem gesellschaftsrechtliche Transaktionen wie die Umwandlung oder Verschmelzung.

86 Schwieriger ist die Rechtslage, wenn das für das Kartell verantwortliche Unternehmen nur formal weiterbesteht, aber seine Vermögenssubstanz auf ein anderes Unternehmen übertragen wird, so dass es das Bußgeld nicht mehr bezahlen

---

90 EuG, 15.7.2015 – Rs. T-418/10, ECLI:EU:T:2015:516 – Voestalpine.
91 EuG, 15.7.2015 – Rs. T-418/10, ECLI:EU:T:015:516, Rn. 142 ff. – Voestalpine.
92 So z. B. EuGH, 24.9.2009 – Rs. C-125/07, C-133/07, C-135/07 und C-137/07, ECLI:EU:C: 2009:576, Rn. 79 – Lombardclub; OLG Düsseldorf, 15.4.2013 – VI-4 Kart 2 – 6/10 (OWi).
93 KOM, 28.1.2009 – COMP/39.406 Rn. 352 ff. – Marineschläuche; KOM, 19.10.2011 – COMP/39.605 Rn. 6 und 60 – CRT-Glas; EuG, 14.12.2006 – Rs. T-259/02 bis T-264/02 und T-271/02, ECLI:EU:T:2006:396, Rn. 332–336 – Lombardclub; bestätigt durch EuGH, 24.9.2009 – Rs. C-125/07, C-133/07, C-135/07 und C-137/07, ECLI:EU:C:2009:576, Rn. 79 – Lombardclub.

kann. Typischerweise erfolgt dies durch die Übertragung der Vermögenswerte des Kartellunternehmens auf ein anderes Unternehmen im Konzern.[94] Im europäischen Recht gilt insoweit der Grundsatz der wirtschaftlichen Identität: Die Haftung geht immer dann auf das erwerbende Unternehmen über, wenn das Bußgeld gegen das übernommene Unternehmen nicht mehr durchgesetzt werden kann. In der deutschen Praxis gab es in diesem Fall eine Sanktionslücke, die üblicherweise als „Wurst-Lücke"[95] bezeichnet wurde. Durch die 9. GWB-Novelle wurde das deutsche Recht hinsichtlich der Gesamtrechts- und der Einzelrechtsnachfolge an das europäische Recht angepasst.[96] Eine Kartellgeldbuße kann nunmehr auch gegen lediglich wirtschaftliche Nachfolger festgesetzt werden. Damit ist es grundsätzlich nicht mehr möglich, dass sich ein Unternehmen durch interne Umorganisation oder Veräußerung von Vermögensteilen einem Kartellbußgeld entziehen kann.

4. Art und Umfang der Haftung

a) Strafrechtliche Sanktionen

Strafrechtliche Sanktionen sind die schwerwiegendste Form der Ahndung von Rechtsverstößen.[97] Nicht nur die Strafe, schon allein die Einleitung eines Strafverfahrens ist meist eine schwere Belastung für die Betroffenen. Bei Kartellverstößen sind im europäischen Recht strafrechtliche Sanktionen nicht vorgesehen. Die Europäische Kommission kann also weder selbst Strafen verhängen noch gerichtliche Strafverfahren einleiten. Sie kann auch nicht die nationalen Behörden einschalten und diese auffordern, strafrechtliche Schritte gegen die persönlich Verantwortlichen zu veranlassen. Es verbleibt allein bei den Unternehmensbußgeldern der Europäischen Kommission. **87**

Auch im deutschen Recht sind Kartellverstöße in aller Regel Ordnungswidrigkeiten und keine Straftaten. Lediglich der Ausschreibungs- oder Submissionsbetrug ist als Straftatbestand ausgestaltet.[98] Hier führt das Bundeskartellamt das Verfahren als Ordnungswidrigkeit gegen die Unternehmen, während die Staatsanwaltschaft für das strafrechtliche Verfahren gegen die persönlich Verantwortlichen zuständig ist. Im Gegensatz zu kartellrechtlichen Verfahren haben Strafverfahren wegen Ausschreibungsbetrugs in der Praxis bislang keine große Bedeutung erlangt. Häufig enden die Verfahren, wenn es überhaupt dazu kommt, mit Geldstrafen oder einer Verfahrenseinstellung. Ein großer Nachteil **88**

---

94 Zum Grundsatz der wirtschaftlichen Kontinuität vgl. u. a. EuG, 11.3.1999 – Rs. T-134/94, Slg. 1999, II-239 – NMH Stahlwerke; EuG, 30.9.2009 – T-161/05, ECLI:EU:T:2009:366 – Hoechst.
95 Der Name rührt daher, dass diese Lücke erstmals im Rahmen des Wurst-Kartells tatsächlich relevant geworden ist.
96 § 81 Abs. 3b und 3c GWB.
97 Zu den strafrechtlichen Risiken bei „Non-Compliance" ausführlich *Böttger*, Kap. 2, Rn. 30 ff.
98 § 298 StGB.

ist allerdings, dass dem Täter in diesen Fällen die Kronzeugenvergünstigung des Bundeskartellamtes nicht zugutekommt. Es kann also sein, dass das Unternehmen als Kronzeuge straffrei bleibt, die persönlich Handelnden aber strafrechtlich zur Verantwortung gezogen werden. In Deutschland wird darüber diskutiert, ob schwerwiegende Kartellvergehen generell als kriminelles Unrecht ausgestaltet werden sollten, um die Abschreckungswirkung zu erhöhen.[99] Mit einer grundlegenden Änderung des Sanktionssystems ist jedoch auf absehbare Zeit nicht zu rechnen.

b) Bußgelder

89 Es ist ein weltweites Phänomen, dass die Behörden die Bußgelder im Lauf der letzten Jahre z. T. dramatisch erhöht haben. Auch die von der Europäischen Kommission und dem Bundeskartellamt verhängten Bußgelder erreichen inzwischen regelmäßig mehrstellige Millionenbeträge.[100] Sowohl in der deutschen wie in der europäischen Praxis haben die Behörden Leitlinien für die Bemessung der Bußgelder veröffentlicht.[101] Letztlich hängt die Höhe der Sanktion aber ganz wesentlich von den Umständen des Einzelfalls ab. Die folgenden Erläuterungen können keine Anleitung geben, aus der sich die Höhe der Geldbuße mit einiger Genauigkeit errechnen ließe. Ziel kann es nur sein, einige Hinweise zur Größenordnung möglicher Sanktionen bei Kartellverstößen zu geben.

aa) EU-Recht

90 Die Höhe des Bußgeldes bemisst sich im europäischen Recht nach Schwere und Dauer der Zuwiderhandlung.[102] In der Entscheidungspraxis hat dabei der Grundsatz einer ausreichenden Abschreckungswirkung des Bußgeldes Priorität.[103] Bei der Festsetzung des Betrags ist zwischen der Bemessung des Bußgeldes und dem zulässigen Höchstbetrag zu unterscheiden. Für die Bemessung wird zunächst ein Grundbetrag ermittelt, der sich aus dem Umsatz mit den kartellbefangenen Produkten im europäischen Binnenmarkt im letzten Jahr vor der Entscheidung ableitet. Maßgeblich ist dabei nicht nur der Umsatz mit den Pro-

---

99 Dafür hatte sich die Monopolkommission ausgesprochen (Hauptgutachten XX, Rn. 118 ff. und Sondergutachten 72 „Strafrechtliche Sanktionen bei Kartellverstößen", 2015, www.monopolkommission.de.

100 Siehe dazu Fn. 2 und die Jahresberichte des Bundeskartellamts, www.bundesartellamt.de. Im Jahr 2019 lagen die vom Bundeskartellamt verhängten Bußgelder bei 848 Mio. EUR. Die bislang höchsten Gesamtbußgelder wurden im Jahr 2014 in Höhe von 1,1 Mrd. EUR verhängt.

101 Leitlinien der Kommission für das Verfahren zur Festsetzung von Geldbußen gemäß Artikel 23 Absatz 2 Buchstabe a) der Verordnung (EG) Nr. 1/2003, ABl. C 210/2 v. 1.9.2006 und Leitlinien des Bundeskartellamtes für die Bußgeldzumessung in Kartellordnungswidrigkeitenverfahren vom 25.6.2013, www.bundeskartellamt.de.

102 Vgl. Art. 23 Abs. 3 VO 1/2003.

103 Dies hat die Rechtsprechung in zahlreichen Entscheidungen immer wieder betont. Vgl. z. B. EuGH, 7.6.1983 – Rs. C-100/80, ECLI:EU:C:1983:158 – Musique Diffusion Française; EuGH, 17.6.2010 – Rs. C-413/08P, ECLI:EU:C:2010:346 – Lafarge.

dukten, die Gegenstand des Kartells waren; vielmehr sind alle Produkte einzubeziehen, auf die sich der überhöhte Kartellpreis unmittelbar oder mittelbar ausgewirkt hat oder haben könnte. Bei vertikal integrierten Unternehmen müssen auch die internen Umsätze mit den Tochtergesellschaften mit einbezogen werden.[104] Falls kein Umsatz erzielt wurde, weil die Unternehmen z.B. auf Lieferungen in die EU verzichtet haben, ist der Umsatz zugrunde zu legen, der ohne die Kartellabsprache erzielt worden wäre. Auch in anderen Fällen ist der Umsatz so anzupassen, dass er der wirtschaftlichen Bedeutung des Kartells und der beteiligten Unternehmen entspricht.[105] Für die Bestimmung des Grundbetrags wird danach von dem so ermittelten kartellbefangenen Umsatz ein bestimmter Prozentsatz festgelegt, der je nach Schwere des Verstoßes bis zu 30% betragen kann.[106] In den meisten Fällen bewegt er sich in der Größenordnung um 20%. Dieser Grundbetrag wird mit der Anzahl der Jahre des Kartells multipliziert, was häufig zu einer ganz erheblichen Ausweitung des Bußgeldes führt. Außerdem kann die Europäische Kommission einen Aufschlag (die sog. „Eintrittsgebühr") in Höhe von 15–25% festsetzen.[107]

In einem zweiten Schritt wird der Grundbetrag im Hinblick auf erschwerende **91** oder mildernde Umstände angepasst. So ist im Wiederholungsfall ein Zuschlag von bis zu 100% oder bei Großunternehmen ein Zuschlag in nicht begrenzter Höhe möglich. Auch die Art und Weise, wie das Unternehmen mit der Behörde im Verfahren kooperiert, kann erschwerend oder entlastend berücksichtigt werden. Das so ermittelte Bußgeld darf einen Höchstbetrag von 10% des weltweiten Konzernumsatzes nicht übersteigen.[108] Ist dies der Fall, ist es auf den zulässigen Höchstbetrag zu reduzieren (sog. Kappungsgrenze). Für die Praxis ist wichtig, dass das Bußgeld aus den Netto-Einkünften zu bezahlen ist. Eine steuerliche Berücksichtigung ist nicht zulässig. Grundsätzlich ist es unerheblich, ob das Bußgeld die finanzielle Leistungsfähigkeit des Unternehmens übersteigt. Nur wenn andere Unternehmen (Abnehmer, Lieferanten) Nachteile erleiden oder Arbeitslosigkeit die Folge ist, kommt eine Reduzierung des Bußgeldes in Betracht.[109] Im Übrigen kann die Europäische Kommission bei Zahlungsunfähigkeit („inability to pay")[110] bestimmte Erleichterungen gewähren.

---

104 Vgl. EuG, 12.11.2014 – Rs. C-580/12P, EU:C:2014:2363 – Guardian.
105 Vgl. z.B. EuGH, 7.6.1983 – Rs. C-100/80, ECLI:EU:C:1983:158 – Musique Diffusion Française; EuG, 18.5.2006, Rs. – C-397/03P, EU:C:2006:328408 – Archer Daniels Midland und Archer Daniels Midland Ingredients/Kommission.
106 Bußgeldleitlinien der Europäischen Kommission, Ziffer 21.
107 Bußgeldleitlinien der Europäischen Kommission, Ziffer 25.
108 Art. 23 Abs. 2 Unterabs. 2 VO 1/2003.
109 EuG, 15.7.2015 – Rs. T-393/10, ECLI:EU:T:2015:515, Rn. 295 ff. – Spannstahl-Kartell (Westfälische Drahtindustrie).
110 Vgl. dazu die Bußgeldleitlinien der Europäischen Kommission, Ziffer 35.

bb) Deutsches Recht

92   Auch im deutschen Recht bestimmt sich das Bußgeld nach Schwere und Dauer der Zuwiderhandlung.[111] Nach dem Gesetz beträgt der Mindestsatz 5 EUR, der Höchstbetrag 10% des Konzernumsatzes. Für die Berechnung der Unternehmensbußgelder hat das Bundeskartellamt ähnliche Leitlinien wie die Europäische Kommission veröffentlicht.[112] Ein wichtiger Unterschied zu den Leitlinien der Kommission besteht darin, dass das Bundeskartellamt nur den Rahmen für das Bußgeld festlegt. Die Obergrenze bemisst sich nach dem sog. Gewinn- und Schadenspotenzial. Dieses wird in den Leitlinien auf 10% des tatbezogenen Umsatzes, bezogen auf die gesamte Dauer des Kartells, festgesetzt.[113] Hierauf wird ein Multiplikationsfaktor angewandt, der je nach Größe des Unternehmens das 2- bis 6-Fache beträgt.[114] Das ergibt die Obergrenze des Bußgeldrahmens. Innerhalb dieses Spielraums wird das Bußgeld unter Abwägung aller Umstände des Einzelfalls festgesetzt.

93   Nach der gesetzlichen Regelung darf das Bußgeld 10% des weltweiten Konzernumsatzes im letzten Geschäftsjahr nicht übersteigen.[115] Im Unterschied zum europäischen Recht ist dies aber keine Kappungsgrenze, sondern gilt als Höchstbetrag des Bußgeldes. Die 10%-Grenze darf also nur in den denkbar schwersten Fällen erreicht werden. Normalerweise muss das Bußgeld deutlich weniger betragen. Insgesamt ist es noch weniger als in der europäischen Praxis möglich, das Bußgeld vorauszuberechnen. Dafür sind die Bußgelder in der Regel deutlich niedriger als die der Europäischen Kommission. Das Bundeskartellamt kann auch die finanzielle Leistungsfähigkeit des Unternehmens berücksichtigen.[116] Außerdem kann es Zahlungserleichterungen gewähren, insbesondere in Form eines Besserungsscheins (d.h. das Unternehmen muss das Bußgeld nur zahlen, wenn sich seine finanzielle Situation verbessert). Praktisch immer stellt das Bundeskartellamt im Bußgeldbescheid fest, dass das Bußgeld der Ahndung des Verstoßes (und nicht der Vorteilsabschöpfung) dient. Dann ist eine steuerliche Berücksichtigung ausgeschlossen und das Bußgeld aus den Netto-Einkünften zu bezahlen. Die deutschen Gerichte haben die Berechnungsweise des Bundeskartellamtes nicht akzeptiert und legen stattdessen den gesetzlichen Höchstbetrag von 10% des weltweiten Gesamtumsatzes zugrunde. Das führt dazu, dass sie den vom Bundeskartellamt festgesetzten Bußgeldbetrag in einigen Fällen deutlich heraufgesetzt haben. Der bislang deutlichste Fall betraf das Verfahren im Fall Rossmann, in dem das OLG Düsseldorf die Geldbuße von 5 Mio. EUR auf

---

111 § 81 Abs. 4 Satz 6 GWB.
112 Abrufbar unter www.bundeskartellamt.de.
113 Bußgeldleitlinien des Bundeskartellamtes, Ziffer 10.
114 Bußgeldleitlinien des Bundeskartellamtes, Ziffer 13.
115 § 81 Abs. 4 Satz 2 GWB.
116 Bußgeldleitlinien des Bundeskartellamtes, Ziffer 16.

30 Mio. EUR erhöhte.[117] Im Jahr 2017 hatte das OLG die vom Bundeskartellamt verhängten Bußgelder im Tapetenkartellverfahren[118] um 30–40 % und im Süßwarenkartell um 50–60 % heraufgesetzt.[119]

Für die persönlichen Bußgelder beträgt der Höchstbetrag 1 Mio. EUR bzw. bei **94** leichteren Verstößen 100.000 EUR.[120] Auch diese Grenze darf nur in den denkbar schwersten Fällen erreicht werden. Bei fahrlässigen Handlungen beträgt der Höchstbetrag die Hälfte.[121] In der Praxis wird vielfach ein Brutto-Jahresgehalt als Maßstab zugrunde gelegt. In den meisten Fällen setzt das Bundeskartellamt neben dem Unternehmensbußgeld auch Bußgelder gegen die persönlich Verantwortlichen fest. Es ist dazu aber nicht verpflichtet.

c) Schadensersatz

Schadensersatzforderungen haben als Risikofaktor für Kartellunternehmen er- **95** heblich an Gewicht gewonnen. Dabei liegt das Schadensersatzrisiko oftmals um ein Vielfaches höher als das Bußgeldrisiko. Dieses Risiko besteht insbesondere auch, wenn ein Unternehmen von einer Kronzeugenregelung Gebrauch gemacht hat und deshalb von einer Geldbuße befreit ist oder wenn Unternehmen sich einvernehmlich mit der Wettbewerbsbehörde einigen. Die erhöhte Wahrscheinlichkeit eventueller Schadensersatzforderungen – und deren signifikante Höhe – muss daher bei diesen Schritten immer mitberücksichtigt werden. Der EuGH hat klargestellt, dass auch der wirtschaftliche Nachfolger eines Unternehmens für kartellrechtlichen Schadensersatz haftet. Der Unternehmensbegriff ist hier wie im Rahmen der Bußgeldhaftung als wirtschaftliche Einheit zu verstehen und somit einheitlich im europäischen Recht anzuwenden.[122]

Ist ein Unternehmen durch ein Kartell geschädigt, gehört es heute zu den geschäftlichen Pflichten der Leitungsorgane, die Geltendmachung von Schadensersatzansprüchen zu prüfen. Dadurch ist die Geltendmachung von Schadenersatzansprüchen zunehmend übliche Praxis. Künftig ist mit einem weiteren Anstieg der Geltendmachung solcher Schadenersatzforderungen zu rechnen. Diese werden in der Regel gegen die am Kartell beteiligten Unternehmen geltend gemacht; sie können sich aber auch gegen die persönlich Verantwortlichen, die schuldhaft gehandelt haben, richten.

---

117 OLG Düsseldorf, 28.2.2018, V-4 Kart 3/17 OWi. Das Urteil wurde vom BGH jedoch aus formellen Gründen aufgehoben, BGH, 9.7.2019 – Az. KRB 37/19.
118 OLG Düsseldorf, 12.10.2017 – V-2 Kart 1/17 (OWi).
119 OLG Düsseldorf, 26.1.2017 – V-4 Kart 6/15 (OWi). Diese Entscheidung wurde jedoch vom BGH wegen einer lückenhaften Beweiswürdigung zurückverwiesen, BGH, 21.6.2019 – KRB 10/18.
120 § 81 Abs. 4 Satz 1 GWB.
121 § 17 Abs. 2 OWiG.
122 EuGH, 14.3.2019 – Rs. C-724/17 – Skanska, ECLI:EU:C:2019:204.

aa) Individualansprüche

96 Das Schwergewicht liegt in Deutschland und den anderen europäischen Ländern auf der individuellen Geltendmachung von Schadensersatzforderungen durch die Geschädigten. Jeder, der durch ein Kartell geschädigt ist, hat Anspruch auf vollständigen Ersatz seines Schadens.[123] Um die Durchsetzung von Schadenersatzansprüchen auf europäischer Ebene zu vereinheitlichen und weiter zu verbessern, hatte die EU eine europäische Richtlinie zur Geltendmachung von Schadensersatzansprüchen wegen Kartellrechtsverstößen beschlossen.[124] Die Richtlinie ist in Deutschland durch die 9. GWB-Novelle in nationales Recht umgesetzt worden.

97 Die §§ 33a ff. GWB enthalten nun eine Vielzahl von materiellrechtlichen Vorschriften zur Schadensersatzpflicht bei Kartellverstößen, die als Spezialnorm vor allem den §§ 249 ff. und 426 BGB vorgehen. Außerdem sind in den §§ 89b ff. GWB die verfahrensrechtlichen Besonderheiten geregelt, die von den allgemeinen Vorschriften in der ZPO, der StPO und dem OWiG abweichen.

98 Meist braucht der Kläger einen Kartellverstoß nicht nachzuweisen, da dieser durch die Behörde bindend festgestellt ist.[125] Wohl aber muss er als Anspruchssteller nach den Regeln der deutschen Zivilprozessordnung seinen Schaden konkret darlegen. Zu den neuen Vorschriften im GWB gehört nunmehr eine widerlegliche Vermutung, dass ein Kartell einen Schaden verursacht. Im Schienenkartellverfahren lehnte der BGH jedoch einen Anscheinsbeweis für Kartellschäden und die Kartellbefangenheit bei Quoten- und Kundenschutzkartellen ab.[126] Es könne nicht in jedem Fall unterstellt werden, dass Absprachen erfolgreich umgesetzt werden, so dass die Beweislast auf der Klägerseite verbleibe. Offen ist, ob diese Grundsätze auch bei anderen Hardcore-Absprachen, insbesondere Preisabsprachen anwendbar sind. Allerdings gilt die BGH-Entscheidung nur für kartellrechtliche Schadensersatzansprüche, die vor dem 27.12.2016 entstanden sind. Für jüngere Fälle greift die (widerlegliche) gesetzliche Vermutung nach § 33a Abs. 2 GWB.

99 Ferner ist dem mittelbar Geschädigten (z.B. einem Einzelhändler oder einem Weiterverarbeiter), der das Kartellprodukt von einem Großhändler zu dem überhöhten Kartellpreis erworben hat, ein gleichberechtigter Schadenersatzanspruch eingeräumt (*passing on*). Es gilt die widerlegliche Vermutung zugunsten des mittelbaren Abnehmers, dass der Preisaufschlag durch den Erstabnehmer auf ihn abgewälzt wurde.

---

123 EuGH, 20.9.2001 – Rs. C-453/99, ECLI:EU:C:2001:465 – Courage.

124 Richtlinie des Europäischen Parlaments und des Rates über bestimmte Vorschriften für Schadensersatzklagen nach nationalem Recht wegen Zuwiderhandlungen gegen wettbewerbsrechtliche Bestimmungen der Mitgliedstaaten und der Europäischen Union, ABl. L 349, S. 1 ff. v. 5.12.2014.

125 Vgl. § 33 Abs. 4 GWB.

126 BGH, 11.12.2018 – KZR 26/17.

Mehrere Kartellunternehmen haften gesamtschuldnerisch.[127] Insoweit sind aller- **100**
dings dem Kronzeugenunternehmen gewisse Vergünstigungen eingeräumt.
Kleinere und mittlere Unternehmen sind unter bestimmten Voraussetzungen von
der gesamtschuldnerischen Haftung ausgenommen. Weiterhin ist vorgesehen,
dass alle Schadenersatzansprüche erst nach Ablauf von fünf Jahren verjähren.

Eine weitere wichtige Neuerung besteht in dem Offenlegungsanspruch nach **101**
§ 33g GWB. Danach kann der Geschädigte vom Kartellunternehmen oder auch
einem unbeteiligten Dritten verlangen, dass diese alle Unterlagen vorlegen oder
alle Auskünfte erteilen müssen, die der Geschädigte für den Nachweis seines
Schadensersatzanspruchs zwingend benötigt (sog. *disclosure*). Dabei ist allerdings das Vertraulichkeitsinteresse insbesondere von Kronzeugen, die Unterlagen freiwillig an die Behörde herausgegeben haben, und von Betriebs- und
Geschäftsgeheimnissen angemessen abzuwägen. Unter bestimmten Voraussetzungen kann der Geschädigte auch von Behörden die Herausgabe von Unterlagen oder die Erteilung von Auskünften verlangen.[128] Ein allgemeines Recht auf
Akteneinsicht steht dem Geschädigten aber nicht zu. Der Schadenersatzkläger
kann seinen Offenlegungsanspruch entweder im anhängigen Schadensersatzpro-
zess[129] oder in einem gesonderten Verfahren geltend machen.

bb) Kollektiver Rechtsschutz

In den USA sind die sog. class actions die bei Weitem wirksamste Sanktion bei **102**
Kartellverstößen. Derartige Sammelklagen gibt es in Deutschland und den meisten anderen europäischen Ländern nicht. Die EU-Kommission hat durch eine
(unverbindliche) Empfehlung an die Mitgliedstaaten eine „europäische" Lösung
(„*Opt-in-Modell*") vorgeschlagen, bei der jeder Kläger seinen Beitritt zur Sam-
melklage ausdrücklich erklären muss. Außerdem sollen, anders als in den USA,
Erfolgshonorare und ein Strafschadenersatz (der über den tatsächlichen Schaden
hinausgeht) untersagt werden. Einzelne Länder (z. B. Großbritannien, Frankreich) haben bereits entsprechende Vorschriften erlassen. In Deutschland sind
Verbandsklagen nicht zugelassen. Verbraucherverbände können zwar auf Unterlassung und Mehrerlösabführung an die Staatskasse klagen, aber keine Schadensersatzansprüche im Namen und für Rechnung der geschädigten Verbraucher
geltend machen.

cc) Schadensausgleich im Innenverhältnis

Der Geschädigte kann seinen Schaden in voller Höhe gegen jedes Unternehmen **103**
einklagen, das am Kartell beteiligt ist bzw. war. Dabei liegt es nahe, dass er mit
Vorliebe das Unternehmen als Beklagten auswählt, das sich im Rahmen eines

---

127 Vgl. § 33d GWB.
128 Einzelheiten ergeben sich insbesondere aus § 33g Abs. 4 und 5 GWB. Zusätzlich kann das
      Gericht nach § 89c GWB auf Antrag die Vorlegung von Urkunden oder Gegenständen aus
      den Akten der Wettbewerbsbehörde fordern.
129 Die Entscheidung erfolgt nach § 89b Abs. 3 GWB in diesem Fall durch Zwischenurteil.

Kronzeugenantrags als erstes schuldig bekannt hat. Das zum Schadensersatz verurteilte Unternehmen muss im Rückgriff einen anteiligen Ausgleich durch die anderen Kartellunternehmen einfordern. In dieser Hinsicht besteht noch erhebliche Rechtsunsicherheit, vor allem nach welchen Kriterien die Anteile im Innenverhältnis bemessen werden.[130] Auch droht u.U. eine Verjährung der Ausgleichsansprüche, wenn die Schadensersatzklage lange Zeit in Anspruch genommen hat. Hinzu kommt, dass gegen ausländische Unternehmen ein Schadensausgleich möglicherweise gar nicht durchgesetzt werden kann.[131] Das Unternehmen, das als erstes auf Schadensersatz verklagt wird, befindet sich daher häufig in einer misslichen Lage. Ähnliche Probleme und Unsicherheiten bestehen bei einer vertraglichen, außergerichtlichen Einigung über Schadensersatzzahlungen.

d) Sonstige Nachteile

104 Neben den Bußgeldern und Schadensersatzverpflichtungen können Kartellverstöße eine Vielzahl weiterer Nachteile zur Folge haben, die im Ergebnis ein erhebliches Ausmaß erreichen können: Dazu zählt insbesondere der Zeit- und Kostenaufwand, der durch die Aufdeckung des Kartellrechtsverstoßes und die Verteidigung im Behörden- und Gerichtsverfahren anfällt. Auch führt die Verurteilung wegen eines Kartellrechtsverstoßes meist zu einer Schädigung der Reputation, die sich bei börsennotierten Unternehmen erheblich auf den Börsenkurs auswirken kann. Hinzukommen können auch vergabe- und gewerberechtliche Sanktionen. Für die persönlich Verantwortlichen stehen die arbeitsrechtlichen Konsequenzen im Vordergrund, die bis zur fristlosen Kündigung reichen können. In bestimmten Fällen ist sogar ein Berufsverbot wegen erwiesener Unzuverlässigkeit nicht ausgeschlossen.[132]

105 Weitere Folgen können sich für Unternehmen im Bereich der öffentlichen Auftragsvergabe ergeben. Bereits im Juli 2017 wurde in Deutschland ein Wettbewerbsregistergesetz verabschiedet.[133] Öffentliche Auftraggeber sollen in einem bundesweiten Wettbewerbsregister (einer sog. „schwarzen Liste") nachprüfen können, ob ein Unternehmen wettbewerbsrelevante Delikte begangen hat. Kartellrechtsverstöße werden ab einem Bußgeldbescheid i.H.v. 50.000 EUR eingetragen. Anders als bei anderen Verstößen erfolgt die Eintragung bereits vor Rechtskraft. Der öffentliche Auftraggeber kann aber nach freiem Ermessen entscheiden, ob der Kartellverstoß zu einem Ausschluss vom Bieterverfahren führt. Die Eintragung wird nach drei bis fünf Jahren automatisch oder vorzeitig bei Nachweis einer sog. Selbstreinigung gelöscht. Zu den Voraussetzungen zählen

---

130 Zu diesen Fragen ausführlich *Gänswein*, NZKart 2016, 51 ff.
131 Im amerikanischen Rechtssystem ist ein Schadensausgleich im Innenverhältnis bei Kartellverstößen überhaupt nicht vorgesehen.
132 Im Einzelnen vgl. dazu *Seeliger/Mross*, in: Jaeger/Kokott/Pohlmann/Schroeder, Frankfurter Kommentar zum Kartellrecht, Allg. Teil E, Rn. 31 ff., 55 ff. und 69 ff.
133 Gesetz zur Einführung eines Wettbewerbsregisters v. 18.7.2017, BGBl. I 2017 S. 2739.

wirksame Compliance-Maßnahmen, deren Anforderungen bislang nicht weiter definiert sind. Das bundesweite Wettbewerbsregister wird beim Bundeskartellamt geführt, befindet sich derzeit (Stand: Juli 2020) allerdings noch weiter in der Aufbauphase.

II. Management der Kartellrechtsrisiken in der Praxis

Wie sieht nun ein wirksames Kartellrechts-Compliance-Programm aus? Welche **106** Maßnahmen muss es und welche kann es haben? Wovon hängt das ab? Dass sich jedes Unternehmen mit der Frage beschäftigen sollte, ob und in welchem Umfang seine Geschäftsaktivitäten kartellrechtlichen Risiken ausgesetzt sind, dürfte unbestritten sein. Wie tiefgehend sich ein Unternehmen mit dieser Frage befasst und wie umfangreich letztlich die kartellrechtlichen Compliance-Maßnahmen sind, hängt von dem individuellen Ergebnis der Risikoanalyse ab (dazu unter 1.). Diese bildet die Grundlage für die konkreten Maßnahmen zur Vorbeugung (dazu unter 2., Rn. 117 ff.) und Kontrolle/Aufdeckung (dazu unter 3., Rn. 142 ff.).

Festzuhalten ist: Weder Gesetzgeber noch Kartellbehörden sehen einen detail- **107** lierten Anforderungskatalog von zwingenden, konkreten Maßnahmen eines Kartellrechts-Compliance-Programms oder Compliance-Management-Systems vor. Allgemeine Standards und Mindestanforderungen – sowohl übergreifend für Compliance-Bereiche[134] (damit auch anwendbar auf das Kartellrecht) als auch speziell für das Kartellrecht[135] – gibt es zunehmend; inhaltlich sind sie weitestgehend deckungsgleich und konsistent.[136]

1. Risikoanalyse: Identifizierung und Bewertung

Um kartellrechtliche Risiken durch angemessene Compliance-Maßnahmen zu **108** steuern, ist es zunächst erforderlich, dass die im ersten Teil beschriebenen potenziellen Risikobereiche im Unternehmen identifiziert und in Bezug auf Relevanz und mögliches Schadenspotenzial bewertet werden. Dabei sind regelmäßig verschiedene Unternehmensabteilungen involviert, wie z. B. die Rechtsabteilung (sofern ihr nicht die kartellrechtliche Compliance-Funktion ohnehin zugeordnet ist), das Risikomanagement, die Interne Revision und der Bereich des Controlling. Entscheidend ist, dass die verschiedenen Abteilungen effektiv zusammenarbeiten. Ein adäquates Schnittstellenmanagement ist dabei unerlässlich.[137]

---

134 Beispielhaft: ISO 19600, IDW PS 980.
135 Beispielhaft zuletzt (Juli 2019) „Evaluation of Corporate Compliance Programs in Criminal Antitrust Investigations" der Antitrust Division des US Department of Justice (DoJ), https:// www.justice.gov/atr/page/file/1182001/download (zuletzt abgerufen am 8.6.2020).
136 Siehe insgesamt zu Vorgaben und Standards zur Kartellrechts-Compliance: *Seeliger/Mross*, FK Kartellrechts-Compliance Allg. Teil E, D., Rn. 137 ff., Lfg. 79, Nov. 2013. Zu den Kernelementen eines wirksamen Compliance Managements siehe *Schulz*, Kap. 1, Rn. 51.
137 *Schulz*, CB 9/2015, 1, 5. Zum Schnittstellenmanagement ferner *Schulz*, Kap. 1 Rn. 85, *Rau*, Kap. 3; *Renz/Frankenberger*, Kap. 19, Rn. 40 ff.

a) Kartellrechtliches Risikoprofil

109 Kartellrechtliche Risiken können je nach Art, Umfang und Internationalität der Geschäftstätigkeit, Struktur der Märkte, Organisation und Marktstellung des Unternehmens unterschiedlich gelagert und ausgeprägt sein. Es gibt z. B. Märkte, die aufgrund ihres Konzentrationsgrades, Produktstandardisierungen oder der Stabilität anfälliger als andere Märkte für Kartellverstöße sind. Das kartellrechtliche Risikoprofil sollte ggf. für jeden Unternehmensbereich und jede Region getrennt ermittelt werden. Etwaige Abweichungen von einer konzernweiten Risikolage sollten überprüft und festgehalten werden. Denn zum einen können sich im Unternehmensbereich A Risiken ergeben (Schwerpunkt: Kooperationen/Kontakte mit Wettbewerbern), die es im Unternehmensbereich B nicht gibt und umgekehrt (dort Schwerpunkt: Marktbeherrschung). Zum anderen stellen sich die Risiken in einem Land mit intensiver Kartellverfolgung durch die nationale Wettbewerbsbehörde und starker Unternehmenspräsenz (viel Umsatz, viele Kunden, viele Standorte) anders dar als in einem Land ohne bzw. mit einer wenig „aktiven" Kartellbehörde und geringer Unternehmenspräsenz (kaum Umsatz, wenige Kunden, kein oder nur kleiner Standort).[138]

b) Geschäftstätigkeit und Geschäftsbeziehungen

110 Ausgangspunkt der Risikobestimmung sind in der Regel die (typischen) Geschäftstätigkeiten, bei denen die im ersten Teil genannten kartellrechtlichen Risiken bestehen. Dabei kann nach den Schwerpunkten horizontaler und vertikaler Beziehungen (d. h. Verhältnis zu Wettbewerbern einerseits und Verhältnis zu Kunden/Lieferanten und sonstigen Geschäftspartnern andererseits) vorgegangen werden. Ein Teil der kartellrechtlichen Risiken kann im laufenden Vertragsmanagement angesiedelt werden. Aber nicht alle kartellrechtlichen Risiken – gerade nicht die mit einem besonders hohen Schadenspotenzial – tauchen im Zusammenhang mit der Vertragsgestaltung auf. Insbesondere die kartellrechtlich relevanten Berührungspunkte mit Wettbewerbern außerhalb von vertraglich vereinbarten Kooperationen (z. B. im Rahmen der Verbandsarbeit und bei Benchmarking-Aktivitäten) sind separat zu erfassen. Von einer pauschalen Ausgrenzung bestimmter Risikobereiche, z. B. in Bezug auf Risiken beim Missbrauch einer marktbeherrschenden Stellung, ist abzuraten. Auch hier sollte das Risikoprofil grundsätzlich – zumindest in grober Form – ermittelt und anschließend bei der Bewertung angemessen eingeordnet werden. So wird dokumentiert, dass man ein Risiko erkannt und bestimmt, aber – aus anzugebenden Gründen – als weniger relevant angesehen hat.

---

138 Siehe dazu auch *Heckenberger/Schulz*, in: Moosmayer, Compliance, 3. Aufl. 2015, § 9 Rn. 18 ff.

Für jedes Unternehmen ist es wichtig, eine individuelle Bestandsaufnahme **111** durchzuführen.[139] Neben den allgemeinen Hilfsmitteln zur Compliance-Risikoanalyse[140] stehen dem Praktiker dabei auch kartellrechtsspezifische Hilfsmittel zur Verfügung. Das ICC Toolkit zur kartellrechtlichen Compliance z.B. zählt beispielhaft einige Punkte auf, die bei der Identifizierung der unternehmenseigenen Risiken berücksichtigt werden können, und gibt auch Beispiele für die Bewertung dieser Risiken (Risiko-Register).[141] Auch Kartellbehörden stellen Checklisten und Informationen für die Risikoidentifizierung und -bewertung online.[142]

c) Risikokategorisierung und Risikobewertung

Bei der Bewertung wird in der Regel zwischen unterschiedlichen Risikokatego **112** rien unterschieden (vgl. Rn. 8 ff.). Diese lassen sich z.B. in hohe und weniger hohe Risiken einteilen, je nach Schwere der Sanktion bzw. des Schadenspotenzials und Wahrscheinlichkeit des Verstoßes. Ein risikoerhöhender Umstand ist z.B. eine etwaige Kartellhistorie in der Branche oder sogar im Unternehmen selbst oder das Bestehen vielfältiger Wettbewerberkontakte (auch im Rahmen von Kooperationen, Gemeinschaftsunternehmen, Verbänden). Risikoidentifizierung und -bewertung sollten in regelmäßigen Abständen oder ad hoc bei besonderen Anlässen (z.B. neuen Geschäftsfeldern, neuen Gesetzen/Gesetzesänderungen) wiederholt und aktualisiert werden, um die früheren Einschätzungen und Ergebnisse zu überprüfen.

Entscheidend für eine realistische Risikoidentifizierung und -bewertung ist eine **113** Verknüpfung von kartellrechtlicher Expertise und Kenntnissen über das operative Geschäft mit allen Produkten, Vertriebswegen, Marktverhältnissen und sonstigen Abläufen, Prozessen und Aktivitäten. Fehlt ersteres oder letzteres, besteht die Gefahr, dass bestehende Risiken nicht erkannt oder unzureichend bewertet werden. Dabei ist für die kartellrechtliche Expertise ggf. auf externe Berater zurückzugreifen.

---

139 Zur Risikoidentifizierung siehe z.B. *Reimer/Brack/Schmidt*, CCZ 2016, 83; *Pautke*, in: Schultze, Compliance-Handbuch Kartellrecht, 2013, Teil A, Rn. 1. Zur Bedeutung des unternehmensspezifischen Risikoprofils ferner *Schulz*, Kap. 1, Rn. 57 ff.

140 Vgl. z.B. DICO, Standard 09 – Compliance Risikoanalyse (veröffentlicht im März 2020), sowie L02 – Kriterien zur internen Qualitätssicherung von CM-Systemen, 11. Siehe hierzu auch *Ebersoll/Stork*, CCZ 2013, 129 ff.; *Hauschka/Moosmayer/Lösler*, § 1 Rn. 8 ff.; *Pyrcek*, in: Umnuß, Kap. 11, Rn. 64 ff.

141 ICC Toolkit zur kartellrechtlichen Compliance, 35 ff., Anhang 2. Siehe ebenso ICC SME Toolkit, S. 7. Hilfreiche Checklisten finden sich auch z.B. bei *Pautke*, in: Schultze, Compliance-Handbuch Kartellrecht, 2013, Teil A IV, Rn. 144, Teil A VIII, Rn. 189 und 267.

142 Z.B. Dokumente der Competition and Markets Authority (GB), z.B. Competition Law Checklist und Competition Law Risk – A Short Guide sowie die Broschüre der Europäischen Kommission „Compliance matters", 2012 (beide abrufbar im Internet).

d) Einführung eines Top-down-Ansatzes

114 Bei der (erstmaligen) Risikoanalyse empfiehlt es sich in der Regel, dem Grundsatz „vom Allgemeinen zum Konkreten" zu folgen und zunächst nach dem Top-down-Ansatz eine Analyse aus zentraler Funktion (mit kartellrechtlicher Expertise) anzufertigen, bevor diese Ergebnisse mit häufig umfangreichen und Ressourcen-aufwendigen Workshops und Interviews lokal dem Bottom-up-Ansatz folgend überprüft, ergänzt und vervollständigt werden.

115 Die Ergebnisse der Risikoanalyse sollten angemessen und nachvollziehbar dokumentiert werden (zumindest in Excel-Format, sofern kein spezifisches IT-Tool Anwendung findet). Dabei ist aber gerade bei der Formulierung äußerste Sorgfalt zu wahren, um falsche Darstellungen und Fehlinterpretationen zu vermeiden.

116 Zur Methodik und Dokumentation der Risikoanalyse sollte etwaigen fachbereichsübergreifenden Vorgaben zum Risikomanagement bzw. internen Kontrollsystem gefolgt werden, um von der unternehmenseigenen Fach-Expertise zu profitieren und Konsistenz mit Risikoanalysen in anderen Unternehmensbereichen, insbesondere Compliancebereichen, zu wahren.

2. Präventive Maßnahmen

117 Kartellrechts-Compliance ist im Wesentlichen präventive Arbeit. Kartellrechtsrisiken können nur in beschränktem Umfang durch Maßnahmen der Kontrolle gesteuert werden (im Unterschied zu anderen Compliance-Bereichen, die insbesondere elektronische Geschäftsvorgänge oder sonstige prozessgesteuerte Aktivitäten zum Gegenstand haben, in denen automatische oder manuelle Kontrollpunkte gesetzt werden können). Vielmehr ist bei allen betroffenen Mitarbeitern das Bewusstsein für die kartellrechtlichen Risikofelder durch Maßnahmen der Aufklärung und Instruktion zu schaffen und zu erhalten. Wichtige präventive Maßnahmen stellen Richtlinien (einschließlich Leitfäden, Checklisten, Verhaltensregeln etc., nachfolgend Rn. 118 ff.) und Schulungen (nachfolgend Rn. 129 ff.) dar. Darüber hinaus ist die Beratung der Mitarbeiter durch einen unternehmensinternen Ansprechpartner für das Kartellrecht von herausragender Bedeutung. Richtlinien und Schulungen werden den Mitarbeitern nur Grundkenntnisse und ein allgemeines Verständnis für die relevanten kartellrechtlichen Regelungen und Risiken vermitteln können. Darüber hinaus muss ein Mitarbeiter im Arbeitsalltag jederzeit die Möglichkeit haben, bei Zweifeln/Fragen im Einzelfall Rechtsrat einzuholen. Dafür muss der Kartellrechtsexperte als Ansprechpartner einerseits im Unternehmen hinreichend für die relevanten Risikogruppen bekannt sein und andererseits durch Ausgestaltung entsprechender Unternehmensprozesse formalisiert eingebunden sein (siehe unten Rn. 142 f.).

a) Richt- und Leitlinien zum Kartellrecht

Die Leitlinien zum Kartellrecht werden sich – sofern bereits vorhanden – in das **118** grundsätzliche Gerüst zum Richtlinienmanagement im Unternehmen einfügen.[143] In manchen Fällen wird durch sie aber vielleicht auch ein Anstoß gesetzt, das Richtlinienmanagement weiter zu professionalisieren. Auch bei dem Aufsetzen von Richtlinien für das Kartellrecht wird die Orientierung an grundsätzlichen Kriterien hilfreich sein.[144] Festzuhalten ist: Bei Richtlinien gilt nicht „viel hilft viel". Die schönste Richtlinie trägt nicht zu einem effektiven Compliance-System bei, wenn sie nicht gelesen und verstanden wird. „Kurz und knackig" sollte die Devise sein – und das Format sollte in die Unternehmenskultur passen. Für den Ersteller von Regelungen kann ein aktueller Überblick über allgemeine, nicht kartellrechtsspezifische Leitlinien der Compliance-Verbände hilfreich sein.[145]

Diese Richtlinien werden sich fortlaufend weiterentwickeln und Inhalte können **119** z. B. nach Durchführung des „Roll-outs" von Schulungen, sofern erforderlich, erneut angepasst werden (z. B. an einigen Stellen gekürzt oder detaillierter werden). Regelmäßige Aktualisierungen im Hinblick auf etwaige Gesetzesentwicklungen und neue Entscheidungspraxis sind auch hier selbstverständlich.

Je nach Format der allgemeinen Richtlinienstruktur des Unternehmens und Re- **120** levanz für das Unternehmen oder besonders betroffene Unternehmensbereiche/ -funktionen kommen schlanke, allgemeine oder aber ausführliche Richtlinien zu Spezialthemen des Kartellrechts in Betracht, welche die folgenden Themen aufgreifen:

– Allgemeines zum Kartellrecht;
– Informationsaustausch mit Wettbewerbern;
– Austausch von Informationen bei Transaktionen (M&A);
– Verbands- und Gremienarbeit;
– Unverbindliche Preisempfehlungen.

Auch wenn die Richt- und Leitlinien für jedes Unternehmen individuell zuge- **121** schnitten sein sollten, so können die Ersteller neuer Regelwerke auf zahlreiche „Muster" als Orientierungsgrundlage zurückgreifen. Muster werden teilweise von Verbänden zur Verfügung gestellt und finden sich auch in Handbüchern und weiteren Aufsätzen und Veröffentlichungen, z. B.:

– Unternehmensrichtlinie für Compliance-Untersuchungen;[146]
– Leitfaden für Mitarbeiter zu richtigem Verhalten bei kartellbehördlichen Ermittlungen und Merkblatt für den Empfang;[147]

---

143 Zur Einführung von Richtlinien im Unternehmen vgl. *Stork*, CB 2013, 89.
144 Vgl. z. B. DICO zur thematischen Abdeckung, Anwendbarkeit, rechtsverbindlichen Implementierung, Formalanforderungen, Kompetenz, L02 – Kriterien zur internen Qualitätssicherung von CM-Systemen, 19.
145 Vgl. z. B. DICO, L01-Geschäftspartner-Compliance.
146 ICC Toolkit zur kartellrechtlichen Compliance, Anhang 3 sowie ICC SME Toolkit.
147 *Hauschka*, Formularbuch Compliance, 2013, ß 21 Rn. 1 und 2.

– Leitlinie „Kartellrechtliche Compliance";[148]
– Beispiele sogenannter kartellrechtlicher Dos and Don'ts.[149]

122 Zusätzlich kann auch durch Recherchen im Internet nach öffentlich zugänglichen Kartellrechtsregelungen anderer Unternehmen eine Art „Benchmark" vorgenommen werden.[150]

123 Neben der klassischen Richtlinie können ergänzende Dokumente wie FAQs, „Dos and Don'ts", Merkzettel, Checklisten im Visitenkartenformat o.Ä. den Mitarbeitern eine wertvolle Hilfe im Arbeitsalltag bieten, um auch in prägnanter Form einen schnellen Zugriff auf die wesentlichen Verhaltensregeln zu gewährleisten. In der Praxis sind pragmatische „Dos und Don'ts"-Übersichten ein Format, das den Adressaten in der Operative besonders entgegenkommt, erkennbar an Rückfragen wie z.B. „*Sie hatten doch diese Ampelliste ...*".

124 Richtlinien und ergänzende Dokumente können auch auf einen bestimmten Adressatenkreis zugeschnitten sein, um Mitarbeiter gezielt in ihren jeweiligen Verantwortlichkeiten anzusprechen. So können spezielle Unterlagen z.B. für den Vertrieb, den Einkauf oder die Forschung und Entwicklung erstellt werden, oder zur Unterzeichnung vor Verbandstreffen.

125 Inhaltlich ist es empfehlenswert, die durchaus abstrakten und komplexen kartellrechtlichen Regeln in möglichst klare Verhaltensanweisungen umzusetzen – und dies in verständlicher Sprache (keine Rechtsbegriffe) und mit anschaulichen Beispielen aus dem Arbeitsalltag der betroffenen Abteilungen. Dabei gilt: Die Mitarbeiter sollen nicht durch ein möglichst umfassendes Werk zum Kartellrechtsexperten fortgebildet werden, die sämtliche – oftmals komplexen – kartellrechtlichen Fragestellungen aus dem Arbeitsalltag selbstständig abschließend beurteilen und lösen können. Vielmehr sollen sie in gebotener Kürze, Prägnanz und Anschaulichkeit ein grundsätzliches Verständnis und Gefühl für kartellrechtlich relevante „Problemstellung" erlangen und, soweit notwendig, den Ansprechpartner für Kartellrecht im Unternehmen kontaktieren.

126 Es hat sich ebenfalls bewährt, in Richtlinien, in einem separaten Dokument oder einer Videobotschaft ein Bekenntnis der Geschäftsführung zur Relevanz der Einhaltung der kartellrechtlichen Vorschriften i.S.d. sog. „Tone from the Top" zu integrieren.[151] Wie in anderen Compliance-Bereichen gilt, dass ohne eine entsprechende überzeugende und glaubwürdige Unterstützung durch die Geschäfts-

---

148 Vgl. z.B die DICO-Leitlinie L06 – Kartellrechtliche Compliance von Mai 2016. Für weitere Informationen siehe www.dico-ev.de. Dazu *Reimers/Hainz*, CCZ 2016, 188.

149 Z.B. bei *Schröder*, CCZ 2015, 63, 67; DICO/Bundesverband Materialwirtschaft, Einkauf und Logistik e.V., Arbeitspapier A05, Kartellrechtliche Compliance, Beispielhaftes kartellrechtliches Regelwerk („Dos & Don'ts").

150 So verweist *Moosmayer* – neben der Schilderung der Regelungen bei Siemens – auf Regelwerke von Bosch, Dresdner Bank und Bayer, *Moosmayer*, Compliance, 3. Aufl. 2015, Rn. 154 ff.

151 Zum „Tone from the Top" als Bestandteil der Compliance-Kultur ausführlich *Schulz*, Kap. 1, Rn. 69.

leitung und Führungskräfte auf allen Ebenen, Richtlinien und andere Compliance-Maßnahmen Gefahr laufen, wirkungslos zu bleiben.

Obwohl die Kartellgesetze weltweit zwar die grundlegenden Arten von Wettbewerbsbeschränkungen gleich oder zumindest ähnlich beurteilen, gibt es im Detail auch unterschiedliche Bestimmungen und Entscheidungspraxis der Behörden und Gerichte. Dies stellt die Unternehmen vor Herausforderungen bei der Erarbeitung von konzernweit geltenden Richtlinien mit einem einheitlichen Bewertungsmaßstab. Unvermeidbar ist jedenfalls bei der Anwendung eines „strengen" Maßstabs, der sich an den Kartellgesetzen z.B. in Deutschland bzw. der EU, den USA und China/Japan orientieren kann, dass auf die Nutzung eines gewissen Spielraums, den ein lokaler Rechtsrahmen geben könnte, verzichtet wird. Dieser Nachteil wird aber in der Regel durch die Effizienz der Erstellung und Geltung einer konzernweiten Regelung und den Zweck der möglichst sicheren Verhinderung von Kartellrechtsverstößen mehr als kompensiert.[152] Zudem kann gezielt im Rahmen einer Einzelfallbetrachtung der mögliche lokale Spielraum bewertet und ggf. genutzt werden. **127**

Nicht vergessen werden darf die Erwähnung der grundlegenden kartellrechtlichen Ge- und Verbote in kurzer, verständlicher Form im Verhaltenskodex (Code of Conduct) des Unternehmens, da in diesem Dokument in der Regel nicht nur allgemein die Einhaltung von Recht und Gesetz von den Mitarbeitern eingefordert wird, sondern auch die wesentlichen Vorgaben für die zentralen Compliance-Bereiche – wie Kartellrecht – enthalten sind.[153] **128**

b) Schulungen (Präsenzschulungen und Webinars/E-Learning)

Für Kartellrechts-Compliance gelten bei der Gestaltung von Schulungen, seien es Präsenzschulungen oder Webinars[154]/E-Learning, die allgemeinen Regeln.[155] **129**

Die Inhalte der Kartellrechtsschulungen werden oft nach Durchführung einer Risikoanalyse zugeschnitten werden. In der Praxis ist aber auch eine schrittweise Festlegung und Weiterentwicklung eines ganzheitlichen Schulungskonzepts nach dem folgenden Schema möglich: **130**

– Erster Startpunkt bei der Geschäftsführung mit der Vorstellung des allgemeinen Schulungskonzepts und Gespräch zur Vertiefung des „Tone from the Top", Darstellung wichtigster Inhalte von Schulungen (*high-level*);

---

152 Zur Empfehlung konzernweiter kartellrechtlicher Compliance-Maßnahmen unter Beachtung regionaler Besonderheiten vgl. *Seeliger/Mross*, CB 2017, 304, 305.
153 Siehe dazu *Hess*, in: Rübenstahl u. a., Kartell Compliance, 2020, 25. Kap., Rn. 4 f.
154 Damit sind Telefon- oder Videokonferenzen gemeint, bei denen sich die Teilnehmer von ihrem Arbeitsplatz zuschalten und die Schulung visuell (Präsentation am Bildschirm) und akustisch verfolgen.
155 Siehe zu Rolle und Formaten von Schulungen ausführlich *Hastenrath*, Kap. 6, sowie *Schulz*, in: Bürkle/Hauschka, Der Compliance Officer, 2015, § 4 Rn. 47 ff.; DICO Leitlinie L05, Zielgruppenorientiertes Schulungskonzept. Speziell zum Kartellrecht *Hess*, in: Rübenstahl u. a., Kartell Compliance, 2020, 25. Kap., Rn. 24 ff.

– Weiterentwicklung des Konzepts und der Inhalte der Schulungen auf Grundlage dieses Gesprächs;
– Start von Compliance-Schulungen auf Führungskräfte-Ebene (wichtigste Inhalte zu allgemeinen Themen wie Organisation effektiver Compliance, Risikopotenzial Kartellrecht, Verbot wettbewerbsbeschränkender Vereinbarungen, Informationsaustausch, Leitlinien für Verbandstreffen, Preisempfehlungen und -bindungen, Verbot des Missbrauchs einer marktbeherrschenden Stellung) mit intensiven Diskussionsrunden und Feedback-Gesprächen;
– Zuschnitt anschließender Detail-Schulungen für die jeweiligen Teams dieser Führungskräfte nach kurzem Vorbereitungsgespräch mit den bereits geschulten Führungskräften („Bei Orientierung an der Führungskräfte-Schulung: Welche Themen sollten im Schwerpunkt geschult werden, welche Themen sehen Sie zusätzlich? Sind im Team Besonderheiten zu beachten – z. B. Vorliebe für interaktive Parts? Gab es im Team besondere Fragestellungen, die aufgenommen werden sollten?“);
– Durchführung („Ausrollen“) der Compliance-Schulungen zunächst in „Fokusgruppen“ (Start in einer Pilot-Jurisdiktion, in einem „Fokusteam“, z. B. im Vertrieb);
– Schulungen in weiteren Teams, dabei fortlaufende Anpassungen;
– Schulungen auch in weiteren Jurisdiktionen.

131   Auf dieser Grundlage kann dann die Konzeption eines E-Learning-Moduls erfolgen, das in regelmäßigen Abständen für eine Auffrischung des Bewusstseins der Mitarbeiter für die kartellrechtlichen Risikobereiche sorgt und eine rasche Schulung von neu ankommenden Mitarbeitern ermöglicht.[156] Detailarbeit ist hier wichtig, wenn es darum geht, für Vollständigkeit des Adressatenkreises zu sorgen: Erfolgt eine automatische Verknüpfung der Mitarbeiternamen für die festgelegten Abteilungen (z. B. Vertrieb, Einkauf) aus dem HR-System (z. B. SAP) mit der E-Learning-Datenbank? Falls nicht, wer sorgt für eine manuelle Verknüpfung und stete Aktualisierung – die Personal- oder die Compliance-Abteilung oder die/der Vorgesetzte? Hier ist die Zuständigkeit zu klären.

132   Ebenso gut kann in umgekehrter Weise das Schulungsprogramm mit dem konzernweiten Roll-out eines E-Learning-Moduls an einen zielgerichteten Adressatenkreis begonnen werden, um auf diesem Weg schnell und umfassend für eine Grundinstruktion aller betroffenen Mitarbeiter zu sorgen. Darauf aufbauend können dann vertiefte Themen und Diskussionen Gegenstand von Präsenzschulungen mit bestimmten Zielgruppen sein.

133   Beim Entwurf der Schulungspräsentation kann es hilfreich sein, fortlaufend eine „Master-Schulung“ weiterzuentwickeln, die dann die Grundlage für maßgeschneiderte Schulungen verschiedener Teams bildet. Denn zum Thema sollten nicht nur der Vertrieb, sondern z. B. auch die Abteilungen Marketing, Einkauf,

---

156 Zur Gestaltung von Compliance-Schulungen mittels E-Learning ausführlich *Hastenrath*, Kap. 6, Rn. 31 ff.

F&E etc. geschult werden – u. a. zu den Aspekten Informationsaustausch und Verbandstreffen.

Beim Zuschnitt zu den Inhalten mag dieses Kapitel selbst unterstützen, aber auch die Webseiten der Kartellbehörden.[157] **134**

Beispielsfolien für Compliance-Schulungen werden durch Verbände und in Handbüchern zugänglich gemacht, z. B.: **135**
– DICO-Leitlinie „Kartellrechtliche Compliance";[158]
– Einbindung der oben erwähnten Dos and Don'ts.[159]

Bei der Formulierung gibt erneut das ICC Toolkit zur kartellrechtlichen Compliance Hilfestellung an die Hand.[160] **136**

Die eigenen Schulungsfolien können – über die in diesem Kapitel enthaltenen Beispiele hinaus – z. B. auch durch weitere Beispiele aus öffentlich zugänglichen Leitfäden angereichert werden.[161] Die Schilderung von konkreten Fällen, die für den Industriezweig des Unternehmens von Relevanz sind oder bei denen die Teilnehmer sich durch Ortsnähe oder wegen eines konkreten Produkts, das sie in ihrem Alltag verwenden, angesprochen fühlen, stoßen ebenfalls in der Regel auf erhöhte Aufmerksamkeit von Teilnehmern an Compliance-Schulungen.[162] Auch im Kartellrecht können Inhalte gut in Form eines Quiz vermittelt werden, z. B. orientiert an einer aktuellen Fernsehshow.[163] **137**

Schließlich kann der Praktiker auch bei der Erstellung von Compliance-Schulungen eine „Benchmark-Studie" vornehmen und nach öffentlich zugänglichen Präsentationen Ausschau halten. Neben Schulungsunterlagen aus Schulungen für Compliance Officer und Rechtsabteilungen ermöglicht auch bereits eine rasche Suche im Internet den Zugriff auf Beispielsfolien und Webinar-Unterlagen. **138**

Auch hier gilt wieder: Viel hilft *nicht* viel. Weniger Text (nur Kernbotschaften), mehr anschauliche Bilder. Zu viele Folien/Seiten führen eher zu einem Rede- **139**

---

157 Z. B. Europäische Kommission, Compliance with competition rules und Bundeskartellamt (beides abrufbar über das Internet).
158 Vgl. z.B die DICO-Leitlinie L06 – Kartellrechtliche Compliance von Mai 2016. Für weitere Informationen siehe www.dico-ev.de.
159 Z. B. in *Schröder*, CCZ 2015, 63, 67; DICO/Bundesverband Materialwirtschaft, Einkauf und Logistik e. V., Arbeitspapier A05, Kartellrechtliche Compliance, Beispielhaftes kartellrechtliches Regelwerk („Dos & Don'ts").
160 ICC Toolkit zur kartellrechtlichen Compliance, 45.
161 Beispiele z. B. im BDI-Leitfaden Kartellrecht (abrufbar unter https://bdi.eu/media/themenfelder/wettbewerb/publikationen/201510_Leitfaden-Kartellrecht.pdf) oder auch bei *Schultze*, Compliance Handbuch Kartellrecht, 2013, Teil D – Standardinhalte für Schulungspräsentationen.
162 Z. B. Pressemeldungen und Fallberichte unter www.bundeskartellamt.de. Zum Nutzen konkreter Praxisbeispiele bei Schulungen ferner *Hastenrath*, Kap. 6.
163 Für eine interaktive Wissensvermittlung sprechen sich auch aus *Reimers/Brack/Modest*, NZKart°2018, 453, 457 f.

skript und verhindern die Interaktion zwischen Vortragendem und den Teilnehmern.

140 Ebenso gilt es zu beachten: Nicht nur die kartellrechtlichen Verbote betonen, sondern auch zulässige Verhaltensweisen (Lösungen, Optionen) vorstellen, um nicht als „Geschäftsverhinderer" sondern „Business Enabler" oder zumindest als „Trusted Adviser" angesehen zu werden.

141 Beim Nachhalten der durchgeführten Schulungen (insbesondere Teilnehmer, Inhalte, geplanter Turnus) und Einbinden von neuen Mitarbeitern gelten auch für das Kartellrecht die grundsätzlichen Regeln.[164]

3. Maßnahmen zur Kontrolle/Aufdeckung

142 Maßnahmen zur Kontrolle und Aufdeckung zielen im Wesentlichen darauf ab, einerseits etwaige Kartellrechtsverstöße durch organisatorische oder prozessuale Maßnahmen zu verhindern oder zumindest frühzeitig aufzudecken und zu korrigieren und andererseits sicherzustellen, dass das Compliance-Management-System für diese Thematik allgemein angemessen ausgestaltet und wirksam ist.[165]

143 Als klassische organisatorische und prozessuale Maßnahmen kommen Genehmigungs-/Freigabe-/Konsultationsvorbehalte in Betracht (sofern dies kapazitativ abdeckbar ist, z. B. für Wettbewerberkontakte/Verbandsmitgliedschaften, Informationsaustausch im Rahmen von M&A-Prozessen, Änderung von Preisstrategien, Entwürfe von Verträgen zu Kooperationen mit Wettbewerbern und Vertriebs-/Vertriebsmittlerverträgen etc.). Die Einbindung in Vertragsprüfungen dürfte verbreitet sein. Kataloge genehmigungs- oder zustimmungspflichtiger Tätigkeiten bieten sich aber ebenfalls an, um die Kartellrechtsrisiken über ausschließlich instruktive Maßnahmen (Richtlinien/Schulungen) angemessen zu steuern.

144 Ein erster pragmatischer Ansatz zur Überwachung ist es, die regelmäßigen Compliance-Schulungen für Rückkoppelungen zum Verständnis der Teilnehmer zu Compliance-Regelungen zu nutzen.[166]

145 Darüber hinaus kann auch auf fortlaufende Risikoidentifizierungen und -bewertungen durch andere Bereiche (z. B. durch das Risikomanagement, die Interne Revision im Rahmen der Jahresplanung) zurückgegriffen werden. Dies könnte bereits durch eine Anregung der Erweiterung des Fragenkatalogs erreicht werden.

146 Je nach Risikohöhe kann ein „Monitoring" auch über das Ausfüllen von Selbst-Zertifizierungen für Mitarbeiter, Führungskräfte und/oder Geschäftsführer er-

---

164 Vgl. *Hastenrath*, Kap. 6.
165 Zu den möglichen Auswirkungen eines Compliance-Management-Systems auf eine drohende Kartellgeldbuße vgl. ausführlich *Trüg/Ruppert*, ZWeR 2020, 69, 88 ff.
166 Vgl. *Hastenrath*, Kap. 6.

folgen. Auch Dokumentations- und Berichterstattungspflichten, z. B. über bestimmte Arten von Wettbewerberkontakten (z. B. Benchmark-Aktivitäten außerhalb von Verbänden), können hilfreich sein. Eine (stichprobenartige) Durchsicht von Agenden/Protokollen von Verbandssitzungen und sonstigen Treffen mit Wettbewerbern/Kunden/Lieferanten ist ebenfalls eine mögliche Maßnahme.[167]

Schließlich kommt in Betracht, interne nicht anlassbezogene Audits mit detail-   **147** lierten Fragekatalogen durchzuführen – mit einem Fokus auf bestimmte Abteilungen/Gesellschaften, ggf. in bestimmten Ländern/Regionen und unter Berücksichtigung des Risikoprofils im Unternehmen. Eine Kurz-Checkliste, die im Fall einer internen Untersuchung als Orientierungshilfe dient, und die z. B. in Abstimmung zwischen Compliance-/Rechtsabteilung, Personal- und Revisionsabteilung erarbeitet werden kann, kann hier gute Dienste leisten.[168] Unternehmensinterne Hinweisgebersysteme liefern auch immer wieder hilfreiche Meldungen zu möglichen Kartellrechtsverstößen.

III. Behördliche Untersuchungen

Kartellbehördliche Durchsuchungen (sog. „Dawn Raids") werden in Deutsch-   **148** land entweder vom Bundeskartellamt oder der Europäischen Kommission („Kommission") durchgeführt. Ob die Kommission oder das Bundeskartellamt wegen des Verdachts kartellrechtswidrigen Verhaltens einschreitet, hängt in erster Linie davon ab, ob es sich um einen rein nationalen oder grenzüberschreitenden Sachverhalt handelt.

Das Bundeskartellamt ist als nationale Behörde sowohl für die Durchsetzung der   **149** deutschen als auch der europäischen kartellrechtlichen Rechtsvorschriften (insbesondere §§ 1, 2 GWB und Artikel 101, 102 AEUV) zuständig. Folglich können Unternehmen in Deutschland bei Verdacht kartellrechtswidriger Absprachen immer vom Bundeskartellamt durchsucht werden. Bei Auswirkungen in anderen Mitgliedstaaten obliegt die Verfolgung den jeweiligen nationalen Kartellbehörden. Innerhalb der Europäischen Union arbeiten diese dabei intensiv im Rahmen des sogenannten „European Competition Network" (ECN) zusammen.

Neben dem parallelen Einschreiten mehrerer nationaler Behörden besteht auch   **150** die Möglichkeit, dass die Kommission als zentrale Behörde wegen des Verdachts von Verstößen mit grenzüberschreitendem Bezug ermittelt. Ein grenzüberschreitender Bezug ist in vielen Fällen gegeben, so dass aus Unternehmersicht grundsätzlich nicht absehbar ist, ob die nationale Behörde oder die Kommission vor der Tür stehen wird. Wenn die Kommission einschreitet, sind die betroffenen Verhaltenweisen von einer Verfolgung durch die nationalen Behörden ausgenommen. Auch wenn in diesen Fällen die Kommissionsbeamten oftmals von Be-

---

167 Zu Verbandsregister und -analyse siehe *Hess*, in: Rübenstahl u. a., Kartell Compliance, 2020, 25. Kap., Rn. 47 ff.
168 Siehe hierzu auch die Literatur zum Verbandssanktionengesetz. Praxisnahe Übersicht bei *Teicke*, CCZ 2019, 298 ff.

amten der nationalen Behörden unterstützt werden, bleibt es bei einem Verfahren nach europäischem Recht.

151 Unabhängig davon, welche Behörde ermittelt, ist es für die betroffenen Unternehmen von entscheidender Bedeutung, sich während einer Durchsuchung richtig zu verhalten bzw. bereits im Vorfeld Maßnahmen für den Fall einer Durchsuchung zu treffen.[169] Denn eine unzureichende Kooperation bzw. „Pannen" während der Durchsuchung können zusätzliche Bußgelder bis zu 1% des Konzernumsatzes nach sich ziehen.[170]

1. Durchsuchungen der EU-Kommission

a) Zuständigkeit

152 Die Kommission ist aufgrund der Kartellverfahrensverordnung zu Durchsuchungen von Unternehmen (Nachprüfungen oder „Dawn Raids") ermächtigt.[171] Die Beamten handeln in der Regel aufgrund einer sog. „Nachprüfungsentscheidung". Diese muss hinreichend bestimmt sein und insbesondere den Gegenstand und Zweck der Nachprüfung bezeichnen.[172] Das Unternehmen muss aus der Entscheidung eindeutig entnehmen können, worauf sich der Verdacht der Kommission richtet. Erforderlich ist eine Nachprüfung nur, wenn es Anhaltspunkte für einen konkreten Kartellverstoß gibt.[173] Die Verdachtsmomente müssen mit dem Gegenstand der Durchsuchungsentscheidung übereinstimmen.[174] Dadurch sollen berechtigte Nachprüfungen von unzulässigen sogenannten „fishing expeditions" abgegrenzt werden.

153 Nach abschließender europäischer Rechtsprechung ist eine vorherige richterliche Anordnung zur Durchsuchung der Geschäftsräume von Unternehmen nicht

---

169 Zur unternehmensinternen Aufklärung von Fehlverhalten durch Mitarbeiter im oder aus dem Unternehmen heraus durch Interne Untersuchungen ausführlich *Wettner/Walther*, Kap. 8.

170 Art. 23 Abs. 1 VO 1/2003. Zu Behinderungen von Durchsuchungen siehe z. B. KOM, 28.3.2012 – COMP/39.793 (EPH und andere) (Umleiten von E-Mails), bestätigt durch EuG, 26.11.2014 – Rs. T-272/12, ECLI:EU:T:2014:995; EuGH, 22.11.2012 – Rs. C-89/11, ECLI:EU:C:2012:738 – E.ON Energie AG/Kommission (Siegelbruch); KOM, 13.9.2006 – COMP/F/38.456 – Bitumen Niederlande (Erhöhung des Bußgeldes um 10% wegen Verweigerung des Zutritts zu Räumlichkeiten und bestimmten Büros), bestätigt durch EuG, 27.9.2012 – Rs. T-357/06, ECLI:EU:T:2012:488, Rn. 252 ff. – Koninklijke Wegenbouw Stevin BV (KWS)/Kommission.

171 Art. 20, 21 der Verordnung (EG) Nr. 1/2003 des Rates vom 16.12.2002 zur Durchführung der in den Artikeln 81 und 82 des Vertrages niedergelegten Wettbewerbsregeln, ABl. L 1/1 v. 4.1.2003.

172 Art. 21 Abs. 4 VO 1/2003.

173 Ähnlich dem „Anfangsverdacht" im deutschen Strafrecht.

174 EuGH, 18.6.2015 – Rs. C-583/13 P, ECLI:EU:C:2015:404 – Deutsche Bahn AG u. a./Kommission.

erforderlich.[175] Nach Ansicht der europäischen Gerichte wird effektiver Rechtsschutz in ausreichendem Maße dadurch gewährleistet, dass die Nachprüfungsentscheidung nachträglich vor dem EuG angefochten werden kann.[176] Soll sich die Durchsuchung allerdings auch auf private Räumlichkeiten erstrecken, darf die Nachprüfungsentscheidung nur mit der vorherigen Genehmigung des nationalen Gerichts vollzogen werden.[177]

b) Befugnisse

Die Beamten dürfen das Betriebsgelände, sämtliche Geschäftsräume und Transportmittel betreten und durchsuchen sowie die Inhalte von Schränken, Schreibtischen oder anderen Aufbewahrungsgegenständen (z.B. Aktentaschen etc.) überprüfen. Bei Vorliegen einer entsprechenden Berechtigung sind auch Privatgrundstücke und Wohnungen von Mitarbeitern und Führungskräften erfasst. Die Beamten sind berechtigt, Bücher und sonstige Geschäftsunterlagen – unabhängig in welcher Form sie vorliegen – einzusehen und zu kopieren. Zu den Geschäftsunterlagen gehören damit auch elektronische Dokumente (siehe dazu im Einzelnen Rn. 157 ff.). Da eine Durchsuchung mehrere Tage andauern kann, dürfen die Beamten Räume oder Gegenstände (z.B. Laptops) versiegeln.[178]   **154**

Das Unternehmen trifft bei einer Nachprüfung durch die Kommission eine Mitwirkungspflicht. Die Mitarbeiter müssen Zugang zu Räumlichkeiten und Dokumenten verschaffen und bestimmte Informationen erteilen.[179] Die Befugnisse der Beamten sind jedoch nicht unbegrenzt. Nicht erfasst sind Dokumente, die außerhalb des Untersuchungsgegenstandes liegen sowie rechtlich privilegierte Dokumente. Nach europäischem Recht ist jedwede Kommunikation zwischen dem Unternehmen und externen Rechtsanwälten innerhalb des EWR, die sich auf den Gegenstand der Nachprüfung bezieht, privilegiert und darf somit nicht eingesehen werden.[180] Interne Dokumente, die die Kommunikation mit dem Unternehmensjuristen betreffen, sind grundsätzlich nicht geschützt. Eine Ausnahme gilt jedoch für den Fall, dass „Inhouse-Juristen" lediglich den Inhalt eines rechtlich privilegierten Dokumentes wiedergeben. Zudem können Dokumente geschützt sein, die vor Einschaltung von externen Rechtsanwälten alleine im   **155**

---

175 EuGH, 18.6.2015 – Rs. C-583/13 P, ECLI:EU:C:2015:404 – Deutsche Bahn AG u.a./Kommission.
176 EuG, 6.9.3013 – Rs. T-289/11, ECLI:EU:T:2013:404, Rn. 111 – Deutsche Bahn AG u.a./Kommission; EuGH, 18.6.2015 – Rs. C-583/13 P, ECLI:EU:C:2015:404, Rn. 26 – Deutsche Bahn AG u.a./Kommission.
177 Art. 21 Abs. 3 VO 1/2003.
178 Art. 20 Abs. 2d VO 1/2003. Aufgrund Erwägungsgrund 25 zur VO 1/2003 soll die Versiegelung in der Regel 72 Stunden nicht überschreiten. Der Bruch des Siegels kann mit einem Bußgeld geahndet werden.
179 EuGH, 18.10.1989 – Rs. C-374/87, ECLI:EU:C:1989:387, Rn. 22 – Orkem.
180 EuGH, 18.5.1982 – Rs. C-155/79, ECLI:EU:C:1982:157 – AM&S/Kommission.

Hinblick auf den einzuholenden Rechtsrat zur Verteidigung der Unternehmens-
rechte erstellt wurden.[181]

156 Die Beamten haben das Recht, Ad-hoc-Fragen zu jeglichen Dokumenten und
Fakten im Rahmen der Nachprüfung zu stellen.[182] Ein Auskunftsverweigerungs-
recht in Bezug auf die für das Verfahren relevanten Tatsachen hat der Europäische Gerichtshof nicht anerkannt.[183] Die Mitwirkungspflicht findet ihre Grenze
in dem Verbot der Selbstbezichtigung, d. h. – über die Aufklärung von Tatsachen
hinaus – in dem Eingeständnis, dass eine Zuwiderhandlung begangen wurde.
Die Beamten können z. B. Auskünfte über Termine und Teilnehmer an Sitzungen
verlangen, nicht dagegen die Angabe, ob das Ziel solcher Treffen die Festsetzung von Preisen gewesen ist.[184]

c) Elektronische Durchsuchung

157 Mit Zunahme des elektronischen Geschäftsverkehrs haben sich die Durchsuchungen der Kartellbehörden bereits seit geraumer Zeit zu sogenannten „E-
Raids" entwickelt. Der Schwerpunkt der Ermittlungen liegt heutzutage eindeutig auf dem elektronischen Datenbestand der Unternehmen. Zum Teil werden
elektronische Daten wie E-Mail-Postfächer ausdrücklich in der Nachprüfungsentscheidung benannt. Die Kommission hat im September 2015 einen überarbei-
teten Leitfaden für die Durchführung von Nachprüfungen veröffentlicht, der sich
vorrangig mit der Durchsuchung der IT-Systeme befasst.[185] Die Kommission hat
zudem ihre internen IT-Kapazitäten aufgerüstet und verfügt über eine speziell
ausgebildete „Forensic IT Group", die u. a. aus Experten zur Erfassung, Analyse
und Auswertung digitaler Spuren besteht. Seit 2012 nutzt die Kommission bei
ihren Ermittlungen spezielle Software des IT-Unternehmens NUIX.

158 Die Kommission führt in ihren Erläuterungen aus, dass grundsätzlich alle Arten
von elektronischen Dokumenten oder Daten unabhängig vom Speichermedium
von der Durchsuchung erfasst sind.[186] Dies schließt lokale Geräte wie Desktop-
PCs, mobile Endgeräte wie Laptops oder Tablets, Mobiltelefone, Smartphones,
USB-Sticks oder externe Festplatten (auch ehemaliger Mitarbeiter) mit ein. Sie
benennt nunmehr auch ausdrücklich Server und Cloud-Dienste sowie BYOD-
Endgeräte, d. h. private Geräte, die auch zu geschäftlichen Zwecken genutzt werden. Zu den elektronischen Daten gehören insbesondere E-Mails, aber auch Of-

---

181 Siehe zum Anwaltsprivileg auch *Schnichels/Resch*, EuZW 2011, 47.
182 Art. 20 Abs. 2e VO 1/2003.
183 EuGH, 18.10.1989 – Rs. C-374/87, ECLI:EU:C:1989:387, Rn. 37 f. – Orkem.
184 EuG, 8.3.1995 – Rs. T-34/93, ECLI:EU:T:1995:46, Rn. 75 – Société Générale; EuG,
    20.2.2001, Rs. T-112/98, ECLI:EU:T:2001:61, Rn. 67 – Mannesmannröhren-Werke.
185 Explanatory Note to an authorisation to conduct an inspection in execution of a Commission
    decision under Article 20(4) of the Council Regulation No 1/2003, 11.9.2015, abrufbar un-
    ter ec.europa.eu/competition/antitrust/legislation/explanatory_note.pdf. Dieser Leitfaden
    wird den Unternehmen regelmäßig vor Beginn der Durchsuchung ausgehändigt.
186 Explanatory Note to an authorisation to conduct an inspection in execution of a Commission
    decision under Article 20(4) of the Council Regulation No 1/2003, 11.9.2015, Rn. 10.

fice-Dokumente wie z. B. Textdateien, Tabellenkalkulationen und Präsentationen einschließlich Dokumente im pdf-Format. Bei der Durchsuchung des Datenbestandes werden auch Metadaten, ältere Versionen von Dokumenten und gelöschte Objekte erfasst. Sie sind oftmals von besonderem Interesse, da anhand dieser Informationen interne Entscheidungsprozesse („Wer hat welche Zeile in die Excel-Tabelle eingefügt?") nachvollzogen werden können.

Die Kommission hat kein Recht, die IT-Hardware oder Datenträger zu beschlagnahmen und mitzunehmen.[187] Wie auch bei Dokumenten in Papierform muss sie entsprechende elektronische Kopien der für sie relevanten Daten (z. B. auf CD-ROMs, USB-Sticks oder externen Festplatten) anfertigen. **159**

d) Typischer Ablauf

Durchsuchungen der Kommission starten in der Regel morgens zur üblichen Geschäftszeit der Unternehmen. Nach Vorlage der Ermächtigungsgrundlage verschaffen sich die Beamten und IT-Experten in einem ersten Schritt Zugang zum Gelände des zu durchsuchenden Unternehmens und zu den Büros der betroffenen Mitarbeiter sowie den Räumlichkeiten, in denen sich die IT-Infrastruktur befindet. Ein Anspruch auf das Warten auf externe Rechtsanwälte besteht nicht, auch wenn die Beamten sich gegebenenfalls für eine gewisse Zeit dazu bereit erklären. Dazu sind die Beamten grundsätzlich eher bereit, wenn kein Unternehmensjurist anwesend ist. Eine 47-minütige Wartezeit wurde jedoch bereits als Behinderung der Durchsuchung gewertet und mit einem gesonderten Bußgeld in Höhe von 1,71 Mio. EUR sanktioniert.[188] Während die Beamten die physischen Dokumente durchsehen (z. B. Aktenordner, Notizbücher, Arbeitsplätze etc.), kümmern sich die IT-Spezialisten um die elektronischen Daten. Nach Erläuterungen zur IT-Infrastruktur lassen sie sich in der Regel Administratorenrechte einräumen und sperren (zumindest vorübergehend) den Zugang zu elektronischen Daten wie z. B. E-Mail-Konten. Aufgrund der Kooperationspflicht muss das Unternehmen Auskunft über Standorte von Servern geben und Passwortsperren überwinden. Hält sich das Unternehmen nicht an die Vorgaben, droht ein Bußgeld. Auch aus diesem Grund empfiehlt es sich, die IT-Abteilung in Schulungen zu Durchsuchungen einzubinden. **160**

Zunächst fertigt die Kommission elektronische Kopien der als relevant angesehenen Datenträger bzw. Datensätze an (Imaging). In der Regel benutzt sie dafür eigene Speichermedien (Laptops). Sie lässt dann über die Kopie der Daten eine Suchsoftware laufen, die unter der Verwendung bestimmter Suchbegriffe beweisrelevante Daten herausfiltern soll (Indexierung). Dieser Vorgang kann mehrere Stunden, ggfs. auch die Nacht in Anspruch nehmen. Die Kommission **161**

---

187 Sie sind lediglich dazu ermächtigt, Kopien zu erstellen. Art. 20 Abs. 2 c) und: Explanatory Note to an authorisation to conduct an inspection in execution of a Commission decision under Article 20(4) of the Council Regulation No 1/2003, 11.9.2015, Rn. 10.
188 Siehe EuG, 27.9.2012 – Rs. T-357/06, ECLI:EU:T:2012:488, Rn. 252 ff. – KWS/Kommission.

gibt die Liste der Suchbegriffe nicht heraus. Sie ist der Ansicht, dass die Suchbegriffe nur Hilfsmittel zur Identifizierung beweisrelevanter Informationen sind.[189] Typischerweise reduziert die Vorfilterung den relevanten Datenbestand auf einige tausend Dateien. Nach der Indexierung werden die Daten von den Beamten manuell durchgesehen. Nicht-relevante bzw. privilegierte Daten werden dabei aussortiert, der Rest wird markiert (Tagging/Flagging). Das Unternehmen erhält dann eine Liste der markierten Dokumente, um diese durchzugehen und auf Relevanz und Privilegierung zu prüfen.

162 Am Ende der Durchsuchung erstellt die Kommission eine forensische Kopie der von ihr erfassten Daten für das Unternehmen, zwei Kopiesätze nimmt sie mit. Zuvor wird die Authentizität der Daten gesichert und die Daten werden verschlüsselt. Sollte die Kommission Daten auf eigene Hardware kopiert haben, so werden diese Datenträger vor Ort gelöscht (Wiping).

163 In Ausnahmefällen kann es zu einer sogenannten „fortgesetzten Durchsuchung" kommen, wenn potenziell beweiserhebliche Datenträger erst zu einem späten Zeitpunkt aufgefunden werden und eine Auswertung vor Ort zeitlich nicht mehr möglich erscheint oder es Streitigkeiten über die Relevanz eines Dokuments gibt. Die Dokumente werden in einem Umschlag verwahrt und können zu einem späteren Zeitpunkt entweder in Anwesenheit von Unternehmensvertretern in den Räumlichkeiten der Kommission oder des Unternehmens geprüft werden.

2. Durchsuchungen des Bundeskartellamts

a) Zuständigkeit

164 Die Zuständigkeit des Bundeskartellamts richtet sich nach den allgemeinen strafprozessualen Vorschriften.[190] Die Beamten handeln aufgrund eines richterlich angeordneten Durchsuchungsbeschlusses. Die richterliche Anordnung ist nach deutschem Recht aufgrund des grundrechtsbeschränkenden Zwangscharakters der Durchsuchung notwendig. Voraussetzung für den Durchsuchungsbeschluss ist, dass das Bundeskartellamt einen begründeten Tatverdacht schlüssig darlegt. Lediglich bei Gefahr im Verzug darf das Bundeskartellamt eine Durchsuchung selbst anordnen.[191]

165 Aufgrund begrenzter interner Ermittlungskapazitäten insbesondere im IT-Bereich lassen sich die Beamten des Bundeskartellamts regelmäßig von Mitarbeitern des Landeskriminalamtes begleiten.

---

189 Unternehmensvertreter, die die spätere Durchsicht der bereits indexierten Daten begleiten, können eventuell anhand der gelben Markierung bestimmter Wörter in den relevanten Dokumenten auf die Suchbegriffe der Beamten schließen.

190 Insbesondere §§ 102, 103, 110 StPO, die über die Verweisungsnormen der §§ 81 Abs. 10, 48 GWB i.V.m. §§ 36 Abs. 1 Nr. 1, 46 OWiG anwendbar sind.

191 § 105 Abs. 1, Satz 1, 2. Halbs. StPO. Allerdings muss dies ausreichend begründet werden, z.B. mit der konkreten Gefahr eines Beweismittelverlustes und dem gescheiterten Versuch, den Ermittlungsrichter zu erreichen.

b) Befugnisse

Die Beamten des Bundeskartellamts haben teilweise ähnliche Befugnisse wie **166** die Kommissionsbeamten, es gibt aber auch einige bedeutsame Unterschiede. Im Gegensatz zum europäischen Recht sind die Unternehmen nicht zur Kooperation mit dem Bundeskartellamt verpflichtet, es besteht lediglich eine passive Duldungspflicht.[192]

Die Mitarbeiter sollten daher nicht von sich aus Unterlagen anbieten oder unge- **167** fragt Auskünfte erteilen. Das Bundeskartellamt kann allerdings – anders als die Kommission – Maßnahmen zwangsweise durchsetzen und z. B. Firmenserver beschlagnahmen, was zu einer erheblichen Störung des Geschäftsbetriebs führen kann.[193] Es ist also durchaus im Interesse des Unternehmens, soweit zu kooperieren, dass die Durchsuchung im Großen und Ganzen reibungslos ablaufen kann. In jedem Fall sollten die Ermittlungen nicht behindert oder erschwert werden, z. B. durch bewusst falsche Angaben oder das Verstecken/Vernichten von Beweismitteln, das strafschärfend berücksichtigt werden kann.

Die Beamten sind berechtigt, alle vom Durchsuchungsbeschluss umfassten **168** Räumlichkeiten, Personen und Gegenstände zu untersuchen, Unterlagen einzusehen und Räume zu versiegeln. Über das Kopieren von Unterlagen hinaus dürfen sie Beweismittel vorläufig sicherstellen oder beschlagnahmen, wenn sie nicht freiwillig herausgegeben werden.[194] In der Praxis legen die Beamten eher selten gleichzeitig mit dem Durchsuchungsbeschluss eine Beschlagnahmeanordnung vor. Eine erforderliche genaue Auflistung der zu beschlagnahmenden Gegenstände ist vor der Durchsuchung meist nicht möglich. Bei Gefahr im Verzug kann das Bundeskartellamt die Beschlagnahme aber selbst anordnen. In der Regel werden schriftliche Unterlagen von der Behörde beschlagnahmt, IT-Asservate dagegen vorläufig sichergestellt (siehe dazu im Einzelnen Rn. 172 f.).

Die Beamten dürfen ebenso sogenannte Zufallsfunde mitnehmen.[195] Dabei han- **169** delt es sich um Unterlagen, auf die das Bundeskartellamt während der Durchsuchung stößt, die aber nicht vom Durchsuchungsgegenstand erfasst sind und möglicherweise auf eine andere Ordnungswidrigkeit oder Straftat hindeuten. Eine systematische Suche nach solchen Unterlagen ist jedoch unzulässig. Eine rechtliche Privilegierung von Anwalts-Mandanten-Korrespondenz werden die Unternehmen im Rahmen einer Durchsuchung des Bundeskartellamtes grundsätzlich nicht geltend machen können. Zwar gibt es im deutschen Recht be-

---

192 *Klusmann*, in: Wiedemann, Handbuch des Kartellrechts, 4. Aufl. 2020, ß 57 Rn. 24. Zur Kooperationspflicht nach europäischem Recht siehe z. B. EuGH, 21.9.1989 – verb. Rs. C-46/ 87 und 227/88, ECLI:EU:C:1989:337, Rn. 31 – Hoechst/Kommission.
193 Zur Verhältnismäßigkeit der Beschlagnahme siehe z. B. *Klusmann*, in: Wiedemann, Handbuch des Kartellrechts, 4. Aufl. 2020, § 57 Rn. 26.
194 Unter einer freiwilligen Herausgabe versteht man den Verzicht des Unternehmens auf eine Beschlagnahmeanordnung (z. B. wegen Gefahr im Verzug). Dies sollte gut überlegt werden, da das Unternehmen so verschiedene (nachträgliche) Rechtsschutzmöglichkeiten aufgibt.
195 § 108 Abs. 1 Satz 1 StPO.

stimmte Beschlagnahmeverbote, deren enge Voraussetzungen liegen jedoch in der Regel bei Durchsuchungen des Bundeskartellamtes nicht vor.

170 Die Beamten haben das Recht, Mitarbeiter und Betroffene während der Durchsuchung zu befragen. Fragen zur Person müssen grundsätzlich beantwortet werden. Mögliche Betroffene des Ermittlungsverfahrens haben das Recht, auf Fragen zur Sache zu schweigen. Über das Aussageverweigerungsrecht sind sie vom Bundeskartellamt zu belehren. Nicht-betroffene Mitarbeiter (z.B. das IT-Personal) können als Zeugen befragt werden.

c) Elektronische Durchsuchung

171 Auch das Bundeskartellamt konzentriert sich bei seinen Ermittlungen auf den elektronischen Datenbestand des Unternehmens. In der Praxis treffen die Beamten jedoch während der Durchsuchung im Unternehmen allenfalls eine grobe Vorauswahl der relevanten Daten, z.B. nach Geschäftsbereichen und betroffenen Mitarbeitern. Eine detaillierte Sichtung der Daten findet in der Regel vor Ort nicht statt.

172 Die Beamten sind grundsätzlich berechtigt, die IT-Hardware (Computer/Server) vorläufig mitzunehmen und sicherzustellen.[196] Aus Gründen der Verhältnismäßigkeit fertigen sie jedoch häufig mit Zustimmung des Unternehmens und mithilfe forensischer Software elektronische Kopien an, entweder in Form einer Spiegelung des gesamten Datenbestandes oder aber selektiv von bestimmten Datensätzen (z.B. E-Mail-Postfächern). Dafür verwenden sie in der Regel eigene Hardware, die sie an das IT-System des Unternehmens anschließen.

173 Mobile Endgeräte wie Smartphones oder Laptops werden meistens von den Beamten vorläufig sichergestellt. Nach Kopie der Daten im Bundeskartellamt erhalten die Betroffenen die Geräte zurück. Die detaillierte Sichtung des Datenbestandes in der Behörde gilt noch als Teil der Durchsuchung.[197] Sie kann durchaus mehrere Wochen oder Monate in Anspruch nehmen, eine zeitliche Begrenzung gibt es nicht.

d) Typischer Ablauf

174 Mit Ausnahme der detaillierten Durchsicht elektronischer Daten in der Behörde, ähneln die wesentlichen Stationen einer Durchsuchung durch das Bundeskartellamt grundsätzlich dem Ablauf der Ermittlungen der Kommission. Nach Vorlage der Ermächtigungsgrundlage verteilen sich die Beamten auf die relevanten Räumlichkeiten zur Sichtung der Unterlagen und des Datenbestandes. Sie befragen Mitarbeiter und das IT-Personal und durchsuchen Arbeitsplätze und Papiere. Die grob gesichtete IT-Hardware wird entweder vorläufig sichergestellt oder in Form von elektronischen Kopien auf Speichermedien des Bundeskartellamts zur weiteren Untersuchung mitgenommen. Am Ende der Durchsuchung vor Ort er-

---

196 §§ 102, 103 StPO; Vollmer, WuW 2006, 235, 240.
197 Vgl. *Saller*, CCZ 2012, 189, 190.

Seeliger/Heinen/Mross

stellen die Beamten ein sogenanntes Durchsuchungsprotokoll, in dem die wesentlichen Punkte festgehalten werden. Ebenso fertigen sie ein Asservatenverzeichnis über die sichergestellten oder beschlagnahmten Papierunterlagen und IT-Kopien an. Sowohl von dem Protokoll als auch von dem Verzeichnis sollte das Unternehmen eine Kopie verlangen. Bei der weiteren Sichtung des elektronischen Datenbestandes in der Behörde geben die Beamten bestimmte Suchbegriffe und Stichworte ein, um die beweiserheblichen Daten zu identifizieren. Auch wenn den Unternehmen dabei kein Anwesenheitsrecht zusteht, ist davon auszugehen, dass das Bundeskartellamt dies im Einzelfall in der Praxis möglich machen wird. Nach Abschluss der Sichtung des Datenbestandes erhält das Unternehmen eine Kopie der als relevant identifizierten Daten und eine Kopie der Liste der Suchbegriffe. Gleichzeitig wird das Unternehmen gefragt, ob es die Daten freiwillig herausgibt. Bei einer Weigerung muss das Bundeskartellamt die förmliche Beschlagnahme beim Amtsgericht beantragen. Dem Unternehmen bleiben dann etwaige Rechtsmittel gegen die Beschlagnahme von potenziell unerheblichen Daten erhalten.[198]

3. Verhaltensregeln für die Unternehmen

a) Vor der Durchsuchung

Angesichts der drohenden Bußgelder und des möglichen Imageschadens ist das **175** Krisenmanagement der Unternehmen im Fall einer Durchsuchung von entscheidender Bedeutung. Dieses setzt bereits im Vorfeld und damit bei der Compliance-Arbeit an.

Unternehmen sollten Dawn Raid-Schulungen für vorrangig betroffene Mitarbei- **176** ter durchführen (lassen), und – angepasst an die unterschiedlichen Entscheidungsträger im Unternehmen – über die wesentlichen Befugnisse der Behörden und die Abläufe informieren. Dies schließt sowohl Führungskräfte als auch das IT- und Empfangspersonal/Werkschutz mit ein. Schulungen können vor Ort oder auch im Wege des E-learning vorgenommen werden. Sie sollten im Wege der Compliance-Arbeit regelmäßig überprüft und aufgefrischt werden. In jedem Fall empfiehlt sich die Aufstellung eines Notfall-Teams, das aus Vertretern der Führungsebene, der Rechts- bzw. Compliance-Abteilung, der IT, der Revisionsabteilung, der Finanz- und Steuerabteilung, des Empfangspersonals/Werkschutzes und der Abteilung Unternehmenskommunikation besteht. Jedem Vertreter sollten bestimmte Verantwortlichkeiten zugewiesen werden. Darüber hinaus sollten entsprechende Anweisungen, Leitlinien bzw. Dos and Don'ts vorab verteilt werden.

Es ist weiterhin sinnvoll, konkrete Telefonlisten bzw. E-Mail-Verteiler zu erstel- **177** len (und diese mindestens jährlich zu aktualisieren), damit die zuständigen Personen im Falle einer Durchsuchung schnellstmöglich informiert werden können

---

198 § 98 Abs. 2 Satz 2 StPO. Zum Verfahren des Bundeskartellamts insgesamt siehe *Saller*, CCZ 2012, 189; *Vollmer*, WuW 2006, 235.

und auch in diesem Bereich keine Verzögerungen bzw. Pannen entstehen. Dies kann Kontakte externer Rechtsberater z.B. über eine von diesen angebotenen Dawn Raid Hotline mit einschließen. Ein entsprechender interner „Kommunikationsplan" kann dabei helfen. Dieser kann bereits Muster für die interne Kommunikation im Unternehmen sowie für eine eventuell herauszugebende Presseerklärung enthalten.

178 Aufgrund der Bedeutung der Durchsuchung elektronischer Daten ist es unerlässlich, die IT in den Notfallplan zu integrieren. Unternehmen sollten bereits im Vorfeld ihre IT-Landschaft „kartieren" und festhalten, welche Datenträger es gibt (z.B. Server, Back up Tapes, Laptops), wo sich diese befinden (im Unternehmen oder an einem anderen Standort) und wie der Zugriff erfolgt (wie Passwortsperren überwunden werden etc.). Des Weiteren sollte geklärt sein, wie der E-Mail-Verkehr bestimmter Nutzerkonten bzw. insgesamt im Notfall blockiert werden kann.

b) Während der Durchsuchung

179 Bei Ankunft der Beamten werden diese in der Regel nach der Geschäftsleitung fragen, um die Nachprüfungsentscheidung bzw. den Durchsuchungsbeschluss auszuhändigen. Es empfiehlt sich, die Beamten in einen vom laufenden Geschäftsbetrieb getrennten Raum zu bitten, um dort auf einen Vertreter der Unternehmensführung und eventuell auch auf das Eintreffen externer Rechtsanwälte zu warten.[199] Der „Kommunikationsplan" des Unternehmens sollte unmittelbar umgesetzt werden, d.h. die entsprechenden Kontaktpersonen in der Unternehmensführung, der Rechtsabteilung, IT, Unternehmenskommunikation etc. müssen zügig informiert werden. Im nächsten Schritt sollte sich das Unternehmen die Dienstausweise der Beamten vorlegen lassen, die Namen notieren und äußerst sorgfältig die Ermächtigungsgrundlage prüfen. Sollten noch keine externen Rechtsanwälte vor Ort sein, empfiehlt es sich, diesen die Ermächtigungsgrundlage vorab zukommen zu lassen. Auch die Mitglieder des Notfall-Teams sollten eine Kopie der Ermächtigungsgrundlage erhalten. Bei der Prüfung der Grundlage für die Durchsuchung ist insbesondere zu beachten, ob sich die Entscheidung an das fragliche Unternehmen richtet, die betroffenen Geschäftsräume genannt sind und ob Gegenstand und Zweck der Durchsuchung hinreichend bestimmt sind.

180 Sobald dies geklärt ist, sollte das Notfall-Team die Durchsuchung soweit wie möglich begleiten. Da die Beamten sich im Unternehmen aufteilen, sollte jedem Beamten eine Begleitperson zugeordnet werden, die weitestgehend protokolliert, welche Büros, Computer, Dokumente etc. der jeweilige Beamte durchsucht und welche Mitarbeiter er befragt. Bei Unklarheiten sollten die Mitarbeiter entweder beim Mitglied der Rechtsabteilung oder den externen Rechtsanwälten Rat

---

199 Sollten sie jedoch sofortigen Zutritt verlangen, muss dieser gewährt werden (siehe oben Rn. 160).

einholen. Ein IT-Mitarbeiter sollte als zentraler Ansprechpartner für IT-Fragen fungieren, vorzugsweise gemeinsam mit einem externen Rechtsanwalt oder einem Mitglied der Rechtsabteilung. Zeitgleich sollten ggf. bestimmte Mitarbeiter des Unternehmens über die Durchsuchung informiert werden, damit eine Behinderung der Ermittlungen vermieden wird.

Grundsätzlich stellt sich bereits zu Beginn der Durchsuchung die Frage, ob das **181** Unternehmen einen Kronzeugenantrag stellen soll und dafür einen sogenannten „Marker" bei den Behörden setzt, um gegebenenfalls die Reduktion eines möglichen Bußgelds zu erhalten.[200] Die Beamten des Bundeskartellamtes händigen dem Unternehmen zu Beginn oder während der Durchsuchung ein Merkblatt zur sogenannten Bonusregelung aus. Das Stellen eines Kronzeugenantrags sollte gemeinsam mit den externen Rechtsberatern erörtert werden.

Dauert die Durchsuchung mehrere Tage an und werden Räume von den Beamten **182** versiegelt, sollte das Unternehmen sicherstellen, dass die Siegel nicht gebrochen bzw. beschädigt werden. Die Siegel sind in der Regel nicht sehr groß, so dass eine zusätzliche Absicherung durch das Unternehmen sinnvoll sein kann. Sicherungsmaßnahmen sollten gemeinsam mit den Beamten protokolliert werden. Unter Umständen empfiehlt es sich, über Nacht die versiegelten Räume überwachen zu lassen. In jedem Fall sollte etwaiges Sicherheits- und Reinigungspersonal über die Versiegelung informiert werden, da ein (auch fahrlässiger) Siegelbruch in den Risikobereich des Unternehmens fällt und hohe Bußgelder nach sich ziehen kann, unabhängig davon, ob die Räumlichkeiten tatsächlich betreten oder Dokumente entwendet wurden.[201]

Am Ende der Durchsuchung sollte sichergestellt sein, dass das Unternehmen **183** einen Überblick über die von den Beamten durchgesehenen, kopierten und sichergestellten bzw. beschlagnahmten Dokumente und Datenträger hat und alle Fragen und Antworten protokolliert sind.

c) Nach der Durchsuchung

Wenn die Beamten das Unternehmen verlassen haben, sollte eine Besprechung **184** mit allen an der Durchsuchung beteiligten Mitarbeitern und den externen Rechtsanwälten abgehalten werden, um das weitere Vorgehen zu erörtern. Das Unternehmen sollte dafür sorgen, dass ein vollständiges internes Protokoll angefertigt wird, einschließlich aller Streitpunkte mit den Beamten. Falls nicht schon während der Durchsuchung erfolgt, sollte spätestens jetzt erörtert werden, ob das Unternehmen einen Kronzeugenantrag stellen will.

---

200 Der Marker kann schriftlich oder mündlich in deutscher oder englischer Sprache gesetzt werden.
201 Im Jahr 2008 verhängte die Kommission gegen E.ON ein Bußgeld in Höhe von 38 Mio. EUR wegen Siegelbruchs, siehe Pressemitteilung P/08/108, bestätigt durch EuGH, 22.11.2012 – Rs. C-89/11, ECLI:EU:C:2012:738 – E.ON Energie AG/Kommission; siehe ebenso Entscheidung der Kommission v. 24.5.2011 – COMP/39.796, in der die Kommission Suez Environment ein Bußgeld wegen Siegelbruch in Höhe von 8 Mio. EUR auferlegte.

185 Darüber hinaus ist es ratsam zu prüfen, ob die zur Verfügung gestellten Dokumente und Erklärungen eine komplette und korrekte Antwort auf die aufgeworfenen Fragen geben oder weitere Details ergänzt oder Dokumente zur Verfügung gestellt werden sollten. Sofern das Unternehmen nicht von allen Dokumenten Kopien erhalten hat, kann es beim Bundeskartellamt Akteneinsicht in die eigenen Unterlagen beantragen.

186 Die Tatsache, dass eine Durchsuchung stattgefunden hat, bleibt selten geheim. In den meisten Fällen erscheinen Presseberichte bereits wenige Tage nach der Durchsuchung, oftmals geben die Kartellbehörden auch selbst Pressemitteilungen hinaus. Zusätzlich zu einer eigenen kurzen Pressemitteilung des Unternehmens kann es sinnvoll sein, sich auf Fragen von außenstehenden Personen vorzubereiten bzw. zusätzliche Mitteilungspflichten zu prüfen.[202] Bei der genauen Formulierung sollten spezialisierte Anwälte hinzugezogen werden.

187 Die Hauptaufgabe nach der Durchsuchung ist die Aufarbeitung des Sachverhalts durch das Unternehmen und die Entwicklung einer entsprechenden Verteidigungsstrategie. Zusätzlich zu den Anhaltspunkten aus der Durchsuchung selbst und der Durchsicht der relevanten Unterlagen empfiehlt es sich, Interviews mit den betroffenen Mitarbeitern und der Geschäftsführung zu führen. Die lückenlose Aufklärung des Sachverhaltes erfordert grundsätzlich die vollständige Kooperation der Mitarbeiter. Eine Sanktionierung über arbeitsrechtliche Maßnahmen ist insofern abzuwägen. Da nach deutschem Recht auch einzelnen Personen Bußgelder auferlegt werden können, ist es unter Umständen sinnvoll, einem betroffenen Mitarbeiter separaten[203] Rechtsbeistand für das Kartellverfahren zur Seite zu stellen. Auch die Freistellung von einem Bußgeld oder von beruflichen Konsequenzen kann vereinbart werden, dies ist jedoch nicht unstrittig und im Einzelfall zu klären.

---

202 Insbesondere börsennotierte Unternehmen unterliegen bestimmten Mitteilungspflichten (z. B. nach § 15 WpHG).
203 Es gilt das Verbot der Mehrfachvertretung.

24. Kapitel
Compliance-Anforderungen
im Wettbewerb um öffentliche Aufträge

I. Einleitung

Compliance ist auch im Zusammenhang mit der durch das Vergaberecht geregelten öffentlichen Auftragsvergabe zu beachten. Im Rahmen eines Vergabeverfahrens muss der Auftraggeber nicht nur die Wirtschaftlichkeit des Angebots, sondern auch die Eignung und Zuverlässigkeit der Unternehmen, die sich um Aufträge bewerben, prüfen. Verstöße gegen Recht und Gesetz oder sonstige Anforderungen können zum Ausschluss vom Verfahren oder zur Auftragssperre führen. Das hat mitunter existenzielle Folgen für Unternehmen, wenn deren Geschäft vornehmlich auf die Erbringung von Liefer-, Bau- oder Dienstleistungen für die öffentliche Hand oder sonstige öffentliche Auftraggeber ausgerichtet ist, wie beispielsweise in den Bereichen Straßen- und Ingenieurbau oder in der Verteidigungsindustrie.

1

Die rechtlichen Anforderungen ergeben sich für Aufträge, deren geschätzter Auftragswert oberhalb bestimmter Schwellenwerte liegt, aus dem GWB und den aufgrund dieses Gesetzes erlassenen Rechtsverordnungen. Zur Bestimmung der Schwellenwerte verweist § 106 Abs. 2 GWB auf die einschlägigen Ermächtigungen zur Anpassung der Werte durch die Europäische Kommission,[1] die alle zwei Jahre erfolgt. Das untergesetzliche Regelwerk umfasst insbesondere die Verordnung über die Vergabe öffentlicher Aufträge (VgV), die für Bauaufträge größtenteils auf Abschnitt 2 der VOB/A verweist. Teils von den Regelungen der VgV abweichende Bestimmungen enthalten die Sektorenverordnung (SektVO) für Sektorenauftraggeber i.S.d. § 100 GWB,[2] die Vergabeverordnung Verteidigung und Sicherheit (VSVgV) für verteidigungs- und sicherheitsspezifische öffentliche Aufträge i.S.d. § 104 GWB und die Konzessionsvergabeverordnung (KonzVgV) für Konzessionen i.S.d. § 105 GWB.[3]

2

Unterhalb dieser Schwellenwerte beurteilt sich die Vergabe von Aufträgen durch die öffentliche Hand nach Haushaltsrecht und dazu erlassenen Verwaltungsvorschriften. Auf Bundesebene schreibt § 55 BHO eine Öffentliche Ausschreibung

3

---

1 Ab 1.1.2020 gelten folgende Schwellenwerte (ohne USt): für Bauleistungen 5.350.000 EUR, für Lieferungen und sonstige Dienstleistungen 214.000 EUR, bei Bundesaufträgen 139.000 EUR. Abweichende Schwellenwerte gelten für soziale und bestimmte andere Dienstleistungen (§ 130 GWB) sowie für Sektorenaufträge, den Verteidigungs- und Sicherheitsbereich sowie Konzessionen. Näher dazu: *Alexander*, in: Pünder/Schellenberg, Vergaberecht, § 106 GWB Rn. 11 ff.; *Greb*, in: Ziekow/Völlink, Vergaberecht, § 106 GWB Rn. 10 ff.

2 Bestimmte Auftraggeber aus einem der Bereiche für Sektorentätigkeiten (Wasser, Elektrizität, Gas und Wärme, Verkehr, Häfen und Flughäfen, fossile Brennstoffe).

3 Aus Vereinfachungsgründen wird nachfolgend allein auf die Regelungen für öffentliche Aufträge abgestellt, die keinem dieser Sonderbereiche unterliegen.

oder eine Beschränkte Ausschreibung mit Teilnahmewettbewerb für den Abschluss von Verträgen über Lieferungen und Leistungen vor, sofern nicht die Natur des Geschäfts oder besondere Umstände eine Ausnahme rechtfertigen. Die Voraussetzungen und das Verfahren werden durch die Verwaltungsvorschriften zu § 55 BHO konkretisiert. Diese verweisen insoweit für die Vergabe von Liefer- und Dienstleistungen auf die Verfahrensordnung für die Vergabe öffentlicher Liefer- und Dienstleistungsaufträge unterhalb der EU-Schwellenwerte (Unterschwellenvergabeordnung, UVgO) und für die Vergabe von Bauleistungen auf Abschnitt 1 der VOB/A. Auf Landes- und kommunaler Ebene gelten entsprechende Regelungen und die einschlägigen Vorgaben der Landes Vergabegesetze.[4]

II. Anforderungen an Unternehmen in Vergabeverfahren

4 Gemäß § 122 Abs. 1 GWB werden öffentliche Aufträge nur an fachkundige und leistungsfähige Unternehmen vergeben, die nicht nach den §§ 123 und 124 GWB ausgeschlossen worden sind. Der öffentliche Auftraggeber ist daher gehalten, die Unternehmen, die sich um öffentliche Aufträge bewerben und ein Angebot zur Erbringung von Leistungen abgeben oder abgeben wollen, zu prüfen.

5 Gegenstand dieser Unternehmensprüfung ist einerseits die Eignung des Unternehmens für die Erbringung der vom öffentlichen Auftraggeber nachgefragten Leistung. Diese umfasst gemäß § 122 Abs. 2 GWB die Befähigung und Erlaubnis zur Berufsausübung, die wirtschaftliche und finanzielle Leistungsfähigkeit sowie die technische und berufliche Leistungsfähigkeit. Der Auftraggeber muss diese Eignungskriterien auftragsbezogen konkretisieren und die von den Bewerbern vorzulegenden Eignungsnachweise vorgeben.

6 Daneben umfasst die Unternehmensprüfung auch die Prüfung, ob Ausschlussgründe vorliegen. Über diese Anforderung wird eine Prüfung, ob ein potenzieller Auftragnehmer compliant ist, in das Vergabeverfahren integriert. Vor der Vergaberechtsnovelle 2016 war dies Teil der Eignungsprüfung unter dem Eignungskriterium der Zuverlässigkeit. Diese Systematik wurde zur Angleichung an die EU-Vergaberichtlinien aufgegeben, hat allerdings in den Regelungen über Bauaufträge im „Unterschwellenbereich" noch überlebt.[5]

7 Die Unternehmensprüfung erfolgt im offenen Verfahren (vgl. § 15 VgV) mit der Prüfung des Angebots. Grundsätzlich ist die Unternehmensprüfung der eigentlichen Angebotsprüfung vorgelagert. Gemäß § 42 Abs. 3 VgV kann der öffent-

---

4 Aus Vereinfachungsgründen wird nachfolgend allein auf die Regelungen abgestellt, die für Aufträge mit einem geschätzten Wert oberhalb der Schwellenwerte gelten, da die für den Unterschwellenbereich geltenden Vorschriften weitestgehend auf diese Regelungen verweisen oder vergleichbare Anforderungen enthalten, vgl. insb. § 31 UVgO und die Regelungen zur Zuverlässigkeit in Abschnitt 1 der VOB/A; näher dazu *Scherer*, in: Heuvels/Höß/Kuß/Wagner, Vergaberecht, § 31 UVgO Rn. 4 ff. und § 6a VOB/A Rn. 8 f.

5 Vgl. § 2 Abs. 3 und § 6a VOB/A; näher dazu *Scherer*, in: Heuvels/Höß/Kuß/Wagner, Vergaberecht, § 6a VOB/A Rn. 8.

liche Auftraggeber die Angebotsprüfung vorziehen, was sich insbesondere anbietet, wenn eine große Anzahl von Angeboten eingereicht wurde und die Angebote einzelner Bieter schon aussortiert werden können, weil sie unwirtschaftlich sind und bereits deshalb für den Zuschlag sicher nicht in Betracht kommen. In den anderen Verfahrensarten, dem nicht offenen Verfahren (vgl. § 16 VgV), dem Verhandlungsverfahren (vgl. § 17 VgV), dem wettbewerblichen Dialog (vgl. § 18 VgV) und der Innovationspartnerschaft (vgl. § 19 VgV), erfolgt die Unternehmensprüfung in einem vorgelagerten Teilnahmewettbewerb. Hierzu lädt die Vergabestelle interessierte Unternehmen entweder durch eine öffentliche Bekanntmachung zur Beantragung der Teilnahme am Wettbewerb ein oder fordert die Unternehmen, die nach einem Interessenbekundungsverfahren ihr Interesse bekundet haben, auf, dieses Interesse zu bestätigen. Die Auftragsbekanntmachung bzw. die Aufforderung zur Interessenbestätigung muss gemäß § 48 Abs. 1 VgV die Nachweise angeben, die die Bewerber zum Nachweis des Nichtvorliegens von Ausschlussgründen vorlegen müssen.

In der Regel wird zum Nachweis die Vorlage einer Eigenerklärung verlangt. **8**
Hierbei handelt es sich meist um ein Formular, das die verschiedenen Ausschlussgründe aufzählt und mit dem die Bewerber bestätigen, dass keiner dieser Ausschlussgründe vorliegt. Diese Eigenerklärung muss jeder Einzelbewerber, jedes Mitglied einer Bewerbergemeinschaft und jeder Dritte, der etwa als Unterauftragnehmer in die Angebotserstellung einbezogen ist, mit seiner Unterschrift oder elektronischen Signatur abgeben. Gemäß § 48 Abs. 3 VgV muss die Vergabestelle die Einheitliche Europäische Eigenerklärung nach § 50 VgV als zumindest vorläufigen Nachweis akzeptieren.[6] Der Auftraggeber prüft die Unterlagen. Er kann die Bewerber zur Erläuterung der vorgelegten Unterlagen auffordern (§ 48 Abs. 7 VgV) und Unterlagen nachfordern (§ 56 Abs. 2 VgV).[7] Gemäß § 122 Abs. 3 GWB kann der Nachweis über das Nichtvorliegen von Ausschlussgründen auch über eine Teilnahme an einem Präqualifizierungssystem erfolgen.[8]

Anhand der vorgelegten Informationen und Nachweise muss die Vergabestelle **9**
prüfen, ob einer der Ausschlussgründe vorliegt. Ist das nicht der Fall, steht dieser Aspekt der weiteren Teilnahme des Unternehmens am Verfahren nicht mehr entgegen. Geht die Vergabestelle vom Vorliegen eines Ausschlussgrundes aus, muss sie zudem prüfen, ob (erstens) sich das Unternehmen nicht bereits gemäß § 125 GWB selbst gereinigt hat und (zweitens) dem Ausschluss auch nicht ein Fristablauf nach § 126 GWB entgegensteht. Die Vergabestelle darf im weiteren Verlauf des Vergabeverfahrens nur wieder in die Unternehmensprüfung einstei-

---

6 Zu weiteren Belegen, die von der Vergabestelle akzeptiert werden müssen, vgl. § 48 Abs. 4 bis 6 und 8 VgV.

7 Zu den Anforderungen und Grenzen der Nachforderung von Unterlagen vgl. *Pauka*, in: MünchKomm Wettbewerbsrecht, Bd. 3, § 56 VgV Rn. 23 ff.

8 Hierzu vgl. *Opitz*, in: Beck'scher Vergaberechtskommentar, Bd. 1, § 122 GWB Rn. 100.

gen, wenn sich Umstände ergeben, die die Frage (der Eignung oder) des Nichtvorliegens von Ausschlussgründen neu aufwerfen.[9]

III. Ausschlussgründe

10 Das GWB unterscheidet zwingende und fakultative Ausschlussgründe. Die zwingenden Ausschlussgründe sind in § 123 GWB geregelt und der Auftraggeber ist verpflichtet, das Unternehmen auszuschließen, wenn ein solcher Grund vorliegt. Demgegenüber muss die Vergabestelle bei Vorliegen eines fakultativen Ausschlussgrundes ein Ermessen ausüben, bevor sie ein Unternehmen ausschließt.[10] Dieses Ermessen ist allerdings durch die Vergaberechtsgrundsätze des § 97 GWB vorgeprägt. Insbesondere das Diskriminierungsverbot und der Wettbewerbsgrundsatz lenken das Ermessen i. d. R. dergestalt, dass ein Ausschluss geboten erscheint.[11]

1. Zwingende Ausschlussgründe

a) Straftatbestände

11 § 123 Abs. 1 GWB zählt eine Reihe von Straftatbeständen auf. Diese beruhen auf einer Liste von Ausschlusstatbeständen der EU-Vergaberichtlinien,[12] die in deutsches Recht umgesetzt wurde, indem auf die jeweiligen Straftatbestände des StGB und des Gesetzes zur Bekämpfung internationaler Bestechung verwiesen wird. Diese Liste ist abschließend und enthält Straftatbestände wie

- Terrorismusfinanzierung;
- Geldwäsche;
- Betrug oder Subventionsbetrug gegen die EU;
- Bestechlichkeit und Bestechung im geschäftlichen Verkehr;
- Bestechlichkeit und Bestechung von Mandatsträgern;
- Vorteilsgewährung und Bestechung;
- Bestechung ausländischer Abgeordneter.

12 Der Ausschlussgrund liegt erst vor, wenn eine rechtskräftige strafgerichtliche Verurteilung vorliegt. Da nach deutschem Strafrecht nur natürliche Personen verurteilt werden können, stellt das Gesetz auf die Verurteilung einer Person ab, deren Verhalten dem Unternehmen zuzurechnen ist. Das ist der Fall, wenn eine Person den Straftatbestand verwirklicht hat, die als für die Leitung des Unternehmens verantwortliche Person gehandelt hat, also insbesondere Mitglieder eines

---

9 OLG Düsseldorf, 15.12.2008, I-27 U 1/07 –, LS 2, juris; *Hölzl*, in: MünchKomm Wettbewerbsrecht, Bd. 3, § 122 GWB Rn. 33 f.

10 *Stolz*, in: Ziekow/Völlink, Vergaberecht, § 124 GWB Rn. 2.

11 *Opitz*, in: Beck'scher Vergaberechtskommentar, Bd. 1, § 124 GWB Rn. 17.

12 Insbesondere Art. 57 Abs. 1, 2 und 3 Unterabs. 1 und Abs. 5 der RL 2014/24/EU des Europäischen Parlaments und des Rates v. 26. Februar 2014 über die öffentliche Auftragsvergabe und zur Aufhebung der RL 2004/18/EG; vgl. *Kaufmann*, in: Pünder/Schellenberg, Vergaberecht, § 123 GWB Rn. 1.

Vorstands oder der Geschäftsführung. Erfasst sind aber auch Personen, die für die Überwachung der Geschäftsführung verantwortlich sind oder in sonstiger Weise Kontrollbefugnisse in leitender Stellung ausüben, wie beispielsweise Mitglieder von Aufsichtsräten.[13]

Unter bestimmten Voraussetzungen kann bei Vorliegen eines strafrechlichen Delikts auch eine Geldbuße gegen ein Unternehmen selbst verhängt werden. Die Voraussetzungen sind in § 30 OWiG geregelt und setzen insbesondere voraus, dass der Straftatbestand von einer leitenden Person verwirklicht wurde.[14] Wird nach dieser Regelung eine Geldbuße gegen ein Unternehmen wegen einer der in § 123 Abs. 1 GWB genannten Straftaten rechtskräftig festgesetzt, muss dieses Unternehmen ebenfalls ausgeschlossen werden. Nach Inkrafttreten des Verbandssanktionengesetzes[15] würde die rechtskräftige Verhängung von Sanktionen nach diesem Gesetz wegen solcher Straftaten ebenfalls den Ausschluss nach sich ziehen. **13**

Nach § 123 Abs. 5 Satz 1 GWB kann die Vergabestelle ausnahmsweise von einem Ausschluss absehen, wenn zwingende Gründe des öffentlichen Interesses dies gebieten. Eine solche Ausnahme kann angenommen werden, wenn der öffentliche Auftraggeber auf ein bestimmtes Produkt oder eine bestimmte Dienstleistung zur Erfüllung seiner öffentlichen Aufgaben dringend angewiesen ist und die Beschaffung nur bei einem Unternehmen möglich ist, das auszuschließen wäre, z. B. im Zusammenhang mit der Beschaffung von Ersatzteilen für ein Feuerwehrfahrzeug. **14**

b) Steuer- und Abgabentatbestände

Nach § 123 Abs. 4 Satz 1 GWB ist ein Unternehmen auch auszuschließen, wenn es seinen Verpflichtungen zur Zahlung von Steuern, Abgaben oder Beiträgen zur Sozialversicherung nicht nachgekommen ist und dies durch eine rechtskräftige Gerichtsentscheidung festgestellt wurde, etwa einer Verurteilung wegen Steuerhinterziehung nach § 370 AO oder Vorenthalten von Beiträgen des Arbeitnehmers zur Sozialversicherung nach § 266a StGB. Daneben können auch Bußgeldbescheide wegen Steuerordnungswidrigkeiten, etwa wegen leichtfertiger Steuerverkürzung nach § 378 AO, oder Verwaltungsentscheidungen der zuständigen Behörden, in denen festgestellt wird, dass die Zahlung der Steuer, der Abgabe oder des Beitrags noch aussteht, den Ausschluss nach sich ziehen. Der zwingende Ausschlussgrund ist insoweit erst verwirklicht, wenn die Verwaltungsentscheidung bestandskräftig ist, sie also insbesondere nach Ablauf der Rechtsbehelfsfristen nicht mehr angefochten werden kann. Wurden Rechtsbehelfe gegen solche Verwaltungsentscheidungen eingelegt, ist der Ausschluss geboten, sobald diese rechtskräftig abgewiesen wurden. **15**

---

13 Näher hierzu *Scherer*, in: Heuvels/Höß/Kuß/Wagner, Vergaberecht, § 123 Rn. 9 ff.
14 *Rogall*, in: Karlsruher Kommentar zum OWiG, § 30 Rn. 1. Siehe auch *Böttger*, Kap. 2, Rn. 26 m. w. N.
15 Vgl. hierzu *Schulz/Block*, CCZ 2020, 49. Siehe auch *Böttger*, Kap. 2, Rn. 142 ff.

16 Im Vergleich zu den Straftatbeständen des § 123 Abs. 1 GWB ist der Ausschluss wegen der Abgabentatbestände einerseits zusätzlich erleichtert. Nach § 123 Abs. 4 Satz 1 Nr. 2 GWB bedarf es für einen zwingenden Ausschluss keiner Gerichts- oder Verwaltungsentscheidung. Es genügt, wenn der Vergabestelle sonstige Nachweise vorliegen.

17 Andererseits kann das Unternehmen den Ausschluss gemäß § 123 Abs. 4 Satz 2 GWB recht einfach abwenden, indem es die Zahlung nachholt. Es genügt bereits, dass es sich verpflichtet, die Steuern, Abgaben und Beiträge zur Sozialversicherung einschließlich Zinsen, Säumnis- und Strafzuschlägen zu zahlen. Auch die Ausnahme wegen dringender öffentlicher Interessen[16] gilt in diesem Zusammenhang und wird durch § 123 Abs. 5 Satz 2 GWB zusätzlich auf die Fälle ausgedehnt, in denen ein Ausschluss unverhältnismäßig wäre.

2. Fakultative Ausschlussgründe

a) Verstoß gegen umwelt-, sozial- oder arbeitsrechtliche Verpflichtungen

18 Gemäß § 124 Abs. 1 Nr. 1 GWB können Unternehmen ausgeschlossen werden, die bei der Ausführung öffentlicher Aufträge nachweislich gegen geltende umwelt-, sozial- oder arbeitsrechtliche Verpflichtungen verstoßen haben. Unter den Begriff der umwelt-, sozial- oder arbeitsrechtlichen Verpflichtungen fallen sowohl europäische und internationale als auch deutsche Rechtsvorschriften[17] sowie Tarifverträge und Übereinkommen.[18] Auch die ILO-Kernarbeitsnormen oder Zahlungsverpflichtungen gegenüber tarifvertraglichen Sozialkassen werden von dem Ausschlusstatbestand erfasst. Der Ausschlussgrund wird dadurch eingeschränkt, dass die Rechtsverstöße bei der Ausführung öffentlicher Aufträge verwirklicht worden sein müssen. Wiegt der Verstoß schwer, kann zugleich ein Ausschlussgrund nach § 124 Abs. 1 Nr. 3 GWB vorliegen. Der Pflichtverstoß muss vom öffentlichen Auftraggeber nachgewiesen werden. Bloße Verdachtsmomente genügen nicht. Bestimmte sozial- und arbeitsrechtliche Verstöße sind zukünftig in das Wettbewerbsregister beim Bundeskartellamt einzutragen,[19] wenn eine bestandskräftige Bußgeldfestsetzung oder rechtskräftige Verurteilung in bestimmter Höhe vorliegt (vgl. § 2 Abs. 1 Nr. 2 WRegG). Typische Verstöße gegen sozial- und arbeitsrechtliche Verpflichtungen sind Verstöße gegen die in § 124 Abs. 2 GWB genannten Gesetze: das AEntG, das AufenthG, das MiLoG und das SchwarzArbG. Diese Gesetze enthalten zudem eigene Regelungen zu Auftragssperren.[20] Diese gelten neben den Ausschlussgründen nach § 124 Abs. 1 GWB aber nur, soweit sie nicht über einschlägiges EU-Recht hinausgehen.[21]

---

16 Siehe oben Rn. 14.
17 *Summa*, NZBau 2012, 729, 732.
18 Amtliche Begründung BT-Drucks. 18/6281, S. 105.
19 Vgl. *Scherer-Leydecker*, CB 2017, 261, 262. Siehe dazu unten Rn. 32.
20 *Kaufmann*, in: Pünder/Schellenberg, Vergaberecht, § 124 GWB Rn. 108 ff.
21 *Friton*, in: BeckOK Vergaberecht, § 124 Rn. 98.

b) Insolvenz und Liquidation

Ein Ausschluss ist möglich, wenn über das Vermögen des Unternehmens das In-   **19**
solvenzverfahren eröffnet ist oder ein Insolvenzantrag mangels Masse abgelehnt
wurde. Dem gleichgestellt sind die Beantragung der Eröffnung des Insolvenzverfahrens und die Zahlungsunfähigkeit des Unternehmens. Hierdurch wird
dem Umstand Rechnung getragen, dass es zum Zeitpunkt der Eröffnung eines
Insolvenzverfahrens bereits zu spät sein kann und ein Zuwarten dem öffentlichen Auftraggeber nicht zumutbar ist. Ein Unternehmen gilt gemäß § 17 Abs. 2
InsO als zahlungsunfähig, wenn es nicht in der Lage ist, die fälligen Zahlungs-
pflichten zu erfüllen, was i.d.R. anzunehmen ist, wenn es seine Zahlungen eingestellt hat. Eine Vergabestelle, die sich auf diese Tatbestandsalternative stützt,
muss die materiellen Voraussetzungen der Zahlungsunfähigkeit darlegen und
beweisen können.

Von den Insolvenztatbeständen zu trennen ist der ebenfalls im Rahmen des § 124   **20**
Abs. 1 Nr. 1 GWB geregelte Ausschluss wegen einer Liquidation der Gesellschaft oder der Einstellung der Geschäftstätigkeit des Unternehmens. Mit der Liquidation wird eine juristische Person oder Personengesellschaft, die aufgelöst
werden soll, abgewickelt. Im Rahmen der Liquidation werden die Verbindlichkeiten des Unternehmens beglichen und das verbleibende Vermögen verteilt, etwa gem. §§ 60 ff. GmbHG bei der GmbH. Hierzu wird ein Liquidator bestellt
und die Liquidation (i.L.) im Handelsregister vermerkt. Der Liquidation als Ausschlussgrund gleichgestellt ist die Einstellung der Geschäftstätigkeit, die in der
Sache von dem öffentlichen Auftraggeber festgestellt werden muss, wenn er sich
auf diesen Ausschlussgrund berufen will.

c) Schwere Verfehlung im Rahmen beruflicher Tätigkeit

Voraussetzung des Ausschlussgrundes nach § 124 Abs. 1 Nr. 3 GWB ist, dass   **21**
nachweislich eine schwere Verfehlung vorliegt, die im Rahmen der beruflichen
Tätigkeit begangen wurde. Verfehlung ist jeder Verstoß gegen einschlägiges
Recht. Der Ausschlussgrund hat daher Überschneidungen mit den zwingenden
Ausschlussgründen des § 123 GWB sowie dem Ausschlussgrund des § 124
Abs. 1 Nr. 1 GWB betreffend Verstöße gegen umwelt-, sozial- oder arbeitsrechtliche Verpflichtungen. Anders als nach § 123 GWB verlangt § 124 Abs. 1 Nr. 3
GWB keine rechtskräftige Verurteilung oder Verwaltungsentscheidung. Der
Nachweis kann daher wie bei § 123 Abs. 4 Nr. 2 GWB auch auf sonstige Weise
erbracht werden. Der öffentliche Auftraggeber muss den Sachverhalt ermitteln
und aufgrund der ihm vorliegenden Erkenntnisse und Belege zu der Überzeugung kommen, dass der Rechtsverstoß begangen wurde. Einen Ausschluss rechtfertigen nur Verfehlungen, die eine solche Schwere aufweisen, dass sie die Integrität des Unternehmens in Frage stellen, und die im Rahmen einer beruflichen
Tätigkeit (nicht nur im privaten Bereich) begangen wurden. Die Pflichtverstöße
werden dem Unternehmen gemäß § 124 Abs. 1 Nr. 3 Hs. 2 GWB i.V.m. § 123

Abs. 3 GWB nach den gleichen Maßstäben wie bei den zwingenden Ausschluss-gründen zugerechnet.[22]

22 Etwaige Erkenntnisse können sich auch aus der Einsichtnahme in das Gewerbe-zentralregister oder im Hinblick auf Personen, die dem Unternehmen i. S. d. § 123 Abs. 3 GWB zurechenbar sind, aus dem Bundeszentralregister ergeben. Zukünftig muss bzw. kann der öffentliche Auftraggeber nach § 6 Abs. 1, 2 WRegG auch die Eintragungen im Wettbewerbsregister abrufen.[23]

d) Wettbewerbsbeschränkende Vereinbarungen oder abgestimmte Verhaltensweisen

23 Der Ausschlussgrund des § 124 Abs. 1 Nr. 4 GWB greift den Grundsatz des Ver-bots wettbewerbsbeschränkender Vereinbarungen und abgestimmter Verhaltens-weisen nach § 1 GWB auf. Er umfasst nicht nur wettbewerbswidriges Verhalten im laufenden Verfahren, sondern liegt auch vor, wenn das Unternehmen unab-hängig davon einen Verstoß begangen hat. Der Umstand allein, dass polizeiliche, kartellrechtliche oder staatsanwaltliche Ermittlungsmaßnahmen eingeleitet wur-den, oder der bloße Verdacht gegen das Unternehmen reichen hingegen nicht aus. Andererseits muss (anders als bei § 124 Abs. 1 Nr. 1 und 3 GWB) kein Nachweis vorliegen. Es genügen hinreichende Anhaltspunkte. Dem wird im Rahmen der Eintragung von Bußgeldbescheiden nach § 81 Abs. 1 Nr. 1 oder Abs. 2 Nr. 1 GWB ins Wettbewerbsregister dadurch Rechnung getragen, dass diese gem. § 2 Abs. 2 WRegG bereits mit Festsetzung erfolgt und die Rechtskraft nicht erforderlich ist.[24]

24 Der Begriff der wettbewerbsbeschränkenden Vereinbarung ist in § 124 Abs. 1 Nr. 4 GWB mit nahezu dem gleichen Wortlaut wie in § 1 GWB definiert. Der Vereinbarungsbegriff wird von der herrschenden Lehre weit ausgelegt.[25] Einsei-tige Maßnahmen sind dagegen grundsätzlich keine Vereinbarung. Eine abge-stimmte Verhaltensweise beinhaltet ein koordinierendes Element, etwa die vor-herige Information der Wettbewerber zur Risikominimierung, das von bloß reaktivem Verhalten abzugrenzen ist.[26] Die Vereinbarung oder abgestimmte Ver-haltensweise wird wettbewerbsbeschränkend, indem sie die Verhinderung, Ein-schränkung oder Verfälschung des Wettbewerbs bezweckt oder bewirkt.

e) Interessenkonflikt

25 Nach § 124 Abs. 1 Nr. 5 GWB können Interessenkonflikte einer bei der Durch-führung des Vergabeverfahrens für die Vergabestelle oder einen sie unterstützen-

---

22 Siehe oben Rn. 12.

23 Vgl. dazu *Scherer-Leydecker*, CB 2017, 261, 263. Siehe unten Rn. 36 f.

24 Vgl. amtliche Begründung zum WRegG, BT-Drucks. 18/12051, S. 8 und 27; vgl. auch unten Rn. 33.

25 *Zimmer*, in: Immenga/Mestmäcker, Wettbewerbsrecht, Bd. 2, § 1 GWB Rn. 85, zur Recht-sprechung in Deutschland Rn. 84.

26 *Zimmer*, in: Immenga/Zimmer, Wettbewerbsrecht, Bd. 2, § 1 GWB Rn. 91 ff.

den Beschaffungsdienstleister tätigen Person einen Ausschluss rechtfertigen. Das Vorliegen eines Interessenkonflikts setzt voraus, dass die Person (auch) andere Interessen als die Interessen des öffentlichen Auftraggebers wahrnimmt und dies geeignet ist, die Unparteilichkeit und Unabhängigkeit dieser Person im Zusammenhang mit der Durchführung des Vergabeverfahrens zu beeinträchtigen. Nicht erforderlich ist, dass die Person sich bereits parteilich oder abhängig verhalten hat. Es genügt, wenn die Situation das Potenzial birgt, dass diese Person in einer Weise handelt, die den diskriminierungsfreien Wettbewerb gefährdet. Nach § 6 VgV muss die Vergabestelle allerdings zuvor geeignete Maßnahmen zur wirksamen Verhinderung, Aufdeckung und Behebung von Interessenkonflikten treffen, um Wettbewerbsverzerrungen zu vermeiden und eine Gleichbehandlung aller Bieter zu gewährleisten. Ein Ausschluss kommt daher nur in Betracht, wenn dies nicht möglich ist.

f) Vorbefassung

Der in § 124 Abs. 1 Nr. 6 GWB geregelte fakultative Ausschlussgrund der Vorbefassung betrifft die sog. „Projektantenproblematik". Nach dieser Vorschrift kann ein Unternehmen, das bei der Vorbereitung des laufenden Verfahrens mit eingebunden war und dadurch einen Wettbewerbsvorteil erlangt haben könnte, ausgeschlossen werden. Bevor der öffentliche Auftraggeber einen Ausschluss in Betracht zieht, hat er weniger einschneidende Maßnahmen zur Vermeidung einer Wettbewerbsverzerrung zu ergreifen. Angesichts der mit der Vorbefassung verbundenen Gefährdung des diskriminierungsfreien Wettbewerbs hat der Auftraggeber nach § 7 Abs. 1 VgV insbesondere sicherzustellen, dass ein Informationsvorsprung des vorbefassten Unternehmens ausgeglichen wird und bei der Ausgestaltung der Leistungsbeschreibung und Eignungskriterien darauf geachtet wird, dass der Wettbewerb auch anderen Bietern offensteht. Gemäß § 7 Abs. 2 VgV sind die anderen Bewerber oder Bieter über die dem vorbefassten Unternehmen zur Verfügung gestellten Informationen zu unterrichten und ihnen angemessene Fristen zur Verarbeitung der Informationen einzuräumen.[27] Das vorbefasste Unternehmen darf nur dann von der Vergabe ausgeschlossen werden, wenn eine geeignete Maßnahme zur Verhinderung der Wettbewerbsverfälschung nicht ersichtlich ist.[28] Vor einem Ausschluss muss dem Bieter nach § 7 Abs. 3 VgV in jedem Fall die Möglichkeit eingeräumt werden, sich zu äußern und gegebenenfalls nachzuweisen, dass aus seiner Vorbefassung mit dem laufenden Vergabeverfahren keine Verzerrung des Wettbewerbs resultieren würde.[29]

26

---

27 *Tomerius*, in: Pünder/Schellenberg, Vergaberecht, § 7 VgV Rn. 5.
28 So auch schon EuGH, 3.3.2005, Rs C-21/03 und C-34/03 – Fabricom; *Kupczyk*, NZBau 2010, 21, 22.
29 So die amtliche Begründung BT-Drucks. 18/6281, S. 106.

g) Mangelhafte Leistung bei Ausführung früherer Aufträge

27 Der Ausschluss nach § 124 Abs. 1 Nr. 7 GWB betrifft Fälle, in denen bei der Ausführung eines öffentlichen Auftrages oder einer Konzession in der Vergangenheit Mängel aufgetreten sind. Wegen der Schwere der Folge für das Unternehmen müssen die Mängel bei der vorherigen Vertragsausführung erheblich sein. Das Unternehmen muss wesentliche Anforderungen des öffentlichen Auftrages oder der Konzession erheblich oder fortlaufend mangelhaft erfüllt haben.[30] Auch sonstige Vertragsverletzungen können einen erheblichen Mangel darstellen, wie zum Beispiel ein Verstoß gegen die Verpflichtung zur Vertraulichkeit oder gegen wesentliche Sicherheitsauflagen. Darüber hinaus muss die mangelhafte Erfüllung oder Vertragsausführung kumulativ zu einer vorzeitigen Beendigung, Schadensersatz oder einer vergleichbaren Rechtsfolge geführt haben. Eine vorzeitige Beendigung kann durch Kündigung, Rücktritt, Anfechtung oder einvernehmliche Vertragsaufhebung erfolgen, muss aber auf der Mangelhaftigkeit der Leistung beruhen. Allein die Kündigungs- oder Rücktrittserklärung durch den Auftraggeber genügt nicht, wenn sie unberechtigt ist und den Vertrag nicht wirksam beendet hat.[31] Dabei muss es sich nicht um einen vorherigen Auftrag desselben öffentlichen Auftraggebers handeln. Eine Schlechtleistung mit einer der vorgenannten Folgen bei der Ausführung des Auftrages eines anderen öffentlichen Auftraggebers ist ausreichend. Bevor das betroffene Unternehmen ausgeschlossen wird, muss der öffentliche Auftraggeber eine Prognoseentscheidung dahingehend treffen, ob von dem Unternehmen trotz einer vorherigen Schlechtleistung im Hinblick auf die Zukunft zu erwarten ist, dass der nunmehr zu vergebende Auftrag ordnungsgemäß durchgeführt wird.[32]

h) Schwerwiegende Täuschung bei Eignungsprüfung

28 § 124 Abs. 1 Nr. 8 GWB ermächtigt zum Ausschluss solcher Bewerber, die im Vergabeverfahren unzutreffende Erklärungen in Bezug auf ihre Eignung oder Ausschlussgründe abgegeben haben. Dem gleichgestellt sind die Fälle, in denen es der Bewerber unterlässt, Erklärungen abzugeben oder Auskünfte zu erteilen, obwohl diese offensichtlich für die Beurteilung der Eignung oder das Vorliegen von Ausschlussgründen von Bedeutung sind.[33] Ein bloßes Unterlassen vermag einen fakultativen Ausschlusstatbestand nur zu erfüllen, wenn der Bewerber bzw. Bieter zur Erklärung oder Aufklärung erkennbar verpflichtet ist. Grundsätzlich handelt es sich nämlich bei dem Vergabeverfahren um ein stark formali-

---

30 *Hausmann/von Hoff*, in: Kulartz/Kus/Portz/Prieß, Kommentar zum GWB-Vergaberecht, § 124 GWB Rn. 51.

31 *Summa*, in: Heiermann/Zeiss/Summa, jurisPK-Vergaberecht, § 124 GWB Rn. 101 f.

32 Vgl. noch zur alten Rechtslage: VK Südbayern, 11.9.2014, Z3-3-3194-1-34-07/14; VK Nordbayern, 18.12.2007, 21.VK-3194-47/07.

33 Vgl. VK Hessen, 28.6.2005, 69d VK 07/2005; *Hänsel*, in: Ziekow/Völlink, Vergaberecht, § 6 VOL/A Rn. 8.

siertes Verfahren und der Bewerber bzw. Bieter kann darauf vertrauen, dass er mit den abgefragten Angaben und Nachweisen das seinerseits Erforderliche getan hat und dem Auftraggeber die aus dessen Sicht notwendigen Informationen zur Beurteilung der Eignung oder des Vorliegens von Ausschlussgründen beigebracht hat. Aus den Vergabeunterlagen müssen sich konkrete Anhaltspunkte ergeben, die es als missbräuchlich erscheinen lassen, bestimmte Informationen zurückzuhalten.

Zusätzlich ist ein Ausschluss möglich, wenn das Unternehmen nicht in der Lage **29** ist, die erforderlichen Nachweise zu übermitteln. Im Hinblick auf diese Alternative ist der Ausschlussgrund unklar formuliert. Mit Blick auf die Regelung in Art. 57 Abs. 4 lit. h i.V.m. Art. 59 der RL 2014/24/EU des Europäischen Parlaments und des Rates v. 26. Februar 2014 über die öffentliche Auftragsvergabe und zur Aufhebung der RL 2004/18/EG ist diese Tatbestandsalternative dahingehend auszulegen, dass sie sich ausschließlich auf die Nachreichung der Unterlagen erstreckt, die wegen der Vorlage einer Einheitlichen Europäischen Eigenerklärung (EEE) noch nicht eingereicht werden mussten. Gemäß § 48 Abs. 2 Satz 1 VgV muss der öffentliche Auftraggeber die EEE als vorläufigen Eignungsnachweis akzeptieren. Er kann gemäß § 50 Abs. 2 VgV die Vorlage nur verlangen, wenn dies für die ordnungsgemäße Verfahrensdurchführung notwendig ist oder vor Zuschlagserteilung. Ist dem Bieter die Vorlage nicht möglich, kann er ausgeschlossen werden.

i) Unzulässige Einflussnahme

Gemäß § 124 Abs. 1 Nr. 9 lit. a GWB kann ein Unternehmen ausgeschlossen **30** werden, das versucht hat, den öffentlichen Auftraggeber in unzulässiger Weise zu beeinflussen. Das setzt voraus, dass das Unternehmen den Tatentschluss, also Vorsatz, hatte, den öffentlichen Auftraggeber in unzulässiger Weise zu beeinflussen, und hierzu bereits unmittelbar angesetzt hat (vgl. § 22 StGB). Gleiches gilt gemäß § 124 Abs. 1 Nr. 9 lit. b GWB, wenn das Unternehmen versucht hat, vertrauliche Informationen zu erhalten, mit dem Ziel, sich dadurch Vorteile im Verfahren zu verschaffen. Da die Tatvollendung immer auch die Merkmale eines Versuchs einschließt, liegt der Ausschlussgrund auch vor, wenn die Beeinflussung bereits erfolgt ist oder das Unternehmen die Information erhalten hat. Gemäß § 124 Abs. 1 Nr. 9 lit. c GWB kann ein Unternehmen zudem ausgeschlossen werden, wenn es vorsätzlich oder fahrlässig irreführende Informationen übermittelt, um sich Vorteile zu verschaffen, oder dies versucht.

IV. Wettbewerbsregister

1. Einrichtung des Wettbewerbsregisters

Zur Erleichterung der Prüfung der Ausschlussgründe durch die Vergabestellen **31** hat der Gesetzgeber die Grundlagen für die Einrichtung eines Wettbewerbsregisters beim Bundeskartellamt in Bonn in Form einer elektronischen Datenbank, die ein automatisiertes, elektronisches Abrufverfahren ermöglicht,[34] geschaffen. Zur Errichtung dieses Registers bedarf es nach § 10 WRegG noch des Erlasses einer Rechtsverordnung, die insbesondere inhaltliche und technische Vorgaben für die Datenbank trifft.[35] Die Inbetriebnahme ist für Ende 2020 geplant; ob dieser Termin gehalten werden kann, bleibt abzuwarten. Dieses Register soll die zahlreichen in den Ländern existierenden Korruptionsregister und vergleichbare Datenbanken[36] ablösen. Gemäß § 12 Abs. 1 Satz 2 WRegG finden die landesrechtlichen Vorschriften nur noch Anwendung, bis das Register mit seinen wesentlichen Funktionen in Betrieb gegangen ist.[37]

2. Eintragung von Rechtsverstößen

32 In das Register sind die in § 2 WRegG abschließend aufgezählten Rechtsverstöße einzutragen, die im Zusammenhang mit der Vergabe öffentlicher Aufträge oder Konzessionen relevant sind. Einzutragen sind gem. § 2 Abs. 1 WRegG insbesondere rechtskräftige strafgerichtliche Verurteilungen und Strafbefehle sowie rechtskräftige Bußgeldentscheidungen (nach Inkrafttreten des Verbandssanktionengesetzes voraussichtlich auch die rechtskräftige Verhängung von Verbandssanktionen) wegen

– der in § 123 Abs. 1 GWB aufgeführten Straftaten,
– Betrugs i. S. d. §§ 263, 264 StGB, der sich gegen öffentliche Haushalte richtet,
– Vorenthaltens und Veruntreuens von Bestandteilen des Arbeitsentgelts nach § 266a StGB,
– Steuerhinterziehung nach § 370 AO,
– wettbewerbsbeschränkender Absprachen bei Ausschreibungen nach § 298 StGB,
– Entscheidungen nach § 8 Abs. 1 Nr. 2, §§ 10 bis 11 SchwarzArbG, §§ 15, 15a, 16 Abs. 1 Nr. 1, 1b und 2 AÜG, § 21 Abs. 1 und 2 MiLoG oder § 23 Abs. 1 und 2 des AEntG, jeweils wenn auf Freiheitsstrafe von mehr als drei Monaten oder Geldstrafe von mehr als 90 Tagessätzen erkannt oder eine Geldbuße von wenigstens 2.500 EUR festgesetzt worden ist.

33 Des Weiteren sind nach § 2 Abs. 2 WRegG Bußgeldentscheidungen einzutragen, die wegen Ordnungswidrigkeiten nach § 81 Abs. 1 und Abs. 2 Nr. 1 i. V. m. § 1 GWB verhängt wurden, wenn eine Geldbuße von wenigstens 50.000 EUR ergangen ist. Insoweit wird keine Bestandskraft des Bußgeldbescheids vorausgesetzt.[38]

---

34 Vgl. die amtliche Begründung zum WRegG, BT-Drucks. 18/12051, S. 33.
35 Vgl. die amtliche Begründung zum WRegG, BT-Drucks. 18/12051, S. 34.
36 Überblick in amtlicher Begründung zum WRegG, BT-Drucks. 18/12051, S. 16 f.
37 *Scherer-Leydecker*, CB 2017, 261, 264.
38 Vgl. die amtliche Begründung zum WRegG, BT-Drucks. 18/12051, S. 27; dazu *Scherer-Leydecker*, CB 2017, 261, 263; vgl. auch oben Rn. 23.

Soweit sich die Gerichts- oder Verwaltungsentscheidungen gegen Privatperso- **34** nen richten, erfolgt die Eintragung, wenn die Tat einem Unternehmen zuzurechnen ist.[39] Die Zurechnungsregelung nach § 2 Abs. 3 WRegG entspricht derjenigen in § 123 Abs. 3 GWB.[40]

Um sicherzustellen, dass die Verfehlungen auch zeitnah eingetragen werden, **35** sind die Strafverfolgungsbehörden und die zur Verfolgung von Ordnungswidrigkeiten berufenen Behörden verpflichtet, ihnen bekannte eintragungsrelevante Rechtsverstöße unverzüglich dem Register mitzuteilen. Den von einer Eintragung betroffenen Unternehmen ist nach § 5 Abs. 1 WRegG eine zweiwöchige Frist zur Stellungnahme einzuräumen, bevor die Eintragung erfolgt. Kann ein Unternehmen schlüssig darlegen, dass eine angekündigte oder bereits vorgenommene Eintragung unrichtig ist, so hat die Registerbehörde die Eintragung mit einem Sperrvermerk zu versehen, solange sich weder die Richtigkeit noch die Unrichtigkeit der Eintragung feststellen lässt. Wird die Unrichtigkeit der Eintragung festgestellt, ist die Eintragung unverzüglich zu löschen. Jedes Unternehmen und jede Person hat einen Anspruch auf Auskunft über den sie betreffenden Inhalt des Registers, dies umfasst nach § 5 Abs. 3 WRegG auch das unbeschränkte Akteneinsichtsrecht eines bevollmächtigten Rechtsanwaltes.[41]

3. Einbindung in das Vergabeverfahren

Der Eintrag ins Wettbewerbsregister zieht nicht automatisch eine Auftragssperre **36** nach sich.[42] Vielmehr dient das Register dem öffentlichen Auftraggeber der Beschaffung relevanter Informationen. Er ist nach wie vor gehalten, anhand aller ihm zugänglichen Informationen einschließlich der Angaben aus dem Wettbewerbsregister eine eigenständige Entscheidung über einen Ausschluss zu treffen und im Hinblick auf die fakultativen Ausschlussgründe sein Ermessen pflichtgemäß auszuüben.

Die Vergabestelle ist bei Aufträgen mit einem geschätzten Auftragswert ab **37** 30.000 EUR ohne Umsatzsteuer nach § 6 Abs. 1 WRegG verpflichtet, vor Zuschlagserteilung bei der Registerbehörde abzufragen, ob es Eintragungen zu dem bietenden Unternehmen gibt. Öffentliche Auftraggeber, die Aufträge mit einem Auftragswert unter 30.000 EUR vergeben wollen, sind berechtigt, aber nicht verpflichtet, die Einträge über das Unternehmen bei der Registerbehörde abzufragen. Ausgenommen von der Abfragepflicht sind zudem Sachverhalte, die vom Vergaberecht ausgenommen sind, sowie Vergaben durch Auslands-

---

39 Dazu *Eufinger*, CB 2017, 240, 242.
40 Siehe oben Rn. 12.
41 Vgl. die amtliche Begründung, BT-Drucks. 18/12583, S. 11.
42 Amtliche Begründung zum WRegG, BT-Drucks. 18/12051, S. 31; *Scherer-Leydecker*, CB 2017, 261, 263 f.

dienststellen.[43] Im Hinblick auf Sektorenauftraggeber und Konzessionsnehmer ist die Abfragepflicht abgeschwächt.

4. Löschung von Eintragungen

38 Eintragungen werden gem. § 7 Abs. 1 WRegG teilweise nach fünf Jahren, teilweise nach drei Jahren ab Rechts- oder Bestandskraft der Entscheidung gelöscht. Die Löschfristen orientieren sich an den nach § 126 GWB zulässigen Höchstfristen für einen Ausschluss vom Vergabeverfahren.[44] Soweit sich die Eintragung auf einen der zwingenden Ausschlussgründe des § 123 Abs. 1 und Abs. 4 GWB bezieht, erfolgt eine Löschung spätestens fünf Jahre nach dem Tag der Rechtskraft der Entscheidung. In den übrigen Fällen gilt eine Drei-Jahres-Frist ab dem Tag des Erlasses des Bußgeldbescheides bzw. der Unanfechtbarkeit der eintragungspflichtigen Gerichts- oder Bußgeldentscheidung.

39 Zudem kann das Unternehmen nach § 8 Abs. 1 WRegG eine vorzeitige Löschung unter Darlegung der von ihm ergriffenen Selbstreinigungsmaßnahmen nach § 125 GWB[45] sowie nach § 123 Abs. 4 Satz 2 GWB verlangen. Ein entsprechender Antrag ist nach § 8 Abs. 1 Satz 2 WRegG zulässig, wenn das Unternehmen ein berechtigtes Interesse an der vorzeitigen Löschung glaubhaft macht. Hierüber entscheidet die Registerbehörde von Amts wegen, wobei sie sich auf die Prüfung der Angaben und Nachweise des Unternehmens beschränken kann. Die Behörde kann nach § 8 Abs. 2 Satz 2 WRegG vom Antragsteller auch die Vorlage des Gutachtens eines Wirtschaftsprüfers oder eines Rechtsanwalts oder anderer geeigneter Unterlagen verlangen. Daneben kann sie die Strafverfolgungsbehörde oder die Behörde, die für die Verfolgung von Ordnungswidrigkeiten zuständig ist, gem. § 8 Abs. 3 WRegG um Auskunft ersuchen.

5. Rechtsbehelfe

40 Gegen die Entscheidungen der Registerbehörde ist nach § 11 Abs. 1 WRegG die Beschwerde zum Oberlandesgericht zulässig, das gemäß § 171 GWB bereits für Vergabesachen zuständig ist.[46] Als Gegenstand der Beschwerde kommen insbesondere die Vornahme einer Eintragung durch die Registerbehörde oder die Ablehnung einer vorzeitigen Löschung wegen Selbstreinigung in Betracht.[47]

V. Selbstreinigung

41 Gemäß § 125 Abs. 1 GWB dürfen Unternehmen, bei denen ein Ausschlussgrund vorliegt, nicht ausgeschlossen werden, wenn sie eine hinreichende Selbstreini-

---

43 Amtliche Begründung zum WRegG, BT-Drucks. 18/12051, S. 30; *Scherer-Leydecker*, CB 2017, 261, 263.

44 *Scherer-Leydecker*, CB 2017, 261, 263.

45 Vgl. *Stolz*, in: Ziekow/Völlink, Vergaberecht, § 125 Rn. 5 ff.

46 Vgl. Amtliche Begründung zum WRegG, BT-Drucks. 18/12051, S. 34.

47 *Scherer-Leydecker*, CB 2017, 261, 264.

gung nachgewiesen haben. Da die Selbstreinigungsmaßnahmen jeweils an ein Fehlverhalten des Unternehmens anknüpfen, kommt eine Selbstreinigung auch nur im Hinblick auf Ausschlussgründe in Betracht, die auf Verfehlungen des Unternehmens beruhen, also nicht im Hinblick auf die Ausschlussgründe nach § 124 Abs. 1 Nr. 2, 5 und 6 GWB.

1. Selbstreinigung im Vergabeverfahren

a) Prüfung durch Vergabestelle

Dem Unternehmen steht es offen, im konkreten Vergabeverfahren der Vergabestelle darzulegen und nachzuweisen, dass es Selbstreinigungsmaßnahmen ergriffen hat, die sicherstellen, dass seine Integrität wieder hergestellt ist.[48] Durch das Fehlverhalten hat das Unternehmen die Notwendigkeit einer Selbstreinigung ausgelöst, sodass es auch sachgerecht ist, ihm die Nachweispflicht für die erfolgte Selbstreinigung aufzuerlegen. Der Nachweis kann nach Maßgabe der einschlägigen Vorgaben etwa in § 50 VgV mit der Einheitlichen Europäischen Eigenerklärung (EEE) erbracht werden.[49] Das Formular für die EEE[50] sieht vor, dass das Unternehmen Angaben zu etwaigen Selbstreinigungsmaßnahmen macht, wenn es auf die Fragen betreffend Verfehlungen bejahend antwortet.[51] Das betroffene Unternehmen hat ein Recht auf Prüfung durch den öffentlichen Auftraggeber, ob es ausreichend Maßnahmen nach dem Katalog des § 125 GWB getroffen hat, um seine Integrität wiederherzustellen. Diese Prüfung ist von dem öffentlichen Auftraggeber in die allgemeine Prüfung über das Vorliegen von Ausschlussgründen in Bezug auf das Unternehmen einzubeziehen.[52] Das Fehlen von Nachweisen und eine etwaige Verweigerung der Mitwirkung bei der Ermittlung des Sachverhaltes gehen zulasten des Unternehmens.[53]

42

b) Prüfung durch Wettbewerbsregister

Nach Inkrafttreten der Verordnung nach §§ 10, 12 WRegG wird ein Unternehmen die Selbstreinigungsmaßnahmen gemäß § 8 WRegG in dem Verfahren über die vorzeitige Löschung der Verfehlung aus dem Wettbewerbsregister auch gegenüber dem Bundeskartellamt, dem die Führung des Wettbewerbsregisters obliegt, nachweisen können. Das Löschverfahren muss von dem Unternehmen beantragt werden und ist gebührenpflichtig. Da die zentrale Selbstreinigung im Rahmen des Löschverfahrens erfolgt, kommt sie auch nur im Hinblick auf Ver-

43

---

48 *Dreher/Hoffmann*, NZBau 2014, 150, 154.

49 Vgl. *Tomerius*, in: Pünder/Schellenberg, Vergaberecht, § 50 VgV Rn. 1 ff.

50 Durchführungsverordnung (EU) 2016/7, ABl. EU 2016, L3, S. 16.

51 Zu beachten ist, dass das Unternehmen spätestens bei beabsichtigter Auftragserteilung konkrete Nachweise vorlegen muss. Vgl. *Voppel*, in: Voppel/Osenbrück/Bubert, VgV, § 50 Rn. 16.

52 *Schnitzler*, BB 2016, 2115, 2119.

53 VK Lüneburg, 14.2.2012, VgK-05/2012.

fehlungen in Betracht, die gem. § 2 WRegG eintragungspflichtig sind.[54] Gemäß § 8 Abs. 1 Satz 3 und Abs. 4 Satz 1 WRegG prüft die Registerbehörde das Vorliegen der Selbstreinigung nach den Maßstäben des § 125 GWB unter Berücksichtigung der Schwere und der besonderen Umstände der Straftat oder des Fehlverhaltens.[55]

2. Kriterien der Selbstreinigung

44 Eine wirksame Selbstreinigung setzt voraus, dass das Unternehmen, das auszuschließen wäre, nachweist, dass es die in § 125 Abs. 1 Satz 1 Nr. 1 bis 3 GWB aufgezählten Maßnahmen ergriffen hat. Die Maßnahmen sind kumulativ zu ergreifen. Die Gewichtung der jeweiligen Maßnahmen und deren Umfang hängt vom konkreten Einzelfall des begangenen Verstoßes und der Tatbeiträge innerhalb des Unternehmens ab und ist individuell zu beurteilen.[56]

a) Ausgleich des Schadens

45 Das betroffene Unternehmen ist verpflichtet, den gesamten durch die Straftat oder das Fehlverhalten verursachten Schaden auszugleichen. Das Unternehmen kann den Schadensausgleich durch Zahlung bewirken oder sich zum Schadensausgleich verpflichten.[57] Beide Alternativen stehen in § 125 Abs. 1 Satz 1 Nr. 1 GWB gleichberechtigt nebeneinander, obwohl qualitativ ein erheblicher Unterschied zwischen der bereits geleisteten Ausgleichszahlung und dem Eingehen einer bloßen Verpflichtung, die ggf. durchgesetzt werden muss, besteht. Probleme bereitet der Schadensausgleich, wenn der öffentliche Auftraggeber zur Bestimmung des entstandenen Schadens auf die Mitwirkung des Unternehmens angewiesen ist. Bereits nach der bisherigen Rechtsprechung war angenommen worden, dass Voraussetzung für eine wirksame Selbstreinigung die Mitarbeit bei der Berechnung der Schadenshöhe und bei der Aufklärung des für die Schadensermittlung maßgeblichen Sachverhalts ist.[58] Dem wird entgegengehalten, Vergaberecht könne nicht missbraucht werden, um die Beweislastverteilung nach Zivilrecht umzukehren, die verlangt, dass der Geschädigte die Höhe des Schadens darlegt und beweist.[59] Die Kooperationspflicht ist in § 125 Abs. 1 Satz 1 Nr. 2 GWB nunmehr ausdrücklich vorgeschrieben.[60]

---

54 Vgl. *Stolz*, in: Ziekow/Völlink, Vergaberecht, § 123 GWB Rn. 5, § 124 GWB Rn. 1 ff.
55 Dazu *Scherer-Leydecker*, CB 2017, 261, 263 f.
56 *Schnitzler*, BB 2016, 2115, 2119.
57 Dazu auch schon LG Berlin, 22.3.2006, 23 O 118/04.
58 VK Lüneburg, 14.2.2012, VgK-05/2012; 24.3.2011, VgK-04/2011.
59 Vgl. *Oetker*, MüKoBGB, § 249 Rn. 480.
60 Siehe unten Rn. 46.

Scherer

b) Zusammenarbeit zur Aufklärung

Gemäß § 125 Abs. 1 Satz 1 Nr. 2 GWB erfordert eine wirksame Selbstreinigung, **46** dass das Unternehmen alle Tatsachen und Umstände sowie die dadurch verursachten Schäden[61] aufklärt und mit den Ermittlungsbehörden und dem öffentlichen Auftraggeber zusammenarbeitet.[62] Die Selbstreinigungsmaßnahme nach § 125 Abs. 1 Satz 1 Nr. 2 GWB umfasst zwei zu trennende Schutzrichtungen. Einerseits verlangt eine Selbstreinigung die aktive Zusammenarbeit mit den Ermittlungsbehörden. Das sind insbesondere Staatsanwaltschaft, zuständige Ordnungsbehörden und Kartellbehörden. Andererseits verlangt § 125 Abs. 1 Satz 1 Nr. 2 GWB auch Aufklärung und Zusammenarbeit mit dem öffentlichen Auftraggeber. Diese zweite Alternative ist in Art. 57 Abs. 6 Unterabs. 2 RL 2014/24/EU des Europäischen Parlaments und des Rates vom 26. Februar 2014 über die öffentliche Auftragsvergabe und zur Aufhebung der RL 2004/18/EG nicht ausdrücklich angelegt und beruht auf der nationalen Umsetzung durch den deutschen Gesetzgeber. Inzwischen hat der EuGH klargestellt, dass diese Bestimmung des deutschen Rechts mit EU-Recht in Einklang steht und ein Wirtschaftsteilnehmer in bestimmten Fällen auch mit dem öffentlichen Auftraggeber zusammenarbeiten muss, um den Nachweis der Wiederherstellung seiner Zuverlässigkeit zu erbringen.[63] Hierbei beschränkt er die Pflicht zur Zusammenarbeit jedoch auf Maßnahmen, die unbedingt erforderlich sind, damit das Ziel der Prüfung der Integrität des Unternehmens verfolgt werden kann.[64]

Es sind alle mit dem Fehlverhalten in Bezug stehenden Umstände aufzuklären. **47** Das Unternehmen muss sich zur Erfüllung dieser Voraussetzung des § 125 Abs. 1 Satz 1 Nr. 2 GWB aktiv, ernsthaft und nach außen erkennbar bemühen.[65] Eine selektive Einlassung des Unternehmens oder reine Lippenbekenntnisse sind nicht ausreichend. Es muss der ernstgemeinte Wille zur Wiedergutmachung des Fehlverhaltens vorhanden und erkennbar sein. Dies muss anhand der konkreten Umstände des Einzelfalls beurteilt werden.

c) Technische, organisatorische und personelle Maßnahmen

Nach § 125 Abs. 1 Satz 1 Nr. 3 GWB sind technische, personelle und organisato- **48** rische Maßnahmen des Unternehmens erforderlich, um nicht weiterhin von den Vergabeverfahren ausgeschlossen zu werden. Diese Maßnahmen müssen sowohl abstrakt als auch konkret geeignet sein zu gewährleisten, dass weiteres Fehlverhalten oder Straftaten für die Zukunft ausgeschlossen sind. § 125 Abs. 1 Satz 1 Nr. 3 GWB ist zukunftsgerichtet, indem er die Prävention weiterer Verstöße re-

---

61 *Stolz*, in: Ziekow/Völlink, Vergaberecht, § 125 GWB Rn. 7.
62 LG Berlin, 22.3.2006, 23 O 118/04; *Mutschler-Siebert/Dorschfeldt*, BB 2015, 642, 645.
63 EuGH, 24.10.2018, C-124/17, Rn. 33; a. A. VK Südbayern, 7.3.2017, Z3-3-3194-1-45-11/16, Rn. 88.
64 EuGH, 24.10.2018, C-124/17, Rn. 28, 33.
65 OLG Düsseldorf, 9.6.2010, VII-Verg 14/10; LG Berlin, 22.3.2006, 23 O 118/04; *Schnitzler*, BB 2016, 2115, 2119.

gelt. Präventive Maßnahmen nach § 125 Abs. 1 Satz 1 Nr. 3 GWB bilden das Herzstück der Selbstreinigung, da sie darauf gerichtet sind, zukünftige Verstöße durch konkrete Vorkehrungen zu unterbinden.[66]

49 Die bisherige Rechtsprechung hatte schon konkrete Maßnahmen herausgearbeitet, die auch in dem Erwägungsgrund Nr. 102 RL 2014/24/EU des Europäischen Parlaments und des Rates vom 26. Februar 2014 über die öffentliche Auftragsvergabe und zur Aufhebung der RL 2004/18/EG Erwähnung finden. Hierunter sind solche Maßnahmen zu verstehen, die auf ein Verhalten hinwirken, das mit den vergaberechtlichen Vorschriften im Einklang steht.[67] Diese Compliance-Maßnahmen umfassen insbesondere Personal- und Organisationsmaßnahmen wie den Abbruch aller Verbindungen zu den an dem Fehlverhalten beteiligten Personen oder Organisationen, geeignete Personalreorganisationsmaßnahmen, die Einführung von Kontroll- und Berichtssystemen, die Schaffung einer internen oder externen Überwachungsstruktur oder auch die Einführung interner Haftungs- und Entschädigungsregelungen. Der Katalog von möglichen Maßnahmen ist dabei nicht abschließend. Vielmehr ist im Einzelfall zu prüfen, welche Maßnahmen in dem konkreten Fall geeignet sind sicherzustellen, dass insbesondere das in Rede stehende Fehlverhalten in der betreffenden Unternehmensstruktur in Zukunft vollumfänglich verhindert wird.

50 Insbesondere bei Personengesellschaften und juristischen Personen sind personelle Maßnahmen erforderlich, da nicht das Unternehmen selbst, sondern die für das Unternehmen verantwortlich handelnden Personen die Verstöße begangen haben. Grundsätzlich wird insoweit der Abbruch der Verbindungen zu denjenigen Personen und Organisationen gefordert, die an dem zum Ausschluss führenden Fehlverhalten beteiligt waren.[68] Wird der Person, die die Straftat oder das Fehlverhalten begangen hat, die tatsächliche und/oder rechtliche Möglichkeit zur Einflussnahme auf die Geschäftsführung belassen, muss sich das Unternehmen etwaige Verfehlungen i. d. R. auch weiterhin zurechnen lassen.[69] Dabei können verantwortliche Personen Gesellschafter, Organe und Mitarbeiter des Unternehmens sein. Das Verhalten dieser Personen muss dem Unternehmen zuzurechnen sein bzw. diese müssen einen gewissen Einfluss auf das Unternehmen ausüben können.[70] Ein Verbleib der Personen in dem Unternehmen kann daher eine wirksame Selbstreinigung ausschließen,[71] insbesondere bei vertretungsberechtigten Personen wie Geschäftsführern.[72] Dies spiegelt sich auch in der neu-

---

66 LG Berlin, 22.3.2006, 23 O 118/04.
67 *Dreher/Hoffmann*, NZBau 2014, 150.
68 Vgl. OLG München, 22.11.2012, Verg 22/12; OLG Brandenburg, 14.12.2007, Verg W 21/07; VK Bund, 12.6.2015, VK 2-31/15; *Dreher/Hoffmann*, NZBau 2014, 67, 68; *Mutschler-Siebert/Dorschfeldt*, BB 2015, 642, 645; *Schnitzler*, BB 2016, 2115, 2119.
69 OLG Brandenburg, 14.12.2007, Verg W 21/07; OLG Düsseldorf, 28.7.2005, Verg 42/05; *Prieß/Stein*, NZBau 2008, 230, 231.
70 Siehe oben Rn. 12.
71 VK Bund, 12.6.2015, VK 2-31/15.
72 VK Bund, 12.6.2015, VK 2-31/15.

eren Rechtsprechung des OLG Düsseldorf wider, wonach eine personelle Selbstreinigung dann unzureichend erfolgt ist, wenn die Gesellschaft auch nach Durchführung von Selbstreinigungsmaßnahmen noch von dem bisherigen und für das Fehlverhalten verantwortlichen Alleingesellschafter dominiert wird.[73] Ausreichend sei die Möglichkeit der Einflussnahme der verantwortlichen Person auf das operative Geschäft der Gesellschaft.[74] Weitere Präventivmaßnahmen seitens des Unternehmens zur Vermeidung zukünftiger Verfehlungen von Mitarbeitern können die Einrichtung einer Clearingstelle, eine externe anwaltliche Prüfung oder die Einführung eines Compliance- oder Wertemanagements mit angemessenen Schulungsmaßnahmen sein. Diese sollten zur effektiven Verhinderung erneuter Verfehlungen parallel zu der Trennung von den verantwortlichen Mitarbeiter ergriffen werden.[75] Zudem sind Sonderprüfungen der Mitarbeiter, Trennungen von allen Mitarbeitern, die in dem Verdacht der Mitwirkung stehen, oder die Überprüfung und Anpassung aller Handlungsvollmachten etwa die Einführung des Vier-Augen-Prinzips oder sonstige Mitzeichnungs- oder Kontrollpflichten geeignete Maßnahmen.[76] Bei Personalmaßnahmen ist immer zu hinterfragen, ob sie arbeitsrechtlich durchsetzbar sind; ansonsten würde deren Umsetzung einen erneuten Rechtsverstoß auslösen. Welche Maßnahmen als ausreichend erachtet werden, ist maßgeblich vom jeweiligen Einzelfall abhängig.

Im gleichen Maße wie Verfehlungen gemäß § 123 Abs. 3 GWB[77] verschiedenen **51** Konzernunternehmen zugerechnet werden können, stellt sich die Frage, inwieweit innerhalb eines Konzerns Maßnahmen i. S. d. § 125 GWB ergriffen werden müssen. Wenn nicht Bußgelder direkt gegen einzelne Konzernunternehmen festgesetzt werden, müssen Selbstreinigungsmaßnahmen bei allen Unternehmen im Konzern in Betracht gezogen werden, denen das Verhalten der Person, die Straftaten oder Verfehlungen begangen hat, zuzurechnen ist. Allerdings ist jedes Unternehmen separat zu betrachten. Sobald ein Unternehmen sich selbst gereinigt hat, darf es nicht mehr ausgeschlossen werden, selbst wenn ein anderes Unternehmen im Konzern noch nicht selbstgereinigt ist. Eine Selbstreinigung ist gegebenenfalls nicht hinreichend, wenn die betreffende Person beispielsweise zwar als Geschäftsführer abberufen wurde, aber nunmehr über eine andere Position im Konzern eine leitende Funktion i. S. d. § 123 Abs. 3 GWB innehat. Für jedes Unternehmen, das sich an einer Vergabe öffentlicher Aufträge beteiligen will, muss das im Einzelfall genauestens hinterfragt und geprüft werden, auch unter Berücksichtigung der aktuellen Konzernstruktur.

---

73 OLG Düsseldorf, 18.4.2018, VII-Verg. 28/17.
74 OLG Düsseldorf, 18.4.2018, VII-Verg. 28/17.
75 OLG Brandenburg, 14.12.2007, Verg W 21/07.
76 OLG Düsseldorf, 9.6.2010, VII Verg 14/10; OLG Düsseldorf, 9.4.2003, Verg 66/02; LG Berlin, 22.3.2006, 23 O 118/04; VK Brandenburg, 16.10.2007, VK 38/07; *Prieß/Stein*, NZBau, 2008, 230, 233.
77 Siehe oben Rn. 12.

VI. Ausschlussfristen

52 Selbst wenn keine Selbstreinigungsmaßnahmen ergriffen wurden, führt das Vorliegen eines Ausschlussgrundes nicht zu einer unbefristeten Auftragssperre. § 126 GWB regelt die Zeiträume, die Unternehmen maximal für Auftragsvergaben gesperrt werden dürfen. Dabei differenziert die Vorschrift bei der Festlegung von Sperrfristen im Hinblick auf die Ausschlussgründe. Die Fristenregelungen unterscheiden sich nicht nur in der Länge der Ausschlussfrist, sondern auch in der Regelung zum Fristbeginn.

1. Fristenregelung bei zwingenden Ausschlussgründen

53 Aufgrund eines Ausschlussgrundes nach § 123 GWB darf ein Unternehmen höchstens fünf Jahre ausgeschlossen werden. Nach dem Wortlaut der Bestimmung beginnt die Frist mit „dem Tag der rechtskräftigen Verurteilung". Ab diesem Tag und damit einschließlich dieses Tags darf für den festgelegten Zeitraum kein Ausschluss erfolgen. Damit ist der Tag der Verurteilung in die Frist mit einbezogen und muss gem. § 187 Abs. 2 BGB bei der Fristberechnung mit berücksichtigt werden. Da die Frist nach Jahren bemessen ist, endet sie gem. § 188 Abs. 2 Var. 2 BGB folglich mit dem Ablauf desjenigen Tages des letzten Monats der Frist, welcher dem Tage vorhergeht, der durch seine Zahl dem Anfangstag der Frist entspricht.

2. Fristenregelung bei fakultativen Ausschlussgründen

54 Aufgrund eines Ausschlussgrundes nach § 124 GWB darf ein Unternehmen höchstens drei Jahre ausgeschlossen werden. Nach dem Wortlaut der Bestimmung beginnt die Frist mit „dem betreffenden Ereignis". Ab diesem Ereignis darf für den festgelegten Zeitraum kein Ausschluss erfolgen. Anders als bei § 126 Nr. 1 GWB wird der Tag, an dem das „Ereignis" auftritt, nicht vollständig in die Frist mit einbezogen und muss daher gem. § 187 Abs. 1 BGB bei der Fristberechnung außer Acht gelassen werden. Da die Frist nach Jahren bemessen ist, endet sie gem. § 188 Abs. 2 Var. 1 BGB folglich mit dem Ablauf desjenigen Tages des letzten Monats, welcher durch seine Benennung oder seine Zahl dem Tage entspricht, in den das Ereignis fällt.

55 Auf welches Ereignis im konkreten Fall abzustellen ist, hängt vom jeweiligen Ausschlussgrund ab.[78] Problematisch ist dies insbesondere, wenn der Ausschlussgrund an ein Fehlverhalten des Unternehmens anknüpft. Teilweise wurde vertreten, dass bei einem Fehlverhalten auf die betreffende Tathandlung abzustellen sei.[79] Der EuGH hat in seinem Urteil vom 24.10.2018[80] dementgegen im Hinblick auf den Ausschlussgrund des § 124 Abs. 1 Nr. 4 GWB klargestellt, dass der höchstzulässige Zeitraum des Ausschlusses ab dem Datum, an dem die für

---

78 Amtliche Begründung, BT-Drucks. 18/6281, S. 111.
79 VK Südbayern, 7.3.2017, Z3-3-3194-1-45-11/16, Rn. 97.
80 EuGH, 24.10.2008, C-124/17.

die Ahndung des Rechtsverstoßes zuständige Behörde einen Verstoß durch das betreffende Verhalten feststellt, berechnet werden müsse.[81]

3. Ermessensausübung

§ 126 GWB bestimmt sowohl für den Ausschluss aufgrund eines zwingenden   **56** Grundes als auch für den Ausschluss wegen eines fakultativen Grundes Höchstfristen. Das bedeutet zum einen, dass diese Fristen nicht überschritten werden dürfen, und zum anderen, dass der öffentliche Auftraggeber diese Fristen unterschreiten kann.[82] Somit ist ihm ein Ermessen eröffnet, bis zu welchem Zeitpunkt er ein auszuschließendes Unternehmen sperrt.[83] Dieses Ermessen muss der Auftraggeber pflichtgemäß ausüben und die Entscheidung ist nur eingeschränkt gerichtlich überprüfbar.[84] Die Sperrfristen dürfen nicht als feststehende Vorgabe angewendet werden. Die Vergabestelle muss ihr Ermessen ausüben. Maßgeblich im Rahmen der Abwägung sind insbesondere die Schwere des Tatvorwurfs im Hinblick auf die Zuverlässigkeit des Unternehmens als zukünftiger Auftragnehmer einerseits und die Intensität des Eingriffs, die eine Auftragssperre für das Unternehmen darstellt, andererseits.[85]

---

81 EuGH, 24.10.2018, C-124/17, Rn. 41 f.; kritisch hierzu und zum Fristbeginn bei den einzelnen Ausschlussgründen *Scherer*, in: Heuvels/Höß/Kuß/Wagner, Vergaberecht, § 126 Rn. 12 ff.

82 *Radu*, in: Müller-Wrede, GWB, § 126 GWB Rn. 32.

83 *Radu*, in: Müller-Wrede, GWB, § 126 GWB Rn. 35.

84 *Kaufmann*, in: Pünder/Schellenberg, Vergaberecht, § 126 Rn. 29.

85 *Radu*, in: Müller-Wrede, GWB, § 126 GWB Rn. 38.

I. Einleitung

Tax Compliance ist das Selbstbekenntnis zur **Einhaltung aller steuerrechtli-** **1**
chen Regelungen, die für das Unternehmen gelten und – über diese sich bereits
aus dem Gesetz ergebende Pflicht hinaus – die Sicherstellung der Einhaltung
dieser Pflichten durch eine entsprechende **Organisationsstruktur.**[1] Gesetzes-
treues Verhalten beinhaltet jedoch auch die zulässige Ausnutzung gesetzgeberi-
scher Spielräume sowie die Auslegung der Steuerrechtsnormen im Rahmen der
juristisch zulässigen Möglichkeiten.[2] Tax Compliance darf daher nicht dahingehend missverstanden werden, dass unter Verzicht auf eigene Rechtspositionen
der Steuerstreit mit der Finanzverwaltung zu vermeiden sei.

Während Corporate Compliance-Strukturen seit vielen Jahren in Unternehmen **2**
implementiert sind, ist Tax Compliance erst in den letzten Jahren verstärkt in das
Bewusstsein der Unternehmensverantwortlichen gerückt.[3] Dies zeigt sich auch
daran, dass mittlerweile in fast jedem kleinen und mittelgroßen Unternehmen
ein Compliance Officer anzutreffen ist, ein Tax Compliance Office dagegen
selbst in großen Unternehmen nach wie vor eine Ausnahmeerscheinung ist. Die
Ursache für den Bedeutungsgewinn der Tax Compliance liegt in dem Spannungsverhältnis, einerseits mitunter komplexe und fehleranfällige steuerrechtliche Sachverhalte ordnungsgemäß erklären zu müssen, während sich andererseits
das regulatorische Umfeld, wie bspw. die Erhöhung der Anforderungen an
steuerliche Korrekturmöglichkeiten,[4] als auch die Rechtsprechung des BGH in
Steuerstrafsachen[5] verschärft haben, was damit einherging, dass in der gegenwärtigen Verfahrenspraxis der Finanz- und Ermittlungsbehörden die ordnungsgemäße Erfüllung der steuerlichen Pflichten durch Unternehmen zunehmend
unter steuerstraf- und steuerordnungswidrigkeitenrechtlichen Gesichtspunkten
geprüft wird. Sachverhalte, die noch vor einigen Jahren ausschließlich mit den
Veranlagungsbezirken sowie der Betriebsprüfung diskutiert wurden, werden
heute tendenziell frühzeitiger an die Straf- und Bußgeldsachenstellen zur Prüfung der Einleitung eines steuerstrafrechtlichen Ermittlungsverfahrens abgege-

---

1 *Aichberger/Schwartz*, DStR 2015, 1691, 1692; *Streck/Binnewies*, DStR 2009, 229; *Menner/
Bexa*, CCZ 2019, 129.
2 *Streck*, in: Streck/Mack/Schwedhelm, Tax Compliance, 2019, Rn. 1.16; *Besch/Starck*, in:
Hauschka/Moosmayer/Lösler, Corporate Compliance, § 33 Rn. 4.
3 *Aichberger/Schwartz*, DStR 2015, 1691, 1692; *Besch/Starck*, in: Hauschka/Moosmayer/Lös-
ler, Corporate Compliance, § 33 Rn. 1.
4 Siehe hierzu Rn. 72 ff.
5 Hierfür stehen exemplarisch folgende Entscheidungen: BGH, 2.12.2008 – 1 StR 416/08, NJW
2009, 528 (Millionengrenze); BGH, 20.5.2010 – 1 StR 577/09, DStR 2010, 1133 (Selbstanzei-
ge-Beschluss); BGH, 27.10.2015 – 1 StR 373/15, BeckRS 2016, 02436 (Steuerverkürzung in
großem Ausmaß).

ben. In der Folge werden nicht selten Ermittlungsverfahren gegen Organe oder Mitarbeiter des Unternehmens eingeleitet. Als originär Verantwortlicher zur Erfüllung der steuerlichen Pflichten des Unternehmens gerät so schnell der Vorstand oder der Geschäftsführer in den Fokus eines steuerstrafrechtlichen Ermittlungsverfahrens. All dies hat den Eindruck einer **Kriminalisierung unternehmerischen Handelns** erweckt. Gleichwohl haben nach einer aktuellen Studie bislang acht von zehn Unternehmen noch kein wirksames Tax Compliance-System implementiert. Sechs von zehn Unternehmen investieren nach eigenen Angaben aktuell jedoch in ein Tax Compliance-System.

3 Durch ein funktionierendes und dokumentiertes Tax Compliance-System können die steuerstraf- und steuerordnungswidrigkeitenrechtlichen Risiken für die Organe und Mitarbeiter des Unternehmens als auch für das Unternehmen selbst erheblich reduziert werden. Daneben lassen sich steuerliche Haftungsrisiken minimieren. Ungeachtet der Frage, ob eine gesetzliche Pflicht zur Einrichtung eines Tax Compliance-Systems existiert, besteht hierzu jedenfalls eine faktische Notwendigkeit.[6] Dabei ist das grundsätzliche Bedürfnis nach einer Tax Compliance-Struktur unabhängig von der Rechtsform und der Größe eines Unternehmens. Auch in kleineren und mittelgroßen Unternehmen ist ein an den **unternehmensspezifischen Risiken orientiertes Minimum an Tax Compliance dringend zu empfehlen.** Angesichts der Komplexität der Materie und der sich ständig wandelnden Regelungen kommt ein verantwortungsvoll agierender Geschäftsleiter nicht umhin, zumindest ein rudimentär ausgestaltetes System zu implementieren, das Steuerrisiken evaluieren, aufdecken und verhindern soll.[7]

II. Steuerliche Pflichten

1. Allgemeine steuerliche Pflichten

4 Die Abgabenordnung sowie die Einzelsteuergesetze legen dem Steuerpflichtigen eine Vielzahl von Pflichten auf. Nachstehend erfolgt ein Überblick über die wesentlichen steuerlichen Pflichten:

5 Nach § 88 AO hat die Finanzverwaltung den der Besteuerung zugrunde liegenden Sachverhalt von Amts wegen zu ermitteln (Untersuchungsgrundsatz). Allerdings ist der Steuerpflichtige nach § 90 Abs. 1 AO zur Mitwirkung bei der Sachverhaltsermittlung verpflichtet. Der **Mitwirkungspflicht** wird insbesondere dadurch nachgekommen, dass die für die Besteuerung erheblichen Tatsachen vollständig und wahrheitsgemäß offengelegt und die bekannten Beweismittel

---

6 Nach der Neufassung der MaRisk durch das BaFin-Rundschreiben 10/2012 (BA) vom 14.12.2012, Gz.: BA 54-FR 2210–2012/0002 ist zumindest für Kreditinstitute und Finanzdienstleistungsinstitute die Einrichtung einer Compliance-Funktion, welche auch die Verpflichtung zur Identifizierung und Vermeidung steuerlicher Risiken umfasst, verbindlich vorgeschrieben. Vgl. auch BaFin, Rundschreiben 09/2017 (Ba) vom 27.10.2017, Gz.: BA 54-FR 2210–2017/0002 zu Mindestanforderungen an das Risikomanagement.

7 *Besch/Starck*, in: Hauschka/Moosmayer/Lösler, Corporate Compliance, § 33 Rn. 8.

angegeben werden. Der Umfang dieser Pflichten richtet sich nach den Umständen des Einzelfalls. Bei Auslandssachverhalten normiert § 90 Abs. 2 AO gesteigerte Mitwirkungspflichten. Danach hat der Steuerpflichtige den Sachverhalt aufzuklären und die erforderlichen Beweismittel zu beschaffen. Die Verletzung der Mitwirkungspflichten kann zur Begrenzung der Aufklärungs- und Ermittlungspflicht der Finanzverwaltung und zur Schätzung der Besteuerungsgrundlagen (§ 162 AO) führen. Die Schätzungsbefugnis besteht auch, wenn der Steuerpflichtige seiner Mitwirkungspflicht nicht nachkommt, weil gegen ihn ein Strafverfahren anhängig ist und er sich nicht selbst belasten will.

§ 200 AO regelt die Mitwirkungspflichten des Steuerpflichtigen bei der **Außen-** **6** **prüfung.** Danach hat der Steuerpflichtige bei der Feststellung der Sachverhalte, die für die Besteuerung erheblich sein können, mitzuwirken. Insbesondere hat er Auskünfte zu erteilen, Aufzeichnungen, Bücher, Geschäftspapiere und andere Urkunden zur Einsicht und Prüfung vorzulegen, die zum Verständnis der Aufzeichnungen erforderlichen Erläuterungen zu geben und die Finanzbehörde bei Ausübung ihrer Befugnisse nach § 147 Abs. 6 AO zu unterstützen. Kommt er der Aufforderung zur Erteilung von Auskünften oder zur Vorlage angeforderter Unterlagen im Sinne des § 200 Abs. 1 AO innerhalb einer ihm bestimmten angemessenen Frist nicht nach, kann nach § 146 Abs. 2b AO ein Verzögerungsgeld von 2.500 EUR bis 250.000 EUR festgesetzt werden.

Zu den Mitwirkungspflichten gehören ferner die **Anzeigepflichten,** die insbe- **7** sondere in §§ 137–139 AO geregelt sind. Nach § 137 Abs. 1 AO sind dem zuständigen Finanzamt und der für die Erhebung der Realsteuern zuständigen Gemeinde die Gründung, der Erwerb der Rechtsfähigkeit, die Änderung der Rechtsform, die Verlegung der Geschäftsleitung oder des Sitzes und die Auflösung anzuzeigen. Anzeigepflichtig sind nur Steuerpflichtige, die nicht natürliche Personen sind. Die Pflicht zur Anzeige über die Erwerbstätigkeit nach § 138 Abs. 1 AO trifft demgegenüber natürliche wie juristische Personen oder Personenvereinigungen, sofern ein Betrieb eröffnet, verlegt oder aufgegeben wird sowie bei Aufnahme einer freiberuflichen Tätigkeit. Nach § 138 Abs. 1a AO können Unternehmer von der Möglichkeit einer elektronischen Anzeige gegenüber dem für die Umsatzsteuer zuständigen Finanzamt Gebrauch machen. Mit Wirkung zum 1.1.2020 besteht durch die neu gefasste Regelung in § 138 Abs. 1b AO nunmehr eine gesetzliche Pflicht zur Erteilung weiterer Auskünfte, wenn Steuerpflichtige gemäß Abs. 1 Satz 1 bis 3 verpflichtet sind, eine Betriebseröffnung oder Aufnahme einer freiberuflichen Tätigkeit mitzuteilen. Einer gesonderten Aufforderung des Finanzamts hierzu bedarf es nicht mehr. Daneben bestehen nach § 138 Abs. 2 AO Mitteilungspflichten bei der Begründung bestimmter Auslandsengagements (Gründung und Erwerb von Betrieben und Betriebstätten, Beteiligung an ausländischen Personengesellschaften und Beteiligungen an ausländischen Körperschaften, Personenvereinigungen und Vermögensmassen von mindestens 10 %, wobei nach Satz 2 unmittelbare und mittelbare Beteiligungen zusammenzurechnen sind, bzw. wenn die Summe der

Anschaffungskosten aller Beteiligungen mehr als 150.000 EUR beträgt, in sog. Drittstaaten-Fällen sowie Mitteilung der Art der jeweiligen wirtschaftlichen Tätigkeit im Ausland). Mitteilungen nach den Absätzen 1, 1a und 1b sind innerhalb eines Monats nach dem meldepflichtigen Ereignis zu erstatten (§ 138 Abs. 4 AO). Mitteilungen nach Abs. 2 sind zusammen mit der Einkommensteuer- oder Körperschaftsteuererklärung für den Besteuerungszeitraum, in dem der mitzuteilende Sachverhalt verwirklicht wurde, spätestens jedoch bis zum Ablauf von 14 Monaten nach Ablauf dieses Besteuerungszeitraums, nach amtlich vorgeschriebenem Datensatz über die amtlich bestimmten Schnittstellen zu erstatten (§ 138 Abs. 5 Satz 1 AO). Die Verletzung der Pflicht zur Anzeige von Auslandsengagements nach § 138 Abs. 2 Satz 1 AO stellt nach § 379 Abs. 2 Nr. 1 AO eine bußgeldbewehrte Steuergefährdung dar. Anzeigepflichten ergeben sich daneben aus den Einzelsteuergesetzen. Von besonderer Relevanz ist die **Anzeigepflicht nach § 19 GrEStG**. Dabei wird nicht selten übersehen, dass unmittelbare und mittelbare Änderungen des Gesellschafterbestands einer Personengesellschaft (§ 19 Abs. 1 Nr. 3a GrEStG) sowie die Anteilsvereinigung und Anteilsübertragung einer Gesellschaft (§ 19 Abs. 1 Nr. 4–6 GrEStG) die Anzeigepflicht auslösen kann, wenn zum Vermögen der Personengesellschaft bzw. der Gesellschaft ein Grundstück gehört. Bei Steuersätzen, die je nach Bundesland zwischen 3,5 % und 6,5 % der Bemessungsgrundlage betragen, können bei grunderwerbsteuerlich relevanten Vorgängen schnell hohe Belastungen auf Unternehmen zukommen. Gerade im Konzern, wo es mitunter häufiger zu Umstrukturierungen kommt, sollten die Anteilsbewegungen daher stets genau im Auge behalten werden.[8] In den letzten Jahren ist zu beobachten, dass es insbesondere im Bereich grenzüberschreitender Steuersachverhalte zu einer Verschärfung von Anzeige- und Dokumentationspflichten gekommen ist, um mehr Transparenz in diesen Fällen zu erreichen.[9] In diesem Zusammenhang wurde am 9.10.2019 der Gesetzentwurf zur Einführung einer **Mitteilungspflicht für grenzüberschreitende Steuergestaltungen** beschlossen. Hiernach müssen sog. Intermediäre, insbesondere Kreditinstitute, Steuerberater, Rechtsanwälte und Wirtschaftsprüfer, künftig dem Bundeszentralamt für Steuern grenzüberschreitende Steuergestaltungsmodelle mitteilen, die sie konzipiert, organisiert oder verkauft haben. Soweit absehbar, wird die Anzeigepflicht den Compliance-Aufwand erheblich erhöhen.

8 Zu den für Unternehmen relevanten steuerlichen Pflichten zählen des Weiteren die **Buchführungs- und Aufzeichnungspflichten** (§§ 140–148 AO). Die größte Bedeutung kommt insoweit der Buchführungspflicht für Kaufleute nach §§ 238 ff. HGB zu, die i. V. m. § 140 Abs. 1 AO zu einer steuerrechtlichen Buchführungspflicht wird (sog. derivative Buchführungspflicht). Soweit eine derivative Buchführungspflicht nicht besteht, kann der Steuerpflichtige nach § 141 AO originär buchführungspflichtig sein. Dabei knüpft § 141 AO die Buchführungspflicht für gewerbliche Unternehmen an deren Umsätze und Gewinne. Bücher

---

8 *Kamps*, in: Streck/Mack/Schwedhelm, Tax Compliance, 3. Aufl. 2019, Rn. 2.333 ff.
9 *Ditz/Engelen*, DStR 2019, 352.

und Aufzeichnung sind im Inland zu führen und aufzubewahren (§ 146 Abs. 2 AO). Eine Ausnahme kann nach § 146 Abs. 2a AO auf Antrag bei elektronischer Buchführung bewilligt werden. Ferner enthalten die §§ 140 ff. AO außerdem eine Reihe spezieller Aufzeichnungspflichten. Im engen Zusammenhang mit den Buchführungs- und Aufzeichnungspflichten steht die in § 147 Abs. 1 AO normierte Pflicht zur Aufbewahrung der dort bezeichneten Buchführungsunterlagen (insbesondere Bücher, Aufzeichnungen, Inventare, Jahresabschlüsse, Lageberichte, Handels- und Geschäftsbriefe und Buchungsbelege). Das BMF hat mit Schreiben vom 14.11.2014 seine Auffassung zu den Grundsätzen der ordnungsgemäßen Führung und Aufbewahrung von Büchern, Aufzeichnungen und Unterlagen in elektronischer Form sowie zum Datenzugriff zusammengefasst.[10] Das BMF-Schreiben gilt seit dem 1.1.2015 und fordert für jedes Datenverarbeitungssystem eine übersichtlich gegliederte Verfahrensdokumentation, aus der Inhalt, Aufbau, Ablauf und Ergebnisse vollständig und schlüssig ersichtlich sind. Kommt der Steuerpflichtige seinen Buchführungs- und Aufzeichnungspflichten nicht oder nur unvollständig nach, bzw. besteht Anlass zu Zweifeln an der sachlichen Richtigkeit, kann die Finanzverwaltung die Besteuerungsgrundlagen schätzen (§ 162 Abs. 2 Satz 2 AO). Mit Schreiben vom 28.11.2019 hat das BMF eine Neufassung der Grundsätze zur ordnungsmäßigen Führung und Aufbewahrung von Büchern, Aufzeichnungen und Unterlagen in elektronischer Form sowie zum Datenzugriff (GoBD) veröffentlicht, die das bisherige Schreiben ersetzt, allerdings nur punktuelle Änderungen enthält.[11]

Zu den zentralen Pflichten des Steuerpflichtigen gehört ferner die Pflicht zur **9** Abgabe von Steuererklärungen. Auch die Steueranmeldung ist eine Steuererklärung, in der aufgrund gesetzlicher Vorschrift die Steuer selbst zu berechnen ist (§ 150 Abs. 1 Satz 3 AO). Die Angaben in Steuererklärungen sind wahrheitsgemäß nach bestem Wissen und Gewissen zu machen (§ 150 Abs. 2 Satz 1 AO). Die Pflicht zur Abgabe von Steuererklärungen bleibt auch dann bestehen, wenn die Finanzverwaltung die Besteuerungsgrundlagen geschätzt hat (§ 149 Abs. 1 Satz 4 AO). Wer zur Abgabe von Steuererklärungen verpflichtet ist, bestimmen die Einzelsteuergesetze (§ 149 Abs. 1 Satz 1 AO). Im Unternehmensbereich sind insbesondere folgende **Steuererklärungspflichten** von Bedeutung:

- Einkommensteuer, § 25 Abs. 3 EStG;
- Einheitliche und gesonderte Gewinnfeststellung, § 181 Abs. 2 AO;
- Körperschaftsteuer, § 31 KStG;
- Gewerbesteuer, § 14a GewStG;
- Umsatzsteuer, § 18 Abs. 1 und 3 UStG;
- Erbschaft- bzw. Schenkungsteuer, § 31 ErbStG;
- Lohnsteuer, § 41a Abs. 1 EStG.

---

10 BMF, 14.11.2014 – IV A 4 – S 0316/13/10003, BStBl. I 2014, 1450.
11 BMF, 28.11.2019 – IV A 4 – S 0316/19/10003, BStBl I 2019, 1269.

10 Je nach Branchenzugehörigkeit und Besonderheiten des einzelnen Unternehmens kommen weitere Erklärungspflichten hinzu (z. B. Anmeldungen nach § 50a EStG, Kapitalertragsteuer-Anmeldungen [§ 45a Abs. 1 EStG], Anmeldungen nach § 48a EStG des Empfängers von Bauleistungen, Versicherungsteuer-Anmeldungen [§ 8 Abs. 1 VersStG], Stromsteuer- und Energiesteuer-Anmeldungen [§ 8 Abs. 1 StromStG, § 8 Abs. 3 EnergieStG]).

11 Bei der Abgabe von Steuererklärungen und Voranmeldungen sind **gesetzliche Fristen** zu beachten. Steuererklärungen, die sich auf ein Kalenderjahr oder einen gesetzlich bestimmten Zeitpunkt beziehen, sind spätestens sieben Monate nach Ablauf des Kalenderjahres oder sieben Monate nach dem gesetzlich bestimmten Zeitpunkt abzugeben (§ 149 Abs. 2 Satz 1 AO). Bei der Abgabe von Steuererklärungen durch Angehörige der steuerberatenden Berufe sind Steuererklärungen spätestens bis zum letzten Tag des Monats Februar und in den Fällen des Abs. 2 Satz 2 bis zum 31. Juli des zweiten auf den Besteuerungszeitraum folgenden Kalenderjahres abzugeben (§ 149 Abs. 3). Bei Nichtabgabe oder nicht rechtzeitiger Abgabe einer Steuererklärung kann nach § 152 Abs. 1 Satz 1 AO ein Verspätungszuschlag bis zu 25.000 EUR festgesetzt werden. Die Festsetzung liegt grundsätzlich im Ermessen der Finanzbehörde. Allerdings sind seit der Neufassung in Abs. 2 standardisierte Fallgestaltungen geregelt, in denen abweichend von der Grundregelung ein Verspätungszuschlag zwingend festzusetzen ist. Schließlich hat der Steuerpflichtige festgesetzte und fällige Steuern zu zahlen. Die **Fälligkeit** von Ansprüchen aus dem Steuerschuldverhältnis richtet sich nach den Steuergesetzen (§ 220 Abs. 1 AO). Ohne spezielle gesetzliche Regelung über die Fälligkeit wird der Anspruch mit seiner Entstehung fällig, es sei denn, die Finanzbehörde hat eine Zahlungsfrist eingeräumt. Rechtsmittel (Einspruch/Klage) ändern an der Fälligkeit und damit an der Zahlungspflicht nichts. Wird eine festgesetzte Steuer nicht bis zum Ablauf des Fälligkeitstages entrichtet, so ist nach § 240 Abs. 1 Satz 1 AO für jeden angefangenen Monat der Säumnis ein Säumniszuschlag von 1 % des rückständigen Steuerbetrags zu entrichten. Gleiches gilt für zurückzuzahlende Steuervergütungen (§ 240 Abs. 1 Satz 2 AO). Der Säumniszuschlag entsteht kraft gesetzlicher Anordnung mit Ablauf des Fälligkeitstages. Die Vollziehbarkeit eines Steuerbescheids wird nur beseitigt, wenn die Finanzbehörde (auf Antrag) die **Aussetzung der Vollziehung** anordnet (§ 361 AO) oder eine Stundung (§ 222 AO) gewährt. Wird die Aussetzung der Vollziehung angeordnet und die Steuerforderung später nicht aufgehoben, sind Aussetzungszinsen (§ 237 AO) in Höhe von 6 % per anno zu leisten. Verfügt der Steuerpflichtige über die zur Begleichung der Steuern erforderliche Liquidität, ist insbesondere in Niedrigzinsphasen häufig empfehlenswert, die streitige Steuer zunächst zu zahlen. Bei einem erfolgreichen Ausgang des Rechtsbehelfsverfahrens kann der Steuerpflichtige dann selbst einen Zinsanspruch in Höhe von 6 % per anno gegenüber dem Fiskus geltend machen (§§ 233a, 236 AO).

2. Spezifische materiell-rechtliche Problemschwerpunkte

a) Lohnsteuer und Sozialabgaben

Der Arbeitgeber ist zur fristgemäßen **Anmeldung und Abführung der LohSt**   **12**
verpflichtet (§ 41a EStG). LohSt-Anmeldungszeitraum ist grundsätzlich der
Kalendermonat. In diesem Fall hat die Anmeldung und Abführung der LohSt
spätestens am zehnten Tag des Folgemonats zu erfolgen. Gleichzeitig ist der Ar-
beitgeber zur Abführung des Gesamtsozialversicherungsbeitrags verpflichtet.
Bei der LohSt handelt es sich um eine besondere Erhebungsform der ESt des
Arbeitnehmers (§ 38 Abs. 1 Satz 1 EStG). Insoweit wird der Arbeitgeber als
Dritter in das Besteuerungsverfahren einbezogen, was mit einem umfänglichen
Verwaltungsaufwand für den Arbeitgeber verbunden ist. Es ist jedoch davor zu
warnen, als Arbeitgeber der LohSt keine hinreichende Beachtung zu schenken.
Einerseits sind gerade in größeren Unternehmen massenhaft Sachverhalte lohn-
steuerrechtlich zu würdigen, andererseits ist die LohSt (insbesondere § 37b
EStG) besonders fehleranfällig. Zudem haftet der Arbeitgeber nach § 42d EStG
für die einzubehaltende und abzuführende LohSt, was zu einem erheblichen
Kostenfaktor führen kann. Zwar ist in diesem Fall ein Regress bei dem Arbeitnehmer dem Grunde nach möglich, doch ist dieser häufig nicht durchsetzbar.
Bei der LohSt besteht ferner ein latentes Strafbarkeitsrisiko, da bereits die verspätete Abgabe einer LohSt-Anmeldung eine vollendete Steuerhinterziehung
(auf Zeit) begründen kann.[12] Eine funktionierende Fristenkontrolle ist aus diesem Grunde unabdingbar. Hinzu kommt, dass eine fehlerhafte Anmeldung der
LohSt sich regelmäßig in einer fehlerhaften Berechnung der Sozialabgaben
fortsetzt.

Besonders sensible Bereiche sind erfahrungsgemäß Sachbezüge, Spesen, Aus-   **13**
hilfen, freie Mitarbeiter und Subunternehmer.[13] Insbesondere bei der Beauftragung von – vermeintlich selbstständigen – freien Mitarbeitern und Subunternehmern stellt sich häufig die Frage, ob diese nicht in einer Weise in den Betrieb des
Unternehmens eingegliedert sind, dass sie tatsächlich als abhängig beschäftigt
anzusehen sind (**Scheinselbstständigkeit**). Eine Scheinselbstständigkeit führt
regelmäßig zu sozialversicherungsrechtlichen (Nachentrichtung von Sozialver-
sicherungsbeiträgen, ggf. Säumniszuschläge), steuerrechtlichen (Haftungsinanspruchnahme nach § 42d EStG, Rückerstattung eines etwaigen Vorsteuerabzugs
aus Rechnungen des vermeintlichen Auftragnehmers), arbeitsrechtlichen (Begründung eines Arbeitsverhältnisses mit der Folge der Anwendbarkeit des
KSchG, des BUrlG, des EFZG sowie der einschlägigen Tarifverträge und Betriebsvereinbarungen) sowie straf- bzw. bußgeldrechtlichen (§§ 370, 378, 380
AO, § 266a StGB) Konsequenzen. Bisher waren dabei Taten nach § 266a StGB[14]

---

12 Siehe hierzu Rn. 44.
13 Siehe zu empfohlenen Melde- und Berichtspflichten an die für die Lohnsteuer zuständige
   Abteilung Rn. 63.
14 Nach neuer Rechtsprechung des BGH muss der Täter seine Stellung als Arbeitgeber und die
   daraus resultierende sozialversicherungsrechtliche Abführungspflicht zumindest für möglich

faktisch unverjährbar, weil nach gefestigter Rechtsprechung die Verjährung erst mit Erlöschen der Beitragspflicht beginnt. Resultat dieser Rechtsprechung war ein eklatantes Auseinanderfallen der Verjährungsfristen von Taten nach § 266a StGB und einer regelmäßig mitverwirklichten Steuerhinterziehung. Nunmehr hat der 1. Strafsenat mit Anfragebeschluss[15] vom 13.11.2019 – unter Aufgabe seiner bisherigen Rechtsprechung – dargelegt, dass seiner Auffassung nach die Verjährungsfrist bei Taten gemäß § 266a Abs. 1 und Abs. 2 Nr. 2 StGB mit dem Verstreichenlassen des Fälligkeitszeitpunktes beginnt. Inzwischen haben sich sowohl der 3. wie auch der 5. Strafsenat dieser Auffassung angeschlossen.[16] Das Sozialversicherungsrecht bietet die Möglichkeit der Durchführung eines sog. Statusfeststellungsverfahrens (§ 7a SGB IV), um Rechtssicherheit hinsichtlich des sozialversicherungsrechtlichen Status zu erlangen.

b) Umsatzsteuer

14 Neben der LohnSt stellt die USt für Unternehmen regelmäßig den größten steuerlichen Risikobereich dar.[17] Da sie zusammen mit der LohnSt den überwiegenden Teil des Steueraufkommens ausmacht, ist sie Prüfungsschwerpunkt der Finanzverwaltung und Gegenstand gesonderter Außenprüfungen (USt-Sonderprüfung). Der Unternehmer hat jährlich USt-Jahreserklärungen abzugeben sowie nach § 18 UStG monatliche oder vierteljährliche Voranmeldungen zu erklären und Vorauszahlungen zu leisten. Die USt-Voranmeldung steht einem Steuerbescheid unter Vorbehalt der Nachprüfung gleich (§ 168 Satz 1 AO). Aufgrund der Vielzahl von Einzelumsätzen sind größere Unternehmen oft nur schwerlich in der Lage, die Voranmeldungen innerhalb der gesetzlichen Frist einzureichen. Um die Umsätze und Vorsteuern zutreffend und fristgemäß erklären zu können, ist daher ein effektiver Informationsfluss im Unternehmen sicherzustellen. Ist dies gleichwohl nicht möglich, ist eine **sachgerechte Schätzung** vorzunehmen. Diese darf jedoch nicht bewusst zu niedrig vorgenommen werden, da eine vorsätzlich zu niedrige Schätzung grundsätzlich den Tatbestand der Steuerhinterziehung erfüllt.

15 Ein besonderes Augenmerk sollte zudem auf die steuerliche Behandlung von **Eingangs- und Ausgangsrechnungen** gelegt werden, zumal hierüber üblicherweise nicht in der Steuerabteilung, sondern in der betroffenen Fachabteilung bzw. im Rechnungswesen entschieden wird. Nach § 15 Abs. 1 Satz 1 Nr. 1 Satz 2 UStG setzt die Ausübung des Vorsteuerabzugs voraus, dass das Unternehmen eine nach §§ 14, 14a UStG ausgestellte, ordnungsgemäße Rechnung besitzt. Ein-

---

halten und deren Verletzung billigend in Kauf nehmen. Eine Fehlvorstellung über die Arbeitgebereigenschaft und die daraus folgende Abführungspflicht sind als Tatbestandsirrtum im Sinne von § 16 Abs. 1 Satz 1 StGB einzuordnen, BGH, 24.9.2019 – 1 StR 346/18, NStZ 2020, 89.

15 BGH, 13.11.2019 – 1 StR 58/19, NStZ 2020, 159.

16 BGH, 6.2.2020 – 5 ARs 1/20, BeckRS 2020, 2837; BGH, 4.2.2020 – 3 ARs 1/20, BeckRS 2020, 3029.

17 Vertiefend hierzu *Gehring*, CCZ 2019, 197.

gangsrechnungen sind daher sorgfältig auf die Einhaltung der gesetzlichen Rechnungsanforderungen zu prüfen. Nach § 14c UStG schuldet der Unternehmer die unrichtig oder unberechtigt in einer Ausgangsrechnung ausgewiesene USt. Die zutreffende umsatzsteuerrechtliche Behandlung von Rechnungen hängt darüber hinaus von einer Vielzahl materiell-rechtlicher Fragen ab. Insbesondere kann bisweilen die Unternehmereigenschaft des Geschäftspartners nach § 2 Abs. 1 UStG fraglich sein. Bei grenzüberschreitenden Sachverhalten stellt sich ferner häufig die Frage, wo der Ort der Leistung im Sinne der §§ 3 ff. UStG liegt. Besondere Kenntnisse erfordert auch die zutreffende Anwendung des sog. Reverse Charge-Verfahrens nach § 13b USt (Leistungsempfänger als Steuerschuldner). Insoweit ist es ratsam, die Steuerabteilung in den Prozess der Bearbeitung von Eingangs- und Ausgangsrechnungen einzubeziehen, wobei dies aus verfahrensökonomischen Gründen auf Rechnungen ab einem – unternehmensintern festzulegenden – Rechnungsbetrag begrenzt werden kann. Ebenfalls sind Leitfäden über die zutreffende (umsatz-)steuerliche Behandlung von Eingangs- und Ausgangsrechnungen anzuraten.

c) Verdeckte Gewinnausschüttungen

Bei Kapitalgesellschaften stellen verdeckte Gewinnausschüttungen (§ 8 Abs. 3 Satz 2 KStG) an die Gesellschafter oder diesen nahestehende Personen einen besonderen Problemkreis dar. Eine verdeckte Gewinnausschüttung setzt eine Vermögensminderung oder verhinderte Vermögensmehrung voraus, die durch das Gesellschaftsverhältnis veranlasst ist, nicht auf einer offenen Gewinnausschüttung beruht und sich auf den Unterschiedsbetrag im Sinne des § 4 Abs. 1 Satz 1 EStG i.V.m. § 8 Abs. 1 Satz 1 KStG auswirkt.[18] Dabei muss diese Unterschiedsbetragsminderung die objektive Eignung haben, beim Gesellschafter einen sonstigen Bezug im Sinne des § 20 Abs. 1 Nr. 1 Satz 2 EStG auszulösen. Der BFH nimmt eine Veranlassung im Gesellschaftsverhältnis regelmäßig an, wenn die Kapitalgesellschaft ihrem **Gesellschafter einen Vermögensvorteil zuwendet,** den sie bei Anwendung der Sorgfalt eines ordentlichen und gewissenhaften Geschäftsleiters einem Nichtgesellschafter nicht gewährt hätte. Kriterien im Rahmen dieses sog. Fremdvergleichs sind u. a. die Üblichkeit und die Angemessenheit der Zuwendung an den Gesellschafter bzw. die nahestehende Person. Besondere Anforderungen gelten für Verträge mit beherrschenden Gesellschafter-Geschäftsführern. Gegenstand einer verdeckten Gewinnausschüttung kann **jeder geldwerte Vorteil** sein (z.B. Nutzungsüberlassung, Gewährung eines uneinbringlichen Darlehens, Verzicht auf Geltendmachung von Forderungen, Lizenzgebühren, unangemessene Höhe des Geschäftsführergehalts). Aus Compliance-Sicht sind die Gründe zu dokumentieren, die zur Beurteilung der Zuwendung als angemessen geführt haben. Verdeckte Gewinnausschüttungen mindern das Einkommen nicht (§ 8 Abs. 3 Satz 2 KStG), so dass eine – außerbilanzielle – Hinzurechnung zum Einkommen der Körperschaft erfolgt.

16

---

18 BFH, 5.3.2008 – I R 45/07, DStRE 2008, 1138.

Bei dem Gesellschafter wird die verdeckte Gewinnausschüttung den Einkünften aus Kapitalvermögen zugerechnet. Ein strafrechtlicher Vorwurf kann daher sowohl auf Hinterziehung von Körperschaftsteuer zugunsten der Gesellschaft als auch auf Hinterziehung von Einkommensteuer zugunsten des Gesellschafters gerichtet sein.

d) Anzeigepflicht nach § 153 AO

17 Steuererklärungen von Unternehmen sind aufgrund der Vielschichtigkeit, der Komplexität sowie der schieren Masse der zu betrachtenden Geschäftsvorfälle in hohem Maße fehleranfällig. Daher ist die Anzeige- und Berichtigungspflicht nach § 153 AO von **erheblicher praktischer Relevanz.**[19] Erkennt ein Steuerpflichtiger nachträglich vor Ablauf der Festsetzungsfrist, dass eine von ihm oder für ihn abgegebene Erklärung unrichtig oder unvollständig ist und dass es dadurch zu einer Verkürzung von Steuern kommen kann oder bereits gekommen ist, so ist er nach § 153 Abs. 1 Satz 1 AO dazu verpflichtet, dies unverzüglich anzuzeigen und die erforderliche Richtigstellung vorzunehmen.[20] Diese Verpflichtung trifft nach § 153 Abs. 1 Satz 2 AO auch die nach §§ 34, 35 AO für den Steuerpflichtigen handelnden Personen, mithin insbesondere den Geschäftsführer einer GmbH oder den Vorstand einer AG. Die Anzeigepflicht besteht nach § 153 Abs. 2 AO ferner, wenn die Voraussetzungen für eine Steuerbefreiung, eine Steuerermäßigung oder eine sonstige Steuervergünstigung nachträglich ganz oder teilweise wegfallen. Entfällt bspw. durch eine nachträgliche Option (§ 9 UStG) die USt-Befreiung, ist der Steuerpflichtige zur Anzeige verpflichtet. Die Verletzung der Anzeigepflicht kann eine Steuerhinterziehung durch Unterlassen begründen.

18 § 153 AO setzt u. a. voraus, dass der Steuerpflichtige die Unrichtigkeit oder Unvollständigkeit der abgegebenen Erklärung positiv erkennt. Ein bloßes Erkennenmüssen oder Erkennenkönnen genügt nicht.[21] Eine Pflicht zur ständigen Überwachung der Rechtsprechungs- und Verwaltungsauffassung für in Betracht kommende Rechtsprobleme bis zum Eintritt der Festsetzungsverjährung beinhaltet § 153 AO ebenfalls nicht.[22] Auch gibt § 153 AO dem Steuerpflichtigen nicht auf, nach Unrichtigkeiten zu suchen.[23] Entscheidet sich ein Unternehmen gleichwohl – etwa um seine Steuerrisiken zu kennen – für eine interne Überprüfung bestimmter Sachverhalte, muss den Verantwortlichen zuvor klar sein, dass die dadurch gewonnenen Erkenntnisse die Anzeigepflicht nach § 153 AO begründen können. Nach der Rechtsprechung des BGH besteht die Anzeigepflicht

---

19 In den AEAO wurde durch Schreiben des BMF, 23.5.2016 – IV A 3 – S 0324/15/10001, BStBl. I 2016, 490 erstmals eine Regelung zu § 153 AO eingefügt. Hierzu *Schwartz/Höpfner*, PStR 2016, 210.

20 Vgl. zu § 153 AO: *Wulf*, Stbg 2010, 295; *Schauf/Schwartz*, PStR 2015, 248.

21 *Rätke*, in: Klein, Abgabenordnung, 15. Aufl. 2020, § 153 AO Rn. 10; BGH, 17.3.2009 – 1 StR 479/08, NJW 2009, 1984; BMF, 23.5.2016 – IV A 3 – S 0324/15/10001, BStBl. I 2016, 490.

22 FG Düsseldorf, 26.3.2014 – 7 K 1884/13, BeckRS 2014, 95257.

23 *Seer*, in: Tipke/Kruse, AO/FGO, Stand: 161. EL, § 153 AO Rn. 16.

nach § 153 AO auch dann, wenn der Steuerpflichtige die Unrichtigkeit seiner Angaben bei Abgabe der Steuererklärung nicht gekannt, aber billigend in Kauf genommen hat und später zu der sicheren Erkenntnis gelangt ist, dass die Angaben unrichtig sind.[24] Die Unrichtigkeit oder Unvollständigkeit muss vor Ablauf der Festsetzungsfrist erkannt werden. Wird der Fehler erst danach erkannt, muss demnach keine Anzeige mehr erfolgen. Die **steuerliche Festsetzungsfrist** beträgt regelmäßig vier (§ 169 Abs. 2 Satz 1 Nr. 2 AO), im Fall der leichtfertigen Verkürzung fünf (§ 169 Abs. 2 Satz 2 AO) und im Fall der vorsätzlichen Steuerhinterziehung (Eventualvorsatz ausreichend) zehn Jahre (§ 169 Abs. 2 Satz 2 AO).

In der Rechtsfolge verpflichtet § 153 AO zunächst zur **unverzüglichen** Anzeige   **19** gegenüber der Finanzverwaltung (1. Stufe) und sodann zur Berichtigung der unrichtigen oder unvollständigen Angaben (2. Stufe). Für die Berichtigung sieht das Gesetz keine zeitliche Frist vor. Eine Fristsetzung kann durch die Finanzverwaltung vorgenommen werden. Wird durch die Finanzverwaltung keine Frist gesetzt, hat die Berichtigung in einer angemessenen Zeit zu erfolgen. Die Umstände im Einzelfall sind zu berücksichtigen. Aufgrund des hohen Risikos bei verspäteter Berichtigung ist es empfehlenswert, die benötigte Zeit mit den Behörden abzustimmen, falls der Sachverhalt komplex ist und die benötigte Zeit zur Aufarbeitung nicht genau voraussehbar ist. Rechtsunsicherheiten bestehen aber auch über den genauen Zeitpunkt bzw. die Zeitspanne, die den Verantwortlichen auf der 1. Stufe verbleibt, bis die unverzügliche Anzeige bei der Finanzverwaltung eingehen muss. Nach h. M. stimmt der Unverzüglichkeitsbegriff des § 153 AO mit dem des § 121 Abs. 1 BGB überein und meint, ohne schuldhaftes Zögern, alsbald nach Erkennen des Mangels. Die zur Verfügung stehende Zeitspanne hängt von den Umständen des Einzelfalls ab, namentlich davon, ob eine Korrektur des Fehlers komplizierte Berechnungen erfordert oder ob die einfache Mitteilung einer einzelnen Tatsache dem Zweck der Anzeige genügt. Jedenfalls sollte dem Steuerpflichtigen die Zeit des Abwartens zuzubilligen sein, die zur Verschaffung eines Überblickes über den Sachverhalt sowie einer hinreichenden Klärung der Rechtsfrage – ggf. durch Hinzuziehung externer Berater – in der jeweiligen Situation erforderlich erscheint. Die Anzeige ist gegenüber der sachlich und örtlich zuständigen Finanzbehörde zu erstatten. Jedoch ist die Anzeige auch bei der Übermittlung an ein unzuständiges Finanzamt als erstattet anzusehen, so dass auch in diesem Fall die Pflicht des § 153 AO erfüllt ist.[25]

e) Tochtergesellschaften und Betriebsstätten im Ausland

Bei international operierenden Unternehmen ist der Gründung von Tochterge-   **20** sellschaften und Betriebsstätten im Ausland unter steuerlichen Aspekten besondere Aufmerksamkeit zu widmen, weshalb die Steuerabteilung stets frühzeitig

---

24 BGH, 17.3.2009 – 1 StR 479/08, NJW 2009, 1984.
25 BFH, 28.2.2008 – VI R 62/06, NJW 2008, 2527; *Rätke*, in: Klein, Abgabenordnung, 15. Aufl. 2020, § 153 AO Rn. 27.

einbezogen werden sollte. Bei der Gründung von **Tochtergesellschaften im Ausland** stellt sich die Frage, wo diese steuerpflichtig sind. Unbeschränkt körperschaftsteuerpflichtig im Inland ist eine Kapitalgesellschaft, die ihre Geschäftsleitung oder ihren Sitz im Inland hat (§ 1 Abs. 1 Nr. 1 KStG). Auch wenn sich der statutarische Sitz (§ 11 AO) der Tochtergesellschaft im Ausland befindet, kann die Gesellschaft gleichwohl allein aufgrund der faktischen Gegebenheiten den Ort ihrer Geschäftsleitung im Sinne des § 10 AO (Mittelpunkt der geschäftlichen Oberleitung) im Inland haben. Wird der maßgebliche Wille der Auslandstochter in der Konzernzentrale in Deutschland gebildet, hat die Gesellschaft hier den Ort ihrer Geschäftsleitung, auch wenn „pro forma" am Sitz der Gesellschaft ein Geschäftsführer bestellt ist. Ferner ist die steuerliche Anerkennung von Auslandsgesellschaften zu versagen, wenn für ihre Errichtung wirtschaftliche oder sonst beachtliche Gründe fehlen (§ 42 AO), so dass die Einkünfte direkt bei der Muttergesellschaft im Inland zu besteuern sind. Daneben besteht bei sog. funktionsschwachen Gesellschaften mit Sitz im niedrig besteuernden Ausland das Risiko der Hinzurechnungsbesteuerung nach §§ 7 ff. AStG.

21 **Betriebsstätte** ist nach § 12 Satz 1 AO jede feste Geschäftseinrichtung oder Anlage, die der Tätigkeit eines Unternehmens dient (insbesondere Zweigniederlassungen). Es handelt sich somit weder um eine eigenständige Rechtspersönlichkeit noch um ein eigenständiges Steuersubjekt. Das Vorhandensein einer Betriebsstätte im Ausland führt jedoch regelmäßig dazu, dass über die Betriebsstätte erzielte Gewinne im Ausland der Besteuerung unterliegen (vgl. Art. 5 Abs. 1 i.V.m. Art. 7 OECD-Musterabkommen) und im Inland von der Besteuerung ausgenommen sind bzw. eine Anrechnung der ausländischen Steuer auf die deutsche KSt erfolgt.[26] Dies macht eine Allokation der Einkünfte entweder zu der Betriebsstätte oder zum Stammhaus erforderlich. Die Betriebsstätten-Gewinnermittlung ist eine äußerst komplexe Materie, die besondere Kenntnisse im internationalen Steuerrecht voraussetzt. Sofern Aufgaben der Betriebsstätten-Gewinnermittlung von Mitarbeitern der Betriebsstätte ausgeführt werden, bestehen besondere Anforderungen an die Aufsichts- und Überwachungspflichten der Gesellschaft, da der Betriebsstättengewinn unmittelbare Auswirkung auf das steuerliche Ergebnis der Gesellschaft im Inland hat.

f) Internationale Verrechnungspreise

22 § 1 Abs. 3 AStG enthält nähere Vorgaben zur Ermittlung der im Rahmen des Fremdvergleichs (§ 1 Abs. 1 Satz 1 AStG) steuerlich anzusetzenden internationalen Verrechnungspreise. In § 90 Abs. 3 AO sind entsprechende Dokumentationspflichten geregelt. Verstöße gegen diese Pflichten führen dazu, dass nach § 162 Abs. 3 Satz 1 AO widerlegbar vermutet wird, dass der Steuerpflichtige im Inland höhere als die von ihm erklärten Einkünfte hatte. Darüber hinaus sind Zu-

---

26 Die Frage, welche Anforderungen an das Bestehen einer Betriebsstätte im Ausland zu stellen sind, war insbesondere auch bei den Verfahren zu den sog. Goldfinger-Modellen von Bedeutung.

schläge nach § 162 Abs. 4 AO festzusetzen, so dass der ordnungsgemäßen und fristgemäßen Dokumentation besondere Aufmerksamkeit zu widmen ist. Im Zusammenhang mit unangemessenen Verrechnungspreisen wurden zuletzt vermehrt auch strafrechtliche Ermittlungsverfahren eingeleitet, wobei die besondere Problematik darin besteht, dass es regelmäßig mehrere denkbare Verrechnungspreise gibt.[27] Kann der Steuerpflichtige anhand einer ordnungsgemäßen Dokumentation über die Überlegungen zur Ermittlung der Verrechnungspreise eine vertretbare Vorgehensweise darlegen, dürfte es angesichts der Unwägbarkeiten der Verrechnungspreis-Ermittlung regelmäßig am Vorsatz fehlen.

g) Versagung des Betriebsausgabenabzugs nach § 160 AO

Insbesondere für international tätige Unternehmen ist die Regelung des § 160 AO von besonderer Bedeutung. Danach sind Betriebsausgaben steuerlich regelmäßig nicht zu berücksichtigen, wenn der Steuerpflichtige dem Verlangen der Finanzbehörde nicht nachkommt, die **Gläubiger oder Empfänger genau zu benennen**. Die Vorschrift will dafür Vorsorge treffen, dass Ausgaben nur dann bei einem Steuerpflichtigen steuermindernd wirken, wenn die ihnen korrespondierenden Einnahmen bei dessen Geschäftspartner der (deutschen) Besteuerung unterworfen werden. Voraussetzung ist zunächst ein konkretes Benennungsverlangen der Finanzbehörde.[28] Dabei ist der wahre Empfänger (d. h. der wirtschaftliche Zahlungsempfänger) zu benennen. Problematisch ist dies bei Geschäftsbeziehungen mit sog. ausländischen Domizil- und Briefkastengesellschaften ohne eigene wirtschaftliche Betätigung. Wird eine solche Domizilgesellschaft oder ein Treuhänder zwischengeschaltet, sind nicht diese der Empfänger im Sinne des § 160 AO, sondern der dahinter stehende Dritte, der eigentlich die Leistung erbracht hat, die bezahlt wurde.[29] Benannt ist ein Empfänger, wenn er nach Namen und Adresse ohne Schwierigkeiten und eigene Ermittlungen der Finanzbehörde bestimmt und ermittelt werden kann. Erweisen sich die eingeholten Einkünfte als falsch, wirkt dies zulasten des Steuerpflichtigen, so dass er sich Gewissheit über die Richtigkeit der ihm erteilten Angaben verschaffen muss. Dies kann bspw. durch die Anforderung von offiziellen Dokumenten des Geschäftspartners (Registerauszüge, amtliche Bescheinigungen, Ausweiskopien) erfolgen. Ab bestimmten zu definierenden Grenzwerten kann auch der persönliche Besuch in den Geschäftsräumen des Geschäftspartners ein probates Mittel sein. Daneben können über eine Anfrage bei einer deutschen Außenhandelskammer weitere Informationsquellen erlangt werden. Wer dagegen mit seinem Geschäftspartner ausschließlich über Telefon, Fax und E-Mail korrespondiert, hat keine Gewissheit, ob die ihm erteilte Rechnungsanschrift zutrifft.

23

---

27 Zur Steuerhinterziehung durch unangemessene Verrechnungspreise, *Peters/Pflaum*, wistra 2011, 250.

28 BFH, 16.5.2013 – X B 131/12, BFH/NV 2013, 1260.

29 BFH, 1.4.2003 – I R 28/02, DStR 2003, 1340.

24 Kann der Steuerpflichtige dem Benennungsverlangen nicht entsprechen, wird der **Betriebsausgabenabzug ganz oder teilweise versagt**. Über die Höhe des zu versagenden Ausgabenabzugs hat die Finanzbehörde eine Ermessensentscheidung zu treffen. Da die Sicherung des deutschen Steuersubstrats Zweck des § 160 AO ist, soll nach AEAO zu § 160 Nr. 4 bei Zahlungen an ausländische Empfänger – soweit keine Anhaltspunkte für eine straf- oder bußgeldbewehrte Vorteilszuwendung vorliegen – auf den Empfängernachweis nach § 160 AO verzichtet werden, wenn feststeht, dass die Zahlung im Rahmen eines üblichen Handelsgeschäfts erfolgte, der Geldbetrag ins Ausland abgeflossen ist und der Empfänger nicht der deutschen Steuerpflicht unterliegt. Hierzu ist der Empfänger in dem Umfang zu bezeichnen, dass dessen Steuerpflicht im Inland mit hinreichender Sicherheit ausgeschlossen werden kann. Die bloße Möglichkeit einer im Inland nicht bestehenden Steuerpflicht reicht indes nicht aus.[30]

h) Betriebsausgabenabzugsverbot nach § 4 Abs. 5 Satz 1 Nr. 10 EStG

25 § 4 Abs. 5 Satz 1 Nr. 10 EStG enthält ein Betriebsausgabenabzugsverbot für Schmier- und Bestechungsgelder.[31] Im Rahmen der steuerlichen Betriebsprüfungen werden Aufwandskonten regelmäßig auf Anhaltspunkte für Aufwendungen geprüft, die im Zusammenhang mit rechtswidrigen Handlungen von Korruptionstaten stehen. Dabei stellen Provisions-, Vermittlungs- und Beratungsaufwendungen erfahrungsgemäß Prüfungsschwerpunkte dar, wobei nicht abzugsfähige Aufwendungen durch vielfältige Möglichkeiten verborgen werden können. Die steuerliche Abzugsfähigkeit von Provisionszahlungen ist nur dann gegeben, wenn tatsächlich eine Leistung erbracht wurde, die durch die Provision angemessen vergütet wurde, der Provisionsempfänger eindeutig benannt werden kann und nachgewiesen wird, dass dieser die Provision tatsächlich erhalten hat. Insoweit ist dringend eine hinreichende Dokumentationslage zu schaffen. Das Abzugsverbot gilt für die Zuwendung von Vorteilen sowie damit zusammenhängende Aufwendungen, wenn die Zuwendung der Vorteile eine rechtswidrige Handlung darstellt, die den Tatbestand eines Strafgesetzes oder eines Gesetzes verwirklicht, das die Ahndung mit einer Geldbuße zulässt. Derzeit ist beim BFH (IV R 26/18) ein Verfahren zu der Frage anhängig, ob ein Eingreifen des Abzugsverbots für Bestechungsgelder die Erfüllung sowohl des objektiven als auch des subjektiven Tatbestands des § 299 Abs. 2 StGB voraussetzt. Das Abzugsverbot gilt nur für Korruptionstatbestände,[32] wie insbesondere die Bestechung im geschäftlichen Verkehr (§ 299 Abs. 2 StGB) sowie die Vorteilsgewährung und Bestechung (§§ 333, 334 StGB).[33] Taten wie Untreue (§ 266 StGB) und Betrug (§ 263 StGB) fallen hingegen nicht unter das Abzugsverbot.

---

30 BFH, 13.3.1985 – I R 7/81, BStBl. II 1986, 318.
31 Vgl. hierzu umfassend *Schauf/Idler*, Ubg 2010, 111; *Pelz*, DStR 2014, 449.
32 Vgl. zu den Korruptionstatbeständen *Böttger*, Kap. 2, Rn. 35 ff.
33 In Textziffer H4.14 EStR sind die betroffenen Tatbestände abschließend aufgeführt.

Von besonderer Relevanz ist, dass die Finanzbehörden bei einem Anfangsver- **26**
dacht einer Korruptionstat nach § 4 Abs. 5 Satz 1 Nr. 10 Satz 3 EStG zur **Mittei-**
lung an die Staatsanwaltschaft verpflichtet sind.[34] Dies hat dazu geführt, dass
Betriebsprüfungen heute eines der wirkungsvollsten Mittel zur Aufdeckung von
Korruptionssachverhalten sind. Da die Schwelle für einen solchen Anfangsverdacht in der Praxis sehr gering ist, können z. B. schon bei unklaren Sachverhalten, Dokumentationsmängeln oder auffälligen Zahlungswegen Mitteilungen an
die Staatsanwaltschaften ergehen.

Um Fehlverhalten in diesem Bereich auszuschließen, ist bereits vor Aufnahme **27**
neuer Geschäftsbeziehungen eine **Risikobewertung** (Geschäftspartner-Compli-
ance) vorzunehmen. Risikoindikatoren sind dabei u. a. ungewöhnliche Vertragsgestaltungen (z. B. Hintereinanderschaltung mehrerer Gesellschaften), Auseinanderfallen von Ansässigkeitsstaat und Ort der Bankverbindung, Sitz in
Offshore, Zweifel an Qualifikation zur Leistungserbringung, unspezifische
Leistungsbeschreibungen, Barzahlungen. Erlangt die Geschäftsführung – etwa
durch einen Whistleblower – nachträglich Kenntnis davon, dass Schmier- oder
Bestechungsgelder gezahlt und als Betriebsausgaben abgezogen wurden, ist dies
zur Vermeidung der Verwirklichung des § 370 Abs. 1 Nr. 2 AO zwingend der Finanzverwaltung nach § 153 AO unverzüglich anzuzeigen.[35]

III. Risiken mangelnder Tax Compliance

1. Steuerliche Haftungsrisiken

Die Abgabenordnung sieht in den §§ 69 ff. AO Haftungstatbestände für fremde **28**
Steuerschulden vor, die insbesondere Organe von Unternehmen treffen. Voraussetzung jeder Haftung ist das Bestehen eines Steueranspruchs. Liegen die Voraussetzungen eines Haftungstatbestands vor, entsteht der Haftungsanspruch
kraft Gesetzes. Die Haftungsschuld ist grundsätzlich akzessorisch zur Steuerschuld. Erlischt der Steueranspruch durch Erfüllung, Aufrechnung, Erlass oder
Verjährung, teilt der Haftungsanspruch dieses Schicksal. Dies gilt allerdings
nicht, wenn die Haftung darauf beruht, dass der Haftende eine Steuerhinterziehung begangen hat (§ 191 Abs. 5 Satz 2 AO). Die Inhaftungnahme erfolgt durch
Erlass eines Haftungsbescheids, der im pflichtgemäßen Ermessen der Finanzverwaltung steht. Die Haftung für fremde Steuerschulden ist grundsätzlich unbeschränkt, d. h. der Haftungsschuldner haftet mit seinem gesamten Privatver-
mögen. Zum Steuerschuldner und weiteren Haftungsschuldnern besteht eine
Gesamtschuldnerschaft (§ 44 AO).

Für die Haftung von Organen ist § 69 Abs. 1 AO der in der Praxis wichtigste Haf- **29**
tungstatbestand. Danach haften die in den §§ 34 und 35 AO genannten Personen
(gesetzliche Vertreter oder ihnen Gleichgestellte, insbesondere also Vorstände
einer AG und Geschäftsführer einer GmbH sowie sog. faktische Geschäftsführer

---

34 Vgl. BFH, 14.7.2008 – VII B 92/08, DStR 2008, 1734.
35 Siehe hierzu Rn. 17 ff.

bzw. faktische Vorstände) unter folgenden Voraussetzungen für Steuerschulden der Gesellschaft:

- Ansprüche aus dem Steuerschuldverhältnis (§ 37 AO) wurden nicht oder nicht rechtzeitig festgesetzt oder erfüllt oder es wurden Steuervergütungen oder Steuererstattungen ohne rechtlichen Grund gezahlt (Schaden);
- Pflichtverletzung des Haftungsschuldners;
- Kausalität zwischen Pflichtverletzung und Schaden;
- Verschulden des Haftungsschuldners (Vorsatz oder grobe Fahrlässigkeit).

30 Die Haftungsschuld muss in der Amtszeit des Vorstands oder des Geschäftsführers fällig geworden sein. Eine Haftung für Steuern, die nach Beendigung der Vertretungsbefugnis fällig geworden sind, besteht nicht. Anknüpfungspunkt für die Pflichtverletzung sind alle durch die AO oder die Einzelsteuergesetze auferlegten steuerlichen Pflichten der Gesellschaft. Wird die Erfüllung der steuerlichen Pflicht auf eine Hilfsperson – die Steuerabteilung oder einen externen Steuerberater – delegiert, führt dies nicht per se zu einer Entlastung des Organs. Vielmehr wandelt sich die Erfüllungspflicht in eine Auswahl-, Instruktions- und Überwachungspflicht. Die Erfüllung dieser Pflichten führt regelmäßig jedoch zu einer Entlastung des Organs. Eine Pflichtverletzung ist für den Haftungsschaden ursächlich, wenn dieser ohne die Pflichtverletzung nicht eingetreten wäre. Vorsätzlich handelt, wer die Pflichten gekannt und ihre Verletzung gewollt bzw. in Kauf genommen hat. Grob fahrlässig handelt, wer die Sorgfalt, zu der er nach seinen persönlichen Kenntnissen und Fähigkeiten verpflichtet und imstande ist, in ungewöhnlich großem Maße verletzt. Eigenes Unvermögen, ungenügende steuerrechtliche Kenntnisse oder Unerfahrenheit können den Schuldvorwurf der groben Fahrlässigkeit nicht ausschließen. Das Organ muss sich mit den handels- und steuerrechtlichen Erfordernissen seines Amtes vertraut machen und im Zweifelsfall Auskunft von sachverständiger Stelle einholen.

31 Von besonderer Bedeutung ist in diesem Zusammenhang der **Grundsatz der anteiligen Tilgung von Steuerschulden**. Das Organ verletzt seine Pflichten regelmäßig schuldhaft, wenn Steuerschulden schlechter behandelt werden als andere Verbindlichkeiten. Steuerschulden sind in gleichem Umfang zu tilgen wie die Verbindlichkeiten anderer Gläubiger. Auf der anderen Seite bedeutet dies aber auch, dass sich seine Haftung nicht auf den Teil der Steuerschuld erstrecken kann, der auch bei richtiger Anwendung des Grundsatzes der anteiligen Tilgung nicht hätte gezahlt werden können. Nach ständiger Rechtsprechung des BFH gilt der Grundsatz der anteiligen Tilgung nicht bei der LohnSt.[36] Hier sind die an die Mitarbeiter ausgezahlten Löhne soweit zu kürzen, dass sowohl die Löhne als auch darauf entfallende LohnSt und Sozialabgaben getilgt werden können.

32 Wer eine Steuerhinterziehung nach § 370 AO begeht oder daran teilnimmt, haftet nach § 71 AO (Haftung des Steuerhinterziehers) für die verkürzten Steuern

---

36 BFH, 12.7.1988 – VII R 108–109/87, BFH/NV 1988, 764; vgl. auch *Rüsken*, in: Klein, Abgabenordnung, 15. Aufl. 2020, § 69 AO Rn. 71.

und die zu Unrecht gewährten Steuervorteile sowie für die Hinterziehungszinsen nach § 235 AO. Eine Haftungsinanspruchnahme nach § 71 AO kann jeden treffen, der an einer Steuerhinterziehung zugunsten des Unternehmens beteiligt ist. Als Haftungsschuldner kommen insoweit also nicht nur Organe des Unternehmens, sondern auch Aufsichtsorgane und Mitarbeiter in Betracht. Voraussetzung für die Haftung ist, dass sowohl der objektive als auch der subjektive Tatbestand des § 370 AO verwirklicht ist. Die Feststellungslast trifft insoweit das Finanzamt, wobei die Haftung nach ständiger Rechtsprechung des BFH nach strafprozessualen Beweisgrundsätzen festzustellen ist. Es gilt der Grundsatz „in dubio pro reo".[37]

2. Steuerstrafrechtliche und steuerordnungswidrigkeitenrechtliche Risiken

Die Verletzung steuerlicher Pflichten des Unternehmens kann zu strafrechtlichen sowie ordnungswidrigkeitenrechtlichen Konsequenzen für Organe und Mitarbeiter des Unternehmens sowie für das Unternehmen selbst führen.　**33**

a) Sanktionen gegen Organe und Mitarbeiter

aa) Steuerhinterziehung und leichtfertige Steuerverkürzung (§§ 370, 378 AO)

Nach § 370 AO wird bestraft, wer den Finanzbehörden oder anderen Behörden　**34** über steuerlich erhebliche Tatsachen unrichtige oder unvollständige Angaben macht, die Finanzbehörden pflichtwidrig über steuerlich erhebliche Tatsachen in Unkenntnis lässt oder pflichtwidrig die Verwendung von Steuerzeichen oder Steuerstemplern unterlässt und dadurch Steuern verkürzt oder für sich oder einen anderen nicht gerechtfertigte Steuervorteile erlangt. Der Bußgeldtatbestand der leichtfertigen Steuerverkürzung nach § 378 AO unterscheidet sich abgesehen von dem enger gezogenen Täterkreis allein im subjektiven Tatbestand von § 370 AO und dient insoweit als Auffangtatbestand, wenn vorsätzliches Handeln nicht nachgewiesen werden kann.

(1) Täter

Täter einer Steuerhinterziehung durch **aktives Tun** (§ 370 Abs. 1 Nr. 1 AO) kann　**35** nicht nur der Steuerschuldner selbst, sondern jeder sein, der die tatbestandlichen Voraussetzungen erfüllt.[38] Als Täter kommt daher jeder in Betracht, der in der Lage ist, auf die Festsetzung, Erhebung und Vollstreckung der geschuldeten Steuer einzuwirken. Somit kommt nicht nur der gesetzliche Vertreter eines Unternehmens, sondern grundsätzlich **jeder Mitarbeiter** als tauglicher Täter einer Steuerhinterziehung nach § 370 Abs. 1 Nr. 1 AO in Betracht. In diesem Zusam-

---

37 Vgl. *Intemann*, in: König, Abgabenordnung, 3. Aufl. 2014, Rn. 15.
38 BGH, 6.6.2007 – 5 StR 127/07, NJW 2007, 2864; BGH, 9.4.2013 – 1 StR 586/12, DStR 2013, 1177, 1179.

menhang sind vor allem auch die Besonderheiten zu beachten, die sich im Rahmen elektronischer Steuererklärungen ergeben.[39]

36 Täter einer Steuerhinterziehung durch **Unterlassen** (§ 370 Abs. 1 Nr. 2 AO) kann dagegen nur derjenige sein, den aus den Einzelsteuergesetzen eine besondere **Pflicht zur Aufklärung** der Finanzbehörden trifft.[40] Eine Zurechnung fremder Pflichtverletzungen über die Grundsätze der Mittäterschaft ist indes ausgeschlossen. Bei juristischen Personen haben nach § 34 Abs. 1 Satz 1 AO die gesetzlichen Vertreter deren steuerliche Pflichten zu erfüllen, so dass diese als Täter einer Steuerhinterziehung durch Unterlassen zugunsten der juristischen Person in Betracht kommen. Bei nicht rechtsfähigen Personenvereinigungen im Sinne des § 34 Abs. 1 Satz 1 AO (wie OHG, KG und GbR) sind die steuerlichen Pflichten durch all jene Personen zu erfüllen, die deren Geschäfte tatsächlich führen und nach außen auftreten. Soweit nicht rechtsfähige Personenvereinigungen auch zivilistische Geschäftsführer haben (wie OHG und KG), haben diese deren steuerliche Pflichten zu erfüllen.[41] Die steuerlichen Pflichten einer GmbH & Co. KG sind durch den gesetzlichen Vertreter der Komplementär-GmbH zu erfüllen.[42] Eine eigene Rechtspflicht zur Aufklärung über steuerlich erhebliche Tatsachen trifft daneben gemäß § 35 AO auch den Verfügungsberechtigten.

37 Nach § 378 AO kann Täter einer **leichtfertigen Steuerverkürzung** nur sein, wer die Steuerverkürzung „als Steuerpflichtiger" (§ 33 AO) oder „bei Wahrnehmung der Angelegenheiten eines Steuerpflichtigen" bewirkt. Zu den Steuerpflichtigen gehören insbesondere auch jene Personen, die nach § 34 Abs. 1 AO die steuerlichen Pflichten juristischer Personen sowie nicht rechtsfähiger Personenvereinigungen zu erfüllen haben. Wird die Erfüllung der steuerlichen Pflichten auf Unternehmensmitarbeiter delegiert, können diese „bei Wahrnehmung der Angelegenheiten eines Steuerpflichtigen" ebenfalls den Tatbestand des § 378 AO erfüllen. Insoweit ist es unbeachtlich, ob der Mitarbeiter eine leitende Position innehat (wie etwa der Leiter der Steuerabteilung) oder bspw. als Buchhalter nur untergeordnete Arbeiten ausführt. Die Grenze ist dort erreicht, wo Mitarbeiter lediglich Schreib- oder Rechenarbeiten ausführen.[43]

(2) Objektiver Tatbestand

38 Im Unternehmensbereich sind mögliche steuerliche Verfehlungen äußerst vielfältig. Bei den Ertragsteuern sind häufige Fehlerquellen die unzutreffende Ermittlung von Betriebseinnahmen oder Betriebsausgaben, verdeckte Gewinnausschüttungen und verdeckte Einlagen. Die Grenze zwischen legaler Steuergestaltung, Missbrauch von rechtlichen Gestaltungsmöglichkeiten (§ 42 AO) und Steuerhinterziehung ist in der Praxis mitunter schmal und schwer zu ziehen. Al-

---

39 Siehe hierzu vertiefend *Heuel/Harink*, AO-StB 2020, 49.
40 BGH, 9.4.2013 – 1 StR 586/12, DStR 2013, 1177.
41 *Rüsken*, in: Klein, Abgabenordnung, 15. Aufl. 2020, § 34 AO Rn. 8.
42 *Boeker*, in: Hübschmann/Hepp/Spitaler, AO/FGO, Stand: 257. EL, § 34 AO Rn. 37.
43 *Joecks*, in: Joecks/Jäger/Randt, Steuerstrafrecht, § 378 AO Rn. 19.

lein die Optimierung der steuerlichen Verhältnisse eines Unternehmens ist nicht strafbar, sondern vielmehr durch die Organe des Unternehmens geschuldet. Die Annahme einer dem Steuerpflichtigen günstigen – und von der Verwaltungsansicht abweichenden – Rechtsansicht ist weder unzulässig noch per se strafbar. Entscheidend ist, dass die Finanzverwaltung über die steuerlich erheblichen Tatsachen – und damit den zugrunde liegenden Sachverhalt – richtig und vollständig unterrichtet wird. Wegen der Formalisierung der Steuererklärungen erschöpfen sich die Angaben gegenüber der Finanzverwaltung zumeist in der Wiedergabe quantifizierter Beträge ohne Sachverhaltsschilderung. Dies ermöglicht der Finanzverwaltung keine rechtliche Prüfung der jeweiligen Sachverhalte. Nach der Rechtsprechung des BGH besteht zumindest eine **Offenbarungspflicht** der Sachverhaltselemente, wenn die von dem Steuerpflichtigen vertretene **Rechtsauffassung** über die Auslegung von Rechtsbegriffen oder die Subsumtion bestimmter Tatsachen von der Rechtsprechung, Richtlinien der Finanzverwaltung oder der regelmäßigen Veranlagungspraxis abweicht.[44] Eine Steuerhinterziehung ist demnach ausgeschlossen, wenn der Steuerpflichtige offen oder verdeckt eine ihm günstige (unzutreffende) Rechtsansicht vertritt, aber die steuerlich erheblichen Tatsachen richtig und vollständig vorträgt und der Finanzverwaltung dadurch ermöglicht, die Steuer unter abweichender rechtlicher Beurteilung zutreffend festzusetzen. Durch das BestVerfModG wurde § 93c AO eingeführt, der die in anderen Vorschriften geregelte Pflicht zur elektronischen Übermittlung bestimmter besteuerungsrelevanter Daten (z.B. Mitteilungen des Arbeitgebers, der Kranken- oder Rentenversicherung oder der Bundesagentur für Arbeit) eines bei ihm registrierten Steuerpflichtigen harmonisiert. Durch den mit Gesetz vom 18.7.2016 eingeführten § 150 Abs. 7 Satz 2 AO wird fingiert, dass die Daten, die über § 93c AO der Finanzverwaltung übermittelt wurden, als Angaben des Steuerpflichtigen gelten, soweit dieser nicht in einem dafür vorgesehenen Abschnitt oder Datenfeld der Steuererklärung abweichende Angaben tätigt. Neben der hierdurch beabsichtigten Vereinfachung des Besteuerungsverfahrens[45] ergibt sich für den Steuerpflichtigen der Vorteil, dass er selbst keine unvollständige Erklärung abgibt, wenn er die Daten i.S.d. § 93c AO nicht angibt und ihm selbstverständlich auch falsche Angaben der übermittelnden Stellen nicht zum Nachteil gereichen, wenn er hiervon – wie es regelmäßig der Fall sein wird – keine Kenntnis hat. Umstritten ist in diesem Zusammenhang, ob die Zurechnung über § 150 Abs. 7 Satz 2 AO auch erfolgt, wenn überhaupt keine Steuererklärung (bei bestehender Abgabepflicht) abgegeben wird und welche steuerstrafrechtlichen Auswirkungen hieraus folgen.[46]

Zur Vermeidung steuerstrafrechtlicher Risiken sollten Steuererklärungen in der **39** Praxis – zumindest in Zweifelsfällen – sehr viel häufiger **Sachverhaltsdarstel-**

---

44 BGH, 10.11.1999 – 5 StR 221/99, NStZ 2000, 203, 204; ebenso *Jäger*, in: Klein, Abgabenordnung, 15. Aufl. 2020, § 370 AO Rn. 44f.

45 Vgl. BT-Drs. 18/8434, 112.

46 Siehe hierzu vertiefend *Roth*, wistra 2018, 152; *Beyer*, NZWiSt 2018, 359; *Rolletschke*, NZWiSt 2018, 185; *Grötsch/Stürzl*, wistra 2019, 127; *Heuel/Harink*, AO-StB 2020, 49.

lungen als Anlage beigefügt werden.[47] Dies gilt umso mehr, da die Rechtsprechung annimmt, es sei dem Steuerpflichtigen grundsätzlich zumutbar, bestehende Rechtsfragen nach Aufdeckung des vollständigen und wahren Sachverhalts im Besteuerungsverfahren zu klären.[48] Die Sachverhaltsdarstellung muss jedoch nicht zwingend in einem Begleitschreiben erfolgen, sondern kann sich auch in den Anlagen zur Steuererklärung wie bspw. dem beigefügten Jahresabschluss und den dortigen Erläuterungen zu bestimmten Bilanzposten befinden.[49] Zwar mag eine solche Vorgehensweise im Tagesgeschäft nicht immer einfach umzusetzen sein. Um den späteren Vorwurf einer Steuerhinterziehung frühzeitig auszuschließen, ist eine umfassende Sachverhaltsschilderung jedoch unverzichtbar. Auch ist der gegen diese Vorgehensweise häufig vorgebrachte Vorhalt nicht zielführend, dass die Finanzverwaltung hierdurch gerade erst auf die fragliche Thematik hingewiesen werde. Wer fürchtet, die Finanzverwaltung werde bei vollständiger Sachverhaltskenntnis zu einer anderen steuerlichen Würdigung kommen, ist gut beraten, gerade diese Befürchtung zum Anlass einer Sachverhaltsoffenlegung zu nehmen. Es bleibt im Anschluss natürlich die Möglichkeit unbenommen, „mit offenem Visier" mit der Finanzverwaltung über die zutreffende steuerliche Bewertung zu streiten. Der Ausgang des Steuerstreits (ggf. vor den Finanzgerichten) mag zwar ungewiss sein, doch ist die andernfalls drohende Gefahr der Einleitung eines steuerstrafrechtlichen Ermittlungsverfahrens gebannt.

40   Ferner ist zu berücksichtigen, dass unrichtige oder unvollständige Angaben im Sinne des § 370 Abs. 1 Nr. 1 AO nicht auf Angaben in Steuererklärungen bzw. auf das Steuerfestsetzungsverfahren beschränkt sind. Unrichtige schriftliche oder mündliche Auskünfte im Steuerermittlungsverfahren, in der Außenprüfung, im Rechtsbehelfsverfahren sowie im Erhebungs- und Beitreibungsverfahren unterfallen ebenfalls § 370 Abs. 1 Nr. 1 AO. Ebenso kann den Tatbestand des § 370 AO erfüllen, wer bewusst eine unrichtige oder unvollständige **tatsächliche Verständigung** herbeiführt.[50]

41   Eine **Steuerhinterziehung durch Unterlassen** (§ 370 Abs. 1 Nr. 2 AO) kann neben der Nichtabgabe von Steuererklärungen und Steueranmeldungen sowie der Nichterfüllung steuerlicher Anzeigepflichten (wie z.B. § 19 GrEStG) insbesondere durch die Verletzung der Anzeigepflicht nach § 153 AO[51] begangen werden. Zögert der Steuerpflichtige zu lange, so dass die Anzeige nicht mehr dem Unverzüglichkeitserfordernis des § 153 AO genügt, stellt die verspätete Anzeige zunächst einen Rücktritt vom Versuch nach § 24 StGB dar.[52] Eine vollendete Steu-

---

47 *Schauf/Schwartz*, ZWH 2013, 212, 213.

48 BVerfG, 16.6.2011 – 2 BvR 542/09, wistra 2011, 458, 460; BGH, 8.9.2011 – 1 StR 38/11, NStZ 2012, 160, 161.

49 *Schauf/Schwartz*, ZWH 2013, 212, 213; *Wulf*, in: FS Streck, 2011, 627, 633.

50 *Jäger*, in: Klein, Abgabenordnung, 15. Aufl. 2020, § 370 AO Rn. 54.

51 Siehe hierzu Rn. 17 ff.

52 *Schauf/Schwartz*, PStR 2015, 248, 252.

erhinterziehung durch Unterlassen liegt erst vor, wenn der Zeitpunkt verstrichen ist, zu dem bei ordnungsgemäßer Anzeige ein geänderter Steuerbescheid ergangen wäre. Ab diesem Zeitpunkt kann eine verspätete Anzeige nach § 153 AO jedoch strafbefreiend wirken, wenn sie die Voraussetzungen des § 371 AO[53] erfüllt.

§ 370 Abs. 4 AO enthält eine Legaldefinition des **Taterfolgs**. Danach sind Steu- **42** ern namentlich dann verkürzt, wenn sie nicht, nicht in voller Höhe oder nicht rechtzeitig festgesetzt werden. Dies gilt auch dann, wenn die Steuer vorläufig (§ 165 AO) oder unter Vorbehalt der Nachprüfung (§ 164 AO) festgesetzt wird oder eine Steueranmeldung einer Steuerfestsetzung unter Vorbehalt der Nachprüfung gleichsteht (§ 168 AO). Nicht gerechtfertigte Steuervorteile sind erlangt, soweit sie zu Unrecht gewährt oder belassen werden. Da § 370 AO ein Erklärungsdelikt ist und der Taterfolg auf die Steuerfestsetzung abstellt, erfüllt die verspätete oder unterlassene Zahlung der geschuldeten Steuern nicht den Tatbestand des § 370 AO.[54] Insoweit unterscheidet sich § 370 AO vom Straftatbestand der gewerbs- oder bandenmäßigen Schädigung des Umsatzsteueraufkommens (§ 26c UStG), der an die Nichtentrichtung von in Rechnungen gemäß § 14 UStG ausgewiesener USt zum Fälligkeitszeitpunkt anknüpft.

Für die Tatbestandsverwirklichung ist es jedoch unerheblich, ob die Steuer aus **43** anderen Gründen hätte ermäßigt oder der Steuervorteil aus anderen Gründen hätte beansprucht werden können (sog. **Kompensationsverbot**, § 370 Abs. 4 Satz 3 AO). Damit ist gemeint, dass nachträglich geltend gemachte Ermäßigungsgründe, die steuerlich z.B. als neue Tatsachen im Sinne des § 173 Abs. 1 Nr. 2 AO zu berücksichtigen sind, für den Taterfolg außer Betracht bleiben. Hat der Steuerpflichtige vorsätzlich Einkünfte nicht erklärt und zugleich als Betriebsausgaben berücksichtigungsfähigen Aufwand (versehentlich) nicht geltend gemacht, bleibt dieser bei der Bemessung der Steuerverkürzung unberücksichtigt. Eine Ausnahme vom Kompensationsverbot besteht nur dann, wenn die steuermindernden Gründe in einem unmittelbaren wirtschaftlichen Zusammenhang mit dem durch die unrichtigen Angaben herbeigeführten Verkürzungserfolg stehen. Mit Urteil vom 13.9.2018 hat der BGH seine bisherige Rspr. zum Kompensationsverbot bei der USt geändert und entschieden, dass Vorsteuern bei der Ermittlung des Verkürzungsumfangs unmittelbar mindernd angesetzt werden können, wenn ein wirtschaftlicher Zusammenhang zwischen Ein- und Ausgangsumsatz besteht und auch die Voraussetzungen des § 15 UStG vorliegen.[55]

In den letzten Jahren hat im Unternehmensbereich die Anzahl der eingeleiteten **44** Steuerstrafverfahren wegen einer **nicht fristgemäßen Abgabe** einer Steuererklärung deutlich zugenommen. Während bei Veranlagungssteuern nach Fristablauf bis zum Zeitpunkt des allgemeinen Abschlusses der Veranlagungsarbei-

---

53 Siehe hierzu Rn. 85 ff.
54 BGH, 22.7.2014 – 1 StR 189/14, NStZ-RR 2014, 310.
55 BGH, 13.9.2018 – 1 StR 642/17, DStR 2018, 2696.

ten in dem betreffenden Bezirk zunächst nur eine versuchte Steuerhinterziehung vorliegt,[56] liegt bei Fälligkeitssteuer, die als Anmeldungssteuern ausgestattet sind (wie USt und LohnSt) bei vorsätzlichem Handeln bereits mit Ablauf der Abgabefrist eine vollendete Steuerhinterziehung durch Unterlassen vor. In der Praxis treten Verfehlungen in Form der verspäteten Abgabe von Steuererklärungen insbesondere im Bereich der **USt** auf. Diese ist mit Ablauf der Abgabefrist verkürzt, da die USt-Erklärung als Steueranmeldung (§ 18 Abs. 3 Satz 1 UStG) einer Steuerfestsetzung unter Vorbehalt der Nachprüfung gleichsteht (§ 168 Satz 1 AO). Dies gilt sowohl für USt-Voranmeldungen (§ 18 Abs. 1 UStG) als auch für USt-Jahreserklärungen (§ 18 Abs. 3 UStG). Gibt der Steuerpflichtige keine Erklärung ab oder reicht er die Erklärung verspätet ein, liegt eine vollendete Steuerhinterziehung mit Fristablauf auch dann vor, wenn die Finanzverwaltung später eine Steuerfestsetzung im Wege der Schätzung nach § 162 AO vornimmt.[57] Kann eine Steuererklärung nicht fristgemäß abgegeben werden, sollte daher in jedem Fall ein **Fristverlängerungsantrag** nach § 109 AO gestellt werden. Nr. 132 Abs. 1 AStBV (St) 2020[58] sieht indes vor, dass bei der USt und der LohnSt berichtigte oder verspätet abgegebene Steuer(vor)anmeldungen nur in begründeten Einzelfällen an die Straf- und Bußgeldsachenstelle weiterzuleiten sind. Insoweit bleibt zu bedenken, dass die AStBV (St) für Staatsanwaltschaften und Gerichte keine Bindungswirkung entfalten und bei der USt und der LohnSt auch geringfügige Terminüberschreitungen den objektiven Tatbestand des § 370 Abs. 1 Nr. 2 AO erfüllen.

(3) Subjektiver Tatbestand

45 Der subjektive Tatbestand des § 370 AO fordert, dass die Steuerhinterziehung vorsätzlich erfolgt ist, wobei neben sicherem Wissen auch bereits Eventualvorsatz, d. h. ein billigendes Inkaufnehmen der Tatbestandsverwirklichung, ausreichend ist. Hiervon ist grundsätzlich nicht auszugehen, wenn dem Vorstand keine konkreten Anhaltspunkte dafür vorliegen, dass die von der Steuerabteilung oder einem (externen) Steuerberater gefertigte Steuererklärung unvollständige oder unrichtige Angaben enthält. Hat sich ein Unternehmen Organisationsstrukturen gegeben, die im Rahmen des Möglichen und Zumutbaren erkennbar auf die Sicherstellung der Einhaltung der steuerlichen Pflichten des Unternehmens abzielen, schließt dies ein vorwerfbares Handeln regelmäßig aus. Dies hat inzwischen auch das BMF aufgegriffen und ausgeführt, dass die Einrichtung eines **innerbetrieblichen Kontrollsystems** ein **Indiz gegen das Vorliegen von Vorsatz oder Leichtfertigkeit** darstellen kann.[59] Dies darf in der Praxis jedoch nicht dahingehend fehlverstanden werden, dass bereits allein das Fehlen eines Tax Compliance-Systems verdachts- und vorsatzbegründend wirkt.[60] Allein das Gegenteil

---

56 *Joecks*, in: Joecks/Jäger/Randt, Steuerstrafrecht, 8. Aufl. 2015, § 376 AO Rn. 40.
57 *Jäger*, in: Klein, Abgabenordnung, 15. Aufl. 2020, § 370 AO Rn. 105.
58 BStBl. I 2019, 1142.
59 BMF, 23.5.2016 – IV A 3 – S 0324/15/10001, BStBl. I 2016, 490.
60 *Schauf/Schwartz*, PStR 2015, 248.

darf richtig sein. Ist der subjektive Tatbestand des § 370 AO nicht erfüllt, bzw. lässt sich dieser nicht nachweisen, kann eine leichtfertige Steuerverkürzung nach § 378 AO in Betracht kommen. Hierfür reicht es aus, dass der Steuerpflichtige diejenige Sorgfalt außer Acht lässt, zu der er nach den besonderen Umständen des Einzelfalls und seinen persönlichen Kenntnissen und Fähigkeiten verpflichtet und imstande ist, obwohl sich ihm aufdrängen musste, dass dadurch eine Steuerverkürzung eintreten wird.

Hierbei ist zu beachten, dass sich jeder Steuerpflichtige über diejenigen steuer- **46** lichen Pflichten unterrichten muss, die ihn im Rahmen seines Lebenskreises treffen. Für Unternehmen gelten nach der Rechtsprechung jedenfalls bei Rechtsgeschäften, die zu ihrer kaufmännischen Tätigkeit gehören, höhere Anforderungen an die **Erkundigungspflichten** als bei anderen Steuerpflichtigen.[61] Unterlässt der Steuerpflichtige die erforderliche Erkundigungspflicht, kann dies (zumindest) leichtfertiges Handeln begründen. Im Umkehrschluss bedeutet dies, dass ein Leichtfertigkeitsvorwurf grundsätzlich ausscheidet, wenn eine qualifizierte Auskunftsperson zu Rate gezogen wurde. Ein etwaiges leichtfertiges Handeln des Steuerberaters kann dem Steuerpflichtigen weder nach straf- oder bußgeldrechtlichen noch nach steuerrechtlichen Gesichtspunkten zugerechnet werden.[62] Ebenso exkulpiert die Einholung eines Rechtsgutachtens regelmäßig den Steuerpflichtigen, sofern dieses nicht durch sachfremde Erwägungen beeinflusst oder besonders zugunsten des Steuerpflichtigen verfasst wurde.[63] Vor diesem Hintergrund sollte die Einholung externen Rechtsrats in Zweifelsfällen Baustein eines Tax Compliance-Systems sein. Zum Ausschluss vorwerfbaren Handelns bietet sich zudem an, Rechtsfragen im Vorfeld der Realisierung durch eine verbindliche Auskunft (§ 89 Abs. 2 AO) abzusichern oder im Anschluss an eine Betriebsprüfung eine verbindliche Zusage (§ 204 AO) einzuholen.

(4) Strafe

Der Tatbestand des § 370 Abs. 1 AO sieht einen Strafrahmen von Freiheitsstrafe **47** bis zu fünf Jahren oder Geldstrafe vor. § 370 Abs. 3 AO beinhaltet eine Strafschärfung für besonders schwere Fälle der Steuerhinterziehung. In diesen Fällen ist die Strafe Freiheitsstrafe von sechs Monaten bis zu zehn Jahren. § 370 Abs. 3 Satz 2 AO enthält sog. Regelbeispiele, deren Erfüllung ein Indiz für das Vorliegen eines besonders schweren Falles darstellt. Im Unternehmensbereich kommt vorwiegend dem Regelbeispiel der Steuerverkürzung bzw. der Erlangung eines nicht gerechtfertigten Steuervorteils **in großem Ausmaß** (§ 370 Abs. 3 Satz 2 Nr. 1 AO) Bedeutung zu. Der BGH nimmt seit seiner Rechtsprechungsänderung im Jahr 2015 ein großes Ausmaß ab einer einheitlichen Wertgrenze von **50.000**

---

61 BGH, 8.9.2011 – 1 StR 38/11, NStZ 2012, 160, 161; BFH, 19.2.2009 – II R 49/07, DStRE 2009, 877, 878.
62 BFH, 29.10.2013 – VIII R 27/10, DStR 2013, 2694.
63 FG Düsseldorf, 26.3.2014 – 7 K 1884/13, BB 2014, 2134; zur leichtfertigen Steuerverkürzung nach Einholung eines Rechtsgutachtens, *Schwartz*, PStR 2014, 156.

EUR je Tat an.[64] Bei Unternehmen wird diese Wertgrenze regelmäßig überschritten. Erschwerend kommt hinzu, dass eine Steuerhinterziehung von 50.000 EUR eine Verfolgungsverjährung von 10 (statt 5) Jahren zur Folge hat (§ 376 Abs. 1 AO). Die Ordnungswidrigkeit des § 378 AO kann mit einer Geldbuße bis zu 50.000 EUR je Tat geahndet werden (§ 378 Abs. 2 AO).

bb) Verletzung der Aufsichtspflicht (§ 130 OWiG)

48 § 130 OWiG hat in der jüngeren Vergangenheit gerade im Steuerstrafrecht als Sanktionsmöglichkeit gegen Unternehmensverantwortliche deutlich an Bedeutung gewonnen.[65] Nach § 130 OWiG kann gegen eine aufsichtspflichtige Person eine Geldbuße festgesetzt werden, wenn sie vorsätzlich oder fahrlässig die Aufsichtsmaßnahmen unterlässt, die erforderlich sind, um in dem Betrieb oder Unternehmen Zuwiderhandlungen gegen Pflichten zu verhindern, die den Inhaber treffen und deren Verletzung mit Strafe oder Geldbuße bedroht ist (sog. Anknüpfungstaten), wenn eine solche Zuwiderhandlung begangen wird, die durch gehörige Aufsicht verhindert oder wesentlich erschwert worden wäre.[66] Die §§ 370, 378 AO sind nach h. M. taugliche Anknüpfungstaten im Sinne des § 130 OWiG. Somit können aufsichtspflichtigen Personen (insbesondere Vorstand und Geschäftsführung, über § 9 OWiG bspw. aber auch Ressort- und Abteilungsleitern) Handlungen von Mitarbeitern zugerechnet werden und diese können über den „Umweg" des § 130 OWiG für eine Steuerhinterziehung oder leichtfertige Steuerverkürzung haftbar gemacht werden, obwohl ihnen persönlich hinsichtlich der betreffenden Taten kein vorsätzliches oder leichtfertiges Handeln zur Last gelegt werden kann. § 130 OWiG bietet damit die Möglichkeit, die **Desorganisation innerhalb eines Unternehmens**, die zu einer Verletzung steuerlicher Pflichten geführt hat, gegenüber der aufsichtspflichtigen Person zu sanktionieren. Allein der Umstand, dass ein Unternehmen keine Compliance-Organisation vorhält, kann für sich genommen indes keine Aufsichtspflichtverletzung nach § 130 OWiG begründen.[67] Demgegenüber kann eine Entlastung der aufsichtspflichtigen Personen regelmäßig über den Nachweis der gehörigen Aufsicht aufgrund bestehender und funktionierender Tax Compliance-Strukturen erreicht werden.

49 Ein Verstoß gegen § 130 OWiG kann, wenn die Zuwiderhandlung eine Straftat ist (§ 370 AO), im Höchstmaß mit einer **Geldbuße bis zu 1.000.000 EUR je Tat** geahndet werden (§ 130 Abs. 3 Satz 1 OWiG). Für die fahrlässige Aufsichtspflichtverletzung ist das Höchstmaß in diesen Fällen auf 500.000 EUR begrenzt (§ 17 Abs. 2 OWiG). Handelt es sich bei der Anknüpfungstat dagegen um eine Ordnungswidrigkeit (§ 378 AO), ist das in dieser Vorschrift angedrohte Höchst-

---

64 BGH, 27.10.2015 – 1 StR 373/15, BeckRS 2016, 02436.

65 Zur Aufsichtspflichtverletzung unter Berücksichtigung des Steuerrechts, *Hunsmann*, DStR 2014, 855.

66 Zur Anwendbarkeit des § 130 OWiG im Konzern, OLG München, 23.9.2014 – 3 Ws 599, 600/14, BeckRS 2015, 14184.

67 *Aichberger/Schwartz*, DStR 2015, 1691, 1696.

maß der Geldbuße entscheidend (§ 130 Abs. 3 Satz 2 OWiG). Im Fall einer leichtfertigen Steuerverkürzung kann ein Verstoß gegen § 130 OWiG demnach lediglich mit einer Geldbuße bis zu 50.000 EUR je Tat geahndet werden (§ 378 Abs. 2 AO).

b) Sanktionen gegen das Unternehmen

aa) Verbandsgeldbuße (§ 30 OWiG)

Bei der Verletzung steuerlicher Pflichten des Unternehmens machen die Ermitt- **50**
lungsbehörden zuletzt verstärkt Gebrauch von der sog. Verbandsgeldbuße (Unternehmensgeldbuße) nach § 30 OWiG. Danach kann gegen ein Unternehmen eine Geldbuße verhängt werden, wenn ein vertretungsberechtigtes Organ oder eine sonstige Leitungs- oder Kontrollperson (z. B. Steuerabteilungsleiter) eine Straftat oder Ordnungswidrigkeit (**Anknüpfungstat**) begangen hat, durch die Pflichten des Unternehmens verletzt worden sind oder die zu dessen Bereicherung geführt hat oder jedenfalls führen sollte.[68] Als Anknüpfungstaten kommen im Zusammenhang mit der Verletzung steuerlicher Pflichten des Unternehmens insbesondere die §§ 370, 378 AO sowie § 130 OWiG in Betracht. Bei vorsätzlicher oder leichtfertiger Steuerverkürzung (§§ 370, 378 AO) oder bei Verletzung von Steuerabzugspflichten (§ 380 AO) ist regelmäßig eine Bereicherung des Unternehmens eingetreten. § 30 OWiG überträgt ein Delikt, das eine natürliche Person begangen hat, auf eine juristische Person, um es bei dieser im Wege der Festsetzung einer Geldbuße sanktionieren zu können. Dabei kann eine Verbandsgeldbuße einerseits neben Sanktionen gegen die verantwortlichen natürlichen Personen verhängt werden, andererseits ist auch eine selbstständige Festsetzung einer „anonymen" Verbandsgeldbuße möglich, wenn z. B. nicht (mehr) aufgeklärt werden kann, welchem von mehreren Verantwortlichen im Sinne des § 30 Abs. 1 OWiG die Pflichtverletzung zur Last fällt. Kann die Anknüpfungstat wegen einer wirksamen Selbstanzeige (§§ 371, 378 Abs. 3 AO)[69] nicht mehr verfolgt werden, ist eine selbstständige Festsetzung einer Verbandsgeldbuße nach § 30 Abs. 4 Satz 3 OWiG ausgeschlossen. Aus diesem Grund ist es wichtig darauf zu achten, dass alle möglichen Täter der Anknüpfungstat im Unternehmen von der Selbstanzeigewirkung erfasst werden. In der Praxis werden hierzu in der Regel Anschlusserklärungen aller potenziell Beteiligten eingeholt. Da die Verhängung einer Verbandsgeldbuße auf Grund einer Steuerhinterziehung oder einer leichtfertigen Steuerverkürzung nach einer erfolgreichen Selbstanzeige ausscheidet, kommt es in der Praxis mitunter vor, dass die Strafverfolgungsbehörden versuchen, über den Umweg einer Aufsichtspflichtverletzung nach § 130 OWiG als Anknüpfungstat eine Verbandsgeldbuße zu verhängen. Hiergegen spricht, dass es einen Wertungswiderspruch darstellen würde, wenn in Fällen, in denen der Betriebsinhaber selbst den Tatbestand des § 378 Abs. 1 AO oder § 370 Abs. 1 AO erfüllt hätte, die Selbstanzeige eine Verhängung einer Geldbuße sper-

---

68 Vgl. zu § 30 OWiG im Einzelnen *Böttger*, Kap. 2, Rn. 168 ff.
69 Siehe hierzu Rn. 85 ff.

ren würde, hingegen in Fällen, in denen der Betriebsinhaber lediglich den Auffangtatbestand des § 130 Abs.1 OWiG verwirklicht hat, eine Verbandsgeldbuße möglich wäre. Dann wäre eine Ahndung des Unternehmens bei der (fahrlässig begangenen) Ordnungswidrigkeit des § 130 OWiG des Betriebsinhabers möglich, hingegen bei der vorsätzlichen Steuerhinterziehung nicht.[70] Jedoch ist in diesen Fällen weiterhin eine Einziehung nach § 29a OWiG denkbar.[71]

51 Im Fall einer vorsätzlichen Straftat (§ 370 AO) kann eine **Geldbuße bis zu 10.000.000 EUR** je Tat (Veranlagungszeitraum) festgesetzt werden.[72] Handelt es sich bei der Anknüpfungstat dagegen um die Ordnungswidrigkeit der leichtfertigen Steuerverkürzung (§ 378 AO), kann eine Geldbuße bis zu 50.000 EUR je Tat festgesetzt werden. Besteht die Anknüpfungstat in § 130 OWiG, ist der Verweis auf § 30 Abs. 2 Satz 3 OWiG zu beachten (§ 130 Abs. 3 Satz 2 OWiG), der für die Zwecke der Verbandsgeldbuße zu einer Verzehnfachung der in § 130 OWiG benannten Geldbuße führt. Von erheblicher praktischer und finanzieller Bedeutung ist ferner, dass das gesetzlich vorgesehene Höchstmaß der Geldbuße zum Zwecke der Gewinnabschöpfung überschritten werden kann (§ 30 Abs. 3, § 17 Abs. 4 OWiG). Mit Wirkung zum 30.6.2013 hat der Gesetzgeber zudem für den Fall einer **Gesamtrechtsnachfolge** oder einer partiellen Gesamtrechtsnachfolge durch Aufspaltung (§ 123 Abs. 1 UmwG) die Möglichkeit der Festsetzung einer Verbandsgeldbuße gegen den Rechtsnachfolger für Anknüpfungstaten von Verantwortlichen des Rechtsvorgängers geschaffen (§ 30 Abs. 2a OWiG). Zuvor konnte gegen den Rechtsnachfolger nur unter engen Voraussetzungen eine Verbandsgeldbuße festgesetzt werden, wenn zwischen der früheren und der neuen Vermögensverbindung nach wirtschaftlicher Betrachtungsweise nahezu Identität bestand.[73]

52 Bei der Frage der Festsetzung einer Verbandsgeldbuße nach § 30 OWiG kommt der Einrichtung eines **Tax Compliance-Systems** große Bedeutung zu. Führt das Tax Compliance-System nicht schon dazu, dass von einer Verbandsgeldbuße abzusehen ist, so ist es zumindest bei der **Bemessung der Geldbuße** zu berücksichtigten. Dies hat auch der BGH[74] in seinem Urteil vom 9.5.2017 bestätigt, in dem er – soweit ersichtlich – erstmalig die positive Bedeutung von Compliance Bemühungen auch im Rahmen von § 30 OWiG hervorhob und feststellte, dass diese strafmildernd zu berücksichtigen sind:

> *„Für die Bemessung der Geldbuße ist zudem von Bedeutung, inwieweit die Nebenbeteiligte ihrer Pflicht, Rechtsverletzungen aus der Sphäre des Unternehmens zu unterbinden, genügt und ein effizientes Compliance-Manage-*

---

70 Siehe hierzu ausführlich *Reichling*, NJW 2013, 2233, 2235.
71 Siehe hierzu Rn. 54.
72 Der Bußgeldrahmen wurde für Taten ab dem 30.6.2013 durch die 8. GWB-Novelle auf 10.000.000 EUR erhöht. Für Taten vor dem 30.6.2013 gilt weiterhin der alte Höchstbetrag von 1.000.000 EUR je Tat.
73 BGH, 10.8.2011 – KRB 55/10, NJW 2012, 164, 165.
74 BGH, 9.5.2017 – 1 StR 265/16, ZWH 2017, 290. Vgl. hierzu auch *Schulz*, Kap. 1.

ment installiert hat, das auf die Vermeidung von Rechtsverstößen ausgelegt sein muss (vgl. Raum in Hastenrath, Compliance – Kommunikation, 2. Aufl., S. 31 f.). Dabei kann auch eine Rolle spielen, ob die Nebenbeteiligte in der Folge dieses Verfahrens entsprechende Regelungen optimiert und ihre betriebsinternen Abläufe so gestaltet hat, dass vergleichbare Normverletzungen zukünftig jedenfalls deutlich erschwert werden."

Nach § 4 Abs. 5 Satz 1 Nr. 8 EStG dürfen Geldbußen nach § 30 OWiG **nicht als**   53
Betriebsausgabe abgezogen werden. Dies gilt uneingeschränkt für den Sanktionsteil. Für den Abschöpfungsteil gilt das Abzugsverbot für die Geldbuße nur dann uneingeschränkt, wenn bei der Berechnung des Vermögensvorteils die darauf entfallende ertragsteuerliche Belastung – ggf. im Wege der Schätzung – berücksichtigt worden ist. Andernfalls kann der auf die Abschöpfung entfallende Teil der Geldbuße als Betriebsausgabe abgezogen werden (§ 4 Abs. 5 Satz 1 Nr. 8 Satz 4 EStG). Es sollte daher darauf hingewirkt werden, dass in dem Bußgeldbescheid ausdrücklich angegeben wird, welcher Anteil an der verhängten Geldbuße der Abschöpfung des erlangten wirtschaftlichen Vorteils dient.

bb) Einziehung (§ 29a OWiG)

Wird – wegen fehlender Verantwortlichkeit, Verfahrenshindernissen oder aus   54
Opportunitätserwägungen – keine Geldbuße nach § 30 OWiG festgesetzt, kann eine selbstständige Einziehungsanordnung nach § 29a OWiG gegen das Unternehmen ergehen.[75] Diese hat zum Ziel, den aus einer Straftat bzw. einer Ordnungswidrigkeit erlangten Vorteil abzuschöpfen. Die Einziehungsanordnung ist eine verschuldensunabhängige Maßnahme, die allein das Vorliegen einer tatbestandsmäßigen und rechtswidrigen Tatbegehung verlangt. Erfasst werden jedoch nur die unmittelbar aus der Tat erlangten Vorteile. Bei Steuerstraftaten bzw. Steuerordnungswidrigkeiten neigen die Ermittlungsbehörden dazu, den aus der Kapitalnutzung der verkürzten Steuern erlangten Zinsvorteil abzuschöpfen. Dabei geht die Finanzverwaltung nicht selten von einem Zinssatz von 0,5 % pro Monat aus (Nr. 114 Abs. 1 Satz 5 AStBV [St] 2020). Dies verkennt jedoch, dass über § 29a OWiG nicht dem Fiskus ein Nachteil ausgeglichen werden soll, sondern der wirtschaftliche Vorteil abgeschöpft wird. Soweit die – nicht unumstrittene – Möglichkeit der Abschöpfung eines Zinsvorteils angenommen wird, können nach § 29a OWiG demnach allenfalls die tatsächlich gezogenen Nutzungen und nicht ein fiktiver Zinsvorteil abgeschöpft werden, wobei Zinsen nach § 233a AO gegenzurechnen sind.[76] Ein abzuschöpfender Zinsvorteil hat sich somit stets an dem tatsächlichen Vorteil im jeweiligen Einzelfall zu orientieren. Eine Einziehungsanordnung nach § 29a OWiG hat den Vorteil, dass kein individuelles Verschulden festzustellen ist, der Einziehungsbescheid gegen das Unternehmen

---

75 Vgl. zur Einziehung auch *Böttger*, Kap. 2, Rn. 175.
76 *Joecks*, in: Joecks/Jäger/Randt, Steuerstrafrecht, 8. Aufl. 2015, § 377 AO Rn. 35.

ergeht und damit die handelnden Personen „aus der Schusslinie" sind sowie der eingezogene Betrag als Betriebsausgabe steuerlich abzugsfähig ist.[77]

IV. Tax Compliance-System

55 Bei der Implementierung und Ausgestaltung eines Tax Compliance-Systems[78] sind im Wesentlichen fünf Kernelemente zu berücksichtigen:[79]

- Analyse des unternehmensspezifischen Risikos sowie Erstellung eines Risikoprofils (Risikoanalyse);[80]
- Vorbehaltloses und uneingeschränktes Bekenntnis der Unternehmensführung zur Rechtstreue („Commitment");
- Klare Zuordnung von Zuständigkeiten und Verantwortungsbereichen und deren organisatorische Absicherung (Organisation und Kontrolle);
- Information und Schulung der Mitarbeiter (Kommunikation);
- Vorsorgliche Dokumentation der ergriffenen Maßnahmen (Dokumentation).

1. Risikoanalyse

56 Vor Einführung eines Tax Compliance-Systems ist eine eingehende Analyse des unternehmensspezifischen Risikos sowie die Erstellung eines Risikoprofils unabdingbar. In die Risikoanalyse sind Tochtergesellschaften und bei international agierenden Unternehmen auch Betriebstätten im Ausland einzubeziehen. Hierbei hat sich eine **zweistufige Herangehensweise** bewährt.[81] Im ersten Schritt erfolgt zum einen eine Bestandsaufnahme in Form einer formalen Betrachtung der steuerlichen Pflichtenerfüllung in der Vergangenheit (fristgemäßes Erklärungsverhalten, Nachzahlungen nach Außenprüfungen, Festsetzung von finanziellen Sanktionen, Ermittlungsverfahren gegen Verantwortliche des Unternehmens). Zum andern ist die bisherige Organisationsstruktur (z. B. Aufgabenverteilung, Geschäftsaufträge, Berichtswege, Kontrollmaßnahmen, Fortbildungsmaßnahmen) zu überprüfen. Im zweiten Schritt erfolgt die inhaltliche Auseinandersetzung mit den spezifischen materiell-rechtlichen Problemen des jeweiligen Unternehmens. Hierzu gehören neben den im ersten Schritt identifizierten Problemfeldern weitere unternehmensspezifische und branchenspezifische Einzelthemen (z. B. Grunderwerbsteuer bei Immobilienunternehmen). Ziel der Risiko-

---

77 *Wied*, in: Blümich, EStG KStG GewStG, 151. EL März 2020, § 4 EStG Rn. 883.
78 Zum Teil wird auch die gleichbedeutende Begrifflichkeit „Tax Compliance-Management-System" verwendet. Eine Orientierungshilfe bei der Ausgestaltung eines Tax Compliance-Systems bietet auch der Prüfungsstandard IDW PS 980. Vgl. auch Hinweise der Bundessteuerberaterkammer für ein steuerliches innerbetriebliches Kontrollsystem – Steuer-IKS. Siehe zur Prüfung und Zertifizierung von Tax Compliance Systemen *Breimann/Schwetzel*, DStR 2017, 2626; *Fila/Püschel*, Newsdienst Compliance 2019, 210017.
79 *Aichberger/Schwartz*, DStR 2015, 1758, 1763; *Geuenich/Kiesel*, BB 2012, 155. Zu den Kernelementen eines effektiven CMS siehe auch *Schulz*, Kap. 1, Rn. 51.
80 Siehe vertiefend zur Risikobewertung, *Dahlke*, BB 2019, 619.
81 *Aichberger/Schwartz*, DStR 2015, 1758, 1763.

analyse ist es, dass sämtliche steuerlichen Pflichten des Unternehmens im In- und Ausland bekannt sind. Deren Einhaltung, Steuerung und Überwachung ist sodann durch geeignete und funktionierende Organisationsstrukturen sicherzustellen.

2. Ausgestaltung eines Tax Compliance-Systems

Ausgehend von den Ergebnissen der Risikoanalyse ist ein Tax Compliance-System an den jeweiligen Besonderheiten, Gegebenheiten und Bedürfnissen (z.B. Größe, Branche, Unternehmensstruktur) des einzelnen Unternehmens auszurichten. So kann ein Tax Compliance-System eines DAX-Konzerns[82] hinsichtlich Regelungsumfang und Regelungsdichte nicht mit dem eines mittelständischen Unternehmens vergleichbar sein. Nachstehend wird auf grundlegende Aspekte eingegangen, die sich in der Organisationsstruktur eines Tax Compliance-Systems wiederfinden lassen sollten.   **57**

a) Zuständigkeit für Tax Compliance

Der Bereich Compliance ist regelmäßig dem Gesamtvorstand unterstellt. Dies dürfte auch dem Urteil des Landgerichts München I vom 10.12.2013 geschuldet sein. So hat das Gericht ausgeführt, dass die Einhaltung des Legalitätsprinzips und demgemäß die Einrichtung eines funktionierenden Compliance-Systems zur Gesamtverantwortung des Vorstands gehört.[83] Dies gilt in gleicher Weise für die Tax Compliance, die in der Konzernorganisation jedoch zumeist dem Bereich Finanzen oder Steuern zugeordnet ist, der erfahrungsgemäß nicht dem Gesamtvorstand unterstellt ist. Zur Haftungsvermeidung (§ 93 Abs. 2 Satz 1 AktG) ist daher dringend zu empfehlen, die Verantwortlichkeit für Tax Compliance ebenfalls dem **Gesamtvorstand** zu unterstellen, was in der Konzernverfassung bzw. der Konzernorganisation entsprechend dokumentiert sein sollte.   **58**

b) Zuständigkeit und Verantwortlichkeit bzgl. der steuerlichen Pflichten

Unerlässlich sind klare Regelungen über die Zuständigkeiten und Verantwortlichkeiten zur Erfüllung sämtlicher steuerlicher Pflichten des Unternehmens, wozu auch die Meldezuständigkeiten nach §§ 137, 138 AO zählen. Zunächst ist die zulässige Delegation[84] der Erfüllung der steuerlichen Pflichten vom Vorstand auf die Fachbereiche durch einen eindeutigen **Vorstandsauftrag** (Geschäftsauftrag) zu dokumentieren. Dieser darf nicht auf die Steuerabteilung beschränkt sein, sondern muss sämtliche Bereiche umfassen, die steuerliche Pflichten des Unternehmens erfüllen. Zu denken ist bspw. an die Personalabteilung, sofern diese – wie häufig – die LohnSt zu verantworten hat. Der Geschäftsauftrag sollte   **59**

---

82 Siehe vertiefend zu Tax Compliance in Konzernen mit Matrix-Strukturen *Eggert*, DStR 2017, 266.
83 LG München I, 10.12.2013 – 5 HK O 1387/10, NZWiSt 2014, 183.
84 Siehe hierzu *Böttger*, Kap. 2, Rn. 118 ff.

zum einen regeln, welche Konzerngesellschaften durch die Steuerabteilung betreut werden und zum andern detailliert beschreiben, welche steuerrelevanten Themen von den einzelnen Bereichen verantwortet werden. So sollten Zuständigkeitsregelungen u. a. für folgende Themen festgelegt werden:

– Erklärungs- und Meldewesen der im Unternehmen relevanten Steuerarten (ggf. unter Einbeziehung von Tochtergesellschaften);
– Erfüllung der steuergesetzlichen Dokumentationserfordernisse (einschließlich Verrechnungspreisdokumentation);
– Begleitung von Betriebsprüfungen;
– Überwachung und Analyse von Gesetzes- und Rechtsprechungsänderungen sowie von Verwaltungserlassen;
– Bekanntmachung gesetzlicher Neuerungen;
– Ansprechpartner für allgemeine Fragen und Sonderfragen des Steuerrechts.

60 Daneben sind eindeutige und detaillierte Aufgabenbeschreibungen (**Stellenbeschreibungen**) empfehlenswert, aus denen erkennbar wird, welche Unterabteilung bzw. welche konkreten Mitarbeiter zur Erfüllung der jeweiligen steuerlichen Pflichten verantwortlich sind. Bei der Delegation der Erfüllung der steuerlichen Pflichten sollte größter Wert auf klar strukturierte und dokumentierte Delegationsketten gelegt werden, da durch die Delegation eine Exkulpation der originär Verantwortlichen erreicht werden kann, sofern diese der sich aus der Delegation ergebenden Auswahl-, Instruktions- und Überwachungspflicht nachkommen.[85]

c) Berichtswege/Berichtspflichten

61 Im Hinblick auf die Entscheidung des Landgerichts München I vom 10.12.2013[86] sollte die **Tax Compliance-Berichterstattung** an den Gesamtvorstand erfolgen. Denn nur soweit der Gesamtvorstand von wesentlichen Tax Compliance-Sachverhalten Kenntnis erlangt, ist er in der Lage, seine Sorgfaltspflichten zu erfüllen. Ferner sind turnusmäßige (z. B. quartalsweise) Tax Compliance-Berichterstattungen an den Gesamtvorstand zu empfehlen, die eine angemessen schnelle Reaktion auf etwaige Tax Compliance-Fälle ermöglichen. Darüber hinaus sind anlassbezogene Berichte an den Gesamtvorstand notwendig, soweit die Umstände dies erfordern.

62 Des Weiteren sind eindeutige Regelungen zu den Berichtsstrukturen unabdingbar. So ist zu gewährleisten, dass die für die Erfüllung der steuerlichen Pflichten erforderlichen Tatsachen auch rechtzeitig und vollständig der Steuerabteilung bzw. der zuständigen Fachabteilung mitgeteilt werden. Nicht selten werden in der Praxis objektiv fehlerhafte Steuererklärungen bzw. Steueranmeldungen abgegeben, weil die Steuerabteilung nicht hinreichend in die Prüfung des zugrunde liegenden Sachverhalts einbezogen wurde. Es empfiehlt sich daher die Imple-

---

85 *Aichberger/Schwartz*, DStR 2015, 1758 ff.
86 LG München I, 10.12.2013 – 5 HK O 1387/10, NZWiSt 2014, 183.

mentierung einer **Unterrichtungspflicht an die Steuerabteilung** in allen steuerrelevanten Sachverhalten bzw. bei steuerlichen Unklarheiten und Zweifelsfällen (z. B. in Form einer sog. Einbindungsrichtlinie). Daneben sind Melde- und Berichtspflichten an die Steuerabteilung bzw. die zuständige Fachabteilung u. a. in folgenden Fallkonstellationen ratsam:

- Vertrieb eines neuen Produkts (zur Prüfung auf etwaige steuerliche Implikationen);
- Wirtschaftlich besonders relevante Geschäftsvorfälle und grundsätzliche Entscheidungen (z. B. Abschluss von Rahmenverträgen);
- Umstrukturierungen (z. B. Umwandlungen, Anwachsungen, Anteilsvereinigungen, Änderungen des Gesellschafterbestands);
- Kauf von Gesellschaften bzw. Erwerb von Anteilen an Gesellschaften;
- Verkauf von Konzerngesellschaften bzw. von Anteilen an Konzerngesellschaften;
- Änderung einer durch die Steuerabteilung freigegebenen Musterklausel (z. B. Umsatzsteuer-Klausel im Kaufvertrag);
- Leistungsvereinbarungen zwischen Konzerngesellschaften;
- Gründung einer Niederlassung, Betriebstätte im Ausland;
- Fachabteilung erkennt nachträglich, dass der Steuerabteilung steuerlich erhebliche Tatsachen nicht mitgeteilt wurden (zur Anzeige nach § 153 AO);
- Verträge mit „ausländischen" (beschränkt steuerpflichtigen) Vergütungsempfängern zur Steueranmeldung nach § 50a EStG (z. B. Nutzungsüberlassungsverträge mit Lizenzzahlungen, Aufsichtsratsvergütungen).

An die für die **LohnSt** zuständige Abteilung sollten u. a. in folgenden Fällen **63** Melde- und Berichtspflichten bestehen:

- Jede Geldzuwendung an Arbeitnehmer (unabhängig von der Höhe der Zuwendung);
- Sachbezüge/geldwerte Vorteile an Arbeitnehmer (z. B. Geschenke mit Ausnahme von Aufmerksamkeiten bis zu einem Wert von 60 EUR, wie Blumen, Genussmittel, Bücher oder Tonträger, die dem Arbeitnehmer oder seinen Angehörigen aus Anlass eines besonderen persönlichen Ereignisses zugewendet werden; Gutscheine; Betriebsveranstaltungen wie etwa Betriebsausflüge, Sommerfeste, Weihnachtsfeiern, Jubiläumsfeiern; Sachprämien; Incentive-Veranstaltungen);
- Drittzuwendungen an Arbeitnehmer bei Sachzusammenhang mit dem Arbeitsvertrag (Arbeitslohn von dritter Seite) wie z. B. Geschenke oder Rabatte von Dritten; insoweit ist empfehlenswert, die Rechts- oder Compliance-Abteilung zur Weitergabe entsprechender Compliance-Meldungen zu verpflichten;
- Geldwerte Zuwendungen an Geschäftspartner und deren Arbeitnehmer (zur Pauschalbesteuerung nach § 37b EStG) wie z. B. Sachgeschenke, Einladungen zu sportlichen oder kulturellen Veranstaltungen, Incentive-Reisen;
- Aktienoptionsprogramme für Mitarbeiter.

64 Im Rahmen von Organschaften sind zur Gewährleistung des Informationsflusses auch die Tochtergesellschaften in die Berichtsstrukturen einzubeziehen (Mutter-Tochter-Dialog). Ein Bericht bzw. eine Anfrage an die für das jeweilige Steuer-rechtsgebiet zuständige Abteilung sollte eine vollständige Sachverhaltsdarstellung sowie die relevanten Dokumente enthalten.

d) Prozessbeschreibung Deklarationswesen

65 Zu den steuerlichen Kernaufgaben – wie dem Deklarationswesen – sollten detaillierte Prozessbeschreibungen existieren. Erfahrungsgemäß bestehen in Unternehmen zumindest Richtlinien zu folgenden Themen: Ertragsteuererklärungen, Umsatzsteuer, Lohnsteuer, Verrechnungspreise, Betriebsprüfung. Die Prozessbeschreibungen sollten nicht nur Regelungen zur Erstellung der Steuererklärungen, sondern auch zur Fristenkontrolle, zur Zahlungsüberwachung sowie zur Prüfung der Steuerbescheide als auch zu Rechtsbehelfen enthalten. Daneben bieten sich folgende Regelungen an:

– Plausibilitätskontrolle und Verprobung gemäß Vier-Augen-Prinzip, Vermerk der Kontrollmaßnahme z. B. auf Review-Sheet;
– Zuständigkeit, Verantwortlichkeit der Daten- und Belegzusammenstellungen sowie der rechtzeitigen Übermittlung bei Beauftragung externer Berater;
– Zuständigkeit, Verantwortlichkeit für die Datenzulieferung aus Konzerngesellschaften;
– Unterzeichnung der Steuererklärungen (gemäß den gesetzlichen Vorgaben hat der Vorstand die KSt-Erklärungen [§ 31 KStG], die GewSt-Erklärungen [§ 14a Satz 3 GewStG], die USt-Jahreserklärungen [§ 18 Abs. 3 Satz 3 UStG] und die Erklärungen zur gesonderten und einheitlichen Feststellung der Einkünfte [§ 25 Abs. 3 EStG, § 180 AO] zu unterzeichnen);
– Vorstandsinformation (von einem „blinden" Unterschreiben der Steuererklärungen durch den Vorstand ist dringend abzuraten; empfehlenswert ist ein Vorstandsreport durch den Steuerabteilungsleiter).

e) Kontroll- und Überwachungsmaßnahmen

66 Eine ordnungsgemäße Pflichtendelegation setzt Kontroll- und Überwachungs-maßnahmen voraus. Deren Umfang lässt sich nicht allgemeingültig definieren. Er richtet sich vielmehr nach der Qualifikation und der Zuverlässigkeit der Mitarbeiter. Allgemein gilt, dass die Nachprüfungspflicht umso größer ist, je mehr Grund zu der Annahme besteht, dass Mitarbeiter unzuverlässig sind oder den fachlichen Anforderungen nicht gewachsen sind. Bei erfahrenen Mitarbeitern fällt der Umfang der Nachprüfungspflicht geringer aus, als bei neu eingestellten Mitarbeitern. So gilt der Grundsatz: Je höher qualifiziert ein Mitarbeiter ist, umso geringer ist die Kontrollpflicht und umgekehrt. Maßgeblich ist ferner, ob und in welchem Umfang es in der Vergangenheit zu Unrichtigkeiten oder Beanstandungen gekommen ist.

Eine besondere Problematik stellt sich bei der **steuerlichen Organschaft**.[87]   **67**
Hierbei ist der Organträger zur Erfüllung seiner steuerlichen Erklärungspflichten auf die „Zulieferung" der Organgesellschaft angewiesen. Die Schwierigkeit
als auch die Risiken für den Organträger bestehen demnach darin, dass er zur
Erfüllung seiner steuerlichen Erklärungspflichten auf Zahlenmaterial angewiesen ist, das von einer anderen – jedenfalls zivilrechtlich selbstständigen – Gesellschaft ermittelt wurde und für den Organträger kaum zu überprüfen ist. Gleichwohl hat der Organträger dafür Sorge zu tragen, dass die von ihm abgegebenen
Steuererklärungen vollständige und richtige Angaben enthalten. Das zugeliefer-
te Zahlenmaterial sollte daher nicht gänzlich ungeprüft übernommen werden.
Zumindest Stichproben sind regelmäßig indiziert.

Neben den Kontroll- und Überwachungsmaßnahmen ist sicherzustellen, dass   **68**
eine hinreichende **personelle Ausstattung der Steuerabteilung** gegeben ist.
Die Steuerabteilung muss der Größe des Unternehmens sowie der ihr übertragenen Aufgaben entsprechend aufgestellt sein (Investitionspflicht). Dabei ist die
Anzahl der erforderlichen Mitarbeiter u. a. auch davon abhängig, in welchem
Umfang die Erfüllung der steuerlichen Pflichten auf Externe übertragen wird. In
der Praxis ist nicht selten eine Unterbesetzung der Steuerabteilungen festzustellen, was bei auftretenden Unregelmäßigkeiten bereits ein Organisationsverschulden begründen kann. Insoweit ist von dem Versuch abzuraten, Unregelmäßigkeiten mit einer Überlastung oder personellen Unterbesetzung der
Steuerabteilung zu begründen.

f) Umgang mit Betriebsprüfungen

Betriebsprüfungen sollten durch Unternehmen professionell vorbereitet und be-   **69**
gleitet werden. Hierzu ist eine **Richtlinie empfehlenswert**, die den grundsätzlichen Umgang mit Betriebsprüfungen regelt. Darin sollten insbesondere Regelungen zu folgenden Aspekten getroffen werden:

– Vorbereitung der Betriebsprüfung (z. B. Prüfung von Buchführung, Bilanzen,
  Vertragsgestaltungen des Prüfungszeitraums, ggf. Anzeige nach § 153 AO,
  ggf. Prüfung einer Selbstanzeigemöglichkeit nach § 378 Abs. 3 AO, Durch-
  sicht des Berichts der vorhergehenden Betriebsprüfung, Zusammenstellung
  benötigter Unterlagen);
– Benennung einer Auskunftsperson nach § 8 BpO (mit dem Ziel eines einheitlichen Auftretens und Argumentierens gegenüber der Betriebsprüfung);
– Instruktion von Mitarbeitern, die möglicherweise Kontakt mit den Betriebs-
  prüfern haben (z. B. keine Beantwortung von Fragen, sondern Verweis an die
  Auskunftsperson);
– Rechtliche Kontrolle der Prüfungsanordnung;
– Dokumentation von Fristsetzungen der Betriebsprüfung (u. a. zur Vermeidung
  eines Verzögerungsgeldes nach § 146 Abs. 2b AO);

---

87 Vgl. hierzu *Schauf/Schwartz*, ZWH 2013, 212.

– Verhaltensregelungen bei Auftreten tatsächlicher Anhaltspunkte für Steuerstraftaten oder Steuerordnungswidrigkeiten während der laufenden Betriebsprüfung;
– Abstimmung der künftigen Handhabe mit der Finanzverwaltung, ggf. Antrag auf verbindliche Zusage nach § 204 AO;
– Rechtsbehelfsverfahren gegen Prüfungsfeststellungen.

70   Ein Kernelement einer Richtlinie Betriebsprüfung ist ferner die Anweisung, **jeden Betriebsprüfungsbericht** auf Beanstandungen **auszuwerten** und durch geeignete Maßnahmen sicherzustellen, dass diese künftig unterbunden werden. Die Umsetzung dieser Maßnahmen sollte zwingend kontrolliert werden. Kam es in der Vergangenheit bereits zu Unrichtigkeiten oder Beanstandungen, bestehen insoweit gesteigerte Anforderungen an die Überwachungs- und Kontrollpflicht. Treten in einer späteren Betriebsprüfung die gleichen Beanstandungen erneut auf, wird in der Verfahrenspraxis schnell ein vorsätzliches Handeln (Eventualvorsatz) unterstellt. Dies zeigt beispielhaft der nachstehende Auszug aus einem Durchsuchungsbeschluss:

> *„Den seinerzeit Verantwortlichen der […] waren die zahlreichen und eklatanten Mängel in der Buchführung auch bekannt, da bereits bei der vorherigen Betriebsprüfung den Verantwortlichen diese Mängel durch die Prüfer mitgeteilt wurden. Da im aktuellen Prüfungszeitraum erneut erhebliche Mängel festgestellt wurden, besteht der Verdacht, dass seitens der Betroffenen auf die Missstände nicht bzw. jedenfalls nicht im erforderlichen Umfang durch erhöhte oder verbesserte Aufsichtsmaßnahmen und organisatorische Maßnahmen reagiert wurde bzw. die Wirksamkeit evtl. ergriffener Maßnahmen nicht ausreichend kontrolliert wurde.“*

71   Neben der etwaigen Anpassung der laufenden Deklaration sowie der Steuerrückstellungen ist ebenfalls zu prüfen, ob sich aus dem Betriebsprüfungsbericht im Hinblick auf bereits eingereichte bzw. veranlagte Steuererklärungen Handlungspflichten ergeben (ggf. Anzeige nach § 153 AO[88]).

g) Schulungen

72   Die ordnungsgemäße Organisation erfordert die Sicherstellung einer hinreichenden fortlaufenden Schulung der Mitarbeiter. Der (Mindest-)Umfang der jährlichen Schulungen sollte verbindlich festgelegt sein. In Betracht kommen unternehmensinterne oder externe Schulungen. Die Fortbildungsmaßnahmen der einzelnen Mitarbeiter sollten mit Nachweisen jährlich dokumentiert werden. Daneben empfiehlt es sich, dass die Steuerabteilung z. B. im Rahmen von Newslettern oder Rundschreiben über aktuelle steuerliche Fragen und Neuerungen informiert. Ferner kann eine Support-Hotline durch Mitarbeiter der Steuerabteilung sinnvoll sein.

---

88 Siehe dazu Rn. 17 ff.

h) Dokumentation

Von entscheidender Bedeutung ist schließlich eine hinreichende Dokumentation   **73**
der unternommenen Maßnahmen. Nur so kann möglichen Vorwürfen – insbesondere nach §§ 130, 30 OWiG – effektiv entgegengetreten werden. Das LG
München I hat in einer gesellschaftsrechtlichen Entscheidung zudem entschieden, dass der Vorstand einer Aktiengesellschaft nach § 91 Abs. 2 AktG nicht nur
verpflichtet wird, ein Frühwarn- und Überwachungssystem einzurichten, sondern darüber hinaus auch eine Rechtspflicht besteht, dieses System zu dokumentieren.[89] Das Erfordernis der Dokumentation gilt für die allgemeinen Richtlinien
und Grundsätze ebenso wie für die auf Grundlage der Richtlinien getroffenen
Einzelmaßnahmen. In der Praxis hat sich ein **Organisationshandbuch Steuern**
(Tax Compliance Manual) bewährt, das sich sowohl an Mitarbeiter der Steuerabteilung als auch an andere Bereiche richtet, die steuerlich relevante Aufgaben
wahrnehmen (z.B. Controlling, Recht, Rechnungswesen, Personalabteilung,
Einkauf usw.). Die Dokumente, die die Organisationsstrukturen regeln und beschreiben, sollten zudem jedem Mitarbeiter dauerhaft und leicht zugänglich gemacht werden. Insoweit empfiehlt sich z.B. eine Veröffentlichung der Dokumente im Intranet.

V. Zertifizierung des Tax Compliance-Systems durch Dritte

Kommt es trotz Implementierung eines Tax Compliance-Systems zur Abgabe   **74**
objektiv unzutreffender bzw. unvollständiger Steuererklärungen, ist damit zu
rechnen, dass die hinreichende Ausgestaltung und damit der Vorsatz- bzw.
Leichtfertigkeitsausschluss durch Ermittlungsbehörden in Zweifel gezogen
wird. Insoweit kann durch eine Zertifizierung des Tax Compliance-Systems
durch qualifizierte Dritte zusätzliche Rechtssicherheit gewonnen werden.

Die Bedeutung einer Zertifizierung der Prüfung des Tax Compliance-Systems   **75**
ist im Hinblick auf eine strafrechtliche Enthaftung u.E. an den Grundsätzen des
unvermeidbaren Verbotsirrtums nach § 17 StGB (bzw. § 11 Abs. 2 OWiG) zu bestimmen. Holt sich der Täter Rechtsrat ein, der sich nachträglich als unzutreffend erweist, stellt sich die Frage, ob der Täter im unvermeidbaren Verbotsirrtum
und damit ohne Schuld handelte. Hierzu besteht eine umfassende Rechtsprechung. Ähnlich der Einholung von Rechtsrat zielt auch die Beauftragung der
Prüfung und Zertifizierung des Tax Compliance-Systems darauf ab, sich rechts-
konform zu verhalten und Strafbarkeitsrisiken auszuschließen. Insoweit stellt
sich in gleichem Maße die Frage, inwieweit die Inanspruchnahme einer Tax
Compliance Beratung und Prüfung die Vorwerfbarkeit auszuschließen vermag,
wenn entgegen der Zertifizierung kein hinreichendes Tax Compliance-System
gegeben sein sollte.

Wird ein Tax Compliance-System von den Ermittlungsbehörden als nicht hinrei-   **76**
chend bewertet, obwohl zuvor eine beanstandungslose Prüfung und Zertifizie-

---

89 LG München I, 5.4.2007 – 5 HKO 15964/06, DStR 2008, 519.

rung durch qualifizierte Berater erfolgte, fehlt es in der Regel an einem schuldhaften Handeln. Es scheint schwer vorstellbar, einem Unternehmensleiter, der sowohl ein Tax Compliance-System implementiert hat als auch eine Prüfung und Zertifizierung durch einen qualifizierten externen Berater vornehmen ließ, ernsthaft vorzuwerfen, nicht alles Erforderliche getan zu haben, um die Abgabe objektiv unzutreffender Steuererklärungen zu vermeiden. Vielmehr wird durch die Prüfung und Zertifizierung des Tax Compliance-Systems einmal mehr der Wille der Unternehmensleitung bezeugt, Rechtsverstößen wirksam vorzubeugen.

77 Überträgt man die Rechtsprechungsgrundsätze zu § 17 StGB auf die Zertifizierung eines Tax Compliance-Systems kommen als qualifizierte Prüfer grundsätzlich Steuerberater, Wirtschaftsprüfer und Rechtsanwälte mit entsprechender Expertise auf dem Gebiet der Tax Compliance in Betracht. Da es sich bei der Beurteilung von Tax Compliance-Systemen um eine Spezialmaterie handelt, ist die entsprechende Qualifikation des Prüfers bzw. des Prüferteams von besonderer Bedeutung. Neben steuerlichen Kenntnissen setzt dies auch ausreichenden juristischen Sachverstand voraus, da die Normen (§§ 370, 378 AO, §§ 130, 30, 29a OWiG), deren Verwirklichung es zu vermeiden gilt, dem Straf- bzw. Ordnungswidrigkeitenrecht zugehörig sind. Ferner sollte darauf geachtet werden, dass schon der Eindruck vermieden wird, dass der Prüfer die erforderliche Objektivität nicht aufweisen könnte. Die Beauftragung des langjährigen Abschlussprüfers des Unternehmens mit der Zertifizierung sollte daher zuvor äußerst kritisch geprüft werden, da sich aufgrund seiner Vorbefassung mit dem Sachverhalt Zweifel an seiner Unabhängigkeit ergeben können.

78 Ebenso wie eher zur Absicherung als zur Klärung bestellte Gefälligkeitsgutachten als Grundlage eines unvermeidbaren Verbotsirrtums ausscheiden, vermag auch eine Zertifizierung mit „Feigenblattfunktion" die straf- und bußgeldrechtliche Vorwerfbarkeit nicht auszuschließen. Ähnlich einem Gutachten sollten der Prüfungsauftrag, die durchgeführten Prüfungshandlungen (Gegenstand, Art und Umfang der Prüfung), die Prüfungsfeststellungen sowie das Prüfungsurteil im Detail schriftlich festgehalten werden. Um dem Maßstab, den der BGH an die Erteilung einer verlässlichen Auskunft stellt (pflichtgemäße Prüfung der Sach- und Rechtslage in verantwortungsbewusster Weise), gerecht zu werden, ist u.E. eine tiefgehende und umfassende Prüfung des Tax Compliance-Systems erforderlich.

79 Bei der Prüfung eines Tax Compliance-Systems wird zwischen Angemessenheitsprüfungen und Wirksamkeitsprüfungen unterschieden. Die Angemessenheitsprüfung zielt auf die Beurteilung ab,

> *„ob die in der CMS-Beschreibung enthaltenen Aussagen über die Grundsätze und Maßnahmen des CMS in allen wesentlichen Belangen angemessen dargestellt sind, dass die dargestellten Grundsätze und Maßnahmen in Übereinstimmung mit den angewandten CMS-Grundsätzen geeignet sind, mit hinreichender Sicherheit sowohl Risiken für wesentliche Regelverstöße rechtzeitig zu erkennen als auch solche Regelverstöße zu verhindern und dass die*

Grundsätze und Maßnahmen zu einem bestimmten Zeitpunkt implementiert waren. Im Kern ist im Rahmen einer Angemessenheitsprüfung des Tax CMS somit eine Überprüfung der identifizierten Risiken daraufhin vorzunehmen, ob diese vollständig sind und ob diese Risiken durch angemessene Kontrollen auf ein vertretbares Maß reduziert werden."

Die Wirksamkeitsprüfung ist umfassender. Über die Angemessenheitsprüfung **80** hinaus wird analysiert, ob die Grundsätze und Maßnahmen während eines bestimmten Zeitraums wirksam waren. Aus diesem Grund kann eine Wirksamkeitsprüfung auch erst dann erfolgen, wenn bereits ein Tax Compliance-System im Unternehmen implementiert ist. Dabei sollte der geprüfte Zeitraum mindestens ein halbes Geschäftsjahr umfassen.

Aus straf- und ordnungswidrigkeitenrechtlicher Sicht ist eine Wirksamkeitsprü- **81** fung zu präferieren, da allein die Implementierung eines Tax Compliance-Systems für eine Exkulpierung nicht ausreichend sein dürfte. Notwendig ist vielmehr, dass das Tax Compliance-System im Unternehmen auch tatsächlich gelebt wird. Schließlich ist zu beachten, dass die Unternehmensleitung auch nach erfolgter Zertifizierung Kontrollmaßnahmen durchzuführen hat. Eine Zertifizierung kann nur eine begrenzte *„Lebensdauer"* haben.

Letztlich ist eine Zertifizierung des Tax Compliance-Systems unter steuerstraf- **82** und steuerordnungswidrigkeitenrechtlichen Gesichtspunkten grundsätzlich empfehlenswert, selbst wenn hierdurch steuerstrafrechtliche und steuerordnungswidrigkeitenrechtliche Vorwürfe nicht mit Sicherheit ausgeschlossen werden können. Gegenüber der *„bloßen"* Implementierung eines Tax Compliance-Systems stellt die Zertifizierung durch Dritte zumindest eine zusätzliche Absicherung dar, wodurch Risiken nochmals signifikant reduziert werden.

VI. Berichtigung von Steuererklärungen

1. Korrekturvorschrift

Besteht in Unternehmen Korrekturbedarf, da eine Steuererklärung objektiv un- **83** zutreffend abgegeben worden ist oder den steuerlichen Erklärungs- und Anzeigepflichten objektiv nicht nachgekommen wurde, ist zu entscheiden, welche Rechtsnorm einschlägig ist:

- Anzeige nach § 153 AO (nach objektiv unzutreffend abgegebener Erklärung);
- § 149 AO i.V.m. Einzelsteuergesetzen (fortbestehende Erklärungspflicht nach unterlassener Abgabe einer Steuererklärung);
- Selbstanzeige nach § 371 AO (bei vorsätzlicher Steuerhinterziehung) bzw. nach § 378 Abs. 3 AO (bei leichtfertiger Steuerverkürzung).

Sowohl im Fall der Anzeigepflicht nach § 153 AO[90] als auch bei einer Selbstan- **84** zeige nach §§ 371, 378 Abs. 3 AO war die Steuererklärung im Zeitpunkt der Ab-

---

90 Siehe hierzu Rn. 17 ff.

gabe objektiv falsch. Die Abgrenzung der Normen erfolgt allein im subjektiven Bereich. Handelte der Steuerpflichtige im Zeitpunkt der Abgabe der objektiv unrichtigen Steuererklärung mit Hinterziehungsvorsatz, bzw. ist ihm Leichtfertigkeit nachzuweisen, stellt die nachträgliche Korrektur eine Selbstanzeige nach § 371 AO bzw. nach § 378 Abs. 3 AO dar. Ist die objektive Unrichtigkeit dem Steuerpflichtigen dagegen subjektiv nicht vorwerfbar bzw. nur als „einfache" Fahrlässigkeit zu qualifizieren, ist der Anwendungsbereich des § 153 AO eröffnet. Die Abgrenzung ist somit von einer inneren Tatsache abhängig, deren Würdigung durch die Finanzverwaltung im Vorfeld mitunter schwer zu antizipieren ist. Gleichwohl kommt der Abgrenzung, die für Unternehmen im Vorfeld mitunter schwer vorzunehmen ist, erhebliche Bedeutung zu, da sich die Voraussetzungen der §§ 153, 371 AO grundlegend unterscheiden. In **Zweifelsfällen** bleibt Unternehmen im Sinne des sichersten Wegs daher keine andere Wahl, als eine Berichtigung nach § 153 AO – wenn möglich – inhaltlich vorsorglich so auszugestalten, dass sie zugleich die (weitergehenden) Voraussetzungen einer Selbstanzeige nach § 371 AO erfüllt. In der Verwaltungspraxis bestand zuletzt die Tendenz, im Zweifel jedes Korrekturschreiben als Selbstanzeige nach § 371 AO zu werten. Wenngleich das BMF erfreulicherweise bemüht ist, dieser Entwicklung entgegenzuwirken,[91] darf nicht verkannt werden, dass die Würdigung einer Korrektur als Selbstanzeige nach § 371 AO aufgrund der verlängerten Festsetzungsfrist (§ 169 Abs. 2 Satz 2 AO), der Hinterziehungszinsen nach § 235 AO sowie insbesondere des Geldbetrags nach § 398a AO aus Sicht der Finanzverwaltung deutlich „lukrativer" als eine „bloße" Berichtigung nach § 153 AO ist.

2. Selbstanzeige im Unternehmen (§§ 371, 378 Abs. 3 AO)

85 Die Änderungen des § 371 AO durch das Schwarzgeldbekämpfungsgesetz im Jahr 2011 sowie durch das Gesetz zur Änderung der Abgabenordnung und des Einführungsgesetzes zur Abgabenordnung vom 22.12.2014 haben dazu geführt, dass Selbstanzeigen in Unternehmen nur noch stark eingeschränkt möglich und durch den regelmäßig einschlägigen § 398a AO mit (erheblichen) zusätzlichen Kosten verbunden sind.

a) Person des Anzeigeerstatters

86 Bei der Selbstanzeige handelt es sich um einen persönlichen Strafaufhebungsgrund, so dass nur derjenige Straffreiheit erlangt, in dessen Namen die Offenlegung gegenüber der Finanzverwaltung erfolgt. Da in Unternehmen regelmäßig mehrere Personen als Beteiligte an einer Steuerhinterziehung in Betracht kommen, ist der Personenkreis, für den eine Selbstanzeige abgegeben wird, sorgsam zu prüfen. Auch wenn es bei juristischen Personen nach einer alten BGH-Entscheidung grundsätzlich genügen kann, dass die Selbstanzeige durch einen Be-

---

91 BMF, 23.5.2016 – IV A 3 – S – 0324/15/10001, BStBl. I 2016, 490; vgl. auch *Schwartz/Höpfner*, PStR 2016, 210; *Schauf/Schwartz*, PStR 2015, 248.

vollmächtigten oder durch einen gesetzlichen Vertreter erstattet wird,[92] ist – jedenfalls im Fall des § 371 AO – die namentliche Benennung der betroffenen Personen in der Anzeige aus Gründen der Rechtssicherheit vorzugswürdig.[93] Dies gilt uneingeschränkt, wenn ein Geldbetrag nach § 398a AO in Betracht kommt.

b) Positive Wirksamkeitsvoraussetzungen des § 371 AO

§ 371 Abs. 1 AO setzt voraus, dass zu allen Steuerstraftaten einer Steuerart in **87** vollem Umfang die unrichtigen Angaben berichtigt, die unvollständigen Angaben ergänzt oder die unterlassenen Angaben nachgeholt werden (Vollständigkeitsgebot). Dabei müssen Angaben zu allen unverjährten Steuerstraftaten einer Steuerart, mindestens aber zu allen Steuerstraftaten einer Steuerart innerhalb der letzten zehn Kalenderjahre erfolgen (Berichtigungsverbund). Das Vollständigkeitsgebot bezieht sich nur auf vorsätzliche Unrichtigkeiten, die den Tatbestand des § 370 AO erfüllen, etwaige weitere nicht vorsätzliche Fehler sind nicht umfasst. Vor Abgabe einer Selbstanzeige ist stets die strafrechtliche Verfolgungsverjährung zu prüfen. Die Verjährungsfrist beträgt bei einfacher Steuerhinterziehung fünf Jahre (§ 78 Abs. 3 Nr. 4 StGB i.V.m. § 369 Abs. 2 AO). Liegt dagegen eine Steuerhinterziehung im besonders schweren Fall nach § 370 Abs. 3 Satz 2 Nr. 1 bis 5 AO vor, verlängert sich die Verjährungsfrist nach § 376 Abs. 1 AO auf zehn Jahre. § 376 Abs. 1 AO ist stets einschlägig, wenn durch die jeweilige Tat (in der Regel Veranlagungszeitraum) eine Steuerverkürzung von 50.000 EUR verursacht wurde. Im Hinblick auf den Beginn der Verjährungsfrist, das Vorliegen der Unterbrechungs- und Hemmungstatbestände der §§ 78c, 78b StGB oder das tatsächliche Überschreiten der Betragsgrenze von 50.000 EUR kann die Bestimmung der strafrechtlichen Verfolgungsverjährung mit Schwierigkeiten verbunden sein, so dass angesichts des Vollständigkeitsgebots im Zweifelsfall (zunächst) lieber ein Jahr zu viel als ein Jahr zu wenig offengelegt werden sollte. Ungeachtet der Verfolgungsverjährung müssen **mindestens berichtigende Angaben zu allen Steuerstraftaten einer Steuerart innerhalb der letzten zehn Kalenderjahre** gemacht werden. Damit müssen ggf. auch strafrechtlich verjährte einfache Steuerhinterziehungen zwingend angegeben werden, um eine wirksame Selbstanzeige für die nicht verfolgungsverjährten Steuerhinterziehungen zu erreichen.[94]

In sachlicher Hinsicht bezieht sich das Vollständigkeitsgebot auf die jeweils of- **88** fenbarte **Steuerart**. Wird bspw. USt hinterzogen, setzt die Wirksamkeit der Selbstanzeige nicht voraus, dass zugleich vorsätzlich falsche Angaben bei der KSt korrigiert werden. Sofern die USt- und die KSt-Hinterziehung auf dem gleichen Sachverhalt beruhen, sollte dieser jedoch insgesamt zum Gegenstand der Selbstanzeige gemacht werden. Bislang nicht entschieden ist die Frage, ob

---

92 BGH, 24.10.1984 – 3 StR 315/84, wistra 1985, 74.
93 Siehe vertiefend zur (verdeckten) Stellvertretung *Handel*, DStR 2018, 709.
94 Vgl. *Schwartz*, PStR 2015, 37, 38; *Schauf*, in: Kohlmann, Steuerstrafrecht, Stand: 66. EL, § 371 AO Rn. 114 ff.

das Vollständigkeitsgebot dahingehend einzuschränken ist, dass nur dieselbe Steuerart ein und desselben Steuerschuldners umfasst wird.[95] Dies ist insbesondere bei **Beteiligung an gleichartigen Taten Dritter** relevant. So stellt sich die Frage, ob etwa ein Geschäftsführer eines Unternehmens, der eine Selbstanzeige für vorsätzliche Unrichtigkeiten in seinen persönlichen Einkommensteuererklärungen abgibt, zugleich in den Berichtigungszeitraum fallende unzutreffende Lohnsteueranmeldungen im Unternehmen korrigieren muss. Die gleiche Frage stellt sich bei der Teilnahme an der ESt-Hinterziehung anderer Personen im Zusammenhang mit verdeckten Gewinnausschüttungen.

89   Bei **Personengesellschaften** wird diskutiert, ob bei einer **Korrektur des einheitlichen und gesonderten Gewinnfeststellungsbescheids** zugleich alle übrigen (in den Berichtigungszeitraum fallenden) vorsätzlichen Fehler in den Einkommensteuererklärungen der Gesellschafter offenbart werden müssen. Der Feststellungsbescheid richtet sich nämlich nicht an die Gesellschaft, sondern an die Gesellschafter, da diese Subjekt der ESt sind. Ausgehend davon, dass Gewinnfeststellung und ESt eine Steuerart im Sinne des § 371 Abs. 1 AO sind, muss der vorsätzlich handelnde Feststellungsbeteiligte bei der Berichtigung einer unzutreffenden Feststellungserklärung auch weitere in den Berichtigungsverbund fallende vorsätzliche Unrichtigkeiten seiner Einkommensteuererklärungen korrigieren. Er ist jedoch nicht verpflichtet, auch etwaige Unrichtigkeiten im Rahmen der Einkommensteuererklärungen anderer Feststellungsbeteiligter zu berichtigen.

90   Ein **Verstoß gegen das Vollständigkeitsgebot** hat – sofern nicht eine nur geringfügige Abweichung[96] vorliegt (Abweichung von nicht mehr als 5 % vom Verkürzungsbetrag im Sinne des § 370 Abs. 4 AO) – grundsätzlich zur Folge, dass die Selbstanzeige insgesamt unwirksam ist (Alles-oder-nichts-Prinzip). Für den Bereich der USt-Voranmeldungen und LohnSt-Anmeldungen hat der Gesetzgeber in § 371 Abs. 2a AO hiervon eine Ausnahme geschaffen. Abweichend von dem Vollständigkeitsgebot tritt Straffreiheit in dem Umfang ein, in dem die unrichtigen Angaben berichtigt, die unvollständigen Angaben ergänzt oder die unterlassenen Angaben nachgeholt werden (**Teilselbstanzeige**). Ferner wird durch § 371 Abs. 2a Satz 2 AO der Sperrgrund der Tatentdeckung ausgeschlossen, wenn die Entdeckung darauf beruht, dass eine USt-Voranmeldung oder LohnSt-Anmeldung nachgeholt oder berichtigt wurde. Hierdurch wird dem Bedürfnis der Praxis, der mehrfachen Korrektur von USt-Voranmeldungen und LohnSt-Anmeldungen, Rechnung getragen. Der Sperrgrund des § 371 Abs. 2 Satz 1 Nr. 3 AO findet in diesem Zusammenhang ausdrücklich ebenfalls keine Anwendung, so dass bei (Teil-)Selbstanzeigen bzgl. USt-Voranmeldungen oder LohnSt-Anmeldungen unabhängig von der Höhe der verkürzten Steuer kein Geldbetrag nach § 398a AO zu zahlen ist. Die Ausnahmeregelung in § 371 Abs. 2a AO greift nicht für USt-Jahreserklärungen.

---

95 Vgl. zum Sach- und Streitstand *Schauf*, in: Kohlmann, Steuerstrafrecht, Stand: 66. EL, § 371 AO Rn. 130 ff.

96 BGH, 25.7.2011 – 1 StR 631/10, NZWiSt 2012, 117, 119.

Die Selbstanzeige muss die Finanzverwaltung in die Lage versetzen, ohne 91
größere eigene Ermittlungen die Steuer ordnungsgemäß festsetzen zu können
(Grundsatz der Materiallieferung). Jede Selbstanzeige muss daher **zwingend
korrigierte Zahlen** enthalten. Nicht erforderlich ist dagegen, dass ausgefüllte
Erklärungsvordrucke beigefügt werden. Gleichwohl kann auch in der Abgabe
einer Steuererklärung eine Selbstanzeige liegen. Soweit die zu korrigierenden
Zahlen aufgrund der Komplexität der in Unternehmen auftretenden Sachverhalte nicht innerhalb der erforderlichen Zeit zu beschaffen sind, können dem Finanzamt in einem ersten Schritt geschätzte Zahlen mitgeteilt werden. Um die
Wirksamkeit der Selbstanzeige nicht zu gefährden, sind diese jedoch mit einem
hinreichenden Sicherheitszuschlag zu versehen. Nach Auswertung der entsprechenden Unterlagen und der Buchhaltung erfolgt sodann in einem zweiten
Schritt die Mitteilung der konkreten Zahlen.

Nach § 371 Abs. 3 AO setzt die Erlangung der Straffreiheit zudem voraus, dass 92
der an der Tat Beteiligte fristgerecht die zu seinen Gunsten **hinterzogenen Steuern**, die Hinterziehungszinsen nach § 235 AO und die Zinsen nach § 233a AO,
soweit sie auf die Hinterziehungszinsen nach § 235 Abs. 4 AO angerechnet werden, **nachentrichtet**. Bei der Korrektur von USt-Voranmeldungen und LohnSt-
Anmeldungen hängt die Straffreiheit nur von der fristgerechten Steuernachzahlung ab (§ 371 Abs. 3 Satz 2 AO). Da bei Steuerhinterziehungen in Unternehmen
der Steuerpflichtige (Unternehmen) und der Täter (natürliche Person) auseinanderfallen, werden durch den Tatbeteiligten fremde betriebliche Steuern hinterzogen. Die Steuernachzahlung ist jedoch nur dann Wirksamkeitsvoraussetzung,
wenn die Steuern zugunsten des an der Tat Beteiligten hinterzogen wurden. Dies
setzt den Zufluss eines unmittelbaren wirtschaftlichen Vorteils voraus. Der Gesellschafter-Geschäftsführer einer Ein-Mann-GmbH erlangt einen unmittelbaren wirtschaftlichen Vorteil durch Hinterziehung der Steuern, welche die GmbH
schuldet, weil bei wirtschaftlicher Betrachtungsweise das Vermögen der GmbH
dem Gesellschafter zusteht. Bei mehreren Gesellschaftern entspricht der unmittelbare Vorteil des handelnden Gesellschafter-Geschäftsführers seinem Gesell-
schaftsanteil. Ein anteiliger wirtschaftlicher Vorteil des (nur) angestellten Geschäftsführers kann zu bejahen sein, wenn er gewinnabhängige Leistungen
erhält. Dagegen erlangt ein Angestellter oder GmbH-Geschäftsführer, dessen
Stellung sich nicht von der eines sonstigen abhängigen Angestellten unterscheidet, keinen unmittelbaren Vorteil, wenn er die Hinterziehung zugunsten seines
Arbeitgebers begeht, um seinen Arbeitsplatz zu erhalten.

c) Negative Wirksamkeitsvoraussetzungen des § 371 AO (Sperrgründe)

Straffreiheit tritt nicht ein, wenn einer der Sperrgründe nach § 371 Abs. 2 AO 93
verwirklicht ist:

– Bekanntgabe einer Prüfungsanordnung (§ 371 Abs. 2 Satz 1 Nr. 1a AO);
– Bekanntgabe der Einleitung des Straf- oder Bußgeldverfahrens (§ 371 Abs. 2
Satz 1 Nr. 1b AO);

- Erscheinen eines Amtsträgers der Finanzbehörde zur steuerlichen Prüfung (§ 371 Abs. 2 Satz 1 Nr. 1c AO);
- Erscheinen eines Amtsträgers zur Ermittlung einer Steuerstraftat oder einer Steuerordnungswidrigkeit (§ 371 Abs. 2 Satz 1 Nr. 1d AO);
- Erscheinen eines Amtsträgers der Finanzbehörde zur Nachschau (§ 371 Abs. 2 Satz 1 Nr. 1e AO);
- Tatentdeckung (§ 371 Abs. 2 Satz 1 Nr. 2 AO);
- Verkürzte Steuer von mehr als 25.000 EUR (§ 371 Abs. 2 Satz 1 Nr. 3 AO);
- Besonders schwerer Fall nach § 370 Abs. 3 Satz 2 Nr. 2–6 AO (§ 371 Abs. 2 Satz 1 Nr. 4 AO).

94   Die Aufzählung ist abschließend, sonstige Sperrgründe gibt es nicht. Im Folgenden kann nur auf die für Unternehmen wesentlichen Regelungen und Konsequenzen eingegangen werden. Liegen die Voraussetzungen eines Sperrgrundes nach § 371 Abs. 2 Satz 1 Nr. 1 oder Nr. 2 AO für (nur) eine zur Selbstanzeige gebrachten Tat vor, sind grundsätzlich alle Taten der betroffenen Steuerart gesperrt (**Infektionswirkung**). In den Fällen des § 371 Abs. 2 Satz 1 Nr. 1a und Nr. 1c AO ist die Sperrwirkung dagegen ausdrücklich auf den sachlichen und zeitlichen Umfang der (**angekündigten**) **Außenprüfung** beschränkt. Für Jahre, die nicht Gegenstand der Prüfungsanordnung sind, kann daher (trotz Betriebsprüfung) grundsätzlich eine strafbefreiende Selbstanzeige abgegeben werden.

95   Die in der Praxis übliche mündliche Ankündigung der Betriebsprüfung sowie eine im Vorfeld erfolgende Terminvereinbarung lösen die Sperrwirkung des § 371 Abs. 2 Satz 1 Nr. 1a AO noch nicht aus, da § 196 AO Schriftform verlangt. Gleiches gilt, wenn mündlich oder auch schriftlich zur Vorbereitung der Prüfung um Übersendung der Buchhaltungsdaten auf einem Datenträger gebeten wird. Die Bekanntgabefiktion des § 122 Abs. 2 Nr. 1 AO dürfte für Zwecke der Selbstanzeige keine Anwendung finden.[97] Der sachliche Umfang der Sperrwirkung bestimmt sich nach dem Inhalt der Prüfungsanordnung. Diese führt daher nur hinsichtlich der von ihr umfassten Steuerarten eine Sperrwirkung herbei. Die Bekanntgabe muss gegenüber dem an der Tat Beteiligten (Täter oder Teilnehmer), seinem Vertreter, dem Begünstigten im Sinne des § 370 Abs. 1 AO (Schuldner der hinterzogenen Steuer) oder dessen Vertreter erfolgen. Die Bekanntgabe einer Prüfungsanordnung gegenüber einer Kapitalgesellschaft löst somit auch gegenüber nicht vertretungsberechtigten Mitarbeitern als Täter oder Teilnehmer der im Unternehmen begangenen Steuerhinterziehung Sperrwirkung aus. Dies soll nach der Begründung des Regierungsentwurfs[98] auch für aus dem Unternehmen ausgeschiedene Mitarbeiter gelten. Die Bekanntgabe einer Prüfungsanordnung an eine Personengesellschaft, die sich auf die gesonderte und einheitliche Feststellung der Besteuerungsgrundlagen bezieht, dürfte hinsichtlich der ESt der Gesellschafter keine Sperrwirkung herbeiführen. Die Sperrwirkung setzt nur eine wirksame und keine rechtmäßige Prüfungsanordnung voraus.

---

97 *Jäger*, in: Klein, Abgabenordnung, 15. Aufl. 2020, § 371 AO Rn. 113.
98 BR-Drucks. 431/14, 8.

Die Selbstanzeigemöglichkeit lebt nach Abschluss der steuerlichen Prüfung wieder auf. Dies ist nach h. M. der Fall, wenn die Finanzverwaltung die berichtigten Steuerbescheide bekannt gemacht oder das Prüfungsverfahren durch eine Mitteilung nach § 202 Abs. 1 Satz 3 AO abgeschlossen hat.

Ist der Täter Inhaber mehrerer Betriebe, zwischen denen eine wirtschaftliche **96** Einheit (Identität des Inhabers und enge organisatorische Verzahnung) besteht, so löst das Erscheinen des Prüfers in einem dieser Betriebe die Sperrwirkung des § 371 Abs. 2 Satz 1 Nr. 1c AO für alle Betriebe aus (Gedanke der Sphäreneinheit), es sei denn, die Prüfungsanordnung gilt ausdrücklich nur für einen Betrieb. Bei einem **Konzern** sind wegen der rechtlichen Selbstständigkeit der Steuersubjekte die Sphären von Mutter- und Tochterunternehmen bzw. gleichberechtigter Konzerngesellschaften zu trennen. Das Erscheinen des Prüfers in einer der genannten Gesellschaften löst daher noch keine Sperrwirkung gegenüber den anderen aus.[99]

Nach § 371 Abs. 2 Satz 1 Nr. 3 AO tritt keine Straffreiheit ein, wenn die nach **97** § 370 Abs. 1 AO verkürzte Steuer oder der erlangte nicht gerechtfertigte Steuervorteil einen Betrag von 25.000 EUR je Tat übersteigt. Dieser Grenzwert ist in Unternehmen zumeist erreicht. Dann kommt ein Absehen von der Strafverfolgung nach § 398a AO[100] in Betracht, was aufgrund des zusätzlich zu leistenden Geldbetrags mit einer weiteren finanziellen Belastung einhergeht. Die Betragsgrenze von 25.000 EUR bezieht sich auf die jeweilige materiell-rechtliche Tat, bestehend aus Steuerart, Besteuerungszeitraum und Steuerpflichtigem. Eine Addition verkürzter Steuerbeträge mehrerer Jahre oder Steuerarten findet (außer bei Tateinheit) nicht statt.[101] Bei § 371 Abs. 2 Satz 1 Nr. 3 AO besteht keine Infektionswirkung, so dass das Überschreiten des Grenzbetrages für jede Tat isoliert zu betrachten ist. Für die unter dem Grenzbetrag liegenden Taten bleibt die Selbstanzeige demnach wirksam. Bei der Bestimmung der verkürzten Steuern findet nach dem Gesetzeswortlaut das Kompensationsverbot[102] Anwendung, so dass Steuerminderungsgründe ohne Berücksichtigung bleiben.

Bei Steuerhinterziehungen in Verbindung mit Urkundenfälschungen ist stets zu **98** prüfen, ob überhaupt eine wirksame Selbstanzeige abgegeben werden kann. Nach § 371 Abs. 2 Satz 1 Nr. 4 AO ist eine wirksame Selbstanzeige u. a. ausgeschlossen, wenn der Täter unter Verwendung nachgemachter oder verfälschter Belege fortgesetzt Steuern verkürzt oder nicht gerechtfertigte Steuervorteile erlangt (§ 370 Abs. 3 Satz 2 Nr. 4 AO). Hierzu muss er mehrfach unechte Urkunden im Sinne des § 267 Abs. 1 StGB verwendet, d. h. dem Finanzamt eingereicht oder einem Prüfer vorgelegt haben. Unter den Voraussetzungen des § 398a AO wird jedoch von der Strafverfolgung abgesehen.

---

99 *Schauf*, in: Kohlmann, Steuerstrafrecht, Stand: 66. EL, § 371 AO Rn. 462.
100 Siehe hierzu Rn. 99 ff.
101 BGH, 15.12.2011 – 1 StR 579/11, NJW 2012, 1015, 1016; *Schauf*, in: Kohlmann, Steuerstrafrecht, Stand: 66. EL, § 371 AO Rn. 777.
102 Siehe hierzu Rn. 43.

d) Absehen von Verfolgung nach § 398a AO

99 Ein Absehen von der Strafverfolgung erfolgt unter folgenden Voraussetzungen:

- Vorliegen einer Selbstanzeige nach § 371 AO, deren Wirksamkeit allein an der Verwirklichung des Sperrgrundes des § 371 Abs. 2 Satz 1 Nr. 3 oder Nr. 4 AO scheitert;
- Fristgemäße Zahlung der zugunsten des an der Tat Beteiligten hinterzogenen Steuern, der Hinterziehungszinsen nach § 235 AO und der Zinsen nach § 233a AO, soweit sie auf die Hinterziehungszinsen nach § 235 Abs. 4 AO angerechnet werden;
- Fristgemäße Zahlung des Geldbetrags nach § 398a Abs. 1 Nr. 2 AO.

100 Die **Bemessung des Geldbetrags** hängt von der Höhe der hinterzogenen Steuer ab und ist wie folgt gestaffelt:

- 10% der hinterzogenen Steuer, wenn der Hinterziehungsbetrag 25.000 EUR übersteigt und 100.000 EUR nicht übersteigt;
- 15% der hinterzogenen Steuer, wenn der Hinterziehungsbetrag 100.000 EUR übersteigt und 1.000.000 EUR nicht übersteigt;
- 20% der hinterzogenen Steuer, wenn der Hinterziehungsbetrag 1.000.000 EUR übersteigt.

101 Bemessungsgrundlage für die Berechnung des Geldbetrags nach § 398a Abs. 1 Nr. 2 AO ist die jeweilige nicht verfolgungsverjährte materiell-rechtliche Tat, die unter den Anwendungsbereich des § 398a AO fällt. Die Ermittlungsbehörden vertreten regelmäßig die Ansicht, dass der Geldbetrag nach § 398a Abs. 1 Nr. 2 AO **durch jeden Tatbeteiligten** in voller Höhe zu zahlen sei.[103] Dies trifft Unternehmen in besonderem Maße, da regelmäßig mehrere Personen als Täter oder Teilnehmer in Betracht kommen. Erschwerend kommt hinzu, dass der Geldbetrag auch dann zu zahlen ist, wenn der Täter – wie typischerweise im Unternehmen – nicht zu eigenen Gunsten handelte. Es besteht jedoch keine Rechtspflicht zur Zahlung des Geldbetrags. Vielmehr kann der an der Tat Beteiligte entscheiden, ob er durch die Erfüllung der Voraussetzungen des § 398a AO einseitig die weitere Verfolgbarkeit der Tat abwendet oder ob er sich einem Strafverfahren stellt.[104] Je nach Fallkonstellation kann es sich anbieten, die „Flucht in das Strafverfahren" anzutreten, wenn etwa eine Geldauflage bei einer Verfahrenseinstellung nach § 153a StPO geringer ausfällt, als die starre Regelung des § 398a AO. Dies kann bspw. der Fall sein, wenn kein oder nur ein geringer Steuerschaden entstanden ist, aufgrund der Anwendung des Kompensationsverbots jedoch erhebliche Hinterziehungsbeträge im Sinne des § 398a Abs. 1 Nr. 2 AO vorliegen sowie in Fällen der Beihilfe zur Steuerhinterziehung, wenn der Gehilfe nur einen untergeordneten Tatbeitrag geleistet hat. Der Geldbetrag nach § 398a Abs. 1 Nr. 2 AO ist nicht als Betriebsausgabe steuerlich abzugsfähig.

---

103 Ebenso LG Aachen, 27.8.2014 – 86 Qs 11/14, wistra 2014, 493.
104 *Jäger*, in: Klein, Abgabenordnung, 15. Aufl. 2020, § 398a AO Rn. 3; *Schwartz*, PStR 2015, 37, 45.

e) Bußgeldbefreiende Selbstanzeige nach § 378 Abs. 3 AO

In den Fällen leichtfertiger Steuerverkürzung kommt eine bußgeldbefreiende **102**
Selbstanzeige nach § 378 Abs. 3 AO in Betracht, die sich wesentlich von den Voraussetzungen des § 371 AO unterscheidet. § 378 Abs. 3 AO kennt kein Vollständigkeitsgebot, so dass auch Teilselbstanzeigen im Umfang der Berichtigung
wirksam sind. Im Übrigen existiert einzig der Sperrgrund der Bekanntgabe der
Einleitung eines Straf- oder Bußgeldverfahrens. Eine Selbstanzeige ist demnach
sowohl nach Bekanntgabe der Prüfungsanordnung als auch während der Betriebsprüfung möglich. Erwähnenswert ist zudem, dass die Höhe der verkürzten
Steuer keinen Einfluss auf die Wirksamkeit einer Anzeige nach § 378 Abs. 3 AO
hat. Soweit im Unternehmen vorwerfbare steuerliche Unrichtigkeiten zu korrigieren sind, kann es daher lohnenswert sein, mit den Finanzbehörden um die
Leichtfertigkeit zu kämpfen.

VII. Verbandssanktionengesetz (VerSanG)[105]

1. Allgemeines

Das BMJV hat gemäß der Vorgabe aus dem Koalitionsvertrag im August 2019 **103**
einen ersten Entwurf eines „Gesetzes zur Bekämpfung der Unternehmenskriminalität" vorgelegt. Nachdem der Entwurf lange in der Ressortabstimmung war,
wurde er am 20.4.2020 veröffentlicht. Im Vergleich zu dem ersten Entwurf enthält der neue Entwurf abgesehen vom neuen Namen („**Gesetzes zur Stärkung
der Integrität in der Wirtschaft**") nur wenig Änderungen im Vergleich zu der
vorherigen Version. Der Entwurf sieht insbesondere einen Verfolgungszwang
und bei großen Unternehmen umsatzgekoppelte Sanktionen bei Verstößen vor.
Zudem sollen Anreize für Unternehmen geschaffen werden, **Compliance-Maßnahmen** zu intensivieren und zur Aufklärung von Straftaten interne Untersuchungen durchzuführen. Trotz massiver Kritik aus Verbands- und Unterneh-
menskreisen wurde der Referentenentwurf am 16.6.2020 mit nur wenigen
Änderungen als Regierungsentwurf veröffentlicht und befindet sich seitdem in
der Abstimmung. Inkrafttreten soll das Gesetz aber erst zwei Jahre nach der Veröffentlichung im Bundesgesetzblatt.

2. Wesentliche Inhalte

a) Regelungsbereich/Adressaten und Opportunitätsprinzip

In § 1 VerSanG-E regelt das Gesetz die Sanktionierung von Verbänden wegen **104**
Straftaten, durch die Pflichten, die den Verband treffen, verletzt worden sind
oder durch die der Verband bereichert worden ist oder werden sollte. Adressaten
der Regelungen sind ausschließlich Verbände, deren Zweck auf einen wirt-

---

105 Siehe hierzu auch *Böttger*, Kap. 2, Rn. 144 ff. sowie vertiefend *Ott/Lüneborg*, NZG 2019,
1361; *Köllner*, NZI 2020, 60; *Grunert*, CCZ 2020, 71; *Schulz/Block*, CCZ 2020, 49; *Wegner*,
PStR 2020, 41.

schaftlichen Geschäftsbetrieb ausgerichtet ist (§§ 1, 2 VerSanG-E). Insoweit wird das bisher geltende Rechtsträgerprinzip gem. § 30 OWiG übernommen. Nach dem bei § 30 OWiG derzeit geltenden Opportunitätsprinzip wird den Behörden ein Ermessen bei der Frage eingeräumt, ob eine Verfolgung stattfinden soll. Durch die Einführung des **Legalitätsprinzips** soll künftig bei einem Anfangsverdacht auf das Vorliegen einer Verbandstat ein Verfolgungszwang bestehen.

b) Verschuldensunabhängige Zurechnung: Objektiv vorliegende Aufsichtspflichtverletzung ausreichend

105 Der Gesetzesentwurf sieht eine Verhängung einer Verbandssanktion vor, wenn eine Leitungsperson (z. B. Vorstand, Geschäftsführer oder Bereichsleiter) eine **Verbandstat** begangen hat oder irgendjemand (jeder Mitarbeiter) in Wahrnehmung der Angelegenheiten des Verbands eine Verbandstat begangen hat, die eine Leitungsperson durch angemessene Vorkehrungen hätte verhindern oder wesentlich erschweren können (Aufsichtspflichtverletzung). Eine Verbandstat ist eine Straftat, durch die Pflichten des Verbands verletzt worden sind oder durch die der Verband bereichert worden ist oder werden sollte. Hierunter fallen beispielsweise: **Steuerhinterziehung**, Korruption, Betrug und Geldwäsche.

c) Sanktionen

106 Mögliche Sanktionen sind die **Verbandsgeldsanktion** und die **Verwarnung** mit Verbandsgeldsanktionsvorbehalt (§ 8 VerSanG-E). Die Verbandsgeldsanktion soll bei einer vorsätzlichen Verbandstat mindestens 1.000 EUR und höchstens 10 Mio. EUR betragen. Die Höchstgrenze entspricht der derzeitigen Rechtslage gemäß § 30 OWiG. Besonders drastisch können die Sanktionen bei großen Unternehmen ausfallen. Bei Unternehmen mit einem Konzernjahresumsatz von mehr als 100 Mio. EUR soll die Verbandstat mindestens 10.000 EUR und bis zu 10 % des durchschnittlichen Konzernjahresumsatzes der letzten drei Geschäftsjahre betragen. Bei mehreren Verstößen kann sogar das Doppelte des Höchstmaßes verhängt werden. Kommt es bei einem großen Unternehmen zu mehreren vorsätzlichen Verbandstaten, könnte sich somit eine Verbandsgeldsanktion von bis zu 20 % des Konzernjahresumsatzes der letzten drei Geschäftsjahre ergeben. Aber nicht nur auf finanzieller Ebene erhöhen sich die Risiken für Unternehmen. Neben den auch schon bisher drohenden – teils gravierenden – Reputationsschäden, sieht der Gesetzesentwurf gänzlich neu das sog. „**Naming and Shaming**" vor (§ 14 VerSanG-E). Hiernach soll bei einer großen Anzahl von Geschädigten neben einer Verbandssanktion auch eine Veröffentlichung der Verurteilung des Verbandes angeordnet werden können. Eine Veröffentlichung im Internet ist ausdrücklich vorgesehen. Jedoch soll die öffentliche Bekanntmachung der Information der durch die Verbandstat Geschädigten dienen, so dass nach Sinn und Zweck des Gesetzes eine Veröffentlichung bei Steuerstraftaten nicht in Betracht kommt, da Geschädigter der Staat ist.

d) Sanktionsmilderung durch Kooperation und Compliance

Sanktionsmilderungen können durch **interne Untersuchungen und Compliance-Maßnahmen** erreicht werden. Dies gilt allerdings nur unter der Voraussetzung, dass die internen Untersuchungen den hohen Anforderungen des Gesetzes entsprechen. Dieses verlangt, dass der beauftragte Dritte, der die verbandsinternen Untersuchungen durchführt, nicht Verteidiger des Verbandes oder eines Beschuldigten ist. Zudem müssen die mit der internen Untersuchung zusammenhängenden Unterlagen vollständig zur Verfügung gestellt werden. Daneben wird die ununterbrochene und uneingeschränkte Kooperation mit den Verfolgungsbehörden verlangt. Für den Umfang der Milderung bestimmt § 18 VerSanG-E, dass sich das in § 9 Abs. 1 bis 3 VerSanG-E jeweils vorgesehene Höchstmaß um die Hälfte reduziert und das vorgesehene Mindestmaß entfällt. Des Weiteren soll die Anordnung der öffentlichen Bekanntmachung der Verurteilung in diesen Fällen ausgeschlossen sein.

107

VIII. Fazit

In einem Umfeld, das von einem komplexen Steuerrecht, ständigen Gesetzesänderungen, einer steigenden Internationalität sowie einer zunehmenden Sensibilisierung der Öffentlichkeit für steuerliches Fehlverhalten von Unternehmen einerseits und einem extensiveren Gebrauch der §§ 130, 30 OWiG durch die Ermittlungsbehörden andererseits geprägt ist, steht das Erfordernis eines Tax Compliance-Systems außer Frage. Diese Einschätzung wird durch das VerSanG, das aller Voraussicht nach kommen wird, verstärkt. Unternehmen sollten daher die zwei Jahre bis zum voraussichtlichen Inkrafttreten des VerSanG dazu nutzen, ein Tax Compliance-System zu implementieren bzw. dieses zu optimieren. Orientierungshilfe bei der Ausgestaltung eines Tax Compliance-Systems kann der von dem Institut der Wirtschaftsprüfer (IDW) herausgegebene **Prüfungsstandard IDW PS 980** bieten, der die Grundsätze zur ordnungsmäßigen (freiwilligen) Prüfung von Compliance-Management-Systemen definiert. Ein funktionierendes und immer wieder auf den Prüfstand gestelltes Tax Compliance-System vermag steuerliche-, zivilrechtliche-, aber auch straf- und bußgeldrechtliche Haftungsrisiken erheblich zu reduzieren und schafft daher langfristig einen klaren Mehrwert in Bezug auf Finanzen und Reputation, und zwar nicht nur aus Sicht der Geschäftsleitung und der Aufsichtsorgane, sondern auch für das gesamte Unternehmen und dessen Anteilseigner.[106]

108

---

106 *Besch/Starck*, in: Hauschka/Moosmayer/Lösler, Corporate Compliance, § 3 Rn. 150; *Aichberger/Schwartz*, DStR 2015, 1758, 1764.

26. Kapitel
Exportkontrolle und Compliance

I. Einleitung

Der Außenhandel ist eine tragende Säule der deutschen Wirtschaft und hat in **1**
den letzten Jahren – nicht zuletzt vor dem Hintergrund der weltweiten Globa-
lisierungsprozesse – beeindruckende Zuwachsraten offenbart.[1] Die ausgeprägte
Exportorientierung deutscher Unternehmen bringt es mit sich, dass sich diese
vielfach mit den Vorgaben und Verboten des Exportkontrollrechts vertraut machen müssen. Darunter ist diejenige Teilmenge des Außenwirtschaftsrechts zu
verstehen, die aus außen- und sicherheitspolitischen Erwägungen auf die besondere staatliche Überwachung der Ausfuhr von Gütern, Dienstleistungen sowie
Geld- und Vermögenswerten abzielt.

Das Exportkontrollrecht ist ein komplexes Regelungsgefüge nationaler, europä- **2**
ischer sowie internationaler Rechtsnormen, die zugleich Gegenstand dynamischer Änderungen und Anpassungen sind. Ausgangspunkt ist dabei auf nationaler wie internationaler Ebene die Freiheit des Warenverkehrs.[2] Gleichwohl sind
– weitreichende – exportkontrollrechtliche Beschränkungen und Verbote denkbar, sofern dies zur Wahrung höherrangiger Schutzgüter erforderlich ist.[3] So bedarf die Ausfuhr von Rüstungsgütern und gelisteten sog. „Dual-Use-Gütern"
(d. h. Gütern, die sowohl zivilen als auch militärischen Zwecken zugeführt werden können) nach der europäischen Dual-Use-Verordnung[4] regelmäßig der Genehmigung. In besonderen Fällen können Güterlieferungen ins Ausland sogar
ausgeschlossen sein. Anknüpfungspunkte für exportkontrollrechtliche Restriktionen sind das Exportgut selbst, dessen Destination, der Empfänger sowie die
bezweckte Endverwendung.[5]

Zentrales Ziel der Überwachung des Außenhandels ist es, einer Bedrohung **3**
Deutschlands und seiner Bündnispartner durch konventionelle Waffen und Mas-
senvernichtungswaffen wirksam vorzubeugen.[6] Nicht zuletzt in Anbetracht
schwerwiegender Exportskandale in der Vergangenheit sollen überdies Ausfuhren der deutschen Wirtschaft im Ausland weder konfliktverstärkende Wirkungen

---

1 Vgl. Statistisches Bundesamt, Export und Import im Zeichen der Globalisierung, 2017, 6 ff.
  Inwieweit sich die globale COVID-19-Pandemie dauerhaft auf die Gesamtentwicklung der
  deutschen Exportwirtschaft auswirken wird, lässt sich zum jetzigen Zeitpunkt kaum verlässlich beurteilen.
2 Vgl. § 1 Abs. 1 Satz 1 AWG und Art. 34 f. AEUV.
3 Vgl. § 4 Abs. 1 AWG und Art. 36 AEUV.
4 Verordnung (EG) Nr. 428/2009 über eine Gemeinschaftsregelung für die Kontrolle der Ausfuhr, der Verbringung, der Vermittlung und der Durchfuhr von Gütern mit doppeltem Verwendungszweck, ABl. (EG) 2009 Nr. L 134/1; dazu noch eingehend unter Rn. 14 ff.
5 BAFA, Exportkontrolle und das BAFA, 6. Aufl. 2019, 6; *Wolffgang/Witte*, CB 2015, 138.
6 BAFA, Exportkontrolle und das BAFA, 6. Aufl. 2019, 6; *dass.*, CB 5/2015, 168.

zeitigen noch Menschenrechtsverletzungen Vorschub leisten.[7] Schließlich ist die Bundesrepublik Deutschland als Mitglied der internationalen Staatengemeinschaft durch vielfältige Vereinbarungen und Beschlüsse verpflichtet, supranationale Vorgaben zum Exportkontrollrecht einzuhalten bzw. im nationalen Recht umzusetzen.[8]

4   Die Einhaltung ausfuhrrechtlicher Vorgaben obliegt zuvörderst den Wirtschaftsbeteiligten selbst. Diesen wird im Bereich der Exportkontrolle die Beachtung vielzähliger Bestimmungen und Beschränkungen abverlangt. Im Verletzungsfall drohen empfindliche Sanktionen bis hin zu Freiheits- und Geldstrafen. Gleichwohl muss die Exportkontrolle nicht nur als lästiges Hemmnis begriffen werden. Vielmehr schafft sie Rechtssicherheit und Planbarkeit hinsichtlich der Durchführbarkeit von Exporten und sonstigen Handlungen im Außenwirtschaftsverkehr.[9] Die Exportkontrolle stellt sich insofern als integraler Bestandteil eines gewissenhaften Compliance-Risikomanagements dar und schützt Unternehmen vor falschen Investitionsentscheidungen und Rechtsverletzungen.[10] Unbesehen der für jeden Normadressaten bestehenden Pflicht zur Einhaltung geltenden Rechtes ist exportorientierten Unternehmen anzuraten, durch entsprechende Organisation ihrer innerbetrieblichen Abläufe die Wahrung des an sie gerichteten Exportkontrollrechts sicherzustellen. Nicht zuletzt kann eine funktionierende Exportkontroll-Compliance dazu beitragen, Auslandsmärkte zu sichern und Reputations- sowie Imageschäden zu verhindern.[11] Wie sich ein wirkungsvolles Compliance-System unternehmensspezifisch etablieren läss wird in diesem Kapitel näher dargelegt. Dazu bedarf es vorab einer – gerafften – Darstellung der exportkontrollrechtlichen Rechtsgrundlagen sowie der einschlägigen Genehmigungspflichten und -verfahren.

II. Rechtsgrundlagen der Exportkontrolle in Deutschland

1. Supranationale Vorgaben

5   Das von deutschen Unternehmen zu beachtende Exportkontrollrecht fußt weitestgehend auf internationalen Vorgaben. In vielen Fällen ist es in unmittelbar geltenden Exportkontrollvorschriften der EU kodifiziert. Grund hierfür ist, dass die Effektuierung der Exportkontrolle in einer zunehmend globalisierten Welt ein abgestimmtes Vorgehen auf internationaler bzw. europäischer Ebene erforderlich macht.[12]

---

7 BAFA, Exportkontrolle und das BAFA, 6. Aufl. 2019, 20; *dass.*, CB 5/2015, 168.
8 BAFA, Praxis der Exportkontrolle, 3. Aufl. 2015, 21; *dass.*, CB 5/2015, 168.
9 BAFA, Praxis der Exportkontrolle, 3. Aufl. 2015, 19.
10 BAFA, Praxis der Exportkontrolle, 3. Aufl. 2015, 25. Zur Notwendigkeit eines systematischen Compliance-Risikomanagements siehe *Schulz*, Kap. 1, Rn. 57 ff. sowie *Kark*, Compliance-Risikomanagement, 2. Aufl. 2019.
11 BAFA, Praxis der Exportkontrolle, 3. Aufl. 2015, 26. Zu Reputations- und Imageschutz als Bestandteil des Compliance Managements siehe *Schulz*, Kap. 1, Rn. 23 ff.
12 BAFA, Praxis der Exportkontrolle, 3. Aufl. 2015, 28.

von Bodungen

Weitreichende Genehmigungspflichten werden auf EU-Ebene im Rahmen der **6** bereits angesprochenen Dual-Use-Verordnung für solche Güter statuiert, die sowohl zivilen als auch militärischen Zwecken zugeführt werden können. Solche genehmigungspflichtigen Dual-Use-Güter sind beispielsweise Analysatoren für Funksignale, die sich sowohl in der zivilen als auch in der militärischen Luftfahrt einsetzen lassen. Derzeit ist eine Neufassung der Dual-Use-Verordnung in Vorbereitung, deren finale Inhalte und Inkrafttretenszeitpunkt freilich noch ungewiss sind.[13]

Flankierend treten die unmittelbar geltenden EU-Embargoverordnungen hinzu, **7** die die außenwirtschaftsrechtlichen Genehmigungspflichten der Dual-Use-Verordnung überlagern und umfassende Beschränkungen von Wirtschaftsaktivitäten bis hin zu Verboten im Außenhandelsverkehr mit bestimmten Staaten statuieren.[14] Genannt sei beispielhaft das – inzwischen freilich gelockerte – Embargo gegen den Iran aufgrund der Verordnung (EU) Nr. 267/2012.[15] Ebenso können – ohne dass es insoweit überhaupt auf einen Exportvorgang ankäme – personenbezogene Restriktionen Platz greifen, wie sie sich beispielsweise in den EU-Terrorismusverordnungen wiederfinden.[16] Den in diesen Verordnungen gelisteten Personen oder Organisationen dürfen weder Gelder noch wirtschaftliche Ressourcen zur Verfügung gestellt werden (sog. „Bereitstellungsverbot"). Verstöße gegen solche Wirtschaftsembargos und -sanktionen der EU können mit Freiheitsstrafe von bis zu fünf Jahren sanktioniert werden.[17]

2. Nationale Vorgaben

Stellt sich das vorrangige EU-Recht als lückenhaft dar oder enthält es Öffnungs- **8** klauseln für einzelstaatliche Regelungen, kommt nationales Exportkontrollrecht zur Anwendung. In Deutschland ist dieses hauptsächlich im Außenwirtschaftsgesetz (AWG) und in der Außenwirtschaftsverordnung (AWV) geregelt. Das AWG spannt den außenwirtschaftsrechtlichen Rahmen auf, ordnet aber selbst keine Beschränkungen des Außenwirtschaftsverkehrs an. Die Kompetenz hierzu überantwortet es vielmehr – aus Gründen der Flexibilität und schnelleren Reaktionsfähigkeit auf aktuelle politische und wirtschaftliche Entwicklungen – der Exekutive.[18] Die für den Anwender relevanten Verbote und Genehmigungspflichten sind denn auch in der Außenwirtschaftsverordnung enthalten. Beide

---

13 Dazu noch unter Rn. 58 f.
14 Zur Relevanz von Embargos und Finanzsanktionen für Kreditinstitute bei der Durchführung des nationalen und internationalen Kapital- und Zahlungsverkehrs ausführlich *Renz/Frankenberger*, Kap. 19, Rn. 10 ff.
15 ABl. (EU) 2012 Nr. L 88/1.
16 Vgl. u. a. die zwischenzeitlich wiederholt angepasste Verordnung (EG) Nr. 881/2002 betreffend Maßnahmen gegen das Al-Qaida-Netzwerk (ABl. [EG] 2002, Nr. L 139/9) sowie Verordnung (EG) Nr. 2580/2001 betreffend Maßnahmen gegen sonstige Terrorverdächtige (ABl. [EG] 2001, Nr. L 344/70).
17 Vgl. § 18 Abs. 1 AWG.
18 *Stein/Thomas*, in: dies., Außenwirtschaftsgesetz, 2014, Einführung Rn. 20.

Rechtstexte wurden im Jahr 2013 grundlegend überarbeitet und modernisiert, um ihre Anwendung in der Praxis zu erleichtern und solche Vorschriften zu streichen, die die deutschen Exporteure in der Vergangenheit gegenüber der europäischen Konkurrenz benachteiligt hatten.[19]

9 Ergänzend ist das Gesetz über die Kontrolle von Kriegswaffen (sog. „Kriegswaffenkontrollgesetz" – KrWaffKontrG) zu nennen, welches deren Herstellung, Beförderung und Inverkehrbringen einer Genehmigungspflicht unterstellt. Beim Export von Kriegswaffen können sich Überschneidungen ergeben und Genehmigungspflichten sowohl nach dem KrWaffKontrG als auch nach der Außenwirtschaftsverordnung zu beachten sein.[20]

3. Relevanz ausländischen Exportkontrollrechts

a) Allgemeines

10 Unternehmen in Deutschland müssen neben deutschem und europäischem Exportkontrollrecht unter Umständen auch die Exportkontrollvorschriften anderer Rechtsordnungen wahren. Dies gilt insbesondere im Hinblick auf das Recht des jeweils in Rede stehenden Einfuhrlandes. Aber auch andere Rechtsordnungen, zu denen ein spezifischer Bezug (sog. „genuine link") besteht, können Relevanz erlangen. Eine solche Verknüpfung kann sich beispielsweise daraus ergeben, dass ein bestimmtes Gut durch das Hoheitsgebiet einer anderen Rechtsordnung befördert wird (sog. „Durchfuhr") oder das exportierende Unternehmen dort eine Zweigniederlassung hat.

b) Insbesondere: US-Re-Exportkontrolle

11 Das US-Exportkontrollrecht ist bekannt dafür, dass es bereits entferntere Anknüpfungspunkte genügen lässt, um auch außerhalb des eigenen Hoheitsgebietes sowie gegenüber Nicht-US-Bürgern seinen – insoweit extraterritorialen – Geltungsanspruch zu erheben.[21] Insbesondere kommt es aus Sicht des US-Rechts nicht zwingend darauf an, dass das US-Territorium als Import-, Export- oder Transitland berührt ist. Vielmehr kann es genügen, dass Waren von einem Exportvorgang betroffen sind, die US-amerikanischen Ursprungs sind oder einen Mindestwertanteil US-amerikanischer Komponenten – im Regelfall 25 % bzw. 10 % bei Ausfuhren in US-Embargoländer – aufweisen, selbst wenn sich der in Rede stehende Exportvorgang erst zu einem späteren Zeitpunkt als die ursprüngliche Ausfuhr aus den USA ereignet und sich vollständig außerhalb der USA abspielt (sog. „Re-Export").[22] Das US-Recht verlangt den an einem solchen Re-

---

19 Vgl. insoweit die Darstellungen bei *Kollmann*, AW-Prax 2013, 267 ff., und *Niestedt/Trennt*, BB 2013, 2115 ff.

20 *Bender*, in: Paschke/Graf/Olbrisch, Hamburger Handbuch des Exportrechts, 2. Aufl. 2014, Abschnitt 37 Rn. 6 u. 10.

21 Eingehend zu diesen Anknüpfungspunkten jüngst *Haellmigk*, CCZ 2019, 135, 136 f.

22 *Hohmann*, AW-Prax 2007, 456, 457; *Pfeil/Mertgen*, Compliance im Außenwirtschaftsrecht, 2016, Kap. D Rn. 160.

Export beteiligten Personen ab, die von ihm statuierten Genehmigungserfordernisse und sonstigen Beschränkungen zu beachten.

Das US-Außenwirtschaftsrecht kennt überdies zahlreiche Listen, in denen Länder, Personen, Organisationen und Vereinigungen spezifiziert werden, die Adressaten von Handels- und Finanzsanktionen sind.[23] Diese Listen sind mit den bereits angesprochenen Embargo- und Sanktionslisten auf europäischer Ebene nicht deckungsgleich. Das US-Embargorecht erhebt gleichwohl auch gegenüber ausländischen Unternehmen Geltungsanspruch.[24] Für europäische Unternehmen besteht die Herausforderung insbesondere auch darin, die Fülle der Listen mit den verbotenen oder kritischen Empfängern fortlaufend im Blick zu haben, was sich ohne EDV-Unterstützung schwerlich zuverlässig bewerkstelligen lässt.[25]   **12**

Zwar knüpft die deutsche bzw. europäische Ausfuhrkontrolle an Verstöße gegen US-(Re-)Exportkontrollrecht oder US-Listentreffer keine unmittelbaren Rechtsfolgen. So ist die Notwendigkeit der Einholung einer US-Exportgenehmigung für die Behörden in Deutschland schon kein Prüfungspunkt. Die Nichtbeachtung von US-Recht kann für ein in Deutschland ansässiges Unternehmen gleichwohl gravierende Beeinträchtigungen zur Folge haben. Das gilt zunächst für Unternehmensangehörige, die die US-amerikanische Staatsangehörigkeit besitzen oder sich in den USA aufhalten. Aber auch dann, wenn einem Unternehmen mangels Präsenz auf dem US-Markt dort keine Geldbußen oder sonstigen Strafen drohen, ist zu besorgen, dass die US-Behörden das Unternehmen auf eine schwarze Liste (sog. „Denied-Persons-List") setzen und es damit allen US-amerikanischen Unternehmen untersagen, Geschäftsabschlüsse mit ihm zu tätigen.[26]   **13**

III. Exportkontrollrechtliche Genehmigungspflichten

1. Allgemeines

Ausfuhrrechtliche Genehmigungspflichten ergeben sich nach den vorstehenden Ausführungen insbesondere aus der Dual-Use-Verordnung sowie der Außenwirtschaftsverordnung. Wichtig ist aus Sicht der betroffenen Unternehmen, dass die Ausfuhrkontrolle nicht allein Warenexportgeschäfte im engeren Sinne erfasst. Neben physischen Gütern kann vielmehr auch die Übertragung von Software und Technologie exportkontrollrechtlichen Beschränkungen unterworfen sein.[27] Anknüpfungspunkte für Genehmigungspflichten können zudem – über die Ausfuhr inkriminierter Güter hinaus – auch deren Verbringung bzw. Durch-   **14**

---

23 *Merz*, in: Hauschka/Moosmayer/Lösler, Corporate Compliance, 3. Aufl. 2016, § 32 Rn. 49; *Pfeil/Mertgen*, Compliance im Außenwirtschaftsrecht, 2016, Kap. E Rn. 85 ff.

24 Eingehend zu diesen sog. secondary sanctions jüngst *Haellmigk*, CCZ 2019, 135, 138.

25 *Merz*, in: Hauschka/Moosmayer/Lösler, Corporate Compliance, 3. Aufl. 2016, § 32 Rn. 80.

26 *Melchior*, in: Wecker/Ohl, Compliance in der Unternehmenspraxis, 3. Aufl. 2013, 91; *Sachs/Krebs*, CCZ 2013, 60, 64.

27 Vgl. die Definition von „Ausfuhr" in § 2 Abs. 3 Nr. 2 AWG.

fuhr, Handels- und Vermittlungstätigkeiten sowie die Erbringung technischer Unterstützungsleistungen sein.

15 Für die Zwecke der Exportkontrolle ist unerheblich, auf welche Weise das Ausfuhrgut in einen anderen Staat verbracht wird. Ob Software und Technologie in verkörperter Form (etwa in Papierform oder als CD bzw. DVD) ins Ausland geliefert oder auf elektronischem Wege (insbesondere also per E-Mail oder etwa durch Verlagerung eines firmeneigenen Servers) dorthin übermittelt wird, macht genehmigungsrechtlich keinen Unterschied.[28] Vor diesem Hintergrund kann sogar die Bereitstellung von Software und Technologie im unternehmenseigenen Intranet oder einer externen Cloud ausfuhrrechtlich relevant sein, wenn auf diese Weise der Zugriff von einem Drittstaat aus möglich wird.[29]

16 Die Einholung einer behördlichen Genehmigung kommt freilich nur in Betracht, wenn nicht bereits ein – insoweit vorrangiges – exportkontrollrechtliches Verbot Anwendung findet. Neben den bereits angesprochenen länderbezogenen Embargos und personenspezifischen Sanktionen ist insbesondere das in §§ 17 f. KrWaffKontrG normierte Verbot (u. a.) der Ausfuhr atomarer, biologischer und chemischer Waffen zu beachten.

2. Genehmigungspflichten bei Ausfuhren in Länder außerhalb der EU

a) Gelistete Güter

17 Die Dual-Use-Verordnung gilt einheitlich in allen EU-Mitgliedstaaten und führt in ihrem Anhang I diejenigen Güter mit doppeltem Verwendungszweck auf, deren Ausfuhr ins außereuropäische Ausland unter Genehmigungsvorbehalt gestellt ist. Die in Anhang I gelisteten Positionen wurden zum Ende des Jahres 2019 neu gefasst[30] und zeichnen sich durch detaillierte Leistungsbeschreibungen aus, welche u. a. Güter aus den Kategorien kerntechnische Materialien und Anlagen, allgemeine Elektronik, Rechner, Sensoren und Laser sowie Luftfahrt und Antriebssysteme umfassen. Für die Listung genügt die bloße Möglichkeit einer militärischen Verwendung, auch wenn tatsächlich eine zivile Nutzung intendiert ist.

18 Anhang I der Dual-Use-Verordnung wird durch – ebenfalls genehmigungspflichtige – nationale Dual-Use-Sonderpositionen ergänzt. Diese finden sich in Teil I Abschnitt B der Anlage 1 zur Außenwirtschaftsverordnung, welche auch als Ausfuhrliste (AL) bezeichnet wird. Überdies finden sich in Teil I Abschnitt

---

28 *Huber/Huetz*, Handbuch Import- und Exportrecht, 2014, 222.

29 BAFA, Exportkontrolle und das BAFA, 6. Aufl. 2019, 34 f.; eingehend zu den exportkontrollrechtlichen Fragestellungen beim (Cloud-)Datentransfer auch *Haellmigk/Vulin*, CR 2013, 350; *Haellmigk*, CCZ 2016, 28 ff.

30 Diese Anpassung erfolgte durch die Delegierte Verordnung (EU) 2019/2199 der Kommission vom 17.10.2019 zur Änderung der Verordnung (EG) Nr. 428/2009 des Rates über eine Gemeinschaftsregelung für die Kontrolle der Ausfuhr, der Verbringung, der Vermittlung und der Durchfuhr von Gütern mit doppeltem Verwendungszweck, ABl. (EU) 2019 Nr. L 338/1.

A der Ausfuhrliste Waffen, Munition und Rüstungsmaterial aufgeführt, deren Ausfuhr auf Ebene des nationalen Rechtes einer Genehmigungspflicht unterstellt wird. Den ausführenden Unternehmen obliegt es, die Listung eines Gutes zu erkennen, wobei im jeweiligen Einzelfall die Prüfung der europäischen *und* der nationalen Güterliste erforderlich ist.

b) Nicht gelistete Güter

Auch wenn ein bestimmtes Gut weder in der Dual-Use-Verordnung gelistet noch auf der nationalen Ausfuhrliste aufgeführt ist, kann es gleichwohl Gegenstand außenhandelsrechtlicher Restriktionen sein, die auf einem bestimmten – kritischen – Verwendungszweck fußen. Sensitiv ist aus Sicht der Dual-Use-Verordnung eine Verwendung im Zusammenhang mit der Entwicklung, Herstellung, Lagerung und Verbreitung von chemischen, biologischen oder Kernwaffen.[31] Entsprechendes gilt bei militärischer Endverwendung, wenn gegen das Käufer- bzw. Bestimmungsland ein Waffenembargo verhängt ist.[32] Schließlich sind bei nicht gelisteten Gütern nationale Genehmigungspflichten angeordnet, wenn sie für den Bau oder Betrieb einer Anlage für kerntechnische Zwecke in bestimmten – kritischen – Ländern vorgesehen sind.[33]   **19**

Voraussetzung der Genehmigungspflichtigkeit eines konkreten Exportvorhabens gemäß den vorstehend beschriebenen Auffangtatbeständen (sog. „Catch-All") ist, dass die zuständigen Behörden den Ausführer von der kritischen Verwendung – ggf. in Verbindung mit einem als problematisch eingestuften Länderkreis – in Kenntnis gesetzt haben. Eigene Kenntnis des Ausführers von diesen Umständen verpflichtet ihn seinerseits zur Unterrichtung der zuständigen Behörden.[34] Auf eigene Unkenntnis kann er sich in diesem Zusammenhang vor allem dann nicht berufen, wenn auf der Hand liegende Fakten und offensichtliche Möglichkeiten zur Kenntnisnahme in Rede stehen.[35] Die Ausfuhr hat in diesem Fall bis zur behördlichen Entscheidung über die Genehmigungspflicht zu unterbleiben.[36]   **20**

3. Genehmigungspflichten bei Verbringungen

Die Lieferung von Waren, Software und Technologie aus dem Inland in das übrige Zollgebiet der EU wird im Gegensatz zur Ausfuhr als Verbringung bezeichnet.[37] Sie unterliegt grundsätzlich weniger strengen Anforderungen als die Ausfuhr.   **21**

---

31 Vgl. Art. 4 Abs. 1 Dual-Use-Verordnung.
32 Vgl. Art. 4 Abs. 2 Dual-Use-Verordnung.
33 Vgl. § 9 Abs. 1 AWV.
34 Vgl. Art. 4 Abs. 4 Halbs. 1 Dual-Use-Verordnung; § 9 Abs. 2 Satz 1 AWV.
35 *Schwendinger/Bender*, in: Paschke/Graf/Olbrisch, Hamburger Handbuch des Exportrechts, 2. Aufl. 2014, Abschnitt 35 Rn. 23.
36 Vgl. § 9 Abs. 2 Satz 3 AWV.
37 Vgl. § 2 Abs. 21 Nr. 1 AWG.

a) Verbringungen bei Endverbleib in der EU

22 Die Verbringung von Dual-Use-Gütern in andere Mitgliedstaaten der EU ist grundsätzlich genehmigungsfrei. Der Verbringer hat den Empfänger lediglich darauf hinzuweisen, dass es sich um in Anhang I der Dual-Use-Verordnung gelistete Güter handelt und deren Ausfuhr aus der EU kontrollpflichtig ist.[38] Der Genehmigung bedarf allerdings die Verbringung der in Anhang IV der Dual-Use-Verordnung aufgeführten – als besonders sensibel eingestuften – Güter (u. a. Güter der Tarn (Stealth)-Technologie, bestimmte Sprengstoffe, Raketen-antriebssysteme und kerntechnische Materialien).[39] Dies gilt ebenso für die Verbringung von Rüstungsgütern, die sich in Teil I Abschnitt A der deutschen Ausfuhrliste genannt finden.[40]

b) Verbringungen mit anschließender Ausfuhr

23 Besonderheiten sind zu beachten, wenn der Lieferung eines Gutes innerhalb der EU die Ausfuhr in ein Drittland außerhalb der EU folgen soll. Für die national gelisteten Dual-Use-Güter in Teil I Abschnitt B der deutschen Ausfuhrliste besteht in diesem Fall – vorbehaltlich einiger Ausnahmen[41] – eine Genehmigungspflicht, sofern der Verbringer Kenntnis vom endgültigen Bestimmungsziel außerhalb der EU hat.[42] Ebenso kann in Konstellationen der nachgelagerten Ausfuhr bereits die Verbringung solcher Güter der Genehmigung bedürfen, die weder in Anhang I der Dual-Use-Verordnung noch in der deutschen Ausfuhrliste aufgeführt und daher an sich als unkritisch eingestuft sind. Dies ist der Fall, wenn der Verbringer behördlicherseits darüber unterrichtet worden ist, dass diese Güter ganz oder teilweise für bestimmte kerntechnische Zwecke vorgesehen sind bzw. sein können und zudem ein inkriminiertes Bestimmungsland in Rede steht.[43] Sind dem Verbringer diese Umstände bekannt, hat er seinerseits die Verbringung auszusetzen und die zuständige Behörde zu unterrichten, damit diese über die Genehmigungspflichtigkeit befinden kann.[44]

4. Sonstige Genehmigungspflichten

a) Handels- und Vermittlungsgeschäfte

24 Dass die Exportkontrolle nicht nur Ausfuhren und Verbringungen zum Gegenstand hat, zeigt sich daran, dass auch bestimmte damit im Zusammenhang stehende Handels- und Vermittlungsgeschäfte (sog. „Brokering") der Genehmigung bedürfen. Hierunter fallen Vermittlung, Aushandlung und Abschluss von

---

38 Vgl. Art. 22 Abs. 10 Dual-Use-Verordnung.
39 Vgl. Art. 22 Abs. 1 Satz 1 Dual-Use-Verordnung.
40 Vgl. § 11 Abs. 1 Satz 1 AWV.
41 Vgl. § 11 Abs. 5 AWV.
42 Vgl. § 11 Abs. 2 AWV.
43 Vgl. § 11 Abs. 3 AWV.
44 Vgl. § 11 Abs. 4 AWV.

Verträgen über den Erwerb oder das Überlassen bestimmter Güter sowie der Nachweis einer Gelegenheit zum Abschluss solcher Verträge.[45]

Die Dual-Use-Verordnung statuiert eine Genehmigungspflicht für drittlandbe- **25** zogene Vermittlungstätigkeiten aus der EU heraus, wenn der Vermittler eines in Anhang I der Verordnung gelisteten Gutes mit doppeltem Verwendungszeck von der zuständigen Behörde unterrichtet worden ist, dass das Gut bestimmten – kritischen – Verwendungszwecken im Zusammenhang mit der Entwicklung, Herstellung, Lagerung und Verbreitung von chemischen, biologischen oder atomaren Waffen zugedacht ist oder sein kann.[46] Ist dies dem Vermittler seinerseits bekannt geworden, obliegt ihm eine Informationspflicht gegenüber der Behörde.[47]

Die auf EU-Ebene statuierten Genehmigungs- und Unterrichtungspflichten wer- **26** den im deutschen Recht dahingehend ausgeweitet, dass sie die vorstehend beschriebenen – kritischen – Handels- und Vermittlungsgeschäfte auch dann erfassen, wenn diese von Deutschen nicht aus der EU heraus, sondern unmittelbar in einem Drittland vorgenommen werden,[48] wobei Drittland alle Gebiete außerhalb des EU-Zollgebiets sind.[49] Überdies ordnet das nationale Recht für Handels- und Vermittlungsgeschäfte über Rüstungsgüter und bestimmte Kriegswaffen eine Genehmigungspflicht an.[50]

b) Technische Unterstützung

Schließlich müssen exportierende Unternehmen sich des Umstandes gewahr **27** sein, dass unter bestimmten Voraussetzungen auch die Erbringung technischer Unterstützung der Genehmigung bedarf. Betroffen kann – sehr weitreichend – jede technische Dienstleistung sein, wie etwa Reparatur, Wartung, Entwicklung, aber auch die Weitergabe praktischer Fähigkeiten und Kenntnisse etwa vermittels Beratung und Ausbildung.[51] Technische Unterstützung erfasst auch mündliche, fernmündliche und elektronische Formen der Hilfeleistung, weshalb bereits ein informelles Telefonat exportkontrollrechtliche Relevanz besitzen kann. Dies kann sogar für eine technische Hilfeleistung gelten, die ohne grenzüberschreitenden Bezug in Deutschland selbst – etwa auf einer Messe oder bei einer Betriebsbesichtigung – erbracht wird, sofern der Empfänger eine bestimmte ausländische Staatsangehörigkeit besitzt.[52]

Eine Genehmigungspflicht ist in den vorstehend genannten Fällen davon abhän- **28** gig, dass der Dienstleister von der zuständigen Behörde informiert worden ist,

---

45 Vgl. Art. 2 Nr. 5 Dual-Use-Verordnung; § 2 Abs. 14 AWG.
46 Vgl. Art. 5 Abs. 1 Satz 1 i.V. m. Art. 4 Abs. 1 Dual-Use-Verordnung.
47 Vgl. Art. 5 Abs. 1 Satz 2 Halbs. 1 Dual-Use-Verordnung.
48 Vgl. § 47 Abs. 2, 3 AWV.
49 Vgl. § 2 Abs. 8 AWG.
50 Vgl. §§ 46 Abs. 1, 47 Abs. 1 AWV.
51 Vgl. § 2 Abs. 16 AWG; ferner BAFA, Exportkontrolle und das BAFA, 6. Aufl. 2019, 28.
52 Vgl. § 51 Abs. 1 Nr. 2, Abs. 3 AWV.

dass seine technische Unterstützung im Zusammenhang mit ABC-Waffen steht.[53] Hat er seinerseits Kenntnis von diesem Zweck, so hat er die zuständige Behörde zu informieren, welche sodann über die Genehmigungspflichtigkeit und -fähigkeit der technischen Unterstützung befindet.[54] Dieser Unterrichtungsmechanismus zwischen Behörde und Dienstleister gilt ebenso für Support-Dienstleistungen im Zusammenhang mit einer militärischen Endverwendung in einem Embargoland.[55] Eine vergleichbare Regelung findet sich in der Außenwirtschaftsverordnung schließlich auch für technische Unterstützung beim Bau und Betrieb kerntechnischer Anlagen sowie hinsichtlich bestimmter Güter der Kommunikationsüberwachung.[56]

IV. Exportkontrollrechtliches Genehmigungsverfahren

1. Zuständigkeit des BAFA

29 Sofern sich ein konkretes Exportvorhaben gemäß den vorstehend dargestellten Vorschriften als genehmigungspflichtig darstellt, ist die behördliche Erteilung einer entsprechenden Genehmigung zu beantragen. Zuständige deutsche Exportkontrollbehörde ist regelmäßig das Bundesamt für Wirtschaft und Ausfuhrkontrolle (BAFA) in Eschborn bei Frankfurt/Main.[57] Das BAFA ist insbesondere zu involvieren, wenn eine genehmigungspflichtige Ausfuhr nach der Dual-Use-Verordnung in Rede steht und der Ausführer in Deutschland niedergelassen ist (sog. „Niederlassungsprinzip").[58] Fußt die Genehmigungspflicht auf den Bestimmungen der Außenwirtschaftsverordnung, ist das BAFA für die Erteilung der Genehmigung vor allem dann zuständig, wenn sich das zu liefernde Gut im Inland befindet (sog. „Belegenheitsprinzip").[59]

30 Hauptaufgabe des BAFA ist die Überprüfung, ob konkrete Exportvorhaben genehmigungspflichtig und -fähig sind. Für Fragen zum US-Exportkontrollrecht ist das BAFA dagegen nicht zuständig.[60] Entsprechendes gilt für die Überwachung des Kapital- und Zahlungsverkehrs, welche – etwa im Hinblick auf die einschlägigen Embargoverordnungen – der Deutschen Bundesbank obliegt.[61] Weitere ausschließliche Zuständigkeiten liegen beim Bundesministerium für Wirtschaft und Energie, das unter anderem auch Genehmigungsbehörde im Bereich der Kriegswaffenkontrolle ist.[62]

---

53 Vgl. §§ 49 Abs. 1, 51 Abs. 1 AWV.
54 Vgl. §§ 49 Abs. 2, 51 Abs. 3 AWV.
55 Vgl. § 50 Abs. 1, 2, § 51 Abs. 2, 3 AWV.
56 Vgl. §§ 52, 52a, 52b AWV.
57 Vgl. § 13 Abs. 1 AWG.
58 Vgl. Art. 9 Abs. 2 Unterabs. 1 Satz 1 Dual-Use-Verordnung.
59 *Schwendinger/Bender*, in: Paschke/Graf/Olbrisch, Hamburger Handbuch des Exportrechts, 2. Aufl. 2014, Abschnitt 36 Rn. 3.
60 Vgl. insoweit nochmals oben Rn. 11 ff.
61 Vgl. § 13 Abs. 2 Nr. 1 AWG.
62 Vgl. § 13 Abs. 2 Nr. 2 AWG u. § 11 Abs. 2 Nr. 4 KrWaffKontrG.

2. Ablauf des Genehmigungsverfahrens

Das deutsche Exportkontrollsystem fußt maßgeblich auf dem Gedanken der Ei- **31**
genverantwortung der ausführenden Unternehmen.[63] Damit korreliert seitens
der Unternehmen das Erfordernis, sich über die rechtlichen Beschränkungen
und Genehmigungspflichten im Außenwirtschaftsverkehr zu informieren.

Hilfreich ist insoweit das äußerst reichhaltige Informationsangebot des BAFA, **32**
welches den Wirtschaftsbeteiligten online zur Verfügung steht.[64] Insbesondere
die vielzähligen Merkblätter des BAFA zu den einschlägigen Vorschriften im
Exportkontrollbereich erleichtern den Einstieg in diese komplexe Materie. Die
Handreichungen des BAFA können allerdings die Prüfung im jeweiligen Einzelfall nicht ersetzen, weshalb für exportierende Unternehmen eine eigenverantwortliche Befassung mit den sie treffenden Genehmigungspflichten unerlässlich
bleibt, damit Ausfuhrvorhaben rechtssicher und möglichst effektiv realisiert
werden können.[65]

Die meisten der im Ausfuhrbereich erforderlichen Genehmigungsanträge sind **33**
beim BAFA auf elektronischem Wege über das Ausfuhrportal ELAN-K2 („Elektronische Antragserfassung und -kommunikation") zu stellen. In diesem Zusammenhang erforderliche Dokumente sind dem BAFA vermittels Uploads zur Verfügung zu stellen, sodass die Antragstellung im Regelfall vollständig papierlos
erfolgt.[66] Dies gilt insbesondere im Hinblick auf die bei gelisteten Gütern bei-
zubringenden Dokumente, die deren technische Qualifizierung nach den maßgeblichen Güterlisten erlauben, sowie den erforderlichen Nachweis über den
Endempfänger, den Endverbleib und den Verwendungszweck.[67] Gerade mit
Blick auf die vom Empfänger beizubringende Bestätigung über die zivile Endverwendung hat das BAFA im Jahr 2017 zahlreiche neue Formularmuster samt
Ausfüllanleitungen online bereitgestellt, die zu einem optimierten Ablauf des
Genehmigungsverfahrens beitragen sollen.[68] Auch die vertraglichen Vereinbarungen des deutschen Ausführers mit dem Empfänger im Ausland sind hochzu-
laden, setzt doch die Erteilung einer Ausfuhrgenehmigung im Regelfall einen
verbindlichen Vertragsschluss zwischen beiden Parteien voraus.[69]

---

63 BAFA, Exportkontrolle und das BAFA, 6. Aufl. 2019, 7.
64 Abrufbar unter http://www.ausfuhrkontrolle.info/ausfuhrkontrolle/de/arbeitshilfen/index.
html (zuletzt abgerufen am 15.7.2020).
65 BAFA, Exportkontrolle und das BAFA, 6. Aufl. 2019, 5.
66 Siehe eingehend zur Antragstellung sowie den sich in der Praxis dabei typischerweise zeigen-
den Fehlern BAFA, Praxis der Exportkontrolle, 3. Aufl. 2015, 66 ff.
67 Vgl. Art. 9 Abs. 2 Unterabs. 3 Dual-Use-Verordnung; § 21 Abs. 2 Satz 1 AWV.
68 Abrufbar unter http://www.ausfuhrkontrolle.info/ausfuhrkontrolle/de/arbeitshilfen/index.
html (zuletzt abgerufen am 15.7.2020).
69 *Pfeil/Mertgen*, Compliance im Außenwirtschaftsrecht, 2016, Kap. F Rn. 67.

3. Genehmigungstypen

34 Ausfuhrgenehmigungen können als Individual- bzw. Einzelgenehmigung beantragt werden. Eine Einzelgenehmigung gestattet die Lieferung einer bestimmten Anzahl an Gütern aufgrund eines Ausfuhrantrages an einen Empfänger.[70] Die Erteilung der Genehmigung hängt insbesondere von der Zuverlässigkeit des Antragstellers ab.[71] Maßgeblich ist insoweit die behördliche Einschätzung, dass der Ausführer willens und in der Lage ist, die ihm obliegenden Verpflichtungen des Exportkontrollrechts einzuhalten.[72] Insoweit kommt es vor allem darauf an, dass das Unternehmen einen Ausfuhrverantwortlichen gegenüber dem BAFA benannt hat.[73] Einen Sonderfall der Einzelgenehmigung bildet die sog. Höchstbetragsgenehmigung, die dem Ausführer im Rahmen einer festen Geschäftsbeziehung mit dem Empfänger Lieferungen bis zu einem bestimmten Gesamtumfang gestattet.[74]

35 Die Globalausfuhr- bzw. Sammelgenehmigung reicht auf der Rechtsfolgenseite weiter und gestattet die Ausfuhr einer Vielzahl von Gütern an einen oder mehrere genau bestimmte Empfänger oder Drittländer.[75] Ihre Erteilung fußt allerdings – verschärfend – darauf, dass der Ausführer dem BAFA die Existenz eines hinreichenden innerbetrieblichen Exportkontrollsystems (sog. „Internal Compliance Programme" – ICP) nachgewiesen hat.[76] Das Compliance-System muss ihn in die Lage versetzen, Verstößen gegen exportkontrollrechtliche Vorschriften schon im Vorfeld durch geeignete organisatorische Vorkehrungen vorzubeugen.[77] Die Wirksamkeit des unternehmensintern installierten Exportkontrollsystems wird vom BAFA zunächst im Antragsverfahren und sodann fortlaufend während des Gültigkeitszeitraums der Sammelgenehmigung – unter anderem durch Besuche vor Ort – überprüft.

36 Allgemeingenehmigungen werden vom BAFA im Bundesanzeiger veröffentlicht und gelten (nur) für den darin genannten Güter- und Länderkreis. Fällt eine beabsichtigte Ausfuhr unter eine nationale Allgemeingenehmigung, erleichtert dies das Verfahren signifikant, weil es nicht der Beantragung einer Einzelgenehmigung bedarf. Vielmehr genügt es, wenn sich der Ausführer bzw. Verbringer beim BAFA registriert hat.[78] Die Prüfung, ob eine Ausfuhr von einer Allgemeingenehmigung gedeckt ist, liegt dann allerdings ebenso beim registrierten Unternehmen wie das Risiko einer Fehleinschätzung. Dies gilt in gleicher Weise für die sechs

---

70 BAFA, Exportkontrolle und das BAFA, 6. Aufl. 2019, 30.
71 Vgl. § 8 Abs. 2 Satz 1 AWG.
72 *Pfeil/Mertgen*, Compliance im Außenwirtschaftsrecht, 2016, Kap. F Rn. 48.
73 Siehe zum Ausfuhrverantwortlichen noch unter Rn. 44 ff.
74 *Harnischmacher*, in: Ovie/Berger/Harnischmacher, Praxishandbuch Transportrecht, 2. Aufl. 2018, 480 f.
75 Vgl. Art. 9 Abs. 2 Satz 2 i.V.m. Art. 2 Nr. 10 Dual-Use-Verordnung sowie § 4 AWV; ferner BAFA, Praxis der Exportkontrolle, 3. Aufl. 2015, 53.
76 BAFA, Sammelgenehmigungen für Dual-Use-Güter, 2018, 14 f.
77 BAFA, Exportkontrolle und das BAFA, 6. Aufl. 2019, 30.
78 BAFA, Exportkontrolle und das BAFA, 6. Aufl. 2019, 30.

allgemeinen Ausfuhrgenehmigungen der EU, die als Anhänge zur Dual-Use-Verordnung erlassen worden sind[79] und zu denen das BAFA ergänzende Nebenbestimmungen veröffentlicht hat.[80]

Zweifel, ob ein konkretes Ausfuhrvorhaben genehmigungspflichtig ist, lassen sich vermittels Erteilung eines Nullbescheids durch das BAFA ausräumen. Darin wird rechtsverbindlich festgestellt, dass ein bestimmtes Ausfuhrvorhaben im Hinblick auf einen bestimmten Empfänger weder verboten noch genehmigungspflichtig ist. Der Nullbescheid entfaltet allerdings keine Präzedenzwirkung für andere oder künftige Ausfuhrvorhaben, selbst wenn diese identische oder vergleichbare Güter bzw. Empfänger zum Gegenstand haben.[81] Nullbescheide sind wie Ausfuhrgenehmigungen zu beantragen. Folglich sind dafür alle relevanten Antragsunterlagen beizubringen. **37**

Schließlich kommt die Erteilung von unverbindlichen „sonstigen Auskünften" zum Außenwirtschaftsverkehr durch das BAFA in Betracht. Insoweit genügt die formlose Beantragung, die ggf. auch telefonisch erfolgen kann.[82] Trotz fehlender Rechtsverbindlichkeit bieten derartige Auskünfte durch das BAFA den Vorteil, dass sie häufig schneller ergehen als ein vergleichbarer förmlicher Bescheid.[83] **38**

4. Sanktionen bei exportkontrollrechtlichen Verstößen

Vorsätzliche Verstöße gegen das Erfordernis der Genehmigung von Ausfuhren gelisteter Dual-Use-Güter sind Straftaten und werden mit Freiheitsstrafe von bis zu fünf Jahren oder Geldstrafe bestraft.[84] Fahrlässige Verstöße werden dagegen als Ordnungswidrigkeiten mit einer Geldbuße von bis zu fünfhunderttausend Euro geahndet.[85] Adressat ist die für den Verstoß verantwortliche natürliche Person. Zwar besteht bei bestimmten exportkontrollrechtlichen Verstößen seit einigen Jahren die Möglichkeit eines Bußgeldausschlusses aufgrund freiwilliger Selbstanzeige.[86] Allerdings gehören zu den anzeigefähigen Verfehlungen insbesondere nicht – vorsätzliche oder fahrlässige – Verstöße gegen Genehmigungspflichten, sondern (nur) die fahrlässige Verletzung von Form- und Verfahrensrecht bei der Abwicklung von Ausfuhren, die keiner Genehmigungspflicht unterfallen bzw. von einer Genehmigung gedeckt sind.[87] **39**

---

79 Vgl. Art. 9 Abs. 1 i.V.m. Anhang IIa – IIf Dual-Use-VO. Diese Anhänge wurden durch die Delegierte Verordnung (EU) 2019/2199 mit Wirkung zum 31.12.2019 neu gefasst.

80 BAFA, Exportkontrolle und das BAFA, 6. Aufl. 2019, 30.

81 BAFA, Exportkontrolle und das BAFA, 6. Aufl. 2019, 36.

82 BAFA, Exportkontrolle und das BAFA, 6. Aufl. 2019, 21 u. 36.

83 *Pfeil/Mertgen*, Compliance im Außenwirtschaftsrecht, 2016, Kap. F Rn. 91.

84 Vgl. § 18 Abs. 2 Nr. 1, Abs. 5 Satz 1 Nr. 1 AWG.

85 Vgl. § 19 Abs. 1 u. 6 AWG.

86 Vgl. § 22 Abs. 4 AWG; siehe zur bußgeldbefreienden Selbstanzeige eingehend auch *Prieß/Arend*, AW-Prax 2013, 71 ff.; *Krause/Prieß*, NStZ 2013, 688 ff.; *Pelz/Hofschneider*, AW-Prax 2013, 173 ff.; *dies.*, wistra 2014, 1 ff.; *Bünnigmann*, CCZ 2016, 60 ff.

87 *Prieß/Arend*, AW-Prax 2013, 71, 72; *Pelz/Hofschneider*, AW-Prax 2013, 173, 174.

40 Daneben kann gegen die Unternehmensleitung eine Geldbuße von bis zu einer Million Euro wegen Verletzung von Aufsichtspflichten verhängt werden, sofern die – etwa durch die Existenz eines Compliance-Programms dokumentierte – Vornahme gehöriger Aufsichtsmaßnahmen exportkontrollrechtsbezogene Straftaten von Mitarbeitern verhindert oder wesentlich erschwert hätte.[88] In diesem Fall besteht zugleich Gefahr, dass gegen das Unternehmen selbst eine (Verbands-)Geldbuße von bis zu zehn Millionen Euro festgesetzt wird.[89] Es ist zu erwarten, dass das künftige Verbandssanktionengesetz gerade mit Blick auf große und finanzkräftige Unternehmungen zu einer empfindlichen Verschärfung der Sanktionen führen wird, welche dann bis zu 10 % des jeweiligen Durchschnittsjahresumsatzes betragen könnten.[90] Existenzbedrohend kann ferner die Abschöpfung des Erlöses aus einem inkriminierten Geschäft ohne Abzugsmöglichkeit für die dafür getätigten Aufwendungen sein (sog. „Verfall").[91] Dies gilt ebenso für die Versagung künftiger Ausfuhrgenehmigungen mangels Zuverlässigkeit sowie einen Eintrag im Gewerbezentralregister, der sich u. a. in einem Ausschreibungsverfahren nachteilig auswirken kann.

V. Exportkontrollrechtliche Compliance-Strukturen

1. Allgemeines

41 Eine ausdrückliche Rechtspflicht zur Einrichtung eines Compliance-Systems ist im geltenden Außenwirtschaftsrecht bislang nicht normiert. Wie die Wirtschaftsbeteiligten ihre Exportkontrollprozesse organisieren, um außenwirtschaftsrechtliche Verstöße zu verhindern, bleibt ihnen vielmehr im Grundsatz selbst überlassen.[92]

42 Bereits dargelegt wurde indes, dass die Zuverlässigkeit des Exporteurs bei der Erteilung von Ausfuhrgenehmigungen für Dual-Use-Güter ausschlaggebende Bedeutung besitzt und es insoweit vor allem auf die Bestellung eines Ausfuhrverantwortlichen ankommt.[93] Weitergehend hat das BAFA bei der Erteilung von Globalausfuhrgenehmigungen nach der Dual-Use-Verordnung zu berücksichtigen, ob der Ausführer „angemessene und verhältnismäßige Mittel und Verfahren" nutzt, um die Bestimmungen der Verordnung einzuhalten.[94] Folglich wird bei der

---

88 Vgl. § 130 Abs. 1, Abs. 3 Satz 1 OWiG.
89 Vgl. § 30 Abs. 1, Abs. 2 Satz 2 u. 3 i. V. m. § 130 Abs. 3 Satz 2 OWiG.
90 Vgl. § 9 Abs. 2 Satz 1 Nr. 1 des Gesetzesentwurfs der Bundesregierung zu einem Gesetz zur Stärkung der Integrität in der Wirtschaft vom 16.6.2020. Der Gesetzesentwurf ist abrufbar unter https://www.bmjv.de/SharedDocs/Gesetzgebungsverfahren/Dokumente/RegE_Staerkung_Integritaet_Wirtschaft.html (zuletzt abgerufen am 15.7.2020). Zum geplanten Verbandssanktionengesetz siehe auch *Böttger*, Kap. 2, Rn. 15 ff., 144 ff.
91 Vgl. § 73 StGB u. § 29a OWiG.
92 *Schwendinger/Bender*, in: Paschke/Graf/Olbrisch, Hamburger Handbuch des Exportrechts, 2. Aufl. 2014, Abschnitt 36 Rn. 68.
93 Siehe insoweit nochmals Rn. 34.
94 Vgl. Art. 12 Abs. 2 Dual-Use-Verordnung.

Erteilung von Globalausfuhr- bzw. Sammelgenehmigungen[95] durch das BAFA geprüft, ob ein funktionierendes innerbetriebliches Exportkontrollsystem existiert.[96] Die vom Erfordernis der Einholung einer Genehmigung im Wege des Einzelantragsverfahrens dispensierten Unternehmen tragen im Außenwirtschaftsverkehr besondere Verantwortung.[97] Die Etablierung und Aufrechterhaltung eines innerbetrieblichen Compliance-Programms ist insoweit unverzichtbares Gegenstück zur Inanspruchnahme der mit Globalausfuhr- bzw. Sammelgenehmigungen einhergehenden Vereinfachung und Flexibilisierung der Ausfuhrabwicklung.[98] Schließlich sieht die sog. „Verteidigungsgüterrichtlinie"[99] ein Zertifizierungsverfahren für Unternehmen vor, die als Empfänger bestimmter Rüstungsgüter die maßgebliche Allgemeingenehmigung[100] des Lieferlandes für Verbringungen innerhalb der EU in Anspruch nehmen und sich auf diese Weise vom Erfordernis einer Einzelgenehmigung freizeichnen wollen. Der Aufwand für die – zur Erlangung der Zertifizierung erforderliche – Errichtung eines Compliance-Systems ist auch hier der Preis für die angestrebte Verfahrensvereinfachung und -optimierung. Die aufgrund der Verteidigungsgüterrichtlinie an die Betriebsorganisation zu stellenden Anforderungen[101] werden vom BAFA – (weit) über den eigentlichen Anwendungsbereich der Richtlinie hinaus – auch bei der Bewertung sonstiger Exportkontroll-Compliance-Systeme herangezogen.[102]

In der Zusammenschau spielen Compliance-Strukturen in Genehmigungsverfahren vor dem BAFA eine wichtige Rolle.[103] Insbesondere die mit ihnen einhergehenden Verfahrenserleichterungen schaffen zwar keinen rechtlichen, wohl aber einen faktischen Zwang zur Etablierung effektiver innerbetrieblicher Exportkontrollsysteme. **43**

2. Der Ausfuhrverantwortliche

Wie bereits dargelegt, wird ein Antrag auf Ausfuhr oder Verbringung exportkontrollierter Güter beim BAFA nur dann Erfolg haben, wenn die Zuverlässigkeit des Ausführers gewährleistet ist.[104] In diesem Zusammenhang sind die „Grundsätze der Bundesregierung zur Prüfung der Zuverlässigkeit von Exporteuren von Kriegswaffen und rüstungsrelevanten Gütern"[105] samt der flankierenden Be- **44**

---

95 Siehe insoweit bereits Rn. 35.
96 BAFA, Firmeninterne Exportkontrolle, 2. Aufl. 2018, 7, 10 f.
97 *Beutel/Anders/Hötzl*, in: Ehlers/Wolffgang, Recht der Exportkontrolle, 2015, 399, 410.
98 *Sachs/Krebs*, CCZ 2013, 12, 14; *Wolffgang/Witte*, CB 2015, 138, 140.
99 Richtlinie 2009/43/EG zur Vereinfachung der Bedingungen für die innergemeinschaftliche Verbringung von Verteidigungsgütern, ABl. (EG) 2009 Nr. L 146/1.
100 Siehe zur Allgemeingenehmigung bereits Rn. 36.
101 Vgl. Art. 9 Abs. 2 der Verteidigungsgüterrichtlinie sowie § 9 AWG i.V.m. § 2 Abs. 2 AWV.
102 Siehe hierzu noch unter Rn. 47 ff.
103 *Wolffgang/Witte*, CB 2015, 138, 139.
104 Vgl. nochmals § 8 Abs. 2 Satz 1 AWG.
105 Bekanntmachung des Bundesministeriums für Wirtschaft und Technologie vom 25.7.2001, BAnz. 17, 177 (nachfolgend als „Grundsätze der Bundesregierung" bezeichnet).

kanntmachung des BAFA[106] von Belang. Danach erfassen die Grundsätze der Bundesregierung – über ihre insoweit zu enge Bezeichnung hinaus – sämtliche Dual-Use-Güter.[107] Zugleich schreiben sie in ihrem Anwendungsbereich zwingend die Benennung eines Ausfuhrverantwortlichen gegenüber dem BAFA vor.[108] Die zuständigen Behörden verweigern in der Praxis die Erteilung von Ausfuhrgenehmigungen, sofern kein Ausfuhrverantwortlicher bestellt ist.[109] In Anbetracht dieser Verwaltungspraxis wirken die – lediglich als Verwaltungsanweisungen formulierten – Grundsätze der Bundesregierung für Antragsteller wie unmittelbar verbindliche Rechtsvorschriften.[110] Will ein Unternehmen gelistete Güter – seien es Rüstungsgüter, seien es Dual-Use-Güter – ausführen, gelingt dies im Ergebnis nur bei Bestellung eines Ausfuhrverantwortlichen.

45 Die Grundsätze der Bundesregierung bestimmen ferner, dass der Ausfuhrverantwortliche ein für die Durchführung der Ausfuhr verantwortlich zeichnendes Mitglied des Vorstands, ein Geschäftsführer oder ein vertretungsberechtigter Gesellschafter sein muss.[111] Diese „Verortung" auf höchster Leitungsebene folgt dem Grundsatz „Exportkontrolle ist Chefsache" und soll die Einhaltung und verbindliche Durchsetzung der unternehmensinternen Export-Compliance-Maßnahmen gewährleisten.[112] Nicht zulässig ist es daher, einen Prokuristen, Compliance Manager oder Abteilungsleiter als Ausfuhrverantwortlichen zu benennen.

46 Der Ausfuhrverantwortliche steht persönlich für die innerbetriebliche Einhaltung des Exportkontrollrechts in der Verantwortung. So verzichtet das BAFA im Einzelantragsverfahren auf eine eigene Prüfung und lässt sich stattdessen vom Ausfuhrverantwortlichen versichern, dass dieser alle erforderlichen Maßnahmen trifft, damit die außenwirtschaftsrechtlichen Ge- und Verbote gewahrt werden.[113] Insbesondere hat der Ausfuhrverantwortliche bei genehmigungspflichtigen Gütern vermittels einer geeigneten Binnenorganisation, Personalauswahl und -weiterbildungsmaßnahmen sowie entsprechender Überwachung sicherzustellen, dass es zu keinen Verstößen gegen ausfuhrrechtliche Bestimmungen kommt.[114]

---

106 Bekanntmachung zu den Grundsätzen der Bundesregierung zur Prüfung der Zuverlässigkeit von Exporteuren von Kriegswaffen und rüstungsrelevanten Gütern vom 27.7.2015 (nachfolgend als „BAFA-Bekanntmachung" bezeichnet), abrufbar unter http://www.verwaltungs-vorschriften-im-internet.de/bsvwvbund_27072015_VB4500917.htm (zuletzt abgerufen am 15.7.2020).

107 Vgl. Ziff. 1 Abs. 2 BAFA-Bekanntmachung.

108 Vgl. Ziff. 2 Abs. 1 Satz 1 Grundsätze der Bundesregierung („muss").

109 Kritisch in Anbetracht dieses – unter dem Gesichtspunkt der Außenwirtschaftsfreiheit nicht unbedenklichen – Zwanges zur Benennung eines Ausfuhrverantwortlichen *Schwendinger/Bender*, in: Paschke/Graf/Olbrisch, Hamburger Handbuch des Exportrechts, 2. Aufl. 2014, Abschnitt 36 Rn. 73.

110 *Beutel/Anders/Hötzl*, in: Ehlers/Wolffgang, Recht der Exportkontrolle, 2015, 399, 404.

111 Vgl. Ziff. 1 Abs. 1 Satz 2 BAFA-Bekanntmachung.

112 *Wolffgang/Witte*, CB 2015, 138, 141. Zum Compliance Management als Bestandteil der Leitungsverantwortung siehe *Schulz*, Kap. 1, Rn. 27 ff. m. w. N.

113 *Beutel/Anders/Hötzl*, in: Ehlers/Wolffgang, Recht der Exportkontrolle, 2015, 399, 404.

114 Vgl. Ziff. 2 Abs. 1 Satz 1 BAFA-Bekanntmachung.

Diese Vorgaben sind zugleich der Nukleus bei der sogleich zu erörternden Etablierung einer funktionierenden Compliance-Organisation im Bereich der Exportkontrolle.[115]

3. Modell eines innerbetrieblichen Exportkontrollsystems

Das BAFA hat ausgehend von den dargestellten Pflichten des Ausfuhrverant-   **47**
wortlichen und vor dem Hintergrund der Vorgaben für die Zertifizierung nach
der Verteidigungsgüterrichtlinie Kriterien herausgearbeitet, die sich als Richtschnur für alle außenwirtschaftsrechtlich motivierten Compliance-Programme
begreifen lassen.[116] Ergänzend liegen nunmehr auch – nicht bindende – Leitlinien der Europäischen Kommission für die Etablierung von Compliance-Kon-
zepten im Dual-Use-Handel vor.[117] Die darin aufgezeigten Kernelemente interner Compliance-Programme werden zwar in zum Teil divergierender Abfolge
erläutert, sind inhaltlich aber (nahezu) identisch mit den Kriterien des BAFA, so
dass sich für in Deutschland ansässige Unternehmen keine beachtenswerten Änderungen ergeben.[118] Das überrascht schon deshalb nicht, weil das BAFA –
gleichsam im Vorgriff auf die jüngere Empfehlung der Europäischen Kommission – die Diskussionen auf der EU-Ebene zur Schaffung einheitlicher Standards
für innerbetriebliche Compliance im Dual-Use-Bereich bei der Überarbeitung
der eigenen Kriterien im Jahre 2018 bereits berücksichtigt hat.[119] Vor diesem
Hintergrund liegt aus deutscher Perspektive der spezifische Mehrwert der nun
durch die EU verabschiedeten Leitlinien denn auch vornehmlich darin, dass auf
diese Weise die Harmonisierung auf europäischer Ebene befördert wird, was –
etwa mit Blick auf die Etablierung von Compliance in europaweit verzweigten
Konzernstrukturen – signifikante Erleichterungen mit sich bringen dürfte. Für
die Zwecke dieser Darstellung bedeutet dies zugleich, dass eine Erörterung der
Kriterien des BAFA als der für in Deutschland ansässige Unternehmen vornehmlich relevanten Exportkontrollbehörde ausreichend ist.

a) Überblick über die relevanten Strukturelemente

Zuvörderst ist die Gesamtverantwortung für die Exportkontrolle im Unterneh-   **48**
men eindeutig zuzuweisen. Bei Unternehmen, die gelistete Güter exportieren,

---

115 *Merz*, in: Hauschka/Moosmayer/Lösler, Corporate Compliance, 3. Aufl. 2016, § 32 Rn. 13;
   Wolffgang/Witte, CB 2015, 138, 139.
116 Das insoweit relevante Merkblatt des BAFA „Firmeninterne Exportkontrolle" (2. Aufl.
   2018) ist abrufbar unter https://www.bafa.de/SharedDocs/Downloads/DE/Aussenwirtschaft
   /afk_merkblatt_icp.html?nn=8065706 (zuletzt abgerufen am 15.7.2020).
117 Empfehlung (EU) 2019/1318 vom 30.7.2019 zu internen Compliance-Programmen für die
   Kontrolle des Handels mit Gütern mit doppeltem Verwendungszweck (Dual-Use-Gütern)
   nach Maßgabe der Verordnung (EG) Nr. 428/2009 des Rates, ABl. (EU) 2019 Nr. L 205/15;
   siehe hierzu auch die Darstellung von *Jungkind/Bormann*, AW-Prax 2020, 103 ff.
118 So bereits die Einschätzung von *Jungkind/Bormann*, AW-Prax 2020, 103, 106.
119 BAFA, Firmeninterne Exportkontrolle, 2. Aufl. 2018, 12, 24.

liegt diese naturgemäß beim Ausfuhrverantwortlichen.[120] Dessen Verantwortlichkeit und die nachgelagerten Verantwortlichkeiten für die Exportkontrolle sind zum einen im Organigramm des Unternehmens (sog. „Aufbauorganisation") transparent zu hinterlegen, zum anderen durch geeignete Arbeitsabläufe, Informations- und Weisungsrechte (sog. „Ablauforganisation") zu effektuieren.[121] Aufbau- und Ablauforganisation sind mit den tatsächlichen Abläufen im Unternehmen vermittels eines Prozesshandbuchs zu verknüpfen, welches als das Herzstück einer jeden Exportkontrollorganisation begriffen wird.[122] Entscheidend kommt es darauf an, die betriebsinterne Exportkontrolle vor Konflikten mit geschäftspolitischen Interessen zu schützen, indem deren Mitarbeiter schon organisatorisch nicht etwa dem Vertriebs- oder Finanzbereich zugeordnet werden.[123] Die Exportkontrollstelle sollte ferner über ein direktes Berichtsrecht an den Vorstand bzw. die Geschäftsführung verfügen und gegenüber anderen Geschäftsbereichen weisungsbefugt sein, um ausfuhrrechtlich bedenkliche Transaktionen jedenfalls bis zum Abschluss einer umfassenden Überprüfung aufhalten zu können (sog. „Stopp-Funktion").[124] Schließlich ist die Exportkontrolle dergestalt in die Geschäftsabläufe zu integrieren, dass ggf. erforderliche Genehmigungen rechtzeitig vor dem vereinbarten Liefertermin beantragt werden, kann doch die Genehmigungserteilung durch das BAFA je nach Empfänger, Destination und Endverwendung im Einzelfall mehrere Monate in Anspruch nehmen.[125]

49 Was die in den außenwirtschaftsrechtlich relevanten Bereichen eines Unternehmens eingesetzten Mitarbeiter anbelangt, ist bei deren Auswahl darauf zu achten, dass sie persönlich zuverlässig sind und über die erforderliche Sach- und Fachkenntnis verfügen.[126] Die betreffenden Mitarbeiter sollen nach Empfehlung des BAFA Ausfuhren und Verbringungen mithilfe von elektronischen Datenverarbeitungssystemen abwickeln, welche im Fall der Beantragung von Sammelgenehmigungen sogar verpflichtend vorgegeben sind.[127] Entsprechende Softwarelösungen sind insbesondere dann unverzichtbar, wenn Geschäftspartner mit den – fortlaufender Aktualisierung unterworfenen – EU-Embargo- und Terrorismus-

---

120 Siehe insoweit nochmals Rn. 44.

121 BAFA, Firmeninterne Exportkontrolle, 2. Aufl. 2018, 13 f., 16 ff.; *Umnuß*, Corporate Compliance Checklisten, 4. Aufl. 2020, Kap. 4 Rn. 37; *Schwendinger/Bender*, in: Paschke/Graf/Olbrisch, Hamburger Handbuch des Exportrechts, 2. Aufl. 2014, Abschnitt 36 Rn. 75.

122 BAFA, Firmeninterne Exportkontrolle, 2. Aufl. 2018, 16; *Merz/Witte*, in: Ehlers/Wolffgang, Recht der Exportkontrolle, 2015, 431, 443. Zur Bedeutung einer prozessorientierten Vorgehensweise im Compliance Management ausführlich *Muth*, Kap. 5, Rn. 2 ff.

123 BAFA, Firmeninterne Exportkontrolle, 2. Aufl. 2018, 14; *Prieß/Thoms*, AW-Prax 2013, 110, 111.

124 *Prieß/Thoms*, AW-Prax 2013, 110, 111; *Merz*, in: Hauschka/Moosmayer/Lösler, Corporate Compliance, 3. Aufl. 2016, § 32 Rn. 103. Zu vergleichbaren Rechten des Compliance Officers vgl. *Schulz/Galster*, in: Bürkle/Hauschka, Der Compliance Officer, 2015, § 5 Rn. 37.

125 *Umnuß*, Corporate Compliance Checklisten, 4. Aufl. 2020, Kap. 4 Rn. 41.

126 BAFA, Firmeninterne Exportkontrolle, 2. Aufl. 2018, 20.

127 BAFA, Firmeninterne Exportkontrolle, 2. Aufl. 2018, 15.

von Bodungen

verordnungen[128] abzugleichen sind.[129] Nur auf diese Weise lässt sich der Forderung des BAFA verlässlich Rechnung tragen, dass dem Exportkontrollpersonal die maßgeblichen Rechtstexte samt Güter- und Personenlisten in jeweils aktueller Fassung zur Verfügung stehen müssen.[130]

Ebenso ist die innerbetriebliche Exportkontrolle darauf auszurichten, dass das **50** involvierte Personal stets über die aktuellen Entwicklungen im Außenwirtschaftsbereich informiert ist. Der Ausfuhrverantwortliche und seine Mitarbeiter müssen sich im Exportbereich ständig fortbilden, weshalb sie in regelmäßigen Abständen externe Seminare oder Inhouse-Schulungen zu besuchen haben.[131] Überdies sind Mitarbeiter, die im Unternehmen mit dem Exportgeschäft befasst sind, fortlaufend für die beträchtliche Reichweite exportkontrollrechtlicher Vorgaben zu sensibilisieren. So kann sich etwa ein scheinbar unverfänglicher und ohne eigenes wirtschaftliches Interesse erfolgter Hinweis gegenüber einem Dritten auf potenzielle Geschäftspartner im Ausland bei näherer Betrachtung als genehmigungspflichtiges „Brokering" darstellen.[132]

Um die Einhaltung der festgelegten Arbeitsabläufe im täglichen Betriebsablauf **51** sicherzustellen, müssen interne Exportkontrollprogramme nach dem Kriterienkatalog des BAFA prozessbezogene Kontrollmechanismen vorsehen.[133] Als besonders wirksam werden in diesem Zusammenhang die Etablierung des „Vier-Augen-Prinzips" bei Freigaben sowie turnusmäßige Sitzungen der mit der Exportkontrolle betrauten Mitarbeiter erachtet, in deren Rahmen sich kritische Exportvorhaben ebenso erörtern lassen wie organisatorische Unzulänglichkeiten und Optimierungspotenziale.[134] Überdies sind stichprobenartige Prüfungen vonnöten, die der Ausfuhrverantwortliche entweder selbst vornehmen oder anderen Unternehmensbereichen bzw. Mitarbeitern überantworten kann. Eine solche Delegation entbindet den Ausfuhrverantwortlichen allerdings nicht davon, sich in regelmäßigen Abständen sowie anlassbezogen (etwa bei bedeutsamen Transaktionen) selbst ein Bild davon zu machen, inwieweit seine Vorgaben umgesetzt werden, um etwaige Missstände unverzüglich korrigieren zu können.[135] Darüber hinaus haben systembezogene Kontrollen stattzufinden, die das innbetriebliche Exportkontrollsystem ganzheitlich bezüglich Konzeption, Angemessenheit und

---

128 Siehe dazu bereits Rn. 7.
129 *Umnuß*, Corporate Compliance Checklisten, 4. Aufl. 2020, Kap. 4 Rn. 47 f.
130 BAFA, Firmeninterne Exportkontrolle, 2. Aufl. 2018, 15.
131 BAFA, Firmeninterne Exportkontrolle, 2. Aufl. 2018, 20; *Merz*, in: Hauschka/Moosmayer/ Lösler, Corporate Compliance, 3. Aufl. 2016, § 32 Rn. 105.
132 Hierzu bereits Rn. 24 ff.
133 BAFA, Firmeninterne Exportkontrolle, 2. Aufl. 2018, 21.
134 BAFA, Firmeninterne Exportkontrolle, 2. Aufl. 2018, 21; *Merz/Witte*, in: Ehlers/Wolffgang, Recht der Exportkontrolle, 2015, 431, 441.
135 *Merz*, in: Hauschka/Moosmayer/Lösler, Corporate Compliance, 3. Aufl. 2016, § 32 Rn. 104.

Wirksamkeit in den Blick nehmen und nach den Vorgaben der BAFA idealerweise einmal jährlich, mindestens aber alle drei Jahre vorzunehmen sind.[136]

52 Schließlich ist der physische und technische Schutz gelisteter Güter gegen unerlaubte Wegnahme durch unternehmensangehörige Personen oder Dritte unerlässlich und lässt sich etwa durch Zugangskontrollen oder alternative Berechtigungskonzepte implementieren.[137] Ebenso ist die Führung und Aufbewahrung ausfuhrrechtlich relevanter Unterlagen unverzichtbares Element eines funktionierenden Exportkontrollsystems. Das gilt selbstredend im Hinblick auf gesetzlich angeordnete Aufbewahrungspflichten.[138] Aber auch jenseits dieser Vorgaben bedarf es einer lückenlosen Nachweisführung und -aufbewahrung. Das betrifft beispielsweise auch die Fortbildungsmaßnahmen der Mitarbeiter, die im Rahmen behördlicher Überprüfungen möglichst ohne großen Rechercheaufwand, zweifelsfrei und lückenlos belegbar sein sollten.[139]

b) Umsetzung im Einzelfall

53 Die vorstehend dargestellten Strukturelemente sind für die Errichtung eines jeden internen Exportkontrollsystems belangvoll. Gleichwohl gibt es kein Muster, das unbesehen auf jedes Unternehmen übertragen werden könnte.[140] Vielmehr muss eine effektive Exportkontrolle unternehmensspezifisch ausgerichtet sein. Insoweit kommt es ausschlaggebend auf Art, Größe, Geschäftsfelder, geografische Präsenz sowie organisatorische Komplexität des betreffenden Unternehmens an.[141] Handelt ein Unternehmen mit ausschließlich zivil nutzbaren Gütern, entfallen beispielsweise Genehmigungserfordernisse nach den Dual-Use-Bestimmungen, womit auf die Ernennung eines Ausfuhrverantwortlichen verzichtet werden kann.

54 Ausgangspunkt bei der Etablierung eines Exportkontrollsystems muss stets die Identifizierung aller ausfuhrrechtlichen Bestimmungen sein, welche das jeweilige Unternehmen denkbarerweise betreffen können.[142] Zwar mag die Anwendbarkeit der Dual-Use-Bestimmungen oftmals auf den ersten Blick fernliegend erscheinen. Da für die Klassifizierung als Dual-Use-Gut allerdings bereits ausreichend ist, dass Güter – etwa Pumpen, Werkzeugmaschinen oder Ventile – im Zusammenhang mit der Entwicklung, Herstellung oder Verwendung von Rüstungsgütern eingesetzt werden können, sind im Ergebnis vielzählige Industrieprodukte betroffen. Es ist Exporteuren daher dringlich anzuraten, die „Aufgriffs-

---

136 BAFA, Firmeninterne Exportkontrolle, 2. Aufl. 2018, 21 f.
137 BAFA, Firmeninterne Exportkontrolle, 2. Aufl. 2018, 22.
138 Vgl. u. a. Art. 20, 22 Abs. 8 Dual-Use-Verordnung; § 22 Abs. 3 AWV.
139 *Merz/Witte*, in: Ehlers/Wolffgang, Recht der Exportkontrolle, 2015, 431, 440.
140 BAFA, Firmeninterne Exportkontrolle, 2. Aufl. 2018, 12.
141 BAFA, Firmeninterne Exportkontrolle, 2. Aufl. 2018, 12; *Schwendinger/Bender*, in: Paschke/Graf/Olbrisch, Hamburger Handbuch des Exportrechts, 2. Aufl. 2014, Abschnitt 36 Rn. 68.
142 *Gündel/Feiler*, CB 2013, 236, 238.

schwelle" eher niedrig anzusetzen und Zurückhaltung bei der Einschätzung zu üben, dass sich bestimmte Produkte keinesfalls (auch) für militärische Zwecke verwenden lassen.[143]

Sind die einschlägigen außenwirtschaftsrechtlichen Bestimmungen identifiziert, **55** ist im nächsten Schritt das unternehmensspezifische Risiko ihrer Verletzung zu bewerten, wobei jeweils von der Eintrittswahrscheinlichkeit eines Verstoßes sowie dessen denkbaren Schadensfolgen auszugehen ist.[144] Sodann ist der Exportkontrollprozess spezifisch auf die erkannten Risiken und risikobehafteten Geschäftsbereiche auszurichten.[145] Wird die Risikoexposition für Rechtsverstöße im Exportgeschäft – etwa im Hinblick auf bestimmte Rechtsordnungen – als nicht vertretbar eingestuft, kann dies auch zur Folge haben, dass sich Unternehmen aus bestimmten Geschäftsfeldern zurückziehen. Schließlich bedarf die Risikosituation fortlaufender Überwachung, da sie sich im Laufe der Zeit wandeln kann.[146] Ergibt sich dabei eine geänderte Risikoeinschätzung, muss das innerbetriebliche Exportkontrollprogramm ggf. angepasst werden, weshalb es keinesfalls als statisches Gebilde begriffen werden darf, sondern vielmehr in einem kontinuierlichen Prozess fortzuentwickeln ist.

Zu den bei der Ausgestaltung der innerbetrieblichen Exportkontrolle maßgebli- **56** chen Unternehmensspezifika zählen insbesondere auch die jeweiligen Ausfuhrmengen. Fallen diese eher gering aus, kann es genügen, einige wenige Mitarbeiter im Unternehmen *zusätzlich* mit Aufgaben im Bereich der Exportkontrolle zu betrauen. Eine solche Lösung wird dagegen bei größeren Produktions- und Ausfuhrvolumina regelmäßig nicht tragfähig sein. Hier wird es vielmehr erforderlich sein, einer größeren Anzahl von Mitarbeitern ausschließlich Aufgaben der Exportkontrolle zuzuweisen.[147] Wurde ein Ausfuhrverantwortlicher im Unternehmen benannt, wird dieser zumeist schon aufgrund seiner vielfältigen weiteren Aufgaben bei der Unternehmensführung die operative Wahrnehmung der Exportkontrolle aus Kapazitätsgründen nicht alleine bewältigen können.[148] Um die Exportkontrolle im operativen Geschäft zu effektuieren, bedarf es dann einer nachgelagerten Unternehmensorganisation mit klar festgelegten und unmissverständlich kommunizierten Zuständigkeiten und Delegierungen. Typischerweise wird die Exportkontrolle auf der Ebene unterhalb der Geschäftsführung bei einem Exportkontrollbeauftragten – häufig „Export Control Compliance Officer" oder „Export Control Manager" – verortet, welcher in Abstimmung mit

---

143 BAFA, Praxis der Exportkontrolle, 3. Aufl. 2015, 33.

144 *Gündel/Feiler*, CB 2013, 236, 238.

145 BAFA, Firmeninterne Exportkontrolle, 2. Aufl. 2018, 13; *Gündel/Feiler*, CB 2013, 236, 239.

146 BAFA, Firmeninterne Exportkontrolle, 2. Aufl. 2018, 13.

147 *Merz/Witte*, in: Ehlers/Wolffgang, Recht der Exportkontrolle, 2015, 431, 440.

148 *Merz*, in: Hauschka/Moosmayer/Lösler, Corporate Compliance, 3. Aufl. 2016, § 32 Rn. 113.

dem Ausfuhrverantwortlichen die Exportkontrolle im Tagesgeschäft verantwortet, kontrolliert und weiterentwickelt.[149]

57 Auch die vom BAFA herausgearbeiteten sonstigen Standardelemente der innerbetrieblichen Exportkontrolle sind jeweils unternehmensspezifisch zu adaptieren. Nicht zu übersehen ist, dass es dabei des Einsatzes nicht unerheblicher personeller und technischer Mittel bedarf, um eine exportkontrollrechtliche Organisationsstruktur zu errichten, die sich in der Praxis zu bewähren vermag. Beispielhaft sei hier die Abbildung von Embargo- und Sanktionsmaßnahmen in den betriebsinternen Exportprozessen genannt, um bei kritischen Bestimmungsländern und Empfängern rechtzeitig eine vertiefte Prüfung und ggf. die Anordnung eines Ausfuhrstopps sicherzustellen. Ohne eine ausgereifte „EDV-Landschaft" lässt sich diesem Erfordernis jedenfalls bei größeren Ausfuhrvolumina kaum verlässlich Rechnung tragen.

VI. Zusammenfassung und Ausblick

58 Das Außenwirtschaftsrecht ist eine vielschichtige, komplexe und in ständigem Fluss befindliche Materie. Erfasst sind vielfältige Geschäftsaktivitäten, an denen ganz unterschiedliche Akteure mitwirken. Belastbare Kenntnisse der einschlägigen Rechtsnormen auf deutscher, europäischer und drittstaatlicher Ebene sind ebenso unverzichtbar wie ein profundes technisches Verständnis der für die Ausfuhr vorgesehenen Güter. Weitreichende exportkontrollrechtliche Verbote und Genehmigungsvorbehalte knüpfen – kumulativ oder alternativ – an exportkontrollierte Güter, kritische Bestimmungsländer, inkriminierte Verwender und sensitive Verwendungen an. Dadurch schränken sie die – dem Grundsatz nach unbegrenzte – Freiheit im Außenwirtschaftsverkehr nicht unerheblich ein. Bei Verstößen drohen den Unternehmen selbst sowie den für die Verstöße verantwortlichen Personen empfindliche Sanktionen, die bis zu mehrjährigen Freiheitsstrafen reichen können. Weitere Verschärfungen befinden sich bereits in der Abstimmung zwischen den gesetzgebenden Institutionen auf EU-Ebene. Diese zielen insbesondere auf moderne Technologien für die digitale Überwachung ab und könnten überdies die Genehmigungspflichtigkeit der Ausfuhr nicht gelisteter Güter vorsehen, sofern diese für die Verwendung durch solche Personen bestimmt sind, die an schwerwiegenden Verletzungen der Menschenrechte sowie des humanitären Völkerrechts beteiligt waren.[150]

---

149 *Sachs/Krebs*, CCZ 2013, 60, 66; *Merz*, in: Hauschka/Moosmayer/Lösler, Corporate Compliance, 3. Aufl. 2016, § 32 Rn. 113.

150 Zugrunde liegt der Legislativvorschlag der Europäischen Kommission für eine neue Verordnung über eine Unionsregelung für die Kontrolle der Ausfuhr, der Verbringung, der Vermittlung, der technischen Unterstützung und der Durchfuhr betreffend Güter mit doppeltem Verwendungszweck (Neufassung) vom 28.9.2016, COM(2016) 616 final. Dieser Entwurf hat freilich nicht die uneingeschränkte Zustimmung des Europäischen Parlamentes und des Rates gefunden. Die zeitliche Dauer und das inhaltliche Ergebnis der laufenden Abstimmung im Trilogverfahren lässt sich daher nicht verlässlich prognostizieren.

von Bodungen

Vor diesem Hintergrund wird ein effektives innerbetriebliches Exportkon- **59**
trollsystem auch in Zukunft von Vorteil sein. Zwar besteht grundsätzlich keine
Rechtspflicht zu dessen Errichtung. Gleichwohl erlaubt vielfach überhaupt erst
die Etablierung durchgängiger und belastbarer Exportkontrollprozesse den Zugang zum genehmigungspflichtigen Außenhandel. Überdies hängt hiervon die
Inanspruchnahme vielzähliger Verfahrensprivilegierungen ab, welche für eine
effektive Teilnahme am Außenwirtschaftsverkehr unerlässlich sein können. Das
BAFA gibt den Unternehmen die Strukturelemente für ein effektives Exportkontrollprogramm vor. Deren Umsetzung in der Unternehmenswirklichkeit obliegt
gleichwohl den Wirtschaftsbeteiligten selbst.

Literaturverzeichnis

Ahrend	Cyberangriffe in der Realität, CB 2019, 105
Aichberger/Schwartz	Tax Compliance – Der Vorstand im Fokus?, DStR 2015, 1691 (Teil I), 1758 (Teil II)
Albers/Veit	Beck OK Datenschutzrecht, 31.Ed. 1.11.2019, DS-GVO
Altenburg	Whistleblowing – Korruptionsbekämpfung durch Business Keeper Monitoring System?, Bucerius Law Journal 2008, 3
Altmeppen	Haftung des Geschäftsleiter einer Kapitalgesellschaft für Verletzung von Verkehrssicherungspflichten, ZIP 1995, 881
Andras/Szesny	Nicht ohne eine Compliance-Due-Diligence, Deutscher Anwalt Spiegel 20/2015, 3
Arens/Tepper	Praxishandbuch Gesellschaftsrecht, 2. Aufl. 2013
Arendt	Eichmann in Jerusalem: Ein Bericht von der Banalität des Bösen, 1964
Arnold	Transnational corporations and the duty to respect basic human rights, Business Ethics Quarterly, 20(3), 371
Auerbach (Hrsg.)	Banken- und Wertpapieraufsicht, 2015
Auer-Reinsdorff/Conrad (Hrsg.)	Handbuch IT- und Datenschutzrecht, 3. Aufl. 2019
Awaysheh/Klassen	The impact of supply chain structure on the use of supplier socially responsible practices, International Journal of Operations & Production Management, 30(12), 1246
Bachmann	Compliance – Rechtsgrundlagen und offene Fragen, in: Schriftenreihe der Gesellschaftsrechtlichen Vereinigung (Hrsg.), Gesellschaftsrecht in der Diskussion, 2007
Bachmann	CSR-bezogene Vorstands- und Aufsichtsratspflichten und ihre Sanktionierung, ZGR 2018, 231
Badtke	Die Bedeutung des Kartellrechts bei M&A-Transaktionen, KSzW 2011, 418
BaFin	Auslegungs- und Anwendungshinweise zum Geldwäschegesetz, Stand: 5/2020
BAG	Verhaltensbedingte Kündigung – Whistleblowing Urteil vom 3.7.2003 – 2 AZR 235/02, NJW 2004, 1547
BAG	Fristlose, Verhaltensbedingte Kündigung, „Whistleblowing" – Strafanzeige gegen Arbeitgeber, NZA 2007, 502
Baier	Strengere Sorgfaltspflichten für verantwortungsvolle Lieferketten?, DB 2020, 1801
Balzer/Nugel	Das Auslesen von Fahrzeugdaten zur Unfallrekonstruktion im Zivilprozess, NJW 2016, 193
Bamberger/Roth (Hrsg.)	BGB, Kommentar, Bd. 3, 3. Aufl. 2012
Bamberger/Roth/Hau/Poseck	Bürgerliches Gesetzbuch: BGB, 4. Aufl. 2019

Banerjea	Due Diligence beim Erwerb von Aktien über die Börse, ZIP 2003, 1730
Baranowski/Glaßl	Whistleblowing in Recht und Praxis – und ein bisschen Datenschutz, CB 2018, 271
Barnitzke	Zur indirekten Nutzung von Software – Komplex, intransparent und unwirksam?, K&R 2018, 455
Baron/Trebing	Umgang mit Kartellrechtsrisiken in M&A-Transaktionen – aktuelle Fragestellungen und Entwicklungen, BB 2016, 131
Baßeler/Heinrich/Utecht	Grundlagen und Probleme der Volkswirtschaft, 19. Aufl. 2010
Baumert	Handlungssicherheit in der Compliance-Arbeit an Beispielen, CCZ 2013, 265
Baums	Risiko und Risikosteuerung, ZGR 2011, 218
Baur/Holle	Compliance-Defense bei der Bußgeldbemessung und ihre Einpassung in das gesellschaftsrechtliche Pflichtenprogramm, NZG 2018, 14
Bausch/Voller	Geldwäsche-Compliance für Güterhändler, 2014
Bay	ISO 26000 in der Praxis: Der Ratgeber zum Leitfaden für soziale Verantwortung und Nachhaltigkeit. Darstellung, Diskusson und Analyse – Vergleiche zu bestehenden Regelungen – Umsetzungshinweise und Beispiele, 2010
Bay (Hrsg.)	Handbuch Internal Investigations, 2013
Bay/Hastenrath (Hrsg.)	Compliance-Management-Systeme, Praxiserprobte Elemente, Prozesse und Tools, 2. Aufl. 2016
Bayerische Rück	Gesellschaft und Unsicherheit, 1987
Bayreuther	Die Haftung des Compliance-Officers, in: Festschrift für Franz Jürgen Säcker, 2011
Bechtold	Kartellgesetz, Gesetz gegen Wettbewerbsbeschränkungen, Kommentar, 7. Aufl. 2013
Bechtold/Bosch	Gesetz gegen Wettbewerbsbeschränkungen: GWB, Kommentar, 9. Aufl. 2018
Bechtold/Bosch/Brinker	EG-Kartellrecht, Kommentar, 2. Aufl. 2009, 3. Aufl. 2014
Becker	Das Kundenbeziehungsrisiko aus Unternehmenssicht, 2010
Becker/Kingreen	SGB V – Gesetzliche Krankenversicherung, Kommentar, 6. Aufl. 2018
Beckschulze/Natzel	Beschäftigtendatenschutzgesetz – worauf sich Arbeitgeber einzustellen haben, NWB 2011, 2132
Behling	Der Zugriff auf dienstliche E-Mail-Postfächer im Lichte der aktuellen Rechtsprechung, CB 2013, 265
Behling	Die datenschutzrechtliche Compliance-Verantwortung der Geschäftsleitung, ZIP 2017, 697
Behringer	Aufsichtsrat und Compliance-Management, ZRFC 3/2011, 127
Behringer	Compliance für KMU – Praxisleitfaden für den Mittelstand, 2. Aufl. 2016

Behringer	Compliance kompakt – Best Practice im Compliance Management, 3. Aufl. 2013, 4. Aufl. 2018
Beisel/Andreas	Beck'sches Mandats Handbuch Due Diligence, 2. Aufl. 2010, 3. Aufl. 2017
Beisel/Klump	Der Unternehmenskauf, 7. Aufl. 2016
Bello	Improving Anti-Money Laundering Compliance, 2017
Benien	Schwierige Gespräche führen, Modelle für Beratungs-, Kritik- und Konfliktgespräche im Berufsalltag, 2005
Benne	Whistleblowing – Wenn Wissen Sensibilität erfordert, CCZ 2014, 189
Bensinger/Kozok	Kampf gegen Cyber Crime und Hacker-Angriffe, CB 2015, 376
Benz	Compliance-Risiken in Transaktionen, BOARD 2012, 137
Benz	Der Prozess hinter dem Prozess, ZRFC 2015, 126
Benz/Klindt	Compliance 2020 – ein Blick in die Zukunft, BB 2010, 2977
Bergmoser	Integration von Compliance-Management-Systemen, BB Special 4 (zu BB 50/2010), 2
Bergmoser/Theusinger/ Gushurst	Corporate Compliance – Grundlagen und Umsetzung, BB 2008, 1
Berndt (Hrsg.)	Datenschutz & IT-Sicherheit: Umsetzungsanleitung und Umsetzungsprüfung für die Praxis von Banken und Sparkassen, 3. Aufl. 2013
Bernsmann/Gatzweiler	Verteidigung bei Korruptionsfällen, 2. Aufl. 2014
Bertram/Brinkmann/ Kessler/Müller	Haufe HGB Bilanz-Kommentar, 6. Aufl. 2015, 10. Aufl. 2019
Berufsverband der Compliance Manager (Hrsg.)	Compliance 2015 – Perspektiven einer Entwicklung
Beschorner/Hajduk	Der ehrbare Kaufmann – Unternehmensverantwortung „light"?, CSR MAGAZIN 2011, 6
Besen/Gronemeyer	Informationsaustausch im Rahmen von Unternehmenskäufen – Kartellrechtliche Entwicklungen und Best Practice, CCZ 2013, 137
Bessis	Risk Management in Banking, 2010
Beyer	Auswirkungen der Erklärungsfiktion des § 150 Abs. 7 S. 2 AO im Steuerstrafrecht bei Mitteilungen Dritter gem. § 93 c AO, NZWiSt 2018, 359
BGH	Anforderungen an Aufgabenzuweisung auf Geschäftsführungsebene, Urteil vom 6.11.2018 – II ZR 11/17, NJW 2019, 1067
Bicker	Corporate Compliance – Pflicht und Ermessen, ZWH 2013, 473
Bicker	Compliance – organisatorische Umsetzung im Konzern, AG 2012, 542
Bischke/Brack	Neuere Entwicklungen im Kartellrecht, NZG 2018, 696
Bierekoven	Korruptionsbekämpfung vs. Datenschutz nach der BDSG-Novelle, CR 2010, 203

Literaturverzeichnis

Birk	Corporate Responsibility, unternehmerische Selbstverpflichtungen und unlauterer Wettbewerb, GRUR 2011, 196
Bisges	Urheberrechtliche Aspekte des Cloud Computing – Wirtschaftlicher Vorteil gegenüber herkömmlicher Softwareüberlassung?, MMR 2012, 574
Blassl	Compliance-Aufgaben des Aufsichtsrats – Ein Beitrag zur akzessorischen Legalitätskontrolle durch den Aufsichtsrat, WM 2017, 992
Blümich	EStG, KStG, GewStG – Einkommensteuergesetz, Körperschaftsteuergesetz, Gewerbesteuergesetz, Kommentar, 152. EL Stand: 05/2020
Bock	Strafrechtliche Aspekte der Compliance-Diskussion – § 130 OWiG als zentrale Norm der Criminal Compliance, ZIS 2009, 68
Bock	Criminal Compliance, 2011
Bock/Borrmann	Vorteilsannahme (§ 331 StGB) und Vorteilsgewährung (§ 333 StGB) durch Kultursponsoring?, ZJS 2009, 625
Boldt/Büll/Voss	Implementierung einer Compliance-Funktion in einer mittelständischen Bank unter Berücksichtigung der neuen Mindestanforderungen an das Risikomanagement (MaRisk), CCZ 2013, 248
Bonin, von/Böhmer	Begriff der Insiderinformation bei gestreckten Sachverhalten, EuZW 2012, 694
Boos/Fischer/Schulte-Mattler (Hrsg.)	Kreditwesengesetz – KWG, 4. Aufl. 2012, 5. Aufl. 2016
Born/Ghassemi-Tabar/Gehle	Münchener Handbuch des Gesellschaftsrechts Bd 7: Gesellschaftsrechtliche Streitigkeiten (Corporate Litigation), 6. Aufl. 2020
Bosse	Compliance und Haftung des GmbH-Geschäftsführers – Management von Compliance-Risiken, NWB 2013, 4056
Böcking/Groß/Oser/Scheffler/Thormann	Beck'sches Handbuch der Rechnungslegung, 62. EL Stand: 7/2020
Böttcher	Compliance: Der IDW PS 980 – Keine Lösung für alle (Haftungs-Fälle), NGZ 2011, 1054
Böttcher	Organpflichten beim Unternehmenskauf, NZG 2007, 481
Böttcher	Verpflichtung des Vorstands einer AG zur Durchführung einer Due Diligence, NZG 2005, 49
Böttger (Hrsg.)	Wirtschaftsstrafrecht in der Praxis, 2. Aufl. 2015
Brandi/Gieseler	Der Aufsichtsrat in Kreditinstituten, NZG 2012, 1322
Braun/Reents/Zahn/Wenzel	Facility Management – Erfolg in der Immobilienbewirtschaftung, 2013
Braun/Wybitul	Übermittlung von Arbeitnehmerdaten bei Due Diligence – Rechtliche Anforderungen und Gestaltungsmöglichkeiten, BB 2008, 782

Bräutigam/Wilmer	Big brother is watching you? – Meldepflichten im geplanten IT-Sicherheitsgesetz, ZRP 2015, 38
Breimann/Schwetzel	Prüfung von Tax Compliance Management Systemen nach IDW PS 980: Prüfungsarten, Prüfungsvorgehen und Wirkung des Testats, DStR 2017, 2626
Brettel/Thomas	Compliance und Unternehmensverantwortlichkeit im Kartellrecht, 2016
Brian/Frey/Krais	Umsetzung der Fünften Geldwäsche-Richtlinie in Deutschland, CCZ 2019, 245
Brink	Empfehlungen zur IuK-Nutzung am Arbeitsplatz, ZD 2015, 295
Brodowski/Eisenmenger	Zugriff auf Cloud-Speicher und Internet-Dienste durch Ermittlungsbehörden. Sachliche und zeitliche Reichweite der „kleinen Online-Durchsuchung" nach § 110 Abs. 3 StPO, ZD 2014, 119
Brodowski/Freiling	Cyberkriminalität, Computerstrafrecht und die digitale Schattenwirtschaft, 2011
Brühl, von/Sepperer	E-Mail-Überwachung am Arbeitsplatz. Wer bewacht den Wächter, ZD 2015, 415
BSI	Die Lage der IT-Sicherheit in Deutschland, Stand: 10/2019
Buchert	Der externe Ombudsmann – ein Erfahrungsbericht, Hinweisgeber brauchen Vertrauen und Schutz, CCZ 2008, 148
Bundesamt für Wirtschaft und Ausfuhrkontrolle (Hrsg.)	Exportkontrolle und das BAFA, Stand: 2015
Bundesamt für Wirtschaft und Ausfuhrkontrolle (Hrsg.)	Internal Compliance Programmes – ICP, Stand: 2014
Bundesamt für Wirtschaft und Ausfuhrkontrolle (Hrsg.)	Praxis der Exportkontrolle, 3. Aufl. 2015
Bungartz	Handbuch Interne Kontrollsysteme (IKS), 4. Aufl. 2014, 6. Aufl. 2020
Bungenberg/Dutz/Krebs/ Zimmermann	Corporate Compliance und Corporate Social Responsibility, 2014,
Bunting	Das Früherkennungssystem des § 91 Abs. 2 AktG in der Prüfungspraxis – eine kritische Betrachtung des IDW PS 340, ZIP 2012, 357
Burgi/Dreher (Hrsg.)	Beck'scher Vergaberechtskommentar, Bd. 1, 3. Aufl. 2019
Bürkle	Die Bußgeldrelevanz des Compliance-Managements, BB 2018, 525
Bürkle	Corporate Compliance – Pflicht oder Kür für den Vorstand der AG?, BB 2005, 565
Bürkle	Corporate Compliance als Standard guter Unternehmensführung des Deuschen Corporate Governance, BB 2007, 1797
Bürkle	Die Compliance-Praxis im Finanzdienstleistungssektor nach Solvency II, CCZ 2008, 50

Bürkle	Weitergabe von Informationen über Fehlverhalten in Unternehmen (Whistleblowing) und Steuerung auftretender Probleme durch Compliance-System, DB 2004, 2158
Bürkle (Hrsg.)	Compliance in Versicherungsunternehmen, 2. Aufl. 2015, 3. Aufl. 2020
Bürkle/Hauschka (Hrsg.)	Der Compliance Officer – Ein Handbuch in eigener Sache, 2015
Busch (Hrsg.)	Grundfragen der strafrechtlichen Verantwortlichkeit der Verbände, 1933
Busekist, von/Beneke	Anforderungen an CMS: Compliance-Treiber gestern und heute WPg 2020, 61
Busekist, von/Timmerbeil	Die Compliance Due Diligence in M&A-Prozessen, CCZ 2013, 225
Busekist, von/Hein	Der IDW PS 980 und die allgemeinen rechtlichen Mindestanforderungen an ein wirksames Compliance Management System (1) – Grundlagen, Kultur und Ziele, CCZ 2012, 41
Busekist, von/Schlitt	Der IDW PS 980 und die allgemeinen rechtlichen Mindestanforderungen an ein wirksames Compliance Management System (2) – Risikoermittlungspflicht, CCZ 2012, 86
Bussche, von dem/Voigt (Hrsg.)	Konzerndatenschutz, 2014, 2. Aufl. 2019
Busse/Schleper/Niu/ Wagner	Supplier development for sustainability: contextual barriers in global supply chains, International Journal of Physical Distribution & Logistics Management, 46(5), 442
Bussmann	Die Zukunft der unternehmerischen Haftung bei Compliance Verstößen, CCZ 2009, 132
Bussmann	Integrität durch nachhaltiges Compliance Management über Risiken, Werte und Unternehmenskultur, CCZ 2016, 50
Campos Nave/Zeller	Corporate Compliance in mittelständischen Unternehmen, BB 2012, 131
Caracas	§ 130 OWiG – Das lange Schwert der Korruptionsbekämpfung im privaten Sektor – Teil 1, CCZ 2015, 167
Carroll	The Pyramid of Corporate Social Responsibility: Toward the Moral Management of Organizational Stakeholders", Business Horizons (July-August 1991), 39
Carroll/Brown/Buchholtz	Business & Society: Ethics, Sustainability & Stakeholder Management", 10. Aufl. 2018
Carroll/Shabana	The Business Case for Corporate Social Responsibility: A Review of Concepts, Research and Practice", International Journal of Management Reviews 2010, 12 (1), 85
Carter/Rogers	A framework of sustainable supply chain management: moving toward new theory, International Journal of Physical Distribution & Logistics Management, 38(5), 360

Casper	Der Compliancebeauftragte – unternehmensinternes Aktienamt, Unternehmensbeauftragter oder einfacher Angestellter?, in: Festschrift für Karsten Schmidt, 2009
Casper/Terlau (Hrsg.)	Zahlungsdiensteaufsichtsgesetz, Kommentar, 2. Aufl. 2020
Cauers/Haas/Jakob/Kremer/Schartmann/Welp	Ist der gegenwärtig viel diskutierte Begriff „Compliance" nur alter Wein in neuen Schläuchen?, DB 2008, 2717
Claussen	Compliance- oder Integritätsmanagement, 2011
Clemen/Reilly	Correlations and copulas for decision and risk analysis, Management Science 1999; 45 (2): 208
Cohen/Holland	Fünf Punkte, die ausländische Unternehmen über den United States Foreign Corrupt Practices Act (FCPA) wissen sollten, CCZ 2008, 7
Committee of the Sponsoring Organizations of the Treadway Commission (COSO) (Hrsg.)	Enterprise Risk Management – Integrated Framework, 2004
Cooper/Budd	Tying the pieces together: A normative framework for integrating sales and project operations, Industrial Marketing Management 2007
Crane/Matten/Glozer/Spence	Business Ethics: Managing Corporate Citizenship and Sustainability in the Age of Globalization, 5. Aufl. 2016
Crane/McWilliams/Matten/Moon/Siegel (Hrsg.)	The Oxford Handbook of Coprorate Social Responsibility, 2013
Cressey	Other People's Money – a study in the social psychology of embezzlement, 2. Aufl. 1973
Crouhy/Galai/Mark	The Essentials of Risk Management, 2. Aufl. 2014
Dahlke	Risikobewertung in einem Tax-Compliance-Management-System, BB 2019, 619
Daghles	Cybersecurity-Compliance: Pflichten und Haftungsrisiken für Geschäftsleiter in Zeiten fortschreitender Digitalisierung, DB 2018, 2289
Dann/Mengel	Tanz auf einem Pulverfass – oder: Wie gefährlich leben Compliance-Beauftragte, NJW 2010, 3265
de Ruijter/Guldenmund	The bowtie method: A review, in: Safety Science, 88/2016, 211
Decker	Beurkundungspflicht des Zustimmungsbeschlusses bei der Übertragung des gesamten Vermögens einer GmbH?, NZG 2018, 447
Deike/Thies	Open Source Software: IPR-Fragen und Einordnung ins deutsche Rechtssystem, CR 2003, 9
Deming	Out of the Crisis, 2000
Diederichs	Risikomanagement und Risikocontrolling, 3. Aufl. 2012, 4. Aufl. 2018
Dieners	Handbuch Compliance im Gesundheitswesen, 3. Aufl. 2010

Diergarten/Barreto da Rosa	Praxiswissen Geldwäscheprävention, 2015
Dierks/Sandmann/Herre	Das neu überarbeitete COSO-Rahmenwerk für Interne Kontrollsysteme und die Konsequenzen für die deutsche Unternehmenspraxis, CCZ 2013, 164
Dillerup/Stoi	Unternehmensführung, 5. Aufl. 2016, 6. Aufl. 2020
Dilling	Der Schutz von Hinweisgebern und betroffenen Personen nach der EU-Whistleblower-Richtlinie, CCZ 2019, 214
Dittmers	Werteorientiertes Compliance-Management: Die Werte von Compliance-Beauftragten und ihr Einfluss auf die Compliance-Kultur im Unternehmen, 2018
Dittrich	Kartellrecht: Spezialgebiet der Compliance-Arbeit, CCZ 2015, 209
Ditz/Engelen	Neue Anzeigepflichten für Steuergestaltungen – Überblick und erste Handlungsempfehlungen, DStR 2019, 352
Dreher/Hoffmann	Die erfolgreiche Selbstreinigung zur Wiedererlangung der kartellvergaberechtlichen Zuverlässigkeit und die vergaberechtliche Compliance – Teil 1, NZBau 2014, 67
Dreier/Schulze	Urheberrechtsgesetz, Kommentar, 5. Aufl. 2015, 6. Aufl. 2018
Dzida	Die Mitbestimmungen des Konzernbetriebsrats bei Ethik-Richtlinien, NZA 2008, 1265
Eberius	Verrechtlichung der ESG-Compliance: Pflichten für Fondsmanager und institutionelle Investoren – Bestehende und zukünftige rechtliche Vorgaben zum Umgang mit Nachhaltigkeitskriterien und -risiken, WM 2019, 2143
Ebersoll/Stork	Smart Risk Assessment, 2016
Ebersoll/Stork	Smart Risk Assessment: Mehr Effizienz durch Screening, CCZ 2013, 129
Eggert	Tax Compliance in Konzernen mit Matrix-Strukturen – Steuerrechtliche Verantwortung der Geschäftsleiter, DStR 2017, 266
EGMR	Kündigung einer Altenpflegerin nach Strafanzeige gegen Arbeitgeber – Whistleblowing Urteil vom 21.7.2011 – 28274/08, NJW 2011, 3502
Ehlers/Wolffgang	Recht der Exportkontrolle – Bestandsaufnahme und Perspektiven, 2015
Ehmann/Selmayr (Hrsg.)	Datenschutz-Grundverordnung, Kommentar, 2. Aufl. 2018
Ehrgott/Reimann/Kaufmann/Carter	Social sustainability in selecting emerging economy suppliers, Journal of Business Ethics, 98(1), 99
Eichler	Compliance-Management-Systeme – Praktische Ausgestaltung für die Teilbereiche Antikorruption sowie Wettbewerbs- und Kartellrecht, WPg 2015, 7
Eichler	Nachhaltige Unternehmenskultur als Grundlage wirksamer Corporate Governance, ZCG 2010, 57
Eidam	Unternehmen und Strafe: Vorsorge- und Krisenmanagement, 5. Aufl. 2018

Eisenberg	Beweisrecht der StPO, Spezialkommentar, 9. Aufl. 2015, 10. Aufl. 2017
Emde/Dornseifer/Drei-bus/Hölscher	InvG, Kommentar, 2013
Engelhardt/Klein	Bitcoins – Geschäfte mit Geld, das keines ist – Technische Grundlagen und zivilrechtliche Betrachtung, MMR 2014, 355
Engelhart	Die neuen Compliance-Anforderungen der BaFin (MaComp), ZIP 2010, 1832
Erben/Romeike	Allein auf stürmischer See – Risikomanagement für Einsteiger, 3. Aufl. 2016
Erbs/Kohlhaas	Strafrechtliche Nebengesetze, 229. EL 03/2020
Ernst & Young	Existing Practice in Compliance 2016 – Stand zum Integritäts- und Compliance-Management in Deutschland, Österreich und der Schweiz, 2016
Eufinger	Kartellrechtliche Compliance im Bankensektor, WM 2014, 1114
Eufinger	Die neue CSR-Richtlinie – Erhöhung der Unternehmenstransparenz in Sozial- und Umweltbelangen, EuZW 2015, 424
Eufinger	Der Entwurf zur Einrichtung eines bundesweiten Wettbewerbsregisters – Implikationen für die Compliance, CB 2017, 240
Ewelt-Knauer	Proaktive Gestaltung der Compliance-Kultur, WPg 2016, 597
Europäische Kommission (Hrsg.)	Eine neue EU, 2011
Faber	Anreizbasierte Regulierung von Corporate Compliance, 2014
Faust	Compliance und Korruptionsbekämpfung: Beiträge und Übungen zur Organisationsethik (Band 1), 2015
Favoccia/Richter	Rechte, Pflichten und Haftung des Compliance Officers aus zivilrechtlicher Sicht, AG 2010, 137
Fecker/Kinzl	Ausgestaltung der arbeitsrechtlichen Stellung des Compliance-Officers, Schlussfolgerungen aus der BSR-Entscheidung des BGH, CCZ 2010, 13
Fischer (Hrsg.)	Strafgesetzbuch: StGB mit Nebengesetzen, 67. Aufl. 2020
Fissenewert	Compliance maßgeschneidert – Empfehlungen für mittelständische Unternehmen, ZRFC 2013, 246
Fissenewert	Compliance für den Mittelstand, 1. Aufl. 2013, 2. Aufl. 2018
Fitting/Engels/Schmidt/Trebinger/Linsenmaier	Betriebsverfassungsgesetz: BetrVG, 30. Aufl. 2020
Fladung	Datenschutz-Grundverordnung – neue Compliance-Risiken im Beschäftigtendatenschutz, CB 2015, 364
Fleischer	Aktuelle Entwicklungen der Managerhaftung, NJW 2009, 2337
Fleischer	Aktienrechtliche Compliance-Pflichten im Praxistest: Das Siemens/Neubürger-Urteil des LG München I, NZG 2014, 321
Fleischer	Aktienrechtliche Legalitätspflicht und „nützliche" Pflichtverletzungen von Vorstandsmitgliedern, ZIP 2005, 141

Fleischer	Corporate Compliance im aktienrechtlichen Unternehmensverbund, CCZ 2008, 1
Fleischer	Vorstandsverantwortlichkeit und Fehlverhalten von Unternehmensangehörigen – Von der Einzelüberwachung zur Errichtung einer Compliance-Organisation, AG 2003, 291
Fleischer/Körber	Due diligence und Gewährleistung beim Unternehmenskauf, BB 2001, 841
Foerstl/Azadegan/ Leppelt/Hartmann	Drivers of supplier sustainability: moving beyond compliance to commitment, Journal of Supply Chain Management, 51(1), 67
Foerstl/Reuter/ Hartmann/Blome	Managing supplier sustainability risks in a dynamically changing environment – sustainable supplier management in the chemical industry, Journal of Purchasing and Supply Management, 16(2), 118
Forgó/Helfrich/ Schneider (Hrsg.)	Betrieblicher Datenschutz, 3. Aufl. 2019
Franck	Bring your own device – Rechtliche und tatsächliche Aspekte, RDV 2013, 185
Freeman	Strategic Management – A Stakeholder Approach, 2010
Freund	Kontakt als Druck?, WuW 2011, 29
Frey/Pelz	BeckOK Geldwäschegesetz, 2019
Füermann	Prozessmanagement, Anleitung zur ständigen Prozessverbesserung, 3. Aufl. 2008
Fuhlrott	Arbeitnehmerdatenschutz – Aktuelle Entwicklungen, ArbRAktuell 2020, 103
Fuhrmann	Rechte und Pflichten des Aufsichtsrats beim Verdacht von Compliance-Verstößen, AG 2015, R328
Funk/Zeifang	Die GNU General Public License, Version 3, CR 2007, 617
Gabriel/Mertens/Prieß/ Stein (Hrsg.)	BeckOK Vergaberecht, 14. Edition, Stand 31.1.2020
Gadatsch	Geschäftsprozesse analysieren und optimieren (essentials), 2015
Gaenslen	Erfassung von Risiken der Unternehmensleitung – Checklisten für die vom Vorstand ausgehenden Risiken, ZCG 2008, 111
Garden/Hiéramente	Die neue Whistleblowing-Richtlinie der EU – Handlungsbedarf für Unternehmen und Gesetzgeber, BB 2019, 963
Gänswein	Gesamtschuldnerausgleich unter Kartellbeteiligten, NZKart 2016, 51
Gärtner	BB-Rechtsprechungsreport zur Organhaftung 2012, BB 2013, 2242
Gebauer/Kirschhöfer/ Repke (Hrsg.)	Compliance-Miszellen, Dieter Eisele zum 80. Geburtstag gewidmet, 2019
Gehring	Tax CMS in der Umsatzsteuer – ein Praxisleitfaden, CCZ 2019, 197
Gehra/Gittfried/Lienke	Prävention von Geldwäsche und Terrorismusfinanzierung, 2019

Gehrmann/Wengenroth	Geldwäscherechtliche Pflichten für Güterhändler am Beispiel von Immobilienunternehmen, BB 2019, 1035
Gerdemann	Revolution des Whistleblowing-Rechts oder Pfeifen im Walde?, RdA 2019, 16
Geiser	Leitungspflichten des Vorstandes in der AG – Grenzziehung zwischen der Business Judgment Rule und den notwendigen Anforderungen an eine Compliance-Organisation, 2010
Geminn/Johannes/ Miedzianowski	Datenschutz nach Corona – was ist da, was bleibt, was kommt?, ZD-Aktuell 2020, 07073
Geuenich/Kiesel	Tax Compliance bei Unternehmen – einschlägige Risiken und Folgerungen für die Praxis, BB 2012, 155
Geyrhalter/Zirngibl/ Strehle	Haftungsrisiken aus dem Scheitern von Vertragsverhandlungen bei M&A-Transaktionen, DStR 2006, 1559
Giebichenstein/Schirp	Neues IT-Sicherheitsgesetz (IT-SiG) und Sicherheitskatalog gem. § 11 Abs. 1a EnWG, CB 2015, 66
Gitter/Meißner/ Spauschus	Das neue IT-Sicherheitsgesetz – IT-Sicherheit zwischen Digitalisierung und digitaler Abhängigkeit, ZD 2015, 512
Gleißner	Entscheidungsorientiertes Risikomanagement: Risikoanalyse, risikogerechte Bewertung und wertorientiertes Management, Risiko Manager 01/2019, 28
Gleißner	Risikomaße und Bewertung, Teil 1: Grundlagen – Entscheidungen unter Unsicherheit und Erwartungsnutzentheorie, Risiko Manager 12/2006, 1
Gleißner	Risikomaße und Bewertung, Teil 2: Downside-Risikomaße – Risikomaße, Safety-First-Ansätze und Portfoliooptimierung, Risiko Manager 13/2006, 17
Gleißner	Risikomaße und Bewertung, Teil 3: Kapitalmarktmodelle – Alternative Risikomaße und Unvollkommenheit des Kapitalmarkts, Risiko Manager 14/2006, 14
Gleißner/Romeike	Entscheidungsorientiertes Risikomanagement nach DIIR RS Nr. 2, Der Aufsichtsrat 4/2020, 55
Göbel	Unternehmensethik, 3. Aufl. 2013, 5. Aufl.2017
Goette	Organisationspflichten in Kapitalgesellschaften zwischen Rechtspflicht und Opportunität, ZHR 2011, 388
Goette/Habersack/Kalss	Münchener Kommentar zum Aktiengesetz, Bd. 2, 5. Aufl. 2019
Göhler	Gesetz über Ordnungswidrigkeiten, Kommentar, 16. Aufl. 2012, 17. Aufl. 2017
Gola (Hrsg.)	Datenschutz-Grundverordnung, Kommentar, 2. Aufl. 2018
Gola/Heckmann (Hrsg.)	BDSG, Kommentar, 13. Aufl. 2019
Gola/Schomerus (Hrsg.)	BDSG, Kommentar, 12. Aufl. 2015
Goldschmidt/Homann	Theoretische Grundlagen für eine praxistaugliche Konzeption, Die gesellschaftliche Verantwortung der Unternehmen, 2011
Gomer	Die Delegation von Compliance-Zuständigkeit des Vorstands einer Aktiengesellschaft, 2020

Göpfert	Steuerungsinstrumente für die Personalarbeit – Global HR Policies, NZA 2011, 1259
Görtz	Prüfung von Compliance-Management-Systemen – Anwendungen und Erfahrungen mit IDW PS 980, BB 2012, 178
Gösswein	Die Führungskräfte im Zentrum eines funktionierenden Compliance Management Systems, CCZ 2017, 43
Gößwein/Hohmann	Modelle der Compliance-Organisation in Unternehmen – Wider den Chief Compliance Officer als „Überoberverantwortungsnehmer", BB 2011, 963
Göthel	Grenzüberschreitende M&A-Transaktionen – Unternehmenskäufe, Umstrukturierungen, Joint Ventures, SE , 4. Aufl. 2015, 5. Aufl. 2020
Grabitz/Hilf/Nettesheim	Das Recht der Europäischen Union, Kommentar, 58. Aufl. 2016, 70. Aufl. 2020
Grace/Leverty/Phillips/ Shimpi	The Value of Investing in Enterprise Risk Management, Journal of Risk & Insurance 2015, 82 (2), 289
Graf (Hrsg.)	BeckOK OWiG, 9. Edition 2015
Granetzny/Krause	Was kostet ein gutes Gewissen? – Förderung von Whistleblowing durch Prämien nach US-Vorbild?, CCZ 2020, 29
Grau/Granetzny	EU-US-Privacy Shield – Wie sieht die Zukunft des transatlantischen Datenverkehrs aus?, NZA 2016, 40
Grigoleit (Hrsg.)	Aktiengesetz, Kommentar, 2. Aufl. 2020
Grimm/Windeln (Hrsg.)	Zielvereinbarungen, 2006
Groening/Kanuri	Investor Reaction to Positive or Negative Corporate Social Events, Journal of Business Research, 66 (10) 2013, 852
Groß	Chief Compliance Officer, 2012
Grötsch/Stürzl	Die „Unkenntnis" in § 370 Abs. 1 Nr. 2 AO, wistra 2019, 127
Grottel/Schmidt/ Schubert/Winkeljohann (Hrsg.)	Beck'scher Bilanz-Kommentar – Handels- und Steuerbilanz, 10. Aufl. 2016
Grottel/Schmidt/ Schubert/Störk/Deubert (Hrsg.)	Beck'scher Bilanz-Kommentar – Handels- und Steuerbilanz, 12. Aufl. 2019
Grunert	Verbandssanktionengesetz und Compliance-Risikoanalyse, CCZ 2020, 71
Grüninger	Compliance-Prüfung nach dem IDW PS 980 – Pflicht oder Kür für den Aufsichtsrat?, Der Aufsichtsrat 10/2010, 140
Grützmacher	Open Source Software und Embedded Systems, ITRB 2009, 184
Grützmacher	Application Service Providing – Urhebervertragsrechtliche Aspekte, ITRB 2001, 59
Grützner	BGH Beschl. v. 5.11.2013 – 2 StR 388/13, BeckRS 2014, 17

Grützner	Compliance-System, Gesamtverantwortung, Legalitätsprinzip, Pflichtverletzung, Risikokontrolle, Unterlassen, Verjährung, Vorstand, BB 2014, 850
Grützner/Güngör	Aktuelle Entwicklungen in den USA, CCZ 2019, 189
Grützner/Jakob	Compliance von A–Z, 1. Aufl. 2014, 2. Aufl. 2015
Guckelberger	Rechtsfragen kritischer Infrastrukturen, DVBl 2019, 525
Gündel/Feiler	Novelle zum Außenwirtschaftsrecht: Handlungsbedarf für Compliance-Verantwortliche in grenzüberschreitend tätigen Unternehmen, CB 2013, 236
Haack	Gesetzesentwurf zur Einführung eines Unternehmensstrafrechts, NWB 2014, 43
Habbe/Köster	Neue Anforderungen an Vorstand und Aufsichtsrat von Finanzinstituten, BB 2011, 265
Habersack/Huber/ Spindler (Hrsg.)	Festschrift für Eberhard Stilz, 2014
Hadding/Hopt/ Schimansky	Verbraucherschutz im Kreditgeschäft – Compliance in der Kreditwirtschaft, 2008
Haellmigk	Vorsicht beim Datentransfer: Exportrecht gilt für alle Unternehmen, CR 2013, 350
Haellmigk/Vulin	(Cloud-)Datentransfer und Exportkontrolle – Neue Compliance-Herausforderungen für Unternehmen, CCZ 2016, 28
Hammer	Operational Tax – Schnittstelle zwischen Steuerrecht, Produktkenntnis und Prozesswissen bei Finanzdienstleistern, BB 2013, 1175
Hammer	Das prozesszentrierte Unternehmen (Beyond Reengineering), 1996
Handel	Die Stellvertretung bei der Selbstanzeige, DStR 2018, 709
Hannemann/Steinbrecher/Weigl	Mindestanforderungen an das Risikomanagement (MaRisk), 5. Aufl. 2019
Hannich/Appl/ Diemer et al.	Karlsruher Kommentar zur Strafprozessordnung: StPO, 6. Aufl. 2008, 7. Aufl. 2013
Haouache	Unternehmensbeauftragte und Gesellschaftsrecht der AG und GmbH, 2003
Harbarth	Anforderungen an die Compliance-Organisation in börsennotierten Unternehmen, ZHR 2015, 136
Harbarth/Brechtel	Rechtliche Anforderungen an eine pflichtgemäße Compliance-Organisation im Wandel der Zeit, ZIP 2016, 241
Hardtke/Kleinfeld (Hrsg.)	Gesellschaftliche Verantwortung von Unternehmen, 2010
Hartmann/Moeller	Chain liability in multitier supply chains? Responsibility attributions for unsustainable supplier behavior, Journal of Operations Management, 2014, 32(5), 281
Hartmann/Romeike	Business Judgement Rule, FIRM Jahrbuch 2015

Harz/Weyand/Methner/ *Noa/Massek*	Mit Compliance Wirtschaftskriminalität vermeiden, 2012
Hasselbach/Stepper	Veröffentlichungspflichten bei M&A-Transaktionen und bei Übernahmen börsennotierter Unternehmen, BB 2020, 203
Hastenrath	E-Learning in der Compliance-Praxis: Anforderungen, Möglichkeiten, Grenzen, Kosten, CCZ 2014, 132
Hastenrath	Möglichkeit und Grenzen der Pflichtendelegation an den (Chief) Compliance Officer, CB 2016, 6
Hastenrath (Hrsg.)	Compliance-Kommunikation, 2017
Hastenrath/Müller	Möglichkeiten der Incentivierung von Compliance-gerechtem Verhalten CB 2017, 154
Haus/Erne	Kartellrechtliche Compliance – Anforderungen und Ausgestaltung, ZWH 2016, 162
Hauschka	Compliance am Beispiel der Korruptionsbekämpfung – Eine Erwiderung aus der Praxis auf Uwe H. Schneiders Vorschläge, ZIP 2004, 877
Hauschka	Formularbuch Compliance, 2013
Hauschka/Salvenmoser	Korruption, Datenschutz und Compliance, NJW 2010, 331
Hauschka/Galster/ *Marschlich*	Leitlinien für die Tätigkeit in der Compliance-Funktion im Unternehmen (für Compliance Officer außerhalb regulierter Sektoren) – Gemeinsames Positionspapier des Netzwerk Compliance e. V., der Fachgruppe Compliance des Bundesverbandes der Unternehmensjuristen (BUJ), des DICO – Deutsches Institut für Compliance und des Berufsverbandes der Compliance Manager (BCM), CCZ 2014, 243
Hauschka/Lösler/ *Moosmayer (Hrsg.)*	Corporate Compliance, Handbuch, 3. Aufl. 2016
Heckmann	Rechtspflichten zur Gewährleistung von IT-Sicherheit im Unternehmen – Maßstäbe für ein IT-Sicherheitsrecht, MMR 2006, 280
Heckschen	Keine analoge Anwendung des § 179a AktG auf die GmbH, AG 2019, 420
Hefendehl	Alle lieben Whistleblowing, in: Böse/Sternberg-Lieben, Festschrift für Amelung, 2009,
Hehlmann/Sachs	Europäische Compliance-Vorgaben und ihr Konflikt mit dem deutschen Datenschutzrecht, EuZW 2012, 527
Heiermann/Zeiss/ *Summa (Hrsg.)*	jurisPK-Vergaberecht, 5. Aufl. 2016
Heinickel/Feiler	Der Entwurf für ein IT-Sicherheitsgesetz – europarechtlicher Kontext und die (eigentlichen) Bedürfnisse der Praxis, CR 2014, 708
Heißner	Erfolgsfaktor Integrität, 2. Aufl. 2014
Helisch	Unternehmenskultur, Corporate Identity und Loyalität als wesentliche Bestimmungsgrößen für gelebte Compliance, CB 2014, 225

Hennrichs/Pöschke	Die Pflicht des Aufsichtsrats zur Prüfung des „CSR-Berichts", NZG 2017, 121
Hennsler/Strohn	Gesellschaftsrecht, Kommentar, 2. Aufl. 2014, 4. Aufl. 2019
Henssler/Willemsen/ Kalb	Arbeitsrecht, 8. Aufl. 2018, 9. Aufl. 2020
Hentze/Thies	Stakeholder-Management und Nachhaltigkeits-Reporting, 2. Aufl. 2014
Herb	Von Compliance zu Integrität, Handelsblatt Journal 2015, 17
Hering/Steparsch/ Linder	Zertifizierung nach DIN EN ISO 9000 – Prozessoptimierung und Steigerung der Wertschöpfung, 1997
Herman/Wiener	The year 2000: A framework for speculation on the next 33 years, 1967
Herold	Whistleblower – Entscheidungsfindung, Meldeverhalten und kriminologische Bewertung, 2016
Herzog/Achtelik	Geldwäschegesetz (GwG), 3. Aufl. 2018
Heuking/von Coelln	Public Compliance – Maßnahmen zur Regelkonformität im öffentlichen Sektor, DÖV 2012, 827
Heuel/Harink,	Steuerhinterziehung im Zeitalter elektronischer Steuererklärungen, AO-StB 2020, 49
Heussen	Rechtliche Verantwortungsebenen und dingliche Verfügungen bei der Überlassung von Open Source Software, MMR 2004, 445
Heyden/Pfnür (Hrsg.)	Immobilien-Prozessmanagement: Gestaltung und Optimierung von immobilienwirtschaftlichen Prozessen im Rahmen eines ganzheitlichen Prozessmanagements, 2008
Hirte/Mülbert/Roth (Hrsg.)	Aktiengesetz: AktG, Bd. 2/1: §§ 23–40, 5. Aufl. 2015
Hoejmose/Brammer/ Millington	„Green" supply chain management: The role of trust and top management in B2B and B2C markets, Industrial Marketing Management, 41(4), 609
Hoeren	Softwareauditierung, CR 2008, 409
Hoeren/Sieber/ Holznagel	Handbuch Multimedia-Recht, Stand: 42. EL 2015, 52. EL 2020
Hoffmann/Schieffer	Pflichten des Vorstands bei der Ausgestaltung einer ordnungsgemäßen Compliance-Organisation, NZG 2017, 401
Hofmann/Busse/ Bode/Henke	Sustainability-related supply chain risks: conceptualization and management, Business Strategy and the Environment, 23(3), 160
Hohmann	Die zentralen Genehmigungspflichten/Verbote des US-Reexportrechts, AW-Prax 2007, 456
von Holleben/Menz	IT-Risikomanagement – Pflichten der Geschäftsleitung, CR 2010, 63
Hölscher/Elfgen	Herausforderung Risikomanagement: Identifikation, Bewertung und Steuerung industrieller Risiken, 2012

Hölters (Hrsg.)	Aktiengesetz, Kommentar, 2. Aufl. 2014, 3. Aufl. 2017
Hölters (Hrsg.)	Festschrift für Volker Röhricht, 2005
Homann/Blome-Drees	Wirtschafts- und Unternehmensethik, 1992
Hopson	Effektive ethische Compliance-Programme im Sinne der United States Federal Sentencing Guidelines, CCZ 2008, 208
Huber/Huetz	Handbuch Import- und Exportrecht, 2014
Hübschmann/Hepp/ Spitaler	Abgabenordnung-Finanzgerichtsordnung, Kommentar, 257. EL Stand: 5/2020
Hüffer	Aktiengesetz, Kommentar, 10. Aufl. 2012
Hüffer/Koch (Hrsg.)	Aktiengesetz, Kommentar, 14. Aufl. 2020
Hugger/Röhrich	Der neue UK Bribery Act und seine Geltung für deutsche Unternehmen, BB 2010, 2643
Hungenberg	Strategisches Management in Unternehmen, Ziele – Prozesse – Verfahren, 4. Aufl. 2008, 8. Aufl. 2014
Hunsmann	Die Aufsichtspflichtverletzung (§ 130 OWiG) unter besonderer Berücksichtigung des Steuerrechts, DStR 2014, 855
Hunter	The Asset Tracing & Recovery Review, 2013, 6. Edition 2018
Huppertz/Schneider	Software-Lizenzaudits im Unternehmen – Datenschutzrechtliche Aspekte bei der Überprüfung von Softwarenutzung, ZD 2013, 427
Huth/Romeike (Hrsg.)	Risikomanagement in der Logistik, 2016
IDW Prüfungsstandard	Grundsätze Ordnungsmäßiger Prüfung von Compliance Management Systemen (IDW PS 980), WPg Supplement 2/2011, 78
Ignor/Mosbacher	Handbuch Arbeitsstrafrecht, 3. Aufl. 2016
Ihle	Beweisverwertungsverbote bei heimlicher Überwachung von Arbeitnehmern, BB 2014, 896
Immenga/Mestmäcker	Wettbewerbsrecht, Band 1, Teil 1, Kommentar zum Europäischen Kartellrecht, 5. Aufl. 2012; Band 2, Teil 1, Kommentar zum Deutschen Kartellrecht, 5. Aufl. 2014, 6. Aufl. 2019
Immenga/Mestmäcker (Begr.)	Wettbewerbsrecht, Bd. 2, 6. Aufl. 2020
Inderst/Bannenberg/ Poppe	Compliance – Aufbau – Management – Risikobereiche, 2. Aufl. 2013, 3. Aufl. 2017
Institut der Deutschen Wirtschaftsprüfer (IDW)	WP-Handbuch, Band 1, 16. Aufl. 2019
Institut der Deutschen Wirtschaftsprüfer (IDW)	IDW Prüfungsstandard 261 „Feststellung und Beurteilung von Fehlerrisiken und Reaktionen des Abschlussprüfers auf die beurteilten Fehlerrisiken" (IDW PS 261 n. F.), Stand: 13.3.2013
International Chamber of Commerce (ICC)	The ICC Antitrust Compliance Toolkit, 2013
Intveen	Softwarelizenzaudits aus Anwendersicht, ITRB 2012, 208
ISO 26000	Leitfaden zur gesellschaftlichen Verantwortung (Guidance on social responsibility, Lignes directrices relatives à la responsabilité sociétale), 2010

Itzen	Richtungswechsel, Bestandsaufnahme, Prävention: Das Gerüst einer erfolgreichen Compliance-Strategie, BB-Special 5/2008, 12
Jacobs	IT-Compliance – Vorgaben und Handlungsrahmen, CB 2017, 299
Jaeger	Auswirkungen der EU-Urheberrechtsrichtlinie auf die Regelungen des Urheberrechtsgesetzes für Software, CR 2002, 309
Jaeger/Kokott/Pohl-mann/Schroeder (Hrsg.)	Frankfurter Kommentar zum Kartellrecht, Bd. 2 (EG-Kartellrecht Teil 1), Stand: 97. EL 2020
Jaeger/Metzger	Die neue Version 3 der GNU General Public License, GRUR 2008, 130
Jaeger/Metzger	Open Source Software und deutsches Urheberrecht, GRUR Int. 1999, 839
Jaeger/Metzger	Open Source Software, 4. Aufl. 2016, 5. Aufl. 2020
Jäger/Rödl/Campos Nave	Praxishandbuch Corporate Compliance, 2009
Jenne	US-Leitfaden zur Bewertung von Compliance-Systemen – Orientierungshilfe für deutsche Unternehmen, Behörden und Gerichte, CB 2019, 327
Jenne	Die Überprüfung und Zertifizierung von Compliance-Management-Systemen, 2017
Joecks/Jäger/Randt	Steuerstrafrecht, 8. Aufl. 2015
Johannsen-Roth/Illert/ Ghassemi-Tabar (Hrsg.)	Deutscher Corporate Governance Kodex: DCGK, Kommentar, 2020
John (Hrsg.)	Verhaltensökonomik im Recht des Arbeitnehmerurhebers in Deutschland und der Schweiz, 2014
Johson	Die Regelung zur Beweislastumkehr nach Maßgabe des Richtlinienentwurfs der EU-Kommission zum Schutz von Hinweisgebern – Quell eines institutionellen Rechtsmissbrauchs?, CCZ 2019, 66
Jonas	Das Prinzip Verantwortung. Versuch einer Ethik für die technologische Zivilisation, 1979
Joost	Die Prinzipal-Agenten-Theorien in der Betriebswirtschaftslehre, 2001
Jüttner/Barnutz	Compliance-Kultur und Integrität – Über den Wolken einer naiven Managementromantik und die harte Landung, CCZ 2020, 250
Kaeser	Gewinne sind nicht das einzige Ziel, Havard Business Manager 10/2019, 44
Kahlen/Moslener/ Rondeau (Hrsg.)	Facility Management 1, Entstehung, Konzeptionen, Perspektiven, 2001
Kahneman	Thinking, Fast and Slow, Farrar, Straus and Giroux, 2011
Kajüter	Nichtfinanzielle Berichterstattung nach dem CSR-Richtlinie-Umsetzungsgesetz, DB 2017, 617

Kaltenbrunner/Urnik	Unternehmensführung, State of the art und Entwicklungsperspektiven, 2012
Kania	Erfurter Kommentar zum Arbeitsrecht, 11. Aufl. 2011
Kant	Kritik der praktischen Vernunft. Hrsg. von Horst D. Brandt und Heiner F. Klemme, 2003
Kaplan/Norton	The Balanced Scorecard: Strategien erfolgreich umsetzen, 1997
Karbaum	Kartellrechtliche Compliance – Rechtsgrundlagen und Umsetzung, 2010
Karbaum	Kartellrechts-Compliance – Mehr Fragen als Antworten nach einer Dekade intensiver Diskussion der Compliance-Verantwortung des Vorstands?, AG 2013, 863
Kark	Compliance-Risikomanagement – Gefährdungslagen erkennen und steuern, 2. Aufl., 2019
Kark	Compliance-Risikomanagement – Früherkennung, Prävention und operative Umsetzung, 2013
Karsten/Traugott	ICC Toolkit zur kartellrechtlichen Compliance auf Deutsch und das ICC KMU-Toolkit („SME Toolkit") – eine Einführung und „Gebrauchsanleitung", CCZ 2015, 157
Karten	Existenzrisiken der Gesellschaft – Herausforderungen für die Assekuranz, ZVersWiss 3/1988, 343
Kayser	ISO 37001: Ein Standard will mit Korruption aufräumen, CB 2015, 441
Keller/Giedinghagen	Keine analoge Anwendung von § 179a AktG auf die GmbH, NJW-Spezial 2019, 271
Kempf/Lüderssen/Volk (Hrsg.)	Gemeinwohl im Wirtschaftsstrafrecht, 2013
Kempf/Schilling	Vermögensabschöpfung: Strategien bei (drohendem) Verfall von Grundrechten (Deutsch), 2007
Kerner/Rixen	Ist Korruption ein Strafrechtsproblem?, GA 1996, 355
Kessler	Der Einsatz komplexer Finanzinstrumente im Unternehmen – gesellschaftsrechtliche Anforderungen an das Risikomanagement, BB 2013, 1098
Kessler (Hrsg.)	Das Strukturrisiko von Finanzderivaten, 2012
Kessler (Hrsg.)	Unternehmensfinanzierung Mittelstand, 2014
Kiethe	Vermeidung der Haftung von geschäftsführenden Organen durch Corporate Compliance, GmbHR 2007, 393
Klaas	Unternehmensinterne Verstöße und „Whistleblowing": Zum Grundrechtsschutz der Beteiligten und den Anforderungen an eine einfachrechtliche Regelung, CCZ 2019, 163
Klassen/Vereecke	Social issues in supply chains: capabilities link responsibility, risk (opportunity) and performance. International Journal of Production Economics, 140(1), 103
Klein, David	Blockchains als Verifikationsinstrument für Transaktionen im IoT, DSRITB 2015, 429

Klein, Franz (Hrsg.)	Abgabenordnung, Kommentar, 13. Aufl. 2016, 15. Aufl. 2020
Kleinfeld/Martens (Hrsg.)	CSR und Compliance: Synergien nutzen durch ein integriertes Management, 2018
Klene	Corporate Social Responsibility – Richtlinie, Umsetzung und Konsequenzen, WM 2018, 308
Klindt	Nicht-börsliches Compliance-Management als zukünftige Aufgabe der Inhouse-Juristen, NJW 2006, 3399
Kling	Die Haftung der Konzernmutter für Kartellverstöße ihrer Tochterunternehmen, WRP 2010, 506
Klinger, Michael. A/ Klinger, Oskar (Hrsg.)	Das Interne Kontrollsystem im Unternehmen, 2. Aufl. 2009
Klopp	Der Compliance-Beauftragte, 2012
Knauer	Der Regierungsentwurf zur Einführung eines Gesetzes zur Sanktionierung von verbandsbezogenen Straftaten – großer Wurf oder bittere Pille?, NStZ 2020, 441
Knauff	Der Regelungsverbund: Recht und Soft Law im Mehrebenensystem, 2010
Knierim/Rübenstahl/ Tsambikakis	Internal Investigations – Ermittlungen im Unternehmen, 1. Aufl. 2013, 2. Aufl. 2016
Knuppertz	Prozessmanagement für Dummies, 1. Aufl. 2009, 2. Aufl. 2015
Koch, Frank	Client Access License – Abschied von der Softwarelizenz?, ITRB 2011, 42
Koch, Frank	Urheber- und kartellrechtliche Aspekte der Nutzung von Open-Source-Software, CR 2000, 273
Koch, Frank	Urheber- und kartellrechtliche Aspekte der Nutzung von Open-Source-Software (II), CR 2000, 333
Koch, Jens	Compliance-Pflichten im Unternehmensverbund, WM 2009, 1013
Kohlmann	Steuerstrafrecht, Kommentar, 65 EL Stand: 11/2019
Kölbel	Corporate Crime, Unternehmenssanktion und kriminelle Verbandsattitüde, ZIS 2014, 552
Kölbel/Herold	Whistleblowing, Eine kriminologische Analyse aus Anlass der aktuellen kriminalpolitischen Debatte, MschrKrim 2010, 424
Köllner	Entwurf eines Verbandssanktionengesetzes Staatsanwalt und Strafjustiz als ultimative Herrscher der Compliance und internen Untersuchungen?, NZI 2020, 60
Kollmann	Das „Gesetz zur Modernisierung des Außenwirtschaftsrechts", AW-Prax 2013, 267
Komma	Der Geldwäscheverdacht als Haftungsfalle ?, CB 2019, 197
Koreng/Lachenmann (Hrsg.)	Formularhandbuch Datenschutzrecht, 1. Aufl. 2015, 2. Aufl. 2018
Kort	Verhaltensstandardisierung durch Corporate Compliance, NZG 2008, 81
Kort	Gemeinwohlbelange beim Vorstandshandeln, NZG 2012, 926

Kort	Compliance-Pflichten und Haftung von GmbH-Geschäftsführern, GmbHR 2013, 566
Kort	Die Regelung von Risikomanagement und Compliance im neuen KAGB, AG 2013, 582
Korte/Romeike	MaRisk VA erfolgreich umsetzen: Praxisleitfaden für das Risikomanagement in Versicherungen, 2. Aufl. 2010
Köhler/Häferer	Mitbestimmungsrechte des Betriebsrats im Zusammenhang mit Compliance-Systeme, GWR 2015, 159
Körner	Beschäftigtendatenschutz in Betriebsvereinbarungen unter Geltung der DS-GVO, NZA 2019, 1389
Köstner	Compliance-Richtlinien im Unternehmen, 2012
Kotthoff/Wieczorek	Rechtsrahmen von Softwarelizenzaudits – Zulässigkeit und Grenzen, MMR 2014, 3
KPMG AG (Hrsg.)	Das wirksame Compliance-Management-System, 1. Aufl. 2014, 2. Aufl. 2016
Kraft/Winkler	Zur Garantenstellung des Compliance Officers – Unterlassungsstrafbarkeit durch Organisationsmangel, CCZ 2009, 29
Krais	Geldwäsche und Compliance: Praxisleitfaden für Güterhändler, 2018
Kramer/Renz/Hartz/ Braun	Soll ich Compliance-Beauftrager werden?, BvD – News 1/ 2015, 12
Krause	Strafrechtliche Haftung des Aufsichtsrates, NStZ 2011, 57
Krause/Albien	BB-Gesetzgebungs- und Rechtsprechungsreport zu Compliance 2012/2013, BB 2013, 2883
Krause/Prieß	Die bußgeldbefreiende Selbstanzeige bei fahrlässigen Verstößen im neuen Außenwirtschaftsrecht (§ 22 IV AWG n. F.), NStZ 2013, 688
Kreiß/Siebenbrock	Blenden Wuchern Lamentieren: Wie die Betriebswirtschaftslehre zur Verrohung der Gesellschaft beiträgt, 2019
Kreutzer	Wirksamkeit der GNU General Public Licence (GLP) nach deutschem Recht, MMR 2004, 693
Kremer/Klahold	Compliance-Programme in Industriekonzernen, ZGR 2010, 113
Krieger/Schneider	Handbuch Managerhaftung, 2. Aufl. 2010, 3. Aufl. 2017
Krimphove	Die „neue" MaRisk (BA) 9/2017, BKR 2018, 1
Krimphove/Kruse (Hrsg.)	MaComp – Mindestanforderungen an die Compliance-Funktion und die weiteren Verhaltens-, Organisations- und Transparenzpflichten nach §§ 63 ff. WpHG für Wertpapierdienstleistungsunternehmen", Kommentar, 2. Aufl. 2019
Kröger	Korruptionsschäden, Unternehmensgeldbußen und Imageschäden – Haftungs- und schadensrechtliche Fragen der Organmitgliederhaftung, 2013
Kroke	Ist die Lizenz- und Vergütungspflicht für indirekte Nutzung von Software urheberrechtlich unwirksam?, CR 2019, 73

Krügler	Compliance – ein Thema mit vielen Facetten, VDI Umwelt Magazin 7/8 2011, 50
Krystek	Strategische Früherkennung. Controlling & Management, 2007
Krystek/Müller-Stewens	Frühaufklärung für Unternehmen. Identifikation und Handhabung zukünftiger Chancen und Bedrohungen, 1993
Kuhlen	Zum Verhältnis von strafrechtlicher und zivilrechtlicher Haftung für Compliance-Mängel, NZWiSt 2015, 121
Kühling/Buchner (Hrsg.)	Datenschutz-Grundverordnung, Bundesdatenschutzgesetz, Kommentar, 2. Aufl. 2018
Kuhn/Weibler	Ist Ethik ein Erfolgsfaktor? Unternehmensethik im Spannungsfeld von Oxymoron Case, Business Case und Intnegrity Case, Zeitschrift für Betriebswirtschaft 81, Special Issue 1/2011, 93
Kuhn/Weibler	Bad Leadership, 2020
Kulartz/Kus/Portz/ Prieß (Hrsg.)	Kommentar zum GWB-Vergaberecht, 4. Aufl. 2016, 5. Aufl. 2020
Kunz/Withus	Auswirkungen des neuen ISO 19600:2014 zu Compliance-Management-Systemen auf die Prüfung nach IDW PS 980, BB 2015, 685
Kupczyk	Die Projektantenproblematik im Vergaberecht, NZBau 2010, 21
Küting/Busch	Zum Wirwarr der Überwachungsbegriffe, DB 2009, 1361
Kutschelis	Korruptionsprävention und Geschäftsleiterpflichten im nationalen und internationalen Unternehmensverbund, 2014
Laasch/Jamali/Freeman/ Suddaby (Hrsg.)	The Research Handbook of Responsible Management, 2020
Lackhoff/Schulz	Das Unternehmen als Gefahrenquelle? Compliance-Risiken für Unternehmensleiter und Mitarbeiter, CCZ 2010, 81
Lampert/Niejahr/ Kübler/Weidenbach	EG-KartellVO, Praxiskommentar, 2004
Langen/Bunte	Kommentar zum deutschen und europäischen Kartellrecht, Band 1, Deutsches Kartellrecht, 11. Aufl. 2010; Band 2, Europäisches Kartellrecht, 11. Aufl. 2010; Band 1 und 2, 12. Aufl. 2014
Laue/Schenk	Wirksames Compliance-Management – Anhaltendes Topthema in deutschen Unternehmen, CB 2013, 140
Laufer	Grundlagen erfolgreicher Mitarbeiterführung, 2007
Laux	Entscheidungstheorie, 3. Aufl. 1995
Laux/Gillenkirch/ Schenk-Mathes	Entscheidungstheorie, 10. Aufl. 2018
Lechner/Gatzert	Determinants and Value of Enterprise Risk Management: Empirical Evidence from Germany, 2016
Lehmann/Giedke	Urheberrechtliche Fragen des Cloud Computings, CR 2013, 681
Leisch/Lohner	Compliance-Risiken im Transaktionsgeschäft, M&A Review 2009, 133

Literaturverzeichnis

Leitzen	Die analoge Anwendung von § 179a AktG auf Gesellschaften mit beschränkter Haftung und Personengesellschaften in der Praxis, NZG 2012, 491
Lelley	Compliance im Arbeitsrecht, 2010
Leupold/Glossner (Hrsg.)	Münchener Anwaltshandbuch IT-Recht, 3. Aufl. 2013, 4. Aufl. 2020
Lexa/Hammer	Social Media Guidelines – Sichere Kommunikation in den sozialen Medien, CCZ 2014, 45
Leyens	Erfahrungen im Europäischen Gesellschaftsrecht und Entwicklungschancen des Regelungsansatzes, Zeitschrift für Europäisches Privatrecht, ZEuP 2016, 388
Liese	Compliance in Due-Diligence-Fragelisten, BB Special 4 (zu BB 50/2010), 27
Liese	Much Ado about Nothing? Oder: Ist der Vorstand einer Aktiengesellschaft verpflichtet, eine Compliance-Organisation zu implementieren?, BB-Special 5 (zu BB 5/2008), 17
Liese/Schulz	Risikomanagement durch Compliance-Audits – Neue Herausforderungen für die Unternehmensorganisation, BB 2011, 1347
Linke/Fröhlich	Gestaltungsoptionen für Vertraulichkeitsvereinbarungen bei Unternehmenstransaktionen, GWR 2014, 449
LG München	Compliance-Pflichten des Vorstands einer AG Urteil vom 10.12.2013 – 5 HK O 1387/10, NZG 2014, 345
LG München	Zur Pflicht eines Vorstands, das Unternehmen so zu organisieren und zu beaufsichtigen, dass keine Gesetzesverstöße wie Schmiergeldzahlungen an Amtsträger eines ausländischen Staates oder an ausländische Privatpersonen erfolgen (hier insbesondere System „schwarzer Kassen"), zur Frage, ob die Einrichtung eines funktionierenden Compliance-Systems zur Gesamtverantwortung des Vorstands gehört, zum Verjährungsbeginn bei Pflichtverletzung von Vorstand durch Unterlassen sowie zum Begriff der Verhandlungen im Sinne von § 203 BGB, WM 2014, 947
Lo	Wie international ist der deutsche Mittelstand?, WitschaftsObserver online KfW, 2008, Nr. 34, 1
Lo	Effects of supply chain position on the motivation and practices of firms going green, International Journal of Operations & Production Management, 34(1), 93
Loewenheim/Meeßen/ Riesenkampff	Kartellrecht, Band 1: Europäisches Kartellrecht, Kommentar, 2. Aufl. 2009
Loewenheim/Meessen/ Riesenkampff/Kersting/ Meyer-Lindemann	Kartellrecht, Kommentar zum Deutschen und Europäischen Recht, 3. Aufl. 2016, 4. Aufl. 2020
Löschhorn/Fuhrmann	„Neubürger" und die Datenschutz-Grundverordnung: Welche Organisations- und Handlungspflichten treffen die Geschäftsleitung in Bezug auf Datenschutz und Datensicherheit?, NZG 2019, 161

936

Lösler	Das moderne Verständnis von Compliance im Finanzmarktrecht, NZG 2005, 104
Lösler	Zu Rolle und Stellung des Compliance-Beauftragten, WM 2008, 1098
Lübbe-Wolff	Rechtsfolgen und Realfolgen – Welche Rolle können Folgeerwägungen in der juristischen Regel und Begriffsbildung spielen?, 1980
Lüdemann	Connected Cars – Das vernetzte Auto nimmt Fahrt auf, der Datenschutz bleibt zurück, ZD 2015, 247
Luhmann	Funktion und Folgen formaler Organisation, 1994
Lutter	Die Business Judgment Rule und ihre praktische Anwendung, ZIP 2007, 841
Lutter	Due diligence des Erwerbers beim Kauf einer Beteiligung, ZIP 1997, 613
Lutter/Hommelhoff (Hrsg.)	GmbHG, Kommentar, 18. Aufl. 2012, 20. Aufl. 2020
Lutter/Krieger	Handbuch der Managerhaftung, 2. Aufl. 2010, 3. Aufl. 2017
Lutter/Krieger/Verse	Rechte und Pflichten des Aufsichtsrats, 6. Aufl. 2014, 7. Aufl. 2020
Luz/Neus/Schaber/ Schneider/Wagner/ Weber	KWG mit CRR, Kommentar, 3. Aufl. 2015
Mäger	Europäisches Kartellrecht, 2. Aufl. 2011
Mäger/von Schreitter	Die kartellrechtliche Bußgeldhaftung nach der 9. GWB Novelle – Überblick und Kritik, NZKart 2017, 264
Mahnhold	Compliance und Arbeitsrecht, 2004
Mahnhold	„Global Whistle" oder „Deutsche Pfeife" – Whistleblowing-Systeme im Jurisdiktionskonflikt, NZA 2008, 737
Mai/Scherer	Simulating Copulas (Stochastic Models, Sampling Algorithms and Applications), World Scientific, 2012
Makowicz	Die Deutschen und deren Compliance, CB 2015, 45
Makowicz/Maciuca	Prüfung von Compliance-Management-Systemen im Lichte neuer ISO-Standards, WPg 2020, 73
Makowicz/Wüstemann	Betriebswirtschaftlicher und juristischer Nutzen der Ausgestaltung von Compliance-Management-Systemen nach dem globalen Leitfaden ISO 19600, BB 2015, 1195
Mandelbrot	Fraktale und Finanzen – Märkte zwischen Risiko, Rendite und Ruin, 2004
Mann	Buddenbrooks. Verfall einer Familie, 46. Aufl. 1999
Mantz	Anmerkung zu LG Hamburg, Urt. v. 14.6.2013 – 308 O 10/13: Pflicht zur Bereithaltung des Quellcodes nach GPLv2, CR 2013, 640
Marly	Praxishandbuch Softwarerecht, 6. Aufl. 2014

von Marnitz	Compliance-Management für mittelständische Unternehmen, 2011
Martinek/Semler/Flohr (Hrsg.)	Handbuch des Vertriebsrechts, 4. Aufl. 2016
Maschmann (Hrsg.)	Corporate Compliance und Arbeitsrecht, 2009
Matten/Crane	Corporate Citizenship: Towards an Extented Theoretical Conceptualization, The Academy of Management Review, Vol. 30, Nr. 1, 166
Matusche-Beckmann	Das Organisationsverschulden (Jus Privatum), 2001
McNeil/Frey/Embrechts	Quantitative risk management: Concepts, techniques and tools, Princeton university press, 2015
Mehrbrey/Schreibauer	Haftungsverhältnisse bei Cyber-Angriffen – Ansprüche und Haftungsrisiken von Unternehmen und Organen, MMR 2016, 75
Meier	Nachhaltigkeit – Die drei größten Missverständnisse in Unternehmen, Wirtschaftswoche v. 1.7.2013
Meier-Greve	Vorstandshaftung wegen mangelhafter Corporate Compliance, BB 2009, 2555
Mengel	Compliance und Arbeitsrecht, 2009
Mengel	Arbeitsrechtliche Besonderheiten der Implementierung von Compliance-Programmen in internationalen Konzernen, CCZ 2008, 85
Menner/Bexa	Praktische Vorgehensweise bei der Einführung eines Tax Compliance Management Systems im Unternehmen, CCZ 2019, 129
Merkt	Compliance und Risikofrüherkennung in kleinen und mittleren Unternehmen, ZIP 2014, 1705
Merkt	Überprüfung des Compliance-Management-Systems zwischen Wirtschaftsprüfern und Juristen Teil 1, DB 2014, 2273
Metzger/Hoppen	Zur Zulässigkeit von Nutzungsbeschränkungen in Lizenzverträgen bei Verwendung von Drittanbietersoftware, CR 2017, 625
Meyer	Compliance-Verantwortlichkeit von Vorstandsmitgliedern – Legalitätsprinzip und Risikomanagement, DB 2014, 1063
Meyer-Goßner/Schmitt	Strafprozessordnung: StPO, Kommentar, 56. Aufl. 2013, 63. Aufl. 2020
Meyring	Uferlose Haftung im Bußgeldverfahren?, WuW 2010, 157
Miceli	Near & Dworkin, Explaining the Whistle-Blowing Process: Suggestions from Power Theory and Justice Theory, 1993
Michalski	Kommentar zum Gesetz betreffend die Gesellschaften mit beschränkter Haftung, Band II, 2. Aufl. 2010
Michalski/Heidinger/ Leible/Schmidt	Kommentar zum Gesetz betreffend die Gesellschaften mit beschränkter Haftung, Band I und Band II, 3. Aufl. 2017
Miegel	Nachhaltigkeit – Der Anfang ist gemacht, Frankfurter Allgemeine Feuilleton v. 23.10.2013

Miemczyk/Johnsen/ Macquet	Sustainable purchasing and supply management: a structured literature review of definitions and measures at the dyad, chain and network levels. Supply Chain Management: An International Journal, 17(5), 478
Milgram (Hrsg.)	Das Milgram-Experiment, Zur Gehorsamsbereitschaft gegenüber Autorität, 2015
Minkoff/Sahan/Wittig (Hrsg.)	Konzernstrafrecht: Handbuch für die Unternehmens- und Anwaltspraxis, 2020
Mitsch (Hrsg.)	Karlsruher Kommentar zum Gesetz über Ordnungswidrigkeiten, 5. Aufl. 2018
Mittwoch	Die Notwendigkeit eines Lieferkettengesetzes aus der Sicht des Internationalen Privatrechts, RiW 2020, 397
Möller	Offenlegungen und Aufklärungspflichten beim Unternehmenskauf, NZG 2012, 841
Mock	Berichterstattung über Corporate Social Responsibility nach dem CSR-Richtlinie-Umsetzungsgesetz, ZIP 2017, 1195
Momsen/Grützner (Hrsg.)	Wirtschaftsstrafrecht: Handbuch für die Unternehmens- und Anwaltspraxis, 1. Aufl. 2013, 2. Aufl. 2020
Moos/Flemming	Softwarelizenz-Audits, CR 2006, 797
Moosmayer	Compliance-Risikoanalyse, 2015
Moosmayer	Modethema oder Pflichtprogramm guter Unternehmensführung? – Zehn Thesen zu Compliance, NJW 2012, 3013
Moosmayer	Compliance, Praxisleitfäden für Unternehmen, 3. Aufl. 2015
Mülbert	Soziale Verantwortung von Unternehmen im Gesellschaftsrecht, AG 2009, 766
Müller, Christian	Kartellrechtscompliance in Deutschland: Rechtspflicht, Gründe und Auswirkungen, 2012
Müller, K. J.	Reichweite der Vertretungsmacht des GmbH-Geschäftsführers bei der Veräußerung des gesamten Gesellschaftsvermögens, NZG 2019, 807
Müller, K. J.	Gestattung der Due Diligence durch den Vorstand der Aktiengesellschaft, NJW 2000, 3452
Müller, Klaus	Gestattung der Due Diligence durch den Vorstand der Aktiengesellschaft, NJW 2000, 3452
Müller, Thomas	Unternehmensethik und Corporate Citizenship. Wie ein globales Health Care Unternehmen ethische Zielsetzungen in seiner Geschäftstätigkeit operationalisiert und gesellschaftliche Verantwortung proaktiv übernimmt, Zugl. Universität Passau, Diplomarbeit 2006
Müller-Glöge/Preis/ Schmidt (Hrsg.)	Erfurter Kommentar zum Arbeitsrecht, 20. Aufl. 2020
Münchener Kommentar zum Aktiengesetz	Herausgegeben von Goette/Habersack, Bd. 2, 4. Aufl. 2014 (zit.: MünchKomm-AktG)

Münchener Kommentar zum Bürgerlichen Gesetzbuch	Herausgegeben von Säcker/Rixecker/Oetker/Limpberger, Bd. 2: Schuldrecht – Allgemeiner Teil, 7. Aufl. 2016; Bd. 5: Schuldrecht – Besonderer Teil III, 5. Aufl. 2009 (zit.: Münch-Komm-BGB)
Münchener Kommentar zum Europäischen und deutschen Wettbewerbs-recht	Herausgegeben von Hirsch/Montag/Bach et al., Band 1: Euro-päisches Wettbewerbsrecht, 2007; Bd. 2: Gesetz gegen Wettbe-werbsbeschränkungen: GWB, 2008
Münchener Kommentar zum GmbHG	Herausgegeben von Fleischer/Goette, Band 2, 2. Aufl. 2016 (zit.: MünchKomm-GmbHG)
Münchener Kommentar zum Strafgesetzbuch	Herausgegeben von Joecks/Miebach, Bd. 5, 2. Aufl. 2014 (zit.: MünchKomm-StGB)
Münchener Kommentar zum Wettbewerbsrecht	Herausgegeben von Säcker/Meier-Beck/Bien/Montag, Bd. 3, 2. Aufl. 2018 (zit.: MünchKomm-Wettbewerbsrecht)
Mutschler-Siebert/ Dorschfeldt	Vergaberechtliche Selbstreinigung und kartellrechtliche Com-pliance – zwei Seiten einer Medaille, BB 2015, 642
Nägele/Jacobs	Rechtsfragen des Cloud Computing, ZUM 2010, 281
Nauheim/Goette	Managerhaftung im Zusammenhang mit Unternehmenskäufern – Anmerkungen zur Business Judgement Rule aus der M&A-Praxis, DStR 2013, 2520
Neufang	Digital Compliance – Wie digitale Technologien Compliance-Verstöße vorhersehen, IRZ 2017, 249
Neufeld/Knitter	Mitbestimmung des Betriebsrats bei Compliance-Systemen, BB 2013, 821
Nguyen/Romeike	Versicherungswirtschaftslehre – Grundlagen für Studium und Praxis, 2013
Niemann	Shift der urheberrechtlichen Verwertungsrechte in der arbeits-teiligen digitalen Welt, CR 2009, 661
Niestedt/Trennt	Das neue Außenwirtschaftsrecht, BB 2013, 2115
Nietsch	Compliance-Risikomanagement als Aufgabe der Unterneh-mensleitung, ZHR 2016, 733
Nietsch	Geschäftsleiterermessen und Unternehmensorganisation bei der AG, ZGR 2015, 631
Nietsch	Nachhaltigkeitsberichterstattung im Unternehmensbereich ante portas – der Regierungsentwurf des CSR-Richtlinie-Umset-zungsgesetzes, NZG 2016, 1330
Nietsch/Hastenrath	Business-Judgement bei Compliance-Entscheidungen – ein Ausweg aus der Haftungsfalle? – Teil 1, CB 2015, 177
Nietsch/Hastenrath	Business-Judgement bei Compliance- Entscheidungen – ein Ausweg aus der Haftungsfalle? – Teil 2, CB 2015, 221
Nietsch/Munerotto	Der Referentenentwurf zur Umsetzung der CSR-Richtlinie, CB 2016, 177
Nimmer	Coexisting with Free and Open Source Software, CRi 2006, 129

Nolte/Michaelis	Der Entwurf des Verbandssanktionengesetzes: neue Compliance-Pflichten für Vorstände und Geschäftsführer?, BB 2020, 1154
Nothelfer	Die Einführung eines Compliance Management Systems als organisatorischer Lernprozess, CCZ 2013, 23
Nothelfer	Herausforderungen für das Compliance Management in Start-up-Unternehmen, CCZ 2016, 64
Oberlin	Social Media Nutzung, Marketing und die DS-GVO: Wie sollten Unternehmen mit den neuen Medien und Marketingtechnologien umgehen? – Teil 2, CB 2019, 67
Oberlin/Bossardt	Datenschutz-Compliance: Die Anforderungen der EU-DSGVO und des VE-DSG der Schweiz, CB 2017, 245
OLG Celle	Sorgfaltspflicht der Vorstandsmitglieder einer Aktiengesellschaft: Vergabe eines ungesicherten Kredits an einen finanzschwachen Vertragspartner als unvertretbares Risiko, WM 2008, 1745
OLG Frankfurt a. M.	Bußgelder gegen Geldwäschebeauftragte einer internationalen tätigen Bank bestätigt, OWi 2017, 1059
OLG Frankfurt a. M.	Zum Umfang der Beratungspflichten einer Bank bei Zinsswap-Geschäften ZIP, 2010, 921
OLG München	Anwendbarkeit des § 130 OWiG auf Konzernsachverhalte, BB 2015, 2004
Ott/Lüneborg	Das neue Verbandssanktionengesetz – Fragen und Auswirkungen für die Compliance-Praxis, NZG 2019, 1361
Otto	Das strafrechtliche Risiko der Vertreter und Geldwäschebeauftragten nach dem Geldwäschegesetz, wistra 1995, 323
Paal/Pauly (Hrsg.)	Datenschutz-Grundverordnung Bundesdatenschutzgesetz, Kommentar, 2. Aufl. 2018
Paefgen	„Compliance" als gesellschaftsrechtliche Organpflicht?, WM 2016, 433
Palandt (Begr.)	Bürgerliches Gesetzbuch, Kommentar, 75. Aufl. 2016, 79. Aufl. 2020
Palazzo/Scherer	Toward a Political Conception of Corporate Responsibility: Business and Society Seen from a Habermasian Perspective, The Academy of Management Review, Vol. 32, Nr. 4, 1096
Pape	Zur Wirksamkeit von Corporate Compliance, CCZ 2009, 233
Park (Hrsg.)	Kapitalmarktstrafrecht, 3. Aufl. 2013, 5. Aufl. 2019
Paschke/Graf/Olbrisch	Hamburger Handbuch des Exportrechts, 2. Aufl. 2014
Passarge/Behringer	Handbuch Compliance International, 2015
Patzina/Bank/Schimmer/ Simon-Widmann	Haftung von Unternehmensorganen, 2010
Pauli/Albrecht	Die Erfüllung gesetzlicher Risikomanagement-Anforderungen mit Hilfe von Risikomanagement-Informationssystemen, CCZ 2014, 17

Peeperkorn/Heimann	Keine Neuigkeiten für Drittplattformverbote, GRUR 2014, 1175
Pelz	Aktuelle Rechtsprobleme des § 4 Abs. 5 S. 1 Nr. 10 EStG und seine Folgen, DStR 2014, 449
Pelz/Hofschneider	Die Selbstanzeige im neuen Außenwirtschaftsrecht, AW-Prax 2013, 173
Pelz/Hofschneider	Die Selbstanzeige im neuen Außenwirtschaftsrecht – Chance oder Risiko?, wistra 2014, 1
Pietzke	Die Verantwortung für Risikomanagement und Compliance im mehrköpfigen Vorstand, CCZ 2010, 45
Peters	Wege aus der Krise – CSR als strategisches Rüstzeug, 2009
Peters/Pflaum	Steuerhinterziehung durch unangemessene Verrechnungspreise?, wistra 2011, 250
Peyinghaus/Zeitner (Hrsg.)	Prozessmanagement Real Estate, 2013
Pfeil/Mertgen (Hrsg.)	Compliance im Außenwirtschaftsrecht, 2016
Pikó	Die Berichterstattung des Aufsichtsrats bei Vorliegen von Compliance-Verstößen, Board 6/2012, 228
Plath (Hrsg.)	BDSG – Kommentar zum BDSG sowie den Datenschutzbestimmungen von TMG und TKG, 2013
Plath/Struck/ter Hazeborg	Verkauf von Kundendaten im Asset Deal, CR 2020, 9
Pohle/Ammann	Über den Wolken… – Chancen und Risiken des Cloud Computing, CR 2009, 273
Polley/Seeliger	Anwendung der neuen Gruppenfreistellungsverordnung für Vertikalverträge Nr. 2790/1999 auf Softwareverträge, CR 2001, 1
Pörnbacher/Mark	Auswirkungen des UK Bribery Act 2010 auf deutsche Unternehmen, NZG 2010, 1375
Porter/Kramer	Creating Shared Value, Harvard Business Review, Vol. 89, Nr. 1/2, 2
Porter/Kramer	Strategy and Society: The Link Between Competitive Advantage and Corporate Social Responsibility", Harvard Business Review, December 2006, 78
Powilleit	Compliance im Unternehmen: Rechtliches Risikomanagement als Wertschöpfungsfaktor, GWR 2010, 28
Preusche/Würz	Compliance (Haufe TaschenGuide), 1. Aufl. 2014, 3. Aufl. 2019
Preuß/Schöne	Real Estate und Facility Management aus Sicht der Consultingpraxis, 1. Aufl. 2010, 4. Aufl. 2016
Preußner	Risikomanagement und Compliance in der aktienrechtlichen Verantwortung des Aufsichtsrats unter Berücksichtigung des Gesetzes zur Modernisierung des Bilanzrechts (BilMoG), NZG 2008, 574

Preußner/Becker	Ausgestaltung von Risikomanagementsystemen durch die Geschäftsleitung, NZG 2002, 846
Prieß/Arend	Absolvo vos, AW-Prax 2013, 71
Prieß/Stein	Nicht nur sauber, sondern rein: Die Wiederherstellung der Zuverlässigkeit durch Selbstreinigung, NZBau 2008, 230
Prieß/Thoms	Der Ausfuhrverantwortliche im Großunternehmen, AW-Prax 2013, 110
Prinz	Medienrecht: Die zivilrechtlichen Ansprüche, 1999
Prüne	Luxus und Nachhaltigkeit, Entwicklung strategischer Handlungsempfehlungen für das Luxusgütermarketing, Diss., Universität Hohenheim 2012
Pünder/Schellenberg (Hrsg.)	Vergaberecht, 3. Aufl. 2019
Püschel/Wiedmann	Compliance entlang der Lieferkette: Aktuelle (Gesetz-) Entwicklungen und Arbeitshilfen für die Praxis, Newsdienst Compliance 2020, 211001
Rack	Die häufigsten Fehler der Unternehmensorganisation – Das Unterlassen organisatorischer Maßnahmen, CB 2014, 104
Rack	Die rechtlichen Voraussetzungen für ein Compliance-Management-System, CB 2014, 279
Rack	Die Einhaltung von Rechtspflichten im Unternehmen und ihre Aktualisierung als Organisationsproblem, CB 2013, 14
Rack	Rechtspflichten: Abstrakt und konkret, CB 2015, 22
Racz/Weippl/Seufert	A frame of Reference for Research of Integrated Governance, Risk & Compliance (GRC), in: De Decker/Schaumüller-Bichl (Hrsg.), Communications and Multimedia Security, 2010, 106
Raith	Mythos CSR: Zur Verwertung von Verantwortung und Beratung, 2013
Ransiek	Zur Frage der Ernsthaftigkeitsolcher Erklärungen, StV 2009, 321
Rasmussen	Risk management in a dynamic society: a modelling problem, Safety Science 1997, 183
Rat für Nachhaltige Entwicklung	Der Deutsche Nachhaltigkeitskodex, Texte Nr. 47, 2015
Rauer/Ettig	Rechtskonformer Einsatz von Cookies, ZD 2015, 255
Raus/Lützeler	Berufspflicht des Compliance Officers – zwischen interner Eskalation und externer Anzeige, CCZ 2012, 96
Redeker	„Indirekte Nutzer" in Softwarenutzungsbedingungen, ITRB 2017, 44
Reich	Superkapitalismus. Wie die Wirtschaft unsere Demokratie untergräbt, 2008
Reichert	Reaktionspflichten und Reaktionsmöglichkeiten der Organe auf möglicherweise strafrechtsrelevantes Verhalten innerhalb des Unternehmens, ZIS 2011, 113

Reichert/Ott	Die Zuständigkeit von Vorstand und Aufsichtsrat von Non Compliance in der AG, NZG 2014, 241
Reichling	Selbstanzeige und Verbandsgeldbuße im Steuerstrafrecht, NJW 2013, 2233
Reimer/Brack/Schmidt	Kartellschadenprävention als Bestandteil der kartellrechtlichen Compliance, CCZ 2016, 83
Reimers/Brack/Modest	Kartellrechtliche Compliance in Zeiten der Digitalisierung, NZKart 2018, 453
Reimer/Fiege (Hrsg.)	Perspektiven des Strategischen Controllings: Festschrift für Professor Dr. Ulrich Krystek, 2010
Reinhard/Pohl/ Capellaro	IT-Sicherheit und Recht, 2007
Reischauer/Kleinhans	KWG, EL (09/19), 2020
Remberg	Compliance im Mittelstand: Die Rolle des Aufsichtsrats, Der Aufsichtsrat 3/2015, 40
Remberg	Wie viel Compliance braucht der Mittelstand, BB 2012, I
Renz	Chief-Compliance-Officer, Das Berufsbild im Jahr 2020 – ein Zwischenbericht, ZRFC 2014, 38
Renz	Organisationsmodelle zu Compliance & Datenschutz, BvD-News 2/2014, 26
Renz/Frankenberger	Aufgaben einer Compliance-Organisation im Rahmen des Internen Kontrollsystems (IKS), CB 2015, 420
Renz/Frankenberger	Compliance und Datenschutz, ZD, 158
Renz/Hense/Marbeiter (Hrsg.)	Wertpapier-Compliance in der Praxis, 2. Aufl. 2019
Renz/Rohde-Liebenau	Die Hinweisgeber-Regelung des § 25a KWG, BB 2014, 692
Rheinhard	Mitbestimmungsrechte des Betriebsrats bei der Implementierung von Unternehmens-, insbesondere Verhaltensrichtlinien, NZA 2016, 1233
Richardi	BetrVG mit Wahlordnung, 16. Aufl. 2018
Rieble	Zivilrechtliche Haftung der Compliance-Agenten, CCZ 2010, 1
Rieder/Falge	Sieben Thesen zur standardisierten Prüfung von Compliance-Management-Systemen, BB 2013, 778
Rieder/Jerg	Zugleich kritische Anmerkungen zum Entwurf eines IDW Prüfungsstandards: Grundsätze ordnungsmäßiger Prüfung von Compliance-Management-Systemen (IDW PS 980), CCZ 2010, 205
Rieder/Jerg	Anforderungen an die Überprüfung von Compliance-Programmen, CCZ 2010, 201
Rimmelspacher/Schäfer/ Schönberger	Das CSR-Richtlinie-Umsetzungsgesetz: Neue Anforderungen an die nicht finanzielle Berichterstattung und darüber hinaus, KoR 2017, 225
Ringleb/Kremer/Lutter/ Werder/Bachmann	Deutscher Corporate Governance Kodex, 5. Aufl. 2014, 7. Aufl. 2017

Ritzenhoff/Sonnenberg/ Schulz	Kommunikation als Schlüssel zu erfolgreichem Compliance-Management – Sieben Thesen, CB 2019, 1
Rivas/Van De Walle De Ghelcke	Concerted practices and Exchange of information: An overview of EU and national case law, e-Competitions, N°43913
Rodewald	Zwischen Perfektionismus und Pragmatismus – wie viel Anti-Korruptions-Management kann, darf und muss sein?, CB 2013, 70
Rodewald/Unger	Corporate Compliance – Organisatorische Vorkehrungen zur Vermeidung von Haftungsfällen der Geschäftsleitung, BB 2006, 113
Rodewald/Unger	Kommunikation und Krisenmanagement im Gefüge der Corporate Compliance-Organisation, BB 2007, 1629
Rogall	Karlsruher Kommentar zum OWiG, 5. Aufl. 2018
Röhrich (Hrsg.)	Methoden der Korruptionsbekämpfung: Risiken erkennen – Schäden vermeiden, 2008
Rolfs/Giesen/Kreike-bohm/Udsching (Hrsg.)	BeckOK Arbeitsrecht, BetrVG, 29. Edition, 2013, 54. Edition 2019
Rolletschke	Auswirkungen der elektronischen Datenübermittlung (§ 93c AO) auf die Strafbarkeit nach § 370 Abs. 1 Nr. 2 AO, NZWiSt 2018, 185
Romeike	Beautiful, Colourful Risk: Benoît B. Mandelbrot – Remembering the Father of Fractals, in: Union Investment Institutional (Hrsg.), The Measurement of Risk, 2015, S. 197
Romeike	Toolbox – Reifegrade definieren Methoden, GRC aktuell 01/2018, 41
Romeike	Risikomanagement, 2018
Romeike	Bow-Tie-Analyse, GRC aktuell 01/2019, 39
Romeike/Hager	Erfolgsfaktor Risiko-Management 3.0: Methoden, Beispiele, Checklisten Praxishandbuch für Industrie und Handel, 3. Aufl. 2013
Romeike/Hager	Erfolgsfaktor Risikomanagement 4.0: Methoden, Beispiele, Checklisten – Praxishandbuch für Industrie und Handel, 4. Aufl. 2020
Romeike/ Müller-Reichart	Risikomanagement in Versicherungsunternehmen, 2020
Romeike/Spitzner	Einsatz von Simulationsmethoden im Logistik-Risikomanagement, in: Huth/Romeike (Hrsg.), Risikomanagement in der Logistik, 2016
Romeike/Stallinger	Bandbreiten- bzw. Korridorplanung – Integration von Risikomanagement und Unternehmensplanung, Risk, Compliance & Audit (RC&A), 06/2012, 12
Römermann	2014 – ein Jahr im Zeichen der Compliance: nun auch für mittelständische Unternehmen, GmbHR 2014, 1
Römermann	Münchener Anwaltshandbuch GmbH-Recht, 3. Aufl. 2014, 4. Aufl. 2018

Rönnau	Haftung für unterlassene Aufsicht nach § 130 OWiG und strafrechtlicher (Drittempfänger-)Verfall gemäß § 73 Abs. 3 StGB – zwei bedeutsame Bedrohungsszenarien für Unternehmen, ZGR 2016, 277
Rönnau/Schneider	Der Compliance-Beauftragte als strafrechtlicher Garant, ZIP 2010, 59
Rosbach	Ethik in einem Wirtschaftsunternehmen – nützlich oder überflüssige Förmelei?, CCZ 2008, 101
Rosling/Rosling Rönnlund/Rosling	Factfulness, 2018
Roth	Elektronische Daten im Finanzamt: § 150 Abs. 7 Satz 2 AO n. F. als Totengräber der Steuerhinterziehung?, wistra 2018, 152
Rothe/Schlombs	Übles von jemandem denken, ZRFC 2018, 266
Rotsch (Hrsg.)	Criminal Compliance, 2015
Roxin	Täterschaft und Tatherrschaft, 9. Aufl. 2015
Roxin,	Straftaten im Rahmen organisatorischer Machtapparate, GA 1963, 193
Rübenstahl	Der Foreign Corrupt Practices Act (FCPA) der USA, NZWiSt 2012, 401
Rübenstahl, Mag. iur./ Hahn/Voet van Vormizeele (Hrsg.)	Kartell Compliance – Prävention – Investigation – Corporate Defense – Remediation, 2020
Rünz	Neue Sorgfaltspflichten und Haftungsrisiken in der Lieferkette – Aktuelles zu deutschen und europäischen Gesetzesvorhaben, ZVertriebsR 2020, 291
Rudkowski	Kernprobleme einer gesetzlichen Regelung zum Schutz von Whistleblowern, CCZ 2013, 204
Rudkowski	Arbeitsbedingungen in den globalen Lieferketten – Verantwortung deutscher Unternehmen de lege lata und de lege ferenda, RdA 2020, 232
Rudowicz	Plattformverbote in selektiven Vertriebssystemen, NZKart 2014, 253
Ruggie	Protect, respect and remedy: A framework for business and human rights. Innovations: Technology, Governance, Globalization, 3(2), 2008, 189
Sachs/Krebs	Anforderungen an ein außenwirtschaftsrechtliches Compliance-Programm und seine Ausgestaltung in der Praxis, CCZ 2013, 60
Sachs/Krebs	Quid pro Quo im Außenhandel: Compliance gegen Verfahrensprivilegien, CCZ 2013, 12
Sack/König (Hrsg.)	Kriminalsoziologie, 1968
Saenger	Gesellschaftsrecht, 4. Aufl. 2018
Sahut/Peris-Ortiz/Teulon	Coprorate social responsibility and governance, Journal of Management and Governance 23/2019, 901

Saliger/Gaede	Rückwirkende Ächtung der Auslandskorruption und Untreue als Korruptionsdelikt – Der Fall Siemens als Startschuss in ein entgrenztes internationalisiertes Wirtschaftsstrafrecht?, HRRS 2008, 57
Saller	Vorgehensweise des Bundeskartellamtes bei der Sicherstellung von IT-Asservaten im Rahmen einer Unternehmensdurchsuchung im Kartellordnungswidrigkeitenverfahren, CCZ 2012, 189
Salvenmoser/Hauschka	Korruption, Datenschutz und Compliance, NJW 2010, 331
Sandmann	Die Compliance-Funktion unter Solvency II – Ein Überblick, CCZ 2015, 74
Schäfer	Die MaComp und das Erfordernis der Unabhängigkeit, Wirksamkeit, Dauerhaftigkeit von Compliance, BKR 2011, 45
Schäfer	Die MaComp und die Aufgaben von Compliance, BKR 2011, 187
Schäfer/Sethe/Lang	Handbuch der Vermögensverwaltung, 2. Aufl. 2016
Schalast/Raettig (Hrsg.)	Grundlagen des M&A-Geschäftes: Strategie, Recht, Steuern, 2. Aufl. 2019
Schaltegger/Burritt/ Petersen	An Introduction to Corporate Environmental Management – Striving for Sustainability, 2003
Scharpf	Die Sorgfaltspflichten des Geschäftsführers einer GmbH, DB 1997, 737
Schauf/Idler	Praxiserfahrungen im Zusammenhang mit § 4 Abs. 5 Satz 1 Nr. 10 EStG, Ubg 2010, 111
Schauf/Schwartz	Tax-Compliance im Unternehmen aus steuerstrafrechtlicher Sicht – insbesondere: Risikoverteilung in der Organschaft, ZWH 2013, 212
Schauf/Schwartz	Noch Berichtigung oder schon Selbstanzeige? Der neue Anwendungserlass zu § 153 AO in der Diskussion, PStR 2015, 248
Schaupensteiner	Rechtstreue im Unternehmen – Compliance und Krisenmanagement, NZA-Beil. 2011, 8
Schein	Organisationskultur, 2003
Schemmel/Ruhmannseder/Witzigmann (Hrsg.)	Hinweisgebersysteme, 2012
Scherer-Leydecker	Das Wettbewerbsregister: Die bundesweite schwarze Liste für die Vergabe öffentlicher Aufträge, CB 2017, 261
Schettgen-Sarcher/ Bachmann/Schettgen	Compliance Officer, Das Augsburger Qualifizierungsmodell, 2014
Schewe	Unternehmensverfassung: Corporate Governance im Spannungsfeld von Leitung, Kontrolle und Interessensvertretung, 4. Aufl. 2018
Schiffer/Bruß	Due Diligence beim Unternehmenskauf und vertragliche Vertraulichkeitsvereinbarungen, BB 2012, 847
Schimansky/Bunte/ Lwowski (Hrsg.)	Bankrechts-Handbuch, 4. Aufl. 2011, 5. Aufl. 2017

Schlegel/Cammerer	Corporate Compliance Checklisten, 2. Aufl. 2012
Schleper/Busse	Towards a standardized supplier code of ethics: development of a design concept based on diffusion of innovation theory. Logistics Research, 6(4), 2013
Schmidt	Compliance in Kapitalgesellschaften, 2010
Schmidt	Compliance-Funktion nach MaRisk, 2015
Schmidt/Lutter (Hrsg.)	Aktiengesetz, Kommentar, 3. Aufl. 2015, 4. Aufl. 2020
Schmidt/Wermelt/ Eibelshäuser	ISO 19600 aus der Sicht der Wirtschaftsprüfung, CCZ 2015, 18
Schmidt-Versteyl	Cyber-Risks – neuer Brennpunkt Managerhaftung?, NJW 2019, 1637
Schmidt	Compliance in Kapitalgesellschaften, 2010
Schmitz	Smarte Bekämpfung der Pandemie ist datenschutzrechtlich erlaubt, ZD-Aktuell 2020, 04404
Schmucker	Strafrechtliche Verantwortlichkeit der Unternehmensleitung durch innerbetriebliche Anweisungen, StraFo 2010, 235
Schneider	Compliance als Aufgabe der Unternehmensleitung, ZIP 2003, 645
Schneider	Indirekte Softwarenutzung – ein Vertragsrisiko für beide Seiten, ITRB 2017, 286
Schneider	Die Überlagerung des Konzernrechts durch öffentlich-rechtliche Strukturnormen und Organisationspflichten, ZGR 1996, 225
Schneider/Schmidpeter (Hrsg.)	Corporate Social Responsibility: Verantwortungsvolle Unternehmensführung in Theorie und Praxis, 2. Aufl. 2015
Schnichels/Resch	Das Anwaltsprivileg im europäischen Kontext, EuZW 2011, 47
Schnitzler	Wettbewerbsrechtliche Compliance – vergaberechtliche Selbstreinigung als Gegenmaßnahme zum Kartellverstoß, BB 2016, 2115
Schockenhoff	Haftung und Enthaftung von Geschäftsleitern bei Compliance-Verstößen in Konzernen mit Matrix-Strukturen, ZHR 2016, 197
Schockenhoff	Geheimhaltung von Compliance-Verstößen, NZG 2015, 412
Scholz (Hrsg.)	Kommentar zum GmbHG mit Anhang Konzernrecht, II. Band, 11. Aufl. 2014, 12. Aufl. 2018/2019
Schreiber	Implementierung von Compliance-Richtlinien, NZA-RR 2010, 617
Schrey/Krupna	Softwarelizenzmanagement – Ein unterschätztes Compliance-Risiko, CCZ 2012, 141
Schriftenreihe der Gesellschaftsrechtlichen Vereinigung (Hrsg.)	Gesellschaftsrecht in der Diskussion, 2007
Schönke/Schröder/ Heine/Eisele (Hrsg.)	Strafgesetzbuch: StGB, 30. Aufl. 2019
Schroeder	Der Täter hinter dem Täter, 1995

Schroeder	Darf der Vorstand der Aktiengesellschaft dem Aktienkäufer eine Due Diligence gestatten?, DB 1997, 2161
Schröder	Anforderungen an einen Compliance-/CSR-Prozess im Lieferantenmanagement (Compliance-Risiko: Korruption), CCZ 2013, 74
Schröder	Die Entwicklung von Compliance-Management-Systemen hinsichtlich Kartellrechtscompliance, CCZ 2015, 63
Schulte	Handbuch Fusionskontrolle, 2. Aufl. 2010, 3. Aufl. 2020
Schultze (Hrsg.)	Compliance Handbuch Kartellrecht, 2013
Schultze/Pautke/Wagener	Vertikal-GVO, Praxiskommentar, 3. Aufl. 2011
Schultze/Pautke/Wagener	Die Gruppenfreistellungsverordnung für Technologietransfer-Vereinbarungen, Praxiskommentar, 2005
Schulz, Martin	Compliance-Management im Mittelstand, CB 2015, 309
Schulz, Martin	Compliance-Management im Unternehmen – Compliance-Strategie als (Dauer-)Aufgabe der Unternehmensleitung, BB 2019, 579
Schulz, Martin	Compliance-Management im Unternehmen – Grundfragen, Herausforderungen und Orientierungshilfen, BB 2017, 1475
Schulz, Martin	Prüfung und Bewertung von Compliance-Management-Systemen (insbesondere „IDW PS 980") für Compliance aus Sicht der Wissenschaft, in: Bay/Hastenrath (Hrsg.), Compliance-Management-Systeme, 2. Aufl. 2016
Schulz, Martin	Rechtliches Risikomanagement und Compliance im Mittelstand, in: Kessler (Hrsg.), Unternehmensfinanzierung Mittelstand, 2014
Schulz, Martin	Risikomanagement durch Compliance Audits – Neue Herausforderungen für die Unternehmensorganisation, BB 2011, 1347
Schulz, Martin/Block	Wirksames Compliance-Management – Anreize und Orientierungshilfen zur Vermeidung von (Verbands-)Sanktionen, CCZ 2020, 49
Schulz, Martin/Galster	§ 4. Aufgaben im Unternehmen, in: Bürkle/Hauschka (Hrsg.), Der Compliance Officer – Ein Handbuch in eigener Sache, 2015
Schulz, Martin/Galster	§ 5. Stellung im Unternehmen, in: Bürkle/Hauschka (Hrsg.), Der Compliance Officer – Ein Handbuch in eigener Sache, 2015
Schulz, Martin/Hartung (Hrsg.)	Recht 2030 – Legal Management in der digitalen Transformation, 2019
Schulz, Martin/Held	Sicherstellung funktionierender Compliance als Organisationspflicht des Vorstands, juris Praxis Report Compliance 1/2014
Schulz, Martin/Muth	Erfolgsfaktor Compliance-Kultur – Grundlagen und Hinweise zur Gestaltung durch die Unternehmensleitung, CB 2014, 265
Schulz, Martin/Renz	Der erfolgreiche Compliance-Beauftragte – Leitlinien eines branchenübergreifenden Berufsbildes, BB 2012, 2511

Schulz, Martin/Renz	Zum Berufsbild des Compliance Officers – Entwicklung branchenübergreifender Mindestanforderungen, CB 2013, 294
Schulz, Mike	Compliance – Internes Whistleblowing, BB 2011, 629
Schulz/Block	Wirksames Compliance-Management – Anreize und Orientierungshilfen zur Vermeidung von (Verbands-)Sanktionen –, CCZ 2020, 49
Schulze	Vermeidung von Haftung und Straftaten auf Führungsebene durch Delegation, NJW 2014, 3484
Schünemann	Die aktuelle Forderung eines Verbandsstrafrechts – Ein kriminalpolitischer Zombie, ZIS 2014, 1
Schünemann	Unternehmenskriminalität und Strafrecht, Eine Untersuchung der Haftung der Wirtschaftsunternehmen, ihrer Führungskräfte nach geltendem und geplanten Straf- und Ordnungswidrigkeitengesetz, 1979
Schünemann	Ungelöste Rechtsprobleme bei der Bestrafung nationalsozialistischer Gewalttaten, in: FS Bruns, 1978
Schürrle	Compliance-Verantwortung in der AG – Praktische Empfehlungen zur Haftungsbegrenzung an Vorstände und Aufsichtsräte, CCZ 2010, 102
Schürrle/Fleck	Whistleblowing Unlimited – Der U.S. Dodd-Frank Act und die neuen Regeln der SEC zum Whistleblowing, CCZ 2011, 218
Schürrle/Olbers	Compliance-Verantwortung in der AG – Praktische Empfehlungen zur Haftungsbegrenzung an Vorstände und Aufsichtsräte, CCZ 2010, 102
Schuster/Darsow	Einführung von Ethikrichtlinien durch Direktionsrecht, NZA 2005, 273
Schuster/Reichl	Cloud Computing & SaaS: Was sind die wirklich neuen Fragen?, CR 2010, 38
Schütz/Beckmann/Röbken	Compliance-Kontrolle in Organisationen: Soziologische, juristische und ökonomische Aspekte, 2018
Schwarbartl/Pyrczek	Compliance Management – Ein Praxisleitfaden zur erfolgreichen Umsetzung, 2012
Schwark/Zimmer (Hrsg.)	Kapitalmarktsrechtskommentar, 4. Aufl. 2010, 5. Aufl. 2020
Schwartz	Keine leichtfertige Steuerverkürzung nach Einholung eines Rechtsgutachtens, PStR 2014, 156
Schwartz	Praxisfragen zur neuen Selbstanzeigeregelung zum 1. Januar 2015, PStR 2015, 37
Schwartz/Carroll	Corporate Social Responsibility: A Three-Domain Approach, Business Ethics Quaterely, Volume 13, Issue 4/2003, 503
Schwartz/Höpfner	AEAO zu § 153 AO neu geregelt, PStR 2016, 2
Schwarz	Im Fadenkreuz der Regulatoren – worauf strategische und Private-Equity-Investoren bei M&A-Transaktionen achten müssen, BB 2012, 136
Schwarze	Soft Law im Recht der Europäischen Union, EuR, 2011, 3

Schwartmann/Jaspers/ Thüsing/Kugelmann (Hrsg.)	DS-GVO/BDSG, 2. Aufl. 2020
Schwennicke/Auerbach/ Langen (Hrsg.)	Kreditwesengesetz, Kommentar, 3. Aufl. 2016
Schwerk	Strategische Einbettung von CSR in das Unternehmen, in: Schmidpeter/Schneider (Hrsg.), Corporate Social Responsibility Verantwortungsvolle Unternehmensführung in Theorie und Praxis, 2. Aufl. 2015
Sassenberger/Faber (Hrsg.)	Rechtshandbuch Industrie 4.0 und Internet of Things, 1. Aufl. 2017, 2. Aufl. 2020
Seibt (Hrsg.)	Beck'sches Formularbuch Mergers & Acquisitions, 2. Aufl. 2011, 3. Aufl. 2018
Seibt	Corporate Reputation Management: Rechtsrahmen für Geschäftsleiterhandeln, DB 2015, 171
Seibt/Ciupka	20 Thesen zur Compliance-Verantwortung im System der Organhaftung aus Anlass des Siemens/Neubürger-Urteils, DB 2014, 1598
Seidel	Datenbanken und Persönlichkeitsrecht, unter besonderer Berücksichtigung der amerikanischen Computer Privacy, 1972
Seeliger/Mross	Aktuelle Entwicklung in der kartellrechtlichen Compliance, CB 2017, 304
Selk/Gierschmann	Stellungnahme der DGRI zum Entwurf eines Gesetzes zur Erhöhung der Sicherheit informationstechnischer Systeme (IT-Sicherheitsgesetz), CR 2015, 273
Selter	Die Beratung des Aufsichtsrats und seiner Mitglieder, 2014
Senge	Karlsruher Kommentar, OWiG, 4. Aufl. 2014, 5. Aufl. 2018
Sester	Open-Source-Software: Vertragsrecht, Haftungsrisiken und IPR-Fragen, CR 2000, 797
Seuring/Müller	From a literature review to a conceptual framework for sustainable supply chain management, Journal of Cleaner Production, 16(15), 2008, 1699
Siedenbiedel	Corporate Compliance, 2014
Siepelt/Pütz	Die Compliance-Verantwortung des Aufsichtsrats, CCZ 2018, 78
Simitis (Hrsg.)	Bundesdatenschutzgesetz, 7. Aufl. 2011, 8. Aufl. 2014
Simitis/Hornung/Spiekker gen. Döhmann	Datenschutzrecht – DSGVO mit BDSG, Kommentar, 2019
Simon/Schilling	Kündigung wegen Whistleblowing, BB 2011, 2421
Simons	Corporate Social Responsibility und globales Wirtschaftsrecht, Zeitschrift für Unternehmens- und Gesellschaftsrecht 2–3/2018, 316
Smith (Hrsg.)	The Wealth of Nations, 2010
Sonnenberg	Compliance-Systeme in Unternehmen, JuS 2017, 917

Spatscheck/Binnewies/ Rakete-Dombek(Hrsg.)	Festschrift für Michael Streck, 2011
Spehl/Grützner	Resource Guide to the U.S. States Foreign Corrupt Practices Act (FCPA-Guide) – Eine Hilfe für Unternehmen im Umgang mit dem FCPA, CCZ 2013, 198
Spies	USA: Machine-to-Machine (M2M)-Kommunikation, MMR-Aktuell, 317500
Spießhofer	Die neue europäische Richtlinie über die Offenlegung nichtfinanzieller Informationen, NZG 2014, 1281
Spießhofer	Geschäftsleiterermessen und Unternehmensorganisation bei der AG, ZGR 2015, 631
Spießhofer	Unternehmerische Verantwortung, 2017
Spießhofer	Was ist die „gesellschaftliche Verantwortung" von Unternehmen?, IWRZ 2019, 65
Spießhofer	Unternehmerische Verantwortung: Zur Entstehung einer globalen Wirtschaftsordnung, 2017
Spießhofer/von West-phalen	Corporate Social Responsibility und AGB-Recht, BB 2015, 75
Spindler	Compliance in der multinationalen Bankengruppe, WM 2008, 905
Spindler	Unternehmensorganisationspflichten – Zivilrechtliche und öffentlich-rechtliche Regelungskonzepte, 2001
Spindler	Handbuch des Vorstandsrechts, 2006
Spindler	Haftung der Geschäftsführung für IT-Sachverhalte, CR 2017, 715
Spindler/Bille	Rechtsprobleme von Bitcoins als virtuelle Währung, WM 2014, 1357
Spindler/Schuster (Hrsg.)	Recht der elektronischen Medien, Kommentar, 4. Aufl. 2019
Spindler/Stilz (Hrsg.)	Kommentar zum Aktiengesetz, 3. Aufl. 2015, 4. Aufl. 2019
Splittgerber/Rockstroh	Sicher durch die Cloud navigieren – Vertragsgestaltung beim Cloud Computing, BB 2011, 2179
Stanitzek	Die Bedeutung von Criminal Compliance für das Strafrecht bei der Bekämpfung von Wirtschaftskorruption, 2013
Statistisches Bundesamt	Export und Import im Zeichen der Globalisierung, Ausgabe 2015, Ausgabe 2017
Staub	Überlegungen zur Erfassung und Steuerung rechtlicher Risiken im Unternehmen (aus Schweizer Sicht), CCZ 2009, 121
Staub (Hrsg.)	Legal Management, 2006
Stawinoga/Velte	Der Referentenentwurf für ein CSR-Richtlinie-Umsetzungsgesetz, DB 2016, 841
Steger	Verstoß gegen das Vollzugsverbot der Fusionskontrolle – erhebliches Risiko bei M&A-Transaktionen, DB 2014, 1857

Stehr	General Management und Corporate Social Responsibility, in: Corporate Social Responsibility Verantwortungsvolle Unternehmensführung in Theorie und Praxis, 2015
Stehr	Globalisierung des Mittelstandes – Studie des Forschungsprojektes Förderung der Globalisierungsfähigkeit von Kleinen und Mittleren Unternehmen (KMU), German Graduate School of Management and Law gGmbH (Hrsg.), 2012
Steger	Verstoß gegen das Vollzugsverbot der Fusionskontrolle – erhebliches Risiko bei M&A-Transaktionen, DB 2014, 1857
Stein/Thoms (Hrsg.)	Außenwirtschaftsgesetz, 2014
Stierle/Siller (Hrsg.)	Praxishandbuch, Produktionscontrolling, 2014
Stober	Compliance in der öffentlichen Verwaltung – Eine Anforderung zwischen moderner Governance und klassischem Verwaltungsethos, DVBI 2012, 391
Stork	Step-by-step: Die Einführung von Richtlinien im Unternehmen, CB 2013, 89
Stork/Ebersoll	Smart Risk Assessment, 2016
Stöwe/Beenen (Hrsg.)	Mitarbeiterbeurteilung und Zielvereinbarung, 2. Aufl. 2007
Strauss	Konzeption eines Hinweisgebersystems, ZRFC 2014, 164
Streck/Binnewies	Tax Compliance, DStR 2009, 229
Streck/Mack/Schwedhelm (Hrsg.)	Tax Compliance, 1. Aufl. 2010, 3. Aufl. 2019
Strenger	Die heutigen Beratungsaufgaben des Aufsichtsrats, Corporate-Governance-Forum Informationen für Aufsichtsrat und Prüfungsausschuss, Deloitte Center für Corporate Governance, 4/2013, 4
Strittmatter/Harnos	Softwareaudits, CR 2013, 621
Strohn	Pflichtenmaßstab und Verschulden bei der Haftung von Organen einer Kapitalgesellschaft, CCZ 2013, 177
Stuber/Dankl (Hrsg.)	Asset Manager 2010. Industrielle Instandhaltung. Technisches Gebäudemanagement. Marktstudie und Handbuch. D-A-CH. Behrend Trade Press Agency, 2010
Stück	Comply – or die?, GmbHR 2011, 49
Suchanek/Lin-Hi	Eine Konzeption unternehmerischer Verantwortung, Diskussionspapier 2006–7, Wittenberg-Zentrum für Globale Ethik e.V, 2006
Summa	Die Entscheidung über die Auftragsvergabe – Ein Ausblick auf das künftige Unionsrecht, NZBau 2012, 729
Sutherland (Hrsg.)	White-Collar-Crime, 2009
Sydow (Hrsg.)	Europäische Datenschutzgrundverordnung, 2. Aufl. 2018
Sünner	Das Berufsbild des Compliance Officers, CCZ 2014, 91
Szesny	Im Blickpunkt: Internal Investigations Zulässigkeit und Grenzen unternehmensinterner Ermittlungen, BB 45/2011, VI/VII
Szesny/Kuthe (Hrsg.)	Kapitalmarkt Compliance, 1. Aufl. 2014, 2. Aufl. 2018

Taeger/Gabel (Hrsg.)	DSGVO – BDSG, 3. Aufl. 2019
Teichmann (Hrsg.)	Compliance, 2014
Teicke	Gute Unternehmenspraxis für Internal Investigations – Praxistipps zur erfolgreichen Umsetzung unter Berücksichtigung des VerSanG-E, CCZ 2019, 298
Teicke	CSR meets Compliance – Über die zunehmende Verrechtlichung der Corporate Social Responsibility", CCZ 2018, 274
Teicke/Mohsseni	Facilitation Payments – Haftungsrisiken für Unternehmen nach deutschem Recht, FCPA und UK Bribery Act, BB 2012, 911
Thommen/Achleitner/ Gilbert/Hachmeister/ Jarchow/Kaiser	Allgemeine Betriebswirtschaftslehre, 9. Aufl. 2020
Thüsing (Hrsg.)	Arbeitnehmerdatenschutz und Compliance, 2010
Thüsing	Schwerpunkte HR – Compliance und Datenschutz, CB 10/2015
Thüsing (Hrsg.)	Beschäftigtendatenschutz und Compliance, 2. Aufl. 2014
Thüsing	Datenschutz im Arbeitsverhältnis, NZA 2009, 865
Thüsing/Rombey	Nachdenken über den Richtlinienvorschlag der EU-Kommission zum Schutz von Whistleblowern, NZG 2018, 1001
Tieben	Das Drei-Säulen-System des Bankenmarktes als regulierungsrechtliche Steuerungsressource, 2012
Timmerbeil/Blome	Steter Tropfen höhlt den Stein – Die „wirtschaftliche Einheit" im deutschen Kartellrecht nach der 9. GWB-Novelle, BB 2017, 1544
Timmerbeil/Spachmüller	UK Bribery Act – Das Damoklesschwert über deutschen Unternehmen?, DB 2013, 2133
Tipke/Kruse	Abgabenordnung/Finanzgerichtsordnung, 161. EL. Stand: 7/2020
Tribess/Spitz	Datenschutz im M&A Prozess, GWR 2019, 261
Trittin/Fischer	Datenschutz und Mitbestimmung, NZA 2009, 343
Trüg/Ruppert	Die Bedeutung von Compliance-Management-Systemen für die Kartell- und sonstige Verbandsgeldbuße – zugleich ein Plädoyer für eine rationale Unternehmenssanktion, ZWeR 2020, 69
Tüllner/Wernelt	Integration von Compliance in die Unternehmenssteuerung – Theorie und Praxis, BB 2012, 2551
Uhrmacher	Bundesverband der Bilanzbuchhalter und Controller e. V. BVBC – „Zehn Thesen zur Ethik in der Wirtschaft" verabschiedet, BC 2010, 85
Ulber	Whistleblowing und der EGMR, NZA 2011, 962
Ullrich/von Hesberg	Step-by-Step: Compliance-Due Diligence, CB 2015, 233
Ulmer (Hrsg.)	Gesetz betreffend die Gesellschaften mit beschränkter Haftung (GmbHG), Großkommentar, Band II, 2006
Umnuß (Hrsg.)	Corporate Compliance Checklisten, 4. Aufl. 2020
Vahldiek	Organisation der Wertpapier-Compliance-Funktion, BKR 2012, 308

van Vormizeele	Kartellrechtliche Compliance-Programme im Rahmen der Buß-geldbemessung de lege lata und de lege ferenda, CCZ 2009, 41
Vanini (Hrsg.)	Risikomanagement: Grundlagen, Instrumente, Unternehmens-praxis, 2012
Velte	Prüfung der nichtfinanziellen Erklärung nach dem CSR-Richt-linie-Umsetzungsgesetz, IRZ 2017, 325
Velte	Prüfung der nichtfinanziellen Erklärung und der Erklärung zur Unternehmensführung durch Aufsichtsrat und Abschlussprüfer, AG 2018, 266
Verse	Compliance im Konzern, ZHR 2011, 401
Vetter	Geschäftsleiterpflichten zwischen Legalität und Legitimität: Muss sich Ethik lohnen?, ZGR 2018, 338
Vogel	Umfassende IT-Sicherheit: Für Unternehmen ein Muss, CB 2018, 197
Vogelsang/Nahrstedt/ Fuhrmann	Compliance-Systeme auf Bundes- und Kommunalebene, CCZ 2014, 181
Voland	Erweiterung der Berichtspflichten für Unternehmen nach der neuen CSR-Richtlinie, DB 2014, 2815
Volk/Beukelmann	Münchener Anwaltshandbuch Verteidigung in Wirtschafts- und Steuerstrafsachen, 2. Aufl. 2014, 3. Aufl. 2020
Vollmer	Der Zugriff auf elektronisch gespeicherte Daten im Kartellord-nungswidrigkeitenverfahren, WuW 2006, 235
Vollero/Palazzo/Siano/ Elving	Avoiding the greenwashing trap: between CSR communication and stakeholder engagement, International Journal of Innova-tion and Sustainable Development (IJISD), Vol. 10, No. 2, 120
Voppel/Osenbrück/ Bubert (Hrsg.)	VgV Kommentar, 4. Aufl. 2018
Votaw/Sethi	The Corporate Dilemma. Traditional Values versus Contempor-ary Problems, 1973
Wabnitz/Janovsky (Hrsg.)	Handbuch Wirtschafts- und Steuerstrafrecht, 4. Aufl. 2014
Wabnitz/Janovsky/ Schmitt (Hrsg.)	Handbuch Wirtschafts- und Steuerstrafrecht, 5. Aufl. 2020
Wagner	Persönliche Haftung der Unternehmensleitung: die zweite Spur der Produkthaftung?, VersR 2001, 1057
Wagner/Ruttloff/ Miederhoff	Product Compliance – Ein wesentlicher Baustein für Compli-ance Organisationen, CCZ 2020, 1
Walden	Corporate Social Responsibility: Rechte, Pflichten und Haftung von Vorstand und Aufsichtsrat, NZG 2020, 50
Walden/Depping (Hrsg.)	CSR und Recht, Juristische Aspekte nachhaltiger Unterneh-mensführung erkennen und verstehen, 2015
Wandtke/Bullinger (Hrsg.)	Praxiskommentar zum Urheberrecht, 4. Aufl. 2014

Warneke	Die Garantenstellung von Compliance-Beauftragten, NStZ 2010, 312
Warren/Brandeis (Hrsg.)	The Right to Privacy, 4 Harvard Law Review, 193, 1890
Waxenberger (Hrsg.)	Integritätsmanagement, 2001
Weber-Rey	Compliance – a never ending story, CCZ 2014, 97
Weber-Rey	Gesellschafts- und aufsichtsrechtliche Herausforderungen an die Unternehmensorganisation – Aktuelle Entwicklungen im Bereich Corporate Governance, Compliance und Risikomanagement, AG 2008, 345
Wecker/Galla	Pflichten der Geschäftsleitung und Aufbau einer Compliance-Organisation, in: Wecker/van Laak (Hrsg.), Compliance in der Unternehmerpraxis, 2. Aufl. 2009
Wecker/Ohl (Hrsg.)	Compliance in der Unternehmenspraxis, 3. Aufl. 2013
Wecker/van Laak (Hrsg.)	Compliance in der Unternehmerpraxis, 2. Aufl. 2009
Wegner	Strafrechtlicher Vorsatz in sozialrechtlich schwierigen oder sonst komplexen Strukturen, PStR 2020, 55
Weise	Individualethik und Institutionenethik: die Resozialisierung des homo oeconomicus, Zeitschrift für Wirtschafts- und Unternehmensethik, 2000
Weise/Brühl	Auswirkungen eines künftigen IT-Sicherheitsgesetzes auf Betreiber Kritischer Infrastrukturen, CR 2015, 290
Weitbrecht/Mühle	Die Entwicklung des europäischen Kartellrechts 2015, EuZW 2016, 172
Welge/Al-Laham (Hrsg.)	Strategisches Management: Grundlagen – Prozess – Implementierung, 2012
Welge/Al-Laham/ Eulerich (Hrsg.)	Strategisches Management: Grundlagen – Prozess – Implementierung, 7. Aufl. 2017
Weller/Lieberknecht/ Habrich	Virulente Leistungsstörungen – Auswirkungen der Corona-Krise auf die Vertragsdurchführung, NJW 2020, 1017
Werder, von/Kost	Vertraulichkeitsvereinbarungen in der M&A-Praxis, BB 2010, 2903
Werner	Bebußung der Konzernobergesellschaft für ein Fehlverhalten der Tochtergesellschaft nach § 130 OWiG, CB 2016, 167
Wesel (Hrsg.)	Corporate Governance im Mittelstand – Anforderungen, Besonderheiten, Umsetzung, 2010
Wettner/Mann	Informationsrechte und Informationspflichten bei Internen Untersuchungen, DStR 2014, 655
Whish/Bailey (Hrsg.)	Competition Law, 7. Aufl. 2012
Wicke	Nachhaltigkeit als Unternehmenszweck, DNotZ 2020, 448
Wiedemann (Hrsg.)	Handbuch des Kartellrechts, 3. Aufl. 2016, 4. Aufl. 2020
Wiedmann/Greubel	Compliance Management Systeme – Ein Beitrag zur effektiven und effizienten Ausgestaltung, CCZ 2019, 88
Wiedmann/Seyfert	Auf hoher See und vor dem OFAC ist man in Gottes Hand, Newsdienst Compliance 2018, 72004

Wiedmann/Seyfert	Richtlinienentwurf der EU-Kommission zum Whistleblowing, CCZ 2019, 12
Wieland	Unternehmensethik und Compliance Management – Zwei Seiten einer Medaille, CCZ 2008, 15
Wieland/Schack	Soziale Marktwirtschaft: Verantwortungsvoll gestalten, 2011
Wieland/Steinmeyer/ Grüninger (Hrsg.)	Handbuch Compliance-Management, 1. Aufl. 2010, 2. Aufl. 2014, 3. Aufl. 2020
Willhelm	Das Ausmaß der erforderlichen Aufsichtsmaßnahmen i. S. d. § 130 OWiG, 2013
Wimmer	MaRisk: Überblick und Konsequenzen für die Geschäftsleitung, BKR 2006, 146
Winzer (Hrsg.)	Forschungs- und Entwicklungsverträge, 2. Aufl. 2011
Winzer	Wissenschaftliche und praktische Aspekte der nationalen und internationalen Compliance Diskussion, 2012
Withus (Hrsg.)	Betriebswirtschaftliche Grundsätze für Compliance-Management-Systeme, 2014
Withus/Kunz	Auswirkungen des neuen ISO 19600:2014 zu Compliance-Management-Systemen auf die Prüfung nach IDW PS 980, BB 2015, 685
Wittig	Reform der Corporate Governance von Finanzinstituten als Reaktion auf die Finanzmarktkrise, WM 2010, 2337
Wohlschlägl-Aschberger (Hrsg.)	Geldwäscheprävention: Recht, Produkte, Branchen, 2017
Wolf, Gunther	Ziele strategisch entwickeln und überzeugend formulieren, 2015
Wolf, Klaus	Der IDW Prüfungsstandard 980 zur ordnungsmäßigen Prüfung von Compliance Management Systemen, DStR 2011, 997
Wolf, Martin	Der Compliance-Officer – Garant, hoheitlich Beauftragter oder Berater im Unternehmensinteresse zwischen Zivil-, Straf- und Aufsichtsrecht?, BB 2011, 1353
Wolf/Runzheimer (Hrsg.)	Risikomanagement und KonTraG: Konzeption und Implementierung, 2009
Wolff/Schroeren/Martin	Durchführung einer Risikoanalyse gemäß den MaComp und Zusammenspiel mit den Anforderungen an die Compliance-Funktion durch die 4. MaRisk-Novelle, CCZ 2014, 88
Wolffgang/Witte	Compliance in der Exportkontrolle, CB 2015, 138
Wolke (Hrsg.)	Risikomanagement, 3. Aufl. 2015
Wright/Siegel/Keasey/ Filatotchev (Hrsg.)	The Oxford Handbook of Corporate Governance, 2014
Wulf	Praxishinweise zur Berichtigungspflicht nach § 153 AO, Stbg 2010, 295
Wybitul	„Whistleblowing" – datenschutzkonformer Einsatz von Hinweisgebersystemen? – Für und Wider zum rechtskonformen Betrieb, ZD 2011, 118

Wybitul	Compliance und Betriebsrat – typische Konfliktfelder und praktische Lösungen, CB 2015, 77
Wybitul	E-Mail-Auswertung in der betrieblichen Praxis – Handlungsempfehlungen für Unternehmen, NJW 2014, 3605
Wybitul	Interne Ermittlungen auf Aufforderung von US-Behörden – ein Erfahrungsbericht, BB 2009, 606
Wybitul (Hrsg.)	EU-Datenschutz-Grundverordnung im Unternehmen: Praxisleitfaden, 2016
Wybitul/Fladung	EU-Datenschutz-Grundverordnung – Überblick und arbeitsrechtliche Betrachtung des Entwurfs, BB 2012, 509
Wybitul/Schultze-Melling (Hrsg.)	Datenschutz im Unternehmen, 2. Aufl. 2014
Wybitul/Astor	Datenschutzrecht als Grenze für Compliance-Maßnahmen, CB 2014, 260
Wybitul/Zentes	Interne Sicherungsmaßnahmen und datenschutzrechtliche Grenzen bei Kreditinstituten sowie bei anderen Instituten des Finanzwesens – Neue Anforderungen zur Verhinderung von Geldwäsche, Terrorismusfinanzierung und sonstigen strafbaren Handlungen, CCZ 2011, 90
Zahrte	Die „zweite Stufe" der PSD-2-Umsetzung, BKR 2019, 484
Zentes/Glaab (Hrsg.)	Frankfurter Kommentar zum Geldwäschegesetz, 1. Aufl. 2018
Zentes/Glaab	Die ersten Auslegungs- und Anwendungshinweise der BaFin zum GwG sind da: Was bringen sie Neues?, BB 2019, 323
Zerey (Hrsg.)	Finanzderivate, 3. Aufl. 2013, 4. Aufl. 2016
Ziekow/Völlink (Hrsg.)	Vergaberecht, 3. Aufl. 2018, 4. Aufl. 2020
Ziemons/Jaeger/Pöschke	BeckOK GmbHG, 40. Ed., Stand: 08/2019
Zimmer/Seebacher	Whistleblowing – Wichtige Erkenntnisquelle oder gefährliches Pflaster?, CCZ 2013, 31
Zimmermann	Die straf- und zivilrechtliche Verantwortlichkeit des Compliance-Officers, BB 2011, 634
Zimmermann, von	Whistleblowing und Datenschutz, RDV 2006, 242
Zimmermann, von	Whistleblowing – Anforderungen des Sarbanes-Oxley-Acts, WM 2007, 1060
Zöllner/Noack (Hrsg.)	Kölner Kommentar AktG, Bd. 2/1, 3. Aufl. 2009

Sachregister

Fette Zahlen verweisen auf die **Kapitel**, magere auf die Randnummern.

971

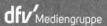

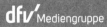

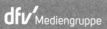